大典序

自古帝王之有天下國家也經綸草昧而未遑於典故守文之君遵守舊章而又無事於制作雖曰漢高等無遺策而三章之法略存規模更稱唐家萬目俱張而六典之作猶俟中葉況下於漢唐者乎恭惟

世祖握符中興功兼創守文昭武定禮備樂興猶孜孜圖理恢弘制作嘗謂左右曰我

憲法과 政治制度

鄭 宗 燮

博 英 社

CONSTITUTIONAL LAW and POLITICAL SYSTEM

BY

CHONG, JONG-SUP Ph.D. in Law
PROFESSOR OF LAW
SCHOOL OF LAW
SEOUL NATIONAL UNIVERSITY

2010

Pakyoung Publishing Co.
Seoul, Korea

自　序

헌법은 공동체와 국가에 관한 사항을 정하는 공동체 내의 최고법규범이다. 국민주권을 기본으로 삼는 나라에서는 공동체와 국가에 관한 사항과 그 속에서 살고 있는 국민들의 존재와 삶에 관한 사항은 공동체 구성원인 국민이 스스로 정한다. 그리하여 헌법은 국민이 공동체 내에서 살아가면서 원하고 지키기로 합의한 법규범이 된다.

그런데 국민이 정한 이러한 헌법은 憲法規範이 가지는 특성상 해당 사항에 대하여 대강을 정할 뿐 세세한 내용까지 정하고 있지 않기 때문에 헌법학의 주된 과제는 그 내용을 밝히는 작업이 된다.

헌법학은 있는 헌법의 내용을 밝히고, 있어야 할 헌법을 모색하는 데 그 사명이 있다. 그리고 이러한 것을 학문적으로 뒷받침하는 것은 憲法理論과 憲法解釋이다. 헌법해석에는 헌법이론이 바탕을 이루기도 한다. 그런데 헌법학은 규범의 학문이기에 존재하는 대상에 대하여 논의하는 것으로 충분한 것이 아니고 가치의 문제를 다루어야 한다. 존재를 다루는 것은 존재에 대한 탐구로 충분하지만 가치를 다루는 부분에서는 헌법 내에 존재하는 국민이 결정한 가치를 찾아내기가 여간 어려운 것이 아니다. 따라서 이런 작업을 하는 과정에 자칫 잘못하면 연구자 자신의 주관적이고 독단적인 견해가 개입할 수 있고, 헌법해석이라는 이름하에 미리 특정한 목적을 설정하고 그에 맞는 주관적인 결론을 먼저 내려놓고, 그 다음에 언어의 유희를 통하여 꿰맞추기를 하는 사이비해석을 할 수 있다. 이러한 것은 헌법학의 방법론에서 오류를 빚는 것이기 때문에 헌법학적 논의로 인정될 수 없다.

헌법학은 그것이 이론이든 해석이든 견고한 方法論에 기초를 두어야 하고, 개념이나 용어의 사용에서도 엄정하여야 한다. 논리의 견고성을 확보하여야 하는 것은 물론이다. 우리 학계에서는 아직도 이 부분에 대한 인식이 충분하지 않다고 본다. 개인의 주관적인 주장을 학문적 견해인 양 과장하거나 粉飾하기도 하고, 다른 나라의 헌법에서 발견되는 조항에 대한 설명을 그대로 번안하여 옮겨 놓기도 하며, 심한 경우에는 문맥을 무시한 채 텍스트의 내용까지 오독하는 경우가 있다. 이러한 문제들이 해결되지 않으면 학문이라고 하기 어렵다.

이 책은 종래 출간한 나의 「憲法學原論」을 기초로 하여 더 많은 논의들을 전개한 책이다. 「憲法學原論」은 우리 헌법에 대하여 설명하고자 한 내용을 한 권에 정리하여 담은 것이라 지면의 제한으로 인하여 충분한 논의들을 할 수는 없었다. 법학전문대학원에서는 이러한 내용을 보다 심화하여 이해할 필요가 있으므로 그 내용은 둘로 나누어 헌법원리와 국가에 관한 내용은 「憲法과 政治制度」로 다시 편집하여 그 내용을 풍부하게 전개하고, 기본권에 관한 내용은 「憲法과 基本權」으로 편집하여 출간하게 되었다. 내용을 상세하게 다루다보니 이론적인 논의들도 자연 추가될 수밖에 없고 판례도 더 많이 다루게 되었다. 판례는 요지만이 아니라 그 판례를 충분히 이해할 수 있게 판시 내용을 자세하게 노출시켰다. 참고문헌으로 인용한 책들은 수가 많기 때문에 각 저자들이 해마다 새로 발간되는 책의 면수를 계속 그에 맞게 고칠 수 없어 당해 저자의 견해가 구판과 신판의 것이 동일한 것은 인용문헌에서 밝혀 놓은 문헌을 그대로 유지하는 방법을 채택하였다. 견해가 변경되는 경우에는 새로 표시할 것임은 당연하다.

이 책 「憲法과 政治制度」는 헌법의 개념에서부터 헌법의 기초를 이루는 것과 전통적으로 원래 의미의 헌법을 일컫는 국가에 관한 사항을 그 내용으로 하고 있다. 여기서는 공동체, 헌법, 국가, 그리고 이러한 것들과 그 속에서 살고 있는 국민과의 관계를 다루고 있다. 공동체, 헌법, 국가, 개인에 관한 사항과 이들의 연관을 밝히는 작업은 여러 방면에서 행해지고 있지만, 헌법학에서는 이러한 다양한 연구를 통합하고 그 속에서 일정한 원리와 원칙 그리고 규범적 틀을 찾아내어 그 작동원리를 밝히는 것이다. 이러한 작동원리가 밝혀지면 공동체, 헌법, 국가, 개인들이 가지는 각각의 좌표, 기능, 연관을 이해할 수 있게 되고 그 행위규범도 밝혀지게 된다. 「憲法과 政治制度」는 이러한 것들에 대하여 전체적인 거시구도를 밝히고 동시에 그러한 것들이 상호 작용하는 메커니즘을 찾아내어 아주 구체적인 국가작용이 이루어지는 법리를 밝혀 이를 보여주고자 하는 것이다. 우리는 이러한 탐구 속에서 개인과 공동체, 개인과 헌법, 개인과 국가, 개인과 개인 그리고 각각의 인자들의 기능을 이해할 수 있다.

朱子선생의 文集을 읽어 보면 知天命의 나이에도 젊었을 때 펼쳤던 당신의 학문과 주장에 대하여 계속 성찰하고 반성하며 자신의 잘못을 스스로 꾸짖는다. 退溪 李滉선생도 평생을 자기 성찰 속에서 자신의 오류에 대하여 경계하셨다. 나도 이제 知天命의 나이에 접어 들었다. 독자들을 위하여 논지를 명확히 하기 위하여 때로 강한 주장으로 나타났을 수 있지만 기본적으로 나의 연구에도 의문과 오류가 많을 것이다. 계속 탐구하고 성찰하는 길 이외에 달리 길이 없다. 부디 江湖諸賢께서는 많은 가르침을 주시고 올바른 학문의 길로 인도하여 주시기를 빈다.

이 책을 구상하고 그 내용을 새롭게 하는 데는 서울대학교 全鍾杙 교수님, 한양

대학교 黃性基 교수님, 경북대학교 朴眞完 교수님의 조언에 크게 도움을 받았다. 이 책의 원고를 다듬는 작업에서는 자료의 수집 정리와 원고의 검토 작업에 이르기까지 인하대학교 鄭相宇 교수님, 서울대학교 대학원 박사과정에서 헌법을 연구하는 尹盛鉉 석사, 李奭珉 석사, 朱聲薰 석사, 金大赫 변호사, 군법무관으로 재직하고 있는 車東炅 법무관이 적극 참여하여 도와주었다.

이 책을 출간함에 있어서는 법학전문대학원에서의 헌법교육의 중요성을 누구보다 중요시하는 博英社의 安鍾萬 회장님의 열정이 있어 가능했다. 그리고 이 책을 기획하고 편집하는 작업은 늘 나와 같이 출간작업을 함께 한 박영사의 趙成皓 부장님, 金善敏 부장님이 이번에도 적극 도와주셨다. 하나의 책을 정성들여 만드는 작업에서는 많은 이들의 협조가 필요한데, 표지의 사진은 세월이 가면서 작품의 깊이를 더해가는 金重晩 사진가님께서도 나와의 오랜 정의를 잊지 못하고 기꺼이 당신의 작품으로 내놓으셨고, 표지의 篆刻은 이번에도 古岩 鄭昺例 전각가님께서 맡아 주셨다. 이 책을 출간함에 있어 이러한 여러분들의 도움과 정성에 깊이 감사를 드린다.

2010季 3月 春日

德松書屋에서

鄭 宗 燮

1

憲法의 基礎와 原理

제 1 편　憲法의 基礎

제 1 장　憲法의 槪念과 本質

제 1 절　憲法의 槪念

1. 國家法과 國家

2. 憲　　法

제 2 절　憲法의 特性

제 3 절　憲法의 機能

제 4 절 憲法과 憲法裁判

제 2 장 憲法의 制定과 正當性

제 1 절 憲法의 制定

제 2 절 憲法의 正當性

제 3 장 憲法의 規範力과 憲法의 保護

제 1 절 憲法의 規範力

제 2 절 憲法의 保護

1. 憲法保護制度의 發達

2. 憲法保護의 手段

3. 抵 抗 權

제 4 장　憲法의 變動

제 1 절　槪　　觀

제 2 절　憲法의 變遷

제 3 절　憲法의 解釋

제 4 절 憲法의 改正

제 5 장 憲法의 適用範圍

제 2 편 憲法의 基本原理

제 1 장 國民主權

제 2 장 基本權의 保障

제 3 장 共同體의 保障

제 4 장　國家構造原理

제 1 절　槪　觀

제 2 절　民主國家原理

제 3 절　法治國家原理

제 4 절　國家形態原理

제 3 편 韓國 憲法의 歷史와 基本原理

제 1 장 大韓民國 憲法의 制定과 改正

제 2 장 韓國 憲法의 根本理念과 基本原理

제 1 절 韓國 憲法의 構造

제 2 절 韓國 憲法의 根本理念

제 3 절　韓國 憲法의 基本原理

1. 國家構造原理

2. 經濟領域의 基本原理

3. 社會領域의 基本原理

4. 文化領域의 基本原理

5. 國際領域의 基本原理

2

國家作用

제 4 편 國家作用의 基本制度

제 1 장 代議制度

제 1 절 代議制度의 形成과 發達

제 2 절 代議原理

제 3 절 代議制度와 選擧

제 4 절 代議制度와 政黨

제 5 절 代議制度와 政治資金

제 2 장 權力分立

제 1 절 權力分立의 理念

제 2 절 權力分立의 內容

제 3 장 政府形態

제 4 장 公務員制度

제 5 장 地方自治制度

제 6 장 憲法裁判制度

제 1 절 憲法裁判權

제 2 절 憲法裁判의 目的

제 3 절 憲法裁判의 性質

제 4 절 憲法裁判의 機能

제 5 절 憲法裁判의 支配原理

제 6 절 憲法裁判의 限界

제 5 편 國家作用과 國家機關

제 1 장 國 會

제 1 절 議會主義

제 2 절 國會의 憲法上 地位

제 3 절 國會의 構成

제 4 절 國會의 機能과 權限

1. 立 法

2. 財 政

3. 國政의 統制

4. 憲法機關의 構成

5. 重要條約의 締結 · 批准에 대한 同意

6. 自 律

7. 憲法의 改正

제 5 절　國會의 會議運營과 議事原則

1. 國會의 會議運營

2. 國會의 議事原則

제 6 절　國會議員

1. 憲法上의 地位

2. 選擧와 任期

3. 議政活動上의 權限과 任務

4. 職務上의 免責과 特權

5. 義 務

6. 資格의 消滅

제 7 절 國會의 組織

1. 議長과 副議長

2. 委 員 會

3. 交涉團體

4. 國會事務處 등

제 2 장 大統領과 行政府

제 1 절 大 統 領

1. 大統領의 憲法上의 地位

2. 大統領의 選擧와 任期

3. 大統領의 權限

4. 大統領 權限의 行使方法과 代行

5. 職務上의 義務

6. 退任 後의 禮遇

제2절 行 政 府

1. 國務總理

2. 國務委員

3. 國務會議

4. 行政各部

5. 大統領 所屬機關

제 3 절　選擧管理委員會

제 3 장　法　　院

제 1 절　司法과 司法權

제 2 절　法院의 憲法上의 地位

제 3 절　司法의 獨立

제 4 절　裁判의 審級과 管轄

제 5 절 法院의 構成과 組織

제 6 절 司法權의 範圍와 限界

제 7 절 國民의 司法參與

제 4 장 憲法裁判所

제 1 절 憲法上의 地位

제 2 절 憲法裁判所의 構成과 組織

1. 憲法裁判所의 構成

2. 憲法裁判所의 組織

제 3 절　憲法裁判의 獨立

제 4 절　憲法裁判所의 管轄

제 5 절　憲法裁判의 決定

《국내 주요 인용문헌의 약어》

桂禧悅a	桂禧悅, 「憲法學(上)」 서울: 博英社, 2005.
桂禧悅b	桂禧悅, 「憲法學(中)」 서울: 博英社, 2005.
권영설	권영설, 「헌법이론과 헌법담론」 서울: 法文社, 2006.
權寧星	權寧星, 「憲法學原論」 서울: 法文社, 2008.
金性洙	金性洙, 「個別行政法」 서울: 法文社, 2002.
金哲洙	金哲洙, 「憲法學槪論」 서울: 博英社, 2007.
文光三	文光三, 「韓國憲法學」 서울: 三英社, 2008.
朴奉國	朴奉國, 「國會法」 서울: 博英社, 2004.
成樂寅	成樂寅, 「憲法學」 서울: 法文社, 2009.
신동운	신동운, 「신형사소송법」 서울: 法文社, 2008.
梁　建	梁　建, 「憲法研究」 서울: 法文社, 1995.
李寬熙a	李寬熙, 「韓國民主憲法論 Ⅰ」 서울: 博英社, 2008.
李寬熙b	李寬熙, 「韓國民主憲法論 Ⅱ」 서울: 博英社, 2008.
李丞祐등	李丞祐등,「彈劾審判制度에 관한 研究」 서울: 憲法裁判所, 2001.
李準一	李準一, 「憲法學講義」 서울: 弘文社, 2008.
李昌熙	李昌熙, 「稅法講義」 서울: 博英社, 2005.
장영수	장영수, 「헌법학」 서울: 弘文社, 2008.
전광석	전광석, 「한국헌법론」 서울: 法文社, 2007.
鄭萬喜	鄭萬喜, 「憲法과 統治構造」 서울: 法文社, 2003.
鄭宗燮a	鄭宗燮, 「憲法研究 1」 서울: 博英社, 2004.
鄭宗燮b	鄭宗燮, 「憲法研究 2」 서울: 博英社, 2001.
鄭宗燮c	鄭宗燮, 「憲法研究 3」 서울: 博英社, 2004.
鄭宗燮d	鄭宗燮, 「憲法研究 4」 서울: 博英社, 2003.
鄭宗燮e	鄭宗燮, 「憲法研究 5」 서울: 博英社, 2005.
鄭宗燮f	鄭宗燮, 「憲法과 基本權」 서울: 博英社, 2010.
鄭宗燮g	鄭宗燮, 「憲法과 政治制度」 서울: 博英社, 2010.
鄭宗燮l	鄭宗燮, 「憲法訴訟法」 서울: 博英社, 2008.
鄭宗燮n	鄭宗燮, 「憲法裁判研究 1」 서울: 博英社, 2005.
鄭宗燮t	鄭宗燮, 「憲法判例研究 1」 서울: 博英社, 2005.
崔大權	崔大權, 「憲法學講義」 서울: 博英社, 2001.
韓泰淵a	韓泰淵, 「憲法學」 서울: 法文社, 1983.
韓泰淵b	韓泰淵, 「憲法과 政治體制」 서울: 法文社, 1987.
韓泰淵c	韓泰淵, 「憲法과 國民」 서울: 考試研究社, 1995.
許　營a	許　營, 「韓國憲法論」 서울: 博英社, 2008.
許　營b	許　營, 「憲法理論과 憲法」 서울: 博英社, 2008.
洪性邦	洪性邦, 「憲法學」 서울: 현암사, 2005.

《법률명칭의 약어》

經濟會議法	國民經濟諮問會議法
公選法	公職選擧法
公倫法	公職者倫理法
科技會議法	國家科學技術諮問會議法
國公法	國家公務員法
國賠法	國家賠償法
國情院法	國家情報院法
國組法	國軍組織法
投票法	國民投票法
民訴法	民事訴訟法
放通委法	방송통신위원회 설치 및 운영에 관한 법률
法公法	法令 등 公布에 관한 法律
法組法	法院組織法
補償法	공익사업을 위한 토지 등의 취득 및 보상에 관한 법률
安保會議法	國家安全保障會議法
言仲法	언론중재 및 피해구제 등에 관한 법률
元老會議法	國家元老諮問會議法
在登法	在外國民登錄法
政組法	政府組織法
地方教育法	地方教育自治에 관한 法律
地自法	地方自治法
平統會議法	民主平和統一諮問會議法
刑補法	刑事補償法
刑訴法	刑事訴訟法
刑参法	국민의 형사재판 참여에 관한 법률
環基法	環境政策基本法

《법령조문 및 판례의 표시》

法令條文表示: 법령의 조문표시에서는 특별한 경우를 제외하고는 편의상 부호를 사용하였다. 제1조 제1항 제1호는 §1①i로 표시하였다.

判例表示: 헌법재판소 판례는 「憲」으로, 대법원의 판례는 「大」로 표시하였다. 판례는 선고일과 사건번호로 표시하고, 병합사건은 사건번호를 모두 표시하지 않고 하나의 사건번호만 표시하고 「등」으로 略하는 방식을 따랐다.

大韓民國 憲法

전 문

유구한 역사와 전통에 빛나는 우리 대한국민은 3·1운동으로 건립된 대한민국임시정부의 법통과 불의에 항거한 4·19민주이념을 계승하고, 조국의 민주개혁과 평화적 통일의 사명에 입각하여 정의·인도와 동포애로써 민족의 단결을 공고히 하고, 모든 사회적 폐습과 불의를 타파하며, 자율과 조화를 바탕으로 자유민주적 기본질서를 더욱 확고히 하여 정치·경제·사회·문화의 모든 영역에 있어서 각인의 기회를 균등히 하고, 능력을 최고도로 발휘하게 하며, 자유와 권리에 따르는 책임과 의무를 완수하게 하여, 안으로는 국민생활의 균등한 향상을 기하고 밖으로는 항구적인 세계평화와 인류공영에 이바지함으로써 우리들과 우리들의 자손의 안전과 자유와 행복을 영원히 확보할 것을 다짐하면서 1948년 7월 12일에 제정되고 8차에 걸쳐 개정된 헌법을 이제 국회의 의결을 거쳐 국민투표에 의하여 개정한다.

1987년 10월 29일

제1장 총 강

제1조 ① 대한민국은 민주공화국이다.

② 대한민국의 주권은 국민에게 있고, 모든 권력은 국민으로부터 나온다.

제2조 ① 대한민국의 국민이 되는 요건은 법률로 정한다.

② 국가는 법률이 정하는 바에 의하여 재외국민을 보호할 의무를 진다.

제3조 대한민국의 영토는 한반도와 그 부속도서로 한다.

제4조 대한민국은 통일을 지향하며, 자유민주적 기본질서에 입각한 평화적 통일 정책을 수립하고 이를 추진한다.

제5조 ① 대한민국은 국제평화의 유지에 노력하고 침략적 전쟁을 부인한다.

② 국군은 국가의 안전보장과 국토방위의 신성한 의무를 수행함을 사명으로 하며, 그 정치적 중립성은 준수된다.

제6조 ① 헌법에 의하여 체결·공포된 조약과 일반적으로 승인된 국제법규는 국내법과 같은 효력을 가진다.

② 외국인은 국제법과 조약이 정하는 바에 의하여 그 지위가 보장된다.

제7조 ① 공무원은 국민전체에 대한 봉사자이며, 국민에 대하여 책임을 진다.

② 공무원의 신분과 정치적 중립성은 법률이 정하는 바에 의하여 보장된다.

제8조 ① 정당의 설립은 자유이며, 복수정당제는 보장된다.

② 정당은 그 목적·조직과 활동이 민주적이어야 하며, 국민의 정치적 의사형성에 참여하는데 필요한 조직을 가져야 한다.

③ 정당은 법률이 정하는 바에 의하여 국가의 보호를 받으며, 국가는 법률이 정하는 바에 의하여 정당운영에 필요한 자금을 보조할 수 있다.

④ 정당의 목적이나 활동이 민주적 기본질서에 위배될 때에는 정부는 헌법재판소에 그 해산을 제소할 수 있고, 정당은 헌법재판소의 심판에 의하여 해산된다.

제9조 국가는 전통문화의 계승·발전과 민족문화의 창달에 노력하여야 한다.

제2장 국민의 권리와 의무

제10조 모든 국민은 인간으로서의 존엄과 가치를 가지며, 행복을 추구할 권리를 가진

다. 국가는 개인이 가지는 불가침의 기본적 인권을 확인하고 이를 보장할 의무를 진다.

제11조 ① 모든 국민은 법 앞에 평등하다. 누구든지 성별·종교 또는 사회적 신분에 의하여 정치적·경제적·사회적·문화적 생활의 모든 영역에 있어서 차별을 받지 아니한다.

② 사회적 특수계급의 제도는 인정되지 아니하며, 어떠한 형태로도 이를 창설할 수 없다.

③ 훈장등의 영전은 이를 받은 자에게만 효력이 있고, 어떠한 특권도 이에 따르지 아니한다.

제12조 ① 모든 국민은 신체의 자유를 가진다. 누구든지 법률에 의하지 아니하고는 체포·구속·압수·수색 또는 심문을 받지 아니하며, 법률과 적법한 절차에 의하지 아니하고는 처벌·보안처분 또는 강제노역을 받지 아니한다.

② 모든 국민은 고문을 받지 아니하며, 형사상 자기에게 불리한 진술을 강요당하지 아니한다.

③ 체포·구속·압수 또는 수색을 할 때에는 적법한 절차에 따라 검사의 신청에 의하여 법관이 발부한 영장을 제시하여야 한다. 다만, 현행범인인 경우와 장기 3년 이상의 형에 해당하는 죄를 범하고 도피 또는 증거인멸의 염려가 있을 때에는 사후에 영장을 청구할 수 있다.

④ 누구든지 체포 또는 구속을 당한 때에는 즉시 변호인의 조력을 받을 권리를 가진다. 다만, 형사피고인이 스스로 변호인을 구할 수 없을 때에는 법률이 정하는 바에 의하여 국가가 변호인을 붙인다.

⑤ 누구든지 체포 또는 구속의 이유와 변호인의 조력을 받을 권리가 있음을 고지받지 아니하고는 체포 또는 구속을 당하지 아니한다. 체포 또는 구속을 당한 자의 가족등 법률이 정하는 자에게는 그 이유와 일시·장소가 지체없이 통지되어야 한다.

⑥ 누구든지 체포 또는 구속을 당한 때에는 적부의 심사를 법원에 청구할 권리를 가진다.

⑦ 피고인의 자백이 고문·폭행·협박·구속의 부당한 장기화 또는 기망 기타의 방법에 의하여 자의로 진술된 것이 아니라고 인정될 때 또는 정식재판에 있어서 피고인의 자백이 그에게 불리한 유일한 증거일 때에는 이를 유죄의 증거로 삼거나 이를 이유로 처벌할 수 없다.

제13조 ① 모든 국민은 행위시의 법률에 의하여 범죄를 구성하지 아니하는 행위로 소추되지 아니하며, 동일한 범죄에 대하여 거듭 처벌받지 아니한다.

② 모든 국민은 소급입법에 의하여 참정권의 제한을 받거나 재산권을 박탈당하지 아니한다.

③ 모든 국민은 자기의 행위가 아닌 친족의 행위로 인하여 불이익한 처우를 받지 아니한다.

제14조 모든 국민은 거주·이전의 자유를 가진다.

제15조 모든 국민은 직업선택의 자유를 가진다.

제16조 모든 국민은 주거의 자유를 침해받지 아니한다. 주거에 대한 압수나 수색을 할 때에는 검사의 신청에 의하여 법관이 발부한 영장을 제시하여야 한다.

제17조 모든 국민은 사생활의 비밀과 자유를 침해받지 아니한다.

제18조 모든 국민은 통신의 비밀을 침해받지 아니한다.

제19조 모든 국민은 양심의 자유를 가진다.

제20조 ① 모든 국민은 종교의 자유를 가진다.

② 국교는 인정되지 아니하며, 종교와 정치

는 분리된다.

제21조 ① 모든 국민은 언론·출판의 자유와 집회·결사의 자유를 가진다.

② 언론·출판에 대한 허가나 검열과 집회·결사에 대한 허가는 인정되지 아니한다.

③ 통신·방송의 시설기준과 신문의 기능을 보장하기 위하여 필요한 사항은 법률로 정한다.

④ 언론·출판은 타인의 명예나 권리 또는 공중도덕이나 사회윤리를 침해하여서는 아니된다. 언론·출판이 타인의 명예나 권리를 침해한 때에는 피해자는 이에 대한 피해의 배상을 청구할 수 있다.

제22조 ① 모든 국민은 학문과 예술의 자유를 가진다.

② 저작자·발명가·과학기술자와 예술가의 권리는 법률로써 보호한다.

제23조 ① 모든 국민의 재산권은 보장된다. 그 내용과 한계는 법률로 정한다.

② 재산권의 행사는 공공복리에 적합하도록 하여야 한다.

③ 공공필요에 의한 재산권의 수용·사용 또는 제한 및 그에 대한 보상은 법률로써 하되, 정당한 보상을 지급하여야 한다.

제24조 모든 국민은 법률이 정하는 바에 의하여 선거권을 가진다.

제25조 모든 국민은 법률이 정하는 바에 의하여 공무담임권을 가진다.

제26조 ① 모든 국민은 법률이 정하는 바에 의하여 국가기관에 문서로 청원할 권리를 가진다.

② 국가는 청원에 대하여 심사할 의무를 진다.

제27조 ① 모든 국민은 헌법과 법률이 정한 법관에 의하여 법률에 의한 재판을 받을 권리를 가진다.

② 군인 또는 군무원이 아닌 국민은 대한민국의 영역 안에서는 중대한 군사상 기밀·초병·초소·유독음식물공급·포로·군용물에 관한 죄중 법률이 정한 경우와 비상계엄이 선포된 경우를 제외하고는 군사법원의 재판을 받지 아니한다.

③ 모든 국민은 신속한 재판을 받을 권리를 가진다. 형사피고인은 상당한 이유가 없는 한 지체없이 공개재판을 받을 권리를 가진다.

④ 형사피고인은 유죄의 판결이 확정될 때까지는 무죄로 추정된다.

⑤ 형사피해자는 법률이 정하는 바에 의하여 당해 사건의 재판절차에서 진술할 수 있다.

제28조 형사피의자 또는 형사피고인으로서 구금되었던 자가 법률이 정하는 불기소처분을 받거나 무죄판결을 받은 때에는 법률이 정하는 바에 의하여 국가에 정당한 보상을 청구할 수 있다.

제29조 ① 공무원의 직무상 불법행위로 손해를 받은 국민은 법률이 정하는 바에 의하여 국가 또는 공공단체에 정당한 배상을 청구할 수 있다. 이 경우 공무원 자신의 책임은 면제되지 아니한다.

② 군인·군무원·경찰공무원 기타 법률이 정하는 자가 전투·훈련등 직무집행과 관련하여 받은 손해에 대하여는 법률이 정하는 보상 외에 국가 또는 공공단체에 공무원의 직무상 불법행위로 인한 배상은 청구할 수 없다.

제30조 타인의 범죄행위로 인하여 생명·신체에 대한 피해를 받은 국민은 법률이 정하는 바에 의하여 국가로부터 구조를 받을 수 있다.

제31조 ① 모든 국민은 능력에 따라 균등하게 교육을 받을 권리를 가진다.

② 모든 국민은 그 보호하는 자녀에게 적어도 초등교육과 법률이 정하는 교육을 받게 할 의무를 진다.

③ 의무교육은 무상으로 한다.

④ 교육의 자주성·전문성·정치적 중립성 및 대학의 자율성은 법률이 정하는 바에 의하여 보장된다.

⑤ 국가는 평생교육을 진흥하여야 한다.

⑥ 학교교육 및 평생교육을 포함한 교육제도와 그 운영, 교육재정 및 교원의 지위에 관한 기본적인 사항은 법률로 정한다.

제32조 ① 모든 국민은 근로의 권리를 가진다. 국가는 사회적·경제적 방법으로 근로자의 고용의 증진과 적정임금의 보장에 노력하여야 하며, 법률이 정하는 바에 의하여 최저임금제를 시행하여야 한다.

② 모든 국민은 근로의 의무를 진다. 국가는 근로의 의무의 내용과 조건을 민주주의 원칙에 따라 법률로 정한다.

③ 근로조건의 기준은 인간의 존엄성을 보장하도록 법률로 정한다.

④ 여자의 근로는 특별한 보호를 받으며, 고용·임금 및 근로조건에 있어서 부당한 차별을 받지 아니한다.

⑤ 연소자의 근로는 특별한 보호를 받는다.

⑥ 국가유공자·상이군경 및 전몰군경의 유가족은 법률이 정하는 바에 의하여 우선적으로 근로의 기회를 부여받는다.

제33조 ① 근로자는 근로조건의 향상을 위하여 자주적인 단결권·단체교섭권 및 단체행동권을 가진다.

② 공무원인 근로자는 법률이 정하는 자에 한하여 단결권·단체교섭권 및 단체행동권을 가진다.

③ 법률이 정하는 주요방위산업체에 종사하는 근로자의 단체행동권은 법률이 정하는 바에 의하여 이를 제한하거나 인정하지 아니할 수 있다.

제34조 ① 모든 국민은 인간다운 생활을 할 권리를 가진다.

② 국가는 사회보장·사회복지의 증진에 노력할 의무를 진다.

③ 국가는 여자의 복지와 권익의 향상을 위하여 노력하여야 한다.

④ 국가는 노인과 청소년의 복지향상을 위한 정책을 실시할 의무를 진다.

⑤ 신체장애자 및 질병·노령 기타의 사유로 생활능력이 없는 국민은 법률이 정하는 바에 의하여 국가의 보호를 받는다.

⑥ 국가는 재해를 예방하고 그 위험으로부터 국민을 보호하기 위하여 노력하여야 한다.

제35조 ① 모든 국민은 건강하고 쾌적한 환경에서 생활할 권리를 가지며, 국가와 국민은 환경보전을 위하여 노력하여야 한다.

② 환경권의 내용과 행사에 관하여는 법률로 정한다.

③ 국가는 주택개발정책등을 통하여 모든 국민이 쾌적한 주거생활을 할 수 있도록 노력하여야 한다.

제36조 ① 혼인과 가족생활은 개인의 존엄과 양성의 평등을 기초로 성립되고 유지되어야 하며, 국가는 이를 보장한다.

② 국가는 모성의 보호를 위하여 노력하여야 한다.

③ 모든 국민은 보건에 관하여 국가의 보호를 받는다.

제37조 ① 국민의 자유와 권리는 헌법에 열거되지 아니한 이유로 경시되지 아니한다.

② 국민의 모든 자유와 권리는 국가안전보장·질서유지 또는 공공복리를 위하여 필요한 경우에 한하여 법률로써 제한할 수 있으며, 제한하는 경우에도 자유와 권리의 본질적인 내용을 침해할 수 없다.

제38조 모든 국민은 법률이 정하는 바에 의하여 납세의 의무를 진다.

제39조 ① 모든 국민은 법률이 정하는 바에 의하여 국방의 의무를 진다.

② 누구든지 병역의무의 이행으로 인하여 불이익한 처우를 받지 아니한다.

제 3 장 국 회

제40조 입법권은 국회에 속한다.

제41조 ① 국회는 국민의 보통·평등·직접·비밀선거에 의하여 선출된 국회의원으로 구성한다.

② 국회의원의 수는 법률로 정하되, 200인 이상으로 한다.

③ 국회의원의 선거구와 비례대표제 기타 선거에 관한 사항은 법률로 정한다.

제42조 국회의원의 임기는 4년으로 한다.

제43조 국회의원은 법률이 정하는 직을 겸할 수 없다.

제44조 ① 국회의원은 현행범인인 경우를 제외하고는 회기중 국회의 동의없이 체포 또는 구금되지 아니한다.

② 국회의원이 회기 전에 체포 또는 구금된 때에는 현행범인이 아닌 한 국회의 요구가 있으면 회기중 석방된다.

제45조 국회의원은 국회에서 직무상 행한 발언과 표결에 관하여 국회 외에서 책임을 지지 아니한다.

제46조 ① 국회의원은 청렴의 의무가 있다.

② 국회의원은 국가이익을 우선하여 양심에 따라 직무를 행한다.

③ 국회의원은 그 지위를 남용하여 국가·공공단체 또는 기업체와의 계약이나 그 처분에 의하여 재산상의 권리·이익 또는 직위를 취득하거나 타인을 위하여 그 취득을 알선할 수 없다.

제47조 ① 국회의 정기회는 법률이 정하는 바에 의하여 매년 1회 집회되며, 국회의 임시회는 대통령 또는 국회재적의원 4분의 1 이상의 요구에 의하여 집회된다.

② 정기회의 회기는 100일을, 임시회의 회기는 30일을 초과할 수 없다.

③ 대통령이 임시회의 집회를 요구할 때에는 기간과 집회요구의 이유를 명시하여야 한다.

제48조 국회는 의장 1인과 부의장 2인을 선출한다.

제49조 국회는 헌법 또는 법률에 특별한 규정이 없는 한 재적의원 과반수의 출석과 출석의원 과반수의 찬성으로 의결한다. 가부동수인 때에는 부결된 것으로 본다.

제50조 ① 국회의 회의는 공개한다. 다만, 출석의원 과반수의 찬성이 있거나 의장이 국가의 안전보장을 위하여 필요하다고 인정할 때에는 공개하지 아니할 수 있다.

② 공개하지 아니한 회의내용의 공표에 관하여는 법률이 정하는 바에 의한다.

제51조 국회에 제출된 법률안 기타의 의안은 회기중에 의결되지 못한 이유로 폐기되지 아니한다. 다만, 국회의원의 임기가 만료된 때에는 그러하지 아니하다.

제52조 국회의원과 정부는 법률안을 제출할 수 있다.

제53조 ① 국회에서 의결된 법률안은 정부에 이송되어 15일 이내에 대통령이 공포한다.

② 법률안에 이의가 있을 때에는 대통령은 제1항의 기간 내에 이의서를 붙여 국회로 환부하고, 그 재의를 요구할 수 있다. 국회의 폐회중에도 또한 같다.

③ 대통령은 법률안의 일부에 대하여 또는 법률안을 수정하여 재의를 요구할 수 없다.

④ 재의의 요구가 있을 때에는 국회는 재의에 붙이고, 재적의원과반수의 출석과 출석의원 3분의 2 이상의 찬성으로 전과 같은 의결을 하면 그 법률안은 법률로서 확정된다.

⑤ 대통령이 제1항의 기간 내에 공포나 재의의 요구를 하지 아니한 때에도 그 법률안은 법률로서 확정된다.

⑥ 대통령은 제4항과 제5항의 규정에 의하여 확정된 법률을 지체없이 공포하여야 한다. 제5항에 의하여 법률이 확정된 후 또는 제4항에 의한 확정법률이 정부에 이

송된 후 5일 이내에 대통령이 공포하지 아니할 때에는 국회의장이 이를 공포한다.

⑦ 법률은 특별한 규정이 없는 한 공포한 날로부터 20일을 경과함으로써 효력을 발생한다.

제54조 ① 국회는 국가의 예산안을 심의·확정한다.

② 정부는 회계연도마다 예산안을 편성하여 회계연도 개시 90일 전까지 국회에 제출하고, 국회는 회계연도 개시 30일 전까지 이를 의결하여야 한다.

③ 새로운 회계연도가 개시될 때까지 예산안이 의결되지 못한 때에는 정부는 국회에서 예산안이 의결될 때까지 다음의 목적을 위한 경비는 전년도 예산에 준하여 집행할 수 있다.

1. 헌법이나 법률에 의하여 설치된 기관 또는 시설의 유지·운영
2. 법률상 지출의무의 이행
3. 이미 예산으로 승인된 사업의 계속

제55조 ① 한 회계연도를 넘어 계속하여 지출할 필요가 있을 때에는 정부는 연한을 정하여 계속비로서 국회의 의결을 얻어야 한다.

② 예비비는 총액으로 국회의 의결을 얻어야 한다. 예비비의 지출은 차기국회의 승인을 얻어야 한다.

제56조 정부는 예산에 변경을 가할 필요가 있을 때에는 추가경정예산안을 편성하여 국회에 제출할 수 있다.

제57조 국회는 정부의 동의없이 정부가 제출한 지출예산 각항의 금액을 증가하거나 새 비목을 설치할 수 없다.

제58조 국채를 모집하거나 예산 외에 국가의 부담이 될 계약을 체결하려 할 때에는 정부는 미리 국회의 의결을 얻어야 한다.

제59조 조세의 종목과 세율은 법률로 정한다.

제60조 ① 국회는 상호원조 또는 안전보장에 관한 조약, 중요한 국제조직에 관한 조약, 우호통상항해조약, 주권의 제약에 관한 조약, 강화조약, 국가나 국민에게 중대한 재정적 부담을 지우는 조약 또는 입법사항에 관한 조약의 체결·비준에 대한 동의권을 가진다.

② 국회는 선전포고, 국군의 외국에의 파견 또는 외국군대의 대한민국 영역 안에서의 주류에 대한 동의권을 가진다.

제61조 ① 국회는 국정을 감사하거나 특정한 국정사안에 대하여 조사할 수 있으며, 이에 필요한 서류의 제출 또는 증인의 출석과 증언이나 의견의 진술을 요구할 수 있다.

② 국정감사 및 조사에 관한 절차 기타 필요한 사항은 법률로 정한다.

제62조 ① 국무총리·국무위원 또는 정부위원은 국회나 그 위원회에 출석하여 국정처리상황을 보고하거나 의견을 진술하고 질문에 응답할 수 있다.

② 국회나 그 위원회의 요구가 있을 때에는 국무총리·국무위원 또는 정부위원은 출석·답변하여야 하며, 국무총리 또는 국무위원이 출석요구를 받은 때에는 국무위원 또는 정부위원으로 하여금 출석·답변하게 할 수 있다.

제63조 ① 국회는 국무총리 또는 국무위원의 해임을 대통령에게 건의할 수 있다.

② 제1항의 해임건의는 국회재적의원 3분의 1 이상의 발의에 의하여 국회재적의원 과반수의 찬성이 있어야 한다.

제64조 ① 국회는 법률에 저촉되지 아니하는 범위 안에서 의사와 내부규율에 관한 규칙을 제정할 수 있다.

② 국회는 의원의 자격을 심사하며, 의원을 징계할 수 있다.

③ 의원을 제명하려면 국회재적의원 3분의 2 이상의 찬성이 있어야 한다.

④ 제2항과 제3항의 처분에 대하여는 법원에 제소할 수 없다.

제65조 ① 대통령·국무총리·국무위원·행정각부의 장·헌법재판소 재판관·법관·중앙선거관리위원회 위원·감사원장·감사위원 기타 법률이 정한 공무원이 그 직무집행에 있어서 헌법이나 법률을 위배한 때에는 국회는 탄핵의 소추를 의결할 수 있다.

② 제1항의 탄핵소추는 국회재적의원 3분의 1 이상의 발의가 있어야 하며, 그 의결은 국회재적의원 과반수의 찬성이 있어야 한다. 다만, 대통령에 대한 탄핵소추는 국회재적의원 과반수의 발의와 국회재적의원 3분의 2 이상의 찬성이 있어야 한다.

③ 탄핵소추의 의결을 받은 자는 탄핵심판이 있을 때까지 그 권한행사가 정지된다.

④ 탄핵결정은 공직으로부터 파면함에 그친다. 그러나, 이에 의하여 민사상이나 형사상의 책임이 면제되지는 아니한다.

제4장 정　부

제1절 대 통 령

제66조 ① 대통령은 국가의 원수이며, 외국에 대하여 국가를 대표한다.

② 대통령은 국가의 독립·영토의 보전·국가의 계속성과 헌법을 수호할 책무를 진다.

③ 대통령은 조국의 평화적 통일을 위한 성실한 의무를 진다.

④ 행정권은 대통령을 수반으로 하는 정부에 속한다.

제67조 ① 대통령은 국민의 보통·평등·직접·비밀선거에 의하여 선출한다.

② 제1항의 선거에 있어서 최고득표자가 2인 이상인 때에는 국회의 재적의원 과반수가 출석한 공개회의에서 다수표를 얻은 자를 당선자로 한다.

③ 대통령후보자가 1인일 때에는 그 득표수가 선거권자 총수의 3분의 1 이상이 아니면 대통령으로 당선될 수 없다.

④ 대통령으로 선거될 수 있는 자는 국회의원의 피선거권이 있고 선거일 현재 40세에 달하여야 한다.

⑤ 대통령의 선거에 관한 사항은 법률로 정한다.

제68조 ① 대통령의 임기가 만료되는 때에는 임기만료 70일 내지 40일 전에 후임자를 선거한다.

② 대통령이 궐위된 때 또는 대통령 당선자가 사망하거나 판결 기타의 사유로 그 자격을 상실한 때에는 60일 이내에 후임자를 선거한다.

제69조 대통령은 취임에 즈음하여 다음의 선서를 한다. "나는 헌법을 준수하고 국가를 보위하며 조국의 평화적 통일과 국민의 자유와 복리의 증진 및 민족문화의 창달에 노력하여 대통령으로서의 직책을 성실히 수행할 것을 국민 앞에 엄숙히 선서합니다."

제70조 대통령의 임기는 5년으로 하며, 중임할 수 없다.

제71조 대통령이 궐위되거나 사고로 인하여 직무를 수행할 수 없을 때에는 국무총리, 법률이 정한 국무위원의 순서로 그 권한을 대행한다.

제72조 대통령은 필요하다고 인정할 때에는 외교·국방·통일 기타 국가안위에 관한 중요정책을 국민투표에 붙일 수 있다.

제73조 대통령은 조약을 체결·비준하고, 외교사절을 신임·접수 또는 파견하며, 선전포고와 강화를 한다.

제74조 ① 대통령은 헌법과 법률이 정하는 바에 의하여 국군을 통수한다.

② 국군의 조직과 편성은 법률로 정한다.

제75조 대통령은 법률에서 구체적으로 범위를 정하여 위임받은 사항과 법률을 집행하기 위하여 필요한 사항에 관하여 대통령

령을 발할 수 있다.

제76조 ① 대통령은 내우·외환·천재·지변 또는 중대한 재정·경제상의 위기에 있어서 국가의 안전보장 또는 공공의 안녕질서를 유지하기 위하여 긴급한 조치가 필요하고 국회의 집회를 기다릴 여유가 없을 때에 한하여 최소한으로 필요한 재정·경제상의 처분을 하거나 이에 관하여 법률의 효력을 가지는 명령을 발할 수 있다.

② 대통령은 국가의 안위에 관계되는 중대한 교전상태에 있어서 국가를 보위하기 위하여 긴급한 조치가 필요하고 국회의 집회가 불가능한 때에 한하여 법률의 효력을 가지는 명령을 발할 수 있다.

③ 대통령은 제1항과 제2항의 처분 또는 명령을 한 때에는 지체없이 국회에 보고하여 그 승인을 얻어야 한다.

④ 제3항의 승인을 얻지 못한 때에는 그 처분 또는 명령은 그 때부터 효력을 상실한다. 이 경우 그 명령에 의하여 개정 또는 폐지되었던 법률은 그 명령이 승인을 얻지 못한 때부터 당연히 효력을 회복한다.

⑤ 대통령은 제3항과 제4항의 사유를 지체없이 공포하여야 한다.

제77조 ① 대통령은 전시·사변 또는 이에 준하는 국가비상사태에 있어서 병력으로써 군사상의 필요에 응하거나 공공의 안녕질서를 유지할 필요가 있을 때에는 법률이 정하는 바에 의하여 계엄을 선포할 수 있다.

② 계엄은 비상계엄과 경비계엄으로 한다.

③ 비상계엄이 선포된 때에는 법률이 정하는 바에 의하여 영장제도, 언론·출판·집회·결사의 자유, 정부나 법원의 권한에 관하여 특별한 조치를 할 수 있다.

④ 계엄을 선포한 때에는 대통령은 지체없이 국회에 통고하여야 한다.

⑤ 국회가 재적의원 과반수의 찬성으로 계엄의 해제를 요구한 때에는 대통령은 이를 해제하여야 한다.

제78조 대통령은 헌법과 법률이 정하는 바에 의하여 공무원을 임면한다.

제79조 ① 대통령은 법률이 정하는 바에 의하여 사면·감형 또는 복권을 명할 수 있다.

② 일반사면을 명하려면 국회의 동의를 얻어야 한다.

③ 사면·감형 및 복권에 관한 사항은 법률로 정한다.

제80조 대통령은 법률이 정하는 바에 의하여 훈장 기타의 영전을 수여한다.

제81조 대통령은 국회에 출석하여 발언하거나 서한으로 의견을 표시할 수 있다.

제82조 대통령의 국법상 행위는 문서로써 하며, 이 문서에는 국무총리와 관계 국무위원이 부서한다. 군사에 관한 것도 또한 같다.

제83조 대통령은 국무총리·국무위원·행정각부의 장 기타 법률이 정하는 공사의 직을 겸할 수 없다.

제84조 대통령은 내란 또는 외환의 죄를 범한 경우를 제외하고는 재직중 형사상의 소추를 받지 아니한다.

제85조 전직대통령의 신분과 예우에 관하여는 법률로 정한다.

제2절 행 정 부

제1관 국무총리와 국무위원

제86조 ① 국무총리는 국회의 동의를 얻어 대통령이 임명한다.

② 국무총리는 대통령을 보좌하며, 행정에 관하여 대통령의 명을 받아 행정각부를 통할한다.

③ 군인은 현역을 면한 후가 아니면 국무총리로 임명될 수 없다.

제87조 ① 국무위원은 국무총리의 제청으로 대통령이 임명한다.

② 국무위원은 국정에 관하여 대통령을 보좌하며, 국무회의의 구성원으로서 국정을 심의한다.

③ 국무총리는 국무위원의 해임을 대통령에게 건의할 수 있다.

④ 군인은 현역을 면한 후가 아니면 국무위원으로 임명될 수 없다.

제 2 관 국무회의

제88조 ① 국무회의는 정부의 권한에 속하는 중요한 정책을 심의한다.

② 국무회의는 대통령·국무총리와 15인 이상 30인 이하의 국무위원으로 구성한다.

③ 대통령은 국무회의의 의장이 되고, 국무총리는 부의장이 된다.

제89조 다음 사항은 국무회의의 심의를 거쳐야 한다.

1. 국정의 기본계획과 정부의 일반정책
2. 선전·강화 기타 중요한 대외정책
3. 헌법개정안·국민투표안·조약안·법률안 및 대통령령안
4. 예산안·결산·국유재산처분의 기본계획·국가의 부담이 될 계약 기타 재정에 관한 중요사항
5. 대통령의 긴급명령·긴급재정경제처분 및 명령 또는 계엄과 그 해제
6. 군사에 관한 중요사항
7. 국회의 임시회 집회의 요구
8. 영전수여
9. 사면·감형과 복권
10. 행정각부간의 권한의 획정
11. 정부안의 권한의 위임 또는 배정에 관한 기본계획
12. 국정처리상황의 평가·분석
13. 행정각부의 중요한 정책의 수립과 조정
14. 정당해산의 제소
15. 정부에 제출 또는 회부된 정부의 정책에 관계되는 청원의 심사
16. 검찰총장·합동참모의장·각군참모총장·국립대학교총장·대사 기타 법률이 정한 공무원과 국영기업체관리자의 임명
17. 기타 대통령·국무총리 또는 국무위원이 제출한 사항

제90조 ① 국정의 중요한 사항에 관한 대통령의 자문에 응하기 위하여 국가원로로 구성되는 국가원로자문회의를 둘 수 있다.

② 국가원로자문회의의 의장은 직전대통령이 된다. 다만, 직전대통령이 없을 때에는 대통령이 지명한다.

③ 국가원로자문회의의 조직·직무범위 기타 필요한 사항은 법률로 정한다.

제91조 ① 국가안전보장에 관련되는 대외정책·군사정책과 국내정책의 수립에 관하여 국무회의의 심의에 앞서 대통령의 자문에 응하기 위하여 국가안전보장회의를 둔다.

② 국가안전보장회의는 대통령이 주재한다.

③ 국가안전보장회의의 조직·직무범위 기타 필요한 사항은 법률로 정한다.

제92조 ① 평화통일정책의 수립에 관한 대통령의 자문에 응하기 위하여 민주평화통일자문회의를 둘 수 있다.

② 민주평화통일자문회의의 조직·직무범위 기타 필요한 사항은 법률로 정한다.

제93조 ① 국민경제의 발전을 위한 중요정책의 수립에 관하여 대통령의 자문에 응하기 위하여 국민경제자문회의를 둘 수 있다.

② 국민경제자문회의의 조직·직무범위 기타 필요한 사항은 법률로 정한다.

제 3 관 행정각부

제94조 행정각부의 장은 국무위원 중에서 국무총리의 제청으로 대통령이 임명한다.

제95조 국무총리 또는 행정각부의 장은 소관사무에 관하여 법률이나 대통령령의 위임 또는 직권으로 총리령 또는 부령을 발

할 수 있다.

제96조 행정각부의 설치·조직과 직무범위는 법률로 정한다.

제4관 감 사 원

제97조 국가의 세입·세출의 결산, 국가 및 법률이 정한 단체의 회계검사와 행정기관 및 공무원의 직무에 관한 감찰을 하기 위하여 대통령 소속하에 감사원을 둔다.

제98조 ① 감사원은 원장을 포함한 5인 이상 11인 이하의 감사위원으로 구성한다.
② 원장은 국회의 동의를 얻어 대통령이 임명하고, 그 임기는 4년으로 하며, 1차에 한하여 중임할 수 있다.
③ 감사위원은 원장의 제청으로 대통령이 임명하고, 그 임기는 4년으로 하며, 1차에 한하여 중임할 수 있다.

제99조 감사원은 세입·세출의 결산을 매년 검사하여 대통령과 차년도국회에 그 결과를 보고하여야 한다.

제100조 감사원의 조직·직무범위·감사위원의 자격·감사대상공무원의 범위 기타 필요한 사항은 법률로 정한다.

제5장 법 원

제101조 ① 사법권은 법관으로 구성된 법원에 속한다.
② 법원은 최고법원인 대법원과 각급법원으로 조직된다.
③ 법관의 자격은 법률로 정한다.

제102조 ① 대법원에 부를 둘 수 있다.
② 대법원에 대법관을 둔다. 다만, 법률이 정하는 바에 의하여 대법관이 아닌 법관을 둘 수 있다.
③ 대법원과 각급법원의 조직은 법률로 정한다.

제103조 법관은 헌법과 법률에 의하여 그 양심에 따라 독립하여 심판한다.

제104조 ① 대법원장은 국회의 동의를 얻어 대통령이 임명한다.
② 대법관은 대법원장의 제청으로 국회의 동의를 얻어 대통령이 임명한다.
③ 대법원장과 대법관이 아닌 법관은 대법관회의의 동의를 얻어 대법원장이 임명한다.

제105조 ① 대법원장의 임기는 6년으로 하며, 중임할 수 없다.
② 대법관의 임기는 6년으로 하며, 법률이 정하는 바에 의하여 연임할 수 있다.
③ 대법원장과 대법관이 아닌 법관의 임기는 10년으로 하며, 법률이 정하는 바에 의하여 연임할 수 있다.
④ 법관의 정년은 법률로 정한다.

제106조 ① 법관은 탄핵 또는 금고 이상의 형의 선고에 의하지 아니하고는 파면되지 아니하며, 징계처분에 의하지 아니하고는 정직·감봉 기타 불리한 처분을 받지 아니한다.
② 법관이 중대한 심신상의 장해로 직무를 수행할 수 없을 때에는 법률이 정하는 바에 의하여 퇴직하게 할 수 있다.

제107조 ① 법률이 헌법에 위반되는 여부가 재판의 전제가 된 경우에는 법원은 헌법재판소에 제청하여 그 심판에 의하여 재판한다.
② 명령·규칙 또는 처분이 헌법이나 법률에 위반되는 여부가 재판의 전제가 된 경우에는 대법원은 이를 최종적으로 심사할 권한을 가진다.
③ 재판의 전심절차로서 행정심판을 할 수 있다. 행정심판의 절차는 법률로 정하되, 사법절차가 준용되어야 한다.

제108조 대법원은 법률에서 저촉되지 아니하는 범위 안에서 소송에 관한 절차, 법원의 내부규율과 사무처리에 관한 규칙을 제정할 수 있다.

제109조 재판의 심리와 판결은 공개한다. 다만, 심리는 국가의 안전보장 또는 안녕질서를 방해하거나 선량한 풍속을 해할 염려가 있을 때에는 법원의 결정으로 공개하지 아니할 수 있다.

제110조 ① 군사재판을 관할하기 위하여 특별법원으로서 군사법원을 둘 수 있다.

② 군사법원의 상고심은 대법원에서 관할한다.

③ 군사법원의 조직·권한 및 재판관의 자격은 법률로 정한다.

④ 비상계엄하의 군사재판은 군인·군무원의 범죄나 군사에 관한 간첩죄의 경우와 초병·초소·유독음식물공급·포로에 관한 죄 중 법률이 정한 경우에 한하여 단심으로 할 수 있다. 다만, 사형을 선고한 경우에는 그러하지 아니하다.

제6장 헌법재판소

제111조 ① 헌법재판소는 다음 사항을 관장한다.

1. 법원의 제청에 의한 법률의 위헌여부 심판
2. 탄핵의 심판
3. 정당의 해산 심판
4. 국가기관 상호간, 국가기관과 지방자치단체간 및 지방자치단체 상호간의 권한쟁의에 관한 심판
5. 법률이 정하는 헌법소원에 관한 심판

② 헌법재판소는 법관의 자격을 가진 9인의 재판관으로 구성하며, 재판관은 대통령이 임명한다.

③ 제2항의 재판관 중 3인은 국회에서 선출하는 자를, 3인은 대법원장이 지명하는 자를 임명한다.

④ 헌법재판소의 장은 국회의 동의를 얻어 재판관 중에서 대통령이 임명한다.

제112조 ① 헌법재판소 재판관의 임기는 6년으로 하며, 법률이 정하는 바에 의하여 연임할 수 있다.

② 헌법재판소 재판관은 정당에 가입하거나 정치에 관여할 수 없다.

③ 헌법재판소 재판관은 탄핵 또는 금고 이상의 형의 선고에 의하지 아니하고는 파면되지 아니한다.

제113조 ① 헌법재판소에서 법률의 위헌결정, 탄핵의 결정, 정당해산의 결정 또는 헌법소원에 관한 인용결정을 할 때에는 재판관 6인 이상의 찬성이 있어야 한다.

② 헌법재판소는 법률에 저촉되지 아니하는 범위 안에서 심판에 관한 절차, 내부규율과 사무처리에 관한 규칙을 제정할 수 있다.

③ 헌법재판소의 조직과 운영 기타 필요한 사항은 법률로 정한다.

제7장 선거관리

제114조 ① 선거와 국민투표의 공정한 관리 및 정당에 관한 사무를 처리하기 위하여 선거관리위원회를 둔다.

② 중앙선거관리위원회는 대통령이 임명하는 3인, 국회에서 선출하는 3인과 대법원장이 지명하는 3인의 위원으로 구성한다. 위원장은 위원 중에서 호선한다.

③ 위원의 임기는 6년으로 한다.

④ 위원은 정당에 가입하거나 정치에 관여할 수 없다.

⑤ 위원은 탄핵 또는 금고 이상의 형의 선고에 의하지 아니하고는 파면되지 아니한다.

⑥ 중앙선거관리위원회는 법령의 범위 안에서 선거관리·국민투표관리 또는 정당사무에 관한 규칙을 제정할 수 있으며, 법률에 저촉되지 아니하는 범위 안에서 내부규율에 관한 규칙을 제정할 수 있다.

⑦ 각급 선거관리위원회의 조직·직무범위 기타 필요한 사항은 법률로 정한다.

제115조 ① 각급 선거관리위원회는 선거인명부의 작성등 선거사무와 국민투표사무에 관하여 관계 행정기관에 필요한 지시를 할 수 있다.

② 제1항의 지시를 받은 당해 행정기관은 이에 응하여야 한다.

제116조 ① 선거운동은 각급 선거관리위원회의 관리하에 법률이 정하는 범위 안에서 하되, 균등한 기회가 보장되어야 한다.

② 선거에 관한 경비는 법률이 정하는 경우를 제외하고는 정당 또는 후보자에게 부담시킬 수 없다.

제8장 지방자치

제117조 ① 지방자치단체는 주민의 복리에 관한 사무를 처리하고 재산을 관리하며, 법령의 범위 안에서 자치에 관한 규정을 제정할 수 있다.

② 지방자치단체의 종류는 법률로 정한다.

제118조 ① 지방자치단체에 의회를 둔다.

② 지방의회의 조직·권한·의원선거와 지방자치단체의 장의 선임방법 기타 지방자치단체의 조직과 운영에 관한 사항은 법률로 정한다.

제9장 경 제

제119조 ① 대한민국의 경제질서는 개인과 기업의 경제상의 자유와 창의를 존중함을 기본으로 한다.

② 국가는 균형있는 국민경제의 성장 및 안정과 적정한 소득의 분배를 유지하고, 시장의 지배와 경제력의 남용을 방지하며, 경제주체간의 조화를 통한 경제의 민주화를 위하여 경제에 관한 규제와 조정을 할 수 있다.

제120조 ① 광물 기타 중요한 지하자원·수산자원·수력과 경제상 이용할 수 있는 자연력은 법률이 정하는 바에 의하여 일정한 기간 그 채취·개발 또는 이용을 특허할 수 있다.

② 국토와 자원은 국가의 보호를 받으며, 국가는 그 균형있는 개발과 이용을 위하여 필요한 계획을 수립한다.

제121조 ① 국가는 농지에 관하여 경자유전의 원칙이 달성될 수 있도록 노력하여야 하며, 농지의 소작제도는 금지된다.

② 농업생산성의 제고와 농지의 합리적인 이용을 위하거나 불가피한 사정으로 발생하는 농지의 임대차와 위탁경영은 법률이 정하는 바에 의하여 인정된다.

제122조 국가는 국민 모두의 생산 및 생활의 기반이 되는 국토의 효율적이고 균형있는 이용·개발과 보전을 위하여 법률이 정하는 바에 의하여 그에 관한 필요한 제한과 의무를 과할 수 있다.

제123조 ① 국가는 농업 및 어업을 보호·육성하기 위하여 농·어촌종합개발과 그 지원등 필요한 계획을 수립·시행하여야 한다.

② 국가는 지역간의 균형있는 발전을 위하여 지역경제를 육성할 의무를 진다.

③ 국가는 중소기업을 보호·육성하여야 한다.

④ 국가는 농수산물의 수급균형과 유통구조의 개선에 노력하여 가격안정을 도모함으로써 농·어민의 이익을 보호한다.

⑤ 국가는 농·어민과 중소기업의 자조조직을 육성하여야 하며, 그 자율적 활동과 발전을 보장한다.

제124조 국가는 건전한 소비행위를 계도하고 생산품의 품질향상을 촉구하기 위한 소비자보호운동을 법률이 정하는 바에 의하여 보장한다.

제125조 국가는 대외무역을 육성하며, 이를 규제·조정할 수 있다.

제126조 국방상 또는 국민경제상 긴절한

필요로 인하여 법률이 정하는 경우를 제외하고는, 사영기업을 국유 또는 공유로 이전하거나 그 경영을 통제 또는 관리할 수 없다.

제127조 ① 국가는 과학기술의 혁신과 정보 및 인력의 개발을 통하여 국민경제의 발전에 노력하여야 한다.

② 국가는 국가표준제도를 확립한다.

③ 대통령은 제1항의 목적을 달성하기 위하여 필요한 자문기구를 둘 수 있다.

제10장 헌법개정

제128조 ① 헌법개정은 국회재적의원 과반수 또는 대통령의 발의로 제안된다.

② 대통령의 임기연장 또는 중임변경을 위한 헌법개정은 그 헌법개정 제안 당시의 대통령에 대하여는 효력이 없다.

제129조 제안된 헌법개정안은 대통령이 20일 이상의 기간 이를 공고하여야 한다.

제130조 ① 국회는 헌법개정안이 공고된 날로부터 60일 이내에 의결하여야 하며, 국회의 의결은 재적의원 3분의 2 이상의 찬성을 얻어야 한다.

② 헌법개정안은 국회가 의결한 후 30일 이내에 국민투표에 붙여 국회의원선거권자 과반수의 투표와 투표자 과반수의 찬성을 얻어야 한다.

③ 헌법개정안이 제2항의 찬성을 얻은 때에는 헌법개정은 확정되며, 대통령은 즉시 이를 공포하여야 한다.

부칙 〈제10호, 1987. 10. 29〉

제1조 이 헌법은 1988년 2월 25일부터 시행한다. 다만, 이 헌법을 시행하기 위하여 필요한 법률의 제정·개정과 이 헌법에 의한 대통령 및 국회의원의 선거 기타 이 헌법시행에 관한 준비는 이 헌법시행 전에 할 수 있다.

제2조 ① 이 헌법에 의한 최초의 대통령선거는 이 헌법시행일 40일 전까지 실시한다.

② 이 헌법에 의한 최초의 대통령의 임기는 이 헌법시행일로부터 개시한다.

제3조 ① 이 헌법에 의한 최초의 국회의원선거는 이 헌법공포일로부터 6월 이내에 실시하며, 이 헌법에 의하여 선출된 최초의 국회의원의 임기는 국회의원선거 후 이 헌법에 의한 국회의 최초의 집회일로부터 개시한다.

② 이 헌법공포 당시의 국회의원의 임기는 제1항에 의한 국회의 최초의 집회일 전일까지로 한다.

제4조 ① 이 헌법시행 당시의 공무원과 정부가 임명한 기업체의 임원은 이 헌법에 의하여 임명된 것으로 본다. 다만, 이 헌법에 의하여 선임방법이나 임명권자가 변경된 공무원과 대법원장 및 감사원장은 이 헌법에 의하여 후임자가 선임될 때까지 그 직무를 행하며, 이 경우 전임자인 공무원의 임기는 후임자가 선임되는 전일까지로 한다.

② 이 헌법시행 당시의 대법원장과 대법원판사가 아닌 법관은 제1항 단서의 규정에 불구하고 이 헌법에 의하여 임명된 것으로 본다.

③ 이 헌법 중 공무원의 임기 또는 중임제한에 관한 규정은 이 헌법에 의하여 그 공무원이 최초로 선출 또는 임명된 때로부터 적용한다.

제5조 이 헌법시행 당시의 법령과 조약은 이 헌법에 위배되지 아니하는 한 그 효력을 지속한다.

제6조 이 헌법시행 당시에 이 헌법에 의하여 새로 설치될 기관의 권한에 속하는 직무를 행하고 있는 기관은 이 헌법에 의하여 새로운 기관이 설치될 때까지 존속하며 그 직무를 행한다.

憲法의 基礎와 原理

先賢의 가르침을 배우고 쉼 없이 거듭하여 익혀간다면 어찌 그 속에서 진정한 마음의 즐거움을 누리지 않을 수 있겠으며, 뜻이 맞는 同志가 먼 곳에서도 서로 공부가 좋아 찾아온다면 또한 진정 즐거운 일이 아니겠는가. 그리고 세상 사람들이 나의 工夫를 알아주지 않는다고 하더라도 그에 개의치 않고 원망하지 않을 수 있다면 진정 德을 완성한 사람이 아니겠는가.

[學而時習之不亦說乎, 有朋自遠方來不亦樂乎, 人不知而不慍 不亦君子乎]

– 論語 –

제 1 편　憲法의 基礎

제 2 편　憲法의 基本原理

제 3 편　韓國 憲法의 歷史와 基本原理

제 1 편

憲法의 基礎

공부는 거문고의 줄을 고루듯이 팽팽하고 느슨함이 알맞게 하여야 한다. 너무 애쓰면 집착하게 되고 잊어버리면 無明에 떨어지게 된다. 惺惺하고 歷歷하게 하면서도 차근차근 쉼없이 하여야 한다.

－淸虛 休靜

제 1 장 憲法의 槪念과 本質

제 1 절 憲法의 槪念

1. 國家法과 國家

[1] 第一 國 家 法

I. 국가법의 개념

헌법의 개념을 이해함에 있어서는 먼저 國家法(Staatsrecht)에 대한 이해가 필요하다. 헌법의 영역에서 국가가 어떠한 자리를 차지하고 있으며, 헌법은 국가 이외에 무엇을 규율하고 있는지를 이해할 필요가 있기 때문이다. 헌법은 과거에 국가법과 同義語로 사용된 적이 있고 오늘날에도 종종 그렇게 사용하고 있기 때문에 헌법과 국가법을 구별하는 것은 헌법의 개념과 성격을 이해함에 있어 선결적인 과제이다.

國家法은 국가의 형태, 성질, 조직, 체계, 작용 등에 관한 법으로서, 국가에 관한 전체적인 法秩序 가운데 한 부분을 차지하면서 국가권력의 법적 근거와 행사에 대하여 규율하는 동시에 국가작용에 관한 나머지 下位法規範의 생성과 효력의 전제를 이루는 법이다. 국가법은 추상적 · 일반적인 국가에 대한 법이 아니라 특정한 공동체에 존재하는 구체적 · 개별적인 국가에 관한 법이기 때문에 國家法學(Staatsrechtswissenschaft)에서의 논의는 국가에 대한 일반적인 논의가 아니라 구체적인 특정 국가에 관한 법규범과 그의 해석에 대한 것이다. 이런 점에서 國家法學은 추상적 · 일반적인 국가에 대하여 논의하는 國家學(Staatslehre)과 비교하여 그 논의의 영역과 관심의 대상에서 서로 구별된다.

국가법은 현재 존재하는 국가를 전제로 하기 때문에 그 개념의 정의도 존재하는 국가에 의해 이루어진다. 따라서 국가법은 특정한 공동체의 구체적인 국가를 전제로 한 법이다. 대한민국의 국가법도 대한민국이라는 공동체에 존재하는 국가에 대한 법이다. 이런 점에서 모든 국가는 공간과 시간에 의해 규정되는 정치적 · 경제적 · 사회적 · 문화적 · 기술적 · 정신적인 관계 및 표상과 뗄 수 없게 되어 있는 자신의 국가법을 가진다.

그런데 國家는 시간과 삶의 환경이 변화함에 따라 변하기 때문에 고정된 불변의 것으로 존재할 수 없다. 특히 오늘날 국가는 과거의 국가와 비교하여 기능과 역할에서 빠른 속도로 변화를 거듭하고 있기 때문에 국가법도 이에 따라 변하고 있으며, 나라에 따라 그 변화의 양상도 다르게 나타난다. 국가법은 변화하는 이러한 국가를 전제로 하기 때문에 그 논의의 내용도 변화할 수밖에 없다.

국가법의 영역에서는 국가학의 전통적 주제에 속하는 국가의 槪念, 本質, 目的, 正當性 등에 대한 논의는 상대적으로 그 중요성이 크지 않다. 國家法學도 국가철학적인 논의나 정치철학적인 논의와 연관을 가지기는 하지만, 이 문제를 중심 주제로 다루지는 않는다. 이런 점에서 國家法學과 國家學은 구별된다. 그러나 국가법학이 현재 존재하는 국가를 전제로 하는 학문이라고 하더라도 오로지 현재 존재하는 국가법에만 논의를 한정하는 것은 아니다. 헌법학이 그렇듯이, 국가법학에서도 「현재 있는 국가법」을 전제로 논의하되, 이와 관련된 국가학, 국가이론, 국가철학, 정치철학 등의 논의들도 충분히 수용하여야 할 필요가 있다.

Ⅱ. 국가법과 국제법

國家法은 한 나라 안의 자기 국가에 관한 법이다. 國際法(international law)도 국가에 관한 법이기는 하지만 국가들간의 관계를 규율하는 법이다. 국제법에서도 國際法의 主體 또는 法人格者(subject of international law, international legal person)의 문제에서 국가만을 국제법의 주체로 인정하는 견해, 국가 이외에 개인을 넓게 또는 한정적으로 국제법의 주체로 인정하는 견해가 있어 국제법이 국가에 관한 법이냐 하는 점에 대해서는 논란이 있으나, 국가를 국제법의 주체로 인정하는데는 일치하고 있다. 따라서 국가는 典型的이고 生來的 · 本源的인 국제법의 주체이고, 국제법은 이런 국가들간의 관계에 관한 법이다.

국제법상 국제법의 주체는 자기 이름으로 국제법에 의거하여 權利를 保有하고 行使하거나 義務를 부담할 수 있는 능력을 가진 실체를 말한다. 오늘날 국제법에서는 과거와 달리 국가가 아닌 실체들(non-state entities), 즉 국제기구(international organization), 亡命政府(government in exile), 혁명단체나 민족해방단체와 같은 조직된 민족(national liberation movements), 개인이나 非政府團體(non-government organization)와 같은 다양한 실체들이 제한적이나마 국제법상 법인격을 인정받기에 이르렀기 때문에 국가만이 국제법의 주체라고 하기는 어려워지고 있다.

[2] 第二 國　家

I. 국가의 개념

(1) 개　설

「국가의 권리와 의무에 관한 몬테비데오협약」(Montevideo Convention on the Rights and Duties of States 체결: 1933. 12. 26., 발효: 1934. 12. 26.)은 국제법상 국가로 인정받기 위해서는 i) 항구적인 住民(permanent population), ii) 일정한 領域(defined territory 넓은 의미의 領土), iii) 政府(government), iv) 다른 국가들과 관계를 맺을 수 있는 能力(capacity to enter into relations with the other states)을 가져야 한다고 한다(同協約 §1).

國際法分野의 논의에서 住民, 領域, 政府 이외에 대외적인 문제를 처리하는 능력을 제4의 요소로 파악할 것인가 아니면 이런 능력까지 정부의 요소에 포함된다고 할 것인가 하는 것은 학설상의 문제로 남아 있지만, 국가법에서는 국가의 기본적인 구성요소로서 國民(Staatsvolk), 領域(Staatsgebiet), 國家權力(Staatsgewalt)을 든다. 국가의 구성요소로서 이러한 3가지 요소를 드는 것은 전통적으로 인정되어온 國家3要素理論(Drei-Elemente-Lehre)의 중심내용이다(예: G.Jellinek의 3요소이론). 이에 의하면, 국가라는 것은 일정한 영역과 주민을 다스리는 배타적인 국가조직과 국가권력(=통치권)을 가지고 있는 공동체라고 정의한다. 즉, 국가는 지구의 특정한 영역에서 高權的 통치권력에 의해 지배를 받으면서 일정한 목적에 의해 질서가 형성된 사회공동체에 살고 있는 주민들에 의해 결합된 조직체이다.

국제법상 「다른 국가들과 관계를 맺을 수 있는 능력」(capacity to enter into relations with the other states)은 국가가 조약의 체결이나 외교사절의 교환과 같은 對外關係를 自主的으로 처리하는 능력을 말하는데, 外交能力이라고도 한다. 국제법의 관점에서 보면, 이러한 외교능력은 국가의 권리능력을 구성하는 하나의 독립적인 요소로 파악할 수는 있으나, 헌법에서 이러한 능력은 국가작용의 하나에 해당되므로 국가를 구성하는 3요소 가운데 하나인 국가권력에 포함시켜도 무방하다.

國家라는 용어는 영어 state, 프랑스어 état, 독일어 Staat, 이탈리아어 stato로 표기되는 말의 번역어이다. 이 말은 라틴어 status에서 유래하는 것으로 원래는 사물의 어떠한 상태를 뜻하는 말이었다. 이런 말이 헌법학, 국가학, 정치학에서 사용하는 국가라는 의미를 가지기 시작한 것은 유럽에서 근대 초기 절대주의국가가 형성되던 시기라고 본다. J. Bodin은 「국가론」(Six livres de la République 1576)에서 République라는 용어를 사용하기도 했다. T. Hobbes는 「리바이어던」(Leviathan 1651)에서 state, commonwealth, republic이라는 용어를 사용했다. A. Smith는 「國富論」(An Inquiry into the Nature and Causes of the Wealth of Nations 1776)에서 nation이라는 용어를 사용했다. 동양에서는 중국의 고전에서 일찍부터 나라를 지칭하는 말로 國이라는 용어가 사용되었다. 서양의 state라는 개념이 동양에서 오늘날의 의미로 수용되던 시기에 일본국에서는 國, 國家 또는 政府로 번역되어 사용되었다. 「英和對譯袖珍辭書」(1862)와 福

澤諭吉,「西洋事情」(1866)에서는 國家, 國으로 일컬었다. 우리나라에서는 1883년 창간한 「漢城旬報」, 1886년 창간한 「漢城週報」, 1896년 창간한 「독립신문」 등에서 우리말 '나라'라는 말과 동시에 國家라는 용어를 사용하였다. 李承晩이 1901년에서 1903년 사이에 저술한 「독립정신」에는 이미 국가의 개념, 성격, 기능, 형태에 대한 오늘날과 같은 수준의 인식이 나타나 있다. 국가학에 관한 최초의 단행본인 羅瑨/金祥演(譯述), 「國家學」(1906)에서도 국가라는 말이 정착되었으며, 그 이후 국가에 관한 저술에서 널리 통용되었다. 1906년 6월 8일 「皇城新聞」에서는 헌법과 국가에 관하여 이미 출간된 저술로 萬國憲法比較, 國憲汎論, 憲法要義, 憲法精理, 萬國憲法志, 憲政論, 國家學綱領, 國家學原論, 共和政體論, 政治學全編, 議會政黨論, 泰西各國政治論, 歐美政體通覽, 警察學全書, 國際公法大綱 등이 있음을 알렸다.

(2) 국가 구성의 3요소

(a) 국 민

국가의 구성요소인 國民은 공동체에 항구적으로 定住하는 住民을 말하며, 해당 국가의 국적을 취득하여 공동체를 형성하는데 참여하고 있는 인간집단을 의미한다. 항구적인 주민인가 아닌가 하는 것은 그 영역 내에 거주하는가의 여부에 의해 결정되는 것이 아니라 해당 주민이 동의한 바에 의한 國籍으로 정해진다(主觀主義).

국가의 구성요소인 국민이 국적을 기준으로 정해진다고 볼 때, 외국인은 국가의 구성요소가 될 수 없다. 그런데 오늘날 사람들의 활동에서 국가간의 국경이 장벽이 되지 않고 점차 외국에서 정주하는 경우가 많아지면서 定住外國人과 一般外國人 사이에 법적인 지위에서 차이가 있는가 하는 것이 문제로 등장하고 있으며, 一般外國人과 비교하여 定住外國人에 대하여 특별히 취급하는 나라도 있다.

공직선거법은 지방의회의원과 지방자치단체의 장의 선거에서 일정한 定住外國人, 즉 「출입국관리법」 제10조(체류자격)의 규정에 따른 영주의 체류자격 취득일 후 3년이 경과한 19세 이상의 외국인으로서 제37조 제1항의 선거인명부작성기준일 현재 「출입국관리법」 제34조(외국인등록표등의 작성 및 관리)의 규정에 따라 당해 지방자치단체의 외국인등록대장에 등재된 자에 대하여 選擧權을 부여하고 있다(同法 ②iii §15). 永住의 체류자격은 「출입국관리법시행령」 제12조에서 정하고 있다.

(b) 영 역

국가의 구성요소인 領域은 地球上 일정한 범위를 차지하는 地域的 空間을 의미한다. 이러한 공간은 定住하는 주민이 생활하는데 있어 필수불가결한 것이다. 이 영역에는 영토의 지표와 지하공간, 영공, 영해가 포함된다. 영역은 반드시 국경이 엄밀하게 劃定되어 있어야 하는 것은 아니며, 지리적으로 반드시 연속되어 있어야 하는 것도 아니다. 주민이 형성한 공동체가 실효성을 가지는 지배권을 계속적으로 행사하는 확정적인 지역이면 된다.

독립 국가는 이러한 領域高權에 근거하여 자기 영역 내에 있는 외국인이나 무국적자의 지위를 결정한다. 자기 국민과 비교하여 외국인이나 무국적자에 대하여 어떠한 지위를 인정할 것인가 하는 것은 해당 국가의 영역고권에 의하여 결정된다. 외국인의 경우에 자기 모국의 법에 의하여 보장되는 지위가 있지만, 특정 나라에 입국한 경우에는 원칙적으로 해당 국가의 영역고권에 의하여 지배를 받는다. 외국인의 권리나 외국인과 내국인간의 평등대우 문제는 특별한 사유가 없는 한 권리나 의무의 성질에 의하여 선험적으로 정해지는 것이 아니고 해당 국가의 영역고권에 의하여 정해진다. 어떤 나라가 영역고권을 제한하는 국제조약에 가입한 경우에는 해당 조약에 의하여 영역고권이 제한되고, 이에 따라 외국인이나 무국적자의 지위를 정함에 있어 제약을 받을 수 있다.

영역의 개념

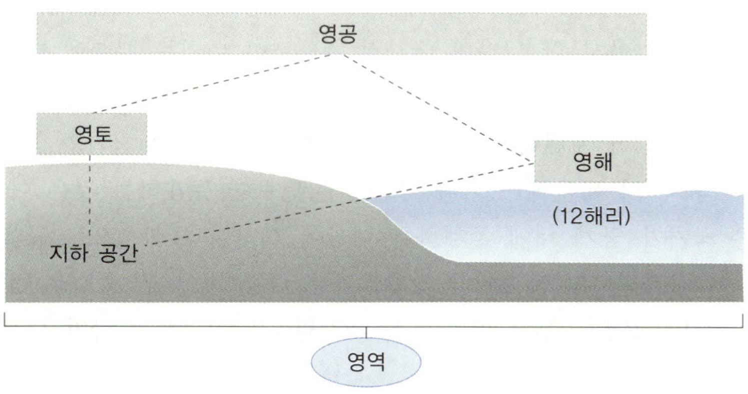

(c) 국가권력

국가의 구성요소인 國家權力(=統治權)은 주민과 영역에 대한 본원적이고 무제한적인 支配力(Herrschaftsmacht)을 말한다. 통치권이 국민에게 미치는 경우에 對人高權(Personalhoheit)으로 나타난다. 이를 對內的 意味의 主權이라고도 한다. 對人高權은 자기 나라의 국적을 가지고 있는 국민에 대해서는 다른 국가의 국가권력이 미치지 못하고 오직 해당 국가의 국가권력이 지배권을 가지는 것을 말한다. 領域高權(Gebietshoheit, Territorialhoheit)은 영역에 대한 領有權과 處分權(domonium)을 의미하며,

한 나라가 타 국가의 간섭 없이 자기 영역 내의 모든 사람과 일체의 사물에 대하여 미치는 排他的인 힘(imperium)을 의미한다.

이런 국가의 지배력은 국가로 하여금 구속적인 규율이나 명령을 일방적으로 행할 수 있게 하고, 필요한 경우에는 强制力을 행사할 수 있게 하는 힘을 의미한다. 주민이나 영역은 事實的인 것임에 비하여, 국가권력은 本源的 支配力으로 주민과 영역에 대하여 효과적으로 통치할 수 있는 實效性을 가지는 것이다. 국가의 지배력은 국민 이외에 어떠한 타 존재로부터도 파생되는 것이 아니라는 의미에서 본원적인 것이다. 이런 국가권력은 헌법에 의하여 구체화되고 규범화되어 統治權力으로 작용하는데, 이런 의미에서 국가권력은 헌법에 의해 창설된다.

국가권력의 효력에 의하여 지표상의 일정한 지역은 특정 국가의 領域으로 되고 그 지역에 정주하는 주민은 특정 국가의 國民이 된다. 국가의 구성요소 중 국민이나 영역의 문제는 사실의 문제이어서 판단하기가 용이하지만, 국가권력의 문제는 그 실효성과 관련하여 구체적인 경우에 법적 또는 정치적인 판단을 수반하기 때문에 판단하기 쉽지 않다. 국민과 영역에 대한 국가적 지배력은 다른 국가에 대해서 대외적인 獨立性을 가진다. 따라서 한 나라의 국가적 지배력이 미치는 부분에 대해서는 다른 국가의 지배력이 미치지 않는다.

국가권력이 이러한 지배력을 의미한다고 하여 국내적으로 국가와 국민간의 관계에서 국가가 국민보다 優位에 있거나 국가가 국민보다 先在하는 것은 아니다. 국가의 지배력은 국가가 국가 내에 존재하는 대상에 대하여 효과적으로 규율하는 힘을 말하기 때문에 국가권력의 源泉이나 正當性과는 다른 것이다. 오늘날 國民主權原理에 의할 때, 국가권력의 원천은 국민이고, 국가권력의 정당성도 국민적 정당성(=민주적 정당성)이지 않을 수 없다.

국가 구성의 3요소

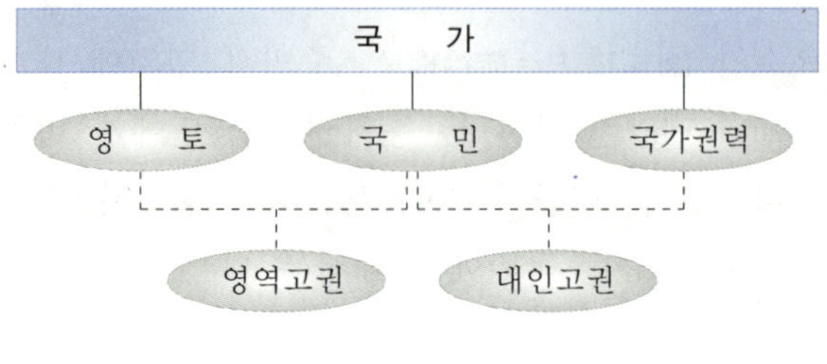

《주권의 문제》

主權(sovereignty, Souveränität, souveraineté)이 국가의 구성요소에 해당하는가 하는 문제가 있다. 주권이라는 말은 자주 개념에 대한 정확한 정의가 없이 사용되어 그 의미와 내용이 애매하지만, 국제법적으로는 국가의 法的 獨立性과 배타적인 最終的 決定權能과 관련하여 주권이라는 말이 사용된다. 근대 국제법에서는 국제법질서보다 각 국가가 優位에 있다는 것을 나타내기 위하여 주권이라는 말이 사용되기도 하였고, 각 국가가 국제법상의 의무를 면하기 위한 논리로 주권이라는 것이 동원되기도 하였다. 그러나 오늘날 국제법질서에 있어서는 국가의 의사를 초월한 强行法規(jus cogens)의 존재가 인정되고 있을 뿐 아니라 개별 국가들은 국제법질서 아래에 놓이게 되고, 國際人權規約(1966년) 등과 같이 超國家的으로 규범력을 가지는 국제법규범이 등장하면서, 국가도 의무를 지고 이러한 의무의 불이행에 대해서는 국제법적인 制裁가 가해지게 되었다. 따라서 과거에 국가는 국제법규범과 국제법질서에 복종하지 않는다는 의미로 사용되기도 했던 주권이라는 개념은 더 이상 통용되기 어렵게 되었다. 그러나 국가의 구성요소에 해당하는 국가권력이 그 본원적인 지배력에 따라 대외적 독립성과 최종적 결정권능을 가지는 이상, 국제법상으로도 이런 요소가 침해될 수는 없고, 이러한 부분을 국제법상 國家主權이라고 한다면, 주권이라는 용어는 아직도 實益이 있는 개념이라고 볼 수 있다. 국제법상 인정되는 주권은 對外的 意味의 主權(äußere Souveränität)과 對內的 意味의 主權(innere Souveränität)으로 나뉘는데, 대외적 주권은 주권적 평등과 주권적 자유를 핵심 내용으로 하고, 대내적 주권은 국민에 대한 배타적 지배권인 對人高權과 영역에 대한 배타적 지배권인 領域高權을 핵심내용으로 하고 있다. 대외적 의미의 주권은 통상 국제사회나 국제관계에 따라 국가간의 권리의무관계를 규율하는 국제법규범에 의하여 제약될 수 있다. 대내적 의미의 주권은 위에서 본 바와 같이, 국가권력을 주권의 면에서 볼 때 뜻하는 말이다.

Ⅱ. 국가의 본질

(1) 정치사회로서의 국가

국가를 영역, 국민, 국가권력이라는 3요소로 이루어지는 개념이라고 할 때는 국제법상의 국가를 의미한다. 다른 한편으로 정치사회학적인 측면에서 보면 국가는 이러한 요소들이 작용하는 공동체를 의미한다. 이 경우에는 국가와 사회는 범위에 있어서 동일한 것으로 존재한다.

사적 이익(=私益 private interest)과 대비되는 공적 이익(=公益 public interest) 또는 國家利益(=國益 national interest)이 존재하는 경우에 있어서 국가는 사회를 의미한다. 이러한 맥락에서 보면 공동체의 안전을 보장하는 헌법 제37조 제2항의 「국가안전보장」이라는 문언에서 말하는 국가도 대한민국이라는 사회, 즉 공동체를 의미한다. 이러한 경우에 국가는 사회와 동일한 의미를 가진다. 국민(people)이라는 개념도 특정 국가의 국적을 보유하고 있는 사람이라는 의미에서는 일반적인 사람과 구별되지만, 그 소속 영역과 크기에서는 사회에 속하는 구성원을 의미한다.

(2) 정치권력체로서의 국가

이와 달리 공동체의 존속·유지와 그 구성원의 자유·권리를 실현하는 공적 강제력의 메커니즘으로 파악되는 국가(政治權力體로서의 國家)는 보다 좁은 의미이며, 이는 통상 정부(government)를 의미한다. 국가를 정부의 의미로 사용하는 경우에는 국가와 사회는 동일하지 않으며, 국가는 강제의 메커니즘이고 사회는 자율의 메커니즘으로 이해된다. 헌법학에서 권력체로서의 국가라고 하는 경우는 대부분 공권력의 메커니즘인 정부를 의미한다.

국가를 정부의 의미로 파악하는 경우에 국가의 본질은 권력(power)이라는 점에 있다. 국가가 권력적 속성을 지니고 있지 않으면 더 이상 국가가 아니다. 권력이라 함은 타자가 무엇을 하고자 하는 의지를 좌절시키는 힘을 의미하는 강제력인데, 국가의 권력은 私的인 것이 아니라는 점에서 公的 强制力(=公權力)을 뜻한다.

헌법에서 정하고 있는 통치메커니즘인 국가는 이러한 공적 강제력으로서의 통치권력의 메커니즘을 의미한다(예: 현행 헌법 제3장~제8장).

Ⅲ. 국가의 목적과 책무

국가(=정부)는 공동체가 존속하고 안전하게 유지되며, 公共財 또는 必要財를 제공하고 개인의 자유와 권리를 보장하여 공동체의 구성원이 각기 자신의 행복을 추구하고 개성을 실현할 수 있도록 하는 수단으로 존재하는 강제력의 메커니즘이다. 이러한 공적 강제력은 공동체의 존속·유지와 그 구성원의 행복추구 및 개성실현이라는 목적을 달성하기 위한 수단일 뿐 아니라, 자율적인 사회공동체에서 발생하는 사적 권력이 공동체의 안전과 구성원의 행복추구를 침해할 수 없도록 하기 위한 도구이기도 하다. 따라서 국가는 이러한 목적을 달성하기 위한 수단으로서만 정당화되며, 자기 스스로 목적이 되는 자기목적적인 존재일 수 없다.

이러한 국가의 본질적 목적과 책무에 비추어 보면, 국가는 어떠한 경우에도 공동체와 그 구성원(=주민)을 국가의 수단으로 삼을 수 없고, 국가에 종속되게 할 수 없다. 우리 헌법도 현대 입헌주의국가의 헌법과 마찬가지로 이러한 성격을 가진 국가를 상정하고 있다.

Ⅳ. 사회와 국가

국가(=정부 state)는 공적 강제력의 메커니즘이기 때문에 他律的인 것이며, 이런 점에서 自律을 본질로 하는 사회(=사회공동체 society)와 구별된다(國家와 社會의 二元論 dualism). 인간은 국가를 창설하기 이전에 자연인인 개인으로서 존재하며, 이러한 개인들이 모여 자율적인 사회를 구성하고, 그 일원으로 각기 자기의 삶을 영위한다.

그러나 사회에는 다른 공동체나 내부 구성원의 공격에 의하여 소멸되거나 해체될 수 있는 위험이 상존하고, 사적 권력의 발생으로 인하여 사회의 자율성이 강자의 의지에 의해 지배되는 현상이 발생하기도 한다. 이 경우에는 사회가 자율성을 상실하고 그 구성원도 他者의 지배를 받는 타율의 메커니즘 속에 처해질 위험이 있다. 국가는 구성원들이 살고 있는 공동체가 존속·유지될 수 있도록 이러한 위험에 대비하고, 공동체 내에서 사적 권력의 발생과 이로 인하여 사회의 자율성이 상실되는 것을 방지하는 역할을 한다(國家性).

이러한 국가는 그 실제에서 권력의 작용·행사로 나타나기 때문에 이에는 일정한 規則에 의할 것이 요구된다. 그래서 국가권력은 規則에 따른 것이어야 하는바, 이것을 法治라고 한다(法治性). 근대 국가에 들어오면서 국가권력이 헌법을 최정점으로 한 法治에 바탕을 두고 행해지는 것을 立憲主義라고 부르게 되었다.

이러한 점에서 공동체에 있어 국가는 사회보다 좁은 개념이며, 인간의 자율영역은 국가보다 훨씬 광범하다. 국가의 타율 메커니즘은 필요최소한으로 존재하고 그에 합당하게 기능해야 한다. 자율을 바탕으로 형성되는 시장에 대한 국가의 개입이 市場의 失敗(market failure)가 심각할 경우에 한하여 허용되는 것도 이러한 이유 때문이다. 이와 같이 사회에 대한 국가의 작용은 보충적인 것이며(補充性의 原理 Prinzip der Subsidiarität), 자율에 기초하여 공동체가 유지되고 그 구성원의 삶이 영위될 수 있는

사회와 국가

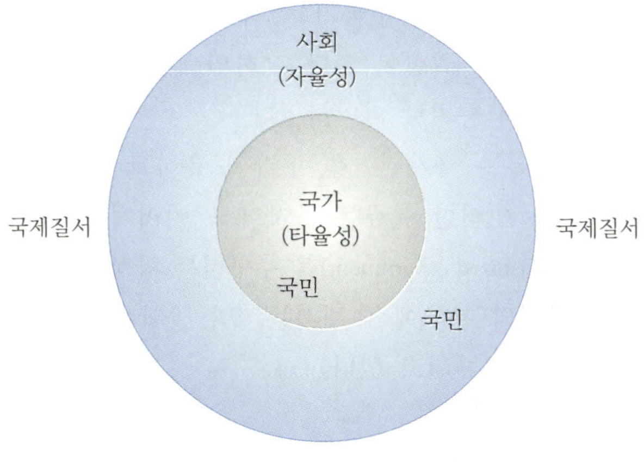

한 국가의 개입이나 간섭은 금지된다.

국민은 본질적으로 자율적인 사회의 구성원으로 존재하기 때문에 국가가 그 목적을 달성하기 위해 강제력을 바탕으로 규율하는 범위 내에서만 국가에 의해 규율된다. 따라서 국민은 국가에 종속되어 있는 것이 아니라 사회의 구성원으로 존재한다.

[3] 第三 國家形態

Ⅰ. 개　　념

국가형태란 국가의 성질, 구조, 체계에 의해 정해지는 통일된 정치적 일원체의 유형을 말한다. 국가형태를 파악하는 경우에는 i) 국가의 구조, 조직, 성격, 작용 등에 대하여 헌법이 정하고 있는 국가형태를 이해하는 정태적인 이해와 ii) 헌법에 정해져 있는 국가형태 이외에 현실에서 국가의 작용에 의해 나타나는 국가형태를 이해하는 동태적인 이해가 있다. 동태적인 이해에 따르면, 일정한 시기 동안에는 헌법이 정하고 있는 국가형태가 존재하다가 다른 시기 동안에는 헌법상의 국가형태와는 다른 국가형태가 존재할 수 있다.

Ⅱ. 국가형태론에서의 기본 유형

국가형태에 관하여 고대의 Herodotus(485?–425? B.C.)는 통치자의 수를 기준으로 1인통치(monarkhia), 소수통치(oligarkhia), 국민전체의 통치(demokratia)로 나누었고(oligarkhia와 demokratia는 Herodotus에게서 나타나고, monarkhia는 그 이전에 나타났다. 이러한 3分法은 Isocrates, Pindaros에게서도 나타났으며, Aristoteles에 이어졌다.), Platon(427–347 B.C.)은 군주국가와 민주국가로 분류한 다음 양자의 장점을 딴 혼합국가를 구상하였다. Aristoteles(384–322 B.C.)는 1인의 통치를 君主國家, 우수한 소수의 통치를 貴族國家(=賢人國家), 국민의 통치를 民主國家로 분류하고, 군주국가는 폭군정치로, 귀족국가는 과두정치로, 민주국가는 중우정치로 변질될 위험이 있다고 하였으며, 귀족국가와 민주국가의 장점을 모은 혼합국가를 최선의 통치로 파악하였다.

이러한 국가형태의 분류는 국가권력을 누가 보유하고 있는가 하는 것을 기준으로 한 것이다. Aristoteles의 이러한 분류는 중세에도 이어져 내려왔고, 3가지 국가의 장점을 모두 모은 混合國家(mixed government)를 추구하는 양상도 나타났다(예: 로마의 Cicero(106-43 B.C.); 중세의 Thomas Aquinas(1225–1274), Niccolò Machiavelli(1469–1527)). 국가형태의 분류에 대해서는 오늘날까지도 합의된 것이 없고, 필요에 따라 다양한 기준에서 분류되고 있다.

Ⅲ. 군주국가와 공화국가

君主國家는 君主主權에 입각하여 세습적인 군주에 의해 통치되는 국가를 의미하고, 共和國家는 國民主權에 입각하여 군주의 존재를 부정하고 국민으로부터 나온 권력에 의해 통치되는 국가를 의미한다(예: N. Machiavelli의 분류). 국가학을 집대성한 G. Jellinek는 군주국가(Monarchie)와 공화국가(Republik)로 나누었다.

군주국가에는 專制君主國家와 立憲君主國家가 존재하는데, 오늘날 군주제를 취하고 있는 나라는 대체로 입헌군주국가이다(예: 영국, 타이랜드, 네팔, 일본국). 군주가 상징적 존재로만 기능하는 군주국가는 실질적으로 민주국가에 해당한다. 오늘날 공화국가는 군주국가가 아닌 국가를 뜻하는 소극적 의미를 가지는 개념으로 통용된다. 공화국가에도 민주국가, 독재국가, 권위주의국가, 전제주의국가 등이 존재한다.

Ⅳ. 단일국가와 연방국가

單一國家(unitary state, Einheitsstaat)는 하나의 공동체가 단일한 주권하에 헌법을 제정하고, 통치권이 분할되지 않고 단일한 중앙정부에 집중된 국가를 말한다. 정치권력이 集權主義에 의해서 작동한다. 단일국가에서는 통치권이 국가에 속하기 때문에 국가 내에서 통치권의 기능에 따라 분권이 이루어지더라도 통치권이 분할되어 국가에서 떨어져 나가는 것이 아니라 여전히 국가에 속해 있다. 따라서 지방자치를 실시하는 경우에도 이는 통치권이 국가 내에 있는 것이지, 국가와 분리된 존재에 속하는 것이 아니다. 대외적 주권과 대내적 주권이 각기 불가분의 상태로 하나의 국가에 속하고 있으며, 단일의 한 국가가 국제법상의 주체가 된다.

聯邦國家(federal state, Bundesstaat, Etat fédéral)는 복수의 공동체가 공동의 목적을 추구·실현하기 위하여 연방헌법을 제정하고, 국가의 주권을 全體國家(Gesamtstaat)인 연방(Bund)과 연방을 구성하는 構成國家(constituent state, Gliedstaat)인 支邦(예: 미합중국의 state, 독일의 Land, 스위스의 canton)에 나누어, 통치권이 연방과 지방에 분산된 국가를 말한다(예: 미합중국, 캐나다, 독일, 오스트리아, 스위스, 아르헨티나, 브라질, 멕시코, 인디아, 말레이시아, 나이지리아, 남아프리카공화국). 정치권력이 分權主義에 의하여 작동한다. 연방국가는 연방헌법에 의하여 연방차원에서의 국가기관과 법질서는 통일되어 있지만, 연방과 지방은 각기 國家로서의 性質(statehood, Staatsqualität)을 지니고 있으며, 국가적 업무와 기능이 연방과 연방을 구성하는 지방 사이에 분할되어 있다(垂直的 權力分立). 이러한 국가적 업무와 기능의 분할은 연방헌법에 의하여 입법권의 분할로 구체화되어 나타나는데, 연방국가에서 연방이 배타적인 입법권을 가지는 영역을 제외한 영역에서는 지방이 입법권을 가진다.

연방은 연방헌법과 연방정부를 가지고 연방을 구성하고 있는 모든 지방의 구성원에 대하여 통치력을 행사한다. 따라서 지방의 구성원은 연방헌법과 연방법률 및 지방헌법과 지방법률의 二重的인 적용을 받는다. 연방의 통치력이 연방을 구성하는 지방의 구성원에게까지 미친다는 점에서 구성국가의 구성원에게는 통치력이 미치지 않고 구성국가 자체에게만 효력이 미치는 國家聯合의 경우와 구별된다. 聯邦法의 집행에 있어서는 연방이 직접 집행하는 경우(예: 미 합중국)와 지방이 집행하는 경우(예: 독일, 오스트리아)가 있다.

主權의 면에서 보면, 연방은 對外的 主權(äußere Souveränität)과 연방수준에서의 對內的 主權(innere Souveränität)을 가짐에 반하여, 지방은 대내적 주권을 가진다. 연방의 구성국가인 支邦은 자신의 헌법을 가지고 이에 의해 창설된 입법부, 행정부, 사법부를 통하여 통치한다. 支邦도 이러한 의미에서의 대내적 주권을 가진다는 점에서 주권을 가지지 못하는 地方自治團體와 구별된다.

연방국가는 국가연합에 비하여 복수의 공동체가 강한 결속력을 가지고 결합된 형태이기 때문에 연방과 지방에 주권이 나누어져 있더라도(연방의 주권과 지방의 주권은 그 자체로서는 불가분적이다) 對外的으로는 연방의 주권이 강하게 나타나고(예: 외교권, 군사권), 예외적으로 그 나라의 연방헌법(예: 독일 연방헌법 §32, 스위스 연방헌법 §3)이나 헌법의 관례에 따라 支邦이 한정된 범위 내에서 대외적인 권한을 가지는 경우도 있다(예: 지방과 외국과의 교류 협정, 계약, 조약 체결 등). 그래서 연방은 국제법상의 주체임이 분명하고 국제법적으로는 연방만 하나의 단위국가로 인정하지만, 국제질서의 변화하는 현실에 따라 지방도 한정된 범위 내에서 국제법의 주체가 될 수 있다(이런 경우는 개별 사안에 따라 다양하게 나타난다).

> 「국가의 권리와 의무에 관한 몬테비데오협약」 제2조는 "연방국가는 국제법상 단일의 인격을 구성한다"고 규정하여 국제법상으로는 연방만을 하나의 나라로 취급하고 있는데, 이는 구성국가의 국제법 위반의 효과는 연방정부에게 귀속되고, 그 결과 대외적으로는 연방정부가 구성국가의 국제법상의 위법행위에 대해 책임을 지는 것이 원칙이라는 것을 뜻한다. 그런데 연방국가의 연방헌법에서 지방에 대하여 한정된 범위 내에서 조약을 체결할 수 있는 권한을 인정하고 있고, 그 지방이 국제법상의 위법행위를 한 경우에 그 법적 책임을 연방에 대하여 물어야 하는가 지방에 대하여 물어야 하는가 하는 점에 있어서는 조약체결당사자가 구성국가에 대해서 책임을 묻기로 합의한 경우에는 구성국가에게 책임을 물을 수 있다고 본다(예: ILC 국가 책임초안 주석).

연방국가에도 국가적 업무의 관장과 권한을 배분함에 있어 연방에 보다 큰 비중을 두어 사실상 단일국가와 유사한 統合型 聯邦國家(unitarisher Bundesstaat 독, 1919년 바이마르헌법)와 연방을 구성하는 각 支邦의 지위를 보다 강화하고 이에 큰 비중이 두어지는 연방주의적 分權型 聯邦國家(föderativer Bundesstaat 독, 1871년 제국헌법)가 있듯이, 연방과 지방간의 권한과 비중에 따라 다양한 형태가 존재한다.

V. 국가연합

國家聯合(confederation, confédération, Staatenbund)은 개별 국가들이 각기 주권국가로서의 독립성을 유지한 채 상호 條約을 체결하여 일정한 상황에서 국가주권의 제한을

연방국가와 국가연합

항목 \ 국가형태	연방국가	국가연합
성립	연방헌법	조약
국제법의 주체	연방: 인정 지방: 제한적 인정	연합: 불인정 구성국가: 인정
주권	연방: 인정 지방: 인정(대내적 주권)	연합: 불인정 구성국가: 인정
대내적 통치권	연방: 보유 지방: 보유	연합: 보유불가 구성국가: 보유
대외적 통치권	연방: 보유 지방: 원칙적 불가(예외적 인정)	연합: 예외적 보유 구성국가: 보유
구성국가 상호간 관계	국내법적 관계	국제법적 관계
병력보유 (전쟁의 주체)	연방: 인정 지방: 불인정	연합: 불인정 구성국가: 인정

수용하는 복수의 독립국가들의 연합으로서 잠정적으로 하나의 정치적 결합체를 형성한 것(Staatenverbindungen)을 말한다. 이런 의미에서 국가연합은 단위국가가 아니다. 국가연합은 국가가 아니기 때문에 원칙적으로 國際法上의 주체가 되지 못하며, 연합조약에서 정한 범위 내에서 부분적으로 국제법상의 주체가 될 수 있을 뿐이고(예: 제한된 범위에서 외교의 주체), 국가연합에 속한 구성국가들인 개별 국가들이 각각 국제법상의 주체가 된다. 국가연합에 속해 있는 구성국가들간의 관계도 조약에서 특별히 정하고 있지 않는 한 국제법적인 관계이다.

국가연합에서 연합은 구성국가들의 상위에 존재하는 실체가 아니다. 그 결과 국제법상의 책임에 있어서도 국가연합은 책임을 지지 않고 국가연합을 구성하는 개별 국가만이 책임을 진다.

국가연합체제에서 연합과 구성국가간의 관할사항, 결합의 강도 등도 경우에 따라 다르게 나타난다. 국가연합은 구성국가의 국민에 대하여 통치적 지배력을 가지지 못하고, 조약에 따로 정하지 않는 한 구성국가의 외교권이나 兵力도 공동의 기구에 이양하지 못하며 국가연합이 스스로 외교권이나 병력을 보유하지도 못한다. 개별 국가만이 이를 가진다. 연합의 법규범은 구성국가들의 국민에게 미치지 않으며, 구성국가가 이를 수용하여 국내법화할 때만 해당 국가의 국민에게 효력이 미친다. 이런 국가연합에 해당하는 것으로는 1781-1787년의 아메리카 13개 state들의 연합, 1815-1848년의 스위스연합, 1815-1866년의 독일연합, 1991년에 성립한 독립국가연합(Commonwealth of Independent States)이 있다.

유럽공동체(European Union)는 國家結合(combination of states, Staatenverbindung)의 새로운 형태를 보여주고 있는데, 이러한 것은 국가연합보다도 더 결속력이 강한 형태인 초국가적 국가결합(Supranationale Staatenverbindung)으로서 스스로 외교사절도 파견하고 자기 명의로 조약을 체결한다. 유럽공동체는 국제법의 주체로서 활동하고 있으며, 국제법에서도 이를 인정하고 있다. 이는 국가결합에 의해 새로운 국가성을 획득하고 있지는 않지만 구성국가인 개별 국가를 초월하는 초국가적인 高權的 結合(Hoheitsverband)을 보이고 있다. 유럽공동체가 헌법을 가지게 되면 사실상 연방체제와 같이 결속력이 강한 형태가 된다.

위에서 살펴본 국가형태를 국가권력의 보유자, 국가최고기관의 구성방법, 구성국가의 존재 여부를 기준으로 다시 분류하여 보면, 아래의 표와 같이 정리할 수 있다.

국가형태의 분류

기준	분류
국가권력의 보유자	• 군주국가 • 귀족국가 • 민주국가 ─ 직접민주제 국가 　　　　　└ 대의민주제 국가 ─ 의회주의제(=의원내각제) 국가 / 대통령제 국가 / 혼합정부제 국가
국가최고기관의 구성방법	• 공화국가 • 군주국가 ─ 절대군주국가 / 입헌군주국가
구성국가의 존재 여부	• 단일국가 • 연방국가 ─ 통합형 연방국가 / 분권형 연방국가

2. 憲 法

[4] 第一 憲法의 槪念

Ⅰ. 공동체의 근본법

(1) 헌법의 의의

헌법은 국가와 共同體 및 공동체 구성원들의 생활의 근본과 그 질서를 형성하는 根本法(fundamental law)이다.

공동체에는 공동체의 구성원들이 살고 있고, 공동체의 존속 · 유지와 구성원들의 행복추구 및 공동체 내에서의 생활을 보장하기 위하여 국가를 창설한다. 헌법은 공동체를 존속·유지할 수 있게 하고, 그 공동체 내에 살고 있는 구성원이 행복을 추구하고(幸福追求의 原理) 개개인의 개성과 자율성에 기초하여 자기결정에 따라 자기의 삶을 영위할 수 있도록(自己決定의 原理) 하기 위하여 헌법상의 자유와 권리를 보장하며, 국가의 形態, 種類, 性質, 作用에 대한 기본적인 사항을 정한다.

이러한 의미에서 헌법은 無定形의 공동체와 그 구성원의 삶에 일정한 질서와 틀을 만들어 공동체의 작동과 개인의 삶을 定形的인 것으로 형성하고, 이런 질서와 틀이 작동되고 유지될 수 있도록 하는 규범으로서의 기능을 가진다.

> 우리가 「憲法」이라고 일컫는 말은 영어와 프랑스어로는 constitution이라고 하고, 독일어로는 Verfassung이라고 한다. constitution이라는 말은 라틴어의 constituere에서 나온 말로서 무정형의 어떠한 상태에서 정형을 가지는 어떤 것을 형성하고 만들어낸 構成體, 體制, 組織, 構造, 全體的인 틀 등을 의미한다. 고대 그리스에서는 이런 의미로 politeia라는 말을 사용했다. 라틴어에 constitutio라는 말이 있지만, 이것은 制定法을 의미하는 것으로서 헌법이라는 의미의 constitution과는 관련이 없다. 2세기 이래 복수형으로 사용되었던 constitutiones는 主權者가 제정한 法規集이라는 의미로 사용되었는데, 이는 교회가 제정한 cannon law에 대응한 개념으로 칭해진 것이었다. 법학, 정치학 등에서 사용하는 헌법이라는 말은 일정한 방향과 틀과 질서를 형성하고 있는 국가를 포함한 공동체의 구성체를 지칭한다. 이러한 개념의 헌법은 통상한 공동체 또는 국가를 단위로 하여 사용하지만, 유럽공동체와 같이 국가단위를 넘어선 단위공동체의 경우에도 사용한다.

憲法上의 權利를 의미하는 基本權에 대한 보장이 헌법의 주요한 구성부분으로 되기 이전에 헌법은 통치메커니즘으로서의 국가(=정부)에 관한 법, 즉 국가법을 의미하였다(예: Walter Baghot, *English Constitution*(1867)). 그러나 기본권의 헌법적 보장으로 인한 「基本權的 立憲主義」(Grundrechtskonstitutionalismus)의 성립과 기본권의 발달에 따라 헌법은 국가법과 구별되는 지위를 차지하기에 이르렀다. 기본권이란 공동체 구성원인 국민이 국가와 어떠한 관계를 가지는가를 정하는 것인 동시에 공동체와 그 구성원, 구성원 상호간의 관계를 정하는 것이기 때문에(自律領域의 保障) 이는 국가의 영역을 넘어선 국가와 사회를 포괄하는 공동체의 영역에서 설정되는 성질의 것이다. 따라서 헌법은 정치적 통일체인 국가영역의 기본적인 법적 질서인 동시에 비국가적인 영역, 즉 사회공동체의 기본적인 법적 질서이다. 이는 곧 헌법이 권력세계인 국가만이 아니라 생활세계의 법적 기본질서임을 의미한다. 이런 의미에서 헌법을 단순히 국가법만을 의미하는 것이 아니라, 共同體의 법형태를 구성하기 위한 특정한 의미원리를 지향하는 기본적 구조의 설계라고(예: A. Hollerbach; K. Hesse) 하는 것은 타당하다.

憲法과 國家法의 槪念的인 分化는 해당 나라의 헌법의 구성, 내용, 현실적 상황, 기본권 보장에 대한 인식에 따라 차이를 보였다. 미합중국의 경우에 1787년에 효력을 발생한 연방헌법은 초기에는 국가에 관한 기본적인 사항을 정하는 국가법으로서의 모습을 가졌으나 1791년 10개의 修正條項(amendment)으로 된 權利章典이 추가되면서 헌법은 국가법을 넘어선 모습을 가졌고, 독일에서는 헌법을 국가법으로 이해하다가 20세기에 들어와 기본권의 보장을 포함하는 헌법의 개념이 정립되었다. 프랑스에서는 1789년 혁명 이후 성립한 1791년헌법 이래 헌법과 권리장전(=「인간 및 시민의 권리선언」)을 하나의 헌법에 통합하지 않고 구분하는 태도를 보여왔는데, 현재도 헌법에서는 권리장전을 정하고 있지 않다. 우리나라에서는 최초헌법인 1948년헌법부터 권리장전과 국가법을 모두 헌법의 구성부분으로 정하는 현대 헌법의 모습을 취한 이래 현행 1987년헌법에 이르기까지 이러한 모습을 유지하고 있다. 오늘날 헌법은 예외적인 경우를 제외하고는 기본권보장부분과 국가법부분으로 구성되어 있는데, 어떤 경우에도 국가의 形態, 種類, 性質, 作用 등 국가의 기본적인 사항에 관한 규정을 두지 않은 것은 헌법이라고 할 수 없다.

(2) 「憲法」이라는 용어

한국, 일본국, 중국 등에서는 헌법이라는 개념을 國制, 憲章, 國憲, 政體, 政規, 約憲 등으로 표현하기도 하였는데, 이는 영어의 constitution, constitutional law, 독일어의 Verfassung, Verfassungsrecht이라는 말을 엄격히 구별하지 않고 이를 칭하는 번역어로 사용되었다. 그런데 constitutional law, Verfassungsrecht, droit constitutionnel은 constitution 또는 Verfassung과 달리 constitution 또는 Verfassung이 의미하는 일정한 구성체를 규율하는 법규범을 일컫는다. 憲法學에서 「헌법」이라는 용어를 사용할 때에는 이 둘 가운데 어느 하나를 지칭하기도 하고 그 둘을 모두 지칭하기도 한다. 「헌법」이라는 용어가 사용된 그 때의 내용과 의미의 맥락에 맞게 이해하면 된다. 실정헌법을 지칭하는 것으로 「憲法典」(Verfassungsurkunde)이라는 말을 사용하기도 한다.

번역용어인 「憲法」이라는 말은 우리나라를 위시하여 한자언어권인 중국, 일본국, 타이완에서 공통으로 사용하고 있다. 그 연원을 살펴보면, 「憲法」이라는 말은 중국의 戰國時代(403-221 B.C.) 문헌인 「國語」'晉語' 九의 「賞善罰姦 國之憲法也」(선한 행위를 한 자에게 상을 주고 간악한 자에게는 벌을 주는 것이 국가의 헌법이다)라는 문장과 「管子」의 「能出號令明憲法矣」(호령을 내리고 헌법을 밝힐 수 있다)라는 문장에까지 소급할 수 있다. 그 이후 「後漢書」, 「書經」, 「禮記」, 「唐律疏議」 등 중국의 문헌에서는 헌법이라는 말이 법을 통칭하는 것으로 사용되었다. 일본국에서는 「日本書記」와 1820년에 편찬된 법령집 「憲法捷覽」과 「憲法傳聞叢書」 등에서 법령을 통칭하는 말로 「憲法」이라는 말을 사용하였다. 서구의 constitution이나 constitutional law라는 개념이 동양에 들어오는 과정에서 國憲, 律例, 根本律法, 國制, 國柄, 朝綱, 國憲, 國綱, 朝憲, 國憲, 政典, 政體라는 말이 일본국에서 먼저 사용되다가 1873년 箕作麟祥이 「佛蘭西法律書 憲法」이라는 번역서를, 林正明이 「合衆國憲法」과 「英國憲法」이라는 번역서를 각 출간하면서 오늘날의 constitution이나 constitutional law라는 개념을 지칭하는 용어로 「憲法」이라는 말을 처음 사용하였다. 중국에서는 1838년 선교사 E. C. Bridgman이 「美理哥合省國志略」에서 章程, 大典으로 칭하였고, H. Wheaton의 Elements of International Law, with a Sketch of the History of the Science(1836)를 번역한 「萬國公法」에서는 國法이라는 말로 번역했다. 1893년 鄭觀應이 「盛世危言」이라는 그의 책에서 처음으로 오늘날의 의미로 「憲法」이라는 말을 사용하였다. 梁啓超의 「各國憲法異同論」 (1899)과 「立憲法議」(1901)에서도 오늘날의 의미인 憲法이라는 말을 사용했다. 실정헌법에서 오늘날의 의미로 「憲法」이라는 말이 처음 사용된 것으로는 1889년에 반포된 일본국의 「大日本帝國憲法」과 1908년에 반포된 중국의 「欽定憲法大綱」이 있다. 우리나라에서는 법령을 통칭하는 國制라는 용어가 조선시대에 편찬된 「高麗史」에 보이고, 「憲法」이라는 말은 1884년 1월 30일 漢城旬報에 실린 "歐美立憲政體"라는 글에서 오늘날의 의미로 사용된 것이 가장 초기의 것으로 나타나 있다. 「憲法」이라는 말이 이런 의미로 처음 사용된 실정헌법은 1919년 9월 11일 공포된 「大韓民國臨時憲法」이다(鄭宗燮d, 17).

Ⅱ. 최고의 법규범

(1) 형식적 최고성

헌법은 국가의 實定法 체계에서 最高法(supreme law)의 지위를 가진다. 나라마다 실정법의 체계가 가지는 구체적인 樣態는 다양하지만, 우리나라는 「憲法-法律-命令-規則」이라는 실정법상의 位階를 가지고 있는데, 헌법은 이러한 실정법의 체계에서 가장 강력한 효력을 가지는 최고법의 지위에 있다. 이를 헌법이 가지는 形式的 最高性이라고 한다.

헌법은 최고법으로서의 지위를 가지기 때문에 법률, 명령, 규칙 등 下位法을 창설하는 규범이고, 이런 하위법에 대하여 *存在根據*인 동시에 *效力根據*로서 존재한다. 따라서 하위법은 어떠한 경우에도 헌법에 위반될 수 없으며, 헌법에 위반되는 하위법은 효력을 상실한다.

憲法의 附則 제5조는 「이 憲法施行 당시의 법령과 조약은 이 헌법에 違背되지 아니하는 한 그 效力을 지속한다」라고 정하고 있기 때문에 舊憲法下의 법령과 조약이 현행 헌법하에서도 효력을 가지고, 현행 헌법에 위배되면 효력을 가지지 못한다. 따라서 憲法裁判所는 현행 헌법을 심사기준으로 하여 구헌법하의 법령이나 조약의 위헌여부를 심판할 수 있다.

헌법이 가지는 이러한 최고의 형식적 효력으로 인하여 憲法의 改正에서는 통상의 법규범의 개정과 달리 엄격한 요건과 절차를 요구한다(硬性憲法).

《법의 단계이론》

실정법의 체계에서 헌법과 하위법의 관계를 가장 잘 설명하는 것이 法의 「段階理論」(Stufentheorie)이다. H. Kelsen(1881-1973)이 주창한 법단계이론에 따르면, 실정법의 체계는 통일체를 이루고 있으며, 이러한 통일체에는 상위와 하위의 位階가 있고, 개별 법규범은 어느 하나의 위계에 속하게 된다. 하위의 법규범은 상위의 법규범에 근거하여 창설되므로 상위의 법규범은 하위의 법규범의 효력근거가 된다고 한다. 그는 이러한 통일된 법의 체계에서 가장 상위에 있는 규범을 根本規範(Grundnorm)이라고 하였다. 이러한 법단계이론은 국내법뿐만 아니라 국제법으로까지 나아가 국내법과 국제법을 하나의 통일된 단일의 법체계로 파악하려고 하는 자세를 보이기도 하는데, 국내 실정법의 체계에서 헌법이 가지는 최고법의 지위를 설명하는 규범이론으로서는 강한 설득력을 지니고 있다.

헌법이 가지는 형식적 최고성은 條約과의 관계에서도 유지된다. 국가간에 헌법의 효력을 가지는 條約을 체결한 것(條約憲法)이 아닌 이상 憲法은 條約보다 上位의 地位에 있다.

(2) 실질적 최고성

국가에 대한 규정과 권리장전이 헌법에 보장되면서 공동체의 존속·유지라는 가치, 자유, 평등, 정의는 한 공동체에서 어떠한 경우에도 부정할 수 없는 최고의 가치로 위치를 차지하게 되었다. 이러한 가치는 국가의 입법권, 행정권, 사법권, 헌법재판권에 의해서도 왜곡되거나 부정될 수 없다. 이런 점에서 헌법은 가치적으로도 공동체 내에서 최고의 지위를 차지하는 규범이다. 이를 헌법이 가지는 實質的 最高性이라고 한다.

헌법의 실질성 최고성은 형식적 최고성의 바탕을 이룬다. 즉 공동체의 존속과 기본권의 불가침성이 최고의 가치를 가지고 있고 헌법이 이를 정하는 규범이기 때문에 국가의 실정법 체계에서 최상위의 지위를 점할 수 있는 것이다.

헌법의 실질적 최고성을 인정하는 것은 헌법규범을 規範的 價値序列로 이해하게 만드는데, 여기에는 價値體系의 序列이 존재하게 된다. 이러한 가치서열을 인정하면, 규범원리상 「憲法을 만드는 權力」(constituent power)이 「憲法에 의해 만들어진 權力」(constituted power)과 구별되어 존재하게 되고, 「憲法制定權力→憲法改正權力→國家權力(立法權·行政權·司法權·憲法裁判權)」이라는 위계구조가 성립하게 된다.

Ⅲ. 공동체 구성원의 합의

헌법은 공동체 구성원의 합의로 나타난 법규범이다. 헌법을 제정하거나 개정할 때에는 공동체 구성원 전체의 논의와 참여가 있게 되고, 이에 근거하여 이루어지는 국민대표기관의 의결이나 국민투표에 의한 헌법의 확정은 헌법으로 하여금 合意로 나타난 법규범으로서 효력을 가지게 한다. 개개인의 수준에서 존재하는 반대는 헌법이 합의로서 효력을 가지는데 아무런 영향을 미치지 못한다. 기존의 헌법이 존재하는 상태에서 출생한 자는 이에 默示的인 同意를 한 것으로 본다. 다만, 개인은 이러한 헌법이 규율하는 공동체에서 이탈할 수 있는데, 國籍離脫의 自由는 이를 보장한다([262] Ⅲ).

Ⅳ. 형식적 의미의 헌법과 실질적 의미의 헌법

헌법의 개념을 확정함에 있어 사용되는 개념으로 「形式的 意味의 憲法」(Verfassung im formellen Sinn)과 「實質的 意味의 憲法」(Verfassung im materiellen Sinn)이 있다.

(1) 형식적 의미의 헌법

형식적 의미의 헌법은 헌법의 명칭 · 내용 · 효력을 정하고 있는 成文의 實定憲法(written constitution), 즉 憲法典을 의미하는데, 이는 헌법의 존재형식에 따라 붙인 명칭이다. 따라서 모든 성문헌법국가는 형식적 의미의 헌법을 가지며, 형식적 의미의 헌법은 최고법으로서의 지위를 가진다. 예컨대 현행의 「大韓民國 憲法」이라는 명칭이 붙은 특정의 法典이 이에 해당한다. 「독일연방공화국기본법」(Grundgesetz für die Bundesrepublik Deutschland)에는 「헌법」이라는 명칭은 없지만 그 내용과 효력에서 헌법에 해당하는 憲法典이므로 이는 형식적 의미의 헌법에 해당한다.

(2) 실질적 의미의 헌법

실질적 의미의 헌법은 국가의 조직과 작용 및 국가기관의 권한과 그 행사 등에 관한 사항들을 정하고 있는 모든 법령을 총칭하는 개념으로 사용되어 왔다. 이러한 실질적 의미의 헌법이라는 개념은 헌법을 국가법으로 이해하는 것을 전제로 하여 성립한다. 예컨대 국회법, 헌법재판소법, 법원조직법, 정부조직법, 공직선거법, 감사원법, 검찰청법, 지방자치법 등이 이에 속한다. 따라서 실질적 의미의 헌법에 속하는 내용을 헌법전에 모두 정하지 않는 한 형식적 의미의 헌법과 실질적 의미의 헌법은 일치하지 않는다. 이와 같은 실질적 의미의 헌법은 고대국가나 중세국가에도 존재하였고(예컨대 官制에 관한 규정) 不文憲法(unwritten constitution)을 가지고 있는 국가에도 존재한다(예: 국가에 관한 법률 · 법령 등). 실질적 의미의 헌법이라는 개념에서 형식적 의미의 헌법을 제외하면 나머지 법령의 규정들은 최고법으로서의 지위에 있지 않기 때문에 위헌법률심판에서도 審判規準(=심판기준)으로 되지 못한다.

그런데 권리장전을 헌법의 구성부분으로 포섭하고 있는 오늘날의 헌법개념에서는 실질적 의미의 헌법이라는 개념을 국가의 조직 · 작용 등에 관한 법령의 총체를 의미하는 것만으로는 충분하지 않고 유용성도 적다. 오히려 어떤 사항이 憲法立法上의 오류로 인하여 그 形式에서는 헌법보다 하위의 규범에 정해져 있으나 성질에서는 헌법에서 정해야 할 사항은 실질적 의미의 헌법에 해당한다고 할 것이다. 예컨대 憲法裁判所法 제4조 「재판관은 헌법과 법률에 의하여 그 양심에 따라 독립하여 심판한다」라는 규정은 헌법 제103조에 비추어 볼 때, 헌법사항에 해당하는 것이므로 실질적 의미의 헌법이라고 할 것이다. 이런 의미에서 말하는 實質的 意味의 憲法에 해당하는 내용은 성질상 憲法的 事項이므로 헌법을 포함하는 법규범의 해석 · 적용에서 形式的 意味의 憲法과 同一하게 고려해야 한다.

國家의 根本法, 즉 國家의 기본적 사항을 정하고 있는 것에도 憲法的 事項이 있는가 하면 法律的 事項도 있으므로 이의 효력상의 차이를 구별함이 없이 국가의 기본 틀을 의미하는 전통적 의미의 constitution이라는 文字的 意味에만 집착하여 국가의 조직, 권한, 그 행사에 관한 법령을 총칭하는 개념으로 실질적 의미의 헌법이라는 개념을 설정하는 것은 法效力의 면에서 타당하지 않다. 그리고 실질적 의미의 헌법에는 그 形式에서는 法律에 정해져 있으나 성질에서는 헌법적 사항(기본권 보장)에 해당하는 權利保障의 규범도 포함되므로 國家事項에 한정하는 것도 타당하지 않다.

《헌법의 유형》

헌법의 개념적 이해를 위하여 헌법은 다양한 기준에 따라 다음과 같은 유형으로 분류된다. ① 헌법이 성문화되었는가의 여부에 따라 成文憲法과 不文憲法으로 구분된다. 불문헌법의 국가(예: 영국, 캐나다, 뉴질랜드)에서 국가의 구조, 조직, 권한, 작용에 관해서는 법률로 정하고 있다. ② 헌법제정권력의 주체에 따라 군주 단독으로 제정한 것을 欽定憲法(=君定憲法 oktroyierte Verfassung), 군주와 국민의 협약으로 제정한 것을 協約憲法(=契約憲法), 국민이 제정한 것을 民定憲法(demokratische Verfassung), 국가간의 협약으로 제정한 것을 國約憲法(=條約憲法)이라고 한다. ③ 개정의 엄격성에 따라 법률개정과 동일한 절차로 개정하는 것을 軟性憲法, 이보다 엄격한 절차로 개정하는 것을 硬性憲法이라고 한다. ④ 독창성에 따라 다른 나라의 헌법에서 유래되지 않고 제정된 헌법을 獨創的 憲法, 다른 나라의 헌법에서 유래한 것을 模倣的 憲法이라고 한다. ⑤ 군주제를 두고 있느냐에 따라 군주제를 두고 있는 君主制憲法과 이를 두지 않는 民主制(=共和制)憲法으로 분류한다. ⑥ 헌법에 의해서 성립되는 국가가 단일국가냐 연방국가냐에 따라 單一國家憲法과 聯邦國家憲法으로 분류된다.

Ⅴ. 헌법실체법, 헌법소송법, 헌법판례법

실정헌법과 관련하여 헌법재판이 이루어지는 경우에 헌법재판의 규준이 되는 헌법(=憲法實體法)과 헌법재판의 구체적인 절차를 정하고 있는 헌법소송에 관한 법(=憲法訴訟法)이 존재하며, 재판기관에서 헌법을 구체적인 사건에 적용하여 재판을 통하여 헌법의 의미를 확정한 판례(=憲法判例法)가 존재한다. 이러한 것 가운데서도 헌법은 그 중심적 지위에 있기 때문에 헌법소송법과 헌법판례법은 언제나 헌법에 종속된다.

[5] 第二 國家法과 憲法

권리장전이 헌법에 포함되어 있지 않은 상태에서는 국가법과 헌법은 동일한 것이었으나, 권리장전이 헌법에 포함되어 국민의 기본권이 헌법상의 자유와 권리로 보장되고 있는 대다수 현대 입헌주의국가에서 국가법은 헌법의 일부를 형성할 뿐이기 때문에 이 둘은 더 이상 동일한 것이 아니다. 따라서 오늘날 헌법은 권리장전에 관한 최고법인 동시에 국가에 관한 최고법으로 존재한다. 권리장전과 국가를 모두 규율하고 있는 헌법을 기능의 관점에서 보아 「權力과 自由의 조화의 技術」이라고 하기도 한다(A. Hauriou).

[6] 第三 慣習憲法

Ⅰ. 이 론

(1) 개 념

慣習憲法(constitutional convention, Konventionalverfassung)이란 사회공동체에서 발생한 慣行 또는 慣習이 반복하여 행해지고, 헌법으로서의 規範力을 가짐에 대한 사회구성원들의 法的 確信(또는 法的 認識)을 통하여 국가 내의 最高法으로서의 規範性을 획득하여, 헌법과 동일한 효력을 가지는 것을 말한다.

관습헌법은 헌법적 수준의 법규범이므로 법률 이하의 수준에 있는 관습법이나 법규범으로서의 효력을 가지지 못하는 실제에서의 慣行 또는 慣例(usage, Kovenfional-regeln)나 사실상의 慣習(custom)과 구별된다. 특히 현실에서 반복하여 행해지더라도 형식적 의미의 헌법에 위반되는 것, 즉 「憲法規範에 위반되는 慣習」(consuetudo contra constitutionem)은 아무리 반복된다고 하더라도 규범성을 획득할 수 없다. 이러한 것은 실정헌법의 規範力상 헌법에 위반되는 것으로써 헌법질서에서 배제되거나 바로잡아야 할 성질의 것이다.

(2) 유 형

관습헌법의 개념을 위와 같이 정의하면, 憲法慣習에는 논리적인 유형으로 성문헌법에 기초하여 본래의 의미를 발전 · 변경시킨 관습(consuetudointra constitutionem)과 성문헌법의 명문규정이 존재하지 않고 하위 법규범에서도 이를 메우는 규정이 없어 공백이 생긴 경우에 이를 메우는 관습(consuetudo praeter constitutionem)이 있을 수 있다. 그런데 前者의 경우는 대부분 憲法解釋의 문제로 해결되기 때문에 실제상 관습헌법이 문제가 되는 것은 後者의 경우이다.

(3) 효 력

성문헌법과 경성헌법을 가지고 있는 국가에서 관습헌법은 형식적 의미의 헌법을 改廢할 수 없고 단지 補充하는 효력만 가진다(通說).

(4) 인　　정

성문헌법을 가지고 있는 국가에서 관습헌법을 인정하는 경우는 거의 존재하지 않는다. 어떤 것이 관습헌법인가 하는 것은 최종적으로 헌법재판소의 裁判을 통하여 확인된다.

Ⅱ. 판　　례

(1) 관습헌법의 인정여부

憲法裁判所는 현행 성문헌법하에서도 예외적으로 관습헌법을 인정하고 있다. 慣習憲法이 인정되기 위해서는 i) 어떤 사항에 관하여 어떠한 관행 내지 관례가 존재할 것(慣行·慣例의 存在), ii) 그 관행은 국민이 그 존재를 인식하고 사라지지 않을 관행이라고 인정할 만큼 충분한 기간 동안 반복 내지 계속되어야 할 것(反復·繼續性), iii) 관행은 지속성을 가져야 하는 것으로서 그 중간에 반대되는 관행이 이루어지지 않았을 것(恒常性), iv) 관행은 여러 가지 해석이 가능할 정도로 모호한 것이 아닌 명확한 내용을 가진 것일 것(明瞭性), v) 이러한 관행이 헌법관습으로서 국민들의 승인 내지 확신 또는 폭넓은 컨센서스를 얻어 국민이 강제력을 가진다고 믿고 있어야 할 것(國民的 合意) 등 5가지의 관습법의 일반적 성립요건을 충족시키고, 이에 더하여 이에 해당하는 관행이나 관례가 법률로 정할 사항이 아니라 반드시 헌법에 의하여 규율되어 법률에 대하여 효력상 우위를 가져야 할 만큼 헌법적으로 중요한 기본적 사항이어야 할 것(基本的 憲法事項性)이 필요하다고 판시하였다(예: 憲 2004. 10. 21.-2004 헌마554).

[憲 2004. 10. 21.-2004헌마554] 「(가) 우리나라는 성문헌법을 가진 나라로서 기본적으로 우리 헌법전(憲法典)이 헌법의 법원(法源)이 된다. 그러나 성문헌법이라고 하여도 그 속에 모든 헌법사항을 빠짐없이 완전히 규율하는 것은 불가능하고 또한 헌법은 국가의 기본법으로서 간결성과 함축성을 추구하기 때문에 형식적 헌법전에는 기재되지 아니한 사항이라도 이를 불문헌법(不文憲法) 내지 관습헌법으로 인정할 소지가 있다. 특히 헌법제정 당시 자명(自明)하거나 전제(前提)된 사항 및 보편적 헌법원리와 같은 것은 반드시 명문의 규정을 두지 아니하는 경우도 있다. 그렇다고 해서 헌법사항에 관하여 형성되는 관행 내지 관례가 전부 관습헌법이 되는 것은 아니고 강제력이 있는 헌법규범으로서 인정되려면 엄격한 요건들이 충족되어야만 하며, 이러한 요건이 충족된 관습만이 관습헌법으로서 성문의 헌법과 동일한 법적 효력을 가지는 것이다. (나) 헌법 제1조 제2항은 '대한민국의 주권은 국민에게 있고, 모든 권력은 국민으로부터 나온다'고 규정한다. 이와 같이 국민이 대한민국의 주권자이며, 국민은 최고의 헌법제정권력이기 때문에 성문헌법의 제·개정에 참여할 뿐만 아니라 헌법전에 포함되지 아니한 헌법사항을 필요에 따라 관습의 형태로 직접 형성할 수 있는 것이다. 그렇다면 관습헌법도 성문헌법과 마찬가지로 주권자인 국민의 헌법적 결단의 의사의 표현이며 성문헌법과 동등한 효력을 가진다고 보아야

한다. 이와 같이 관습에 의한 헌법적 규범의 생성은 국민주권이 행사되는 한 측면인 것이다. 국민주권주의 또는 민주주의는 성문이든 관습이든 실정법 전체의 정립에의 국민의 참여를 요구한다고 할 것이며, 국민에 의하여 정립된 관습헌법은 입법권자를 구속하며 헌법으로서의 효력을 가진다. ㈐ 관습헌법이 성립하기 위하여서는 먼저 관습이 성립하는 사항이 단지 법률로 정할 사항이 아니라 반드시 헌법에 의하여 규율되어 법률에 대하여 효력상 우위를 가져야 할 만큼 헌법적으로 중요한 기본적 사항이 되어야 한다. 일반적으로 실질적인 헌법사항이라고 함은 널리 국가의 조직에 관한 사항이나 국가기관의 권한 구성에 관한 사항 혹은 개인의 국가권력에 대한 지위를 포함하여 말하는 것이지만, 관습헌법은 이와 같은 일반적인 헌법사항에 해당하는 내용 중에서도 특히 국가의 기본적이고 핵심적인 사항으로서 법률에 의하여 규율하는 것이 적합하지 아니한 사항을 대상으로 하는 것이다. 일반적인 헌법사항 중 과연 어디까지가 이러한 기본적이고 핵심적인 헌법사항에 해당하는지 여부는 일반추상적인 기준을 설정하여 재단할 수는 없는 것이고, 개별적 문제사항에서 헌법적 원칙성과 중요성 및 헌법원리를 통하여 평가하는 구체적 판단에 의하여 확정하여야 한다. ㈑ 다음으로 관습헌법이 성립하기 위하여서는 관습법의 성립에서 요구되는 일반적 성립 요건이 충족되어야 한다. 이러한 요건으로서 첫째, 기본적 헌법사항에 관하여 어떠한 관행 내지 관례가 존재하고, 둘째, 그 관행은 국민이 그 존재를 인식하고 사라지지 않을 관행이라고 인정할 만큼 충분한 기간 동안 반복 내지 계속되어야 하며(반복 · 계속성), 셋째, 관행은 지속성을 가져야 하는 것으로서 그 중간에 반대되는 관행이 이루어져서는 아니 되고(항상성), 넷째, 관행은 여러 가지 해석이 가능할 정도로 모호한 것이 아닌 명확한 내용을 가진 것이어야 한다(명료성). 또한 다섯째, 이러한 관행이 헌법관습으로서 국민들의 승인 내지 확신 또는 폭넓은 컨센서스를 얻어 국민이 강제력을 가진다고 믿고 있어야 한다(국민적 합의). 이와 같이 관습헌법의 성립을 인정하기 위해서는 이러한 요건들이 모두 충족되어야 한다.」

(2) 관습헌법의 사항

憲法裁判所는 위와 같이 관습헌법이 성립 · 존재할 수 있음을 확인하고, 현행 헌법하에서 首都에 관한 사항은 기본적인 헌법사항이고 관습헌법으로서의 성립요건도 충족되었다고 판시하였다(예: 憲 2004. 10. 21.-2004 헌마554).

[憲 2004. 10. 21.-2004헌마554] 「헌법기관의 소재지, 특히 국가를 대표하는 대통령과 민주주의적 통치원리에 핵심적 역할을 하는 의회의 소재지를 정하는 문제는 국가의 정체성(正體性)을 표현하는 실질적 헌법사항의 하나이다. 여기서 국가의 정체성이란 국가의 정서적 통일의 원천으로서 그 국민의 역사와 경험, 문화와 정치 및 경제, 그 권력구조나 정신적 상징 등이 종합적으로 표출됨으로써 형성되는 국가적 특성이라 할 수 있다. 수도를 설정하는 것 이외에도 국명(國名)을 정하는 것, 우리말을 국어(國語)로 하고 우리글을 한글로 하는 것, 영토를 획정하고 국가주권의 소재를 밝히는 것 등이 국가의 정체성에 관한 기본적 헌법사항이 된다고 할 것이다. 수도를 설정하거나 이전하는 것은 국회와 대통령 등 최고 헌법기관들의 위치를 설

정하여 국가조직의 근간을 장소적으로 배치하는 것으로서, 국가생활에 관한 국민의 근본적 결단임과 동시에 국가를 구성하는 기반이 되는 핵심적 헌법사항에 속하는 것이다. 이와 같이 수도의 문제는 내용적으로 헌법사항에 속하는 것이며 그것도 국가의 정체성과 기본적 조직 구성에 관한 중요하고 기본적인 헌법사항으로서 국민이 스스로 결단하여야 할 사항이므로 대통령이나 정부 혹은 그 하위기관의 결정에 맡길 수 있는 사항이 아니다.」

Ⅲ. 「명시되지 않은 헌법」

관습헌법과 구별되는 것으로 실정헌법에 명시적으로 표시되지 않은 「明示되지 않은 憲法」(ungeschriebenes Verfassungsrecht)이 있다. 실정헌법의 명문의 규정상으로는 표시되어 있지 않지만 해당 헌법의 조항의 내용이나 헌법조항의 체계상 당연히 인정되는 내용이 이에 해당한다. 이러한 「명시되지 않은 헌법」은 기존의 실정헌법의 존재와 그에 구속됨을 전제로 하기 때문에 통상 헌법의 해석을 통하여 드러나게 된다. 관습헌법은 실정헌법에 의지할 규정이 없어도 인정되지만, 「명시되지 않은 헌법」은 실정헌법에 의지할 만한 명시적인 조항이 존재할 것을 필요로 한다.

《헌법학의 체계》

헌법학은 헌법을 인식하는 것을 목적으로 하는 학문이다. 이러한 것은 연구의 대상, 방법, 성격, 범위 등에 따라 다양한 모습을 가지지만, 국가의 기본적인 조직이나 내용 그리고 국민의 기본적인 권리와 의무를 정하는 법규범이나 법명제를 대상으로 하는 것을 중심으로 삼는다. 이러한 의미에서 말하는 헌법학이란 넓은 의미에서의 헌법학을 의미한다. 이를 분류하여 보면 다음과 같다. 학문의 대상을 기준으로 하여 보면, 헌법의 원리와 가치에 대하여 연구하는 「憲法哲學」(憲法原理論, 憲法哲學史, 憲法思想史, 憲法價値論, 憲法學方法論), 헌법이 존재하는 사회에서 헌법과 사회간의 관계에 관하여 연구하는 「憲法社會學」, 헌법이 존재하는 형태를 유형론적으로 설명하는 「一般憲法學」, 둘 이상의 국가의 헌법을 비교하여 분석하는 「比較憲法學」, 특정한 시간과 장소에서 적용되는 특정 헌법을 인식하는 「特別憲法學」(各國 憲法學, 特定憲法學, 憲法存在論), 과거에 통용된 헌법에 대하여 분석하는 「憲法史學」(憲法史, 憲法學說史, 憲法制度史, 比較憲法史)이 존재한다. 그리고 학문의 임무를 기준으로 보면, 헌법규범이나 헌법명제의 의미 또는 이 전부를 둘러싼 정치과정을 이론적인 목적하에 인식하고 분석하는 것을 목적으로 삼는 「憲法理論學」, 실제 헌법문제를 해결하기 위한 실천적인 목적하에 헌법규범이나 헌법명제의 의미를 인식하고 확정하는 「憲法解釋學」(=헌법도그마틱), 현실의 헌법문제를 해결하기 위한 정책을 개발하는 것을 목적으로 하는 「憲法政策學」이 존재한다. 이러한 헌법학의 체계는 어디까지나 일응의 분류이고, 이들은 상호 밀접한 관련을 가지고 있을 뿐 아니라, 헌법학이 인문학, 사회과학, 자연과학 등의 바탕 위에서 정립되는 규범학이므로 이는 연관되는 개별학문들을 통합하는 綜合學問으로서의 성질을 가지고 있음을 유의할 필요가 있다(鄭宗燮a, 15, 85).

제 2 절　憲法의 特性

[7] 第一 槪　說

헌법은 법규범의 영역에서 여타의 법규범과 구별되는 성질을 가지는데, 이러한 헌법이 가지는 특별한 성질을 헌법의 특성이라고 한다. 헌법의 특성이라는 면에서 헌법은 最高規範, 輪廓規範, 始原規範, 政治規範으로서의 속성을 가진다.

헌법은 그 특성으로 인하여 헌법의 제정 및 개정의 성격과 방법, 헌법의 해석, 헌법의 실현, 여타 법규범에 대한 효력, 헌법재판의 성질과 헌법재판기관의 구성방법, 헌법입법의 기술 등에서 여타 법규범의 경우와 다른 양상을 띠게 된다. 헌법의 특성에서 각 해당영역에 적용되는 원리들이 발생하며, 따라서 각 해당영역의 시스템과 그에 적용되는 법리들은 이러한 원리와 합치하여야 한다.

헌법의 특성을 올바로 파악하는 것은 헌법적 문제들의 이해와 해결책을 모색함에 있어 그 전제가 된다.

[8] 第二 最高規範

Ⅰ. 개　념

헌법은 최고규범, 즉 最高法(supreme law)으로의 특성을 가진다. 헌법이 최고규범이라는 것은 한 공동체 내의 법규범의 구조에서 헌법이 最高·最上의 地位에 있다는 것을 말한다. 최고규범으로서의 헌법은 주권자이자 헌법제정권력의 주체인 국민의 主權的 決定으로 만들어지고, 모든 법규범이 헌법에서 파생되어 창설되므로 헌법은 공동체 내에 존재하는 법규범의 존재와 내용과 효력에서 最高 優位를 점하고 있다. 공동체의 법규범구조에서 헌법은 다른 법규범의 효력의 출발점인 동시에 근원으로 존재한다.

Ⅱ. 헌법의 우위

헌법은 공동체의 최고규범으로서 국가를 창설하는데, 국가권력은 기능에 따라 입법권력(legislative power), 행정권력(administrative power), 사법권력(judicial power), 헌법재판권력(constitutional review power)으로 나누어진다. 헌법 이외의 법규범은 입법권력에 의해 만들어진다. 이와 같이 헌법이 국가를 창설하기 때문에 헌법은 국가 창설의 規範的 母體가 되며, 「헌법에 의해 만들어진 권력」에 대하여 존재, 내용, 효력에서 우위를 점한다. 공동체의 법질서와 국가질서에서 헌법이 점하는 이러한 우월적 지위를 「憲法의 優位」(supremacy of constitution, Vorrang der Verfassung)라고 하며, 헌법의 우위에서 그에 상응하는 효력이 발생한다.

헌법의 우위로 인하여 헌법에 의해 창설된 국가권력, 즉 입법권력, 행정권력, 사법권력, 헌법재판권력은 어떤 경우에도 헌법에 위배될 수 없고, 이를 부정할 수 없으며, 언제나 헌법에 기속된다. 헌법에 의해 창설된 통치권의 행사가 헌법에 위배되는 경우에는 무효이다.

헌법의 우위는 헌법의 최고규범성에서 당연히 도출되는 本質必然的인 歸結이기 때문에 성문헌법에서 이를 명시적으로 정하고 있든 정하고 있지 않든 관계없이 인정된다. 우리 헌법은 헌법의 우위를 명시적으로 정하고 있지 않지만, 주권이 국민에게 있고(憲法 §1②), 주권자인 국민이 헌법을 제정하였으며, 헌법개정절차를 특별히 규정하고 있고(憲法 §128 §129, §130), 위헌법률심판을 포함한 헌법재판을 제도화하고 있으며(憲法 §107①, ②, §111), 국가의 基本權保護義務를 두고 있는 것(憲法 §10)에서 헌법의 우위가 분명하게 나타나 있다.

> 「헌법의 우위」를 성문헌법의 法文에서 명시하고 있는 경우도 있다. 예컨대 미합중국 연방헌법은 「이 헌법은……이 나라의 최고의 법이다」(Article Ⅵ, Clause 2)라고 정하고 있고, 독일연방헌법은 「입법은 헌법적 질서에, 집행권과 사법권은 법률과 법에 각 기속된다」(§20 ③)라고 정하고 있으며, 일본국헌법은 「이 헌법은 국가의 최고법규이고, 따라서 그 규정에 위반하는 법률, 명령, 詔勅 및 국무에 관한 기타 행위의 전부 또는 일부는 그 효력을 가지지 못한다」(§98 ①)라고 정하고 있다.

Ⅲ. 최고규범성의 보장

헌법규범이 가지는 최고성은 이를 효과적으로 보장할 때 실현될 수 있다. 헌법의 최고규범성을 보장하는 방법으로는 憲法保障制度와 憲法改正을 어렵게 하는 硬性憲法의 方式이 있다.

우선 모든 형태의 국가기관은 제 1 차적으로 헌법을 보호하고 실현할 의무가 있기 때문에 국가기관이 수행하여야 하는 이러한 헌법보호의무를 통하여 헌법의 최고성이 보장된다. 국가의 기본권보호의무(憲法 §10)도 이러한 헌법보호의무의 한 내용을 이룬다.

국가가 憲法保護義務를 지니고 있음에도 이를 수행하지 않고 헌법의 최고성을 침해하는 경우에 최고규범으로서의 規範力을 효과적으로 보장하는 것이 憲法裁判을 통한 최고성의 보장이다. 입법권에 대해서는 위헌법률심판이나 법률에 대한 헌법소원심판 등을 통하여 최고성을 보장하고, 집행권에 대해서는 탄핵심판이나 헌법소원심판 등을 통하여 이를 보장하며, 법원의 재판권에 대해서는 재판에 대한 헌법소원심판 그리고 헌법을 위반한 법관에 대한 탄핵을 통하여 이를 보장한다. 법규범의 구조 내에서 헌법의 최고성을 보장하는 헌법재판은 規範統制이므로 규범통제는 최고성의 보장에서 중핵을 이룬다. 이와 같이 헌법재판은 헌법의 최고성을 보장하는 가장 강력하고 효과적인 장치이므로 헌법재판이 없으면 헌법의 최고성은 구호에 불과하게 된다.

그러나 헌법재판이 헌법을 침해하는 경우도 있으므로 헌법의 최고성을 지키는 최후의 방어선은 憲法制定權力의 주체인 국민이다. 따라서 국민이 헌법을 보호하고 실현시키려는 의지는 헌법의 최고성을 보장함에 있어 무엇보다 중요하다. 모든 국가권력이 헌법을 침해하는 불법상태가 발생할 때 헌법을 만든 국민은 不法國家로부터 헌법을 수호하기 위하여 抵抗權을 행사하게 된다.

헌법의 최고성은 다른 법규범을 개정하는 것과 비교하여 엄격하고 곤란하게 하는 헌법개정의 방식에 의하여 보장할 수 있다. 이러한 헌법개정방식을 가지는 헌법을 硬性憲法이라고 하는데, 硬性憲法方式은 헌법의 최고성을 보장해준다.

[9] 第三 輪廓規範

Ⅰ. 골격규범으로서의 성격

헌법은 그 構造에 있어 공동체와 그 구성원의 지위 및 국가의 기본적인 사항에 대하여 그 骨格(=윤곽)만 정할 뿐 법률이나 명령과 같이 세세히 정하지 않는다. 헌법을 제정하는 때 현실에서 발생할 모든 경우를 예측할 수도 없거니와 예측할 수 있는 사항도 이를 모두 헌법에 명문화할 수 없다. 헌법은 더 상세한 내용에 관해서는 법률이나 명령 등 하위법규범에서 정하도록 하면서 하위법률의 모체가 되는 기본적인 사항만 정한다.

따라서 헌법에는 不確定概念이나 一般條項의 성격을 가지는 것이 존재하며, 이는 헌법의 해석을 통하여 구체화되고, 그 기본사항을 구체적으로 입법화하는 것은 하위법률에 의하여 이루어진다. 물론 헌법에서도 헌법사항으로 상세히 정하여야 하는 것(예: 국가기관과 그 권한 및 행사방법 등에 관한 사항)은 세세히 정하지만, 그렇지 아니한 경우에는 골격만 정한다.

Ⅱ. 개방된 체계

헌법은 그것이 규율할 사회와 헌법을 둘러싸고 있는 국내외적 환경의 변화에 대응하여야 하고, 헌법을 제정할 당시에 국민이 합의한 것은 변화를 전제로 한 기본적인 사항이기 때문에, 헌법의 내용에 있어 1회의 결정으로 공동체와 인간에 관한 모든 사항을 完結的으로 정할 수 없다(非完結性). 예컨대 국민의 기본권을 정하는 경우에도 헌법을 제정할 당시에는 이러 저러한 종류의 자유나 권리를 헌법상의 권리로 결정하였다고 하더라도 사회의 변화에 따라 새롭게 헌법상의 권리가 등장할 수 있으므로 이러한 것은 개방된 상태로 두게 한다. 헌법 제37조 제1항에서 「국민의 자유와 권리는 헌법에 열거되지 아니한 이유로 경시되지 아니한다」고 정하고 있는 것도 이러한 開放性을 보여주고 있다.

헌법은 개방된 체계 또는 개방된 법질서로서의 규범이기 때문에 현실의 경제적·사회적·기술적인 변화에도 불구하고 현실에 탄력적으로 대응할 수 있다. 헌법이 제정된 후 사회의 변화가 있더라도 헌법을 개정하는 단계에 이르기까지 헌법이 중단되지 않고 헌법해석을 통하여 규범력을 가질 수 있는 것도 이러한 개방성 때문이다.

그러나 헌법이 개방성을 지닌다고 하여 헌법의 규정과 내용이 불명확해야 한다는 것은 아니다. 헌법은 공동체 내에서 무정형으로 존재하는 상태와 가치에서 정형의 상태와 질서를 창출하는 것이기 때문에 헌법을 제정할 당시에 국민이 일정한 방향으로 합의한 내용과 질서를 명확하게 정하고 기본적인 사항을 모두 정한다. 이런 사항들은 가치적으로나 체계적으로 통일된 방향성을 가지므로(統一性) 헌법은 하나의 體系이고, 체계 그 자체가 자기완결성을 추구하더라도 그 성격에서는 열린 체계로서의 특성을 가진다(開放된 體系).

헌법이 윤곽규범으로서의 성질을 가진다고 하더라도 국가의 구조, 성격, 국가기관의 권한의 배분과 행사에서 불확정적이고 개방된 상태로 두는 것은 아니다. 국가에 대해서는 국가에 적용되는 헌법원리나 헌법원칙을 분명히 하고, 국가가 본연의 기능을 할 수 있도록 국가권력의 배분과 행사에 대하여 명확히 정하여야 한다. 특히 헌법에서 節次規定을 두는 경우에는 의사결정이나 권한 행사의 적법성을 명확하게 보장하여야 하므로 개방적이거나 불완전한 것으로 존재할 수 없다(同旨: 桂禧悅a, 55). 이러한 것은 헌법이 가지는 국가권력의 창설과 제한이라는 기능에서 요청되는 사항이기 때문에 개방성도 이러한 지점에서는 한계를 가진다.

[10] 第四 始原規範

Ⅰ. 자기근거

헌법은 다른 법규범에 의해 만들어진 것이 아니라 헌법제정권력에 의해 만들어진 것이므로 규범적으로 자기가 자기의 근거가 된다는 특성을 가진다. 다른 법규범은 모두 헌법으로부터 창설된 규범이기 때문에 이 점에서 헌법은 다른 법규범과 구별된다. 헌법의 제정에 있어 헌법제정절차를 정하는 규범(예: 헌법제정회의에 관한 법률)이 먼저 만들어지더라도 헌법은 이러한 규범에서 나오는 것이 아니라 헌법제정권력으로부터 나온다.

Ⅱ. 자기보장

헌법은 효력에 있어 스스로 보장하는 특성을 가진다. 헌법이 아닌 다른 법규범의 경우에는 상위법에 의해 그 효력이 보장되지만, 헌법은 자기 이외에 외부 법규범(상위의 법 또는 초헌법적 법)을 가지고 있지 아니하므로 국가권력이 그 효력을 부정하거나 침해할 수 없도록 하는 장치를 스스로 마련하여 지니고 있다. 예컨대 헌법의 우위의 명문화, 권력의 분립, 헌법재판 등이 그에 해당한다. 헌법은 이러한 자기보장에 따라 이를 실현할 장치를 마련하고 일차적으로 국가권력으로 하여금 헌법을 보장하게 하고 있으나, 모든 국가권력이 헌법의 자기보장체계를 부정할 때에 이를 최후로 보장하는 것은 주권자인 국민의 헌법수호의지와 저항권밖에 없다.

헌법이 지니는 자기보장적인 특성은 헌법제정권력과 헌법 이외에 「憲法의 守護者」라는 것이 따로 존재하지 않는다는 것을 의미하기도 한다. 헌법은 헌법의 수호자를 그 내부에 포함하고 있으므로 헌법의 외부에서 찾을 수는 없다. 종종 독재와 권위주의통치는 헌법외부에 헌법의 수호자가 있다는 주장으로 그 통치를 합리화하기도 하였으나, 이러한 주장은 헌법의 자기보장성에 비추어 볼 때 성립할 수 없다.

[11] 第五 政治規範

헌법은 공동체에서의 정치적인 합의나 타협의 산물이다. 공동체에서는 가치나 이해관계 등에서 구성원간에 동질성이나 이질성이 나타날 수 있는데, 정치적 대립이 투쟁으로 나아가지 않는 한 헌법은 정치적인 합의나 타협에 의하여 규범으로 정립된다. 따라서 헌법은 공동체를 초월하여 선험적으로 존재하는 것이 아니고 현실에서 공동체 구성원의 합의나 타협으로 나타난다. 정치적 대립이 타협을 이루지 못하고 투쟁으로 나아가는 극단적인 경우에는 헌법은 투쟁에서 승리한 자들의 가치와 의사로 나타난다. 이와 같이 헌법은 생성에서부터 정치성을 띠게 된다.

헌법이 공동체 내의 정치적인 합의나 타협의 산물로 나타나는 경우에 이는 윤곽으로서 정리되므로 통상의 법률이나 명령 등 하위규범보다는 정치적 판단이 상대적으로 많이 개입할 여지를 안고 있다. 헌법보다 하위에 있는 법률이나 명령의 제정에서는 여러 가지 선택 가능한 정책 가운데 어느 하나를 선택하여(예컨대 입법형성의 자유) 상대적으로 넓은 정치적 판단 속에서 헌법을 실현할 정책을 구체화시킨다.

이와 같이 헌법은 다른 법규범에 비하여 상대적으로 강한 정치성을 가지므로 헌법의 운용에서도 보다 넓은 논의의 장과 판단의 가능성이 있고, 헌법을 개정하지 않고도 현실의 변화에 대응할 수 있는 힘이 강하다.

헌법의 정치규범성으로 인하여 헌법의 해석도 다른 법규범의 해석과 달리 정치적 판단이 상대적으로 넓게 개입할 수 있는 여지를 가진다. 헌법의 해석이 다른 법규범의 해석과 다른 특성을 가지는 이유도 정치규범으로서의 특성에서 비롯한다. 헌법의 해석이 이와 같은 특성을 가지기 때문에 헌법의 해석과 적용을 통한 유권적 판단작용인 헌법재판도 이러한 특성을 가지게 되어 법원에서 행해지는 통상의 재판과는 구별되고, 헌법재판을 담당하는 기관이나 그 구성방식도 통상의 법원의 경우와 달라질 수밖에 없다.

헌법이 정치적인 성격을 가진다고 하더라도 이는 그 특성 중의 하나일 뿐이고 법규범으로서 지니는 속성은 변하지 않으므로 헌법이 단순한 정치적 판단으로 해체될 수는 없다. 따라서 헌법의 해석에서도 헌법에서 명시적으로 정하고 있는 내용은 정치적 이해관계나 상황에 따라 아무렇게나 이해될 수 없다. 특히 국가권력에 관한 규정과 절차에 대한 규정은 정치적인 편의에 따라 해석될 수 없다. 권력의 정치적인 자의를 통제하기 위하여 헌법은 국가에 관한 사항을 직접 정하고 있으므로 국가의 권력작용에 대한 해석은 엄격하게 하여 헌법 본래의 내용을 왜곡시키지 않아야 한다.

제 3 절 憲法의 機能

[12] 第一 基本權의 保障

헌법은 공동체의 구성원이 가지는 자유와 권리를 보장하는 權利章典으로서의 기능을 가진다. 헌법의 발달을 보면, 인간의 자유와 권리의 보장은 권리장전의 모습으로 정해져 국가에 관한 근본법을 의미한 원래의 헌법과는 형식에서 따로 존재한 경우도 있었으나(예: 프랑스의 1791년헌법, 1793년헌법, 1795년헌법), 오늘날 현대 입헌주의국가에서 권리장전은 헌법에 편입되어 헌법의 구성부분으로서 국민의 자유와 권리를 보장하고 있다. 우리 헌법도 예외가 아니다. 헌법은 대표적으로 제2장에서 「국민의 권리와 의무」라는 제목하에 기본권을 정하고 있다.

헌법에서 국민의 자유와 권리를 정한다는 것은 공동체의 구성원이 보유하고 행사하는 일정한 자유와 권리를 공동체의 최고법에 보장하는 것을 의미하며, 공동체의 구성원이나 헌법에 의해 창설된 국가권력은 어떤 경우에도 이러한 기본권을 침해할 수 없다는 것을 뜻한다. 헌법 제10조는 「국가는 개인이 가지는 不可侵의 기본적인 인권을 確認하고 이를 보장할 義務를 진다」라고 정하여 이러한 법리를 확인하고 있다.

[13] 第二 國家의 創設

헌법은 공동체에 사는 구성원들로 하여금 일정한 질서 속에서 삶을 영위할 수 있게 하는 政治的 統一體를 형성하고 창설하는 기능을 가진다. 다양한 의견과 가치와 이해관계를 가진 구성원들 사이에 발생하는 갈등과 대립이 해소되지 않아 일정한 구속적인 단일한 의사가 형성되지 못하는 공동체에서는 공동체의 강력한 원심력에 의해 국가가 성립하기 어려우며, 결국 공동체는 해체의 길로 나아간다.

공동체가 이러한 상태에 이르지 않고 그 구성원이 하나의 정치적 생활공동체에서 살아가기 위해서는 공동체 구성원의 다양한 이해관계와 갈등·충돌하는 가치를 調整하는 국가가 필요한데, 헌법은 국가를 창설하고 이를 규율한다. 따라서 헌법은 국가의 창설규범과 근본적인 법질서로서의 기능을 가진다.

규범적으로 헌법이 국가를 창설하는가 국가가 헌법을 창설하는가 하는 것은 지배의 정당성의 문제이고 주권의 문제이다. 君主的 正當性(=군주주의적 정당성 monarchical legitimacy)에 기초하여 군주의 지배체제가 곧 국가였던 군주국가에서는 군주를 정점으로 하는 국가가 존재하고 군주가 헌법을 제정하기 때문에(欽定憲法) 헌법은 군주의 주권적 통치의사로 나타나고, 따라서 「국가가 헌법을 창설한다」는 법리가 성립한다. 그러나 국민주권에 근거하여 국민이 헌법제정권력을 보유·행사하여 헌법을 제정하고, 이러한 民主的 正當性(=민주주의적 정당성 democratic legitimacy)에 기초한 헌법에 의해 국가가 창설되는 민주국가에서는 「헌법이 국가를 창설한다」는 법리가 성립한다. 이것이 국민주권에 기초한 立憲主義原理와 憲法國家原理의 핵심적인 법리이다.

[14] 第三 國家權力의 組織과 制限

Ⅰ. 개 설

헌법에서 권리장전의 부분을 제외하면 국가에 대한 규정이 나머지 구성부분의 중핵을 차지하는데, 헌법은 국가를 창설하는 규범인만큼 국가의 성격, 구조, 국가권력의 배분과 조직, 작용, 국가권력에 대한 통제 등에 대하여 정하고 있다.

이와 같이 헌법은 국가에 관하여 조직규범과 수권규범으로서의 기능을 가진다.

Ⅱ. 조직규범

헌법은 組織規範으로서의 기능을 가진다. 헌법은 공동체로부터 정치적 통일체로서의 국가를 조직하여 창설한다. 헌법이 국가를 조직하는 경우에는 국가의 여러 기능에 따라 국가권력을 분할하고 배분하여 국가를 통하여 얻고자 하는 바를 충분히 획득할 수 있도록 이를 체계정합적으로 조직한다.

헌법은 조직규범으로서의 기능을 통하여 국가권력을 둘러싼 정치적인 투쟁을 헌법이라는 규범영역 안으로 편입시키고, 국가로 하여금 본래의 기능을 할 수 있도록 규범적으로 뒷받침하며(국가작용의 법적 효력 발생 보장), 배분된 기능들간에 충돌이 발생하지 않도록 하고, 국가의 권력행사가 오용되거나 남용되지 못하도록 한다.

헌법이 조직규범이라고 하여 국가에 관한 세세한 것까지 모두 정하는 것은 아니다. 국가의 조직에 관한 세세한 것은 헌법으로부터 위임을 받은 법령에서 정하고, 헌법에서는 그 구조, 체계, 골격, 기관, 권한, 권한행사의 중요한 절차 등에 대한 기본적인 사항을 정한다. 같은 조직규범에 속하지만 헌법보다 하위에 있는 것으로는 국회법, 헌법재판소법, 정부조직법, 법원조직법 등이 있다.

그런데 헌법이 조직규범인 이상 조직에 대한 기본적인 사항에 대해서는 명확히 정하여야 한다. 조직에 관하여 불명확하게 정하면 국가작용에서 혼란을 초래하여 국가기관간의 분쟁과 갈등을 야기하여 체계의 안정성을 해치게 되고, 권력의 오용과 남용을 초래하게 된다. 따라서 헌법조항 가운데 조직에 관한 조항은 명확히 정하여야 하는 동시에 그 해석에 있어서도 엄격하게 해석하여야 한다. 이러한 점이 헌법의 다른 조항에 대한 해석과 차이가 있다.

Ⅲ. 수권규범

헌법은 授權規範으로서의 기능을 가진다. 헌법은 국가를 창설하고 국가권력을 기능적으로 조직함에 있어 국가의 기능을 수행하는 개별 기관에게 그에 합당한 권한을 부여한다. 국가기관이 구체적으로 작동하기 위해서는 법적으로 뒷받침된 강제력이 주어져야 하고, 이런 강제력은 권한(competence, Kompetenz)으로 구체화되는데, 국가권력을 창설하는 헌법만이 이러한 권한을 독점적으로 부여할 수 있다.

헌법이 수권규범으로서 국가기관에 대하여 권한을 배분하여 부여하는 경우에도 조직에 관한 규정과 같이 이에 대해서는 명확히 정하여야 한다. 그렇지 않으면 이 경우에도 국가작용에서 혼란과 국가기관간의 분쟁·갈등을 야기하고, 권력의 오용과 남용을 초래하게 된다. 국가기관의 권한에 대한 헌법조항을 해석함에 있어 이를 엄격하게 해석하여야 함은 조직에 관한 조항에 대한 해석에서와 동일하다.

헌법이 가지는 수권규범으로서의 기능을 보장하기 위하여 권한쟁의심판을 헌법재판으로 제도화하고 있다(憲法 §111①).

[15] 第四 共同體의 維持 · 統合

헌법은 공동체의 구성원들이 추구하는 가치에 합치하는 일정한 가치지향과 질서로 나타나므로 이는 공동체의 구성원으로 하여금 공동체의 생활에 동화되고 통합되어 살 수 있도록 만든다. 헌법은 사회공동체의 통합을 통하여 국민의 기본권이 실현되게 하고, 공동체가 존속하고 유지될 수 있게 한다.

이러한 통합은 헌법을 제정한 국민들에 의해 헌법이 준수되는 정도와 그 공동체 내의 정치의식, 문화, 연대성, 지도자들의 지도력, 갈등 해소 시스템의 작동 수준 등에 의해 결정되는데, 헌법의 統合力이 강하게 나타나는 나라는 강력한 나라로 나아가고, 통합력이 미약하고 쇠퇴하는 나라는 국가의 해체 또는 공동체의 해체로 나아가는 약한 나라로 전락한다.

헌법이 사회공동체를 통합한다고 하여, 이러한 통합이 폐쇄적인 통합을 의미하는 것은 아니다. 이러한 통합은 사회의 변화에 따라 동시에 변화하고 적응하면서 존재하는 통합이므로 그 統合의 體系는 닫힌 체계가 아니라 「열린 체계」를 의미한다. 통합의 과정에서도 葛藤이 끊임없이 발생하고, 갈등은 때로 사회발전의 장애가 되기도 하지만 그 동력이 되기도 하는데, 갈등이 발생하고 존재하는 상황에서도 그와 동시에 그 갈등이 심각한 수준에 이르기 전에 解消되는 것이 필요하다. 헌법은 갈등의 발생과 조정 그리고 갈등의 해소와 통합의 동적 운동이 존재하는 사회에서 갈등으로 인하여 공동체가 해체되지 않도록 하는데 중추적인 역할을 수행한다.

[16] 第五 政治的 正義와 平和의 實現

헌법은 정치적 정의와 평화를 실현하는 규범으로서의 기능을 가진다. 헌법은 공동체의 정치활동 가운데서 탄생하고, 사회현실에는 공동체 구성원간에 국가권력을 둘러싼 경쟁과 대립이 항상 있게 마련인데, 헌법은 일정한 규범을 정함으로써 정치활동이 규범의 틀 속에서 합리적이고 평화적으로 이루어지게 한다.

헌법이 국가기관을 구체적으로 정하고(국가기관의 설치), 국가기관에 어떻게 접근하는가에 대하여 규칙과 시스템(선거, 정당, 재판 등)을 정함으로써 「권력에의 의지」가 규범에 의하여 순화되고, 국가권력을 장악한 세력이나 집단이 恣意로 이를 행사할 수 없게 된다. 이러한 과정을 통하여 정치활동은 적나라한 권력투쟁이 아니라 헌법이 정하는 자유와 권리(정치적 기본권)의 행사를 통하여 건전한 경쟁으로 자리잡게 되고, 다양한 정치적 이익들간의 대립과 갈등은 규범의 틀 속에서 해소된다.

제 4 절 憲法과 憲法裁判

[17] 第一 憲法國家에서의 憲法裁判

헌법이 사회와 국가에서 공동체의 최고법으로서 제 기능을 할 수 있기 위해서는 무엇보다 헌법의 규범력과 실효성을 보장하는 장치가 필요하다. 헌법이 현실에서 규범력을 가지는 경우에만 憲法國家(Verfassungsstaat)가 존재할 수 있는데, 헌법의 규범력을 유지하고 그 실효성을 보장하는 장치 가운데서 가장 효과적인 것이 헌법재판이다. 憲法裁判은 헌법의 내용 또는 헌법문제에 대하여 다툼이 발생한 경우에 재판을 통하여 이를 有權的으로 해결하는 헌법의 實現作用으로서, 헌법의 規範力과 實效性을 보장하고, 헌법에서 보장하고 있는 기본권을 실현하며, 국가작용의 合憲性을 보장하여 모든 국가작용으로 하여금 헌법질서 속으로 들어오게 한다.

이와 같이 헌법재판이 가동될 때 헌법은 비로소 생명력을 지니고 우리의 삶 속에서 살아 숨쉴 수 있기 때문에 오늘날 헌법재판은 현대 立憲主義와 自由民主主義의 핵심적 징표 중의 하나로 평가되고, 憲法國家와 불가분의 관계에 있다. 헌법재판이 없는 헌법질서란 沙上樓閣과 같아 그 규범력을 유지할 수 없기 때문에 입헌민주국가에서 헌법재판이 없는 헌법은 생각할 수 없다.

[18] 第二 憲法裁判에 의한 權力統制와 憲法秩序의 維持

헌법은 무엇보다 헌법에 의하여 창설된 국가권력으로 하여금 헌법을 침해하지 못하게 하는 것과 국민들이 스스로 헌법을 존중하고 생활하도록 하는데서 규범력을 가질 수 있다. 따라서 헌법재판은 먼저 각종의 국가작용을 헌법에 합치되도록 만드는 데 근본적인 존재의의가 있다. 헌법재판은 국회의 입법작용, 행정부의 행정작용, 법원의 재판작용이 합헌성을 확보하도록 통제하며, 국가기관 또는 지방자치단체 상호간에 발생하는 권한쟁의를 심판하여 각 국가기관 또는 지방자치단체에 상응하는 권한의 배분을 확인하고, 이를 통하여 國家法의 秩序가 유지되도록 한다. 헌법재판은 고도로 헌법정책적이고 정치적인 성격을 가지는 憲法事件에 대해서도 헌법이 무엇인지를 선언한다. 예컨대 탄핵심판, 정당해산심판, 대통령이나 국회의원 선거재판, 중요한 국정문제의 결정 · 자문(예컨대 대통령의 직무수행 불능 판단, 국가의 중요정책에 대한 헌법적 자문 등) 등이 이러한 범주에 속한다.

근대 國民主權主義와 立憲主義가 성립한 이후 오늘날 대부분의 입헌민주국가에서 재판기관에 의한 규범통제는 基本權의 保障, 代議民主主義, 法治國家, 成文憲法

主義와 함께 立憲主義 또는 憲法國家의 필수적인 구성요소를 이루고 있다.

우리나라는 위헌법률심판, 헌법소원심판, 탄핵심판을 통하여 국회의 입법작용과 정부의 행정작용이 남용되는 것을 통제하고, 권한쟁의심판, 정당해산심판을 통하여 국가작용을 정상화시키고 정당을 보호함과 동시에 헌법의 적들이 정당의 형태로 집단화·조직화하여 헌법을 침해하는 것을 防止하고 矯正한다(憲法 §111①).

제 2 장 憲法의 制定과 正當性

제 1 절 憲法의 制定

[19] 第一 槪 說

I. 헌법의 형성

헌법은, 인간이 공동체를 형성하고 그 생활을 영위함에 있어 공동체의 존속 · 안전을 보장하고 공동체와 그 구성원의 삶에 필요한 일정한 질서와 규범을 형성하고, 이러한 질서와 규범을 유지할 수 있게 하는 권력체인 국가를 창설하면서 생겨난 개념이다. 이미 인간이 사회계약(social contract)에 의하여 만든 공동체에서 다시 국가를 창설하는 경우에 국가의 성격, 구조, 형태, 국가권력의 배분과 조직, 국가작용, 국가권력의 오·남용과 그에 대한 통제 등을 일정한 메커니즘으로 규율하는 규범이 필요하고, 공동체와 그 구성원 그리고 이들과 국가 사이에 일정한 관계를 설정하는 것이 필요한데, 헌법은 이러한 사항에 대한 기본적인 내용을 정하는 根本的 法規範으로 기능을 한다. 이렇게 볼 때, 원리적으로는 먼저 인간이 존재하고 이러한 인간들이 공동체를 형성하고, 공동체에서 강제력을 가지는 국가를 창설하기 위하여 헌법을 제정한다는 체계, 즉 「人間→共同體→憲法→國家」라는 체계가 성립한다.

그런데 이러한 「人間→共同體→憲法→國家」의 체계는, 공동체의 구성원 가운데 강자가 그 구성원을 지배하고, 그 강자의 의지와 의사에 기초한 지배체제가 곧 국가이며, 강자인 지배자의 의지와 의사가 곧 헌법이라고 파악된 君主國家의 이념이나 국가가 곧 헌법이라고 이해한 19세기 독일의 法實證主義 國家理論에서는 발붙일 여지가 없었다. 「人間→共同體→憲法→國家」의 체계는 공동체의 단계에서 헌법제정권력이 존재하고, 그 구성원이 主權者(sovereign)로서 헌법을 형성하고 그에 따라 국가가 창설된다는 인식구조에서 성립될 수 있기 때문에 國民主權(=人民主權 popular sovereignty)과 立憲主義(constitutionalism)를 인정하는 인식체계에서만 규범적인 의미를 가질 수 있다.

이렇게 하여 헌법의 의미와 존재는 포착되지만, 사람들의 실제적인 생활에서 헌법이 형성되기 위해서는 그에 필요한 전제요건들이 충족되어야 한다. 헌법이 성립하기 위해서는 i) 공동체 내에서 공동체에 일정한 가치와 질서를 부여하여 이를 일정한 방향성을 가진 하나의 규범질서적인 생활통일체로 만들고자 하는 구성원간의 공감대 또는 합의가 생겨나야 하고(憲法契約이라는 개념으로 설명하기도 한다), ii) 이러한 합의를 공동체, 그 구성원, 국가를 규율할 규범으로 만들어 내고자 하는 중심세력이 형성되어야 하며, iii) 합의가 규범으로 형성되면 이를 존중하고 준수하겠다는 공동체 구성원들의 의식이 존재하여야 한다. 이렇게 하여 헌법이 형성되는데, 「憲法의 形成」(=헌법의 성립)이라는 개념은 規範學的으로 파악되는 규범적 개념이 아니라 政治社會學的으로 파악되는 사실적 개념이다(許營a, 40).

역사적으로 보면, 헌법의 형성에 있어 공동체 구성원 가운데 1인의 강자가 등장하여 공동체와 그 구성원의 삶에 일정한 가치와 질서를 일방적으로 부여하고, 이를 규범으로 정한 경우도 있었으나(예: 영주국가, 군주국가, 독재국가), 오늘날 국민주권의 시대에서 이러한 것은 인정되지 않는다. 헌법의 형성은 통상 植民地支配로부터의 解放(무력투쟁을 통한 해방, 평화적 해방), 體制轉換(20세기 말 동유럽 및 중앙아시아지역의 사회주의국가에서 자유민주주의국가로의 체제 전환), 革命(1789년의 프랑스혁명, 1919년의 러시아혁명), 쿠데타(coup d'État)로 인하여 새로운 사회질서가 창출될 때 이루어진다. 혁명과 쿠데타는 소수집단이 헌정체제의 변화를 기도하는 점, 기존 정부(existing government)를 폐지하는 점에서 공통점이 있고, 양자 모두 때로 국민의 지지를 얻거나 얻지 못할 수도 있지만, 혁명은 새로운 헌정체제를 형성하기 위해 헌법제정권력을 국민에게 부여함에 반하여, 쿠데타는 국민의 의사와 관계없이 기존 집권세력을 추방하고 자기세력으로 대체한다는 점에서 구별된다. 軍部勢力이 武力으로 기존 정부를 전복한 후 새로운 체제를 형성하기 위하여 헌법제정회의를 구성하고 국민투표로 새 헌법을 제정하여 새로운 체제를 출범시킨 경우는 혁명에 해당한다.

Ⅱ. 헌법의 제정

헌법의 제정은 法規範(Rechtsnorm)으로서 효력을 가지는 헌법규범을 의식적으로 창조하는 헌법제정권력의 행사를 말한다. 헌법이 법적 효력을 발생하는 것은 憲法의 制定(Verfassungsgebung, constitution-making)에 의하여 비로소 이루어지며, 이런 점에서 법적 효력을 아직 가지지 못하는 상태에 있는 「憲法의 形成」과 구별된다. 「헌법의 형성」이 사실적인 개념인데 반하여, 「헌법의 제정」은 법적인 개념이다. 역사적으로 보건대, 자생적으로 서서히 형성되어 규범력을 획득하는 自生的 憲法(예: 서구 중세의 자생적 헌법)이 예외적으로 있기는 하지만, 오늘날에는 더 이상 존재하지 않는다. 헌법은 언제나 헌법의 제정이라는 헌법제정권자의 意識的 行爲에 의하여 효력을 발생하고 법규범으로 기능을 하게 된다.

헌법의 제정은 그 이전에 헌법을 제정하는 힘(=權能, 能力)이 존재하는 것을 전제로 하여 성립하는 개념인데, 이를 憲法制定權力이라고 한다. 역사적으로는 이러한 힘을 누가 가지느냐 하는 것이 중요하였는데, 이론에 따라 신, 군주, 국가, 의회, 법, 국민이 그 주체라고 본 여러 관점이 있었으나, 오늘날에는 국민주권의 확립으로 국민만이 헌법제정권력을 가지는 것으로 귀착되었다.

[20] 第二 憲法制定權力

Ⅰ. 개념과 헌법제정권력이론

(1) 개 념

憲法制定權力(constituent power, verfassungsgebende Gewalt, pouvoir constituant)이란 공동체의 根本法이자 最高法인 헌법을 만들어내는 힘을 의미하는, 헌법을 제정하는 作用力 또는 能力을 말한다. 헌법제정권력은 사실로 존재하는 헌법규범을 創造하는 힘이기 때문에 규범인 헌법에 선행하고 헌법 이전에 존재한다. 따라서 헌법제정권력과 헌법에 의해 만들어진 권력과는 구별되며, 이들 상호간에는 「憲法制定權力→憲法→憲法에 의해 만들어진 權力」이라는 체계가 성립한다. 서양의 법사상에 의할 때, 이러한 인식의 구조는 最高法(higher law)思想과 國民主權의 결합에 의하여 이루어진 것이며, 사상적으로는 神의 의지로부터 人間理性에로의 世俗化를 의미한다.

(2) LOCKE의 이론

헌법을 만드는 힘, 헌법, 헌법에 의하여 만들어진 권력이라는 개념의 구별에 대한 초기의 인식은 原始契約(사회의 형성)과 信託契約(국가의 형성)이라는 「二重契約」의 概念으로 국가와 입법권, 그리고 이 양자와 국민과의 관계를 체계화한 J. Locke(1632-1704)의 국가이론(또는 국민주권이론)에서 나타나기 시작하였다. 여기서는 초기 형태의 국민주권관념에 근거를 둔 헌법제정권(이념적으로 저항권과도 연관)에 대한 원류적인 관념이 전제되어 있었다.

(3) SIEYÈS의 이론

헌법제정권력을 이론적으로 처음 체계화한 것은 프랑스의 E.-J. Sieyès(1748-1836)의 이론에서 비롯한다. 그에 의하면, 헌법제정권력은 헌법이나 국가 이전에 존재하는 자연상태에서 조직되지 않은 채로 존재하는 「무엇을 조직하는 권력」(pouvoir constituant)이며, 이는 헌법제정권력에 의해 「조직된 권력」(pouvoir constitué)과 구별된다. 따라서 헌법에 의해 조직된 권력인 입법권은 헌법제정권력과 비교하여 본질에서 서로 다른 것이기 때문에 입법권으로서 헌법을 폐지하거나 변경할 수 없다. 그의 憲法制定權力理論이 밝히고자 한 핵심적인 사항은 입법권의 성격을 분명히 하여 입법권으로 헌법을 변경하거나 폐지할 수 없도록 하는데 있었다.

이러한 그의 헌법제정권력이론은 그 이후 프랑스에서는 크게 발전 · 확산되지 못하였다. 그의 이론이 革命理論으로 치부되어 주목을 받지 못한 가운데 오히려 헌법제정권력이론은 한편으로는 1814년의 루이 18세 헌법에서 君主主權論과 결합하는 양상을 보였고, 다른 한편으로는 독일에서 프랑스와 다른 정치적인 여건하에서 등장한 19세기 國家主權說 또는 國家法人說과 결합하는 양상도 보였다. 국가주권론에서 헌법제정권력은 헌법개정권력과 동일한 것이었으며, 나아가 입법권, 집행권, 사법권과도 동일한 지위에 있는 것으로 파악되었다. 이는 헌법제정권력은 국가권력과 다름이 없고, 따라서 국가권력을 행사하는 자는 헌법도 제정할 수 있다는 것을 정당화하는 것으로 귀착하였다. 이러한 헌법제정권력의 부정은 법실증주의헌법이론에서 극에 달하였다. 권리주체인 국가가 곧 법의 연원이고 원천이기 때문에 헌법의 최고성은 물론이고 국가와 별개로 존재하는 헌법을 태동시키는 힘이라는 것은 인정할 여지조차 없었다.

이와 달리 헌법제정권력과 헌법에 의하여 제정된 권력의 구별은 미합중국에서 꽃을 피우게 되는데, 여기서는 국민주권사상을 정립하여 헌법제정회의와 입법기관을 구별하고 헌법제정권력의 우위성과 영구성을 확립했다. 미합중국에서는 헌법제정권력과 헌법의 우위를 인정하여 이를 국가권력인 통치권력, 즉 대의기관에 의하여 행사되는 권력과 구별하고, 헌법보다 하위에 있는 국가권력이 상위의 헌법 또는 헌법제정권력을 침해하는 경우에 이를 심사하는 司法審査(judicial review)를 제도화하여 헌법제정권력과 헌법에 의하여 만들어진 권력 사이의 위계를 분명히 하였다.

(4) SCHMITT의 이론

憲法制定權力理論이 헌법의 암흑기를 지나 화려한 복귀를 하게 된 것은 20세기 초 C. Schmitt(1888-1985)의 헌법이론에서였다. Schmitt는 Sieyès의 이론을 부활시키되, 현대적으로 變容하여 보다 정밀화하고 정형화시켜 헌법제정권력에 관한 이론을 체계적으로 구성하였다. 그에 의하면, 헌법제정권력이란 자기 자신의 政治的 實存의 樣式과 形態에 대하여 根本決斷(Dezision)을 내릴 수 있는 政治的 意志로 파악되었고, 이 始原的인 의지에 의하여 그 이외의 모든 憲法律로서의 성격을 가지는 규정의 효력이 도출된다고 하였다. 그래서 그는 「憲法制定權力→憲法→憲法改正權力→憲法律→憲法에 의해 만들어진 權力」이라는 位階構造를 체계화하고, 헌법에 의해 만들어진 권력인 憲法改正權力과 國家權力은 법에 의해 창설된 권력이지만, 헌법제정권력은 법 이전에 존재하는 시원적이고 창조적인 힘 또는 능력이라고 하였다. 이런 헌법제정권력은 단일하고 불가분이며 항구적인 성질을 가지는 것으로 위탁, 양도, 소모될 수 없으며, 그 근본결단의 구체적인 집행만이 특별한 受任者에게 위탁될 수 있다고 하였다. 헌법과 헌법률의 관계에서는 憲法(Verfassung)은 근본결단이고 憲法律(Verfassungsgesetz)은 이보다 하위의 결단이라고 본다.

현대 입헌주의에서 헌법제정권력이론은 Sieyès에서 출발하여 Schmitt에 의하여 정밀화되고 체계화된 이러한 이론을 이어받고 있다.

Ⅱ. 사상적 연원

헌법이라는 개념이 지배체제에 대하여 가치중립적으로 성립한다고 할지라도, 서구에서 헌법제정권력이라는 개념은 현실에서 군주의 권력에 대한 대항적 개념으로 형성 · 발전하였다. 1789년 프랑스혁명을 전후하여 Sieyès가 開創한 헌법제정권력이론에 의하여 헌법제정권력이라는 개념이 성립하였다고 보는 것이 대체적인 견해이다. 그는 헌법을 창설하는 힘이나 권능은 그 무엇으로부터 나오는 것이 아니라 스스로 원초적으로 존재하는 것이라고 하고, 그렇기 때문에 이런 原初的인 힘은 君主나 국가에게 있는 것이 아니라 그 이전에 국민에게 있다고 하였다. 이러한 인식구도에서 헌법제정권력은 국가, 군주, 헌법에 구속되지 않으며, 군주의 권력도 헌법제정권력과는 구별되는 헌법에 의해 만들어진 권력이라고 하였다. 이것은 이념적으로 군주라고 하더라도 헌법제정권력을 보유하는 자에 의하여 지배된다는 구조를 정립하여 군주의 지배를 극복하려고 한 것이었다. Schmitt도 헌법제정권력이라는 개념으로 19세기 이래 독일을 지배하던 國家主權說을 극복하려고 했다.

이러한 헌법제정권력이라는 개념의 등장은 「支配의 正當性」을 君主的 正當性 또는 國家的 正當性에서 民主的 正當性 또는 國民的 正當性으로 변경하는 것을 시도한 의미를 가진다. 이렇게 헌법제정권력이라는 개념은 초기에 강한 이념적인 성격을 띠고 형성되기 시작하였으나, 그 이후 군주정의 재등장으로 군주들도 헌법제정권력을 요구하였다. 그 결과 헌법제정권력은 국민이 가질 수도 있고 군주도 가질 수 있는 中立的 槪念인 것으로 여겨지기도 하였다. 그러나 군주제는 國民主權의 발달과 함께 역사에서 소멸하였고, 오늘날 국민주권원리에서 헌법제정권력은 국민이 독점적으로 보유하는 원초적인 힘으로 이해되고 있다.

Ⅲ. 성 질

헌법제정권력은 그 성질에 있어 創造性, 始原性, 不可分性, 不可讓渡性, 恒久性을 가진다.

(1) 창 조 성

헌법제정권력은 헌법을 창조하는 성질을 가진다. 헌법에 의해 권력이 만들어지므로 헌법제정권력은 헌법개정권력과 국가권력을 창설하는 성질을 가지는 힘으로 존재한다. 이에 따라 「憲法制定權力–憲法–憲法改正權力–國家權力」이라는 위계구조가 성립된다. 입법기관과 같이 대의기관이 행사하는 권력은 국가 내의 권력이다. 따라서 대의기관은 헌법제정권력을 행사할 수 없다. 헌법제정회의가 선거에 의하여 구성되어 대의기관의 외형을 갖추고 있다고 하더라도 이는 대의원리가 적용되는 「普通代表」(representants ordinaires)가 아니라 헌법제정이라는 특별하고 한정된 임무를 수행하는 한시적인 기관으로서 「特別代表」(representants extraordinaires)로서의 성격을 지닌다.

한편으로 헌법제정권력이 가지는 창조성은 헌법제정의 형식이나 내용에 있어 어떠한 규정에 의해서도 규율되지 않는 無條件性을 의미한다. 헌법제정의 형식이나 절차에서 문제가 되는 것은 정당성일뿐이다. 물론 헌법을 제정하는 과정에서 그 절차를 먼저 정한 경우에는 그 절차에 따라야 하는데, 이것도 헌법제정권력과 따로 존재하는 규정이 아니라 헌법제정권력의 행사에 해당한다. 따라서 헌법제정권력은 헌법을 제정함에 있어 필요한 절차를 정할 수 있을 뿐만 아니라 필요한 경우에 이를 자유로이 변경할 수 있다.

(2) 시 원 성

헌법제정권력은 외부의 타 존재에서 나온 것이 아니고 스스로 생성하여 존재하는 始原性(originality)과 어떤 외부의 법규범이나 법질서에도 구속되지 아니하는 自律性(=獨自性 autonomy)을 가진다. 이런 점에서 헌법제정권력은 본질적으로 「始原的 憲法形成權力」(original constituent power, pouvoir constituant originaire)이고, 「制度化된 憲法形成權力」(instituted constituent power, pouvoir constituant institué)인 憲法改正權力과 구별된다. 헌법제정권력이 시원적인 것인 이상 이를 정당화하거나 합법화하는 상위의 규범이나 힘은 존재하지 않는다. 헌법제정권력에는 正當性(legitimacy)은 존재하지만 合法性(legality)은 존재하지 않는다. 이러한 법리에 의할 때, 헌법제정권력은 국가가 성립하기 이전에 존재하는 「國家 밖의 權力」, 즉 「超國家的 權力」임에 비하여, 국가권력은 헌법에 의하여 만들어진 권력으로서 「國家內의 權力」이다. 따라서 헌법에 의해 만들어진 권력은 어떠한 경우에도 헌법을 제정하는 힘을 가지지 못한다.

(3) 불가분성

헌법제정권력은 나눌 수 없는 하나의 통일적 전체로서의 성질을 가진다. 헌법제정권력의 주체가 국민 개개인이라고 하더라도 헌법제정권력의 행사에 의해 헌법이 제정되는 것은 이들 국민 각자에 의해 각각의 헌법을 만드는 여러 행위로 나타나는 것이 아니라 하나의 헌법을 만드는 행위로 나타난다. 이러한 것은 헌법제정권력이 不可分으로 통일된 것이기 때문에 가능하다. 또 국가권력은 입법권, 행정권, 사법권, 헌법재판권으로 분할되지만, 헌법제정권력은 이와 달리 이 모두를 창출해내는 모체로서 나누어지지 않는 불가분의 것이다. 따라서 헌법제정권력의 불가분성과 權力分立은 서로 구별되며, 국가권력을 행사하는 대의기관의 권력도 헌법제정권력과 구별된다. 이로써 볼 때, 주권이 不可分한 것과 국가권력이 권력분립에 따라 분리되는 것이나 주권의 不可分性과 代議權力의 可分性은 서로 모순되는 것이 아니다.

(4) 불가양도성

헌법제정권력은 헌법제정권력의 주체에게 독점적으로 保有되어 있고, 이를 다른 주체에게 讓渡하거나(veräußern) 委任하는(übertragen) 것은 허용되지 않는다. 오늘날 국민주권원리에서 헌법제정권력의 주체는 국민뿐이고 국민 이외에 어떤 존재도 헌법제정권력을 보유할 수 없으며, 국민은 누구에게도 이를 양도할 수 없다.

(5) 항 구 성

헌법제정권력은 비상시뿐만 아니라 평상시에도 존재한다. 평상시에는 消滅·消盡한(konsumiert) 상태로 있다가 비상시에 나타나는 것이 아니다. 따라서 국민이 헌법제정권력을 행사하여 헌법을 제정한 후라고 하더라도 헌법제정권력은 항상 국민이 보유하고 있으며, 헌법이 제정된 이후에는 국민은 다음의 헌법을 제정할 때까지 헌법제정권력을 행사하지 않고 있을 뿐이다. 이러한 恒久性(=永久性)으로 인하여 헌법제정권력은 다른 권력이나 존재에 吸收되지도 않는다.

헌법제정권력의 항구성으로 인하여 헌법을 제정하여야 하는 상황이 다시 발생하면 국민은 이전의 질서로부터 아무런 구속도 받지 않고 새로운 헌법의 내용을 정할 수 있다. 기존 헌법에서 헌법개정에 관하여 어떠한 제한을 두더라도 헌법제정권력은 이로 인하여 축소되거나 이전의 헌법제정권력의 행사로 소진된 것이 아니기 때문에 새로 헌법을 제정하는 경우에는 기존 헌법의 헌법개정에 관한 규정에 의해 제한을 받지 않는다. 물론 이는 헌법의 制定에 있어 그러하다는 것이며, 헌법의 改正에서는 국민투표로 헌법을 확정한다고 하더라도 이는 헌법개정권력의 행사이기 때문에 헌법제정과 달리 헌법개정에서 인정되는 한계에 의하여 제한받는다. 헌법개정의 방법으로 선택된 국민투표는 헌법제정권력에 의하여 선택된 것이기 때문에 이는 헌법제정권력에 의하여 만들어진 권력에 해당한다. 외형상 동일한 국민투표라고 하더라도 憲法制定權力의 행사방법으로서의 國民投票와 憲法改正權力의 행사방법으로서의 국민투표는 서로 성질이 다르다.

Ⅳ. 주 체

國民主權原理에서 헌법제정권력은 언제나 해당 공동체의 구성원(people)이 保有한다. 이러한 공동체 구성원은 헌법이 제정된 후 국민으로서의 지위를 가지기 때문에 헌법제정권력을 보유하는 주체는 국민이다. 역사적으로 볼 때, 국민이 헌법제정권력을 보유하는 것은 주권원리가 君主主權原理로부터 國民主權原理로 변경된 것의 논리필연적인 귀결이며, 정당성의 체계가 군주적 정당성에서 민주적 정당성으로 변경된 正當化(legitimation)의 본질적 내용이기도 하다.

헌법제정권력은 국민이 獨占的으로 보유하지만, 국민이 헌법제정권력의 행사를 타자에게 위임하는 경우는 있을 수 있다. 국민이 선출하여 구성하는 憲法制定會議는 국민에 의해 헌법제정권력의 행사를 위임받아 헌법을 제정하는 행위를 하는 것이다. 오늘날 국민이 헌법제정권력의 행사를 타자에게 위임하는 경우는 거의 없다. 국민이 헌법제정권력을 보유할 뿐만 아니라 헌법제정권력을 직접 행사하는 것이 국민주권원리를 보다 철저하게 실현하는 것이 된다. 헌법의 제정에서 국민투표로 헌법을 확정하는 것은 국민이 직접 헌법제정권력을 행사하는 것이다.

유의할 것은, 국민주권원리에서 예외적으로 국민이 헌법제정권력의 행사를 타자에게 위임하는 경우가 있다고 하더라도, 헌법제정권력 자체는 언제나 국민이 보유하며 어떤 경우에도 이를 타자에게 讓渡(주권의 경우에는 委任이라고 표현하여도 본질은 讓渡에 해당한다)할 수 없다는 점이다(헌법제정권력의 불가양도성). 국민이 헌법제정권력을 타자에게 양도하는 경우에는 새로운 주권원리가 생성하며, 정당성의 체계도 변경된다. 이런 변경이 있는 경우에는 국민주권원리는 더 이상 존재하지 않으며, 민주적 정당성도 확보할 수 없다.

> 우리나라의 경우 헌법이 9차례 개정되는 과정에서 1948年憲法은 형식에서 헌법제정회의의 성격을 가진 1948年國會에서 제정되었고, 그 이후 헌법의 개정에서는 국회에 의해 개정되거나(예: 1952년헌법, 1954년헌법, 1960년6월헌법, 1960년11월헌법) 국민이 국민투표로 직접 개정하기도 하였지만(예: 1962년헌법, 1969년헌법, 1972년헌법, 1980년헌법), 어느 경우에도 헌법제정권력은 국민에게 보유되어 있었다.

[21] 第三 憲法制定의 方法

헌법을 제정하는 방법, 즉 헌법제정권력을 행사하는 방법에는 헌법제정회의가 헌법제정권을 행사하는 방법과 헌법제정권력의 주체인 국민이 직접 행사하는 방법이 있다.

I. 헌법제정회의에 의한 헌법제정

헌법은 憲法制定會議(constitutional convention, verfassunggebende Versammlung)에서 제정되기도 한다. 헌법제정회의는 통상 공동체의 구성원이 선거로 대표를 선출하여 구성한다. 예외적으로 공동체의 비상사태에서 헌법을 제정해야 하는 경우에는 선거 없이 헌법제정회의가 구성되기도 한다. 이런 경우에는 헌법의 민주적 정당성이 문제가 된다.

헌법제정회의는 헌법제정권자인 국민으로부터 憲法制定權力의 行使를 특별히 委任받은 受任機關이다. 따라서 헌법제정회의는 국민의 의사에 구속되고, 국민은 필요한 경우에 언제나 헌법제정회의의 구성원을 교체할 수 있다. 이런 점에서 헌법제정회의는 그 명칭이 어떠하든 國家意思決定原理인 代議原理(repräsentatives Prinzip)에서 말하는 보통대표로 구성된 代表機關이 아니다. 헌법제정회의에는 대의원리가 적용되지 않는다. 유의할 것은 헌법제정회의는 국민으로부터 헌법제정권력을 위임받은 것이 아니라 헌법제정권력의 행사를 위임받았다는 점이다.

헌법제정회의에 의한 헌법제정에 관한 논의는 프랑스 혁명 당시 Sieyès의 이론에서 정연하게 전개되었다. 그는 代表라는 개념을 둘로 구별하여 헌법제정권력을 행사하는 자를 「特別代表」(representants extraordinaires)라고 하고, 헌법에 의해 만들어진 권력을 행사하는 자를 「普通代表」(representants ordinaires)라고 하였다. 특별대표는 한정된 특정 사항을 처리하기 때문에 권한에서 제한될 뿐 아니라 시간적으로 한정된 기간 동안만 존재한다고 한다. 따라서 특별대표에게는 보통대표와 달리 命令的 委任이 핵심적 요소로 고려된다고 본다(鄭宗燮a, 230).

1945년 8월 15일 日本帝國主義의 植民地支配에서 해방된 우리나라는 북위 38도선을 경계로 하여 북쪽은 8월 9일부터 진공해 들어온 소련의 공산 군대가 꼭두각시정부를 세우고, 남쪽은 이에 대응하여 미합중국의 군대가 9월 7일 진주하여 9월 11일부터 軍政(military government)을 실시하였다. 미군정기간중 國際聯合(UN)의 결의에 따라 법에 의거하여 1948년 5월 10일 남한지역에서 國會議員總選擧를 실시하여 「1948年國會」를 구성하였다. 이를 제헌국회라고도 하는데, 6월 1일 국회는 헌법안을 작성할 憲法起草委員會를 구성하여 헌법제정작업을 시작하였다. 6월 23일 헌법안은 국회 본회의에 상정되어 3회의 讀會를 거친 후 7월 12일 의결·확정되었다. 1948년 7월 17일 大韓民國憲法이 공포·시행되었다. 법적인 성격에서 보면, 1948年國會는 6월 1일부터 7월 17일까지는 헌법제정회의로서의 성격을 가졌고, 헌법제정이라는 특별한 임무수행이 종료된 이후인 7월 18일부터는 「이 헌법을 제정한 국회는 이 헌법에 의한 국회로서의 권한을 행하며 그 議員의 任期는 國會開會日로부터 二年으로 한다」라는 同憲法 제102조의 전환규정에 의하여 입법기관으로 전환되어 입법기관으로서의 성격을 가졌으며, 더 이상 헌법제정회의로서의 성격은 가지지 않았다(鄭宗燮c, 183).

Ⅱ. 국민투표에 의한 헌법제정

국민주권원리에서 헌법의 제정은 통상 국민의 직접 투표에 의하여 이루어진다. 國民投票(referendum, Referendum)를 하기 위해서는 통상 헌법안을 기초하는 헌법기초회의나 다른 기관에서 憲法案을 만들고, 이 헌법안에 대해 국민투표의 절차를 정하는 立法이 先行한다. 이러한 국민투표는 헌법개정의 한 방법으로 채택되는 국민투표와 달리 헌법제정권력의 행사라는 점에 특징이 있다.

국민투표에 의한 헌법의 제정에서 중요한 것은 국민투표에 의해 확정한다는 점 이외에 국민이 투표에 임하기까지 헌법안에 대하여 충분히 숙지하고 투표로 의사를 표시하여야 한다는 節次的 正當性의 획득이다. 국민투표에 의한 헌법제정은 헌법의 民主的 正當性은 확실하게 확보하여 주지만 이것으로 憲法의 正當性이 완전히 획득되는 것은 아니다. 국민투표에 의한 헌법제정이 통치자나 집권세력에 대한 信任投票(plebiscite, Plebiszit)로 변질되는 경우에는 진정한 의미의 헌법제정이 있다고 하기 어렵다.

우리나라의 경우 1961년 5월 16일 군사쿠데타가 발생하고 그 이후 軍政이 실시되었다. 軍事政府는 軍事革命委員會를 조직하여 非常戒嚴을 선포하고 국회와 지방의회를 해산하고 장면정부를 사퇴시켰다. 5월 19일 군사혁명위원회는 國家再建最高會議로 改名하고 國家再建非常措置法(1961. 6. 6. 법률 제42호)을 제정 · 공포하여 이에 따라 통치하였다. 1960年11月憲法은 이 국가재건비상조치법에 위반되지 않는 범위에서 효력을 가졌다. 1962년 7월 11일 국가재건최고회의 특별위원회로 憲法審議委員會를 구성하고, 국가재건비상조치법에 따라 헌법을 개정하기로 하여, 1962년 10월 8일 국가재건비상조치법의 개정을 통해 「헌법의 개정은 국가재건최고회의의 의결을 거친 후 국민투표에 부하여 유권자 과반수의 투표와 투표자 과반수의 찬성을 얻어야 한다」 등 헌법개정에 관한 조항을 추가하고, 10월 12일 國民投票法(1962. 10. 12. 법률 제1166호)을 제정 · 공포하였다. 1962년 11월 5일 헌법심의위원회가 마련한 헌법안을 국가재건최고회의가 의결 · 공고하고, 12월 17일 국민투표로 확정한 후 12월 26일에 공포하였다. 이에 의해 만들어진 1962年憲法(1962. 12. 26. 공포)은 부칙규정에 따라 1963년 12월 17일부터 시행되었다.

Ⅲ. 연방국가의 헌법제정

聯邦國家에서는 헌법안에 대하여 연방을 구성하는 支邦國家의 同意를 요하는데, 그 방법으로는 헌법안에 대한 동의를 처리하기 위한 지방국가의 憲法會議가 의결로 동의하는 방법(예: 미합중국 연방헌법의 제정)과 지방국가의 주민의 국민투표로 동의하는 방법이 있다.

[22] 第四 憲法制定의 限界

Ⅰ. 헌법제정의 한계

헌법을 제정함에 있어서 한계가 있는가 그렇지 아니한가 하는 문제가 憲法制定의 限界問題이다. 법적인 논의에서는 법적 한계가 존재한다면 이 한계를 넘어서는 경우에는 효력에서 변화가 있어야 한다. 한계를 일탈한 경우와 한계를 일탈하지 않은 경우에 효력에서 동일하다면 최소한 법적으로는 한계의 문제를 논의할 실익이 없다. 따라서 헌법의 제정에 있어서도 한계를 긍정한다는 것은 그 한계를 일탈하여 헌법이 제정된 경우에는 헌법으로서 효력을 가지지 못한다는 것을 의미한다. 즉 헌법의 外樣을 가지고 있으나 似而非憲法이라는 것을 의미한다. 헌법제정의 한계문제에 있어서는 限界肯定說과 限界否定說이 대립한다.

(a) 한계긍정설

헌법의 제정도 법질서의 창조이므로 법적 영역에 속하고, 따라서 법적 이성, 정의, 법적 안정성과 같은 기본적인 법원리나 기본적 인권의 보장에 제한된다거나(許營a, 46), 법치주의, 민주주의의 원리에 제한된다고 본다(金哲洙a, 38; 權寧星, 47).

(b) 한계부정설

헌법제정권력은 시원적인 것이므로 이를 제한하는 어떠한 법원리도 존재하지 않는다거나(예: E.-J. Sieyès) 헌법제정권력의 주체의 결단에 의해 헌법은 정당성을 획득하므로(예: C. Schmitt) 헌법제정에서는 한계가 없다고 본다.

(c) 한계논의무용설

헌법제정권력의 한계문제를 정당성의 문제라고 하고(철학이나 신학의 문제로 넘김), 합법성의 문제만이 법학에서 논할 수 있는 것이므로 헌법학에서 헌법제정의 한계를 논의하는 것은 무용하다는 견해이다. 예컨대 법실증주의나 순수법학의 관점에서는 이러한 입장을 취한다.

(d) 학설에 대한 평가

헌법제정의 한계 문제가 법적인 문제라고 볼 때, 헌법의 제정에 한계가 있는가 하는 문제는 일률적으로 말할 수 없다. 헌법의 제정에서 한계를 긍정하여야 하는 경우도 있고, 한계를 긍정할 수 없는 경우도 있다.

무엇보다 명백한 것은 어느 경우나 헌법제정은 구 헌법질서에는 구속되지 않는다는 점이다.

헌법의 제정에 있어 憲法制定會議가 헌법을 제정하는 방식을 취하고, 이 회의가 정할 수 있는 헌법 내용의 방향이나 범위를 미리 실정법으로 정한 경우에는 헌법제정회의는 이런 범위에서 한계를 가진다. 따라서 이런 경우에 헌법제정회의가 미리 정해진 범위를 벗어나 헌법을 제정한 경우에는 헌법제정의 한계를 逸脫한 것으로서 효력을 가질 수 없다.

헌법제정을 國民投票로 유효하게 확정하는 경우에는 정당성의 문제는 별론으로 하고 합법성에서는 어떠한 한계도 존재하지 않는다. 이는 國民主權原理에서 나오는 당연한 귀결이다. 국민투표로 헌법을 제정한 이상 투표에서 반대한 자나 제3자가 볼 때, 비록 그 헌법에 수긍하기 어려운 내용이 들어 있다고 하더라도 그 헌법을 廢止하거나 改正하지 않는 이상 헌법의 효력을 부정할 방법이 없다. 憲法制定會議의 활동에 아무런 한계를 정하지 않은 경우에는 헌법제정회의는 어떠한 제한도 받음이 없이 자유로이 헌법을 제정할 수 있고, 그에 따라 국민투표로 제정된 헌법은 헌법으로서 법적인 효력을 가진다.

Ⅱ. 헌법원칙과 국민주권

헌법제정의 한계에서는 공동체의 기본적인 틀(frame) 또는 질서(order)를 의미하는 헌법(constitution 실정헌법을 의미하는 것이 아님)의 원칙과 국민주권원리와의 관계가 어떠한가 하는 문제가 제기된다. 공동체와 그 구성원들의 삶에 대한 기본적인 틀을 만드는 것이 오로지 그 구성원들이 결정했다는 것만으로 정당성이 인정되는가 하는 문제이다. 인간의 삶에 특정한 공동체의 상황과 그 특정한 구성원들의 현실적인 결정을 넘어선 보편적인 원리와 원칙과 그리고 가치(이를 통칭하여 憲法原則(Verfassungssatz)이라고 한다)가 존재한다고 보면, 국민주권하에서도 이러한 헌법의 여러 원칙은 국민주권원리에 앞선다. 이에 의하면, 인간의 존엄 · 가치 · 인격 · 자율의 보장, 공동체의 존속과 유지, 의사결정에서는 恣意가 배제되어야 한다는 원칙, 공적 권력은 그 자체가 목적이 될 수 없나는 원칙 등과 같은 것은 헌법이라는 개념에 본질적으로 내포되어 있는 원리, 원칙, 가치로서 국민주권에 의해서도 변경될 수 없다는 결론에 이른다. 이는 본질상 다수결로 결정될 사항이 아닌 것(非多數決主義의 영역), 즉 법 자체를 이루는 것들이다.

국민주권에 의하여 실정헌법이 이러한 비다수결주의에 속하는 사항을 배제한 형태로 제정되었을 때, 이를 법적으로 무효화할 수 있는가 하는 것은 실정헌법규범을 무효화하는 장치의 작동을 의미하는 合法性(legality, Legalität)의 문제에 해당하는데, 이러한 합법성의 문제와 별개로 正當性(legitimacy, Legitimität)의 문제가 발생한다. 정당성의 문제를 합법성의 메커니즘으로 해결할 수는 없기 때문에 현실에서는 정당성이 없는 헌법의 효력을 제거할 수는 없지만, 법원리적으로는 정당성이 없는 실정헌법은 정당화될 수 없기 때문에 유효한 것으로 될 수 없다. 이러한 경우에는 국민이 헌법제정권력을 다시 행사하여 새로이 헌법을 제정하게 된다.

Ⅲ. 헌법제정에서의 제약

헌법제정의 한계와 구별하여야 할 것이 헌법의 제정에 있어 영향을 미치는 制約이다. 憲法制定權者가 스스로 정한 방향과 내용으로 헌법을 제정하고자 하지만 그렇게 할 수 없게 만드는 요소나 원인이 있는 경우에 헌법의 제정은 일정한 제약을 받게 된다. 헌법제정에서의 制約이란 헌법의 제정에 있어 헌법제정권자의 결정에 영향을 미치는 힘을 말한다.

헌법의 제정에 있어 이러한 제약의 요소로 들 수 있는 것으로는 敗戰國이 헌법을 제정할 때 勝戰國 또는 국제기구의 의사나 영향력에 의해 제약을 받거나 식민지 지배에서 해방된 나라가 헌법을 제정하면서 종전의 支配國의 의사에 의해 일정한 제약을 받는 경우가 이에 해당한다(國際法的 制約). 헌법을 제정할 당시의 국민의 수준이나 그 나라의 정치적 · 경제적 · 사회적 · 문화적 여건 등도 이런 제약요소로 작용할 수 있다(現實的 制約). 헌법을 제정할 당시에 지배하고 있던 이데올로기나 시대정신 또는 국제질서도 이런 제약요소로 작용할 수 있다(環境的 制約).

이러한 제약요소는 실제에서 작용하는 것이므로 헌법을 제정할 때 사실상 피하기 어렵다. 헌법을 제정할 때 이런 제약요소를 배제하지 못하고 헌법을 제정하였다고 하여 그 헌법이 효력을 가지지 못하는 것은 아니다. 이런 점에서 헌법제정의 한계(법적 효력의 문제)와 헌법제정에서의 제약(사실적 문제)은 개념적으로 구별할 필요가 있다.

제 2 절 憲法의 正當性

[23] 第一 槪 說

憲法의 正當性(legitimacy, Legitimität)은 헌법의 올바름을 뜻하는 것으로 헌법이 규율하는 대상에 대하여 최종적으로 법적인 구속력을 가지는 바탕 · 근거를 뜻한다. 이는 合法性의 영역과 달리 헌법이 올바른 것(Richtigkeit)인가, 즉 正法(richtige Recht)인가 하는 문제로서, 올바른 헌법인 경우에만 그 헌법은 정당성을 가지고 규율대상에 대하여 정당하게 규율할 수 있다.

법은 원래 합법적이고 정당할 때만 受範者의 존경과 복종을 이끌어 낼 수 있다. 헌법은 시원적이기 때문에 헌법 제정의 절차를 미리 정하고 있는 경우 이외에는 합법성에 있어서는 그 자체로 합법적이지만, 정당성은 헌법 그 자체로 인정되지 않는다. 헌법제정의 한계에서 보듯이, 실정헌법의 제정에서 법적으로는 한계가 존재하지 않는 경우에도 원리적 또는 가치적으로는 정당성의 문제에서 한계가 존재하고, 이를 충족시킬 때 비로소 정당한 헌법으로서 타당성과 실효성을 가진다.

[24] 第二 內　容

헌법의 정당성은 內容的 正當性, 主權的 正當性, 民主的 正當性, 節次的 正當性을 그 내용으로 한다. 이러한 내용을 이루는 각각의 정당성을 모두 갖추어야 정당한 헌법이 된다.

Ⅰ. 내용적 정당성

헌법은 아무 내용이든지 정하기만 하면 정당한 것으로 효력을 발생하는 것은 아니다. 헌법은 공동체의 존속·유지와 공동체 내에서 살고 있는 구성원이 인간으로서 가지는 존엄·가치·인격·자율을 보장하고, 이를 구체적으로 실현함에 있어 자유와 권리를 침해하지 않을 때 정당성을 가질 수 있다. 그리고 국가와 공권력은 그 자체 자기목적적인 것이 될 수 없고 이러한 가치를 목적으로서 보장하고 실현하는 수단으로 존재할 때만 정당성을 가지기 때문에, 헌법도 이러한 메커니즘을 정하는 것일 때 정당성을 가질 수 있다.

이러한 점은 특정 공동체가 처한 개별성을 초월하여 공동체와 인간의 삶에 보편적으로 적용되는 가치와 내용으로서 확인된 것이다. 이는 구성원의 다수결에 의하더라도 부정할 수 없는 성질의 것으로 「본래적 헌법의 원칙」이라고도 한다.

힘과 사실적인 것을 규범적인 것으로 파악하고, 이러한 관점에서 헌법을 이해한 社會學的 實證主義 또는 權力實證主義의 시각에서는 어떠한 내용이든지 일단 헌법제정권자인 국민이 결정한 이상 이로써 헌법의 정당성은 충족된 것이고(민주적 정당성만 정당성의 요소라고 보는 시각), 內容은 정당성의 요소가 아니라고 한 견해도 있었으나(예: C. Schmitt의 결단주의), 이는 공동체와 인간의 가치를 부정하고 오로지 국민의 환호성과 갈채에 바탕을 둔 독재와 인권 침해를 정당화시켜 주는 길(예: 히틀러의 나치즘)을 열어 주는 愚를 범하고 말았다.

Ⅱ. 주권적 정당성

헌법은 공동체에서 주권자의 지위에 있는 자에 의하여 제정되어야 비로소 정당성을 가진다. 주권은 공동체의 문제에 대하여 최종적으로 결정을 내리는 능력이므로 이런 능력을 가진 자만이 헌법을 제정하는 권능을 가진다. 역사적으로 볼 때, 주권이론에 따라 주권자의 지위를 신, 군주, 국가, 의회, 법, 국민 등이 점한다는 다양한 견해가 있었으나, 오늘날에는 국민주권의 확립과 더불어 국민만이 주권자의 지위에 있다.

예컨대 승전국의 의사에 따라 패전국의 헌법이 제정된 경우에는 자기 나라 국민이 자주적으로 헌법을 제정하지 않았기 때문에 主權的 正當性을 가지기 어렵다(예: 일본 국헌법).

Ⅲ. 민주적 정당성

국민주권이 확립된 오늘날에는 헌법제정권력의 주체가 국민임을 더 이상 부정할 수 없게 되었다. 따라서 헌법은 주권자인 국민이 이를 제정하여야 하고, 국민의 헌법제정권력에 의하여 헌법이 제정되어야 한다. 국민이 헌법을 제정하는 경우에 헌법은 民主的(=민주주의적=국민적) 正當性을 가진다.

헌법을 개정하는 경우에도 모두 국민투표로 확정하는 방법, 헌법의 본질적이고 핵심적인 사항은 국민투표로 결정하고 나머지는 의회에서 결정하는 방법, 헌법의 본질적이고 핵심적인 사항은 헌법개정의 대상에서 제외시키고 나머지 부분에 대하여 의회에서 개정하는 방법 등이 있는데, 어느 경우나 헌법의 본질적이고 핵심적인 사항은 국민이 결정하는 것이므로 헌법의 민주적 정당성은 확보된다.

Ⅳ. 절차적 정당성

헌법은 합리적이고 정당한 절차를 거쳐 제정되어야 정당성을 확보할 수 있다. 이를 節次的 正當性이라고 한다. 헌법을 제정하기 이전에 실정법으로 헌법을 제정하는 합리적 절차를 먼저 정하고, 이런 절차에 따라 헌법이 제정되면 합법성과 정당성이 동시에 획득되지만, 이러한 절차에 관한 실정법이 없어도 의사결정에 필요한 합리적인 절차를 거쳐 헌법이 제정되어야 한다.

헌법에 규정될 내용들이 모두 공개되고 자유로운 상태에서 이에 대한 논의가 충분히 이루어져야 하며, 공동체 구성원은 이를 충분히 熟知할 수 있어야 한다. 헌법의 내용이 국민적 합의의 열매가 될 수 있도록 하는 평화롭고 자유로운 의사소통과 참여가 이루어져야 한다. 구체적으로는 헌법제정에 대한 논의의 공개와 참여, 헌법안의 충분한 공고 기간, 개별 사항에 대한 자유롭고 합리적인 토론과 찬반 의사의 표명, 공동체 구성원의 熟議(deliberation)의 과정, 평화로운 논의와 합리적인 절차에 의한 의결과 국민투표, 논의를 왜곡하는 선전 · 선동의 배제 등이 이에 해당한다.

[25] 第三 機 能

Ⅰ. 헌법제정의 한계

헌법의 정당성은 법적으로 헌법제정의 한계를 설정하여 준다. 헌법이 정당성을 획득하지 못한 때에는 헌법은 제정의 한계를 일탈한 것으로서 무효이다.

Ⅱ. 헌법준수의 기반

헌법이 정당성을 획득하여야 국가 및 공동체의 구성원에게 헌법을 존중하고 준수할 것을 요구할 수 있는 근거를 가질 수 있다. 헌법은 시원적인 것이어서 그 자체의 권위에 의하여 공동체와 국가를 규율하지만, 헌법이 진정하게 타당성과 실효성을 가지기 위해서는 정당성을 획득하여야 한다.

제 3 장　憲法의 規範力과 憲法의 保護

제 1 절　憲法의 規範力

[26] 第一 槪　說

Ⅰ. 헌법의 규범력

憲法의 規範力(normative Kraft der Verfassung)은 헌법이 법규범으로서 사회현실을 규율하는 법적인 힘을 말한다. 헌법은, 헌법이 규율하는 현실의 사회, 국가, 정치, 경제, 문화, 기술, 과학, 군사, 노동, 환경 등 모든 영역에 대하여 규범력을 가진다. 헌법이 법규범으로서 사회현실에 어느 정도의 힘을 가지고 있는가 하는 것이 헌법의 규범력 문제이다.

헌법의 규범력이 높을 때 헌법은 생명력과 대상에 대한 실효적 효력을 가지고 살아 있는 법으로서 본래의 기능을 수행하지만, 그 규범력이 낮아지면 헌법의 생명력과 실효적 효력은 줄어든다. 헌법의 규범력이 약화되거나 소멸하면 공동체의 기존 질서에서 입헌주의와 헌법국가는 더 이상 실현될 수 없으며, 공동체는 와해되는 길로 나아가 소멸하거나 새롭게 형성되는 헌법질서에 의하여 다시 규율된다.

헌법이 높은 규범력을 가질 수 있는 경우는 헌법의 내용이 규율하려는 대상이나 상황에 잘 상응하는 것이어서 규범력을 가지는 경우(헌법 내용에 의한 규범력의 확보)와 헌법을 규율대상이나 상황에 맞추어 적합하게 운용하는 경우이다(헌법 운용에 의한 규범력의 확보). 전자의 경우를 실현하기 위해서는 헌법의 내용이 그 시대를 지배하는 가치와 공동체가 나아 갈 방향을 잘 담고 있어야 하고, 기술적으로는 세세히 규정하는 것이 아니라 윤곽규범으로서 기능하도록 정하여야 한다. 그리고 현실에서 테제(these)에 대한 안티테제(anti-these)가 성립하여 헌법의 중단이나 헌법개정이 생기는 부분에서는 테제와 안티테제가 서로 보완하는 相應構造(Gegenstruktur)가 갖추어져 있어야 한다(예: 평상시에는 국가긴급권과 같은 구조가 아니지만, 비상시에는 국가긴급권으로 평상시의 구조를 변경할 수 있도록 하는 것). 그런데 후자의 경우에는 헌법의 규범력을 높인다는 이유로 헌법제정권자인 국민이 합의한 내용을 왜곡하거나 변경하여서는 안 되며, 구체적인 사안에서 국민의 다수가 정하는 방향으로 헌법질서가 전개된다고 하더라도 소수를 그 질서에서 배제하면 안 된다는 한계가 있다.

Ⅱ. 규범적 헌법

현실의 헌법 가운데 규범력을 높게 유지하면서 실현되는 헌법을 「規範的 憲法」(normative Verfassung, normative constitution)이라고 한다. 헌법이 규범적 헌법인 경우에는 사회현실은 헌법제정권력의 주체가 합의한 방향으로 실효성 있게 규율되고, 입헌주의와 헌법국가가 실현된다. 그러나 헌법이 규범적 헌법으로 되지 못하는 경우에는 헌법은 사회를 통합하고 규율하는 능력을 상실하게 된다.

장기적으로 보면, 어떤 시기에 존재하는 특정한 헌법은 항상 규범적 헌법으로 존재하는 것이 아니라 사회변화와 상황에 따라 명목적이거나 장식적인 것으로 전락할 수도 있고, 규범력이 약해질 수도 있다. 입헌주의질서에서 헌법의 규범력을 높이는 방법으로는 헌법을 보장(=보호)하는 시스템을 마련하여 이를 정상적으로 작동시키는 것과 사회현실의 변화에 대응하여 그에 합당하게 現實適應性을 높이는 방법이 있다. 후자의 방법으로는 헌법해석이나 헌법개정과 같은 방법이 있다. 헌법의 규범력을 높이기 위하여 헌법을 개정하는 경우에도 헌법개정이 빈번해지면 헌법존중과 헌법수호에 대한 국민의 의지와 믿음이 약화되어 신헌법은 규범력을 지속하기 어려워질 수 있다.

《규범적 헌법, 명목적 헌법, 장식적 헌법》

K. Loewenstein은 헌법규범이 사회현실에 대하여 어느 정도의 규범력을 가지고 헌법의 기능을 수행하느냐 하는 점을 논의하면서, 현실에 존재하는 나라별로 比較憲法學的으로 분석한 뒤, 현재 존재하는 헌법을 3가지 범주로 나누었다. 즉 헌법규범이 사회현실을 충실히 규율하여 헌법이 규범력을 확보하고 있는 規範的 憲法(normative Verfassung, normative constitution)이 존재하는 경우, 헌법규범에서 추구하는 가치와 지향하는 바가 어느 정도는 실현되고 있으나 사회현실의 미성숙으로 인하여 아직 제대로 실현되지 못하여 헌법이 규범력을 제대로 확보하지 못하고 있는 名目的 憲法(nominalische Verfassung, norminal constitution)이 존재하는 경우, 헌법규범은 존재하지만 사회현실은 이와 분리되어 있어 헌법이 규범력을 상실하고 있는 裝飾的 憲法(semantische Verfassung, semantic constitution)이 존재하는 경우가 있다고 하였다. 규범적 헌법이 존재하는 국가에서는 헌법규범과 사회현실이 일치하여 입헌주의와 헌법국가가 실현되고 있으나, 신생국가나 입헌국가로 나아가려는 저발전국가의 경우와 같이 명목적 헌법이 존재하는 나라에서는 헌법규범에 합치하는 사회현실에 이르기 위해서는 아직 사회의 성숙이 더 요구되고, 국민의 기본권을 억압하고 독재를 추구하는 독재국가, 공산주의국가, 사회주의국가와 같이 장식적 헌법이 존재하는 국가에서는 헌법은 형식적으로 문자와 말로만 존재할 뿐 현실에서는 국가권력이 국민을 자의로

통치 · 지배하고 있다. 이러한 3가지의 범주는 헌법규범과 사회현실간의 현 상태를 인식하기 위한 도구적 개념이므로 헌법의 종류에 해당하지는 않는다. 이러한 개념은 현실에서 헌법이 가지고 있는 규범력의 정도를 측정하는데 유용하다.

[27] 第二 規範力의 保障

I. 제도적 장치

헌법의 규범력을 보장함에 있어 제1차적인 의무를 지고 그 역할을 수행하는 것은 당연히 국가이다. 국가는 구체적으로 입법권, 행정권, 사법권, 헌법재판권을 통하여 헌법의 규범력을 유지 · 보장할 뿐 아니라, 헌법을 부정하고 파괴하려는 온갖 기도와 행위에 대응하여 그에 필요한 조치를 취함으로써 헌법의 규범력을 보장하여 立憲主義와 憲法國家를 실현시킨다.

헌법의 규범력은 평상시뿐만 아니라 비상시에도 유지되어야 하므로 국가비상사태에 대응하여 헌법의 규범적 테두리와 헌법질서 속에서 이를 극복하고 해소하기 위한 장치가 필요하다. 대표적인 것이 국가긴급권이다.

(1) 평 상 시

헌법의 규범력은 平常時 국가의 정상적인 활동에 의하여 유지되고 보장되는데, 국가는 헌법의 규범력을 유지하고 보장하기 위하여 헌법이 정하고 있는 내용을 적극 실현시키고, 헌법을 부정하고 침해하는 행위에 대하여 制裁하는 方法을 취한다. 국회는 입법을 함에 있어 憲法合致的으로 입법권을 행사하고, 대통령과 행정부 역시 집행권을 헌법에 합치되도록 행사한다. 법원도 헌법에 합치되도록 재판을 한다. 헌법재판소는 모든 종류와 형태의 국가권력의 행사가 헌법에 합치하는지의 여부를 심사하여 헌법에 위배되는 국가권력의 효력을 상실시키고, 헌법을 부정하고 침해하는 정당을 해산시키며, 국가기관(지방자치단체 포함)간의 권한의 배분과 행사가 합헌적으로 이루어져 헌법질서에 부합하도록 한다.

(2) 비 상 시

헌법의 규범력은 평상시뿐만 아니라 비상시에도 유지되어야 공동체에서 입헌주의가 중단되지 않고 지속되며 헌법국가가 실현되고 유지될 수 있다. 비상시에도 헌법의 규범력을 유지함에 있어서는 대부분 평상시의 국가작용이 그대로 행해지지만, 특별한 경우에는 國家非常事態의 다양한 양상에 따라 그에 적합한 방식의 비상적인 조치가 행해진다. 그에 해당하는 것이 國家緊急權(emergency power, Staatsnotrecht)이다. 국가긴급권을 헌법에 미리 명시적으로 정하여 놓고 국가비상사태가 발생한 경우에 발동하는 것은 비상시라고 할지라도 事實的인 것이 規範的인 것으로 될 수 없게 하고자 하는 것, 즉 恣意와 權力에의 意志가 헌법질서를 배제하는 것을 막아 현실에서는 여전히 규범이 사실을 규율할 수 있도록 하고자 하는 헌법상의 장치이다.

이와 같이 국가긴급권은 국가비상사태에서 헌법의 규범력을 유지하기 위한 수단이므로 이를 정권의 유지나 독재의 연장 등 다른 목적으로 이용할 수 없으며, 이를 이용하여 국민의 기본권을 침해하는 것을 정당화할 수 없다. 원래의 목적과 기능에서 일탈한 국가긴급권의 행사가 있는 경우에는 그에 따른 법적 책임을 지게 되고(예: 大 1997. 4. 17.-96도3376), 헌법재판의 대상이 된다(예: 憲 1996. 2. 29.-93헌마186).

> [憲 1996. 2. 29.-93헌마186] 「고도의 정치적 결단에 의한 행위로서 그 결단을 존중하여야 할 필요성이 있는 행위라는 의미에서 이른바 통치행위의 개념을 인정할 수 있고……통치행위를 포함하여 모든 국가작용은 국민의 기본권적 가치를 실현하기 위한 수단이라는 한계를 반드시 지켜야 하는 것이고, 헌법재판소는 헌법의 수호와 국민의 기본권 보장을 사명으로 하는 국가기관이므로 비록 고도의 정치적 결단에 의하여 행해지는 국가작용이라고 할지라도 그것이 국민의 기본권 침해와 직접 관련되는 경우에는 당연히 헌법재판소의 심판대상이 될 수 있는 것일 뿐만 아니라, 긴급재정경제명령은 법률의 효력을 갖는 것이므로 마땅히 헌법에 기속되어야 할 것이다.」
>
> [大 1997. 4. 17.-96도3376] 「대통령의 비상계엄의 선포나 확대 행위는 고도의 정치적·군사적 성격을 지니고 있는 행위라 할 것이므로, 그것이 누구에게도 일견하여 헌법이나 법률에 위반되는 것으로서 명백하게 인정될 수 있는 등 특별한 사정이 있는 경우라면 몰라도, 그러하지 아니한 이상 그 계엄선포의 요건 구비 여부나 선포의 당·부당을 판단할 권한이 사법부에는 없다고 할 것이나, 이 사건과 같이 비상계엄의 선포나 확대가 국헌문란의 목직을 달싱하기 위하여 행하여진 경우에는 법원은 그 자체가 범죄행위에 해당하는지의 여부에 관하여 심사할 수 있다고 할 것이고, 이 사건 비상계엄의 전국확대조치가 내란죄에 해당함은 앞서 본 바와 같다.」

Ⅱ. 헌법수호의 의지

헌법의 규범력을 유지하는데는 제도적 장치만으로 충분하지 않고, 헌법을 만든 국민이 헌법을 스스로 수호하고 실현하는 실천적인 의지가 요구된다. 이러한 것을 헌법수호의 의지라고 하는데, 국민이 가지는 憲法守護의 意志는 평상시와 비상시에 따라 다양하게 나타난다. 헌법수호의 의지는 통치자가 권력으로 규범과 국민의 합의를 부정하고 입헌주의를 배제하려는 「權力에의 意志」(Wille zur Macht)에 대항하여 헌법제정권력의 주체인 국민이 가지는 「憲法에의 意志」(Wille zur Verfassung)에 의해 이루어진다.

(1) 평 상 시

헌법의 규범력을 유지하고 보장하는 장치로는 국가권력에 의존한 제도적 보장이 일차적이고 가장 효과적이지만, 헌법을 제정한 국민이 일상적으로 헌법을 준수하고 수호하여 헌법을 실현하려고 하는 실천과 생활이 중요하다.

(2) 비 상 시

공동체의 생활에서는 국가가 헌법의 규범력을 유지하는 것을 포기하거나 파괴하는 불법적인 한계상황이 발생할 수 있는데, 이런 한계상황에서는 국민이 스스로 정한 헌법을 수호하기 위하여 최후의 방어선을 펼치지 않을 수 없다. 국가에 의해 자행된 불법적인 한계상황에서 국민의 헌법수호의 의지가 최후로 현실화되는 것이 抵抗權의 행사이다. 이러한 점에서 국민이 가지는 저항권은 헌법에 明文으로 실정화되어 있든 있지 않든 관계없이 헌법원리상 본질필연적으로 인정되는 헌법보호의 방법이다.

제 2 절 憲法의 保護

1. 憲法保護制度의 發達

[28] 第一 憲法保護의 意義

憲法의 保護(Verfassungsschutz)는 「헌법의 수호」라고 하기도 하고 「헌법의 보장」이라고 하기도 한다. 헌법의 특성상 헌법규범과 사회현실 사이에는 긴장관계가 존재하기 때문에, 헌법의 존속과 규범력을 확보함에 있어서는 헌법의 보호가 중요한 의미를 가진다.

[29] 第二 憲法守護者 論爭

헌법수호자 논쟁이란 헌법의 규범력이 정치적·사회적 상황에 의해 위협받는 경우에 누가 헌법의 규범력 보호에 최종적 책임을 지는가 하는 점에 대한 논쟁으로, 1930년대 입헌민주주의가 정착되는 과정에서 독일의 C. Schmitt와 오스트리아의 H. Kelsen간에 벌어졌던 논쟁이 대표적이다. 헌법수호자에 대한 관심은 일반적으로 헌법의 규범력이 위협받는 상황에서 종종 제기되는 것으로 역사상 체제의 수호자에 대한 계획과 제안이 등장한 것은 스파르타의 행정감독위원회(Ephoren), 로마의 원로원부터 크롬웰 사후의 영국, 프랑스 혁명 당시의 헌법이념에서도 찾아볼 수 있다.

Schmitt는 독일의 바이마르국가에서 정치적 혼란과 의회가 노정한 무능과 무책임 등에 직면하여 의회에 대해 회의적인 태도를 가지게 되면서, 최종적인 헌법의 수호는 강력한 민주적 정당성을 지니면서 국가긴급권을 가지고 있는 대통령만이 할 수 있다고 보았다. 그는 「헌법의 수호자」(Hüter der Verfassung)에서 자칭 헌법수호자로 자리매김하는 라이히 國事裁判所(Staatsgerichtshof), 즉 사법부는 헌법에 대해 부수적 · 임시적 · 소극적이며 산만한 옹호자에 불과하여 헌법의 진정한 옹호자로 볼 수 없고, 헌법의 수호자는 독립적이고 중립적이어야 한다는 전제 아래 당파성에서 벗어나 있는 대통령이 헌법의 수호자라고 판단하였다. 이에 대하여 Kelsen은 Schmitt의 주장이 행정부의 헌법파괴의 가능성을 간과하였음을 거론하며 헌법에 의해 구성된 국가권력은 어느 하나가 헌법수호자의 역할을 전임하는 것이 아니라 일방이 헌법 파괴로 나아가는 경우 다른 국가기관이 헌법수호자의 의무를 지게 되는 것이라고 보고, 대통령의 권력도 헌법을 침해할 수 있음을 들어 법적으로는 國事裁判所, 즉 헌법재판소가 최후의 헌법수호자가 된다고 하였다.

헌법수호자는 기본적으로 모든 국가기관이고, 어느 하나는 다른 국가기관에 대하여 권력을 통제하면서 헌법을 수호한다. 다만, 국정의 운영이나 비상적인 사태에서 헌법을 수호하는 문제에서는 정부형태에 따라 논의가 달라진다. 大統領制政府에서는 기본적으로 대통령이 국가원수이고 행정부의 수반이며 국정운영의 중심에서 국정을 조정하는 지위에 있기 때문에 헌법의 수호자로서 상대적으로 중요한 비중을 차지하고 있다. 그러나 議會主義制政府(=議院內閣制政府)에서는 의회가 헌법의 수호자로 보다 중요한 기능을 한다. 그런데 법규범적으로 보면, 헌법을 침해하는 모든 국가기관의 행위를 무효화하는 권한은 헌법재판소가 가지므로 헌법재판소가 최종적인 헌법수호자로서의 지위를 가진다. 국가비상사태에서도 국가긴급권이 무한정하게 작용하는 것이 아니므로 실제에서는 국가긴급권을 가지는 자가 헌법의 수호에서 중요한 역할을 하지만, 국가긴급권의 남용에 대해서는 의회와 헌법재판소가 통제하는 점에서 이들 기관도 헌법수호자로서의 역할을 하게 된다. 이와 같이 헌법의 수호에서는 일차적으로 국가기관이 책임을 지지만 국가기관에 의한 헌법의 수호가 불가능한 상태에서는 주권자인 국민이 최종적인 헌법의 수호자로 저항권 등을 행사하여 그 책무를 이행한다.

2. 憲法保護의 手段

[30] 第一 概 說

헌법보호의 수단은 헌법에 대한 침해의 유형에 따라 다양하게 설명할 수 있다. 여기서는 헌법침해가 발생하는 영역을 기준으로 하여 평상시와 비상시의 헌법침해와 그 보호수단을 설명하기로 한다.

헌법의 보호를 설명함에 있어 평상시와 비상시로 구분하여 平常的 憲法守護制度와 非常的 憲法守護制度로 나누고, 평상적 헌법수호제도를 다시 事前豫防的 憲法守護制度와 事後矯正的 憲法守護制度로 나누는 견해도 있다. 사전예방적 헌법수호제도로는 헌법의 최고규범성의 선언, 헌법준수의무의 선서, 국가권력의 분립, 헌법개정의 곤란성, 공무원의 정치적 중립성 보장, 방어적 민주주의의 채택을 들고, 사후교정적 헌법수호제도로는 위헌법령심사제도, 탄핵제도, 위헌정당의 강제해산제도, 의회해산제도, 공무원책임제도, 각료의 해임건의 · 의결제도를 든다(權寧星, 66). 이러한 것은 헌법침해가 발생하는 영역, 헌법침해의 유형, 헌법보호제도의 유형을 체계적으로 설명함에 있어 채택하는 기준에 따라 다양하게 나타나는 설명방식 중의 하나이다. 어떤 방식으로 설명하든 내용에서는 차이가 없다.

[31] 第二 憲法改正權力에서의 侵害와 保護方法

헌법의 침해는 헌법개정권력에 의해서도 발생한다. 헌법개정권력이 헌법개정의 한계를 넘어 헌법의 기본적이고 본질적인 내용을 변경하는 경우에는 헌법의 침해가 발생한다. 헌법의 개정은 헌법의 제정과 달리 헌법의 본질적이고 기본적인 내용을 변경하는 것을 포함하지 않기 때문이다.

헌법개정권력에 의한 헌법의 침해는 헌법의 일부 사항에 대해서는 국민투표로 개정하고 나머지 사항에 대해서는 의회와 같은 헌법개정기관에서 개정하는 경우와 헌법의 개정을 의회와 같은 헌법개정기관의 권한으로 하되 헌법의 기본적이고 본질적인 사항에 대해서는 헌법의 개정을 금지하는 방식을 취하는 경우에 주로 발생한다. 이런 경우에 헌법개정기관이 그의 권한의 범위를 넘어 헌법의 내용을 변경하면, 이는 헌법의 침해가 된다. 예컨대 독일연방헌법 제79조는 헌법개정에 있어 연방헌법의 명시적 내용은 憲法改正法律에 의해서만 변경 또는 추가할 수 있다고 정하면서, 이런 헌법개정법률은 聯邦議會 在籍議員의 3분의 2 이상의 찬성과 聯邦參事院 투표의 3분의 2 이상의 찬성을 요한다고 정하고 있고, 연방을 각 란트(Land)로 분할하거나 입법에 있어서 란트의 원칙적인 협력이나 同憲法 제 1 조(人間의 尊嚴과 價値), 제20조(憲法의 基本原則, 抵抗權)에 정해진 기본원칙들에 위반되는 헌법의 개정은 허용되지 않는다고 정하고 있다(이러한 내용의 변경은 헌법 제정을 통하여 이루어진다.).

그런데 문제는 현행 헌법상으로 우리나라에서도 헌법개정권력에 의한 헌법의 침해가 발생할 수 있는가 하는 점이다. 헌법개정은 國民投票에 의해 확정되고(憲法 §130) 헌법개정권력을 주권자인 국민이 보유하고 행사하지만, 국민투표에 의한 개정이 헌법의 기본적인 동일성과 계속성을 부정하는 것이 될 때에는 헌법의 침해가 된다고 할 것이다.

> 한번 정한 헌법질서를 빈번하게 변경하는 것을 방지하기 위해 硬性憲法의 형태를 취하는데, 이런 점을 넓은 의미에서 헌법의 보호를 실현하는 방법으로 이해할 여지는 있어도 헌법개정권력에 의한 헌법침해에 대하여 직접적으로 헌법을 보호하는 수단이라고 평가하기는 어렵다.

[32] 第三 國家權力에 의한 侵害와 保護方法

헌법에 의해 국가가 창설되는 입헌주의원리에 의할 때, 국민의 기본권을 보호하고 국가의 존재와 형태를 유지·보호하는 제1차적인 책무는 국가에 부과되어 있다. 국가는 이런 본래의 역할과 기능을 수행하기 위하여 국가권력을 입법권, 행정권, 사법권, 헌법재판권으로 나누어 행사한다. 그런데 국가권력은 사람에 의해 행사되기 때문에 항상 남용되고 오용될 가능성이 있다. 이런 國家權力의 濫用과 誤用에 의해 헌법의 침해가 발생할 수 있다. 헌법의 침해는 立法權, 行政權, 司法權, 憲法裁判權에 의해서도 발생할 수 있다.

Ⅰ. 입법권에 의한 침해와 보호방법

立法權에 의한 헌법의 침해에 있어서는 입법의 과정에서 국가기관간에 서로 통제하거나, 국민이 참여하는 방법 등으로 사전적으로 이를 예방하는 방법이 있지만, 헌법을 침해한 법률에 대한 통제로 가장 효과적인 장치는 規範統制이다.

Ⅱ. 행정권에 의한 침해와 보호방법

行政權에 의한 헌법의 침해에 있어서는 행정입법에 대한 규범통제가 효과를 가진다. 행정권에 의한 침해는 행정구제절차를 통하여 일부 통제되기도 하지만, 행정구제절차를 통하여 헌법침해적인 상태를 교정할 수 없는 경우에는 헌법소원심판을 통하여 교정한다.

Ⅲ. 사법권에 의한 침해와 보호방법

司法權에 의한 헌법의 침해에 있어서는 上訴節次를 통하여 헌법침해적인 상태를 교정할 수 있다. 그러나 이러한 통상의 방법으로 충분하지 아니한 경우에는 재판에 대한 헌법소원심판을 통하여 기본권의 침해를 구제하는 동시에 헌법질서를 유지하게 하는데, 이 점에서 재판에 대한 헌법소원심판제도는 효과적인 헌법보호의 수단이다. 그러나 현행법에서는 헌법재판소가 인정하는 예외적인 경우 이외에는 재판에 대한 헌법소원심판제도가 인정되지 않고 있다. 憲法裁判所法 제68조 제1항에서 법원의 재판에 대해서는 헌법소원심판을 청구할 수 없도록 정하고 있기 때문이다.

Ⅳ. 헌법재판에 의한 침해와 보호방법

憲法裁判은 최종적인 재판이라는 성격을 가지기 때문에 헌법재판권에 의한 헌법의 침해에 있어서는 헌법재판소의 구성방법 등과 같은 事前的인 방법을 통하여 그 침해를 방지하는 장치를 둘 수 있을 뿐이고, 헌법재판에 대한 再審을 인정하는 이외에는 事後的으로 矯正하는 장치는 두기 어렵다. 따라서 헌법의 보호라는 면에서도 헌법재판기관의 구성방법과 헌법재판의 절차는 중요한 의미를 가진다.

[33] 第四 社會領域에서의 侵害와 保護方法

Ⅰ. 사인에 의한 침해와 보호방법

헌법에 대한 침해는 국가권력뿐만 아니라 개인 또는 단체에 의해서도 행해질 수 있다. 私人이 사적인 이익을 추구하는 과정에서 헌법이 정하고 있는 규정과 헌법질서를 침해하는 현상은 통상 발생할 수 있는 일이다. 사인에 의한 헌법침해에 대해서는 여러 형태의 行政的 또는 立法的인 措置를 하고, 그러한 헌법을 침해하는 행위가 범죄를 구성하는 경우에는 刑事的 處罰을 하는 등 다양한 법제도에 의하여 예방하고 교정한다.

사인이 기본권을 남용하여 헌법을 침해하거나 타인의 기본권을 침해하는 경우에 일정한 기본권을 그 기본권의 주체로부터 박탈하는 방법도 있다. 기본권을 박탈하는 것은 헌법재판의 일종인 基本權喪失裁判(=基本權失效裁判)에 의해서 이루어지기도 한다(예: 독일의 基本權喪失裁判).

Ⅱ. 정당에 의한 침해와 보호방법

헌법은 민주주의를 실현하는 정치적 행위의 하나로 정당활동을 보장하고 있다. 특히 정당에는 그에 소속한 국회의원이나 대통령이 존재하기 때문에 정당의 활동은 국가의 정책결정이나 국정운영에 직접 영향을 미친다. 정당은 國家機關은 아니지만 그에 소속한 국회의원이나 대통령으로 인하여 국가기관에 버금갈 정도로 국가에 대해 영향을 미치고 있다. 그래서 정당의 활동은 다른 어떤 단체보다 국가영역에 근접하거나 부분적으로 개입하는 상태에서 이루어지고 있다.

이런 정당이 국가운영에 직·간접으로 개입하면서 자신의 정치적 이익을 추구하는 과정에서 헌법을 침해하는 경우가 발생할 수 있는데, 정당에 의하여 저질러지는 헌법침해는 조직적이고 광범하며 영향력이 강하므로 한번의 행위에 의해서도 헌법질서와 헌법체제는 회복하기 어려운 상태에 처해질 수 있다(예: 공산당에 의한 체제전복행위). 따라서 헌법보호의 관점에서는 정당에 의해 자행되는 헌법침해를 심각하게 받아들여 이에 대해서는 특단의 조치를 하는 것이 필요하다. 政黨解散制度가 그 한 예이다.

헌법을 침해하는 정당을 해산하는 것은 곧 헌법에서 정하고 있는 국민의 자유와 권리를 정당의 집단적인 힘으로부터 보호하는 것이며, 집단적인 위력에 의한 國家侵害行爲나 國家顚覆行爲로부터 국가를 보호하는 것이기도 하다. 그래서 위헌정당에 의해 행해지는 헌법침해에 대한 보호는 「조직된 憲法의 敵」으로부터 헌법을 보호하는 의미를 가진다. 민주주의가 정치적 활동의 자유를 보장하고, 복수정당을 인정한다고 할지라도 민주주의의 이름으로 입헌주의와 민주주의를 부정하는 것을 인정할 수는 없다. 헌법의 자기부정은 憲法制定權者인 국민이 헌법제정권을 행사하는 방법에 의해서만 가능할 뿐 어떤 경우에도 허용되지 않는다(예: 憲 1999. 12. 23.-99헌마135).

정당이 헌법을 침해하는 경우에 헌법을 보호하는 방법으로는 정당을 강제로 해산시키는 것에서부터 對替政黨을 창설할 수 없게 하는 것, 정당의 구성원을 처벌하는 것, 정당의 재산을 國庫에 귀속시키는 것, 해당 정당에 소속되었던 국회의원의 직을 상실시키는 것, 선거의 참여나 기타 정치활동을 할 수 없게 하는 것 등 다양한 방법이 있다. 정당을 강제로 해산시키는 경우에도 일반 정치단체와 같이 행정적인 조치로 해산시키는 방법도 있고, 헌법재판소에 의한 정당해산심판으로 해산시키는 방법이 있다. 우리나라는 후자의 방법을 채택하고 있다(憲法 §111①).

조직된 힘에 의해 헌법이 침해되는 경우는 단체에 의한 헌법침해에서도 발생한다. 현행법에는 정당해산제도는 있지만 단체가 헌법을 침해한 경우에 해당 단체를 해산시키는 조치를 정하고 있는 규정은 없다. 헌법보호의 면에서 볼 때, 立法의 不備이다.

[34] 第五 國家非常事態와 憲法의 保護

국가가 정상적으로 작용할 수 없는 非常事態를 맞이한 경우에는 헌법도 마찬가지로 위기상황에 빠져든다. 국민의 기본권은 언제나 침해될 수 있는 상태에 빠져 정상적으로 보호되기 어렵고, 국가는 헌법이 정하고 있는 기능을 수행하기 어렵게 된다. 이러한 상황은 곧 헌법의 중단이 발생하는 것을 의미하고, 憲法의 中斷이 발생하면 규범의 공백이 발생하며, 공동체의 존속과 안전 및 국민의 자유는 오로지 힘의 지배에 내맡겨지게 된다.

헌법은 비상사태로 인한 이러한 헌법의 중단을 없애고 비상사태의 경우에도 헌법규범의 틀 속에서 공동체가 존속·유지되고 국민의 자유와 권리가 보장되며 국가가 제 기능을 하여 헌법에 따라 사태를 극복할 수 있도록 하는 장치를 마련해야 할 필요가 있는데, 國家緊急權이 이에 해당한다.

국가긴급권은 그 본질에서 헌법의 중단없이 憲政을 유지하는 것을 목적으로 하는 것이기 때문에 憲法의 保護에 해당한다. 따라서 국가긴급권은 헌법의 보호를 실현하기 위해서 인정되는 것이며, 통치의 예외적인 수단(예: 정권유지, 독재, 권위주의 통치의 수단)을 허용한 것이 아니라는 점을 인식하는 것이 중요하다. 그런데 국가긴급권은 비상사태를 극복하는 非常的인 權限으로서 필요한 범위 내에서 국민의 기본권이나 국가의 기능을 제약하는 것이 허용되므로 濫用의 危險性은 매우 높다. 이러한 점 때문에 헌법은 국가긴급권을 인정함과 동시에 이의 행사방법과 절차를 상세히 규정하여 그 남용을 방지하는 장치를 동시에 규정한다. 현행 헌법은 국가긴급권을 대통령에게 부여하고 국회로 하여금 이의 남용을 통제하게 하는 시스템을 채택하고 있다(憲法 §76, §77).

헌법은 국가비상사태에 대처하기 위하여 통상적인 장치 이외에 비상적인 국가긴급권이라는 장치를 마련하고 있는데, 이러한 경우에 헌법이 마련하고 있지 아니한 조치를 「超憲法的 國家緊急權」으로 인정할 수 있는가 하는 문제가 있다. 헌법은 국가긴급권을 정하는 경우에도 이러한 작용이 국민의 자유와 권리를 제한하고 국가의 기능을 제약하므로 그 권한의 소재, 범위, 행사방법, 통제에 대해서도 정하고 있다. 그리고 헌법이 정하고 있는 국가긴급권으로 국가비상사태에 대처하기에 충분하므로 이에 해당하지 않는 권력행사를 국가비상사태에 대응한다는 이유만으로 정당화할 수 없다. 따라서 초헌법적 국가긴급권은 인정되지 않으며, 이에 해당하는 권력행사는 헌법에 위반된다.

憲法裁判所도 國家保衛에관한特別措置法(제정 1971. 12. 27. 법률 제2312호)이 헌법에서 정하고 있지 아니한 국가긴급권을 법률로 정한 것이어서 초헌법적 국가긴급권에 해당하고, 따라서 이는 헌법에 위반된다고 판시하였다.

> [憲 1994. 6. 30.-92헌가18] 「헌법에 엄연히 국가긴급권의 종류, 발동요건과 절차 및 효력, 통제와 한계 등이 규정되어 있음에도 불구하고 헌법에 규정된 것과 별도로 대통령에게 또 다른 국가긴급권을 부여하고 있는 특별조치법 자체의 위헌이 문제되지 않을 수 없다. 주지하다시피 입헌주의적 헌법은 국민의 기본권 보장을 그 이념으로 하고 그것을 위한 권력분립과 법치주의를 그 수단으로 하기 때문에 국가권력은 언제나 헌법의 테두리 안에서 헌법에 규정된 절차에 따라 발동되지 않으면 안 된다. 그러나 입헌주의국가에서도 전쟁이나 내란, 경제공황 등과 같은 비상사태

가 발발하여 국가의 존립이나 헌법질서의 유지가 위태롭게 된 때에는 정상적인 헌법체제의 유지와 헌법에 규정된 정상적인 권력행사방식을 고집할 수 없게 된다. 그와 같은 비상사태하에서는 국가적·헌법적 위기를 극복하기 위하여 비상적 조치가 강구되지 않을 수 없다. 그와 같은 비상적 수단을 발동할 수 있는 권한이 국가긴급권이다. 즉 국가긴급권은 국가의 존립이나 헌법질서를 위태롭게 하는 비상사태가 발생한 경우에 국가를 보전하고 헌법질서를 유지하기 위한 헌법보장의 한 수단이다. 그러나 국가긴급권의 인정은 국가권력에 대한 헌법상의 제약을 해제하여 주는 것이 되므로 국가긴급권의 인정은 일면 국가의 위기를 극복하여야 한다는 필요성 때문이기는 하지만 그것은 동시에 권력의 집중과 입헌주의의 일시적 정지로 말미암아 입헌주의 그 자체를 파괴할 위험을 초래하게 된다. 따라서 헌법에서 국가긴급권의 발동기준과 내용 그리고 그 한계에 관해서 상세히 규정함으로써 그 남용 또는 약용의 소지를 줄이고 심지어는 국가긴급권의 과잉행사 때는 저항권을 인정하는 등 필요한 제동장치도 함께 마련해 두는 것이 현대의 민주적인 헌법국가의 일반적인 태도이다. 우리 헌법도 국가긴급권을 대통령의 권한으로 규정하면서도 국가긴급권의 내용과 효력 통제와 한계를 분명히 함으로써 그 남용과 악용을 막아 국가긴급권이 헌법보호의 비상수단으로서 제 기능을 나타내도록 하고 있다. 이상과 같은 이론에서 볼 때 특별조치법은 첫째, 초헌법적인 국가긴급권을 대통령에게 부여하고 있다는 점에서 이는 헌법을 부정하고 파괴하는 반입헌주의, 반법치주의의 위헌법률이다.」

헌법의 침해와 보호

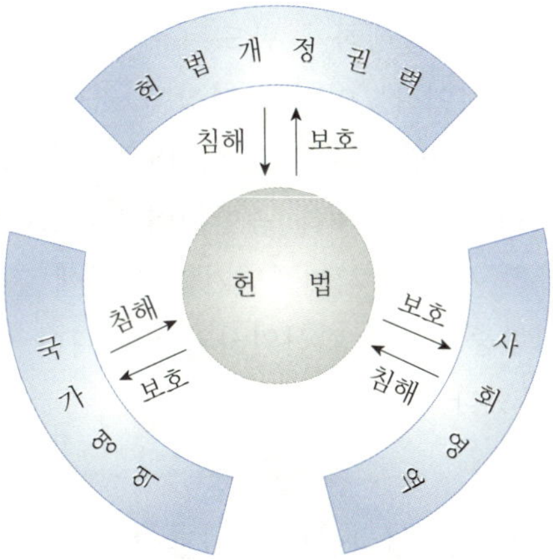

[35] 第六 憲法保護의 限界

헌법의 보호를 위한 제도라 할지라도 그것은 기본적으로 권력 행사의 제한, 국민의 권리의 제한을 수반하므로 제도의 적용에 있어 한계가 있음은 물론이다. 그러나 헌법의 보호를 위한 각종 장치들은 각각 개별적인 목적과 대상을 가지고 있으며, 그 형태도 상술한 바와 같이 다양하므로 모든 경우에 일률적으로 인정되는 동일한 한계를 갖는다고 할 수는 없다. 개별 제도의 설명에서 그 한계를 구체적으로 서술할 것이다. 다만, 공통적으로 적용되는 것은 달성하고자 하는 헌법 보호의 공익과 그로 인해 제한되는 다른 공익 내지 사익간에 비례성이 충족되어야 한다는 점이다(比例原則).

3. 抵 抗 權

[36] 第一 抵抗權의 概念

Ⅰ. 저항권의 발달

(1) 저항권 사상의 발달

抵抗權(right of resistance, Widerstandrecht) 사상은 고대 그리스 도시국가에 있었던 참주(tyrant)에 대한 국외추방제도(=陶片追放制度 ostracism)에서도 그 단초를 찾을 수 있을 정도로 민주주의와 깊은 관계를 맺고 있을 뿐만 아니라, 孟子의 易姓革命論과 같이 동서양의 暴君放伐論의 사상에서 공통적으로 전개되어 왔다. 국민을 위해 존재하는 국가나 군주가 국민을 괴롭히고 불행하게 만드는 경우에는 그 국가나 군주를 타도하는 권리를 국민이 가진다는 것이다. 이러한 사상이 저항권의 모습을 갖추고 정비된 것은 Johanes von Salisbury의 폭군방벌론으로부터 15세기의 M. Luther, J. Calvin, 16세기의 J. Bodin을 거친 후 T. Althusius에 의해 종합되어 J. Locke에 이르러 완성되는 모습을 보여준다. 이러한 저항권 사상은 시민혁명기의 유럽에 전파되어 근대 시민혁명의 사상적 기초가 되었고, 미합중국의 독립선언서와 버지니아 권리선언, 프랑스 인권선언 등에 명문화되기에 이르렀다.

(2) 저항권의 실정화

저항권은 자연권으로 발전된 것이었는데 이를 성문화한 것으로는 영국의 1215년의 대헌장(Magna Carta)에서 초기의 모습을 볼 수 있다(왕에 대한 귀족들의 저항권). 미합중국에서는 1776년의 독립선언서나 여러 state의 권리선언(예: 버지니아 권리선언(1776) §3; 매릴랜드 헌법(1776) §4; 버몬트헌법(1777) §6; 매사추세츠헌법(1780) §7; 펜실베니아헌법(1780) §5 등)에서 저항권을 정하였고, 프랑스에서는 1789년 인간과 시민의 권리선언(§2), 1791년헌법, 1793

년헌법(§33)에서 실정화하였다. 독일에서는 1946년 Hessen헌법, 1947년의 Bremen헌법(§19), 1950년의 Berlin헌법(§23)에서 실정화되었고, 1968년에는 기본법(§20④)에 실정화되었다. 우리나라에서는 9차례의 개헌이 있었으나 저항권을 실정 헌법에 명문화한 경우는 없다.

Ⅱ. 저항과 저항권

(1) 저 항

저항권에서 말하는 저항은 국가권력의 전면적인 불법적 행사가 행해지는 「不法國家」(Unrechtsstaat)에 대한 저항을 의미한다. 이는 국가권력에 의해 헌법과 국가가 부정되고 파괴되는 경우에 주권자인 국민이 국가를 대신하여 헌법과 국가를 불법상태에서 구조하는 「憲法緊急救助」(Verfassungsnothilfe)인 동시에 「國家緊急救助」(Staatsnothilfe)로서의 성질을 지니는 것이다.

국가의 전면적인 불법이 아니라 부분적 위법행위에 대한 비판이나 저항은 이에 해당하지 않는다. 또 국가에 대한 비판행위도 정치적 표현의 자유로 인정되는 것이므로 저항권의 저항에는 해당하지 않는다.

(2) 저 항 권

헌법상 저항권이라 함은 국가권력의 불법적인 행사에 대하여 국민 개개인이 저항할 수 있는 헌법상의 권리를 말한다. 이런 저항권은 국민에게만 인정되고 외국인이나 무국적자에게는 인정되지 않는다. 저항권이 기본권의 영역에 속하는 것임에는 이견이 없으나, 이를 법적 권리로 인정할 것인지에 대해서는 견해가 대립되고 있다.

《市民不服從》

시민불복종(civil disobedience, Ziviler Ungehorsam)은 불법이거나 부정당함이 중대하고 명백한(unjust) 입법 내지 행정권의 행사에 대하여 당해 권력 행사의 불법성(unlawfulness) 또는 부정당성(injustice)을 바로잡기 위하여 의도적으로 용의주도하게 국가권력에 대하여 복종을 거부하는 도덕적 양심에 바탕을 둔 공공성을 띤(public) 고의적 작위 내지 부작위를 의미한다. 법률이 불법인 경우는 헌법에 위반되는 경우인데, 이 경우 시민불복종으로 저항하지 않고 제도적으로 문제를 해결하는 장치로는 예방적 규범통제, 추상적 규범통제, 법률에 대한 헌법소원제도와 같은 것이 있다. 시민불복종은 통상 국가의 법률이나 정책결정에 변경을 가져올 것을 의도하는 국가권력에 대한 저항이라는 점에서 저항권과 유사하지만 i) 권력의 정당성은 인정하면서 그 행사의 불법성 또는 부정당성을 알리기 위한 것이라는 점에서 저항의 상대방을 제거하는 것을 목적으로 하는 저항권과 차이가 있고, ii) 폭력적 방법이 허용되지 않는다는 점에서 그 수단에 한계가 없는 저항권과 다르며, iii) 시민불복종은 처벌을 받는 것을 감수함으로써 국가권력 행사의 불법성 또는 부정당성을 바로잡고자 하는 정치적 행위이므로 저항권과 달리 위법성이 조각되는 행위가 아니라는 점에서 차이가 있다.

[37] 第二 抵抗權의 根據

Ⅰ. 헌법의 수호

헌법은 단순한 통치규범이 아니라 공동체 내의 정치, 경제, 사회적 규범에 대한 국민의 근본적인 합의를 의미하며, 권력 행사의 한계를 지우는 역할도 수행한다. 따라서 국가나 개인 등 어떤 세력도 헌법을 침해하거나 無力化할 수 없다. 이런 점에서 공동체의 존속·유지를 목적으로 헌법수호를 위한 저항권의 발동은 정당화된다.

Ⅱ. 인간의 자기 수호

인간이 자신의 자유와 권리에 대한 국가의 부당한 침해에 대해 방어하는 것은 실정법의 존부를 불문하고 인간의 본질과 국가의 기능상 정당화된다. 저항권은 이러한 개인의 방어권을 사회적 영역으로 넓힌 것으로 인간의 자기 수호를 전제로 하고 있는 헌법을 수호하기 위한 필수불가결한 수단으로 정당화된다.

[38] 第三 抵抗權의 法的 性格

저항권의 법적 성질을 무엇으로 볼 것인가에 대해서는 자연권설과 실정권설이 제시되고 있다. 自然權說은 저항권은 기본적으로 인간의 자기 수호의 본성에 근거하고 있으며, 실정법의 규정 유무에 따라 저항권의 인정여부가 결정되는 것은 저항권의 본질에 반하며, 헌법에 저항권이 규정되어 있더라도 그것은 자연적인 권리를 확인한 것에 지나지 않는다고 본다(金哲洙a, 97; 權寧星, 78). 實定權說은 저항권은 군주주권을 무너뜨리고 시민혁명을 완수하기 위해 생겨난 이데올로기적 이념에 가까운 개념이며, 이미 국민주권이 확립되고 국가의 권력 통제를 위한 각종 장치들이 마련된 이상 성문헌법에서 명시적으로 정하고 있지 않는 한 이를 인정할 수 없다고 본다.

생각건대, 저항권은 국민주권원리, 헌법의 본질, 국가의 본질과 기능, 국민의 기본권 보장에 비추어 볼 때, 헌법제정권자이자 기본권의 주체인 국민의 지위에 본질필연적으로 따라오는 자연적인 권리라고 할 것이다. 따라서 헌법에서 이를 명문화하고 있지 않더라도 헌법에서 정하고 있는 전체적인 가치와 원리에 포함되어 있다고 할 것이므로 자연권이 헌법에 실정화되어 있는 헌법상의 기본권, 즉 「명시되지 않은 헌법」상의 기본권이라고 할 것이다.

[39] 第四 抵抗權 行使의 要件

저항권은 비상적인 상황에서 예외적으로 공동체의 존속·유지 및 기본권의 보호라는 헌법의 수호를 위하여 인정되는 최종적인 권리이기 때문에 그 행사에는 엄격한 요건이 요구된다.

저항권의 요건은 국민이 저항권을 행사하였으나, 실패하여 국가권력부터 책임추궁을 당하게 될 때 그 법적 책임이 면제되기 위한 요건이다. 예컨대 저항권의 행사가 범죄행위를 구성하는 경우에 위법성을 조각시키는 요건이다. 저항권 행사의 요건을 충족시키면 위법성의 조각으로 법적 책임을 지지 아니한다.

Ⅰ. 목적상의 요건

저항권은 헌법의 근본적 가치질서, 즉 공동체의 존속·유지 또는 기본권 보장에 의하여 뒷받침되는 인간의 존엄과 가치, 법치주의와 민주주의 등의 가치를 수호하기 위한 것이어야 한다. 저항권 행사의 목적은 언제나 헌법침해상태를 제거하고 기존 헌법질서를 회복하는 소극적 목적에 국한된다. 새로운 헌법질서나 국가질서를 수립하기 위한 적극적 목적을 달성하는 수단으로 저항권은 인정되지 않는다.

> [憲 1997. 9. 25.-97헌가4] 「저항권은 국가권력에 의하여 헌법의 기본원리에 대한 중대한 침해가 행하여지고 그 침해가 헌법의 존재 자체를 부인하는 것으로서 다른 합법적인 구제수단으로는 목적을 달성할 수 없을 때에 국민이 자기의 권리·자유를 지키기 위하여 실력으로 저항하는 권리이므로, 국회법 소정의 협의 없는 개의시간의 변경과 회의일시를 통지하지 아니한 입법과정의 하자는 저항권 행사의 대상이 되지 아니한다.」

Ⅱ. 상황적 요건

국가권력의 불법한 행위가 중대하고 명백하여 누가 보더라도 객관적으로 더 이상 수인할 수 없는 헌법질서의 파괴 또는 침해가 발생해야 한다.

Ⅲ. 수단적 요건

(1) 평화적·비평화적 수단

저항권의 행사는 평화적인 방법과 수단으로 행할 수 있으나, 평화적인 방법으로 헌법질서를 수호할 수 없는 경우에는 국민은 국가권력에 대항하여 비평화적 또는 폭력적 방법을 동원할 수 있다(同旨: 金哲洙a, 103; 權寧星, 80). 이러한 경우에는 저항권의 목적을 달성하기 위한 어떠한 방법과 수단의 동원도 가능하다. 저항권의 행사에도 목적과 수단의 적합성이라는 비례원칙이 요구되지만, 비상상황이기 때문에 이를 엄격히 요구할 수 없다.

(2) 최종적 수단

저항권은 헌법과 기본권을 보호함에 있어 다른 유효한 수단들이 목적을 달성할 수 없는 경우에 한하여 최후의 수단으로(ultima ratio) 행사될 때만 정당화된다. 다른 수단들이 있는 경우에는 먼저 그 수단을 행사하여야 한다. 이를 저항권 행사에서의 보충성이라고 한다.

> 저항권 행사의 요건으로 성공가능성을 드는 견해가 있으나(洪性邦, 67), 저항권은 피지배자인 국민이 폭력을 합법적으로 독점하고 있는 국가권력에 대항하여 최후의 방어선을 펼치는 것이기 때문에 성공가능성의 여부를 판단할 수 없다. 따라서 가능성이 있을 때 저항권의 행사가 정당화된다는 논리는 저항권의 법리와는 합치하지 않는다고 할 것이다.

[40] 第五 抵抗權의 實效性

저항권은 한계상황에서 포착되는 개념인 만큼 그 행사에 있어서도 독특한 성격을 드러낸다. 국가권력에 의해 헌법과 기본권이 부정되는 한계상황에서 국민이 저항권을 행사한 경우에 그 저항이 성공하면 그 저항권의 행사에 대하여 실정법의 위반이라는 이유로 책임을 묻는 경우는 발생하기 어렵다. 그러나 저항권의 행사가 실패로 돌아가 국가가 저항권을 행사한 국민을 실정법에 위반한 행위라고 하여 책임을 묻거나 재판을 하는 경우에는 저항권을 인정하기가 쉽지 않다. 이미 국가권력(=국가권력을 장악한 세력)과 국민이 치열한 투쟁을 통하여 국민이 패배한 상황이기 때문이다. 따라서 저항권의 인정에서도 현실에서 중요한 의미를 가지는 것은 국민과 국가권력간에 존재하는 힘의 優劣이다. 그러나 저항권이 완전히 현실적인 힘의 문제에 불과한 것은 아니다. 저항권의 규범적인 의미는 국민이 불법적 국가권력에 대항하여 저항권을 행사한 것이 실패로 돌아간 경우라 할지라도 이를 저항권의 행사로 인정하여 법적 책임을 면제해야 한다는 데 있다. 이런 점은 法執行者에게 중요한 의미를 가진다.

[41] 第六 現行 憲法과 抵抗權

헌법의 본문에는 저항권이 명문으로 규정되어 있지는 아니하다. 헌법 전문에 「불의에 항거한 4·19민주이념을 계승하고」라는 문구가 저항권을 인정하는 근거가 될 수 있는가에 대하여 긍정설(權寧星, 81)과 부정설의 논란도 있지만, 저항권은 헌법의 본질과 헌법이 정하고 있는 기본권의 보장 및 국가의 본질과 역할에서 자연적으로 도출되는 권리라고 할 것이다.

저항권은 헌법을 보호하는 최후의 수단이기 때문에 국민주권원리에 의할 때, 그러한 최후의 수단은 국민에게 유보되어 있는 것이며, 국가권력에 의하여 공동체의 존속·유지와 기본권이 부정되는 극한적인 상황에서는 헌법에 명문의 규정이 있는가에 관계없이 국민은 불법한 국가권력에 대하여 전면적으로 저항하고 상황을 타개할 권리를 가진다.

大法院은 판례상 저항권을 인정하지 않았으나(예: 大 1975. 4. 8.-74도3323; 1980. 5. 20.-80도306; 1980. 8. 26.-80도1278; 1992. 8. 14.-92도1246), 憲法裁判所는 현행 헌법상 저항권이 인정된다고 판시하지는 않았지만, 저항권의 개념은 인정한 바 있다(예: 憲 1997. 9. 25.-97헌가4).

[大 1975. 4. 8.-74도3323] 「소위 「저항권」에 의한 행위이므로 위법성이 조각된다고 하는 주장은 그 「저항권」 자체의 개념이 막연할 뿐 아니라 논지에 있어서도 구체적인 설시가 없어 주장의 진의를 파악하기 어려우나 이 점에 관한 극일부 소수의 이론이 주장하는 개념을 살핀다면 그것은 실존하는 실정법적 질서를 무시한 초실정법적인 자연법질서 내에서의 권리주장이며 이러한 전제하에서의 권리로써 실존적 법질서를 무시한 행위를 정당화하려는 것으로 해석되는바, 실존하는 헌법적 질서를 전제로 한 실정법의 범주 내에서 국가의 법적 질서의 유지를 그 사명으로 하는 사법기능을 담당하는 재판권행사에 대하여는 실존하는 헌법적 질서를 무시하고 초법규적인 권리개념으로써 현행실정법에 위배된 행위의 정당화를 주장하는 것은 그 자체만으로서도 이를 받아들일 수 없는 것이고(大 1975. 1. 28.-74도3498 참조) ……」

[大 1980. 5. 20.-80도306] 「…현대 입헌 자유민주주의국가의 헌법이론상 자연법에서 우러나온 자연권으로서의 소위 저항권이 헌법 기타 실정법에 규정되어 있든 없든간에 엄존하는 권리로 인정되어야 한다는 논지가 시인된다 하더라도 그 저항권이 실정법에 근거를 두지 못하고 오직 자연법에만 근거하고 있는 한 법관은 이를 재판규범으로 원용할 수 없다. 더구나 오늘날 저항권의 존재를 긍인하는 학자 사이에도 그 구체적 개념의 의무내용이나 그 성립요건에 관해서는 그 견해가 구구하여 일치된다 할 수 없어 결국 막연하고 추상적인 개념이란 말을 면할 수 없고, 이미 헌법에 저항권의 존재를 선언한 몇 개의 입법례도 그 구체적 요건은 서로 다르다 할 것이니 헌법 및 법률에 저항권에 관하여 아무런 규정도 없는(소론 헌법전문 중 "4.19의거운운"은 저항권 규정으로 볼 수 없다) 우리나라의 현 단계에서는 더욱이 이 저항권이론을 재판의 준거규범으로 채용·적용하기를 주저하지 아니할 수 없다.」

[憲 1997. 9. 25.-97헌가4] 「저항권이 헌법이나 실정법에 규정이 있는지 여부를 가려볼 필요도 없이 제청법원이 주장하는 국회법 소정의 협의 없는 개의시간의 변경과 회의일시를 통지하지 아니한 입법과정의 하자는 저항권행사의 대상이 되지 아니한다. 왜냐하면 저항권은 국가권력에 의하여 헌법의 기본원리에 대한 중대한 침해가 행하여지고 그 침해가 헌법의 존재 자체를 부인하는 것으로서 다른 합법적인 구제수단으로는 목적을 달성할 수 없을 때에 국민이 자기의 권리·자유를 지키기 위하여 실력으로 저항하는 권리이기 때문이다.」

제 4 장 憲法의 變動

제 1 절 概　　觀

[42] 第一 概　念

헌법이 제정되면 이 때부터 헌법은 社會現實을 규율하게 된다. 헌법은 공동체의 최고법이고 근본법으로서의 성격을 지니기 때문에 헌법질서의 안정성을 유지해야 하는 필요상 통상의 법령보다는 강한 固定性과 오랜 持續性을 가질 것이 요구되지만, 이러한 것이 사회변화에 관계없이 永久不變하고 절대적이라는 것을 의미하는 것은 아니다. 헌법이 규율하는 사회현실은 경제적·사회적·기술적·문화적인 면에서 다양한 여건과 요인으로 인하여 변화한다. 헌법은 이러한 사회의 변화에 적응하면서 當爲인 법규범으로서 사회현실을 규율하지만, 사회의 변화는 헌법에 끊임없이 영향을 주면서 처음 제정된 헌법의 변화를 요구하는 경우가 발생하는데, 이러한 사회의 변동에 의하여 헌법규범에 변동이 생기는 것을 憲法의 變動이라고 한다.

「憲法과 時間」이라는 관계를 장기적인 관점에서 볼 때, 헌법규범의 영역에서 사회의 변화에 대응하여 헌법에 변동이 생기는 현상은 「憲法의 解釋」, 「憲法의 變遷」, 「憲法의 改正」, 「憲法의 交替」 등으로 나타난다.

[43] 第二 憲法規範과 社會現實

Ⅰ. 헌법규범

憲法規範(Verfassungsnorm)은 법규범으로서의 헌법을 말한다. 헌법이 법으로서 존재한다는 것은 그 본질에서 법적인 效力(validity, Geltung)을 발생한다는 것을 의미한다. 헌법이 법으로 존재하는 이상 헌법은 그 외부를 향하여 자기실현을 추구하며 주장하고, 이러한 주장은 效力이라는 법적인 작용으로 나타난다.

헌법이 법으로서 자기실현을 위한 법적 효력을 주장하는 것(Geltungsanspruch)은 헌법이 규율하고자 하는 대상을 향한 것이다. 그 규율의 대상은 *存在*(Sein) 또는 當

爲(Sollen 예: 하위 법규범)의 형태를 띠고 있다. 사회공동체 내에서 헌법을 제정하는 것은 현실을 규율할 규범이 필요하기 때문이므로 헌법은 최고법규범으로서 언제나 현실을 규율하는 힘을 가지고 있다. 헌법은 하위 법규범에 대해서는 최고법의 지위에서 존재근거와 효력근거가 되기 때문에 모든 법규범은 헌법에 종속되고 복종하여야 한다.

Ⅱ. 사회현실

社會現實은 공동체에서 현실로 존재하는 현상과 상태를 말한다. 헌법규범과 사회현실의 관계에 있어 사회현실은 헌법이 규율하는 대상이기도 하지만 헌법이 이로부터 형성된 *母體*이기도 하다. 헌법은 공동체가 지향할 價値(보편적 가치와 개별적 가치 포함)와 공동체가 처해 있는 현실적 상황이라는 사회현실에 의하여 만들어진다. 이렇게 지향가치와 사회현실을 바탕으로 탄생한 헌법은 제정된 이후에는 거꾸로 사회현실을 규율한다. 이런 의미에서 사회현실은 헌법규범의 효력주장이 닿는 對象으로 존재하고, 당위에 의해 규율되는 *存在*로서의 지위에 있게 된다.

그런데 이러한 사회현실은 어느 시기에서는 공동체 구성원의 합의가 형성되어 헌법을 탄생시키기도 하지만, 공동체 및 삶의 여건과 환경의 변화로 인하여 계속 변화하는 상태에 있고, 이러한 변화는 헌법규범에도 영향을 미친다.

《헌법현실》

헌법규범과 사회현실 사이의 상호관계를 인식함에 있어 양자간에 발생한 거리 또는 간극이 존재하는 현실적 상황을 지칭하여 「憲法現實」(Verfassungswirklichkeit)이라고 부르는 경우가 있다. 헌법의 규범력이 강할 때는 공동체의 통합이 이루어지는 헌법현실이 존재하지만, 헌법의 규범력이 약할 때는 공동체의 통합이 이루어지지 않고 사회구성원들간의 원심력이나 외부(예: 외국)의 흡인력에 의하여 공동체가 와해되거나 해체되는 상황으로 나아가거나 헌법이 교체되는 헌법현실이 발생한다. 그런데 이러한 헌법현실이라는 개념은 그러한 현실을 당연시하여 자칫 헌법의 왜곡이나 침해에 따른 사회현실을 정당화하는 도구로 이용될 수도 있으므로 유의할 필요가 있다(許營a, 30). 양자간에 발생하는 不一致現象은 그것의 원인, 양상, 상황, 해결 등에 관하여 정확히 분석하고 기술하는 것이 필요하기 때문에 이를 헌법현실이라는 말로 치부하고 모순을 은폐하는 것은 타당하지 않다.

Ⅲ. 상호의존성

(1) 정태적인 관점

헌법규범과 사회현실이 이와 같은 성질을 지니고 있을 때 양자간의 관계를 어떻게 이해할 것인가 하는 문제가 발생한다. 이에 대해서는 역사상 두 가지 극단적인 사고가 여러 가지 모습을 띠고 표출되었다.

하나는 헌법규범은 사회현실의 단순한 반영에 지나지 않는 것이고, 따라서 헌법은 언제나 현실에 복종하여야 한다는 관점이다. 이는 意志 또는 意慾이 법이고, 힘이 법이라는 인식체계이다. 여기서는 실제에 존재하는 힘만이 정의와 질서를 형성하는 동인이고, 힘의 작용에 의하여 모든 것이 정당화된다고 본다. 헌법규범은 사회현실에 의하여 일방적으로 정해지고, 사회현실의 변화에 따라 종속적으로 변하는 것으로 이해된다. 實在性(Normalität)이 항상 規範性(Normativität)을 지배한다는 관점이다. 獨裁, 全體主義, 社會學的(또는 政治的) 實證主義, 權力(=힘)實證主義, 政治優位主義, 國家優位主義, 國家主權論 등은 이러한 인식체계를 기반으로 하고 있다.

다른 하나는 헌법규범은 사회현실을 일방적으로 정해가는 것이고, 따라서 사회현실은 헌법규범에는 영향을 미치지 못하고 언제나 헌법규범에 복종하여야 한다는 인식체계이다. 規範性이 항상 實在性을 지배한다는 관점이다. 헌법규범은 사회현실의 변화에 무관하게 일방적으로 사회현실을 규율한다는 것이다. 이는 당위와 존재의 엄격한 분리를 전제로 하여, 당위는 존재로부터 영향을 받지 않고 언제나 존재를 규정한다는 것이다. 法實證主義, 法主權論, 規範主義 등은 이러한 인식체계를 기반으로 삼고 있다.

그러나 이러한 사고는 모두 헌법규범과 사회현실을 靜態的(static)으로만 보는 관점에서 각기 어느 하나에 우위를 설정한 것이다.

(2) 동태적인 관점

헌법규범과 사회현실을 動態的(dynamic)으로 보면, 헌법규범을 탄생시킨 사회현실은 공동체의 삶의 영역에서 경제적 · 사회적 · 기술적 · 문화적 · 국제적으로 다양한 여건과 요인 및 환경으로 인하여 끊임없이 변화하여 가고, 이러한 변화는 헌법규범에 대하여 그에 맞는 규범질서를 요구하며, 헌법규범은 사회현실의 이러한 요구들에 대응하여 공동체의 존속과 구성원의 행복추구에 背馳되는 것은 지속적으로 제어하고 규율하면서도 공동체와 구성원들의 삶을 보다 발전시키는 요구들에 대해서는 새로운 질서를 형성하여 준다. 이와 같이, 헌법규범과 사회현실을 동태적인 시각에서 보면, 이 둘은 서로 의존하면서 제약과 적응에서 상호 영향을 주고 있으며, 이 양자의 관계 속에서 「憲法의 現實制約性」과 「現實의 規範制約性」, 그리고 「憲法의 現實適應性」과 「現實의 規範適應性」이 작용하고 있다. 規範性과 現實性은 상호 의존하고 제약하는 관계에 있다는 관점이다. 이러한 인식체계에서는 *存在*와 當爲는 구별되기는 하지만, 서로 분리되어 있는 것이 아니고 상호작용을 한다고 본다.

헌법규범이 사회현실에 대하여 현실적응력을 가지고 있다고 하더라도, 사회에서 분출하는 모든 요구들을 그대로 수용하는 것은 아니다. 국민의 합의가 여전히 존재하고 이러한 합의에 의해 일정하게 整序된 질서가 유지되는 한 다양한 요구들은 이러한 합의 속으로 해소되고 통합되지 않으면 안 된다. 그래서 헌법은 공동체 구성원이 합의로 헌법을 만들었을 때 규율하고자 했던 바와 헌법에 정해둔 가치를 사회현실에 충실히 실현하고 헌법제정권력의 주체가 추구하는 질서를 구축해간다. 이런 점에서 헌법규범은 사회현실과 상호의존적 관계를 가지고 있는 가운데서도 自律性(=獨自性 autonomy)과 恒常性을 보유하고 이를 실천한다. 그러나 이런 헌법규범이 가지는 자율성과 항상성은 동태적으로 볼 때, 상호관계적 자율성과 항상성, 즉 相對的 自律性과 恒常性으로서의 속성을 가진다.

헌법규범과 사회현실의 동적 의존구조

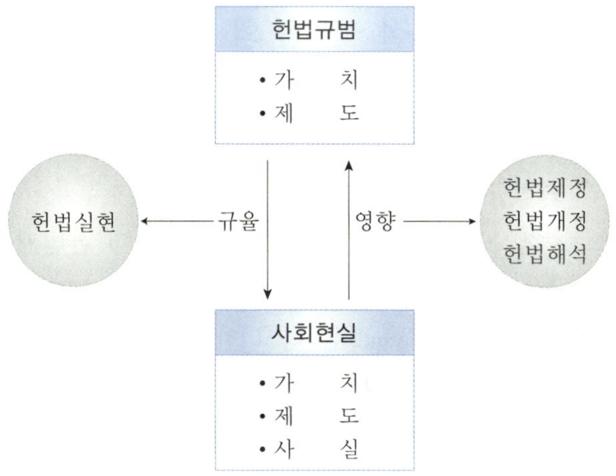

Ⅳ. 헌법의 규범력

정태적인 일정한 시점이든 동태적인 기간이든 헌법규범과 사회현실이 서로 합치하는 경우에는 헌법은 완전한 規範力을 가진다. 그러나 대부분의 경우에는 양자가 합치하지 않는 상태이며, 여기서는 양자간의 間隙(gap)이 어느 정도인가 하는 것이 문제가 된다. 헌법의 규범력은 양자간의 간극이 작을 때 높아지고 그 간극이 클 때

낮아진다. 헌법의 현실적응성이든 현실의 규범적응성이든 어느 하나가 심하게 低下되면 헌법의 규범력은 弱化된다. 결국 어떤 공동체의 헌법은 헌법의 효력주장이 사회현실에 실현되는 만큼만 규범력을 가지는 것으로 된다. 각 나라마다 규범력에서 차이를 보이는 것도 이러한 이유 때문이다. 양자간의 간극이 좁혀질수록 憲法國家에 다가가고 입헌주의의 실현에 충실하게 되고, 그 간극이 넓어질수록 사회와 국가영역에서 힘이 지배하는 權力國家가 되고 입헌주의의 실현에서 점점 멀어지게 된다.

헌법의 규범력이 강하다는 것은 헌법제정권력자의 의사가 현실에 잘 관철되어 현실의 다양한 욕구와 권력과 이해관계가 제어되고 조정되어 국민이 원래 추구했던 사회로 나아간다는 것이며, 헌법이 국민의 일상생활에 살아서 숨쉬고 헌법상의 자유와 권리들이 잘 실현되어 국민의 행복추구가 보다 용이해지고 국가권력은 원래의 제 기능에 충실하고 권력의 남용이 없다는 것을 의미한다([26]).

제 2 절 憲法의 變遷

[44] 第一 槪 念

사회변화에 따라 헌법규범이 변경되는 경우에 憲法改正은 정해진 헌법상의 절차를 통하여 의식적으로 행하는 헌법의 변경이지만, 이러한 헌법개정의 절차를 통한 헌법변경에 의하지 않고 헌법규범의 내용에 변경을 가져오는 경우가 있는데, 이를 통상 憲法變遷(=憲法變質 Verfassungswandel)이라고 한다.

헌법변천은 실정헌법의 특정 조항의 조문은 그대로 존속하는 상태에서 그 의미 또는 내용이 종전과 다르게 실질적으로 변화하는 것을 일컫는다. 이런 점에서 명시적으로 실정헌법의 조문을 변경하는 헌법개정과 구별된다. 헌법변천은 意識的 또는 無意識的으로 발생한다.

> 헌법변천이라는 개념은 19세기 말 독일 법실증주의자인 P. Laband가 헌법학의 영역에 도입하였고, G. Jellinek와 Hsu Dau-Lin이 이를 헌법개정과는 구별되지만 헌법의 영역에서 허용되는 憲法變更으로 개념화하였다.

헌법변천이 생기는 경우에 관해서 Jellinek는 i) 입법부, 행정부, 재판기관이 헌법의 특정 내용을 종래와 다르게 해석·적용함으로 인하여 발생하는 경우, ii) 정치상의 필요에 따라 입법부나 행정부의 慣例나 慣行에 따라 헌법규범의 실질이 변화함으로 인하여 발생하는 경우, iii) 헌법상의 관행에 의하여 헌법규범의 의미가 변화함으로 인하여 발생하는 경우, iv) 장기간의 국가권력의 不行使로 인하여 해당 헌법 내용이 규범력을 상실하여 발생하는 경우, v) 헌법규범에 欠缺이 있는 경우에 이를 보충함으로써 헌법의 의미가 변하여 발생하는 경우가 있다고 하였다.

[45] 第二 認定與否

의식적인 헌법의 개정에 의하여 실정헌법을 변경할 수 있음에도, 헌법변천이라는 개념을 인정하고 그에 따른 헌법내용의 변경이라는 법적 효력을 인정할 수 있는가 하는 점에 대하여 肯定說과 否定說이 대립된다.

Ⅰ. 긍 정 설

헌법과 모순되는 행위라도 반복되거나 계속하여 행해져 憲法的 慣習으로 되고 국민이 이를 명시적 또는 묵시적으로 인정하는 경우에는 헌법의 개정이 없어도 헌법의 변경이 가능하고, 이를 헌법변천이라고 본다(權寧星, 61).

Ⅱ. 부 정 설

헌법과 모순되는 행위는 아무리 반복되거나 계속되어도 그 반복의 횟수나 기간의 장단에 관계없이 기존의 헌법질서에서는 헌법에 위반된다는 이유로 헌법변천이라는 개념을 인정할 수 없다고 본다. 헌법의 의미변화는 헌법의 개정을 통해서만 달성할 수 있다고 본다(許營a, 30).

Ⅲ. 학설에 대한 평가

헌법규범은 기본적인 내용과 중요한 사항에 대하여 윤곽을 정하고 있으므로 헌법규범의 내용은 사회변화에 탄력적으로 대응하며 현실을 규율해나가는 과정에서 그 의미의 변화가 불가피하게 요구되는 경우가 발생한다. 어떠한 헌법 조항의 의미에 대하여 과거에 적용한 내용과 달리 내용이 더 보충되거나 의미가 변경된 경우(예: 판례의 변천)가 이에 해당하는데, 이러한 경우에는 헌법개정이라는 방법을 통하지 않고 헌법의 의미가 변경된다.

그런데 성문헌법이 아무리 헌법의 기본적인 사항만을 정하고 개방적인 윤곽규범으로서의 성격을 가진다고 하더라도 명문상의 내용에 반하는 행위를 헌법변천이라는 이름으로 정당화할 수는 없다. 이를 인정하는 것은 곧 憲法侵害나 憲法否定을 허용하는 길이며, 헌법을 권력의 단순한 지배도구로 轉落시키는 것을 의미하기 때문이다. 헌법에 위반되는 행위를 반복하여 행하거나 국가기관이 자기의 권한이나 의무를 행하지 않고 장기간 방치하는 것은 그 반복의 횟수나 기간의 장단에 관계없이 헌법에 위반되는 행위일 뿐 이것이 합헌적인 행위로 될 수는 없다. 이를 인정하는 것은 헌법의 규범성을 부정하고 「사실이 규범을 지배한다」는 國法實證主義(staatsrechtlicher Positivismus)의 오류를 반복하는 것에 지나지 않는다(G. Jellinek의 기본적인 입장은 헌법실증주의에 기초하고 있었다). 따라서 긍정설과 같은 주장에 대해서는 동의하기 어렵다.

사회현실에 대한 헌법규범의 적응이라는 과제는 헌법의 개정이 요구되지 않는 단계에서는 憲法解釋을 통하여 수행되기 때문에 이와 별개로 G. Jellinek가 말한 것과 같은 경우를 합리화하기 위하여 헌법변천이라는 개념을 설정하는 것은 인정할 필요가 없다고 할 것이다.

[46] 第三 憲法變遷과 憲法解釋

종래 헌법변천의 개념을 인정할 필요가 있다고 한 영역에서는 헌법해석을 통하여 필요한 문제를 해결할 수 있으므로 헌법해석을 인정하는 한 헌법변천이라는 개념은 인정할 필요가 없다. 그런데 이러한 헌법해석을 통한 헌법규범의 의미변화를 인정하더라도, 解釋의 限界를 넘어 헌법규범의 의미를 변질시킬 수는 없다. 따라서 헌법해석을 통한 헌법의 의미변화는 헌법개정의 단계까지 나아갈 필요가 없는 범위 내에서만 허용된다. 이러한 한계를 설정해주는 것은 현재 존재하는 헌법의 규범성과 헌법으로서의 기능이다. 이러한 규범성과 기능이 여전히 요청되고 있는 한 헌법개정은 이루어지지 않고, 헌법해석을 통한 헌법내부의 변화가 이루어진다. 왜냐하면 해석의 한계를 넘은 헌법의 적용은 헌법해석이라는 이름으로 헌법을 부정하거나 파괴하는 것이고, 헌법해석을 하는 기관이 해석이라는 수법을 통하여 주권자의 憲法改正權이나 憲法制定權을 대신 행사하는 것이기 때문이다.

헌법개정이라는 방법을 통하여 헌법의 의미를 변경할 필요가 있는 경우에는 반드시 헌법이 정하고 있는 헌법개정의 절차를 거쳐 헌법을 변경하여야 하며, 헌법해석을 통하여 이를 달성할 수는 없다. 여기에서 헌법규범과 사회현실의 관계에 있어 존재하는 現實性은 規範性에 의하여 그 한계를 인식하게 되고 그 운동을 멈추게 된다. 이렇게 볼 때, 헌법해석과 헌법개정은 서로 함수관계에 있다고 할 수 있다.

憲法變遷을 이렇게 이해할 때, 실정헌법을 가지는 나라에서는 헌법에 위반되는 행위가 반복되더라도 이를 관습헌법으로 인정하는 것은 타당하지 않다. 관습헌법이 헌법에 위반되는 행위의 반복이 아니라 헌법에서 명시되어 있지 않지만 성질상 헌법에 규정될 수 있는 내용이 흠결된 경우에 인정되는 것이라고 하더라도 이를 인정하는 것은 매우 엄격하여야 한다. 실정헌법에서 헌법상의 명시적인 규정의 흠결은 헌법의 해석이 허용되는 범위 내에서 이를 통하여 해결하고 이로써 해결이 되지 않으면 헌법의 개정이라는 방법을 통하여 해결하므로 관습헌법을 인정할 여지는 거의 없다고 할 것이다.

제 3 절 憲法의 解釋

[47] 第一 憲法解釋의 意義와 特性

Ⅰ. 헌법해석의 의의

헌법의 해석은 현재 존재하는 실정헌법(=헌법전)에 정해져 있는 내용의 의미를 확정하는 憲法認識作用을 말한다.

모든 법규범에서 나타나듯이, 어떠한 상황이나 사물에 대하여 언어와 의미에서 빠짐없이 一義的으로 정하거나 표현하는 것은 불가능하다. 그래서 일의적으로 명확하게 정하고 있는 경우 이외에 법규범에서 정하고 있는 규정의 의미를 확정하기 위해서는 법규범에 대한 해석이 필수적으로 요구된다. 특히 헌법은 기본법이고 윤곽규범으로서의 성격을 가지며 기본권 규정의 경우에는 개방적이고 추상적으로 규정하고 있기 때문에, 개별적이고 구체적인 경우에 대하여 명확하게 정하고 있는 경우(예: 국가작용의 권한의 소재나 작용절차 등) 이외에 대부분의 경우(예: 헌법적 가치나 기본권에 관한 조항)에는 해석행위를 통하여 의미를 확정하는 작업이 필요하다.

헌법해석과 구별되는 것이 「法律의 憲法合致的 解釋」인데, 법률을 헌법에 합치되도록 해석하는 경우에 법률해석과 헌법해석이 동시에 행해지기도 하지만, 이는 개념과 본질에서 법률의 해석이라는 점에서 헌법해석과 구별된다는 점을 유의할 필요가 있다.

《법률의 헌법합치적 해석》

1. 개 념 「법률의 헌법합치적 해석」(verfassungskonforme Auslegung)은 하나의 법률규정이 위헌적으로도 해석될 수 있는 부분과 합헌적으로도 해석될 수 있는 부분이 공존하는 경우에는 반드시 헌법에 합치되도록 해당 법률조항을 해석하여야 한다는 법률의 해석지침을 말한다. 이러한 해석지침은 미합중국연방최고법원에 의하여 확립되었고, 독일연방헌법재판소에서도 채택하고 있으며, 우리나라의 憲法裁判所와 大法院도 이를 채택하고 있다(예: 憲 1989. 7. 14.-88헌가5등; 1989. 7. 21.-89헌마38; 1990. 4. 2.-89헌가113; 2002. 11. 28.-98헌바101등; 2007. 4. 26.-2006헌가 2; 大 1992. 5. 8.-91부8).

[憲 2007. 4. 26.-2006헌가2] 「일반적으로 어떤 법률에 대한 여러 갈래의 해석이 가능할 때에는 원칙적으로 헌법에 합치되는 해석을 하여야 한다. 왜냐하면 국가의 법질서는 헌

법을 최고법규로 하여 그 가치질서에 의하여 지배되는 통일체를 형성하는 것이며 그러한 통일체 내에서 상위규범은 하위규범의 효력근거가 되는 동시에 해석근거가 되기 때문이다.」

2. 성 질 법률을 헌법합치적으로 해석·적용함에 있어 헌법의 의미가 일의적으로 확정되는 경우에는 문제가 없으나, 그렇지 않은 경우에는 해당 법률규정의 적용에는 헌법의 해석과 법률의 해석이라는 두 개의 작업이 요구된다. 이러한 경우는 헌법의 해석으로 헌법의 내용을 먼저 확정한 후에 법률을 그에 맞추어 해석하여야 한다. 이런 점에서 법률의 헌법합치적 해석은 법률의 해석이고 헌법의 해석이 아니라는 점을 유의할 필요가 있다.

3. 근 거 입헌주의국가에서 법체계는 최고법인 헌법을 정점으로 하여 통일성을 유지하여야 하기 때문에 법률은 헌법에 합치되게 해석되어야 하고(법질서의 통일성 유지), 법률의 내용 가운데 헌법에 합치되는 여지가 있는 이상 이를 폐기하는 것보다는 존중하고 유지하는 것이 민주주의적 정당성에 기반하고 있는 입법권을 존중하고 민주주의의 유지·실현을 가능하게 하기 때문에 법률은 헌법합치적으로 해석되어 유지되는 것이 타당하다(민주주의의 유지). 따라서 행정부나 법원과 같이 법률을 적용하는 기관은 법률을 적용함에 있어 헌법에 합치되도록 해석·적용하여야 하는 의무를 진다.

4. 실현형태 법률이 헌법에 합치되는 것으로 해석되는 이상 이를 위헌으로 무효화할 수 없다. 따라서 어떤 법률조항이 위헌적인 내용으로도 해석가능하고 합헌적인 내용으로도 해석이 가능할 때에는 합헌적인 해석에 입각하여 해당 법률을 적용하여야 한다. 그리고 구체적 규범통제에서 제청법원이 위헌확신을 가질 때만 헌법재판소에 제청할 수 있는 경우(예: 독일)에 위헌인지 합헌인지에 대하여 확신을 가질 수가 없는 경우에는 재판의 전제가 되는 법률에 대하여 위헌심판을 제청하는 것이 아니라 해당 법률을 헌법에 합치되게 해석하여 이를 적용하여 재판해야 한다. 규범통제에서 헌법재판소가 행하는 한정위헌결정과 한정합헌결정(이런 변형결정은 타당성이 의심된다.)도 해당 법률에 대한 헌법합치적인 해석을 한 결과로 나타나는 것이다. 법원이 법률의 위헌여부심판제청신청에 대하여 합헌확신을 가지고 신청을 기각하는 경우에도 법률의 헌법합치적 해석이 행해진다. 헌법재판소는 법률의 헌법합치적 해석을 하여 합헌결정도 하고 있다(예: 憲 2007. 4. 26.-2006헌가2).

5. 한 계 법률의 헌법합치적 해석은 어디까지나 해석기준이 되는 헌법에 비추어 법률을 해석하는 법률해석이지 헌법을 법률에 끌어다 붙이는 것이 아니다. 법률을 합헌적이게 하기 위하여 헌법의 내용을 지나치게 확대하거나 변질시키는 것은 헌법이 허용할 수 없다. 따라서 법률의 헌법합치적 해석이 「헌법의 법률합치적인 해석」(gesetzeskonforme Auslegung der Verfassung)이 되어서는 안 됨을 유의할 필요가 있다(憲法許容的 限界). 그리고 법률의 헌법합치적 해석에는 법률이 정하고 있는 문의의 뜻을 넘어 완전히 다른 의미로 변질되어서는 안 되는 한계(文義的 限界)와 입법권자가 그 법률의 제정으로 추구하고자 하는 입법자의 명백한 의지와 입법의 목적을 無化시키는 것으로 해석해서는 안 된다는 한계(立法目的上의 限界=權力分立上의 限界)가 있다(예: 憲 1989. 7. 14.-88헌가5등).

6. 법률의 합헌성추정론과의 관계 법률의 헌법합치적 해석과 법률의 합헌성 추정은 구별되어야 한다. 법률의 합헌성이 추정되는가 하는 것은 의회의 헌법합치

적 입법에 대한 강한 신뢰와 위헌의 입증책임을 국민에게 지울 때 가능한 입론이다. 그런데 모든 국가행위는 합헌성이 추정되어 통용되는 것이 아니라, 국가의 기능과 본질에서 도출되는 통용력에 의하여 일단 통용되고, 합헌인지 아닌지는 다툼이 되었을 때 판정하는 것이며, 국가가 권한을 행사할 때는 언제나 헌법에 합치되도록 권한을 행사해야 하는 의무를 지고 있으므로 국가행위의 위헌성을 다투는 국민에게 위헌의 입증책임을 지우는 것은 국민주권과 기본권의 보장에 반한다. 따라서 입법행위를 포함하여 모든 국가행위는 합헌성이 추정되지 않는다고 보는 것이 타당하다.

Ⅱ. 헌법해석의 특성

헌법의 해석에서는 법규범의 해석에 공통으로 적용되는 부분과 헌법규범이 다른 법규범과 다르기 때문에 해석에서도 다를 수밖에 없는 부분이 있다.

실정헌법에는 헌법상의 가치, 원리, 원칙, 권리와 의무, 국가작용에서의 국가기관과 그 권한 및 권한행사의 방법과 절차 등에 대한 규정이 정해져 있는데, 이러한 규정들은 성질이 서로 다르다. 국가작용에서 권한의 내용, 범위, 보유주체 등과 같이 어떤 규정은 문의적인 해석에 충실해야 하는 것도 있고, 헌법상의 기본이념, 기본원리, 기본권에 관한 규정과 같이 어떤 것은 문의적 해석만으로 충분하지 못한 것도 있다. 이러한 경우에는 각기 그에 적합한 방법을 사용하여 헌법을 해석한다.

특히 헌법은 윤곽규범으로서의 특성을 가지기 때문에 이러한 윤곽규범으로서 가지는 미완성성이나 개방성으로 인하여 법률이나 명령과 같이 구체적이고 세세한 것을 정하고 있는 법규범을 해석할 때에 사용하는 방법만으로는 헌법을 충실하게 해석할 수 없다. 따라서 헌법해석은 그 해석에 있어서도 다른 법규범의 해석과 다른 특성을 가질 수밖에 없는데, 이는 헌법의 특성에 기인한다.

Ⅲ. 헌법해석의 구조

헌법의 해석이 행해지는 체계(system)는 「구체화가 필요한 헌법규범」, 「해석행위를 하는 해석의 주체」, 「헌법해석의 방법」이라는 要素(factor)가 존재하고 있는 상태에서 「해결해야 하는 문제상황」이 투입(input)으로 행해지고, 이 요소들이 헌법해석의 원리와 원칙이라는 규칙에 의하여 상관관계를 형성하여 「헌법문제의 해결」이라는 산출(output)이 나오게 하는 메커니즘이다.

이렇게 볼 때, 헌법해석은 「해결해야 하는 문제상황」에 대한 정확한 인식, 「구체화가 필요한 헌법규범」의 의미 확정, 「해석행위를 하는 해석의 주체」의 정확한 자기 역할, 「해석의 방법」의 합당한 적용이 있을 때 비로소 올바로 이루어진다고 할 것이다. 따라서 헌법해석의 과제는 어떻게 해야 올바른 헌법해석이 이루어질 수 있게 할 것인가 하는 점에 있다.

헌법해석의 구조

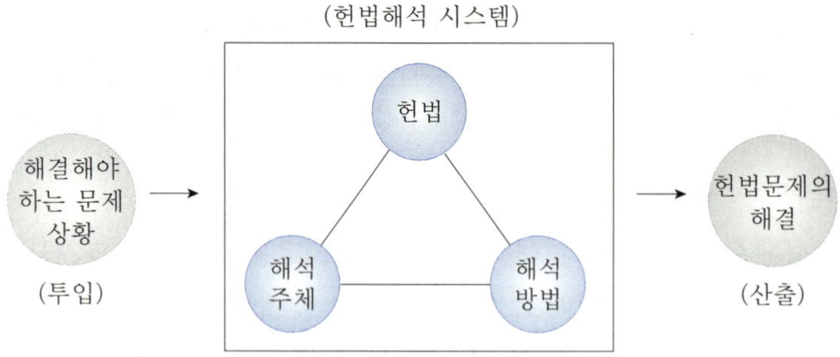

[48] 第二 憲法解釋의 主體

I. 강학적 해석

헌법을 해석하는 작업은 헌법학자들에 의하여 광범하게 수행되는데, 헌법학의 영역에서 헌법학자들이 행하는 헌법해석을 *講學的 解釋*(=學問的 解釋=學理的 解釋)이라고 한다. 이러한 해석은 헌법이론에 바탕을 두고 전문가적 지식과 능력을 바탕으로 하여 행해지는 것이어서 유권적 해석에 많은 영향을 주지만, 국가나 국민 등에 대하여 구속력을 가지지는 못한다.

그러나 이러한 강학상의 해석에 의하여 헌법해석이 발전하고 헌법의 내용이 이론적으로 보다 명확하게 드러난다.

II. 유권적 해석

헌법의 해석은 헌법을 적용하여 국가행위를 수행하여야 하는 憲法機關과 國家機關이 이를 행하는 경우에 무엇보다 중요한 의미를 가진다. 이와 같이 헌법기관이나 국가기관이 행하는 헌법해석을 *有權的 解釋*이라고 한다.

국회, 행정부, 법원, 헌법재판소, 그리고 각종의 국가기관은 그 권한을 행사함에 있어 언제나 헌법에 합치되어야 하는데, 이러한 경우에는 그러한 기관에 의하여 필수적으로 헌법을 해석하는 작업이 요구된다. 입법부에서 입법을 하는 경우에도 헌법에 합치되는 입법을 하여야 하고, 행정부가 행정을 하는 경우나 법원이 재판을 하는 경우, 그리고 헌법재판소가 헌법재판을 하는 경우 모두 헌법에 합치되어야 한다.

그래서 헌법이 작용하고 있는 현실에서는 헌법기관과 국기기관이 행하는 헌법해석이 중요한 의미를 가진다.

그런데 이러한 헌법기관과 국가기관이 행하는 헌법해석이라고 할지라도 각 기관마다 헌법을 각자 나름대로 구구하게 해석할 수는 없다. 법질서의 통일성이라는 법치주의의 요청에 의할 때, 헌법질서도 하나의 의미를 가지는 것으로 형성되어야 한다. 사회현실에서는 헌법이 정하고 있는 내용의 의미에 대하여 여러 가지의 견해가 경쟁하는 경우에는 헌법적 분쟁이 발생하게 되는데, 이러한 헌법적 분쟁을 해결하기 위해서는 헌법이 정하는 내용을 하나의 의미로 확정하여 그 확정된 의미에 따라 헌법을 적용하여 헌법적 분쟁을 해결한다. 이러한 헌법적 분쟁을 해결하는 재판이 헌법재판인데, 헌법재판에서 행하는 헌법해석이 최종적이고 가장 실제적인 것이다. 그래서 헌법재판기관의 헌법해석이 가장 중요한 의미를 가진다.

[49] 第三 憲法解釋의 目標

헌법해석의 목표는 실정헌법에 규정되어 있는 사항의 의미를 밝히는데 있다. 그 규정의 내용이 일의적인 경우에는 정해진 내용 그대로 의미를 확정하면 된다.

그런데 헌법은 공동체와 그 구성원, 국가에 관한 사항에 대하여 기본적인 내용만 정하고 있는 윤곽규범으로서의 성격을 가지고 있기 때문에 모든 헌법규정이 항상 일의적인 것으로 명확한 것은 아니다. 개별규정의 종류, 성격, 개방성의 정도에 따라 그 의미를 확정하는 일이 필요하고, 여기에는 해석이 요구된다. 이러한 경우에는 헌법해석의 방법만으로 의미를 확정할 수 없고 일반적인 법해석의 경우와 마찬가지로 헌법해석의 목표를 어디에 둘 것인가 하는 것이 문제가 된다.

헌법해석의 목표를 어디에 둘 것인가에 대해서는 전통적으로 두 개의 대립되는 입장이 전개되어 왔다. 그 하나는 헌법해석은 憲法制定者(Verfassunggeber)인 국민이 처음 헌법에 정한 내용의 의미, 즉 「헌법제정자의 의사」(Wille des historischen Verfassunggebers)를 밝히는데 목표가 있다는 태도(主觀的 方法 subjektive Methode)이고, 다른 하나는 헌법해석은 현재 존재하는 「헌법규범의 의사」(Wille des Verfassung)를 밝히는 데 목표가 있다는 태도(客觀的 方法 objektive Methode)가 그것이다.

I. 주관적 방법

헌법의 해석에서 해석자의 의사보다 헌법제정자의 의사에 무게중심을 두는 주관적 방법을 견지하는 대표적인 견해로는 原意主義的 態度(originalism)를 들 수 있다. 이에는 보다 엄격한 태도에서 완화된 태도에 이르기까지 편차는 있으나 기본적으로 헌법해석을 법창조가 아니라 *法發見*이라고 이해한다. 법규정은 문학이나 예술의 텍스트와 달리 처음부터 규율하려고 하는 내용을 정하여 규범화한 것이므로 법규정을 적용하기 위한 해석은 원래의 의미를 규율대상에 적합하게 확정하는 것이라고 본다. 따라서 헌법규정의 해석도 헌법을 제정한 자의 의사를 밝혀 확정하는 것이라고 본다. 즉, 헌법해석은 헌법제정자가 해당 헌법규정을 어떻게 이해하고 있었으며 왜 그런 규정을 실정헌법에 두었는가를 밝혀 그 규범적 의미를 현재의 규율대상에 적용하는 것이라고 한다. 이는 원전(text)의 해석에 철저한 解釋主義的 態度(interpritivism)를 견지한다.

원의주의적 태도에서는 헌법제정자가 사용한 언어법에 따른 헌법규정의 문언적 의미를 중요시하기 때문에 헌법해석의 대상인 헌법전이나 헌법적 자료(헌법제정회의의 회의록, 기초자의 견해, 헌법안 성립의 기초자료 등)의 문언과 명백한 의미 그리고 헌법제정권자의 원래 의사나 의도(original intent)에 근거하여 헌법을 해석하는 *歷史的 解釋*의 방법에 무게를 둔다.

헌법해석에서 中立性과 非政治性을 강조하고 해석자의 주관적 태도나 의견을 배제하고자 한다. 헌법이 침묵하고 있는 내용은 무엇이 헌법인가를 정하는 헌법제정자의 몫에 해당하며, 헌법해석자인 재판기관에 의해 정해질 수 있는 것이 아니라고 한다. 주관적 방법은 선출되지 않은 재판관에 의한 司法審査(judicial review)는 다수결원리를 본질로 하는 민주주의의 궤도에서 벗어난 것이라는 시각을 선호하고, 司法積極主義(judicial activism)는 민주주의와 조화되기 어려운 것이라고 보는 성향을 띠기도 한다. 특히 개인의 자유는 다수결에 의해 정해지는 것이 아니므로 재판관의 개인적 가치나 주관이 개입하는 것(재판관들이 다수결로 헌법의 의미를 확정하는 것)은 타당하지 않다고 한다. 憲法의 發達(constitutional evolution)은 헌법개정의 방법만으로 이루어진다고 본다.

Ⅱ. 객관적 방법

헌법의 해석에서 헌법제정자의 의사보다는 헌법의 의미를 찾아내는 해석자의 의사에 보다 무게중심을 두는 대표적인 견해로는 非原意主義的 態度(nonoriginalism)를 들 수 있다. 이는 기본적으로 헌법해석을 법발견이 아니라 해석자에 의한 *法形成* 또는 *法創造*라고 이해하고 주관적 방법을 止揚하고자 한다. 이는 헌법규정의 의미가 一義的이지 않은 이상 재판관은 헌법전이나 헌법적 자료 또는 헌법제정권자의 원래 의사나 의도의 애매하고 확정적이지 아니한 文言과 완벽하지 않은 내용에 구속받지 말고 이를 넘어서서 사회변화의 요구와 사건 해결에 가장 합당한 응답을 추구하면 된다고 본다. 입법자의 의도가 명백하지 않거나 명시되어 있지 않은 권리라고 할지라도 이를 보호하기 위해서 재판기관이 헌법을 적극적으로 해석하는 것은 허용된다고 본다. 이는 원전의 문언해석을 넘어서는 非解釋主義的 態度(noninterpritivism)를 견지한다.

民主主義는 다수결원리 이외도 실질적 가치와 절차적 규범을 포함하는 것이므로 이런 해석에 바탕을 두는 사법심사는 민주주의와 합치하는 것이라고 보고, 사법적극주의가 민주주의와 모순되는 것은 아니라는 시각을 견지한다.

헌법의 발달은 헌법개정뿐만 아니라 헌법해석을 통해서도 이루어진다고 본다. 전통, 현재 통용되는 가치, 자연법, 재판관의 가치관 등이 헌법해석에서 중요한 기능을 한다고 본다. 헌법의 대상이 가지는 의미가 一義的이지 않고 애매한 경우에 중립적이고 비정치적인 해석이 가능한가 하는 점에 대해서는 회의적인 태도를 취한다.

Ⅲ. 평 가

원의주의적 태도는 헌법해석도 국민주권의 이념하에 있어야 하고, 그러한 의미에서 헌법해석자는 헌법제정자가 될 수 없다고 본다. 헌법의 해석은 이러한 범위 내에서 이루어지는 것이며, 이를 넘어서는 것은 헌법개정을 통하여 해결하여야 한다고 본다. 또 원의주의는 헌법해석이 최종적으로 사법관이 행하는 헌법재판에서 이루어짐에 주목하여 原意를 넘어서는 해석은 한편으로 「사법관의 지배」를 불러와 의회에 의해 실현되는 민주주의를 축소시킨다고 본다. 비원의주의는 헌법규정이 명확하지 않는 한 문제가 된 사안을 해결하는 가장 타당한 결론을 찾아야 하는데, 이에는 원의주의적 방식으로 헌법제정자의 의사를 확정하는 것으로는 부족하고, 헌법해석자가 적극적으로 그 의미를 확정하여야 한다고 본다.

미합중국의 연방최고법원은 수차에 걸쳐 양쪽의 견해를 오가는 태도를 보이고 있다. 原意主義와 非原意主義에도 엄격한 태도(strict originalism)와 완화된 태도(moderate originalism) 그리고 고려해야 할 항목에 따라 이들 양 태도들 사이에서 다양한 차이를 보이고 있어 양극 사이에서 존재하는 스펙트럼의 범위는 넓게 존재한다. 독일 연방헌법재판소도 주관적 방법과 객관적 방법에서 어느 하나를 선택하지 않고 수렴하는 양상을 보이고 있다.

원의주의 對 비원의주의는 가치지향적인 태도가 아니라 해석방법과 해석목표에서 달라지는 태도이므로 양자의 대립이 곧 보수주의 대 진보주의라고 하는 등식은 성립하지 않는다. 헌법해석의 결과에서는 원의주의적 태도가 보수 또는 진보의 성향을 가져올 수도 있고, 비원의주의가 보수 또는 진보의 성향을 가져올 수도 있다.

[50] 第四 憲法解釋의 方法

Ⅰ. 개 설

전통적인 실정법해석의 방법으로 F. C. v. Savigny는 문언적 해석, 논리적 해석, 역사적 해석, 체계적 해석 등 4가지의 해석방법을 제시하였고, 이를 바탕으로 하여 K. Larenz는 문언적 해석, 체계적 해석, 역사적 해석, 목적론적 해석, 헌법합치적 해석 등 5가지의 해석방법을 제시하였으며, H. J. Wolff는 문언적 해석, 논리적 해석, 체계적 해석, 역사적 해석, 비교법적 해석, 입법자의 주관적 의사 표명, 목적론적 해석 등 7가지 해석방법을 제시하였다. 이러한 해석방법은 실정법률을 해석하는 방법으로 제시된 것이다.

그런데 법률해석이든 헌법해석이든 그 방법에서 양자를 특별히 구별할 필요가 없는 경우에는 헌법해석에서도 이러한 방법이 사용된다. 그 해석방법의 종류를 보면 대체로 아래와 같다. 그리고 이러한 해석방법은 어느 하나가 다른 것을 배척하는 것은 아니기 때문에 하나의 방법을 통하여 헌법규정의 의미를 확정할 수 있는 경우도 있고, 여러 방법을 결합하는 방법을 통하여 헌법규정의 의미를 확정할 수 있는 경우도 있다. 헌법해석이 법률해석과 달라서 이에 필요한 방법이 새롭게 요구되는 경우에는 새로운 해석방법이 사용된다.

Ⅱ. 해석의 방법

(1) 문언적 해석

文言的 解釋(=文法的 解釋 grammatische Auslegung)이라 함은 헌법규정에 명시된 문언의 의미를 헌법제정자의 언어법에 따라 밝히는 해석을 말한다. 실정법해석의 출발점이고 기초를 이룬다. 헌법규정 가운데도 국가기관의 권한의 소재, 행사방법, 절차, 효력 등에 대하여는 헌법을 제정할 때부터 가능한한 명확한 개념을 사용하여 정하는데, 이러한 경우에는 원래 사용한 언어법에 따라 그 의미를 확정한다. 문법적으로 명백한 의미를 그와 달리 해석하는 것은 허용되지 않는다.

(2) 논리적 해석

論理的 解釋(logische Auslegung)이라 함은 해석의 방법으로 헌법규정의 문언에 구애되지 않고 논리적인 정합성에 따라 그 의미를 밝히는 해석을 말한다. 이러한 논리적 정합성을 확보하는 방법으로 동원되는 기술로 확장해석, 축소해석, 반대해석, 물론해석, 보정해석 등이 있다.

(3) 역사적 해석

歷史的 解釋(historische Auslegung)이라 함은 헌법규정의 의미를 확정함에 있어 그 규정이 정해지게 된 역사적인 상황과 배경을 중요시하여, 헌법이 성립하기까지의 회의록, 심의록, 근거 자료, 제안자의 의사 등에 근거하여 그 의미를 밝힌다. 이러한 해석은 원래의 의미를 밝히는 작업에서는 유효한 점이 있다. 다만, 이러한 방법은 법을 과거의 시간에 묶어 놓을 우려가 있고, 시간의 경과에 따라 의미의 변환이 필요한 경우에 이에 대처하기 어렵게 하는 점이 있다.

(4) 체계적 해석

體系的 解釋(systematische Auslegung)이라 함은 헌법상의 해당규정이 실정헌법에서 배치되어 있는 위치를 고려하여 다른 규정과의 관계를 정서하고 이에 따라 그 의미를 확정하는 것을 말한다. 헌법규정이 서로 정합적이지 않으면 안 되지만, 모든 헌법규정이 선후의 위치나 경중에 따라 정확하게 배치되어 있지 않기 때문에 체계적인 해석만으로는 충분하지 않은 점이 있다.

(5) 목적론적 해석

目的論的 解釋(teleologische Auslegung)이라 함은 헌법규정의 의미를 헌법규정에 내재되어 있는 목적에 합치되도록 해석하는 것을 말한다. 헌법규정이 달성하고자 하는 목적은 결국 헌법제정자의 의사라는 것으로 정당화하는 것인데, 이것이 역사적 해석으로서 정당화되지 않으면, 해석자의 주관적 의사를 헌법제정자의 의사라고 하게 될 위험을 지니고 있다.

(6) 비교적 해석

比較的 解釋(vergleichende Auslegung)이라 함은 헌법에서 정하고 있는 사항과 동일하거나 유사한 사항을 정하고 있는 외국의 헌법규정이나 제도들과 비교하는 방법을 통하여 헌법규정의 의미를 밝히는 해석을 말한다. 비교적 해석은 헌법의 어떤 규정이 국가간의 차이에 관계없이 보편적으로 인정되는 내용을 가지고 있는 것인지 아니면 국가의 상황에 따라 동일하거나 유사한 헌법규정이라고 하더라도 서로 다른 내용을 가지고 있는 것인지를 밝히는데 유용하다.

[51] 第五 憲法解釋의 指針

헌법해석의 목표에 있어 어떠한 입장을 채택하고 헌법해석의 방법을 적절히 사용하여 헌법을 해석한다고 하더라도 헌법의 해석에는 지켜야 할 지침이 있다. 이러한 지침은 헌법규범이 가지는 기능과 성질에서 비롯하는 것인데, 이러한 지침을 벗어난 해석은 헌법해석이라고 할 수 없다. 헌법해석의 지침을 憲法解釋의 原理라고 하기도 하는데, 이에는 「憲法의 統一性 原理」(Prinzip der Einheit der Verfassung), 「實際的 調和의 原理」(Prinzip der praktischer Konkordanz), 「機能的 整合性의 原理」(Prinzip der funktionellen Richtigkeit), 「共同體 統合의 原理(Prinzip der intergrierenden Wirkung), 「憲法의 規範力 維持의 原理」(Prinzip der normativen Kraft der Verfassung) 등이 있다.

Ⅰ. 헌법의 통일성

헌법은 국가의 最高法으로서 가지는 기능과 역할을 수행하여 공동체 내의 통일된 법질서를 형성하고 유지하여야 하기 때문에 헌법에 정해져 있는 여러 개의 규정들은 통일된 헌법질서를 형성하고 유지함에 있어 서로 충돌되어서는 안 된다. 헌법이 추구하는 전체적인 지향점과 가치질서에 부합할 수 있도록 개별 조항의 의미가 정해져야 한다. 따라서 개별 조항은 그 자체만으로 독자적으로 존재할 수 없고 다른 조항과 함께 헌법이라는 통일된 규범체계를 유지하는 범위 내에서 존재할 수 있다.

Ⅱ. 규범의 실제적 조화

헌법의 통일성을 유지하기 위해서는 서로 충돌하거나 상반되는 내용을 포함하고 있는 개별규정들간에 상하의 우열관계가 있으면 각각의 규정들이 보장하고 있는 법익들간에 형량하여 우위에 있는 이익을 우선적으로 보호하는 방향으로 해석하고(法益衡量의 原理), 이들 규정간에 상호 優劣關係에 있지 아니한 경우에는 서로를 실제적으로 조화될 수 있도록 해석하여야 한다(規範調和의 原理).

헌법에서 명시적으로 헌법개정의 한계를 정하고 있는 경우에는 헌법개정으로 변경할 수 있는 규정과 헌법개정으로 변경할 수 없는 규정간에는 우열의 관계가 존재한다. 이러한 경우에 헌법개정으로 변경할 수 있는 규정은 변경할 수 없는 규정보다 열위에 있으므로 변경할 수 없는 규정을 우선적으로 보호하는 방향으로 해석한다. 그리고 헌법개정을 국민투표로 하는 경우와 의회에서 하는 경우로 이원화하여 보다 가치적으로 중요한 것은 국민투표를 통하여 개정할 수 있게 한 경우에는 국민투표로 개정할 수 있는 규정이 의회에서 개정할 수 있는 규정보다 국민주권원리에 비추어 볼 때 가치적으로 우위에 있다고 할 것이다.

그런데 현행 헌법과 같이 국민투표로 헌법을 개정하는 경우에는 모든 헌법규정을 국민이 결정하고 변경하기 때문에 國民主權原理상 개별 규정간에는 우열을 가릴 수 없다고 할 것이므로, 이러한 경우에는 법익형량의 원칙을 적용할 수 없고 규범조화의 원칙을 적용하여 서로 규범적으로 조화되도록 해석하는 것이 필요하다. 憲法裁判所도 현행 헌법에서는 헌법규정 상호간에 효력상 차이를 원칙적으로 인정하지 않고 있다(예: 憲 1995. 12. 28.-95헌바3).

Ⅲ. 국가의 기능적 정합성

헌법규정을 해석함에 있어서는 국가의 기능에 혼란을 초래하여서는 안 된다. 헌법은 국가의 여러 기능을 헌법기관과 국가기관에 배분하여 각기 자기 기능을 충실히 수행하게 하여 전체적으로 국가로 하여금 헌법이 정하고 있는 기능을 수행하도록 하는데, 헌법해석이 이들 헌법기관과 국가기관의 기능을 서로 모순되게 하거나 침해하는 결과를 초래하여서는 안 된다. 뿐만 아니라 헌법이 정하고 있는 각종의 제도도 각기 자기에게 부여된 기능을 합당하게 수행하여 통일적인 헌법구조와 헌법질서를 형성하고 유지하도록 되어 있는데, 헌법해석이 이들 제도들의 기능을 혼란스럽게 하는 것이어서는 안 된다.

Ⅳ. 공동체의 통합

헌법해석은 헌법이 수행하는 기능과 합치하여야 한다. 헌법은 하나의 규범질서를 형성하여 공동체를 統合하는 기능을 수행하므로 헌법해석도 헌법이 공동체를 통합하는 기능을 수행할 수 있게 하는 것이어야 한다. 헌법해석이 공동체를 분열하게 만들거나 해체되는 결과를 가져오게 하는 것은 어떤 경우에도 허용되지 않는다.

그런데 이러한 통합에도 한계가 있다. 실정헌법은 하나의 통일된 규범질서이고 규범구조이지만 이는 닫힌 체계가 아니라 일정한 수준에서 열린 체계이므로 과도한 통합을 시도하는 경우에는 변화하는 사회에 대응하는 헌법의 對應力을 상실하게 하고, 경직된 헌법질서를 불러올 수 있다. 이런 점에서 헌법해석은 변화 속에서의 통합과 통합 속에서의 변화를 동시에 충족시키는 것이 되어야 한다는 점을 유의할 필요가 있다.

Ⅴ. 헌법의 규범력

헌법해석은 헌법실현을 목적으로 하는 행위이므로 그 결과가 헌법의 規範力을 높이고 유지하는 것이어야 한다. 헌법해석이 헌법의 규범력을 약화시키거나 소멸시키는 결과를 가져오는 것인 경우에는 그 자체 자기모순이므로 어떠한 경우에도 허용되지 않는다.

[52] 第六 憲法解釋의 限界

Ⅰ. 개념본질적 한계

헌법의 해석이라는 것이 현재 존재하는 실정헌법을 실현하는 작용이라는 점에서 헌법의 해석자는 어떤 경우에도 헌법의 制定權者나 改正權者가 하는 역할을 수행할 수 없다. 따라서 헌법의 해석이 헌법제정이나 헌법개정에 이르는 것은 헌법해석의 개념본질상 위헌이다. 헌법해석은 어디까지나 현재 존재하는 헌법규정을 대상으로 하여 해석하는 것이므로 실정헌법이 정하고 있지 아니한 사항은 처음부터 헌법해석의 대상이 되지 못한다.

헌법해석의 목표에 있어 객관적 방법을 취한다고 하더라도 헌법해석자가 실질적으로 헌법을 제정하거나 헌법을 개정하는 역할을 수행하는 것은 헌법해석의 한계를 넘어선 것이다. 헌법해석자가 헌법재판소 재판관이거나 법원의 법관인 경우에는 그 한계를 넘어서는 순간 재판관과 법관이 헌법제정권자 또는 헌법개정권자의 지위를 차지하는 것이 되고 이들의 권리를 침해하는 것이 되어 위헌이다. 이러한 것은 國民主權原理상 허용될 수 없다.

재판관이나 법관이 헌법재판이라는 이름으로 자신의 주관적인 판단을 주권자의 판단과 대체하는 것은 국민의 지배가 아닌 司法官의 支配이고, 국민주권의 침해이기 때문에 헌법해석에서는 항상 이를 경계하여야 한다.

Ⅱ. 국가기능적 한계

헌법의 해석은 입법권자에게 주어진 立法形成의 自由를 침해하지 못한다. 입법권자가 가지는 입법형성의 자유는 헌법이 입법권자에게 전속적으로 결정할 수 있는 자유를 인정하는 영역이며, 헌법이 보호하는 民主主義의 영역이기 때문이다. 입법권

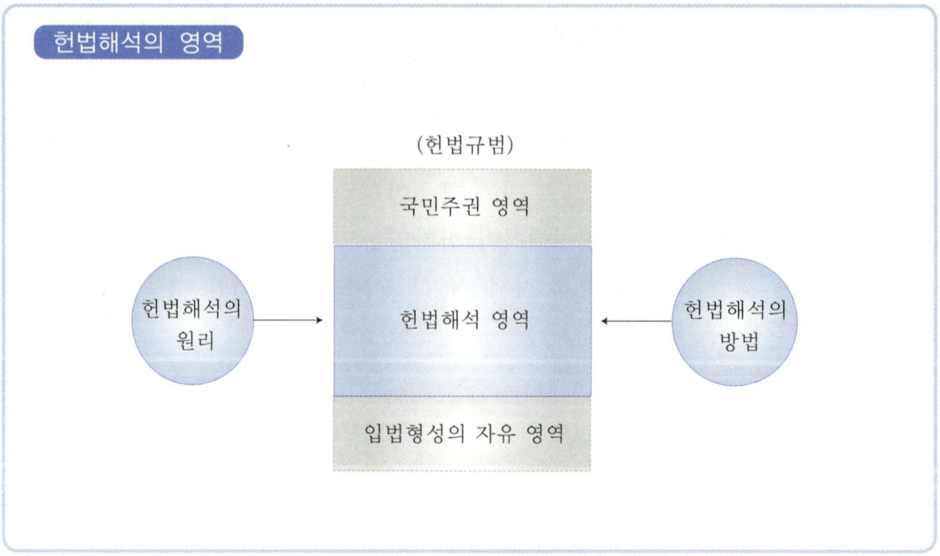

자는 민주주의적 정당성을 바탕으로 하여 광범한 입법형성의 자유를 가지고 질서를 형성하여 가는데, 재판관이나 법관이 헌법해석이라는 이름으로 이를 침해하게 되면, 헌법에 의하여 보호되는 민주주의가 오히려 헌법의 이름으로 사망하게 된다. 다만, 입법형성의 자유도 국민이 정한 헌법의 틀 내에서 보장되는 것이므로 입법형성의 자유라는 것을 내세워 입법자의 의무를 수행하지 않거나 헌법을 침해하는 것은 그 역시 스스로 헌법과 민주주의를 부정하는 것이 된다는 점도 유의할 필요가 있다.

이와 같이 헌법해석은 국민이 주권자로서 결정하는 영역을 침해하지 않고, 국민대표기관인 입법자의 입법형성의 자유영역을 침해하지 않는 범위 내에서만 허용된다고 할 것이다.

제 4 절 憲法의 改正

[53] 第一 概 說

I. 개 념

憲法의 改正(Verfassungsänderung)은 현재 존재하고 있는 헌법의 基本的인 同一性(Identität)과 連續性(Kontinuität)을 유지하면서 헌법이 정한 절차에 따라 意識的으로 헌법의 조항을 變更(修正, 削除, 追加)하는 憲法改正權力(amendment power, verfassungsandernde Gewalt)의 행사를 말한다.

헌법의 개정은 成文憲法, 즉 형식적 의미의 헌법을 전제로 하여 성립하는 개념이다. 성문헌법인 이상 軟性憲法이든 硬性憲法이든 구별 없이 헌법의 개정이 인정된다.

헌법의 개정은 헌법개정권력의 행사에 의해 이루어지는데, 헌법개정권력의 주체로는 國民 또는 國民代表機關이 있으며, 이들이 헌법개정권을 단독 또는 공동으로 행사하거나 사항별로 서로 나누어 행사할 수 있다.

Ⅱ. 유 형

헌법의 개정에는 기존 헌법의 일부 내용을 변경하는 一部改正(=部分改正)과 기존 헌법의 내용 대부분을 변경하는 全面改正(=全部改正)이 있다. 전면개정은 헌법의 대부분의 내용을 변경하지만, 헌법제정과 다른 점은 기존 헌법의 기본적인 동일성과 연속성을 유지한다는 점에 있다. 따라서 헌법제정으로 정하여야 할 사항을 헌법개정의 절차를 통하여 정할 수 없다.

우리나라의 경우 1960年6月憲法, 1962年憲法, 1972年憲法, 1980年憲法, 1987年憲法은 전면개정에 해당하고, 1952年憲法, 1954年憲法, 1960年11月憲法, 1969年憲法은 일부개정에 해당한다.

Ⅲ. 헌법제정과의 구별

憲法의 制定은 헌법의 내용을 시원적으로 정하는 행위이지만, 憲法의 改正은 제정된 헌법의 기본적인 동일성과 연속성을 유지하면서 헌법 조항의 일부 또는 전부를 손질하여 헌법의 내용을 변경하는 것이다. 기존의 헌법을 없애고 그와 동일성과 연속성이 없는 헌법을 만드는 것은 「헌법의 파기(=폐기)」와 「헌법의 제정」에 해당하는 행위를 하는 것이다.

헌법의 개정을 행하는 憲法改正權力은 헌법에 의해 만들어진 「制度化된 權力」으로서 헌법제정권력에 구속된다. 헌법제정권력과 헌법개정권력을 구별함에 있어, C. Schmitt는 헌법을 만들고 변경하는 힘의 성질과 효력을 그 위계에 있어 「憲法制定權力→憲法(核)→憲法改正權力→憲法律」로 체계화하여 헌법과 국가를 동일시하는 법실증주의적 시각을 극복하였다. 이와 같은 인식 구조에서, 헌법제정권력을 「헌법을 만드는 始原的인 권력」(pouvoir constituant originaire)이라고 하고, 그에 반하여 헌법개정권력을 「헌법을 만드는 제도화된 권력」(pouvoir constituant institué)이라고 하기도 한다(G. Burdeau).

《헌법개정과 구별되는 개념》

「헌법개정」의 개념을 분명히 인식하기 위하여 이와 구별해야 할 개념을 이해할 필요가 있다. 헌법의 개정과 구별되는 개념으로는 앞에서 본 「憲法의 變遷」 이외에도 「憲法의 侵害」(Verfassungsdurchbrechung), 「憲法의 破棄」(Verfassungsvernichtung), 「憲法의 廢止」(Verfassungsbeseitigung), 「憲法의 停止」(Verfassungssuspension)가 있다. 이러한 개념은 헌법의 개정에 해당하지 않는다.

헌법의 침해: 헌법의 침해는 헌법의 명문상의 규정에는 아무런 변화가 없고 그 효력도 유지되는 상태에서 헌법상의 명문 규정에 위반되는 조치를 취하는 것을 말한다. 이를 「憲法의 侵毁」 또는 「憲法의 侵蝕」이라고 부르기도 한다. 이에는 헌법상 명시적 규정에 근거한 合憲的 憲法侵害와 헌법에 근거가 없는 違憲的 憲法侵害가 있다. 헌법 제77조 제3항의 비상계엄에 따른 「특별한 조치」에 의해 이러한 합헌적 헌법침해가 발생할 수 있다. 합헌적 헌법침해가 일시적인 경우는 合憲的 憲法停止에 해당한다. 위헌적 헌법침해는 헌법을 부정하는 행위로 위헌이고, 이러한 행위를 한 자는 헌법위반의 책임을 진다(同旨: 桂禧悅a, 108). 이러한 위헌적 헌법정지는 규범통제 또는 헌법소원심판의 대상이 된다.

헌법의 파기: 헌법의 파기는 기존에 존재하는 성문헌법을 파괴하고, 그 헌법의 기

초가 된 헌법제정권력의 주체까지 배제하는 것을 말한다. 이 경우에는 파기된 구헌법과 새로 제정된 신 헌법의 사이에는 아무런 규범적 연속성이나 동일성이 인정되지 않는다. 政變이나 革命(revolution)이 이에 해당한다. 군주제헌법에서 공화제헌법으로 바뀌는 경우나 그 반대의 경우가 이에 해당한다. 1789년 프랑스혁명에 의한 군주제헌법의 파기, 1917년 러시아혁명에 의한 帝政러시아헌법의 파기, 1918년 독일 11월혁명에 의한 군주제헌법의 파기가 이에 해당한다. 이를 「憲法의 廢棄」 또는 「憲法의 破壞」라고 부르기도 한다.

헌법의 폐지: 헌법의 폐지는 기존의 성문헌법은 배제되지만, 헌법제정권력의 주체에 변경이 없는 경우를 말한다. 이를 「憲法의 廢除」 또는 「憲法의 除去」라고 하기도 한다. 기존의 헌법이 배제된다는 점에서 기존의 헌법이 유효하게 존재하는 헌법의 개정과 구별되고, 헌법제정권력의 주체에 변경이 없다는 점에서 헌법의 파기와 구별된다. 동일한 헌법제정권력의 주체에 의해 새로운 헌법이 제정된 경우 이는 「憲法의 交替」(Verfassungswechsel)를 의미한다.

헌법의 정지: 헌법의 정지는 헌법의 특정조항의 효력을 일시 상실시키는 것을 말한다. 이는 특정조항의 일시적인 효력정지가 종료되면 원래의 헌법상태로 다시 복귀한다는 점에서 헌법의 개정과 구별된다. 이에는 합헌적 헌법정지와 위헌적 헌법정지가 있다. 合憲的 憲法停止는 헌법의 명시적인 규정에 따라 특정조항의 효력을 정지시키는 것을 말한다. 헌법 제77조 제3항의 비상계엄에 따른 「특별한 조치」에 의해 이러한 일시적인 정지가 있을 수 있다. 違憲的 憲法停止는 성문헌법에 헌법조항의 일시적인 정지를 정하고 있지 않음에도 헌법을 정지시키는 행위를 말한다. 위헌적인 헌법정지행위는 규범통제나 헌법소원심판 등 헌법재판의 대상이 된다. 우리 헌법사에서는 1961년 5·16 군사쿠데타 이후의 국가비상조치, 1972년의 10·17비상조치, 1980년 국가보위비상대책위원회의 5·17조치에 의한 헌법의 정지가 있었는데, 세 경우 모두 비상계엄을 선포하여 비상계엄체제하에서 국가를 운영하였고, 헌법의 정지를 지속시킨 후에도 원래의 헌법으로 돌아가지 않고 비상계엄하에서 국민투표로 새 헌법을 만들었다. 1962년헌법은 1960년11월헌법에 따라 헌법을 개정한 것이 아니라 국가재건비상조치법과 국민투표법에 의해 헌법을 개정하였고, 1972년헌법은 1969년헌법에 따라, 1980년헌법은 1972년헌법에 따라 헌법을 개정하였다.

[54] 第二 憲法改正의 方法

Ⅰ. 의회에 의한 개정

국민의 대표기관인 의회가 헌법을 개정하는 방법이다. 이 경우 의회는 국민이 구성하지만 실제 헌법개정권력의 주체는 의회가 된다. 의회가 헌법을 개정할 때 통상의 법률의 개정절차와 동일한 절차로 개정하는 것을 軟性憲法이라고 하고, 법률개정절차보다 더 강화하여 特別多數의 定足數로 헌법개정을 발의하고 의결하여 개정하는 것을 硬性憲法이라고 한다. 경성헌법의 경우에 의회가 헌법을 개정하는 방식으로 채택하는 憲法改正法律은 憲法的 法律로서 효력을 가진다.

우리나라의 1948년헌법, 1952년헌법, 1954년헌법, 1960년6월헌법, 1960년11월헌법(1954년헌법, 1960년6월헌법, 1960년11월헌법에서 주권의 제약, 영토의 변경을 가져올 국가안위에 관한 중대사항은 국민투표로 확정), 독일연방헌법의 일부 사항(독일연방헌법 §79③은 §1와 §20에 저촉되는 사항을 제외한 사항을 의회에서 개정할 수 있는 것으로 정하고 있다. 독일에서는 의회에 의한 헌법개정만 인정하기 때문에, 독일연방헌법 §1와 §20를 변경하거나 이에 저촉되는 사항을 정하고자 하는 경우에는 헌법제정의 방법을 통해야 한다), 헝가리헌법 등이 이에 해당한다.

Ⅱ. 국민투표에 의한 개정

국민이 직접 投票로 헌법을 개정하는 방법이다. 여기에는 의회가 먼저 헌법개정안을 의결·발의한 후 국민투표로 확정하는 방법(예: 1987년헌법, 일본국헌법, 스위스연방헌법, 덴마크헌법)과 의회의 이러한 의결 없이 바로 국민투표로 확정하는 방법이 있다(예: 1972년헌법). 프랑스헌법, 이탈리아헌법, 오스트리아헌법은 예외적인 경우에 한하여 국민투표로 헌법을 개정할 수 있도록 정하고 있다.

1972年憲法은 대통령이 제안한 헌법개정안은 국민투표로 확정하고, 국회가 제안한 헌법개정안은 국회의 의결을 거쳐 統一主體國民會議의 의결로 확정하는 방식을 취하였다. 이것은 당시 박정희정부가 대중을 선동·동원하거나 대통령에 의해 통제되는 통일주체국민회의를 움직이는 방법을 통하여 대통령의 의도대로 헌법을 개정하기 쉽게 하기 위하여 고안한 것이다. 대통령이 제안한 헌법개정안을 바로 국민투표로 확정하는 방법은 대부분 대통령의 신임을 묻는 것과 결합하여 대통령에 대한 신임투표로서 행해지기도 하는데(예: 1962년 프랑스 de Gaulle의 대통령직선제 개헌), 이는 헌법개정을 왜곡시키는 것이다.

Ⅲ. 연방국가에서의 개정

연방국가에서 연방헌법을 개정하는 경우에는 연방을 구성하는 支邦國家의 동의를 얻는 것을 필수적인 요건으로 한다. 연방국가원리의 요청에 따른 것이다. 支邦國家의 同意(=批准)를 얻는 방법에는 주민의 투표에 의한 동의 방법(예: 스위스연방헌법)과 支邦國家의 대표기관에 의한 동의 방법(예: 미합중국연방헌법, 독일연방헌법) 등이 있다. 미합중국에서는 각 州(state)마다 헌법개정안에 대한 동의를 처리할 憲法會議(convention)를 따로 구성하여 여기서 처리하고, 독일에서는 聯邦參事院(Bundesrat)에서 헌법개정안에 대한 동의를 처리한다.

Ⅳ. 헌법회의에서의 개정

헌법을 개정하기 위하여 기존의 국가기관과는 따로 憲法會議를 새로 구성하여 여기서 헌법개정을 하는 방법이다. 헌법제정회의에 의한 헌법제정의 경우와 유사하다. 헌법제정도 아닌 헌법의 개정에서 헌법개정안을 심의·의결하기 위한 방법으로는 너무 번거롭기 때문에 좀처럼 채택하지 않는 방법이다. 미합중국에서는 연방헌법의 개정에 있어 최종적으로 헌법개정안에 대한 州의 비준을 처리함에 있어 이러한 헌법회의에 의한 방법을 채택하고 있다.

[55] 第三 憲法改正의 節次

I. 제 안

憲法 제128조 제1항은 「헌법개정은 국회재적의원 과반수 또는 대통령의 發議로

헌법제정 및 헌법개정 방법의 변천

헌법 / 항목	1948년헌법	1952년헌법	1954년헌법-1960년6월헌법-1960년11월헌법	1962년헌법-1969년헌법	1972년헌법	1980년헌법-1987년헌법
헌법제정 및 개정	국회 제정	국회 개정	→	국민투표	국민투표, 통일주체국민회의의 의결	국민투표
개정의 발의·제안	대통령, 국회재적의원 1/3 이상	대통령, 민의원 재적 1/3 이상, 참의원 재적 2/3 이상	대통령, 민의원, 참의원 각 재적 1/3 이상, 민의원 의원 선거권자 50만인 이상	국회 재적의원 1/3, 국회의원 선거권자 50만인 이상	대통령, 국회재적의원 과반수	→
공고	대통령, 30일 이상	→	→	→	대통령, 20일 이상	→
의결	국회재적의원 2/3 이상 찬성	민의원, 참의원 각 재적 2/3 이상 찬성	→	60일 이내, 국회재석의원 2/3 이상 찬성	대통령 제안-통일주체국민회의 의결 국회의원 제안-국회재적의원 2/3 이상 찬성	국회재적의원 2/3 이상 찬성
확정	국회의 의결	→	→ 단: 주권의 제약, 영토의 변경을 가져올 국가안위에 관한 중대사항-국민투표	국민투표	대통령 제안-국민투표 국회의원 제안-통일주체국민회의 의결	국민투표
공포	대통령, 즉시 공포	→	→	→	→	→

提案된다」고 정하고 있다.

이에 따라 헌법개정의 發議權은 國會와 大統領이 가진다. 강력한 민주적 정당성을 가진 국민의 대표기관인 국회가 발의권을 가지는 것은 당연하다. 대통령도 국민의 대표자로서의 지위를 가지기 때문에 대통령에게 발의권을 부여할 수는 있으나, 헌법개정의 발의에서 1인 기관인 대통령이 합의제기관과 동일한 비중을 가지는 권한을 가질 수 있는가 하는 점에서는 문제가 있다. 대통령이 헌법개정을 제안하는 경우에는 국무회의의 심의를 거쳐야 한다(憲法 §89③).

우리나라에서 국회와 동시에 대통령에게 헌법개정의 발의권을 부여한 것은 1948년 헌법부터 시작되었다. 1962년헌법과 1969년헌법에서는 국회와 국민(=국회의원선거권자 50만인 이상 찬성)에게 헌법개정의 발의권을 부여하였으나, 유신체제를 출범시킨 1972년헌법에서 다시 대통령에게도 헌법개정의 발의권을 부여하여 결국 국회와 대통령에게 그 권한을 인정하는 방식을 현재까지 유지하고 있다. 대통령에게 헌법개정발의권을 부여한 것은 대통령을 우월적 지위에 있게 만든 요인이기도 하다.

Ⅱ. 공 고

憲法 제129조는 「제안된 헌법개정안은 대통령이 20일 이상의 기간 이를 公告하여야 한다」고 정하고 있다. 이러한 공고는 대통령이 반드시 행해야 하는 의무이고, 이를 행하지 않으면 職務遺棄의 책임을 질뿐만 아니라 彈劾事由가 된다.

1948년헌법에서 1969년헌법까지 30일 이상 헌법개정안을 공고하도록 하였으나, 유신체제를 출범시킨 1972년헌법 이래 현재까지 20일 이상으로 단축되어 있다. 헌법개정안에 대한 국민들의 이해와 충분한 논의를 위하여 하한선을 늘일 필요가 있다. 국민이 쟁점을 熟知하고 이에 대한 논의와 이해를 충분히 한 다음에 국민투표에 임하는 것은 헌법의 正當性을 확보함에 반드시 필요하다.

Ⅲ. 의 결

憲法 제130조 제1항은 「국회는 헌법개정안이 공고된 날로부터 60일 이내에 議決하여야 하며, 국회의 의결은 在籍議員 3분의 2 이상의 찬성을 얻어야 한다」고 정하고 있다. 국회가 행하는 헌법개정안에 대한 의결은 국민투표에 붙이기 위한 절차적 適法要件이다. 국회의 의결이 없이 헌법개정안을 국민투표에 붙이는 것은 위헌으로써 효력을 가지지 못한다. 그러나 국회가 이러한 의결권을 가진다는 것이 국회가 헌법개정권력을 가지는 것을 의미하지는 않는다.

대통령은 憲法 제72조의 重要政策 國民投票回附權을 행사하여 헌법개정안을 국민투표에 붙일 수는 없다. 憲法 제72조는 이를 정하고 있지 않기 때문이다([264] Ⅳ (3) (c)). 憲法 제72조의 국민투표회부에 의거하여 강행된 국민투표로 행해진 헌법개정은 헌법에 위반되기 때문에 헌법개정으로서 효력을 가지지 못한다. 國民投票法도 憲法 제130조의 국민투표에 적용되기 때문에(同法 §1) 위와 같은 국민투표는 법의 근거가 없는 것으로 무효이다.

Ⅳ. 확 정

憲法 제130조 제2항은 「헌법개정안은 국회가 의결한 후 30일 이내에 國民投票에 붙여 국회의원선거권자 과반수의 투표와 투표자 과반수의 찬성을 얻어야 한다」라고 정하고 있다. 헌법개정안이 國民投票(referendum)에서 이와 같은 찬성을 얻은 때에는 헌법개정은 확정된다(同條 ③). 이러한 국민투표는 國民投票法(1962. 10. 12. 법률 제1166호, 개정 2002. 1. 26. 법률 제6626호)에 의하여 실시된다.

헌법개정안을 국민투표로 확정하는 것은 憲法改正權力을 국민에게 부여하여 헌법의 개정을 최종적으로 국민이 하도록 한 것이다. 따라서 국회가 헌법개정안을 의결하는 것이 국민투표를 조건으로 하여 헌법개정의 효력을 발생시키는 것이 아니라는 점을 유의할 필요가 있다(국회가 헌법개정권력을 가지지 않기 때문). 다만, 국민은 국회나 대통령의 헌법개정의 발의가 없으면 헌법개정을 할 수 없으므로 국민의 헌법개정권력은 이러한 한도에서 제한을 받는다.

국민투표의 효력에 관하여 異議가 있는 경우에 투표인은 투표일로부터 20일 이내에 투표인 10만인 이상의 찬성을 얻어 대법원에 國民投票無效訴訟을 제기할 수 있다(投票法 §92). 國民投票에 관하여 국민투표법이나 그에 의하여 발하는 命令에 위반하는 사실이 있는 경우라도 국민투표의 결과에 영향이 미쳤다고 인정하는 때에 한하여 국민투표의 全部 또는 一部의 無效를 판결한다(同法 §93). 국민투표의 전부 또는 일부의 無效判決이 있을 때에는 再投票를 실시하여야 한다(同法 §97①). 국민투표의 일부가 무효인 경우에라도 다시 투표를 하지 아니하고 국민투표의 결과를 결정할 수 있을 때에는 一部 再投票를 실시하지 아니한다(同條 ⑦). 국민투표의 효력에 대한 재판은 國事裁判으로서의 성격을 가지므로 헌법재판소의 관할로 하는 것이 타당하다.

헌법정책의 관점에서 보건대, 헌법개정을 언제나 국민투표로 확정하여야 하는 것은 아니다. 헌법이 정하는 사항 가운데 그 중요도에 따라 중요한 것은 국민투표로 확정하고, 상대적으로 중요하지 않은 것은 국회에서 헌법개정법률로 확정하게 하는 것이 헌법의 운용에서 현실적응성과 탄력성을 실현하는데 충실할 수 있다. 물론 이 경우에 국회가 확정할 수 있는 사항은 반드시 열거적으로 정하여야 하고, 이를 위반한 경우에 대해서는 헌법재판소가 심판하게 하는 장치가 마련되어야 한다. 이러한 경우 전면개정이 아니라 일부개정의 경우라 할지라도 그 사항이 중요한 사항에 해당하는 경우에는 국민투표로 확정하도록 하는 것이 필요하다.

V. 공　　포

확정된 헌법개정에 대해서는 「대통령은 즉시 이를 公布하여야 한다」(憲法 §130③). 공포된 헌법은 개정된 내용 이외에는 종래의 헌법과 하나의 헌법을 이루어 「대한민국헌법」으로서 效力을 가진다. 대통령은 공포하기 전에 확정된 헌법개정의 내용이 있는 헌법개정공포문에 대하여 署名하고 국무총리와 국무위원은 副書한다(法公法 §4).

대통령의 公布權은 권한인 동시에 의무이다. 대통령 이외의 기관은 헌법개정을 공포할 수 없고, 대통령이 즉시 이를 공포하지 않으면 헌법위반의 책임을 진다. 대통령은 공포권이 자기 권한임을 이유로 하여 헌법개정의 공포를 지체하거나 거부할 수 없다. 대통령의 공포권은 형식적인 절차에 불과하여 이러한 권력이 국민의 헌법개정권력을 제한하거나 침해할 수 없기 때문이다.

헌법개정의 절차

제　안	→	공　고	→	의　결	→	확　정	→	공　포
• 권한(발의권): 국회 재적의원 과반수 또는 대통령	→	• 권한: 대통령 • 기간: 20일 이상	→	• 권한: 국회 • 기간: 60일 이내 • 의결: 재적의원 2/3 이상	→	• 권한: 국민 • 방법: 국민투표 • 기간: 30일 이내 • 확정: 국회의원선거권자 과반수 투표 + 투표자 과반수 찬성	→	• 권한: 대통령 • 기간: 확정 즉시

[56] 第四 憲法改正의 限界

I. 한계의 의미

(1) 개념상의 한계

헌법의 개정은 현존하는 헌법의 기본적 동일성과 연속성을 유지하는 한도 내에서만 인정되므로 현재의 헌법의 기본적 동일성과 연속성을 변경하는 것은 헌법의 개정에 해당되지 않는다. 따라서 헌법의 개정은 현존하고 있는 기존 헌법의 기본적 동일성과 연속성을 침해할 수 없다는 概念本質的인 한계를 가진다.

C. Schmitt의 이론에 따르면, 헌법개정권력은 성질과 효력상 「憲法制定權力」과 「憲法」(=헌법핵)을 변경할 수 없으며, 憲法律(Verfassungsgesetz)만 변경할 수 있을 뿐이다. 따라서 성문헌법에 들어 있는 헌법의 내용 가운데 헌법의 核(Verfassungskern)에 해당하는 내용은 헌법 개정의 방법으로 변경할 수 없고, 헌법률에 해당하는 내용만 헌법개정의 방법으로 변경할 수 있다. 이를 정확히 말하면, 개념상 「憲法의 改正」(Verfassungsänderung)은 성립할 수 없고, 「憲法律의 改正」(Verfassungsgesetzsänderung)만 가능하다는 것이다.

이와 같은 헌법개정의 개념정의에 따를 때, 헌법개정의 절차를 통하여 기존 헌법의 기본적 동일성과 연속성을 침해하는 형태로 헌법을 변경하는 것은 행할 수 없다는 결론에 도달한다. 이러한 점에서 헌법개정의 한계는 憲法保護의 관점에서 이해되어야 하는 면도 가지고 있다. 헌법개정의 개념적 한계는 우리 헌법의 경우에도 마찬가지로 인정된다(同旨: 金哲洙a, 53; 許營a, 56; 成樂寅, 55; 權寧星, 54; 桂禧悅a, 156). 이를 「憲法內在的 限界」라고 칭하기도 한다.

그런데 실제에서는 헌법의 규정을 가치적으로 정확히 헌법과 헌법률로 구분하거나 헌법의 모든 조항을 가치적으로 서열을 정하여 우열을 정하는 것이 쉽지 않다. 특히 국민투표로 헌법을 개정한 경우에는 국민투표가 가지는 강한 민주적 정당성으로 인하여 개별 헌법규정들간의 우열을 판단하기 쉽지 않다. 이 문제를 해결하기 위해서는 실정헌법에서 헌법률과 구별되는 헌법의 핵에 해당하는 내용을 명시하고 이를 헌법개정의 한계로 정하는 것이 필요하다. 그 이외의 헌법 조항간에 서로 우열을 판단하기 어려울 때는 헌법의 통일성을 추구하면서 조화있게 해석하여야 한다.

> [憲 1995. 12. 28.-95헌바3] 「우리나라의 헌법은 제헌헌법이 초대국회에 의하여 제정된 반면 그 후의 제5차, 제7차, 제8차 및 현행의 제9차 헌법 개정에 있어서는 국민투표를 거친 바 있고, 그간 각 헌법의 개정절차조항 자체가 여러 번 개정된 적이 있으며, 형식적으로도 부분개정이 아니라 전문까지를 포함한 전면개정이 이루어졌던 점과 우리의 현행 헌법이 독일기본법 제79조 제3항과 같은 헌법개정의 한계에 관한 규정을 두고 있지 아니하고, 독일기본법 제79조 제1항 제1문과 같이 헌법의 개정을 법률의 형식으로 하도록 규정하고 있지도 아니한 점 등을 감안할 때, 우리 헌법의 각 개별규정 가운데 무엇이 헌법제정규정이고 무엇이 헌법개정규정인지를 구분하는 것이 가능하지 아니할 뿐 아니라, 각 개별규정에 그 효력상의 차이를 인정하여야 할 형식적인 이유를 찾을 수 없다. 이러한 점과 앞에서 검토한 현행 헌법 및 헌법재판소법의 명문의 규정취지에 비추어, 헌법제정권과 헌법개정권의 구별론이나 헌법개정한계론은 그 자체로서의 이론적 타당성 여부와 상관없이 우리 헌법재판소가 헌법의 개별규정에 대하여 위헌심사를 할 수 있다는 논거로 원용될 수 있는 것이 아니다. 또한 국민투표에 의하여 확정된 현행 헌법의 성립과정과 헌법 제130조 제2항이 헌법의 개정을 국민투표에 의하여 확정하도록 하고 있음에 비추어,

헌법은 그 전체로서 주권자인 국민의 결단 내지 국민적 합의의 결과라고 보아야 할 것으로……헌법은 전문과 단순한 개별조항의 상호관련성이 없는 집합에 지나지 않는 것이 아니고 하나의 통일된 가치체계를 이루고 있는 것이므로, 헌법의 전문과 각 개별규정은 서로 밀접한 관련을 맺고 있고, 따라서 헌법의 제규정 가운데는 헌법의 근본가치를 보다 추상적으로 선언한 것도 있고, 이를 보다 구체적으로 표현한 것도 있어서 이념적·논리적으로는 규범 상호간의 우열을 인정할 수 있는 것이 사실이다. 그러나, 그렇다 하더라도, 이 때에 인정되는 규범 상호간의 우열은 추상적 가치규범의 구체화에 따른 것으로 헌법의 통일적 해석에 있어서는 유용할 것이지만, 그것이 헌법의 어느 특정규정이 다른 규정의 효력을 전면 부인할 수 있는 정도의 개별적 헌법규정 상호간에 효력상의 차등을 의미하는 것이라고는 볼 수 없다.」

헌법개정의 개념적 한계에 해당하는 사항에 관하여 실정헌법에서 명시하고 있는 경우도 있지만, 이러한 것은 실정헌법에서 명시하든 하지 않든 헌법개정의 한계로서 憲法的 效力을 가진다. 헌법의 제정에서 한계로서 작용하는 헌법의 원리·원칙·가치는 당연히 헌법개정의 개념적 한계로 작용한다. 국민주권과 그에 기초한 국가원리, 공동체의 존속, 인간의 존엄과 이를 실현하는 자유와 권리, 법치주의와 자유민주주의의 핵심적인 내용, 국제평화주의, 시장경제원리 등이 이에 해당한다.

(2) 실정법상의 한계

(a) 명시적 규정

성문헌법에 헌법개정의 한계나 특정사항의 개정금지를 명시해 놓은 경우에는 헌법개정의 방법으로 이러한 사항을 변경하지 못한다.

성문헌법에 따라서는 헌법의 기본적 동일성과 연속성에 해당하는 내용을 명시하기도 하고(이런 경우는 개념적 한계의 실정법적 확인을 의미한다), 성질상 헌법의 核에는 해당하지 않으나 특별한 사정으로 인하여 헌법개정의 절차를 통해서는 특정내용을 개정하지 못한다고 정하고 있는 경우가 있다. 前者의 경우에는 헌법의 핵일 뿐 아니라 실정헌법에서 개정을 금지하여 놓았기 때문에 개정할 수 없고(同旨: 金哲洙a, 53), 後者의 경우는 특정 내용에 대하여 개정을 금지한 것은 헌법제정권력이 정한 근본결단이므로 이를 개정할 수 없다(同旨: 金哲洙a, 53; 桂禧悅a, 121; 權寧星, 58). 결국 헌법제정권력이 실정헌법의 규정에 명문으로 개정의 한계를 정하거나 일정한 내용에 대하여 개정을 금지하고 있는 경우에는 헌법 개정의 방법과 절차를 통하여 이를 변경할 수 없다.

1954年憲法과 1960年6月憲法 및 1960年11月憲法은 「제1조, 제2조와 제7조의2의 규정은 改廢할 수 없다」라고 정하고 있었는데(각 헌법 §98), 이 때 제1조는 「대한민국은 민주공화국이다」라고 정하고 있었고, 제2조는 「대한민국의 주권은 국민에게 있고 모든 권력은 국민으로부터 나온다」라고 정하고 있었다. 獨逸聯邦憲法은, 연방이 란트로

구성되어 있다는 점, 입법에 대한 란트의 원칙적인 관여, 제1조(인간의 가치 보호)와 제20조(헌법원칙, 저항권)의 기본원칙에 충돌되는 헌법개정은 할 수 없다고 정하고 있다(독일연방헌법 §79③).

헌법에 명문으로 개정의 한계를 정하거나 일정한 내용에 대하여 개정을 금지하고 있는 규정을 변경·삭제하는 행위는 새로운 헌법의 제정을 통해서만 가능하다(정치현실에서는 이러한 헌법의 제정은 평화적으로 행해질 수도 있고, 혁명이나 군사쿠데타 등과 같이 폭력적 상태를 거쳐 행해질 수도 있다). 특히 의회에 의한 헌법개정의 방식을 채택하는 경우에는 실정법상의 한계를 분명히 정해두는 것이 보통이다.

헌법과 국가를 동일시하고, 헌법을 제정하는 권력과 헌법에 의해 만들어진 권력간에 효력상의 차이를 부정한 과거 法實證主義(예: 독일 Weimar국가 시기의 법실증주의)에서는 헌법제정권력과 헌법개정권력과 입법권이 모두 동일하다고 보았기 때문에 의회는 입법의 형식으로 헌법을 언제나 아무런 한계도 없이 제정하거나 개정하고 폐지할 수 있다고 하였다. 오늘날 이런 법실증주의이론은 폐기되었다. 독일에서 대표적으로 C. Schmitt는 그의 헌법제정권력이론으로 이러한 국가주의적 법실증주의 헌법이론을 극복하고 헌법제정과 헌법개정에 대한 이론을 체계화하였다.

(b) 실제의 예

실정헌법에서 헌법의 기본적 동일성과 연속성에 해당하는 사항에 관하여 개정할 수 없도록 정하고 있는 경우는 國民主權(예: 한국의 1954년헌법, 1960년6월헌법, 1960년11월헌법 §98, §2) 또는 國家形態에 관한 내용(예: 한국의 1954년헌법, 1960년6월헌법, 1960년11월헌법 §98, §1; 프랑스의 1946년헌법 §95, 1958년헌법 §89⑤; 독일연방헌법 §79③; 이탈리아의 1948년헌법 §139; 터키의 1961년헌법 §102), 聯邦國家의 기본 원리와 원칙(예: 독일연방헌법 §79③; 브라질헌법 §217⑥), 기본권의 보장(예: 독일연방헌법 §79③), 國民投票에 관한 규정(예: 한국의 1954년헌법, 1960년6월헌법, 1960년11월헌법 §98, §7의2), 外國 軍隊의 占領下에서의 헌법개정의 금지(예: 프랑스의 1946년헌법 §94)나 國家非常事態下에서의 헌법개정의 금지(예: 1931년 작센헌법 §151. 반대로 한국의 1962년헌법, 1972년헌법, 1980년헌법은 비상계엄하에서 개정된 헌법이다)와 같이 헌법의 개정이 금지되는 상태 등에 대하여 명시하고 있는 경우이다.

《헌법개정에서의 제약》

헌법개정은 법리에 있어서 넘어서는 안 되는 한계가 있고, 또 헌법개정에 영향을 주는 제약이 있다. 헌법개정에 영향을 미치는 것으로는 공동체 구성원의 수준, 사회적·경제적·문화적 요인, 국제법적 요인(예: 패전국) 등이 있다. 헌법개정에서는 이러한 제약에 의하여 그 내용이 헌법에 반영되기도 한다. 헌법개정의 한계에 있어 헌법규정이 한계를 踰越한 경우에는 규범적으로 무효가 되지만, 헌법개정상의 제약은 그러한 효력이 없고 헌법개정에 사실상 영향을 미치는데 그친다.

Ⅱ. 한계를 넘은 헌법개정의 효력

(1) 법 리

헌법원리상 헌법의 개정에는 그 한계가 있기 때문에, 헌법개정의 절차를 통하여 행한 헌법의 변경이 헌법개정의 한계를 넘은 경우에는 그러한 헌법변경행위는 헌법에 위반되어 효력을 가지지 못한다(同旨: 成樂寅, 56).

(2) 한계 준수의 보장

헌법개정의 한계를 넘은 헌법개정은 유효한 효력을 가지지 못한다. 따라서 이러한 경우 헌법개정의 한계를 넘은 헌법변경행위에 대하여 무효라고 심판하는 장치가 필요하다.

헌법개정의 한계 일탈여부에 대한 심판을 헌법재판으로 해결하는 방법이 있다. 의회가 헌법개정권을 행사한 경우에 이에 대한 헌법재판은 수월하다. 그러나 국민이 헌법개정권을 가지고 국민투표로 헌법을 개정한 경우에는 헌법에 의해 만들어진 권력인 헌법재판권이 이를 심판하기는 어렵기 때문에 이 문제에 대해서는 헌법을 제정하거나 헌법을 개정할 때 헌법에 명시적으로 정하는 것이 필요하다.

헌법개정의 한계를 넘은 헌법개정에 대해서는 헌법개정권자가 헌법을 개정하여 이를 바로잡을 수 있다. 의회가 헌법개정을 한 경우에는 의회가 다시 헌법을 개정하여 이를 바로잡을 수 있고, 국민투표로 헌법을 개정한 경우에는 국민투표로 다시 헌법을 개정하여 이를 바로잡을 수 있다.

Ⅲ. 헌법개정조항의 개정

(1) 문제의 소재

헌법의 개정과 관련하여 현존하는 헌법상의 헌법개정에 관한 방법과 절차를 통하여 헌법개정에 관한 조항 그 자체를 개정할 수 있는가 하는 문제가 있다. 즉 憲法 제128조, 제129조, 제130조의 절차에 따라 바로 이 조항들의 내용을 변경할 수 있는가 하는 점이다. 예컨대 국민투표를 폐지하거나 국회만이 헌법개정을 발의하게 하거나 국회만이 憲法的 法律로서 헌법을 개정하게 하거나 헌법안의 공고나 의결에서 기간의 제한을 변경하는 것이다.

(2) 학 설

헌법개정의 방법이나 절차에서도 「非本質的인 部分」은 헌법개정의 방법으로 변경할 수 있으나, 「本質的인 部分」은 헌법제정의 방법으로 변경하여야 한다(同旨: 桂禧悅a, 122). 헌법개정의 발의권을 대통령이 아닌 국회에게만 부여할 것인가 하는 문제나 헌법안의 공고나 의결에서의 기간의 제한을 어느 정도로 할 것인가 하는 문제는 비본질적 부분에 해당하여 현행의 헌법 개정조항에 따라 이를 변경할 수 있다. 그러나 국회만이 헌법개정을 할 수 있게 하거나 국민투표를 폐지하는 것은 헌법개정권력의 주체를 교체하는 것이고, 軟性憲法에서 硬性憲法으로의 변경이나 경성헌법에서 연성헌법으로의 변경은 헌법의 본질적 성격의 변경에 해당하므로 헌법제정권력의 주체가 정할 성질의 것이어서, 이에 관한 조항은 헌법개정의 방법이나 절차로 변경할 수 없다고 할 것이다(연성헌법에서 경성헌법으로 변경하는 것은 헌법개정의 방법으로 할 수 있다고 보는 견해가 있다. 金哲洙a, 50; 權寧星, 56).

유의할 것은 헌법의 편제상 헌법의 개정부분(예: 憲法 제10장)에 규정되어 있다고 하더라도 해당 조항이 헌법의 개념적 한계를 명시하고 있거나 개정을 금지하고 있는 조항인 경우에는 위에서 본 바와 같이 헌법개정의 한계로 인하여 헌법개정의 절차인 憲法 제128조, 제129조, 제130조의 절차로 이를 변경할 수는 없다는 점이다.

(3) 헌법 제128조 제2항의 개정 문제

憲法 제128조 제2항은 「대통령의 임기연장 또는 중임변경을 위한 헌법개정은 그 헌법개정 제안 당시의 대통령에 대하여는 효력이 없다」라고 정하고 있다(1980년헌법에서 규정되었음). 이 규정은 편제상 헌법개정을 정하고 있는 憲法 제128조에 정하는 것이 타당한가, 憲法 제70조에서 정해야 하지 않는가 하는 문제가 있지만, 내용으로는 대통령의 임기연장 또는 중임변경을 위한 헌법개정을 인정하되, 다만, 그 헌법개정 제안 당시의 대통령에게는 현행의 憲法 제70조의 5년 단임규정이 적용될 뿐 새로 변경된 임기규정이 적용되지 않는다는 것을 정하고 있다.

그런데 문제는 대통령의 임기에 관한 憲法 제70조를 변경하는 내용과 憲法 제128조 제2항을 폐지하는 내용으로 헌법을 개정하면 헌법 제안 당시의 대통령은 새로운 헌법상의 임기에 따라 계속 在職할 수 있는가 하는 점이다. 이 조항을 둔 것은, 현재 대통령이 대통령으로 재직을 하면서 계속 집권을 하기 위하여 헌법상의 임기 조항을 고쳐 장기집권의 길로 나아간 우리 헌정사의 불행을 반성하고 한국의 민주화를 달성하기 위해서는 이러한 행위가 앞으로는 생길 수 없도록 하기 위한 장치로서 국민의 결단으로 정한 것이고, 헌법 제128조 제2항은 이 조항을 개정하려고 헌법개정을 제안하는 순간부터 「제안 당시의 대통령에 대하여는 효력이 없다」라는 효력이 생기기 시작하므로(헌법개정효력의 소급적용제한) 이 조항을 폐지하는 헌법개정을 하더라도 그 헌법개정 제안 당시의 대통령에 대해서는 신 헌법상의 대통령 임기에 관한 조항은 적용되지 못한다(同旨: 金哲洙a, 53; 成樂寅, 56; 權寧星, 59; 許營a, 62). 따라서 대통령의 임기연장 또는 중임변경을 위한 헌법개정이 현행 헌법에 따라 이루어지더라도 그러한 헌법개정이 제안된 당시의 대통령은 그 당시 진행되고 있는 임기종료시까지만 재직할 수 있고, 신 헌법에 따른 대통령의 선거에 입후보할 수 없다(이 점은 헌법개정할 때 신 헌법의 부칙에 명시하는 것이 바람직하다).

한편 憲法 제128조 제2항만 먼저 폐지하는 헌법개정을 하고, 그 다음에 憲法 제128조 제2항과 같은 규정이 없는 상태에서 다시 대통령의 임기연장 또는 중임변경을 하는 내용으로 憲法 제70조를 변경하는 것은 가능한가 하는 점이 문제가 된다. 이러한 2회에 걸친 순차적인 헌법개정의 과정을 보면, 형식적으로는 하자가 없는 것으로 보이나, 憲法 제128조 제2항의 제도적 취지와 내용을 절차적으로 피하기 위한 기술적 조작에 불과하므로 이러한 경우에도 憲法 제128조 제2항을 폐지하는 헌법개정이 제안되던 당시의 대통령에게는 신 헌법의 규정이 적용되지 않으며, 신 헌법에 따른 대통령의 선거에 입후보할 수 없다.

제 5 장　憲法의 適用範圍

[57] 第一　人的 適用範圍

Ⅰ. 국　　민

대한민국 헌법은 원칙적으로 대한민국 국민에게 적용된다. 여기서 말하는 「國民」은 대한민국의 國籍法에 의하여 부여되는 國籍을 가지고 있는 개개의 自然人을 말한다. 이러한 국민은 공간적으로 대한민국의 영토 내에 있거나 외국에 있거나 관계없이 대한민국 헌법의 적용를 받는다.

국민은 개념상 血緣을 바탕으로 하고 있는 民族, 人種, 種族과도 다르다. 민족, 인종, 종족에서는 서로 달라도 대한민국의 국적을 가지는 이상 대한민국의 국민이다. 국민에는 서로 문화가 다른 사람들도 포함되기 때문에 국민은 文化的 槪念도 아니다.

헌법의 적용범위에 있어 헌법이 국민에게 적용되는 이상 「在外國民」에게도 그 효력이 미친다. 여기서 말하는 재외국민이라 함은 대한민국의 국적을 가지고 외국에 장기 체류하거나 永住하는 사람을 말한다. 단기간 외국에 체류하는 사람은 일반국민에 해당한다. 오늘날 교통수단의 발달과 활동 및 생활영역의 확장으로 인하여 단위 국가간의 국경의 의미가 축소되면서 국민들이 생활상 외국에 장기간 체류하거나 영주하는 경우가 점점 늘어나고 있다. 이 경우에도 대한민국은 이들이 체류하는 나라에서 부당한 대우를 받거나 불법적인 침해를 받지 않도록 보호하는 것이 필요하다. 헌법은 「국가는 법률이 정하는 바에 의하여 재외국민을 보호할 의무를 진다」라고 정하여 在外國民의 保護義務를 국가에게 부과하고 있다(憲法 §2②). 국가가 이러한 보호를 효과적으로 수행하기 위해서는 재외국민의 현황을 파악할 필요가 있는데, 현재 외국의 일정한 지역에 계속하여 90일 이상 거주 또는 체류할 의사를 가지고 체류하는 대한민국 국민은 在外國民登錄法에 의하여 등록을 하여야 한다(同法 §2).

Ⅱ. 국　　적

(1) 개　　념

國籍(nationality, Staatsangehörigkeit)이라 함은 특정 국가의 국민이 되는 법적 자격을 의미한다. 누가 자기 나라의 국민인가는 각 국가가 自國法에 따라 결정한다. 국적의 부여와 박탈에 관한 일반적인 원칙에 관한 국제법규범으로는 「국적법의 충돌 문제에 관한 헤이그협약」(Convention on Certain Questions relating to the Conflict of Nationality Laws 1930)이 있다.

국적에 관한 사항을 실정법에 정함에 있어서는 나라마다 다양한 양상을 보이고 있다. 헌법에서 직접 정하는 방식, 민법의 가족법 부분에서 정하는 방식, 독립된 단행법으로 정하는 방식 등이 있다. 憲法은 「국민이 되는 요건은 법률로 정한다」라고 하여(憲法 §2①) 單行法으로 정하는 방식을 취하고 있다. 이에 따라 국적에 관한 사항을 정하고 있는 것이 國籍法이다. 국적법은 원칙적으로 複數國籍을 허용하지 않는 單一國籍主義를 취하고 예외적으로 복수국적을 인정하고 있다(同法 §12. 한국인부모가 속지주의를 취하는 국가에서 자녀를 출산한 경우에 그 자녀는 복수국적을 취득하는 것이 한 예이다).

국적은 국내법적으로는 헌법을 비롯한 국내법의 인적 적용범위를 확정하는 의미를 가지고, 국제법적으로는 대외적으로 자기 국민에 대한 보호를 제공하는 근거와 재외국민에 관한 법적 관할권을 설정하게 하는 의미를 가진다.

(2) 국적의 취득

(a) 선천적 취득

선천적 국적의 취득은 出生이라는 自然的 事實로 인하여 자동적으로 국적을 취득하는 것을 말한다. 선천적 국적취득의 방식에는 부모의 국적에 따라 출생자의 국적을 정하는 屬人主義(=血統主義 ius sanguinis 예: 한국, 독일, 스위스, 일본국)와 부모의 국적에 무관하게 출생한 장소에 따라 출생자의 국적을 취하는 屬地主義(=出生地主義 ius soli 예: 미합중국)가 있다.

우리나라는 父母兩系血統主義에 기초한 속인주의를 원칙으로 하면서 속지주의를 보충적으로 채택하고 있다. 즉, 「출생한 당시에 父 또는 母가 대한민국의 국민인 자」와 「출생하기 전에 부가 사망한 때에는 그 사망한 당시에 父가 대한민국의 국민이었던 자」는 출생과 동시에 대한민국의 국적을 취득하고(屬人主義 國籍法 §2①i, ii), 「부모가 모두 분명하지 아니한 때 또는 국적이 없는 때」에는 대한민국에서 출생하면 대한민국의 국적을 취득하고(同項 iii), 「대한민국에서 발견된 기아」의 경우에는 대한민국에서 출생한 것으로 추정되어(同條 ②) 이에 따라 대한민국의 국적을 취득한다(屬地主義). 父母兩系血統主義를 적용함에 있어서는 부와 모의 지위는 평등하게 고려된다(예: 憲 2000. 8. 31.-97헌가12).

[憲 2000. 8. 31.-97헌가12] 「부계혈통주의 원칙을 채택한 구법조항은 출생한 당시의 자녀의 국적을 부의 국적에만 맞추고 모의 국적은 단지 보충적인 의미만을 부여하는 차별을 하고 있으므로 위헌이라는 결론에 이르게 된다. 다시 말하면, 한국인 부와 외국인 모 사이의 자녀와 한국인 모와 외국인 부 사이의 자녀를 차별취급하는 것은, 모가 한국인인 자녀와 그 모에게 불리한 영향을 끼치므로 헌법 제11조 제1항의 남녀평등원칙에 어긋남이 분명하고 이러한 차별취급은 헌법상 허용되지 않는 것이다.……구법조항은 헌법 제36조 제1항이 규정한 "가족생활에 있어서의 양성의 평등원칙"에 위배된다.」

(b) 후천적 취득

후천적 국적의 취득은 출생 이외의 사실에 의하여 국적을 취득하는 것을 말한다. 국적법은 이러한 경우로서 認知(legitimation), 歸化(naturalisation), 歸化隨伴, 國籍回復(redintegration)을 들고 있다.

(i) 인지에 의한 취득 대한민국의 국민이 아닌 자로서 대한민국의 국민인 부 또는 모에 의하여 認知된 자는 대한민국의 민법에 의하여 미성년이고 출생한 당시에 그 부 또는 모가 대한민국의 국민인 경우에 한하여 法務部長官에게 申告함으로써 대한민국의 국적을 취득할 수 있는데, 국적취득의 시점은 이러한 신고를 한 때이다(同法 §3①,②).

(ii) 귀화에 의한 취득 대한민국의 국적을 취득한 사실이 없는 외국인은 법무부장관의 歸化許可를 받아 대한민국의 국적을 취득할 수 있다(同法 §4①). 이러한 귀화에는 一般歸化(同法 §5), 簡易歸化(同法 §6), 特別歸化(同法 §7)가 있는데, 법무부장관은 각 경우에 요구되는 요건을 심사하여 요건을 갖춘 자에 한하여 귀화를 허가한다(同法 §4②).

(iii) 부모의 귀화에 수반한 취득 외국인의 자로서 대한민국의 민법에 의하여 미성년인 자는 그 부 또는 모가 귀화허가를 신청할 때 함께 국적취득을 신청할 수 있다(同法 §8①). 이에 의하여 국적취득을 신청한 자는 그 부 또는 모에 대하여 법무부장관이 귀화를 허가한 때에 함께 대한민국의 국적을 취득한다.

(iv) 국적회복허가에 의한 취득 대한민국의 국민이었던 외국인은 법이 정하고 있는 저촉사유가 없는 경우에 한하여 법무부장관의 國籍回復許可를 받아 대한민국의 국적을 취득할 수 있는데(同法 §9①,②), 국적회복허가를 받은 자는 법무부장관이 그 허가를 한 때에 대한민국의 국적을 취득한다(同條③).

(3) 국적의 상실

대한민국의 국민으로서 자진하여 외국 국적을 취득한 자는 그 외국 국적을 취득한 때에 대한민국의 국적을 상실한다(同法 §15①). 대한민국의 국적을 상실한 자는 국적을 상실한 때부터 대한민국의 국민만이 누릴 수 있는 권리는 이를 향유할 수 없다(同法 §18①). 이러한 권리 중 대한민국의 국민이었을 때 취득한 것으로서 讓渡가 가능한 것은 그 권리와 관련된 법령이 별도로 정한 바가 없는 한 3년 내에 대한민국의 국민에게 양도하여야 한다(同條 ②).

(4) 국적의 판정

법무부장관은 대한민국 국적의 취득 또는 보유여부가 분명하지 아니한 자에 대하여 이를 심사한 후 판정할 수 있다(同法 §20①).

Ⅲ. 외 국 인

外國人이나 無國籍者가 헌법상의 기본권 주체로 인정되는 경우에는 헌법은 이러한 자에게도 미친다. 다만, 이러한 자에게 헌법이 미치는 것은 대한민국정부의 인정에 의하여 합법적으로 대한민국의 領土에 들어온 때부터이다.

Ⅳ. 법 인

대한민국 헌법은 국내의 內國法人에게도 적용된다. 법인은 성질상 법인에게 인정되는 기본권과 헌법상의 의무를 부담한다. 외국법인의 경우에는 외국인에게 적용되는 범위내에 법인의 성질상 허용되는 경우에 한하여 효력이 미친다.

[58] 第二 場所的 適用範圍

Ⅰ. 개 설

국가는 일정한 범위를 가지는 지리적 공간을 그 성립의 구성요소로 하고 있으므로, 헌법은 당연히 이러한 장소적 공간에 미친다. 이를 領域이라고 한다. 따라서 헌법의 효력이 미치는 장소적 적용범위는 한 국가의 영역이다.

이러한 영역에는 구체적으로 領土, 領海, 領空이 포함된다. 영해와 영공은 영토를 기준으로 하여 정해진다. 국가는 주권에 의하여 이러한 영역에 대하여 배타적인 지배권을 가진다. 이를 통상 領域權 또는 領域高權이라고 한다.

Ⅱ. 영 토

(1) 개 념

領土(territory)는 국가영역의 기초가 되는 일정한 범위의 土地를 말한다. 헌법의 효력이 미치는 이러한 영토는 地表뿐만 아니라 地下에도 미친다. 모든 독립국가는 領域主權(territorial sovereignty, territoriale Souveränität)을 가지는데, 영역주권은 자국의 영토 내에서 다른 국가를 배제하고 국가의 기능을 수행하는 힘을 말한다.

(2) 대한민국의 영토

영토에 대해서는 헌법에서 명시하고 있는 경우와 명시하지 않고 하위법령에서 정하고 있는 경우가 있다.

(a) 헌법 제3조의 성격

우리나라는 憲法에서 「대한민국의 영토는 韓半島와 그 附屬島嶼로 한다」라고 정하고 있다(憲法 §3). 헌법의 규정에 의할 때, 대한민국의 영토는 현재의 북한지역을 포함한 한반도 전역과 그 부속도서를 의미한다. 따라서 휴전선 이북의 북한지역도 우리의 영토이다. 이 영토규정은 1948年憲法 이래 한번도 변함없이 현행헌법에까지 그대로 이어져 유지되고 있다. 헌법 제3조는 法規範的인 것(de juris)이어서 현실의 상황이나 변화에 무관하게 대한민국의 영토를 규범적으로 확정하고 있다. 따라서 북한지역에 대한 외국의 침략행위는 대한민국의 영토를 침략하는 것이 된다. 그리고 북한이 외국과 영토에 관한 협정을 체결하여도 이는 대한민국에 대하여 효력을 가지지 못한다.

북한과 중화인민공화국간에 북한지역과 중국 사이의 국경을 확정하는 내용을 체결한 1962년의 「朝中邊界條約」과 1964년의 「朝中邊界議定書」는 대한민국에 대하여 효력을 가지지 못한다. 마찬가지로 1985년 북한과 소련 사이에 체결한 「소비에트사회주의공화국연방과 조선민주주의인민공화국 사이의 국경선에 관한 협정」도 대한민국에 대해서는 효력을 가지지 못한다.

(b) 북한의 법적 지위

헌법 제3조에 의할 때, 한반도에서 유일한 주권국가이며 합법정부는 대한민국뿐이고, 이 영토에서 대한민국과 주권이 충돌하는 어떠한 단체도 존재할 수 없다. 북한정권은 대한민국의 영토 일부를 불법적으로 점령하고 있는 단체이기에 대한민국에 대해서는 법적으로 反國家團體의 성격을 가지고 있으며, 그에 의해 점령당하고 있는 지역은 법적으로 未收復地域에 해당한다(同旨: 金哲洙a, 168; 桂禧悅a, 171; 權寧星, 124). 따라서 대한민국과 북한간에 협정 등이 체결되어도 복수의 주권국가간에 체결되는 조약이 되지 못한다(상호간의 협정문서의 명칭이 조약이라고 하더라도 조약으로서의 성질을 가지지 못한다).

憲法裁判所와 大法院은 모두 이러한 법리를 판례로 인정하고 있다(예: 憲 1993. 7. 29.-92헌바48; 2000. 7. 20.-98헌바63; 大 1954. 9. 28.-4286刑上109; 1961. 9. 28.-4292行上48; 1990. 9. 25.-90도1451; 1992. 7. 24.-92도1148; 1996. 11. 12.-96누1221).

[憲 1993. 7. 29.-92헌바48] 「현 단계에 있어서의 북한은 조국의 평화적 통일을 위한 대화와 협력의 동반자임과 동시에 대남적화노선을 고수하면서 우리 자유민주체제의 전복을 획책하고 있는 반국가단체라는 성격도 함께 갖고 있음이 엄연한 현실인 점에 비추어, 헌법 제4조가 천명하는 자유민주적 기본질서에 입각한 평화적 통일정책을 수립하고 이를 추진하는 한편 국가의 안전을 위태롭게 하는 반국가활동

을 규제하기 위한 법적 장치로서, 전자를 위하여는 남북교류협력에관한법률 등의 시행으로써 이에 대처하고 후자를 위하여는 국가보안법의 시행으로써 이에 대처하고 있는 것이다.」

이러한 헌법재판소의 판례의 취지가 북한이 법적으로 이중적인 지위에 있다는 것을 의미하지는 않는다. 법적으로는 북한은 언제나 대한민국에 대하여 반국가단체의 지위에 있다. 사실상(de facto)으로는 현실적 상황의 변화에 따라 북한은 대한민국에 대하여 대화의 동반자도 될 수 있고 적대적인 지위에 있을 수 있으며 중립적인 지위에 있을 수도 있다.

[大 1990. 9. 25.-90도1451] 「헌법 제3조는 "대한민국의 영토는 한반도와 그 부속도서로 한다"고 규정하고 있어 법리상 이 지역에서는 대한민국의 주권과 부딪치는 어떠한 국가단체도 인정할 수가 없는 것이므로, 비록 북한이 국제사회에서 하나의 주권국가로 존속하고 있고, 우리정부가 북한 당국자의 명칭을 쓰면서 정상회담 등을 제의하였다 하여 북한이 대한민국의 영토고권을 침해하는 반국가단체가 아니라고 단정할 수 없으며……」

[大 1996. 11. 12.-96누1221] 「원심은……원고는 조선인인 위 소외 1을 부친으로 하여 출생함으로써 위 임시조례의 규정에 따라 조선국적을 취득하였다가 1948. 7. 17. 제헌헌법의 공포와 동시에 대한민국 국적을 취득하였다 할 것이고, 설사 원고가 북한법의 규정에 따라 북한국적을 취득하여 1977. 8. 25. 중국 주재 북한대사관으로부터 북한의 해외공민증을 발급받은 자라 하더라도 북한지역 역시 대한민국의 영토에 속하는 한반도의 일부를 이루는 것이어서 대한민국의 주권이 미칠 뿐이고, 대한민국의 주권과 부딪치는 어떠한 국가단체나 주권을 법리상 인정할 수 없는 점에 비추어 볼 때 이러한 사정은 원고가 대한민국 국적을 취득하고, 이를 유지함에 있어 아무런 영향을 끼칠 수 없다고 판단하였다. 기록과 관계 법령의 규정에 비추어 보면 원심의 위 사실인정 및 판단은 정당하고, 거기에 소론과 같이 국적법에 관한 법리를 오해한 위법이 있다고 할 수 없다.」

그런데 현실적으로 휴전선 이북의 북한지역은 북한정권이 점령하고 있어 대한민국의 통치권이 미칠 수 없게 되어 있다. 북한의 주민에게는 대한민국의 헌법과 법령의 효력이 미치기 때문에 북한 주민도 규범적으로는 대한민국의 국민으로서의 지위를 가지지만(예: 大 1990. 9. 28.-89누6396; 1996. 11. 12.-95누1221), 분단에 의하여 현실적인 제한을 받고 있다.

이렇게 볼 때, 헌법 제3조는 法規範的인 것(de juris)으로서의 성질을 가지는 것이며, 현실적인 것과 일치하지 않는다. 이는 分斷國家에서 발생하는 현상이다. 헌법 제3조는 법규범적인 것이기 때문에 현실의 상황변화에 따라 달라지는 것도 아니다. 즉 대한민국과 북한 사이에 관계가 악화되든(예: 대남적화통일태도의 유지, 전쟁 또는 핵무기로 위협 등) 개선되든(예: 경제교류 등 남북교류의 활성화 등) 국제관계의 변화가 있든 없든(예: 북한의 국제연합에의 가입 또는 탈퇴, 중국, 미합중국, 일본국과의 수교 또는 단교) 관계없이 헌법 제3조는 규범적 효력을 가진다(예: 大 2003. 4. 8.-2002도7281; 2003. 9. 23.-2001도 4328; 2004. 8. 30.-2004도3212; 2004. 7. 22.-2002도539). 상황의 변화에 따라 북한이 교류의 대상이고 통일논의의 대화 상대자라고 대한민국이 인정하든 북한이 이러한 것을 거부하든 관계 없이 헌법 제3조의 규범적 의미는 동일하다.

[大 1990. 9. 28.-89누6396] 「저작권법의 규정들에 의하면……이러한 저작재산권은 특별한 경우를 제외하고는 저작자가 생존하는 동안과 사망 후 50년간 존속한다고 규정하고 있다. 그리고 이 법규정의 효력은 대한민국 헌법 제3조에 의하여 여전히 대한민국의 주권범위 내에 있는 북한지역에도 미치는 것이다. 원심판결 목록기재 저작자들은 모두 6.25 사변 전후에 납북되거나 월북한 문인들로서, 그들이 저작한 위 목록기재 작품들을 발행하려면 아직 그 저작재산권의 존속기간이 만료되지 아니하였음이 역수상 명백한 만큼, 동인들이나 그 상속인들로부터 저작재산권의 양수 또는 저작물이용허락을 받거나 문화부장관의 승인을 얻었음을 인정할 자료가 없는 이 사건에 있어서 원고는 이 사건 처분의 부존재확인을 구할 법률상 지위에 있는 자라고 할 수 없다 할 것이고……」

[大 2004. 8. 30.-2004도3212] 「북한이 여전히 우리나라와 대치하면서 우리나라의 자유민주주의 체제를 전복하고자 하는 적화통일노선을 완전히 포기하였다는 명백한 징후를 보이지 않고 있고, 그들 내부에 뚜렷한 민주적 변화도 보이지 않고 있는 이상, 북한은 조국의 평화적 통일을 위한 대화와 협력의 동반자임과 동시에 적화통일노선을 고수하면서 우리의 자유민주주의 체제를 전복하고자 획책하는 반국가단체라는 성격도 아울러 가지고 있다고 보아야 하고, 남북 사이에 정상회담이 개최되고 남·북한 사이의 교류와 협력이 이루어지고 있다고 하여 바로 북한의 반국가단체성이 소멸하였다거나 대한민국의 안전을 위태롭게 하는 반국가활동을 규제함으로써 국가의 안전과 국민의 생존 및 자유를 확보함을 목적으로 하는 국가보안법의 규범력이 상실되었다고 볼 수는 없다는 것이 대법원의 확립된 견해이다.」

(c) 개인의 영토권 문제

헌법 제3조의 규정에서 국민에게 영토권이 인정되는 것인가 하는 문제가 있다. 영토는 공동체에 유보된 객관적 성질을 가지는 것이어서 무엇보다 개인의 주관적 판단에 의하여 결정될 수 없기 때문에 영토에 관한 주관적 권리는 성립할 여지가 없다. 영토에 관하여는 영토의 합병 또는 할양에 관하여 국민투표로 결정하는 경우에는 국민투표권이 인정될 수 있을 뿐이다. 따라서 개개인이 주체가 되는 영토에 관한 권리는 성립하지 않는다.

그런데 憲法裁判所는 영토에 관한 권리가 개인의 주관적 권리는 될 수 없어도 영토의 변경이 국민의 기본권에도 영향을 준다는 것을 전제로 하여 국민의 기본권 침해에 대한 권리구제를 위하여 그 전제조건으로서 영토에 관한 권리, 즉 영토권을 구성할 수 있고, 영토조항만을 근거로 하여 헌법소원심판을 청구할 수는 없으나 이러한 영토권을 헌법소원심판의 대상이 되는 기본권으로 간주하는 것은 가능하다고 본다(예: 憲 2001. 3. 21.-99헌마139). 기본권의 성질이나 헌법소원심판제도의 성질에 비추어 볼 때, 이러한 견해는 성립하기 어려운 기이한 주장이어서 동의하기 어렵다.

[憲 2001. 3. 21.-99헌마139] 「헌법 제3조는 "대한민국의 영토는 한반도와 그 부속도서로 한다"고 규정하여, 대한민국의 주권이 미치는 공간적 범위를 명백히 선언하고 있다. 이러한 영토조항의 헌법적 의미가 무엇인가에 대해서는 여러 가지 견해가 존재하지만, 이러한 영토조항이 국민 개개인의 주관적 권리인 기본권을 보장하는 것으로 해석하는 견해는 거의 존재하지 않는 것으로 보인다. 이는 기본권이라는 것이 국민의 국가에 대한 주관적인 헌법상의 권리인데 대하여, 영토조항은 국가공동체를 구성하는 본질적인 요소에 대한 규정임을 고려하여 볼 때 쉽게 납득할 수 있을 것이다. 그러나, 모든 국가적 권능의 정당성근거인 동시에 국가권력의 목적인 국민의 기본권을 가장 실질적으로 보장해주는 대표적인 헌법재판제도로서의 헌법소원심판의 본질은 개인의 주관적 권리구제뿐 아니라 객관적인 헌법질서의 보장도 겸하고 있다고 보아야 한다. 국민의 개별적인 주관적 기본권을 실질적으로 보장하기 위해서는 경우에 따라서는 객관적인 헌법질서의 보장이 전제되지 않으면 안 되는 상황을 상정해 볼 수 있다. 그 예로서, 헌법 제3조의 영토조항은 우리나라의 공간적인 존립기반을 선언하는 것인바, 영토변경은 우리나라의 공간적인 존립기반에 변동을 가져오고, 또한 국가의 법질서에도 변화를 가져옴으로써, 필연적으로 국민의 주관적 기본권에도 영향을 미치지 않을 수 없는 것이다. 이러한 관점에서 살펴본다면, 국민의 개별적 기본권이 아니라 할지라도 기본권보장의 실질화를 위하여서는, 영토조항만을 근거로 하여 독자적으로는 헌법소원을 청구할 수 없다 할지라도, 모든 국가권능의 정당성의 근원인 국민의 기본권 침해에 대한 권리구제를 위하여 그 전제조건으로서 영토에 관한 권리를, 이를테면 영토권이라 구성하여, 이를 헌법소원의 대상인 기본권의 하나로 간주하는 것은 가능한 것으로 판단된다.」

(3) 영토의 변경

헌법에서 영토에 관한 사항을 정하는 경우에 영토의 임의적 변경(예: 영토의 병합, 할양)에서는 헌법의 개정을 필요로 한다. 영토의 변경에는 任意的 變更과 自然的 變更이 있는데, 어느 경우에나 영토의 변경이 있게 되면 헌법의 장소적 적용범위가 변경되고, 따라서 국가의 지배권이 미치는 공간적 범위가 달라진다.

憲法史的으로 보면, 영토변경을 헌법개정의 방법으로 할 수 있게 한 때와 별도로 국민투표로 결정하게 한 때가 있었다. 그 내용을 표로 보면 아래와 같다.

영토변경에 관한 헌법규정

헌법 / 항목	1948년헌법- 1952년헌법-	1954년헌법- 1960년6월헌법- 1960년11월헌법	1962년헌법- 1969년헌법- 1972년헌법- 1980년헌법- 1987년헌법-
헌법개정	○	×	○
국민투표		국회의 가결을 거친 후에 국민투표에 부하여 민의원의원선거권자 3분지 2 이상의 투표와 유효투표 3분지 2 이상의 찬성을 얻어야 한다. 전항의 국민투표의 발의는 국회의 가결이 있은 후 1개월 이내에 민의원의원선거권자 50만인 이상의 찬성으로써 한다. 국민투표에서 찬성을 얻지 못한 때에는 제1항의 국회의 가결사항은 소급하여 효력을 상실한다.	

Ⅲ. 영 해

領海(territorial sea)는 沿岸國(coastal state)의 영토에 접속한 일정한 범위의 해역을 말한다. 연안국의 주권은 영해의 상공, 海底, 下層土에 미친다(해양법에관한국제연합협약 §2, 1980. 10. 12. 체결, 1994. 12. 16. 발효, 1996. 2. 28. 우리나라 발효). 영해는 연안국의 해상상의 권리가 미치는 公共物이 아니라, 연안국의 주권이 미치는 영역에 속하는 배타적인 부분이다. 따라서 영해는 관할국의 주권이 미치는 영역이다. 영해에서는 외국선박이 연안국의 평화, 안전보장, 공공질서 등을 침해하지 않는 한 자유로이 항해할 수 있는 국제법상의 無害通航權(right of innocent passage)이 인정된다. 우리나라도 이를 인정하고 있다(영해및접속수역법 §5).

영해의 범위를 정함에 있어서는 개별 국가가 접하고 있는 해양으로 무한정 나아갈 수 없기 때문에 國際法的인 문제가 된다. 그런데 영해의 범위에 대해서는 통일된 의견이 없다. 각 나라마다 6海里(sea mile, Seemeile), 12해리(대부분의 국가) 등을 주장하고 있다. 우리나라는 領海및接續水域法에서 「대한민국의 領海는 基線으로부터 측정하여 그 外側 12海里의 선까지에 이르는 水域으로 한다. 다만, 대통령령이 정하는 바에 따라 일정 수역에 있어서는 12海里 이내에서 領海의 범위를 따로 정할 수 있다」라고 정하여(同法 §1) 원칙적으로 기선(baseline)으로부터 12해리의 영해를 취하고 있고, 대한해협에 대해서는 잠정적으로 3해리를 적용하고 있다(同施行令 §3).

영해는 아니더라도 해당 국가의 일정한 범위의 통치권과 국제법상의 권리가 미치는 수역이 있는데, 이에 해당하는 것으로는 대한민국의 영토나 영해에서 관세, 재정, 출입국관리, 보건·위생에 관한 법규를 위반하는 행위를 방지 또는 제재할 수 있는 24

해리 이내의 接續水域(contiguous zone 領海法 §3의2, §6의2)과 해양법에 관한 국제연합협약에 따라 정한 排他的經濟水域法에 의하여 일정한 범위에서의 대한민국의 권리와 외국 또는 외국인의 권리·의무가 인정되는 200해리 이내의 排他的 經濟水域(EEZ exclusive economic zone)이 있다.

근래에는 각 나라마다 大陸棚(continental shelf)에 대한 관심이 점점 높아지고 있는데, 연안국에게는 대륙붕의 탐사와 천연자원의 개발에 관한 권리가 인정된다(해양법에관한국제연합협약 §77). 현재 대륙붕의 범위에 대해서는 연변부의 외연, 즉 영해의 범위를 측정하는 領海基線으로부터 200해리의 거리에 이르는 해면하의 해저구역을 연안국의 관할 대륙붕으로 간주한다. 그러나 대륙붕 연변부가 200해리를 넘을 경우에는 i) 퇴적암의 두께가 大陸斜面脚部까지 이르는 최단거리의 적어도 1%까지와 ii) 대륙사면각부로부터 60해리를 넘지 않는 지점까지로 한다. i), ii)의 경우 모두 영해기선으로부터 350해리, 또는 수심 200m의 등심선(等深線)으로부터 100해리를 넘지 않아야 한다. 국제법상 대륙붕에 관한 法源으로는 1958년의 대륙붕에 관한 협약(Convention on the Continental Shelf), 1969년의 북해대륙붕사례(North Sea Continental Shelf Case), 1982년의 유엔해양법협약(UN Convention on the law of the Sea)이 있다. 대륙붕의 경계획정에 대해서는 대륙붕에 관한 협약은 등거리선/중간선의 원칙을, 북해대륙붕사례는 육지영토에서 자연적으로 연장된 곳까지로 정하는 자연적 연장의 원칙을, 유엔해양법협약은 형평성의 원칙을 각각 유지하고 있다.

문제는 각국이 자국의 대륙붕을 주장하는 경계가 서로 겹치는 경우를 어떻게 해결할 것인가 하는 점이다. 관련국간의 분쟁을 피하기 위해 가능한한 共同開發하는 방향으로 문제를 해결해가는 태도를 보이고 있다. 한국의 경우 東中國海에서 한국, 일본국, 중국의 대륙붕의 주장이 서로 겹쳐지고 있어 문제가 되고 있다. 이에 대해서는 한국과 일본국간에는 「대한민국과 일본국간의 양국에 인접한 대륙붕남부구역의 공동개발에 관한 협정」(1974. 1. 30. 서명, 1978. 6. 22. 발효, 2028년 종료 예정)을 체결하여 서로 공동개발하는 것으로 문제를 해결해가고 있다. 이에 대하여 중국은 이러한 양국의 협정에 대하여 인정하지 않는 태도를 보이고 있다.

憲法裁判所는 獨島 등을 중간수역으로 정한 「대한민국과 일본국 간의 어업에 관한 협정」(1998. 11. 28. 조약 제1447호로 체결되고 1999. 1. 22. 발효된 것) 제9조 제1항, 부속서1의 제2항 가목, 제8조 가목은 어업에 관한 협정으로서 배타적경제수역을 직접 규정한 것이 아니고, 이런 점들은 이 사건 협정에서의 중간수역에 대해서도 동일하다고 할 것이므로 독도가 중간수역에 속해 있다 할지라도 독도의 영유권문제나 영해문제와는 직접적인 관련을 가지지 아니하기 때문에 헌법상 영토조항에 위반되지 않는다고 하였다(憲 2001. 3. 21.-99헌마139등; 2009. 2. 26.-2007헌바35).

[憲 2001. 3. 21.-99헌마139등] 「이 사건 협정은 전술한 바와 같은 협상경위를 거쳐 성립·발효된 것으로서, 한일 양국의 어업에 관한 잠정적인 합의를 담고 있는 것이다. 협상이라는 것이 본래 일방의 주장만을 일방적으로 수용 또는 채택한다고 하기보다는 대개는 서로 대립하는 이해관계를 타협·절충하는 성격을 지니는 것이 일반적이라고 하겠다. 특히 이 사건 협정이나 배타적경제수역의 경계획정과 같이 양국의 이해관계가 첨예하게 대립하는 협상의 경우에는 양측의 주장을 모두 충족시키는 결과를 도출해낸다는 것은 대단히 어려운 일이라고 할 것이다. 살피건대, 이 사건 협정의 협상에 임하는 한일 양국의 기본적인 입장은 적지 아니한 차이가 있었다고 보여진다. 즉, 우리나라는 65년협정을 유지하면서 새로운 해양법질서에 의한 배타적경제수역의 경계획정문제와 어업협정문제를 병행하여 합의해 나가자는 입장이었는 데 반하여, 일본은 배타적경제수역의 경계획정문제는 양국의 첨예한 이해관계가 대립되고 조속한 시일내에 그 타결을 보기가 용이하지 아니하므로, 우선 어업문제에 대해 잠정적인 합의를 이루자는 것으로 가능한 한 빠른 시일내에 65년협정의 개정을 희망하는 입장이었던 것으로 보여진다. 이러한 입장으로부터, 일본은 65년협정의 종료를 위하여 적지아니한 외교적 부담을 무릅쓰고서도 1998. 1. 23.에 65년협정의 파기(종료)를 일방적으로 통고하여 왔으며, 동 협정 제10조 제2항에 의하여 동 협정은 1999. 1. 22.에 종료하게 되었던 것이다. 그러나 한일 양국은 무협정상태로 인한 혼란만은 피하여야 한다는 데 인식을 같이 하고, 배타적경제수역의 경계획정문제와는 별도로 어업에 관한 사항만을 우선 잠정적으로 합의한 것이 이 사건 협정이라고 할 수 있다. 이같은 배경과 체결과정을 거쳐 성립·발효한 이 사건 협정이 영해 및 배타적경제수역에 대한 국민의 주권과 영토권을 침해하고, 독도를 한일 중간수역에 포함시킨 것이 우리나라 영토의 일부인 독도의 영유권을 포기한 것이기 때문에 헌법상 보장된 영토에 관한 권리를 침해한 것인지의 여부를 살펴보기로 한다. 먼저, 이 사건 협정과 배타적경제수역과의 관계를 살펴보면, 이 사건 협정의 명칭과 본문 및 부속서의 각 조항의 내용으로부터 알 수 있듯이 이 사건 협정은 '어업에 관한' 협정이라는 점이다. 따라서 배타적경제수역의 경계획정문제와는 직접적인 관련을 가지지 아니하며, 이 점은 부속서Ⅰ 제1항이 "양 체약국은 배타적경제수역의 조속한 경계획정을 위하여 성의를 가지고 계속 교섭한다"고 규정하고 있는 점으로부터서도 확인할 수 있다. 또한, 이 사건 협정이 채택하는 배타적경제수역으로 간주되는 수역과 이른바 중간수역과의 구별은, 전자가 연안국에 인접해있고 200해리 배타적경제수역을 채택한다 하더라도 한일 양국간에 문제가 발생할 여지가 없는 수역을 정하여, 그 수역에서는 연안국이 어업에 관한 주권적 권리를 행사하는 배타적경제수역으로 간주한다는 것이며(제7조 제1항 참조), 후자는 한일 양국의 200해리 배타적경제수역의 외측 한계선이 서로 중첩되거나 200해리 측정을 위한 영해기선을 정하는 것이 용이하지 아니해서 일정한 수역을 정하여 일단 어업에 관해서는 양국의 국민과 어선들이 그곳에서 조업가능하도록 타방 체약국의 국민 및 어선에 대하여 어업에 관한 자국의 관계법령을 적용하지 아니하도록 한 것이다(부속서Ⅰ 제2항 가호 참조). 이러한 중간수역은 동해와 제주도 남부 동중국해 일대의 2개소에 걸쳐 존재한다(제9조 참조). 이들 중간수역은 한일 양국이 배타적경제수역에 관한 합의가 없으면 각기 채택하도록 되

어 있는 각자의 중간선보다 양국이 각각 자국측 배타적경제수역쪽으로 서로 양보하여 설정한 것으로서 중간수역의 설정에 있어서 어느 일국의 일방적인 양보로는 보이지 않고, 또한 상호간에 현저히 균형을 잃은 설정으로는 보이지 않는다(우리나라의 배타적경제수역법 제5조 제2항 및 일본의 배타적경제수역및대륙붕에관한법률 제1조 제2항 참조). 다음으로, 이 사건 협정과 영해와의 관계를 살펴보면, 해양법협약에서는 배타적경제수역을 영해 밖에 인접한 수역으로서 영해기선으로부터 200해리를 넘을 수 없도록 규정하고 있고(제55 · 57조 참조), 이에 따라서 한일 양국의 국내법에서도 동일한 취지의 규정을 두고 있다(우리나라의 배타적경제수역법 제2조 제1항 및 일본의 배타적경제수역및대륙붕에관한법률 제1조 제2항 참조). 따라서 이 사건 협정은 배타적경제수역을 직접 규정한 것이 아닐 뿐만 아니라 배타적경제수역이 설정된다 하더라도 영해를 제외한 수역을 의미하며, 이러한 점들은 이 사건 협정에서의 이른바 중간수역에 대해서도 동일하다고 할 것이므로 독도가 중간수역에 속해 있다 할지라도 독도의 영유권문제나 영해문제와는 직접적인 관련을 가지지 아니한 것임은 명백하다 할 것이다. 마지막으로, 이 사건 협정과 대륙붕문제와의 관계를 살펴보면, 제주도 남부의 대륙붕개발에 관한 "대한민국과 일본국간의 양국에 인접한 대륙붕 남부구역 공동개발에 관한 협정"(이하 "남부대륙붕 협정"이라 한다)은, 제주도 남부구역에서의 석유자원의 탐사와 채취를 위한 공동개발을 목적으로 한 것으로, 이러한 목적 이외의 "본 협정의 어느 규정도 공동개발구역의 전부나 어느 부분에 대한 주권적 권리의 문제를 결정하는 것으로 볼 수 없으며, 대륙붕 경계확정에 관한 각 당사국의 입장을 침해하는 것으로 볼 수 없다"(동 협정 제28조 참조)는 규정에서 알 수 있듯이 남부대륙붕협정과 이 사건 협정은 그 목적과 적용대상에서 전혀 별개의 것으로서, 이러한 점을 무시한 채 양자를 동일선상에서 비교하는 청구인의 주장은 타당하다 할 수 없다. 이상에서 살펴본 바와 같이, 이 사건 협정으로 인하여 독도의 영해와 배타적경제수역에 대한 영토권이 침해되었다는 청구인들의 주장은 이유없다 할 것이다.」 憲法裁判所는 [2007헌바35] 사건에서도 동일한 법리를 반복하여 확인하고 있다. 다만, 여기서는 헌법상의 영토조항에 위반한다는 다음과 같은 재판관 2인의 반대의견이 있다. 「이 사건의 쟁점은 이 사건 신한일어업협정을 체결하면서 독도가 대한민국의 영토임에도 불구하고 그 영토로서의 지위와 성격을 인정하지 아니한 채 독도와 그 인근수역을 대한민국과 일본국의 공동어업구역 내에 들어가도록 정한 것이 헌법 제3조에 위반되는지 여부인바, 우리는 이 협정이 헌법 제3조 영토조항을 위반하여 위헌이라고 판단하므로 아래와 같이 그 이유를 밝힌다. 다만 다수의견은 선례인 우리 재판소의 99헌마139등 사건의 판단요지를 원용하고 있으므로 우리는 이 사건의 요지와 선례의 요지를 아울러 검토하여 그에 대한 반대의견을 개진하는 바이다. 의견개진의 순서는 먼저 헌법 제3조의 영토조항의 규범적 의의와 독도의 법적 지위를 살펴본 뒤 다수의견의 문제점을 항목별로 살펴보고 마지막으로 결론을 내고자 한다. **가. 영토조항의 규범적 의의와 독도의 법적 지위** (1) **조약체결에 있어서 영토보전의 의무** 헌법 제3조 영토조항은 단지 역사적 사실을 기술한 것이거나 국가 영역의 지리적 경계를 사실상 선언한 것에 불과한 규정이 아니다. 한반도와 그 부속도서를 대한민국의 영토로 한다고 함은 그 영역에 대한민국의 주권이 미친다는 것을 규범적으로 확정한 것이며 한반도의 역사적 주인이 바로 대한민국임을 선포함으로서 대한민국이 한반도와 그 부속도서를 지배하는 유일한 합법정부라는 점을 규범적으로 확정한 것이다. 따라서 이와 같은 영토조항은, 대한민국 존립의 기본적 조건을 규정하는 근본법으로서 우리 헌법이 내포하고 있는 최고가치 중 하나이자, 기본권 조항을 위시하여 수많은 헌법조항들의 실현을 가능하게 하는 근본적인 전제가 되는 조항에 해당하므로 이 영역 내에서 대한민국의 주권과 부딪치는 어떠한 행위도 용납될 수 없다는 헌법제정자의 규범적 명령이 이로부터 도출되는 것이다. 이러한 규범적 명령은 대한민국의 영토를 침범하는 적대세력에 대하여 영토를 수호하는 활동에 있어서 뿐만 아니라 대한민국의 모든 국가기관이 국가권력을 행사함에 있어서 준수해야 할 헌법적인 명령이다. (2) **영토주권, 영해주권, 배타적경제수역** 영토는 한 국가의 존립기반으로서 해당 국가의 국민이 삶을 형성·유지하는 생존의 근거이기도 하다. 영토는 해당 국민이 실효적으로 지배하고 있는 육지(좁은 의미의 영토)에만 국한하는 것이 아니라, 수평으로는 육지의 연안·도서 및 도서의 인접 해역(영해)에 이르는 범위까지, 수직으로는 영토와 영해의 항공(영공) 및 해저와 그 하층토까지를 포함하는 것이며, 영해 내에서 해당 국가가 행사하는 국권의 성질도 주권이므로 우리는 특히 영해에 미치는 주권을 일러 영해주권이라 부른다. 과거 연안국의 주권이 미치는 범위를 영해기선으로부터 3해리까지로 인정하여 이를 영해주권이 미치는 범위로 이해하여 온 것은 사실이다. 그러나 오늘날 해양에 관한 연안국의 권한범위가 확장되어 국제법상 영해의 범위도 12해리까지로 승인되고 있을 뿐만 아니라 24해리까지는 접속수역, 나아가 200해리까지는 배타적경제수역이라 하여 국제법상 연안국의 배타적인 권리를 인정하고 있는 점도 연안국의 영해주권과 무관하다고는 할 수 없다. 따라서 배타적경제수역이 국제법상 영해와는 다른 별도의 수역이라 하더라도, 헌법상의 영토조항 규정의 취지에 비추어 볼 때, 거기에도 영해와 같은 정도는 아니어도 그에 준하는 수준의 영토보전적 책무가 헌법상 있다고 보아야 할 것이며 이는 국제 해양법질서의 변화가 요청하는 바이기도 하다. (3) **독도와 인근수역의 법적 지위** 우리 헌법 제3조는 "대한민국의 영토는 한반도와 그 부속도서로 한다"고 규정하고 있는바, 독도는 울릉도의 속도로서 울릉도와 함께 한반도에 부속된 도서이므로 대한민국의 영토에 속하는 것이 명백하다. 이는 '세종실록지리지(世宗實錄地理志)' 등 오랜 역사적 기록에서부터 확인할 수 있을 뿐 아니라 실제로 독도에는 주민등록이 되어 있는 경북도민이 살고 있고 주거시설이 있는 섬으로서, 일제강점기 동안을 제외하고는 해방과 건국 이후 대한민국이 그 실효적 지배권을 행사해 오고 있음을 보아 알 수 있다. 영토라 함은 육지뿐만 아니고 그 상공과 지하 및 그에 연하여 있는 바다까지 포함하므로 독도가 인간이 거주할 수 없거나 독자적인 경제활동을 유지할 수 없는 암석(UN해양법협약 제121조 참조)이 아닌 이상, 독도에 연하여 있는 일정범위의 해역 역시 대한민국의 영토이어서 거기에도 주권(해양주권)이 미친다. 따라서 독도는 독도와 그 자체의 영해뿐만 아니고 그 자체의 접속수역과 배타적경제수역을 가질 수 있고 대한민국의 영토적 권한범위는 여기에까지 미친다 할 것이다. **나. 다수의견의 논거들에 대한 비판** (1) **이 사건 협정이 영토조항을 규율대상으로 하고 있지 않다는 견해에 대하여** (가) 다수의견은 이 사건 협정은 제1조에서 "이 협정은 대한민국의 배타적경제수역과 일본국의 배타적경제수역(이하 "협정수역"이라 한다)에 적용한다"고 규정하여 배타적경제수역만을 대상으로 할 뿐, 영해에는 적용되지 않아 독도 영유권 문제와 무관하다고 주장하고 있다. 그러나 배타적경제수역의 폭은 영해기선으로부터 측정하는 것이고 영해기선은 영토에서 나오는 것이므로 배타적경제수역이 결코 영토와 무관하다고 할 수는 없다. 독도가 우리 영토인 이상, 울릉도를 기선으로 배타적경제수역을 설정할 수 없고 반드시 독도를 기선으로 배타적경제수역을 설정해야 한다. 울릉도를 기선으로 하고 독도를 중간수역에 넣어놓고도 독도를 우리 영토라 주장하는 것이 무방하다 한다면 울릉도조차 우리 영토인 채로 중간수역에 넣을 수도 있다는 것인데 이는 명백히 부당하다 하지 않을 수 없다. (나) 또 다수의견은 이 사건 협정은 그 명칭이 "어업에 관한 협정"이고 협정의 내용도 어업 문제만을 다루고 있을 뿐 영토문제와는 무관하다고 주장하고 있다. 그러나 어업권의 귀속 문제는 영토주권의 주요한 내용 중 하나이므로 어업에 관한 사항만을 다룬다고 하여 영토문제와 무관하게 되는 것은 아니다. 어업자원의 관리 등 자원에 대한 포괄적인 지배권의 행사는 영토주권의 배타적 성격에 본질적으로 결부되는 주권의 핵심 영역이므로 어업권도 영토에 대한 배타적 지배와 분리하기 힘든 주권적 내용에 당연히 포함되어야 하는 것이기 때문이다. (2) **이 사건 협정이 잠정협정에 불과하여 영토조항을 침해하지 않는다는 견해에 대하여** 다수의견은 이 사건 협정이 이른바 무협정상태를 예방하는 잠정협정에 불과한 것이고 최종적인 배타적경제수역 경계획정에는 영향을 미치지 않을 것이므로 영토문제와 무관하다고 주장한다. 그러나 이러한 주장은 첫째, 아주 특별한 사정이 전제되지 않는 한, 일시적·잠정적이라 하여 영토주권은 제약이 허용될 수 있는 성질의 것이 아니라는 점 둘째, 이 사건과 같은 경우 독도 영유권과 관련한 사안의 성질상 조속한 합의를 기대할 수 없기 때문에 잠정적 합의가 그대로 고착될 우려가 있고 결국 영토주권의 지속적 침해로 연결될 수 있다는 점에서 납득하기 어려운 주장이라 판단된다. (3) **이 사건 협정이 기왕에 가입·발효된 UN해양법협약과 그에 따라 제정·시행되고 있는 국내법질서를 단지 확인한 데 불과한 것이라는 견해에 대하여** 다수의견은 배타적경제수역으로 간주하는 수역과 관련하여 이 사건 협정은 UN해양법협약과 한일 양국의 국내 실정법에 의하여 이미 시행되고 있던 배타적경제수역어업체제를 양국이 협상에 의하여 확인한 것이어서 규범적으로 정당화 될 수 있다고 주장한다. 그러나 이는 헌법의 최고규범성에 비추어 인정하기 어려운 주장이다. 우리나라의 최고규범은 바로 헌법이며, 그 이외의 모든 규범은 헌법의 가치를 존중하고 이를 실현하는 역할을 수행한다. 따라서 헌법에 위반되는 규범은 우리 헌법질서 내에서 허용될 수 없다. 정부가 체결한 조약이나 일반적으로 승인된 국제법규 또한 우리 헌법질서 내에서의 규범적 판단에 의거하여 비로소 국내법의 효력을 가질 뿐이다(헌법 제6조 제1항). 그렇다면 헌법상 영토조항에 위반될 소지가 존재하는 상황 속에서, 단순히 이 사건 협정이 UN해양법협약에 근거를 두고 있다는 사실만으로는 위 협정에 대한 위헌성의 시비를 종식시킬 수 없다. 오직 우리 헌법에 근거한 규범적 논증만이 이 사건 협정에 대한 위헌성의 의심을 해소할 수 있는 유일한 길이다. 그렇다면 위의 주장 역시 논리적으로 수긍하기 어렵다. (4) **이 사건 협정의 체결이 상황적으로 불가피하였으며, 우리어민들과 국익에 부합하는 것이라는 견해에 대하여** 다수의견은 한일양국이 UN해양법협약에 가입하였고 그에 기한 양국의 국내실정법에 의하여 이미 각자의 배타적경제수역이 설정되어 있는 상황에서 1965년 협정(구 한일 어업협정)체제의 종료를 원하던 일본이 1997년 말 한일간 어업협상이 결렬된 후 1998. 1. 23. 동 협정의 종료를 일방적으로 통보, 1999. 1. 22. 동 협정이 종료될 상황에 처하여, 새로운 협정이 체결·발효되지 않을 경우 무협정상태가 될 우려가 있고, 그럴 경우 양국의 실정법에 의한 배타적경제수역을 주장함에 있어 양국이 중간선 측정의 기준이 되는 기선을 둘러싸고 대립하게 되면 상호의 중간선이 일치하지 않고 중첩될 수 있고 그로 인해 일정 수역에서 양국의 실정법이 경합 적용되어 충돌하는 최악의 상황도 배제할 수 없었으므로 무협정상태에 놓이는 것보다는 유리하다고 보아 이 사건 협정의 체결이 불가피했고, 한일 양국의 협상결과 양국의 이해를 타협·절충함에 있어서 현저하게 균형을 잃은 것으로 보이지 않으므로 우리나라의 어민들이나 국가의 이익에도 부합한다고 주장한다. 그러나 협정당사국들의 이해가 충돌하는 수역의 어업문제와 관련하여서는 기존의 협정을 새로운 협정으로 대체할 때까지 기존 협정을 유효하게 유지하며 협상을 계속하는 것이 신의성실에 부합하는 행동이었을 것임에도 불구하고 양국이 합의할 수 있는 분명한 대안이 마련되지 않은 상황에서 일방이 자신의 이익을 강요하기 위한 수단으로 구 협정을 일방적으로 파기(종료) 선언하는 것은 애초부터 선린관계에 있는 이웃국가로서 적절한 태도라 할 수 없을 뿐더러 양국의 이해가 균형을 이루었다고도 볼 수 없다. 또 이 사건 협정을 1965년 협정과 비교하지 아니하고 무협정상태로 되는 것과 비교하여 협정의 불가피성을 주장하는 것도 이해가 대립되는 타방당사국에 의하여 고의로 조성된 위기상황을 아무런 성찰없이 당연한 것으로 전제하고 있다는 점에서 받아들이기 어렵다. 어쨌든, 논리완결적인 규범의 세계와는 달리, 현실의 세계는 논리라는 단일한 척도만으로 재단하기 어려울 만큼 복합적이고 가치상충적인 측면을 모순적으로 내포하고 있다는 점을 모르는 바 아니다. 그러나 다수의견이 지적하는 바와 같은 사정들, 즉 양국 간 어로활동에 있어서의 충돌이 명약관화한 상태에서 최악의 상황은 회피하여야 한다는 의식에서 아무런 법률적 근거도 없는 이른바 중간수역이란 것까지 설정해가면서 이 사건 협정이 체결되었다는 점, 따라서 무협정 상황과 비교할 때 오히려 우리 국민들에게 이익이 되는 측면도 있다는 점 등을 충분히 수긍한다 하더라도, 위와 같은 측면이 있었다고 해서 그것만으로 이 사건 협정의 위헌성을 탈각(脫却)시키는 논리적 근거로 삼을 수는 없다고 본다. 그것은 우리는, 위 협정이 우리 국민에게 이익이 되는지의 여부가 아니라 그 협정이 우리 헌법에 합치되는지의 여부가 이 사건 심판의 유일한 판단 기준이 되어야 한다고 생각하기 때문이다. 뿐만 아니라, 헌법의 가치와는 별개의 층위에서 국가이익의 관념을 별도로 상정할 수 있는지, 그리고 나아가 헌법을 위반하면서까지 추구하는 국가이익이 궁극적으로 국가의 진정한 이익이 될 수 있는지도 의문이 아닐 수 없다. 법치주의 국가에서는 법 속에서 국가이익을 찾아야지 법을 떠난 국가이익을 관념할 수 없다고 본다. 그러므로 국가와 국민의 이익은 주권자가 제정한 헌법 속에서 찾아야 한다. 또 옛 중국의 법가 사상가 한비자(韓非子)는 "법의 도리는 처음에는 고생스럽지만 나중에는 오래도록 이로울 것이다"라고 갈파(喝破)하였다(法之爲道前苦而長利). 당장은 충돌상황을 피하고 헌법의 가치를 비켜가는 것이 이익으로 다가올 수 있을지 모르지만, 장기적인 시각으로 헌정질서의 장래를 조망한다면 독도의 영유권을 명확하게 하여 우리 헌법의 가치를 준수하고 이를 실현하는 것이 오히려 모든 국민에게 궁극적 이익으로 귀결될 것이기 때문이다. 따라서 불가피한 상황하에서 국익을 위한 협정이었다는 논지도 수긍하기 어렵다. **다. 결론** 독도도 대한민국 영토인 이상, 독도에 대해서 영토로서의 지위와 성격을 부정해서는 안 된다. 따라서 배타적경제수역을 설정함에 있어서도 당연히 독도를 기점으로 해야지 울릉도를 기점으로 하고 독도를 공동어업구역에 넣어서는 안 된다. 이 사건 협정은 대한민국의 영토인 독도를 기점으로 하여 배타적경제수역을 설정하지 아니하고, 독도와 그 인근수역을 중간수역에 들어가게 함으로써, 우리의 영토권을 불안정하게 하고 독도와 인근수역을 포함한 대한민국 영토의 일부를 보전하는데 있어서 불리한 상황을 초래했다. 따라서 이 사건 협정은 헌법 제3조의 영토조항에 위반된다.」

Ⅳ. 영 공

領空(territorial air space)은 영토와 영해 위에 있는 수직 상공을 말한다. 영공은 영토를 가지는 나라의 배타적인 주권이 미치는 영역이다(국제민간항공협약(Convention on International Civil Aviation 1944)). 각 나라가 가지는 영공의 범위에 관하여는 여러 학설이 존재한다. 영공에서는 無害通航權이 원칙적으로 인정되지 않는다. 국제법상으로는 민간항공기(civil aircraft)에는 일정한 경우에 무해통항이 인정되나, 국가항공기(state aircraft)에는 원칙적으로 무해통항이 인정되지 않는다(국제민간항공협약 §3).

대한민국의 영역

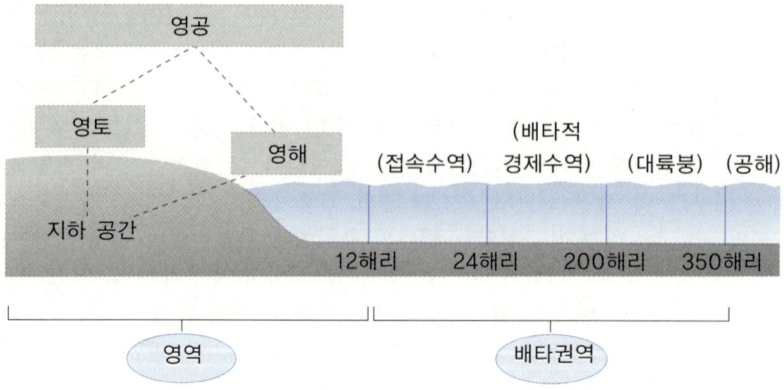

제 2 편

憲法의 基本原理

항상 마음에 萬百姓에게 혜택을 주어야 하겠다는 생각과 萬物을 자라게 해야 하겠다는 뜻을 가지고 있은 뒤라야만 바야흐로 참다운 讀書를 한 君子라 할 수 있다.

－茶山 丁若鏞

제 1 장 國民主權

[59] 第一 主權의 槪念

Ⅰ. 개념의 연원과 전개

主權(sovereignty, Souveränität, souveraineté)의 개념은 그 기원에서 神學的인 개념이고 법학적인 개념은 아니었다. 신학적으로 주권이라 함은 만물을 생기게 하고 이를 통제하는 絕對的인 *存在者*가 행하는 最終的인 決定權能을 의미한다. 따라서 주권자는 모든 일을 관장하는 주인이고, 이를 처리하는 최종적인 권위를 가진다. 이러한 것은 세속정치를 정당화하는 단계에서 교황으로부터 독립한 중세자유도시의 지위를 정하거나 神政政治와 왕권신수설에 기반을 두고 있었던 君主政治에서 首長 또는 군주의 최고의 지배권(suprema potestas)을 정당화하기 위한 개념으로 수용되었다. 이로써 주권자의 지위에 있는 존재는 종교적 절대자에서 세속의 통치자로 옮겨가게 되었고, 13세기 말과 14세기 초 유럽의 정치이론과 실제에서 이는 주권이라는 개념으로 정당화되었다. 근대 시민혁명 이후에 군주의 권능이 국민에게로 이전됨에 따라 君主主權은 國民主權으로 나타났다.

Ⅱ. 개　　념

이런 과정에서 주권은 統治權과 동일시되기도 하였지만, 입헌국가가 성립된 이후에는 통치권도 주권자가 제정한 헌법에 의해 창설되고 통제된다는 법리가 정립되면서 憲法制定權力으로 이해되기도 하였다. 주권이 국민주권의 모습으로 된 현재의 단계에서는 주권은 공동체의 의사를 스스로 결정하는 최종적인 지위와 권위를 의미하며, 이러한 권위에는 헌법을 제정하는 권능도 포함된다.

Sovereignty, Souveränität, souveraineté를 한자어로 「主權」이라고 번역하면서, 이를 「權」자가 붙은 權力, 權利, 權能 등과 같이 실체적인 것으로 오해되기도 하지만, 이는 구체적인 내용을 가지는 실체적 개념(Substanzbegriff)이 아니라 상태나 지위를 의미하는 기능적 개념(Funktionsbegriff)임을 유의할 필요가 있다.

[60] 第二 主權理論의 展開

주권이라는 개념은 국가의 형성과 연결되어 있다. 서양의 근대주권사상은 그리스 시대 Aristoteles에까지 올라가는데, 그는 정치체에는 반드시 최고의 권력이 존재하여야 하며, 이러한 권력은 1인이나 소수 또는 다수에게 있을 수 있다는 점을 인식하고 있었다. 그는 주권의 소재를 기준으로 하여 군주국가, 귀족국가, 민주국가라는 3분법을 정립하였다. 이후 초기 로마 공화정시기에 「로마시민의 제국」(imperium populi Romani)이라는 관념이 생겨났는데, 이에 의하면 국가의 官吏는 로마시민의 권위에 의하여 법을 집행하는 자로 생각되었고, 군대명령권과 시민에 대한 통치권을 포함한 개념인 imperium은 로마시민들로부터 최고위관료들에게 부여된 것으로 생각하였다(아래로부터의 정당화). 기원후 2세기 로마제국이 정착되면서 「로마제국」(imperium Romanum)이라는 관념이 형성되었고, 이때부터 황제는 「법으로부터 자유로운 지배자」(princeps legibus solutus est)라는 관념도 형성되었다.

서양의 중세에는 공적 권력의 종국적 원천과 관련하여 이를 정당화하는 정당화의 방식에서 서로 상반되는 2개의 이론들이 등장했다. 하나는 시기적으로 먼저 나타난 것으로서 아래로부터의 정당화이론이다. 이는 권력의 원천이 인민 또는 공동체에 있다는 이론으로서 게르만 전통에서 발생하였다. 다른 하나는 위로부터의 정당화이론이다. 이는 그리스도교의 이념이 지배적으로 됨에 따라 등장한 것으로 권력의 원천이 신 자체에 있다는 神政理論이다. 중세 유럽사회를 구성했던 3개의 권력, 즉 敎皇(pope), 皇帝(emperor), 개별국가의 君主(king)들은 자신들의 권력을 정당화하기 위해 위의 2가지 이론을 적절히 혼합하여 주장하였다. 교황은 영혼의 권력과 함께 세속의 권력도 행사하는 교황의 권한을 신에게서 부여받은 완전하고 충만한 권력(plenitude potestas)이라고 불렀고, 이에 대항하여 신성로마제국의 황제는 황제만이 지상의 유일한 통치자(dominus fundi)로서 일반적 권위를 가지며, 제국(empire)만이 진정한 공법을 가진 정치체, 즉 국가(republica)라고 주장하였다. 특히 황제권을 옹호한 로마법학자들은 이러한 황제의 권한을 universal imperium이라고 하였다. 13세기 이후 로마법의 영향을 받으면서 교황과 황제의 제한된 권력과 함께 개별국가의 군주가 영역 내에서 최고입법권을 가진다는 주장이 제기되었다. 「군주는 어떠한 상위의 존재도 인정하지 않는다」(rex superiorem non recognoscens)는 공식을 통해 완전한 독립을 주장하였고, 그러한 국왕의 권한을 나타내는 용어로 iurisdictio et imperium이 사용되었다. 이는 당시 법학자들에게 사법권, 입법권, 명령권을 포함하는 의미로 받아들여졌고, 그 의미는 이후에 주권개념으로 전개되었다.

근대 초기 르네상스 시기에 이탈리아 북부 도시의 소국가는 황제나 교황과의 관계에서 통치권을 빼앗기지 않으려고 노력하면서 자기들에게는 일체의 외부간섭에 대항하여 자신들의 자유(libertas)를 지킬 권리가 있다고 주장하였다. 이러한 자유에는 자신들의 정치생활에 관하여 일체의 외부적 간섭과 통제로부터 자유로울 권리(獨立)와 그에 상응하여 스스로 합당하다고 생각되는 방식으로 자신들을 통치할 수 있는 권리(自治)가 포함되어 있다는 생각이 들어 있었다. 이러한 것은 對外的 獨立性과 自律的 統治性을 개념요소로 하는 근대 주권개념에 근접한 것이다. 주권을 정당화하는 방식을 두고 아래로부터의 정당화와 위로부터의 정당화라는 2개의 관념은 근대에서도 여전히 동일한 양상으로 나타났는데, J. Bodin(1530-1596)과 T. Hobbes(1588-1679) 그리고 프랑스 절대왕정의 君主主權理論들은 위로부터의 정당화이론의 대표적인 것이었고, J. Locke와 J. J. Rousseau의 國民主權理論은 아래로부터의 정당화이론의 대표적인 것이었다. 독일의 國家主權理論은 이러한 2개의 주권이론 사이에서 절충을 시도한 것이라 할 수 있다.

동양의 군주국가에서는 통치자의 통치를 정당화하는 논의는 기본적으로 아래로부터의 정당화에 바탕을 두고 있었다. 중국, 조선, 일본국, 베트남 등에서는 군주가 통치를 하던 고대국가부터 근대국가까지 儒敎主義(confucianism)가 지배적인 통치이론과 통치이데올로기로 작용하였기 때문에 군주의 통치도 항상 百姓에 바탕을 두어야 정당화된다고 보았다(孔子와 孟子의 정치철학의 핵심원리). 여기서는 군주가 통치를 함에 따라야 하는 天法은 民의 목소리라고 하고, 군주의 통치는 백성의 뜻과 일치할 때 정당한 것이 된다고 하였다. 이러한 아래로부터의 정당화가 오랫동안 지배적인 인식의 틀로 작용하였기 때문에 國民主權에 바탕을 두고 있는 서구적 근대 國民國家로 전환하는 과정에서도 아래로부터의 정당화는 쉽게 수용될 수 있었다.

이러한 정치적 상황과 역사적 배경에서 사용된 主權은 그 필요성에 따라 多義的인 개념으로 사용되었다. 국가와 관련해서는 경우에 따라 i) 國家權力(=統治權力), ii) 國家權力의 最高獨立性, iii) 국정의 방향을 결정하는 힘 또는 권위를 의미하는 國政에 있어서의 最終的 決定權을 의미하는 개념으로 각기 사용되었다. 예컨대 국가우위적인 국가법인설에서는 主權을 國家意思를 의미하는 것으로 사용했고, 국제법에서는 종종 개별국가의 統治權을 지칭하는 용어로 主權이라는 말을 사용하기도 했다(예: 포츠담선언 §8). 主權을 國家의 最高獨立性으로 파악한 경우에는 국가가 그의 의사를 형성·결정함에 있어서는 대외적으로 어떠한 외부의 權力主體로부터도 제한을 받지 않으며(對外的 主權), 대내적으로도 어떤 權力보다 우위에 있는 最高의 것(對內的 主權)이라는 의미로 사용되었다.

프랑스에서 중앙집권적 국가가 성립하던 때에는 君主의 권력이 대내적으로는 봉건영주와 자유도시에 대하여 최고성을 가져야 하고 대외적으로는 신성로마제국의 황제와 로마교황에 대하여 독립성을 확보해야 할 필요성이 있었는데, 이때 君主의 權力을 뒷받침하는 정치이론에서 主權의 개념을 동원하여 君主의 地位와 權力을 정당화하였다. 여기서 主權은 위에서 본 3가지의 모든 의미를 지칭하는 개념으로 나타났다. 즉 主權=君主의 權力=國家權力=最高·獨立性=국가의 방향을 최종적으로 결정하는 힘 또는 권위라는 등식이 성립하였다(예: J. Bodin의 主權理論).

《J. Bodin의 주권이론》

주권개념을 본격적으로 국가와 정치의 영역으로 끌어들인 것은 J. Bodin에 의하여 이루어졌다. 그의 「국가론 제6편」(Les six livres de la République, 1576)에 의하면, 主權은 국가의 절대적·영속적 권력으로서 最高의 지위를 가지며 모든 法律(lex)에서 독립된 권력으로 정의되었고, 이런 권력의 존재는 국가의 본질로서 국가의 존재에 있어 필요불가결한 요소로 이해되었다. 主權은 이러한 권력이었고, 군주는 이런 권력을 가지고 있기 때문에 臣民에 대하여 복종을 요구하는 권위를 가진다고 했다. 그런데 主權이 모든 法律에서 독립되어 있다고 해도 神의 法과 自然法에는 복종하여야 하는데, 이를 위반할 때는 臣民은 복종을 거부할 권리를 가진다고 했다. 이러한 主權은 立法權, 관리임명권, 전쟁선포·강화권, 재판권, 恩赦權, 화폐주조권, 과세권, 충성·복종요구권으로 구체화되어 나타나는 것이었다. 그에 의하면 이런 權力을 가지는 군주가 존재하느냐의 여부에 의해 국가이냐 아니냐 하는 것이 결정된다고 했는데, 이로써 중세봉건구조를 탈피하고 군주에 의해 통합되는 국가와 군주의 권력이 이론적으로 뒷받침되었다.

[61] 第三 國民主權

근대 이후 오늘날 주권은 國民(people)에게 존재하는 것으로 國民主權(popular sovereignty, Volkssouveränität)이 확립되었다. 공동체의 주인은 그 공동체의 구성원이고, 공동체의 문제와 공동체의 의사는 공동체의 주인인 국민만이 最終的으로 결정하는 것으로 되었다. 그런데 共同體의 意思決定은 공동체의 구성원이 스스로 정하는 경우도 있지만, 국민이 대표자를 선출하여 그로 하여금 결정하게 하고 이의 正當性을 국민에게서 구하기 때문에 주권은 공동체의 의사결정을 正當化하는 原理로 기능한다. 따라서 국민주권은 공동체의 의사결정이 종국적으로 국민에 의하여 정당화된다는 정당화원리로 기능을 한다. 이는 구체적으로 헌법을 제정하는 힘은 국민만이 독점하고, 공동체의 의사결정은 언제나 국민에게 바탕을 두어야 한다는 것을 의미한다([95]).

국민주권에서 주권자(soveraign, Souverän)의 지위에 있는 국민은 국적을 보유하고 있는 자이지만, 이는 有權者의 總體도 아니고 全體國民도 아니다. 국적을 보유하고 있는 개개인이 모두 주권자의 지위에 있다(鄭宗燮a, 313).

제 2 장　基本權의 保障

[62] 第一　憲法으로서의 權利章典

헌법이라는 관념이 생겨난 초기에 헌법은 국가의 기본적인 틀을 정하는 규범으로 이해되었다. 그래서 근대 최초의 헌법인 미합중국연방헌법도 처음에는 국가의 기본적인 틀에 관한 사항만을 정하였다.

그러나 근대 인권사상의 발달에 따라 국가의 최고법인 기본적인 자유와 권리들이 성문화되고 보장됨으로써 헌법에는 이러한 자유와 권리들로 구성된 權利章典(bill of right)이 그 한 요소로 자리를 잡게 되었다. 그리하여 오늘날 입헌주의에서는 헌법상의 권리의 보장이 중요한 내용을 이루게 되었다. 이러한 실질적 입헌주의를 「基本權的 立憲主義」(Grundrechtskonstitutionalismus)라고 부르기도 하고, 基本權的 立憲主義에 입각한 憲法을 「立憲的 憲法」이라고 하기도 한다.

대한민국 헌법도 1948년 제정될 때부터 기본적인 자유와 권리를 헌법에 명시하여 권리장전을 헌법의 한 구성부분으로 정립한 후 현재 1987年憲法에 이르기까지 변함없이 기본권적 입헌주의를 유지하고 있다.

[63] 第二　「憲法的 權利」의 成文化

헌법에서 보장하고 있는 자유와 권리를 憲法的 權利(constitutional right)라고 한다. 이러한 권리들이 헌법에 보장되어 있다는 것은 무엇보다 이러한 권리를 실정법적 권리로 보장하고 보호한다는 것을 의미하여 권리의 보장에 실효성을 강화하는 것을 의미한다. 기본적인 자유와 권리들이 헌법에 보장됨으로 인권은 도덕적이거나 선언적인 것에서 더 나아가 비로소 국가권력을 구속하고 공동체의 구성원이 존중하고 준수해야 하는 규범으로 되었다.

한편 헌법에서 일정한 자유와 권리를 보장한다고 함은 이를 헌법의 수준에서 보장한다는 것을 의미하여, 법률로써 이를 부정하거나 침해하지 못한다는 것을 의미한다. 따라서 전통적으로 民主主義에 바탕을 두고 국민대표기관이 광범하게 국민의 자유와 권리를 설정하던 것은 더 이상 통용될 수 없고, 입법권도 헌법상의 권리인 基本權에 기속되기에 이르렀다. 이는 결국 다수결로 부정하거나 변경할 수 없는 자유와 권리가 있다는 것을 명확히 하는 것이며, 기본적인 국민의 자유와 권리는 민주주의에 의하여 좌지우지되지 않는다는 것을 말한다. 이로써 국가도 法律國家에서 憲法國家로 전환을 하게 되었다.

[64] 第三 基本權의 實效性 保障

기본권을 헌법의 수준에서 보장하여 基本權的 立憲主義와 實質的 立憲主義를 실현함에 있어서는 헌법에서 보장하고 있는 기본권이 현실에서 실효성을 가져야 한다. 이는 모든 국가권력을 기본권에 기속시키고, 국가권력이 기본권을 실현하는데 제1차적임 임무를 가지고 있음을 제도화하는 것이다. 이로써 기본권의 보장은 정치적인 보장이나 도덕적인 보장에서 法的 保障으로 나아가게 된다.

기본권의 실효성을 보장하는 것에는 입법부가 기본권을 구체적으로 실현하는 입법을 하고 행정부가 개개의 사안에서 기본권을 철저하게 보호하고 실현하는 방향으로 이를 집행하는 것도 필요하지만, 기본권이 침해당했을 때 이를 구제하는 시스템도 완벽하게 갖추어져야 한다. 法院의 裁判制度와 憲法裁判制度가 이에 해당한다. 특히 기본권의 보장에서는 위헌법률심판제도와 헌법소원심판제도가 최후의 보루로서 그 역할을 한다. 그 가운데 憲法訴願審判制度는 모든 종류의 국가적 침해행위에 대하여 기본권을 구제할 수 있게 한다. 국가로부터 침해당한 모든 형태의 기본권침해에 대하여 먼저 통상적인 권리구제절차를 통하여 이를 구제하게 하고, 그러한 절차를 통해서도 기본권의 구제가 되지 않을 경우에 최후로 국가의 공권력의 행사와 불행사로 인하여 발생한 기본권의 침해에 대하여 이를 구제하는 것이 헌법소원심판이다. 국가의 권력행위 가운데 헌법소원심판의 대상이 되지 않는 것은 없기 때문에 헌법소원심판의 완벽한 제도화는 기본권적 입헌주의를 실현함에 있어 필수불가결하다.

제 3 장　共同體의 保障

[65] 第一　共同體의 存續과 安全

Ⅰ. 내　　용

공동체는 영토를 기반으로 하여 주민이 살고 있는 결합체를 말한다. 사회가 존재하는 이상 어떤 사회이든지 공동체를 전제로 하여 그 주민이 해당 공동체에서 살고 있다. 이러한 공동체는 주민과의 관계에서 필연적인 연관성을 가지는데, 주민의 삶은 공동체를 전제로 하지 않는 경우에는 사실상 불가능하다. 개인은 자기가 살고 있는 공동체를 떠나서 살 자유도 있기 때문에 개인의 삶에 있어 특정 공동체가 항상 전제가 되는 것은 아니지만(공동체 이탈의 자유, 국적변경의 자유), 대부분의 경우에는 해당 공동체의 존속은 그 공동체에서 살고 있는 개인의 삶에서 전제가 된다.

따라서 헌법은 개인의 삶을 보장함에 있어 원칙적으로 共同體를 전제로 하여 보장하되, 다른 공동체, 즉 외국으로의 이주의 자유와 국적변경의 자유도 인정한다. 이러한 점에서 공동체의 존속과 안전은 그 공동체에 살고 있는 구성원의 삶과 행복의 추구에 있어 전제로서 보장되는 것이고, 한 개인에게 공동체의 이탈의 자유가 인정된다고 하더라도 그 공동체에서 살고 있는 나머지 구성원의 자유와 권리를 보장하기 위하여 특정 개인에게 공동체의 존속과 안정을 이유로 한 제한이 가해진다.

헌법은 그 자체 공동체가 존재함을 전제로 하기 때문에 명시적으로 정하든 정하지 않든 공동체의 존속과 안전은 모든 헌법 규정이 전제로 하고 있는 것이다. 헌법이 정하고 있는 가치 가운데 개인의 순전한 내적 영역(=內心의 영역)에 속하는 가치를 제외한 나머지 가치는 모두 공동체를 전제로 하고 있기 때문에 명시적으로 정하지 않아도 인정되지만(사회적 유보), 이를 명확히 하여야 할 필요가 있는 경우에는 이를 명시하기도 한다. 예컨대 기본권을 제한함에 있어 공동체의 존속과 안전이라는 가치를 명시하거나 국가에게 공동체의 보전의무를 부여하는 것을 정하는 것이 이에 해당한다. 헌법 제37조 제2항에서 기본권 제한의 목적으로 정하고 있는 국가안전보장은 이러한 의미의 공동체의 존속과 안전의 보장을 의미한다. 그리고 헌법은 대통령의 책무로 국가의 독립과 계속성 및 영토의 보전에 대하여 책무를 진다고 정하고 있는데(憲法 §66②), 이러한 책무는 모든 국가기관에게도 당연히 부과되는 것인데, 대통령이 국가원수의 지위에 있기 때문에 특히 강조하여 정하고 있는 것이다.

Ⅱ. 기 능

공동체의 보장은 이러한 가치를 가지는 헌법원리로서 국가의 구조원리를 지배한다. 즉 국가의 구조원리인 민주국가원리, 법치국가원리, 국가형태원리(단일국가원리 또는 연방국가원리)는 이러한 공동체의 보장을 실현하는 수단으로 존재하며, 공동체 보장의 원리에 기속된다.

[66] 第二 國家의 存續과 安全

공동체를 그 공동체에 살고 있는 구성원이 자율적으로 형성하는 社會領域과 강제적 권력을 바탕으로 하여 성립되는 國家領域으로 구성된다고 볼 때, 국가는 공동체에서 자율영역을 제외한 타율의 영역을 말한다. 여기서 국가는 권력체로 존재하되 그 공동체의 존속과 안전을 보장하고 공동체에 살고 있는 구성원의 삶과 행복추구를 보장하기 위하여 존재한다.

국가가 존재하지 않는 공동체도 논리적으로는 가능하고 하나의 사상으로는 존재할 수 있지만(예: 아나키즘, 극단적 자유주의, 극단적 개인주의), 이러한 공동체는 현실에서 존재하지 않고 그 구성원이 모두 합의하기 어렵기 때문에 헌법은 국가의 존속과 안전이 인정되지 않는 공동체를 상정하지 않는다. 따라서 헌법은 본질필연적으로 국가를 창설하고 이를 유지하게 하는 國家創設規範으로 존재한다. 헌법은 국가에 대한 규정과 국민의 자유와 권리에 대한 규정을 동시에 두고 이들 사이에 상호조화적인 질서가 창출되고 형성되게 한다.

[67] 第三 共同體의 保障과 基本權의 保障

이상에서 보건대, 공동체의 존속과 안전은 그 공동체에서 살고 있는 구성원의 자유와 권리의 보장에서 전제를 이루고 있으므로 헌법은 이 둘을 동시에 보장한다. 따라서 공동체의 보장원리와 기본권의 보장원리는 헌법원리로 존재한다. 헌법 제37조 제2항이 개인의 기본권을 제한함에 있어 국가안전보장, 공공복리, 질서유지를 기본권제한의 목적으로 정하고 있는 것에서 이러한 법리를 전형적으로 보여주고 있다. 이는 구체적으로 公益과 私益, 共同體와 個人, 國家와 自由, 國家와 市場의 관계로 나타나기도 한다.

제 4 장 國家構造原理

제 1 절 概　　觀

[68] 第一 概　念

國家의 構造原理(Strukturprinzip)란 헌법이 국가를 창설함에 있어 국가를 구성하고 이를 유지하는 기본적인 원리를 말한다. 이를 國家의 構成原理라고 하기도 한다.

국가의 구조원리는 국가를 형성하는 단계에서 적용될 뿐 아니라 국가가 형성된 후 그 유지와 작용에도 적용된다. 따라서 국가의 구조원리는 모든 국가작용에 적용된다.

[69] 第二 內　容

국가구조원리의 내용을 이루는 것으로는 민주주의원리, 법치주의원리, 국가형태원리가 있는데, 특히 민주주의원리와 법치주의원리는 본질적으로 국가영역에서 작용하므로 이는 성질상 民主國家原理와 法治國家原理로 존재하고 작용한다.

[70] 第三 上位價値와 國家構造原理

국가는 공동체의 존속·유지와 국민의 기본권을 보장하는데 기여하는 정치적 통일체인만큼 국가구조원리도 이러한 가치의 보장과 실현에 헌신해야 하고 종속되는 것이다. 따라서 민주주의와 법치주의는 그 원리의 성질상 공동체의 존속·유지와 기본권을 부정하거나 침해할 수 없다. 그래서 인간의 존엄과 가치가 그 바탕을 이루는 기본권의 보장을 항상 전제로 하는 민주주의와 법치주의를 각각 「實質的 民主主義」(substantive democracy)와 「實質的 法治主義」(materieller Rechtsstaat)라고 부르기도 한다.

여러 헌법의 원리들을 정밀하게 체계화하고 이들간의 관계를 정확히 이해하면, 기본권보장의 원리와 국가구조원리의 상호관계에 비추어 볼 때, 굳이 민주주의와 법치주의라는 말 앞에 「실질적」이라는 단어를 덧붙일 필요는 없다. 원리의 본질상 민

> 주주의는 의사결정원리로서 절차성과 정당성이 핵심을 이루고, 법치주의는 형식성이 핵심을 이루는데 민주주의를 절차적 민주주의라고 이해하고, 법치주의를 형식적 법치주의라고 하는 경우에 자칫 민주주의와 법치주의는 인간의 자유와 권리를 보장하는 것과 연관이 없는 것으로 오해할 우려가 있고, 또 역사상 이러한 오류를 저지른 예(人民民主主義, 法實證主義, 나치즘, 독재, 共産主義)도 있기 때문에 이러한 오해를 방지하기 위하여 「실질적 민주주의」라든가 「실질적 법치주의」라는 말을 사용하기도 한다.

민주주의와 법치주의는 그 본질에서는 형식원리이고 가치중립적인 원리이지만, 공동체의 존속·유지와 인간의 존엄과 행복추구라는 가치를 실현하는 데 헌신하지 않으면 안 되는 연관을 가지므로 이는 가치중립적으로 존재할 수 없다. 민주주의와 법치주의는 그 자체로 존재하는 것이 아니라 상위의 가치를 실현하는 도구원리 또는 기능원리로 존재한다.

상위가치와 국가구조원리의 관계

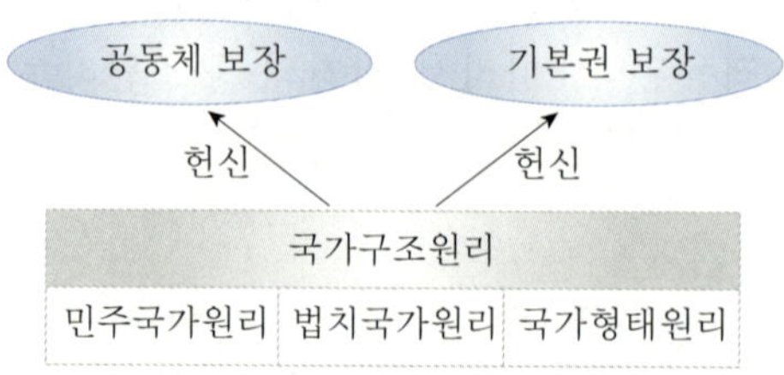

제 2 절 民主國家原理

[71] 第一 概 說

I. 개 념

민주국가원리는 민주주의(democracy, Demokratie, démocratie)가 국가영역에서 이를 규율하는 원리로서 작동한다는 헌법원리를 말한다. 국가는 공적 가치를 실현하기 위한 공권력의 구성체이기 때문에, 國家權力은 어떠한 경우에도 개인의 의사에 기초하여 행사될 수 없다. 국가는 그 자체 자기목적적으로 정당화되는 것이 아니라 공동체의 유지와 그 구성원의 자유와 권리를 실현하기 위하여 존재하고, 공동체의 주인은 그 구성원이므로 공동체 구성원에 의하여 정당화되지 않으면 안 된다. 공동체의 구성원이 그 공동체의 주권자(=주인)라는 점이 國民主權原理로 확립되어 있는 오늘날에는 민주주의는 곧 이를 실현하는 원리이고, 국가는 민주주의원리에 의하여 성립·유지·작동될 수 있다.

Ⅱ. 내 용

민주국가원리는 개인의 私的 自治(Privatautonomie) 영역에 속하지 않는 공동체의 문제는 공동체의 구성원이 결정할 때 正當化된다는 원리를 말한다. 즉 공동체가 수행하여야 하는 과제나 공동체에서 발생하는 문제들에 대하여 어떻게 결정하여야 하는가 하는 공동체의 의사를 결정하는 원리(=共同體意思決定原理)를 말한다. 오늘날 이러한 공동체의 문제는 國家意思로서 권위를 가지고 나타나므로 민주국가원리는 결국 국가의사를 결정하는 원리(=國家意思決定原理)로 나타난다.

국가의사는 이러한 민주국가원리에 따라 결정되어야 하는데, 그 방법에서는 공동체의 구성원이 모두 참여하여 직접 국가의사를 결정하는 방식과 국가의사를 결정하는 업무에 가장 합당한 인물을 선정하여 그로 하여금 국가의사를 결정하게 하는 방식이 있다. 전자를 直接決定方式이라고 하고 후자는 間接決定方式이라고 하는데, 민주주의의 형태로서 말할 때는 전자를 直接民主主義(direct democracy, direkte Demokratie)라고 부르고, 후자를 代議民主主義(representative democracy, repräsentative Demokratie)라고 부른다.

[72] 第二 國家意思決定의 民主的 正當性

Ⅰ. 국가의사

國家意思(Staatswille)는 공동체의 과제에 대하여 공동체의 구성원이 따라야 하는 결정을 말하는데, 이는 對外的 또는 對內的 國家政策으로 나타난다. 이러한 국가의사는 공동체의 구성원 모두에게 이익이 되는 결정을 말하는데, 현재 공동체에서 살고 있는 구성원뿐만 아니라 미래 그 공동체에서 살 구성원의 이익도 포함된다.

국가의사라는 것은 先驗的(a priori)으로 존재하는 것이 아니라 국민 전체에게 이익이 되는 것으로 결정된 結果的(a posteriori) 개념이다. 국가의사는 어디까지나 국민주권과 민주주의를 전제로 한 개념이지 국민 이전에 국가가 독자적·선험적으로 가지고 있는 국가주의적인 개념이 아니다. 그래서 국가의사는 민주주의적 정당성(=민주적 정당성)을 가질 때만 정당화된다.

Ⅱ. 국민적 합의의 형성

국가의사는 공동체 구성원 모두에게 이익이 되는 결정이라는 점에서 이는 공동체 구성원의 합의로 표현된다. 이러한 國民的 合意는 국민이 직접 합의한 결과로 나타나기도 하지만, 대의민주주의에서는 국민의 대표자가 국민 모두에게 이익으로 돌아가는 결정을 함으로써 나타난다.

합의를 도출하는 데는 합의도출을 위한 기술이 필요하다. 가장 이상적인 합의는 참여자 전원이 의사의 일치에 도달하여 얻는 결론이지만, 選好가 다른 참여자가 의사의 일치에 이르지 못하는 때는 합의를 얻기가 어렵고 국가정책을 결정하기 어렵게 된다. 국가의사는 결정되어야 하고, 결정에 참여한 구성원이 단일한 결정에 의사의 합치를 보지 못하는 경우에 불가피하게 선택하는 것이 多數決의 方式이다. 따라서 다수결은 국가의사를 도출하기 위한 차선의 기술에 불과할 뿐 민주주의의 본질은 아니다. 민주주의의 본질은 어디까지나 공동의 과제에 대한 결정을 구성원 모두의 의사의 합치에 의할 때 정당화된다는 것에 있기 때문이다.

Ⅲ. 다수결의 원리

(1) 개 념

多數決의 原理(Mehrheitsprinzip)는 어떤 결정에 참여자 전원이 意思의 合致를 보지 못하는 경우에 하나의 결론을 도출하기 위한 技術로서 참여자의 과반수가 의사의 합치를 본 결론을 참여자 전원의 공동체가 내린 결론으로 삼는 정당화원리이다.

(2) 성 질

다수결의 방식은 하나의 결론을 도출하기 위한 의사결정의 형식원리이고 의사결정에서 선호가 다른 사람들이 하나의 결론에 승복하도록 하기 위한 기술이므로 민주주의적 의사결정에서 전원일치가 이루어지지 않는 경우에 불가피하게 채택하는 차선의 방법이다.

따라서 다수결원리는 그 자체로서 민주주의적인 것이 될 수는 없으며, 구성원간의 합의나 절충이 불가능하고 하나의 결론은 내려야 하는 경우에 한하여 인정된다.

(3) 전제조건

다수결의 방식은 구성원 가운데 다수가 결정하였다고 하는 결과만으로 정당화되는 것은 아니고, 공동체의 존속 · 유지나 기본권의 보장과 같은 근본적인 가치와 충돌하지 않아야 하며, 민주주의적 요청과 법치주의적 요청을 충족시킬 때만 정당화된다.

다수결의 방식이 정당화되기 위해서는 그에 필요한 전제조건을 충족시켜야 한다.

다수결의 방식은 i) 공동체의 존속·유지나 자유, 평등, 정의와 같은 헌법의 근본가치를 침해하지 않는 것이어야 한다. 이는 민주주의를 실현하고자 하는 의사결정의 기술에 지나지 않기 때문에 공동체의 존속과 그 공동체에서 살고 있는 인간의 존엄과 가치를 다수결로 결정할 수는 없다. ii) 의사결정에 참여하는 참여자가 다수결로 의사를 결정한다는 것에 전원 합의하여야 한다. 이러한 합의가 없으면 소수에 대한 다수의 억압이 발생하고 그 의사결정은 다수의 독단에 지나지 않아 정당성을 가질 수 없다. iii) 논의와 표결에 참여하는 참여자는 서로 평등한 지위와 상황에 있어야 한다. iv) 논의와 표결에 참여하는 참여자가 발언, 토론, 설득, 타협, 절충 등의 행위를 함에 있어 자유가 보장되어야 한다. v) 다수결의 방식에는 고정된 다수가 없어야 한다. 구성원 가운데 일정한 수의 집단이 언제나 다수를 형성하고 소수에게는 다수가 될 수 있는 기회와 가능성이 없는 경우에는 다수결은 일정한 다수 집단의 독재·독주를 합리화하는 수단일 뿐이다. vi) 다수결이 표결에 의하여 이루어지는 경우에는 표결에 이르기까지의 전 過程과 節次가 合理的이어야 한다. 표결의 대상에 대한 충분한 논의와 熟考가 있어야 하고, 사안과 관련된 이해관계자의 의사표명의 기회가 완전히 보장되어야 한다. 서로 대립하는 쟁점에 대한 이해를 충분히 하거나 조정하는데 전문가의 역할이 필요하며 이러한 절차를 거칠 때 과정의 정당성을 확보할 수 있다. 충분한 숙의도 없이 서로 의견이 대립되고 있다는 사실만으로 바로 표결에 붙이는 것은 의사결정과정의 정당성을 무시하는 것이다. 의사결정에 있어 이러한 과정과 절차의 정당성은 특히 節次的 民主主義와 熟議民主主義(deliberative democracy)에서 강조된다.

의사결정과정의 정당성은 의사결정의 절차적 보장으로 확보되는데, 이는 헌법상의 법치주의의 내용을 이룬다. 위헌법률심판에서 입법의 결과뿐만 아니라 입법의 과정에 대해서도 심사를 하는 것은 다수결에서의 절차적 정당성을 확보하기 위한 효과적인 방법이다.

(4) 정당화의 근거

민주주의는 본질적으로 구성원이 타협과 절충을 통하여 전원이 수용할 수 있는 합의에 이르고, 이러한 합의에 의해 의사결정이 이루어지는 것을 말한다. 따라서 민주주의에서는 다수와 소수의 구분이 없이 의사결정의 참여자 전원이 동등한 구성원으로서 하나의 결론을 이끌어내는 것이 무엇보다 필요하다. 하나의 결론을 이끌어내는데 시간이 필요하면 일정한 시간이 경과하더라도 이를 인내하고 설득과 타협을 통하여 결론을 도출하는데 최선의 노력을 하여야 한다.

그러나 경우에 따라서는 이러한 노력을 하였음에도 의견의 대립으로 인하여 결론에 이르지 못하는 상황이 발생하고, 하나의 결론은 반드시 도출되어야 할 필요가 있는 경우가 있을 수 있다. 이 경우에 결론을 도출하기 위하여 多數意思를 全體意思로 擬制하는 불가피한 수단으로 동원되는 기술이 다수결이다. 그런 만큼 다수의 의사에 따라 하나의 결론에 도달하더라도 소수의 의사가 무시되어서는 안 된다. 단일한 결론을 내리기 위하여 다수의사를 채택한 것일 뿐 소수의 의사도 여전히 존중될 가치를 지니고 있기 때문이다(소수의 보호 Minderheitsschutz). 따라서 다수결은 이와 같은 상황에 한하여 그 정당화의 요건을 갖추었을 때만 정당화된다.

(5) 실현방법

다수결의 원리를 실현하는 방법으로는 유효투표의 반수만 초과하면 반수가 넘는 수를 가지는 다수의 의사를 전체의사로 간주하는 單純多數決과 반수를 초과하더라도 보다 높은 일정한 한도에 도달하여야 다수의 의사를 전체의사로 간주하는 特別多數決의 방식이 있다. 다수결에서는 본질적으로 단순다수결로 의사의 결정이 정당화되지만, 사안의 성격상 신중을 요하고 단순다수만으로는 그 결정의 정당성을 확보하기 어려운 경우에는 특별다수결을 채택한다.

유효투표의 총수의 반수를 넘지 않았지만, 다양한 여러 의사 가운데 상대적으로 수에서 다수에 해당하는 의사를 전체의사로 간주하는 相對多數決(plurality)은 민주주의 원리와 합치하기 어렵다.

Ⅳ. 소수의 보호

민주주의는 다수결의 방식을 하나의 결론을 도출하기 위하여 불가피한 수단으로 수용하고 있지만, 다수의 결정이 언제나 정당한 것은 아니다. 多數는 量의 문제이지 質의 문제가 아니어서 다수의 의사는 다수의 횡포가 될 수도 있다. 따라서 다수의 지배가 곧 민주주의는 아니기 때문에 少數의 保護는 민주주의의 개념필연적인 요소로서의 위치를 차지하고 있다.

다수의 의사에 의하여 하나의 결론으로 귀착하고 이익이 결정되어도 이에서 배제된 소수의 의사가 완전히 무시되는 것은 아니다. 소수의 의사는 다수의 의사를 교정하고 다수의 이익과 조정할 수 있는 기회와 여지를 항상 보유하고 있다. 민주주의는 구성원 모두의 의사가 합치할 때 비로소 충분한 정당성을 가질 수 있으므로 의사결정에서 패배한 소수의 의사가 완전히 배제될 수는 없다. 이러한 점에서 민주주의에서는 소수를 보호하는 장치가 마련될 때 비로소 「質로서의 民主主義」가 가능해진다.

소수의 보호를 실현하는 장치로는 소수자의 권리보호, 야당의 보호, 국정참여의 기회보장, 양원제, 대통령의 법률안거부제도, 추상적 규범통제제도, 국정조사제도, 청원제도 등이 있다.

[73] 第三 國家意思決定의 方式

Ⅰ. 대의민주주의

(1) 개 념

代議民主主義(representative democracy, repräsentative Demokratie)는 국가의사를 국민이 직접 결정하지 않고 대표자를 선출하여 그로 하여금 결정하게 하는 것이다. 국가의사의 결정을 국민이 아닌 타자가 하는 점에서는 君主國家나 貴族國家의 경우와 같으나, 국가의사를 결정하는 자를 선정하는 권한을 국민이 가지는 점에서 이와 본질적으로 다르다. 이런 점에서 대의민주주의는 國民主權에 바탕을 두고 있는, 民主主義的 正當性(=국민적 정당성 democratic legitimacy)을 가지는 의사결정시스템이고, 民主國家의 의사결정제도이다.

(2) 기 능

대의민주주의는 意思(will)와 利益(interest)이 서로 합치되지 않는 경우도 있음을 전제로 하여 국가의사가 항상 국민전체의 이익(=국가이익)과 합치되게 만들어 주는데 본질적인 기능이 있다([120]). 이로써 국가는 公共性을 확보할 수 있게 되고, 特殊利益이 지배하는 階級國家 또는 身分國家가 되지 않게 된다. 대의민주주의는 部分利益이나 個別意思들이 국가를 지배하는 것을 방지하여 사회의 통합을 가능하게 하고, 정치엘리트 또는 전문가들에 의한 정치를 실현할 수 있게 한다. 대의민주주의는 국민대표자에게 임기를 보장하여 임기 동안에는 국가의사의 결정에 있어 자기책임하에 전체이익을 추구할 수 있도록 해주어 책임정치를 실현하고, 동시에 다른 한편으로는 임기 동안만 이러한 국가의사결정권을 부여하고 임기 후에는 다시 국민으로부터 심판을 받게 하여 제한정치를 실현할 수 있게 한다.

(3) 실현형태

대의민주주의는 i) 國民과 國民代表者가 분리되어 있음을 전제로 하고, ii) 국가의사결정의 시스템에서 국가의사결정권과 통치기관(=대표기관)의 구성권을 서로 분리하여 전자는 국민대표자에게 부여하고 후자는 국민에게 유보시켜 놓는다. iii) 국민이 통치기관을 구성하는 것은 選擧에 의해 국민대표자를 선출하는 방식을 취한다. iv) 국민에 의하여 선출된 자는 전체국민의 대표로서 전체국민에게 이익이 되게 국가정책을 수립하고 결정하여야 한다. 선출된 국민대표자는 선거구민이나 유권자의 대리인이 아니기 때문에 자기 선거구의 이익이나 특정집단이나 지지세력의 部分利益을 대변해서는 안 된다. v) 국민의 대표자가 特殊利益이나 부분의사에 지배되지 않고 국민의 全體利益과 一般意思에 합치되도록 정책을 결정할 수 있게 하기 위해서는 선거구민이나 유권자의 지시나 명령으로부터 독립되어야 하고, 이러한 조건하에 이루어진 국가의사결정에 대해서는 그 잘못이 있더라도 국민에 대하여 법적인 책임(예: 파면, 손해배상책임)을 지지 않는다. 이를 命令的 委任(=강제위임=기속위임 imperative Mandat)의 排除 또는 自由委任(freies Mandat)이라고 한다. vi) 국민대표자는 이러한 조건하에서 국가의사를 결정하되, 그 정책의 결정은 국민의 추정적 의사와 전체이익과 합치하는 것이 되어야 한다. 국민의 경험적 의사와 추정적 의사가 합치하는 경우에는 문제가 없으나 추정적 의사와 경험적 의사가 충돌하는 경우에는 추정적 의사를 우선시켜야 한다. vii) 국민대표자는 자신의 국가의사결정권의 합법적인 행사에 대해서는 법적 책임을 지지 않고 정치적인 책임만 진다. 국민은 차기 선거를 통하여 이러한 책임을 묻는다([371]). 대의민주주의를 구체적으로 실현하는 형태는 의회주의제 민주주의(parlamentarische Demokratie)와 대통령제 민주주의(Präsidialdemokratie)로 구분된다.

(4) 문 제 점

대의민주주의에서 자유위임을 악용하여 국민의 대표자가 자신의 사적 이익을 추구하는데 권한을 이용하거나, 국가정책을 결정함에 있어 특정집단, 특정세력, 특정지역의 특수이익을 추구하면서 이를 전체국민을 위한 전체이익이라고 호도할 수 있다. 이렇게 되면 국가의 공공성은 상실되고 국가는 특정계급 · 계층의 이익을 추구하는 階級國家나 地域國家로 전락하게 된다.

대의민주주의에서 국민대표자는 국민에 대하여 법적 책임을 지지 않기 때문에 임기 동안 권력을 남용하고 오용할 위험이 상존하고 있다. 국민의 참여가 제대로 이루어지지 않고 국민대표자가 독선으로 흐를 경우에는 독재나 권위주의국가로 변질되거나 국가정책에서 실패할 위험이 크다.

(5) 성공조건

대의민주주의가 성공하기 위해서는 i) 선거가 공정하고 합리적이어야 하며 민주주의를 실현할 수 있는 것이어야 하고, ii) 선거가 국민대표자에 합당한 자질과 능력을 갖춘 자를 선발할 수 있어야 한다. 외형적으로는 선거가 행해졌지만 선거에 의해 선택된 사람들이 자질과 능력 등에서 국민대표자(예: 대통령, 국회의원)의 직을 수행하기에 적합하지 아니한 때에는 대의민주주의는 실패하게 된다. 오늘날 選擧(election)와 국민대표에 적합한 자의 選拔(selection)이 일치하지 않는 일이 빈번하게 발생하면서 이러한 현상은 대의민주주의의 중대한 위기로 나타나고 있다. 대의민주주의는 선거가 선발의 기능을 정확히 수행할 때 성공할 수 있다. iii) 후보자나 유권자가 모두 대의민주주의를 정확히 인식하고 그 기능에 합치되도록 행동해야 대의민주주의는 성공한다. iv) 국민대표자는 국가의사를 결정함에 있어 국민들의 부분이익과 개별의사는 충분히 고려하고 경청하되 이에 지배되지 않고 전체국민에게 이익이 되는 방향으로 권한을 행사할 때 비로소 대의민주주의는 제 기능을 하게 된다.

Ⅱ. 직접민주주의

(1) 개 념

直接民主主義(direct democracy)는 국가의사를 국민이 직접 결정하는 것을 말한다. 모든 국가의사를 국민의 경험적 의사에 의존하여 결정하는 것이다. 이러한 것은 엄격한 의미에서 국민투표에 의한 국가의사결정에서만 실현된다.

그러나 통상 직접민주주의라는 개념은 대의시스템을 전제로 하면서 국민이 직접 결정하는 부분이 있는 것을 지칭하기도 한다. 대의제도를 전제로 하고 있는 국민대표자에 대한 국민소환, 의회에서의 결정을 전제로 한 국민발안, 국민대표기관이 제안한 사안에 대한 국민투표, 사전적·자문적 국민투표 등이 이에 해당한다.

국가의사의 결정에서 최종적인 결정권은 국민대표자가 가지고, 그러한 국가의사를 도출하는 과정에 국민이 참여하는 참여민주주의(participatory democracy)는 국민이 국가의사를 직접 결정하는 것이 아니므로 개념상 직접민주주의에 해당하지 않는다. 선거는 정치참여의 한 형태이기는 하지만 대의민주주의의 구성요소를 이루므로 개념상 참여민주주의에서 말하는 「국가의사결정에 대한 참여」에는 해당하지 않는다.

(2) 실현형태

(a) 국민투표

(i) 의 의 國民投票(=國民表決 referendum, Referendum, Volksentscheid)는 有權機關이나 국민에 의해 제안된 사항에 대해 국민이 각자 직접 의사를 표시하고 그 결과에 따라 國家意思를 결정하는 방법을 말한다.

(ii) 종 류 국민투표에는 결정권자가 사안에 대한 결정을 하기 전에 국민에 대하여 찬반의 의사를 물어보는 事前的(=諮問的) 國民投票와 사안에 대한 결정에 대하여 국민투표로 효력 발생의 여부를 확정하게 하는 事後的 國民投票가 있다. 사후적 국민투표는 성질상 國民拒否(popular veto)에 해당한다.

국민투표의 대상이 되는 사안의 성격에 따라 憲法事項에 대한 國民投票, 法律事

項에 대한 國民投票, 國際法的 事項에 대한 國民投票로 나누어진다.

어떤 사안에 대하여 필수적으로 국민투표를 실시하여야 하는가의 여부에 따라 必要的 國民投票와 任意的 國民投票로 나누어지기도 한다.

《신임투표》

信任投票(plebiscite, Plebiszit)는 어떤 사항을 제안한 발안자의 信任與否를 조건으로 하여 사안에 대한 국민의 태도를 정하는 것을 말한다. 통상 헌법개정을 통치자의 신임과 연계시키는 것으로 나타난다. 이는 사안에 대한 진정한 국민투표가 되지 못하고, 사안에 대한 찬반여부를 발안자의 인격적 요소와 결부시켜 경험적 의사형성을 왜곡시키고 발안자의 權力의 人格化 또는 權力集中을 실현하기 위한 수단으로서의 성격을 가진다. 그리하여 이는 종종 쿠데타 또는 혁명에 의한 권력장악이나 독재를 정당화하기 위한 수단으로 이용된다.

《국민거부》

國民拒否(popular veto)는 그 유형에 따라 ① 효력이 발생한 법률에 대해 장래적으로 효력을 상실시키는 방식, ② 법률안이 의결된 후 일정기간 동안 국민거부가 없으면 효력을 발생하게 하고 국민거부가 있으면 폐기되도록 하는 방식, ③ 법률안이 의결된 후 일정수의 支邦 또는 自治團體의 거부가 있으면 국민투표에 회부하는 방식 등이 있다.

(b) 국민발안

(i) 의 의 國民發案(initiative, Volksinitiative, Volksbefragung)이란 공동체에서 결정할 사항(예: 오스트리아)을 국민이 직접 제안하는 것을 말한다. 이의 구체적인 형태로는 일정수의 유권자가 법률안을 발의하고 행정부가 이 법률안을 의회에 제출하는 방식이 있다(예: 법률안, 국민투표안 등).

(ii) 종 류 국민발안에는 그 방식에 따라 국민투표와 결합하는 방식도 있고, 국민발안만 존재하는 방식도 있다. 전자의 경우에는 결정할 사항을 국민이 제안하고(popular initiative) 국민이 결정하는(voter approval) 형태이고, 후자의 경우는 결정할 사항을 국민이 제안하고 국민대표기관이 결정하는 간접적 국민발안(indirect initiative)의 형태이다.

(c) 국민소환

(i) 의 의 國民召還(recall, Volksabberufung)이란 국가원수나 국민대표자를 임기 도중에 국민의 투표로 해임시키는 것을 말한다. 國民解任(=國民罷免)이라고도 한다. 국민소환안의 발의는 대상에 따라 일정수의 유권자, 의회, 기타 기관 등이 하기도 하는데, 해임투표는 전임자에 대한 해임투표와 후임자를 선출하는 선거를 동시에 실시하기도 하고, 해임투표로 해임한 후 별도의 선거에 의해서 후임자를 선출하

기도 한다. 이는 대의제도와 임기제도를 전제로 하여 임기 전에 국민이 해임하는 것이므로 엄격한 의미에서 직접민주주의에 해당한다고 할 수는 없다.

대통령제에서는 의회주의제(=의원내각제)와 달리 정책의 실패와 국정운영의 무능에 대하여 책임을 묻는 방법이 없어 대통령에 대한 국민소환을 두기도 한다(예: 베네수엘라). 혼합제 정부형태인 이원정부제에서도 대통령에 대한 국민소환을 두기도 한다(예: 오스트리아, 아이슬랜드, 바이마르공화국). 미합중국의 일부 州(state)에서는 주헌법으로 주민소환제도를 채택하고 있다(Nevada, Montana, Michigan, Arizona, Oregon, Colorado,California, Idaho, Washington, North Dakota, Alaska, Kansas, Louisiana, Wisconsin, Georgia).

(ii) 종 류 국민소환의 이유에 따라 위법한 행위를 한 경우에 실시하는 국민소환과 업무수행상의 무능이나 정책의 실패를 이유로 한 국민소환이 있다. 전자의 경우는 대의제도와 결합해도 문제가 없으나, 후자의 경우는 대의제도와 결합은 가능하지만 대의제도에 변질을 가져올 위험이 있다.

《명령적 위임과 국민소환》

국민이 선출한 대표자(국회의원, 대통령)에 대하여 그 업무의 수행에 있어 선거구민이나 유권자의 지시나 명령에 따르도록 하고 이를 위반한 경우에 소환하는 것을 命令的 委任에 기초한 국민소환 또는 국민해임이라고 한다. 이는 대의제도에서 채택하고 있는 명령적 위임의 배제원리와 충돌하므로 代議民主主義에서는 취할 수 없다. 이와 달리 대의제도에서 국민이 선출한 대통령이나 국회의원의 업무수행상의 무능이나 정책의 실패에 대한 책임을 물어 소환하는 것은 명령적 위임에 기초한 소환은 아니다. 국민대표자로 하여금 선거구민이나 유권자의 지시나 명령에 따르도록 하고 이의 위반을 이유로 소환하는 것이 아니기 때문이다. 그러나 이러한 경우에 현실에서는 대통령이나 국회의원은 소환을 당하지 않기 위하여 평소에 특정 선거구민이나 유권자의 특수이익이나 부분이익을 받아들여 국가정책으로 채택하거나 반영하는 일(특수이익과의 유착, 계급국가, 자신의 직을 유지하기 위한 정치적 거래)이 발생할 수 있는데, 이는 사실상 명령적 위임의 현상과 같은 결과를 가져온다. 이는 전체국민이익을 실현하여야 하는 국가가 결과에서 부분이익을 실현하는 도구로 이용된다는 점에서 대의민주주의에 변질을 가져온다. 대의민주주의를 채택하면서 이러한 형태의 국민소환을 채택할 것인가 하는 점은 이를 채택했을 때의 得失을 따져 결정할 헌법정책적 사항이다.

(3) 문 제 점

공동체의 의사결정을 공동체의 구성원이 직접 결정하게 하는 것은 국가정책에 있어 특수이익의 지배, 특수계급의 지배, 충동적인 결정, 결정의 오류에 대한 높은 위험성 등 때문에 인류역사에서 배제되어 왔다. 그래서 오늘날 모든 국가에서는 대의민주주의를 채택하고 있다.

이념적으로 볼 때, 事前的-諮問的 國民投票 이외에 다른 형태의 국민투표는 대의민주주의와 결합하기 어렵다. 그러함에도 대의제도와 國民投票를 兩立시키는 경우는 직접결정방식에 따르는 위험을 감수하더라도 일정한 사안에 대해서는 국민의 경험적 의사로 국가의사를 결정하기로 결단한 경우이다. 이념적인 부조화에도 불구하고 정치기술적으로 결합하는 경우로는 국가원수에 대한 면직여부를 국민투표로 결정하는 형태, 국가원수의 발의에 따라 국민투표로 의회를 해산하는 형태, 국민발안으로 의회해산을 제안하고 이에 대하여 국민투표를 하는 경우가 해당 국가의 현실적 정치 상황에 따라 나타나기도 한다. 주권의 변경 · 양도, 영토의 할양 등 국민이 주권자의 지위에서 직접 결정하는 것이 합당한 사항에 대한 국민투표는 국민주권원리의 직접적 요청이기 때문에 대의민주주의와 어긋나는 것이 아니다.

오늘날 대의민주주의에서 선거과정의 왜곡으로 인하여 국민대표자의 지위에 합당한 인물을 선발(selection)하는데 실패하거나 국민대표자의 무능과 국정운영에서의 실패를 겪으면서 이를 해결하는 방책을 직접민주주의에서 찾고자 하는 태도도 있으나 직접민주주의가 가지고 있는 위험성은 여전히 존재한다는 점을 인식할 필요가 있다. 국민소환이나 국민발안의 경우에는 주로 잘 조직된 소수에 의하여 추진되는 반면에 다수는 통상 조직화가 어려운 상태에 있기 때문에 소수의 보호라는 것이 역으로 다수에 대한 억압으로 나타날 가능성도 있다. 이러한 경우에는 少數의 支配가 이루어져 민주주의원리와 합치하지 않는 결과를 가져올 수 있다. 대다수의 나라에서는 대의민주주의의 문제점과 실패를 국민의 직접결정방식으로 해결을 도모하는 것이 아니라 선거과정의 합리화, 임기의 합리화와 제한, 연임횟수의 제한, 의회주의제의 채택, 정부에서의 의사결정과정의 합리화, 의사결정과정에서의 국민의 참여, 입법의 과정 · 절차에 대한 통제, 부패방지제도의 확립, 정치자금의 통제, 검찰과 법원의 독립, 헌법재판의 활성화 등을 통하여 예방하거나 교정하고 있다.

[74] 第四 政 黨

I. 헌법과 정당

(1) 정당의 헌법에의 수용

정당은 본래 정치영역에서 각기 정치적 이익을 추구하기 위하여 결성된 派黨(faction)으로 등장하였다. 이러한 派黨은 자신들의 이익을 추구하며 국가운영에 개입하고 관여하기 때문에 공익의 형성과 실현을 방해하고 민주주의의 德(virtue)을 파괴하는 것으로 인식되었다. 그러하던 것이 민주주의의 발달과 정당의 발달로 정당이 국민의 정치활동에서 빠뜨릴 수 없는 것이 됨으로 인하여 헌법도 이를 수용하기에 이르렀다. 헌법이 정당을 수용하면서 정당은 하나의 제도로 확립되기에 이르렀고, 複數政黨制度는 민주주의의 실현에 필수불가결한 것으로 인식되었다. 국가에 따라서는 사회의 상황과 민주주의 발전단계에 따라 정당의 자유를 보장하는 수준에서 정당제도를 보장하는 경우도 있고, 정당을 국가가 적극 육성하고 지원하는 수준에서 보장하는 경우도 있다.

헌법과 정당과의 역사적 관계를 보면, H. Triepel의 지적과 같이(독일의 경우를 언급한 것이지만 어느 정도 일반적인 경향이기도 하다), 근대헌법은 초기에 정당을 적대시하는 태도를 취하다가(敵對視 段階) 정당의 현실적 활동으로 인하여 이를 적극 인정도 하지 않고 적대시하지도 않는 무시하는 단계로 나아갔으며(無視 段階), 현실 정치에서 정당의 존재와 활동이 더욱 증가하면서 이를 승인하고 합법화하는 단계로 접어 들어가(承認 · 合法化 段階) 현대 헌법에서는 헌법에 편입하는 단계로 나아갔다(憲法에의 編入 段階). 역사적으로는 대체로 제2차 세계대전 이후 정당이 헌법에 편입되면서 정당의 설립과 활동의 자유가 보장되고 복수정당제도가 헌법제도로 정착하게 되었다. 이로써 정당정치도 입헌정치의 테두리 속으로 들어오게 되었다.

독일에서는 1949년의 독일연방헌법에서 최초로 헌법에 정당을 규정하였고, 이는 1961년 터키헌법에 계수되었다. 우리나라에서는 1960년6월헌법에서 처음 정당에 대하여 규정하였다. 1970년대에 접어들면서 민주화로의 이행기에 나타난 포르투갈, 스페인, 그리스, 타이, 브라질 등의 헌법에서도 정당에 대하여 규정하였다. 오늘날에는 많은 나라의 헌법에서 정당에 대하여 규정하고 있다.

정당의 발달로 인하여 정당은 현대 정치에서 빼놓을 수 없는 행위주체로 자리잡게 되었다. 현대 민주주의와 현대 국가에서 정당이 국가의 정책결정, 국회의원의 의정활동, 여론의 형성, 국가운영의 방향에 심대한 영향을 미치며 정치에서 중요한 역할을 하게 되면서 이를 「政黨民主主義」 또는 「政黨國家」라고 부르기도 한다. 그러나 정당이 현실정치에서 상당한 영향력을 미친다는 것과 정당을 중심으로 정치가 이루어지고 국정이 운영되어야 한다는 것은 구별할 필요가 있다. 민주주의는 어디까지나 개개의 국민이 주권자의 지위에서 공동체의 의사결정에 참여하고 활동하는 것이므로 정당의 활동이 활발하고 국정에 영향을 상당히 미친다고 하여 정당이 국민의 지위를 대체할 수는 없다.

현대 국가에서 정당이 차지하는 비중을 고려하여 이를 政黨民主主義 또는 政黨國家라고 부를 때는 「정당국가적 민주주의」(Parteistaatliche Demokratie)이론과 「정당국가」(Parteienstaat-Doktrin)이론을 전개한 G. Leibholz의 이론구조와 용어법을 주의할 필요가 있다. 1960년대 독일의 G. Leibholz는 의회정치에 대하여 회의적인 입장을 취해온 C. Schmitt의 태도를 이어받아 직접민주주의에 큰 비중을 두고 정당의 등장과 활동을 직접민주주의의 실현형태로 재구성하였다. 그리하여 그는 정당의 등장은 민주주의의 질을 바꾸어 놓는 것이기 때문에 국민과 의회는 더 이상 민주주의의 중심적인 지위에 있지 않다고 본다. 그는 「정당국가적 민주주의」를 대의민주주의와 대립되는 개념으로 구성하고, 정당의 등장으로 의회는 더 이상 選良들이 모인 기관도 아니고 자유롭고 공개된 토론이 이루어지는 장소도 아니며 국민 전체의 이익에 부합하는 정책을 결정하는 곳도 아니라고 본다. 그 대신 「정당국가적 민주주의」에서는 의회는 정당대표들이 다른 장소에서 결정한 사항을 확인하기 위하여 의원들이 모인 장소에 불과하고, 정당이 의원을 결정하며(특히 비례대표), 의원은 더 이상 전체국민의 대표자가 아니라 정당의 대표나 구성원에 지나지 않고, 국가정책은 의원 개개인의 활동에 의하여 이루어지는 것이 아니라 정당대표들이 결정한다고 본다. 그리고 소속 정당의 교섭단체가 의원의 행동을 결정하므로 의원은 교섭단체의 결정에 복종하여야 한다고 본다. 이런 점에서 정당은 국가기관으로서의 성질을 지니고, 정당과 의원간에는 명령적 기속관계가 성립하고 교섭단체의 강제(Fraktionszwang)가 당연한 것이 된다고 본다(鄭宗燮b, 100; 桂禧悅a, 255). 이러한 「정당국가적 민주주의이론」 또는 「정당국가이론」은 정당을 직접민주주의의 실현도구로 설정하고 비례대표제도를 명령적 위임이 지배하는 것으로 자리매김하고 있을 뿐 아니라, 현실에서 다양하게 나타나는 정당의 역할을 과도하게 평가하여 정당을 사실상 국민을 대체하는 지위에 올려 놓아 국민주권을 형해화시키고, 대의민주주의를 부정하는 결과를 초래하는 것이었다. 과도한 그의 이론은 독일에서 설득력을 상실하고 폐기되었다. 우리나라에서도 1970년대 G. Leibholz의 이론에 의지하여 현대 국가는 정당국가라고 강조한 경향이 있었는데, 이는 결국 독재와 권위주의시대에 行政國家論, 議會懷疑論과 함께 의회를 약화시키고 대통령을 중심으로 한 행정부를 강화시키는데 기여하는 부정적인 결과를 초래하였다. 이러한 점에서 「정당국가적 민주주의」, 「정당민주주의」, 「정당국가」라는 용어를 사용하는 경우에는 그 의미와 법적 효력범위를 분명히 해야 함을 유의할 필요가 있다.

(2) 정당의 개념

정당은 정치학적으로는 국가권력의 장악을 목표로 하는 政治的 結社이지만, 정당에 대한 법적 보호와 관련해서는 법적으로 개념을 정의할 필요가 있다.

政黨法에 의하면, 정당은 국민의 이익을 위하여 책임있는 정치적 주장이나 정책을 추진하고 공직선거의 후보자를 추천 또는 지지함으로써 국민의 정치적 의사형성에 참여함을 목적으로 하는 국민의 자발적 조직을 의미한다. 어떤 정치적 결사가 이러한 정당에 해당할 때에만 헌법(§8③)과 정당법의 보호를 받는 정당에 해당하며 이에 해당하지 않는 것은 정당이 아닌 一般結社에 지나지 않는다. 이에 의할 때, 정당은 i) 국민의 이익을 위한 정치적 주장이나 정책의 추진, ii) 공직선거의 후보자의 추천·지지로 국민의 정치적 의사형성의 참여, iii) 자발적 조직의 확보를 그 개념 요소로 한다. 이러한 것은 당연히 상당한 기간 동안 존속할 것을 전제로 할 뿐 아니라 일정한 정치적 목적을 가져야 하므로 iv) 상당한 기간의 존속(시간적 계속성), v) 정치적 목적(정강·정책)의 보유도 개념요소가 된다.

정당에 지역적 요소도 요구되는가 하는 문제가 있다. 사이버정당을 인정하는 경우에는 지역적 요소는 정당의 개념요소가 되지 않는다.

憲法裁判所는 정당의 개념적 징표를 다음과 같이 판시하였다(憲 2006. 3. 30.-2004헌마246).

[憲 2006. 3. 30.-2004헌마246] 「헌법은 제8조 제2항에서 "정당은……국민의 정치적 의사형성에 참여하는데 필요한 조직을 가져야 한다"고 규정하고 있고, 정당법 제2조는 "이 법에서 정당이라 함은 국민의 이익을 위하여 책임 있는 정치적 주장이나 정책을 추진하고 공직선거의 후보자를 추천 또는 지지함으로써 국민의 정치적 의사형성에 참여함을 목적으로 하는 국민의 자발적 조직을 말한다"고 규정하고 있다. 이와 같은 우리 헌법 및 정당법상 정당의 개념적 징표로서는 ① 국가와 자유민주주의 또는 헌법질서를 긍정할 것, ② 공익의 실현에 노력할 것, ③ 선거에 참여할 것, ④ 정강이나 정책을 가질 것, ⑤ 국민의 정치적 의사형성에 참여할 것, ⑥ 계속적이고 공고한 조직을 구비할 것, ⑦ 구성원들이 당원이 될 수 있는 자격을 구비할 것 등을 들 수 있다. 즉, 정당은 정당법 제2조에 의한 정당의 개념표지 외에 예컨대 독일의 정당법(제2조)이 규정하고 있는 바와 같이 "상당한 기간 또는 계속해서" "상당한 지역에서" 국민의 정치적 의사형성에 참여해야 한다는 개념표지가 요청된다고 할 것이다.」

(3) 정당의 자유

(a) 내 용

憲法 제8조 제1항은 「정당의 설립은 자유이며……」라고 정하여 정당설립의 자유를 명시하고 있는데, 이는 「정당설립의 자유」뿐만 아니라, 정당의 조직형태를 선택할 「정당조직선택의 자유」 및 그와 같이 선택된 조직을 결성할 자유인 「정당조직의 자유」와 「정당활동의 자유」를 포함하는 政黨의 自由를 정하고 있는 것이다. 政黨의 自由는 개개인의 자유로운 정당설립 및 정당가입의 자유, 조직형식 내지 법형식 선택의 자유를 포함하고, 政黨設立의 自由는 설립에 대응하는 정당해산의 자유, 합당의 자유, 분당의 자유뿐만 아니라, 개인이 정당 일반 또는 특정 정당에 가입하지 아니할 자유, 가입했던 정당으로부터 탈퇴할 자유 등 소극적 자유도 포함한다(예: 憲 1999. 12. 23.-99헌마135; 1996. 3. 28.-96헌마9등; 2001. 10. 25.-2000헌마193; 2004. 12. 16.-2004헌마456; 2006. 3. 30.-2004헌마246).

[憲 2004. 12. 16.-2004헌마456] 「헌법 제8조 제1항이 명시하는 정당설립의 자유는 설립할 정당의 조직형태를 어떠한 내용으로 할 것인가에 관한 정당조직선택의 자유 및 그와 같이 선택된 조직을 결성할 자유를 포함한다. 정당조직의 자유는 정당설립의 자유에 개념적으로 포괄될 뿐만 아니라, 정당조직의 자유가 완전히 배제되거나 임의적으로 제한될 수 있다면, 정당설립의 자유가 실질적으로 무의미해지기 때문이다. 또한 헌법 제8조 제1항은 정당활동의 자유도 보장한다. 정당의 설

립만이 보장될 뿐 설립된 정당이 언제든지 다시 금지될 수 있거나 정당활동이 임의로 제한될 수 있다면, 정당설립의 자유는 사실상 아무런 의미가 없기 때문이다. 이와 같이 헌법 제8조 제1항은 정당설립의 자유, 정당조직의 자유, 정당활동의 자유 등을 포괄하는 정당의 자유를 보장하고 있다. 이러한 정당의 자유는 국민이 개인적으로 갖는 기본권일 뿐만 아니라, 단체로서의 정당이 가지는 기본권이기도 하다.」

[憲 2006. 3. 30.-2004헌마246] 「헌법 제8조 제1항 전단의 정당설립의 자유는 정당설립의 자유만이 아니라 정당활동의 자유를 포함한다. 즉, 헌법 제8조 제1항은 정당설립의 자유만을 명시적으로 규정하고 있지만, 정당설립의 자유만이 아니라 누구나 국가의 간섭을 받지 아니하고 자유롭게 정당에 가입하고 정당으로부터 탈퇴할 수 있는 자유를 함께 보장한다. 정당의 설립만이 보장될 뿐 설립된 정당이 언제든지 다시 금지될 수 있거나 정당의 활동이 임의로 제한될 수 있다면, 정당설립의 자유는 사실상 아무런 의미가 없기 때문이다. 따라서 정당설립의 자유는 당연히 정당의 존속과 정당활동의 자유도 보장하는 것이다. 따라서 정당의 자유의 주체는 정당을 설립하려는 개개인과 이를 통해 조직된 정당 모두에게 인정되는 것이다. 구체적으로 정당의 자유는 개개인의 자유로운 정당설립 및 정당가입의 자유, 조직형식 내지 법형식 선택의 자유를 포함한다. 또한 정당설립의 자유는 설립에 대응하는 정당해산의 자유, 합당의 자유, 분당의 자유도 포함한다. 뿐만 아니라 정당설립의 자유는 개인이 정당 일반 또는 특정 정당에 가입하지 아니할 자유, 가입했던 정당으로부터 탈퇴할 자유 등 소극적 자유도 포함한다.」

憲法裁判所는 경찰청장의 정치적 중립성을 보장하기 위하여 퇴직 후 일정기간 동안 정당에 가입할 수 없게 하는 것이 정당의 자유를 침해하는 것이라고 하고, 이는 목적의 달성에 합치하는 手段의 適合性에 어긋나는 것이라고 하였다(憲 1999. 12. 23.-99헌마135).

[憲 1999. 12. 23.-99헌마135] 「이 사건 법률조항은 경찰청장이 퇴직한 뒤에 일정기간 당적을 갖지 못하게 함으로써 정당에 의한 공천가능성을 처음부터 완전히 배제하여 경찰청장으로 하여금 특정정당이나 집권정당을 의식하지 아니한채 소신을 가지고 경찰권의 행사를 공정하게 지휘할 수 있게 하는 하나의 수단이 될 수 있는 점에서 입법목적의 달성을 위한 수단으로서의 적합성을 완전히 배제할 수는 없다. 그러나 정당설립의 자유에 대한 제한은 오늘날의 정치현실에서 차지하는 정당의 중요성 때문에 원칙적으로 허용되지 않는다는 것이 헌법의 결정이므로 정당설립의 자유를 제한하는 법률의 경우에는 입법수단이 입법목적을 달성할 수 있다는 것을 어느 정도 확실하게 예측될 수 있어야 한다. 다시 말하면, 헌법재판소는 정당설립의 자유에 대한 제한의 합헌성의 판단과 관련하여 '수단의 적합성' 및 '최소침해성'을 심사함에 있어서 입법자의 판단이 명백하게 잘못되었다는 소극적인 심사에 그치는 것이 아니라, 입법자로 하여금 법률이 공익의 달성이나 위험의 방지에 적합하고 최소한의 침해를 가져오는 수단이라는 것을 어느 정도 납득시킬 것을 요청한다. 만일, 정당설립의 자유와 같이 원칙적으로 제한될 수 없다는 것을 헌법이 명시적으로 밝히고 있는 경우에도, 헌법재판소가 '법률이 그를 통하여 달성하려는 목적을 실현하기에 명백하게 부적합한가'만을 심사한다면, 입법자는 중대한 공익이나 방지해야 할

위험이 현존함을 주장하여 입법목적의 달성에 조금이라도 기여하는, 생각할 수 있는 모든 입법수단을 동원하게 될 것이기 때문이다. 이러한 측면에서 본다면, 경찰청장이 퇴직후 공직선거에 입후보하는 경우 당적취득금지의 형태로써 정당의 추천을 배제하고자 하는 이 사건 법률조항이 어느 정도로 입법목적인 '경찰청장 직무의 정치적 중립성'을 실현할 수 있을지 그 효율성이 의문시된다. 더욱이 선거직이 아닌 다른 공직에 취임하거나 공기업의 임원 등이 될 수 있는 그외의 다양한 가능성을 그대로 개방한 채, 단지 정당의 공천만을 금지하는 경우에는 더욱 그러하다. 경찰청장의 경우에는 검찰총장과 달리 임기를 보장하는 조항이나 중임금지조항 등 재직중의 정치적 중립성을 확보하기 위하여 전제되어야 하는 기본적인 규정이 없다. 이러한 법적 상태에서 단순히 퇴직후 정당추천만을 배제한다고 하여 어느 정도로 경찰청장의 정치적 중립성을 확보할 수 있을지 의문이 제기된다. 뿐만 아니라 '역대 치안총수의 퇴직후 2년내 공직 및 선거직 진출에 관한 현황'을 본다면, 1980년 이래 현재까지(1999. 11. 1) 퇴직한 총 18명 중에서 1992년까지 7인이 임명직인 도지사나 시장에 임명되었고, 그 이후에는 3인이 공기업의 임원에 취임하였으며, 단 1인만이 무소속으로 국회의원에 당선되었을 뿐이다. 즉 1980년 이래 현재까지 퇴직한 총 18명의 경찰총수 중에서 퇴직후 2년 이내에 정당공천을 통하여 국회의원이나 지방자치단체의 장으로서 선출된 경우가 한번도 없다는 사실은 바로 경찰청장의 정치적 중립성을 확보하려는 수단으로서 이 사건 법률조항의 효과가 매우 불확실하다는 것을 시사하고 있다. 이 사건 법률조항의 실효성을 의심케 하는 것은, 본질적으로 경찰청장의 정치적 중립성은 그의 직무의 정치적 중립을 존중하려는 집권세력이나 정치권의 노력이 선행되지 않고서는 결코 실현될 수 없다는 사실이다. 집권세력이 정치적 사건에 있어서 경찰청장에게 영향력을 행사하려는 경우 임기도 보장이 안된 경찰청장이 어느 정도로 그러한 정치적 압력에 저항할 수 있을지 매우 회의적인 터에 이 사건 법률조항을 통하여 단지 퇴직후 정당가입을 금지하는 형태로 일방적으로 경찰청장에게만 기본권을 제한하는 것이 경찰청장의 정치적 중립을 유지하는데 큰 역할을 하리라고 기대하기는 무리이다. 따라서 이 사건 법률조항은 입법목적과 입법수단간의 인과관계가 막연하고, 입법목적을 달성할 수 있는가 하는 법률의 효과 또한 불확실하므로 정당의 자유를 제한함에 있어서 갖추어야 할 적합성의 엄격한 요건을 충족시키지 못한 것으로 판단된다. 설사 이 사건 법률조항의 기본권 제한수단으로서의 적합성을 인정한다 하더라도, 최소침해성의 관점에서는 다음과 같은 문제가 제기된다. '과거에 보유한 공직을 이유로 개인의 정당설립의 자유를 침해하는 방법이 아니라 임기중 경찰청장의 정치적 중립성을 확보하는데 기여할 수 있는 다른 여러 가지의 방법, 예컨대 임기보장조항 및 중임금지조항의 신설 등을 통해서도 위의 입법목적을 달성할 수 있는가' 하는 것을 별론으로 하더라도, 정당공천을 통하여 공직선거에 입후보할 수 있는 가능성을 차단하려는 것이 입법자의 진정한 의도라면, 정당의 설립 및 가입 그 자체를 포괄적으로 금지하지 않고서도 '지구당위원장으로의 임명'이나 '정당추천의 금지' 등 개인의 정당의 자유를 보다 적게 침해하는 방법으로도 충분히 입법목적을 달성할 수 있다고 할 것이다. 따라서 이 사건 법률조항은 위와 같은 이유로 '입법자는 입법목적을 달성하기 위하여 고려되는 여러 가지의 방법 중에서 국민의 기본권을 가장 존중하고 가장 적게 침해하는 수단을 택해야 한다'는 내용의 최소침해성의 원칙에도 위반된다.」

(b) 한 계

정당조직의 자유와 정당활동의 자유가 인정된다고 하더라도 국민의 정치적 자유와 민주주의를 실현하는 전제하에 인정되는 것이기 때문에 이에는 한계가 있다. 아무리 정당의 자유가 인정된다고 하더라도 정당조직의 자유가 조직을 두지 않을 자유를 의미하는 것은 아니고 정당활동의 자유가 헌법을 부정하는 활동까지 인정하는 것은 아니다.

憲法은 제8조 제2항에서 「정당은 그 目的 · 組織과 活動이 민주적이어야 하며, 국민의 정치적 의사형성에 참여하는데 필요한 조직을 가져야 한다」고 하여 정당의 조직과 활동의 자유가 가지는 한계를 명시하고 있다(예: 憲 1999. 12. 23.-99헌마135; 2004. 12. 16.-2004헌마456). 헌법 제8조의 체계를 보면, 제1항은 정당의 자유를 보장하고 있고, 제2항은 그 한계를 설정하고 있다(예: 憲 2004. 12. 16.-2004헌마456; 2009. 10. 29.-2008헌바146등). 제4항에서 정당의 목적이나 활동이 민주적 기본질서를 위배할 때에 정당해산심판으로 이를 해산하게 하는 것도 政黨의 自由에 대하여 한계를 정하고 있는 것이다.

[憲 1999. 12. 23.-99헌마135] 「헌법은 정당을 일반적인 결사의 자유로부터 분리하여 제8조에 독자적으로 규율함으로써 오늘날의 의회민주주의에서 정당이 가지는 중요한 의미와 헌법질서내에서의 정당의 특별한 지위를 강조하고 있다. 헌법 제8조는 제1항에서 "정당의 설립은 자유이며, 복수정당제는 보장된다"고 규정하여 국민 누구나가 원칙적으로 국가의 간섭을 받지 아니하고 정당을 설립할 권리를 국민의 기본권으로서 보장하면서, 아울러 정당설립의 자유를 보장한 것의 당연한 법적 산물인 복수정당제를 제도적으로 보장하고 있다. 헌법 제8조 제1항은 단지 정당설립의 자유만을 명시적으로 규정하고 있지만, 헌법 제21조의 결사의 자유와 마찬가지로 정당설립의 자유만이 아니라 누구나 국가의 간섭을 받지 아니하고 자유롭게 정당에 가입하고 정당으로부터 탈퇴할 수 있는 자유를 함께 보장한다. 정당의 설립만이 보장될 뿐 설립된 정당이 언제든지 다시 금지될 수 있거나 정당의 활동이 임의로 제한될 수 있다면, 정당설립의 자유는 사실상 아무런 의미가 없기 때문이다. 따라서 정당설립의 자유는 당연히 정당의 존속과 정당활동의 자유도 보장한다. 헌법은 제8조 제2항에서 "정당은 그 목적 · 조직과 활동이 민주적이어야 하며, 국민의 정치적 의사형성에 참여하는 데 필요한 조직을 가져야 한다"고 규정하고 있다. 이로써 헌법은 헌법상 부여된 정당의 과제와 기능을 '국민의 정치적 의사형성에의 참여'로 규정하면서, 입법자에게 정당이 헌법상 부여된 과제를 민주적인 내부질서를 통하여 이행할 수 있도록 그에 필요한 입법을 해야 할 의무를 부과하고 있다. 즉, 헌법 제8조 제2항은 정당의 내부질서가 민주적이 아니거나 국민의 정치적 의사형성과정에 참여하기 위하여 갖추어야 할 필수적인 조직을 갖추지 못한 정당은 자유롭게 설립되어서는 아니된다는 요청을 하고 있다. 따라서 헌법 제8조 제1항의 정

당설립의 자유와 제2항의 헌법적 요청을 함께 고려하여 볼 때, 입법자가 정당으로 하여금 헌법상 부여된 기능을 이행하도록 하기 위하여 그에 필요한 절차적·형식적 요건을 규정함으로써 정당의 자유를 구체적으로 형성하고 동시에 제한하는 경우를 제외한다면, 정당설립에 대한 국가의 간섭이나 침해는 원칙적으로 허용되지 아니한다. 이는 곧 입법자가 정당설립과 관련하여 형식적 요건을 설정할 수는 있으나(정당법 §16), 일정한 내용적 요건을 구비해야만 정당을 설립할 수 있다는 소위 '허가절차'는 헌법적으로 허용되지 아니한다는 것을 뜻한다. 또한, 정당의 발기인 및 당원의 자격과 관련해서도, 특정 집단에 대하여 정당설립 및 가입을 금지하는 것은 원칙적으로 정당이 헌법상 부여받은 기능을 이행하기 위하여 필요하다고 판단되는 최소한의 조건에 대한 규율에 그쳐야 한다. 헌법 제8조 제4항은 "정당의 목적이나 활동이 민주적 기본질서에 위배될 때에는 정부는 헌법재판소에 그 해산을 제소할 수 있고, 정당은 헌법재판소의 심판에 의하여 해산된다"고 규정하고 있다. 정당의 해산에 관한 위 헌법규정은 민주주의를 파괴하려는 세력으로부터 민주주의를 보호하려는 소위 '방어적 민주주의'의 한 요소이고, 다른 한편으로는 헌법 스스로가 정당의 정치적 성격을 이유로 하는 정당금지의 요건을 엄격하게 정함으로써 되도록 민주적 정치과정의 개방성을 최대한으로 보장하려는 것이다. 즉, 헌법은 정당의 금지를 민주적 정치과정의 개방성에 대한 중대한 침해로서 이해하여 오로지 제8조 제4항의 엄격한 요건하에서만 정당설립의 자유에 대한 예외를 허용하고 있다. 이에 따라 자유민주적 기본질서를 부정하고 이를 적극적으로 제거하려는 조직도, 국민의 정치적 의사형성에 참여하는 한, '정당의 자유'의 보호를 받는 정당에 해당하며, 오로지 헌법재판소가 그의 위헌성을 확인한 경우에만 정당은 정치생활의 영역으로부터 축출될 수 있다. 그렇다면 민주적 의사형성과정의 개방성을 보장하기 위하여 정당설립의 자유를 최대한으로 보호하려는 헌법의 정신에 비추어, 정당의 설립 및 가입을 금지하는 법률조항은 이를 정당화하는 사유의 중대성에 있어서 적어도 '민주적 기본질서에 대한 위반'에 버금가는 것이어야 한다고 판단된다. 다시 말하면, 오늘날의 의회민주주의가 정당의 존재없이는 기능할 수 없다는 점에서 심지어 '위헌적인 정당을 금지해야 할 공익'도 정당설립의 자유에 대한 입법적 제한을 정당화하지 못하도록 규정한 것이 헌법의 객관적인 의사라면, 입법자가 그외의 공익적 고려에 의하여 정당설립금지조항을 도입하는 것은 원칙적으로 헌법에 위반된다. 따라서 정당설립금지의 규정이 정당의 위헌성이나 정치적 성격 때문이 아니라 비록 다른 공익을 실현하기 위하여 도입된다 하더라도, 금지규정이 달성하려는 공익은 매우 중대한 것이어야 한다는 것을 뜻한다.」

정당의 자유는 憲法 제37조 제2항을 근거로 하여 제한할 수도 있다. 政黨法이 정당에 대하여 규율하면서 정당의 지구당 설립여부를 정하는 것은 법률정책의 문제이며, 이것이 헌법상의 정당조직의 자유를 침해하는 것은 아니다(예: 憲 2004. 12. 16.-2004헌마456).

[憲 2004. 12. 16.-2004헌마456] 「헌법 제8조 제2항은……라고 규정하고 있다. 이 규정은 헌법 제8조 제1항에 의하여 정당의 자유가 보장됨을 전제로 하

여, 그러한 자유를 누리는 정당의 목적 · 조직 · 활동이 민주적이어야 한다는 요청, 그리고 그 조직이 국민의 정치적 의사형성에 참여하는 데 필요한 조직이어야 한다는 요청을 내용으로 하는 것으로서 정당에 대하여 정당의 자유의 한계를 부과한 것이다. 또 이 규정은 정당의 핵심적 기능과 임무를 '국민의 정치적 의사형성에 참여' 하는 것으로 선언하면서 동시에 위 기능과 임무를 민주적인 내부질서를 통하여 수행할 수 있도록 그에 필요한 입법을 해야 할 의무를 입법자에게 부과하고 있다.」

Ⅱ. 정당의 법적 지위

정당의 법적 지위에 대해서는 정당을 국가기관이라고 보는 國家機關說, 정당을 사적인 결사라고 보는 私的 結社說, 정당을 국가기관도 아니고 사적 결사도 아닌 양자의 중간형태의 특성을 가지는 것이라고 보는 中間形態說이 있다.

정당은 국가영역에 속해 있지 않으면서 선거에서 후보자를 선정하고, 정치와 선거에서 주도적인 활동을 하며, 교섭단체를 통하여 국정에 상당한 영향력을 미치고 있다. 따라서 이런 점에서 정당은 정치영역에 존재하며 사회와 국가를 매개하는 機能을 한다. 그런데 정당의 법적 성격과 지위는 결사의 성격 그 자체에 관한 것으로서 이러한 현실정치에서의 기능과 구별되어야 하고, 정당은 기본적으로 자율적인 사회영역에서 자발적으로 결성된 결사이므로 그 법적 관계에서는 특별한 사정이 없는 이상 사적 단체로서의 성격을 지닌 것(민법상의 法人格 없는 社團)이라고 할 것이다. 따라서 정당은 기본적으로 국가의 통제를 받지 않는다.

그러나 국가와 체제의 보호, 선거의 기능 정상화, 대의민주주의의 실현, 정치질서의 유지 등 공익을 위하여 필요한 경우에는 정당설립과 활동의 자유를 제한할 수 있어 이 범위에서는 국가가 개입할 여지를 가진다. 특히 국가로부터 보조금을 받는 경우나 비례대표에서 후보자명부를 독점적으로 작성하는 경우에는 순전한 사적인 결사가 아니고 국가영역에 밀접하게 개입하고 있으므로 이에 대해서는 공법적인 규율이 행해진다고 할 것이다.

이러한 中間的 形態로서의 성격으로 인하여 정당은 사항에 따라 복합적인 법적 관계를 가진다고 할 것이다. 정당의 구성원은 국가공무원이 아니고 사적 단체의 구성원으로서의 성질을 지니며, 일반적인 대외적 법률관계는 私法的인 관계를 이룬다. 고용관계에서는 노동법의 적용을 받는다. 政黨法도 정당을 국민의 자발적 조직이라고 정하고 있다(同法 §2). 그리고 정당은 일정한 경우에 기본권의 주체가 되고 헌법소원심판에서 청구인적격을 가진다. 그러나 정당은 국가기관이 아니기 때문에 권한쟁의심판에서 당사자는 되지 못한다. 정당의 기능에 비추어 국가가 개입하고 통제하는 관계에서는 公法的인 특수한 지위를 가진다(예: 정당법, 정치자금법, 공직선거법의 규율대상).

憲法裁判所는 정당의 歸屬財産關係에서는 정당을 法人格 없는 社團으로 본다(예: 憲 1993. 7. 29.-92헌마262).

[憲 1993. 7. 29.-92헌마262] 「정당의 법적 지위는 적어도 그 소유재산의 귀속관계에 있어서는 법인격 없는 사단(社團)으로 보아야 하고, 중앙당과 지구당과의 복합적 구조에 비추어 정당의 지구당은 단순한 중앙당의 하부조직이 아니라 어느 정도의 독자성을 가진 단체로서 역시 법인격 없는 사단에 해당한다고 보아야 할 것이다.」

Ⅲ. 정당의 권리와 의무

(1) 정당의 설립

헌법은 정당설립의 자유를 보장하고 있다(憲法 §8①). 따라서 국가는 정당의 설립을 방해하지 못한다. 그런데 헌법은 정당에 대하여 가치중립적인 것이 아니라 헌법질서와 민주적 기본질서에 위반되지 않을 것을 요구하므로(同條 ②,④) 이와 배치되는 정당은 처음부터 정당으로 보장을 받지 못하므로 이를 설립할 자유도 인정되지 않는다. 즉 공산주의정당이나 체제부정적 정당의 설립금지가 이에 해당한다.

(2) 정당의 권리

정당은 설립과 활동의 자유뿐만 아니라 정당으로서 본래의 기능을 함에 있어 요구되는 권리도 가진다. 성질상 허용되는 범위 내에서 기본권의 주체가 되기도 하고(예: 정치적 의사표현, 재산권, 선거에서의 평등, 주거의 자유 등), 법률이 정하는 권리(예: 후보자 공천권, 정당보조금청구권)도 가진다. 정치활동에서의 기회의 평등은 민주주의를 실현함에 있어 중요한 의미를 가진다.

憲法裁判所도 기본권의 성질에 따라 정당이 기본권의 주체가 되는 경우가 있음을 인정하고 있다(예: 憲 1991. 3. 11.-91헌마21; 1994. 4. 28.-92헌마153; 1994. 7. 29.-91헌마137).

[憲 1991. 3. 11.-91헌마21] 「정당이 선거에 있어서 기회균등의 보장을 받을 수 있는 헌법적 권리는 정당활동의 기회균등의 보장과 헌법상 참정권보장에 내포되어 있다고 할 것이므로 헌법 제8조 제1항 내지 제3항, 제11조 제1항, 제24조, 제25조는 그 직접적인 근거규정이 될 수 있는 것이며, 헌법 전문과 제1조, 제41조 제1항, 제67조 제1항, 제37조 제2항, 제116조 제2항은 간접적인 근거규정이 될 수 있는 것이다.」

(3) 정당의 의무

정당은 원래의 기능에 부응하기 위하여 일정한 의무도 지고 있다. 헌법은 일정한 조직을 가질 것과 목적, 활동, 조직이 민주적일 것을 요구하며(憲法 §8②), 헌법의 민주적 기본질서를 준수할 것을 의무로 부과하고 있다(同條 ④).

(4) 정당의 해산

정당은 스스로 해산하는 自進解散과 헌법재판소의 정당해산심판에 의한 強制解散(憲法 §8 ④, §111)으로 해산된다. 정당 설립의 자유가 인정되는 이상 자진해산도 당연히 인정된다. 政黨法도 정당의 代議機關의 결의에 의한 자진해산을 인정하고 있다(同法 §45). 강제해산에 있어서는 정당은 일반결사와 달리 헌법 제8조에 의하여 두터운 보호를 받고 있기 때문에 법원의 판결에 의하여 이를 해산할 수 없고 오직 헌법재판소의 정당해산심판에 의해서만 해산된다.

정당도 政治結社인 점에서는 헌법 제21조에 의하여 보호되는 정치결사와 다르지 않다. 그러나 헌법은 제8조에서 정치결사 가운데 정당에 대하여 특별히 存續保護를 강화하고 있는 점에서 일반결사와 다르다. 이런 점에서는 정당은 헌법 제8조와 제21조의 적용을 동시에 받지만, 존속보호에서는 제8조의 특별한 보호를 받는다.

우리 憲法史에서 살펴볼 때, 政黨解散審判制度는 1960年6月憲法에서 처음 채택되어 현재까지 유지되고 있으나, 실제 정당해산심판이 있은 적은 없다.

다만, 위헌정당의 문제가 된 進步黨事件은 당수인 趙奉岩이 간첩죄로 사형선고를 받고 집행되었고(大 1959. 2. 27. -4291刑上559), 이에 앞서 1958년 2월 25일 진보당은 정부의 公報室에 의해 登錄取消되어 해체되었다. 즉 행정조치로 정당이 해산되었다. 1961년 5·16 군사쿠데타 직후 조직된 軍事革命委員會의 포고에 의해 기성정당이 해산되는 경험도 하였다. 이 결과 재판 이외의 방법으로 정당을 해산하는 것을 금지하여 정당활동을 보호할 필요성을 찾게 되었다. 1962년헌법도 재판으로 위헌정당을 해산하는 것을 제도화하였다.

《진보당 등록취소 이유와 정강 · 정책의 위헌여부》

1958년 2월 25일 공보실장 명의로 된 진보당 등록취소 이유는 다음과 같다. 「1. 진보당은 대한민국의 국법과 유엔의 결의에 위반되는 통일방안을 주장하고 있다. 그들은 1954년 제네바회의에서 천명된 바 한국통일은 대한민국 헌법에 의거하여 유엔감시하에 민주주의적 선거를 실시하여 성취되어야 한다는 우리 국민과 유엔의 입장을 무시하고 북한괴뢰집단과 소련 및 중공이 주장하고 있는 적성국가를 주로 하여 구성되는 감시단의 감시하에 남북통일총선거를 실시할 것을 공식으로 선언하고 있다. 2. 진보당 간부들은 북한괴뢰집단이 밀파한 간첩과 밀사와 파괴공작들과 항상 접선하여 왔다. 그들 진보당 간부들이 반역죄를 범했는지 아니했는지는 법정이 결정할 문제이지만, 동당이 북한 공산당과 접선해왔다는 사실만으로도 진보당은 대한민국의 합법적인 정당으로서 인정받을 자격이 없는 것이다. 3. 진보당은 그들의 목적달성의 전제단계로서 공산당 비밀당원과 공산당 방조자들을 의회의원에 당선시켜 가지고 그들을 통하여 대한민국을 파괴하려고 기도하여 왔다.」 1948年憲法 이래 당시의 1954年憲法에는 정당특권에 관한 규정을 두고 있지 않았기 때문에 공보실장의 명령만으로 진보당의 등록이 취소될 수 있었다. 이러한 진보당의 등록취소는 그 때까지 지속효를 가졌던 미군정 법령 제55호인 「정당에관한규칙」(1946. 2. 23.)에 법적 근거를 둔 것이었다. 1959년 2월 27일에 있은, 진보당 당수인 조봉암과 사건 관련자들에 대한 형사재판의 상고심 판결인 [大 1959. 2. 27.-4291刑上559]에서는 형사판결의 이유에서 방론으로 진보당의 위헌여부에 대하여 판단한 부분이 있는데, 해당 부분의 내용은 다음과 같다. 「진보당의 강령정책은 "우리는 노동자 농민을 중심으로 하는 광범한 근로대중을 대표하는 주체적 · 선도적 · 정치적 집결체이며 변혁적 세력의 적극적 실천에 의하여 자본주의를 지양하고 착취 없는 복지사회를 건설하여야 한다"는 지(旨)의 혁신정치의 실현, "우리는 자유민주주의를 폐기 · 지양하고 주요 산업과 대기업의 국유 내지 국영을 위시로 급속한 경제건설, 사회적 생산력의 제고 및 사회적 생산물의 공정분배를 완수하기 위하여 계획과 통제의 제 원칙을 실천하여야 한다"는 지(旨)의 수탈없는 경제체제의 확립, "우리는 남북한에서 평화통일을 저해하는 요소를 견제하고 진보당 세력의 주권 장악하에 피흘리지 않는 평화적 한국통일을 실현한다"는 지(旨)의 평화통일의 실현. 전기 강령과 정책의 헌법위반여부를 검토하니……헌법의 전문이나 헌법규정에 비추어 볼 때 전시 진보당의 강령 · 정책은 헌법에 위반된다 할 수 없고 평화통일에 관한 주장 역시 헌법 제14조 언론자유의 한계를 일탈하지 않은 한, 차(此)를 위법이라 할 수 없는 것이므로 평화통일론이 논죄의 대상이 되는 경우는 북한 괴뢰집단이나 이에 부수하는 결사 또는 집단을 위하거나 또는 이와 상통하여 차(此)를 주장하는 경우에 한정될 것이다.」

《조봉암의 재판》

[大 1959. 2. 27.-4291刑上559]의 판결에서 증거에 의해 인정된 바를 요약하면, 조봉암은 일제시대에 일본에서 중앙대학 정경과 1년을 수료하는 과정에서 공산주의사상을 포지하고 그 후 흑도회라는 비밀결사를 조직하고 공산주의자로 활동하다가 소련 코민테른의 지령으로 해외내의 조선공산주의자 연합회에 참가하고, 조선공산당 조직총국대표로 코민테른의 지령의 받고 귀국하여 고려청년회를 조직하여 공산주의활동을 하였다. 1925년 5월경 조선공산당을 조직하고 모스크바 공산대학 출신의 김조이와 결혼한 후 모스크바에 가서 코민테른으로부터 조선공산당을 코민테른의 조선지부로 인준받았다. 공산주의 활동을 계속하던 중 ML당을 조직하여 연락하다가 징역 7년의 복역을 하였다. 해방 이후 인천에서 치안유지회, 건준, 노동조합, 실업자대책위원회 등을 조직하여 활동하는 한편 조선공산당 중앙간부와 동 당의 인천지구책 민전의장으로 활동하였다. 나중에 조선공산당 대표 박헌영에 의해 출당되었고, 1948년 5월에는 인천에서 국회의원에 당선되었으며, 동년 9월에는 농림장관에 취임하였다. 제 2 대 국회의원선거에서 당선되어 국회부의장에 선임되었고, 제 2 대와 제 3 대의 대통령선거에 후보자로 출마하기도 했다. 속칭 진보당사건에서 검찰은 조봉암에 대하여 진보당을 결성함에 있어서 북한괴뢰집단에 호응하여 그와 동조하는 평화통일방안을 주장함으로써 대한민국의 전복수단으로 동 괴뢰집단과 야합하기로 하고 대남간첩 박정호와 밀회한 바 있으며, 북한괴뢰집단으로부터 자금을 받아 제 3 대 대통령선거 비용 및 기관지 발간비 등으로 사용하였고, 진보당 관계자

료와 밀서를 북한으로 보내는 등 명백한 간첩행위를 하였다는 이유로 간첩죄 및 국가보안법위반죄로 기소하고 사형을 구형하였다. 1958년 7월 2일에 있은 제1심 판결에서 조봉암은 간첩혐의에 대해서는 무죄, 국가보안법위반혐의에 대해서는 유죄로 인정되어 징역 5년을 선고받았다. 同年 10월 25일에 있은 항고심 판결에서 조봉암은 간첩죄 및 국가보안법위반죄가 인정되어 사형을 선고받았다. 1959년 2월 27일 대법원은 상고심 판결에서 조봉암에 대해 형법의 간첩죄, 군정법령 제5호의 무기불법소지죄, 국가보안법의 수괴취임 및 협의선전의 죄를 인정하여 사형을 선고하였고, 1960년 7월 31일 형이 집행되었다.

아무튼 진보당 사건이 처리되던 시기에는 정당해산심판제도가 없었기 때문에 「정당에관한규칙」에 근거하여 행정조치로 정당이 해산되는 결과가 발생하였다. 1948年憲法부터 1954年憲法에 이르기까지 헌법은 정당활동의 자유에 대하여 명시적으로 아무것도 정하지 않았다. 1960年6月憲法에 와서 비로소 정당은 법률이 정하는 바에 의하여 국가의 보호를 받는다는 규정이 신설되었고, 동시에 헌법재판소에 의한 정당해산심판제도도 신설되었다(憲法 §13).

독일의 경우 현재까지 2차례에 걸쳐 헌법재판으로 위헌정당을 해산한 사실이 있다. 1949년 창당된 社會主義國家黨(Sozialistische Reichspartei: SRP)에 대해 1951년 연방정부는 이 정당이 나치당의 후계정당이며 나치정권과 동일하거나 유사한 목적을 추구하여 自由民主的 基本秩序를 없앨 것을 기도한다고 하며 연방헌법재판소에 해산심판을 청구하였는데, 1952년 10월 23일 연방헌법재판소는 사회주의국가당에 대해 위헌정당이라고 하여 해산판결을 하고 代替政黨을 창설하는 것과 현존 조직의 代替組織을 존속시키는 것을 금지하였다. 해당 사회주의국가당에 소속된 의원은 의원직을 상실하였고, 정당의 재산은 국가에 沒收되었다. 의원직이 상실된 의석의 경우에는 보궐선거를 실시하지 않는 채로 재적의원 의석수에서 그 만큼 감소된다고 하였다. 따라서 정당해산심판으로 해당 정당 소속의 의원이 의원직을 상실하면 의회의 재적의석수도 감소하였다(BVerfGE 2, 1). 1945년 창당된 獨逸共産黨(Kommunistische Partei Deutschlands: KPD)은 마르크스주의에 바탕을 두고 노동자계급의 前衛政黨으로서 서독의 再軍備 반대, 구소련과 동구권 국가와의 평화조약체결, 독일의 재통일 등을 목표로 하여 정치활동을 하였다. 1951년 연방정부는 독일공산당에 대해 위헌정당이라고 하며 연방헌법재판소에 해산심판을 청구하였다. 1956년 연방헌법재판소는 독일공산당에 대해 위헌정당이라고 하여 해산판결을 하였다. 여기서도 代替政黨을 창설하는 것과 현존 조직의 代替組織을 존속시키는 것을 금지하였고, 정당의 재산은 몰수되었다(BVerfGE 5, 85). 이러한 것은 과거 나치당의 憲法敵對的인 활동으로 바이마르헌법질서가 무너지고 바이마르공화국이 붕괴된 비극을 반복하지 않으려는 것과 공산주의자들의 헌법적대적인 활동으로 새로 형성된 Bonn基本法질서와 독일연방공화국이 파괴되는 것을 방지하고자 한 것이었다.

Ⅳ. 정당의 재정

(1) 자체 재원

정당은 국가권력을 장악하려는 세력들에 의하여 임의로 결성한 단체이고 국가기관이 아니므로 그 財政은 원칙적으로 스스로 마련하고 충당하여야 한다.

(2) 국고보조금

나라에 따라서는 정당을 육성하기 위하여 정당에 대한 補助金을 지급하는 경우도 있다(예: 독일, 프랑스, 핀란드, 노르웨이, 이탈리아, 대한민국). 우리나라는 헌법에서 법률이 정하는 바에 의하여 정당에 대하여 국고보조금을 지급할 수 있다는 규정을 두고 있다(憲法 §8③). 따라서 국가가 정당에 대하여 의무적으로 국고로 보조금을 지급하여야 하는 것은 아니지만, 입법자는 법률을 제정하여 국가로 하여금 정당에 대하여 보조금을 지급할 수 있게 할 수 있다. 정당에 대하여 보조금을 지급하게 할 것인가 하는 것은 입법재량에 해당한다. 현재는 정치자금법을 제정하여 국가로 하여금 정당에 보조금(경상보조금과 선거보조금)을 지급하도록 정하고 있다(同法 §25-§30). 국가가 지급하는 보조금은 1. 인건비, 2. 사무용 비품 및 소모품비, 3. 사무소 설치 · 운영비, 4. 공공요금, 5. 정책개발비, 6. 당원 교육훈련비, 7. 조직활동비, 8. 선전비, 9. 선거관계비용으로 사용하고 있다(同法 §28).

(a) 위 헌 성

자율영역인 사회영역에서 다양한 정치집단들이 경쟁하는 상황에서 이들 정치집단 중 특정 정치집단인 정당에게 국고로 그 운영비 등을 지원하는 것이 헌법에 위반되지 않는가 하는 문제가 있다. 이에 대해서는 합헌론과 위헌론이 대립하고 있고, 독일에서는 연방헌법재판소가 위헌으로 판결한 적이 있다. 우리나라에서도 이에 대한 논란이 있었는데, 현행 헌법에서는 직접 국고보조금을 지급할 수 있는 규정을 두고 있기 때문에 위헌의 여지는 없다.

그러나 이러한 것이 타당성이 있는가 하는 문제는 남아 있다. 정당이 스스로 존립할 수 있는 경우에 국민의 세금으로 派黨的이고 政派的인 집단에 일정 금액을 지급하는 것은 타당하지 않다.

《헌법에 위반되는 헌법규정》

만일 법률로 정당에 인건비, 정당의 운영비와 활동비, 일상경비 등을 지원하는 보조금을 국고에서 지급하는 것을 정한다면 이는 위헌인가 하는 문제가 있다. 이 경우 정당에 대하여 이런 명목으로 국고보조금을 지급하는 것이 국민의 자유로운 정치적 의사형성과 국민주권 그리고 다른 정치단체와의 차별을 이유로 헌법에 위반되어 위헌이라고 한다면, 논리적으로 헌법 제8조 제3항은 '헌법에 위반되는 헌법규정'(verfassungswidriges Verfassungsrecht)이 된다. 이러한 경우에 우리 헌법상 헌법에 위반되는 헌법규정은 위헌으로 무효로 할 수 있는가 하는 문제가 있다. 憲法 제107조 제1항과 憲法裁判所法 제41조 제1항은 "법률"이라고 정하고 있고, 제111조 제1항은 "법률의 위헌여부"라고 정하고 있으며, 모든 헌법규정은 國民投票에 의해서만 개정할 수 있는 점(憲法 §130②)에 비추어 볼 때 헌법규정들간에 효력을 배제할 수 있는 상하의 위계도 성립하지 않으므로, 헌법재판소는 위헌법률심판이나 헌법소원심판의 절차에서 헌법의 어떠한 조항에 대해서도 위헌여부를 심판할 수 없다. 따라서 법리적으로 '헌법에 위반되는 헌법규정'에 해당되더라도 이를 무효화할 수 없고, 헌법개정의 방법을 통하여 이를 바로 잡을 수 있을 뿐이다. 憲法裁判所도 현행 헌법재판절차를 통해서는 헌법의 개별규정에 대하여 심사할 수 없다고 본다(예: 憲 1995. 12. 28.-95헌바3; 1996. 6. 13.-94헌바20; 2001. 2. 22.-2000헌바38).

憲法裁判所는 현행 국고보조금제도에 대하여 정당의 역할을 수행하는데 소요되는 정치자금을 마련함에 있어 정치자금의 기부자인 각종 이익집단으로부터 부당한 영향력을 배제하여 정치부패를 방지하고, 정당 간의 자금조달의 격차를 줄여 공평한 경쟁을 유도하며, 선거비용과 정당의 경비지출의 증가추세에 따른 재정압박을 완화하여 정당의 원만한 기능을 보장하고 유능한 후보자의 당선가능성을 높이는 데에 그 입법목적이 있다고 설명한다(예: 憲 2006. 7. 27. -2004헌마655). 그러나 이는 정당에 대한 국가보호주의적인 시각이고, 국민의 세금으로 파당적인 정치집단의 운영까지 책임지는 것은 정당화하기 어렵다고 본다. 인터넷상의 사이버정당, 다양한 정치단체 등 여러 정치집단이 경쟁하고 과거 정당이 담당하였던 여론 형성, 정치엘리트의 선발, 정책 개발 등의 역할이 소멸되고 다양한 정치집단이나 전문가집단이 이를 수행하는 상황에서는 이런 국가주의적인 시각은 설득력을 가지기 어렵다.

국가의 정당에 대한 보조금 지급의 위헌성이 문제가 된다. 1966년 독일연방헌법재판소는 정치교육사업의 명목으로 정당에 국고보조금을 지원하는 것을 위헌이라고 판결하였다(BVerfGE 8, 52). 선거비용을 충당할 목적으로 지급되는 지원금은 헌법에 위반되지 않는다고 하였으나(BVerfGE 20, 56), 이에 대해서는 비판이 있다. 우리나라에서는 헌법에서 정당에 대한 국고보조금 지급의 근거를 두고 있기 때문에(憲法 §8③) 실정법상 위헌성 문제는 발생하지 않으나 타당성에서는 문제가 있다. 선거시에 선거에 필수적으로 소요되는 자금을 정당에 보조금으로 지급하는 경우가 있다. 이는 選擧公營制의 실시에 있어 국가가 직접 지급하는 비용을 정당에게 나누어 주고 이를 집행하게 하는 것이어서 실질적으로 선거공영에 소요되는 재원이다. 그런데 선거공영에 필요한 비용을 국가가 따로 지출하면서 이와 별도로 정당에 선거비용으로 보조금을 지급하거나 현행 정치자금법과 같이 인건비, 운영비, 조직활동비 등을 지급하는 것은 타당하지 않다.

(b) 국고보조금의 차등 지급

국가가 정당에 대하여 국고보조금을 지급하는 경우에도 교섭단체 구성여부, 의석수 등을 기준으로 하여 차등지급을 할 수 있는가 하는 문제가 있다. 정당에 대하여 국고보조금을 지급하는 것이 일정한 형태의 정당정치를 유도하고 형성하는 것에 목적을 두고 있는 경우에는 그 목적 실현에 적합하도록 차등 지급하는 것은 헌법상의 평등원칙에 어긋나지 않는다(예: 憲 2006. 7. 27.-2004헌마655).

[憲 2006. 7. 27.-2004헌마655] 「(1) 헌법 제8조 제3항의 규정에 의하여 정당에게 주어지는 보조금을 배분받을 권리는 보조금의 액수, 지급기준 및 대상, 용도 등에 관한 구체적 사항이 법률에 규정됨으로써 비로소 구체적인 법적 권리로 형성되므로, 입법자는 정당에 대한 보조금의 배분기준을 정함에 있어 입법정책적인 재량권을 가지나 합리적인 이유 없이 정당을 불평등하게 취급해서는 안 될 것이다. 다만, 정당의 기회균등원칙은 각 정당에 보조금을 균등하게 배분할 것을 요구하는 것이 아니라 보조금제도의 취지에 비추어 각 정당의 규모나 정치적 영향력, 정당이 선거에서 거둔 실적 등에 따라 어느 정도 차별을 할 수 있고, 그 내용이 현재의 각 정당들 사이의 경쟁상태를 현저하게 변경시킬 정도가 아니면 합리성을 인정할 수 있을 것이다. (2) 이 사건 법률조항은 교섭단체를 구성할 정도로 다수 의석을 가진 정당들에 보조금의 50/100을 우선 배분하여 줌으로써 '다수 의석을 가진 원내정당 중심주의'를 채택하고 있다. 그 입법목적에 대하여는 '4대 정당 체제'를 예상하고 만들어진 보조금 배분비율을 현 정치상황의 정당구조에 맞게 고치기 위하여 이 사건 법률조항과 같이 보조금 배분비율을 개정하였다는 개정이유만 있을 뿐 교섭단체를 구성할 정도로 다수 의석을 가진 정당을 더 우대하려는 취지를 알 수 있는 자료는 없다. 그런데 우리나라와 같이 정당제가 불안정하고 정당과 국민 간의 동일성이 희박한 정당정치풍토에서 대의민주적 기본질서가 제 기능을 수행하기 위해서는 의회 내에 안정된 다수세력을 확보할 필요가 있으므로, 다수 의석을 가지고 있는 원내정당을 우대하고자 하는 이 사건 법률조항이 부당하다고 하기는 어렵다. (3) 다만 이 사건 법률조항은 교섭단체를 구성한 정당과 이를 구성하지 못하는 정당 사이에 보조금의 배분규모에 있어 상당한 차이(50/100과 5/100 또는 2/100)를 두고 있으므로, 그러한 차등지급의 정도가 합리성이 있는가가 문제된다. 오늘날 대의제민주주의는 국민의 정치적 의사형성을 위한 매개체로서의 정당의 역할이 증대됨에 따라 정당국가적 민주주의로 변화하여, 국회는 국민의 대표인 의원들의 의사에 따라 운영되는 것이 아니라 정당의 구성원인 의원들이 정당을 통하여 그리고 정당 속에서 결합하여 운영되고 있고, 정당의 국회 내에서의 활동도 교섭단체를 중심으로 이루어짐에 따라 국민의 정치적 의사를 형성하여 국가기관의 의사결정에 영향을 미치는 정당의 공적기능을 수행하는데 국회에 진출한 정당과 진출하지 못한 정당 사이, 그리고 국회에 진출하여 교섭단체를 구성한 정당과 이를 구성하지 못한 정당 사이에 상당한 차이가 나타날 수밖에 없다. 그리고 이 사건 법률조항은 교섭단체를 구성할 정도의 다수 정당에 대해서만 보조금을 배분하는 것이 아니라 그에 미치지 못하는 소수정당에게도 일정 범위의 보조금 배분을 인정하여 소수정당의 보호·육성도 도모하고 있고, 교섭단체의 구성여부만을 보조금 배분의 유일한 기준으로 삼은 것이 아니라 정당의 의석수비율이나 득표수비율도 고려하여 정당에 대한 국민의 지지도도 반영하고 있다. 또한 아래 표에 나타난 바와 같이 이 사건 법률조항에 의한 현행의 보조금 배

분비율과 의석수비율 또는 득표수비율(비례대표전국선거구 및 지역구에서 당해 정당이 득표한 득표수 비율의 평균)을 비교하면 현행의 보조금 배분비율은 의석수비율보다는 오히려 소수 정당에 유리하고, 득표수비율과는 큰 차이가 나지 않아 결과적으로 교섭단체 구성 여부에 따른 차이가 크게 나타나지 않고 있다. 위와 같은 사정들을 종합해 볼 때, 교섭단체의 구성 여부에 따라 보조금의 배분규모에 차이가 있더라도 그러한 차등정도는 각 정당 간의 경쟁상태를 현저하게 변경시킬 정도로 합리성을 결여한 차별이라고 보기 어렵다.」

(c) 국고보조금의 운용에 대한 감독

국가가 국고에서 정당에 보조금을 지급한 경우에 이러한 보조금이 본래의 목적에 적합하게 사용되고 지출되었는지를 감시·감독할 수 있다. 이런 경우에는 국가는 정당에 대해서 회계감사를 할 수 있으며, 국정감사와 국정조사도 할 수 있다.

(3) 정당의 재원 형성과 운용에 대한 규제

정당은 자율적인 정치단체이므로 이를 운용하는데 필요한 재원의 형성과 운용에 있어서는 자율성을 가진다. 그러나 정당은 그 주목적이 정치활동을 하는 것에 있고, 정치사회와 국가를 매개하는 지위에서 국가의 작용에 밀접하게 영향을 미치고 자기 정당에 소속한 대통령 또는 국회의원 등을 통하여 국가정책의 결정에 직접적인 영향을 미친다. 따라서 이러한 활동과 역할을 하는 단체가 재원을 형성하고 운용함에 있어 金力의 영향을 받아 민주주의의 실현이나 국가작용을 왜곡하는 것은 허용되지 않는다. 예컨대 선거에서 후보자를 정함에 있어 돈을 받고 행하는 것이나 의사결정과정에서 금력이 지배력을 발휘하게 하여 이것이 국가작용에 영향을 미칠 때에는 국가는 이에 대하여 규제할 수 있다. 뿐만 아니라 정치자금의 법리에 의해서도 정당의 정치자금활동에 대하여 규제를 할 수 있다.

憲法裁判所는 국가가 정당의 운영자금조달에 대하여 합리적인 규제를 하고, 공직 선거에서 정당이 특정인을 후보자로 추천하는 일과 관련하여 금품이나 재산상의 이익을 수수할 수 없게 법률로 규제하는 것은 정당의 자유를 침해하는 것이 아니라고 판시하였다(예: 憲 2009. 10. 29.-2008헌바146등).

[憲 2009. 10. 29.-2008헌바146등] 「만약 정당의 운영자금 조달을 정당 또는 정치인에게 맡겨 두고 아무런 규제를 하지 않는다면 정치권력과 금력의 결탁이 만연해지고, 필연적으로 기부자의 정치적 영향력이 증대될 것이며, 이처럼 금력을 가진 소수 기득권자에게 유리한 정치적 결정이 이루어진다면 민주주의의 기초가 심각하게 훼손될 수 있으므로, 정당의 금품수수에 대한 일정한 규제는 대의제 민주주의의 필연적 귀결이라고 할 것이다. 이 사건 법률조항은 종래의 정치자금법의 공백을 보완하여 금품수수를 규제함으로써 정당 공천의 공정성과 정당 운영의 투명성, 도덕성을 제고하고, 나아가 선출직 공직자 선거에 있어서 후보자 추천 단계에서부터

금권의 영향력을 원천적으로 봉쇄하여 궁극적으로 공명정대한 선거를 보장하기 위하여 마련된 규정으로, 입법목적의 정당성이 인정된다. 나아가 이 사건 법률조항은 정당의 적법한 당비 수수나 차용행위 일체를 금지하는 것이 아니라, 공직선거에 있어서 정당이 후보자를 추천하는 것과 관련되어 이루어지는 금품 등 수수행위만을 금지하고 있으므로 정당의 적법한 자금조달활동을 원천적으로 불가능하게 하는 조항이라고 보기 어렵다. 정당의 경우 후보자 추천과 관련하여 직접 금품 등을 수수하지 않더라도 선거비용이나 정당 운영비의 일정부분이 국고보조되고 있으며, 정치자금법에 의한 자금조달도 불가능한 것이 아니다. 한편, 그 동안 음성적 자금모금과 공천헌금 문제를 규제하기 위하여 정치자금법 등에서 정치자금의 범위와 기부한도를 정하고 회계장부의 기재와 회계보고의무를 정하였지만 실효성이 적었던 점에 비추어보면, 공천과 직접적으로 관련된 금품수수를 금지하고 그 위반시 형사제재를 하는 것 외에 별도의 효과적인 수단을 상정하기도 어렵다고 할 것이다. 이와 같이 정당의 민주적 운영에 대한 헌법적 요청, 이 사건 법률조항의 입법목적 및 그 제한의 정도를 종합적으로 고려하면, 이 사건 법률조항이 정당의 후보자 추천과 관련된 금품수수 등을 금지하는 것은 대의제 민주주의에서 정당 운영의 투명성과 공명정대한 선거문화 확립을 위하여 필요한 것이라 할 것이므로, 헌법 제8조 제3항 전단의 정당보호 조항에 위반되었다거나, 헌법상 정당활동의 자유의 본질적 내용을 침해하는 것이라고 볼 수 없다.」

V. 당내민주주의

정당은 사회영역에 속하는 자율적인 사적 정치결사이기 때문에 국가기관도 아니고 국가영역에 속하는 것도 아니다. 더구나 정당은 정치적 이해관계를 같이 하는 사람들의 정파적인 집단이기 때문에 국민적 정당성(=민주적 정당성)에 근거하고 있는 것도 아니다. 따라서 정당은 이를 구성한 사람들에 의하여 자율적으로 운영되고 활동하므로, 기본적으로 국가는 정당의 운영과 활동에 대하여 통제할 수 없고, 정당의 내부운영과 의사결정에 있어 민주주의원리를 강제로 적용할 수도 없다. 정당은 의사결정의 방식을 채택함에 있어서 민주주의원리의 수용여부를 포함하여 스스로 자율적으로 선택하고 결정한다.

그런데 헌법은 정당의 조직과 활동이 민주적이어야 할 것을 명시하고 있으므로(憲法 §8②), 이 범위 내에서 정당은 그 조직과 활동에서 민주주의원리를 원용하여야 한다. 특히 정당에 국고보조금을 지급하는 경우에는 정당 내부의 조직과 운영이 憲法秩序에 합치할 것을 요구할 수 있을 뿐 아니라 법치주의와 민주주의에 부합할 것이 요청된다. 정당내부의 의사결정의 방식, 비례대표국회의원의 명부작성, 국회의원이나 대통령의 선거에서 후보자를 결정하는 것 등이 합리적이고 민주적일 것이 요구된다. 이를 黨內民主主義(innerparteiliche Demokratie)라고 부르기도 한다. 政黨 內部秩序의 民主化를 실현하는 방법으로 당원의 의사의 상향적 전달체계 구축, 강령과 당헌의 공개, 당원의 지위 보장, 다수결의 원칙과 소수의 보호 보장이 제시되고 있다(鄭萬喜, 519).

당내민주주의의 실현은 해당 정당 자체만의 문제를 넘어 국가의 기능과 작용과도 연관이 있다. 정당 소속의 국회의원에 대한 통제가 그에 해당한다. 정당의 규정으로 소속 국회의원에 대하여 통제를 한 것이 국회의원이 국민전체의 대표자로서 활동하기 어렵게 하는 것이거나 국회의 기능을 왜곡할 우려가 있거나 그러한 결과를 가져오는 것인 경우에는 사법적 판단의 대상이 된다고 할 것이다. 예컨대, 국회에서의 안건의 처리에 있어 자유투표(cross-voting)를 하여 자신이 소속한 정당의 입장과 배치되는 행동을 하였다고 하여 정당내부에서 징계 등의 제재를 가하는 경우에 이것이 해당 국회의원의 국민대표자로서의 역할을 방해하거나 국회의 기능을 왜곡시키는 결과를 가져오는 것인 경우에는 헌법과 국회법의 규정을 위반하는 것이어서 사법적 판단의 대상이 된다. 다만, 유의할 것은 당내민주주의를 실현함에 있어 다양한 방법이 있는 경우에는 국가는 어느 하나의 방법을 강제할 수 없다는 점이다. 당내민주주의가 요구된다고 하여 당내 민주화를 실현하는 내부질서를 위반하는 행위에 대하여 국가가 법적으로 통제할 수는 없다고 할 것이다. 정당의 자유가 우선하기 때문이다(同旨: 鄭萬喜, 522). 그러나 민사상 단체내부의 분쟁에 대한 법원의 재판은 가능하다.

> 선거에서 후보자를 결정함에 있어 경선방식, 후보자선정위원회의 방식, 추대방식 등 여러 방식 가운데 어느 것을 선택할 것인가 하는 것은 정당이 자율적으로 정할 사항이며 국가가 강제할 수 있는 사항이 아니다.
> 1979. 9. 8. 법원은 정당을 私法上의 社團으로 보고 신민당총재단직무집행정지가처분결정을 하여 정당의 내부 문제에 개입하였다. 이러한 경우 법원의 가처분이 정당의 자유를 침해하는 것인지는 헌법재판을 통해 다툴 수 있어야 한다. 그런데 현재 헌법재판소법은 법원의 재판에 대한 헌법소원심판을 금지하고 있어 이를 심사할 방법은 없다.

[75] 第五 適用領域

I. 국가영역

대의민주주의이든 직접민주주의이든 민주주의원리를 강제로 적용하는 것은 강제력을 본질로 하는 국가영역에 한정된다. 국가영역은 언제나 남용되고 권력을 장악한 자의 恣意에 따라 행사될 위험성이 있기 때문에 이를 방지하고 국가의사결정의 합리성을 최소한 확보하기 위하여 민주주의원리를 적용한다.

국가영역이 아닌 자율적인 영역(예: 가정, 친목단체, 종교단체 등)에서는 그 의사의 결정에서 그 구성원이 자율적으로 다양한 방식을 채택할 수 있다. 국가영역에 적용되는 민주주의원리를 원용할 수도 있고, 전원일치의 원리(unanimity)를 채택할 수도 있으며, 명령적 위임도 가능하고, 상호계약에 다른 특수한 방식을 채택할 수도 있다. 자율적인 영역에서의 의사결정에 대해서는 국가가 특정한 원리를 강제할 수 없다.

Ⅱ. 방어적 민주주의

민주주의는 자유, 평등, 정의라는 가치를 추구하면서도 개인의 개성신장과 행복추구를 위하여 어떤 개별적인 가치도 다른 가치를 일방적으로 지배할 수 없다는 價値相對主義에 기초하고 있다. 그런데 가치상대주의를 절대시하는 경우에는 형식논리적으로 가치상대주의가 바로 그 가치상대주의를 부정할 수 있다는 모순에 도달한다. 즉 공동체의 존속·유지라는 가치나 자유, 평등, 정의라는 가치 자체를 부정하고 파괴하는 행위도 가치상대주의의 논리에 의하여 허용된다는 모순에 도달한다. 형식에서는 다수의 지지를 받고 등장한 독재, 전체주의, 국가주의, 권위주의의 통치가 이에 해당한다.

민주주의의 가치하에 국민의 박수와 갈채로 등장한 독재, 공산주의, 군부정치, 권위주의통치가 개인의 자유와 행복을 파괴하는 것을 경험하면서 민주주의가 가치상대주의에 기초하고 있다고 하더라도 자기를 스스로 부정하는 민주주의는 민주주의가 아니라는 것을 체험적으로 발견하게 되었다. 人間의 尊嚴, 自由, 平等, 正義라는 헌법의 핵심적 기본가치는 입헌주의, 법치주의, 민주주의에 의해 유지되고 보호되는데, 이러한 立憲主義, 法治主義, 民主主義를 부정하는 행위가 민주주의라는 이름으로 허용될 수는 없다. 이러한 것은 민주주의와 가치상대주의라는 이름하에 자행된 독재, 공산주의, 전체주의, 독일의 나치스의 지배, 이탈리아의 파시스트의 통치, 제3세계의 군부독재, 한국의 6·25동란 등을 통하여 경험적으로 확인되었다.

이러한 역사적 체험을 한 이후 민주주의는 민주주의를 파괴하고 유린하는 「민주주의의 적」의 공격에 대해서는 방어하고 투쟁하여 지켜야 한다는 결론에 이르러 「방어적 민주주의」(abwehrbereite od. wehrhafte Demokratie) 또는 「투쟁적 민주주의」(streitbare Demokratie)라는 개념이 등장하였다. 예컨대 히틀러의 나치스 독재와 공산주의와 사회주의 혁명세력들의 발호로 체제의 위기를 체험한 독일에서는 연방헌법재판소의 판례에서도 防禦的 民主主義(BVerfGE 39, 334) 또는 鬪爭的 民主主義(BVerfGE 5, 85; 25, 44; 25, 88; 28, 36; 28, 51; 30, 1; 40, 287)라는 개념과 법리를 채택하였다.

민주주의는 국가의 구조원리로서 共同體의 保障과 基本權의 保障에 기속되는 것이어서 본질적으로 이러한 방어적인 성격을 가질 수밖에 없는 것인데, 민주주의의 방어적 측면을 실현하는 방법은 다양하다. 독일의 경우에는 헌법에서 직접 基本權喪失制度(§18)와 違憲結社의 禁止(§9 ②)를 정하고 있다. 즉 표현의 자유에서 특히 언론의 자유,

학문의 자유, 집회의 자유, 결사의 자유, 信書 · 우편 · 통신의 자유, 재산권, 亡命者庇護權을 자유민주적 기본질서에 대하여 도전 · 투쟁할 목적으로 濫用하는 때에는 연방헌법재판소의 재판을 통하여 상실시킬 수 있게 하고, 단체의 목적이나 활동이 형법법규에 위반되거나 헌법질서 또는 승인된 국제법적 이념에 반하는 것은 금지된다고 정하고 있다. 우리나라의 경우에는 憲法 제37조 제2항에 의하여 이와 유사한 여러 가지 방법으로 자유민주적 기본질서와 헌법을 보호하는 조치를 취할 수 있다.

현대 立憲民主國家에서는 인간의 존엄, 자유, 평등, 정의와 같은 핵심적인 가치가 실정헌법에 보장되어 있는데, 이러한 가치의 수호는 곧 기본권의 수호와 헌법의 수호가 된다. 따라서 실정헌법을 가지고 있는 나라에서는 헌법을 보호하는 여러 장치를 마련하고 있는데, 각종 刑事的 制裁, 彈劾審判 이외에 政黨解散審判, 基本權喪失審判 등도 이에 해당한다. 憲法의 敵은 조직된 형태로도 나타나고 개체로서도 나타나는데, 「조직된 헌법의 적」에 대응하여 헌법과 민주주의를 보호하는 장치 중의 하나가 정당해산심판제도이다.

독일에서는 방어적 민주주의가 독일연방헌법이 정하고 있는 자유민주적 기본질서를 보호 · 유지하는 법리로 전개되었다. 독일연방헌법재판소는 1952. 10. 23. 社會主義國家黨(SRP)을 위헌정당으로 해산하였는데, 소속의원은 의원직을 상실하였으며 대체정당은 금지되었다(BVerfGE 2, 1). 1956. 8. 17. 獨逸共産黨(KPD)이 위헌정당으로 해산되었고, 대체조직은 금지되었으며, 재산은 몰수되었다. 독일연방헌법재판소는 1970. 2. 18. 「軍人決定」(Soldatenbeschluß)에서 「독일연방공화국은 국민들에게 자유민주적 질서를 방어할 것을 기대하고 있고, 이 자유민주적 질서를 반대하기 위한 목적으로 기본권을 남용하는 것을 인정하지 않는 민주국가이기에 방어적 민주주의의 원칙은 연방군대 내부에도 타당하다」고 판시하였고(BVerfGE 28, 36), 1970. 12. 15.「監聽判決」(Abhör-Urteil)에서 감청법에서 감청을 하는 경우에 당사자에 대한 「사전통고의 배제는 국가의 존속과 자유민주적 기본질서의 수호를 위하여 국민이 당연히 수인해야 하는 것이므로 당사자에 대한 사전통고가 배제되고 법원에 의한 사법적 심문절차가 배제된다고 하여 이것만으로 법치국가의 원리가 침해되었다고 볼 수 없고, 사후심사의 관할기관도 법원에서 의회로 변경된 것에 불과하므로 여전히 국가기관 상호간의 견제와 균형이 충분히 이루어지고 있다」고 판시하였다(BVerfGE 30, 1). 연방헌법재판소는 1975. 5. 22. 「急進主義者決定」(Radikalenbeschluß)에서 「모든 공무원은 기본법상의 가치질서에 구속되므로 자유민주적 · 사회국가적 · 법치국가적 질서를 거부하거나 이에 저항하는 자를 공직 취임시켜서는 안되며, 국가에 봉사하려는 자는 국가는 물론 국가의 헌법적 질서를 비방하거나 공격하여서는 안된다」고 판시하였다(BVerfGE 39, 334).

우리나라도 방어적 민주주의를 채택하고 있다. 방어적 민주주의의 법리를 정당해산에 적용하여 정당해산심판을 한 경우는 아직 없으나, 國家保安法 등의 사건에서는 憲法裁判所(예: 憲 1990. 4. 2.-89헌가113; 1997. 1. 16.-92헌바6등; 2001. 9. 27.-2000헌마238; 2003. 5. 15.-2000헌바66; 2004. 8. 26.-2003헌바85등)와 大法院(예: 大 1992. 8. 18.-92도1244; 1992. 8. 14.-92도1211; 1998. 7. 24.-98도1395; 2008. 4. 17.-2003도758) 모두 이를 적용하고 있다.

[憲 1999. 12. 23.-99헌마135] 「헌법 제8조 제4항은 "정당의 목적이나 활동이 민주적 기본질서에 위배될 때에는 정부는 헌법재판소에 그 해산을 제소할 수 있고, 정당은 헌법재판소의 심판에 의하여 해산된다"고 규정하고 있다. 정당의 해산에 관한 위 헌법규정은 민주주의를 파괴하려는 세력으로부터 민주주의를 보호하려는 소위 '방어적 민주주의'의 한 요소이고, 다른 한편으로는 헌법 스스로가 정당의 정치적 성격을 이유로 하는 정당금지의 요건을 엄격하게 정함으로써 되도록 민주적 정치과정의 개방성을 최대한으로 보장하려는 것이다.」

[憲 2001. 9. 27.-2000헌마238] 「1947년 3월 1일부터 1954년 9월 21일까지 무력충돌과 진압과정에서의 사망자등 가운데 남한에서의 인민민주주의 국가건설을 내세워 무장유격대에 직·간접적으로 가담하였던 자들까지 희생자로 인정하여 명예를 회복시켜 주는 것이 우리 헌법의 기본원리와 상충되는 것이 아닌지에 대하여 살펴본다. 일부 다른 견해도 있지만, 앞서 살핀 것처럼 제주4·3사건은 넓게는 제2차 세계대전 종료 후 파시즘에 공동대항하였던 미·소 양국간의 협력이 종료되면서 자본주의와 공산주의의 체제대립이 시작되는 국제적 파고 속에서 국내적으로는 미국의 한시적 군정 중 생소한 좌우이데올로기 및 통일국가에 대한 의견대립의 소용돌이를 거치면서 건국을 앞두고 물리적 충돌로 발생한 비극적 사건이었다. 특히 제주도는 섬이라는 제한된 공간에서 혈연적·집단적인 부락공동체를 이루어 살던 탓으로 보복이 상승되고, 악순환되어 피해가 확대된 면이 두드러지게 나타난다. 따라서 이러한 당시의 여러 정황을 참작하고, 사건 발생일로부터 반세기나 경과한 오늘에서 뒤돌아볼 때 무장유격활동에 가담하였던 자들도 잘못된 선택을 한 역사의 희생자로 보아 모두 희생자로 인정할 수 있다는 견해가 제기될 수 있다. 그러나 대한민국의 건국에 필수적 절차였던 5·10제헌의회선거와 남한의 단독정부수립을 저지하고, 자유민주적 기본질서를 부정하며, 인민민주주의를 지향하는 북한 공산정권을 지지하면서 미군정기간 공권력의 집행기관인 경찰과 그 가족, 제헌의회의원선거 관련인사·선거종사자 또는 자신과 반대되는 정치적 이념을 전파하는 자와 그 가족들을 가해하기 위하여 무장세력을 조직하고 동원하여 공격한 행위까지 무제한적으로 포용할 수는 없다. 이는 우리 헌법의 기본원리로서의 자유민주적 기본질서와 대한민국의 정체성에 심각한 훼손을 초래하기 때문이다. 다만 희생자의 범위를 정함에 있어 위에서 본 바와 같이 이 법이 제주4·3사건의 혼란 중에 군과 경찰의 과도한 진압으로 인하여 무고하게 생명을 잃거나, 상해를 입은 자들을 신원(伸寃)하고, 화해를 통하여 이데올로기의 대립으로 인한 상처를 치유함으로써 민족화해와 민주발전을 도모하며, 인도와 동포애로써 민족의 단결을 공고히 할 목적으로 제정되었고, 그 제정과정에서 많은 우여곡절을 겪었음을 감안하면 가능한 한 희생자의 범위를 폭넓게 인정함으로써 입법의 취지를 살리는 동시에 우리 헌법의 기본원리 및 대한민국의 정체성을 훼손되지 않는 조화로운 법률인식이 필요하다고 할 것이다. 이러한 입장에서 본다면 사건기간 중 제주4·3사건과 관련한 사망자등 가운데 자유민주적 기본질서와 이에 부수되는 시장경제질서 및 사유재산제도를 반대한 자 가운데 그 정도

를 살펴 희생자 결정 대상에서 제외해나가는 방법을 채택하는 것이 우리 헌법의 이념과 이 법의 입법목적에 부합할 것이다. 결국 무장유격대에 가담한 자 중에서 수괴급 공산무장병력지휘관 또는 중간간부로서 군경의 진압에 주도적·적극적으로 대항한 자, 모험적 도발을 직·간접적으로 지도 또는 사주함으로써 제주4·3사건 발발의 책임이 있는 남로당 제주도당의 핵심간부, 기타 무장유격대와 협력하여 진압 군경 및 동인들의 가족, 제헌선거관여자 등을 살해한 자, 경찰등의 가옥과 경찰관서 등 공공시설에 대한 방화를 적극적으로 주도한 자들은 결코 현재 우리의 헌법질서에서 보호될 수 없을 것이고, 따라서 이 법에서의 희생자의 범위에서 제외되어야 할 것이다.」

[憲 2003. 5. 15.-2000헌바66] 「우리 재판소는 1997. 1. 16. 선고한 92헌바6 등 결정, 2002. 4. 25. 선고한 99헌바27등 결정에서 이 법 제8조 제1항, 제3항에 대하여 합헌의 견해를 거듭 밝힌바 있는데, 그 요지는 다음과 같다. "구법 제8조 제1항의 구성요건 가운데 '이익이 된다는 정을 알면서'라는 부분은 지나치게 포괄적이고 그 적용범위가 광범하여 이 조항을 그 문리대로 해석·적용하면 국가의 존립·안전이나 자유민주적 기본질서 또는 국민의 생존 및 자유에 아무런 해악을 끼칠 우려가 없는 사항에 관한 회합·통신 등마저 처벌대상이 될 우려가 있어 위헌적 소지가 있었으나 신법 제8조 제1항은 '이익이 된다는 정을 알면서'라는 부분을 삭제하고 그 대신 '국가의 존립·안전이나 자유민주적 기본질서를 위태롭게 한다는 정을 알면서'라는 주관적 구성요건을 추가함으로써 구법규정의 위헌적 요소를 제거하였다. 따라서 국가보안법 제8조 제1항은 헌법에 위반된다고 할 수 없다." 청구인들은 남북간 화해협력 분위기가 조성되고 남북정상회담이 이루어지는 등 남북한 관계에 중대한 사정변경이 생겼으므로 위 기존의 견해를 변경하여야 한다고 주장하나, 남북한의 정치·군사적 대결이나 긴장관계가 완전히 해소되지 않고 있는 현실 등에 비추어 볼 때 그러한 사정만으로 위 판단을 변경할 만한 사정변경이 있다고 볼 수 없으므로 위 판시이유를 그대로 유지하기로 한다.」

[大 2008. 4. 17.-2003도758] 「북한이 조선민주주의인민공화국이라는 이름으로 유엔에 가입하였다는 사실만으로는 유엔이라는 국제기구에 가입한 다른 가맹국에 대해서 당연히 상호간에 국가승인이 있었다고 볼 수는 없다는 것이 국제정치상 관례이자 국제법상 통설적인 입장이다. 그리고 기존의 남북합의서, 남북정상회담, 남북공동선언문 등과 현재 진행되고 있는 남북회담과 경제협력 등의 현상들만으로 북한을 국제법과 국내법적으로 독립한 국가로 취급할 수 없다. 남·북한 사이의 법률관계는 우리의 헌법과 법률에 따라 판단해야 하며, 북한을 정치·경제·법률·군사·문화등 모든 영역에서 우리와 대등한 별개의 독립된 국가로 볼 수 없다. 남·북한의 관계는 일정한 범위 안에서 "국가간의 관계가 아닌 통일을 지향하는 과정에서 잠정적으로 형성되는 특수 관계"(남북관계 발전에 관한 법률 제3조 제1항 참조)로서, 남·북한은 자주·평화·민주의 원칙에 입각하여 남북공동번영과 한반도의 평화통일을 추구하는 방향으로(같은 법 제2조 제1항 참조) 발전하여 나아가도록 상호 노력하여야 하고, 우리 나라의 법률도 그러한 정신과 취지에 맞게 해석·적용하지 않으면 안 된다. 무릇 우리 헌법이 전문과 제4조, 제5조에서 천명한 국제평화주의와 평화통일의 원칙은 자유민주주의적 기본질서라는 우리 헌법의 대전제를 해치지 않는 것을 전제로 하는 것이다. 그런데

북한은 현시점에서도 우리 헌법의 기본원리와 서로 조화될 수 없으며 적대적이기도 한 그들의 사회주의 헌법과 그 헌법까지도 영도하는 조선로동당규약을 통하여 북한의 최종 목적이 주체사상화와 공산주의 사회를 건설하는 데에 있다는 것과 이러한 적화통일의 목표를 위하여 이른바 남한의 사회 민주화와 반외세 투쟁을 적극 지원하는 정책을 명문으로 선언하고 그에 따른 정책들을 수행하면서 이에 대하여 변경을 가할 징후를 보이고 있지 않다. 그러므로 북한이 남북관계의 발전에 따라 더 이상 우리의 자유민주주의 체제에 위협이 되지 않는다는 명백한 변화를 보이고 그에 따라 법률이 정비되지 않는 한, 국가의 안전을 위태롭게 하는 반국가활동을 규제함으로써 국가의 안전과 국민의 생존 및 자유를 확보함을 목적으로 하는 국가보안법이 헌법에 위반되는 법률이라거나 그 규범력을 상실하였다고 볼 수는 없고, 나아가 국가보안법의 규정을 그 법률의 목적에 비추어 합리적으로 해석하는 한 국가보안법이 정하는 각 범죄의 구성요건의 개념이 애매모호하고 광범위하여 죄형법정주의의 본질적 내용을 침해하는 것이라고 볼 수도 없다.」

제 3 절 法治國家原理

[76] 第一 槪 說

I. 개 념

법치국가원리는 法優先의 原則에 의하여 국가작용이 법에 의하여 이루어져야 한다는 것을 의미한다.

법치국가의 발전에서 초기단계였던 法律國家(Gesetzstaat)에서 법치주의는 국가가 작동하고 국민의 자유와 권리를 제한하거나 의무를 부과하려고 하는 때에는 국민대표기관인 의회가 정하는 법률에 의하여야 한다는 것을 의미하였다. 여기서는 국가작용의 法律合致性(=法律適合性)이 곧 법치주의를 의미하였다. 그러나 근대입헌주의의 발달로 법률국가에서 憲法國家(Verfassungsstaat)로 나아가면서 법치주의의 내용은 더욱 확장되고 강화되어 국가와 국민을 규율하는 법률도 헌법에 합치하는 것이어야 하며, 헌법이 정하는 내용을 실현하는 것이어야 한다는 것으로 귀착되었다. 헌법국가로 발전한 단계에서의 법치주의는 헌법에 의하여 국가가 창설되고, 국가작용과 국민의 생활이 헌법을 최정점으로 하는 객관적 법규범에 의하여 이루어져야 한다는 것을 중심내용으로 한다. 따라서 헌법국가에서 법치주의는 국가작용의 憲法合致性(=憲法適合性)을 의미하게 되었고, 여기서 말하는 헌법은 정당성을 가진 헌법을 말한다([23]-[25]).

Ⅱ. 헌법원리적 성질

법치주의원리는 기본권의 보장, 즉 權利章典이 헌법에 수용되면서 성격에 변화를 가져오게 되었다. 법치주의는 본래 형식의 문제에 해당하는 것이어서 국가작용의 合法性(legality) 확보만으로 충분하였으나(形式的 法治主義), 헌법에 기본권이라는 가치체계가 수용되면서 구체적인 가치와 내용도 포섭하게 되어 국가작용의 합법성 확보 이외에 正當性(legitimacy)의 확보도 요청되게 되었다(實質的 法治主義). 법치주의의 이러한 발달을 두고 「형식적 법치주의」에서 「실질적 법치주의」로 발달하였다고 한다.

이렇게 볼 때, 법치주의는 i) 기본권의 보장(기본권보장에 복무한다는 의미), ii) 국가권력의 분립, iii) 법의 형식성, iv) 국가작용의 법에의 기속, v) 법적 안정성, vi) 법의 실효성, vii) 사법적 권리구제를 그 기본적인 요소로 한다.

가치와 원리의 체계로 볼 때는 법치주의가 가치중립적인 것인가 가치관련적인 것인가 하는 문제가 있다. 엄밀히 보면, 그 체계의 성질상 기본권의 보장과 법치주의는 별개의 체계에 해당한다. 기본권의 보장은 가치적 체계이고, 법치주의는 가치중립적 체계이다. 법치주의는 기본권 보장과 함께 헌법을 구성하면서 공동체의 존속 · 유지와 기본권 보장이라는 목적을 하기 위한 수단으로서 작동하는 체계이다. 이런 점에서 법치주의 그 자체는 본질에서 가치중립적이다. 그러나 법치주의가 그 자체만으로 정당성을 가지는 것이 아니라 공동체의 보장, 기본권의 보장이라는 상위의 가치에 복종한다는 점에서 정당성을 가진다는 관계성을 주목하면 이는 가치관련적이다. 이와 같이 법치주의를 존재의 면에서 보면 「형식적 법치주의」라고 할 수 있으나, 관계의 면에서 보면 「실질적 법치주의」라고 할 수 있다. 이런 점에서 형식적 법치주의는 가치중립적 성격을 지니지만, 실질적 법치주의는 가치관련적 성격을 지닌다.

《英美의 「법의 지배」》

오늘날 법치주의와 같은 의미로 사용되는 「法의 支配」(rule of law)는 그 연원에서 보면, 서양 중세의 法優位의 思想에서 생겨나 영미법사상의 중심축으로 발달하여 영미법의 근본을 이루고 있는 기본원리이다. 「법의 지배」의 사상은 영국에서 13세기 말 사법제도의 정비와 재판을 통한 普通法(common law)의 발달을 보게 되면서, 「보통법은 국왕까지도 구속한다」는 사상이 형성됨에 따라 법원리로 자리를 잡게 되었고, 여기서 「법의 지배」는 보통법의 지배라는 의미로 이해되었다. 이러한 것은, 王權神授說을 믿고 「국왕이 법이다」(*Rex est lex*)라는 입장을 견지하며 보통법을 부정했던 James 1세(1603–1625)에 대하여 E. Coke卿(1552–1634)이 「국왕은 어느 누구의 아래에도 있을 수는 없다. 그러나 신과 법의 아래에는 있을 수 있다」라고 한 H.d. Bracton(1216–1268)의 말을 인용하여 君主的 大權의 절대성에 대항한 것에서도 볼 수 있듯이, 「법의 지배」는 이론과 실제에서 공히 법원리로 자리를 잡아 갔음을 볼 수 있다. 「법의 지배」의 사상은 17세기 名譽革命(1688)을 거치면서 군주의 자의적이고 전단적인 통치에 대항하여 투쟁하는 과정에서 보다 구체적인 모습을 띠게 되었다. J. Locke(1632–1704)는 「모든 통치는 단지 제한된 위임에 지나지 않으며, 이 위임된 통치는 실정법(promulgated standing law)에 따라 수행되어야 한다」고 하면서, 국가권력의 자의적인 행사와 군주의 억압적 통치로부터 개인의 자유를 보장하기 위해 「人의 支配」 대신에 법에 의한 통치를 주장하였다. 「법의 지배」의 이러한 발전은 예컨대 1689년의 權利章典(Bill of Rights)을 비롯한 법률에서도 나타났다. 명예혁명 이후 군주의 권한은 크게 약화된 데 반해 의회의 권한은 확대되어 議會主權(sovereignty of Parliament)과 議會優位(supremacy of Parliament)의 사상이 확립되기에 이르렀고, 의회가 통치의 실질적인 중심으로 되었다. 이에 따라 국가권력의 행사는 의회가 제정한 법률에 근거하도록 요구되었고, 「법의 지배」는 「보통법의 우위」에 대신하여 「의회제정법의 우위」라는 것으로 나타났다. 이러한 영국에서 형성 · 전개되어 온 「법의 지배」의 사상은 A.V. Dicey(1835-1922)의 「헌법학입문」(Introduction to the Study of the Law of the Constituion 1885)에서 처음으로 체계화되었다. 그는 의회주권이라는 개념과의 상관관계 속에서 「법의 지배」를 i) 자의적이고 전단적인 국가권력의 행사를 부정하고 일반법원에 의하여 통상의 법적 방식을 통하여 정립된 正規의 法에 위반되지 않는 한 처벌되지 않는다는 의미로서의 「正規의 法」의 絕對的 優位, ii) 공무원도 일반 사인과 같이 일반법원의 최종적인 관할을 받는다(이 결과 행정법원은 부정된다)는 의미에서의 法 앞의 平等, iii) 헌법적 규범(성문헌법국가에서 헌법전의 일부에 해당하는 여러 규범)으로서의 법은 일반법원에서 개인의 권리를 결정한 판결의 결과로 형성된 것이라는 英國憲法의 特殊性이라는 세 가지의 내용을 가지는 것으로 설명하여 영국헌법의 근본과 세부원칙을 체계적으로 밝혔다. 이 세 가지의 원칙은 19세기 영국에서 형성된 헌법의 관념과 개인주의사상이 반영된 것이기도 하지만, 오늘날까지 국가는 개인의 자유와 권리를 보장하는 수단이라는 점과 국가는 법 아래에 있다는 법리를 확립한 의미를 가진다. 이러한 역사적 배경을 가지고 형성된 영미법에서의 「法의 支配」는 恣意的이고 專斷的인 국가권력의 지배를 의미하는 「人의 支配」를 배척하고 국가권력을 법에 구속시켜 국민의 권리와 자유를 옹호하는 것을 목적으로 하는 원리를 의미한다. 「法의 支配」는 전개되는 과정에서 나라에 따라 구체적인 형태에서는 차이를 보이기도 하였지만, i) 헌법의 최고규범성 보장, ii) 국가권력에 의해 침해되지 않는 개인의 기본적인 자유 보장, iii) 법의 내용과 절차의 공정성을 요구하는 적법절차(due process of law)의 보장, iv) 권력의 자의적인 행사를 통제하는 사법기관의 보장은 핵심적인 공통된 내용을 이루고 있다. 미합중국에서 「법의 지배」는 헌법의 우위와 권력분립 및 사법심사를 확립하기에 이르렀다. 특히 영미의 「법의 지배」의 원리가 제2차 세계대전 전의 독일에서 통용된 「形式的 法治國家」(formeller Rechtsstaat)의 개념과 차이를 보이는 것은, 「實定法의 優位」라는 것도 의회주권의 원리와 결부되어 입법과정에 시민이 중요한 역할을 하여야 한다는 것, 즉 국민의 자유와 권리를 제한하는 법률의 내용도 국민이 결정하는 것이어야 한다는 점과 실정법은 의회가 일정한 절차를 따라 제정하였다는 것만으로 우위를 점할 수 있는 것이 아니라 그 내용이 합리적이어야 한다는 실질적 요건을 갖추어야 한다는 점에 있다.

[77] 第二 內 容

I. 국가권력의 분립

법치주의는 恣意에 의한 지배를 방지하고 權力의 濫用과 誤用을 배제하고자 하는 것이므로 국가권력의 분립은 그의 당연한 귀결로 도출된다. 국가권력의 집중은 권력을 장악한 자에 의한 자의적 지배와 독재를 가능하게 하고, 이로 인하여 국민의 자유와 권리가 침해되기 때문에 국가권력이 원래의 기능에 합당하게 작동할 수 있도록 하기 위해서는 권력을 분할하여 각 그 기능에 맞게 작용하게 할 필요가 있다.

권력의 분립은 국가권력의 분할, 분할된 권력들간의 균형, 분할된 권력에 대한 국가기능의 배분, 분할된 권력간의 통제를 그 내용으로 한다. 이러한 국가권력의 분립에 의하여 법률의 立法權은 의회에게 부여되고, 行政權은 행정부에, 司法權은 법원에 각 부여되며, 憲法裁判權은 헌법재판소에 부여된다.

Ⅱ. 법의 형식성

(1) 개 념

법은 可變的인 형태인 주관적인 의사와 의지로 존재하는 것이 아니라, 누구나 법이 무엇인지를 알 수 있는 形式(form)을 갖추고 있어야 한다. 무엇이 법인지를 알 수 없다면 법치주의는 원천적으로 성립할 수 없다. 이러한 法의 形式性(formality, Formalität)을 확보하는데 필요한 것이 법의 實定化이다. 즉 법의 존재형태를 實定法으로 정하는 것이다.

그런데 법의 실정화만으로 법의 형식성이 갖추어졌다고 할 수는 없고, 그 외에 법의 내용이 명확하여 행위준칙으로 작용할 수 있어야 하고(明確性), 원칙적으로 같은 조건에 있는 행위주체라면 누구에게나 동일하게 적용되는 일반성을 갖추어야 한다(一般性). 이러할 때만 공동체의 구성원은 예측가능성을 가지고 자신의 행위를 구체적으로 정할 수 있다.

> 법의 형식성에서 문제가 되는 것이 관습법이다. 관습법은 형식성에서 실정법보다 약하다. 그러나 관습법은 관례나 관행과 달리 규범적 효력이 발생할 수 있는 요건을 충족하여야 하고, 구체적으로 판례를 통하여 그 내용이 명확해지므로 이 한도 내에서 법의 형식성을 갖추고 있다고 할 것이다. 따라서 관습법을 인정하는 것이 법치주의와 배치되는 것은 아니다.

(2) 명 확 성

(a) 의 의

法의 明確性은 법의 형식성을 확보하고 유지하는데 필요불가결하다. 명확성은 실정법이 규율하고자 하는 내용이 명확하여 多義的으로 해석 · 적용되어서는 안 된다는 것을 말하는데, 명확성의 원칙은 법치주의의 내용을 이루고 있다(예: 憲 1990. 4. 2.-89헌가113; 1992. 4. 28.-90헌바27등; 1996. 8. 29.-94헌바15; 1996. 11. 28.-96헌가15; 1998. 4. 30.-95헌가16; 1999. 9. 19.-97헌바73등; 2000. 2. 24.-98헌바37; 2002. 7. 18.-2000헌바57; 2002. 1. 31.-2000헌가8).

실정법의 명확성은 법률이 규율하고자 하는 사항을 명확한 용어로 규정함으로써 법규범의 수범자에게는 법이 규율하는 내용을 미리 알 수 있도록 하여 일상적인 생활에서 행동기준을 제공하고, 법집행자에게는 객관적인 판단기준을 주어 차별적이거나 자의적인 법의 해석·집행을 방지하게 한다. 실정법의 文言에서 受範者가 무엇이 금지되고 무엇이 허용되며 어떻게 행위하여야 하는지를 알 수 없다면 생활에서의 법적 안정성과 예측가능성은 확보할 수 없을 뿐 아니라 국가에 의한 자의적인 법집행이 가능하게 된다(예: 憲 1990. 4. 2.-89헌가113; 1992. 2. 25.-89헌가104; 2001. 6. 28.-99헌바34; 2005. 6. 30.-2005헌가1). 이런 의미에서 법률의 명확성원칙이란, 행정부가 법률에 근거하여 국민의 자유와 재산을 침해하는 경우 법률이 수권의 범위를 명확하게 확정해야 하고, 법원이 공권력행사의 적법성을 심사할 때에는 법률이 그 심사의 기준으로서 충분히 명확해야 한다는 것을 뜻한다(예: 憲 2003. 11. 27.-2001헌바35; 2008. 1. 10.-2007헌마1468).

> [憲 1992. 2. 25.-89헌가104] 「법규의 내용이 애매하거나 그 적용범위가 지나치게 광범하면 어떠한 경우에 법을 적용하여야 합헌적인 것이 될 수 있는지 법집행자에게도 불확실하고 애매하게 되어 어떠한 것이 범죄인가를 법제정기관인 입법자가 법률로 확정하는 것이 아니라 사실상 법운영당국이 재량으로 정하는 결과가 되어 법치주의에 위배되고 죄형법정주의에 저촉될 소지가 생겨나는 것이다.」
>
> [憲 2001. 6. 28.-99헌바34] 「명확성원칙은 헌법상 내재하는 법치국가원리로부터 파생될 뿐만 아니라, 국민의 자유와 권리를 보호하는 기본권보장으로부터도 나온다.……법률은 명확한 용어로 규정함으로써 적용대상자에게 그 규제내용을 미리 알 수 있도록 공정한 고지를 하여 장래의 행동지침을 제공하고, 동시에 법집행자에게 객관적 판단지침을 주어 차별적이거나 자의적인 법해석을 예방할 수 있다. 따라서 법규범의 의미내용으로부터 무엇이 금지되는 행위이고 무엇이 허용되는 행위인지를 국민이 알 수 없다면 법적 안정성과 예측가능성은 확보될 수 없게 될 것이고, 법집행 당국에 의한 자의적 집행이 가능하게 될 것이다.」
>
> [憲 2008. 1. 10.-2007헌마1468] 「헌법상 법률의 명확성원칙이란, 행정부가 법률에 근거하여 국민의 자유와 재산을 침해하는 경우 법률이 수권의 범위를 명확하게 확정해야 하고, 법원이 공권력행사의 적법성을 심사할 때에는 법률이 그 심사의 기준으로서 충분히 명확해야 한다는 것을 뜻한다. 이는 수범자의 예측가능성을 확보하고 법집행 당국에 의한 자의적 집행을 방지해야 할 필요에서 도출된다.」

(b) 근 거

법의 명확성의 원칙은 법과 법치주의의 본질적 성격이기도 하거니와 그에 근거하고 있다.

(c) 내 용

(i) 막연하기 때문에 무효 명확성의 원칙은 법령이 규율하는 내용의 의미가 광범하고 막연하여 법의 多義的인 해석이 가능할 때에는 무효가 된다는 것(void for vagueness)을 의미한다. 이런 명확성의 원칙은 기본권을 제한하는 입법에서 더 중요한 의미를 가지는데, 형벌법규에서는 죄형법정주의 내용을 형성하고(鄭宗燮 f, [84]), 조세입법에서는 과세요건 명확주의가 강조되고 있다([182]Ⅲ). 이는 법이 수범자인 통상의 일반인이 일상적인 언어생활상 법의 내용을 명확히 알 수 있고, 통상의 법감정과 합리적인 상식에 기하여 그 구체적인 의미를 충분히 예측하고 해석할 수 있으며(예: 憲 2008. 1. 10.-2007헌마1468), 법에서 규정하고 있는 文言上의 표현이 법집행자에게 恣意的인 법집행을 허용하지 않을 정도이어야 할 것을 요구한다.

그런데 법을 成文化하는 경우에는 언어와 기술적·상황적인 이유로 인하여 언제나 一義的인 내용으로 정할 수 있는 것은 아니다(예: 憲 2000. 2. 24.-98헌가37). 따라서 해당 문언 그 자체로는 일의적으로 해석되지 않는 경우라고 하더라도 입법목적, 입법취지, 입법연혁, 법규범의 체계적 구조 등을 고려하여 그 의미를 분명히 할 수 있으면 명확성의 원칙에 위반되는 것이 아니다(예: 憲 1992. 2. 25.-89헌가104; 1995. 9. 28.-93헌바50; 1998. 3. 26.-96헌가20; 1999. 9. 19.-97헌바73등; 2000. 2. 24.-98헌바37; 2002. 7. 18.-2000헌바57; 2005. 6. 30.-2005헌가1; 2005. 6. 30.-2002헌바83). 법규범이 不確定概念을 사용하는 경우라도 법률해석을 통하여 법원의 자의적인 적용을 배제하는 합리적이고 객관적인 기준을 얻는 것이 가능한 경우는 명확성의 원칙에 반하지 않는다(예: 憲 2004. 7. 15.-2003헌바35등; 2007. 7. 26.-2006헌가9).

[憲 1992. 2. 25.-89헌가104] 「명확성의 원칙은 모든 법률에 있어서 동일한 정도로 요구되는 것은 아니고 개개의 법률이나 법조항의 성격에 따라 요구되는 정도에 차이가 있을 수 있으며 각각의 구성요건의 특수성과 그러한 법률이 제정되게 된 배경이나 상황에 따라 달라질 수 있다고 할 것이다. 일반론으로는 어떠한 규정이 부담적 성격을 가지는 경우에는 수익적 성격을 가지는 경우에 비하여 명확성의 원칙이 더욱 엄격하게 요구된다고 할 것이고 따라서 형사법이나 국민의 이해관계가 첨예하게 대립되는 법률에 있어서는 불명확한 내용의 법률용어가 허용될 수 없으며, 만일 불명확한 용어의 사용이 불가피한 경우라면 용어의 개념정의, 한정적 수식어의 사용, 적용한계조항의 설정 등 제반방법을 강구하여 동 법규가 자의적으로 해석될 수 있는 소지를 봉쇄해야 하는 것이다.……명확성의 산술적인 관철을 요구하는 것은 입법기술상 불가능하거나 현저히 곤란한 것이므로 어느 정도의 보편적 내지 일반적 개념의 용어사용은 부득이 하다고 할 수밖에 없으며, 당해 법률이 제정된 목적과 타규범과의 연관성을 고려하여 합리적인 해석이 가능한지의 여부에 따라 명확성의 구비 여부가 가려져야 할 것이다. 따라서 일반적 또는 불확정 개념의 용어가 사용된 경우에도 동일한 법률의 다른 규정들을 원용하거나 다른 규정과의 상호관계를 고려하거나 기히 확립된 판례를 근거로 하는 등 정당한 해석방법을 통하여 그 규정의 해석 및 적용에 대한 신뢰성이 있는 원칙을 도출할 수 있어, 그 결과 개개인이 그 형사법규가 보호하려고 하는 가치 및 금지되는 행위의 태양과 이러한 행위에 대한 국가의 대응책을 예견할 수 있고 그 예측에 따라 자신의 행위에 대한 국가의 대응책을 예견할 수 있고 그 예측에 따라 자신의 행동에 대한 결의를 할 수

있는 정도(의 규정 내용이)라면 그 범위 내에서 명확성의 원칙은 유지되고 있다고 봐야 할 것이다.」

[憲 2005. 6. 30.-2002헌바83] 「처벌법규의 구성요건이 명확하여야 한다고 하여 모든 구성요건을 단순한 서술적 개념으로 규정하여야 하는 것은 아니고, 다소 광범위하여 법관의 보충적인 해석을 필요로 하는 개념을 사용하였다고 하더라도 통상의 해석방법에 의하여 건전한 상식과 통상적인 법감정을 가진 사람이면 당해 처벌법규의 보호법익과 금지된 행위 및 처벌의 종류와 정도를 알 수 있도록 규정하였다면 헌법이 요구하는 처벌법규의 명확성에 배치되는 것이 아니다.……법규범이 불확정개념을 사용하는 경우라도 법률해석을 통하여 행정청과 법원의 자의적인 적용을 배제하는 합리적이고 객관적인 기준을 얻는 것이 가능한 경우, 즉 자의를 허용하지 않는 통상의 합리적 해석방법에 의하더라도 그 의미내용을 알 수 있는 경우는 명확성 원칙에 반하지 아니한다. 법규범의 의미내용은 법규범의 문언뿐만 아니라 입법목적이나 입법취지, 입법연혁, 그리고 법규범의 체계적 구조 등을 종합적으로 고려하는 해석방법에 의하여 구체화하게 된다.」

(ii) 포괄적 위임의 금지　　법치주의는 법에 의하여 공동체를 운영하는 것을 의미하지만, 현실 사회의 가변성과 역동성으로 인하여 법률이 모든 것을 정할 수는 없다. 현실에서 상황의 변화와 예측할 수 없었던 상황의 발생은 법집행자로 하여금 그에 적절하게 대응하도록 할 필요가 생기고, 현대 사회로 오면서 더욱 복잡해진 생활 현실과 다양한 상황의 전개로 인하여 그 필요성은 더 강하게 요구되고 있다. 따라서 법치주의는 공동체와 국가에 필요한 기본적 사항은 국민대표기관이 법률로 정하고 나머지 사항에 대해서는 법집행자에게 위임하지 않을 수 없게 되었다. 여기서 등장한 것이 委任立法이며, 법치주의도 이를 포용하고 있다. 헌법 제75조와 제95조는 법률에서 대통령령, 총리령, 부령으로의 위임입법을 인정하고 있다(예: 憲 1995. 11. 30.-91헌바1등)([264] I (2)).

위임입법의 필요성이 인정된다고 하더라도 법치주의는 국민주권원리상 국민대표기관이 직접 정하여야 하는 사항은 법률에서 분명하게 정할 것을 요구한다. 이는 입법기관이 정하여야 할 사항과 법의 집행기관이 정하여야 할 사항을 구별하기 위한 것이고, 법집행자가 법을 집행하면서 그때그때 법의 의미를 확정할 수 없도록 하기 위한 것이다. 이는 법치주의의 내용인 權力分立原則에서도 도출되는 법리이다(예: 憲 1995. 7. 21.-94헌마125; 1995. 11. 30.-91헌바1등; 1995. 11. 30.-94헌바40등).

[憲 1995. 11. 30.-94헌바40등] 「위임의 명확성의 요건이 완화될 수 있는 경우에도 국민주권주의, 권력분립주의 및 법치주의를 기본원리로 채택하고 있는 우리 헌법하에서는 국민의 헌법상 기본권 및 기본의무와 관련된 중요한 사항 내지 본질적인 내용에 관한 사항에 대한 정책형성기능은 원칙적으로 주권자인 국민에 의하여

선출된 대표자들로 구성되는 입법부가 담당하여 법률의 형식으로써 이를 수행하여야 하고, 이와 같이 입법화된 정책을 집행하거나 적용함을 임무로 하는 행정부나 사법부에 그 기능이 넘겨져서는 안 된다고 해석되므로, 국민의 기본의무인 납세의무의 중요한 사항 내지 본질적 내용에 관한 사항에 대하여는 조세법률주의의 원칙상 가능한 한 법률에 명확하게 규정되어야 하고 이와 같은 사항을 대통령령 등 하위법규에 위임하는 데에는 일정한 한계가 있는 것이다.」

법의 의미가 불분명하고 법집행자가 법을 집행하면서 그 의미를 확정한다면 법은 행위준칙으로서 기능할 수 없고 法的 安定性과 豫測可能性도 확보할 수 없다.

여기에서 법률로 정하여야 할 사항은 반드시 법률에서 정하여야 하고, 이를 포괄적으로 법집행기관에게 위임할 수 없다는 법리가 도출된다. 이를 包括的 委任禁止의 原則이라고 한다.

헌법 제75조는 「대통령은 법률에서 구체적으로 범위를 정하여 위임받은 사항에 관하여 대통령령을 발할 수 있다」고 정하고 있는데, 이는 위임입법의 헌법상 근거인 동시에 위임은 구체적으로 범위를 정하여 하도록 하는 위임의 한계를 정하고 있는 것이다. 이 헌법 제75조에 의하여 포괄적 위임은 금지된다(예: 憲 2004. 11. 25.-2004헌가15; 2007. 4. 26.-2004헌가29등; 2007. 4. 26.-2004헌바56; 2007. 4. 26.-2005헌바51).

포괄적 위임의 금지는 위임입법의 영역에 있어 하위법규범에 입법을 위임하는 授權法律에 명확성의 원칙이 적용되어 구체화된 것으로서의 성격을 가진다. 따라서 위헌여부를 판단함에 있어 명확성원칙의 위반과 포괄적 위임금지원칙의 위반이 동시에 제기된 경우에는 헌법 제75조에서 정하고 있는 포괄적 위임금지원칙의 위반여부만 심사하는 것으로 충분하다(예: 憲 1999. 4. 29.-94헌바37; 2007. 4. 26.-2004헌가29등).

[憲 2007. 4. 26.-2004헌가29등] 「헌법 제75조는 "대통령은 법률에서 구체적으로 범위를 정하여 위임받은 사항에 관하여 대통령령을 발할 수 있다"고 규정하여 위임입법의 헌법상 근거를 마련함과 동시에 위임은 구체적으로 범위를 정하여 하도록 하여 그 한계를 제시하고 있다. 이는 행정부에 입법을 위임하는 수권법률의 명확성원칙에 관한 것으로서 법률의 명확성원칙이 행정입법에 관하여 구체화된 특별규정이라고 할 수 있다. 따라서 이 사건 법률조항의 명확성원칙 위배 여부는 헌법 제75조의 포괄위임금지의 원칙의 위반 여부에 대한 심사로써 충족된다 할 것이므로……」

통상적인 실정법의 구조에서는 법률의 사항을 위임하는 것은 하위규범인 행정입법인 명령(예: 대통령령, 총리령, 부령)에 위임하게 되는데, 법률이 일정한 사항을 명령에 위임하는 경우에도 법률에서 정하여야 할 사항은 반드시 법률에서 정하고 그 나머지 사항에 대해서만 구체적이고 개별적인 한정된 사항에 한하여 명령에서 정하도록 하여야 한다.

법률의 白紙委任은 포괄적 위임에 해당하는 것이 분명하지만, 어떠한 경우가 구체적인 위임이고 포괄적 위임인지를 판단함에 있어서는 각종 법령이 규제하고자 하는 대상의 종류와 성격에 따라 그 기준의 차이가 있다. 이러한 포괄적 위임금지의 원칙은 大統領令, 總理令, 部令 등 위임입법 전반에 적용된다.

憲法裁判所는 헌법 제75조의 「법률에서 구체적인 범위를 정하여 위임받은 사항」은 법률에 이미 대통령령으로 규정될 내용 및 범위의 기본사항이 구체적으로 규정되어 있어서 누구라도 당해 법률로부터 대통령령에 규정될 내용의 대강을 예측할 수 있어야 하는 것이라고 한다(예: 憲 1996. 8. 29.-95헌바36; 1999. 1. 28.-97헌바90; 2007. 12. 27.-2004헌바98). 즉, 법률의 규정에 의하여 이미 대통령령 또는 부령으로 규정될 내용 및 범위의 기본사항이 구체적으로 규정되어 있어 국민이 장래 대통령령으로 규정할 내용을 일일이 예견할 수는 없다고 하더라도 누구라도 당해 법률로부터 대통령령 또는 부령에 규정될 내용의 대강 내지 기본적인 윤곽을 예측할 수 있어야 한다고 본다. 당해 법률의 전반적 체계와 관련 규정에 비추어 위임조항의 내재적인 위임의 범위나 한계를 객관적으로 분명히 확정할 수 있다면 이는 포괄적 위임은 아니라고 본다(예: 憲 1991. 7. 8.-91헌가4; 1995. 7. 21.-94헌마125; 1994. 7. 29-93헌가12; 1995. 11. 30.-91헌바1등; 2007. 4. 26.-2004헌가29등; 2007. 4. 26.-2005헌바51; 2007. 7. 26.-2006헌가 4; 2007. 10. 25.-2005헌바68).

위임의 구체성 · 명확성 내지 예측가능성의 有無는 당해 특정조항 하나만을 가지고 판단하는 것이 아니라 관련 법조항 전체를 유기적 · 체계적으로 종합하여 판단하고, 위임된 사항의 성질에 따라 구체적 · 개별적으로 검토하여 판단한다(예: 憲 1995. 7. 21.-94헌마125; 1996. 6. 26.-93헌바2; 2002. 3. 28.-2001헌바24등; 2007. 4. 26.-2005헌바51; 2007. 12. 27.-2006헌가8; 2007. 12. 27.-2004헌바98).

위임의 구체성 · 명확성의 要求 程度는 그 규율대상의 종류와 성격에 따라 다르다. 명확성의 원칙은 모든 법률에 있어서 동일한 정도로 요구되는 것은 아니고 개개의 법률이나 법조항의 성격에 따라 요구되는 정도에 차이가 있을 수 있으며 각각의 구성요건의 특수성과 그러한 법률이 제정되게 된 배경이나 상황에 따라 달라질 수 있다. 이러한 명확성의 원칙을 산술적으로 엄격히 관철하도록 요구하는 것은 입법기술상 불가능하거나 현저히 곤란하므로 어느 정도의 보편적 내지 일반적 개념의 용어사용은 부득이하다고 할 수밖에 없으며, 당해 법률이 제정된 목적과 타 규범과의 연관성을 고려하여 합리적인 해석이 가능한지의 여부에 따라 명확성의 구비 여부가 가려져야 한다(예: 憲 1992. 2. 25.-89헌가104; 2007. 10. 25.-2005헌바96; 2009. 10. 29.-2007헌바63).

처벌법규나 조세법규와 같이 국민의 기본권을 직접적으로 제한하거나 침해할 소지가 있는 법규에서는 구체성 · 명확성의 요구가 강화되어 그 위임의 요건과 범위가 일반적인 급부행정의 경우보다 더 엄격하게 제한적으로 규정되어야 하고, 규율대상이 지극히 다양하거나 수시로 변화하는 성질의 것일 때에는 위임의 구체성 · 명확성의 요건이 완화되어야 한다(예: 憲 1995. 11. 30.-91헌바1등; 1997. 2. 20.-95헌바27; 2007. 4. 26.-2005헌바51; 2007. 12. 27.-2006헌가8; 2007. 12. 27.-2004헌바98). 민사법규는 행위규범의 측면이 강조되는 형벌법규와는 달리 기본적으로는 재판법규의 측면이 훨씬 강조되므로, 사회현실에 나타나는 여러 가지 현상에 관하여 일반적으로 흠결 없이 적용될 수 있도록 보다 추상적인 표현을 사용하는 것이 상대적으로 더 가능하다고 본다(예: 憲 2007. 10. 25.-2005헌바96).

[憲 2007. 10. 25.-2005헌바96] 「법치국가원리의 한 표현인 명확성의 원칙은 기본적으로 모든 기본권제한 입법에 대하여 요구되지만, 모든 법률에 있어서 동일한 정도로 요구되는 것은 아니고 개개의 법률이나 법조항의 성격에 따라 요구되는 정도에 차이가 있을 수 있으며 각각의 구성요건의 특수성과 그러한 법률이 제정되게 된 배경이나 상황에 따라 달라질 수 있고, 이러한 명확성의 원칙을 산술적으로 엄격히 관철하도록 요구하는 것은 입법기술상 불가능하거나 현저히 곤란하므로 어느 정도의 보편적 내지 일반적 개념의 용어사용은 부득이하다고 할 수밖에 없으며, 당해 법률이 제정된 목적과 타 규범과의 연관성을 고려하여 합리적인 해석이 가능한지의 여부에 따라 명확성의 구비 여부가 가려져야 한다. 특히 민사법규는 행위규범의 측면이 강조되는 형벌법규와는 달리 기본적으로는 재판법규의 측면이 훨씬 강조되므로, 사회현실에 나타나는 여러 가지 현상에 관하여 일반적으로 흠결 없이 적용될 수 있도록 보다 추상적인 표현을 사용하는 것이 상대적으로 더 가능하다고 본다.」

[憲 2007. 10. 25.-2005헌바58] 「위임입법에 있어 위임의 구체성이나 명확성의 요구의 정도는 규제 대상의 종류와 성격에 따라서 달라질 수 있고, 특히 사회보장적인 급여와 같은 급부행정의 영역에서는 기본권 침해의 영역보다 구체성을 요구하는 정도가 다소 약화될 수 있을 것이다. 뿐만 아니라 위임조항에 위임의 구체적인 범위를 명확히 규정하고 있지 않다 하더라도 당해 법률의 전반적 체계나 관련규정에 비추어 내재적인 위임의 범위나 한계를 객관적으로 분명히 확정할 수만 있다면, 이를 두고 일반적이고 포괄적인 백지위임에 해당한다 할 수 없다.」

[憲 2007. 12. 27.-2006헌가8] 「법률의 위임은 반드시 구체적이고 개별적으로 한정된 사항에 대하여 행해져야 한다. 그렇지 아니하고 일반적이고 포괄적인 위임을 한다면 이는 사실상 입법권을 백지위임하는 것이나 다름없어 의회입법의 원칙이나 법치주의를 부인하는 것이 되고 행정권의 부당한 자의와 기본권행사에 대한 무제한적 침해를 초래할 위험이 있기 때문이다. 헌법 제75조는 위임입법의 근거조문임과 동시에 그 범위와 한계를 제시하고 있는데 '법률에서 구체적인 범위를 정하여 위임받은 사항'이란 법률에 이미 대통령령으로 규정될 내용 및 범위의 기본사항이 구체적으로 규정되어 있어서 누구라도 당해 법률로부터 대통령령에 규정될 내용의 대강을 예측할 수 있어야 함을 의미한다. 또한 위임의 구체성 · 명확성 내지 예측가능성의 유무는 당해 특정조항 하나만을 가지고 판단할 것이 아니라 관련 법조항 전체를 유기적 · 체계적으로 종합하여 판단하여야 하고 위임된 사항의 성질에 따라 구체적 · 개별적으로 검토하여야 할 것이다. 그리고 위임의 구체성 · 명확성의 요구 정도는 그 규율대상의 종류와 성격에 따라 달라질 것이지만 특히 처벌법규나 조세법규와 같이 국민의 기본권을 직접적으로 제한하거나 침해할 소지가 있는 법규에서는 구체성 · 명확성의 요구가 강화되어 그 위임의 요건과 범위가 일반적인 급부행정의

경우보다 더 엄격하게 제한적으로 규정되어야 하는 반면에, 규율대상이 지극히 다양하거나 수시로 변화하는 성질의 것일 때에는 위임의 구체성·명확성의 요건이 완화되어야 할 것이다.」

(d) 정 도

법의 명확성은 헌법과 법률·명령 등 하위의 법규범 모두에 요구되는데, 그 법규범이 조직규범인가, 권한행사규범인가, 권리형성규범인가, 권리제한규범인가(鄭宗燮 f, [36] Ⅲ(3)(c))에 따라 차이는 있지만, 어떤 경우에도 명확성의 원칙이 배제되지는 않는다.

(3) 일 반 성

(a) 의 의

국민의 생활을 규율하는 법은 모든 국민을 대상으로 하여야 한다. 법은 공동체의 모든 동일한 사항에서 모든 구성원에게 똑같이 적용될 때 客觀的 規範으로 존재할 수 있기 때문에 법의 정립에서 특정인이나 특정사항을 차별하여 처리하는 것은 금지된다. 이를 法의 一般性(=抽象性)이라고 한다. 법의 이러한 특성으로 인하여 동일한 상황과 조건에 있는 대상은 모두 법에 의하여 똑같이 규율되고 적용되며, 법의 확실성, 공평성, 획일성, 안정성이 확보된다. 그리고 법의 일반성은 국가기능에서 입법, 행정, 사법의 분리, 법령과 처분의 구별, 행정의 법률적합성, 법원의 독립, 행정기관의 재량 등과 밀접한 연관을 가진다. 침해적인 규범이든 급부적인 규범이든 차이가 없다.

일반성을 부정하는 입법을 個別立法이라고 하는데, 법의 일반성으로 인하여 개별입법은 원칙적으로 금지된다(個別立法의 禁止). 특정대상만을 규율의 대상으로 삼는 법이 존재할 때 이는 국가가 특정대상에 대해서 자의적으로 대우하는 결과를 가져오고 이런 경우에 법은 객관적 규범이 아니라 입법자의 주관적 의사에 지나지 않게 된다. 이러한 일반성은 「모든 국민은 법 앞에 평등하다」는 평등원칙(憲法 §11①)에 의해서도 확인되고 있다.

권력분립에 의할 때, 법의 정립은 입법권능에 부여되어 있고 법의 집행은 행정권능과 사법권능에 배분되어 있으므로, 개별적 대상을 규율하는 것은 원칙적으로 법의 집행기능에 의하여 이루어진다. 그러나 현대 국가에서 다양한 규율대상이 등장하면서 입법단계에서부터 특정대상을 상대로 구체적으로 규율할 정당한 이유가 인정되는 경우에는 개별입법이 허용된다.

(b) 개별적 법률과 처분적 법률

법의 일반성과 관련하여 법이론상 중요한 것이 일정한 범위의 個別人을 규율하는 個別人法律(=個人對象法律 Einzelpersonengesetz)과 개별적이고 구체적인 사안을 규율하는 個別事件法律(Einzelfallgesetz, Individualgesetz), 행정부의 집행행위를 매개하지 않고 법률에서 직접 조치를 취하는 處分的 法律(Maßnahmegesetz)의 문제이다. 과거에는 입법행위와 집행행위를 엄격히 구별하여 권력분립원리상 이러한 국가작용은 행정작용에 속하므로 입법부는 법률의 형식으로 이러한 작용을 할 수 없다고 보았다. 그러나 국가기능이 전문화·고도화되고, 국가위기상황이 발생하면서 국민대표기관도 필요에 따라서는 예외적으로 개별적인 사항에 대하여 직접 규율할 필요가 인정되었고, 個別事件法律과 處分的 法律은 국가작용의 사태 대응성과 민주적 정당성에 의하여 정당화된다고 보기에 이르렀다. 민주적 정당성이 없는 행정부가 민주적 정당성을 바탕으로 행해지는 입법기능을 대신할 수는 없으나, 민주적 정당성을 가지는 입법부가 국가작용의 필요한 범위 내에서 종래의 행정기능을 하는 것은 오늘날의 권력분립원리상 허용된다(예컨대 독일연방헌법재판소도 개별사안을 규율하는 법률이 권력분립에 위반되지 않는다고 판시하였다. BVerfGE 95, 1). 그러나 個別事件法律은 기본권 침해와 관련된 경우에는 금지되며 입법자가 명백히 침해유보를 정하고 있는 경우에만 허용된다. 기본권을 제한하는 個別人法律은 어떤 경우에도 인정되지 않는다.

우리나라에서도 개별 사안을 규율하기 위한 법률은 필요한 경우에 제정되고 있다. 특정 사건을 처리하기 위한 특별검사의 수사에 관한 법률, 특정 범주의 사람들에 대한 생계배려 또는 사회구조에 관한 법률, 특정 범주의 사람들에 대한 보상을 정하는 법률 등이 이에 해당한다.

憲法裁判所는 처분적 법률에 해당하는 것이라는 이유만으로 헌법에 위반되는 것은 아니며, 이것이 정당화되는 경우에는 인정된다고 본다(예: 憲 1996. 2. 16.-96헌가2등; 2001. 2. 22.-99헌마613; 2005. 6. 30.-2003헌마841; 2008. 1. 10.-2007헌마1468).

> [憲 2008. 1. 10.-2007헌마1468] 「우리 재판소는, 특정한 법률이 이른바 처분적 법률에 해당한다고 하더라도 그러한 이유만으로 곧바로 헌법에 위반되는 것은 아니라는 점을 수차 밝혀 왔다. 즉 우리 헌법은 처분적 법률로서의 개인대상법률 또는 개별사건법률의 정의를 따로 두고 있지 않음은 물론, 이러한 처분적 법률의 제정을 금하는 명문의 규정도 두고 있지 않으므로 특정한 규범이 개인대상 또는 개별사건법률에 해당한다고 하여 그것만으로 바로 헌법에 위반되는 것은 아니다. 다만 이러한 법률이 일반국민을 그 규율대상으로 하지 아니하고 특정 개인이나 사건만을 대상으로 함으로써 차별이 발생하는바, 그 차별적 규율이 합리적인 이유로 정당화되는 경우에는 허용된다고 할 것이다.」

憲法裁判所는 5·18사건이라는 개별사건에 관련된 사람들을 수사하기 위하여 제정한 5·18민주화운동등에관한특별법(1995. 12. 21. 법률 제5029호)이 구체적인 개별사안을 규율하는 개별적 법률이라는 것을 인정하면서, 이 법률의 위헌여부를 평등원칙의 위반여부로 다루었다(憲 1996. 2. 16.-96헌가2등). 세무대학을 설치하는 것을 정하는 법률과 이를 폐지하는 법률은 개별사건법률 또는 처분적 법률에 해당하는데, 이는 인정된다고 보고(예: 憲 2001. 2. 22.-99헌마613), 특별검사를 임명하여 특정사건에 대하여 수사 · 처리하게 하는 것을 법률로 정하는 것도 개별사건법률에 해당하는데, 이는 인정된다고 본다(예: 憲 2008. 1. 10.-2007헌마1468). 개인대상법률의 경우에도 그 차별적 규율이 합리적인 이유로 정당화되는 경우에는 헌법상 허용된다고 본다(憲 2005. 6. 30.-2003헌마841).

[憲 1996. 2. 16.-96헌가2등] 「(1) 청구인들은 이 법률조항이 "1979. 12. 12.과 1980. 5. 18.을 전후하여 발생한 헌정질서파괴범죄행위"라고 특정함으로써 청구인 등이 범하였다는 이른바 12·12 군사반란행위와 5·18 내란행위를 지칭하는 것이 명백하여 특별법은 결국 청구인 등 특정인의 특정사건에 대하여 국가형벌권을 특정기간동안 연장하는 것을 규정하고 있어 '개인대상법률'이며 '개별사건법률'이므로 헌법상 평등의 원칙에 반할 뿐만 아니라 나아가 권력분립의 원칙과 무죄추정의 원칙에 반하여 헌법에 위반된다고 주장한다. 그러므로 먼저 이 법률조항이 개별사건법률이기 때문에 헌법에 위반되는 것인지의 여부에 관하여 판단한다. 특별법 제2조는 제1항에서 "1979년 12월 12일과 1980년 5월 18일을 전후하여 발생한……헌정질서파괴행위에 대하여……공소시효의 진행이 정지된 것으로 본다"라고 규정함으로써, 특별법이 이른바 12·12 사건과 5·18 사건에만 적용됨을 명백히 밝히고 있으므로 다른 유사한 상황의 불특정다수의 사건에 적용될 가능성을 배제하고 오로지 위 두 사건에 관련된 헌정질서파괴범만을 그 대상으로 하고 있어 특별법 제정당시 이미 적용의 인적 범위가 확정되거나 확정될 수 있는 내용의 것이므로 개별사건법률임을 부인할 수는 없다. (2) 그러나 우리 헌법은 개별사건법률에 대한 정의를 하고 있지 않음은 물론 개별사건법률의 입법을 금하는 명문의 규정도 없다. 개별사건법률금지의 원칙은 "법률은 일반적으로 적용되어야지 어떤 개별사건에만 적용되어서는 아니 된다"는 법원칙으로서 헌법상의 평등원칙에 근거하고 있는 것으로 풀이되고, 그 기본정신은 입법자에 대하여 기본권을 침해하는 법률은 일반적 성격을 가져야 한다는 형식을 요구함으로써 평등원칙위반의 위험성을 입법과정에서 미리 제거하려는데 있다 할 것이다. 개별사건법률은 개별사건에만 적용되는 것이므로 원칙적으로 평등원칙에 위배되는 자의적인 규정이라는 강한 의심을 불러일으킨다. 그러나 개별사건법률금지의 원칙이 법률제정에 있어서 입법자가 평등원칙을 준수할 것을 요구하는 것이기 때문에, 특정규범이 개별사건법률에 해당한다 하여 곧바로 위헌을 뜻하는 것은 아니다. 비록 특정법률 또는 법률조항이 단지 하나의 사건만을 규율하려고 한다 하더라도 이러한 차별적 규율이 합리적인 이유로 정당화될 수 있는 경우에는 합헌적일 수 있다. 따라서 개별사건법률의 위헌 여부는, 그 형식만으로 가려지는 것이 아니라, 나아가 평등의 원칙이 추구하는 실질적 내용이 정당한지 아닌지를 따져야 비로소 가려진다. (3) 이른바 12·12 및 5·18 사건의 경우 그 이전에 있었던 다른 헌정질서파괴범과 비교해보면, 공소시효의 완성 여부에 관한 논의가 아직 진행중이고, 집

권과정에서의 불법적 요소나 올바른 헌정사의 정립을 위한 과거청산의 요청에 미루어볼 때 비록 특별법이 개별적 사건법률이라고 하더라도 입법을 정당화할 수 있는 공익이 인정될 수 있다고 판단된다. 따라서 이 법률조항은 개별사건법률에 내재된 불평등요소를 정당화할 수 있는 합리적인 이유가 있으므로 헌법에 위반되지 아니한다.」

[憲 2001. 2. 22.-99헌마613] 「이 사건 폐지법은 세무대학설치의 법적 근거로 제정된 기존의 세무대학설치법을 폐지함으로써 세무대학을 폐교하는 법적 효과를 발생하는 것이므로, 동법은 세무대학과 그 폐지만을 규율목적으로 삼는 처분법률의 형식을 띤다. 그러나 이와 같은 처분법률의 형식은 폐지대상인 세무대학설치법 자체가 이미 처분법률에 해당하는 것이므로, 이를 폐지하는 법률도 당연히 그에 상응하여 처분법률의 형식을 띨 수밖에 없는 필연적 현상이다. 한편 어떤 법률이 개별사건법률 또는 처분법률의 성격을 띠고 있다고 해서 그것만으로 헌법에 위반되는 것은 아니다. 따라서 아래에서 보는 바와 같이 정부의 조직 및 기능 조정을 위해 세무대학을 폐지해야 할 합리적 이유가 있는 것이므로 이 사건 폐지법은 그 처분법률의 성격에도 불구하고 헌법적으로 정당하다 할 것이다.」

[憲 2005. 6. 30.-2003헌마841] 「심판대상조항은 상법상의 주식회사에 불과한 연합뉴스사를 주무관청인 문화관광부장관의 지정절차도 거치지 아니하고 바로 법률로써 국가기간뉴스통신사로 지정하고, 법이 정하는 계약조건으로 정부와 뉴스정보 구독계약을 체결하게 하며, 정부가 위탁하는 공익업무와 관련하여 정부의 예산으로 재정지원을 할 수 있는 법적 근거를 법률로써 창설하고 있는바, 이는 특정인에 대해서만 적용되는 '개인대상법률'로서 처분적 법률에 해당한다. 뉴스통신시장에서 국가기간뉴스통신사의 지정이 필요한 경우 통상적으로 상정할 수 있는 입법형식은 국가기간뉴스통신사의 기능과 역할, 그리고 그 대상이 될 수 있는 자격과 지정절차 등을 법률에서 규정하고 그 구체적인 지정행위는 소관 행정청의 집행행위에 의하는 형식이 될 것인데, 법은 구체적인 법집행행위로서 '지정행위'를 거치지 아니하고 법률에서 직접 연합뉴스사를 국가기간뉴스통신사로 지정하고 있으므로 그 자체로 법적용상의 차별취급이 야기되는 것이다. 그러나 우리 헌법은 처분적 법률로서 개인대상법률 또는 개별사건법률의 정의를 따로 두고 있지 않음은 물론, 이러한 처분적 법률의 제정을 금하는 명문의 규정도 두고 있지 않은바, 특정규범이 개인대상 또는 개별사건법률에 해당한다고 하여 그것만으로 바로 헌법에 위반되는 것은 아니라고 할 것이다. 결국 심판대상조항이 일반 국민을 그 규율의 대상으로 하지 아니하고 특정 개인만을 그 대상으로 한다고 하더라도 이러한 차별적 규율이 합리적인 이유로 정당화되는 경우에는 허용된다고 할 것이다.」

Ⅲ. 국가작용의 법에의 기속

(1) 개 념

법치주의는 원래 국가가 國家權力(=권능=권한 power, competence)을 자의로 행사할 수 없게 하는데서 출발하였다. 공익을 실현해야 하는 국가권력이 이를 담당하는 爲政者의 개인적 이익이나 주관적 의사에 의하여 아무렇게나 행사될 때 권력의 남용과 오용이 발생하고, 이에 따라 국민의 자유와 권리는 쉽사리 침해되고 힘에 의한 지배가 발생한다.

이와 같이 支配에 있어 주관적 의사와 힘에 의한 지배를 금지하고, 국가의 中立性과 公共性을 확보하기 위하여 국가권력의 작동이 객관적 규범인 법에 의하여 이루어지도록 하는 것이 법치주의의 목적이다. 따라서 국가작용의 법에의 기속은 법치주의의 필연적인 귀결이다.

[憲 1990. 9. 3.-89헌가95] 「민주법치국가에서 모든 행정과 재판이 법률에 근거를 두어야 하며……」

(2) 내　용

國家作用의 法에의 羈束은 구체적으로 통치작용에 따라 입법작용, 행정작용, 재판작용, 헌법재판작용으로 구분되는 모든 국가작용이 법에 기속된다는 것을 의미한다. 이러한 법에의 기속은 구체적으로 헌법과 법령이라는 실정법에 기속되는 것으로 나타나지만, 법의 원리에 기속되는 것도 포함한다.

(a) 입법작용

입법작용은 헌법과 최고의 법원리에 기속된다. 입법작용과 관련하여 국가의 형벌권도 법에 기속된다는 점을 유의할 필요가 있다. 이는 형식적으로 罪刑法定主義에 의해 구체화되지만, 그 내용에서도 최고의 법원리와 헌법에 의하여 기속된다는 점에서 형벌에 관한 國家權能이 무제한한 것이 아니라 법에 기속된다는 것을 의미한다.

(b) 행정작용

국가의 행정작용도 법과 법원리에 기속된다. 국민의 생활에 직접 영향을 미치는 국가의 법집행작용은 헌법과 법률에 근거를 두고 행해져야 하며, 법률에 따라 행해져야 한다. 이를 法治行政 또는 行政의 法律適合性(Gesetzmäßigkeit der Verwaltung)이라고 한다. 이에 의하면, 법률은 행정에 대하여 우위에 있기 때문에(行政에 대한 法律의 優位 Gesetzesvorrang) 행정은 법률에 구속되고 법률에 근거해서만(法律留保 Gesetzesvorbehalt) 행해질 수 있다.

(c) 재판작용

국가의 재판작용도 행정작용과 함께 법집행작용이므로 법과 법원리에 기속된다. 사법작용은 그 절차와 내용이 모두 헌법과 법령이 정하는 바에 따라 이루어져야 한다. 그렇기 때문에 법관이 양심에 따라 재판을 하는 경우에도(憲法 §103) 이는 어디까지나 직무상의 양심이며 법관 개인의 주관적 양심에 따라 행하는 것이 아니다(鄭宗燮 f. [96] I (2)(c)).

(d) 헌법재판작용

헌법재판작용은 국가작용이 헌법에 위반되는가에 대하여 재판의 형식으로 결정하는 행위이다. 따라서 헌법이 헌법재판의 판단기준이 되는 것은 본질상 당연하며 헌법에 의한 재판으로서 법치주의를 실현하는 것이다. 하지만 다른 한편으로 헌법재판이 헌법과 법령이 정하는 재판절차에 따라 이루어져야 한다는 점에서도 법치주의를 실현하는 것이다. 헌법재판도 어디까지나 헌법의 틀 내에서 이루어지기 때문에 새로운 헌법질서를 창설하지 못한다.

(e) 국가비상사태에 대한 대응

국가비상사태가 발생한 경우에 국가작용은 법치주의의 예외가 되는가 하는 문제가 있다. 과거에는 군주나 국가원수가 非常大權을 행사한 경우가 많았으나, 오늘날 헌법국가에서는 헌법에서 국가비상사태와 이에 대응하는 국가긴급권을 정하고 있어 국가비상사태의 경우에도 법치주의가 적용된다. 따라서 국가비상사태를 극복하기 위하여 *超憲法的*인 조치를 행하는 것은 헌법에 위반되어 무효이다.

(3) 적법절차

법치주의는 국가작용의 결과만이 아니라 절차와 과정도 법에 적합할 것을 요구한다. 국가작용에서 절차가 무시되는 경우에 결과는 옳다고 하더라도 그 과정에서 관련자의 자유나 권리가 침해되며, 권력의 남용이 발생할 수 있기 때문이다. 의사결정의 합리성을 보장하고 이해관계인의 참여를 보장한다는 면에서 절차는 민주주의의 내용이기도 하지만 그 절차가 법원리, 헌법, 법령에 합치하여야 한다는 점에서 법치주의의 내용에 해당한다.

헌법은 적법절차를 신체의 자유를 제한하는 경우에 명시하고 있으나(憲法 §12①), 적법절차는 헌법에 명시되어 있든 없든 무관하게 법치주의의 내용으로 인정된다. 이러한 적법절차는 입법절차, 행정절차, 사법절차 등 모든 국가작용에서 적용된다([198]).

[憲 1994. 4. 28.-93헌바26] 「적법절차의 원칙은 영미법계의 국가에서 국민의 인권을 보호하기 위한 기본원리의 하나로 발달되어 온 원칙으로, 미국의 수정헌법에서 명문화하기 시작하였으며, 대륙법계 국가에서도 이에 상응하여 법치국가원리 또는 기본권제한의 법률유보원리로 정립하게 되어 있다. 여기서 적법절차라 함은 인신의 구속이나 처벌 등 형사절차만이 아니라 국가작용으로서의 모든 입법작용과 행정작용에도 광범위하게 적용되는 독자적인 헌법원리의 하나로 절차가 형식적 법률로 정하여지고 그 법률에 합치하여야 할 뿐만 아니라 적용되는 법률의 내용에 있어서도 합리성과 정당성을 갖춘 적정한 것이어야 하며, 특히 형사소송절차와 관련시켜 적용함에 있어서는 형벌권의 실행절차인 형사소송의 전반을 규율하는 기본원리로 이해하여야 하는 것이다.」

(4) 과잉행위의 금지

법치주의는 국가작용이 과잉하지 않을 것을 요구한다. 자유와 자율성이 본질인 사회공동체에서 국가는 공동체의 존속 · 유지와 국민의 행복추구를 실현하기 위하여 불가피하게 인정하는 것이기 때문에 국가작용은 본래의 기능에 합치하는 범위와 한도 내에서만 인정된다. 따라서 이러한 한도를 넘는 과잉행위는 금지된다. 이를 過剩禁止原則(=광의의 비례원칙)이라고 한다.

과잉금지원칙은 국가의 給付的 作用과 侵害的 作用 모두에 적용된다. 헌법 제37조 제2항은 기본권 제한에서의 과잉금지원칙을 정하고 있으나(過剩制限禁止原則), 국민에 대한 국가의 급부에서도 과잉금지원칙이 적용된다. 급부적 작용에 적용되는 과잉금지원칙은 급부가 적정한 기준을 과도하게 초과하는 것도 금지하고 미달하는 것도 금지한다(過少給付禁止原則 또는 過剩給付禁止原則).

과잉금지원칙은 그 자체로 구체적인 내용을 가지고 있는 것이 아닌 법치주의의 형식원리이므로 어떤 경우가 과잉금지원칙에 위반되는 것인가는 구체적인 상황에 임하여 판별된다. 기본권의 제한에 적용되는 과잉제한금지원칙은 i) 목적과 수단이 적합하여야 한다는 適合性의 原則, ii) 침해적 작용에서 수단이 여러 개가 있는 경우에는 최소침해를 가져오는 수단을 선택하여야 한다는 必要性의 原則, iii) 선택된 수단이 수인가능한 것이어야 한다는 比例性의 原則(=협의의 비례원칙)으로 이루어져 있다((鄭宗燮 f, [39] Ⅲ)).

Ⅳ. 법적 안정성

(1) 개 념

법치주의는 法的 安定性(Rechtssicherheit)을 그 한 요소로 한다. 현대 법치국가에서 법적 안정성은 正義(Gerechtigkeit), 目的適合性(Zweckmäßigkeit)과 함께 법의 최고이념 중의 하나로서 客觀的인 法理念에 속한다. 법적 안정성은 법의 확실성과 법적 효과에 대한 예견 · 예측가능성과 계산가능성, 법적 평화, 한번 형성되어 통용되고 있는 질서의 안정성, 한번 만들어진 규정을 사회현실에 관철하는 법적인 힘 등이 포함되어 있다.

공동체의 운명과 인간의 삶이 특정한 개인의 가변적인 주관적 의사에 의해 지배되는 경우에는 그 사람의 의사에 의해 공동체와 타인의 운명과 삶이 결정된다. 이러한 상태에서는 공동체도 제대로 존속하고 유지될 수 없으며 그 구성원의 행복추구도 불가능하게 된다. 따라서 객관적 법이 공동체와 그 구성원의 삶에 적용된다는 것은 일단 정해놓은 법이 형성하는 질서에 따라 공동체가 존속하고 유지되며, 그에 따라 미래가 예측된다는 것을 의미한다. 이러한 공동체의 존속과 미래적 예측에 근거하여 개인은 자기의 삶을 구상하고 안정적이고 평화적으로 삶을 영위하게 된다. 이를 「法을 통한 安定性」이라고 한다. 법이 이러한 공동체와 삶의 질서의 안정성을 제공하기 위해서는 법 자체도 존속과 내용에서 안정적이어야 하는데, 이를 「法의 安定性」이라고 한다. 법적 안정성은 이러한 「법을 통한 안정성」과 「법의 안정성」을 그 요소로 하는 원리이다.

법에 의하여 공동체와 삶의 질서에 안정성을 확보하는 것은 객관적인 법을 통하여 미래를 예측할 수 있어야 하고(豫測可能性의 保障), 국가에 대한 국민의 신뢰가 형성된 경우에는 그 신뢰가 존중되고 보호되어야 하며(信賴의 保護), 이미 완성된 법적 관계가 사후에 전복되지 말아야 하는 것(遡及適用의 禁止)을 통하여 실현된다.

(2) 예측가능성의 보장

법치주의는 법이 규율하는 내용으로 보아 미래의 상황을 예측할 수 있어야 한다. 이러한 豫測可能性이 있을 때 비로소 인간은 자신의 미래의 삶을 구상하고 설계할 수 있다. 법을 통하여 미래의 상황을 예측할 수 있게 하기 위해서는 법이 정하는 내용과 의미가 분명하여야 하므로 明確性의 原則은 예측가능성의 보장에서 필수불가결하게 요구된다.

(3) 신뢰의 보호

(a) 개 념

국민들이 법적 안정성 속에서 삶을 영위할 수 있게 하기 위해서는 일반적인 사람들의 합리적인 판단에 의할 때, 국가행위에 의하여 시행된 법률이나 제도가 장래에도 그대로 존속될 것이라고 믿게 되고, 이를 바탕으로 일정한 법적 지위를 형성한 경우에는 그와 같은 법적 지위와 관련된 법규나 제도를 변경하거나 폐지함에 있어서는 국민이 믿고 따른 신뢰를 보호하는 것이 필요하다(예: 憲 1997. 11. 27.-97헌바10; 2001. 9. 27.-2000헌마152; 2002. 11. 28.-2005헌바45; 2004. 12. 16.-2003헌마226등). 이를 信賴保護原則(Vertrauensschutzprinzip)이라고 한다.

概念史的으로 보면, 헌법상의 신뢰보호원칙은 民法上의 信賴利益의 保護理論에서 출발한 것이다. 民法上 私人이 상대방과 법률관계를 형성한 경우에 상대방이 기존의 법률행위를 변경하거나 이에서 벗어나려고 할 때에 상대방의 行爲를 信賴하여 발생한 이익을 보호해 줄 것을 요구할 수 있는데, 이것이 민법상의 信賴利益保護이다.

(b) 근 거

공동체의 삶에서 이러한 신뢰가 보호되지 않는다면, 국민은 언제나 국가의 행위를 불신한 상태에서 각자 자기 판단하에 삶을 영위하여야 하기 때문에 항상 불안정한 상태에 놓이게 되고, 국가권력을 장악한 자들의 의사에 의해 개인의 삶이 좌우되는 결과를 초래하게 된다. 이렇게 되면 법은 객관적 규범으로 존재할 수 없고, 국가는 공정성과 중립성을 상실하게 된다.

이와 같이 신뢰보호원칙은 때로는 현재 시점을 기준으로 보면 현재의 법에 위반되는 위법상태를 인정하면서까지 종래 형성된 신뢰를 보호하여 법적 안정성을 확보하는 것이다. 따라서 신뢰보호원칙은 법치국가원리의 내용인 법적 안정성에 그 근거를 두고 있다(예: 憲 1997. 11. 27.-97헌바10; 2001. 9. 27.-2000헌마152; 2007. 2. 22.-2003헌마428등; 2009. 5. 28.-2005헌바20).

[憲 2004. 12. 16.-2003헌마226등] 「일반적으로 국민이 어떤 법률이나 제도가 장래에도 그대로 존속될 것이라는 합리적인 신뢰를 바탕으로 하여 일정한 법적 지위를 형성한 경우, 국가는 그와 같은 법적 지위와 관련된 법규나 제도의 개폐에 있어서 법치국가의 원칙에 따라 국민의 신뢰를 최대한 보호하여 법적 안정성을 도모하여야 한다. 따라서 법률의 제정이나 개정시 구법질서에 대한 당사자의 신뢰가 합리적이고도 정당하며 법률의 제정이나 개정으로 야기되는 당사자의 손해가 극심하여 새로운 입법으로 달성하고자 하는 공익적 목적이 그러한 당사자의 신뢰의 파괴를 정당화할 수 없다면, 그러한 새로운 입법은 허용될 수 없다.」

[憲 2009. 5. 28.-2005헌바20] 「신뢰보호의 원칙은 헌법상 법치국가 원리로부터 파생되는 것으로, 법률이 개정되는 경우에는 기존 법질서와의 사이에 어느 정도의 이해관계의 상충은 불가피하다고 할 것인바, 이 경우 기존의 법질서에 대한 당사자의 신뢰가 합리적이고 정당한 반면, 법률의 제정이나 개정으로 야기되는 당사자의 손해가 극심하여 새로운 입법으로 달성코자 하는 공익적 목적이 그러한 당사자의 신뢰가 파괴되는 것을 정당화할 수 없는 경우, 그러한 새 입법은 허용될 수 없다는 것이다.」

(c) 신뢰보호의 요건

헌법상 신뢰보호가 인정되려면, i) 국가와 국민 사이에 신뢰를 생성한 國家의 行爲(사실행위를 포함하는 모든 공권력의 행사에 의한 행위)가 행해졌을 것(국가의 先行行爲), ii) 이러한 국가의 행위에 의하여 국가에 대한 국민의 信賴가 형성되어 존재하고 있을 것, iii) 사인이 이러한 신뢰를 바탕으로 하여 행한 具體的인 行爲가 있을 것(行爲保護), iv) 국가의 행위와 국민의 신뢰간에 因果關係가 존재할 것, v) 이와 같은 신뢰가 형성된 후에 국가가 신뢰를 위반하여 선행행위와 다른 행위를 했을 것(국가의 後行行爲), vi) 그 신뢰가 정당한 것이어서 保護할 價値가 있는 것 등이 成立要件으로 요구된다. 大法院은 행정상 신뢰보호가 인정되는 경우에 이러한 요건이 구비되어야 한다고 판시하였다(예: 大 1992. 5. 26.-91누10091; 1993. 9. 10.-93누5741; 1996. 2. 23.-95누3737).

[大 1993. 9. 10.-93누5741] 「행정상의 법률관계에 있어서 신뢰보호의 원칙이 적용되기 위해서는, 첫째 행정청이 개인에 대하여 신뢰의 대상이 되는 공적인 견해표명을 하여야 하고, 둘째 행정청의 견해표명이 정당하고 신뢰한 데 대하여 그 개인에게 귀책사유가 없어 그 신뢰가 보호가치 있는 것이어야 하며, 셋째 그 개인이

견해표명을 신뢰하고 이에 따라 어떠한 행위를 하였어야 하고, 넷째 행정청이 위 견해표명에 반하는 처분을 함으로써 그 견해표명을 신뢰한 개인의 이익이 침해되는 결과가 초래되어야 하는 것이며, 이러한 요건을 충족할 때에는 행정청의 처분은 신뢰보호의 원칙에 반하는 행위로서 위법하다고 볼 것이다.」

여기서 특히 문제가 되는 것은 법치주의원리에 의하여 보호되는 신뢰는 어떠한 신뢰를 말하는가 하는 점이다. 무엇보다 국가가 국민에게 적극적으로 신뢰를 가지도록 만들었고 국민이 이를 믿고 일정한 행위를 한 경우에는 이러한 행위로 확보된 이익은 보호되어야 한다.

憲法裁判所는, 국민이 가지는 모든 기대 내지 신뢰가 헌법상의 권리로서 보호되는 것은 아니고, 신뢰의 근거 및 종류, 상실된 이익의 중요성, 침해의 방법 등에 의하여 개정된 법규·제도의 존속에 대한 개인의 신뢰가 합리적이어서 권리로서 보호할 필요성이 인정될 때 그 신뢰는 보호받을 수 있다고 하고(예: 憲 2002. 2. 28.-99헌바4; 2004. 12. 16.-2003헌마226등; 2007. 2. 22.-2003헌마428등; 2007. 10. 25.-2005헌바68), 신뢰보호원칙의 위반 여부는 침해받은 신뢰이익의 보호가치, 침해의 중한 정도, 신뢰침해의 방법 등과 새 입법을 통해 실현코자 하는 공익목적을 종합적으로 비교형량하여 판단하여야 한다고 본다(예: 憲 1995. 10. 26.-94헌바12; 2001. 2. 22.-98헌바19; 2001. 4. 26.-99헌바55; 2004. 12. 16.-2003헌마226등; 2007. 2. 22.-2003헌마428등; 2007. 10. 25.-2005헌바68; 2008. 7. 31.-2005헌가16; 2009. 5. 28.-2005헌바20).

[憲 2004. 12. 16.-2003헌마226등] 「사회환경이나 경제여건의 변화에 따른 필요성에 의하여 법률은 신축적으로 변할 수밖에 없고, 변경된 새로운 법질서와 기존의 법질서 사이에는 이해관계의 상충이 불가피하다. 따라서 국민이 가지는 모든 기대 내지 신뢰가 헌법상 권리로서 보호될 것은 아니고, 신뢰의 근거 및 종류, 상실된 이익의 중요성, 침해의 방법 등에 의하여 개정된 법규·제도의 존속에 대한 개인의 신뢰가 합리적이어서 권리로서 보호할 필요성이 인정되어야 한다. 그러므로 신뢰보호원칙의 위반 여부는 한편으로는 침해받은 신뢰이익의 보호가치, 침해의 중한 정도, 신뢰침해의 방법 등과 다른 한편으로는 새 입법을 통해 실현코자 하는 공익목적을 종합적으로 비교형량하여 판단하여야 한다.」

[憲 2009. 5. 28.-2005헌바20] 「신뢰보호원칙의 위반 여부는 한편으로는 침해되는 이익의 보호가치, 침해의 정도, 신뢰의 손상 정도, 신뢰 침해의 방법 등과 또 다른 한편으로는 새로운 입법을 통하여 실현하고자 하는 공익적 목적 등을 종합적으로 형량하여야 한다. 따라서 신뢰보호원칙의 위반 여부를 판단함에 있어서는, 첫째, 보호가치 있는 신뢰이익이 존재하는가, 둘째, 과거에 발생한 생활관계를 현재의 법으로 규율함으로써 달성되는 공익이 무엇인가, 셋째, 개인의 신뢰이익과 공익상의 이익을 비교 형량하여 어떠한 법익이 우위를 차지하는가를 살펴보아야 할 것이다.」

憲法裁判所는 개인의 신뢰이익에 대한 보호가치는 법령에 따른 개인의 행위가 국가에 의하여 일정방향으로 유인된 신뢰의 행사인지, 아니면 단지 법률이 부여한 기회를 활용한 것으로서 원칙적으로 사적 위험부담의 범위에 속하는 것인지 여부에 따라 달라진다고 본다. 그래서 만일 법률에 따른 개인의 행위가 단지 법률이 반사적으로 부여하는 기회의 활용을 넘어서 국가에 의하여 일정 방향으로 유인된 것이라면 특별히 보호가치가 있는 신뢰이익이 인정될 수 있고, 원칙적으로 개인의 신뢰보호가 국가의 법률개정이익에 우선된다고 볼 여지가 있다고 본다. 그러나 법적 상태의 존속에 대한 개인의 신뢰는 당사자가 어느 정도로 법적 상태의 변화를 예측할 수 있는지, 혹은 예측하였어야 하는지 여부에 따라서도 영향을 받을 수 있다고 본다(예: 憲 2002. 11. 28.-2002헌바45; 2007. 4. 26.-2003헌마947등).

[憲 2007. 4. 26.-2003헌마947등] 「개인의 신뢰이익에 대한 보호가치는 ① 법령에 따른 개인의 행위가 국가에 의하여 일정방향으로 유인된 신뢰의 행사인지, ② 아니면 단지 법률이 부여한 기회를 활용한 것으로서 원칙적으로 사적 위험부담의 범위에 속하는 것인지 여부에 따라 달라진다. 만일 법률에 따른 개인의 행위가 단지 법률이 반사적으로 부여하는 기회의 활용을 넘어서 국가에 의하여 일정 방향으로 유인된 것이라면 특별히 보호가치가 있는 신뢰이익이 인정될 수 있고, 원칙적으로 개인의 신뢰보호가 국가의 법률개정이익에 우선된다고 볼 여지가 있다. 그런데, 이 사건의 경우 국가가 기존의 사법시험제도를 통하여 오래도록 제2외국어를 시험과목으로 삼아 옴으로써 청구인들이 제2외국어 과목을 자신의 사법시험과목으로 선택하여 집중적으로 공부한 경우가 적지 아니할 것이므로 국가가 개인의 행위를 일정방향으로 유도하였다고 볼 수 있을 것이어서 청구인들이 가지고 있었던 시험과목에 관한 기대 또는 신뢰는 이를 보호해야 할 필요가 큰 경우에 속한다 할 것이다. 그러나, 법적 상태의 존속에 대한 개인의 신뢰는 그가 어느 정도로 법적 상태의 변화를 예측할 수 있는지, 혹은 예측하였어야 하는지 여부에 따라서도 영향을 받을 수 있는데, 청구인들과 같이 사법시험을 준비하는 자로서는 사회의 변화에 따라 시험과목이 달라질 수 있음을 받아들여야 할 것이고, 자신이 공부해 오던 과목으로 계속하여 응시할 수 있다는 기대와 신뢰가 절대적인 것이라고 볼 수는 없다. 또, 앞에서 본 바와 같이 시행령이 2001. 3. 31. 제정되어 시행됨에도 불구하고 사법시험 제1차시험의 어학과목 변경에 관한 부분은 약 2년 9개월의 유예기간을 두고 2004. 1. 1.부터 시행하도록 하는 경과규정을 두고 있는바(부칙 제1조), 위 유예기간은 사법시험응시자들이 변화된 상황에 적응할 수 있는 상당한 기간으로 판단된다. 이에 비하여 '법조계의 국제화, 개방화에 대비한 법조인의 국제화 촉진 및 국제적 법률문제에 대한 실무능력 향상'이라는 입법목적 내지 공익은 청구인들의 불이익에 비하여 훨씬 크다 할 것이므로 사법시험 제1차시험의 어학과목 변경에 따른 사법시험 준비자의 신뢰이익이 헌법상 용인될 수 없을 정도로 침해되었다고는 판단되지 아니한다.」

憲法裁判所는 교육공무원법에서 대학에서 복수전공이나 부전공과 같이 2 이상의 전공을 한 사람에게 교육공무원의 채용에서 가산점을 주던 제도를 폐지하면서 차후 적용시한을 3년으로 정한 경우에 이는 신뢰보호원칙에 위반되는 것이 아니라고 판시하였다(憲 2009. 10. 29.-2008헌바77).

[憲 2009. 10. 29.-2008헌바77] 「**3. 복수·부전공 가산점 제도의 개관** **가. 복수·부전공 가산점의 내용 및 취지** (1) 중등교원 임용시험에 있어서 임용권자는 일정한 요건을 갖춘 자에 대하여 제1차 시험성적 만점의 100분의 10 이내의 범위에서 가산점을 부여할 수 있는데, 복수전공 가산점은 복수의 교사자격증을 취득한 자에 대하여 교사임용시험에서 가산점을 부여하는 것을 말한다. 복수의 교사자격증을 취득한 자는 교원자격검정령에 따라 각각 독립된 교원자격증을 소지하고 있어 해당 교과를 모두 가르칠 수 있는 자격이 부여된다. 복수의 교사자격증을 취득하기 위해서는 주전공으로 취득한 전공학점 외에 복수자격취득 대상 전공교과에 대한 별도학점이 요구된다. 부전공 가산점은 주전공 교과 외에 부전공 이수를 신청하고 별도 학점을 이수하여 해당 분야 지도자격을 취득한 자에 대하여 교사임용시험에서 가산점을 부여하는 것을 말하고, 부전공이수자는 교사자격증에 부전공으로 지도할 수 있는 분야가 표시되며, 위 표시과목을 지도할 수 있는 자격이 주어진다. (2) 복수전공에 대하여 가산점을 부여하게 된 것은 1995년 12월 공개전형부터이다. 농어촌 학교의 통폐합, 초·중등학교의 교육과정 개편 등과 더불어 학교현장에서는 교원인력 여건상 원래의 전공과목 이외의 과목을 가르치는 소위 '상치(相馳)교사'가 늘어났다. 특히, 1997. 12. 고시된 제7차 교육과정의 도입에 따라 고등학교 2, 3학년의 다양한 선택교육과정을 효율적으로 운영하기 위해서는 자격 교원의 확보를 필요로 하였다. 이에 교육당국은 변화하는 교육환경 속에서 교원의 다기능화를 통해 인력 운용의 탄력성을 제고하기 위하여 1990년대 중반부터 복수전공 및 부전공 교사자격증 취득을 장려하는 정책을 추진하여 왔는바, 그 일환으로서 복수·부전공 가산점이 도입되기에 이르렀다. **나. 이 사건 부칙조항의 연혁** 헌법재판소는 2004. 3. 25. 선고한 2001헌마882 사건에서 '교육공무원 임용후보자 선정경쟁시험규칙'(2002. 11. 5. 교육인적자원부령 제809호로 개정된 것) 제8조 제3항에 근거한 '2002학년도 대전광역시 공립중등학교 교사임용후보자 선정경쟁시험 시행요강' 중 사범대 가산점과 복수·부전공 가산점 부분이 법률적 근거가 없이 이루어졌다는 이유로 위헌이라고 결정하였다(그 중 3인의 재판관은 법률유보원칙 위반 이외에도 실체적 이유로도 헌법에 위반된다는 보충의견을 내었다). 이에 복수·부전공 가산점제도에 대한 법률적 근거를 마련하기 위하여 2004. 10. 15. 교육공무원법 개정을 통해 제11조의2 [별표 2]로 가산점 규정이 신설되었고, 이 사건 복수·부전공 가산점 규정에 대하여는 입학년도에 따라 적용기간을 달리하여 2010년에 공고되는 공개전형까지만 한시적으로 적용되도록 하였다(이 사건 법률 부칙 제2조 제1항). **다. 이 사건 부칙조항의 취지** 2001헌마882 사건에 대한 결정이 선고된 후, 입법자는 직업공무원의 공개전형시험에 있어서 가산점은 서로 경쟁관계에 놓여 있는 응시자들 중 일부 특정 집단에 대해서만 시험 외적인 평가기준에 의하여 시험에서 우대하는 기능을 함으로써 능력주의나 기회균등의 원칙에 저촉될 위험성이 있고, 다른 응시자들의 평등권, 공무담임권 등을 침해할 소지가 있다는 판단 하에 복수·부전공 가산점 제도를 궁극적으로는 폐지하되, 장기간 계속된 행

정행위로 이를 기대하고 준비해 온 응시자들의 신뢰이익을 보호하기 위하여 일정기간 한시적으로 가산점 제도를 운영하기로 하고, 가산점 제도에 대한 법적 근거를 신설함과 동시에 부칙 제2조를 규정하였다. 부칙 제2조의 내용을 살펴보면, 입학년도를 기준으로 응시자에게 최대 3회의 복수·부전공 가산점 부여의 기회를 주고 있는바, 청구인들의 경우 2001학년도 입학생이므로 2006년에 공고되는 공개전형까지 가산점을 부여받게 된다. 또한 임용시험에 응시하기 전에 병역법에 의한 병역의무의 이행을 위하여 징집 또는 소집된 자는 그 징집 또는 소집된 기간만큼 연장하여 적용한다. 결국 이 사건 부칙조항은 복수·부전공 기이수자 및 이수예정자들의 신뢰를 보호하면서 동시에 가산점 혜택을 받지 못하는 응시자들의 공무담임권을 보호하는데 그 입법목적이 있다 할 것이다. **4. 판 단** **가. 신뢰보호원칙 침해 여부** 청구인들은 이 사건 부칙조항이 신설되기 전에 복수전공신청을 한 자들은 복수전공 가산점을 기간의 제한 없이 계속적으로 받을 수 있을 것이라는 기대와 신뢰를 갖고 있었고 이러한 기대와 신뢰는 정당하므로 국가는 이러한 기대와 신뢰를 보호하여야 할 헌법상 의무가 있음에도 이 사건 부칙조항이 2003년도에 복수전공을 시작한 청구인들에게까지 복수전공 가산점 적용시한을 두는 것은 신뢰보호원칙에 위배된다는 취지로 주장한다. 그런데 복수전공에 대한 가산점을 도입하게 된 계기는 변화하는 교육환경 속에서 교원의 다기능화를 통해 인력운용의 탄력성을 제고하기 위한 것으로서 가산점 부여가 헌법상 보장된 기본권에 기초한 권리라고 볼 수는 없으므로 정책적 판단 및 사정 변경에 따라 그 부여 여부나 구체적 요건 등은 언제든지 변경될 수 있다. 가산점 부여에 관한 규율 형식 역시 교육공무원법 제11조의2, 이 사건 부칙조항을 포함한 부칙 제2조 제1항이 2004. 10. 15. 신설되기 전에는 법률적 근거 없이 '교육공무원 임용후보자 선정경쟁시험규칙'에 의해 부여되고 있었고 부여 여부나 구체적 요건은 시험실시기관의 재량에 따라 결정되도록 규정되어 있었다(위 규칙 제8조 제3항). 따라서 이 사건 부칙조항이 신설되기 전 복수전공자들은 복수전공을 하면 임용시험에 있어서 일정한 가산점을 부여받을 것이라는 기대를 가졌을 것이나, 그 신뢰의 보호가치가 크다고 보기는 어렵다. 침해의 방법과 정도를 살펴보아도 입법자는 헌법재판소 2001헌마882 결정에 따라 법률적 근거 없이 행하여지던 복수·부전공 가산점을 궁극적으로는 폐지하되, 가산점에 대한 법적 근거와 적용시한을 규정하여 일정한 기간 동안 가산점이 부여될 것으로 신뢰하고 준비해 온 응시자의 신뢰이익을 보호하고 있다. 적용시한에 있어서도 응시자간 부여횟수를 가능한 균등하게 부여하되 각 개인마다 가산점 부여 여부가 복잡하게 적용되는 것을 방지하고 제도의 한시적 운영 및 일률적 시행을 위하여 졸업년도나 실제 가산점 부여 횟수가 아닌 응시자의 입학년도를 기준으로 최대 3회의 가산점 부여의 기회를 주도록 하고 있다. 그렇다면 이 사건 부칙조항이 복수·부전공 가산점의 적용시한을 3년으로 제한하였다고 하여 청구인들의 신뢰이익의 침해 정도가 과중하다고 볼 수 없다. 반면, 직업공무원의 공개전형시험에 있어서 가산점은 서로 경쟁관계에 놓여 있는 응시자들 중 일부 특정 집단에 대해서만 시험 외적인 평가기준에 의하여 시험에서 우대하는 기능을 함으로써 능력주의나 기회균등의 원칙에 저촉될 위험성이 있고, 다른 응시자들의 평등권, 공무담임권 등을 침해할 소지가 있다. 특히 2001헌마882 결정에서는 복수·부전공 가산점은 오히려 공개전형원칙에 저촉되는 사항으로서 적용대상에서 제외된 자의 공직에의 진입 자체를 가로막을 수 있는 점에서 그 공무담임권 제한의 성격이 중대하다고 판시한 바 있다(憲 2004. 3. 25.-2001헌마882). 따라서 응시자의 신뢰이익을 보호하기 위하여 가산점을 부여하되, 혜택을 받지 못하는 응시자들의 기본권을 보호하기 위하여 그 적용시한을 규정하고 있는 이 사건 부칙조항의 입법목적은 매우 중대하고 긴요한 공익이라 할 것이다. 그렇다면 복수·부전공 가산점 적용시한을 규정하고 있는 이 사건 부칙조항은 침해받은 신뢰이익의 보호가치, 침해의 중한 정도 및 방법, 위 조항을 통하여 실현하고자 하는 공익적 목적을 종합적으로 비교형량할 때, 헌법상의 신뢰보호원칙을 위배하였다고 볼 수 없다.」

憲法裁判所는 변리사나 세무사의 자격의 질적 향상을 위하여 특허청 경력공무원에게 일정기간 해당 업무에서 근무한 경력을 가지면 시험을 치지 않고 자동으로 변리사자격을 부여하던 변리사법과 세무경력직 공무원에게 일정기간 해당 업무에서 근무한 경력을 가지면 시험없이 자동으로 세무사자격을 부여하던 세무사법을 개정하여 이들에게도 자격을 획득하기 위해서는 시험을 보게 하되 상당한 과목을 면제하는 방식을 취한 것에 대하여 신뢰보호원칙에 위반된다고 판시하였다(憲 2001. 9. 27.-2000헌마208; 2001. 9. 27.-2000헌마152).

[憲 2001. 9. 27.-2000헌마208] 「우리나라의 변리사제도는 1908. 8. 19. 통감부령 제30호 한국특허대리업자등록규칙에 의하여 처음으로 '특허대리업자'라는 명칭으로 도입되었다. 그 당시에는 특허국의 고등관 또는 2년 이상 특허국 심사관보로 재직한 자에 대하여 특허대리업자로 등록할 수 있는 자격이 부여되었고, 1909. 11. 1. 칙령 제308호 한국특허변리사령, 일본 변리사법, 1946. 10. 5. 군정법령 제91호 특허법 제8조에 의한 특허법시행규칙 등의 규율을 받던 때에도 특허국의 고등문관으로 1년 이상 재직한 자 또는 2년 이상 특허국 심사관보로 재직한 자에게 변리사자격을 부여하였다. 그러다가 1961. 12. 23. 법률 제864호로 제정된 변리사법 제3조 제1항 제3호는 특허국(현재의 특허청)에서 3급(현재의 5급) 이상의 공무원으로서 3년 이상 근속하여 심판 및 심사사무에 종사한 자에게 변리사자격을 부여하였고, 1973. 2. 8. 법률 제2510호로 개정된 변리사법에서는 '3년 이상 근속하여'라는 요건이 '통산하여 5년 이상'으로 변경되었으며, 1997. 12. 13. 법률 제5454호 정부부처명칭등의변경에따른건축법등의정비에관한법률에 의하여 변리사자격 부여대상이 '3급 이상의 공무원'에서 '5급 이상 공무원'으로 변경되는 등 특허청 소속 경력공무원에 대한 변리사자격 부여제도는 계속 유지되어 왔다. 그런데 2000. 1. 28. 법률 제6225호로 변리사법이 개정되면서 경력공무원에 대하여 시험 없이 변리사자격을 부여하던 제도를 폐지하고(제3조 제1항), 그 대신 시험과목의 일부면제제도로 전환하게 되었다(제4조의3 제1항, 제2항). 이와 같이 특허청의 경력공무원에 대하여 변리사자격 자동부여제도를 두었던 것은 특허·실용신안·의장 및 상표에 관한 사무와 이에 대한 심사·심판사무를 관장하는 특허청에 유능한 인재를 채용하여 장기근속을 유도하고, 아울러 근무의욕을 고취함으로써 궁극적으로는 산업재산권제도 및 산업의 발전에 이바지하도록 하는 데에 그 입법목적을 두고 있으며, 한편 특허청의 경력공무원들은 그 실무경험에 비추어 일단 변리사로서의 업무에 필요한 지식이나 능력을 갖추었음을 근거로 하였다고 할 것이다. 그

런데 개정법에서 이를 시험과목의 일부면제제도로 전환한 것은 경력공무원에 대한 변리사자격 자동부여제도와 관련된 특혜시비를 완화하면서 아울러 변리사시험에 응시하는 일반국민들과의 형평을 도모하는 방향으로 입법목적의 중심이 이동된 것을 의미한다고 볼 수 있다.……부칙 제3항은 개정법 제3조 제1항의 시행일인 2001. 1. 1.을 기준일로 하여 그 전에 통산 근무기간을 충족한 자들에게만 구법 규정을 적용하도록 규정하여 변리사자격을 부여하고 있다. 따라서 위 기준일 전에 통산 근무기간을 충족하지 못한 청구인들에게는 위 부칙규정이 적용되지 아니함으로써 변리사자격이 부여되지 않게 되었다. 그러므로 청구인들에 대한 변리사자격의 부여를 배제하는 위 부칙규정이 청구인들의 신뢰이익을 침해하는 것인지 여부를 살펴본다. 국민이 종전의 법률관계나 제도가 장래에도 지속될 것이라는 합리적인 신뢰를 바탕으로 이에 적응하여 일정한 법적 지위를 형성한 경우, 국가는 법적 안정성을 위하여 권리의무에 관련된 법규 · 제도의 개폐에 있어서 국민의 기대와 신뢰를 최대한 보호하여야 한다. 다만 이러한 신뢰의 보호는 새로운 입법을 통하여 실현하고자 하는 공익적 목적에 의하여 제한될 수는 있다. 이 경우에도 기본권제한의 한계인 과잉금지의 원칙이 준수되어야 하므로 결국 신뢰이익과 공공복리의 중요성을 비교형량하여 그 위헌 여부를 결정할 것이다. 먼저 청구인들이 5급 이상의 공무원으로 특허청에서 근무를 개시할 당시에 시행되던 구법 제3조 제1항 제3호는 청구인들의 경우에 5년의 통산 근무기간만 충족하면 당연히, 즉 별도의 인 · 허가나 변리사시험을 거치지 않고도 곧바로 변리사자격이 부여되는 것으로 규정하고 있었다. 따라서 청구인들의 변리사자격 부여에 대한 기대는 국가가 제정한 법률의 규정에 의하여 형성된 것으로서, 단순한 가능성이 아닌 확정적인 법률효과에 바탕을 둔 것이다. 특허청의 경력공무원에 대한 변리사자격 부여제도는 앞에서 본 바와 같이 상당한 실무경험을 갖춘 경력공무원들의 경우에는 일응 변리사의 업무를 수행하기에 충분한 고도의 전문적 지식이나 자질을 갖추었다고 볼 수 있다는 측면에 실질적 근거를 둔 것으로서 변리사법의 제정 이후만도 40여년간 줄곧 시행되어 오면서 제도 자체의 합리성과 합목적성이 폭넓게 인정되어 왔다. 또 청구인들의 입장에서는 이러한 제도가 단시일 내에 폐지 또는 변경되리라고 예상할 만한 별다른 사정도 없었다. 더욱이 제1청구인들의 경우에는 특허청의 특별채용안내공문에서 통산 근무기간만 충족하면 당연히 변리사자격이 부여된다는 내용을 명시함으로써 그들의 신뢰를 보다 강화시킨 측면도 인정된다. 따라서 청구인들의 변리사자격 부여에 대한 신뢰는 위에서 본 여러 사정에 비추어 볼 때 단순한 기대의 수준을 넘어서 강도 높게 보호할 필요성이 있는 합리적이고도 정당한 신뢰라 할 것이고, 청구인들이 급여나 대우 등의 면에서 보다 유리한 직장이나 부서를 마다하고 특허청에서 5급 이상 공무원으로 장기간 종사하기로 결정한 데에는 이러한 변리사자격의 부여에 대한 강한 기대 내지 신뢰가 중요한 바탕이 되었을 것임은 결코 부인할 수 없다. 그런데 그 이후 개정된 개정법 제3조 제1항 및 부칙 제3항으로 말미암아 청구인들은 변리사시험을 거치지 않는 한 변리사자격이 부여되지 않게 되었다. 물론 청구인들의 경우에는 앞에서 본 바와 같이 일정한 요건 아래 제1차시험의 전과목과 제2차시험의 과목 중 일부를 면제받게 되는 등 일반응시자에 비하여 유리한 지위에 서 있기는 하다. 그러나 청구인들이 변리사자격을 취득하기 위해서는 종전과 달리 반드시 변리사시험에 합격하여야만 한다는 점에서, 청구인들이 입게 된 불이익의 정도, 즉 신뢰이익의 침해정도는 중대하다고 아니할 수 없고, 그것이 헌법적으로 무시할 수 있을 정도로 가볍다고 볼 수는 없다. 변리사자격의 부여에 대한 청구인들의 신뢰이익을 침해함으로써 달성할 수 있는 공익으로는 첫째 변리사의 수를 늘려서 자유경쟁을 도모함으로써 대국민 서비스의 질을 향상하고, 둘째 특허청 경력공무원에 대한 변리사자격 부여에 따른 일반인의 자격취득기회의 제한문제를 해소하며, 셋째 경력공무원에 대한 특혜를 배제하여 일반응시자와의 형평을 제고한다는 것으로 요약할 수 있다. 그러나 자유경쟁을 촉진하여 대국민 서비스의 질을 향상하는 것이라면 오히려 청구인들에게 변리사자격을 부여하지 않는 것이 보다 옳다는 점에서 위 첫째 주장은 정당성이 없다. 변리사시험은 선발인원의 제한 없이 절대평가제로 시행하기로 되어 있으므로(제4조. 다만 그 시행일은 2002. 1. 1.로 규정되어 있다) 청구인들에게 변리사자격을 부여한다고 하여 반드시 일반응시자의 자격취득 기회를 잠식하는 것은 아니어서 위 둘째 주장 역시 설득력이 부족하다. 다만 청구인들에게 변리사자격을 부여하지 않음으로써 일반응시자와의 형평을 제고할 수는 있다 할 것이므로, 이 사건에서 청구인들의 신뢰이익을 제한할 근거로서 인정되는 공익은 주로 이 점에 국한된다 할 것이다. 그런데 일반응시자와의 형평을 제고한다는 공익은 다음과 같은 이유로 청구인들의 신뢰이익 제한을 헌법적으로 정당화할 만한 사유라고 보기는 어렵다. 왜냐하면 특허청의 경력공무원에 대하여 변리사자격을 부여해 온 조치는 변리사제도의 도입 이후 오랫동안 존속해 오던 제도로서 청구인들의 신뢰이익을 침해하면서까지 시급하게 폐지하여야 할 긴절하고도 급박한 사정이 없거니와, 변리사시험은 향후 선발인원의 제한 없이 절대평가제로 시행될 예정이므로 청구인들에게 변리사자격을 부여한다 하여 곧바로 일반응시자에 대한 직접적 불이익을 야기한다고 볼 것도 아니기 때문이다. 그리고 청구인들에게 변리사자격을 부여한다고 하더라도 이는 위와 같은 공익의 실현이 원천적으로 봉쇄되는 것이 아니고, 단지 그 실현을 다소 늦추는 것에 불과할 따름이다. 결론적으로 위 부칙규정은 충분한 공익적 목적이 인정되지 아니함에도 청구인들의 기대가치 내지 신뢰이익을 과도하게 침해한 것으로서 헌법에 위반된다.」

(d) 신뢰보호의 적용

(i) 신뢰보호와 국가권력　　헌법상 신뢰보호원칙은 국가에 대하여 국민이 신뢰를 가지고 이를 바탕으로 하여 한 행위를 보호하는 것이므로 국가작용이 立法權의 행사이든 行政權의 행사이든 이 모두에 인정된다.

立法權의 행사와 관련해서는 진정소급효와 부진정소급효의 문제가 발생한다. 行政權의 행사와 관련해서는 행정상 신뢰보호원칙으로 나타난다. 司法權의 행사에서는 법원의 판례변경이 판례변경 이전의 행위에 대하여 어떠한 효력이 미치는가 하는 문제로 나타나는데, 최종심 법원의 판례가 변경되더라도 변경 전에 변경 전의 판례를 기초로 하여 행해진 행위의 효력은 변경할 수 없다고 할 것이다. 이런 점에서는 사법권의 행사에서도 일정한 수준의 신뢰보호원칙이 적용된다. 憲法裁判의 경우도 마찬가지이다.

(ii) 신뢰보호와 기본권 신뢰보호원리가 헌법상의 원리라고 하더라도 이는 국가의 행위로 인하여 신뢰보호이익의 침해 여부만 문제가 될 때 적용되는 것이고 해당 국가행위가 동시에 기본권을 침해하는 경우에는 신뢰보호이익의 침해를 다투는 것이 아니라 기본권의 침해를 다투어야 한다. 이를 「信賴保護原理의 補充性」이라고 한다. 법률의 변경으로 신뢰이익이 침해된 경우에는 舊法의 存續保護라는 방법이 동원되지만, 기본권이 침해된 경우에는 기본권 구제의 방법이 동원되기 때문이다.

[憲 2009. 5. 28.-2005헌바20] 「신뢰보호원칙의 위반 여부를 판단함에 있어서는, 첫째, 보호가치 있는 신뢰이익이 존재하는가, 둘째, 과거에 발생한 생활관계를 현재의 법으로 규율함으로써 달성되는 공익이 무엇인가, 셋째, 개인의 신뢰이익과 공익상의 이익을 비교 형량하여 어떠한 법익이 우위를 차지하는가를 살펴보아야 할 것이다. (2) **보호가치 있는 신뢰이익의 존부에 대한 판단** 심판대상조항으로 인하여 침해되는 사익에 관하여 살핀다. (가) **신뢰의 근거와 내용** 장해급여가 일시금 외에 연금으로도 지급되기 시작한 것은 1970. 12. 31. 법률 제2271호로 개정된 법이 장해등급 제1급 내지 제3급 장해자에 대한 연금지급을 규정하면서부터였고, 현재와 같이 제1급 내지 제7급 장해를 입은 피재 근로자에게 장해보상연금을 지급하는 장해보상연금의 산정제도는 1981. 12. 17. 법률 제3467호로 개정된 법에서 채택되어 1999. 12. 31. 법으로 최고보상제도가 도입되기까지 20년 가까이 지속되어 왔던 것이다. 더욱이 산재보상보험제도는 국가에 의하여 강제적으로 시행·관리되고, 제1급 내지 제3급 장해를 입은 피재 근로자들의 경우 장해급여는 원칙적으로 연금의 형태로 지급되므로(법 제42조 제3항 단서, 법시행령 제31조 제5항, 법시행령 [별표 9] 참조), 개인으로서는 제도의 이용 여부에 관한 선택의 여지도 없었던 것이다. 청구인들은 산재를 입은 후 공단으로부터 장해급여를 연금형태로 지급받기 시작할 당시, 공단으로부터 자신이 종전에 지급받던 평균임금에 자신의 장해등급에 따른 법령 소정의 지급률을 적용하여 산출한 연금, 즉 평균임금을 기준으로 장해등급에 따라 증감 변동하는 연금을 지급받는다는 사실을 통지받았다. 그리하여 청구인들은 그 당시 '산재사고에 따라서 받는 장해연금은 평균임금을 기준으로 하여 장해율에 따라 소정의 비율을 적용한 금액이고, 평균임금이란 실제임금을 기준으로 한다'고 믿고, 그 무렵부터 자신이 종전에 지급받던 평균임금에 자신의 장해등급에 따른 지급률을 적용하여 산정된 장해보상연금을 지급받아 왔으며, 향후 법 개정에 의하여 위와 같은 방식의 지급기준이 변경됨으로써 장해보상연금이 감액될 것이라고는 예상할 수 없었을 것으로 보인다(이 점에서 청구인들의 신뢰는 최고보상제도 실시 이후 피재 근로자들의 신뢰와 근본적으로 차이가 있다). 그런데, 법 개정으로 시행되게 된 최고보상제도는 실제의 평균임금이 노동부장관이 고시하는 한도금액 이상일 경우 그 한도금액을 실제임금으로 의제하는 것이므로, 만약 위 최고보상제도가 기존의 피재 근로자로서 장해보상연금 수급자들인 청구인들에게도 그대로 적용된다면 이는 평균임금 및 장해보상연금 지급수준에 대한 청구인들의 정당한 신뢰를 침해하는 것이라고 할 것이다. 물론, 예상하지 못한 급격한 경제사정의 변동이 있을 경우 평균임금 대비 장해

등급에 따른 연금 지급률 자체를 다소 하향 조정한다거나 하는 것까지 예측할 수 없다고는 보기 어려우므로, 기존의 피재 근로자로서 최고보상제도 시행 이전에 장해보상연금을 수급하여 온 청구인들의 장해보상연금제도에 대한 신뢰의 내용을 '영원불변의 급여액을 받는다'는 것으로는 볼 수 없을 것이나, 그렇다 하더라도 청구인들의 신뢰를 액수와 무관하게 얼마가 삭감되든 단지 매월 일정한 연금을 지급받기만 하면 충족되는 것으로 볼 수는 없다. 따라서, 심판대상조항은 기존의 장해보상연금 수급자인 청구인들에게 최고보상제도가 적용되도록 함으로써 청구인들의 산재보상연금 산정기준에 대한 정당한 법적 신뢰를 심각하고 예상치 못한 방법으로 해하는 것이라고 할 것이다. (나) **사적 이익의 중대성** 1) 청구인들은 근무 중 산재를 입으면 청구인들의 평균임금을 기준으로 한 일정비율의 산재보험금을 받는다는 기대를 가지고 있었고, 실제로 최고보상제도가 시행되어 심판대상조항이 적용되기 전에는 공단으로부터 고액의 연봉에 따른 평균임금을 기준으로 장해등급에 따른 지급률을 적용하여 산출한 장해보상연금[노동능력 상실률 100%인 장해등급 제1급의 경우 종전 평균임금의 90%(연간 일분 329), 제7급의 경우 평균임금의 30%(연간 일분 138)가 장해보상연금액으로 책정되어 전체적으로 종전 평균임금의 90% 내지 30%를 지급받아 왔다. 법 시행령 [별표 6] 장해등급의 기준, [별표 3] 장해급여표 각 참조]을 지급받아, 산재 이전에 유지하던 생활수준의 골격을 어느 정도 유지해 오고 있었다. 2) 그런데 청구인들은 심판대상조항으로 말미암아 2003. 1. 1.부터 기존의 장해보상연금액 중 최고보상기준금액을 기준으로 산정한 최고보상금액을 초과한 부분을 일괄 삭감당하였다. 2005헌바20 사건의 청구인 김○경의 경우 심판대상조항이 적용되기 전에는 월 7,630,670원의 연금을 지급받고 있었으나, 심판대상조항의 적용으로 말미암아 2003년 1월분으로 2,140,200원으로 감액된 연금을 지급받았는바, 이는 원래 받던 금액의 28% 정도밖에 되지 않는 것으로 최고보상제의 적용으로 인한 연금 삭감률이 72%에 이른다. 2005헌바22 사건의 청구인들의 경우 최소 2%([별지 2] 청구인 9. 김○용)부터 최대 82%([별지 2] 청구인 34. 서○수)로 다양하나, 평균 삭감률이 40%를 초과한다. 2009헌바30 사건의 청구인들도 심판대상조항으로 말미암아 [별지 3] 기재와 같이 최고보상제 적용 이전에 받던 장애연금액의 30% 내지 60% 가량을 삭감당하였다. 3) 청구인들은 장해등급 제1급 내지 제7급에 해당하는 중증 장애인들로서 장해정도에 따라 계속적인 치료를 받아야 하고, 의족, 의수 등 보조기구를 주기적으로 구입하여야 하는 경우도 있으며, 높은 노동능력상실률로 말미암아 장해보상연금 외에 달리 생계수단이 없는 경우가 대부분이고, 의료보조기 구입, 치료, 간병 등으로 산재를 입기 전보다 생활비에 소요되는 비용이 늘어나는 것이 일반적인 데 반하여 장해급여 수준은 종전 평균임금의 90% 내지 30%로서, 잔존 노동능력의 범위 내에서 다른 소득활동을 하지 않는 이상 종전의 생활수준을 유지하는 것이 불가능한 가운데 장해보상연금의 수급으로 종전보다 위축된 상태로나마 그 생활수준의 골격을 유지하여 오고 있었다. 그런데 심판대상조항은 기존의 피재 근로자로서 장해보상연금을 수급하여 온 청구인들에 대하여 잔존 노동능력을 이용하여 다른 소득활동을 하고 있는지 여부, 그로 인한 소득이 어느 정도인지 등은 일체 불문하고 최고보상기준금액을 일률적으로 적용하고, 그 기준금액에다가 장해정도에 따른 지급률을 곱하여 산정한 최고보상액과 종전 장해보상연금과의 차액 상당을 일시에 대폭적으로 일괄 삭감하였다. 4) 청구인들 대부분은 40대 전후의 피재 근로자들로서 중고생이나 대학생 자녀를 두는 등 경제적 지출이 많은 연령으로, 장해급여의 갑작스런 삭감으로 곤경에 처하였음을 호소하고 있기도 하다. 또한, 청구인들 중의 상당수는 산재를 입었던 무렵 그 당시의 법령에 의한 장해보상연금 수준이 대체로 유지될 것을 전제로, 이중보상금지원칙(현행 근로기준법 제87조, 2007. 1. 26. 개정 전의 근로기준법 제90조 각 참조)을 고려하여 사용자와 민사상 손해배상에 대해 적은 액수로 합의하거나 사용자에 대한 민사상 손해배상을 포기하였다는 측면도 있다. 5) 청구인들이 장해보상일시금과 장해보상연금 중에서 장해보상연금을 선택한 것은 남은 여생을 연금에 의존하여 살겠다는 결단을 한 것이라고 볼 것인바, 법이 당시에는 존재하지 않았던 최고보상제도를 새로이 만들어 시행함에 있어 이를 제도 시행 이전의 피재 근로자인 청구인들에게까지 적용하여 기존의 장해보상연금액을 최고보상기준금액에 의한 급여수준으로 일괄하여 감액하는 것은 장해보상연금에 의존하여 생활하는 청구인들에게 미치는 손해가 다대하다고 보지 않을 수 없다. (3) **심판대상조항으로 달성하려는 공익의 내용** 심판대상조항이 최고보상제도 시행 이전의 기존 장해보상연금 수급자들에게도 2003. 1. 1. 이후 최고보상제도를 적용함으로써 달성하려는 공익은, 한정된 재원으로 보다 많은 재해근로자와 그 유족들에게 적정한 사회보장적 급여를 실시하고 재해근로자 사이에 보험급여의 형평성을 제고하며 소득재분배 기능을 수행하려는 것과 아울러, 최고보상제도를 기존의 장해급여수급자에게도 적용함으로써 절감되는 보험급여액으로 다수의 근로자에게 혜택이 돌아가는 간병급여의 신설, 유족급여의 확대, 후유증상 진료제도를 도입하여 보험급여의 폭을 확대하고, 휴업급여 등의 최저기준을 인상하여 보험급여의 지급수준을 상향조정하는 등의 재원으로 삼고자 하는 데 있는 것으로 보인다. (4) **신뢰이익과 공익간의 비교형량** 1) 단순한 입법정책의 변경에 의한 법률개정과 같이 구법과 신법이 모두 일정한 합리성을 가지고 있는 경우와 구법 질서의 불합리성에 대한 반성적 고려에 의하여 법률이 개정되는 경우는 그 각각에 대한 신뢰보호의 필요성이 달라진다. 따라서 이 사건에 있어서 신뢰보호원칙 위반 여부를 판단하기 위하여는 장해급여제도와 최고보상제도가 각 추구하는 목적, 도모하고자 하는 법적 이익 등을 비교형량하고 나아가 그 충돌 또는 조화의 가능성 등을 검토할 필요가 있다. 2) 장해급여제도는 본질적으로 소득재분배를 위한 제도가 아니고, 사업자가 근로자 및 사용자 자신을 위하여 근로자의 평균임금에 상응하게 일정 비율로 납입한 보험료를 바탕으로 불의의 산재사고에 대비하여 피재 근로자에게 산재 사고 이전의 생활수준의 골격을 보장해 주기 위하여 마련된 제도로서 손해배상 내지 손실보상적 급부인 점에 그 본질이 있으므로, 장해급여는 손해배상에서의 일실수입에 대응하는 개념이며, 산재보상보험의 두 가지 성격 중 사회보장적 급부로서의 성격은 상대적으로 약하고 재산권적인 보호의 필요성은 보다 강하다고 볼 수 있어 다른 사회보험수급권에 비하여 보다 엄격한 보호가 필요하다 할 것이다. 이와 달리 최고보상제도는 소득의 재분배를 주요한 목적 내지 기능으로 하는 제도인바, 손해배상 내지 손실보상적 급부인 장해급여제도를 운영함에 있어서 최고보상제도의 시행이 필수적인 요소라고 볼 수는 없다. 따라서 장해보상연금수급권이 사회보장수급권의 성격을 가지고 있어 그 형성에 입법자의 재량이 인정된다 하더라도 일반적으로 입법자의 광범위한 입법재량이 허용되는 공적 부조의 경우에 비하여 입법형성권의 범위는 상당히 축소되는 것으로 보아야 할 것이고, 산업재해보상보험이 사회보험적 성격이 있다는 이유만으로 법이 최고보상제도를 신설하여 기존 장해보상연금 수급자의 정당한 신뢰를 침해하는 것은 정당화되기 어렵다 할 것이다. 장해급여제도에 사회보장 수급권으로서의 성격도 있는 이상 소득재분배의 도모나 새로운 산재보상사업의 확대를 위한 재원 마련의 목적으로 최고보상제를 도입하는 것 자체는 입법자의 결단으로서 입법자의 형성적 재량권의 범위 내에 있다고 볼 여지도 있을 것이다. 그러나, 그러한 경우에도 원칙적으로 최고보상제도 시행 이후 산재를 입는 근로자들부터 적용하는 것은 별론으로 하고, 제도의 시행 이전에 이미 재해를 입고 산재보상수급권이 확정적으로 발생한 청구인들에 대하여 그 수급권의 내용을 일시에 급격히 변경하여 가면서까지 적용할 수 있는 것은 아니라고 보아야 할 것이다. 3) 한편, 심판대상조항의 주요한 입법목적이라 할 수 있는 소득재분배는 국가의 정책적 문제로서 근본적으로 조세정책 또는 다른 사회보장제도의 확충을 통해서 해결하여야 할 문제이지, 산재를 입은 근로자들에게 업무상 재해로 상실된 수입을 일정 수준까지 보장하여 줌으로써 산재 이전의 생활수준의 골격을 유지해 주는 것을 주목적으로 하는 제도인 장해급여제도(산재보험)의 변경을 통하여 해결할 문제는 아니다. 가사 장해보상연금액의 조정으로 소득재분배를 이루고자 하는 경우에도, 최고보상제도를 신설한 법 시행 이후에 발생한 산재사고의 피재 근로자들부터 적용되는 것으로 하거나, 공단이 현재까지 보험료 징수를 통하여 이미 확보한 자체자금을 활용하여 산재보험의 혜택을 확대하거나, 누진 보험료율을 채택하여 평균임금이 높은 근로자를 고용하는 사업주로부터 보다 높은 비율의 보험료를 징수하여 저소득 근로자에게 혜택을 확대하는 방안 등을 우선적으로 고려하였어야 할 것이다. 4) 나아가, 신설된 최고보상제도를 기존의 장해보상연금 수급자들에게까지 적용함으로써 얻는 실제적 효과에 관하여 보건대, 헌법재판소의 사실조회에 대한 공단의 2008. 6. 30.자 회보결과에 의하면, 2003. 1. 1. 기준으로 최고보상기준금액의 적용을 받는 장해보상연금 수급자의 수는 이 사건 청구인들을 포함하여 총 843명, 최고보상제도 적용 직전인 2002. 12. 현재 위 843명에 대한 월 지급 총액은 2,721,317,550원, 최고보상제도 적용 직후인 2003. 1. 기준 위 843명에 대한 월 지급 총액은 2,075,276,390원으로 그 차액이 월 646,041,160원이다. 이를 2007년 기준 장해보상연금 총 지급액 667,380,000,000원에 비교하여 보면, 위 최고보상제도를 적용함으로써 월간 절감되는 비용은 위 총 지급액의 0.097%, 연간 절감되는 비용은 1.16%에 불과하다(장해보상연금 지급액의 기준이 2007년인 점에 비추어 보면, 최고보상제도의 적용을 받는 장해보상연금 수령자의 수가 자연감소하였을 것이고, 최고보상기준금액의 상승으로 2002. 12. 기준 장해보상연금과의 차액 또한, 감소하였을 것이므로, 실제 차지하는 비율은 위 비율보다도 훨씬 낮을 것으로 보인다). 또한, 공단의 보험수지를 보면, 2006년 기준 수지율(급여지급액/보험료 등 수납액)은 86.03%, 2007년 기준 수지율은 74.24%로서, 공단의 보험수지가 흑자인데다 그 흑자율 또한, 증가하고 있다. 거기에 더하여 산재보상보험의 경우 법이 설계한 대로 보험제도를 운영한다면 운영구조상 적자가 될 가능성은 없다고 할 것이다. 이러한 점들에 비추어 보면, 새로운 산재보상사업의 확대실시를 위하여 신설된 최고보상제도를 기존의 장해보상연금 수급자에게도 적용하지 않으면 안 될 필연성이 있었다고 보기 어렵다. 5) 산재보험제도는 보험가입자인 사업주가 납부하는 보험료(법 제57조, 제62조)와 국고부담(법 제64조 제3항)을 재원으로 하여 근로자에게 발생하는 업무상 재해라는 사회적 위험을 보험방식에 의하여 대처하는 사회보험제도이나, 사회보험방식으로 운영되는 여타 연금제도와 달리 그 재정부담에 대한 국가의 기여 정도는 극히 미미하여, 사업주가 자신 및 그 근로자를 위하여 해당 사업체의 임금 총액에 소정의 보험료율을 적용하여 부담하는 보험료에 거의 전적으로 재원을 의존하고 있다(정부출연금은 사업주가 내는 보험료의 1%에도 미치지 못하는 금액으로 공단관리비용의 일부에 충당되는 것으로 보인다. 법 제3조 참조). 업무상 재해에 대하여는 근로기준법에서 사용자에게 직접 보상책임을 부과하고 있지만 사용자의 무자력 등으로 보상이 실시되지 못하는 경우가 있을 수 있으므로, 이러한 경우에 피재근로자나 그 유족에게 재해보상을 확실히 보장하기 위하여 사회보험방식을 도입하여 산재보험제도가 마련된 것으로, 산재보험이 사업주가 부담하는 보험료에 거의 전적으로 재원을 의존하고 있는 것은 이와 같은 산재보험제도의 특성이 반영된 것이다. 따라서, 산재보험제도는 개인의 생활 그 자체를 보호하는 순수한 사회정책적 목적에 그 취지를 두고 재정조달에 있어서도 국가재정이 차지하는 비율이 큰 연금보험 등 여타 사회보험에 비하여 국가가 가지는 입법형성권의 범위가 상대적으로 좁다고 볼 것이고, 산재보험급여 중에서도 손해배상 또는 손실보상급부로서의 본질을 가지는 장해급여의 경우는 더욱 그러하다 할 것이다. 6) 한편, 이 사건 청구인들은 산재로 노동능력을 50% 이상 상실한 중증 장애인들이므로, 이 사건에서 공익과 사익을 비교형량함에 있어서는 장애인 보호에 관한 헌법 규정의 취지를 마땅히 감안하지 않으면 아니 될 것이다. 즉, 헌법 제34조 제5항은 "신체장애자 및 질병·노령 기타의 사유로 생활능력이 없는 국민은 법률이 정하는 바에 의하여 국가의 보호를 받는다"라고 하여 신체장애자에 대한 특별한 보호를 규정하고 있는바, 장애인과 같은 사회적 약자의 경우에는 개인 스스로가 자유행사의 실질적 조건을 갖추는 데 어려움이 많으므로 국가가 특히 이들에 대하여 자유를 실질적으로 행사할 수 있는 조건을 형성하고 유지해야 한다는 점을 강조하고자 하는 것이다(憲 2002. 12. 18. -2002헌마52 참조). 위 헌법조항의 취지에 비추어 보더라도, 신체장애자를 위하여 자유행사의 실질적 조건을 형성, 유지하기 위한 특별한 입법적 조치를 취할 의무를 부담하는 국가가, 국가의 재정부담능력과는 무관하게 단지 '소득재분배'와 '새로운 보상사업을 위한 재원 마련'을 목적으로, 사업주가 기존의 법에 따라 근로자를 위하여 부담하여 왔던 보험료에 상응하여 지급받아 오던 장해 근로자의 장해급여를 일시에 삭감함으로써 피재 전의 생활수준을 그 골격조차 유지할 수 없도록 위축시키는 것은 정당화되기 어렵다 할 것이다. 7) 더욱이 입법자로서는 법 개정에 따른 경과규정, 즉 심판대상조항을 마련함에 있어, 예컨대 ① 장해보상연금 외에 직업을 갖는 등 소득이 있는 자와 그렇지 아니한 자를 구분하여, 전자의 경우 별도의 소득 액수에 따라 차등하여 감액하고 후자와 같이 전적으로 장해보상연금만으로 생활하는 자에 대하여는 연금감액을 하지 않거나, ② 상당한 장기간에 걸쳐 단계적으로 감액의 비율을 조정하거나, ③ 평균임금 자체는 고정시킨 채 통상임금, 물가 등의 변동에 따라 대통령령이 정하는 기준에 따라 평균임금을 조정하는 규정(법 제38조 제3항, 법 시행령 제25조 참조)의 적용을 중지함으로써 갑작스런 연금액의 축소로 인한 충격을 완화하면서 실질연금액의 점진적 감소를 꾀하는 방법 등을 통하여 공·사익의 조화를 도모하고 기존 수급자들의 신뢰를 최대한 배려하는 수단을 택할 수도 있었을 것으로 보인다. 그런데, 심판대상조항은 그와 같은 최소한의 배려조차 하지 아니하고 기존의 장해연금 수급자들에 대하여 장해보상일시금 수급의 경우와 비교하여 개략적으로 산출된 2년 6개월의 경과기간 동안만 구법을 적용하도록 하고, 2003. 1. 1.부터는 일률적이고 전면적으로 최고보상제도를 적용하도록 하고 있으므로, 심판대상조항은 이 점에서 보더라도 신뢰보호원칙에 위배되는 것으로 평가하지 않을 수 없다. (5) **소 결** 이상에서 살펴본 바에 의하면, 청구인들의 구법에 대한 신뢰이익은 그 보호가치가 중대하고 그 침해의 정도가 극심하며 신뢰침해의 방법이 과중한 것인 반면, 피재 근로자들 간의 소득격차를 완화하고 새로운 산재보상사업을 실시하기 위한 자금을 마련한다는 공익상의 필요성은 청구인들에 대한 신뢰보호의 요청에 우선할 정도로 충분히 크다고 보기 어렵다. 따라서 심판대상조항은 신뢰보호의 원칙에 위배되어 청구인들의 재산권을 침해하는 것으로서 헌법에 위반된다 할 것이다.」

(iii) 신뢰보호와 과잉금지원칙 국가행위에 의하여 과잉금지원칙과 신뢰보호원칙이 동시에 문제가 되는 경우에는 신뢰보호원칙과 분리하여 과잉금지원칙의 위반여부를 따로 판단하지 않는다. 신뢰보호이익에 대한 침해여부를 따질 때에 과잉금지원칙의 위반여부가 포함되기 때문이다.

기본권의 제한에서 과잉제한금지원칙의 위반여부가 문제가 되는 경우에는 신뢰보호원칙은 독자적으로 적용되는 것이 아니어서 신뢰보호원칙의 위반을 따로 판단하지 않고 과잉제한금지원칙의 위반여부만 판단하게 된다(鄭宗燮c, 131).

(e) 한 계

신뢰의 보호가 중요하다고 하더라도 그러한 신뢰는 靜的인 상태에서의 보호가 아니고 動的인 상태에서의 보호이기에 시간 속에서 공동체의 조건과 삶의 환경 변화·변동에 따라 법은 변화를 필요로 하는 경우가 발생하는데(法의 變動), 이런 경우에는 새로운 법질서의 형성과 제도의 변화가 불가피하고(예: 제도의 개선, 법의 개혁 등) 변경된 새로운 법질서와 기존의 법질서 사이에는 서로 상충하는 이해관계를 조정할 필요가 발생한다. 신뢰보호원칙도 이러한 조정의 필요성이 인정되는 범위 내에서 허용된다.

법의 개정이나 폐지가 不可避하고 이러한 법의 변동으로 얻고자 하는 公益이 존재하고 침해되는 신뢰이익이 이러한 공익보다 가벼울 때에는 개인의 신뢰는 후퇴한다고 할 것이다.

(4) 소급적용의 금지

인간이 공동체에서 생활하며 자신의 삶을 자기의 구상 아래 영위할 수 있으려면 삶과 삶을 둘러싸고 있는 질서가 안정적이어야 한다. 과거에 이미 종료된 상황은 변경되지 않아야 이를 신뢰하고 이를 전제로 하는 미래의 삶을 구상하고 살아갈 수 있다.

공동체와 그 구성원의 삶을 규율하는 법도 이러한 안정성을 보장하는 것이 아니면 안 된다. 따라서 이미 종료한 법적인 관계는 전복되지 않고 변경되지 않아야 한다. 이를 法의 遡及效 禁止(Rückwirkungsverbot)라고 한다.

법의 소급효금지는 소급입법의 금지로 나타나는데, 이에는 현재를 기준으로 이미 종료된 과거의 사항을 새로 규율하는 眞正遡及立法과 현재 입법하는 법은 장래를 향하여 효력을 발생하지만 규율대상이 과거에 발생하여 현재까지 지속되고 있는 사항을 규율하는 不眞正遡及立法의 문제가 있다. 법치주의에서는 진정소급입법은 원칙적으로 금지되고 예외적으로 허용되며(예: 憲 1996. 2. 16.-96헌가2등; 1998. 9. 30.-97헌바38; 1998. 11. 26.-97헌바58), 부진정소급입법은 원칙적으로 허용되고 예외적으로 금지되지만(예: 憲 1996. 2. 16.-96헌가2등; 1998. 11. 26.-97헌바58; 2001. 9. 27.-2000헌마208; 2001. 9. 27.-2000헌마152; 2007. 10. 25.-2005헌바68), 이러한 구별은 절대적인 것이 아니고, 어느 경우나 중요한 것은 신뢰보호와 평등보호의 문제이다. 진정소급입법이든 부진정소급입법이든 그러한 규율이 국가행위에 대한 국민의 신뢰를 침해하거나 특정한 受範者를 차별하는 것이어서는 안 된다.

《진정소급입법과 부진정소급입법의 구별론》

소급효입법에서 진정소급효와 부진정소급효를 구별하는 견해는 종래 독일연방헌법재판소가 소급효입법의 문제를 해결하기 위하여 판례에서 채택한 방법이다. 독일연방헌법재판소의 판례에서 말하는 진정소급효, 즉 echte Rückwirkung은 retroaktive Wirkung을 의미하고, 부진정소급효, 즉 unechte Rückwirkung은 retrospektive Wirkung을 의미한다. 그런데 어느 경우나 규율하는 사항을 기준으로 보면 모두 과거의 사항을 규율함에 있어서는 아무런 차이가 없다. 현재 법률을 시행하면서 과거의 사항을 규율의 대상으로 삼으면 과거의 특정 시점에서 해당 법률을 제정하여 시행하는 것과 아무런 차이가 없다. 그리고 이 경우 과거 사항이 완성되거나 종료되었는가 아닌가를 기준으로 진정소급효와 부진정소급효를 구별하지만, 그 완성이나 종료라는 것도 법적인 판단사항이기 때문에, 자연과학적인 객관과 같이 객관적으로 분명한 것도 아니다. 현재 전체로서는 완성되지 않은 법률관계에서 그 법률관계를 구성하는 여러 가지 개별적 법률관계가 완성된 경우도 있을 수 있고, 이미 완성된 개별적 법률관계가 아직 종료되지 않은 전체의 법률관계와 일정한 관련성을 가질 수도 있다. 진정소급입법과 부진정소급입법을 엄격하게 구별하는 것이 쉽지 않기 때문에 독일에서도 연방헌법재판소의 이런 이해와 방법에 대해 비판이 많이 제기되었다. 그런데 獨逸聯邦憲法裁判所 第2院(Zweite Senat)은 1983년 이래 두 개의 사건에서 종래의 진정소급효-부진정소급효의 구별론을 단념하는 것으로 보이는 심판을 하였다(BVerfGE 63, 343; 64, 158). 이분론을 유지하기보다는 모두 소급효로 보고 문제를 해결하려고 하였다. 즉 법률의 공포시를 기준으로 하여 그 이전에 규범의 효력을 발생하는 것으로 되면 진정이니 부진정이니 하는 것을 따질 것 없이 소급효라고 이해하는 것이다. 이런 태도는 종래의 이분론에 입각한 재판이 타당성에서 약점이 있다는 것을 인정하는 것이기도 하다. 그러나 이러한 이분론에서의 후퇴가 종래 기준으로 진정소급효인 것을 부진정소급효로 처리하는 것은 아니다. 여전히 진정소급효를 허용하는 것은 법적 안정성과 신뢰보호를 침해하는 것으로 본다. 진정소급효와 부진정소급효를 그 소급이라는 측면에서만 구별하여 법적 효과에서 차별하는 것은 타당하지 않다고 보인다. 완성된 구성요건과 아직 완성되지 않은 구성요건을 구별하는 것이 의문스러울 뿐 아니라 조작적이기까지 한 상황에서 이 둘 중 어느 것에 더 많은 비중을 두고 그에 따라 정반대의 결과를 인정하는 것은 방법론적으로도 문제가 있다. 양자의 구별은 결국 立法技術(gesetzestechnisch, rechtstechnisch)의 문제이므로 이를 법도그마틱(Dogmatik)이나 소급효 문제를 해결하는 방법으로 채택하는 것은 타당하다고 하기 어렵다. 이런 구별은 재판에서 주관적인 자의를 허용하기 쉬워 자칫 국민의 권리와 자유를 보장하는데 위험을 초래할 수 있다. 어떤 사항이 이미 완성되었는지 완성되지 않았는지가 법적인 평가문제이고, 소급효의 문제를 해결함에 있어 이것을 먼저 정하여 그에 따라 처리하는 것은 재판관의 주관에 너무 크게 의존하는 것이 된다. 이런 점을 고려하면, 독일에서 학자들이 연방헌법재판소의 진정소급효-부진정소급효 구별론을 비판한 것에는 충분한 이유가 있다고 보인다. 미합중국에서는 소급효입법을 공히 retroactive effect 또는 retrospective effect라고 하면서 독일연방헌법재판소가 취해온 이분론을 택하지 않고 있다. 이분론은 소급효문제를 이해하는데 초기의 인식상의 혼란을 제거하는 데는 다소 유익한 도구를 제공하였다고 할 수 있으나, 이것이 소급효와 관련된 신뢰보호의 문제를 해결하는 절대적인 기준은 될 수 없다고 할 것이다. 이론적인 논의에서 볼 때, 진정소급효와 부진정소급효의 준별에 대한 비판은 많지만 아직 안정적이고 견고한 이론적 대안은 제시되어 있지 않은 형편이다. 견해에 따라 아예 개개의 사안마다 개별적·구체적으로 판단하자고 하는 견해도 있으나, 개별적인 사안마다 판단한다고 하더라도 판단에서 자의를 개입할 수 없게 만드는 일정한 판단기준이 마련되어야 한다. 유의할 것은 이분론에서 벗어나는 경우에도 종래 진정소급효라고 논의되던 문제에 부진정소급효에 적용되던 논리를 적용해서는 안 된다는 점이다. 종래 기준으로 보아 진정소급효인지 부진정소급효인지가 不明할 경우에는 일차로 진정소급효에서 논의되던 기준으로 문제에 접근하는 것이 타당하다고 할 것이다(鄭宗燮c, 144).

憲法裁判所의 판례는 기본적으로 진정소급입법과 부진정소급입법을 구별하는 입장을 취하고 있으나(예: 憲 1989. 3. 17.-88헌마1; 2008. 7. 31.-2005헌가16. 대법원 판례는 양자의 구별론에 기초하고 있다. 예: 大 1983. 4. 26.-81누423; 1983. 12. 27.-81누305), 이러한 구별에 대하여 신중한 태도를 보이고 있고(예: 憲 1995. 10. 26.-94헌바12), 부진정소급입법에서 신뢰보호를 침해한 경우에 대하여 위헌이라고 판시한 경우도 있다(예: 憲 2001. 9. 27.-2000헌마208; 2001. 9. 27.-2000헌마152).

[憲 2008. 7. 31.-2005헌가16] 「과거에 완성된 사실 또는 법률관계를 규율의 대상으로 하는 이른바 진정소급입법에 있어서는 입법권자의 입법형성권보다도 당사자가 구법질서에 기대하였던 신뢰보호의 견지에서 그리고 법적 안정성을 도모하기 위하여 특단의 사정이 없는 한 구법에 의하여 이미 얻은 자격 또는 권리를 존중할 입법의무가 있다 할 것이고, 이미 과거에 시작하였으나 아직 완성되지 아니하고 진행과정에 있는 사실 또는 법률관계를 규율의 대상으로 하는 이른바 부진정 소급입법의 경우에는 구법질서에 대하여 기대했던 당사자의 신뢰보호보다는 광범위한 입법권자의 입법형성권을 경시하여서는 아니 될 것이므로, 특단의 사정이 없는 한 새 입법을 하면서 구법관계 내지 구법상의 기대이익을 존중하여야 할 의무가 발생하지는 않는다.」

[憲 1995. 10. 26.-94헌바12] 「독일판례의 영향을 받은 우리 재판소나 대법원

의 판례에 따르면 소급입법에 관하여 진정·부진정 소급효의 입법을 구분하고 있으며 우리 재판소의 판례상으로는 불명하나 대법원 판례에 따르면 이 사건 규정은 부진정소급입법에 해당하는 것으로 보인다. 이와 같이 소급입법을 진정·부진정으로 나누는 척도는 개념상으로는 쉽게 구분되나 사실상 질적 구분이 아닌 양적 구분으로, 단순히 법기술적 차원으로 이루어질 가능성이 있으므로 이와 같은 구분의 기준에 관하여 이견이 있을 수 있다. 이 사건 규정과 같이 과세연도 도중에 법이 개정된 경우, 세법상 과세요건의 완성이 과세연도 경과 후에 이루어지며, 그 법의 시간적 적용시점이 과세연도 경과 후이기 때문에 진정소급효는 아니라고 한다면, 이는 과세요건의 완성을 과세연도 종료 후로 하는 것 자체는 세무회계 내지 조세행정상의 편의성 때문이므로, 사실상 법기술적 차원의 구분에 불과하다. 원래 조세의 부과처분은 수량적인 행정처분이고, 분할계산이 가능한 것이므로 기간과세의 경우에도 법령의 개정 전·후에 따른 구분계산이 가능하다. 즉 법인해산의 경우, 기타 중간예납, 수시부과 등의 경우에도 사업연도가 경과되기 전에 조세부과가 이루어지며, 이 사건 규정의 시행일 전·후로 나누어 청구인이 법인세 납부신고를 한 사실은 과세연도 도중에도 분할계산이 가능하다는 것을 증명하고 있다. 따라서 양자의 구분은 이와 같은 사실상 법기술적 차원에서 행할 것이 아니라 '최종적인 평가가 내려진 사태에 대한 새로운 법적 평가'가 있었느냐의 여부에 따라 구분하여야 한다는 견해도 있을 수 있다(이러한 견해하에서는 이 사건 규정은 진정소급입법에 해당되게 된다. 즉 이 사건 규정 시행일까지 경과된 과세연도의 일부기간까지 법인세의 과표가 되는 법인의 사업소득은 이미 확정되어 있기 때문이다). 그렇다면 진정·부진정 소급입법의 구분은 실제에 있어서는 그 척도상 문제가 많다고 아니할 수 없다. 그러나 현재로서는 이를 대체할 새로운 대안도 찾기 어려우므로 종전의 구분을 그대로 유지하는 것이 불가피하다고 생각된다. 다만 부진정소급입법에 속하는 입법에 대해서는 일반적으로 과거에 시작된 구성요건 사항에 대한 신뢰는 더 보호될 가치가 있다고 할 것이기 때문에 신뢰보호의 원칙에 대한 심사가 장래입법에 비해서보다는 일반적으로 더 강화되어야 할 것이다.」

V. 법의 실효성

(1) 개　념

법이 현실에 적용되어 규범력을 가지는 것을 法의 實效性이라고 한다. 실효성이 없는 법은 법이 존재하지 않는 것과 다름이 없으며, 실효성이 없는 법에 기초한 법치주의는 법치주의가 아니다. 법은 강제력을 가지고 그 효력을 발휘하여 규율하고자 하는 결과를 가져올 때 비로소 법으로서 기능을 하게 되므로 법의 실효성은 법치주의의 생명이기도 하다.

(2) 실현방법

법의 실효성을 확보하는 방법에는 각종의 행정강제, 사법강제, 사법적 권리구제 등이 있다. 법치주의가 그 기능을 제대로 수행하기 위해서는 한편으로는 수범자에 대하여 법이 효과적으로 적용·집행되어야 하며, 다른 한편으로는 국가권력의 남용과 오용을 법에 합치하도록 바로잡을 수 있는 교정장치가 필요하다. 그리고 국민의 자유와 권리가 침해될 우려가 있거나 침해된 때에는 이를 방지하거나 침해를 배제하거나 피해를 전보하는 것을 가능하게 하는 사법적 구제장치가 마련되어야 한다. 후자의 대표적인 것으로는 헌법재판과 일반법원의 재판이 있다.

Ⅵ. 사법적 권리구제

법치주의는 국민의 자유와 권리가 국가 또는 사인에 의하여 침해된 경우에는 독립적인 裁判機關(=司法機關)에서 司法的 節次를 통하여 권리를 구제할 수 있는 장치를 둘 것을 요구한다. 아무리 법이 국민의 자유와 권리를 보장하고 있다고 하더라도 국가 또는 사인에 의하여 이러한 자유와 권리가 침해된 경우에 이를 구제할 수 있는 장치가 없으면 그러한 자유와 권리의 법적인 보장은 공허하다. 따라서 국민의 자유와 권리 침해에 대한 司法的 救濟의 존재는 법치주의의 핵심적 징표이다.

헌법은 누구든지 자기의 권리가 침해된 경우에는 독립된 재판기관(법원 또는 헌법재판소)에 소송을 제기하고 자격을 갖춘 독립적인 司法官(법관 또는 헌법재판소 재판관)에 의하여 신속하고 공정하게 재판을 받을 수 있도록 재판제도와 이와 관련된 권리를 보장하고 있다(憲法 §27, §101, §111). 民事裁判, 刑事裁判, 行政裁判, 軍事裁判, 憲法裁判 등이 이에 해당한다. 행정재판의 경우에는 행정심판을 前審節次로 하되 사법절차를 준용하고(憲法 §107③) 행정심판과 별도로 행정소송으로 권리구제를 받을 수 있게 하고 있다. 국가의 위법한 행위로 손해가 발생한 경우와 적법한 행위로 손실이 발생한 경우에 손해배상(國賠法 §9)과 손실보상(補償法 §85)도 법원의 재판절차를 통하여 구제를 받을 수 있게 하고 있다. 군사재판은 군사법원이 담당하고, 최종심은 일반법원인 대법원이 담당한다(憲法 §110②). 규범통제도 권리보호에서 중요한 기능을 하는데, 이러한 것은 헌법재판소(憲法 §107①)와 대법원(憲法 §107②)이 담당하고 있다. 특히 헌법소원심판은 기본권의 구제에서 중요한 의미를 가지는데, 헌법재판소에서 헌법소원심판절차를 통하여 기본권을 구제할 수 있게 하고 있다(憲法 §111①).

[78] 第三 性 格

Ⅰ. 자의금지의 원리

법치주의의 본질은 주관적 판단에 따라 아무렇게나 마음대로 결정·행동하는 恣意를 禁止(=배제)하는 데 있다. 앞에서 본 법치주의의 구체적인 내용을 이루는 원리와 원칙은 모두 자의를 배제하는 것을 목적으로 하고 있다.

일상 생활에서 자의의 배제는 국가영역과 사회영역에서 동일하게 요구된다.

(1) 국가영역

국가의 작용이 해당 통치권능을 가지고 있는 자의 주관적인 자의에 따라 행해지면 안 된다. 이는 입법, 행정, 사법, 헌법재판 등 모든 국가작용에 적용된다.

(2) 사회영역

자율성이 본질인 사회영역에서도 구성원들간의 법관계가 어느 당사자 또는 제3자의 자의에 의해 지배되어서는 안 된다. 법은 이러한 사회영역을 규율하는 때에도 자의를 배제한다.

Ⅱ. 민주주의와 법치주의의 관계

민주주의와 법치주의는 모두 헌법원리로서 통상의 경우에 조화된다. 민주주의는 법치주의에 의해 보장될 때 진정한 민주주의가 된다. 그러나 원리적으로 민주주의와 법치주의가 갈등 · 대립하는 경우도 있고(예: 법관의 선거, 배심재판, 참심재판, 재판기관에 의한 탄핵결정 등), 어느 하나를 선택하여야 하는 경우도 있다(예: 법치주의가 지배하는 재판에서 민주주의에 따라 표결로 결론을 내리는 것).

그리고 민주주의와 법치주의는 모두 공동체의 존속 · 유지와 구성원의 행복추구라는 상위의 가치를 실현하는 수단으로서의 지위에 있다([64]). 민주주의든 법치주의든 그 자체 목적일 수는 없다. 이 양자는 모두 국가를 구성하고 국가작용을 지배하는 원리로서 그의 목적은 공동체의 존속 · 유지와 구성원의 행복추구를 실현하는데 있다.

제4절 國家形態原理

[79] 第一 概 念

국가는 그 형태에서 주권의 소재방식과 헌법의 존재방식에 따라 단일국가와 연방국가로 구별된다. 각 공동체마다 공동체의 크기, 구성원의 민족적 · 인종적 · 종교적 이질성의 정도, 구성원의 희망 등에 따라 단일국가를 채택하기도 하고, 연방국가를 채택하기도 한다.

[80] 第二 單一國家

단일국가는 하나의 공동체에 주권이 단일한 형태를 가지는 국가를 말한다. 국가의 구조에서는 중앙정부와 지방자치단체가 있다. 단일국가에서는 지방자치가 자율성이 강하더라도 주권을 가지지는 못한다([3]Ⅳ).

[81] 第三 聯邦國家

연방국가는 공동체 내에 각기 독자적인 주권을 가지는 단위인 支邦들로 구성된 결합체를 말한다. 여기서는 연방 자체의 주권이 존재하고, 연방을 구성하는 支邦들도 독자적인 주권을 가진다. 따라서 연방도 헌법을 가지고 지방도 독자적인 헌법을 가진다. 다만, 연방원리에 따라 지방들의 주권이 일정한 형태로 제약되는 경우(예: 군사권, 외교권)가 있다([3]Ⅳ).

연방국가에서 聯邦政府가 강력하면 사실상 단일국가와 별 차이가 없는 모습을 보이고, 支邦政府가 강력하면 사실상 국가연합과 별 차이가 없는 모습을 보이게 된다.

제 3 편

韓國 憲法의 歷史와 基本原理

대저 참된 선비라 함은 세상에 나아가면 한 시대에 道를 행하여 이 백성으로 하여금 자유로운 즐거움을 누리게 하고, 관직에서 물러나면 은거하면서 萬歲에 가르침을 전하여 배우는 사람으로 하여금 큰 잠에서 깨어나게 하는 것이다. 세상에 나아가서 행할 道術이 없고, 물러나 뒤에 전할 만한 가르침이 없다면 비록 참된 선비라고 말해도 나는 이를 믿지 않는다.

－栗谷 李珥

제 1 장 大韓民國 憲法의 制定과 改正

[82] 第一 1948年憲法: 憲法의 制定

I. 배 경

일본국이 무력으로 조선을 침략하여 1910년 8월 29일 강제로 점령·병합한 이후 우리 선조들은 여러 방식으로 우리나라를 다시 찾기 위하여 해방운동을 전개하였다. 국내에서 날로 일본제국주의의 억압이 강해지자 1919년 3월 1일 거국적으로 봉기한 3·1 해방운동으로 중국의 上海에 大韓民國臨時政府를 수립하기에 이르렀다. 대한민국임시정부는 1919년 4월 11일에 「大韓民國臨時憲章」을 제정한 후 1919년 9월 11일 보다 완전한 형태의 헌법인 「大韓民國臨時憲法」을 입법하였다. 이후 임시정부는 일본의 지속적인 탄압과 소멸정책에 대응하여 비상적인 체제를 갖출 수밖에 없었는데, 헌법도 이에 부응하여 개정되었다. 해방 이전까지 대한민국임시정부의 헌법은 1925년 4월 7일의 「大韓民國臨時憲法」, 1927년 4월 11일의 「大韓民國臨時約憲」, 1940년 10월 9일의 「大韓民國臨時約憲」, 1944년 4월 22일의 「大韓民國臨時憲章」으로 개정되었다.

1945년 8월 15일 우리나라는 일본의 제국주의적 식민지배로부터 해방되었으나 이러한 해방이 제2차대전의 결과로 이루어짐에 따라 종전 후의 국제질서의 재편에 강력한 영향력을 가진 소련의 군대가 이미 1945년 8월 9일부터 북한지역으로 진공하여 각 지역을 차례로 점령한 채 8월 15일 해방 이후에도 철수하지 않고 그대로 강점하고 있었다. J. V. Stalin(1879-1953)은 그 해 9월 20일 연해주 군관구 및 제25군 군사령의회에게 소련군이 점령한 북한지역에 단독정부를 수립할 것을 비밀지령으로 지시하였다. 이미 소련은 김일성을 선택하여 9월 19일 소련군함 푸가초프호에 태워 북한지역에 잠입시켰고, 다음날 소련군에게 위 단독정부 수립을 명령하였다. 이런 계획을 진행시키며 10월 14일 소련군은 33세의 김일성을 평양시민대회에 처음 나서게 하여 환영식을 거행하였다. 한반도에 공산진영의 소련에 의한 이러한 군사행동이 있자 이에 대응하여 자유진영의 미합중국 군대가 9월 7일 인천에 도착하였고, 주한 미군사령관 J. R. Hodge장군이 9월 12일 A. V. Arnold 육군소장을 軍政長官(Military Governor)에 임명하면서 軍政(military government)을 실시하였다.

승전국들은 한국 문제를 다루기 위하여 1945년 12월 16일에 개최한 모스크바 3국외무장관회의에서 「조선에 관한 모스크바 三國外相會議 결정서」(1945. 12. 27.)의 형식을 빌어 한국문제에 대한 결정을 하였다. 그 주요 내용은 i) 한국을 일본국의 지배에서 해방시켜 민주주의원칙에 의하여 독립국가로 재건시킬 것, ii) 이를 달성하는 방법으로 조선에 駐屯한 미합중국과 소련 양국의 군사령관은 2주 이내에 회담을 개최하여 共同委員會를 설치하고 臨時政府의 수립을 지원할 것, iii) 한국이 완전 독립국가가 될 때까지 임시조치로서 미합중국, 소련, 영국, 중국이 共同管理(=신탁통치 trusteeship)하되, 최장 5년으로 이를 실시할 것으로 되어 있었다.

이러한 회의결정에 입각하여 한반도에 임시정부를 수립하고 신탁통치의 실시 문제를 협의하기 위하여 미소 양 주둔군의 대표들로 구성되는 「美蘇共同委員會」를 설치하였다. 그런데 미합중국과 소련이 미소공동위원회에 참여할 수 있는 정당과 사회단체의 자격문제를 놓고 논란을 빚다가 결국 의견의 대립으로 인하여 1946년 5월 6일 개최하기로 예정되었던 미소공동위원회가 무기한 휴회라는 사태를 맞이하였고, 1년 뒤 1947년 5월 21일에 재개된 제2차 미소공동위원회도 결렬되어 남한과 북한은 사실상 분단의 길로 접어 들었다. 이는 한반도를 공산화하여 소련의 지배하에 두려는 이미 정해진 소련의 극동정책에 의하여 처음부터 예정된 것이기도 했다. 당시 미군정은 이미 행정권을 한국인에게 이양하고 顧問政治를 실시하고 있던 중 1946년 12월 12일 南朝鮮過渡立法議院을 개원하였고(軍政法令 제118호), 1947년 2월 17일에는 미국인 군정장관 아래에 한국인 민정장관의 직책을 만들어 安在鴻을 임명하고, 5월 17일에는 군정법령 제161호로 南朝鮮過渡政府(South Korean Interim Government)를 설치하였다. 이 남조선과도정부는 임시정부가 아니고 미군정청 한국인기관으로서의 성격을 가진 것이었다.

미소공동위원회가 결렬된 결과 한국문제는 1947년 11월 14일 미합중국의 제안으로 국제연합(UN) 총회에 「한국독립의 문제」(The Problem of the Independence of Korea)라는 의제로 상정되었다. 국제연합총회는 한국의 독립을 촉진시키기 위하여 臨時朝鮮委員團(UNTCOK United Nations Temporary Commission on Korea)을 구성하고, 1948년 3월 31일 이전에 보통선거에 의한 국회의 구성과 정부의 구성을 실행하고, 외국군대는 철수하는 것으로 방침을 정하였으며, 이 모든 것을 달성하기 위하여 임시조선위원단이 관찰과 협의를 하고 그 결과를 보고하는 것으로 결정하였다. 그러나 북한지역을 점령하고자 한 야욕을 가진 소련이 임시조선위원단의 북한 입국을 거부하는 사태가 발생하면서 국제연합의 구상은 원래대로 진행되지 못하였고, 1948년 2월 26일 국제연합의 소총회(Interim Committee 또는 Little Assembly)는 선거 실시가 가능한 남한지역에서만이라도 국민의 총선거를 실시하고 독립국가를 수립한다는 결의안을 채택하였다. 이 결의안은 첫째, 한국의 가능한 지역 내에서 국제연합 임시조선위원단의 감시하에 총선거를 실시한다는 것, 둘째, 총선거에서 선출된 대표자로 국회를 구성하고 한국정부 수립의 토대로 한다는 것, 셋째, 정부형태는 한국 국민 자신이 스스로 결정하도록 한다는 것이었다.

이러한 일련의 상황의 전개에 따라, 1948년 3월 17일 南朝鮮過渡政府는 朝鮮軍政長官 W. F. Dean의 명의로 「國會議員選擧法」(法令 제175호)을 공포하였다. 국회의원선거법은 종래의 朝鮮過渡立法議院(Korean Interim Legislative Assembly 의장: 金奎植)과 다른, 새로 건국되는 국가의 「國會」를 구성하려고 한 것이었기 때문에 이의 입법은 종래 남조선과도정부가 제정한 「立法議院議員選擧法」(1947. 9. 3. 법률 제5호)을 개정하는 방법을 취하지 않고, 독자적인 법령으로 새로 제정 · 공포하는 형식을 취하였다.

미군정은 스스로 공포한 「國會議員選擧法」에 따라 1948년 5월 10일 총선거를 실시하였다. 「단독선거 · 단독정부반대」의 입장에서 남북협상에 참가한 김구 · 김규식 등은 선거를 거부하였고, 공산당을 비롯한 좌익계열의 방해로 6개 선거구에는 선거를 실시할 수 없는 사태도 발생하였으나, 국민 대다수가 참가한 투표에 의해 198명의 국회의원들이 선출되었다. 당시 선거권자는 만 21세에 달한 자였고, 피선거권자는 만 25세에 달한 자였다. 남녀에게 평등하게 선거권과 피선거권이 부여되었다(同法 §1). 이 당시 親日行爲를 한 자들에게는 선거권과 피선거권이 인정되지 않았고(同法 §2, §3), 선거인의 自進登錄制度(同法 §15)와 單記無記名投票(同法 §32)의 방식을 채택하였다(同法 §15). 1선거구 1인 대표의 방식을 취하였고(同法 §8), 국회의원의 임기는 2년이었고, 의원의 총수는 298명이었다. 선거에서는 총유권자 가운데 96.4%가 선거인명부에 자진하여 등록하였고, 95.5%가 투표에 참여하였다. 선거가 실시되지 못한 북한지역에 배당된 100석을 제외하면 국회의원은 모두 198석이었고, 총선거의 결과 韓國民主黨은 29석, 大韓獨立促成國民會는 55석, 民主國民黨이 29석, 無所屬이 85석을 각각 차지하였다(鄭宗燮 e, 167).

새로운 국회의원의 선거에 따라 1946년 8월 24일 「朝鮮過渡立法議院의創設」(在朝鮮美國陸軍司令部軍政廳 법령 제118호)에 의해 설립되었던 종래의 朝鮮過渡立法議院은 스스로 제정한 「朝鮮過渡立法議院의解散」(南朝鮮過渡政府 법률 제12호)에 의하여 1948년 5월 20일에 해산되었고, 우리나라에서 최초로 구성된 제1대 국회는 1948년 5월 31일에 개원하고 제1차 회의를 개회하였다. 국회는 먼저 헌법을 제정하는 작업에 착수하여 6월 1일에 헌법안을 기초할 기초위원을 선정하는 銓衡委員을 선출하고, 6월 3일에 起草委員을 선정하였다. 6월

3일부터 헌법기초위원회는 「俞鎭午 · 行政硏究委員會 共同案」을 원안으로 하고 남조선과도정부 司法部의 법전기초위원회에 소속한 헌법기초분과위원회가 작성한 이른바 「權承烈案」을 참고안으로 하여 토의를 진행하였다(鄭宗燮e, 173). 양 草案은 모두가 의회주의제(=의원내각제) 정부형태와 양원제의 국회, 대법원에 의한 위헌법률심사를 내용으로 하고 있었다. 그러나 헌법기초위원회에서 토의를 마친 초안이 국회 본회의에 상정될 단계에 이르자 이승만과 그 지지세력은 대통령제와 단원제의 국회 그리고 헌법위원회에 의한 위헌법률심사를 주장하면서 이의를 제기했다. 결국 이승만측의 주장이 받아들여져 대통령제와 단원제의 국회를 채택하고 위헌법률심사권을 헌법위원회에 부여하는 한편 의회주의제적인 국무원 및 국무총리제도를 가미하는 내용의 憲法案이 만들어져 6월 23일 국회 본회의에 상정되었다.

國會 本會議에서 6월 23일부터 7월 12일에 걸쳐 6월 30일에 제1독회를, 7월 11일에 제2독회를, 7월 12일에 제3독회를 마치고 헌법을 확정하였고, 7월 17일에 최초 헌법인 1948年憲法이 공포 · 시행되었다. 1948년 국회는 이러한 헌법제정의 작업을 마치고, 「이 헌법을 제정한 국회는 이 헌법에 의한 국회로서의 권한을 행하며 그 의원의 임기는 국회개회일로부터 2년으로 한다」라고 정한 헌법 제102조에 따라 통상의 입법부로 전환되었다. 1948년 국회는 법적 성격의 면에서 보면, 6월 3일부터 7월 17일까지는 헌법제정기관으로서의 성격을 가졌고, 그 이후부터는 입법기관으로서의 성격을 가진 것이었다(鄭宗燮e, 183).

Ⅱ. 내 용

1948년헌법은 전문 10장과 전체 103개의 조로 구성되었다. 제1장 總綱에서는 국가형태로 민주공화국, 국민주권의 원리, 국가의 영역, 국제평화주의 등을 규정하였다. 제2장 국민의 권리 · 의무에서는 평등권, 신체의 자유 등 다양한 기본권을 보장하는 한편 법률유보에 의한 제한을 규정하였다. 그리고 노동 3권과 사기업 근로자의 이익분배균점권, 생활무능력자의 보호, 가족의 건강보호 등 사회적 기본권이 규정되었다. 제3장 국회에서는 임기 4년의 단원제를 채택하였다. 제4장 정부에서는 대통령과 부통령을 4년 임기로 국회가 선출하도록 하였고, 1회에 한하여 대통령의 重任을 허용하였다. 대통령은 법률안거부권, 법률안제출권, 계엄선포권, 긴급명령권을 갖게 되었다. 대통령의 권한에 속하는 중요정책을 의결하기 위한 國務院은 대통령과 국무총리 · 국무위원들로 구성되었고, 국무총리는 대통령이 임명하되 국회의 승인을 얻도록 하였다. 제5장 법원에서는 10년 임기의 법관들로 법원을 구성하고, 대법원장은 대통령이 임명하되 국회의 승인을 얻도록 하였다. 제6장 경제질서에서는

統制經濟를 경제질서의 주축으로 삼고 자연자원의 원칙적 공유화, 기업의 원칙적 국·공영제, 공공필요에 의한 사기업의 국·공유화와 耕者有田의 원칙에 입각한 농지 계획 등 국가주도성이 농후한 경제질서를 규정하였다. 식민지지배하에서 피폐한 사회의 생산력과 생산기반을 국가주도적으로 향상시키기 위한 것이었다. 제7장 재정에서는 조세법률주의와 일년예산주의를 정하였다. 제8장 지방자치에서는 지방자치단체의 사무범위와 지방자치단체의 조직과 운영을 규정하였다. 제9장 헌법개정에서는 대통령 또는 국회 재적의원 3분의 1 이상의 찬성으로 헌법개정을 제안할 수 있게 했고, 그 의결은 국회에서 재적의원 3분의 2 이상의 찬성으로 하게 하였다. 1948년헌법은 위헌법률심사권을 가진 헌법위원회와 탄핵심판을 담당하는 탄핵재판소를 따로 설치하였다.

Ⅲ. 평 가

1948년헌법은 그 내용면에서 기본권을 폭넓게 보장하고, 권력분립을 제도화했으며, 사법권독립을 위해서 대법원장임명에 대한 국회승인제와 법관 10년 임기제 등을 채택하는 등 자유민주주의헌법이 갖추어야 하는 기본적인 사항을 포함하고 있었다.

1948년헌법은 이미 임시정부의 헌법에서 나타났던, 식민지지배로부터 해방되어 독립국가를 수립하려는 열망과 의지가 결실을 맺은 것이었다. 이러한 국민적인 합의하에 나라의 해방을 위하여 노력한 국내외의 독립운동세력들이 구심점이 되고, 전후 자유민주주의의 체제를 확산시키고자 한 미합중국과 유엔의 지원을 받아 입헌민주국가를 수립하였다. 헌법을 제정할 국회를 구성하기 위한 총선거에 참여한 국민의 열기와 절차로 보건대, 이 헌법은 주권적 정당성과 민주적 정당성을 가진 것이고, 당시의 한반도의 상황과 공산주의자들의 방해활동에 비추어 볼 때, 절차적 정당성도 상당한 수준에서 확보한 것이었다.

그러나 정부형태에서 대통령제를 채택함으로 인하여 신생독립국가에서 국가권력이 대통령 1인에게 집중될 위험성을 배태하였고, 이러한 대통령제는 이후 한국의 정치현실에서 독재와 권위주의통치 등 많은 부작용을 초래하였다.

[83] 第二 1952年憲法: 第1次 改正

Ⅰ. 배 경

1950년 1월 韓國民主黨은 대통령의 독재를 막기 위해 정부형태를 議會主義制로 변경하려는 헌법 개정을 시도했으나 이 개헌안은 국회에서 부결됐다. 이 후 1950년 5월 30일에 실시된 제2대 국회의원총선거에서 1948년 5·10선거 때 총선을 거부했던 중도파들도 대거 참여하여 다수가 당선되었고, 국회 내 이승만 대통령의 지지 세력은 극소수에 불과했다. 5·30선거 후 국회가 개원을 한지 며칠 되지 않아 6·25動亂이 발발하였고, 이승만 대통령은 비상계엄을 선포하여 緊急命令으로 전시체제의 국정을 운영하였다. 이승만 대통령은 국회에서 재선될 가능성이 없게 되자 장기집권을 추구하며 정·부통령의 선거를 국회에서의 간접선거에서 국민에 의한 직접선거로 바꾸고 국회를 양원제로 변경하는 내용의 개헌안을 1951년 11월 국회에 제출하였고, 이어 12월에 自由黨을 창당하고 당의 총재가 되었다. 그러나 이 개헌안은 1952년 1월 국회 표결에서 야당인 한국민주당의 반대로 부결되었다.

야당은 국회내에서의 유리한 의석분포를 이용해서 계속 추구해오던 議會主義制로의 개헌을 성사시키기 위해 1952년 4월에 1950년의 의회주의제 개헌안과 유사한 내용의 개헌안을 국회에 제출했다. 정부 · 여당도 야당에 맞서 이미 국회에서 부결되었던 大統領直選制의 개헌안을 1952년 5월 국회에 다시 제출했다. 정부 · 여당은 대통령직선제의 개헌안을 관철시키기 위해 임시수도인 부산에서 폭력과 불법수단을 동원하여 국회의원들을 위협하고 연금하는 사태에까지 이르러 이른바 「政治波動」을 불러왔다. 이런 공포분위기 속에서 이승만 정부는 국회의원들이 탄 버스를 강제로 국회의사당으로 연행해 온 뒤, 정부측의 대통령직선제의 개헌안에 야당측 개헌안의 내용 중 국무원불신임제를 혼합한 이른바 「발췌개헌안」을 1952년 7월 4일 밤에 기립투표로 통과시켰다.

Ⅱ. 내　용

1952年憲法은 의회주의제로의 개헌이냐 대통령제의 유지냐의 정치싸움에서 대통령제를 유지하려는 세력이 승리하여 대통령제를 계속 유지하는 것으로 정한 것이었다. 다만, 대통령과 부통령의 직선제, 양원제(民議院, 參議院)의 국회, 국회의 국무원불신임제도, 국무위원임명시 국무총리의 제청권 등을 새로 규정하였다.

Ⅲ. 평　가

1952年憲法은 내용면에서 체계정합성을 무시하고 정부안의 대통령제적 요소와 야당안의 의회주의제적 요소를 발췌하여 무리하게 혼합한 것이었다. 개헌의 절차에서도 야당안의 헌법이 정하는 공고절차(憲法 §98)도 거치지 않았고, 국회의사당이 폭력세력에 의해 포위되고 非常戒嚴이 선포된 가운데 국회의원에게 토론의 기회도 주어지지 않고 강행된 것이다. 따라서 투표의 자유가 침해되었을 뿐 아니라 국회의 의사결정도 독회절차와 자유토론이 생략된 채 폭력적인 수단에 의해 강압적으로 이루어진 것이었으므로 위헌 · 위법적인 것이었다(權寧星, 92; 金哲洙a, 115; 許營a, 103; 成樂寅, 73; 杜禧悅a, 131).

[84] 第三 1954年憲法: 第2次 改正

Ⅰ. 배　　경

1952년 8월 헌법개정에 의해 직선으로 대통령에 당선된 이승만 대통령은 국무총리를 임명하지 않고 국회의 승인 없이 國務總理署理를 임명하는 등의 방법으로 사실상 國務院을 무력화시켰다. 정부는 1954년 1월 23일 헌법의 통제경제적인 규정을 완화해서 경제를 자유화하는 개헌안을 제출했으나, 같은 해 3월 9일 돌연 철회하였다.

1954년 5월 20일 제3대 民議院選擧에서 자유당은 압도적으로 승리하여 국회 내 다수 의석을 차지하게 되자 이승만 대통령의 3選을 가능케 하기 위한 개헌안을 그 해 9월 8일 제출했다. 1954년 11월 27일 민의원에서 실시된 개헌안에 대한 표결 결과는 재적 203명 중 可 135표로서 헌법개정에 필요한 의결정족수인 3분의 2(2/3는 135.33…이기 때문에 136표를 의미함) 이상의 찬성이라는 기준에 한 표가 모자랐고, 이에 따라 국회는 부결을 선포하였다. 그러나 이틀 후 이른바 「四捨五入」이라는 계산법을 적용하여(135.33…을 반올림하면 135가 된다는 논리) 자유당의원만이 참석한 가운데 이를 번복하여 가결로 선포하는 결의가 이루어졌다.

Ⅱ. 내　　용

1954年憲法은 초대 대통령에 한해 3선 제한을 철폐하고 무제한 입후보를 허용했고, 주권의 제약 또는 영토변경을 위한 개헌은 국민투표에 붙이도록 하는 국민투표제도를 채택하였다. 국무총리제도를 폐지하고, 국무위원에 대한 개별적 불신임제도를 채택하였다. 그 이외에 대통령 궐위시 부통령의 지위승계제도의 채택, 헌법개정시 國民發案制 및 한계조항 신설, 군법회의의 헌법상 근거 명시, 자유시장경제체제로의 경제체제의 전환 등을 새로운 내용으로 채택하였다.

Ⅲ. 평　　가

1954年의 헌법 개정은 개헌에 필요한 議決定足數에 미달한 위헌적이고 불법적인 개헌이었다(權寧星, 92; 金哲洙a, 116; 許營a. 104; 成樂寅, 73; 杜禧悅a, 132). 사사오입의 계산방법은 법규범의 해석에서는 적용될 수 없다는 기초적인 법원리를 무시한 것으로, 법규범의 영역에서는 수를 계산할 때 端數는 언제나 하나의 整數로 평가되는 것(예: 135.333…은 136으로 계산됨)이라는 로마법 이래의 확고한 관행(許營a, 104)도 배격한 것이었다.

[85] 第四 1960年6月憲法: 第3次 改正

Ⅰ. 배　　경

1956년 5월 15일 제3대 대통령·부통령의 선거에서 민주당의 대통령후보인 申

翼熙가 선거 직전에 急死한 상황 속에서 이승만이 대통령에 당선되었다. 그런데 부통령에는 민주당의 후보인 張勉이 자유당의 후보인 李起鵬을 누르고 당선되었다. 대통령과 부통령이 각각 다른 정당에 소속된 긴장된 정치상황 속에서도 이승만 대통령과 자유당의 독재와 불법적인 통치는 더욱 심해졌다.

1960년 3월 15일 제 4 대 대통령 · 부통령의 선거에서도 민주당의 대통령후보인 조병옥이 선거 한 달 전에 급사하고, 이승만이 단독으로 입후보하여 네 번째로 대통령에 당선되었다. 부통령에는 자유당의 후보인 이기붕이 당선된 것으로 공표되었다. 그러자 1960년 4월 19일 학생들을 중심으로 「3·15 不正選擧」를 규탄하는 시위가 발생했는데, 시위 군중에 대한 경찰의 발포로 사태는 악화되었다. 정부는 사태를 수습하기 위해 非常戒嚴을 선포하였으나, 불법적인 자유당독재에 대한 국민의 저항이 전국적으로 확산되었고, 마침내 이승만 대통령은 1960년 4월 26일 辭任의 뜻을 밝히고, 다음날 대통령사임서를 국회에 제출함으로써 대통령직에서 물러났다.

국회는 시국수습방안으로 개헌과 총선거의 실시를 결의했으며, 許政을 수반으로 하는 過渡政府가 구성되었다. 국회가 결의한 시국수습방안에 따라 국회는 헌법개정기초위원회를 구성했고, 동 위원회는 한 달 남짓한 작업 끝에 6월 초 의회주의제를 골격으로 하는 헌법개정안을 마련하여 국회에 제출했다. 6월 15일 국회 본회의에서 이 헌법개정안은 압도적인 찬성(可: 208, 否: 3)을 얻어 통과되었고, 같은 날 공포되었다. 최초의 여야합의에 의한 개헌이었다.

Ⅱ. 내 용

1960年6月憲法은 議會主義制의 채택, 憲法裁判所의 설치, 대법원장과 대법관의 選擧方式의 채택, 언론 · 출판 · 집회 · 결사의 자유에 대한 사전허가 내지 검열의 금지, 기본권의 본질적 내용의 침해금지, 복수정당제의 보장과 정당의 헌법상 지위 고양, 선거의 자유와 공정성을 보장하기 위한 중앙선거관리위원회의 헌법적 지위강화, 경찰을 포함한 공무원의 정치적 중립의 제도화, 지방자치단체장의 선거 채택 등을 주요 내용으로 하였다. 특히 헌법재판소의 설치는 우리 헌법사상 최초로 채택한 것이었으며, 그 관할에서 추상적 규범통제와 구체적 규범통제, 헌법에 대한 최종적인 헌법해석, 권한쟁의심판, 정당해산심판, 탄핵심판, 선거재판에 관한 관할권을 가진 것으로 한국의 민주화에 있어 획기적인 것이었다.

Ⅲ. 평 가

1960年6月憲法은 기본권의 보장과 헌법재판소의 설치 등에서 당시 서독기본법의 영향을 많이 받은 것이었는데, 국가권력의 제한과 자유의 보장 및 공정한 선거의 보

장 등은 이승만정부를 거치면서 독재를 경험한 국민이 이를 극복하고자 한 여망을 실현시킨 것이기도 하다. 이런 점에서 이 헌법은 우리 국민의 정치적인 실존적 결단으로 이루어진 것이라고 평가할 수 있다.

종전의 헌법과 비교해볼 때, 이 헌법에서 채택한 내용이 획기적으로 많이 변경된 점과 이 헌법이 생겨나도록 한 4·19가 가진 성격을 고려하여 이를 헌법의 개정이 아닌 헌법의 제정이라고 보는 견해도 있다(權寧星, 93; 金哲洙a, 117; 許營a, 106; 成樂寅, 74). 그러나 헌법제정권력의 주체가 변경된 것이 없을뿐더러 구헌법의 개정절차에 따라 개정되었고, 헌법의 내용에서 정부형태가 변경되거나 내용이 대폭적으로 바뀐 점을 두고 헌법의 제정이라고 할 수는 없으므로 이는 헌법의 개정이라고 봄이 타당하다. 1960年6月憲法은 헌법의 全面改正에 해당한다.

[86] 第五 1960年11月憲法: 第 4 次 改正

Ⅰ. 배 경

1960年6月憲法에 따라 선거법을 정비한 후 民議員의 선거와 參議員의 선거가 실시됐고, 선거의 결과 민주당이 국민의 절대적인 지지를 받아 원내 2/3 이상의 의석을 차지하게 되었다. 그러나 民主黨은 舊派와 新派로 분열되어 서로 파벌싸움을 벌이는 등 국정을 효과적으로 운영하지 못했고 국민들의 정치적 요구와 의사표현도 과열되어 사회는 매우 혼란스러운 상황으로 빠져들었다. 이런 가운데 10월 11일 3·15 부정선거에 관련된 반민주행위자들을 처벌할 것을 주장하고 나선 학생들이 의사당을 점거하기에 이르렀고, 이에 民議院은 헌법부칙에 반민주행위자를 처벌하기 위한 특별법 제정의 근거를 두고 개헌안을 제출하였다. 이는 특별법제정이라는 소급입법이 가지는 위헌문제를 해결하기 위한 수단으로 행해진 것이었다. 국회는 11월 29일 이 개정안을 통과시켰다.

Ⅱ. 내 용

1960年11月憲法은 부칙에 신설규정을 두어 3·15부정선거관련자의 처벌과 자유당치하에서 반민주행위를 한 사람에 대한 公民權의 제한, 그리고 부정축재한 사람의 행정상·형사상 처리를 위한 遡及立法의 근거를 부여했다. 나아가 이들 사건을 맡을 特別裁判所와 特別檢察部의 설치에 관한 헌법상 근거 규정을 신설했다. 이 개헌으로 부정선거관련자처벌법, 반민주행위자공민권제한법, 부정축재특별처리법, 특별재판소및특별검찰부조직법 등 일련의 소급특별법이 제정되었다. 특별법은 소급입법으로 위헌인데, 헌법부칙에 근거를 마련했다는 점에서 형식적 합헌성을 확보하였다.

Ⅲ. 평 가

이 개정헌법에 대해서는 소급입법에 의하여 처벌 또는 참정권과 재산권 등을 제한할 수 있게 한 점에서 논란이 많았다. 이는 한편으로 전후 신생국가들이 민주화로의 이행과정에서 흔히 보여주는 대중의 환호와 박수 · 갈채에 기초한 포퓰리즘(populism) 정치의 한 단면을 노정한 것이기도 했다.

[87] 第六 1962年憲法: 第 5 次 改正

Ⅰ. 배 경

1960年6月憲法 이후 민주당 정부는 국무총리의 지명문제로 신구파가 분열되었고, 장면내각은 분열과 분당을 극복하지 못한 채 정치지도력과 사회통합력을 상실하였다. 이와 같이 정국과 사회가 혼란한 가운데 1961년 5월 16일 朴正熙를 중심으로 한 軍의 일부조직이 쿠데타를 일으켜 軍事革命委員會를 조직하고 국가권력을 장악한 후, 대한민국 전역에 非常戒嚴을 선포하였다. 다음날 군사혁명위원회는 「國家再建最高會議」로 명칭을 변경하고 혁명내각을 조직하였다. 군사정부는 6개항의 혁명공약을 발표하고 포고령과 계엄령으로 통치하다가 6월 6일에는 國家再建非常措置法을 제정 · 공포하였다. 이 비상조치법에 따라 정부는 총사퇴하였고, 국회는 해산되었으며 헌법재판소는 구성도 되지 못한 채 기능이 정지되었다. 종래의 헌법은 國家再建非常措置法에 위배되지 않는 범위 내에서만 효력을 갖게 되었다.

軍事政府는 쿠데타 이후 1년이 지나자 혁명공약에 따라 民政으로의 移讓을 위한 준비작업으로 1962년 7월 헌법개정안을 마련할 헌법심의위원회를 설치하고, 동위원회는 약 3개월간의 준비 끝에 憲法案을 작성했다. 헌법개정안은 공고절차와 최고회의의 의결을 거쳐 1962년 12월 17일 국민투표로써 확정되었고 12월 26일 공포됐다. 이 헌법은 그 부칙에 따라 동 헌법에 의한 국회가 처음으로 집회한 날로부터 시행하도록 되어 있었기 때문에 비상조치법은 다음해 1962年憲法이 효력을 발생할 때까지 효력이 지속될 수 있었다.

민정이양의 준비는 1963년 2월 27일 민정불참을 선언한 군사정부의 이른바 「2·27선서」로 가속화되는 듯했으나, 곧이어 「3·16 군정 4년연장선언」 및 그에 따른 비상조치들이 행해졌고 그것이 철회될 때까지 정국은 극도로 긴장되고 경색되는 국면을 맞이하였다. 결국 쿠데타를 주도한 세력의 민정불참선언은 사실상 무위로 돌아간 채 1963년 8월에 실시된 제 5 대 대통령선거에서 박정희가 대통령으로 당선되었고, 제 6 대 국회의원선거에서 民主共和黨이 국회의석의 절대 다수를 차지하게 되었다. 1962年憲法은 1963년 12월 17일 효력을 발생했다.

Ⅱ. 내 용

1962年憲法은 국회의 구성을 單院制로 환원하였고 정부형태로 大統領制를 채택하였다. 기본권의 보장에서 인간의 존엄성 존중 조항이 신설된 반면, 국가안전보장을 이유로 한 기본권의 제한이 인정되었다. 극단적인 政黨國家를 지향하여 국회의원이 임기중 당적을 이탈하거나 변경하는 경우에는 의원직을 상실하도록 하는 내용을 헌법에서 정하였다. 이는 군부에 실질적 기반을 두고 있었던 새 정부의 안정을 확보하기 위하여 국회의원이 民主共和黨의 당적을 떠날 수 없도록 하기 위한 장치이기도 했다. 미합중국식의 민주주의를 한다는 미명하에 헌법재판소를 폐지하고, 법원에 위헌법률심사권을 부여하였다. 대법원장과 대법관의 선거제도도 폐지하고, 법관추천회의의 제청에 의해서 大統領이 대법원장과 대법관을 임명토록 했다. 憲法史上 처음으로 헌법개정을 국회의 의결을 거쳐 국민투표로 확정되도록 하는 방식을 채택하였다.

Ⅲ. 평 가

1962年憲法은 前文에 나타난 바와 같이, 우리나라 헌법의 동질성과 계속성을 보장하려는 의지는 헌법 전체를 일관하고 있고, 자유민주주의적인 정치이념을 실현하기 위한 여러 가지 헌법제도가 종래와 같이 그대로 보장하고 있었다. 통치구조에서는 단원제의 국회와 대통령중심의 대통령제를 절충한 형태을 채택함으로써 1948년헌법에 가깝게 되었다. 개헌에 대한 국민투표제도를 신설한 것은 법리상 헌법의 최고규범성과 국민주권에 보다 충실하는 것이기도 했다.

그런데, 1962년헌법이 1961년의 군사쿠데타를 배경으로 한 성공한 혁명에 의하여 이루어졌고, 종래 헌법이 정하는 헌법개정절차에 의하여 이루어지지 않고 國家再建非常措置法에 의하여 이루어진 점에 초점을 두어 그 성질에서 헌법의 개정이 아니라 헌법의 제정으로 만들어진 것이라는 견해가 있다(金哲洙a, 119; 許營a, 109). 그러나 헌법의 정당성이 국민에게서 확보되고 헌법개정권력의 주체에서 국민주권과 부합되지 않는 면이 없는 점, 국민의 기본권의 보장과 자유민주주의체제를 그대로 이어받고 있어 헌법질서의 동일성에서 근본적인 변경이 없는 점에서 성질상 이는 헌법의 개정에 해당한다고 보아야 할 것이다. 제5차 개헌이 헌법상의 개정절차를 따르지 아니하고 국가비상조치법이 규정한 국민투표에 의하여 개정되었다는 점에서는 헌법개정의 법리상 문제가 있으나(權寧星, 94), 이것이 1962年憲法의 탄생이 헌법의 개정이 아닌 헌법의 제정에 해당한다는 논거는 되기 어렵다.

[88] 第七 1969年憲法: 第 6 次 改正

Ⅰ. 배 경

박정희 대통령과 민주공화당정부는 권력분립과 민주주의를 외면한 채 독재체제를 구축해 나갔다. 국회와 사법부는 제 구실을 하지 못했고, 행정부의 侍女로 전락해갔다. 1967년 실시된 제 6 대 대통령의 선거와 제 7 대 국회의원의 총선거에서도 박정희가 대통령으로 재선되었고 민주공화당은 국회 의석의 2/3를 넘게 차지했다.

제 7 대 국회에서 개헌선을 확보한 여당은 박정희 대통령의 집권 연장을 위해 대통령의 3選을 허용하는 헌법개정안을 1969년 8월 7일 국회에 제출하였다. 9월 14일 야당의원을 배제한 채 국회의사당이 아닌 곳에서 여당의원들만 표결에 참석한 가운데 기습적으로 헌법개정안을 통과시키고, 10월 17일 국민투표로 헌법개정을 확정하였다.

Ⅱ. 내 용

1969年憲法은 대통령 3선금지규정을 4선금지로 완화하고, 대통령의 계속 재임을 3기에 한하도록 규정하였다. 그 밖에 국회의원의 정수를 늘리고 대통령제임에도 국회의원이 국무위원을 겸할 수 있도록 했고, 대통령에 대한 탄핵소추의 발의와 의결정족수를 加重시켰다.

Ⅲ. 평 가

1969년의 헌법개정은 형식상 헌법개정절차로서 국회의결 및 국민투표를 밟은 것이기는 하지만, 헌법개정에 필요한 국민적인 합의의 형성과정과 국회의 정당한 의사진행절차를 무시한 불법적인 것이었다(許營a, 111).

[89] 第八 1972年憲法: 第 7 次 改正

Ⅰ. 배 경

1971년에 실시된 제 7 대 대통령선거에서 박정희 후보는 야당의 金大中 후보를 근소한 표차로 누르고 대통령에 당선될 수 있었다. 그리고 같은 해 제 8 대 국회의원 총선거의 결과 민주공화당의 의석수는 크게 준 반면에 야당인 新民黨의 의석수는 크게 늘었다. 이후 국회운영은 여·야의 극한적인 대립을 보였고, 야당의 견제를 불편하게 느낀 박정희 대통령은 북한의 남침 위험을 내세워 1971년 11월 國家非常事態를 선포했다. 그런데 국가비상사태선포의 법적 근거가 없어 1971년 12월 27일 超憲法的인 國家緊急權을 허용하는 「國家保衛에관한特別措置法」을 만들었다. 한편 남북간의 비밀접촉을 통해 1972년 「7·4남북공동성명」을 발표하여 통일을 정권유지의 수단으로 이용하였는데, 이는 결국 「維新措置」를 하기 위한 기초작업이었음이 드러났다.

박정희 대통령은 1972년 10월 17일 「정상적인 방법이 아닌 비상조치로써 남북대화의 적극적인 전개와 주변정세의 급변하는 사태에 대처하기 위한 체제개혁을 단행하기」 위하여 전국에 非常戒嚴을 선포한 채 두 달간 헌정을 중단하고 새로운 헌법을 만들겠다는 「10·17비상조치」, 즉 이른바 「維新措置」를 단행했다. 이 조치는 i) 국회를 해산하고 정당 및 정치활동을 중지시켰으며, ii) 국회의 권한을 非常國務會議가 수행하도록 하였고, iii) 조국의 평화적 통일을 지향하는 헌법개정안을 공고하여 이를 국민투표에 회부하기로 하고, iv) 1972년 말 이전에 개정헌법에 의해 헌정질서를 회복할 것을 내용으로 하였다.

「10·17비상조치」에 의해서 입법권을 행사하고 헌법개정안 작성의 책임을 맡은 비상국무회의는 헌법개정안을 마련하여 10월 27일 공고하고, 11월 21일 국민투표에 붙였다. 국민투표에서 유권자 91.9%의 투표와 투표자 91.5%의 찬성으로 헌법개정이 확정되었고, 12월 27일 1972年憲法이 공포·시행되었다.

Ⅱ. 내 용

1972年憲法은 前文에 민족의 평화통일 이념을 규정하였고, 기본권의 제한에 있어 一般的 法律留保와 個別的 法律留保에 의해 기본권의 제한을 보다 쉽게 하면서 본질적 내용의 침해 금지 조항을 삭제했고, 인신권과 재산권 그리고 참정권 등의 기본권 보장을 크게 축소하였다. 평화 통일의 추진체로서 統一主體國民會議를 설치하고, 여기서 대통령과 국회의원정수의 3분의 1에 해당하는 국회의원을 선출하게 하였다. 대통령은 국회의 동의나 사후승인을 필요로 하지 않는 사전적·사후적 긴급조치권을 비롯하여 국회해산권, 국회의원정수의 3분의 1의 추천권 등 강력한 권력을 행사할 수 있도록 하면서 대통령의 중임이나 연임 제한 규정을 두지 않음으로써 1인 장기집권을 가능하게 하였다. 국회의 회기를 단축하고 국정감사권을 폐지하는 등 국회의 권한과 기능을 대폭 약화시켰다. 사법부에 관해서는 대법원장을 비롯한 모든 법관을 대통령이 임명 또는 보직하거나 파면할 수 있게 함으로써 사법부의 독립을 극도로 제약하면서, 헌법위원회를 설치하여 위헌법률심사·정당해산결정권·탄핵심판권 등 헌법재판권을 부여하였다. 헌법개정은 국민투표로 확정하는 방법과 국회의결 및 통일주체국민회의의 의결로 확정하는 방법을 마련함으로써 헌법개정절차를 이원화하였으며, 지방의회의 구성은 통일 이후로 미루어 놓았다.

Ⅲ. 평 가

1972年憲法은 K. Loewenstein이 말하는 권위주의적 新大統領制의 정치체제를 모

방한 것으로 자유민주주의 정치이념은 크게 악화된 것이었다.

이에 대해서는 1972년 10월 유신조치는 1969년헌법의 규범적 효력으로는 설명할 수 없다는 점에서 그 혁명성을 부인할 수 없고, 헌정체제를 통일에의 접근체제로 개혁하려는 비상조치가 당시 현직 대통령으로부터 비롯되었다는 점에서 '하향식혁명' 내지 '정변'이라고 성격화할 수 있고, 국민투표에서 총유권자의 84%의 찬성을 얻어 확정되었다는 점에서 1972년헌법의 제정은 결단주의적 관점에서는 그 정당성을 인정받은 것이라고 할 수 있다는 견해가 있다(許營a, 113). 법실증주의에 따른다면 유신체제는 이른바 '완성된 사실'로서 헌법형성적 힘을 가지는 역사적 현상에 해당하는 것이 될 것이다.

1972년헌법의 성립에 대해서는 형식적으로는 제 7 차 헌법개정이나 실질적으로는 자유민주주의를 일시 정지하고 권위주의적인 新大統領制(neo-presidentialism)를 채택한 점에서 헌법개정의 한계를 초월한 것이고 헌법전반에 대한 변혁이기 때문에 새로운 헌법의 제정에 해당한다는 견해도 있다(예: 金哲洙a, 122).

그러나 1972년헌법이 기존의 헌법이 인정하지 않는 불법적인 비상조치에 의하여 촉발되고 초헌법적인 비상국무회의에서 헌법개정안을 마련하여 발의 · 공고한 것은 헌법의 절차적 정당성을 확보하기 어렵게 만들었다. 그리고 헌법제정이나 개정의 주체에서 변경이 있거나 헌법의 동질성에 근본적인 변경이 있다고 보기도 어려우므로 이를 헌법의 제정에 해당한다고 하기 어렵다. 비정상적인 절차에 의한 헌법의 개정을 헌법의 제정으로 정당화할 수는 없다.

[90] 第九 1980年憲法: 第 8 次 改正

Ⅰ. 배 경

1972년헌법에 따라 설치된 統一主體國民會議는 1972년 12월 23일 대통령선거를 간접선거로 실시하여 박정희를 제 8 대 대통령으로 선출했다. 1973년 제 9 대 국회의원 총선거에서는 여당인 민주공화당이 원내 과반수를 확보했고, 대통령의 추천으로 통일주체국민회의에서 국회의원으로 뽑힌 사람들은 「維新政友會」라는 원내교섭단체를 만들어 박정희 대통령의 친위세력으로 활동하였다. 박정희 정부는 법원조직법의 개정을 통한 법관재임명의 방법으로 국가배상법에 대하여 위헌결정을 한 대법원판사를 비롯하여 많은 법관들을 사법부에서 몰아내고 사법부를 장악했다.

박정희 독재가 강화될수록 독재정권 타도 및 유신헌법의 철폐를 주장하는 국민들의 저항도 거세졌다. 이에 박정희정부는 緊急措置로 맞서 모든 개헌논의 자체를 금지시켰고, 긴급조치가 9호까지 발동되는 동안 헌정질서의 운영은 국가긴급권의 행사로 대체되었다. 박정희정부는 해가 갈수록 그 지지기반이 약해져 1979년 제10대 국회의원 총선거에서는 급기야 민주공화당이 야당에게 패배하였다. 결국 부산과 마산지역에서 시민들에 의한 반정부 저항운동으로 「釜馬事態」가 발생하였고, 이런 와중에서 대통령 측근들의 권력암투까지 겹쳐 박정희 대통령은 김재규 중앙정보부장에게 피살되었다(「10·26사태」).

「10·26사태」가 발생하자 제주도를 제외한 전국에 非常戒嚴이 선포되고 최규하 국무총리가 헌법에 따라 대통령권한을 대행했다. 최규하는 12월에 통일주체국민회의에 의해 제10대 대통령으로 선출되어 새 정부를 구성하고 국민들의 요구에 따라 긴급조치를 해제하는 등 헌법개정과 민주화작업을 추진했다.

그러나 1979년 12월 全斗煥 장군을 중심으로 한 일부 군부세력이 이른바 「12·12사태」로 일컬어지는 군사쿠데타를 일으켰다. 이들 군부세력은 1980년 학생시위를 빌미로 전국에 계엄을 확대하는 「5·17조치」로 모든 정치활동을 금지하면서 계엄해제를 요구할 수 있는 국회의 집회도 봉쇄하였다. 이런 가운데 1980년 6월 군부세력은 國家保衛非常對策委員會를 구성하였고, 전두환 소장이 그 상임위원장이 되었다. 이미 정치적인 실권을 빼앗긴 최규하 대통령은 1980년 8월 16일 사임하였고, 전두환이 8월 27일 통일주체국민회의에서 제11대 대통령으로 선출되어 9월 1일 취임했다. 한편 「12·12사태」를 출발점으로 한 「단계적 군사쿠데타」가 「5·17조치」로 노골화되자(許營a, 117) 광주에서 시민들의 「5·18민주화운동」이 일어났고 과격한 무력진압으로 많은 희생자를 남겼다.

「10·26사태」 이후 한국 민주화에 대한 국민의 열망에 따라 국회는 憲法改正審議特別委員會를 구성하고 정부도 憲法硏究班의 활동을 토대로 憲法改正審議委員會를 구성하여 개헌작업을 진행했다. 그러다가 1980년 「5·17조치」로 인해서 국회활동이 정지된 가운데 개헌작업은 정부의 憲法改正審議小委員會가 맡게 되었는데, 그 실질에서는 要綱作成小委員會가 그 작업을 주도했다. 이 소위원회가 작성한 헌법개정요강을 토대로 憲法改正試案作成小委員會가 헌법개정시안을 만들어 헌법개정심의위원회에 보고하여 9월 9일 헌법개정안으로 확정되었다. 그 후 이 헌법개정안은 국무회의의 심의를 거쳐 9월 29일 공고되었고 10월 23일 國民投票에 붙여져 유권자의 95.48%가 투표하였고 투표자 중 91.6%의 찬성으로 새 헌법이 확정되었다. 새 헌법은 1980년 10월 27일 공포·발효했다.

새 헌법의 발효와 동시에 국회의원의 임기는 종료되었고, 정당이 해산되었으며, 통일주체국민회의는 폐지되었고, 국회도 해산되었다. 그리고 새 헌법에 의한 국회가 구성될 때까지 국회의 권한을 대행할 「국가보위입법회의」가 1980년 10월 29일 구성되어 여러 헌법부속법률들을 제정했다.

Ⅱ. 내 용

1980年憲法은 前文에서 제 5 공화국의 출범을 명시하고 조국의 평화적 통일의 추진 등을 선언하였다. 제 1 장 총강에서는 전통문화의 창달, 재외국민보호조항, 정당운영자금의 국고보조조항, 국군의 사명조항을 신설하였고, 제 2 장 국민의 권리와 의무에서는 행복추구권을 신설하고 기본적 인권의 불가침성을 강조하였다. 그리고 형사피고인의 무죄추정, 연좌제의 금지 및 사생활의 비밀과 불가침, 환경권과 적정임금보장조항 등을 새로이 규정하였다. 통일주체국민회의를 폐지하고 대통령은 선거인단에 의해 간선되도록 변경하면서 대통령의 임기를 7년 單任制로 하면서 임기연장이나 중임변경을 위한 헌법개정은 그 헌법개정제안 당시의 대통령에 대해서는 적용될 수 없게 하였다. 국회의 국정조사권과 비례대표제의 근거조항을 신설하면서 국회의원의 임기는 4년으로 하였다. 일반법관의 임명권을 대법원장에게 부여하고, 징계처분에 의한 법관의 파면을 배제하였으며, 위헌법률심사제청권을 법원에 부여하였다. 독과점금지, 중소기업보호, 소비자보호조항을 신설하였으며, 이원적인 헌법개정의 방법을 폐지하고 헌법개정은 오로지 국회의 의결과 국민투표로만 확정되도록 했다. 부칙에서 과도입법기관으로서 국가보위입법회의를 규정하고 소급적으로 참정권을 제한하는 특별입법의 근거를 명시하였다.

Ⅲ. 평 가

1980年憲法은 i) 국민의 기본권을 보강하고 기본권에 대한 '본질적 내용의 침해금지조항'을 두어 기본권보장의 실효성을 높이려고 노력한 점, ii) 대통령이 갖는 국회해산권과 비상조치권을 제한함으로써 그 악용 내지는 남용의 소지를 줄인 점, iii) 대통령이 갖던 국회의원 1/3의 추천권을 삭제한 점, iv) 대통령의 임기를 7년 단임으로 정한 점 등은 10·26사태 이후의 개헌논의에서 나타난 국민의 여론을 많이 반영한 것이었다. 1980년헌법은 유신헌법의 비민주적인 요소를 많이 완화 내지 배제하면서 유신헌법에서 폐지되었던 제도를 부활시키거나 새로운 규정을 적지 않게 신설하여 1972년헌법보다 발전한 것이었다.

그러나 1980년헌법은 군사쿠데타의 주도세력의 정치적인 힘에 의해 만들어졌을 뿐 아니라, 헌법시행에 필요한 여러 부속법률들도 국회가 아닌 국가보위입법회의에서 제정되었기 때문에 절차적 정당성을 확보할 수 없었다. 국민투표에 의하여 형식상 민주적 정당성을 확보하기는 하였지만, 군사쿠데타세력에 의해 조성된 강압적인 분위기 속에서 만들어졌다는 점에서 진정한 민주적 정당성이 확보되었다고 하기는 어렵다.

1980년헌법에 대해서는 그것을 추진하는 중심세력의 '힘'과 '의지' 그리고 이것을 뒷받침하는 역사적인 환경과 국민적 합의의 질 등을 기준으로 하여 이를 헌법의 제정에 해당한다거나(許營a, 118) 전문이 「제 5 민주공화국의 출발에 즈음하여」라고 밝힌 것과 과거의 독재주의통치체제에서 권위주의통치체제로 전환한 점을 근거로 제 5 공화국헌법의 제정이라고 보아야 한다는 견해(金哲洙a, 125)가 있다. 그러나 1980년헌법은 1972년헌법의 개정절차에 따라서 이루어졌고, 기존의 헌법과 동질성을 유지하고 있으며 헌법제정권력이나 개정권력의 주체에 변경이 없는 점에서 절차상 하자가 있고 민주적 정당성의 확보에서 문제가 많이 있지만 이는 헌법의 개정에 해당한다고 할 것이다.

쿠데타가 성공하였고 이와 같은 헌법의 개정이 있어 효력을 발휘하였다고 하여 성공한 쿠데타를 일으킨 행위가 적법하게 되는 것은 아니다. 大法院은 성공한 쿠데타의 행위에 대하여 사후에 처벌할 수 있다고 판결하였다(예: 大 1997. 4. 17.-96도3376).

[大 1997. 4. 17.-96도3376] 「우리나라는 제헌헌법의 제정을 통하여 국민주권주의, 자유민주주의, 국민의 기본권보장, 법치주의 등을 국가의 근본이념 및 기본원리로 하는 헌법질서를 수립한 이래 여러 차례에 걸친 헌법개정이 있었으나, 지금까지 한결같이 위 헌법질서를 그대로 유지하여 오고 있는 터이므로, 피고인들이 공소사실과 같이 이 사건 군사반란과 내란을 통하여 폭력으로 헌법에 의하여 설치된 국가기관의 권능행사를 사실상 불가능하게 하고 정권을 장악한 후 국민투표를 거쳐 헌법을 개정하고 개정된 헌법에 따라 국가를 통치하여 왔다고 하더라도 피고인들이 이 사건 군사반란과 내란을 통하여 새로운 법질서를 수립한 것이라고 할 수는 없다. 우리나라의 헌법질서 아래에서는 헌법에 정한 민주적 절차에 의하지 아니하고 폭력에 의하여 헌법기관의 권능행사를 불가능하게 하거나 정권을 장악하는 행위는 어떠한 경우에도 용인될 수 없는 것이다. 그러므로 피고인들이 그 내세우는 바와 같이 새로운 법질서를 수립하였음을 전제로 한 주장은 받아들일 수 없다. 다만 피고인 전두환 등이 이 사건 내란을 통하여 정권을 장악한 다음 헌법을 개정하고 그 헌법에 따라 피고인 전두환이 대통령에 선출되어 대통령으로서의 직무를 행하였고, 다시 그 헌법에 정한 절차에 따라 헌법을 개정하고 그 개정된 헌법(현행 헌법)에 따라 피고인 노태우가 대통령에 선출되어 그 임기를 마치는 등 그 동안에 있었던 일련의 사실에 비추어 마치 피고인들이 새로운 법질서를 형성하였고 나아가 피고인들의 기왕의 행위에 대하여 이를 처벌하지 아니하기로 하는 국민의 합의가 이루어졌던 것처럼 보일 여지가 없지 아니하나, 국회는 헌정질서파괴범죄에 대하여 형사소송법상의 공소시효의 적용을 전면적으로 배제하는 헌정질서파괴범죄의공소시효등에관한특례법과 바로 그 헌정질서파괴범죄에 해당하는 이 사건 군사반란과 내란행위를 단죄하기 위한 5·18민주화운동등에관한특별법을 제정하였으며, 헌법재판소는 5·18특별법이 합헌이라는 결정을 함으로써, 피고인들이 이 사건 군사반란과 내란을 통하여 새로운 법질서를 수립한 것이 아님을 분명히 하였을 뿐만 아니라, 헌법개정 과정에

서 피고인들의 행위를 불문에 붙이기로 하는 어떠한 명시적인 합의도 이루어진 바가 없었으므로, 특별법이 제정되고 그에 대한 헌법재판소의 합헌결정이 내려진 이상, 피고인들은 그들의 정권장악에도 불구하고, 결코 새로운 법질서의 수립이라는 이유나 국민의 합의를 내세워 그 형사책임을 면할 수는 없는 것이라고 할 것이다.」

[91] 第十 1987年憲法: 第 9 次 改正

Ⅰ. 배 경

1979년 이른바 「12·12사태」와 1980년 「5·18광주민주화운동」에 대한 과잉진압의 당위성과 합법성에 대한 강한 회의와 그 후 國家保衛非常對策委員會의 구성 등 전두환이 대통령에 당선될 때까지의 비정상적인 정치상황의 전개 때문에 전두환 정부는 출범당시부터 민주적 정당성에 심각한 결함이 있었다. 따라서 전두환 정부에 대한 국민적 저항이 나타나게 됐고, 이에 대하여 전두환 정부는 권위주의통치로 정권을 유지하였다. 국가보위입법회의에서 비민주적으로 제정된 이른바 「改革法律」(언론기본법, 집회및시위에관한법률, 국가보안법, 사회보호법 등)의 남용으로 인한 기본권 침해가 많이 이루어졌으며, 사법부는 위축되어 위헌법률에 대한 위헌심판제청도 행해지지 않았고 재판의 독립성이 침해되는 상황도 나타났다.

1985년 2월 12일 국회의원총선거에서 대통령직선제의 개헌을 주요 선거공약으로 내세운 3개 야당(신민당·민한당·국민당)의 득표율(58.10%)이 여당인 民主正義黨의 득표율(35.25%)을 능가했을 뿐 아니라, 쿠데타의 주도세력에 의해 인위적으로 만들어진 이른바 정당(민한당·국민당)이 선거에서 참패한 대신 1985년 총선을 앞두고 자생적으로 창당된 야당인 신민당이 102석을 차지하면서 148석의 여당을 견제할 수 있게 되었다. 그런데 2·12 국회의원 총선거 과정에서 나타난 대통령직선제로의 개헌과 민주화에 대한 국민적 열망을 외면한 전두환 정부는 개헌을 저지하는 방향으로 나아가다가 국민의 분노와 마주치게 되었다. 1987년 범국민적인 「6월 민주화항쟁」이 일어나, 노태우 민정당대통령후보의 「6·29선언」과 대통령직선제로의 개헌 및 민주화조치를 약속한 대통령의 「7·1 담화」를 얻어내었다.

대통령직선제를 주요골자로 하는 개헌작업이 빠르게 진행되어 '여·야 8인정치협상'이 시작된 지 한 달만인 1987년 8월 31일 여야합의에 의한 개헌안을 마련하였고, 9월 18일 여야공동으로 헌법개정안을 국회에 발의하고, 9월 21일 개헌안공고를 거쳐 10월 12일 국회에서 개헌안을 의결했다. 국회의 의결을 거친 개헌안은 헌법이 정하는 대로 10월 27일 國民投票에 붙여져 총유권자 78.2%의 투표와 투표자 93.1%의 찬성으로 확정되었고 10월 29일 공포되었다.

Ⅱ. 내　　용

1987년 헌법은 전문에서 大韓民國臨時政府의 法統과 불의에 항거한 4·19민주이념의 계승 및 조국의 민주개혁의 사명을 명시하였고, 총강에서 재외국민에 대한 국가의 보호의무와 국군의 정치적 중립성 준수를 명시하면서, 자유민주적 기본질서에 입각한 평화적 통일정책을 수립 · 추진하는 규정을 신설하였다. 국민의 기본권의 보장에서는 적법절차, 구속이유고지 및 구속통지, 언론 · 출판 · 집회 · 결사에 대한 허가제나 검열제의 금지, 범죄피해자구조청구권, 최저임금제실시, 여자 · 노인 · 청소년의 복지향상을 위한 정책을 실시할 국가의 의무 및 재해예방의무, 주택개발정책의 실시 및 모성보호규정을 신설하거나 추가하였다. 구속적부심사제도와 형사보상제도가 확대되었다. 國政監査를 부활시키고 국회의 연간 회기제한규정을 삭제하는 한편 대통령의 국회해산제도를 폐지하였다. 대통령직선제를 채택하면서 5年 單任制를 채택하였고, 대통령의 비상조치권을 폐지하는 대신 緊急命令制度를 신설하였고, 대법관은 대법원장의 제청으로 국회의 동의를 얻어 대통령이 임명하게 하고, 일반법관은 대법관회의의 동의를 얻어 대법원장이 임명하도록 하였다. 憲法裁判所를 설치하여 위헌법률심판, 탄핵심판, 정당해산심판, 권한쟁의심판 및 헌법소원심판을 관할하게 하였다. 경제질서에 대해서 자유경제체제의 원리를 근간으로 하면서 적정한 소득의 분배, 지역경제의 균형발전, 중소기업과 농·어민 보호 등을 통하여 모든 국민의 복리를 증진시키고 국민생활의 균등한 향상을 꾀하는 것으로 규정하였다. 특히 이 헌법에서는 종래 헌법재판이 질식되어 국민의 기본권 침해가 빈번하였던 점을 극복하기 위하여 1960년6월헌법에서 우리 헌법사상 최초로 채택하였다가 사라진 헌법재판소를 다시 부활시켜 이를 민주화의 상징으로 살려내었고, 헌법소원심판제도를 신설하는 등 그 관할도 상당 부분 실질화하였다.

Ⅲ. 평　　가

1987年憲法은 1987년 6월 민주화항쟁에서 표출된 국민의 정치적 요구에 따라 대통령직선제를 도입한 것과 1980년헌법과 비교하여 국민의 기본권을 강화하고 통치권 행사의 절차적 정당성을 강조하는 내용을 많이 보완한 것이 특징이다.

1987年憲法에 대하여 제 9 차 헌법개정은 형식적으로는 헌법의 개정이라고 할 것이나 6월항쟁을 전후한 국민적 저항과 6·29선언이 명예혁명이며, 여야합의로 대통령직선제 및 국회의 권한 회복 등을 통하여 권위주의적인 정부형태가 민주화되었으며, 정권의 교체가능성이 부여되었기 때문에 실질적으로는 새로운 헌법의 제정에 해당한다는 견해가 있다(金哲洙a, 127). 그러나 1987년헌법도 헌법제정권력이나 헌법개정권력

에 변동이 없고 종래 자유민주주의체제의 헌법질서의 동질성을 유지하고 있으며 기존 1980년헌법에 따라 헌법개정이 이루어졌으므로 이를 헌법제정이라고 하는 것은 헌법제정권력이론에 부합하지 않는다고 할 것이다. 개헌의 양적인 규모가 구헌법조문의 약 37%에 손을 댄 전면적인 것이라는 점을 들어 일종의 憲法改革에 해당한다고 보는 견해가 있다(許營a, 122).

1987년헌법도 대통령선거에 있어서 상대다수제에 의한 당선을 인정하고 있기 때문에 유효투표의 반수 미만 득표로 대통령에 당선될 수 있게 한 것(plurality system)이 국민주권과 민주주의원리에 위반된다는 점, 여전히 대통령제가 가지는 勝者獨食의 구조가 방치되어 있는 점, 민주적 정당성이 없는 국무총리가 대통령의 권한대행권을 가지는 점, 대통령이 국회에서 지지세력을 다수의석으로 확보하지 못하는 경우에 올 수 있는 「分點政府」(divided government)의 위험을 조정할 수 있는 제도적 장치가 마련되어 있지 않아 장기적인 불안정이 우려된다는 점 등에서 문제가 있다. 이로 인하여 1997년 대통령선거에 있어서는 권력분점론, 의회주의제로의 개헌론 등이 대두되기도 하였다.

제 2 장　韓國 憲法의 根本理念과 基本原理

제 1 절　韓國 憲法의 構造

[92] 第一　槪　說

한국의 헌법은 형식에서 成文憲法이고, 이는 前文과 130개 조항의 본문 및 6개 조항의 附則으로 이루어져 있으며, 본문은 크게 總綱, 國民의 權利와 義務, 國家에 관한 규정으로 되어 있다.

이는 구조적으로 공동체의 존속·유지를 보장하는 共同體의 保障과 공동체 내에서 살고 있는 국민의 기본권을 보장하는 基本權의 保障을 근본이념으로 하고 있으며, 정당성의 문제에서는 국민주권을 정하고 있다. 주권자인 국민이 대한민국에서 보장받는 권리장전을 기본권보장의 형태로 정하고 있으며, 국가에 대해서는 국가구조원리로 민주국가원리, 법치국가원리, 단일국가원리를 정하여 이들 원리가 국가의 성격, 형태, 구성, 작용을 지배하는 원리로 작용하게 하고 있으며, 경제영역, 사회영

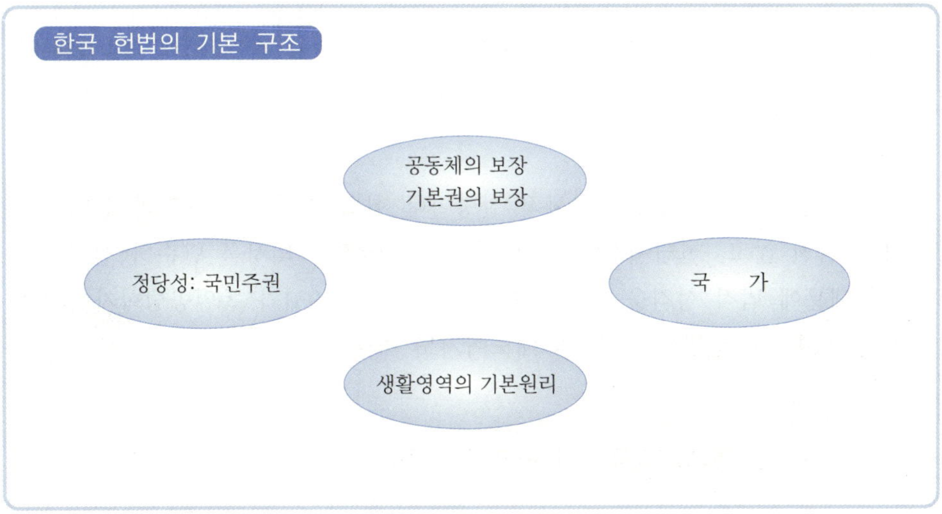

역, 문화영역, 국제영역에서 대한민국이 추구하는 기본가치와 기본원리를 설정하고 있다.

[93] 第二 憲法의 前文

I. 개 념

헌법의 前文(Preamble, Präambel, préambule)이란 헌법의 본문 내용에 들어가기 전에 헌법이 제정된 유래 또는 헌법이 채택하고 있는 기본원리와 기본가치 등을 정하고 있는 헌법의 序文에 해당하는 成文憲法의 구성부분을 말한다.

많은 헌법이 전문을 정하고 있으나, 전문을 정하고 있지 아니한 헌법도 있다(예: 벨기에헌법, 네덜란드헌법, 룩셈부르크헌법, 덴마크헌법, 노르웨이헌법, 오스트리아헌법, 이탈리아헌법). 헌법을 제정함에 있어 전문을 반드시 두어야 하는 것은 아니다.

오늘날 많은 나라의 헌법이 전문을 정하고 있는 것은 최초의 근대입헌주의헌법인 미합중국연방헌법에서 전문을 채택한 것을 답습한 데서 비롯하고 있다. 헌법전에 전문을 두는 경우에도 그 내용에서 다양한 모습을 보이는데, 대체로 헌법이 제정되고 개정된 유래와 연혁을 설시하는 경우도 있고, 헌법이 지향하고 추구하는 근본이념, 기본가치, 기본원리 등을 밝혀 설시하는 경우도 있다. 나라마다 전문에 정하는 내용을 자기 나라에 합당하게 정하고 있다.

헌법전문에서 헌법의 근본이념, 기본가치, 기본원리 등을 그 내용으로 명시하고 있는 경우에는 前文은 헌법의 모든 규정을 지배하는 이념적·가치적인 기초로서 그 역할을 한다.

Ⅱ. 법적 성격

실정헌법은 한 나라의 최고규범으로서 법적인 효력을 가지기 때문에 헌법의 전문도 본문이나 부칙과 같이 법적인 효력을 가지는가 하는 점이 문제가 된다.

(1) 부 정 설

헌법의 전문은 헌법제정의 역사적 설명이나 헌법의 제정과 개정의 연혁을 서술한 것에 지나지 않고, 헌법제정에 관한 국민의 일반적인 의사를 단순히 선언한 것에 불과하기 때문에 법적 성격을 가지지 못한다고 본다. 19세기 독일공법학자들의 다수설이었고, 미합중국 연방최고법원의 태도이기도 하다.

(2) 긍 정 설

헌법의 전문은 憲法制定權力의 所在를 밝히고 헌법이 추구하는 가치와 이념에 대한 국민의 決斷을 밝힌 것이므로 이는 헌법의 본문과 일체를 이루어 법적인 효력을 가진다고 본다. 국내의 통설이다(金哲洙a, 136; 權寧星, 130). 독일연방헌법재판소, 프랑스 제5공화국 헌법평의회의 태도도 긍정설을 취하고 있다.

(3) 사 견

헌법전문의 성격을 둘러싼 이런 논의는 전문이 재판규범이나 헌법개정의 한계로 작용하는가 하는 문제와 관련하여 실익을 가진다. 전문의 내용이 이와 관련이 없는 때에는 전문의 법적 성격에 대한 논의는 실익이 없다. 따라서 헌법전문의 법적 성격에 대한 논의는 전문이 정하고 있는 내용과 밀접한 연관을 가진다.

(a) 역사적 배경의 단순 서술

전문의 내용이 헌법제정의 역사적 배경을 단순히 서술한 것에 그치면 이는 법적 성격을 가진다고 하기 어렵다.

(b) 헌법제정권력의 소재 등

전문에 헌법제정권력의 소재, 국호, 헌법제정이나 개정의 공포일과 시행일이 적시되어 있는 경우에는 이러한 것들은 법적인 효력을 가진다. 하위 법률이나 재판으로 이러한 것을 변경할 수 없다.

(c) 전문과 본문이 일치하는 경우

전문의 내용이 본문에서 정하고 있는 내용을 확인하거나 이를 추상적으로 요약하거나 가치지향에서 동일한 것이면 본문이 법적 성격을 가지기 때문에 당연히 전문도 법적 성격을 가진다. 이런 경우 전문은 본문과 중첩적으로 판단의 기준과 근거로 인용되고 적용된다.

(d) 전문과 본문이 일치하지 않는 경우

헌법의 본문에는 규정되어 있지 아니한 내용으로서 전문에만 존재하는 내용이 있는 경우에 이러한 부분이 법적 효력을 가지는가 하는 점이 문제가 된다. 그 내용이 본문과 충돌되는 것이 아닌 한 헌법전의 구성부분으로서 법적 효력을 가진다고 할 것이다. 즉 전문의 해당 내용이 법적 성격을 가지면 그 내용이 본문에 없더라도 이는 재판규범으로 작용하고, 그 성질에 따라 헌법개정의 한계로도 작용한다.

통상 헌법의 전문을 두는 경우에 전문의 내용과 본문의 내용이 충돌하는 경우는 없다. 그러나 예외적으로 전문의 내용과 본문의 내용이 충돌하는 경우가 발생하는 경우에 어느 것이 우선하느냐 하는 문제가 발생한다. 이는 그 내용에 따라 달라진다고 할 것이다. 헌법의 기본이념이나 근본원리 또는 근본원칙이 전문에 정해져 있고 본문의 구체적 내용이 이와 충돌하는 경우에는 전문의 내용이 우선하고, 개별적인 구체적 내용에서 전문과 본문이 충돌하는 경우에는 특별한 이유가 없는 한 원칙적으로 전문의 내용이 효력을 가지지 못한다고 보아야 한다. 헌법의 본문은 법적 효력이 발생함을 전제로 하여 여러 차례의 讀會와 熟考를 거치며 확정한 것일 뿐 아니라 전문의 내용으로 본문의 내용을 변경하는 것을 전제로 하여 헌법규정을 정하는 경우는 없기 때문이다. 헌법제정과정에서 있은 객관적인 증거(예: 憲法制定·改正會議錄)로 본문의 내용을 불가피하게 완화하기 위하여 전문에 서로 충돌하는 일정한 내용을 규정한 것이 명백하지 않는 한 전문과 본문간의 서로 충돌하는 내용을 절충하거나 조화시키는 해석도 적절하지 않다. 이러한 것은 해석의 문제인데, 더 중요한 것은 헌법을 제정하거나 개정할 때, 전문의 내용과 본문의 내용이 서로 충돌하지 않도록 정하는 것이다.

憲法裁判所의 판례 가운데는 본문에는 없고 전문에만 있는 내용에 대해서도 법적 효력을 인정하는 결정을 한 것이 있다. 헌법재판소는 前文의 「3·1운동으로 건립된 대한민국임시정부의 법통을 계승」의 부분에서 일본의 지배로부터 조국의 자주독립을 위하여 공헌한 독립유공자와 그 유족에 대하여 국가가 응분의 예우를 하여야 할 헌법적 의무가 도출된다고 하여(예: 憲 2005. 6. 30.-2004헌마859) 전문의 독자적 내용도 헌법적 효력을 지니는 것으로 인정하고 있다.

[憲 2005. 6. 30.-2004헌마859] 「헌법은 국가유공자 인정에 관하여 명문 규정을 두고 있지 않다. 그러나 헌법은 전문(前文)에서 "3.1운동으로 건립된 대한민국임시정부의 법통을 계승"한다고 선언하고 있다. 이는 대한민국이 일제에 항거한 독립운동가의 공헌과 희생을 바탕으로 이룩된 것임을 선언한 것이고, 그렇다면 국가는 일제로부터 조국의 자주독립을 위하여 공헌한 독립유공자와 그 유족에 대하여는 응분의 예우를 하여야 할 헌법적 의무를 지닌다고 보아야 할 것이다.」

Ⅲ. 기 능

법적 성격을 가지는 헌법 전문의 내용은 헌법전의 구성부분이기 때문에 최고법규범으로 존재하고, 국가와 국민이 준수하여야 하는 행위규범으로 작용하며, 법원이나 헌법재판소의 재판에서 재판규범으로 작용하고, 헌법의 동일성과 핵을 이루는 가치와 제도들에 해당하는 내용은 헌법개정의 한계로 작용한다.

(1) 헌법전의 구성부분

전문은 헌법전의 구성부분으로서 법적 효력을 가지기 때문에 國家의 最高法規範으로서 헌법적 효력을 가진다. 따라서 헌법의 본문과 같이 모든 국가권력을 기속하고, 하위 법규범의 存在根據와 效力根據가 된다. 헌법의 전문이 헌법의 본문과 같이 모든 법령의 해석에 있어 해석기준이 되는 이유도 여기에 있다.

(2) 행위규범

전문은 본문과 마찬가지로 국가와 국민의 행위규범으로 작용한다. 따라서 국가와 국민은 헌법전문에서 정한 내용도 준수하여야 한다. 입법부와 행정부는 물론이고 법원과 헌법재판소도 전문의 내용을 준수하여야 한다.

(3) 재판규범

전문이 법적 효력을 가지는 경우에는 이는 行爲規範으로서만 작용하는 것이 아니라 裁判規範으로서도 작용하므로 국가의 모든 재판은 전문에 기속된다. 헌법전문은 재판에서의 재판기준이 될 뿐 아니라 재판의 과정도 지배하는 원리가 된다. 전문의 내용에 위반하여 행해진 재판은 헌법에 위반되는 재판으로서 효력을 가지지 못한다.

憲法裁判所는 헌법전문의 법적 성격을 인정하여 법률이 전문에 위반되면 효력이 상실됨을 인정하고 있다(예: 憲 1989. 1. 25.-88헌가7; 1989. 9. 8.-88헌가6; 1990. 4. 2.-89헌가113; 1992. 3. 13.-92헌마37).

(4) 헌법개정의 한계

헌법의 전문이 헌법제정권력의 소재, 헌법의 근본결단이나 근본가치, 자유민주주의, 자유 · 평등 · 정의 · 평화의 보장 등 헌법의 핵을 이루고 헌법의 동질성을 유지하는 사항은 헌법개정의 한계로 작용한다. 이러한 것들은 헌법제정권자의 결단에 해당하므로 헌법개정의 방법으로 이를 변경하는 것은 불가능하다. 이러한 내용을 변경하고자 하는 경우에는 다시 헌법을 제정하여야 한다. 따라서 이러한 경우에 헌법전문은 헌법개정의 한계로 작용한다.

Ⅳ. 내 용

(1) 헌법의 성립 유래

헌법전문은 「유구한 歷史와 傳統에 빛나는 우리 大韓國民은 …… 1948년 7월 12일에 제정되고 8차에 걸쳐 개정된 헌법을 이제 國會의 의결을 거쳐 國民投票에 의하여 개정한다」라고 하여, i) 대한민국헌법의 제정일이 1948년 7월 12일인 것, ii) 헌법제정권력과 헌법개정권력이 국민에게 있다는 것, iii) 1987년헌법과 1948년헌법과의 관계, iv) 현행 헌법이 개정된 절차를 밝혀 놓고 있다.

(2) 헌법의 근본이념과 기본가치

헌법전문은 헌법이 성립된 유래를 밝혀놓은 것 이외에도 국민주권의 이념, 대한민국의 건국 이념, 대한민국임시정부의 법통성의 계승, 민족 단결과 정의 · 인도 · 동포애의 실현, 자율과 조화를 바탕으로 한 자유민주적 기본질서의 확립, 문화민족의 이념, 국민의 헌법상의 권리의 보장, 국민의 의무와 책임의 강조, 평화적 통일의 추구, 항구적인 국제평화의 추구 등을 천명하여 대한민국이 추구하는 이념과 가치를 정하고, 개인과 사회의 관계를 설정하여 공동체의 통합과 발전의 방향을 제시하고 있다.

(3) 헌법의 인간상

헌법전문에서 나타난 바에 의하면, 헌법이 전제하고 보호·보장하고 있는 인간은 개성과 자율성을 가지고 주체적이고 능동적으로 자기의 삶을 영위하는 인간이다. 이러한 인간은 자유와 권리를 향유하면서 자신의 삶을 자유로이 개척하고 실현해가는 존재이면서 공동체 내에서 타인과 더불어 생활하는 인간이다. 따라서 우리 헌법상의 人間像은 사회와 유리된 개인주의적 인간도 아니고 인간의 자율과 개성을 부정하고 집단의 구성요소로만 인정하는 집단주의적 또는 전체주의적 인간도 아닌 인격적·자주적 인간이라고 할 수 있다(同旨: 許營a, 136).

이러한 인간상은 헌법의 본문에서도 상정하고 있는 것인데, 헌법상의 권리와 의무가 이러한 자주적 인간의 지위를 구체화하고 있다. 국민과 국가와의 관계에서 보건대, 어떤 종류의 국가행위도 이러한 인간상을 실현하는 것이어야 하고 이를 부정하거나 파괴하는 것일 수는 없다. 헌법이 정하고 있는 인격적·자주적 인간상을 부정하거나 파괴하는 국가행위는 헌법에 위반되어 무효가 된다.

[94] 第三 憲法의 本文

I. 총 강

제 1 장인 총강에서는 대한민국이 민주공화국임과 국민주권에 바탕하고 있음을 정하고(憲法 §1), 국민(憲法 §2), 영토(憲法 §3), 통일(憲法 §4), 국제평화주의(憲法 §5①)와 국제법질서의 존중(憲法 §6), 군의 지위(憲法 §5②), 공무원의 지위(憲法 §7), 정당의 지위와 보호(憲法 §8), 문화창달에 대한 국가의 책무(憲法 §9)에 대하여 정하고 있다.

헌법과 통치와 국가권력의 정당성이 국민주권에 있음을 분명히 하고, 대한민국의 성격이 민주공화국임을 정하고 있다.

이러한 총강의 규정에 首都나 公用言語 등을 정하는 경우가 있는데, 헌법은 이에 대하여 명시적으로 정하고 있지 않다. 憲法裁判所는 수도가 서울임이 관습헌법으로 인정된다고 판시하였다(예: 憲 2004. 10. 21.-2004헌마554등). 헌법에서 首都를 명시하고 나라는 약 80여 개 정도로 많은데(예: 스페인, 이탈리아, 스웨덴, 오스트리아, 터키, 헝가리, 체코, 러시아, 중화인민공화국, 말레이시아, 페루, 폴란드, 사우디아라비아, 이라크 등), 國歌(예: 프랑스, 헝가리, 러시아, 터키, 베트남, 이라크, 브라질, 칠레, 페루, 베네주엘라, 폴란드, 포르투갈, 중화인민공화국 등), 國旗(예: 독일, 프랑스, 이탈리아, 헝가리, 일본, 중화인민공화국, 타이완, 터키, 베트남, 베네주엘라, 브라질, 노르웨이, 체코 등), 公用言語(예: 오스트리아, 프랑스, 스페인, 터키, 러

(시아, 벨기에, 브라질, 콜롬비아, 베네주엘라, 예멘, 핀란드, 폴란드, 이란, 이라크, 아일랜드 등)를 헌법에서 정하고 있는 나라도 많다. 헌법에서 수도를 법률로 정하고 법률에 위임하고 있는 나라도 있다(예: 카자흐스탄). 우리나라의 국기가 태극기인 것은 대한민국국기법(제정 2007. 1. 26. 법률 제8272호)에서 정하고 있고, 國璽는 國璽規程(제정 1949. 5. 5. 대통령령 제83호)으로 정하고 있으며, 국가의 紋章은 나라문장규정(제정 1963. 12. 10. 각령 제1671호, 전부개정 1970. 7. 3. 대통령령 제5151호)으로 정하고 있다.

우리나라의 國號는 「大韓民國」인데, 이러한 국가의 명칭은 「大韓民國 憲法」이라는 헌법의 표제와 헌법 제1조, 제2조, 제3조, 제4조, 제5조의 규정에 의하여 인정된다. 따라서 대한민국이라는 국호는 법률로 변경할 수 없다. 대한민국이라는 국호는 1948년헌법에서 정해진 이후 변함없이 이어져 내려오고 있다. 이 명칭의 역사적 기원은 1919. 4. 11. 중국 上海에서 수립한 大韓民國臨時政府에서 시작한다.

Ⅱ. 기본권과 의무

제2장은 국민의 자유와 권리와 의무에 대하여 정하고 있다. 헌법이 정하는 국민의 자유와 권리를 기본권이라고 부르는데, 이러한 기본권은 우리 헌법상 주로 제10조에서 제37조 제1항에 걸쳐 보장하고 있지만, 반드시 이러한 조항에 한하여 기본권이 보장되는 것이 아니라 헌법의 다른 원리, 원칙, 제도 등에 관한 규정에서 기본권이 도출될 수 있다(鄭宗燮c, 77; 鄭宗燮e, 119).

제37조 제2항에서는 기본권을 보장하되 이를 제한하는 근거를 두고 있고, 제38조와 제39조에서는 국민의 기본적인 의무를 정하고 있다.

Ⅲ. 국 가

제3장부터 제8장까지는 국가의 구체적인 조직, 권한, 작용에 대하여 정하고 있다. 이러한 국가에는 중앙정부뿐만 아니라 지방자치단체도 포함된다.

헌법은 특별히 경제조항을 두어 제9장에서 따로 정하고 있다. 헌법개정권력의 작용에 대해서는 제10장에서 특별히 정하고 있다. 이는 헌법개정이 국가의 권한이 아니기 때문이다.

제 2 절 韓國 憲法의 根本理念

[95] 第一 國民主權

Ⅰ. 헌법 규정

憲法 제 1 조 제 2 항은 「대한민국의 주권은 국민에게 있고, 모든 권력은 국민으로부터 나온다」라고 정하여 國民主權(=人民主權=民人主權 popular sovereignty)을 헌법원리로 정하고 있고, 이러한 국민주권원리가 지배하는 구조에서 국민이 보유하고 행사하는 헌법제정권력에 의하여 제정된 헌법으로부터 국가권력이 창설되고 유효하게 존재한다는 것을 천명하고 있다. 국민주권원리는 헌법상 최고원리로서 헌법의 모든 사항을 규율한다.

국민주권은 군주주권, 국가주권, 의회주권을 부정하는 것이며 오로지 국민만이 주권자의 지위에 있다는 것을 의미한다. 이는 헌법이나 국가 그리고 지배(=통치 Herrschaft)의 正當性은 오로지 국민에 바탕을 둘 때만 정당화된다는 正當化原理로 기능한다.

국민주권에서 말하는 주권의 귀속 주체인 국민(people)은 국가 이전에 존재하는 공동체의 구성원을 말하며, 국가에 의하여 비로소 지위가 정해지는 국가종속적인 존재가 아니다. 국민의 구체적인 범위는 國籍法에 의해 확정되는 대한민국의 국적을 가지는 자이지만, 이는 국적법이 그 법적 지위를 확인하는 것에 불과하고, 국적법에 의하여 주권자인 국민이 존재하게 되는 것은 아니다. 따라서 여기서 말하는 주권자인 국민은 大韓民國의 國籍을 가지고 있는 자연인인 국민을 말하며, 외국인이나 무국적자는 이에 해당하지 않는다.

국민주권에서 주권자의 지위에 있는 국민은 관념적인 크기로 존재하는 것이 아니라 실존적이고 구체적으로 존재하는 사람(people)을 말하며, 유아든 의사무능력자이든 행위무능력자이든 구별없이 모두 이에 포함된다. 다만, 국민주권원리를 현실에서 구현하는 방법인 선거권이나 피선거권의 보유 · 행사에서는 그 기능에 비추어 나이나 행위능력유무에 따라 제한이 행해진다. 그리고 국가의사결정의 과정에 참여하는 것에서도 다양한 형태가 있고, 참여의 기능에 합당하게 일정한 제한도 가해진다.

프랑스에서는 1789년 프랑스혁명이 발생한 이후 혁명의 헤게모니를 둘러싼 권력투쟁에 있어서 이 권력투쟁이 주권투쟁의 양상을 띠게 되면서 주권의 소재를 nation이라고 하기도 하고(예: 1791년 헌법) peuple라고 하기도 하였으며(예: 1793년 헌법), citoyen이라고 하기도 했다(예: 1795년 헌법). 이런 개념들은 프랑스적인 상황에서 시민계층과 하층 민중계층간의 이데올로기투쟁에서 등장한 개념이므로 이러한 nation이나 peuple를 우리 헌법 제1조 제2항에서 말하는 「국민」에 대입할 수는 없다. 따라서 헌법 제1조 제2항에서 정하고 있는 국민주권은 프랑스헌법사에서 등장한 nation주권이나 peuple주권의 어느 것에도 해당하지 않는다(鄭宗燮a, 309). 영어로 표현하면 people주권, 즉 popular sovereignty에 해당한다.

일본국 헌법학계에서는 프랑스의 「nation주권」과 「peuple주권」이라는 말을 번역하면서 전자를 「國民主權」으로, 후자를 「人民主權」으로 각각 번역하여 사용하였는데, 국내 일부견해도 프랑스의 이러한 개념을 일본국의 번역에 따라 國民主權과 人民主權으로 번역하여 사용하였다. 그런데, 문제는 여기서 말하는 nation주권이라는 용어의 번역어인 「國民主權」이라는 말을 헌법원리를 의미하는 국민주권원리(popular sovereignty)라는 개념에서 말하는 국민주권과 동일한 의미로 오해하거나, 더 나아가 우리 헌법 제1조 제2항에서 정하고 있는 국민주권원리에서 의미하는 국민주권이라는 의미와 동일한 것으로 오해하여, 국민주권원리와 우리 헌법 제1조 제2항의 국민주권을 설명하면서 nation주권의 개념과 의미로 설명해왔다는 점이다. 이러한 잘못으로 말미암아 국민주권원리에 대한 설명은 물론이고 대의민주주의에 대한 이해에 있어서도 치명적인 오류를 범했다. 국민주권원리와 대의민주주의에 대한 이해에서는 이런 점을 유의할 필요가 있다.

Ⅱ. 국민주권의 구현

헌법은 국민주권을 천명하고 이를 구현하기 위한 여러 장치를 마련하고 있다. 국가의 의사결정방식으로 代議民主主義를 채택하고, 이를 가능하게 하는 선거제도(憲法 §41①, §67, §118)와 선거권(憲法 §24) 및 피선거권(憲法 §25)을 기본권으로 보장하고, 대의제도를 보완하는 방법으로 國民投票制度(憲法 §72)를 두고 있다. 이러한 것은 기본적으로 자유민주주의를 실현하는 것인데, 이를 위하여 정당의 자유와 複數政黨制度(憲法 §8)를 보장하고 있고, 地方自治(憲法 §117-§118)를 보장하고 있다. 그리고 헌법의 개정에 있어 국민투표로 확정하도록 하여(憲法 §130②) 헌법제정권력과 함께 헌법개정권력이 주권자인 국민에게 있음을 분명히 하고 있다. 정치적 기본권은 국민주권을 구현함에 있어 필수적으로 요청되는 것이다. 선거권이나 피선거권뿐만 아니라 정치적 의사표현의 자유, 정부에 대한 비판의 자유, 국가정책결정의 과정에 참여할 수 있는 권리, 알 권리, 국가에 대한 정보공개청구권 등은 모두 기본권의 보장이라는 방식으로 국민주권을 구현하는 것이다.

[96] 第二 立憲主義

Ⅰ. 헌법 규정

憲法 제1조 제2항은 「대한민국의 主權은 國民에게 있고, 모든 權力은 국민으로부터 나온다」라고 정하고 있는데, 이는 입헌주의를 천명하는 것이기도 하다. 주권

자의 지위에 있는 국민이 헌법제정권력을 가지고 있고, 이 憲法制定權力의 행사에 의하여 제정된 헌법으로부터 국가권력이 창출된다는 것을 「모든 권력은 국민으로부터 나온다」라고 정하고 있다. 따라서 대한민국이라는 국가의 권력은 모든 국민, 즉 國民의 合意인 헌법으로부터 나오고, 헌법에 의하여 존재하고 효력을 가지므로 헌법은 국가작용의 存在根據인 동시에 效力根據가 된다. 이는 국가권력이 헌법에 기속됨을 의미하는데, 이것이 立憲主義(constitutionalism, verfassungsstaatlichkeit)의 핵심적 내용이다.

이러한 입헌주의는 모든 국가권력이 헌법에 합치되게 행사되어야 함을 정하고 있는 것으로 나타나고, 동시에 헌법에 위반되는 국가행위를 무효화하기 위하여 헌법재판을 제도화하고 있다(憲法 §111).

Ⅱ. 입헌주의의 구현

헌법은 제1조 제2항에 따라 구체적으로 국가를 조직함에 있어서 입법권을 행사하는 입법부, 행정권을 행사하는 행정부, 재판권을 행사하는 법원, 헌법재판권을 행사하는 헌법재판소를 두고, 각각의 기관에 권한을 배분함과 동시에 이러한 권한의 행사에 대하여 규율하고 있다. 따라서 정상적으로 국가가 작용하면 입헌주의는 그에 따라 실현된다.

그러나 국가작용은 권력의 남용과 오용으로 헌법을 침해하고 왜곡할 수도 있으므로 이런 경우에 대비하여 헌법을 보호하는 장치를 마련하고 있다. 특히 헌법재판은 입헌주의의 실현에 있어 최후의 보루로서 중요한 기능을 수행한다.

[97] 第三 基本權의 保障

Ⅰ. 헌법 규정

헌법은 대한민국이라는 공동체에 살고 있는 국민들의 자유와 권리를 헌법적 수준에서 보장하고 있는데, 憲法 제10조부터 제37조 제1항까지의 규정에 집중적으로 이를 정하고 있고, 그 이외에도 기본권이 도출되는 헌법의 여러 규정에 의해서도 기본권이 보장되고 있다.

기본권의 보장은 국가권력을 기속하는데, 이로써 기본권과 국가의 관계는 목적과 수단의 관계로 설정된다. 따라서 기본권을 침해하는 국가권력은 헌법을 위반한 것으로 효력을 가지지 못한다. 기본권은 헌법상의 최고원리이고 국가를 기속하는 원리이므로 국가영역을 지배하는 민주주의와 법치주의도 기본권의 보장을 침해하지 못한다. 기본권을 침해하는 민주주의와 법치주의는 헌법에 위반되어 더 이상 민주주의와 법치주의로서 보장되지 않으며 법원리로 기능하지 못한다. 민주주의나 법치주의도 기본권의 보장을 전제로 하는 民主主義(=실질적 민주주의)이고 法治主義(=실질적 법치주의)이지 않을 수 없다.

Ⅱ. 기본권 보장의 구현

국민의 기본권을 실현시키는 제일차적인 임무는 국가가 진다. 따라서 국가는 일상적인 활동을 통하여 국민의 기본권을 현실에서 실현시킨다. 기본권이 침해되거나 침해될 우려가 있는 경우에는 기본권의 보호장치를 통하여 기본권을 구현한다. 헌법장애가 발생한 비상시에도 국가긴급권을 통하여 국민의 기본권을 보호한다.

기본권을 침해하는 국가작용은 무효인데, 이는 법원의 재판과 헌법재판소의 헌법재판에 의하여 실효성있게 보장되고 있다.

[98] 第四 共同體의 保障

Ⅰ. 헌법 규정

헌법은 공동체의 존속 · 유지와 통합을 전제로 하므로 당연히 공동체의 존속 · 유지를 보장하고 있다. 이는 국가의 목적에도 포함되어, 국가는 공동체가 존속 · 유지함에 있어 수단으로 역할을 한다. 헌법은 공동체 구성원이 행복을 추구하며 삶을 영위할 수 있도록 기본권을 보장하면서 동시에 공동체의 와해와 해체를 방지하고 공동체가 지속적으로 존속 · 유지할 수 있게 한다.

Ⅱ. 공동체 보장의 구현

헌법은 국민의 기본권을 보장하면서 동시에 국가안전보장, 질서유지, 공공복리라는 공적 이익과 조화될 수 있게 한다(憲法 §37②). 구성원 개개인에게는 국가의 재정에 책임을 지게 하여 납세의무를 부과하는(憲法 §38) 동시에 국토의 안전과 방위를 위하여 국방의무를 부과하고 있다(憲法 §39). 공동체에 대한 물리적인 보호를 위하여 국가는 군대를 유지하고 있다(憲法 §5②).

제 3 절 韓國 憲法의 基本原理

1. 國家構造原理

[99] 第一 民主共和國家

憲法은 제 1 조 제 1 항에서 「대한민국은 民主共和國이다」라고 명시하여 우리나라의 성격이 민주국가이고 공화국가임을 분명히 하고 있다. 民主國家라고 함은 군주국가나 귀족국가가 아니라는 것을 의미하고, 국가와 지배의 정당성이 국민에 있다는 것을 의미한다. 오늘날 共和國家라는 의미도 민주국가와 다름이 없다. 공화주의에서는 국가의 정당성이 국민에게 있지만, 그 정당성의 바탕이 되는 국민은 특정 신분도 아니고 특정 계층도 아닌 모든 공동체의 구성원을 의미한다. 정치적으로 균등한 지위를 가지는 이러한 공동체의 구성원에 의하여 설립되고 그 지배의 정당성이 확보되는 국가를 共和國家라고 한다.

憲法은 대한민국이 민주공화국이라고 정하고 있기 때문에 전문의 「자유민주적 기본질서」라는 부분과 본문의 기본권의 보장에서 이러한 민주국가가 자유민주국가임을 정하고 있다. 이러한 점에서 헌법 제 8 조에서 정하는 「민주적 기본질서」도 당연히 자유민주적 기본질서가 되지 않을 수 없다. 헌법은 민주국가를 실현하기 위하여 국민의 자유와 평등을 보장하고, 특히 민주주의를 실현하기 위하여 언론·출판의 자유와 집회·결사의 자유를 보장하며 참정권을 보장하고 있다. 헌법은 공화국가를 실현하기 위하여 어떤 경우에도 君主國家나 貴族國家 등 身分國家로 회귀할 수 없도록 국가의 성질과 형태, 구조를 정하고 있다. 따라서 우리 헌법에서는 어떤 경우에도 군주국가나 귀족국가와 같은 요소를 개입시킬 수 없다. 뿐만 아니라 특정한 세력(예: 군대 또는 경찰)이 지배하는 국가도 절대적으로 허용되지 않는다.

憲法裁判所는 자유민주적 기본질서가 현재뿐 아니라 과거와 미래를 통틀어 일관되게 우리 헌법을 관류하는 지배원리라고 판시하였다(예: 憲 2001. 9. 27.-2000헌마238).

> [憲 2001. 9. 27.-2000헌마238] 「대한민국의 주권을 가진 우리 국민들은 헌법을 제정하면서 국민적 합의로 대한민국의 정치적 존재형태와 기본적 가치질서에 관한 이념적 기초로서 헌법의 지도원리를 설정하였다. 이러한 헌법의 지도원리는 국가기관 및 국민이 준수하여야 할 최고의 가치규범이고, 헌법의 각 조항을 비롯한 모든 법령의 해석기준이며, 입법권의 범위와 한계 그리고 국가정책결정의 방향을

제시한다. 먼저 우리 헌법은 전문에 “자율과 조화를 바탕으로 자유민주적 기본질서를 더욱 확고히 하여……”라고 선언하고, 제 4 조에 “자유민주적 기본질서에 입각한 평화적 통일정책을 수립하고 이를 추진한다”라고 규정함으로써 자유민주주의 실현을 헌법의 지향이념으로 삼고 있다. 즉 국가권력의 간섭을 배제하고, 개인의 자유와 창의를 존중하며 다양성을 포용하는 자유주의와 국가권력이 국민에게 귀속되고, 국민에 의한 지배가 이루어지는 것을 내용적 특징으로 하는 민주주의가 결합된 개념인 자유민주주의를 헌법질서의 최고 기본가치로 파악하고, 이러한 헌법질서의 근간을 이루는 기본적 가치를 ‘기본질서’로 선언한 것이다. 우리 재판소도 “우리 헌법은 자유민주적 기본질서의 보호를 그 최고의 가치로 인정하고 있고, 그 내용은 모든 폭력적 지배와 자의적 지배 즉 반국가단체의 일인독재 내지 일당독재를 배제하고 다수의 의사에 의한 국민의 자치, 자유 · 평등의 기본원칙에 의한 법치주의적 통치질서를 말한다. 구체적으로는 기본적 인권의 존중, 권력분립, 의회제도, 복수정당제도, 선거제도, 사유재산과 시장경제를 골간으로 한 경제질서 및 사법권의 독립 등을 의미한다”고 천명한 바 있다(憲 1990. 4. 2.-89헌가113; 1994. 4. 28.-89헌마221 참조). 또한 우리 헌법은 정당에 대하여도 민주적 기본질서를 해하지 않는 범위 내에서의 정당활동을 보장하고 있다. 즉 헌법 제 8 조 제 2 항 및 제 4 항에 “정당은 그 목적 · 조직과 활동이 민주적이어야 하며……,” “정당의 목적이나 활동이 민주적 기본질서에 위배될 때에는……헌법재판소의 심판에 의하여 해산된다”고 명시하고 있다. 따라서 어떠한 정당이 외형상 민주적 기본질서를 추구한다고 하더라도 그 구체적인 강령 및 활동이 폭력적 지배를 추구함으로써 자유민주적 기본질서를 위반되는 경우 우리 헌법 질서에서는 용인될 수 없는 것이다. 한편 우리 헌법은 자유민주적 기본질서의 일부인 시장경제 및 사유재산권의 보장에 대하여도 제23조 제 1 항 전문에서 “모든 국민의 재산권은 보장된다,” 제119조 제 1 항에서 “대한민국의 경제질서는 개인과 기업의 경제상의 자유와 창의를 존중함을 기본으로 한다”고 각 규정하고 있다. 우리 재판소도 이를 구체화하여 “우리 헌법은 사유재산제도와 경제활동에 관한 사적자치의 원칙을 기초로 하는 자본주의 시장경제질서를 기본으로 하고 있음을 선언하고 있다. 국민 개개인에게 자유스러운 경제활동을 통하여 생활의 기본적 수요를 스스로 충족시킬 수 있도록 하고 사유재산의 자유로운 이용 · 수익과 그 처분 및 상속을 보장해 주는 것이 인간의 자유와 창의를 보장하는 지름길이고 궁극적으로는 인간의 존엄과 가치를 증대시키는 최선의 방법이라는 이상을 배경으로 하고 있다”고 밝힌 것이다(憲 1997. 8. 21.-88헌가19등). 물론 우리 헌법은 그 전문에서 “모든 영역에 있어서 각인의 기회를 균등히 하고 ……안으로는 국민생활의 균등한 향상을 기하고”라고 천명하고, 제23조 제 2 항과 여러 ‘사회적 기본권’ 관련 조항, 제119조 제 2 항 이하의 경제질서에 관한 조항 등에서 모든 국민에게 그 생활의 기본적 수요를 충족시키려는 이른바 사회국가의 원리를 동시에 채택하여 구현하려하고 있다. 그러나 이러한 사회국가의 원리는 자유민주적 기본질서의 범위 내에서 이루어져야 하고, 국민 개인의 자유와 창의를 보완하는 범위 내에서 이루어지는 내재적 한계를 지니고 있다 할 것이다. 우리 재판소도 “우리 헌법은 자유민주적 기본질서 및 시장경제질서를 기본으로 하면서 위 질서들에 수반되는 모순을 제거하기 위하여 사회국가원리를 수용하여 실질적인 자유와 평등을 아울러 달성하려는 근본이념을 가지고 있다”라고 판시한 것은 이러한 맥락에서 이루어 진 것이다(憲 1998. 5. 28. 96헌가4등; 1996. 4. 25. 92헌바47). 따라서 우리 헌법은 폭력적, 자의적인 지배 즉 일인 내지 일당독재를 지지하거나, 국민들의 기본적 인권을 말살하는 어떠한 지배원리도 용인하지 않는다. 형식적으로는 권력분립·의회제도·복수정당제도·선거제도를 유지하면서 실질적으로는 권력집중을 획책하여 비판과 견제기능을 무력화하고, 자유·비밀선거의 외형만을 갖춰 구성된 일당독재를 통하여 의회제도를 형해화하거나, 또는 헌법상 보장된 기본권을 인정하지 아니함으로써 사유재산 및 시장경제질서를 부정하는 공산주의를 신봉하는 정당이나 집단은 우리 헌법의 이념과 배치되고, 이러한 이념을 추구한 정당 또는 단체와 그 구성원들의 활동도 헌법과 법률에 의하여 보호되지 아니한다고 할 것이다. 결국 우리 국민들의 정치적 결단인 자유민주적 기본질서 및 시장경제원리에 대한 깊은 신념과 준엄한 원칙은 현재뿐 아니라 과거와 미래를 통틀어 일관되게 우리 헌법을 관류하는 지배원리로서 모든 법령의 해석기준이 되므로 이 법의 해석 및 적용도 이러한 틀 안에서 이루어져야 할 것이다.」

[100] 第二 法治國家

헌법은 本文에서 법치주의를 명시적으로 정하고 있지는 않다. 그러나 헌법이 공동체구성원의 기본권을 보장하고 있고, 국가권력이 분립되어 있으며, 국가기관 가운데 입법권을 가지는 국회가 있고, 이 입법권에 의하여 제정되는 법률에 의하여 법의 형식성이 확보된 상태에서 국가의 구체적인 작용이 이루어지는 점에서 법치주의는 헌법 전반에 걸쳐 구현되어 있다. 국가작용이 법규범에 의하여 이루어지는 것은 법률만에 의하지 않고 행정법규범인 명령이나 규칙에 의해서도 이루어지며, 조례와 같은 자치입법에 의해서도 이루어진다.

어떠한 경우이든 국가의 작용은 이러한 법규범에 의하여 이루어지며, 특정 개인의 주관적인 자의에 의하여 행해지지 못한다. 따라서 법치국가라 함은 실정법에 의하여 국가작용이 이루어지는 것만 의미하는 것이 아니라 법치주의의 원리에 따라 국가작용이 이루어지는 것을 포함한다.

[101] 第三 單一國家

헌법은 단일국가를 취하고 있다. 헌법은 연방국가임을 규정하지 않고 있을 뿐 아니라, 국가의 구조, 성질, 조직 등을 정하고 있는 규정들(憲法 §40 이하)에서 단일국가의 모습을 취하고 있다. 대한민국이라는 국가를 단일한 主權하에 중앙정부와 지방자치단체로 나누어 정하고 있으며, 그 이외에 어떠한 경우에도 국가주권이 나누어지는 것을 상정하고 있지 않다. 따라서 현행 헌법하에서는 대한민국을 聯邦國家와 같이 운영할 수 없다. 지방자치의 수준에 따라 지방자치단체의 독자성의 보장에 차이가 있을 수는 있지만, 아무리 지방자치의 수준이 높다고 하더라도 연방국가로 성질이 변하는 것은 아니다. 地方自治를 심화시켜도 지방자치단체를 연방국가의 支邦과 같이 독자적인 주권을 가진 것으로 인정할 수 없다.

2. 經濟領域의 基本原理

[102] 第一 憲法과 經濟秩序

헌법은 사회의 자율성과 재산권과 계약자유를 보장하여 그로 인하여 경제질서가 자유로이 형성되게 하는 경우도 있고, 그와 달리 헌법이 경제에 관한 사항에 대하여 명시적으로 정하는 경우도 있다. 우리 헌법은 경제에 관한 중요 사항에 대하여 명시적으로 정하는 유형에 해당한다.

[103] 第二 市場經濟

憲法은 「대한민국의 경제질서는 개인과 기업의 경제상의 자유와 창의를 존중함을 기본으로 한다」(憲法 §119①)라고 함과 동시에 사유재산과 재산권의 행사를 보장하고(憲法 §23), 직업의 자유와 영업의 자유(憲法 §15) 및 경제활동의 자유(憲法 §10)를 보장하고 있어 시장경제(market economy)를 헌법에서 보장하고 있다. 이러한 시장경제에서 사람은 자유로이 경제활동을 하면서 인간의 존엄과 가치를 보다 충실히 실현할 수 있고 자신의 개성을 신장할 수 있다. 시장경제에서는 계약의 자유가 필수적인 요소로 작용하는데, 계약의 자유는 憲法 제10조에서 나오는 일반적 행동자유권과 제23조의 재산권 행사의 자유에 의하여 보장된다.

그런데 우리 헌법이 보장하는 시장경제질서는 自由放任經濟를 의미하는 것은 아니다. 재산권의 행사와 경제활동의 자유가 자유방임의 상태에 두어질 때 경제력의 차이에 따라 시장의 실패와 약육강식의 현상이 발생하여 더 이상 시장의 기능이 정상적으로 작동하지 않게 되고 인간의 삶에는 「사람에 의한 사람의 지배」가 발생하여 인간의 존엄과 가치는 경제력에 의하여 왜곡된다. 헌법 제23조 제3항, 제37조 제2항, 제119조 제2항 등은 이러한 문제를 야기하는 자유방임경제를 허용하지 않고 헌법이 정하는 필요한 경우에 경제를 조정하고 시장의 기능을 정상적으로 유지하기 위하여 국가가 필요한 범위 내에서 경제에 개입하는 것을 허용하고 있다. 이러한 국가의 개입은 시장의 실패를 교정하기 위한 것이기 때문에 시장경제와 충돌하는 것이 아니라 오히려 시장경제와 부합한다.

그러나 국가의 개입도 어디까지나 국민의 경제활동을 보호하고 시장의 기능을 정상적으로 유지하고 공동체를 보장하기 위하여 필요한 범위 내에서 인정되는 것이므로 국가의 이러한 개입에도 보충성의 원리, 신뢰보호원리, 재산권의 소급적 박탈금지, 과잉금지원칙과 같은 법치주의의 원리가 적용된다. 여기에 시장경제질서에서 인정되는 국가개입의 한계가 있다.

경제에 관한 기본적인 헌법규정은 헌법의 전문, 제10조, 제23조, 제34조, 제119조에서 정하고 있다. 이에 의하면, 모든 국민에게 사유재산권(憲法 §23)과 경제활동의 자유를 인정하고 자율과 조화를 바탕으로 경제영역에서의 경제활동의 기회를 균등히 하고 그 능력을 최고도로 발휘할 수 있게 하는 것을 보장하여(憲法 前文), 모든 국민이 인간으로서의 존엄과 가치를 가지고 행복을 추구하며 인간답게 살 수 있게 하는 자유로운 경제질서를 추구한다. 이러한 경제질서는 개인과 기업의 경제상의 자유와 창의를 존중함을 기본으로 하는데, 기본적으로 개인은 自由市場(free market)에서 사유로이 경제활동을 한다(憲法 §119①). 다만, 국가는 균형 있는 국민경제의 성장 및 안정과 적정한 소득의 분배를 유지하고, 시장의 지배와 경제력의 남용을 방지하며, 경제주체간의 조화를 통한 경제의 민주화를 위하여 경제에 관한 규제와 조정을 할 수 있게 하고 있다(同條 ②).

> 憲法 제119조 제2항의 규정이 필요한가 하는 문제가 있다. 경제주체의 경제활동을 자유시장에 맡겨두는 경우에 시장의 실패가 발생할 수 있고, 공공재와 기본재의 공급을 개인의 경제활동에 맡겨 둘 수 없는 경우도 있다. 이러한 경우 국가가 개입할 수밖에 없는데, 헌법 제119조 제2항은 시장과 국가간의 이러한 원리를 확인하여 규정하고 있다. 그런데 경제활동의 자유 및 영업의 자유가 기본권으로 보장되어도 헌법 제37조 제2항에 근거하여 필요한 경우에 제한할 수 있으므로 헌법 제37조 제2항의 규정이 있는 경우에는 헌법 제119조 제2항과 같은 규정은 둘 필요가 없다고 할 것이다. 경제활동의 규제와 조정에 관한 법률은 헌법 제37조 제2항에 근거하여 제정할 수 있다. 다만, 시장과 국가의 관계에서 이러한 경제원리를 확인하는 규정이 필요하다고 하는 경우에는 헌법에 명시해도 무방하다. 경제조항을 따로 두지 않는 경우에는 총강에서 정할 수 있다.

시장경제원리와 국민의 자율적이고 자유로운 경제활동을 침해하는 국가의 행위는 헌법에 위반된다. 독재와 권위주의통치 및 고도성장시기의 국가주도적 경제운용으로 인하여 국가권력에 의하여 경제활동이 통제되고 官治經濟가 습관화된 우리의 경우에는 정상적인 시장질서의 형성이 무엇보다 중요하다. 官治經濟는 시장의 기능을 왜곡하는 것이어서 헌법의 시장경제원리에 어긋난다. 따라서 헌법 제119조 제2항이 관치경제의 근거가 되거나 이를 정당화하는 규정은 될 수 없다.

憲法裁判所는 토지거래허가제도나(예: 憲 1989. 12. 22.-88헌가13) 국민연금제도에 대하여(예: 憲 2001. 2. 22.-99헌마365)

합헌이라고 판시하였고, 화재보험의 강제가입제도(예: 憲 1991. 6. 3.-89헌마204), 국가가 강제로 기업을 해체한 것(예: 憲 1993. 7. 29.-89헌마31), 주류업자로 하여금 자도소주를 의무적으로 구입하게 한 것(예: 憲 1996. 12. 26.-96헌가18)에 대하여는 시장질서를 침해한 것으로 보고 위헌이라고 판시하였다.

[憲 1989. 12. 22.-88헌가13] 「헌법 제119조 제2항……헌법이 이미 많은 문제점과 모순을 노정한 자유방임적 시장경제를 지향(指向)하지 않고 아울러 전체주의국가의 계획통제경제도 지양(止揚)하면서 국민 모두가 호혜공영(互惠共榮)하는 실질적인 사회정의가 보장되는 국가, 환언하면 자본주의적 생산양식이라든가 시장메커니즘의 자동조절기능이라는 골격은 유지하면서 근로대중의 최소한의 인간다운 생활을 보장하기 위하여 소득의 재분배, 투자의 유도·조정, 실업자 구제 내지 완전고용, 광범한 사회보장을 책임있게 시행하는 국가 즉 민주복지국가(民主福祉國家)의 이상을 추구하고 있음을 의미하는 것이다. 그런데 국민의 건전한 양식과 양심에 따른 자율적 규제로 토지투기가 억제되기 어렵다는 것은 수많은 토지투기의 사례와 지가폭등의 현실이 이를 잘 보여 주고 있는 것이며, 그에 대한 정부의 규제는 불가피한 것이라고 아니할 수 없는 것이다. 그렇다면 토지거래허가제는 헌법이 정하고 있는 경제질서와도 아무런 충돌이 없다고 할 것이므로 이를 사적자치의 원칙이나 헌법상의 보충의 원리에 위배된다고 할 수 없을 것이다.」

[憲 2001. 2. 22.-99헌마365] 「우리 헌법의 경제질서 원칙에 비추어 보면, 사회보험방식에 의하여 재원을 조성하여 반대급부로 노후생활을 보장하는 강제저축 프로그램으로서의 국민연금제도는 상호부조의 원리에 입각한 사회연대성에 기초하여 고소득계층에서 저소득층으로, 근로 세대에서 노년 세대로, 현재 세대에서 미래 세대로 국민간의 소득재분배 기능을 함으로써 오히려 위 사회적 시장경제질서에 부합하는 제도라 할 것이므로 국민연금제도가 헌법상의 시장경제질서에 위배된다는 위 주장은 이유 없다 할 것이다.」

[憲 1991. 6. 3.-89헌마204] 「특수건물 소유자의 보험가입은 그 가입이 법적 의무로 되어 있는 강제보험이다. 헌법 제10조 전문은 "모든 국민은 인간으로서의 존엄과 가치를 가지며, 행복을 추구할 권리를 가진다"고 규정하고 있다. 여기의 행복추구권 속에 함축된 일반적인 행동자유권과 개성의 자유로운 발현권은 국가안전보장, 질서유지 또는 공공복리에 반하지 않는 한 입법 기타 국정상 최대의 존중을 필요로 하는 것이라고 볼 것이다. 일반적 행동자유권에는 적극적으로 자유롭게 행동을 하는 것은 물론 소극적으로 행동을 하지 않을 자유 즉 부작위의 자유도 포함되는 것으로, 법률행위의 영역에 있어서는 계약을 체결할 것인가의 여부, 체결한다면 어떠한 내용의, 어떠한 상대방과의 관계에서, 어떠한 방식으로 계약을 체결하느냐 하는 것도 당사자 자신이 자기의사로 결정하는 자유뿐만 아니라 원치 않으면 계약을 체결하지 않을 자유 즉 원치 않는 계약의 체결은 법이나 국가에 의하여 강제받지 않을 자유인 이른바 계약자유의 원칙도, 여기의 일반적 행동자유권으로부터 파생되는 것이라 할 것이다. 이는 곧 헌법 제119조 제1항의 개인의 경제상의 자유의 일종이기도 하다. 그렇다면 특수건물의 소유자에게 특약부 화재보험계약체결의 강제는 계약자유의 원칙에 대한 제약인 동시에 헌법상의 일반적 행동자유권 내지 경제활동의 자유의 제한이 된다고 할 것이다.……4층 이상의 건물에 대해 획일적인

보험가입강제를 한 것은 그 한도에서 헌법 제37조 제2항에 의하여 정당화될 수 없는 것으로 필요부득이한 제한이 아니며 따라서 헌법 제10조, 제11조, 제15조, 제23조, 제34조 제1항, 제119조 제1항에 위반된다고 할 것이다.」

[憲 1993. 7. 29.-89헌마31] 「부실기업을 그대로 방치할 때에 국가 사회적 파급효과가 크다 하더라도 법의 테두리 안에서 문제를 해결하도록 시도하는 것이 법치행정의 원칙의 준수이며, 만일 법이 없으면 공권력 개입의 객관적 기준을 세운 법안을 발안한 다음 새 입법을 기다려 그에 의거하여야 할 것이지, 그와 같은 절차가 번거롭다 하여 이를 생략한 채 목적이 좋다는 것만 내세워 초법적 수단에 의거하여 마치 국·공영기업의 경영자를 발령하여 바꾸듯이 사영기업의 사실상의 지배주주를 갈고 경영권자를 바꾸는 식의 공권력의 행사는 시장경제적 법치질서를 파탄시키는 것밖에 되지 못한다.……국제그룹의 전면해체과정에 있어서 대통령결단의 구체적 경위와 배경, 인수과정에 있어서의 문제점, 그리고 당시 국제그룹이 처한 정확한 재정상태 등의 쟁점에 나아가 살필 필요 없이 이 사건 피청구인의 공권력의 행사가 위헌임을 선언하는 소이(所以)는 관치금융이 아닌 법치금융, 나아가 경제적 법치주의 등 위에서 본 바와 같은 수호되어야 할 헌법적 가치질서를 보다 뚜렷이 밝히고자 함에 있는 것이다.……이 사건 피청구인이 대통령에 건의 보고하여 그 지시를 받아 1985. 2. 7. 청구인 경영의 국제그룹을 해체키로 기본방침을 결정하고 같은 달 11. 그 인수업체를 정한 후, 이의 실행을 위하여 제일은행장 등에 지시하여 같은 달 13.부터 국제그룹계열사에 대한 은행자금관리에 착수하게 하고 제일은행 앞으로 처분위임장 등으로 계열사의 처분권을 위임받게 하는 등 해체준비를 하도록 하고, 피청구인이 만든 "국제그룹정상화대책" 표제의 보도자료에 의거하여 같은 달 21. 제일은행의 이름으로 언론에 발표하도록 하는 등 국제그룹해체를 위하여 한 일련의 공권력의 행사는 헌법상 법치국가의 원리, 헌법 제119조 제1항·제126조·제11조의 규정을 어겨 청구인의 기업활동의 자유와 평등권을 침해한 것이므로 헌법에 위반된 것임을 확인하며……」

《독일의 「사회적 시장경제」 모델》

종래 우리 헌법을 해석하면서 독일에서 경제모델로 고안·채택하고 있는 사회적 시장경제의 모델을 그대로 대입하여 우리 헌법이 정하고 있는 경제규정들을 사회적 시장경제질서라고 설명한 견해들이 있었다. 그런데 우리 헌법은 자본주의와 시장경제와 사적소유권과 재산권을 보장하고 있는 시장경제체제를 정하고 있을 뿐 헌법수준에서 특정한 경제모델을 정하고 있지 않다. 우리 헌법이 정하고 있는 경제질서의 범위에서는 독일의 사회적 시장경제모델이나 미합중국식 경제모델도 채택할 수 있고, 일본국의 경제모델도 채택할 수 있으며, 헌법의 틀 내에서 우리에게 합당한 고유한 경제모델도 개발할 수 있다. 이러한 모델은 헌법이 정하고 있는 경제에 관한 틀 내에서 법률이 정하는 바에 따라 내용이 달라진다. 독일이 채택하고 있는 「社會的 市場經濟」(soziale Marktwirtschaft, social market economy)의 모델은 19세기에서 1920년대 말까지 독일 경제학의 주류를 형성해온 歷史學派에 반대하여 제2차 세계대전 이후 독일의 자유주의자들이 중앙통제경제모델을 비판하고 이를 극복하기 위하여 제시한 秩序自由主義(Ordo Liberalismus, order liberalism)에 이념적·이론적 기반을 두고 설계된

모델이었다. W. Eucken(1891-1950)에 의해 대표되는 秩序理論(Ordnungstheorie)은 바이마르공화국의 붕괴와 국가사회주의 등장에 대하여 심각한 반성을 하고, 무엇보다 경제현상은 경제질서에 의하여 영향을 받는다고 보고, 올바른 경제질서를 구축하는 것이 무엇보다 필요하다고 보았다. 이러한 경제질서는 개인의 자유와 경제적 능률을 추구하는 시장에서의 자유와 사회적 정의를 추구하는 사회적 형평의 기본이념과 원칙으로 작동하는 질서인데, 이를 통하여 거시경제적 안정, 적정 성장률의 유지, 사회적 정의와 사회보장의 실현을 목표로 하는 것이었다. 이에 따라 질서정책의 수립이 필요한데, 그 정책은 경제정책에서는 시장에서의 경쟁원리가 보장되고 어떤 정책수단도 시장경제원리에 합치하여야 하며 사회정책에서는 개인이 자력으로 해결하기 어려운 경우에만 국가가 개입하는 보충성원리를 지키는 것을 핵심내용으로 삼는 것이었다. 이러한 사회적 시장경제의 모델은 이미 F. A. v. Hayek (1899-1992)가 비판하였듯이, L. Erhart(1897-1977)와 A. Müller-Armack에 의해 사용된 「사회적」이라는 애매모호한 개념으로 인하여 처음부터 시장경제일 수 없는 문제점을 안고 있었고, 실제에서도 「사회적」이라는 개념의 해석과 관련하여 여러 가지로 변질되어 국가의 강력한 개입을 허용하는 길을 열어주는 결과를 가져왔다. 1960년대 후반에는 국가의 총수요관리강화를 통한 거시경제의 안정을 도모하였으나 재정지출과 국가채무의 급증으로 많은 문제들을 야기한 채 실패하였다. 독일 경제가 침체기에 빠져들면서 현재까지 이 모델에 대한 논란이 지속되고 있다.

憲法裁判所는 사건의 쟁점에서 主論으로 설시한 것은 아니지만 종래 일부 헌법학자들의 용어사용법에 따라 우리 헌법의 경제질서를 만연히 「사회적 시장경제질서」라고 기술한 것이 적지 않으나(예: 憲 1996. 4. 25.-92헌바47; 1998. 5. 28.-96헌가4 등 다수), 근래에는 이에 우리 헌법상의 경제질서에 대하여 「자유시장경제질서」라고 기술하는 등 성찰적인 경향을 보인다(예: 憲 2009. 9. 24.-2007헌바108).

[104] 第三 經濟에 관한 憲法規定

헌법은 특히 경제영역에서 분명히 정해두어야 할 사항에 대해서 개별적으로 정하는 방식을 취하고 있다.

I. 국공유화에 관한 규정

헌법은 국방상 또는 국민경제상 긴절한 필요로 인하여 법률이 정하는 경우를 제외하고는, 사영기업을 국유 또는 공유로 이전하거나 그 경영을 통제 또는 관리할 수 없다고 하여(憲法 §126), 자유시장경제질서를 보호함과 동시에 예외적인 경우에 한하여 국공유화를 인정하고 있다. 법률로써 국공유화를 하는 경우에도 헌법 제23조 제1항 또는 제3항에 따라 정당한 보상을 하여야 한다.

이 규정은 재산권보장의 규정에 함께 정하는 것이 보다 타당하다. 헌법에 경제조항을 따로 둘 필요가 있는가 하는 관점에서 볼 때, 현재의 경제조항에 정하고 있는 내용 가운데 불필요한 것은 삭제하고, 경제의 기본원리와 기본원칙은 총강으로 옮기고 나머지 내용은 해당 기본권 조항으로 옮기는 것이 타당하다.

Ⅱ. 규제 · 조정에 관한 규정

광물 기타 중요한 지하자원 · 수산자원 · 수력과 경제상 이용할 수 있는 자연력은 법률이 정하는 바에 의하여 일정한 기간 그 채취 · 개발 또는 이용을 특허할 수 있도록 하여(憲法 §120①) 한정된 천연자원의 채취 · 개발 · 이용에 대하여 규제를 할 수 있음을 정하고, 국가는 대외무역을 육성하는 동시에 이를 규제 · 조정할 수 있음을 정하고 있다(憲法 §125).

Ⅲ. 국토와 농지에 관한 규정

국토와 자원은 국가의 보호를 받으며, 국가는 그 균형 있는 개발과 이용을 위하여 필요한 계획을 수립한다(憲法 §120②). 이는 한정된 국토와 자원을 시장에 맡겨 둘 때 현재와 미래세대를 위하여 합리적으로 관리되기 어렵다고 보아 국가로 하여금 보호하게 하고 이에 대한 전체적이고 장기적인 계획을 수립하게 한 것이다. 이를 구체화한 것으로 國土基本法과 國土의計劃및利用에관한法律이 있다.

국가는 국민 모두의 생산 및 생활의 기반이 되는 국토의 효율적이고 균형 있는 이용 · 개발과 보전을 위하여 법률이 정하는 바에 의하여 그에 관한 필요한 제한과 의무를 과할 수 있다(憲法 §122). 사유의 토지에 대하여 이러한 제한과 의무를 과하는 것이 헌법 제23조 제 3 항에 해당하는 경우에는 국가는 정당한 보상을 하여야 한다.

그리고 국가로 하여금 농지에 관하여 耕者有田의 原則이 달성될 수 있도록 노력하도록 하고, 농지의 小作制度는 금지하고 있다(憲法 §121①). 이는 우리 역사에서 전근대적인 토지소유관계와 이를 바탕으로 한 신분관계를 헌법에서 금지하는 것이기도 한데, 오늘날에는 그 의미가 없어졌다. 그리고 농업생산성의 제고와 농지의 합리적인 이용을 위하거나 불가피한 사정으로 발생하는 농지의 임대차와 위탁경영은 법률이 정하는 바에 의하여 인정된다고 하여 경자유전의 원칙을 유지하되 농지의 임대차와 위탁경영의 길을 열어 놓고 있다(同條 ②).

오늘날 산업구조에서 볼 때, 경자유전의 원칙을 헌법에서 정하는 것은 타당하다고 보기 어렵다. 경자유전의 원칙은 1차 산업이 경제의 기초를 형성하는 구조에서 농업이 산업의 기초를 이루고 있을 때 실효성을 가지는 것이다. 세계경제질서에 편입되어 농산물의 국가간 유통이 이루어지고 기업농이 글로벌하게 이루어지는 상황에서는 이러한 규정을 헌법에 두는 것이 입법자의 탄력적인 경제운용을 저해하고 산업의 구조를 왜곡하여 경제적 생산력을 저하시키는 결과를 가져올 수 있다. 헌법

제121조는 오늘날 세계경제구조와 국내경제구조에 적합하지 않으므로 폐지하는 것이 타당하다. 1948년헌법은 해방 이후 농지개혁을 하기 위하여 「농지는 농민에게 분배하며 그 분배의 방법, 소유의 한도, 소유권의 내용과 한계는 법률로써 정한다」라고 하여 농지개혁의 근거를 마련하고 이를 시행하였으나 농지개혁의 결과 농업의 영세화를 초래하여 1962년헌법에서는 이를 폐지하였고, 소작제도는 법률이 정하는 바에 의하여 금지된다고 정한 이래 현재까지 소작금지를 정하고 있다.

Ⅳ. 농어촌종합개발계획과 지역균형발전에 관한 규정

국가는 농업 및 어업을 보호·육성하기 위하여 농·어촌종합개발과 그 지원 등 필요한 계획을 수립·시행하여야 한다(憲法 §123①). 그와 동시에 국가는 지역간의 균형 있는 발전을 위하여 지역경제를 육성할 의무를 진다(憲法 §123②)고 하여 지역적으로 경제발전이 골고루 이루어져 생활의 경제적 환경과 여건을 균등하게 만들도록 하는 과제를 국가에게 부여하고 있다.

국가는 중소기업을 보호하고 육성하여야 하고(憲法 §123③), 농수산물의 수급균형과 유통구조의 개선에 노력하여 가격 안정을 도모함으로써 농·어민의 이익을 보호한다(憲法 §123④)고 하여 국가에게 이러한 과제를 수행하도록 노력할 의무를 부과하고 있다.

경제정책이 사회의 구조와 환경의 변화에 대응하여 이루어져야 한다는 점을 고려하면 이러한 사항을 헌법에서 정하는 것이 타당한지는 의문이다.

국가는 농·어민과 중소기업의 自助組織을 육성하여야 하며, 그 자율적 활동과 발전을 보장한다(憲法 §123⑤). 이를 구체화한 것으로 중소기업협동조합법, 농업협동조합법, 수산업협동조합법이 있다.

헌법의 이 규정은 기본적으로 농업과 어업 그리고 중소기업이 경제의 기본바탕이 되는 경제구조를 상정한 것이므로 자본과 노동의 국제적 이동이 활발하고 경제구조가 글로벌경제로서의 특징을 가지는 오늘날에는 적당하지 않은 규정이다. 법률적 사항으로 정하여 상황에 탄력적으로 대응하는 것이 타당하다.

헌법 제123조 제5항의 自助組織에는 농업, 어업, 중소기업만 해당하는 것이 아니라 축산업과 기타 각종 산업도 해당한다. 자조조직은 농업이라는 하나의 단위로 구성되는 것이 아니라 농업에 속하는 개별 산업(화훼, 인삼, 약초, 과일, 채소 등)을 단위로 하여 조직될 수 있다. 자조조직은 헌법상의 결사의 자유와 영업의 자유 등에 의해 보호되므로 국가가 통제할 수 없다. 예컨대 국가가 법률로 농업협동조합과 축산업협동조합을 강제로 통합하거나 인삼조합을 농업협동조합에 강제로 통합할 수 없다. 헌법에서 이와 같은 조항을 두는 것은 육성이라는 명목으로 이러한 자조조직을 통제하고 관리하는 근거로 동원될 우려가 있다.

憲法裁判所는 축산업협동조합은 私法上의 法人이라고 하고(예: 憲 1991. 3. 11.-90헌마28; 1996. 4. 25.-92헌바47), 축산업협동조합 중앙회는 사법인도 아니고 공법인도 아닌 특수한 법인이라고 하였다(예: 憲 2000. 6. 1.-99헌마553). 농업협동조합에 대해서는 특수법인이라고 판시하였다(예: 憲 2000. 6. 1.-98헌마386).

[憲 1996. 4. 25.-92헌바47] 「이와 같은 특수성은 헌법 제123조 제5항에 의한 국가의 협동조합육성의무와 축협을 비롯한 우리나라 협동조합의 육성과정에서 나타나는 국가의 강력한 지원 및 감독에 따라 나타나는 것에 불과하여 이를 근거로 축협을 공법인이라고 할 수는 없고, 오히려 공법상의 사단법인은 국가의 목적을 위하여 존재하고 국가에 의하여 설립된다는 점에서 사법상의 법인과 근본적인 차이가 있는바, 기본적으로 축협은 축산업의 진흥과 그 구성원의 경제적·사회적 지위향상과 공동이익을 도모함을 목적으로 하는 양축인의 자주적 협동조직이고(축협법 제1조, 제98조), 구역 내에 거주하는 유자격자 50인 이상이 발기인이 되어 설립하며(축협법 제14조, 제100조), 조합원의 출자로 자금을 조달하며(축협법 제103조, 제20조), 축협의 결성이나 가입이 강제되지 아니하고, 조합원의 임의탈퇴나 해산이 허용되며(축협법 제103조, 제27조, 제74조), 조합장은 조합원 중에서 조합원이 선출하는 등(축협법 제103조, 제41조 제3항) 그 목적이나 설립·관리면에서 자주적인 단체로서 공법인이라고 하기보다는 사법인이라고 할 것이다.」

[憲 2000. 6. 1.-99헌마553] 「축협중앙회 및 축협(지역별·업종별 축협)의 특성들에 의하면, 이들은 공법인적 성격과 사법인적 성격을 함께 구비하고 있는 중간적 성격의 단체인 것은 분명하나, 우선 "지역별·업종별 축협"은 그 "존립목적" 및 "설립형식"에서의 자주성에 비추어 볼 때, 오로지 국가의 목적을 위하여 존재하고 국가에 의하여 설립되는 공법인이라기보다는 사법인에 가깝다고 할 수밖에 없을 것이다(憲 1991. 3. 11.-90헌마28; 1996. 4. 25.-92헌바47 참조). 그러나 "축협중앙회"는 지역별·업종별 축협과 비교할 때, 회원의 임의탈퇴나 임의해산이 불가능한 점 등 그 공법인성이 상대적으로 크다고 할 것이지만, 이로써 축협중앙회를 공법인이라고 단정할 수는 없을 것이고, 이 역시 그 존립목적 및 설립형식에서의 자주적 성격에 비추어 사법인적 성격을 부인할 수 없다. 따라서 축협중앙회는 공법인성과 사법인성을 겸유한 특수한 법인으로서 이 사건에서 기본권의 주체가 될 수 있다고는 할 것이지만, 위와 같이 두드러진 공법인적 특성이 축협중앙회가 가지는 기본권의 제약요소로 작용하는 것만은 이를 피할 수 없다고 할 것이다.」

[憲 2000. 6. 1.-98헌마386] 「조합은 조합원의 농업생산력의 증진과 경제적·사회적 지위의 향상을 도모하거나(지역조합의 경우), 전문농업을 경영하는 조합원의 공동이익을 도모함으로써(전문조합의 경우) 궁극적으로는 국민 경제의 균형있는 발전을 목적으로 설립되는 농업인의 자주적인 협동조직으로서, 농업협동조합법이라는 특별법에 의하여 그 설립목적과 목적사업이 직접 규정되어 있는 특수법인이다(법 제3조, 제14조, 제58조, 제118조, 제125조).」

V. 과학기술의 혁신과 정보 및 인력개발

국가는 과학기술의 혁신과 정보 및 인력의 개발을 통하여 국민경제의 발전에 노력하여야 한다고 정하고(憲法 §127①), 이를 위하여 대통령으로 하여금 필요한 자문기구를 둘 수 있게 하고 있다(同條③).

Ⅵ. 국가표준제도의 확립

국가는 國家標準制度를 확립한다(憲法 §127②)고 하여 과학기술의 혁신과 산업구조의 고도화 및 정보화사회의 촉진에 부응하여 그에 필요한 통일적인 표준을 국가적 수준에서 마련하도록 하고 있다. 이를 구체화한 것으로 國家標準基本法, 産業標準化法이 있다.

Ⅶ. 소비자의 보호

헌법 제124조는 「국가는 건전한 소비행위를 계도하고 생산품의 품질 향상을 촉진하기 위하여 소비자보호운동을 법률이 정하는 바에 의하여 보장한다」라고 하여 소비에 대한 국가의 개입과 소비자보호운동의 보장에 대하여 정하고 있다. 이를 구체화한 것으로 消費者基本權이 있다.

이 규정은 1980년헌법에서 신설되었다. 국가가 소비행위를 계도하는 것은 국가우월적인 태도일 뿐 아니라 시장의 소비활동에 국가가 개입하여 시장을 왜곡시킬 우려가 있다. 이러한 조항은 폐지하는 것이 타당하다. 소비자보호운동에 관한 규정은 1980년대 소비자에 대한 인식이 저조한 때 이를 강조하기 위하여 헌법에서 정한 것이고 현재는 이에 대하여 법률이 정비되어 있으므로 이를 헌법에서 정할 필요는 없다고 할 것이다. 소비자보호에 대한 사항은 성질상 헌법적 사항이라기보다 법률적 사항에 해당한다고 할 것이다.

3. 社會領域의 基本原理

[105] 第一 槪 說

사회영역에서 헌법은 광의의 福祉國家(welfare state)를 추구한다. 복지국가는 20세기에 들어 인류가 확보한 큰 성과인데, 광의로는 복지에 관한 서비스를 제공하는데 적극적인 태도를 가지는 국가를 의미한다. 헌법은 이를 명문으로 정하고 있지 않지만 헌법의 여러 규정을 통하여 이를 인정하고 있다.

憲法裁判所의 판례도 헌법에서 명문의 규정은 없지만 복지국가를 수용하고 있음을 인정한다(예: 憲 2002. 12. 18.-2002헌마52; 2004. 10. 28.-2002헌마328).

[憲 2002. 12. 18.-2002헌마52] 「우리 헌법은 사회국가원리를 명문으로 규정하고 있지는 않지만, 헌법의 전문, 사회적 기본권의 보장(헌법 제31조 내지 제36조), 경제 영역에서 적극적으로 계획하고 유도하고 재분배하여야 할 국가의 의무를 규정하는 경제에 관한 조항(헌법 제119조 제2항 이하) 등과 같이 사회국가원리의 구체화된 여러 표현을 통하여 사회국가원리를 수용하였다. 사회국가란 한마디로, 사회정의의 이념을 헌법에 수용한 국가, 사회현상에 대하여 방관적인 국가가 아니라 경제 · 사회 · 문화의 모든 영역에서 정

의로운 사회질서의 형성을 위하여 사회현상에 관여하고 간섭하고 분배하고 조정하는 국가이며, 궁극적으로는 국민 각자가 실제로 자유를 행사할 수 있는 그 실질적 조건을 마련해 줄 의무가 있는 국가이다.」

[106] 第二 社會正義

헌법이 복지국가를 추구하는 것은 진정한 社會正義를 실현하기 위함이다. 오늘날 자본주의국가가 고도화되면서 경쟁구조로 말미암아 시장이 국민의 복지를 담보할 수 없는 현상이 발생하고, 사회경제적 약자가 경쟁에서 낙오하여 빈곤과 사회적 위험에 노출되는 문제가 발생하면서 진정한 정의는 자유와 평등 이외에 복지를 필요로 한다는 점이 확인되었다. 이에 헌법은 모든 국민이 인간으로서의 존엄과 가치를 지니고 행복을 실질적으로 추구할 수 있도록 하기 위하여 복지에 대하여 적극적으로 정하고 있다.

[107] 第三 福祉國家

I. 개 념

헌법이 추구하는 복지국가에 대해서도 과연 복지국가가 어떠한 것을 지칭하는지에 대해서는 오늘날까지 의견의 일치를 보지 못하고 있다. 넓은 의미에서의 복지국가는 국가가 국민에게 복지를 공급하는 나라를 지칭하지만, 구체적으로 그러한 것이 어떠한 모습인가 하는 점에 대해서는 의견이 분분하다. 대체로 말하자면, 시장경제를 기본으로 하면서 실업과 분배문제를 해결하기 위하여 사회보장제도를 확립하고 시장가격보다 싼 일련의 서비스를 제공하여 빈곤을 예방하고 사회적 약자를 보호하며, 산업재해로부터 안전을 보장하고 시장과 별도로 국가가 국민에게 일정한 공공복지를 제공하는 것을 福祉國家라고 한다. 복지국가의 「복지」개념에 교육이나 환경이 포함되는 것인가 하는 점에 대해서는 공공재정지출과 국가개입의 정도를 놓고 논란이 분분하다.

福祉國家의 槪念은 유럽 선발국가들이 사회발전의 과정에서 빈곤, 노동불안, 산업재해, 공중보건, 노령화, 실업 등의 사회문제에 직면하기 시작한 19세기에 태동하여(예: 1880년 프로이센에서 수립한 사회보험제도) 20세기 유럽에서 구현된 것이다. 경찰국가에서 복지국가로의 전환은 프랑스를 위시한 유럽에서 발전한 전유물인데 이러한 것이 점차 전세계로 전파되었다. 이를 지칭하는 용어로 프랑스에서는 Etat-providence라고 하고, 영국에서는 welfare state라고 하며, 독일에서는 Sozialstaat라고 한다. 이들 국가들이 채택하고 있는 복지국가의 구체적인 범위와 내용에서는 차이가 있지만, 국가가 전통적인 경찰에 의한 치안유지, 상비군에 의한 전쟁수행, 국제관계의 관리, 화폐주조 등의 기능 이외에 市民의 福祉(bien-être)를 배려한다는 기능을 추가한 국가라는 점에서 공통되고, 오늘날에서도 이러한 개념들은 유사한 것으로 이해되고 있다. Welfare state라는 말은 1941년 영국의 요크(York)시의 주교였던 William Temple이 전쟁을 목적으로 조직된 국가라는 warfare state라는 말에 대칭되는 의미로 welfare state라는 말을 사용한 것에서 시작되었다.

《사회국가》

우리 헌법이 추구하는 복지국가를 지칭하는 용어로 헌법학계에서는 社會國家(Sozialstaat)라는 말은 흔히 사용한다. 헌법재판소도 판례에서 이러한 용어법을 수용하여 동일하게 사용한다. 그런데 사회국가는 독일에서 복지국가를 지칭하는 말로 만들어낸 것이며, 독일의 사회국가는 국민에 대하여 국가가 항상 우위를 점하는 독일 국가주의의 배경을 가지고 있을 뿐만 아니라 과거 독일 역사학파의 國家後見的 관점이 들어 있다. 독일에서 국가가 국민에 대하여 시혜를 베풀고 국민을 보살펴주는 온정적이고 시혜적인 국가관을 배경으로 Wohlfahrtsstaat라는 개념이 복지국가로 이해되었고, 이는 제2제정 때 비스마르크의 사회정책에서 잘 나타났다. 오늘날 독일의 사회국가라는 개념은 이러한 국가우위의 온정적·시혜적인 관점은 많이 탈각하였으나 기본적으로 독일의 개념이 독일의 이러한 역사적 맥락하에서 형성되고 전개되어 온 것임을 고려하면, 국가의 중립성을 기본으로 하고 국민의 복지를 배려하는 복지국가를 지칭하는 용어로는 말 그대로 「福祉國家」라는 용어를 사용하는 것이 더 합당하다고 할 것이다.

Ⅱ. 유 형

복지국가는 결국 재화와 서비스의 공급에 있어 시장과 국가가 각기 어느 정도의 역할을 부담하는가 하는 문제로 돌아가는데 이와 관련해서는 각 나라마다 다양하게 나타나므로 일률적으로 말할 수 없고 단지 유형화해 볼 정도이다. 현실에 존재하는 복지국가를 유형화해보면, 시장기능을 기본적으로 인정하고 가장 취약계층에 대해서 복지를 제공하는 自由主義的 福祉國家(예: 미합중국, 일본, 오스트레일리아, 캐나다, 스위스), 사고, 질병, 노령, 실업 등 특정 상황에서 노동자들이 노동 밖으로 축출되려고 할 때 이의 소득유지를 목적으로 하고 재분배효과가 약한 組合主義的 福祉國家(예: 독일, 오스트리아, 이탈리아, 프랑스, 벨기에), 이른바 스칸디나비아 모델이라고 불리는 유형으로 상당한 사회적 서비스를 국가가 제공하고 높은 조세에 기초하여 재분배효과가 강한 社會主義的 福祉國家(예: 덴마크, 핀란드, 네덜란드, 노르웨이, 스웨덴)로 구분된다. 조합주의 복지국가와 사회주의적 복지국가의 유형에 속했던 나라들도 오늘날에는 점차 자유주의적 복지국가(=시장모델)로 전환하고 있다.

Ⅲ. 한 계

복지국가의 유형을 놓고 볼 때, 현행 헌법은 市場經濟와 自由主義를 채택하고 있으므로 사회주의적 복지국가는 허용되지 않는다. 여기에 우리 헌법이 채택하고 있는 복지국가의 성격이 확인된다.

이런 점에서 헌법이 추구하는 복지국가도 한계를 가진다. 넓은 의미로 복지국가는 우리 헌법이 추구하는 가치지향이기는 하지만, i) 복지국가가 시장경제와 자유주의, 자본주의의 체제를 전복하는 것이 될 수는 없다(理念的 限界). ii) 복지국가도 헌법원리인 법치국가의 원리에 위반될 수 없으므로 법치주의의 절차를 무시한 복지국가화는 허용되지 않는다(憲法原理的 限界). iii) 복지국가는 그 목적달성을 위하여 복지정책을 수립하고 실시하는데 자유권이 제한된다고 하더라도 자유와 권리의 본질적 내용을 침해하는 제한은 허용되지 아니한다(基本權保障的 限界). iv) 복지국가의 실현에 소요되는 사회정책적 투자를 위한 재원의 확보는 국가의 재정능력과 경제력에 의존할 수밖에 없고, 이러한 재원을 마련하기 위하여 과도하게 국민에게 과세하는 것은 허용되지 않는다(事實上의 限界). v) 복지국가라고 하여 시장의 기능에 의하여 해결할 수 있음에도 국가가 전면에 나서서 일방적으로 국민생활을 통제하면서 평준화 · 일원화를 강요할 수는 없다. 복지국가에서도 경제적 · 사회적 문제의 해결은 1차적으로는 개인과 시장의 차원에서 이루어지도록 하고 이러한 것이 불가능한 경우에 2차적으로 국가가 개입해야 한다(補充性의 原理).

복지국가는 구체적인 실현의 장에서 개인과 국가 사이에 시장에서 형성되는 中間地帶(예: 노동조합, 신용조합, 계, 보험회사, 개인연금, 주택업)의 역할을 인정하는가의 문제, 인정하는 경우에도 어느 정도로 인정하는가의 문제, 국가가 관장하던 업무의 民營化(privatization)의 문제 등과 밀접한 연관을 가지고 있다. 복지국가를 극단적으로 관철하면 개인과 국가 사이에는 시장과 중간지대의 역할이 부정되기 때문에(국가에 의한 가부장적 후견주의(paternalism)가 전면으로 나타난다) 자유민주주의체제에서 복지국가는 자율적 중간지대의 존재를 인정하는 근거 위에서만 가능하다. 오늘날 민영화의 추세는 복지서비스의 제공이 더 이상 국가의 독점하에 있지 않고 시장이 담당하는 영역으로 확대되어 감을 보여준다.

《복지국가의 위기》

복지국가는 20세기에 들어 경제성장을 촉진하고 사회적 반대와 저항을 극복하며 부의 공평한 분배를 실현하고자 하는 케인즈주의적 복지국가로 수렴되는 현상을 보였다. 세계 여러 나라들이 이러한 케인즈주의적 복지국가의 정책을 채택하였다. 그 결과 각 국가들은 1970년대 초까지 경제적 근대화, 구매력의 증대, 사회적 불평등의 상대적 감소, 빈곤의 점진적 감소 등의 성과를 얻었다. 그러나 그 이후로는 스태그플레이션과 경제의 세계적인 연관구조의 변화는 소비와 투자의 활성화를 기조로 하는 케인즈주의 정책에 예기치 못한 물가의 상승, 실업의 증대, 지출과 예산의 불균형, 불확실성의 증대 등 심각한 문제들을 초래하였다. 1980년대 들면서 복지국가 패러다임에 따라오는 사회적 급여의 지속적 팽창에 대한 심각한 재정적 압박, 국민에 대한 조세부담의 증가, 경제생활에 대한 국가의 비대한 역할, 정부기구의 과도한 팽창, 정부의 실패, 각종 사회정책이 노정하는 비효율성과 비생산성, 근로의욕의 감소 등으로 진정한 복지를 달성하기도 어렵고, 국가의 과도한 개입이 오히려 개인의 노력, 책임, 가족에 대한 가치를 파괴하는 결과를 가져왔다는 비판에 직면하게 되었다. 뿐만 아니라 경제의 세계화는 국민국가 수준에서의 복지정책이 효과가 없음을 보여주었다. 시장개방에 따른 전지구적 경쟁은 새로운 형태의 빈곤과 고용불안정을 초래하고 있고, 이를 전통적인 복지국가의 패러다임으로 해결하기 어렵다는 것으로 증명되고 있다. 이러한 상황에 직면하여 유럽의 전통적 복지국가들은 사회보호의 체제를 개편하고(예: 국가가 아닌 조합과 기업주에 의한 관리) 그 보호수준을 축소하며 시장지향의 사회모델로 전환하고 있다. 이로서 1980년대 복지국가의 위기를 체험한 이래 복지국가 패러다임은 복지국가의 소멸이라는 국면을 대면하기에 이르렀다. 여기서 많은 나라들에서는 공적 영역, 시민사회단체영역, 민간영역의 역할을 재조정하고 이들간의 파트너십을 중요시하면서(예컨대 混合福祉 Welfare-Mix) 현대의 도전에 대응하는 경향이 나타난다.

[108] 第四 福祉國家의 具現

헌법은 복지국가를 실현하기 위하여 국가에게 일정한 의무를 부과하면서 동시에 국민에게 生活權的 基本權을 보장하여 실질적으로 복지의 혜택을 권리로 보장받을 수 있게 하고 있다. 한편 복지는 경제활동에 대한 국가의 개입이라는 형태로 이루어지기 때문에 시장경제를 천명하면서도 국민의 복지를 실현하기 위하여 일정한 범위 내에서 국가가 개입할 수 있음을 정하고 있다.

Ⅰ. 국가의 의무 규정

헌법은 복지국가를 추구하고 실현하기 위하여 국가에 대하여 필요한 의무를 부과하고 있다. 헌법이 「국가는 사회보장 · 사회복지의 증진에 노력할 의무가 있다」(憲法 §34 ②)고 선언하여 사회보장과 사회복지의 증진을 위한 국가의 노력의무를 부과하고, 모성의 보호와 여자의 복지 및 권익향상의무(憲法 §34 ③) 그리고 노인과 청소년의 복지향상 등의 정책을 실시할 의무를 지우고(憲法 §34 ④), 생활무능력자에 대한 국가의 보호의무(憲法 §34 ⑤)와 재해로부터의 국민보호의무(憲法 §34 ⑥)를 강조하고, 국가에게 주택개발정책에 의한 쾌적한 주거생활환경을 조성할 것(憲法 §35 ③)을 제시하고 있는 것에서 헌법이 복지국가를 추구하고 있음을 발견할 수 있다.

Ⅱ. 사회적 권리의 보장

헌법은 제10조에서 인간의 존엄과 가치를 선언하고, 현실 생활에서 국민이 행복을 구체적으로 추구할 수 있기 위해서는 자유와 평등의 보장 이외에 생활권적인 권리의 보장이 필요하다고 보아 헌법은 제31조에서부터 제36조에 걸쳐 여러 가지의 社會的 權利(social right)를 보장하고 있다. 교육의 기회균등(憲法 §31), 근로의 권리와 최저생활을 보장하기 위한 최저임금제도(憲法 §32), 인간다운 생활을 할 권리 및 생활무능력자에 대한 국가적 보호(憲法 §34), 보건권(憲法 §36), 범죄피해자에 대한 국가구조제도(憲法 §30), 여자의 복지와 권익 및 기회균등의 보장(憲法 §34 ③), 연소근로자의 보호(憲法 §32 ⑤)에 관한 규정들이 이에 해당한다.

Ⅲ. 경제질서에 대한 규제와 조정

헌법의 경제질서는 私有財産制를 기반으로 하여 자유경쟁을 존중하는 시장경제질서를 기본으로 하면서도, 동시에 시장경제에 수반되는 여러 문제들과 모순을 제거하고 사회복지 · 사회정의를 실현하기 위해 국가적 규제와 조정을 인정하고 있다(憲法 §119 ①,②). 이를 통하여 공정거래를 확보하고 독과점을 배제하여 경제력의 집중을 방지하고, 재화의 공정한 분배와 국민의 세금을 재원으로 하여 국민생활에 필요한 기초적인 서비스를 제공한다.

그런데 국가가 公共財와 최소한의 생활에 필요한 基本財(basic needs)를 공급하는 것이 필요하다고 하더라도 어느 정도까지 공급하여야 하는가 하는 문제와 복지를 시장과 국가가 어느 정도로 나누어 담당하여야 하는가 하는 문제는 여전히 큰 쟁점으로 되어 있다. 복지정책을 국가가 세금을 재원으로 하여 독점적으로 공급하는 것이 국민에 대한 복지서비스의 질적 저하와 국가의 비효율을 초래하여 궁극에 국민에게 제대로 된 복지서비스를 하지 못한다는 지적이 제기되면서 현재 복지국가에서는 복지에 있어 시장과 국가의 역할 재조정이 중심적 과제가 되어 있다.

[憲 1998. 5. 28.-96헌가4등] 「헌법 제119조는 제1항에서 대한민국의 경제질서는 개인과 기업의 경제상의 자유와 창의를 존중함을 기본으로 한다고 규정하여 사유재산제도, 사적 자치의 원칙, 과실책임의 원칙을 기초로 하는 자유시장 경제질서를 기본으로 하고 있음을 선언하면서, 한편 그 제2항에서 국가는……경제주체간의 조화를 통한 경제의 민주화를 위하여 경제에 관한 규제와 조정을 할 수 있다고 규정하고, 헌법 제34조는 모든 국민은 인간다운 생활을 할 권리를 가진다(제1항), 신체장애자 및 질병 · 노령 기타의 사유로 생활능력이 없는 국민은 법률이 정하는 바에 의하여 국가의 보호를 받는다(제5항)고 규정하여 사회국가원리를 수용하고 있다. 결국 우리 헌법은 자유시장 경제질서를 기본으로 하면서 사회국가원리를 수용하여 실질적인 자유와 평등을 아울러 달성하려는 것을 근본이념으로 하고 있는 것이다.」

[憲 1999. 12. 23.-98헌마363] 「헌법의 기본원리나 특정조항에 비추어 능력주의원칙에 대한 예외를 인정할 수 있는 경우가 있다. 그러한 헌법원리로는 우리 헌법의 기본원리인 사회국가원리를 들 수 있고, 헌법조항으로는 여자 · 연소자근로의 보호, 국가유공자 · 상이군경 및 전몰군경의 유가족에 대한 우선적 근로기회의 보장을 규정하고 있는 헌법 제32조 제4항 내지 제6항, 여자 · 노인 · 신체장애자 등에 대한 사회보장의무를 규정하고 있는 헌법 제34조 제2항 내지 제5항 등을 들 수 있다. 이와 같은 헌법적 요청이 있는 경우에는 합리적 범위 안에서 능력주의가 제한될 수 있다.」

4. 文化領域의 基本原理

[109] 第一 概 說

Ⅰ. 헌법 규정

헌법은 문화와 관련하여 전문에서 「유구한 역사와 전통」을 강조하고 있고, 총강에서는 「국가는 傳統文化의 계승·발전과 민족문화의 창달에 노력하여야 한다」(憲法 §9)고 정하고 있으며, 대통령의 취임선서에서 「民族文化의 창달에 노력한다」(憲法 §69)고 정하고 있다. 그 밖에도 문화와 관련해서는 학문, 교육, 예술, 가족제도, 종교 등의 영역에서 권리와 제도를 정하고 있어 헌법은 문화를 규범 안으로 포섭하고 있다.

이러한 헌법의 규정이 문화에 대하여 과연 어떠한 규범적 의미를 정하고 있는 것이며, 국가는 문화와 어떠한 관계를 지니고 있는지가 문제가 된다. 그리고 헌법은 문화와 관련한 개념에서 「민족문화」와 「전통문화」라는 개념을 사용하고 있어 그 규범적 의미가 무엇인지도 문제가 된다.

Ⅱ. 문화의 개념과 성질

(1) 문화의 개념

文化(culture)라는 용어는 일상적으로 다양한 영역에서 매우 다양한 의미로 사용되고 있지만, 문화가 무엇을 의미하는가에 대해서는 관련 학문에서도 아직 의견의 일치를 보지 못하고 있다. 문화는 외부적으로 관찰할 수 있고 지각할 수 있는 구체적인 사물과 사건으로 구성된다고 보는 견해가 있는가 하면, 문화는 지각할 수도 없고 측정할 수도 없는 무형의 것이고, 그에 참여하는 구성원들도 직접 인지할 수 없는 실체가 없는 추상에 지나지 않는다고 하는 견해도 있다. 문화의 개념정의에 관한 다양한 의견 가운데서 대체로 문화는 사회구성원으로서의 인간이 획득하는 지식, 신앙, 예술, 도덕, 법칙, 풍속, 관습, 기타의 재능을 포함하는 人間集團의 生活樣式의 복합적 총체라고 하는 總體論的인 觀點(totalist view)이 통용되지만, 그와 달리 사회구성원들의 생활양식이 기초하고 있는 관념체계라고 보고 구체적인 행동에 이르게 만드는 기준, 표준, 규칙을 문화라고 하는 觀念論的 觀點(mentalist view)도 있다.

(2) 문화의 성질

일반적으로 다른 동물이 아닌 인간에 의해 형성되는 문화는 共有性, 學習性, 蓄積性, 全體性, 可變性을 지닌 것으로 이해된다. 문화는 개개인이 아니라 그 구성원이 소속하고 있는 집단의 행동양식으로 집단구성원들에 의해 공유된 것이고, 개인이 선천적으로 타고난 것이 아니라 구성원들이 사회화과정을 통하여 학습된 것이며, 한 세대에서 다음 세대로 이어지면서 축적된 것이고, 문화를 형성하는 개별 요소, 즉 종교, 지식, 도덕, 법, 제도, 관습, 전통 등 수 많은 개별 요소들에 의해 연관을 가지고 형성된 하나의 전체이고 체계이며, 시간적으로 항상 변하는 것이다. 이러한 문화의 변화과정 속에서 현재의 문화를 형성하는 요소가 되지 못하고 잔존해 있는 것을 文化遺産(cultural heritage)이라고 한다.

Ⅲ. 문화와 국가

위와 같은 의미와 성질을 가지는 문화는 국가와의 관계에서 원시시대부터 현대에 이르기까지 각 시대와 공동체마다 다양한 양상을 보여왔다. 국가와 관계없이 문화가 형성되고 소멸된 경우가 있었는가 하면, 국가가 국민의 생활양식을 직접 조성하고 통제하는 경우도 있었고, 국가는 문화에 개입하지는 않고 자율적인 문화가 건전하게 형성될 수 있도록 간접적으로 지원하거나 그 환경을 조성한 경우도 있었다.

헌법 제9조에서 국가로 하여금 전통문화의 계승·발전과 민족문화의 창달에 노력하도록 하는 것은 문화 가운데 일정한 영역, 즉 전통문화와 민족문화에 있어서는 그 계승과 발전을 위하여 국가로 하여금 적극 노력하도록 정하고 있는 경우이다.

[110] 第二 文化共同體

헌법이 정하고 있는 바에 의하면, 헌법은 대한민국이라는 공동체의 구성원들이 형성하는 문화에 대해서는 무엇보다 자율과 자유에 맡기고 있다. 헌법이 보장하는 기본권에 의하여 국민은 자율적이고 자유롭게 생활을 영위하고 이러한 가운데 생활양식이 형성되고 변화한다. 국민은 종교, 예술, 지식, 사회활동, 관습, 도덕, 가족생활 등에 있어 기본권으로 보장된 생활을 한다. 그러나 이러한 활동이 무제한 한 것이 아니라 헌법적 질서가 인정하는 범위 내에서 이루어지고, 이는 구체적으로 법과 제도에 의하여 규율된다. 이러한 범위 내에서 국가는 문화의 형성에 일정 부분 개입하고 간여한다. 헌법은 대한민국을 이러한 문화공동체로 보장한다.

따라서 국가는 국민의 생활양식과 이를 형성하는 요소들을 적극적으로 조성하거나 변경하거나 통제할 수 없다. 국가가 문화를 육성하는 것도 국민의 문화활동을 보장하는 것에 그치며, 특정한 문화를 적극적으로 만들어 유포하거나 수용하기를 강제하는 것은 허용되지 않는다. 국가가 방송 등 언론매체를 장악하고 특정한 방향으로 문화를 의도적으로 유도하여 시민을 교육하고 의식화시키는 것은 허용되지 않는다.

[憲 2004. 5. 27.-2003헌가1등] 「우리나라는 건국헌법 이래 문화국가의 원리

를 헌법의 기본원리로 채택하고 있다. 우리 현행 헌법은 전문에서 "문화의……영역에 있어서 각인의 기회를 균등히" 할 것을 선언하고 있을 뿐 아니라, 국가에게 전통문화의 계승발전과 민족문화의 창달을 위하여 노력할 의무를 지우고 있다(제9조). 또한 헌법은 문화국가를 실현하기 위하여 보장되어야 할 정신적 기본권으로 양심과 사상의 자유, 종교의 자유, 언론 · 출판의 자유, 학문과 예술의 자유 등을 규정하고 있는바, 개별성 · 고유성 · 다양성으로 표현되는 문화는 사회의 자율영역을 바탕으로 한다고 할 것이고, 이들 기본권은 견해와 사상의 다양성을 그 본질로 하는 문화국가원리의 불가결의 조건이라고 할 것이다. 문화국가원리는 국가의 문화국가실현에 관한 과제 또는 책임을 통하여 실현되는바, 국가의 문화정책과 밀접 불가분의 관계를 맺고 있다. 과거 국가절대주의사상의 국가관이 지배하던 시대에는 국가의 적극적인 문화간섭정책이 당연한 것으로 여겨졌다. 그러나 오늘날에 와서는 국가가 어떤 문화현상에 대하여도 이를 선호하거나, 우대하는 경향을 보이지 않는 불편부당의 원칙이 가장 바람직한 정책으로 평가받고 있다. 오늘날 문화국가에서의 문화정책은 그 초점이 문화 그 자체에 있는 것이 아니라 문화가 생겨날 수 있는 문화풍토를 조성하는 데 두어야 한다.」

《문화국가》

우리 헌법상 헌법과 문화의 관계를 설명하면서 독일의 文化國家(Kulturstaat)라는 개념을 동원하는 경향이 있다. 헌법재판소의 판례에서도 이런 점이 발견된다(예: 憲 2000. 4. 27.-98헌가16등; 2003. 1. 30.-2001헌바64; 2003. 12. 18.-2002헌가2; 2004. 5. 27.-2003헌가1등). 독일에서 문화국가라는 말을 사용한 것은 국가우월적이고 시민사회가 형성되지 않았던 19세기 초 국가와 문화를 연결하기 위하여 J. G. Fichte에 의해 사용되면서 시작되었으며, 이는 프로이센제국시대에 형성된 국가가 문화를 육성하는 문화국가의 개념을 역사적 배경으로 하고 있다. 이러한 문화국가의 개념하에 문화국가를 유형별로 ① 문화에 대해 국가가 완전한 불개입의 태도를 취하는 유형(이원주의적 모델), ② 계몽군주국가나 자유주의시대에서 볼 수 있듯이, 문화적 국가목적과는 다른 이해관계 때문에 국가가 문화를 육성하는 유형(공리주의적 모델), ③ 프로이센의 문화국가와 같이 문화 그 자체를 위해 국가가 문화를 육성하는 유형(문화국가적 모델), ④ 나치독일과 같이 문화를 정치적 기준에 따라 국가가 조종하는 유형(국가지도적 모델)으로 나누어 접근하는 견해도 있다(桂禧悅a, 418). 국가가 문화에 개입하지 않는 경우를 문화국가의 유형이라고 하는 것은 타당하지 않고, 국가가 문화를 존중하고 억압하거나 침해하지 않는 나라라는 의미로 사용한다면 학문적으로 엄밀한 개념이 될 수 없으므로 결국 문화국가라는 개념을 설정하는 것은 문화에 대하여 국가가 개입하는 것을 의미한다. 따라서 문화에 대하여 국가가 중립적이고 불개입을 추구하는 경우에는 문화국가라는 용어를 사용하는 것은 합당하지 않다. 문화를 존중하고 이의 발전을 보장하는 국가를 통칭하여 문화국가라고 하면 그러한 문화국가는 곧 文明國家이고, 지구상에 이를 추구하지 않는 나라가 없으므로 이를 문화국가라고 부르든 부르지 않든 상관이 없기 때문에 이를 지칭하기 위하여 문화국가라고 한다면 논의의 실익이 없다. 독일의 E. R. Huber는 문화와 국가의 상호관계에서 「문화국가」 개념의 정의를 시도하면서 ① 문화와 국가의 분리를 의미하는 것이 아니라 문화가 국가 내에서 자유롭게 성장하고 발전하는 것을 의미하는 문화의 국가로부터의 자유, ② 국가가 문화의 보호, 관리, 전승 및 진흥에 힘써야 한다는 문화에 대한 국가의 봉사, ③ 국가가 문화의 자율성을 인정하는 전제하에서 문화를 능동적으로 형성할 권한을 갖는다는 국가의 문화형성력, ④ 문화가 국가를 형성하는 힘을 갖는다는 문화의 국가형성력, ⑤ 국가의 문화형성력과 문화의 국가형성력을 동시에 모두 실현하는 국가는 그 역시 하나의 문화적 산물로 존재한다는 문화적 산물(Kulturgebilde)로서의 국가라는 5개의 가지를 문화국가의 징표로 들고 있으나, 여전히 독일의 국가주의적 관점을 탈각하지 못하고 있다. 본질적으로 문화가 자율적인 사회영역에 속하는 것을 인식하지 못하고 여전히 국가의 문제로 보려는 것 자체가 문화국가개념이 안고 있는 근본적인 문제이다. 문화를 국가가 주도적으로 통제하고 관리하는 방식의 전형은 전체주의국가나 사회주의국가에서 볼 수 있는데, 북한의 1998년헌법(제3장 문화 §39-§57)도 이에 해당한다.

[111] 第三 文化共同體의 具現

Ⅰ. 시민사회의 자율성 보장

문화에 대한 헌법의 태도는 근본적으로 자율적인 시민사회를 보장하는 것을 통하여 구현되고 있다. 인간의 생활양식은 국가가 정해주는 것이 아니라 사회영역 또는 생활세계에서 자율적으로 형성되는 것이므로 이러한 자율적인 생활영역에 국가가 개입하거나 침투하는 것을 방어해줌으로써 문화는 형성되고 창달된다.

Ⅱ. 기본권과 제도에 의한 구현

헌법은 위에서 본 바와 같이 국가에게 전통문화의 계승·발전과 민족문화의 창달을 위해서 노력하도록 의무를 지우고(憲法 §9), 특히 대통령에게 이를 다시 확인시키고 있다(憲法 §69). 문화공동체의 기반을 조성하기 위하여 무상의무교육제도(憲法 §31 ②,③)와 평생교육제도(憲法 §31⑤) 등 교육에 대한 국가의 책임을 강조하고, 문화형성에서의 자율성과 다양성이 교육의 자주성·전문성·정치적 중립성 및 대학의 자율성을 보장하는 것에서 뒷받침되고 있다(憲法 §31④). 전근대적인 연좌제를 금지한 것도(憲法 §13③) 과거의 전근대적인 질서로부터 개인의 활동의 자유를 두텁게 보장하는 것으로 自己責任을 기초로 하는 문화공동체의 한 표현이다.

그런데 문화공동체의 형성에서 무엇보다 중요한 것은 헌법이 자율적 사회와 자율적 인간의 삶을 보장하는 기본권을 보장하고 있는 점이다. 양심의 자유(憲法 §19), 종교의 자유(憲法 §20), 학문과 예술의 자유(憲法 §22), 각종 표현의 자유 등이 이에 해당한다. 이는 자율성과 다양성을 본질로 하는 문화형성의 조건이 되고 문화공동체를 유지하고 발전하게 만드는 요소이다.

국가가 문화의 다양성과 자율성을 보장하고 이를 실현하기 위한 법과 제도를 마련하는 경우에도 일정한 문화활동영역에서 그 역량이 취약하여 다양성과 자율성을 확보할 수 없는 상태가 발생할 수 있는데, 이에 대해서 국가는 적극적으로 지원하거나 육성하는 정책을 수립할 수 있다. 문화영역에서 취약한 이러한 부분에 대한 국가의 적극적인 支援은 경제 성장이나 경제 발전을 실현하기 위한 국가의 적극적인 지원이나 育成과 같이 국가의 본질적인 기능에서 비롯하는 것이지 헌법에서 文化國家를 선언하여야 가능하고 이를 선언하기 않으면 불가능한 것이 아니다. 예컨대 전통문화나 민족문화를 창달하고 발전시키는 과제를 시장에 맡겨 두었을 때 그 자체의 역량상 실현이 어렵고 소멸될 우려가 있는 경우에는 국가는 전통문화나 민족문화의 육성과 발전에 대한 지원을 할 수 있는데, 이는 헌법 제9조가 있기 때문에 가능한 것이 아니라 국가의 기능상 이러한 것은 헌법에 명시적인 규정이 없더라도 입법행위와 행정행위를 통하여 할 수 있다. 헌법 제9조는 이를 강조하기 위하여 헌법에 정하고 있는 것이다.

Ⅲ. 혼인 · 가족제도

헌법은 문화민족의 이념에 알맞게 인간의 존엄과 양성의 평등을 기초로 하는 혼인 · 가족제도를 마련했다. 「혼인과 가족생활은 개인의 존엄과 양성의 평등을 기초로 성립되고 유지되어야 하며, 국가는 이를 보장한다」(憲法 §36①)는 헌법규정이 바로 그것이다.

(1) 혼인 · 가족제도보장의 의의와 성격

(a) 헌법상 의의

헌법이 혼인 · 가족제도에 관하여 특별히 정하고 있는 것은 우리 공동체에 알맞은 가족관계를 실현하기 위한 것이다. 모든 공동체와 민족은 자기들의 고유한 혼인 · 가족제도를 가지고 있는데, 이는 본질적으로 사적인 영역에 속하는 것이지만 그 사회공동체에서 전통적으로 확립된 제도로서 공동체 구성원의 생활에서 기본적인 틀을 구성하고 유지하는 것이므로 헌법의 수준에서 이를 보장하고 있다.

[憲 2002. 8. 29.-2001헌바82] 「헌법 제36조 제1항은 혼인과 가족생활을 스스로 결정하고 형성할 수 있는 자유를 기본권으로서 보장하고, 혼인과 가족에 대한 제도를 보장한다. 그리고 헌법 제36조 제1항은 혼인과 가족에 관련되는 공법 및 사법의 모든 영역에 영향을 미치는 헌법원리 내지 원칙규범으로서의 성격도 가지는데, 이는 적극적으로는 적절한 조치를 통해서 혼인과 가족을 지원하고 제삼자에 의한 침해 앞에서 혼인과 가족을 보호해야 할 국가의 과제를 포함하며, 소극적으로는 불이익을 야기하는 제한조치를 통해서 혼인과 가족을 차별하는 것을 금지해야 할 국가의 의무를 포함한다. 이러한 헌법원리로부터 도출되는 차별금지명령은 헌법 제11조 제1항에서 보장되는 평등원칙을 혼인과 가족생활영역에서 더욱더 구체화함으

로써 혼인과 가족을 부당한 차별로부터 특별히 더 보호하려는 목적을 가진다. 이 때 특정한 법률조항이 혼인한 자를 불리하게 하는 차별취급은 중대한 합리적 근거가 존재하여 헌법상 정당화되는 경우에만 헌법 제36조 제 1 항에 위배되지 아니한다.……이 사건 법률조항이 자산소득합산과세제도를 통하여 합산대상 자산소득을 가진 혼인한 부부를 소득세부과에서 차별취급하는 것은 중대한 합리적 근거가 존재하지 아니하므로 헌법상 정당화되지 아니한다. 따라서 혼인관계를 근거로 자산소득합산과세를 규정하고 있는 이 사건 법률조항은 혼인한 자의 차별을 금지하고 있는 헌법 제36조 제 1 항에 위반된다.」

(b) 헌법적 성격

헌법이 정하는 혼인가족제도는 우리 공동체에서 전통적으로 유지되어온 것을 단순히 보장하는 것이 아니다. 즉 헌법이 정하고 있는 혼인가족제도는 고조선 이래 한반도에서 이어져 내려온 혼인제도와 가족제도를 확인하여 정하고 있는 것이 아니라, 우리 민족이 살아온 역사를 바탕으로 하되 헌법이 인정하는 질서에 합당하게 설정한 혼인 · 가족제도이다.

이러한 점에서 종래 우리 헌법상의 혼인제도와 가족제도를 C. Schmitt의 제도보장이론으로 설명한 것은 잘못된 것이다. Schmitt의 이론에 따를 때, 제도보장은 「전형적이고 전통적인 사법상의 제도」를 헌법적으로 보장하는 것을 의미하기 때문에 현행 헌법상의 혼인제도와 가족제도는 古來의 제도를 헌법에서 보장하는 것이라는 결론으로 귀착하기 때문이다.

혼인 · 가족제도를 보장하고 있는 헌법 제36조 제 1 항은 개인의 존엄과 양성의 평등을 기초로 성립되고 유지되는 문명사회의 혼인제도와 가족제도를 보장하고 있을 뿐 아니라, 혼인의 성립 · 유지 및 가족의 형성 · 유지와 관련된 자유와 권리를 보장하는 것이기도 하다. 혼인의 성립이나 유지 및 가족의 형성과 유지에서 국가로부터 자유로울 것이 보장된다. 배우자를 선택하는 자유, 혼인의 유지여부를 결정하는 자유, 가족을 형성하거나 해소하는 자유가 보장된다. 물론 이에는 헌법 제37조 제 2 항에 의한 제한도 있게 된다.

(2) 혼인 · 가족제도의 내용

(a) 일부일처제

헌법이 정하고 있는 개인의 존엄과 양성의 평등에 기초한 혼인제도는 母系中心制도 아니고 家父長制도 아닌 남녀평등에 기초한 혼인제도이기 때문에 당연히 一夫一妻制를 의미한다(同旨: 許營a, 170). 따라서 重婚(一夫多妻制, 一妻多夫制)과 蓄妾이 금지된다. 또 개인의 존엄이 존중되는 혼인제도는 혼인 당사자의 자율적인 의사결정에 의한 것이기 때문에 일체의 强制結婚(예: 인신매매적 결혼, 약취 · 유인적 결혼, 양가 부모들간의 결정에 의한 결혼)은 금지된다.

(b) 인격적 가족관계

개인의 존엄과 양성의 평등을 기초로 한 가족제도란 가족을 구성하는 모든 구성원의 인격이 존중되는 것을 의미한다. 부부 사이, 부모와 자녀 사이, 자녀 상호간에 있어서 모두 그 인격이 존중되고 남녀가 평등한 지위에 있다. 이러한 내용은 헌법 제10조의 인간의 존엄과 가치의 보장이나 헌법 제11조 제1항의 평등보호에 의해서 인정되는 것이지만 헌법 제36조 제1항에서 이를 재확인하는 것은 과거 우리의 혼인제도와 가족제도가 이러한 면에서 문제가 있다고 판단했기 때문이다.

(c) 혼인에서의 제한

행위무능력자와 의사무능력자의 행위능력을 정하고 법질서 내에서 미성년자와 금치산자의 혼인에 대해서 부모 또는 후견인의 동의를 얻도록 하는 것은(民法 §808) 혼인에 있어서의 개인의 존엄을 침해한 것이라고 볼 수 없다(同旨: 許營a, 170). 우생학적으로 충분한 근거를 가지는 近親婚의 제한도 인정된다(同旨: 許營a, 170).

(d) 동성간의 혼인 문제

헌법 제36조는 「혼인은 …… 양성의 …… 을 기초로 성립하고 유지되어야 하며……」라고 정하고 있으므로 同性婚姻(same-sex marriage)을 인정하지 않는 것은 헌법에 위반되지 않는다. 그리고 동성혼인을 인정하려면 이 조항의 개정이 필요하다. 그러나 동성간에 사실상 결합 · 생활하거나 성행위를 하는 것은 행복을 추구하기 위한 일반적 행동자유권과 성적자기결정의 자유에 의하여 보장되는 것이므로 이를 제한하는 경우에는 헌법 제37조 제2항에 근거한 정당화가 있지 않으면 안 된다.

(e) 호주제 문제

憲法裁判所는 구 민법상의 戶主制에 대하여, 이는 호주를 정점으로 家라는 관념적 집합체를 구성하고, 이러한 가를 直系卑屬男子를 통하여 승계시키는 남계혈통을 중심으로 가족집단을 구성하고 이를 대대로 영속시키는데 필요한 여러 법적 장치로서, 헌법 제36조 제1항에 위반된다고 판시하였다(憲 2005. 2. 3. −2001헌가9등).

Ⅳ. 전통문화와 민족문화의 창달

헌법은 「국가는 전통문화의 계승 · 발전과 민족문화의 창달에 노력하여야 한다」(憲法 §9)고 정하고, 대통령의 취임선서에서 「민족문화의 창달에 노력한다」(憲法 §69)라는 내용을 선서할 것을 정하고 있어 전통문화의 계승과 발전을 강조하고 민족문화의 창달을 강조하고 있다. 이는 사회의 변화에 따라 문화가 변하는 과정에서 보존하고 가꿀 가치가 있는 전통문화와 민족문화가 소멸되거나 무시되는 것을 방지하기 위한 규정이다.

> [憲 2003. 1. 30.-2001헌바64] 「헌법 제9조의 규정취지와 민족문화유산의 본질에 비추어 볼 때, 국가가 민족문화유산을 보호하고자 하는 경우 이에 관한 헌법적 보호법익은 '민족문화유산의 존속' 그 자체를 보장하는 것이고, 원칙적으로 민족문화유산의 훼손 등에 관한 가치보상(價値補償)이 있는지 여부는 이러한 헌법적 보호법익과 직접적인 관련이 없다.」

문화에는 다양한 영역이 있고, 대한민국에도 외국인들이 생활하는 일이 빈번해지고 인종이나 민족에서는 다르지만 대한민국의 국적을 가진 사람들이 점점 늘어나는 상황(예: 외국인과의 혼인, 외국인 입양 등)에서는 전통문화와 민족문화의 지나친 강조가 오히려 문화의 자율성을 저해하고 폐쇄성을 초래할 우려가 있음을 유의할 필요가 있다.

> 한국 사회의 구성원에도 동일한 민족(민족이라는 개념도 매우 애매모호하다)에 속하지 않는 사람들이 증가하고 외국인과의 혼인이 증가하는 점을 고려할 때, 단군신화를 강조하고 민족단결을 강조하는 것은 우리 공동체에서 자칫 이러한 사람들을 차별·배제하고 인권을 침해하는 것일 수 있다.

전통문화의 계승·민족문화의 창달에 관한 헌법규정이 과거의 전통과 충돌하는 입법이나 행정조치, 재판을 방해하는 것은 아니다. 전통문화와 민족문화라는 것은 개념에서도 애매하고 불분명할 뿐 아니라 사회의 발전과 때로 충돌할 수 있으므로 이를 국가작용에까지 적극적으로 개입시키는 것은 타당하지 않다. 예컨대, 대통령이 민족문화의 창달에 노력하기는 하지만, 기존에 민족문화라고 이해되어온 것이 국가와 사회발전에 장애가 되는 경우에는 이를 극복하는 새로운 조치를 행할 수 있다. 이런 점에서 헌법 제9조와 제69조의 해당 내용은 국가를 적극 기속하지 않는다고 할 것이다.

> [憲 1997. 7. 16.-95헌가6등] 「특정의 인간행위에 대하여 이를 국가가 법규범을 통하여 규제할 것인가, 아니면 단순히 관습이나 도덕에 맡길 것인가의 문제는 인간과 인간, 인간과 사회의 상호관계를 함수로 하여 시대와 장소에 따라 그 결과를 달리할 수밖에 없는 것이고 결국은 그 사회의 시대적 상황과 사회구성원들의 의식 등에 의하여 결정될 수밖에 없다고 본다. 혼인관계의 강한 사회성으로 인하여 혼인에 관한 각종 규범 중 중요한 원칙들은 법이 이를 뒷받침하여야만 혼인에 의한 가족관계가 안정될 수 있으므로 전통적인 관습으로 이어온 금혼의 범위를 법으로 명백히 함으로써 사회질서를 유지하기 위하여서도 동성동본금혼제가 필요하다는 것은, 이미 위에서 본 바와 같은 이 제도의 사회적 기반 내지 현실적 타당성에 관한 고찰을 결여하고 윤리나 도덕관념도 시대에 따라 변천되고 역사의 발전법칙에 따라 발전한다는 것을 도외시한 주장이다. 동성동본금혼제 역시 만고불변의 진리로서 우

리의 혼인제도에 정착된 것이 아니라 시대의 윤리나 도덕관념의 변화에 따라 나타나서 그 시대의 제반 사회·경제적 환경을 반영한 것에 지나지 않는다는 점을 감안할 때, 이미 위에서 본 바와 같은 이유로 이 제도는 이제 더 이상 법적으로 규제되어야 할 이 시대의 보편타당한 윤리 내지 도덕관념으로서의 기준성을 상실하였다고 볼 수밖에 없고, 헌법 제9조의 정신에 따라 우리가 진정으로 계승·발전시켜야 할 전통문화는 이 시대의 제반 사회·경제적 환경에 맞고 또 오늘날에 있어서도 보편타당한 전통윤리 내지 도덕관념이라 할 것이다.」

[憲 2005. 2. 3.-2001헌가9등] 「헌법 전문과 헌법 제9조에서 말하는 '전통', '전통문화'란 역사성과 시대성을 띤 개념으로 이해하여야 한다. 과거의 어느 일정 시점에서 역사적으로 존재하였다는 사실만으로 모두 헌법의 보호를 받는 전통이 되는 것은 아니다. 전통이란 과거와 현재를 다 포함하고 있는 문화적 개념이다. 만약 전통의 근거를 과거에만 두는 복고주의적 전통개념을 취한다면 시대적으로 특수한 정치적·사회적 이해관계를 전통이라는 이름하에 보편적인 문화양식으로 은폐·강요하는 부작용을 낳기 쉬우며, 현재의 사회구조에 걸맞는 규범정립이나 미래지향적 사회발전을 가로막는 장애요소로 기능하기 쉽다. 헌법재판소는 이미 "헌법 제9조의 정신에 따라 우리가 진정으로 계승·발전시켜야 할 전통문화는 이 시대의 제반 사회·경제적 환경에 맞고 또 오늘날에 있어서도 보편타당한 전통윤리 내지 도덕관념이라 할 것이다"(憲 1997. 7. 16.-95헌가6등)고 하여 전통의 이러한 역사성과 시대성을 확인한 바 있다. 따라서 우리 헌법에서 말하는 '전통', '전통문화'란 오늘날의 의미로 재해석된 것이 되지 않으면 안 된다. 그리고 오늘날의 의미를 포착함에 있어서는 헌법이념과 헌법의 가치질서가 가장 중요한 척도의 하나가 되어야 할 것임은 두 말할 나위가 없고 여기에 인류의 보편가치, 정의와 인도의 정신 같은 것이 아울러 고려되어야 할 것이다. 따라서 가족제도에 관한 전통·전통문화란 적어도 그것이 가족제도에 관한 헌법이념인 개인의 존엄과 양성의 평등에 반하는 것이어서는 안 된다는 자명한 한계가 도출된다. 역사적 전승으로서 오늘의 헌법이념에 반하는 것은 헌법 전문에서 타파의 대상으로 선언한 '사회적 폐습'이 될 수 있을지언정 헌법 제9조가 '계승·발전'시키라고 한 전통문화에는 해당하지 않는다고 보는 것이 우리 헌법의 자유민주주의원리, 전문, 제9조, 제36조 제1항을 아우르는 조화적 헌법해석이라 할 것이다.」

[憲 2005. 2. 3.- 2001헌가9등]에서도 동일한 내용으로 판시하였다.

V. 문화유산의 보호

우리 헌법에는 명시적인 규정이 없지만, 국가는 文化遺産(cultural heritage)을 보호하여야 하는 의무를 진다. 이는 국가목표규정으로서 성질을 가진다(鄭宗燮f, [7]). 이러한 내용은 헌법 제9조에서 도출할 수 있다고 할 것이다(鄭宗燮e, 325 이하). 憲法裁判所도 이러한 취지의 결정을 하였다(예: 憲 2003. 1. 30.-2001헌바64).

[憲 2003. 1. 30.-2001헌바64] 「청구인 사찰은 위와 같은 문화공보부장관의 지정에 따라서 1988. 7. 19. 전통사찰로 등록되었는데, 국가의 문화재에 관한 사무를 관장하는 관할 행정관청이 일정한 절차를 거쳐서 역사적 의의와 문화적 가치를

가진 사찰을 선별하여 이를 전통사찰로 지정하고, 지정된 전통사찰만이 등록대상이 되도록 규율하는 법률체계의 기본구조는 현재까지 그대로 유지되고 있다(현행 법 제3조 등 참조). 그렇다면, 법은 '국가는 전통문화의 계승·발전과 민족문화의 창달에 노력하여야 한다'라고 규정한 우리 헌법 제9조에 근거하여 제정된 것으로서, 국가의 문화재에 관한 사무를 관장하던 관할 행정관청이 어떤 사찰을 전통사찰로 지정하는 행위는 해당 사찰을 국가의 '보존공물(保存公物)'로 지정하는 처분에 해당한다고 보아야 한다. 또한, 헌법 제9조의 규정취지와 민족문화유산의 본질에 비추어 볼 때, 국가가 민족문화유산을 보호하고자 하는 경우 이에 관한 헌법적 보호법익은 '민족문화유산의 존속' 그 자체를 보장하는 것이고, 원칙적으로 민족문화유산의 훼손등에 관한 가치보상(價値補償)이 있는지 여부는 이러한 헌법적 보호법익과 직접적인 관련이 없다.」

문화유산의 보호는 국가의 노력만으로 충분하지 않기 때문에 국민에게도 이러한 노력을 해줄 것을 요구할 수 있다. 이러한 것은 국민에게 요구하는 문화유산보호에 협력할 것을 요구하는 것인데, 실정법에서 국민에게 문화유산을 보호하도록 하는 것을 의무화한다고 하더라도 이는 헌법상의 의무는 아니다.

나라에 따라서는 국가에게 문화유산의 보호의무를 정하고 있는 경우도 있다. 예컨대 포르투갈헌법(2005), 마케도니아헌법(1991), 크로아티아헌법(1990) 등이 있다. 포르투갈 헌법은 「포르투갈 국민의 문화유산을 보호하고 발전시키는 것은 국가의 기본적인 임무」라고 정하고 있다(同憲法 §9e).

국민은 문화유산을 보호하는데 협력하여야 하지만, 동시에 문화유산이 보호되는 범위 내에서 이에 접근하고 향유할 수 있는 권리를 가질 수는 있다고 할 것이다. 다만, 문화유산은 공동체의 구성원이나 미래 세대 더 나아가 인류가 모두 향유해야 하는 공공재이기 때문에 국민에게 이러한 권리를 부여하여도 이것이 문화유산에 대하여 개인이 마음대로 할 수 있는 권리를 가지는 것을 인정하는 것은 아니다. 문화유산을 보호하기 위해서 문화유산에 접근하거나 이를 향유할 수 있는 권리는 광범하게 제한할 수 있다.

국민에게 문화유산의 보호의무를 부여하고 동시에 문화유산에 접근하거나 향유할 수 있는 권리를 법률로 보장하고 있는 헌법으로는 예컨대 포르투갈헌법(§78①, ②c), 슬로바키아헌법(§43②, §44②, ③)이 있다.

국가의 문화유산보호의무는 국내에 존재하는 문화유산을 보호하는 것만 아니라 국외에 존재하는 우리의 문화유산을 국내로 가져오는 것도 포함한다. 국외로 반출된 문화유산은 합법적으로 거래가 이루어져 반출된 경우도 있고, 약탈, 도난, 불법반출 등의 불법적인 방법으로 그 문화유산이 원래 속해 있었던 本國(state of origin)에서 국외로 반출된 것도 있다.

전쟁, 식민지배, 군사적 점령 또는 도굴이나 도난 등으로 인하여 불법으로 반출된 문화유산에 대한 반환문제는 국제법적으로도 논란이 있어 아직 명쾌하게 해결을 보지 못하고 있으나, 이러한 문화유산의 반환에 대한 인식과 논의는 확대되고 있다.

불법으로 반출된 문화재의 본국으로의 반환과 관련하여 국제적으로는 여러 방식의 논의들이 있었는데, 현재에는 1970년에 효력이 발휘된 UNESCO협약, 즉 「문화재의 불법적 반출입 및 소유권양도의 방지수단에 관한 협약」(Convention on the Means of Prohibiting and Preventing the Illicit Import, Export and Transfer of Ownership of Cultural Property)이 실제에서 중요한 의미를 가지고 역할을 하고 있다. 이는 1970년을 기준으로 그 이후에 본국으로부터 불법으로 국외로 반출된 문화재에 대해서만 반환의 대상으로 삼는다. 이 협약은 현실적으로 가능한 방법을 모색한 것이기도 하고, 국제사회에서 문화재의 불법반출에 대한 인식을 제고시키는 큰 역할을 하고 있다. 그러나 1970년을 기준으로 해야 하는가 하는 점에 대해서는 여전히 논란의 여지를 남기고 있다. 실제 불법으로 반출된 문화재를 본국으로 반환한 사례는 점점 늘고 있는데, 이러한 실제 사례에서는 1970년을 고수하는 것이 아니라, 그 이전의 것도 상호 협의(반환, 소유권의 이전, 장기 대여, 인도 등의 다양한 반환 방법과 다양한 내용의 상호 협조 체제 구축 등)에 따라 반환되고 있다(예: 이탈리아의 파키스탄, 이란, 리비아, 페루로의 문화재 반환, 미합중국 박물관 등의 이탈리아, 그리스, 페루 등으로의 문화재 반환, 일본국의 한국으로의 문화재 반환).

5. 國際領域의 基本原理

[112] 第一 槪 說

오늘날 전 세계는 통신과 교통수단의 발달로 공통의 생활권으로 변하고 있고, 경제, 무역, 정치, 군사, 문화 등 삶의 모든 영역이 세계적인 연관성을 가지고 있다. 따라서 과거에 국민국가로서의 주권국가가 가지는 독립성이 약화되고 국가간의 상호 연관성이 강조되고 있다. 환경, 공해, 전쟁, 테러, 범죄, 전염병 등 인류에게 미치는 재앙도 전 지구적이어서 하나의 단위 국가가 이러한 문제를 효과적으로 처리하거나 해결하기 어렵게 되어 가고 있다. 이러한 국제관계의 전개는 국제적 평화를 더욱 필요로 하게 되었고, 국가들간의 관계를 규율하는 국제법규범이 점점 더 중요하게 되어 가고 있다.

헌법은 우리나라를 둘러싸고 있는 이러한 국제관계의 변화에 능동적으로 대응하고 우리도 국제질서를 존중하고 국제법관계의 주체로 활동하는 기초를 정하고 있다. 이러한 것은 국제사회에서의 세계평화주의와 국제법 존중주의로 표명되어 있다. 우리나라는 남한과 북한으로 분단되어 있기 때문에 통일이 헌법적 과제로 되어 있는

데, 이러한 통일도 국제질서 속에서 이루어지므로 평화주의는 통일에도 적용된다.

국제평화는 국내의 평화문제와 분리되어 존재하는 것이 아니라 국내평화와도 밀접한 연관 속에서 실현되므로 국내적인 평화의 보장도 전체적인 평화질서와 관련하여 중요한 의미를 지닌다. 국제평화는 단순히 전쟁의 문제에 그치는 것이 아니라 환경, 범죄, 테러, 질병, 종교, 빈곤 등의 문제와 연관되어 있어 오늘날 인간에게 평화의 문제는 국제적인 차원과 국내적인 차원이 서로 밀접한 연관을 지닌 상황에 놓여 있다.

[113] 第二 平和主義

I. 국제평화

헌법은 전문에서 「항구적으로 세계평화에 이바지함으로써」라고 하여 세계평화주의를 선언하고, 제 5 조에서 이를 구체화하여 「대한민국은 국제평화의 유지에 노력하고 침략적 전쟁을 부인한다」라고 하여 국제평화유지의 노력과 침략전쟁의 금지를 정하고 있다.

侵略戰爭의 금지와 관련하여 전쟁에 이르지 아니한 대외적 군사행동으로서의 무력행사가 허용되는가 하는 문제가 있다. 자기 방위를 위한 전쟁이나 武力行使가 아닌 한 침략전쟁이나 이에 준하는 무력행사는 금지된다고 할 것이다. 그런데 자위전쟁이냐 침략전쟁이냐 하는 것과 관련하여 성격이 모호한 경우가 있을 수 있는데, 이는 국제법에 따라 결정된다(同旨: 金哲洙a, 328).

세계평화를 유지하기 위하여 전쟁 또는 무력행사가 불가피한 경우에 군대를 파견하는 것은 헌법에 위반되지 않는다.

세계평화주의는 H. Grotius, I. Kant 등에 의하여 국제법질서의 사상과 세계국가의 사상 등에서 표명되어 발전하여 왔지만, 현실에서 본격적으로 부각된 것은 제 1 차 세계대전을 거치면서 반전사상과 평화주의가 확대되면서 생겨났다. 인류에게 엄청난 재앙을 가져다준 제 1 차 세계대전을 겪은 후 1920년에 국제연맹을 창설하고 1928년에는 「전쟁포기에 관한 조약」을 체결하기에 이르렀다. 그러나 이러한 조약은 실효성이 약하여 결국 제 2 차 세계대전이라는 전대 미문의 전쟁을 치르게 되었다. 제 2 차 세계대전이 끝난 후 인류는 보다 실효성이 있는 국제평화체제를 구축하기 위하여 국제연합을 결성하고 침략전쟁과 무력행사 등 각종의 평화침해적 행위를 제재하는 국제규범들을 만들어 왔다. 각 나라들도 헌법에서 국제평화주의에 대한 규정을 두기에 이르렀다. 침략전쟁의 금지를 규정하는가 하면(예: 1987년 한국헌법, 1949년 독일연방헌법, 1946년 브라질헌법, 1950년 니카라구아헌법), 국제분쟁을 평화적으로 해결할 것을 정하기도 하고(예: 네덜란드헌법, 포르투갈헌법, 1931년 스페인헌법), 국제기구가 평화유지를 위하여 필요로 하는 경우에는 국가주권의 부분적 이양을 정하기도 한다(예: 1947년 이탈리아헌법).

Ⅱ. 평화통일

헌법은 전문에서 「평화적 통일의 사명에 입각하여 정의·인도와 동포애로써 민족의 단결을 공공히 하고」라고 정하고 있음과 동시에 제 4 조에서 「대한민국은 통일을 지향하며, 自由民主的 基本秩序에 입각한 平和的 統一政策을 수립하고 이를 추진한다」고 정하여 통일에서 平和主義를 채택하고 있다. 이러한 헌법에 의할 때, 통일은 자유민주적 가치와 기본질서를 지향하고 그에 입각하여 한 것이어야 하며(自由民主的 統一), 방법에서 평화적인 것(平和的 統一)이어야 한다. 따라서 헌법상 武力을 수단으로 한 통일은 인정되지 않는다.

그러나 북한이 대한민국을 상대로 전쟁을 개시하거나 무력으로 침략을 한 경우에는 대한민국은 무력을 행사하지 않을 수 없으며, 그러한 쌍방에 의한 무력행사 또는 전쟁의 상황에서 통일이 이루어지는 것은 이러한 평화통일원칙에 저촉되지 않는다.

> [憲 2000. 7. 20.-98헌바63] 「헌법상 통일관련 규정들은 통일의 달성이 우리의 국민적·국가적 과제요 사명임을 밝힘과 동시에 자유민주적 기본질서에 입각한 평화적 통일 원칙을 천명하고 있는 것이다. 따라서 우리 헌법에서 지향하는 통일은 대한민국의 존립과 안전을 부정하는 것이 아니고, 또 자유민주적 기본질서에 위해를 주는 것이 아니라 그것에 바탕을 둔 통일인 것이다. 그러나 평화적 통일을 위하여서는 북한과 적대관계를 지속하면서 접촉·대화를 무조건 피하는 것으로 일관할 수는 없고, 자유민주적 기본질서에 입각하여 상호 접촉하고 대화하면서 협력과 교류의 길로 나아가는 것이 평화적 통일을 위한 초석이 되는 것이며, 순수한 동포애의 발휘로서 서로 도와주고 일정한 범위 내에서 경제적·기술적 지원과 협조를 도모하여 단일민족으로서의 공감대를 형성하는 것이야말로 헌법 전문의 평화적 통일의 사명에 입각하여 민족의 단결을 공고히 하는 방편으로서 헌법정신에 합치되는 것이다.」

그런데 북한이 대한민국을 부정하고 침략적 태도나 적대적인 태도를 취하는 상태에서는 대한민국이 북한을 반국가단체로 보고 이에 동조하는 활동을 규제하는 것은 헌법상의 국제평화주의나 평화통일원칙에 어긋나는 것이 아니다. 憲法裁判所의 판례도 동일한 취지이다(예: 憲 1993. 7. 29.-92헌바48; 1997. 1. 16.-92헌바6등).

> [憲 1997. 1. 16.-92헌바6등] 「남·북한이 유엔(U.N)에 동시가입하였다고 하더라도, 이는 "유엔헌장"이라는 다변조약에의 가입을 의미하는 것으로서 유엔헌장 제4조 제1항의 해석상 신규가맹국이 "유엔(U.N)"이라는 국제기구에 의하여 국가로 승인받는 효과가 발생하는 것은 별론으로 하고, 그것만으로 곧 다른 가맹국과의 관계에 있어서도 당연히 상호간에 국가승인이 있었다고는 볼 수 없다는 것이 현실 국제정치상의 관례이고 국제법상의 통설적인 입장이다. 또 소위 남북합의서는 남북관계를 "나라와 나라 사이의 관계가 아닌 통일을 지향하는 과정에서 잠정적으로 형성

되는 특수관계"(전문참조)임을 전제로 하여 이루어진 합의문서인바, 이는 한민족공동체 내부의 특수관계를 바탕으로 한 당국간의 합의로서 남북당국의 성의있는 이행을 상호 약속하는 일종의 공동성명 또는 신사협정에 준하는 성격을 가짐에 불과하다. 따라서 남북합의서의 채택·발효 후에도 북한이 여전히 적화통일의 목표를 버리지 않고 각종 도발을 자행하고 있으며 남·북한의 정치, 군사적 대결이나 긴장관계가 조금도 해소되지 않고 있음이 엄연한 현실인 이상, 북한의 반국가단체성이나 국가보안법의 필요성에 관하여는 아무런 상황변화가 있었다고 할 수 없다. 또 1990. 8. 1. 법률 제4239호로 "남북교류협력에관한법률"이 공포·시행된 바 있으나, 이 법률은 남·북한간의 상호교류와 협력을 촉진하기 위하여 필요한 사항을 규정할 목적으로 제정된 것인데(제1조) 남·북한간의 왕래·교역·협력사업 및 통신역무의 제공 등 남북교류와 협력을 목적으로 하는 행위에 관하여는 정당하다고 인정되는 범위 안에서 다른 법률에 우선하여 이 법을 적용하도록 되어 있어(제3조) 이 요건을 충족하지 아니하는 경우에는 이 법률의 적용은 배제된다고 할 것이므로 국가보안법이 이 법률과 상충되는 것이라고는 볼 수 없다. 요컨대, 현단계에 있어서의 북한은 조국의 평화적 통일을 위한 대화와 협력의 동반자임과 동시에 대남적화노선을 고수하면서 우리 자유민주주의체제의 전복을 획책하고 있는 반국가단체라는 성격도 함께 갖고 있음이 엄연한 현실인 점에 비추어, 헌법의 전문과 제4조가 천명하는 자유민주적 기본질서에 입각한 평화적 통일정책을 수립하고 이를 추진하는 법적 장치로서 남북교류협력에관한법률 등을 제정·시행하는 한편, 국가의 안전을 위태롭게 하는 반국가활동을 규제하기 위한 법적 장치로서 국가보안법을 제정·시행하고 있는 것으로서, 위 두 법률은 상호 그 입법목적과 규제대상을 달리하고 있는 것이므로 남북교류협력에관한법률 등이 공포·시행되었다 하여 국가보안법의 필요성이 소멸되었다거나 북한의 반국가단체성이 소멸되었다고는 할 수 없다. 그러므로 국가의 존립·안전과 국민의 생존 및 자유를 수호하기 위하여 국가보안법의 해석·적용상 북한을 반국가단체로 보고 이에 동조하는 반국가활동을 규제하는 것 자체가 헌법이 규정하는 국제평화주의나 평화통일의 원칙에 위반된다고 할 수 없다.」

憲法 제4조는 우리의 통일에 대한 적극적인 의지를 명시한 것이고, 그 방법이 평화적인 방법에 의한 통일을 강조한 것이지만, 그 본질에 있어서 이 조항은 규범적인 것이라기보다 사실적인 성격을 가지고 있는 규정이다. 즉 통일은 헌법 제4조에 의하여 이루어지는 것이 아니라 현실의 사실상황에 의하여 이루어지거나 이루어지지 않는 것이므로 통일은 사실에 의해 지배된다. 따라서 헌법 제4조는 法規範的인 성격을 가지는 것(de juris)이 아니라 事實的인 성격을 가지는 것(de facto)이다. 이러한 성격으로 인하여, 대한민국에 대한 북한의 위협이나 무력행사 또는 전쟁도발과 같이 우리가 추구하는 통일의 환경이 악화되는 경우에는 헌법 제4조의 의미는 약화되고 통일에서는 사실이 지배력을 가진다.

[憲 2000. 7. 20.-98헌바63] 「북한과의 접촉이나 교류가 일정한 원칙이나 제

> 한 없이 방만하게 이루어진다면, 국가의 안전보장과 자유민주적 기본질서의 유지에 어려움을 가져올 수 있을 뿐만 아니라, 평화적 통일을 이루어 나가는 데에 지장을 초래할 수 있으며, 한편으로 북한주민과 접촉·교류하는 개개 당사자들의 목적달성이나 안전에도 장애를 가져올 수 있다. 따라서 정부가 남북한간의 접촉과 대화, 교류·협력의 기본방향을 정하고, 그에 따라 각 분야에서 필요한 민간부문의 교류·협력을 지속적으로 지원하고 보장하기 위하여 북한주민 등과의 접촉에 대하여 일정한 조정과 규제를 하는 것은 헌법상의 평화통일의 원칙과 국가안전보장 및 자유민주주의질서의 유지, 그리고 국민의 기본권보장이라는 원리들을 조화롭게 실현하기 위한 방편이 될 것이다.……헌법상의 여러 통일관련 조항들은 국가의 통일의무를 선언한 것이기는 하지만, 그로부터 국민 개개인의 통일에 대한 기본권, 특히 국가기관에 대하여 통일과 관련된 구체적인 행위를 요구하거나 일정한 행동을 할 수 있는 권리가 도출된다고 볼 수는 없다. 청구인은 또 이 사건 법률조항이 남북합의서의 자유로운 남북교류협력조항에 반하여 헌법에 위반된다고 주장하고 있으나, 일찍이 헌법재판소는 "남북합의서는 남북관계를 '나라와 나라 사이의 관계가 아닌 통일을 지향하는 과정에서 잠정적으로 형성되는 특수관계'임을 전제로 하여 이루어진 합의문서인바, 이는 한민족공동체 내부의 특수관계를 바탕으로 한 당국간의 합의로서 남북당국의 성의있는 이행을 상호 약속하는 일종의 공동성명 또는 신사협정에 준하는 성격을 가짐에 불과"하다고 판시하였고(憲 1997. 1. 16.-92헌바6등), 대법원도 "남북합의서는……남북한 당국이 각기 정치적인 책임을 지고 상호간에 그 성의 있는 이행을 약속한 것이기는 하나 법적 구속력이 있는 것은 아니어서 이를 국가간의 조약 또는 이에 준하는 것으로 볼 수 없고, 따라서 국내법과 동일한 효력이 인정되는 것도 아니다"고 판시하여(大 1999. 7. 23.-98두14525), 남북합의서가 법률이 아님은 물론 국내법과 동일한 효력이 있는 조약이나 이에 준하는 것으로 볼 수 없다는 것을 명백히 하였다. 따라서 설사 이 사건 법률조항이 남북합의서의 내용과 배치되는 점을 포함하고 있다고 하더라도, 그것은 이 사건 법률조항이 헌법에 위반되는지의 여부를 판단하는 데에 아무런 관련이 없다고 할 것이다.」

분단국가에서 통일은 이와 같이 사실성이 강하게 지배하므로 분단된 당사자 사이에 규범의 형식을 가지는 약속을 하더라도 당사자 일방이 언제나 파기할 수 있으며, 그로 인하여 통일의 상황은 변경된다. 따라서 남북한 사이에 「南北사이의和解와不可侵및交流·協力에관한合意書」(1991)와 같은 문건이 체결된다고 하더라도 이는 조약이 아닐뿐더러 양자 모두 이를 履行하지 않으면 법적인 책임을 물을 방법도 없고 이행을 강제할 방법도 없으며 아무런 의미를 가지지 못하기 때문에 이 역시 사실적인 것이다.

2009년 1월 30일 북한은 조국평화통일위원회를 통하여 "북남 사이에 지난 시기에 채택된 상호 사상과 제도 존중, 비방중상 중지, 무력충돌 방지 문제를 비롯한 정치·군사적 대결 상태 해소와 관련한 모든 합의사항들에 대하여 무효화한다"고 하고 "북남 사이의 화해와 불가침 및 협력·교류에 관한 합의서와 그 부속합의서에 있는 서해해상군사경계선(NNL)에 관한 조항들을 폐기한다”고 공표하였다. 이는 2009년 1월 17일 대남전면대결태세를 선포한 후 발생한 일이었다. 이러한 행위가 있어도 우리나라는 북한에 대하여 정치적으로 대응할 수 있을 뿐 그간의 남북간의 합의등에 따른 법적인 책임을 물을 방법도 없고, 법적으로 저지할 수 있는 방법도 없다. 이와 같이 북한이 통일과 관련한 남북간의 합의나 노력을 부정하거나 대한민국에 대하여 군사적 침략을 가하는 경우에는 이러한 사실성에 의하여 위와 같은 문건들은 즉시 약속으로서의 효력을 상실하고 無化되어 버린다.

북한은 1993년 이후 군사정전위원회와 중립국감독위원회를 일방적으로 철수·폐쇄하여 남북기본합의서를 위반하였고, 1996년과 1998년에는 동해에 잠수함과 잠수정을 침투시켰으며, 1999년 9월에는 북한군 총참모부가 “서해 북방한계선을 무효화한다”라고 하면서 북한이 마음대로 정한 서해 군사분계선을 일방적으로 발표하였다. 1999년과 2002년에는 서해안에서 군사적인 도발을 하여 무력불사용과 불침략합의도 위반하였다. 2006년 10월 핵실험을 함으로써 1992년 체결한 한반도비핵화공동선언도 부정되었다.

이러한 점에서 볼 수 있듯이, 헌법 제3조는 법규범적인 성격을 가지는 조항(de juris)이고 헌법 제4조는 사실적인 성격을 가지는 것(de facto)이어서 이 양자 사이에는 서로 충돌하는 바가 발생하지 않는다.

종래 憲法 제3조와 제4조의 관계에 대하여 서로 충돌된다는 의견이 제기되기도 하였으나, 이는 잘못 제기된 似而非問題(Scheinproblem)라고 할 것이다. 본질상 문제가 되지 않는 것을 마치 문제인 것으로 착각하고 질문의 형식으로 제기한 것이라는 뜻이다.

Ⅲ. 생활의 평화와 안전

헌법이 정하고 있는 평화의 추구는 國際秩序와 統一에서 명시적으로 나타나 있지만, 이러한 평화는 동시에 대한민국이라는 공동체와 그 속에서 살고 있는 국민들의 삶의 평화를 의미하므로 국민은 국가에 대하여 평화롭고 안전하게 살 수 있는 조건을 만들어 줄 것을 요구할 수 있다. 이는 국가안전보장과 치안질서의 유지와 직결되는 것이어서 국가는 국민들로 하여금 평화롭게 살 환경과 질서를 조성할 의무를 진다. 동시에 평화에 대한 요구는 공동체 내에서 발생하는 갈등을 해소하기 위하여 국가는 최대한의 노력을 해야 한다는 것을 요구할 수 있다. 공동체 내의 갈등이 심화하여 공동체에 균열이 가고 공동체 구성원간에 심각한 대립과 반목이 발생하게 되면 평화로운 삶은 어렵게 된다.

국민이 가지는 평화롭게 살 권리(平和權)와 안전하게 살 권리(安全權)는 헌법 제10

조뿐만 아니라 헌법에 나타나 있는 평화추구와 국가의 존재목적에도 그 근거를 두고 있다.

[114] 第三 國際法의 尊重

I. 헌법 규정

憲法 제6조 제1항에서 「헌법에 의하여 체결·공포된 조약과 일반적으로 승인된 국제법규는 국내법과 같은 효력을 가진다」라고 정하여 국제법을 수용하고 존중함을 천명하고 있다.

여기서 말하는 條約이란 둘 이상의 國家나 國際機構 등과 같은 國際法主體間의 合意로 國際法에 의해 규율되는 국제법규범이다. 국제사회에서 조약의 명칭은 관행에 따라 條約(treaty), 規約(covenant), 憲章(charter), 規程(statute), 協定(agreement), 協約(convention), 議定書(protocol), 交換覺書(exchange of notes), 諒解覺書(memorandum of understanding), 合議議事錄(agreed minutes) 등으로 부르기도 하지만, 이런 명칭에 관계없이 성질에 따라 조약인지의 여부가 결정된다. 南北基本合議書(1992. 2. 19. 발효)는 이러한 조약에 해당하지 않는다. 憲法裁判所의 판례(예: 憲 1997. 1. 16.-92헌바6등; 2000. 7. 20.-98헌바63)와 大法院의 판례(예: 大 1999. 7. 23.-98두14525)도 남북기본합의서를 법률이 아님은 물론 국내법과 동일한 효력이 있는 조약이나 이에 준하는 것으로 볼 수 없다고 판시하였다.

> [憲 1997. 1. 16.-92헌바6등] 「남북합의서는 남북관계를 '나라와 나라 사이의 관계가 아닌 통일을 지향하는 과정에서 잠정적으로 형성되는 특수관계'임을 전제로 하여 이루어진 합의문서인바, 이는 한민족공동체 내부의 특수관계를 바탕으로 한 당국간의 합의로서 남북당국의 성의있는 이행을 상호 약속하는 일종의 공동성명 또는 신사협정에 준하는 성격을 가짐에 불과하다.」
> [大 1999. 7. 23.-98두14525] 「남북합의서는……남북한 당국이 각기 정치적인 책임을 지고 상호간에 그 성의 있는 이행을 약속한 것이기는 하나 법적 구속력이 있는 것은 아니어서 이를 국가간의 조약 또는 이에 준하는 것으로 볼 수 없고, 따라서 국내법과 동일한 효력이 인정되는 것도 아니다.」

條約의 締結(conclusion)이란 조약의 내용에 대한 합의를 성립시키고 이를 최종적으로 확인하는 것을 말한다. 조약의 체결이라는 개념은 조약성립의 다양한 형태로 인하여 일의적으로 정의하기는 어렵다. 서명만으로 조약의 효력이 발생하는 경우에는 체결로 조약이 성립하지만, 서명 이외에 비준이 필요한 경우에는 비준으로 조약이 체결된다. 그리고 체결과 서명이 반드시 일치하는 것도 아니다. 다자조약의 경우에는 모든 국가가 동시 서명이 어렵기 때문에 서명에 개방된 날 조약이 체결되었다고 한다(통상 다자조약의 경우에는 조약 내용을 확정하는 것을 체결이라 하지 않고 채택이라고 한다). 憲法 제6조 제1항에서 명기하고 있는 「체결」

은 서명만으로 조약이 성립하는 경우에는 서명으로 체결된 것을 말하고, 비준까지 요구되는 경우에는 서명 이후에 비준이 행해진 단계까지 포함하여 체결이라고 지칭하는 것이다.

> 헌법에는 조약의 성립 및 효력에 관하여 제6조 제1항에는 「체결 · 공포」라고 되어 있고, 제60조 제1항과 제73조에는 「체결 · 비준」이라고 되어 있는데, 제6조 제1항의 「체결」이 위와 같은 의미라면, 제60조 제1항과 제73조의 「체결」은 비준이 필요 없이 서명으로 성립하는 조약의 성립을 의미하고, 비준까지 필요한 조약의 성립은 「비준」에 해당한다고 할 것이다([201]).
>
> 조약의 체결, 즉 당사국간의 합의에 따라 조약내용에 구속되는데 대한 동의는 여러 형태로 이루어진다. 이러한 체결의 형식에는 署名(signature), 批准(ratification), 受諾(acceptance), 承認(approval), 加入(accession)이 있다(조약에관한비엔나협약 §2①(b)). 署名은 통상 전권위원이 행하는데, 합의의 성립을 최종적으로 확인하는 행위이다. 비준없이 서명만으로 성립하는 약식조약(treaty in simplified form)도 있다. 批准은 전권위원이 서명한 조약을 조약체결권자(우리나라의 경우 대통령)가 재검토하여 최종적으로 확인하는 행위이다. 受諾이나 承認도 비준과 동일하다고 본다. 加入은 이미 성립된 조약에 교섭국이 아니면서 이에 참가하여 당사국으로서 조약의 합의를 확인하는 행위이다.

「一般的으로 승인된 國際法規」가 무엇을 의미하는가 하는 점이 문제가 된다. 이에 대해서는 이는 국제관습법을 의미한다고 하는 견해와 국제관습법과 대한민국이 체결당사국이 아니지만 국제사회에서 일반적으로 그 규범성이 인정된 국제규범을 의미한다는 견해가 있다(同旨: 權寧星, 175; 金哲洙a, 339). 국제연합인권선언, 포츠담선언은 법적 구속력이 없어 이에 해당하지 않는다. 어떠한 국제법규가 이에 해당하는지는 구체적으로 대한민국의 재판기관의 판단에 의해 결정된다.

憲法裁判所는 국제연합(UN)의 「인권에 관한 세계선언」(예: 憲 1991. 7. 22.-89헌가106), 이를 뒷받침하기 위한 「시민적 및 정치적 권리에 관한 국제규약」(예: 憲 1991. 7. 22.-89헌가106; 1998. 7. 16.-97헌바23) 중 가입 당시 유보한 부분, 국제연합교육과학문화기구와 국제노동기구가 채택한 「교원지위에 관한 권고」(예: 憲 1991. 7. 22.-89헌가106), 우리나라가 회원이 아닌 국제노동기구의 조약(예: 憲 1991. 7. 22.-89헌가106), 우리나라가 비준하지 아니한 강제노동의 폐지에 대한 국제노동기구의 조약(예: 憲 1998. 7. 16.-97헌바23)은 국내적으로 효력을 가지지 못하는 것으로 본다.

Ⅱ. 국제법과 국내법의 관계

국제법과 국내법의 관계에 대해서는 이론상 一元論과 二元論이 대립하고 있다. 一元論은 국제법과 국내법을 통일된 하나의 질서로 보고, 국제법과 국내법은 각각 통일된 질서의 부분으로 존재하고 어느 하나가 다른 하나에 타당성을 부여한다고 본다. 일원론은 국제법과 국내법의 우열관계에 대하여 國際法優位論과 國內法優位論으로 대립하고 있다. 국제법과 국내법이 충돌하는 경우에 국제법우위론은 국제법이 적용된다고 보는데 반하여, 국내법우위론은 국제법은 각국의 헌법에 의하여 승인된 것이라는 점을 근거로 하여 국내헌법이 국제법에 우선한다고 본다. 二元論은 국제법과 국내법은 각기 국제관계와 국내관계를 규율하는 별개의 체계라고 보고 서로간에 아무런 영향을 미치지 않는다고 본다. 국내의 학설과 판례는 대체적으로 一元論과 國內法優位論을 지지한다(예: 憲 2001. 4. 26.-99헌가13).

Ⅲ. 국제법의 국내법적 효력

(1) 이 론

국제법이 主權國家의 국내영역에 대하여 어떠한 효력을 가지는가 하는 점이 문제가 된다. 이 문제는 국제법을 국내법으로 수용하는 방식에 따라 달라진다. 국제법을 국내로 수용하는 방식에서 국내법의 형식(예: 법률, 명령 등)을 취하도록 하는 경우에는 국내법의 형식을 취함에 따라 국내법과 동일하게 그에 합당한 효력이 국내적으로 발생한다. 그러나 국제법이 국내법의 형식을 취하지 않고 그 자체 주권국가에 대하여 국내적으로 직접 효력이 발생한다고 하면, 국제법과 국내법(헌법, 법률, 명령, 규칙, 조례 등)간의 관계에서 우열문제가 발생한다.

(2) 헌법 제6조 제1항

憲法 제6조 제1항은 이러한 문제에 대하여 명백하게 정하고 있지 않다. 그러나 법문의 표현으로 볼 때, 국제법을 국내로 수용함에 있어서 국내법의 형식을 취할 것을 요구하지 않는 것으로 해석하는 것이 가능하다. 따라서 국제법을 수용할 때 국내법의 형식을 취하는 경우에는 문제가 없으나, 그러하지 않을 경우에는 우리나라에서도 국제법과 국내법간의 우열문제가 발생한다.

국제법질서에서 주권국가는 영토뿐만 아니라 자기 통치에 있어 독립성을 가진다. 따라서 국제법도 해당 국가가 인정할 때 비로소 유효하며, 다른 국가들의 의사에 의해 한 국가나 그 국민의 삶이 결정되지 않는다. 따라서 헌법이 국제법에 대하여 우월한 지위를 가진다. 국제법의 국내적용에서 헌법위반문제가 발생하면 위헌법률심판, 위헌명령심사, 헌법소원심판 등을 통하여 다툴 수 있다.

국제법의 내용이 주권국가의 헌법의 내용을 변경하거나 추가하는 것일 때에는 해당 국가의 헌법개정의 방법에 따라 수용될 때만 국내적으로 효력을 가진다. 국제법이 법률과 동위의 효력을 가지는 것인 경우에는 법률의 입법에서 필요로 하는 정당성확보의 방법(예: 국회의 동의)을 통하여 수용될 때 비로소 법률과 동일한 효력을 국내적으로 발생한다. 법률과 동일한 효력을 가지는 조약의 경우에 自己執行條約(self-executing treaty)은 법률의 입법이 없이 국내적으로 효력을 발생하지만 非自己執行條約(non-self-executing treaty)은 이를 집행하기 위한 법률의 제정이 있어야 국내적으로 적용할 수 있다.

(3) 조약에 대한 위헌여부심사

조약에 대해 위헌여부심사를 하는 문제는 조약이 가지는 국제법규범으로서의 특성으로 인하여 국내법규와 동일하지는 않다. 조약에 대한 규범통제 문제, 현행 違憲法律審判制度와 憲法訴願審判制度에서 조약의 위헌여부에 대해 심판할 수 있는가 하는 문제, 조약에 대해 위헌이라고 선고한 헌법재판소의 결정이 어떠한 효력을 가지는가 하는 문제에 대해 詳論한다.

(a) 조약에 대한 규범통제

조약은 國際法規이기 때문에 조약을 체결한 이후에 개별 국가의 국내 헌법재판기관이 그에 대해 위헌여부를 심사하는 것은 국가의 권위·위신과 신뢰도의 면에서 바람직하지 않다. 조약이 헌법에 위반되는 경우에는 헌법재판기관이 위헌으로 선고하는 것보다 해당 국가가 조약에서 탈퇴하는 것이 바람직하다.

조약이 가지는 성질에 비추어 볼 때, 국회의 同意와 같은 국회에 의한 통제 이외에 조약에 대한 사법적 통제를 하는 제도를 두더라도 조약이 國內的으로 효력을 發하기 前, 즉 대통령의 條約 公布(官報 揭載에 의함)가 있기 전에 행하는 것이 바람직하다. 조약이 체결되면 당사국간에는 국제법적인 효력을 발생하지만 아직 국내법으로서 효력을 가지지 않는다. 그러나 법률에 대하여 예방적 규범통제를 행하는 경우에 법률이 공포되기 전 또는 시행되기 전에 위헌여부심판을 할 수 있으므로 조약에 대해서도 공포되기 전에 예방적 규범통제를 할 수 있다. 이러한 예방적 규범통제는 抽象的 規範統制의 방법으로 행해지는데, 이런 抽象的 規範統制는 事前的 規範統制 또는 豫防的 規範統制의 성질을 가진다고 볼 수 있다.

독일의 경우 실정법에 명문으로 豫防的 規範統制(präventive Normenkontrolle)를 정하고 있지는 않다. 해석상으로 예방적 규범통제가 가능한가 하는 문제에 대해서는 해석론상 긍정설과 부정설이 있다. 독일연방헌법재판소의 판례는 부정설의 입장을 취하고 있다. 그러나 조약에 대한 동의법률은 예외적으로 연방대통령의 서명과 공포가 있기 전에 다툴 수 있다고 본다. 정책적인 면에서 예방적 규범통제제도를 두어야 한다는 주장도 있다.

(b) 조약의 위헌여부심판 가능성

위헌이라고 다투어지는 조약은 국내적으로 존재하고 이러한 條約의 脫退가 없는 경우 어떻게 할 것인가 하는 문제가 있다. 이러한 경우에는 조약의 헌법위반여부와 그 효력에 대해 판단하지 않을 수 없다. 따라서 국내법으로서 효력을 가지는 조약이나 국제법규의 위헌여부에 대해 憲法裁判所가 심판을 할 수 없는 것은 아니라고 할 것이다. 조약에 대한 위헌법률심판에 대해서는 憲法 제111조에서 명시적으로 정하고 있지는 않지만, 憲法 제111조 제1항 제1호의 「법률」에는 법률의 효력을 가지는 조약이나 국제법규도 포함된다는 것 이외에 憲法 제6조의 해석을 통하여 해결할 수 있다고 보인다. 즉 憲法裁判所가 국내법의 위헌여부를 심판하는 이상 국내법의 효력을 가지는 조약이나 국제법규의 위헌여부에 대해서도 심판할 수 있다고 할 것이다. 이 경우 조약은 별도의 입법 시행의 조치가 없이 바로 국내에 적용되는 자기집행조약이든 그 시행에 있어서 국내 법률로 조약을 구체화하는 것이 필요한 비자기집행조약이든 憲法裁判所의 심판의 대상이 된다. 違憲法律審判節次를 통하여 다툴 수 있는가 憲法訴願審判節次를 다툴 수 있는가 하는 점에서는 차이가 있을 수 있다. 입법례로 조약의 위헌여부를 헌법재판기관이 심사할 수 있다는 점을 명문으로 정하고 있는 헌법이 있음에 비추어 볼 때, 우리 憲法도 제111조에서 이를 명시적으로 정하는 것이 바람직하다.

憲法裁判所는 법률과 동일한 효력을 가지는 조약은 위헌법률심판의 대상이 된다고 본다(憲 1995. 12. 28.-95헌바3; 1999. 4. 29.-97헌가14; 2001. 9. 27.-2000헌바20). 헌법재판소는 이 점에 대하여 위헌법률심판에서 傍論으로 이를 설시하기도 하였고(예: 憲 1995. 12. 28.-95헌바3), 조약이 심판대상이 되는가 하는 문제에 대해 정면으로 판단하지 않은 채, 법원이 조약의 위헌여부에 대한 심판을 제청한 사건에서 본안판단을 하기도 했다(예: 憲 1999. 4. 29.-97헌가14). 그러다가 2001년 9월 헌법재판소는 憲法裁判所法 제68조 제2항에서 정하고 있는 「법률」에는 조약도 포함되어 있다고 판시하기에 이르렀다(예: 憲 2001. 9. 27.-2000헌바20).

[憲 1995. 12. 28.-95헌바3] 「헌법 제111조 제1항 제1호 및 헌법재판소법 제41조 제1항은 위헌법률심판의 대상에 관하여, 헌법 제111조 제1항 제5호 및 헌법재판소법 제68조 제2항, 제41조 제1항은 헌법소원심판의 대상에 관하여 그것이 법률임을 명문으로 규정하고 있으며, 여기서 위헌심사의 대상이 되는 법률이 국회의 의결을 거친 이른바 형식적 의미의 법률을 의미하는 것에는 아무런 의문이 있을 수 없다. 따라서 형식적 의미의 법률과 동일한 효력을 갖는 조약 등은 포함된다고 볼 것이지만……」

[憲 1999. 4. 29.-97헌가14] 「이 사건 조약은 그 명칭이 "협정"으로 되어 있어 국회의 관여없이 체결되는 행정협정처럼 보이기도 하나, 우리나라의 입장에서 볼 때에는 외국군대의 지위에 관한 것이고, 국가에게 재정적 부담을 지우는 내용과 근로자의 지위, 미군에 대한 형사재판권, 민사청구권 등을 입법사항을 포함하고 있으므로 국회의 동의를 요하는 조약으로 취급되어야 하는 것이고, 당시의 헌법(1962. 12. 26. 전면개정된 것) 제56조 제1항도 외국군대의 지위에 관한 조약, 국가나 국민에게 재정적 부담을 지

우는 조약, 입법사항에 관한 조약의 체결 · 비준에 대하여는 국회가 동의권을 가진다고 규정하고 있는 것이다.……1967. 2. 9. 발행 관보(호외)에 의하면 이 사건 조약은 국회의 비준동의(1966. 10. 14.)와 대통령의 비준 및 공포를 거친 것으로 인정된다. 따라서 이 사건 조약이 국내법적 효력을 가짐에 있어서 성립절차상의 하자로 인하여 헌법에 위반되는 점은 없다.……이 사건 조항이 국민의 재산권을 침해한다고는 할 수 없고, 그 외에 이 사건 조항이 헌법에 위반된다고 할 만한 점이 발견되지 아니한다.」
[憲 2001. 9. 27.-2000헌바20] 「헌법재판소법 제68조 제2항은 심판대상을 "법률"로 규정하고 있으나, 여기서의 "법률"에는 "조약"이 포함된다고 볼 것이다. 헌법재판소는 국내법과 같은 효력을 가지는 조약이 헌법재판소의 위헌법률심판대상이 된다고 전제하여 그에 관한 본안판단을 한 바 있다(憲 1999. 4. 29.-97헌가14 참조). 이 사건 조항은 각 국회의 동의를 얻어 체결된 것이므로 헌법 제6조 제1항에 따라 국내법적 효력을 가지며, 그 효력의 정도는 법률에 준하는 효력이라고 이해된다. 한편 이 사건 조항은 재판권 면제에 관한 것이므로 성질상 국내에 바로 적용될 수 있는 법규범으로서 위헌법률심판의 대상이 된다고 할 것이다.」

(c) 심판 대상인 조약

(i) 조약의 종류 조약의 위헌여부에 대하여 심판할 수 있다고 하는 경우에도 조약의 법적 성격과 효력에 비추어 볼 때, 규범효력론의 면에서 어떠한 조약이 위헌여부심판의 대상이 되는가 하는 문제가 있다. 조약의 성격과 효력에서 법률 또는 명령 등과 같이 법률보다 하위의 법규범과 동일한 효력을 가지는 조약에 대하여 위헌여부심판을 하는 것은 가능하다.

그런데 법률보다 상위의 효력을 가지는 조약에 대하여 위헌여부심판을 할 수 있는가 하는 점이 문제가 된다. 효력에서 법률보다 상위에 있으나 헌법보다 하위에 있는 조약의 경우에는 법규범의 효력체계상 헌법이 상위에 있고 이에 저촉되는 하위규범은 효력을 가질 수 없기 때문에 위헌여부심판을 할 수 있다.

문제는 헌법의 효력을 제약하는 조약(법이론적으로는 그것이 헌법과 동위의 효력을 가지는 것이라고 하든 헌법보다 상위의 효력을 가지는 것이라고 하든 모두 포함한다)에 대하여 위헌여부심판을 할 수 있는가 하는 점이다. 개별 사항을 구별하지 않고 헌법의 효력을 제약할 수 있는 조약을 체결할 수 있다고 하면서 이 조약에 대하여 다시 위헌여부심판을 할 수 있다는 것은 일응 논리모순이다. 그러나 개별국가의 헌법의 효력을 제약하는 조약에도 사항에 따라 그 의미나 기능, 중요성 등에서 다양할 수 있고, 예컨대 영역고권이나 대인고권을 제약하는 조약 등과 같이 단위국가의 존립의 핵심적인 사항에 대하여 다툼이 발생하는 조약은 해당 국가의 주권을 침해하는지의 여부가 문제가 되고 그 나라 헌법의 개별 규정에의 저촉여부가 문제가 되지 않을 수 없다.

헌법 제60조 제1항에 의하면, 주권의 제약에 관한 조약은 국회의 사전 동의를 얻어 체결 · 비준할 수 있게 되어 있다. 이러한 규정의 문어적인 표현을 보면, 일응 대한민국의 주권을 제약하는 모든 조약은 국회의 동의만 있으면 정부가 체결 · 비준할 수 있다고 해석할 수 있다. 그러나 영토의 할양 · 매매, 국민의 지위 변경(예컨대, 대한민국 국민에서 일본이나 중국 등 외국의 국민으로 변경), 국가안위에 관한 사항 등 주권의 핵심적인 사항에 대한 결정을 모두 대의기관에게 맡겨두었다고 할 것인지는 의문이 있다. 주권의 핵심적인 사항을 국민의 의사에 반하여 대의기관이 결정하는 것은 국민주권원리에도 합치하지 않고, 저항권의 법리에서도 허용되기 어렵다. 이러한 경우에 헌법이론적으로는 국민투표로 결정하는 것이 합당하다. 그러나 우리 헌법은 이러한 경우에 국민투표를 할 수 있게 하는 규정이 없다. 겨우 할 수 있는 조치는 대통령이 제72조에 따라 조약을 체결하기 전에 국민투표에 부의하는 것이다. 그러나 대통령이 이러한 국민투표에 회부를 하지 않거나 국민투표에 회부한 경우에도 국민투표의 결과로 나타난 국민의 의사에 반하여 조약을 체결하는 경우에는 어떻게 할 것인가 하는 문제가 있다. 이러한 경우에 조약의 위헌여부를 심사할 수 없다면 국가의 주권, 국민주권원리 자체가 무의미해진다. 따라서 단위 국가의 헌법의 효력을 제약하는 조약의 경우에 조약체결국가는 그 조약이 자기 나라의 헌법에 합치하는지의 여부를 심사할 수 있다고 할 것이다.

이러한 경우에도 여러 가지 문제가 발생한다. 국민이 독도를 일본국에 넘겨주는 것이나 백두산을 중국에 넘겨주는 것에 반대를 함에도 정부가 대한민국의 주권을 제약하는 이러한 조약을 체결하는 것을 추진하고 국회가 동의를 한 경우에 이 조약이 헌법재판소의 심판에서도 합헌이라고 결정된 경우에 어떻게 되는가 하는 점이다. (1) 이는 국민의 입장에서는 대한민국에 대한 중대한 불법행위가 된다고 보기 때문에 저항권의 문제가 될 것이다. 이 경우에는 영토를 할양하거나 국민의 지위를 변경하거나 대한민국의 안위에 위해를 가져 오는 조약은 헌법 제60조 제1항의 「주권을 제약하는 조약」에서 제외되는 것이라고 해석하게 된다. (2) 이러한 조약이 체결된 경우에 과연 헌법재판소가 위헌여부를 심판할 수 있는 기회가 있는가 하는 점이다. 우리나라는 규범통제에서 구체적 규범통제와 규범에 대한 헌법소원만 인정하고 추상적 규범통제를 인정하지 않기 때문에 이러한 조약이 재판의 전제가 되거나 개인의 기본권을 침해하는 경우에만 헌법재판소가 심판을 할 기회를 가지게 된다. 따라서 이러한 조약에 대하여 헌법재판소가 위헌여부심판을 할 수 있는 가능성은 현실적으로 낮다. (3) 따라서 이 문제를 해결하는 제도로는 이러한 조약의 체결에는 사전에 구속적 국민투표를 거치게 하여 그 결과에 따라 체결여부를 결정하게 하는 것이 타당하다. 현행 헌법질서하에서는 이를 제도화하는 데는 헌법개정이 필요하다.

정부가 체결한 조약에 대하여 해당 조약이 헌법의 효력을 제약한다는 이유로 국회가 문제를 삼거나, 이러한 조약의 체결에 대하여 국회의 다수가 동의를 한 경우에 소수가 해당 조약이 헌법의 효력을 제약한다고 주장하는 경우에 해당 국가는 이에 대한 위헌여부를 심사할 수 있어야 한다.

(ii) 효력이 발생하지 않은 조약 조약에는 조약의 成立日과 效力發生日이 동일한 경우도 있지만, 서로 다른 경우도 있다. 조약의 당사국이 체결을 하여 조약이 성립은 되었으나 아직 효력은 발생하지 않은 상태에 있는 조약에 대하여 당사국이 위헌여부심판을 할 수 있는가 하는 문제가 있다. 이러한 조약은 이미 체결되었고, 일정한 기간이 경과하면 효력이 자동으로 발생하여 적용될 것이므로 구체적 규범적 통제절차나 헌법소원심판절차에서도 위헌여부심판을 할 수 있다.

(iii) 위헌 선고된 조약의 효력 헌법재판소가 국내법으로서 효력을 가지는 조약이나 국제법규에 위헌이라고 선고한 경우 그 效果가 어떠한가 하는 점이 문제가 된다. 국내법으로서 효력을 가지는 조약이나 국제법규는 어디까지나 國際法規範이기 때문에 특정 국가의 국내법의 위반이라는 이유로 조약이나 국제법규의 효력이 국제법적으로 無效化되지는 않는다. 조약의 무효화는 국제법에 의해 규율된다. 따라서 憲法裁判所에 의해 위헌으로 선고된 조약이나 국제법규는 대한민국에서 國內法으로서만 효력을 가지지 못한다. 이러한 헌법재판소의 결정이 있으면 국회나 정부는 그 결정에 기속되므로 조약에 따른 권리를 행사할 수 없고 의무도 이행할 수 없다. 국가는 국제법적으로 조약이나 국제법규를 이행하지 아니한 책임을 지게 된다.

비자기집행조약의 경우 그 시행을 위하여 국내 법령으로 조약을 구체화한 법률 또는 명령이 제정되어 있고 이의 위헌여부에 대하여 다툼이 있는 경우에는, 법률의 위헌여부에 대해서는 위헌법률심판절차 또는 헌법소원심판절차를 통하여 헌법재판소가 심판할 수 있고, 명령의 위헌여부에 대해서는 헌법소원심판절차를 통하여 헌법재판소가 심판할 수 있다. 명령의 위헌여부가 憲法 제107조 제2항에 따라 구체적 규범통제에서 문제가 되는 경우에는 대법원이 심판한다.

[115] 第四 外國人의 地位 保障

憲法은 제6조 제2항에서 「외국인은 국제법과 조약이 정하는 바에 의하여 그 지위가 보장된다」고 정하여 외국인의 법적 지위를 보장하고 있다. 국제법규에 의하여 외국인의 법적 지위를 보장하는 것은 국제평화주의와 국제법의 존중에도 기여한다. 외국인의 지위는 相互主義를 기본으로 하여 보장하고 있다.

외국인의 지위에 대한 보장이 국내법과 충돌이 있을 때에는 국제법과 국내법간의 효력문제로 돌아간다. 오늘날 세계화의 경향으로 인하여 외국인의 지위를 더 두텁게 보장하는 방향으로 나아가지만, 이 문제에 대한 구체적인 결정은 대한민국이 국가주권에 근거하여 독자적으로 한다.

國家作用

하늘이 만물에 부여한 것을 本性이라고 하고, 하늘로부터 부여받아 내재되어 있는 그 本性을 따르는 것을 道라고 하고, 그 도를 닦아 이치를 알게 되는 것을 聖人의 가르침이라고 한다. 본성을 따르는 것이 道이기에 道라는 것은 한순간도 우리에게서 떠날 수 없으니, 만약 떠날 수 있는 것이라면 그것은 도가 아니다. 이렇기 때문에 도를 공부하고 덕을 완성해가는 자는 보이지도 않고 들리지도 않는 본성에 삼가고 두려워 한다. 숨어 있어 보이지 않는 것보다 더 잘 드러남이 없고 희미하게 들리지 않는 것보다 더 분명한 것은 없으니, 본성을 추구하여 도를 닦는 자는 사물과 대립하여 자기 스스로 홀로됨을 삼가고 일체의 원리에 정성을 다하는 것이다. 기뻐하고 화내고 슬퍼하고 즐거워하는 情이 發하지 아니한 性의 상태를 中이라고 하고, 이것이 발하여 모두 節度에 맞아 한치도 어그러짐이 없는 것을 和라고 하니, 어느 것에도 편벽되지 않는 상태의 中은 천하의 크나큰 근본이요, 和를 이루게 되면 천하에 도가 두루 펼쳐지게 된다. 中과 和를 이루면 하늘과 땅이 제 자리에 서고 만물이 제대로 자라게 된다.

[天命之謂性率性之謂道修道之謂教, 道也者不可須臾離也可離非道也, 是故 君子戒愼乎其所不睹恐懼乎其所不聞, 莫見乎隱莫顯乎微故君子愼其獨也. 喜怒哀樂之未發謂之中發而皆中節謂之和中也者天下之大本也和也者天下之達道也. 致中和天地位焉萬物育焉]

- 中庸 -

제 4 편　國家作用의 基本制度

제 5 편　國家作用과 國家機關

제 4 편

國家作用의 基本制度

世上이 어지러운 것을 깊이 걱정하여 자기 慾心을 채우기에 틈낼 여지가 없는 사람은 필히 배우기에 싫어하지 않으며 가르치기에 怠慢하지 않는다. 배우기를 싫어하지 않고 가르치기를 게을리 하지 않는 사람이야말로 바로 聖人이며 慾心이 없는 사람이다.

-東武 李濟馬

제 1 장 代議制度

제 1 절 代議制度의 形成과 發達

[116] 第一 概 說

대의원리는 서양의 고대(예: 아테네 500人會 등 그리스 도시국가의 선거제도)에서도 그 맹아가 나타나고 중세에서도 개별 도시국가(예: 15세기 말-16세기 初 Florence)에 따라 나타나기도 하였지만, 오늘날 헌법의 중심제도로 자리잡은 대의제도는 근대로 이행하는 과정에서 구체화된 것이다. 대의제도의 형성·발달과 헌법에의 수용 양태는 각 나라마다 차이를 보이고 있다. 영국에서는 점진적으로 의회제도와 선거법이 발달함에 따라 대의민주주의가 형성되고 발달하였으며, 프랑스에서는 구체제인 군주체제를 무너뜨리는 부르주아 혁명을 통하여 공화국의 형태로 급격하게 형성되었다. 미합중국에서는 영국 의회의 발달과 정치적 사상에 영향을 받아 영국의 식민통치에서 독립전쟁을 통하여 독립국가를 수립하면서 헌법제도로 구체화되었다. 한편 그 밖의 나라에서는 서양의 근대 헌법을 수용하면서 대의제도를 채택하기에 이르렀다.

우리나라에서 대의민주주의는 조선시대 말부터 서구의 議會政治가 소개되면서 대의제도에 대한 인식이 생겨났으며, 大韓民國臨時政府의 여러 헌법을 거치면서 초기적인 형태로 제도화되어 나타나다가 1948년헌법에서 체계적인 헌법제도로 채택되었다. 우리나라에서 대의민주주의는 군주국가에서 근대 국가로 이행하면서 서양의 제도를 수용하여 채택된 것이다.

[117] 第二 英 國

영국에서 대의민주주의는 군주체제하에서 의회가 생겨나고 그 권한이 확대되어 가면서 형성되었고, 이의 발달은 선거법의 개정에 따른 선거권의 확대와 함께 민주주의가 공고화됨에 따라 이루어졌다.

대의민주주의가 형성되는데 있어 필요한 사상적 기초와 이론적 자원은 J. Locke

(1632–1704)의 信任思想, E. Burke(1729–1797)의 代議政治理論, J. Bentham(1748–1832)의 의회정치이론과 대의정치이론, J. S. Mill(1806–1873)의 대의정치이론에서 주로 제공되었다. 특히 공동체의 의사결정에서 「意思」(will)와 「利益」(interest)의 구별 문제를 밝혀낸 E. Burke의 대의정치이론은 대의원리의 본질적인 문제를 명확하게 밝혀 놓은 것으로 대의민주주의의 발달에 있어 획기적인 선을 그었다(鄭宗燮a, 111).

[118] 第三 프랑스

프랑스에서 대의민주주의는 1789년 舊體制(Ancien Régime)를 붕괴시킨 부르주아 혁명을 통하여 형성되었는데, 새로운 공화국체제를 만드는 과정에서 대의제도를 채택함으로써 종래 영주회의에서 채택하였던 명령적 위임의 법리와 구별되는 새로운 국가의사결정체제를 확립하였다. 이러한 대의제도는 1791년헌법에서 처음 구체화되어 헌법제도로 되었다.

프랑스에서는 Montesquieu(1689–1755)의 사상에서 대의정치가 소개되기는 하였지만, 본격적으로 대의원리와 대의제도를 체계화한 것은 E.-J. Sieyès(1748–1836)의 대의정치이론이다. 그는 국가작용에서 명령적 위임을 배제하여 봉건체제와 단절된 근대국가이론을 구축하였는데, 그의 이론은 영국의 E. Burke의 대의이론과 함께 근대 대의정치의 근본 초석을 놓아 대의민주주의의 형성과 발달에 결정적인 기여를 하였다(鄭宗燮a, 207).

[119] 第四 美合衆國

미합중국에서는 영국의 식민지지배를 받던 당시에 영국총독의 식민지 통치에 자문하는 정도의 기구가 등장하면서 대의정치의 맹아적인 형태(예: 버지니아의 House of Burgesses)가 나타나기도 하였으나, 연방헌법의 제정과정에서 본격적으로 대의제도가 논의되었고 1787년의 연방헌법(1788. 6. 21. 효력 발생)에서 대의제도를 채택하면서 헌법제도로 정착되었다.

미합중국에서 대의민주주의가 형성되는 데는 영국의 새로운 급진정치사상과 J. Locke와 Montesquieu 등의 정치이론이 중요한 역할을 하였고, A. Hamilton(1757?–1804)의 대의정치사상과 현재까지 「미합중국헌법의 아버지」로 불리는 J. Madison(1751–1836)의 대의정치이론이 크게 기여하였다(鄭宗燮a, 171).

제 2 절　代議原理

[120] 第一 概　念

대의민주주의를 지배하는 代議原理(=代表原理 representative principle)는 그 개념구조상 i) 국민과 국민대표자의 분리, ii) 국가의사결정권과 통치기관(대표기관)구성권의 분리, iii) 선거에 의한 국민대표자의 선출, iv) 전체국민의 대표로서의 국가의사결정권자, v) 명령적 위임의 배제, vi) 국민의 전체이익과 추정적 의사의 우선, vii) 국가의사결정에 대한 법적 책임의 면제라는 구성요소로 이루어져 있다(鄭宗燮a, 247).

Ⅰ. 국민과 국민대표자의 분리

代議民主主義에서 국가의사는 直接民主主義의 경우와 달리 국민이 이를 직접 결정하는 것이 아니라 국민과 별개로 존재하는 국가의사결정권자가 이를 결정한다. 이를 권력의 면에서 보면, 국민이 국가권력을 직접 행사하는 것이 아니라 국가의사결정권자인 국민의 대표자(예: 국회의원, 대통령, 수상 등)가 이를 행사한다.

대의민주주의에서는 국가권력을 행사하는 국민의 대표자와 국가권력의 행사에 따라 지배·통치되는 주권자인 국민이 그 지위와 역할에서 서로 구별된다. 따라서 민주주의를 국민의 「自己支配」(Selbstherrschaft)라고 하는 면에서 보면, 대의민주주의에서는 주권자인 국민이 대표자를 선출한다는 면에서 이념적으로만 자기지배가 이루어지고 현실적으로는 국민의 대표자에 의한 지배가 존재한다.

Ⅱ. 국가의사결정권과 통치기관구성권의 분리

대의민주주의에서는 국가의사(=정책)를 결정하는 권능(國家意思決定權=政策決定權)과 이를 보유·행사할 자를 정하는 권능(統治機關構成權)을 분리하여, 전자는 국민대표기관인 통치기관(예: 국회의원, 대통령, 수상 등)에게 權限(competence, Kompetenz)으로 부여하고, 후자는 국민에게 權利(right, Recht)로 보장한다. 대의원리에서는 국민이 통치기관을 결정·구성한다는 점에서 國民主權原理를 관철시키고 있으며, 통치권력에 民主的 正當性을 부여한다. 이 점에서 대의민주주의에서 통치하는 자와 통치를 받는 자가 그 지위와 역할에서 구별·분리되어 있다고 하더라도 神政政治나 君主政治와 구별된다.

여기서 말하는 國家意思(=정책)란 국가적 수준에서 국가가 행하지 않으면 안 될 기본적인 정치적 의사결정을 의미한다. 국회는 통상 이러한 결정을 입법으로 행한다. 국가의사는 현재뿐만 아니라 미래에 향해서도 공동체와 그 구성원 모두의 이익을 실현하는 것으로 나타난다.

《프랑스에서의 주권이론과 대의제도》

19세기 말과 20세기 초에 활동한 프랑스의 헌법학자 R. Carré de Malberg는 프랑스 혁명 당시에 나타났던 nation주권 이데올로기와 peuple주권 이데올로기 간의 주권투쟁 또는 이데올로기투쟁에 주목하여 「nation주권」과 「peuple주권」을 이항대립적인 관계로 설정하고, 이로부터 대의민주주의와 직접민주주의의 관계를 도출하고자 시도하였다. 그 결과 그는 대의민주주의는 「nation주권」에서 도출되고 직접민주주의는 「peuple주권」에서 도출된다는 도식을 이끌어 내었다. 이를 일본국의 헌법학자들(예: 杉原泰雄)이 받아들여 nation을 「國民」으로, peuple를 「人民」으로 각각 번역하여 「國民主權」과 「人民主權」이라는 명칭으로 이항대립적인 구도를 마련하고 Malberg의 설명틀을 수용하였다. 과거 국내에서도 일부 헌법학자들이 이러한 설명틀을 그대로 받아들였다. 그런데, 프랑스 혁명의 전개과정에서 나타난 헌법들을 보면, 「nation주권」을 채택한 1791년헌법에서만 대의제도와 명령적 위임의 금지를 채택한 것이 아니라, 「peuple주권」을 채택한 1793년헌법도 대의제도와 선거제도를 채택하였으며, 대의제도를 채택한 1795년헌법은 「citoyen주권」을 천명하면서 명령적 위임을 금지하였다. 1848년헌법도 「citoyen주권」을 명시하고 대의제도를 채택하면서 명령적 위임을 금지하였고, 「peuple주권」을 채택한 1958년헌법은 대의제도를 채택함과 동시에 명령적 위임을 금지하고 있다. 이러한 것만으로도 Malberg의 설명틀은 설득력을 상실하고 있다. 뿐만 아니라 우리 헌법이 채택하고 있는 국민주권(popular sovereignty)은 프랑스적 의미의 「nation주권」이 아니다. 이런 점에서, 「nation주권」에서 대의민주주의가 도출되고, 「peuple주권」에서 직접민주주의가 도출된다는 도식을 만든 이른바 「nation주권-peuple주권 이분론」은 이론으로서 타당성을 상실한 것이라고 할 것이다(鄭宗燮a, 305). 오늘날 프랑스헌법학에서도 이러한 도식은 추상적이고 그야말로 도식적이어서 민주주의이론으로 받아들이지 않고 있다. 민주주의이론으로서 이런 도식은 프랑스에서도 이미 폐기된 것이다.

Ⅲ. 선거에 의한 국민대표자의 선출

대의민주주의에서 국민이 통치기관을 결정·구성하는 방법으로는 선거를 채택한다. 다양하고 이질적인 의사와 이익이 공존하는 공동체에서는 제비뽑기나 추첨으로 국민의 대표자를 선정할 수 없기 때문에 選擧(election)라는 방법을 통하여 국민대표자에 적합한 자를 찾아내어 選定(selection)한다.

이러한 선거는 국민대표자가 행사하는 국가권력에 민주주의적 정당성을 부여하는 방법인 동시에, 公的 業務를 수행함에 합당한 인물을 찾아내어 주요 公職에 배치하는 방법이다. 따라서 대의민주주의에서는 「선거없는 대표」나 「대표없는 선거」는 상상하기 어렵다.

Ⅳ. 전체국민의 대표로서의 국가의사결정권자

대의민주주의에서 국민에 의해 선출된 대표자는 자신의 選擧區民이나 자기를 지지해준 선거권자(=유권자)의 대표가 아니라, 전체국민의 대표라는 지위에 있다(國民代表性). 국회의원이 자기 지역구에서 선출되고 대통령이 특정지역이나 특정계층 등에서 결정적인 표를 얻어 당선되었다고 하더라도 국회의원이나 대통령이 이러한 지역구나 특정지역 주민들이나 특정계층의 의사나 이익을 대표하는 것이 아닐뿐만 아니라 그렇게 해서도 안 된다. 따라서 국회의원이나 대통령은 특정한 계층, 집단, 사람, 지역을 대표하는 것이 아니기 때문에 그들의 이익을 추구해서는 안 되며, 공동체에서 살고 있는 현재와 미래의 국민 전체의 이익을 추구·실현해야 하는 지위에 있다.

Ⅴ. 명령적 위임의 배제

대의민주주의에서 국민의 대표자는 전체국민의 대표이기 때문에 국가정책을 수립하고 결정함에 있어 선거구민이나 특정한 사람의 지시나 명령을 받지 않는다. 이런 점에서 모든 업무의 수행에서 구체적으로 특정 집단, 계층, 사람의 지시나 명령에 따라야 하는 命令的 委任(=羈束委任=强制委任 imperatives Mandat)은 배제된다(이를 自由委任(freies Mandat)이라고도 부른다). 대의원리에서는 국민대표자가 특수이익이나 부분이익을 배제하고 전체국민에게 이익이 되는 방향으로 정책을 결정하여야 하기 때문에 명령적 위임을 인정하면 이를 실현할 수 없다.

역사적으로 볼 때, 命令的 委任은 동양에서는 존재한 적이 없었으며, 서양에서도 신생국가였던 미합중국에서는 그 경험이 없었고, 독일의 경우에도 이런 제도가 존재한 적이 없다. 이는 주로 중세 프랑스에 존재했던 것이다. 프랑스에서는 혁명 후 근대 국가로 이행하는 과정에서 근대 국가의 메커니즘을 모색하는 지점에서 과거에 경험했던 명령적 위임과 새로 수립하게 될 근대 국가의 원리를 구별할 필요가 생겼다. 이러한 새로운 국가이론을 구축하는데 있어 E.-J. Sieyès의 명령적 위임배제의 이론은 결정적인 기여를 하였다.

이와 같이, 대의원리에서는 명령적 위임이 배제되기 때문에 국민대표자는 특정한 국민의 代理人(agent)도 아니고 使者도 아니며 受任人(Kommissar)도 아니다.

Ⅵ. 국민의 전체이익과 추정적 의사의 우선

대의민주주의에서 국가의사를 정함에 있어 무엇이 전체국민에게 이익이 되는 것인가를 판단하는데는 우선 현실에 존재하는 국민의 요구를 충분히 고려하는 것이 필요하고, 가능한 한 국민의 요구를 실현하는 방향으로 정책을 결정하는 것이 요구된다. 이를 反應性(responsiveness)이라고 한다.

그러나 경우에 따라서 국민의 다수가 현실적으로 원하는 방향(=국민의 經驗的 意思 empirischer Volkswille)이 국가와 전체국민(미래세대 포함)에게 이익이 되지 않는 경우(「意思」와 「利益」이 충돌하는 경우)에는 국가와 전체국민에게 이익이 되는 방향(=국민의 推定的 意思 hypothetischer Volkswille)을 찾아 그에 합치되도록 결정하여야 한다. 이러한 것은 全體利益을 特殊利益에 우선시키는 것이며, 一般意思(general will)를 部分意思에 우선시키는 것이다.

이런 점에서 볼 때, 대의원리는 국가의사를 결정함에 있어 공동체 구성원의 현실적인 의사와 공동체와 그 구성원(현재 및 미래세대 포함)의 이익이 충돌하는 경우에는 이익을 의사에 우선시키는 의사결정원리이다.

《경험적 의사와 추정적 의사》

여기서 사용하고 있는 經驗的 意思는 현실에 표출되어 경험적으로 확인할 수 있는 의사를 말한다. 현실의 어떤 사안에 대하여 표출된 찬성 또는 반대의 의사나 현실사회에 다양하게 나타나 존재하는 의견을 말한다. 이러한 의사에 따른 결정은 전체국민에게 이익이 되는 경우도 있고 불이익이 되는 경우도 있다. 推定的 意思는 전체국민에게 이익이 되는 결정을 의사의 면에서 볼 때 파악되는 개념이다. 이러한 의사는 현실에서 확인되는 것은 아니고 국민들이 개별적인 자기의 이해관계를 떠나 전체국민에게 이익이 되는 것이 무엇인가 하는 점을 숙고하여 전체국민에게 이익이 되는 방향으로 최종적으로 도달되는 결정을 말한다. 따라서 추정적 의사는 전체국민에게 불이익이 되는 경우는 없고 항상 이익이 되는 경우만 있다. 이는 개개인이 자신의 개별적 이익을 떠나 전체국민의 이익이 무엇일까 하는 점을 진지하게 고려하여 정확하게 판단한다면 이르게 될 것으로 추정되는 의사이고, 대의제도에서 대표자가 정책결정에 있어 도달하여야 하는 결론이기도 하다. 이를 결과적 개념으로 말하면, 國家意思가 된다. 그런데 국가의 정책결정에서 이런 추정적 의사는 경험적 의사와 별개로 동떨어져 선험적으로 존재하는 것이 아니라 통상 현실 사회에 표출된 다양한 경험적 의사들을 고려하고 숙고하는 과정에서 획득되는 의사이다.

《통치에 있어서 의사와 이익의 문제》

고대 Herodotus, Platon, Aristoteles 등의 통치형태론(=국가론)에 나타나 있듯이, 서양의 고대에서 통치문제의 핵심은, 어떠한 통치형태가 공동체를 안정되게 하고 그 안에서 사는 국민을 행복하게 살 수 있게 하는가 하는 점에 두어졌다. 이는 동양의 경우도 다르지 않다. 군주가 통치를 하든 귀족이 통치를 하든 어떻게 하는 것이 나라를 天法과 天理에 따라 다스려 나라가 안정되고 태평하며 萬百姓이 평안하고 이득을 얻는 삶을 영위할 수 있게 할 것인가 하는 점에 治國의 要諦를 두었다. 이 문제는 헌법철학 또는 국가철학에서 「의사와 이익의 관계」 문제로 구체화되어 전개되었는데, 궁극의 문제는 인간의 삶이든 국가운영이든 의사와 이익이 항상 일치하지 않는다는 문제를 어떻게 해결할 것인가 하는 점에 모아졌다. 군주의 의사가 항상 국민의 이익과 일치하는 것도 아니고, 그렇다고 국민의 실재적인 경험적 의사에 따른 결정이 언제나 국민에게 이익을 가져다주는 것도 아니라는 점에서, 이 문제를 어떻게 해결할 것인가 하는 점이다. 이는 민주주의 문제의 본질에 해당하는 것이기도 하다. 直接民主主義는 국민이 직접 통치를 하는 것, 즉 국민이 직접 국가의사를 정하는 것인데, 이는 국민의 경험적 의사와 국민의 이익이 불일치하는 경우에는 이익보다 의사를 우선시한다. 의사를 우선시하여 국가의사를 결정하였을 때, 국민에게 불행의 결과를 가져오는 경우가 생기는 것은 불가피한 것으로 치부한다. 그런데 전통적으로 국민의 경험적 의사를 쫓아서 국가정책을 결정했지만 국민에게 불행을 가져오는 경우를 衆愚政治라고 하여 이를 멀리한 것은, 國利民福이라는 이익을 기준으로 볼 때 의사와 이익이 불일치하는 경우에 의사를 따라서는 안 된다는 것을 의미한다. 역사적으로 볼 때, 국민주권이 확립되는 근대국가로 이행되는 과정에서 국민주권원리와 합치되도록 하면서 이 문제를 해결하기 위한 방안을 고안하고 발전시킨 것인 代議民主主義이다. E. Burke, E.-J. Sieyès 등의 대의정치이론에서 전개된 바와 같이, 대의제도는 국가의사를 결정함에 있어 국민의 경험적 의사와 국민의 이익이 일치하는 경우에는 국민의 경험적 의사를 따르도록 하되, 양자가 일치하지 않는 경우에는 국민의 이익을 우선시한다. 국민의 의사와 국민의 이익이 충돌하는 경우에 무엇이 국민 모두에게 이익이 되는가를 결정함에 있어서는, 국민은 당사자이기 때문에 이를 결정할 수 없는바, 이 문제를 객관적이고 이성적으로 판단할 수 있는 제3자로 하여금 이를 결정하게 하되, 이에 국민주권원리와 민주주의원리를 관철시키는 방법으로 이 제3자를 국민의 선거로 정하도록 고안한 것이 代議制度이다. 따라서 대의민주주의는 근대국가로 이행하면서 인구의 과다나 국가의 거대화 또는 의사와 이익의 다양화로 인하여 현실에서 직접민주주의를 실현할 수 없어서 불가피하게 채택하게 된 것이 아니라, 현실에서 의사와 이익을 일치시키는 공동체의사결정방식으로 고안된 것이라는 점을 유의할 필요가 있다. 그렇기 때문에 대의민주주의를 보완하는 하나의 방법으로 직접민주주의를 고려할 수도 있게 된다.

Ⅶ. 국가의사결정에 대한 법적 책임의 면제

대의민주주의에서 국민의 대표자는 어느 누구로부터도 지시나 명령을 받지 않고 자기 책임하에 전체국민에게 이익이 되는 방향으로 정책을 결정해야 하기 때문에, 이러한 결정이 合法的인 것인 한 이에 대해서는 어떠한 법적 책임(예: 罷免, 損害賠償, 懲戒)도 지지 않는다. 국민대표자의 정책결정이 잘못된 경우는 통상 사후적으로 밝혀지는데, 이러한 경우에도 정치적 책임(예: 차기 선거에서의 落選, 정치적 비난과 공세)만 질 뿐 법적인 책임은 지지 않는다. 한편 입법행위에 의한 정책결정이 구체적인 상황에서 불법행위를 구성하는 경우에는 국가배상의 문제가 발생한다.

[121] 第二 代表關係

Ⅰ. 개 념

대의민주주의에서 국민과 대표자간의 관계를 代表關係(=代議關係 repräsentatives Verhältnis)라고 한다. 대의원리에 의할 때, 국민의 대표자는 정책을 결정함에 있어 국민으로부터 어떠한 지시나 명령도 받지 않고, 자기가 행한 정책결정에 대하여 법적 책임이 면제되는데, 이 경우에 양자간의 관계가 과연 무엇인가 하는 것이 문제가 된다.

Ⅱ. 성 질

대표관계에 관하여 종래에 법적 성격을 인정하는 「법적 위임관계설」, 「법정대표설」, 「헌법적 대표설」과 법적 성격을 인정하지 않는 「정치적 대표설」, 「정당대표설」, 「사회적 대표설」 등의 논의가 있었으나, 이러한 논의는 실익도 없고 학설로서 성립하기도 어렵다. 대의원리에서 말하는 대표관계는 어떤 법적 요건이 충족되면 그에 따른 법적 효과가 발생하는 관계에 있는 法的 關係가 아니기 때문에 국민과 대표자 사이에는 아무런 법적인 요소도 존재하지 않는다(鄭宗燮a, 271).

국민과 대표자의 관계에서는 오로지 국민이 선거로 대표자를 선정한다는 것(통치기관의 구성)과 대표자는 전체국민의 이익을 실현하는 방향으로 그 권한을 행사하여야 한다는 것뿐이며, 선거로 인하여 대표자가 국민에게 종속되는 관계에 있지는 않다. 대표자가 가지는 정책결정권은 국민의 법적 행위를 통하여 국민에 의하여 대표자에게 부여되거나 위임되는 것이 아니고, 헌법이 대의제도를 채택함으로 인하여 헌법에 의하여 부여되는 것이다. 대표자는 이러한 권한을 헌법에 합당하게 행사하여 전체국민의 이익을 실현하는 정책을 결정하고 이에 대해서 차기선거에서 심판을 받을 뿐이므로, 국민과의 관계에서는 구체적으로 국민의 경험적 의사나 선거구민의 이익과 같은 어떤 무엇을 「대표」하는(represent) 관계에 있지 않다(鄭宗燮a, 301).

Ⅲ. 구체적 문제

(1) 공약 이행의 문제

국회의원선거나 대통령선거에서 후보자들이 당선을 위하여 선거권자에게 정책이나 행위 등에 관하여 일정한 의사표시를 하는 경우가 있는데, 이를 公約이라고 한다. 선거권자가 이런 공약이 실행될 것을 믿고 투표한 경우에 해당 공약을 제시하여 당선된 국회의원이나 대통령은 당선된 후에 이를 지켜야 할 법적 의무가 있는가 하는 문제가 있다. 대의원리에 의할 때, 국민의 대표자는 전체국민의 이익을 위하여 국가의사결정권을 행사하여야 하므로 자신이 내걸었던 정치적 공약이 사후에 전체국민의 의사와 부합하지 않는다고 판단한 경우에는 공약을 이행할 필요가 없고 또 이를 이행해서도 안 된다(이런 경우에는 신뢰성, 자질, 정치적 책임 등이 문제가 된다).

따라서 선거에서 제시한 공약의 이행문제는 정치적인 문제일 뿐 법적인 문제는 아니다. 공약을 이행하지 아니한 경우에 국회의원이나 대통령은 유권자로부터 정치적인 판단을 받게 될 뿐이다.

《공약과 「대의의 실패」》

選擧公約으로 제시한 내용이 순전히 후보자의 당선에 필요한 특정 유권자들의 표를 얻기 위한 것일 때, 이는 국가재정을 담보로 하여 해당 유권자들의 이익과 표를 교환하는 것에 해당하여 사실상 買票行爲와 다름없게 된다. 이런 선거행태는 국가적 정책을 특수이익을 실현하는 것으로 변질시키고, 국가의 중립성을 파괴하는 결과를 가져온다. 이 경우에는 외형적으로는 선거행위가 존재하지만 「代議의 失敗」(representation failure)가 발생하게 된다.

(2) 의정활동의 보고

국회의원이 당선된 후 의정활동을 어떻게 하고 있는가를 국민에게 보고할 의무가 있는가 하는 점이 문제가 된다. 명령적 위임이 존재하는 경우에는 선거구민으로부터 지시·명령을 받거나 소환의 근거로 필요하기 때문에 이러한 보고의무가 발생한다. 그런데 대의민주주의에서는 명령적 위임이 배제되므로 의정활동보고를 법으로 강제하는 것이 허용되는가 하는 문제가 발생한다.

대의민주주의에서는 주권자인 국민이 대표자를 선출하고 나면 그 후에 국민의 대표자가 구체적으로 어떻게 활동하는지를 잘 알 수 없다. 국민이 대표자를 소환하거나 그에게 구체적인 지시·명령을 하지 않더라도 국민은 주권자로서 대표자의 행위·활동을 알 권리가 있다. 따라서 국회의원은 국민에게 주기적으로 의정활동을 보고하는 것이 바람직하고, 법적으로 이를 강제할 수도 있다. 이러한 의정활동의 보고는 참여민주주의의 실현에도 많은 기여를 할 수 있다.

의정활동의 보고는 선거구민에게만 행해지는 것이 아니라 전체국민에게 행해지는 것이다. 의정활동의 보고는 문서나 국회의원 개개인의 홈페이지를 통하여 할 수 있다. 다만, 의정활동의 보고를 위한 행사가 선거운동에서 신참자를 차별하는 결과를 초래하는 것이 되어서는 안 된다.

제 3 절 代議制度와 選擧

[122] 第一 槪 說

I. 대의제도와 선거

선거는 대의제도를 구성하는 개념요소이자 이를 실현하는 수단이다. 선거를 통해 국민은 대표자를 선출하고, 대표자는 임기 동안 자기 책임하에 국가의사결정을 하는 등 국가운영에 필요한 활동을 하고 차기 선거에서 자신의 행위에 대하여 심판을 받는다.

오늘날과 같이 공동체 구성원들간 이해관계가 이질적인 경우에는 추첨이나 순번제로 국가의 일을 맡을 수 없으므로 선거가 유일한 수단으로 채택된다. 그래서 선거는 대의제도를 구성하는 요소이고, 「선거없는 대의민주주의」는 성립할 수 없다([120] Ⅲ).

Ⅱ. 선거의 기능

선거는 국민대표자를 선발하여 통치기관을 구성하는 기능(代表者의 選拔)과 국가의사결정을 하는 국민대표자에게 정당성을 부여하는 기능(民主的 正當性의 賦與)을 한다. 그리고 선거과정을 통하여 국민은 정치적 의사를 표현하고 국가의 공적인 일에 참여하는 기회를 가진다(國民의 政治參與 實現).

(1) 대표자의 선발

대의민주주의에서 선거는 무엇보다 국민대표자를 선발(selection)하는 기능을 한다. 대의민주주의에서는 누가 국가의사결정을 하는 권한을 가지고 이를 행사하느냐 하는 것이 핵심적인 문제이므로 국민 가운데서 국가의사를 결정할 권한을 가지고 이를 행하기에 적합한 자를 정확하게 골라내어 정하는 것이 무엇보다 중요하다.

(2) 민주적 정당성의 부여

선거는 주권자인 국민이 국민대표자를 선출하는 것이므로 국민대표기관이 가지는 권한에 민주적 정당성을 부여한다. 이러한 민주적 정당성의 부여는 국민주권과 민주주의의 원리상 필수불가결하게 요구되는 것이다.

(3) 국민의 정치참여 실현

선거는 후보자가 입후보하여 활동하고 유권자는 국민의 대표자를 선출하는 점에서 정치참여에 해당하지만, 선거과정을 통하여 제기되는 정치·사회적인 쟁점이나 과제들에 대하여 자신의 의사를 표현하고 이의 실천에 참여할 수 있는 기회를 가지므로 선거행위는 정치적 기본권의 행사인 동시에 정치참여로 기능한다. 이를 통하여 국민은 공동체의 구성원과 주권자로서 그 권리(예: 참정권, 정치적 기본권 등)를 행사하고 실현한다.

[123] 第二 選擧의 基本原則

憲法 제41조와 제67조는 선거의 기본원칙(Wahlrechtsgrundsatz)으로 보통·평등·직접·비밀선거의 원칙을 규정하고 있다.

I. 보통선거의 원칙

普通選擧(Allgemeinheit der Wahl)는 制限選擧에 대응하는 원칙으로, 모든 국민이 일정 연령에 도달하면 사회적 신분·재산·인종·성별·교육 등에 관계없이 선거권을 갖는다는 원칙을 말한다(예: 憲 1997. 6. 26.-96헌마89). 오늘날 이 원칙은 기본권 보장의 면에서는 선거권의 평등보호로 보장되고 있다.

[憲 1997. 6. 26.-96헌마89] 「보통선거라 함은 개인의 납세액이나 소유하는 재산을 선거권의 요건으로 하는 제한선거에 대응하는 것으로 이러한 요건뿐만 아니라 그 밖에 사회적 신분·인종·성별·종교·교육 등을 요건으로 하지 않고 일정한 연령에 달한 모든 국민에게 선거권을 인정하는 제도를 말한다. 보통선거제도를 채용하고 있는 모든 국가들은 연령에 의한 선거권의 제한을 인정하고 있다. 이와 같이 연령에 의하여 선거권을 제한할 수밖에 없는 것은 국정 참여수단으로서의 선거권행사는 일정한 수준의 정치적인 판단능력이 전제되어야 하기 때문이다.」

憲法裁判所는 보통선거에서 선거권연령을 몇 세로 정할 것인가의 문제는 입법자가 그 나라의 역사, 전통과 문화, 국민의 의식수준, 교육적 요소, 미성년자의 신체적·정신적 자율성, 정치적·사회적 영향 등 여러 가지 사항을 종합하여 결정하는 것이므로 입법자가 입법목적 달성을 위한 선택의 문제이고, 입법자가 선택한 수단이 현저하게 불합리하고 불공정한 것이 아닌 한 재량에 속하는 것이라고 판시하였다(憲 1997. 6. 26.-96헌마89; 2001. 6. 28.-2000헌마111).

[憲 2001. 6. 28.-2000헌마111] 「당재판소는 1997. 6. 26. 96헌마89 사건에서, 관여 재판관 전원의 일치된 의견으로 이 사건 법률조항이 헌법 제11조 제1항의 평등권이나 제24조의 선거권을 침해하지 아니한다는 내용의 합헌결정을 한 바 있는데, 그 요지는 다음과 같다. 우리 헌법은 제24조에서 "모든 국민은 법률이 정하는 바에 의하여 선거권을 가진다"고 규정하고 제41조 제1항(§67①)은 "보통·평등·직접·비밀선거"를 선거의 기본원칙으로 규정하고 있다. 여기서 말하는 보통선거라 함은 개인의 납세액이나 소유하는 재산을 선거권의 요건으로 하는 제한선거에 대응하는 것으로 이러한 요건뿐만 아니라 그 밖에 사회적 신분·인종·성별·종교·교육 등을 요건으로 하지 않고 일정한 연령에 달한 모든 국민에게 선거권을 인정하는 제도를 말한다. 보통선거제도를 채용하고 있는 모든 국가들은 연령에 의한 선거권의 제한을 인정하고 있다. 이와 같이 연령에 의하여 선거권을 제한할 수밖에 없는 것은 국정 참여수단으로서의 선거권행사는 일정한 수준의 정치적인 판단능력이 전제되어야 하기 때문이다. 이 사건의 쟁점은 선거권연령을 20세 이상으로 정한 이 사건 법률조항이 18~19세 국민들의 평등권과 선거권을 침해하는지 여부이다. 우리 헌법이 선거의 기본원칙 중 하나로 채택하고 있는 보통선거제도는 일정한 연령에 이르지 못한 국민에 대하여 선거권을 제한하는 것을 당연한 전제로 삼고 있다. 그런데 헌법은 제24조에서 모든 국민은 '법률이 정하는 바'에 의하여 선거권을 가진다고만 규정함으로

써 선거권연령의 구분을 입법자에게 위임하고 있다. 이와 같이 선거권연령의 구분이 입법자의 몫이라 하여도, 선거권연령에 이르지 못한 국민들의 선거권이 제한되고 그들과 선거권연령 이상의 국민들 사이에 차별취급이 발생하므로, 이에 관한 입법은 국민의 기본권을 보장하여야 한다는 헌법의 기본이념과 연령에 의한 선거권제한을 인정하는 보통선거제도의 취지에 따라 합리적인 이유와 근거에 터잡아 합목적적으로 이루어져야 할 것이며, 그렇지 아니한 자의적 입법은 헌법상 허용될 수 없는 것이다. 보통선거에서 선거권연령을 몇 세로 정할 것인가의 문제는 입법자가 그 나라의 역사, 전통과 문화, 국민의 의식수준, 교육적 요소, 미성년자의 신체적·정신적 자율성, 정치적·사회적 영향 등 여러 가지 사항을 종합하여 결정하는 것이므로, 외국의 입법례 또한 15세에서 21세까지 다양하게 나뉘어져 있음을 알 수 있다. 우리나라의 선거권연령의 연혁을 보면 제헌헌법부터 제2차 개헌시까지는 대통령부통령선거법과 국회의원선거법에 21세 이상으로 규정하였으나, 제3차 개헌(1960. 6. 15. 개정) 당시부터 제4공화국 헌법(유신헌법)과 제5공화국 헌법까지는 헌법에 20세의 규정을 두었다. 제6공화국 헌법(1987. 10. 29. 개정)인 현행헌법은 법률에 위임하였고, 공선법이 제정되기 전까지는 개별 선거법에서 20세 이상으로 제한하였다. 현행헌법은 개정당시 선거권연령을 헌법에 규정할 것인지의 여부에 의견일치를 보지 못하여 법률에 위임하게 된 것이다. 공선법 제정당시 선거권 연령에 관하여 여당인 민주자유당은 20세 이상, 야당인 민주당은 18세 이상으로 주장하여 논의하다가 1994. 2.경 민법상의 성년연령인 20세로 합의하였다. 한편, 37개국 헌법의 선거권연령 규정형식을 보면, 23개국은 헌법에 규정하고 10개국은 법률에 위임하였으며 4개국은 아무런 규정을 두지 않고 있다. 민법은 행위의 결과를 인식함에 충분한 정신능력을 갖춘 시기를 만 20세로 보고 있다(제4조). 인간의 능력은 점진적으로 발달하고 개인차이가 있는데도 불구하고 입법자가 위의 법률규정과 공선법에서 20세를 기준으로 획일적인 구분을 한 것은 실질에 부합하지 않는 경우가 있겠지만, 법률관계의 안정과 객관성을 위한 부득이한 조치이므로 헌법상 수긍할 수밖에 없는 것이다. 대학진학과 취업을 앞둔 고등학교에 재학중인 학생 일부를 정치에 참여케 하는 선거권 부여는 교육상 바람직하지 않는 것으로 보인다(교육법 §96, §102의 2, §107). 또한 18~19세의 미성년자들은 부모나 보호자에게 의존하므로 이러한 미성년자의 정치적 의사표현은 독자적인 판단에 의한 바람직한 결과가 나타나지 않을 수도 있다. 입법자가 공선법에서 민법상의 성년인 20세 이상으로 선거권연령을 합의한 것은 위에서 본 미성년자의 정신적·신체적 자율성의 불충분 외에도 교육적인 측면에서 예견되는 부작용과 일상생활 여건상 독자적으로 정치적인 판단을 할 수 있는 능력에 대한 의문 등을 고려한 것이다. 제2차 세계대전이 끝난 뒤에 세계경제의 급속한 발전으로 지역과 지역, 국가와 국가간의 경제적·정치적인 간격이 좁아지고 인쇄와 방송매체들로 인한 전반적인 문화수준의 향상과 상대적으로 국민들의 교육열이 높아져서 1970년대 전후에 각국의 선거권연령이 하향조정되었다는 청구인들의 주장은 부정하지 아니한다. 그리고 선거권연령을 18~19세의 국민들에게까지 확대하여야 하는 이유로서 들고 있는 근로기준법, 병역법, 민법상의 약혼(혼인)연령, 공무원임용및시험시행규칙, 도로교통법 등의 규정은 개개 법률의 입법목적에 따른 것이고, 특히 공무원임용및시험시행규칙 소정의 공무담임권의 연령 18세는 고등학교 졸업연령을 고려한 것으로 보인다. 선거권과 공무담임권의 연령을 어떻게 규정할 것인가는 입법자가 입법목적 달성을 위한 선택의 문제이고 입법자가 선택한 수단이 현저하게 불합리하고 불공정한 것이 아닌 한 재량에 속하는 것이다. 위에서 설시한 이유를 되돌아보고 다시 생각건대, 선거권 연령을 공무담임권의 연령인 18세와 달리 20세로 규정한 것은 청구인들이 주장하는 사정을 감안하더라도 입법부에 주어진 합리적인 재량의 범위를 벗어난 것으로 볼 수 없다. 따라서, 이 사건 법률조항이 18~19세 미성년자들에게 보장된 헌법 제11조 제1항의 평등권과 제24조의 선거권을 침해한 위헌조항이라는 청구인들의 이 심판청구는 이유가 없다." 돌이켜 이 사건에 있어서, 96헌마89 사건에서 표명된 위와 같은 합헌결정의 이유는 여전히 타당하다 할 것이고, 위 결정선고 이후 이를 달리 판단하여야 할 특별한 사정변경이 있다고 할 수도 없다.」

憲法裁判所는 재외국민에 대하여 선거권을 인정하지 아니한 것과 해외거주자들에게 부재자투표제도를 인정하지 아니하는 것에 대해서는 보통선거원칙에 위반되어 위헌이라고 판시하였다(예: 憲 2007. 6. 28.-2004헌마644등)(鄭宗燮 f, [175] I (5)).

Ⅱ. 평등선거의 원칙

(1) 개 념

平等選擧(Gleichheit der Wahl)는 差等選擧 또는 不平等選擧에 대응하는 원칙으로, 모든 유권자가 각기 똑같은 수의 표를 행사하고, 투표가치에 있어서도 평등해야 한다는 원칙을 말한다. 즉, 1人 1票(one person, one vote)와 1票 1價(one vote, one value)를 내용으로 한다(예: 憲 1995. 12. 27. 95헌마224등; 1998. 11. 26.-96헌마54; 1998. 11. 26.-96헌마74등; 1995. 12. 27.-95헌마224; 2001. 7. 19.-2000헌마91등; 2001. 10. 25.-2000헌마92등). 평등선거의 원칙도 보통선거의 원칙과 마찬가지로 헌법 제11조 제1항의 평등보호가 선거제도에 적용된 것이다. 다수대표방식의 지역선거에서도 모든 유권자가 같은 수의 표를 가져야 하고, 비례대표방식의 정당투표에서도 같은 수의 표를 가져야 한다.

[憲 1998. 11. 26.-96헌마54] 「평등선거의 원칙은 헌법 제11조 제1항 평등의 원칙이 선거제도에 적용된 것으로서 투표의 수적(數的) 평등, 즉 1인 1표 원칙(one man, one vote)과 투표의 성과가치(成果價値)의 평등, 즉 1표의 투표가치가 대표자선정이라는 선거의 결과에 대하여 기여한 정도에 있어서도 평등하여야 한다는 원칙(one vote, one value)을 그 내용으로 할 뿐만 아니라(헌재 1995. 12. 27.-95헌마224등), 일정한 집단의 의사가 정치과정에서 반영될 수 없도록 차별적으로 선거구를 획정하는 이른바 '게리맨더링'에 대한 부정(否定)을 의미하기도 한다. 한편, 각국의 선거제도를 살펴보면, 각국의 선거제도가 시대에 따른 정치적 안정의 요청이나 나라마다의 역사적·사회적·정치적 상황 등이 고려되어 각기 그 나라의 실정에 맞도록 결정되고 있고, 거기에 논리필연적으로 요청되는 일정한 형태가 있는 것이 아님을 알 수 있다. 그리고 그와 같이 결정된 선거제도의 구조와 투표가치는 밀접하게 연관되어 있는 것이어서 선거제도의 구조가 어떠하냐에 따라 선거결과에 미치는 투표의 영향력에 어느 정도의 차이가 생기는 것은 불가피한 것이고, 투표가치의 평등이 모든 투표가 선거결과에 미치

는 영향력에 있어 숫자적으로 완전히 동일할 것까지 요구하는 것이라고 볼 것은 아니다. 우리 헌법도 제41조 제3항에서 "국회의원의 선거구와 비례대표제 기타 선거에 관한 사항은 법률로 정한다"고 규정하여 선거제도와 선거구의 획정에 관한 구체적 결정을 국회의 재량에 맡기고 있다. 따라서 국회는 선거구를 획정함에 있어서 1인 1표와 투표가치 평등의 원칙을 고려한 선거구간의 인구의 균형뿐만 아니라, 우리나라의 행정구역, 지세, 교통사정, 생활권 내지 역사적·전통적 일체감 등 여러 가지 정책적 기술적 요소를 고려하여야 하되 폭넓은 입법형성의 자유를 가진다고 하겠다.」

憲法裁判所는 정당추천후보자와 무소속후보자간에 소형인쇄물의 제작·배부의 기회와 방법에서 차별하는 것(예: 憲 1992. 3. 13.-92헌마37등)과 정당추천후보자와 무소속후보자의 기탁금에 차등을 둔 것은 평등선거의 원칙에 위배된다고 판시하였고(예: 憲 1989. 9. 8.-88헌가6), 정당투표가 없이 지역구국회원의원에 대한 투표를 정당에 투표한 것으로 의제하는 비례대표의석배분방식에 대하여도 평등선거의 원칙에 위배된다고 판시했다(예: 憲 2001. 7. 19.-2000헌마91).

[憲 2001. 7. 19.-2000헌마91] 「헌법 제41조 제1항에서 천명하고 있는 평등선거의 원칙은 평등의 원칙이 선거제도에 적용된 것으로서 투표의 수적인 평등을 의미할 뿐만 아니라 투표의 성과가치의 평등, 즉 1표의 투표가치가 대표자선정이라는 선거의 결과에 대하여 기여한 정도에 있어서도 평등하여야 함을 의미한다(헌재 1995. 12. 27.-95헌마224등, 판례집 7-2, 760, 771). 현행 비례대표의석배분방식에서, 어떤 선거권자의 지역구후보자에 대한 투표는 지역구의원의 선출에 기여함과 아울러 그가 속한 정당의 비례대표의원의 선출에도 기여하는 2중의 가치를 지니게 되는데 반하여, 어떤 선거권자가 무소속 지역구후보자를 지지하여 그에 대하여 투표하는 경우 그 투표는 그 무소속후보자의 선출에만 기여할 뿐 비례대표의원의 선출에는 전혀 기여하지 못하므로 투표가치의 불평등이 발생한다. 이것이 선거권자의 자발적 선택의 결과라면—예컨대 선거권자중에는 1인 2표제 하에서도 무소속후보자에게만 투표하고 정당투표를 포기할 사람이 있을 것이다—그러한 투표가치의 불평등은 감수되어야 할 것이다. 그러나 자신이 지지하는 정당이 자신의 지역구에 후보자를 추천하지 않아 어쩔 수 없이 무소속후보자에게 투표하는 유권자들로서는 자신의 의사에 반하여 투표가치의 불평등을 강요당하게 된다(이들은 1인 2표제 하에서라면 별도의 정당투표를 통하여 투표가치의 평등을 누릴 수 있게 된다). 이런 점에서 현행 방식은 합리적 이유 없이 정당소속 후보자에게 투표하는 유권자와 무소속 후보자에게 투표하는 유권자를 차별하는 것이라 할 것이므로 평등선거의 원칙에 위배된다.」

(2) 선거구 인구불평등의 문제

(a) 의 의

選擧區의 劃定(districting, Wahlkreiseinteilung)은 다수대표의 방식을 취하는 경우에 대표자를 선출하기 위하여 전국을 지역의 단위로 분할하여 정하는 것을 말하는데, 여기에는 각 선거구마다 균등하게 유권자수를 배분하는 것도 포함된다(apportionment).

(b) 선거구 획정의 합리적 기준

인구에 있어 선거구의 불평등한 획정은 평등선거의 원칙을 왜곡할 위험이 있다. 유권자의 수를 기준으로 선거구를 획정하는 경우에 1선거구 1인(=소선거구제)의 방식에서는 최대선거구 유권자수가 최소선거구 유권자수의 2배 이상이면 투표가치의 평등에서 평등선거원칙을 위반하는 것이 되어 위헌이다. 따라서 이러한 경우에 인구의 편차는 $1 \leq \frac{\text{최대선거구의 유권자수}}{\text{최소선거구의 유권자수}} < 2$에 해당하여야 한다.

美合衆國에서는 1946년에 연방최고법원이 *Colegrove v. Green*(328 U.S. 549)사건에서 선거구획정은 정치적 문제(political question)이므로 사법적 심사의 대상에서 제외되어야 한다고 판시했다가 1962년에 *Baker v. Carr*(369 U.S. 186)사건에서 불평등한 인구비례에 따른 선거구 획정은 미합중국연방헌법 제14조 평등조항에 위반된다고 입장을 변경하였으나, 선거구 획정에 관한 구체적인 기준은 제시하지 않았다. 그 후 1964년 *Wesberry v. Sanders*(376 U.S. 1)사건에서 1인 1표의 원칙에 따라 3:1의 인구편차를 위헌이라고 판시해 사실상의 판단기준을 제시하였다. 日本國에서는 최고재판소가 1976년의 판결에서 선거구획정과 의원정수배분에서 선거인의 투표가치의 불평등이 합리성을 인정할 수 없는 정도에 달할 때에는 헌법위반이라고 판단할 수밖에 없다고 판시하였다(1974년 4월 14일 大法廷, 民集 30券 3號, 223면). 1994년에 제정된 「衆議院選擧區劃定審議會設置法」에서는 소선거구의 획정에 있어서 「각 선거구의 인구의 균형을 도모하고, 각 선거구의 인구 중 그 최다의 것을 최소의 것으로 나누어 얻은 수가 2 이상이 되지 않도록 하는 것을 기본으로 하고, 행정구획 · 지세 · 교통 등의 사정을 종합적으로 고려하여 합리적으로 행하여야 한다」고 엄격하게 규정하고 있다. 獨逸의 연방선거법은 평균선거구를 기준으로 인구편차가 상하 33.33% 이내이어야 한다고 규정하고 있다. 1963년 연방헌법재판소는 연방의회선거법상의 상하 33.33%의 편차를 넘을 경우에 위헌이라는 입장을 밝혔다(BVerfGE 16, 130). 1996년에 개정된 연방선거법은 「한 선거구의 인구수는 선거구의 평균인구수로부터 상하 각 100분의 15를 초과하는 편차를 보여서는 아니 되며, 편차가 100분의 25를 초과하면, 새로운 선거구 획정이 이루어져야 한다」고 규정하여 선거구간의 편차를 더욱 좁혀 보다 엄격한 기준을 정하고 있다.

선거구의 획정에는 제도의 취지를 실현하는데서 요구되는 일정한 한계가 있다. 선거구는 무엇보다 인구를 우선적인 기준으로 하여 정한다. 엄격히 말하면, 이 인구는 유권자를 의미한다. 그 다음에는 지리적인 특성, 행정구역, 지역의 특성, 정치·경제 등 제반 사정 등이 고려될 수 있다. 憲法裁判所도 선거구의 획정에서 국회가 가지는 입법형성의 자유를 인정하되, 이에는 한계가 있음을 명확히 하고 있다.

[憲 2001. 10. 25.-2000헌마92등] 「헌법은 제41조 제3항에서 "국회의원의 선거구와 비례대표제 기타 선거에 관한 사항은 법률로 정한다"고 규정하여 선거제도와 선거구의 획정에 관한 구체적 결정을 국회의 재량에 맡기고 있다. 따라서, 국회는 투표가치 평등의 원칙을 고려한 선거구간의 인구의 균형뿐만 아니라, 우리나

라의 행정구역, 지세, 교통사정, 생활권 내지 역사적 전통적 일체감 등 여러 가지 정책적·기술적 요소를 고려하여 선거구를 획정함에 있어서 폭넓은 입법형성의 자유를 가진다고 할 것이다.……그러나, 선거구획정에 관하여 국회의 광범한 재량이 인정된다고 하여도, 선거구획정이 헌법적 통제로부터 자유로울 수는 없으므로, 그 재량에는 평등선거의 실현이라는 헌법적 요청에 의하여 다음과 같은 일정한 한계가 있을 수밖에 없다. 첫째로, 선거구획정에 있어서 인구비례원칙에 의한 투표가치의 평등은 헌법적 요청으로서 다른 요소에 비하여 기본적이고 일차적인 기준이기 때문에, 합리적 이유 없이 투표가치의 평등을 침해하는 선거구획정은 자의적인 것으로서 헌법에 위반된다고 하지 아니할 수 없는 것이므로, 이러한 점에서 선거구획정에 관한 국회의 재량에는 스스로 그 한계가 있다고 할 것이다.……둘째로, 특정 지역의 선거인들이 자의적인 선거구획정으로 인하여 정치과정에 참여할 기회를 잃게 되었거나, 그들이 지지하는 후보가 당선될 가능성을 의도적으로 박탈당하고 있음이 입증되어 특정 지역의 선거인들에 대하여 차별하고자 하는 국가권력의 의도와 그 집단에 대한 실질적인 차별효과가 명백히 드러난 경우, 즉 게리맨더링에 해당하는 경우에는, 그 선거구획정은 입법재량의 한계를 벗어난 것으로서 헌법에 위반된다고 할 것이다(憲 1998. 11. 26-96헌마54; 1998. 11. 26-96헌마74등).」

憲法裁判所는 1995년 결정에서 국회의원선거구 획정에 있어서 인구편차가 4:1 이상일 경우 위헌이라고 하는 입장을 보이다가(예: 憲 1995. 12. 27.-95헌마224), 그 후 2001년의 결정에서 그 기준을 3:1로 보다 엄격하게 보았다(예: 憲 2001. 10. 25.-2000헌마92). 또한 선거구를 특정 개인이나 정파에 유리하게 조작하여 정하는 것(Gerrymandering)도 헌법에 위반된다고 판시하였다(예: 憲 1995. 12. 27.-95헌마224등).

[憲 1995. 12. 27.-95헌마224등] 「선거구의 획정은 사회적·지리적·역사적·경제적·행정적 연관성 및 생활권 등을 고려하여 특단의 불가피한 사정이 없는 한 인접지역이 1개의 선거구를 구성하도록 함이 상당하며, 이 또한 선거구획정에 관한 국회의 재량권의 한계라고 할 것이다. 그런데 이 사건 선거구구역표는 위와 같은 원칙을 무시한 채, 특단의 불가피한 사정이 있다고 볼만한 사유를 찾아볼 수 없는데도, 충복 옥천군을 사이에 두고 접경지역 없이 완전히 분리되어 있는 충북 보은군과 영동군을 "충북 보은군 영동군선거구"라는 1개의 선거구로 획정하였는바, 이는 재량의 범위를 일탈한 자의적인 선거구획정이라고 하지 아니할 수 없고(1995. 6. 30. 현재의 인구수를 보아도 보은군은 49,077명, 영동군은 63,623명, 옥천군은 64,958명으로서 이를 모두 합쳐도 177,658명이고, 이는 위에서 본 인구편차의 허용한계내에 있을 뿐만 아니라 같은 충청북도 내의 "제천시 단양군 선거구"의 인구수 190,660명에도 못 미친다) 이로써 충북 보은군에 거주하는 청구인 이○○의 정당한 선거권을 침해하였다고 할 것이다.」

한편, 憲法裁判所는 시·도의회의원선거구 획정에 있어서는 4:1의 인구편차를 기준으로 하여 위헌여부를 판단하기도 하고(예: 憲 2007. 3. 29.-2005헌마985등), 각 선거구의 의원 1인당 인구수 대비 당해 군의회의원 1인당 평균인구수 상하 60%의 인구편차를 허용한계로 삼기도 한다(예: 憲 2009. 3. 26.-2006헌마240).

[憲 2007. 3. 29.-2005헌마985등] 「한편 구체적으로 선거구획정에 있어 입법재량의 한계, 즉 헌법상 용인되는 각 선거구 사이의 인구편차의 한계를 어디까지 용인할 것인가는 인구비례의 원칙 이외에 고려되어야 할 2차적 요소들을 얼마나 고려하여 선거구 사이의 인구비례에 의한 투표가치 평등의 원칙을 완화할 것이냐의 문제이다. 지금까지 앞에서 살펴본 여러 가지 사정을 종합하여 보건대, 인구편차의 허용한계에 관한 다양한 견해 중 인구편차가 상하 33 1/3% 편차(이 경우 상한 인구수와 하한 인구수의 비율은 2 : 1)를 기준으로 하는 방안, 상하 50% 편차(이 경우 상한 인구수와 하한 인구수의 비율은 3 : 1)를 기준으로 하는 방안, 상하 60% 편차(이 경우 상한 인구수와 하한 인구수의 비율은 4 : 1)를 기준으로 하는 방안 등이 고려될 수 있다. 우선 상하 33 1/3% 편차를 기준으로 하는 방안은 시 · 도의원 지역선거구를 획정함에 있어 인구 이외의 다른 요소도 고려하여 배분할 수 있지만 적어도 투표가치를 한 사람에게 두 사람 몫 이상이 되게 해서는 아니 된다는 평등의 원칙이 지켜져야 하는 것으로서, 원칙적으로 지역선거구 획정에 따른 선거구 간의 인구의 편차는 최대선거구의 인구가 최소선거구의 인구 2배를 넘지 않도록 조정해야 한다는 것이다. 그러나 이 방안은 선거권 평등의 이상에 보다 접근하는 안이지만, 우리나라의 현실에서 인구비례의 원칙 이외의 요소인 행정구역 내지 지역대표성 등을 제대로 고려할 수 없어서 현실적인 방안이 될 수 없다고 할 것이다. 다음으로 상하 50% 편차를 기준으로 하는 방안은 최다인구선거구와 최소인구선거구의 투표가치의 비율은 제1차적 고려사항인 인구비례를 기준으로 볼 때의 등가의 한계인 2 : 1의 비율에 그 50%를 가산한 3 : 1 미만이 되어야 한다는 것으로서, 제2차적 고려요소인 행정구역 및 도농 간의 차이 등 지역의 특수성 등을 선거구획정에 반영하여야 한다고 하여도, 전국에서 최다인구선거구와 최소인구선거구의 투표가치의 비율이 3 : 1의 비율을 넘어 위 2 : 1의 두 배나 되는 4 : 1의 비율에 근접한다면, 이는 제1차적 고려요소보다 제2차적 고려요소가 더 중시된 결과라고 보여지고, 각 유권자의 투표가치를 합리적 이유 없이 차별하는 것이 된다는 것이다. 그러나 이 방안은 시 · 도의원 선거구획정시 인구비례의 원칙 이외의 2차적인 요소인 행정구역, 지역대표성 등을 보다 폭넓게 고려할 수 있어서 상당히 진전된 현실적인 방안이라고 할 수 있으나, 우리나라가 처한 특수한 사정에 비추어 볼 때 행정구역 내지 지역대표성 등의 2차적인 요소들을 충분히 고려하고 있다고 볼 수 없다. 끝으로 상하 60% 편차를 기준으로 하는 방안은 선거구획정에 있어 각 시 · 도 선거구의 평균인구수에 100분의 60을 더하거나 뺀 수를 넘거나 미달하는(즉, 상하 60%의 편차를 초과하는) 선거구가 있을 경우에는 그러한 선거구의 획정은 국회의 합리적 재량의 범위를 일탈한 것으로서 헌법에 위반된다고 보는 것이다. 단순한 논리적 법리만으로 선거구획정의 위헌 여부를 결정하는 기준을 정한다면, 적어도 최대선거구의 인구수가 최소선거구의 인구수의 2배를 넘을 경우에는 평등의 원칙에 반하는 것으로서 위헌이라고 볼 여지도 있으나, 시 · 도의원 지역선거구의 획정에는 인구 외에 행정구역 · 지세 · 교통 등 여러 가지 조건을 고려하여야 하므로, 그 기준은 선거구 획정에 있어서 투표가치의 평등으로서 가장 중요한 요소인 인구비례의 원칙과 우리나라의 특수사정으로서 시 · 도의원의 지역대표성 및 인구의 도시집중으로 인한 도시와 농어촌 간의 극심한 인구편차 등 3개의 요소를 합리적으로 참작하여 결정되어야 할 것이다. 선거구의 획정에 있어서는 인구비례의 원칙이 가장 중요하고 기본적인 기준이며, 평등선거의 원칙을 엄격히 적용하

는 경우에는 적어도 최대선거구의 인구수가 최소선거구의 인구수의 2배 이상인 때에는 위헌이라고 한다면, 그 여타의 제2차적 고려요소를 아무리 크게 고려한다고 하더라도 그 갑절인 4배를 넘는 경우 즉 최대선거구와 최소선거구의 인구비율이 4 : 1을 넘는 경우에는 헌법합치적 설명이 불가능할 것이고, 이를 각 시 · 도 선거구의 평균인구수를 기준으로 하여 그 상하의 편차를 계산하면 그 평균인구수의 상하 60%의 편차가 되므로, 이를 기준으로 하는 것은 상당한 정도의 합리성을 가지고 있다고 할 것이다. 즉 이 방안은 시 · 도의원 선거구획정에 있어서는 제1차적인 기준인 인구비례 기준뿐만 아니라 행정구역 내지 지역대표성 및 도시와 농촌의 극심한 인구편차 등의 요소를 조화롭게 고려할 수 있는 방안이라고 할 것이며, 우리나라의 특수한 사정을 가장 잘 반영할 수 있어서 가장 현실적인 방안이라고 할 수 있다. 또 외국 입법례와 확립된 판례에서 본 바와 같이, 미국 연방대법원은 연방하원의 의원정수배분과는 달리 주의회의원의 의원정수배분에 관하여는 상대적으로 관대한 기준을 적용하고 있고, 일본 최고재판소도 중의원의 경우에는 최대선거구와 최소선거구의 인구비율 3 : 1을 헌법상 선거권평등 위반 여부 기준으로 삼고 있으나, 참의원의 경우에는 이보다 기준을 완화하여 심지어 5.85 : 1의 인구불균형도 합헌으로 판시하고 있는 점 등에 비추어 보고, 특히 우리나라의 각 자치구 · 시 · 군이 가지는 역사적 · 문화적 · 경제적인 측면에서의 지역대표성을 반영하고 농촌과 도시 사이에 극심한 인구격차가 존재하고 있다는 특수한 사정을 고려할 때, 시 · 도의원지역선거구 획정에서는 국회의원지역선거구 획정에서 요구되는 기준보다 더 완화된 인구편차 허용기준을 적용하는 것이 타당하다고 할 것이다. 따라서 현시점에서는 상하 60%의 인구편차(이 경우 상한 인구수와 하한 인구수의 비율은 4 : 1) 기준을 시 · 도의원지역선거구 획정에서 헌법상 허용되는 인구편차기준으로 삼는 것이 가장 적절하다고 할 것이다.」

(c) 선거구 획정의 방법

선거구의 인구편차는 이해관계가 있는 자가 조정하게 되면 공정성을 확보하기 어렵다. 따라서 각국은 공정한 선거구획정을 위한 별도의 기구를 설치하여 이를 정하고 있다. 우리나라도 公職選擧法에서 選擧區의 劃定과 選擧區劃定委員會에 관하여 정하고 있다. 국회의원지역선거구는 시 · 도의 관할구역 안에서 인구 · 행정구역 · 지세 · 교통 기타 조건을 고려하여 이를 획정하되, 구(자치구 포함) · 시(구가 설치되지 아니한 시를 말함) · 군의 일부를 분할하여 다른 국회의원지역구에 속하게 하지 못하게 하고 있다. 다만, 동법 제21조(국회의 의원정수) 제1항 후단의 요건을 갖추기 위하여 부득이한 경우에는 그러하지 아니하다(同法 §25①).

선거구의 공정한 획정을 위하여 국회의원선거구획정위원회와 자치구 · 시 · 군의원선거구획정위원회를 설치하도록 하고 있다(同法 §24①). 선거구획정위원회는 선거구획정안을 마련하고, 그 이유와 그 밖의 필요한 사항을 기재한 보고서를 당해 국회의원 또는 자치구 · 시 · 군의원의 임기만료에 의한 선거의 선거일 전 1년까지 국회의원선거구획정위원회는 국회의장에게 제출하고, 자치구 · 시 · 군의원선거구획정위원회는 시 · 도지사에게 제출하여야 한다(同條⑦).

[憲 2004. 2. 26.-2003헌마285] 「선거구획정은 공선법 제25조 제2항에 의한 [별표 1] 「국회의원지역선거구구역표」의 내용이 되어 위 법률에 편입되므로 그 법적 성격은 입법행위이다. 따라서 청구인들이 주장하는 이 사건 선거구획정절차는, 종전 결정으로 인하여 위 선거구구역표를 개정하여야 할 의무가 있으므로 일반적인 법률 개정절차에 더하여 공선법상 관계규정에 따라 선거구획정위원회가 선거구획정안을 마련하고 그 이유 기타 필요한 사항을 기재한 보고서를 작성하여 국회의장에게 제출하면, 국회의장이 이를 소관 상임위원회 또는 선거구획정에 관한 사항을 심사하는 특별위원회에 회부하여 해당 위원회가 위 선거구획정안을 심사한 후 법제사법위원회의 체계 · 자구 심사, 본회의 의결 및 공포의 절차를 거쳐 이루어진다.……선거구획정위원회의 법적 성격은 국회 내부의 비상설회의체기관이라고 봄이 상당하다. 일반적으로 선거구획정위원회의 선거구획정안 제출이 반드시 공선법개정으로 연결되는 것은 아니나, 이 사건 제17대 국회의원 총선거에 관한 선거구획정에 있어서는 종전 결정으로 인한 입법개선의무로서 선거구구역표를 포함한 공선법의 개정은 필수적이다. 따라서 앞서 본 선거구획정의 절차상 선거구획정위원회가 국회의장에게 제출한 선거구획정안이 법률로써 확정되기 위하여 국회 소관 위원회의 심사, 법제사법위원회의 체계 · 자구 심사, 본회의 의결 및 공포 절차를 거쳐야 하므로 그러한 선거구획정안 제출행위는 국회의 '기관내부의 행위'에 불과하다. 또한 위 위원회의 선거구획정안이 제출되어 선거구구역표가 개정되지 않는 경우에도 그 제출행위는 국회 내부의 행위에 불과하고, 그것이 국민에 대하여 직접적인 법률효과를 발생시키지 아니한다. 위와 같이 국회의 기관내부의 행위에 불과하여 국민의 권리 · 의무에 대하여 직접적인 법률효과를 발생시키는 행위가 아닌 선거구획정위원회 위원 선임 및 선거구획정위원회의 선거구획정안 제출행위를 하지 아니하였다는 이 사건 부작위는 헌법소원의 대상이 되는 헌법재판소법 제68조 소정의 공권력의 불행사에 해당되지 않는다.」

헌법재판소가 선거구의 인구불평등이 평등선거원칙에 위반되는가를 판단하는 경우에는 최대선거구의 유권자수가 최소선거구의 유권자수의 2배 이상인가의 여부만 따져 2배 이상인 경우에 위헌으로 선고하면 된다. 평균선거구를 기준으로 상하편차가 33.33…% 미만인가를 따질 필요가 없다. 상하편차는 선거구간의 균일한 정도를 말하므로 상하편차가 33.33…% 미만이라도 그 편차가 적으면 적을수록 투표가치가 균일하게 근접하므로 선거구 획정에서는 편차를 줄이는 것이 바람직하다.

Ⅲ. 직접선거의 원칙

直接選擧(Unmittelbarkeit der Wahl)는 間接選擧에 대응하는 원칙으로, 선거인이 대표자를 직접 선출하여야 한다는 원칙을 말한다. 선거인단을 먼저 선출하고 그 선거인단이 대표자를 선출하는 경우는 간접선거에 해당한다. 국민주권원리상 국민의 대표자의 권한에 민주적 정당성을 부여하는 방법은 오직 직접 부여하는 것만 허용되므로 간접선거는 국민주권원리에 어긋난다. 憲法裁判所는 지역선거구에서 얻은 득표율로 비례대표의석을 할당하는 것은 평등선거원칙과 직접선거원칙에 위반되는 것이라고 판시하였다(예: 憲 2001. 7. 19.-2000헌마91 등).

[憲 2001. 7. 19.-2000헌마91등] 「직접선거의 원칙은 선거결과가 선거권자의 투표에 의하여 직접 결정될 것을 요구하는 원칙이다. 국회의원선거와 관련하여 보면, 국회의원의 선출이나 정당의 의석획득이 중간선거인이나 정당 등에 의하여 이루어지지 않고 선거권자의 의사에 따라 직접 이루어져야 함을 의미한다. 역사적으로 직접선거의 원칙은 중간선거인의 부정을 의미하였고, 다수대표제하에서는 이러한 의미만으로도 충분하다고 할 수 있다. 그러나 비례대표제하에서 선거결과의 결정에는 정당의 의석배분이 필수적인 요소를 이룬다. 그러므로 비례대표제를 채택하는 한 직접선거의 원칙은 의원의 선출뿐만 아니라 정당의 비례적인 의석확보도 선거권자의 투표에 의하여 직접 결정될 것을 요구하는 것이다.」

직접선거원칙은 比例代表方式의 名簿方式과도 관련이 있다. 비례대표방식이 직접선거원칙에 위배되지 않기 위해서는 가변명부방식이나 개방명부방식을 선택하는 것이 바람직하다. 憲法裁判所는 고정명부방식은 그 자체가 직접선거원칙에 반하는 것은 아니라고 판시했으나(예: 憲 2001. 7. 19.-2000헌마91), 정당의 이름을 내걸고 실제로는 정당의 지도부가 명부를 결정하는 고정명부방식은 직접선거원칙을 침해할 소지가 없지 않다. 비례대표방식의 민주성을 높이는 방법으로는 선거인이 명부의 순서와 내용을 결정할 수 있는 가변명부방식이나 개방명부방식이 보다 합당하다.

[憲 2001. 7. 19.-2000헌마91등] 「비례대표 후보자를 유권자들이 직접 선택할 수 있는 이른바 자유명부식이나 가변명부식과 달리 고정명부식에서는 후보자와 그 순위가 전적으로 정당에 의하여 결정되므로 직접선거의 원칙에 위반되는 것이 아닌지가 문제될 수 있다. 그러나 비례대표후보자명단과 그 순위, 의석배분방식은 선거시에 이미 확정되어 있고, 투표 후 후보자명부의 순위를 변경하는 것과 같은 사후개입은 허용되지 않는다. 그러므로 비록 후보자 각자에 대한 것은 아니지만 선거권자가 종국적인 결정권을 가지고 있으며, 선거결과가 선거행위로 표출된 선거권자의 의사표시에만 달려 있다고 할 수 있다. 따라서 고정명부식을 채택한 것 자체가 직접선거원칙에 위반된다고는 할 수 없다.」

Ⅳ. 비밀선거의 원칙

秘密選擧(Geheimheit der Wahl)는 公開選擧에 대응하는 원칙으로 선거인의 투표내용을 어느 누구에게도 공개하지 않아야 한다는 원칙을 말한다. 무기명투표와 선거내용에 관한 진술거부권 및 비공개 등이 그 내용이다. 이는 선거의 공정함(예: 매표, 선거간섭 등의 방지)

과 선거권 행사의 비밀을 보장하기 위한 것이다. 선거권은 선거제도에 수반되는 권리이므로 선거제도의 기능을 왜곡하면서 개인의 권리를 보장하는 것이 아니다. 따라서 비밀선거원칙을 선거권의 보장이라는 측면에서만 이해할 수는 없다(예: 투표지의 자진 공개 금지).

공직선거법은 투표의 비밀은 보장되어야 한다는 것을 명시하여 비밀선거원칙을 명문화하고 있다(同法 §167①). 선거인은 자신이 기표한 투표지를 공개할 수 없으며, 공개된 투표지는 무효로 한다(同條 ③). 선거인은 투표한 후보자의 성명이나 정당명을 어떠한 경우에도 누구에게도 진술할 의무가 없으며, 누구든지 선거일의 투표마감시각까지 이를 질문하거나 그 진술을 요구할 수 없다(同條 ②).

《출구조사》

出口調査는 투표가 끝난 후에 공표되는 것이어서 투표의 공정성과 평온성을 침해하지 않고 투표자가 스스로 투표 내용을 밝히는 것이므로 비밀선거의 원칙에 반하지 아니한다. 공직선거법도 텔레비전방송국·라디오방송국·「신문 등의 자유와 기능보장에 관한 법률」이 정하는 일간신문사가 선거의 결과를 예상하기 위하여 선거일에 투표소로부터 100미터 밖에서 투표의 비밀이 침해되지 않는 방법으로 투표내용을 질문하는 것을 허용하고 이 경우에 투표마감시각까지 그 경위와 결과를 공표할 수 없도록 하고 있다(同法 §167②).

V. 자유선거의 원칙

自由選擧(Freiheit der Wahl)는 强制選擧에 대응하는 원칙으로 투표에 있어 선거권자의 의사형성의 자유와 이를 실현할 자유가 선거과정에서 존중되어야 한다는 것을 뜻한다. 헌법이 자유선거의 원칙을 명시적으로 정하고 있지는 않으나, 선거권의 자유는 기본권보장의 법리상 당연한 내용이므로 자유선거원칙도 이에서 도출되는 선거원칙이라고 할 수 있다. 憲法裁判所도 현행 헌법의 해석상 자유선거원칙이 인정된다고 판시하였다(예: 憲 1994. 7. 29.-93헌가4등; 1995. 4. 20.-92헌바29; 1999. 9. 16.-99헌바5).

[憲 1994. 7. 29.-93헌가4등] 「자유선거의 원칙은 비록 우리 헌법에 명시되지는 않았지만 민주국가의 선거제도에 내재하는 법원리인 것으로서 국민주권의 원리, 의회민주주의의 원리 및 참정권에 관한 규정에서 그 근거를 찾을 수 있다. 이러한 자유선거의 원칙은 선거의 전 과정에 요구되는 선거권자의 의사형성의 자유와 의사실현의 자유를 말하고, 구체적으로는 투표의 자유, 입후보의 자유, 나아가 선거운동의 자유를 뜻한다.」

자유선거의 원칙은 강제선거를 부정하는 선거행위에 관한 것이므로 선거운동의 자유를 보장하는 것은 아니다. 憲法裁判所의 판례 가운데는 자유선거의 원칙에서 선거운동의 자유를 도출한 것이 있다(예: 憲 1994. 7. 29.-93헌가4등; 1995. 4. 20.-92헌바29; 1999. 6. 24.-98헌마153; 2001. 8. 30.-99헌바92등)([302] I (2)).

[124] 第三 選擧制度의 構造

Ⅰ. 투 표 제

投票制는 선거 과정에서 선거인이 투표하는 방식을 의미한다. 후보자를 뽑는 수와 그에 대응한 투표권의 수를 기준으로 단기투표의 방식와 연기투표의 방식으로 구분된다.

(1) 단기투표

單記投票란 후보자 1명에게 투표를 하는 것이다. 단기투표는 소선거구제와 관련이 있고, 연기투표는 중·대선거구제와 연관이 있다.

(2) 연기투표

連記投票는 후보자의 수와 투표권의 수의 상관관계를 기준으로 完全連記投票의 方式과 制限連記投票의 方式이 있다. 완전연기투표의 방식은 선출하고자 하는 의원수만큼 투표권을 행사하는 방식이고 制限連記投票의 方式은 후보자 1명 이상을 투표하기는 하지만 의원정수보다는 적은 수를 뽑는 방식이다. 특히 중·대선거구의 방식을 채택할 때에 연기투표의 방식은 중요하다. 완전연기투표인지 제한연기투표인지 여부에 따라 선거의 결과가 달라질 수 있기 때문이다. 만약 중·대선거구의 방식으로 선거구방식을 변경할 경우 제한연기투표보다는 완전연기투표가 민의를 반영하는데 보다 적합하다고 본다.

복수의 투표권을 어떻게 행사하느냐에 따라 累積連記投票의 方式과 遞減連記投票의 方式으로 구분된다. 累積連記投票의 方式은 투표권자가 가진 투표수를 어느 특정 후보자에게 중첩하여 투표할 수 있는 방식이다. 遞減連記投票의 方式은 투표자가 연기한 순서에 따라 그 가치를 점점 체감하여 득표수를 계산하는 방식이다. 예를 들어, 투표자 1인당 4표를 행사할 때 1순위는 40%, 2순위는 30%, 3순위는 20%, 4순위는 10%의 순서로 투표가치가 체감되도록 하는 방식이다.

Ⅱ. 대표제도

選擧에 있어 代表制度(Wahlsystem)는 議員定數의 당선·확정을 결정하는 방식을 말한다. 이에는 일반적으로 다수대표방식과 비례대표방식이 있다.

(1) 다수대표의 방식

多數代表의 方式(Mehrheitwahlsystem)은 지역을 기준으로 선거구를 획정하여 해당 선거구에서 대표자를 선출하는 방식이다. 다수대표방식은 정치권에서 다수 세력의 형성을 용이하게 하고 양대 정당제도를 구축하는데 용이한 점이 있다. 그러나 낙선된 후보자에게 던져진 선거인의 표는 국민대표기관의 구성에서 완전히 도외시되기 때문에 少數의 保護라는 민주주의 이념과 상치된다(鄭宗燮b, 27).

이에는 당선자를 결정하는 방법에 따라 相對多數代表의 方式과 絶對多數代表의 方式이 있다.

(a) 상대다수대표의 방식

相對多數代表의 方式(plurality system)은 후보자 가운데 득표수에서 1위를 한 자를 당선인으로 결정하는 방식이다. 이런 방식에서는 유효투표의 과반수도 획득하지 못한 자임에도 단지 1위 득표자라는 이유만으로 당선되어 민주주의원리와 합치하지 않는 약점이 있고, 정당의 득표수와 확보한 의석수 사이에 비율상의 不整合現象이 발생하여 표에서는 승리한 정당이 의석 확보에서는 패배하는 불합리한 결과를 초래할 수 있기 때문에 代議民主主義와는 원리적으로 조화되기 어려운 점이 있다.

(b) 절대다수대표의 방식

絶對多數代表의 方式(majority system)은 유효투표의 과반수를 획득한 자를 당선인으로 결정하는 방식이다. 이는 민주주의원리에 부합한다. 이 방식에 의한 1차 투표에서 과반수를 획득한 자가 나오지 않는 경우가 있는데, 이를 해결하는 방법으로는 2차 투표에서 결선투표를 실시하여 당선자를 결정하는 決選投票(second ballot, runoff)의 방식(예: 프랑스의 대통령 선거, 하원의원 선거)과 1차 투표에서 처음부터 후보자의 수와 동일한 수의 투표권을 후보자에 대한 선호의 순에 따라 행사하고 1순위에서 당선자가 나오지 않으면 과반수의 득표자가 결정될 때까지 순차적으로 차 순위로 이양·합산하여 당선자를 결정하는 選好投票(=代案投票 alternative vote)의 방식(예: 아일랜드의 대통령 선거, 오스트리아의 하원의원 선거)이 있다.

(2) 비례대표제도

(a) 의 의

比例代表의 方式(proportional representation system, Verhältniswahlsystem)은 기본적으로 정당을 매개로 하여 정당이 작성한 후보자의 명부에 대하여 투표를 하는 것을 말한다.

(b) 기 능

비례대표의 방식은 다수대표의 방식에서 발생하는 사표 및 득표율과 정당 의석수의 불일치를 해소하고, 지역선거에 따르는 후보자에 대한 유권자의 특수이익의 지배력을 약화시킬 수 있으며, 지역선거에 따르는 지역구 관리비용을 줄이고, 전문가의 의회충원을 가능하게 하여 전문가 정치를 할 수 있게 한다.

(c) 종 류

비례대표의 방식에는 명부의 형태에 따라 정당이 당선 순위를 정한 후보자의 명부를 작성·등록하고 투표자는 정당의 명부에 투표하는 固定名簿式(=拘束名簿式 closed list), 정당이 후보자의 명부를 작성하되 투표자가 후보자의 순위에 구애받음이 없이 순위를 변경하여 투표하는 可變名簿式(弛緩名簿式 flexible list), 유권자들이 각 정당이 작성한 후보자의 명부에 구애됨이 없이 정당의 경계를 넘어 후보자를 선택하여 결정하는 自由名簿式(free list)이 있다. 자유명부식의 경우에는 정당이 작성한 명부는 후보자에게 정보를 제공하는 참고자료의 역할만 하게 된다.

현행 국회의원 선거에서 비례대표의원을 선출하는 방식은 고정명부식이다.

(d) 문 제 점

비례대표의 방식에 따르면 다수 정당의 난립과 군소정당의 출현에 따른 정국의 불안이 초래될 가능성이 높고, 의원에 대한 정당의 지배력이 강화되며, 정당규율에 따라 국민대표성이 약화될 우려가 있다. 또 고정명부식의 경우에는 직접선거원칙과 저촉될 위험이 크고, 선거에서 정당간부의 횡포와 부패가 발생할 가능성이 있다. 특히 비례대표의 방식은 국회에서 다수파의 형성을 어렵게 하고, 여건에 따라 심한 경우에는 각 세력들의 합종과 연횡이 다반사가 되어 다수파가 형성된 경우에도 정국이 잠정적이고 유동적인 상태에 있게 될 가능성이 크다. 이런 상태에서는 국민에 대한 국회의원의 책임을 심하게 약화시키기 때문에 비례대표의 방식은 책임정치의 실현이라는 대의민주주의의 기능과 조화되기 어렵게 된다. 민주주의에서는 사람끼리 직접 만나서 하는 面對面(face-to-face)의 의사소통이 필수적이라는 점과 비례대표의 방식에 대하여 「일반화된 무책임 제도」(regime d'irresponsabilité généralisée)라는 지적이 있음을 고려하면, 지역구 선거제도를 없애고 전면적으로 비례대표제도를 채택하는 것은 민주주의의 요청에서 문제가 많다고 할 것이다.

(e) 대의원리와의 관계

비례대표방식이 정당을 매개로 하는 선거방식이지만, 정당이 작성한 명부에 의하여 당선된 의원은 정당의 대표가 아니라 국민의 대표이다. 따라서 비례대표의원에게 政黨羈束을 법적으로 강제할 수 없고, 交叉投票도 인정된다. 비례대표의원이 임의로 당적을 변경한 경우에 의원직을 상실하게 할 수 있는가 하는 점에 대해서는 이론상 찬반의 견해가 대립하고 있는데([241] Ⅱ), 대의원리에 비추어 보면, 비례대표의원도 국민대표이므로 비록 정당을 매개로 하여 선출되었다고 하더라도 임의로 정당을 변경할 수 있다고 할 것이다. 정당변경에 대한 평가는 법적으로 하는 것이 아니라 유권자가 차기 선거에서 정치적으로 하면 족하다고 할 것이다.

憲法裁判所는 선거범죄로 인하여 당선이 무효로 된 때를 비례대표지방의회의원의 의석 승계 제한사유로 규정한 공직선거법 규정 중 「비례대표지방의회의원 당선인이 제264조(당선인의 선거범죄로 인한 당선무효)의 규정에 의하여 당선이 무효로 된 때」 부분은 대의민주주의 원리에 위배되어 위헌이라고 하였고(憲 2009. 6. 25.-2007헌마40), 공직선거법 규정 중 「임기만료일 전 180일 이내에 비례대표국회의원에 궐원이 생긴 때」 부분도 대의민주주의 원리에 부합하지 않으나 입법형성권 존중의 차원에서 헌법불합치를 선고하였으며(憲 2009. 6. 25.-2008헌마413), 나아가 공직선거법 규정 중 「비례대표국회의원 당선인이 제264조(당선인의 선거범죄로 인한 당선무효)의 규정에 의하여 당선이 무효로 된 때」 부분도 헌법에 위반된다고 판시하였다(憲 2009. 10. 29.-2009헌마350).

[憲 2009. 6. 25.-2007헌마40] 「대의제 민주주의는 헌법의 기본원리에 속하는 것으로서, 대의제 민주주의를 원칙으로 하는 오늘날의 민주정치 아래에서의 선거는 국민의 참여가 필수적이고, 주권자인 국민이 자신의 정치적 의사를 자유로이 결정하고 표명하여 선거에 참여함으로써 민주사회를 구성하고 움직이게 하는 것이다(憲 1994. 7. 29.-93헌가4등, 판례집 6-2, 15, 28). 공직선거법은 비례대표지방의회의원선거에 있어 앞에서 본 바와 같이 정당의 비례대표지방의회의원 후보자명부상의 순위가 처음부터 정당에 의하여 고정적으로 결정되는 이른바 고정명부식 비례대표제를 택하고 있고, 투표의 방식에 관해서도 시·도의원선거 및 자치구·시·군의원선거에 있어서 지역구의원선거 및 비례대표의원선거마다 1인 1표를 행사하도록 하고 있으며, 비례대표지방의회의원의석의 할당은 원칙적으로 당해 선거에서 얻은 정당의 득표비율에 따라 이루어지도록 되어 규정하고 있으므로, 결국 선거에 참여한 선거권자들의 정치적 의사표명에 의하여 직접 결정되는 것은, 어떠한 비례대표지방의회의원후보자가 비례대표지방의회의원으로 선출되느냐의 문제라기보다는 비례대표지방의회의원의석을 할당받을 정당에 배분되는 비례대표지방의회의원의 의석수라고 할 수 있다. 그런데 심판대상조항은 선거범죄를 범한 비례대표지방의회의원 당선인 본인의 의원직 박탈로 그치지 아니하고 그로 인하여 궐원된 비례대표지방의회의원의석에 대하여 소속 정당의 비례대표지방의회의원 후보자명부에 의한 의석 승계를 인정하지 아니함으로써 결과적으로 그 정당에 비례대표지방의회의원의석을 할당받도록 한 선거권자들의 정치적 의사표명을 무시하고 왜곡하는 결과가 된다. 이는 국민주권의 원리 내지 대의제 민주주의를 근간으로 하는 우리 법체계하에서는 원칙적으로 용인되기 어려운 것이다. 더욱이 2006. 5. 31. 실시된 제4회 전국동시지방선거에서의 자치구·시·군의회의원 선거구 및 의원정수 현황을 보면, 230개 자치구·시·군의회 중 절반 이상인 117개 자치구·시·군의회의 비례대표지방의회의원 정수가 1인에 불과하여, 그 의석승계를 인정하지 않는다면 극단적으로는 상당수의 자치구·시·군의회에서 비례대표지방의회의원이 없게 될 수도 있으므로, 비례대표선거제를 둔 취지가 퇴색될 수도 있다고 할 것이다. 또한, 심판대상조항이 정한 예외사유, 즉 당선인이 당해 선거에 있어 공직선거법에 규정된 죄와 「정치자금법」 제49조(선거비용관련 위반행위에 관한 벌칙)의 죄를 범함으로 인하여 징역 또는 100만 원 이상의 벌금형의 선고를 받아 당선이 무효로 된 경우를, 정당의 비례대표지방의회의원 후보자명부에 의한 승계가 허용되는 공직선거법 제194조 제3항에서 정한 당선 무효의 경우 및 일반적 궐원 사유인 당선인의 사직 또는 퇴직 등의 경우와 달리 취급하여 그로 인하여 궐원된 비례대표지방의회의원 의석의 승계까

지 허용하지 않아야 될 합리적인 이유가 있는 것으로 보기도 어렵다. 독일의 연방 선거법에서 궐원된 비례대표의원의 의석 승계에 있어 당선인의 선거범죄로 인한 궐원의 경우를 주명부에 의한 승계원칙의 예외로 규정하고 있지 아니하고(독일연방선거법 제46조 제4항, 제48조 제1항 참조), 일본의 공직선거법에서 중의원비례대표선출의원 또는 참의원비례대표선출의원이 선거범죄로 인하여 당선이 무효가 된 경우에도 명부에 의한 등재순위에 따라 승계결정을 하도록 규정하고 있는 것(일본공직선거법 제97조의2 제1항, 제3항 참조)도 이와 같은 맥락에서 이해할 수 있는 것이다. 특히 비례대표지방의회의원 당선인의 선거범죄로 인한 당선무효의 경우에 그 구체적인 경위나 사정을 따지지 아니한 채 일률적으로 의석승계를 허용하지 아니함으로써 소속 정당이나 그 정당의 비례대표지방의회의원 후보자명부에 기재된 다른 후보자의 불이익으로 돌리는 것은 뒤에서 보는 바와 같이 헌법 원리인 자기책임의 원리에도 반하는 것이라 할 것이다. 따라서 심판대상조항은 선거권자의 의사를 무시하고 왜곡하는 결과를 초래할 수 있다는 점에서 헌법의 기본원리인 대의제 민주주의 원리에 부합되지 않는다고 할 것이다.」

《혼합식 제도》

의원정수의 일부를 다수대표의 방식으로 선출하고 나머지를 비례대표의 방식으로 확정하는 것을 混合方式(mixed system)이라고 한다. 독일, 일본국, 뉴질랜드, 이탈리아, 헝가리, 한국 등에서 채택하고 있다. 여기서는 다수대표의 방식과 비례대표의 방식을 단순히 결합하는 방식과 먼저 다수대표의 방식과 비례대표의 방식으로 선거를 하되, 비례대표의 정당득표율에 따라 각 정당에 총의석수를 먼저 배정하고 거기서 지역구 당선자수를 제한 다음에 명부상의 순위에 따라 배정을 하는 방식 등 다양한 형태가 있다. 우리나라는 국회의원선거에서 단순히 양자를 결합하는 혼합방식을 채택하고 있다.

《저지조항》

비례대표의 방식을 채택하는 경우에 군소의 파편정당이 출현할 수 있다. 적은 수의 의석을 가진 다수의 파편정당들은 국민적 합의를 이루는 데 크게 기여하지도 못하면서 국정운영과 정당정치에 불안정을 초래하기 때문에 일정한 기준 이하의 득표를 한 정당에게는 의석을 배분하지 아니하는 방식을 채택하는 경우가 있는데, 이러한 기준을 정하는 조항을 沮止條項(=封鎖條項 exclusion clause, legal threshold, Sperrklausel)이라고 한다. 이러한 봉쇄조항은 독일, 스웨덴, 그리스, 이스라엘, 한국 등에서 채택하고 있다. 다만, 과도한 기준을 설정하는 경우에는 신규정당이나 소정당의 국회 진입을 봉쇄하고 득표율과 의석수의 불균형을 초래할 수 있다. 봉쇄조항이 헌법에 합치하는가 하는 문제에서 獨逸聯邦憲法裁判所는 헌법에 합치한다고 결정하였다(BVerfGE 3, 27; 4, 39; 6, 90). 봉쇄조항을 설정하는 비율을 어느 정도로 할 것인가 하는 것은 기본적으로 입법자의 입법형성의 자유의 영역에 속하지만, 봉쇄조항의 기능을 충분히 할 수 있는 정도를 넘어 과도하게 설정하는 것은 위헌이라고 할 것이다.

Ⅲ. 선거구제

選擧區制란 선거인단을 지역단위로 분할하는 방식으로 소선거구의 방식, 중선거구의 방식, 대선거구의 방식이 있다.

(1) 소선거구의 방식

小選擧區의 방식은 1선거구에서 1인의 대표자를 뽑는 방식이다. 이는 1인만 선출하기 때문에 후보자를 결정하기 수월하다. 그러나 소선거구의 방식은 死票의 발생을 막을 수 없고, 선거구의 인구를 균등하게 획정하는 것도 어렵다.

公職選擧法 제21조 제2항은 「하나의 국회의원지역구선거구에서 선출할 국회의원의 정수는 1인으로 한다」고 규정하여 소선거구의 방식을 채택하고 있다.

(2) 중선거구의 방식

中選擧區의 방식은 선거구를 평등원칙에 합치되도록 조정하면서 선거구의 유권자수에 비례하여 대체로 2인에서 5인을 선출하는 방식을 말한다. 이는 주로 3인 또는 4인을 선출하는 것이 주가 되고, 선거구를 균등하게 획정함에 있어 불가피하게 불균형이 발생하는 경우에 예외적으로 2인 또는 5인을 선출하는 선거구를 두는 방식이다.

중선거구의 방식은 선거구획정으로 인한 인구불평등의 문제를 수월하게 해결할 수 있고, 새로운 정당의 국회 진입을 수월하게 하며, 현격하게 사표를 줄일 수 있다. 1선거구 1인 선출방식에서 발생할 수 있는 특정 정당의 독식을 방지할 수 있고, 공동체의 이해관계가 이질적이고 갈등지수가 높은 경우에 갈등을 약화시키고, 이해관계를 조정하는데 적합하다. 중선거구의 방식에서 1선거구에서 2인을 선출하는 것이 주가 되는 경우에는 우리가 경험하였듯이 기존 정치권의 패권세력인 거대한 양대 정당이 서로 국회의원 자리를 나누어 가지는 폐단이 발생한다(鄭宗燮b, 54).

(3) 대선거구의 방식

大選擧區의 방식은 대체로 1선거구에서 6인 이상의 당선자를 선출하는 방식을 말한다. 대선거구의 방식은 상당히 많은 후보자가 생겨나게 되어 유권자가 후보자를 충분히 알기 어려운 상황이 초래될 수 있어 국민의 투표권 행사를 실질적으로 왜곡시킬 우려가 있다. 대선거구의 방식에서는 정당의 복수 공천을 허용할 수밖에 없는데, 이런 경우에는 후보자간의 싸움이 아니라 동일 선거구에서 정당간에 의석을 얼마나 많이 확보하느냐 하는 정당간의 싸움이 되어 지역구 선거의 성질이 변질될 우려가 있다(鄭宗燮b, 57).

[125] 第四 現行法上의 選擧制度

Ⅰ. 헌법상의 선거제도

헌법 제1조 제2항은 국민주권원리를 채택하고 그 바탕 위에 제24조와 제25조에서 각각 선거권과 피선거권을 규정하고 있다. 이를 보장하고 구체화하는 선거의 기본원칙에 대하여 제41조 제1항과 제67조 제1항은 보통선거원칙, 평등선거원칙, 직접선거원칙, 비밀선거원칙을 정하고 있다([123]).

Ⅱ. 선거권과 피선거권

(1) 선 거 권

(a) 적극적 요건

公職選擧法은 19세 이상의 國民에게 대통령 및 국회의원의 선거권을 인정하고 있다(同法 §15①). 지방자치단체의 의회의원 및 장의 선거권에 관해서는 「19세 이상의 국민으로서 선거인명부작성기준일 현재 당해 지방자치단체의 관할구역 안에 주민등록이 되어 있는 자」와 출입국관리법의 규정에 따른 「영주의 체류자격 취득일 후 3년이 경과한 19세 이상의 외국인으로서 선거인명부작성기준일 현재 당해 지방자치단체의 외국인등록대장에 등재된 자」에게 선거권을 부여하고 있다(同條 ②). 선거권자의 연령은 선거일 현재로 산정한다(同法 §17).

(b) 소극적 요건

公職選擧法은 선거일 현재 다음 중 하나에 해당하면 선거권을 갖지 못한다고 정하고 있다(同法 §18①). i) 금치산선고를 받은 자, ii) 금고 이상의 형의 선고를 받고 그 집행이 종료되지 아니하거나 그 집행을 받지 아니하기로 확정되지 아니한 자, iii) 선거범, 정치자금법 제45조(정치자금부 정수수죄) 및 제49조(선거비용관련 위반 행위에 관한 벌칙)에 규정된 죄를 범한 자 또는 대통령·국회의원·지방의회의원·지방자치단체의 장으로서 그 재임중의 직무와 관련하여 형법(특정범죄가중처벌 등에 관한 법률 제2조에 의하여 가중처벌되는 경우를 포함) 제129조(수뢰, 사전수뢰) 내지 제132조(알선수뢰)·특정범죄가중처벌등에 관한 법률 제3조(알선수재)에 규정된 죄를 범한 자로서, 100만원 이상의 벌금형의 선고를 받고 그 형이 확정된 후 5년 또는 형의 집행유예의 선고를 받고 그 형이 확정된 후 10년을 경과하지 아니하거나 징역형의 선고를 받고 그 집행을 받지 아니하기로 확정된 후 또는 그 형의 집행이 종료되거나 면제된 후 10년을 경과하지 아니한 자(형이 실효된 자도 포함), iv) 법원의 판결 또는 다른 법률에 의하여 선거권이 정지 또는 상실된 자. 여기서 「선거범」이라 함은 공직선거법상 벌칙에 규정된 죄와 국민투표법 위반의 죄를 범한 자를 말한다(同法 §18②).

憲法裁判所는 선거일 현재 금고 이상의 형의 선고를 받고 그 집행이 종료되지 아니한 자는 선거권이 없다고 정하고 있는 공직선거법의 해당 규정에 대하여 헌법에 위반되지 않는다고(합헌: 4, 위헌: 5) 판시하였다(憲 2009. 10. 29.-2007헌마1462).

(2) 피선거권

(a) 적극적 요건

선거일 현재 5년 이상 국내에 거주하고 있는 40세 이상의 국민은 대통령의 피선거권이 있다(同法 §16①). 25세 이상의 국민은 국회의원의 피선거권이 있다(同條 ②). 선거일 현재 계속하여 60일 이상 당해지방자치단체의 관할구역 안에 주민등록이 되어 있는 주민으로서 25세 이상의 국민은 그 지방의회의원 및 지방자치단체의 장의 피선거권이 있다(同條 ③). 선거권자와 피선거권자의 연령은 선거일 현재로 산정한다(同法 §17).

(b) 소극적 요건

공직선거법에 의하면, 선거일 현재 i) 제18조(선거권이 없는 자) 제1항 제1호·제3호 또는 제4호에 해당하는 자, ii) 금고 이상의 형의 선고를 받고 그 형이 실효되지 아니한 자, iii) 법원의 판결 또는 다른 법률에 의하여 피선거권이 정지되거나 상실된 자는 피선거권이 없다(同法 §19).

(c) 공무원 등의 입후보 제한

공직선거법 제53조 제1항은 공무원 등의 입후보 제한에 관해 규정하고 있다. 다음 중 어느 하나에 해당하는 자로서 후보자가 되고자 하는 자는 선거일 전 60일까지 그 직을 그만두어야 한다. 다만, 대통령선거와 국회의원선거에 있어서 국회의원이 그 직을 가지고 입후보하는 경우와 지방의회의원선거와 지방자치단체의 장의 선거에 있어서 당해 지방자치단체의 의회의원이나 장이 그 직을 가지고 입후보하는 경우에는 그러하지 아니하다. i) 국가공무원법 제2조(공무원의 구분)에 규정된 국가공무원과 지방공무원법 제2조(공무원의 구분)에 규정된 지방공무원. 다만, 정당법 제22조(발기인 및 당원의 자격) 제1항 제1호 단서의 규정에 의하여 정당의 당원이 될 수 있는 공무원(정무직공무원을 제외한다)은 그러하지 아니하다. ii) 각급선거관리위원회위원 또는 교육위원회의 교육위원, iii) 다른 법령의 규정에 의하여 공무원의 신분을 가진 자, iv) 정부투자기관관리기본법 제2조(적용범위)에 규정된 정부투자기관(한국은행을 포함한다)의 상근 임원, v) 농업협동조합법·수산업협동조합법·산림조합법·엽연초생산협동조합법에 의하여 설립된 조합의 상근 임원과 이들 조합의 중앙회장, vi) 지방공기업법 제2조(적용범위)에 규정된 지방공사와 지방공단의 상근 임원, vii) 정당법 제22조 제1항 제2호의 규정에 의하여 정당의 당원이 될 수 없는 사립학교교원, viii) 대통령령으로 정하는 언론인. 이들이 그 소속기관의 장 또는 소속위원회에 사직원을 접수시킨 때에 그 직을 그만둔 것으로 본다(同條 ②). 지방자치단체의 장은 선거구역이 당해 지방자치단체의 관할구역과 같거나 겹치는 지역구국회의원선거에 입후보하고자 하는 때에는 당해 선거의 선거일 전 120일까지 그 직을 그만두어야 한다(同條 ③). 비례대표국회의원선거나 비례대표지방의회의원선거 및 보궐선거 등에 있어서와 국회의원이 지방자치단체의 장의 선거에 입후보하는 경우 및 지방의회의원이 다른 지방자치단체의 의회의원이나 장의 선거에 입후보하는 경우에 있어서는 후보자등록신청 전까지 그만두어야 한다(同法 §53①).

(3) 선거권과 피선거권의 소극적 요건 비교

금치산자, 선거범으로서 선거권이 없는 자, 판결에 의하여 선거권이 없는 자는 선거권과 동시에 피선거권도 없다(同法 §18① i, iii, iv, §19 i). 선거범죄 등의 경우 「100만원 이상의 벌금형」을 결격사유로 보고 있으나, 일반범죄의 경우에는 「금고 이상의 형」을 결격사유로 보고 있다(同法 §18① ii, iii, §19 i, ii).

일반범죄의 경우에는 금고 이상의 형을 선고받고 「집행이 종료되거나 집행을 받지 않기로 확정된 자」는 선거권이 인정되나(同法 §18① ii), 「형이 실효되기 전까지는」 피선거권이 인정되지 아니한다(同法 §19 ii). 판결 또는 다른 법률에 의하여 피선거권이 정지되거나 상실된 자라 할지라도 선거권은 인정된다(同法 §18① iii, §19 iii).

Ⅲ. 선거쟁송

(1) 소　청

선거에 대한 쟁송으로 訴請의 방법이 있는데, 이는 사법적인 소송과 달리 선거관리위원회에서 관장한다. 선거에 대한 소청의 방법은 지방선거에서만 인정되고 대통령선거나 국회의원선거에는 인정되지 않는다. 選擧에 대한 訴請에는 그 성질에 따라 선거의 효력을 다투는 選擧訴請(公選法 §219①)과 당선의 효력을 다투는 當選訴請(同條 ②)이 있다.

선거소청과 당선소청

구분 / 항목	선거소청	당선소청
소청인	선거인, (후보자추천)정당, 후보자	(후보자추천)정당, 후보자
피소청인	당해 선관위원장	당선인(등록무효 또는 당선무효), 당해 선관위원장(당선인 결정, 공고, 통지)
관할	선관위(시·도 또는 중앙)	선관위(시·도 또는 중앙)
기간	14일 이내	14일 이내

(2) 선거소송제도

선거에 대하여 다투는 소송으로는 선거의 효력을 다투는 選擧訴訟(公選法 §222)과 당선의 효력을 다투는 當選訴訟(同法 §223)이 있다. 이러한 선거소송은 대통령선거, 국회의원선거, 지방의회의원 및 지방자치단체장의 선거에 모두 인정된다.

선거소송과 당선소송

항목 \ 구분	선거소송	당선소송
원고	선거인, (후보자 추천)정당, 후보자(다만 지방선거의 경우 소청인)	(후보자추천)정당, 후보자
피고	• 당해 선관위원장 • 피고로 될 선관위원장이 궐위된 때: 선관위원 전원	1. 등록무효나 당선무효인 경우: 당선인 → 그러나 당선인이 사퇴 · 사망 등인 경우에는 ① 대통령: 법무부장관 ② 기타: 관할 고검장 2. 당선인 결정, 공고, 통지의 경우 ① 대통령: 중앙선거관리위원장 또는 국회의장 ② 기타: 당해 선관위원장
관할	대통령, 국회의원, 비례대표 시 · 도의원, 시 · 도지사 → 대법원(단심제) 지역구 시 · 도의원, 자치구 · 시 · 군의원 및 자치구 · 시 · 군의 장 → 고등법원(2심제)	
제소기간	대통령, 국회의원선거 → 30일 이내 지방선거 → 10일 이내	

제 4 절　代議制度와 政黨

[126] 第一 概　說

대의제도는 그 자체만으로 작동하는 것이 아니라 정당제도나 선거제도 등 각종 정치제도가 기능을 하는 가운데서 작동하기 때문에 현실에서 대의민주주의는 다소 다른 양상을 노정하는 경우도 있다.

특히 정당의 존재는 대의민주주의에 다양한 영향을 미치기 때문에 대의민주주의를 발전시킬 수도 있지만 후퇴시킬 수도 있다. 통상 정당이 존재하고 작동하는 현대 민주주의에서는 의회의원은 전체 국민의 대표자의 지위에 있으면서 동시에 특정 정당의 구성원(=당원)으로 활동하기 때문에 정당과 해당 정당에 소속된 의원간의 관계가 어떠하냐에 따라 정당이 대의민주주의에 미치는 양상은 다양하게 나타난다.

[127] 第二 代議民主主義와 政黨

Ⅰ. 당적 변경과 의원직

대의민주주의에서 의원은 전체국민의 이익을 추구하는 국민대표자이기 때문에 그가 비록 정당의 당원이라고 하더라도 전체국민의 이익과 국가이익을 저버리고 자신이 소속한 정당의 이익을 위하여 헌법상의 권한을 행사할 수는 없다. 따라서 의원은 언제나 소속 정당의 이익보다는 전체국민의 이익을 생각하여 그의 권한을 행사하여야 한다. 이러한 법리에 의하여 지역선거의원이든 비례대표의원이든 자유투표를 금지할 수 없다.

地域選擧議員이 정당을 탈당하거나 변경한 경우에는 어떠한 경우에도 의원직이 상실되지 않지만, 정당투표에 기초를 두고 있는 比例代表議員이 정당을 탈당하거나 변경한 경우에는 학설이 대립한다. 정당의 이익에 국가정책이 좌우되지 않고 대의원리를 관철하여 진정한 전체국민의 이익을 실현하기 위해서는 비례대표의원이 소속 정당을 탈당하거나 변경한 경우에도 의원직이 상실되지 않는다고 보아야 할 것이다([241] Ⅱ).

Ⅱ. 정당기속과 대의원리

정당이 소속 의원에 대하여 강한 통제력을 발휘하여 국가정책결정에서 소속 정당의 이익과 방침을 따르도록 하는 경우에는 정당은 소속 의원을 통하여 대의제도에 상당한 영향력을 미친다. 정당이 이러한 영향력을 행사하는 경우에는 때로 代議制度는 특수한 정치적 이익에 의하여 오염되고 왜곡된다. 따라서 대의제도와 정당은 서로 합리적인 관계를 유지하게 하는 것이 필요한데, 이는 소속 의원에 대한 規律을 약화시켜 기본적으로 의원으로 하여금 국민대표자의 역할을 충실히 수행할 수 있게 하는 것이 필요하다([220] Ⅱ).

제 5 절 代議制度와 政治資金

[128] 第一 槪 說

Ⅰ. 국가의 공공성·중립성 유지와 정치자금

정치에 자금이 필요한가? 흔히 정치자금을 민주주의의 비용이라고 하지만, 정치자금이 반드시 소요되어야 하는 것은 아니다. 기본적으로 국가기관의 운영은 국고가 부담하고, 선거는 기본적으로 공영으로 치러지며, 대통령과 국회의원에게는 월급이 지급되므로 기본적으로 정치자금이 필수적으로 요구되는 것은 아니다.

그러나 정당이 활동을 함에 있어서는 비용이 소요되고, 국회의원이 국회 내의 의정활동 이외에 정치적 활동을 함에 있어서도 비용이 소요되기 때문에 이러한 경우에는 정당이나 국회의원으로 하여금 정치자금을 모아 사용할 수 있도록 허용해야 할 현실적인 필요성이 존재한다. 정치활동과 금전의 결탁은 정치의 부패, 금권정치를 야기하여 국가의 공공성·중립성을 훼손할 우려가 있으므로 법령에 의하여 정치자금 모금 및 사용을 통제할 필요성이 있다.

Ⅱ. 대의정치와 정치자금

이렇게 볼 때, 정치자금의 규제는 국가의 공공성과 중립성을 유지하고 보장하는데 필수적일 뿐만 아니라, 대의제도가 올바로 작동하는데 필요한 필수불가결한 요건이다. 헌법재판소도 정치자금의 규제에 있어 이 점을 분명히 하고 있다(예: 憲 2004. 6. 24.-2004헌바16).

> [憲 2004. 6. 24.-2004헌바16] 「정치자금의 조달을 정당 또는 정치인에게 맡겨 두고 아무런 규제를 하지 않는다면 정치권력과 금력의 결탁이 만연해지고, 필연적으로 기부자의 정치적 영향력이 증대될 것이다. 금력을 가진 소수 기득권자에게 유리한 정치적 결정이 이루어진다면 민주주의의 기초라 할 수 있는 1인 1표의 기회균등원리가 심각하게 훼손될 수 있다. 그러므로 구체적인 내용은 별론으로 하더라도, 정치자금에 대한 규제는 대의제 민주주의의 필연적 귀결이다.」

Ⅲ. 정치자금을 지배하는 헌법원리

(1) 국가의 공공성 및 중립성

정치자금을 지배하는 헌법원리는 國家의 公共性과 中立性原理이다. 정치자금은 곧 국가영역에 대하여 資本과 金力의 효용과 영향력을 일정한 범위에서 인정하는 것인 만큼 국가의 공공성과 중립성이 이에 의하여 왜곡되거나 변질될 위험이 항상 존재한다. 政治資金活動을 방치하지 않고 제도화하는 목적은 선거를 포함한 광범한 정치활동영역에 금력이 침투하여 정치의 본래 기능을 왜곡시키고 국가 기능의 공공성을 파괴하려는 시도를 차단하는 것에 있다. 따라서 「국가의 공공성의 확보」와 「자본으로부터의 국가의 중립성의 확보」는 정치자금을 규율하는 지도원리로 작용한다. 정치자금은 이런 제도화의 이념과 목적에 의해 규제되는 것이며, 정치활동 영역에 있어 돈과 관련된 개인의 활동은 이에 따라 제한된다. 때로 정치자금의 문제는 정치자금활동에 있어 機會均等과 衡平性의 보장이라는 면에서 다루어지지만, 이런 논의도 결국 국가의 공공성과 중립성의 확보라는 목적을 실현하는 데 따르는 부차적인 성질을 가진다.

정치자금과 관련된 국가기관의 활동과 역할은 헌법이 정하고 있는 국가의 기능과 작용의 성질에 의해 정해지고, 정치자금의 수수와 관련된 개인의 활동은 기본권 제한의 법리에 따르지 않을 수 없다. 정치자금과 관련된 개인의 활동에 대한 제한에 있어 직접적인 근거는 국민의 기본권 제한에 관한 憲法 제37조 제2항이다. 국가의 기능과 본질로부터 공공성의 확보와 자본으로부터의 중립성의 확보라는 요청이 도출되고, 이런 요청을 현실에 실현시키기 위해 그에 적합한 原則을 낳는다. 이는 정치자금의 흐름을 투명하게 하는 것이고, 정치자금활동의 투명성 확보는 정치자금의 양성화를 의미한다. 陽性化는 법의 영역에서 制度化를 의미하고, 법규범 체계 내에 實定化하는 것을 의미한다. 각 나라가 정치자금에 대한 규제를 위하여 실정법을 마련하고 있는 것은 이런 법리에 의한 것이다. 정치자금활동의 제도화는 실정법이라는 法形式을 통하여 제도화한다고 하여 충분한 것이 아니며, 여기에는 그 내용이 정치자금 활동을 지배하는 指導原理에 합치되는 것이어야 한다. 따라서 정치자금활동에 대한 실정법의 타당성을 판단하는 기준은 언제나 이런 지도원리이다. 정치자금의 수입 · 지출 공개의 원칙, 정치자금의 용도 제한의 원칙 등은 이런 지도원리를 실현하는 實踐原則이다.

(2) 정치자금의 공개

정치자금의 공개는 정치자금에 대한 규제에서 핵심적인 비중을 차지한다. 자본주의국가에서 정치자금이 정치활동이나 국가정책의 입안과 성립에 미치는 금전적 영향력은 강할 수 있으므로 이러한 정치자금활동이 어떻게 작동하고 있는가 하는 점은 주권자인 국민이 알 수 있도록 공개되어야 한다. 그렇지 아니하면 보이지 아니하는 영역에서 金力에 의한 支配가 발생하게 되고, 자금력이 강한 세력이나 개인의 활동으로 인하여 국가의 기능과 활동이 왜곡되는 결과를 초래할 위험이 크다. 따라서 정치자금의 공개는 국가작용을 지배하는 민주주의와 법치주의에서 나오는 원리적인 귀결이다. 憲法裁判所도 정치자금의 공개를 당위적인 것으로 강조하고 있다(예: 憲 1999. 11. 25.-95헌마154; 2004. 6. 24.-2004헌바16).

[憲 1999. 11. 25.-95헌마154] 「정당의 정치적 의사결정은 정당에게 정치자금을 제공하는 개인이나 단체에 의하여 현저하게 영향을 받을 수 있으므로, 사인이 정당에 정치자금을 기부하는 것 그 자체를 막을 필요는 없으나, 누가 정당에 대하여 영향력을 행사하려고 하는지, 즉 정치적 이익과 경제적 이익의 연계는 원칙적으로 공개되어야 한다. 유권자는 정당의 정책을 결정하는 세력에 관하여 알아야 하고, 정치자금의 제공을 통하여 정당에 영향력을 행사하려는 사회적 세력의 실체가 정당의 방향이나 정책과 일치하는가를 스스로 판단할 수 있는 기회를 가져야 한다.」

[129] 第二 政治資金의 規制와 制度化

Ⅰ. 정치자금과 그에 대한 규제

정치자금은 통상 민주주의의 비용이라는 이름으로 정당화된다. 이러한 정치자금은 선거를 치루거나 정당을 운영하거나 국회의원 또는 지방의회의원의 활동에 필요한 비용으로 소요되는 자금이다. 그런데 정치자금은 그 본질이 금력이기 때문에 이 자금의 활동은 국가작용에 영향을 미쳐 국가의 중립성이나 공공성의 문제로 나타난다. 정치자금활동은 국가의 성격, 대의민주주의, 국가의 정책결정 등에 중대한 영향을 미치므로 이에 대한 통제가 필요하다. 우리나라도 정치자금법을 제정하여 이를 규율하고 있다. 정치자금에 대한 규율은 정치자금의 공급자와 수요자, 정치자금의 종류, 정치자금의 한도액, 정치자금에 관한 활동에 대한 규율로 이루어진다.

Ⅱ. 정치자금의 종류

政治資金法에 의하면, 政治資金의 종류를 당비, 후원금, 기탁금, 보조금과 정당의 당헌 · 당규 등에서 정한 부대수입 그 밖에 정치활동을 위하여 정당(중앙당창당준비위원회를 포함), 공직선거에 의하여 당선된 자, 공직선거의 후보자 또는 후보자가 되고자 하는 자, 후원회 · 정당의 간부 또는 유급사무직원 그 밖에 정치활동을 하는 자에게 제공되는 금전이나 유가증권 그 밖의 물건과 그 자의 정치활동에 소요되는 비용으로 정하고 있다(同法 §3i).

(1) 당 비

黨費라 함은 명목여하에 불구하고 정당의 당헌 · 당규 등에 의하여 정당의 당원이 부담하는 금전이나 유가증권 그 밖의 물건을 말한다(政資法 §3iii). 이에 따라 정당은 소속 당원으로부터 당비를 받을 수 있다(同法 §4①). 정치자금의 투명화를 위하여 타인의 명의나 가명으로 납부된 당비는 국고에 귀속시키도록 하고 있다(同條 ②).

政黨法은 진성당원제도를 활성화하기 위해 **黨費納付制**를 규정하고 있다. 정당은 당원의 정예화와 정당의 재정자립을 도모하기 위하여 당비납부제도를 설정 · 운영하여야 한다(政黨法 §31①). 정당의 당원은 같은 정당의 타인의 당비를 부담할 수 없으며, 타인의 당비를 부담한 자와 타인으로 하여금 자신의 당비를 부담하게 한 자는 당비를 낸 것이 확인된 날부터 1년간 당해 정당의 당원자격이 정지된다(同條②). 당비납부의무를 이행하지 아니하는 당원에 대한 권리행사의 제한, 제명 및 당원자격의 정지 등에 관하여 필요한 사항은 당헌으로 정하도록 하고 있다(同條③).

(2) 후 원 금

(a) 정 의

後援金이라 함은 정치자금법의 규정에 의하여 후원회에 기부하는 금전이나 유가증권 그 밖의 물건을 말한다(同法 §3iv).

(b) 후 원 회

후원회를 결성할 수 있는 주체와 수에 대해서는 이를 통제하고 있다. i) 국회의원(국회의원선거의 당선인을 포함), ii) 대통령선거의 후보자 및 예비후보자, iii) 정당의 대통령선거후보자 선출을 위한 당내경선후보자, iv) 지역선거구국회의원선거의 후보자 및 예비후보자(후원회를 둔 국회의원은 제외), v) 중앙당의 대표자 선출을 위한 당내경선후보자, vi) 특별시장·광역시장·도지사선거의 후보자는 각각 하나의 후원회를 지정하여 둘 수 있다(同法 §6).

憲法裁判所는 개인후원회제도를 둘 것인지 여부 및 그에 관한 규제의 정도나 내용은 원칙적으로 입법정책의 문제로서 입법자의 입법형성의 자유에 속하는 사항이라고 본다(憲 2001. 10. 25.-2000헌바5; 2001. 8. 30.-99헌바92등; 2006. 5. 25.-2005헌마1095).

[憲 2001. 10. 25.-2000헌바5] 「후원회제도는 모든 사회구성원들로 하여금 자발적인 정치참여의식을 높여 유권자 스스로 정당이나 정치인을 후원하도록 함으로써 정치에 대한 신뢰감을 높이고 나아가 비공식적인 정치자금을 양성화시키는 계기로 작동되도록 하는 데에 그 입법목적이 있다(헌재 2000. 6. 1.-99헌마576). 또한 후원회제도는 후원회활동을 통하여 그 후원회 또는 후원회원이 지향하는 정책적 의지가 보다 효율적으로 구현될 수 있도록 하자는 데에서 그 철학적 기초를 찾을 수 있다고 하겠다. 후원회제도에 관한 각국의 입법례를 보면, 우리나라와 일본, 미국 등은 개인후원회제도를 인정하고 있고, 유럽에서는 프랑스를 제외하고는 대체로 개인후원회제도를 채택하지 않고 있다. 뿐만 아니라 각 나라마다 정당 또는 공직후보자가 정치자금 내지 선거자금을 마련하는 방법 및 이에 대한 규제의 태도 또한 다양한 모습을 보이고 있다. 이는 각 나라의 역사 및 정치풍토 내지는 정치문화가 다른 데 따른 자연스러운 현상이라고 할 수 있고, 따라서 개인후원회제도를 둘 것인지 여부 및 그에 관한 규제의 정도나 내용은 원칙적으로 입법정책의 문제로서 입법자의 입법형성의 자유에 속하는 사항이라고 하겠다.」

[憲 2006. 5. 25.-2005헌마1095] 「기초자치단체 장과 국회의원은 그 지위와 성격, 기관의 직무 및 기능의 점에서 본질적으로 차이가 있다(헌재 2001. 10. 25.-2000헌바5 참조). 국회의원은 비록 일정한 지역구를 단위로 선출되더라도 국민 전체를 대표하여 국가의 입법과 정치를 담당하는 본격적인 정치인임에 비하여 기초자치단체 장은 한정된 일부

지역에서 주민의 복리에 관한 자치사무를 집행하는 행정 담당기관이므로 그 정치적 역할이나 성격은 국회의원에 비하여 본질에 있어서 현저히 작다고 할 수밖에 없다. 결국 후원회를 통하여 정치자금을 지원할 필요성의 측면에서 양자 사이에는 본질적인 차이가 있는 것이다. 따라서 위와 같은 본질적 차이를 반영하여 국회의원 및 그 후보자와 예비후보자에 대하여는 후원회를 인정하면서 기초자치단체 장의 경우에는 그 후보자나 예비후보자에 대하여 이를 인정하지 않는 이 사건 법률조항은 그 합리성을 충분히 인정할 수 있다.」

누구든지 自由意思로 하나 또는 둘 이상의 후원회의 회원이 될 수 있다. 다만, 정치자금법 제31조(기부의 제한) 제1항의 규정에 의하여 기부를 할 수 없는 자와 정당법 제22조(발기인 및 당원의 자격)의 규정에 의하여 정당의 당원이 될 수 없는 자는 그러하지 아니하다(同法 §8①).

(c) 후원인의 기부한도

후원인이 후원회에 기부할 수 있는 후원금은 연간 2천만원을 초과할 수 없다(同法 §11①). 후원인이 하나의 후원회에 연간 기부할 수 있는 限度額은 i) 대통령후보자등·대통령선거경선후보자의 후원회에는 각각 1천만원(후원회지정권자가 동일인인 대통령후보자등후원회에는 합하여 1천만원), ii) 그 외의 후원회에는 각각 500만원(후원회지정권자가 동일인인 국회의원후보자등후원회와 국회의원후원회는 합하여 500만원)이다(同條②).

후원인은 1회 10만원 이하, 연간 120만원 이하의 후원금은 이를 익명으로 기부할 수 있다(同條③). 익명기부한도액을 초과하거나 타인의 명의 또는 가명으로 후원금을 기부받은 경우에는 그 초과분 또는 타인의 명의나 가명으로 기부받은 금액은 국고에 귀속시켜야 한다(同條④).

(d) 후원회의 모금한도 및 방법

후원회가 年間 모금할 수 있는 限度額은 i) 대통령후보자등후원회·대통령선거경선후보자후원회는 선거비용제한액의 100분의 5에 해당하는 금액, ii) 국회의원·국회의원후보자 등 및 당대표경선후보자의 후원회는 각각 1억 5천만원, iii) 시·도지사후보자후원회는 선거비용제한액의 100분의 50에 해당하는 금액이다. 다만, 신용카드·예금계좌·전화 또는 인터넷전자결제시스템 등에 의한 모금으로 부득이하게 연간 모금한도액을 초과하게 된 때에는 그러하지 아니하되, 그 이후에는 후원금을 모금할 수 없다(同法 §12①).

그런데 公職選擧가 있는 年度에, i) 대통령선거: 후보자를 선출한 정당의 지역구국회의원후원회, ii) 임기만료에 의한 국회의원선거: 지역구에 후보자로 등록한 국회의원후원회, iii) 임기만료에 의한 동시지방선거: 해당 선거구에 후보자를 추천한 정당의 지역구국회의원후원회는 연간 모금·기부한도액의 2배를 모금·기부할 수 있다(同法 §13①).

후원회는 우편·통신에 의한 모금, 중앙선거관리위원회가 제작한 정치자금영수증과의 교환에 의한 모금 또는 신용카드·예금계좌 등에 의한 모금, 그 밖에 이 법과 「정당법」 및 「공직선거법」에 위반되지 아니하는 방법으로 후원금을 모금할 수 있다. 다만, 집회에 의한 방법으로는 후원금을 모금할 수 없다(同法 §14①).

(3) 기 탁 금

寄託金이라 함은 정치자금을 정당에 기부하고자 하는 개인이 이 법의 규정에 의하여 선거관리위원회에 기탁하는 금전이나 유가증권 그 밖의 물건을 말한다(同法 §3v).

기탁금을 기탁하고자 하는 개인(당원이 될 수 없는 공무원과 사립학교 교원을 포함)은 各級 選擧管理委員會(읍·면·동 선거관리위원회는 제외)에 기탁하여야 한다(同法 §22①). 1인이 기탁할 수 있는 기탁금은 1회 1만원 또는 그에 상당하는 가액 이상, 연간 1억원 또는 전년도 소득의 100분의 5 중 다액 이하로 한다(同條 ②). 누구든지 타인의 명의나 가명 또는 그 성명 등 인적 사항을 밝히지 아니하고 기탁금을 기탁할 수 없다. 이 경우 기탁자의 성명 등 인적 사항을 공개하지 아니할 것을 조건으로 기탁할 수 있다(同條 ③).

中央選擧管理委員會는 기탁금의 모금에 직접 소요된 경비를 공제하고 지급 당시 제27조(보조금의 배분)의 규정에 의한 국고보조금 배분율에 따라 기탁금을 배분·지급한다(同法 §23①). 중앙선거관리위원회가 기탁금을 배분·지급하는 때에는 1회 300만원을 초과하여 기탁한 자의 성명 등 인적 사항을 공개하여야 한다. 다만, 제22조(기탁금의 기탁) 제3항 후단의 규정에 의하여 이를 공개하지 아니할 것을 조건으로 기탁한 경우에는 그러하지 아니하다(同條 ②).

(4) 보 조 금

(a) 정 의

補助金이라 함은 정당의 보호·육성을 위하여 국가가 정당에 지급하는 금전이나 유가증권을 말한다(同法 §3vi).

(b) 경상보조금과 선거보조금

국가는 정당에 대한 보조금으로 최근 실시한 임기만료에 의한 국회의원선거의 선거권자 총수에 보조금 계상단가를 곱한 금액을 매년 예산에 계상하여야 한다. 이 경우 임기만료에 의한 국회의원선거의 실시로 선거권자 총수에 변경이 있는 때에는 당해 선거가 종료된 이후에 지급되는 보조금은 변경된 선거권자 총수를 기준으로 계상하여야 한다(同法 §25①). 이를 經常補助金이라 한다.

대통령선거, 임기만료에 의한 국회의원선거 또는 공직선거법 제203조(동시선거의 범위와 선거일) 제1항의 규정에 의한 동시지방선거가 있는 연도에는 각 선거(동시지방선거는 하나의 선거로 본다)마다 보조금 계상단가를 추가한 금액을 제1항의 기준에 의하여 예산에 계상하여야 한다(同條 ②). 이를 選擧補助金이라 한다.

중앙선거관리위원회는 경상보조금은 매년 분기별로 균등분할하여 정당에 지급하고, 선거보조금은 당해 선거의 후보자등록마감일 후 2일 이내에 정당에 지급한다(同條③).

(c) 여성후보자추천보조금

국가는 임기만료에 의한 지역구국회의원선거 및 지역구시·도의회의원선거에서 여성후보자를 추천하는 정당에 지급하기 위한 보조금으로 최근 실시한 임기만료에 의한 국회의원선거의 선거권자 총수에 100원을 곱한 금액을 임기만료에 의한 국회의원선거 또는 시·도의회의원선거가 있는 연도의 예산에 계상하여야 한다(同法 §26①).

여성후보자추천보조금의 배분 · 지급 방식

여성 후보자를 30% 이상 추천한 정당이 있는 경우	50% → 지급 당시 정당별 국회의석수 비율 50% → 국회의원선거 득표수 비율(비례대표전국선거구 및 지역구선거 득표수 비율의 평균)
여성 후보자를 30% 이상 추천한 정당이 없는 경우	1. 15% 이상 30% 미만 추천한 정당 → 위의 기준에 따라 배분 · 지급 2. 5% 이상 15% 미만 추천한 정당 → 위의 기준에 따라 배분 · 지급(다만, 이 경우 하나의 정당에 배분되는 여성추천보조금은 1.에 의하여 각 정당에 배분되는 여성추천보조금 중 최소액을 초과할 수 없다)

(d) 보조금의 배분과 반환

보조금을 배분하는 방식과 내용은 政治資金法이 정하고 있는데(同法 §27), 이를 표로 보면 아래와 같다.

보조금의 배분

전체 액수의 50%	교섭단체를 구성한 정당에 균등히 배분
5%	교섭단체가 아닌 정당 가운데 5석 이상의 의석을 가진 정당
2%	5석 미만의 의석을 가진 정당 중 1. 국회의원선거 득표수 비율이 2% 이상인 정당 2. 국회의원선거 득표수 비율이 2% 미만이면서 국회의원 의석을 정당 가운데 지방동시선거 득표수 비율이 0.5% 이상인 정당 3. 국회의원선거에 참여하지는 않았으나 지방동시선거 득표수 비율이 2% 이상인 정당
잔여분 중 50%	지급 당시 정당의 국회의원 의석수 비율
잔여분 중 50%	국회의원 선거의 득표수 비율

보조금을 지급받은 정당이 해산되거나 등록이 취소된 경우에는 지체 없이 보조금의 지출내역을 중앙선거관리위원회에 보고하고 그 잔액이 있는 때에는 이를 반환하여야 한다(同法 §30①).

Ⅲ. 정치자금의 수입 규제

(1) 주체의 제한

외국인, 국내·외의 법인 또는 단체는 정치자금을 기부할 수 없다(同法 §31①). 누구든지 국내·외의 법인 또는 단체와 관련된 자금으로 정치자금을 기부할 수 없다(同條 ②).

과거에는 법인·단체의 정치자금 기부가 허용된 경우가 있었으나 현행 정치자금법은 이를 금지하고 있다. 법원리와 정치자금규제제도의 취지상 타당하다. 헌법이론적으로 법인·단체의 정치자금 기부는 심각한 문제가 있다. i) 법인·단체의 정치자금 기부는 국민주권의 이념에 비추어 볼 때 인정되기 어렵다. 국민주권원리에 의하면 국가를 창설하고 국가기관을 구성하며, 그 활동을 유지하게 하는 것은 주권자의 지위에 있는 개인이다. 여기의 개인은 자연인을 말하며 법인·단체는 포함되지 않는다. 법인·단체의 정치자금 기부를 인정하면 결국 법인이나 단체가 정치적 활동에서 주권자인 개인과 경쟁을 하는 것이 되어 법인이나 단체가 주권자의 지위를 차지하게 된다는 점에서 국민주권원리와 배치된다. ii) 법인·단체의 정치자금 기부를 인정하는 것은 헌법상의 기본권 보장 법리에 어긋난다. 개인의 정치적 기본권의 행사는 다수결로 결정될 수 있는 사안이 아니다. 법인이나 단체가 정치자금을 기부할 것이냐 그리고 누구에게 기부할 것이냐 하는 것에 대해 법인이나 단체의 구성원의 의사가 전원 일치하지 않는 한 법인이나 단체의 재산을 정치자금으로 기부하는 것은 개인의 정치적 기본권 보장의 법리에 비추어 볼 때 인정하기 어려운 것이라 할 것이다. 즉 법인이나 단체의 구성원의 정치적 의견이 서로 다른 상태에서 법인이나 단체 소유의 재산을 정치자금으로 기부하게 되면 그것은 법인이나 단체가 그 구성원의 정치적 기본권을 침해하는 것이 된다. iii) 법인이나 단체의 업무집행기관이 구성원의 의견에 차이가 존재함을 무시하고 법인이나 단체의 재산을 기부한 경우에는 그 결정과 합치하지 않는 구성원의 권리를 침해하는 것이 된다. 이는 사인에 의한 기본권의 침해에 해당한다. iv) 법인이나 단체의 정치자금의 기부는 주로 기업이 그 중심적 자리를 점하게 되는데, 기업의 정치자금 기부 행위는 결국 정경유착을 불러오고, 이것이 기업간의 자유로운 경쟁을 침해하게 된다. 기업간의 자유경쟁을 왜곡하는 것이 헌법 제119조 제1항에 위반되는 것은 물론이다(鄭宗燮b, 134).

과거 기업이나 사용자단체가 정치헌금을 할 수 있는 상태에서 노동조합에게 정치자금을 금지한 법률규정에 대하여 憲法裁判所는 차별대우에 해당하여 헌법 제9조에 위반된다고 판시하였다(예: 憲 1999. 11. 25.-95헌마154). 그러나 이는 기업이나 사용자단체나 정치자금을 헌금할 수 있게 하는 것이 불법의 영역이므로 이를 평등문제로 다루어서는 안된다. 이 문제는 불법의 평등문제에 해당한다. 따라서 이는 노동조합은 다툴 적격이 없다고 판단하여야 옳다.

정당(정책연구소 및 정당선거사무소를 포함한다), 후원회, 후원회를 둔 국회의원, 대통령선거경선후보자, 당대표경선후보자 또는 공직선거의 후보자 · 예비후보자의 정치자금 수입은 그 회계책임자만이 이를 할 수 있다(同法 §36①). 회계책임자가 정치자금을 수입 · 지출하는 경우에는 제34조(회계책임자의 선임신고 등) 제 4 항의 규정에 의하여 관할 선거관리위원회에 신고된 예금계좌를 통해서 하여야 한다(同條 ②).

(2) 행위의 제한

누구든지 i) 공직선거에 있어서 특정인을 후보자로 추천하는 일, ii) 지방의회 의장 · 부의장 선거와 교육위원회 의장 · 부의장, 교육감 · 교육위원을 선출하는 일, iii) 공무원이 담당 · 처리하는 사무에 관하여 청탁 또는 알선하는 일, iv) 국가 · 공공단체 또는 특별법의 규정에 의하여 설립된 법인, 국가나 지방자치단체가 주식 또는 지분의 과반수를 소유하는 법인, 국가나 공공단체로부터 직접 또는 간접으로 보조금을 받는 법인, 정부가 지급보증 또는 투자한 법인 가운데 어느 하나에 해당하는 법인과의 계약이나 그 처분에 의하여 재산상의 권리 · 이익 또는 직위를 취득하거나 이를 알선하는 일과 관련하여 정치자금을 기부하거나 받을 수 없다(同法 §32).

누구든지 업무 · 고용 그 밖의 관계를 이용하여 부당하게 타인의 의사를 억압하는 방법으로 기부를 알선할 수 없다(同法 §33).

Ⅳ. 정치자금의 지출 규제

보조금은 정당의 운영에 소요되는 경비로서 인건비, 사무용 비품 및 소모품비, 사무소 설치 · 운영비, 공공요금, 정책개발비, 당원 교육훈련비, 조직활동비. 선전비, 선거관계비용 외에는 사용할 수 없다(同法 §28①). 경상보조금을 지급받은 정당은 그 경상보조금 총액의 100분의 30 이상은 정당법이 정하는 정책연구소에, 100분의 10 이상은 시·도당에 배분 · 지급하여야 하며, 100분의 10 이상은 여성정치발전을 위하여 사용하여야 한다(同條 ②). 정당은 소속 당원인 공직선거의 후보자 · 예비후보자에게 보조금을 지원할 수 있으며, 여성추천보조금은 제 1 항의 규정에 불구하고 여성후보자의 선거경비로 사용하여야 한다(同條 ③).

중앙선거관리위원회는 일정한 사유가 있는 경우(同法 §29)에는 당해 정당에 지급할 보조금에서 감액하여 지급할 수 있다(同法 §29).

정당(정책연구소 및 정당선거사무소를 포함한다), 후원회, 후원회를 둔 국회의원, 대통령선거경선후보자, 당대표경선후보자 또는 공직선거의 후보자 · 예비후보자의 정치자금 지출은 그 회계책임자만이 이를 할 수 있다. 다만, 회계책임자로부터 지출의 대강의 내역을 알 수 있는 정도의 지출의 목적과 금액의 범위를 정하여 서면으로 위임받은 회계사무보조자

(공직선거의 선거운동을 할 수 있는 자에 한한다)가 지출하는 경우에는 그러하지 아니하다(同法 §36①). 회계책임자가 정치자금을 지출하는 경우에는 관할 선거관리위원회에 신고된 예금계좌를 통해서 하여야 한다. 이 경우 정치자금의 지출을 위한 예금계좌는 1개만을 사용하여야 한다(同條 ②). 대통령선거경선후보자, 당대표경선후보자 또는 공직선거의 후보자 · 예비후보자가 자신의 재산으로 정치자금을 지출하는 경우에도 그 회계책임자를 통하여 지출하여야 한다. 후원회를 둔 국회의원이 당해 국회의원선거의 예비후보자로 신고하지 아니한 경우로서 선거일 전 120일부터 자신의 재산으로 정치자금을 지출하는 경우에도 또한 같다(同條 ③). 후원회를 둔 공직선거의 후보자 · 예비후보자의 회계책임자는 후원회로부터 기부받은 후원금을 후원회 등록 전에 지출의 원인이 발생한 용도로 지출할 수 없다(同條 ⑤).

제 2 장　權力分立

제 1 절　權力分立의 理念

[130] 第一　自由의 保障과 權力分立

근대입헌주의에서 채택한 權力分立(separation of powers, Gewaltenteilung)은 그 이념에 있어 권력의 집중으로 인하여 발생하는 국민의 자유와 권리에 대한 억압과 침해를 방지하기 위하여 구상된 것이다. 서구의 역사에서 보건대, 군주정치하에서는 지배가 군주적 정당성에 의해 정당화되어 국가의 권력은 모두 군주에게 집중되었다. 국가의 정책을 결정하고 집행하는 권한을 모두 군주가 독점하면서 국가의 입법기능과 이를 집행하는 기능(행정, 사법)도 자연 군주에게 독점되었다. 그 결과 군주의 권력은 군주의 의사에 따라 빈번하게 남용되었고, 이러한 권력의 남용은 국가의 기능을 왜곡시켰을 뿐만 아니라 국민의 자유와 권리를 억압하고 침해하는 것으로 나타났다.

지배(Herrschaft)의 정당성이 君主的 正當性에서 民主的 正當性으로 이행하면서 국민의 자유와 권리의 보장을 위하여 군주의 권력을 제한하는 것이 중요한 가치로 등장하였다. 군주의 권력을 제한하는 가장 효과적인 방법은 군주에게 독점된 국가권력을 분할하여 그 일부를 국민에게 넘기는 것이었다. 이러한 과정에서 입법권과 사법권이라는 개념의 분화와 이들 권력의 국민으로의 이전이 이루어졌다. 입법권을 국민적 정당성에 바탕을 둔 의회로 이전하고, 사법권을 군주로부터 독립된 裁判官(judge)이나 陪審員(jury) 또는 參審員(layman judge, ehrenamtlicher Richter)으로 구성되는 재판기관으로 이전한 것이 그것이다. 이와 같이 국민의 자유와 권리를 보장하기 위하여 군주의 권력을 제한하는 과정에서 권력의 분립이 헌법적 원리와 국가권력의 작동원리로 형성 · 정착되었다. 이러한 면에서 權力分立은 「권력에 대한 제한」과 「자유와 권리의 보장」이라는 점에서 정치적 자유주의(political liberalism)의 내용을 형성하고 법치주의(rule of law)의 내용을 이루게 되었다.

[131] 第二 國家作用의 機能的 分化와 權力分立

권력분립은 권력을 제한하여 권력의 남용을 방지하고 국민의 자유와 권리를 보장하려고 하는데서 출발하였다. 권력의 분립을 구체화하는 과정에서 국가권력의 분할은 국가작용을 기능에 따라 배분하는데 적합하다는 점도 밝혀졌다.

국가작용 가운데는 그 기능에서 서로 다른 성질이 존재한다는 점은 이미 Aristoteles(384-322 B.C.)에 의하여 審議權, 執行權, 司法權으로 인식되었고, H. Grotius(1583-1645), W.C. Wolff(1679-1754), Puffendorf(1632-1694) 등의 국가이론에서도 인식되었다. 하지만 구체적인 것은 J. Locke(1632-1704)가 그의 「정부에 관한 두 개의 논문」(Two Treatises of Government, 1690)에서 국가권력을 立法權(legislative power), 執行權(executive power), 外交權(=同盟權 federative power), 예측하기 어려운 사태에 대응하여 공공복리를 위해서만 행사할 수 있는 大權(prerogative power)으로 구분한 데서 심화되어 나타났다.

그는 입법권을 최고의 지위에 있는 것으로 설정하고, 집행권과 외교권은 이에 종속되는 것이라고 보았다. 대권은 공공복리를 위하여 법률의 지시 없이도 행사할 수 있는 권한이지만 실정법으로 제한할 수 있는 것이라고 하였다. 집행권, 외교권, 대권은 君主(King)에게 속하는 것이지만, 입법권은 이와 대척점에 있는 것으로 국민에게 바탕을 두고 있는 국가의 최고권력이라고 보았다(議會優越主義). 이런 입법권은 널리 공포되고 확립된 법률로 행사되어야 하고, 법률은 국민의 복리만을 궁극의 목적으로 하여야 하며, 입법권은 그 자체 전속적인 것이어서 立法府(Parliament) 이외의 자에게 양도될 수 없는 것이라고 하였다. 그에게서 입법권, 집행권, 외교권, 대권은 기능적으로 서로 분리되는 것으로 파악되었지만, 권력의 귀속면에서는 입법권은 입법부에만 속하고, 나머지 집행권, 외교권, 대권은 다른 기관에 나누어 맡기기 어려운 것으로서 군주에게 속하는 것으로 보았다. 이런 점에서 J. Locke에게서는 권력의 분립이 권력의 기능적 분리에 초점을 맞춘 것이었고 권력간의 균형에 초점이 맞추어진 것은 아니다. 그의 이론이 명예혁명의 산물로 나타난 것이라는 특성을 보여주듯이, 그에게서는 입법권을 국가의 최고권력으로 설정하여 군주권에 대항하는 것으로 배치하였다.

이러한 것은 Montesquieu(1689-1755)에 의하여 보다 기능적인 면이 체계화되어 立法權(puissance législative), 執行權(puissance exécutive), 司法權(puissance du juger)으로 구분함으로써 근대 권력분립이론의 원형이 정립되기에 이르렀다.

Montesquieu의 권력분립이론은 1729년부터 1731년까지 영국에 체류하면서 영국헌정을 경험하고 이를 모델로 하여 저술한 「法의 精神」(De l'Esprit des Lois, 1748)에 서술되어 있는데, 이에는 J. Locke의 이론과 그의 영국체류체험이 영향을 미쳤다. 그는 정치적 자유가 신장되는 憲政을 추구하면서 모든 국가에는 3가지 형태의 권력이 존재한다고 보고, 이를 법률을 제정 · 개정 · 폐지하는 입법권, 선전과 강화, 외교사절의 파견 · 접수, 외국의 침략으로부터 국가의 안보를 확보하는 등 국제법에 관한 사항을 처리하는 집행권, 범죄인을 처벌하고 개인간의 분쟁에 대하여 재판하는 시민권에 관한 사항을 처리하는 사법권으로 나누었다. 그는 국제법에 관한 사항을 처리하는 권한을 집행권에 포함시키고, 시민권에 관한 사항을 처리하는 권한을 사법권으로 분류하여 전체적으로 立法權, 執行權, 司法權이라는 체계를 구성하였다.

그리고 그는 이러한 권력은 반드시 각기 다른 기관에 나누어 부여되어야 한다고 하고(여기서 司法權의 獨立이 등장하기에 이른다), 그래야만 시민의 자유가 확보된다고 보았다. 그는 군주이건, 귀족이건, 시민이건, 개인이건 기관이건 어느 경우든지 이러한 3가지 권력 중 어느 두 가지를 한꺼번에 가지는 경우에는 시민의 자유는 사라져버릴 것이라고 강조하였다. 이에 더하여 그는 이러한 권력이 시민의 자유를 침해하지 않도록 하기 위해서는 서로 견제되지 않으면 안 된다고 하여, '힘에 대한 힘의 견제'만이 시민의 자유를 보장한다고 보았다. 이로써 그에게서는 권력의 분립이 권력의 분리를 넘어 권력을 서로 다른 기관에 나누어 부여하고 이들 분리된 권력간의 통제가 필요하다는 수준으로 나아갔으며, 권력분립이 비로소 시민의 자유를 보장하는 「견제와 균형의 이론」(theorie des freins et des contre-poids)으로 발전하였다.

이러한 과정을 거치면서 권력분립은 국민의 자유와 권리를 보장하는 원리만이 아니라 국가를 운영하는 원리로도 정착되기에 이르렀다.

[132] 第三 代議制度와 權力分立

權力分立은 대의민주주의와 밀접한 관계를 가지고 있다. 직접민주주의에서는 국가정책의 결정과 집행이 모두 통합되기 때문에 권력의 집중이 존재하고 권력의 분립을 거론할 여지가 거의 없다. 따라서 오늘날 민주주의와 법치주의를 국가의 구조원리로 설정하고 권력분립에 따라 국가를 운용하는 나라에서는 국가의사의 결정과 집행에 있어 예외없이 대의제도를 채택하고 있다.

제 2 절 權力分立의 內容

[133] 第一 概 說

권력의 분립은 그 형성기에서부터 현재에 이르기까지 발전을 하여 왔다. 초기에는 군주에게 통합된 국가권력을 분할하는 것(division)에 중점이 두어져 왔으나, 점차 분할된 권력을 국가기능에 따라 배분하는 것으로 정밀화되었고, 이러한 것이 갖추어진 현대 국가에 와서는 무게중심이 권력의 통제로 옮겨 왔다. 이러한 과정에서 다양한 정부형태도 나타났고, 국가의 기능도 더욱 체계화되고 세분화되면서 헌법재판기관도 독립적 헌법기관으로 분화되었고, 입법, 행정, 사법, 헌법재판 어디에도 속하지 않는 독립위원회와 같은 기구도 등장하였다.

이러한 권력분립의 세련화와 체계화의 과정에서 이를 관통하는 기본적인 원리적 내용이 확립되었는데, 이는 i) 국가권력의 분할, ii) 분할된 국가권력간의 균형, iii) 국가작용의 기능적 배분, iv) 국가권력간의 통제로 정리된다.

[134] 第二 內 容

Ⅰ. 국가권력의 분할

권력분립에는 무엇보다 국가권력을 나누는 權力의 分割(=分離=分散)이 필요하다. 이는 국가권력이 하나로 통합된 상태로 존재해서는 안 된다는 것을 말한다. 권력이라는 개념은 그 자체 중립적이지만, 현실에서 이 권력은 항상 인간에 의해 행사되기 때문에 지배자에 의해 국가권력이 하나로 통합된 상태로 행사될 때에는 남용될 위험이 매우 높기 때문이다.

군주가 하나로 통합된 국가권력을 장악하고 통치한 군주정치의 경험으로부터 권력분립의 사상이 발전한 사실은 통합된 권력의 위험성을 경험적이고 실증적으로 증명하고 있다. 이러한 위험성은 현대에 와서도 독재체제나 권위주의통치체제에서 증명되었고(남미 각국의 독재, 동유럽의 구공산주의국가들, 북한 등), 통합된 권력의 남용은 개인의 자유와 권리에 심각한 침해와 국정운영의 실패를 가져온다는 사실이 명확하게 드러나게 되었다.

이와 같이 권력의 분할은 권력분립에서 개념필연적인 요소이기 때문에 권력의 분할이 없는 권력분립은 성립할 수 없다.

Ⅱ. 분할된 국가권력간의 균형

국가권력을 여러 개로 분할하는 경우(예컨대 3權分立, 4權分立, 5權分立)에도 권력분립에서는 국가권력이 분할되어 있다는 것만으로는 충분하지 않고, 분할된 국가권력간에 均衡(balance)이 성립하여야 한다는 것이 요구된다. 분할된 권력간에 균형이 성립하지 않을 때, 지배자가 그 가운데 가장 강력한 권력을 장악하면 나머지 미미한 권력은 이런 지배자를 통제할 수 없으며, 국가의 기능도 사실상 가장 강력한 권력에 의해 통합되기 때문이다. 이러한 경우에 외형적으로는 권력의 분할이 있지만 실질적으로는 권력이 통합된 것과 동일하기 때문에 국가권력의 형식적 분할만으로는 권력분립을 충족시키지 못한다.

입법권이 가장 강력하고 나머지 권력이 미미하면 이는 입법부의 독재로 나타나고, 행정권이 가장 강력하고 나머지 권력이 미미하면 행정부의 독재가 발생한다. 법원이나 헌법재판소의 재판기능은 그 본질에서 입법기능이나 행정기능과 비교하여 다른 국가권력을 전면적으로 지배하거나 국민의 삶을 직접 장악하고 지배하지 않기 때문에 분할된 국가권력간의 균형의 문제는 통상 입법권과 행정권 사이에서 중요한 의미를 가진다. 그래서 정부형태도 기본적으로 입법권과 행정권의 관계를 어떻게 설정하는가 하는 문제로 나타난다. 법원의 사법권이나 헌법재판권은 재판의 본질에 합치할 수 있게 입법권과 행정권으로부터 독립성을 확보하는 데서 그 균형을 갖추게 된다.

Ⅲ. 국가작용의 기능적 배분

권력분립은 국가권력을 분할하고, 분할된 권력간에 균형을 유지하되, 이러한 분할된 국가권력에게 국가의 본질과 역할에 합치하도록 각각 그 機能(function)을 配分하는 것을 필요로 한다. 국가권력을 분할하는 것은 본질적으로 국가가 수행할 기능을 배분하고자 하는 것이므로 권력분립에서는 분할된 각각의 권력에 국가의 여러 기능이 체계에 합치되도록 배분된다.

국가의 여러 기능을 범주별로 나눌 때, 입법기능(legislation, Gesetzgebung), 행정기능(administration, vollziehende Gewalt), 재판기능(adjudication, Rechtsprechung), 헌법재판기능(constitutional review, Verfassungsgerichtbarkeit)이 있는데, 이들 기능이 융합되거나 통합되지 않게 나누어 각기 다른 권력에 배분한다. 이런 국가의 기능을 權力(Macht)의 면에서 보면, 입법권력, 행정권력, 재판권력, 헌법재판권력이 되고, 權能(Kompetenz)의 면에서 보면, 입법권, 행정권, 재판권, 헌법재판권이 되는데, 이를 통상 統治權力, 統治權, 統治機能이라고도 부른다. 이러한 권력을 가지고 그 권한을 행사하는 機關(organ)을 입법기관, 행정기관, 재판기관, 헌법재판기관이라고 한다. 우리 헌법에는 이러한 기관에 각각 대응하는 것으로 國會, 政府(대통령+행정부), 法院, 憲法裁判所가 있다.

지방자치를 채택하는 경우에 국가작용은 중앙정부와 지방자치단체간에도 나누어지는데, 입법기능과 행정기능은 지방자치단체에도 인정된다. 지방의회와 지방자치단체장을 두는 것이 이에 해당한다. 중앙정부와 지방자치단체간의 권력분립을 「垂直的 權力分立」이라고 하고, 중앙정부 또는 지방자치단체 내의 기관들간의 권력분립을 「水平的 權力分立」이라고 한다.

Ⅳ. 국가권력간의 통제

권력분립에서는 분할된 국가권력으로 하여금 각기 제 기능을 수행하게 하되, 서로간에 통제하는 것이 요구된다. 권력분립은 국가의 기능을 분할된 권력들에 배분하여 체계적이고 효율적으로 수행되도록 하는 것뿐만 아니라, 권력의 남용과 오용을 효과적으로 통제하는 것도 목적으로 하므로 국가권력간의 통제는 권력분립의 본질적인 개념요소이다.

권력분립은 법치주의와 민주주의의 세련화에 따라 상당히 발전하여 오늘날에는 정밀하게 체계적으로 제도화되었고, 이러한 권력분립의 구체화된 양상은 각 나라마다 채택한 정부형태에 따라 그 모습을 달리 하지만, 기본적인 메커니즘은 대동소이하다. 21세기에 와서 대부분의 국가는 권력분립에 있어 입법, 행정, 법원의 재판, 헌법재판이라는 공통적인 구조로 완성된 모습을 보이고 있다. 우리나라도 예외가 아니다.

권력분립을 권력통제의 관점에서 파악한 대표적인 견해로는 K. Loewenstein의 이론이 있다. K. Loewenstein은 헌법을 정치권력에 대한 하나의 통제메커니즘으로 보고, 국가의 기능을 정책결정(politische Grundentscheidung, policy-decision), 정책집행(Ausführung der politische Grundentscheidung, policy-execution), 정책통제(politische Kontrolle, policy-control)의 세 가지로 나눈 다음, 정책통제의 메커니즘이 실질적으로 존재하는가에 따라 입헌민주주의체제(konstitutionelle Demokratie)와 전제주의체제(Autokratie)로 구분하였다. 그는 통제의 유형으로 「수직적 통제」(horizontale Kontrolle)와 「수평적 통제」(vertikale Kontrolle)로 분류하고, 「수평적 통제」를 「기관간의 통제」(Interorgan-Kontrolle)와 「기관내의 통제」(Intra-Organ-Kontrolle)로 나누었다(K. Loewenstein, Verfassungslehre, 3. Aufl. 1975).

[135] 第三 機能的 權力統制理論

헌법에서 권력분립과 그 요소를 이루는 권력의 통제는 성질상 국가권력의 문제이고, 이는 국가영역에 한정된다. 다시 말해, 권력분립은 국가권력의 문제이지 정치권력이나 사회권력의 문제는 아니다. 그런데 국가권력에 대한 통제의 관점에서 보면, 국가권력의 통제가 분할된 국가권력 사이에서 행해지는 것으로만 완결적인 것은 아니다. 국가영역에 속해 있는 것은 아니지만 국가권력의 작용에 영향을 주고 있는 요소들이 있는데, 이러한 요소들은 권력통제에서도 의미를 가진다. 예컨대 정당은 국가기관이 아니고, 의석을 가지지 못한 정당은 아예 국가작용에 직접 관여하지도 못하지만, 권력통제의 관점에서 野黨(opposition party)의 존재는 여당에 대한 견제로서 의미를 가지므로 야당의 보호는 정당활동의 보호 이외에 권력통제의 관점에서도 중요하다. 그리고 국가에 대한 시민사회로부터의 통제와 국가영역에 속하지 않는 정치세력과 국가에 속해 있는 직업관료 상호간에도 기능적인 권력분립이 의미를 가진다.

이와 같이 국가영역에는 속하지 않지만, 국가영역에 영향을 미치는 요소까지 포함하여 권력통제를 국가의 기능적인 관점에서 보는 것을 「機能的 權力統制」라고 한다. 여기서는 聯邦國家制度, 地方自治制度, 職業公務員制度, 複數政黨制度, 憲法裁判制度, 國家와 社會의 交叉關係的 二元論 등이 권력통제의 관점에서 중요한 기능을 한다고 본다. 연방국가에서는 연방과 주 사이의 수직적 권력분립과 연방과 주에서 각각 수평적 권력분립이 이루어지고, 지방자치제도는 중앙정부와 지방자치단체 사이의 수직적 권력분립과 중앙정부 또는 지방자치단체 각각에서 수평적 권력분립이 이루어진다고 본다. 직업공무원제도는 정치세력과 관료조직간에 권력분립의 기능이 있고, 공무원조직 내에서의 수직적인 권력분립도 의미가 있다고 본다. 복수정당제도는 여당과 야당간의 권력분립을 가져오고, 헌법재판제도는 입법, 행정, 사법 등 다른 국가기능에 대하여 효과적인 권력통제의 기능을 하고, 국가와 사회를 분리하여 보는 이원론적인 인식도 국가에 대한 사회의 통제와 사회에 대한 국가의 통제라는 점에서 권력통제의 의미를 가진다고 본다(許營a, 632).

[136] 第四 現代 國家에서의 國家作用과 權力分立

오늘날 국가의 기능과 역할이 복잡해지고 국가작용에서 여러 형태의 작용방식이 필요해지면서 권력분립은 기관을 중심으로 국가권력을 엄격하게 분리하는 기관중심적인 관점에서 기능중심적인 관점으로 이동하고 있다. 종래는 국가기관을 중심으로 그 기능이 엄격하게 분할되어 배분되고, 국가작용에서는 이러한 기관간에 엄격한 분리와 독립이 있었지만, 오늘날에는 필요에 따라 이들 국가기관들간의 협동에 의하여 국가작용이 이루어지는 경우도 있다.

그리고 立法作用, 執行作用, 司法作用도 一刀兩斷的으로 분명하게 구별하기 어려운 경계영역에서는 입법기관에서 실질적으로 집행하는 기능을 수행하기도 하고(예: 처분적 법률), 행정기관에서 분쟁을 해결하기도 하는가 하면(예: 각종 행정심판), 입법을 하기도 한다(예: 행정입법). 따라서 국가의 작용을 전통적인 관점에서 기관을 중심으로 엄격하게 분리하고 구별하는 것에는 한계가 있다.

그러나 현대 국가에서도 국가권력의 남용에 대한 통제와 국가기능의 체계적인 배분의 필요성은 여전히 존재하므로 권력분립원리의 기본적인 내용은 그대로 요구되고 있다. 그렇기 때문에 국가작용의 편의를 위하여 아무렇게나 기능을 배분하거나 권력의 통합을 시도하는 것은 헌법상 권력분립원리에 어긋난다.

[137] 第五 韓國 憲法上 權力分立

우리 헌법도 권력분립을 독립적인 조항에서 명시하고 있지는 않지만(미합중국연방헌법도 마찬가지이다), 국가권력을 국회의 입법권, 정부의 행정권(통치권+협의의 행정권), 법원의 사법권, 헌법재판소의 헌법재판권으로 분할하고, 각기 자기에게 배분된 권능에 따라 그 기능을 수행하게 하며, 각 헌법기관으로 하여금 서로 견제하고 통제하게 하고 있다. 그리고 다른 한편으로 이들 헌법기관이 협동하여 국무를 수행하게 할 필요가 있는 경우에는 협동적으로 활동할 수 있게 하고 있다(예: 헌법재판소, 대법원, 중앙선거관리위원회의 구성, 국회의 각종 동의).

Ⅰ. 국가권력의 분할

헌법은 권력분립의 본질에 따라 권력을 입법, 행정, 사법, 헌법재판으로 분할하고 있다. 중앙정부와 지방자치단체 사이에 垂直的 分割이 이루어져 있고, 중앙정부와 지방자치단체 내에서 각각 水平的 分割이 이루어져 있다.

헌법은 기본적으로 국가권력을 입법권, 집행권(통치권+협의의 행정권), 사법권, 헌법재판권으로 나누어 권력을 분할하고, 그 기능의 배분에서는 입법권은 국회에(憲法 §40), 집행권은 국가원수인 대통령과 대통령을 행정수반으로 하는 정부에(憲法 §66④), 사법권은 법관으로 구성된 법원에(憲法 §101①), 헌법재판권은 재판관으로 구성된 헌법재판소

우리 헌법상 국가권력의 분할

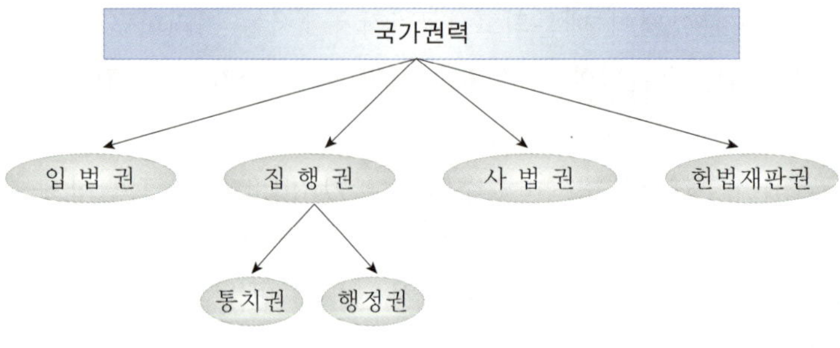

에(憲法 §111) 각각 귀속시키고 있다.

이러한 권력의 분할은 국회의원과 대통령의 겸직을 금지할 뿐 아니라(憲法 §43, §83), 국회의원과 일반 공무원과의 겸직을 금지하고, 법관의 독립(憲法 §103) 및 헌법재판소 재판관의 정치관여금지를 통하여(憲法 §112②) 이를 뒷받침하고 있다(水平的 權力分割). 공직간의 겸직을 금지하는 것은 권력분립에서 중요한 의미를 가진다(예: 憲 1993 .7. 29.-91헌마69). 중앙정부 내에서 공직제도를 통하여 수직적 권력분할도 이루어진다.

> [憲 1993. 7. 29.-91헌마69] 「일반적으로 입법상의 공직 겸직금지제도가 마련되는 이유로는 첫째, 직무전념 내지 직무수행의 이념상 일반직의 국가공무원 또는 지방공무원이 다른 직종을 겸직하는 것을 원칙적으로 금지하고 있는 경우와 둘째, 제도상 직무상호간에 권력분립의 필요성이 있는 경우로서 국회의원과 일반직 공무원간의 겸직금지, 지방자치단체의 장과 지방의회 의원간의 겸직금지 등이 그 예이며 셋째, 직무의 공정성과 전념성 및 정치적 중립성의 확보를 위한 목적으로 겸직금지의 규정을 두고 있는 경우가 있다.」

지방자치단체는 중앙정부와의 관계에서 수직적인 권력분할로 이루어져 있으며(구체적으로 그 분할의 정도를 어느 수준으로 할 것인가 하는 것은 지방자치를 어느 수준에서 실시할 것인가에 따라 달라진다), 지방자치단체 내에서는 다시 지방자치단체장과 지방의회로 수평적인 권력분할을 하여 각 관할권을 배분함으로써 권력의 분할과 기능의 배분이 이루어져 있다.

헌법은 특히 권력분립에 따른 헌법기관간의 분할에 있어 상호 지배력을 행사할 수 없도록 하기 위하여 任期制를 두고 있다. 예컨대 국회의원의 임기는 4년, 대통령의 임기는 5년, 대법원장 · 대법관 · 헌법재판소장 · 헌법재판소 재판관 · 선거관리위원회의 위원의 임기는 6년으로 각기 다르게 규정하여 이를 보장하고 있다.

Ⅱ. 분할된 국가권력간의 균형

한국 헌법사에 있었던 역대 헌법들도 1948년헌법 이래 예외없이 권력분립제도를 규정하였으나, 그 내용이 동일한 것은 아니었다. 내각책임제를 규정한 1960年6月憲法과 1960年11月憲法을 제외하고는 대체로 행정부가 우위를 점하였다. 특히 집권자인 대통령이 헌법개정의 방법을 통하여 시도한 권력의 통합은 권력의 남용으로 이어져 국민의 자유와 권리를 침해하고 국정운영의 실패를 가져온 경험이 있다(예: 1972年憲法, 1980年憲法). 다만, 현행 1987年憲法은 과거 독재와 권위주의통치를 유지하였던 대통령의 非常的大權들을 삭제하고, 국회의 권한을 확대 · 강화하였으며, 법원의 독립을 강화하고 헌법재판소를 설치하여 국가권력간에 상호 견제와 균형을 유지하게 하고 있다.

그렇지만 현행 헌법에도 대통령에게 강력한 권한들을 부여함으로써 입법부나 사법부에 대해 우월적인 지위에 있게 하여 현실 정치에서 대통령의 독주를 초래할 수 있는 점도 남아 있다. 예컨대, 대통령은 입법부에 대해서는 법률안제출권(憲法 §52), 국민투표부의권(憲法 §72), 국가긴급권(憲法 §76, §77), 헌법개정안제안권(憲法 §128①) 등을 행사함으로써, 사법부에 대해서는 대법원장 및 대법관의 임명권(憲法 §104①,②), 사면권(憲法 §79①,②) 등을 행사함으로써, 헌법재판소에 대하여는 헌법재판소의 장 및 헌법재판소 재판관의 임명권(憲法 §111②,④) 등을 행사함으로써 권력에서 우위를 점하고 있다. 비록 국회가 국무총리·국무위원의 해임건의권(憲法 §63), 국회의장의 법률안공포권(憲法 §53⑥), 탄핵소추권(憲法 §65) 등을 가지고 있으나 현실적으로 대통령의 권력우위를 통제하기에는 부족한 면이 있다.

법원은 명령·규칙·처분에 대한 위헌·위법심사나 행정소송을 통하여 국회·정부·헌법재판소를 통제할 수 있고, 헌법재판소는 위헌법률심판·탄핵심판·정당해산심판·권한쟁의심판·헌법소원심판을 통하여 국회·대통령·정부·법원을 통제할 수 있다. 헌법재판소와 대법원의 경우에는 독립성의 확보가 중요한데, 그 구성에 대통령이 관여할 수 있게 하여 이들 헌법기관에 대하여 우월적인 지위를 가지게 하고 있어 권력간의 균형을 침해할 위험이 존재한다.

Ⅲ. 국가작용의 기능적 배분

헌법상 국가의 입법기능, 행정기능, 재판기능, 헌법재판기능은 각각 국회, 정부(대통령+행정부), 법원, 헌법재판소에 배분되어 있다. 중앙정부와 지방자치단체간에도 각기 그 기능이 배분되어 있다. 국가작용은 권력분립의 원리에 따라 때로는 견제와 균형을 통해 때로는 공화와 협조를 통해 수행된다.

(1) 국 회

국회는 입법기능과 예산에 관한 권한을 가지고 있으며, 각 헌법기관과 국가기관을 통제하는 기능을 수행한다. 입법권은 국회에 속한다(憲法 §40). 입법권은 국회가 가지는 가장 중요한 전속적 권한이지만, 최근에는 국회의 입법기능마저도 행정의 적극화로 인하여 쇠퇴하고 있다는 지적이 있다. 국회는 국가의 예산안을 심의·확정하고(憲法 §54), 조약의 체결·비준에 대한 동의권을 가지며(憲法 §60①), 선전포고, 국군의 해외파견, 외국군대의 국내주류 등에 대하여 동의권을 가진다(憲法 §60②). 국회는 국무총리·국무위원 또는 정부위원에 대하여 출석·답변을 요구할 수 있고(憲法 §62), 국무총리 또는 국무위원에 대하여 해임건의권을 가지며(憲法 §63), 대통령·국무총리·국무위원·행정각부의 장·헌법재판소 재판관·법관·중앙선거관리위원회 위원·감사원장·감사위원 기타 법률이 정한 공무원에 대한 탄핵소추권을 가진다(憲法 §65).

(2) 정 부

대통령은 외국에 대하여 국가를 대표하고, 국가의 독립, 영토의 보전, 국가의 계속성과 헌법수호의 책무를 지며, 조국의 평화적 통일을 실현할 의무를 지고 있다(憲法 §66). 조약을 체결·비준하고(憲法 §73), 국군통수권을 가지며(憲法 §74), 국가긴급시에 긴급명령권을 가지고(憲法 §76), 계엄선포권을 가진다(憲法 §77). 공무원 임면권(憲法 §78), 국무총리·국무위원 임명권(憲法 §86, §87), 감사원장과 감사위원임명권(憲法 §98), 대법원장과 대법관임명권(憲法 §104), 헌법재판장과 헌법재판소 재판관임명권(憲法 §111②,④), 중앙선거관리위원회 위원임명권(憲法 §114) 등을 갖는다. 이 밖에도 국회출석발언권(憲法 §81), 위임명령과 집행명령제정권(憲法 §75), 헌법개정제안권(憲法 §128), 법률안거부권(憲法 §53), 국회임시집회요구권(憲法 §47), 국민투표부의권(憲法 §72), 사면·감형·복권권(憲法 §79) 등을 가져 다른 기관에 대해 우월적 지위를 갖는다.

행정권은 대통령을 행정수반으로 하는 정부에 속한다. 정부는 대통령과 국무총리 그리고 국무위원으로 구성되는데(憲法 §88), 국무총리는 대통령을 보좌하고 행정에 관하여 대통령의 명을 받아 행정각부를 통할한다(憲法 §86②). 국무위원은 국정에 관하여 대통령을 보좌하며 국무회의의 구성원으로서 국정을 심의한다(憲法 §87②). 국무회의는 정부의 권한에 속하는 중요한 정책을 심의한다(憲法 §88①). 행정각부 장관은 소관사무에 관하여 행정을 집행하고 부령을 발할 수 있다(憲法 §95). 감사원은 국가의 세입·세출의 결산과 회계검사 및 공무원의 직무감찰을 한다(憲法 §97).

(3) 법 원

사법권은 법관으로 구성되는 법원에 속한다(憲法 §101). 법원은 명령·규칙·처분이 헌법이나 법률에 위반되는지의 여부를 심사할 수 있다(憲法 §107).

(4) 헌법재판소

헌법재판권은 재판관으로 구성되는 헌법재판소에 속한다. 헌법재판소는 위헌법률심판권, 탄핵심판권, 정당해산심판권, 권한쟁의심판권, 헌법소원심판권을 가진다(憲法 §111).

(5) 지방자치단체

지방자치단체는 국가의 기능 가운데 중앙정부가 수행하는 것이 아닌 기능을 수행한다. 지방자치단체는 복수로 존재하여 이들 상호간에도 권력이 분할되어 있다. 지방자치단체의 권력은 다시 지방자치단체의 장과 지방의회로 분할되고, 각각 그에 고유한 기능이 배분되어 있다.

Ⅳ. 국가권력간의 통제

(1) 개 설

국가권력간의 통제를 각 국가기관을 구성하는 면과 그 국가기관이 권한을 행사하는 면으로 나누어 살펴본다.

(a) 국가기관의 구성

국가기관의 구성면에 있어서, 헌법은 대법원장 · 헌법재판소장 · 대법관 · 국무총리 · 감사원장의 임명에 국회의 동의를 얻게 하고, 헌법재판소와 중앙선거관리위원회를 국회 · 대통령 · 대법원장의 합동행위에 의하게 구성하게 하며, 국회로 하여금 정부조직법과 헌법재판소 및 법원의 설치 · 조직에 관한 법률을 제정하도록 하고 있다. 국가기관 담당자의 임기를 정하여 임기 동안에만 국가업무를 수행하게 하는 것도 권력통제를 실현하는 방법으로 중요한 의미를 지닌다.

(b) 국가권력의 행사

국가권력의 행사면에 있어서, 국무총리 등에 대한 국회에서의 출석 · 답변요구 및 질문, 국회에 의한 정부 및 법원의 예산심의, 정부의 재정행위에 대한 의결, 대통령의 임시국회소집요구, 법률의 공포, 국회예산안의 편성 · 제출, 대통령 · 국무총리 등의 국회에서의 의견표시, 행정부의 행정입법, 대통령의 사면 · 감형 · 복권 등은 다른 국가기관의 권력행사에 대한 통제로서 의미를 지닌다.

(2) 국회와 정부

국회는 정부에 대하여 국무총리임명동의권(憲法 §86①), 국무총리 · 국무위원의 해임건의권(憲法 §63), 대통령 기타 고위직 공무원에 대한 탄핵소추권(憲法 §65), 예산안의결권(憲法 §54), 중요조약의 체결 · 비준동의권(憲法 §60①), 국정감사 · 조사(憲法 §61), 선전포고 등 외교행위에 대한 동의(憲法 §60②), 긴급명령과 긴급재정 · 경제처분명령에 대한 승인(憲法 §76), 계엄해제요구(憲法 §77⑤), 대통령이 제안한 헌법개정안의 의결(憲法 §130①), 대통령의 일반사면에 대한 동의(憲法 §79②), 국무총리 · 국무위원 · 정부위원출석답변요구권(憲法 §62) 등에 의하여 대통령과 정부를 통제할 수 있다.

이에 대하여 정부는 국회임시집회요구권(憲法 §47), 법률안거부권(憲法 §53), 국회출석발언권(憲法 §62, §81), 긴급명령권(憲法 §76), 계엄선포권(憲法 §77), 국가안위에 관한 중요정책의 국민투표회부권(憲法 §72), 헌법개정안발의권(憲法 §128) 등으로 국회를 통제할 수 있다.

《특별검사제도와 권력분립》

특정한 사건을 수사하기 위하여 국회가 법률로 통상의 검사가 아닌 특별검사를 임명하게 하고, 그로 하여금 수사를 하고 기소여부를 결정하게 하는 것이 특별검사제도이다(鄭宗燮b, 383; 鄭宗燮c, 349, 381). 이러한 제도가 권력분립과 충돌하는가 하는 문제가 제기되었다. 憲法裁判所는 이는 국회의 입법재량영역에 해당하는 것이라고 판시하였다.

[憲 2008. 1. 10.-2007헌마1468] 「특별검사제도의 장단점 및 우리나라 특별

검사제도의 연혁에 비추어 볼 때, 검찰의 기소독점주의 및 기소편의주의에 대한 예외로서 특별검사제도를 인정할지 여부는 물론, 특정 사건에 대하여 특별검사에 의한 수사를 실시할 것인지 여부, 특별검사에 의한 수사대상을 어느 범위로 할 것인지는, 국민을 대표하는 국회가 검찰 기소독점주의의 적절성, 검찰권 행사의 통제 필요성, 특별검사제도의 장단점, 당해 사건에 대한 국민적 관심과 요구 등 제반 사정을 고려하여 결정할 문제로서, 그 판단에는 본질적으로 국회의 폭넓은 재량이 인정된다고 보아야 할 것이다. 따라서 특별검사제도에 관한 국회의 결정이 명백히 자의적이거나 현저히 부당한 것으로 인정되지 않는 한 존중되어야 할 것인바, 앞에서 본 입법경위에 비추어 볼 때 국회가 여러 사정을 고려하여 이 사건 법률 제2조가 규정하고 있는 사안들에 대하여 특별검사에 의한 수사를 실시하도록 한 것이 명백히 자의적이거나 현저히 부당한 것이라고 단정하기 어렵다.」

(3) 정부와 법원

대통령은 법원예산편성권(憲法 §54), 사면 · 감형 · 복권권(憲法 §79), 긴급명령권(憲法 §76), 계엄선포권(憲法 §77)을 가지고 있어 법원을 상당히 견제할 수 있다. 이에 반하여 법원은 명령이나 규칙 · 처분이 헌법과 법률에 위반된 여부를 심사할 수 있기 때문에(憲法 §107) 정부를 어느 정도로만 견제할 수 있다.

대통령은 대법원장과 대법관의 임명권을 가지고 있어(憲法 §104), 이를 권력통제의 방법으로 볼 가능성이 있으나, 법원이든 헌법재판소든 재판기관의 구성에 대통령이 관여하는 것은 권력통제의 면보다는 재판의 독립과 재판기관의 독립의 면에서 보아야 하므로, 이를 권력통제의 방법으로 정당화하기는 어렵다. 대통령이 가지는 헌법재판소장 및 헌법재판소 재판관의 임명권과 대법원장과 대법관의 임명권은 재판의 독립이라는 면에서 극복하여야 할 과제이다.

(4) 국회와 법원

국회는 법원에 대하여 대법원장임명동의권(憲法 §104①), 대법관임명동의권(憲法 §104②), 법원조직에 관한 법률제정권(憲法 §102③), 일반사면동의권(憲法 §79②), 법원예산심사의결권(憲法 §54) 등을 통하여 어느 정도의 견제를 할 수 있다. 법원은 국회의 입법에 대해서는 위헌심사제청권을 가지고 이를 통제한다(憲法 §107①).

(5) 국회와 헌법재판소

헌법재판소는 국회가 입법한 법률에 대하여 위헌결정으로 그 효력을 상실시킬 수 있다. 이에 대해 국회는 국정조사 · 감사, 예산안의 의결, 헌법재판소법의 개정 등을 통해 간접적으로 헌법재판소를 통제할 수 있다.

(6) 법원과 헌법재판소

법원의 행위에 대해서 헌법재판소는 헌법소원심판을 통하여 통제할 수 있다. 예컨대 재판의 지연에 대한 헌법소원심판이 그것이다. 그런데 憲法裁判所에 의하면, 법원의 재판은 헌법소원심판의 대상에서 제외되어 있으므로(憲裁法 §68①) 법원의 재판이 국민의 기본권을 침해하는 경우에 헌법소원심판을 통하여 이를 바로잡을 기회는 희박하다. 이런 점에서 재판에 대한 헌법소원심판를 인정하는 것이 타당한데, 이는 기본권의 보장과 권력통제의 관점에서 중요한 의미를 가진다.

우리 헌법상 권력의 분립

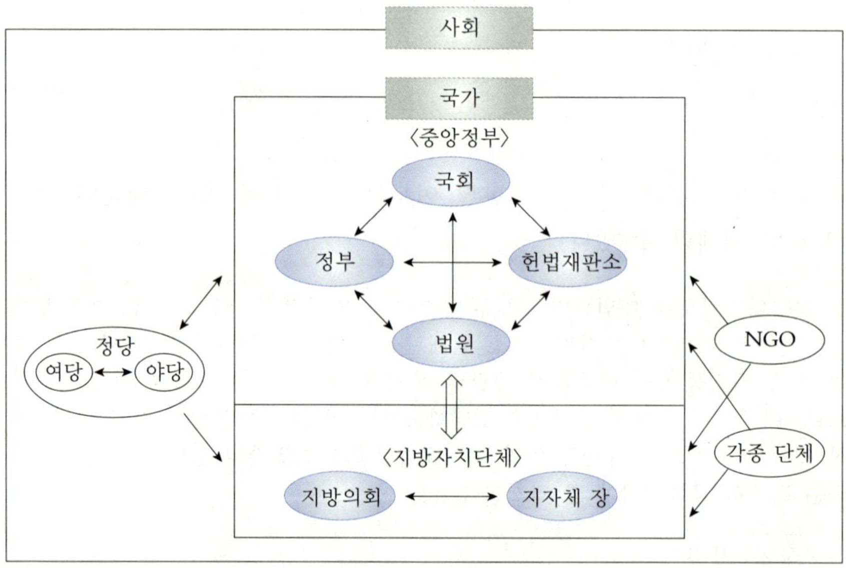

제 3 장 政府形態

[138] 第一 概 說

Ⅰ. 개 념

政府形態(government regime)라는 용어는 강학상 국가의 권력을 입법부와 집행부에 어떻게 기능적으로 배분하고 구성하며, 작동하게 하는가 하는 국가권력의 구조와 작동형태를 말한다. 정부형태와 관련해서는 정치제도(political system), 정치체제(political regime) 등 다양한 용어로 이를 분석하고 설명하며, 그 접근의 수준에서도 광협으로 다양하지만, 헌법학에서 정부형태라고 할 때는 국가에 있어서 입법부와 집행부의 관계를 설정하는 구조와 그 작동형태를 의미하는 권력분립원리의 조직적 실현형태를 일컫는다.

정부형태와 개념을 달리 하는 것이 統治形態이다. 統治形態(=統治構造)는 한 나라의 國家權力의 構造를 일컫는 말이다. 통치형태는 한 나라에서 입법제도, 행정제도, 사법제도, 헌법재판제도, 지방자치제도, 대의제도, 선거제도, 공직제도 등을 통하여 국가권력을 조직하고 기능적으로 배분하는 구조를 말하는 것으로 정부형태보다 넓은 상위의 개념이다.

Ⅱ. 권력분립과 정부형태

정부형태는 권력분립원리를 구체적으로 실현하는 국가권력의 조직적·구조적인 실현형태이다(許營a, 691). 이와 같이 정부형태는 권력분립의 실현형태이고, 권력분립은 국가권력의 분할, 분할된 국가권력에 대한 기능의 배분, 배분된 국가권력간의 균형, 국가권력간의 통제를 그 개념요소로 가지므로 이런 요소들이 구체적으로 어떻게 설정되는가에 따라 각 나라의 정부형태가 정해진다.

Ⅲ. 정부형태의 유형

각 나라마다 권력분립을 어떻게 구체화할 것인가를 정하는 憲法政策(constitutional policy) 또는 憲法디자인(constitutional design)에 있어서는, 보편적으로 고려하여야 하는 原理的 要素와 그 나라가 구체적으로 처해 있는 現實的 要素가 있다.

정부형태를 구체화함에 있어서는 먼저 국가기능에서 보편적으로 고려하여야 하는 요소가 있는데, 그것은 권력의 분할로 권력의 남용을 방지하는 것, 국가의 기능을 그 특성에 따라 배분하는 것, 국가권력으로부터 국민의 자유와 권리를 보호하는 것, 국가운영의 효율성을 확보하는 것이다. 그러나 정부형태를 정함에 있어서 이러한 보편적인 요소만을 고려할 수는 없다. 정부형태의 결정에서는 각 나라(그림에서 A국가, B국가, C국가)가 지니고 있는 공동체의 구체적인 발전상태, 직면하고 있는 공동체적인 문제, 공동체를 둘러싸고 있는 여건과 환경, 그 나라의 정치문화와 사회의 수준 등도 고려된다.

따라서 이런 요소들을 고려하면, 정부형태의 구체적인 모습은 다양하게 디자인될 수 있으며, 그 유형에서도 다양하게 나타난다. 헌정사에서 각 나라마다 채택한 정부형태가 다양하게 나타난 것(그림에서 a형태, b형태, c형태)도 이러한 이유에 기인한 것이다. 그런데 정부형태가 다양하게 나타난다고 하지만, 보편적인 요소가 작용하기 때문에 무한정으로 다양한 유형이 존재할 수는 없다(그림에서 회색 부분에서는 정부형태가 성립할 수 없다). 국가권력을 많이 분할하면 권력남용의 위험성은 줄어들지만, 국가가 기능적으로 작동하기 어렵게 되고, 국가의 운영비용이 높아지며, 효율성이 떨어진다. 그런 반면 국가권력을 통합하면 국가운영의 효율성은 높아지고 국정운영의 비용은 낮출 수 있지만, 권력남용의 위험성이 커진다(예: 개발독재, 권위주의통치). 따라서 정부형태는 각 나라마다 이런 여러 요소들

정부형태의 결정

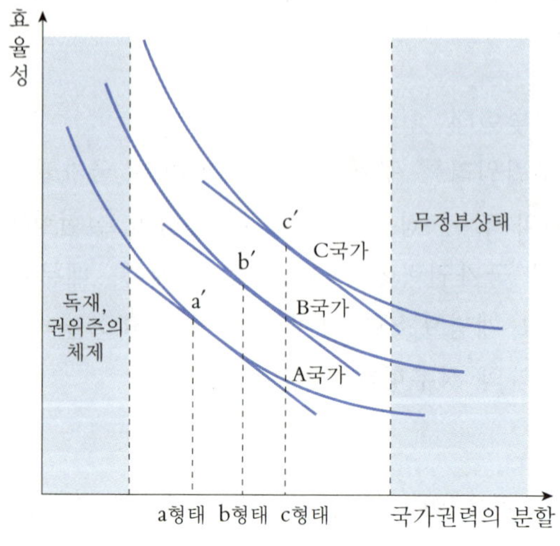

을 고려하여 適正點(optimal point)이 설정되는 선에서 정해진다(그림에서 a′, b′, c′).

역사적으로 보건대, 정부형태는 군주정, 귀족정, 민주정에 각각 적합한 형태로도 구상되어 시행되었지만, 근대 입헌주의가 확립되면서는 정부형태는 대체로 議會主義制, 大統領制, 混合政府制의 유형으로 정착되었다. 이러한 정부형태에서도 각 나라마다 그 나라가 고려한 구체적인 요소로 인하여 입법부가 우위인 유형도 있고, 행정부가 우위인 유형도 있으며, 양자가 균형을 이루는 유형도 있다.

[139] 第二 議會主義制

I. 개 념

(1) 연 혁

議會主義制(=議院內閣制=內閣責任制 parliamentarism, Parlamentarisches System, parlamentarische Demokratie)는 의회정치의 모국이라 할 수 있는 영국에서 그 기원을 찾는 것이 일반적이다. 17세기부터 18세기에 걸쳐 영국에서 생성하고 발전하여 19세기 말경에 제도적으로 확립되었다. 1688년의 명예혁명은 국왕과 의회의 관계를 과거와 다르게 바꾸어 놓았고, 이는 의회주의원칙의 확립과 입헌군주제의 탄생으로 이어졌다.

19세기 이후 의회주의제는 근대시민혁명기간 동안 입헌민주제를 추구하기 시작한 유럽의 여러 나라에 전파되기도 하고, 영국 식민지 국가들에 유입되기도 했다. 한편, 일본국·이스라엘 등과 그 밖의 국가들도 채택하였다. 오늘날 전 세계적으로는 의회주의제를 채택하고 있는 나라가 다수를 차지하고 있다.

(2) 구 조

의회주의제는 의회에 의하여 행정부가 구성되고, 행정부는 수상을 그 수반으로 하여 일원화되어 있다. 대통령이나 국왕은 상징적인 지위에 있으며, 의례적인 권한

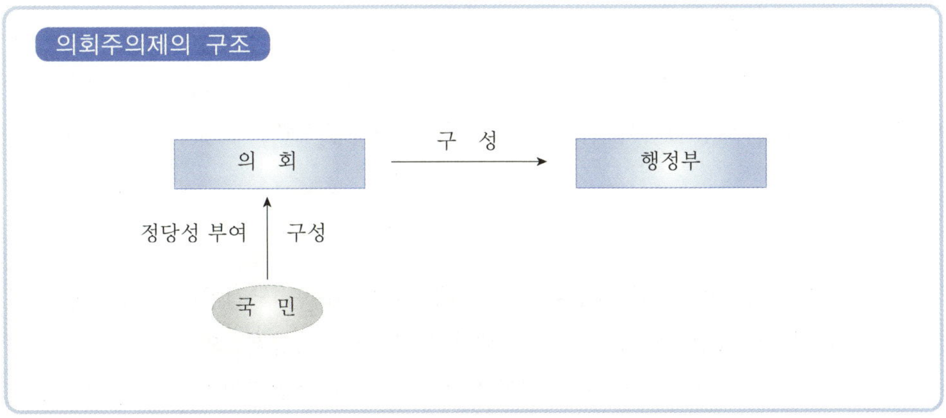

만 가지고 있을뿐 실질적인 권한을 가지지 않는다.

Ⅱ. 성 격

(1) 일원적 정당성

국민주권원리와 민주주의원리에 의할 때 국가권력은 민주적 정당성을 가져야 하는데, 의회주의제에서는 국민이 먼저 의원을 선출하여 의회를 구성하고, 행정부는 이 의회에 의하여 구성되는 구조를 가지고 있으므로 민주적 정당성의 부여는 「국민→의회→행정부」의 방식으로 이루어진다. 따라서 의회주의제에서는 국가권력에 대한 민주적 정당성의 부여가 一元化되어 있다.

의회주의제에서 의회는 유일한 국민대표기관이고, 행정부는 그 구성과 조직에서 국민대표기관인 의회에 의존하고 있다.

(2) 국가원수와 행정수반의 분리

의회주의제에서는 국가원수(head of state)와 행정수반(head of government)이 분리된다. 국가원수인 대통령은 상징적 · 의례적인 지위에 있으며, 대통령은 대외적으로 국가를 대표하는 사항과 관련된 권한만을 가지고 있다. 행정부의 수반은 원칙적으로 의회에 바탕을 두고 있는 首相(prime minister)이 수행한다.

(3) 권력의 공화

의회주의제에서는 행정부의 구성과 활동이 입법부에 의존하고 있어 국가 전체로 볼 때 입법부와 행정부간에 협동과 공화현상이 나타난다. 행정부는 의회의 다수당의 지지를 받고 있으므로 안정적이다.

의회주의제에서 권력의 共和는 국정의 효율적인 운영을 담보할 수 있으나, 수상이 의회의 지지를 바탕으로 강력한 통치를 하는 경우에는 首相獨裁가 등장할 수도 있다. 여기서는 內閣不信任制度가 권력통제장치로 중요한 기능을 한다. 그리고 의회주의제에서는 행정부가 기본적으로 의회의 다수당의 지지에 의존하고 있으므로 권력통제가 어렵게 되는데, 이 같은 폐단을 방지하기 위하여 의회 내의 소수의 보호와 야당의 통제기능이 보장되어야 한다(예: 국정조사의 수월한 발동, 추상적 규범통제, 의정활동에서의 소수의 보호 등).

Ⅲ. 장 단 점

(1) 장 점

의회주의제는, i) 입법부와 행정부의 협조에 의해 신속한 국정처리와 효율적인 국정수행이 가능하다. ii) 국정운영의 중심이 의회가 됨에 따라 정당제도와 의회주의의 발전에 기여한다. iii) 행정부가 입법부에 대해 책임을 지기 때문에 책임정치가 실현될 수 있다.

(2) 단 점

의회주의제는 위와 같은 장점을 가지고 있는 반면에 다음과 같은 단점도 가지고 있다. i) 입법부와 행정부를 한 정당이 독점할 경우에는 정당에 의한 국가지배가 발생할 가능성이 높고, 이를 견제할 장치가 없다. ii) 다수의 정당이 난립하여 연립정권이 성립할 경우에는 정국의 불안정이 발생할 우려가 크다. iii) 의원들의 질이 낮을 경우 파벌정치와 금권정치에 의해 정치의 수준이 저하된다.

[140] 第三 大統領制

Ⅰ. 개 념

(1) 연 혁

大統領制(presidentialism, Präsidialsystem, Präsidialdemokratie)는 美合衆國聯邦憲法에서 처음으로 고안하여 채택한 정부형태이다. 이후 라틴아메리카의 여러 나라에서 미합중국의 대통령제를 수입하여 채택하였고(예: 브라질, 칠레, 베네주엘라, 과테말라), 제 2 차 대전 이후에는 신생독립국가들이 이를 수입하여 채택하기도 하였다(예: 한국, 타이완, 필리핀).

(2) 구 조

대통령제는 입법부와 행정부를 이원적으로 엄격하게 분리하고, 권력기관간에 상호 독립성을 강하게 유지하며, 국민에 의해 선출되는 대통령이 국가원수인 동시에 행정부의 수반으로서의 지위를 가진다. 따라서 행정부는 대통령을 중심으로 일원화되어 있고, 대통령은 행정부 내에서 통합된 권력을 행사한다.

미합중국의 대통령제는 오랫동안 전개되는 과정에서 실제 운용에서 때로는 강력한 대통령제의 양상을 보이기도 하고 때로는 약한 대통령제의 양상을 보이기도 하였

대통령제의 구조

다. 그러한 과정을 거치면서 근래에는 헌법제정 당시에 대통령제를 고안할 때처럼 권력의 독립성이 강하게 유지되고 있지는 않다. 그 운용에서 정당의 개입으로 대통령이 소속한 정당이 의회의 다수를 차지한 경우에는 국정운영에서 권력융합의 현상을 보이기도 한다. 그리고 현실에서 대통령의 권한행사의 양상에 따라 행정부가 의회에 대하여 우월적인 지위를 유지하기도 하며, 대통령이 국정운영에서 독주하는 양상을 보이기도 한다. 대통령이 국정운영의 현실에서 우월적인 지위를 차지하고 권력행사에서 의회를 경시하는 양상을 「帝王的 大統領制」(imperial presidency)라고 비판하기도 한다. 그러나 미합중국의 경우에는 의회가 활성화되어 있고, 사회의 다원화와 민주화의 수준이 높기 때문에 이로 인하여 대통령의 독주는 제어된다.

Ⅱ. 성 격

(1) 이원적 정당성

대통령제에서는 국민이 대통령과 의회의 의원을 각각 따로 선출하여 행정부와 입법부를 각각 구성하므로 국가권력에게 민주적 정당성을 부여하는 방식이 二元化되어 있다. 대통령제에서 국가권력에 대한 민주적 정당성의 부여체계는 「국민→대통령」과 「국민→의회」라는 서로 분리된 구조를 가지고 있다.

따라서 대통령제에서는 대통령과 의회가 구성과 활동에서 각각 민주적 정당성을 가진 국민대표기관으로서 상호 독립되어 있다. 대통령제에서 의회는 유일한 국민대표기관이 아니다.

(2) 국가원수와 행정수반의 통합

대통령제에서는 국가원수와 행정부의 수반이라는 지위가 대통령 1인에게 통합되어 있다. 따라서 대통령은 국가원수로서의 권한과 행정부의 수반으로서의 권한을 장악하여 국가 내에서 가장 강력한 권력체로 존재한다. 법적으로는 입법부, 행정부, 법원, 헌법재판소가 동열의 지위를 보유하지만 실질에서 대통령이 강력한 권한과 영향력을 가지는 것도 이러한 통합적인 지위에서 비롯한다.

대통령제에서는 대통령으로의 권력집중으로 인하여 대통령의 권한 남용과 오용에 대한 권력통제장치가 무엇보다 중요하다. 이러한 권력통제장치가 제대로 작동하지 않으면 대통령은 「선출된 군주」로 변질되어, 대통령제는 쉽게 권위주의통치나 독재로 전락한다.

(3) 권력의 독립

대통령제는 입법부와 집행부의 관계에 있어 서로 독립되어 있는 구조를 취한다. 의회와 집행부는 각각 국민에 의하여 따로 구성되고, 그 조직이나 작용에 있어서도 서로 독립되어 있다. 입법부만이 법률안제출권을 가지고 행정부는 법률안제출권을 가지지 않는다(변형: 한국).

Ⅲ. 장 단 점

(1) 장 점

대통령제를 취하는 경우에는 i) 대통령의 임기가 고정되어 임기 동안 행정부가 안정된다. 이는 국가정책의 계속성과 강력한 정책집행의 원동력이 된다. ii) 국회의 졸속입법을 방지할 수 있다. 국회의원의 질이 저하될 경우 다수결로써 졸속입법을 행하기 쉬운데, 대통령은 법률안거부권의 행사로 이를 방지할 수 있다. iii) 엄격한 권력분립을 이룰 수 있다. 권력분립이 엄격해 각 국가기관간에 견제와 균형이 이루어질 수 있다.

(2) 단 점

대통령제는 권력이 대통령에게 집중되는 점으로 인하여 i) 국가원수와 행정부의 수반을 겸하는 대통령이 강력한 권한을 갖게 되어 독재화하기 쉽다. ii) 의회주의제와 달리 국정운영이 대통령 1인에 의존하게 됨에 따라 권력의 인격화현상이 나타난다. iii) 여소야대가 될 경우 대통령과 의회의 대립이 극한으로 치달을 가능성이 농후하다. iv) 국가의 중요정책이 대통령 1인에 의해 좌지우지될 가능성이 높고, 국정운영과 정책실패에 대하여 임기 동안 효과적인 책임을 물을 수 없는 약점이 있다. 이런 점에서 대통령제는 리스크(risk)가 높은 시스템이다.

[141] 第四 混合政府制

Ⅰ. 개 념

(1) 연 혁

混合政府制(=二元政府制 semi-presidentialism, semi-presidential government, hybrid system, Mischsystem)를 학문적인 관점에서 접근해 최초로 독자적인 정부형태로 체계화시킨 학자는 M. Duverger이다. 그는 準大統領制(=半大統領制 semi-presidentialism), 즉 혼합정부제의 특징을 국가원수인 대통령이 국민에 의하여 선출되는 점, 대통령이 상당한 권한을 가지는 점, 의회의 신임에 의존하는 총리와 내각이 행정권을 보유하고, 대통령을 견제하는 점의 3가지로 들고, 이를 채택하고 있는 국가로 프랑스를 비롯한 핀란드, 오스트리아, 포르투갈, 바이마르공화국, 아일랜드, 아이슬란드를 꼽았다.

이러한 분류에 따를 경우, 혼합정부제를 최초로 채택한 국가는 1919년의 바이마르공화국과 핀란드이다. 그 후 1929년 이후의 오스트리아, 1937년 이후의 아일랜드, 1945년 이후의 아이슬란드, 1962년 이후의 프랑스 제5공화국, 1976년 이후의 포르투갈이 혼합정부제로 운용되고 있다.

(2) 구 조

혼합정부제는 의회주의제와 대통령제를 혼합하여 고안한 정부형태이다. 국민은 국가원수인 대통령을 직선으로 선출하고 동시에 의회의원도 선출한다. 이러한 점에서 혼합정부제는 국가권력에 민주적 정당성을 부여하는 체계에 있어 이원적인 구조를 가지고 있다.

그런데 행정부의 구성에서는 의회주의제와 달리 전적으로 의회에 의존하지 않고 일정한 부분 대통령이 이에 관한 권한을 가지며, 그 이외의 부분은 의회에 의존한다. 혼합정부제는 집행부가 대통령과 수상으로 이원화되어 있는 것에 특징이 있다. 이는 주로 유럽에서 채택한 것인데, 그 구체적인 양태에서는 나라마다 차이가 있다.

혼합정부제를 채택하고 있는 각 나라에서 대통령이 행정부의 구성과 입법부와의 관계에서 가지는 권한을 보면 아래의 표와 같다.

의회주의제정부와 대통령제정부 이외에 제3의 형태로 혼합제정부가 성립할 수 있는가 하는 점에 대해서는 부정설과 긍정설이 대립한다. 否定說은 제도에서는 대통령제나 의회주의제와 차이는 있으나 실제에서는 대통령제나 의회주의제 가운데 어느 하나에 해당하므로 혼합정부제를 독자적인 정부형태로 보는 것은 실익이 없다고 본다. 실제 프랑스는 대통령제로 운용되고 있고, 오스트리아, 아일랜드, 아이슬란드는 대통령이 직선되지만 의회주의제로 운영되고 있으며, 포르투갈도 실질적으로 의회주의제로 기울고 있다고 본다(예: A. Liphart; H. Bahro; E. Veser). 肯定說은 혼합제정부는 대통령제나 의회주의제와 달리 의원내각제의 수상과 국민이 선출하는 대통령이 존재하고, 대통령과 수상이 따로 존재하지만 대통령이 상당한 권한을 가지며, 의회에 대하여 해산권도 가지는 점에서 독자적인 형태를 보인다고 한다(예: M Duverger; S. Sartori; M. S. Shugart; J. M. Carey; J. J. Linz; G. Pasquino; R. Elgie).

혼합정부제의 구조

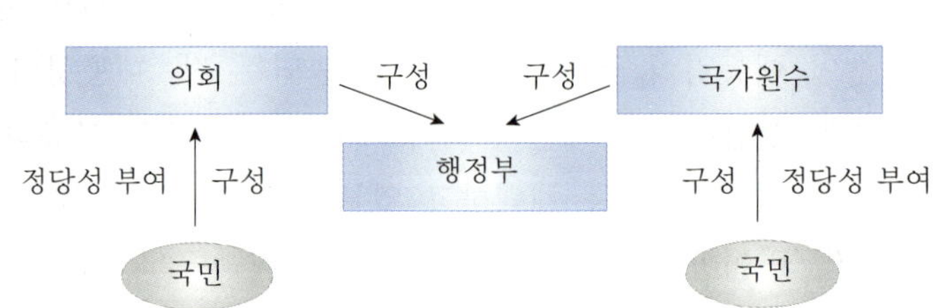

혼합정부제국가의 대통령의 주요 권한

권한 \ 국가	바이마르 공화국	핀란드	오스트리아	아일랜드	아이슬랜드	프랑스	포르투갈
수상임명	○	△	○	△	○	○	○
수상면직	○		○				○
의회해산	○	△	○	△	○	○	○
법률안제출		△			△		
법률안거부	○	○			△	○	○
법률안공포	○	○		○		○	○
국민투표부의	○			△	△	△	△
명령제정		○					
공무원임명	○	○	○		○	△	△
외교권	△	△	△		△	△	△
군통수권	○	○	○	○		○	○
헌법재판관임명			△			○	
위헌법률제청				○		○	○
국가긴급권	○	○	△		○	○	○
사면권	○	○	○	○	○	○	○
의회소집권	○		○	○	○	○	○

○ 독자권한 △ 공유권한

※ 대통령의 고유권한이나, 의회나 수상 · 내각의 자문(opinion or consulting)에 따라 대통령이 권한을 행사할 경우에는 독자권한으로 보았다.

※ 의회나 수상 · 내각의 제청 또는 제안(proposal)에 따라 대통령이 권한을 행사할 경우에는 공유권한으로 보았다.

Ⅱ. 성 격

(1) 이원적 정당성

혼합정부제는 집행부가 대통령과 수상을 정점으로 하는 협의의 행정부로 나누어져 있는데, 국민이 집행부의 대통령을 직접 선출함과 동시에 의회도 선거로 구성하는 구조를 가지고 있어 국가권력에 대하여 민주적 정당성을 부여하는 방식은 이원적인 구조를 지니고 있다.

(2) 권력의 공화와 독립

혼합정부제에서 의회와 국가원수는 서로 독립되어 있지만(권력의 독립), 행정부는 의회에 의존적인 모습을 보이는데(권력의 공화), 그 대표적인 것이 의회의 정부불신임권이다. 혼합정부제에서 의회와 국가원수, 행정부간에 어느 정도의 독립성과 의존성을 유지하는지는 그 양태에 따라 다르다. 대통령제에 가까운 혼합정부제에서는 독립성이 상대적으로 강하게 나타나고, 의회주의제에 가까운 혼합정부제에서는 의존성이 상대적으로 강하게 나타난다.

(3) 국가원수와 행정수반의 분리

혼합정부제의 가장 큰 특징은 집행부가 대통령과 수상을 정점으로 하는 협의의 행정부로 이원화되어 있다는 점이다(집행부의 이원화). 혼합정부제에서 대통령은 국가원수의 지위에 있고, 수상은 행정부의 수반의 지위에 있다. 이런 점에서는 의회주의제와 유사하지만, 의회주의제에서 수상이 가지는 권한 가운데 일부를 대통령이 가진다. 따라서 혼합정부제에서는 의회주의제와 달리 대통령이 상징적 지위에만 머무는 것이 아니라 실질적인 집행권을 수상과 나누어 가진다.

Ⅲ. 유 형

혼합정부제의 경우에 대통령과 수상의 권한 배분을 어떻게 하는가에 따라 균형적인 혼합정부제, 대통령제에 가까운 혼합정부제(예: 프랑스), 의회주의제에 가까운 혼합정부제(예: 핀란드, 아일랜드, 오스트리아)가 있을 수 있다. 수상을 대통령이 임명하는 경우에는 대통령제에 가까운 혼합정부제가 되고 의회에서 선출하면 균형적 혼합정부제나 의회주의제에 가까운 혼합정부제가 된다.

Ⅳ. 장점과 단점

(1) 장 점

혼합정부제는 i) 평상시에는 의회주의제적인 운영을 통해 행정부와 입법부의 마찰을 피할 수 있다. ii) 평상시에 대통령은 일상 정치에서 초연한 입장에서 국가적 과제에 전념하고 수상은 일상적인 국정운영에 집중할 수 있으며, 국가위기시에는 대통령의 직접 통치로 신속하고 안정적인 국정처리가 가능하고, 실제 국정운영의 양상에 따라 대통령제부터 의회주의제까지 탄력적인 국정운영이 가능하다. iii) 대통령이 소속한 정당과 수상이 소속한 정당이 서로 다른 同居政府(cohabitation)가 발생하는 것이 단점이 될 수도 있지만, 원만한 국정협의가 이루어질 경우에는 대통령제에서 발생할 수 있는 分點政府(divided government)의 문제를 해결할 수 있는 대안이 될 수도 있다.

(2) 단 점

혼합정부제는 i) 국가정책의 수립 · 집행에서 책임이 분산되어 책임정치를 실현하기 어렵다. ii) 대통령과 수상의 권한 구분이 불명확해 갈등이 증폭될 우려가 있으며 동거정부시에는 권력투쟁이 벌어질 가능성이 크다. iii) 대통령의 비상대권 행사시 대통령제가 변질되는 경우와 같이 독재화의 우려가 크다.

의회주의제정부, 혼합제정부, 대통령제정부의 구분기준

기준 사항	의회주의제정부 (parliamentary system)	혼합제정부 (semipresidential system)	대통령제정부(US 모델) (presidential system)
대통령 직선	× (예외: 이스라엘 수상 직선)	○	○
집행권의 이원화: 대통령과 총리	○	○	× (예외: 라틴 아메리카)
대통령(또는 국왕)의 권한	상징적	특권적(특히 외교/국방)	점점 특권적
정부구성에 대한 국가원수의 영향력	매우 제한적	강함	독점적(상원의 동의)
의회다수파에 반대하여 국가원수에 의한 정부의 해산	×	러시아, 우크라이나	임명보다 해임이 용이
각료들의 연대책임	○	○	×
의원의 각료 겸직	○	○ (예외: 프랑스)	×
의회의 불신임결의에 의한 내각 사퇴	○	○	×
대통령(국왕)에 의한 의회 해산	○ (제한적인 경우도 있음. 부정: 노르웨이)	○ (제한적: 프랑스)	×
동거정부의 발생 가능성	×	○	○ (대통령임기와 의원임기 불일치 경우)
연방제와 친화성	○	적음	○
해당 국가	Australia, Belgium, Canada, Denmark, Germany, Greece, Israel, Italy, Japan, Luxembourg, Netherlands, Norway, New Zealand, Spain, Sweden, Malta, Albania(?), Bulgaria, Estonia, Latvia, Slovakia(?), Slovenia, Czech Republic, Hungary	Austria, France, Finland, Iceland, Ireland, Portugal, Russia(?), Ukraine(?), Croatia, Lithuania, Poland, Romania(?), Yugoslavia(?)	USA, Latin America, Korea, Taiwan, Philippines

* K. v. Beyme, *Parliamentary Democracy*(London : Mcamillan Press, 2000), pp. 14–15 참조.

제 4 장 公務員制度

[142] 第一 公 務 員

Ⅰ. 공무원의 의의

공무원은 선거에 의한 선출 또는 법률에 의한 임명의 절차에 의하여 특정한 지위에 취임하여 국가영역의 업무를 담당하는 자를 말한다. 공무원의 의미에 대해 광의로 계약에 의해 공무를 담당하는 자와 협의로 國家公務員法과 地方公務員法에 의해 공무원의 자격을 갖는 자로 구분하기도 한다. 공무원제도에서 규정되는 다양한 통제는 원칙적으로 협의의 공무원에 적용되게 된다. 기타 공무원들은 개별적으로 그 권한과 의무에 있어 통제를 받게 된다.

Ⅱ. 종　　류

공무원의 종류로는 먼저 국가공무원법에 의해 임명과 지위가 정해지는 國家公務員과 지방공무원법이 적용되는 地方公務員으로 대별된다.

國家公務員法 제 2 조는 실적과 자격에 의하여 임용되고 그 신분이 보장되며 정년시까지 공직에 근무할 것이 예정되는 공무원인 經歷職公務員과 그 외의 공무원인 特殊經歷職公務員을 구분하고 있다. 경력직공무원에는 기술, 연구, 행정일반을 담당하는 일반직공무원, 특수분야를 담당하는 특정직공무원, 기능적 업무를 담당하는 기능직공무원이 속하며, 특수경력직공무원에는 선거에 의해 취임하거나 국회 동의를 요하거나 고도의 정책결정업무에 관련된 정무직공무원, 특정업무를 위해 법령에 의해 별정직으로 정해진 별정직공무원, 전문지식, 기술이 요구되는 업무수행을 위한 계약직공무원, 단순노무에 종사하는 계약직공무원이 속한다. 특수경력직공무원의 임면과 근무조건에 대해서는 별도로 법률에 정한다는 점에서 경력직공무원과는 차이가 있다(國公法 §3).

Ⅲ. 공무원의 헌법상 지위

현행 헌법 제 7 조 제 1 항은 공무원은 국민전체에 대한 봉사자이며, 국민에 대하여 책임을 진다고 하여 공무원과 국민의 관계를 규정하고 있다. 본조에 의해 공무원은 국민에 대한 봉사자로서의 지위와 국민에 대한 정치적 · 법적 책임을 부담하게 되는바, 공무원에 대한 기본권의 광범위한 제한(예: 단체행동권, 정치활동, 영리행위 등의 제한)은 국민에 대한 봉사자로서의 지위에 의해 도출될 수 있을 것이다. 그러나 공무원은 공무원으로서 특별한 기본권에 대한 제한을 부담하여야 하지만, 공무원도 기본권의 주체인 국민이라는 점에서 헌법 제7조 제1항이 공무원의 기본권을 형해화시키는 근거조항으로 기능해서는 안 된다.

> [憲 1992. 4. 28.-90헌바27등] 「일반적으로 말하여 공무원이란 직접 또는 간접적으로 국민에 의하여 선출 또는 임용되어 국가나 공공단체와 공법상의 근무관계를 맺고 공공적 업무를 담당하고 있는 사람들을 가리킨다고 할 수 있고, 공무원도 각종 노무의 대가로 얻는 수입에 의존하여 생활하는 사람이라는 점에서는 통상적인 의미의 근로자적인 성격을 지니고 있으므로(근로기준법 제14조, 제16조, 노동조합법 제4조 등 참조) 헌법 제33조 제2항 역시 공무원의 근로자적 성격을 인정하는 것을 전제로 규정하고 있다. 그러나 공무원은 그 임용주체가 궁극에는 주권자인 국민 또는 주민이기 때문에 국민전체에 대하여 봉사하고 책임을 져야 하는 특별한 지위에 있고, 그가 담당한 업무가 국가 또는 공공단체의 공공적인 일이어서 특히 그 직무를 수행함에 있어서 공공성 · 공정성 · 성실성 및 중립성 등이 요구되기 때문에 일반근로자와는 달리 특별한 근무관계에 있는 사람이다.」

[143] 第二 職業公務員制度

Ⅰ. 의의 및 기능

직업공무원제도는 오로지 공무에만 종사하는 공무원으로 하여금 공공영역의 업무를 수행하게 하는 제도이다. 직업공무원제도는 공공업무를 직업공무원에게 수행케 하되 공무원에 대해 특별한 통제를 가함으로써 공직이 정권쟁취의 전리품이 되는 獵官制(spoil system)를 지양하고, 정치세력의 교체에도 불구하고 국가업무를 계속 안정적으로 수행하여 국정운영과 사회통합에 충격을 최소화하고, 국가의 공직제도와 공권력이 현 집권세력의 정권 재창출을 위한 수단이 되는 것을 방지하기 위해 고안된 제도이다. 직업공무원제도에서 말하는 공무원은 국가 또는 공공단체와 근로관계를 맺고 이른바 공법상 특별권력관계 내지 특별행정법관계 아래 공무를 담당하는 것을 직업으로 하는 협의의 공무원을 말하며 정치적 공무원이라든가 임시적 공무원은 포함되지 않는다(憲 1989. 12. 18.-89헌마32등).

Ⅱ. 연 혁

공적 업무의 수행을 직업으로 하는 공무원의 개념은 국왕에게로 권력을 집중시켜 중앙집권제를 구축하기 위한 관료제도가 확립되면서 발생하였다. 국가를 국왕의 의사에 따라 일률적으로 통제하기 위해서는 관료제도가 필수적이었기 때문이다. 그러나 시민혁명기를 거치면서 정권의 수평적 교체가 정착되면서 공직에 대해서도 정권을 쟁취한 정당 또는 정치세력이 공무원을 임명하는 엽관제가 실시되었는데, 이러한 제도의 변화는 국민 위에 군림하던 공무원을 공공에 봉사하는 자로 성격을 변화시킨 면도 가졌으나, 국가가 아닌 정치세력의 이익을 실현하는 도구로 전락하는 문제를 야기하였다. 이러한 문제의 해결을 위해서 일정한 자격요건을 충족하는 자를 공직에 임명함으로써 당파성을 벗어난 자가 공직을 수행케 하는 직업공무원제가 등장하였다. 직업공무원제도는 영국에서는 1870년 추밀원령에 의해, 미국에서는 1883년 공무원법에 의해 법제화되었다. 그러나 헌법적으로 직업공무원제도가 정착된 것은 바이마르공화국헌법(§128-§131)에 이르러서였다.

Ⅲ. 법적 성질

우리 헌법상 직업공무원제도가 헌법상의 제도인가 하는 점에 대해서는 논란이 있다. 헌법에는 직업공무원제도를 정하고 있는 규정이 없으므로 이를 헌법상의 제도라고 하기는 어렵다. 헌법은 공무원제도만을 정하고 있을 뿐이다. 따라서 공무원제도의 구체적인 내용과 운용은 법률에서 정할 사항이다. 우리나라에서도 법률로써 계약제나 엽관제를 채택하는 등 다양한 형태의 공무원제도를 정할 수 있다. 憲法裁判所는 직업공무원제도를 헌법상의 제도라고 본다(예: 憲 1992. 11. 12.-91헌가2; 1997. 3. 27.-96헌바86; 1997. 4. 24.-95헌바48).

> [憲 1997. 4. 24.-95헌바48] 「헌법 제7조 제2항은 공무원의 신분과 정치적 중립성을 법률로써 보장할 것을 규정하고 있다. 위 조항의 뜻은 공무원이 정치과정에서 승리한 정당원에 의하여 충원되는 엽관제를 지양하고, 정권교체에 따른 국가작용의 중단과 혼란을 예방하며 일관성 있는 공무수행의 독자성과 영속성을 유지하기 위하여 공직구조에 관한 제도적 보장으로서의 직업공무원제도를 마련해야 한다는 것이다. 직업공무원제도는 바로 그러한 제도적 보장을 통하여 모든 공무원으로 하여금 어떤 특정 정당이나 특정 상급자를 위하여 충성하는 것이 아니라 국민전체에 대한 봉사자로서(헌법 §7①) 법에 따라 그 소임을 다할 수 있게 함으로써 공무원 개인의 권리나 이익을 보호함에 그치지 아니하고 나아가 국가기능의 측면에서 정치적 안정의 유지에 기여하도록 하는 제도이다.」

Ⅳ. 내 용

(1) 공무의 전담

직업공무원제도는 공무원이라는 특정집단으로 하여금 공무를 수행하게 하고 공무상 요구되는 특별한 제한을 공무원에게 가하고자 하는 제도이기 때문에, 공무를 공무원 이외의 자에게 수행하게 하는 것은 허용되지 않는다. 공무원 아닌 자가 공무를 수행하는 경우에는 통제를 벗어난 권력의 행사를 배제할 수 없다. 그러나 오늘날 국가기능의 변화로 인하여 공무의 개념과 범위를 정하는 것은 쉽지 않다. 종래 사인의 집단이던 국회의원의 보좌인, 비서 등의 구성원이 공무원으로 구성되는가 하면, 민영화로 인하여 국가업무이던 것이 사적인 업무로 되기도 한다. 이러한 점에서 공무의 개념과 범위는 일응 입법에 의해서 결정되고, 공무로 정해진 업무는 공무원에 의해 수행되어야 할 것이다.

(2) 정치적 중립성

(a) 의 의

헌법 제7조 제2항은 「공무원의……정치적 중립성은 법률이 정하는 바에 의하여 보장된다」라고 정하여 공무원의 정치적 중립성을 헌법에서 보장하고 있다. 정권교체에 의하여 정권을 장악한 세력은 특정한 정파적 색채를 띠지만, 국가는 언제나 중립성을 유지하면서 전체 국민의 복리와 국가질서를 실현 · 유지하여야 하므로, 국가의 정책이 정권을 장악한 세력의 정치적 이해관계와 정치적 이념에 따라 좌지우지되어서는 안 된다. 따라서 국가의 공적 업무를 수행하는 공무원은 업무수행에 있어 정치적 편향성을 띠어서는 안 된다.

엽관제(spoil system)에서는 공직에 취임함에 있어서는 직업공무원과 같이 엄격한 자격을 요구하지는 않지만 공무의 수행에 있어 정치적 중립성은 지켜져야 한다. 국가권력이 특정 정치세력의 이익이나 私益을 실현하기 위한 도구가 되어서는 안 되기 때문이다. 정치적 중립성의 유지를 위해 공무원은 근로자로서의 근로 3권을 온전히 누릴 수 없고, 정당가입, 선거활동 등의 정치활동에도 제한을 받게 된다.

이러한 공무원의 政治的 中立性은 공직제도의 성질상 당연히 인정된다. 1948年憲法에는 「공무원은 주권을 가진 국민의 수임자이며 언제든지 국민에 대하여 책임을 진다. 국민은 불법행위를 한 공무원의 罷免을 청원할 권리가 있다」(憲法 §27)라고 하여, 공직제도에 대한 규정을 두면서 공무원의 정치적 중립성에 대해서는 명시적인 표현을 두지 않았다. 그러다가 이승만정부에서 실시된 1960년 3월 15일의 국회의원 선거에 공무원이 대거 동원되어 선거의 부정을 저지른 결과를 가져왔다. 이러한 경험을 배경으로 하여 정권이 교체된 후의 1960年6月憲法에서는 「공무원의 정치적 중립성과 신분은 법률이 정하는 바에 의하여 보장된다」(憲法 §27)고 하는 내용을 추가하여 공무원의 정치적 중립성에 대한 명시적 규정을 처음으로 두게 되었고, 이 규정이 그 이후 계속 이어져 현재까지 유지되고 있다. 國家公務員法(同法 §57-§58)과 地方公務員法(同法 §57-§58)도 이를 구체화하고 있다.

우리 헌정사에서 국가원리상 당연한 공무원의 정치적 중립성을 헌법에서 명시한 것은 우리 헌정의 현실적 경험에 바탕을 두고 정해진 것이다. 주로 대통령제를 채택하면서 국가원수이면서 행정부의 수반인 대통령이 명시적 또는 묵시적으로 정치적 중립성을 지키지 않고 정치적 반대세력에 대하여 공격하거나 탄압하는 행위를 함으로써 하위 또는 영향을 받는 국가기관의 공무원들(예: 국가정보기관, 경찰, 검찰, 국세청, 공정거래위원회, 선거관리위원회, 여러 행정부처, 감사원, 법원 등)이 이에 동원되거나 대통령의 입장에 동조하여 국가권력을 기반으로 하여 대통령 또는 집권세력의 반대세력에 대하여 공격하거나 탄압하는 등 영향력을 행사해온 것이 비일비재하였다. 특히 이러한 편파적인 정치적 파당성에 기초한 비중립적 행위는 집권세력이 정권을 재창출하는데 동원되었는데, 선거에 강하게 나타났다. 그래서 우리나라에서는 지금까지도 관권선거의 논란이 그치지 않고 있다. 따라서 이러한 불법적이고 반민주주의적인 상황을 방지하기 위하여 공무원의 정치적 중립성이라는 당연한 법리가 헌법에 명시되어 있다. 이러한 경험은 특히 선거법에 반영되어 선거법에서 이를 명문화하기에 이르렀다. 예컨대 1987년 大統領選擧法(1987. 11. 7. 법률 제3937호)은 「선거운동기간중 공무원과 정부투자기관의 임·직원은 정상적인 업무 이외의 출장을 할 수 없다」라고 하여 출장을 핑계로 한 공무원의 선거개입을 금지하였으며, 1992년 大統領選擧法(1992. 11. 11. 법률 제4495호)에서는 「공무원(국회의원, 지방의회의원, 국회의원의 보좌관·비서관·비서를 제외한다), 정부 및 지방자치단체의 투자기관(제30조 제1항 제4호 및 지방공기업법 제2조 제1항에 규정된 기관을 말한다)의 임·직원, 통·리·반의 장과 향토예비군의 소대장급이상의 간부, 특별법에 의하여 설립된 국민운동단체로서 정부의 출연·보조를 받는 단체(바르게 살기운동협의회·새마을운동협의회·한국자유총연맹을 말한다)의 상근 임·직원과 이들 단체의 중앙회장은 다음 각호의 행위를 하여서는 아니 된다. 1. 소속직원 또는 일반인에게 교육 기타 명목여하를 불문하고 특정 정당 또는 특정 후보자의 업적을 홍보하는 행위, 2. 선거운동기간중 소속직원 또는 일반인에게 명목여하를 불문하고 법령이 정하는 이외의 금품 기타 이익을 주거나 이를 약속하는 행위. 다만, 관혼상제 기타 의례적이거나 직무상의 행위로서 중앙선거관리위원회규칙이 정하는 행위에 대하여는 그러하지 아니하다. 3. 선거운동의 기획에 참여하거나 그 기획의 실시에 관여하는 행위, 4. 정당 또는 후보자에 대한 선거권자의 지지도를 조사하거나 이를 발표하는 행위, 5. 선거운동기간중 국가 또는 지방자치단체의 예산으로 시행하는 사업중 즉시 공사를 진행하지 아니할 사업의 기공식을 거행하는 행위, 6. 선거운동기간중 정상적 업무 이외의 출장, 7. 선거운동기간중 휴가기간에 그 업무와 관련된 기관이나 시설을 방문하는 행위」를 금지하여 본격적으로 공무원 등의 선거에 영향을 미치는 행위를 금지했다. 이러한 것이 발전하여 현재 公職選擧法에 「① 공무원 기타 정치적 중립을 지켜야 하는 자(기관·단체를 포함한다)는 선거에 대한 부당한 영향력의 행사 기타 선거결과에 영향을 미치는 행위를 하여서는 아니 된다. ② 검사(군검찰관을 포함한다) 또는 경찰공무원(검찰수사관 및 군사법경찰관리를 포함한다)은 이 법의 규정에 위반한 행위가 있다고 인정되는 때에는 신속·공정하게 단속·수사를 하여야 한다」라고 하여 공무원 등의 선거중립의무를 정하는 것으로 되었다. 따라서 우리 헌정사에서는 선거에서 대통령의 선거중립의무가 대단히 중요한 의미를 가지고 있고, 특히 대통령에 의해 영향을 받는 공무원 등의 선거중립의무도 한국민주주의와 법치주의의 실현에 있어 중요한 의미를 가진다.

(b) 근 거

공무원의 정치적 중립성이 요구되는 근거는 i) 국가는 특정 정파적 이익이나 특정 국민의 이익을 위하여 존재하지 않고 공동체와 국민 모두의 이익을 실현하기 위하여 존재한다는 점, ii) 이런 국가의 업무를 수행하는 공무원도 국민전체에 대한 봉사자의 지위에 있어 정치적으로 중립적인 입장에서 공익을 추구하여야 한다는 점, iii) 이러한 공무 수행이 정치권의 개입이나 영향력으로부터 독립하여 연속성과 안정성을 유지하여 국정운영의 혼란을 방지할 필요가 있다는 점, iv) 법집행의 공정성을 유지하기 위하여 파당적인 특수이익을 추구하는 정치세력으로부터 독립되어 있어야 한다는 점 등이다.

(c) 내 용

공무원의 정치적 중립은 i) 공무의 수행에 있어 국가의 중립성에 어긋나지 않아야 한다는 점, ii) 공무원의 충원, 인사, 근무에 정치적인 영향력이 미쳐서는 안 된다는 점, iii) 공무원의 공무 수행에 정치적 영향력을 미칠 수 있는 행위는 금지된다는 점, iv) 공무원 개인의 정치적 가치판단과 공무수행에서의 가치판단은 분리되어야 한다는 점, v) 공무원이 공무수행에서의 정치적 중립성에 영향을 주거나 줄 수 있는 행위를 하여서는 안 된다는 점 등을 내용으로 한다.

(d) 한 계

공무원의 정치적 중립성이 유지되는 경우에도 공무원의 공직수행에 연관이 없거나 영향력을 미치지 않는 한 공무원 개인으로서의 정치적 자유는 인정된다. 공무원의 정치적 중립을 이유로 공무원이 가지는 개인으로서의 정치적 자유를 침해해서는 안 된다. 그러나 공무원의 신분을 지니고 있는 한 공직수행에 있어 정치적 중립성을 침해하거나 침해할 우려가 있는 경우에는 사항의 본질에 비추어 관련 기본권의 제한에 있어 민간인의 경우와 다르게 더 강한 제한을 받을 수 있다. 공무원이 정당 기타 정치단체의 결성에 관여하거나 이에 가입할 수 없는 것, 선거에 있어서 특정정당 또는 특정인의 지지나 반대를 하기 위한 각종의 행위, 다른 공무원에게 위와 같은 행위를 하도록 요구하거나 정치적 행위의 보상 또는 보복으로서 이익 또는 불이익을 약속하는 행위, 특정 파당적 세력의 이익을 추구하는 행위 등을 할 수 없는 것(國公法 §65-66; 地公法 §57-58)도 이에 해당한다. 공무원 가운데도 그 업무의 성격상 정치적으로 영향을 받는 경우에 업무가 심하게 왜곡될 가능성이 높은 경우에는 다른 공무원의 경우보다 강하게 정치적 중립성이 요구된다. 예컨대 군, 수사, 재판, 감사 또는 감찰, 조사 등의 업무에 종사하는 공무원이 이에 해당한다.

憲法裁判所는 선거에서의 중립의무는 국회의원이나 지방의회의원에게는 요구되는 것이 아니지만, 대통령에게는 요구된다고 판시하였다(憲 2004. 5. 14.-2004헌나1).

[憲 2004. 5. 14.-2004헌나1] 「헌법 제7조 제1항은 "공무원은 국민 전체에 대한 봉사자이며, 국민에 대하여 책임을 진다"고 하여, 공무원은 특정 정당이나 집단의 이익이 아니라 국민 전체의 복리를 위하여 직무를 행한다는 것을 규정하고 있다. 국민 전체에 대한 봉사자로서의 국가기관의 지위와 책임은 선거의 영역에서는 '선거에서의 국가기관의 중립의무'를 통하여 구체화된다. 국가기관은 모든 국민에 대하여 봉사해야 하며, 이에 따라 정당이나 정치적 세력간의 경쟁에서 중립적으로 행동해야 한다. 그러므로 국가기관이 자신을 특정 정당이나 후보자와 동일시하고 공직에 부여된 영향력과 권위를 사용하여 선거운동에서 특정 정당이나 후보자의 편에 섬으로써 정치적 세력간의 자유경쟁관계에 영향력을 행사해서는 안 된다는 것은 곧 헌법 제7조 제1항의 요청인 것이다.……공선법 제9조의 '공무원'이란, 위 헌법적 요청을 실현하기 위하여 선거에서의 중립의무가 부과되어야 하는 모든 공무원 즉, 구체적으로 '자유선거원칙'과 '선거에서의 정당의 기회균등'을 위협할 수 있는 모든 공무원을 의미한다. 그런데 사실상 모든 공무원이 그 직무의 행사를 통하여 선거에 부당한 영향력을 행사할 수 있는 지위에 있으므로, 여기서의 공무원이란 원칙적으로 국가와 지방자치단체의 모든 공무원 즉, 좁은 의미의 직업공무원은 물론이고, 적극적인 정치활동을 통하여 국가에 봉사하는 정치적 공무원(예컨대, 대통령, 국무총리, 국무위원, 도지사, 시장, 군수, 구청장 등 지방자치단체의 장)을 포함한다. 특히 직무의 기능이나 영향력을 이용하여 선거에서 국민의 자유로운 의사형성과정에 영향을 미치고 정당간의 경쟁관계를 왜곡할 가능성은 정부나 지방자치단체의 집행기관에 있어서 더욱 크다고 판단되므로, 대통령, 지방자치단체의 장 등에게는 다른 공무원보다도 선거에서의 정치적 중립성이 특히 요구된다. 공선법 제9조에서 공무원에 대하여 선거에서의 중립의무를 요구한 것은 헌법상 자유선거원칙의 요청, 정당의 기회균등의 원칙 및 헌법 제7조 제1항에 헌법적 근거를 둔 '선거에서의 공무원의 중립의무'를 선거법의 영역에서 공무원에 대하여 단지 구체화한 조항으로서, 선거에서의 정치적 중립의무가 요구될 수 없는 국회의원과 지방의회의원을 제외하는 것으로 해석하는 한, 헌법적으로 아무런 하자가 없다.……공선법에서의 '공무원'의 개념은 국회의원 및 지방의회의원을 제외한 모든 정무직 공무원을 포함하는 것으로 해석된다. 예컨대, 공무원을 원칙적으로 선거운동을 할 수 없는 자로 규정하는 공선법 제60조 제1항 제4호, 공무원의 선거에 영향을 미치는 행위를 금지하는 공선법 제86조 제1항 등의 규정들에서 모두 정무직 공무원을 포함하는 포괄적인 개념으로 사용하고 있다. 뿐만 아니라, 국가공무원법(§2 등), 정당법(§6 등) 등 다른 법률들에서도 '공무원'이란 용어를 모두 정무직 공무원을 포함하는 포괄적인 의미로 사용하고 있음을 확인할 수 있다. 따라서 선거에 있어서의 정치적 중립성은 행정부와 사법부의 모든 공직자에게 해당하는 공무원의 기본적 의무이다. 더욱이 대통령은 행정부의 수반으로서 공정한 선거가 실시될 수 있도록 총괄·감독해야 할 의무가 있으므로, 당연히 선거에서의 중립의무를 지는 공직자에 해당하는 것이고, 이로써 공선법 제9조의 '공무원'에 포함된다.」

(3) 신분의 보장

헌법 제7조 제2항은「공무원의 신분……은 법률이 정하는 바에 의하여 보장된다」라고 정하여 공무원의 신분을 헌법에서 보장하고 있다.

직업공무원제도가 본래의 기능을 발휘함에 있어서는 공무원의 신분을 보장하는 것이 필수적으로 요구된다(예: 憲 1989. 12. 18.-89헌마32등; 1994. 4. 28.-91헌바15등). 정권의 교체에 따라 공무원의 지위 내지 대우가 달라지는 경우에는 공무원의 정치적 중립성은 유지될 수 없기 때문이다. 따라서 공무원은 직무 이외의 사유로 그 지위를 박탈당하거나 대우에 있어서 어떤 불이익도 받아서는 안 된다.

공무원의 신분보장은 정권의 교체가 없다고 하더라도 정당한 사유 없이 그 직에서 배제되거나 근무에서 불이익을 받지 않는 것을 포함한다.

그러나 공무원이라고 하더라도 정치적 공무원과 임시직 공무원에는 그 성질상 직업공무원의 신분보장이 적용되지 않는다(憲 1989. 12. 18.-89헌마32등).

[憲 1989. 12. 18.-89헌마32등] 「우리나라는 직업공무원제도를 채택하고 있는데, 이는 공무원이 집권세력의 논공행상의 제물이 되는 엽관제도(獵官制度)를 지양하고 정권교체에 따른 국가작용의 중단과 혼란을 예방하고 일관성있는 공무수행의 독자성을 유지하기 위하여 헌법과 법률에 의하여 공무원의 신분이 보장되는 공직구조에 관한 제도이다. 여기서 말하는 공무원은 국가 또는 공공단체와 근로관계를 맺고 이른바 공법상 특별권력관계 내지 특별행정법관계 아래 공무를 담당하는 것을 직업으로 하는 협의의 공무원을 말하며 정치적 공무원이라든가 임시적 공무원은 포함되지 않는 것이다.」

(4) 능력주의

엽관제와 정실인사를 지양하고 국민의 이익을 최대로 하기 위해서는 공무수행에 가장 적합한 능력을 가진 자가 정치성향 내지 집권세력과의 친소와 관계없이 공직에 임명되어야 한다. 능력주의는 공무원의 선임뿐 아니라 승진에 있어서도 반드시 유지되어야 하는 원칙이다.

[144] 第三 現行法上의 公務員制度

I. 헌법 규정

헌법 제7조 제1항은「공무원은 국민전체에 대한 봉사자이며, 국민에 대하여 책임을 진다」라고 하여 공무원의 국민에 대한 지위를 규정하고 있으며, 제2항에서는 공무원의 신분과 정치적 중립성을 보장하고 있다.

Ⅱ. 공무원제도의 내용

공무원제도는 공무원에게 헌법상 특수한 지위를 부여하여 국가업무의 정치적 중립성을 유지하고자 하는 제도이므로 공무원은 그 본래의 기능에 의하여 일반 私人과는 다른 특수한 지위에 있게 된다.

(1) 공무원에 대한 특별한 신분보장

공무원의 신분을 특별히 보장하는 것은 직업공무원제도를 유지하기 위해 공무원에게 반사적으로 인정되는 제도상의 지위이다. 공무원은 공무수행상의 사유가 아니면 자신의 지위를 상실하거나 기타 불이익한 처분을 받지 아니한다. 공무 이외의 타직을 겸하는 것이 금지되지만 법정 보수를 받고 각종 연금 내지 보상청구권을 갖는다. 국가공무원법과 지방공무원법은 공무원의 신분과 권익에 대하여 보장하고 있다.

그러나 이러한 신분보장이 무제한한 것은 아니고 공직원리에 합당한 범위 내에서 인정되는 것이다.

[憲 1997. 11. 27.-95헌바14등] 「기본권의 보장등 헌법이 목표로 하는 가치 즉 공공의 이익을 실현하기 위한 국가의 작용은 현실적으로 공직을 담당하고 있는 개개인에 의하여 이루어진다. 이와 같이 공익실현이라는 국가작용을 현실적으로 수행하는 공무원은 직무의 내용인 공무수행 그 자체가 공공의 이익을 위한 활동이라는 근무관계의 특수성 때문에 국가의 공적사무를 수행할 권리와 이에 따른 신분상·재산상의 부수적 권리를 향유함과 동시에 이에 상응하는 고도의 윤리·도덕적 의무를 부담한다. 즉, 공무원은 법령을 준수하고(법령준수의무) 소속 상관의 직무상 명령에 복종하여야 할 뿐 아니라(복종의무) 나아가 전인격과 양심을 바쳐 공공의 이익을 도모하기 위하여 성실히 근무하는 등의(성실의무) 직무상 의무를 다하여야 함은 물론이고(국가공무원법 §56, §57, 지방공무원법 §48, §49), 공익실현이라는 국가작용의 궁극적 목표를 효과적으로 달성하기 위하여 공무원 개개인에 대한 국민의 신뢰가 그 바탕이 되어야 하기 때문에 공무원은 직무수행능력뿐아니라 직무의 내외를 불문하고 품위를 손상하는 행위를 하여서는 아니 되고(품위유지의무, 국가공무원법 §63, 지방공무원법 §55), 국민전체의 봉사자로서 친절공정히 집무하여야 하며(친절·공정의 의무, 국가공무원법 §59, 지방공무원법 §51) 직무와 관련하여 직접 또는 간접을 불문하고 사례나 향응 등을 수수하여서는 아니 되는 등(청렴의무, 국가공무원법 §61, 지방공무원법 §53) 직무의 공공성에 상응하는 고도의 윤리성까지 갖추어야 하는 것이다. 헌법 제7조 제2항은 "공무원의 신분과 정치적 중립성은 법률이 정하는 바에 의하여 보장된다"라고 규정하고 있는바, 이는 공무원이 정당한 이유 없이 해임되지 아니하도록 신분을 보장하여 국민전체에 대한 봉사자로서 성실히 근무할 수 있도록 하기 위한 것임과 동시에, 공무원의 신분은 무제한 보장되는 것이 아니라 공무의 특수성을 고려하여 헌법이 정한 신분보장의 원칙 아래 법률로 그 내용을 정할 수 있도록 한 것이며, 이에 따라 국가공무원법 제68조와 지방공무원법 제60조는 "공무원은 형의 선고·징계처분(징계) 또는 이 법이 정하는 사유에 의하지 아니하고는 그 의사에 반하여 휴직·강임 또는 면직을 당하지 아니한다. 다만 1급 공무원은 그러하지 아니하다"라고 규정하고 있으며 당연퇴직 규정인

국가공무원법 제69조와 지방공무원법 제61조, 직권면직 규정인 국가공무원법 제70조와 지방공무원법 제62조 등에서 공무원에 대하여 신분상 불이익처분을 할 수 있는 사유를 규정하고 있다.」

(2) 공무원에 대한 가중적 통제

(a) 공무원의 의무

국가공무원법 제 7 장 제56조 이하에는 공무원의 의무를 규정하고 있는바, 공무원은 성실의무, 복종의무, 직장이탈금지의무, 친절공정의 의무, 비밀엄수의 의무, 청렴의 의무, 품위유지의 의무, 정치운동의 금지, 집단행위의 금지의무를 부담한다. 공무원에 대한 이러한 법률상 의무는 공무원으로 하여금 국민의 공복으로 기능하게 하고 국가의 정치적 중립성을 유지하기 위해 부과되는 것이다.

(b) 기본권 제한의 근거

공무원에 대한 기본권의 제한의 근거에 대해서는 공무원은 국가와 특별권력관계에 있다는 특별권력관계설, 직무의 성질에 의해 인정되는 것이라는 직무성질설, 공무원의 지위가 국민 전체에 대한 봉사자에 해당하기 때문이라는 국민전체봉사자설이 제시되고 있다. 일반 사인과 비교하여 공무원에 대하여 기본권의 제한이 가중되는 것은 국가 업무수행자라는 지위와 국민전체에 대한 봉사자라는 지위에 근거를 두고 있다.

(c) 국민에 대한 봉사자성

공무원의 성실의무, 복종의무, 직장이탈금지의무, 친절공정의 의무, 비밀엄수의 의무, 청렴의 의무, 품위유지의 의무는 헌법 제 7 조 제 1 항에 근거하는 것으로, 공무의 성질과 국민에 대한 봉사자성으로부터 도출된다. 헌법 제 7 조 제 1 항 후단은 국민에 대한 공무원의 책임부담을 규정하고 있는바, 그 책임의 법적 성질을 정치적 책임과 법적 책임으로 구분하는 견해도 있으나, 이는 국민에 대한 봉사자로서의 지위를 표현한 것이라고 할 것이다. 공무원이 부담하는 법적 책임은 구체적인 입법에 의해 발생하는 것으로, 헌법 제 7 조 제 2 항에 의해 직접 공무원에 대하여 법적 책임을 물을 수는 없다고 할 것이다.

(d) 근로3권의 제한

헌법 제33조 제 2 항에 의해 공무원은 법률이 정하는 자에 한하여 단결권, 단체교섭권 및 단체행동권을 갖게 된다. 본조는 동법 제33조 제 1 항에 대한 특별규정이라 할 것으로, 공무원의 단결권 · 단체교섭권 · 단체행동권에 대한 특별한 헌법유보를 두고 있는 것이다. 본조의 구체화 입법으로는 국가공무원법 제66조, 지방공무원법 제58조, 교원의노동조합설립및운영등에관한법률 제 4 조 내지 제 6 조, 공무원의 노동조합설립및운영에관한법률, 공무원직장협의회의설립·운영에관한법률이 있다. 다만, 사실상 노무에 종사하는 공무원에 대해서는 이러한 근로3권의 제한이 적용되지 않으므로(國公法 §66①但 및 지공법 §58①但) 노동운동 등 집단행위가 가능하며, 사실상 노무에 종사하는 공무원과 교원을 제외한 공무원 중 6급 이하의 공무원 등에 대해서는 단결권과 단체교섭권이 허용된다. 그러나 이들에게도 단체행동권은 허용되지 않는다(공무원의노동조합설립및운영등에관한법률 §2~11).

憲法裁判所는 사실상 노무에 종사하는 공무원을 제외한 모든 국가공무원에 대한 노동기본권 제한을 합헌이라고 결정하였고(憲 1992. 4. 28.-90헌바27등), 사실상 노무에 종사하는 공무원을 제외한 모든 지방공무원에게 근로3권을 제한하고 그에 위반하여 노동운동을 한 경우 형사처벌하는 지방공무원법 관계규정이 합헌이라고 하였으며(憲 2005. 10. 27.-2003헌바50등), 공무원 노동조합의 설립 최소단위를 '행정부'로 규정하여 노동부만의 노동조합 결성을 제한한 공노법 제5조 제1항 중 '행정부' 부분(公勞法 §5 부분) 등에 대한 헌법소원심판을 기각하는 결정을 선고하여(憲 2008. 12. 26.-2006헌마518), 공무원인 근로자에 대한 근로3권의 인정범위에 대해 입법자의 형성권을 광범위하게 인정하는 입장을 취하고 있다.

[憲 1992. 4. 28.-90헌바27등] 「헌법 제33조 제2항이 공무원의 근로3권을 제한하면서 근로3권이 보장되는 주체의 범위를 법률에 의하여 정하도록 위임한 것은 다음과 같은 의미를 갖는다. 그 하나는 공무원은 국민전체에 대한 봉사자이며, 그 담당직무의 성질이 공공성·공정성·성실성 및 중립성이 보장되어야 한다는 특수한 사정이 있으므로 이러한 사정을 고려하여, 전체국민의 합의를 바탕으로 입법권자의 구체적인 입법에 의하여 공적이고 객관적인 질서에 이바지하는 공무원제도를 보장·보호하려는 것이다. 다른 하나는 입법권이 국가사회공동체의 역사·문화에 따라 형성된 공무원제도의 유지·발전과 공무원제도의 다른 쪽 당사자로서 주권자인 전체국민의 복리를 고려하고, 헌법상 보장된 공무원제도 자체의 기본 틀을 해하지 않는 범위 내에서 그 제도에 관련된 여러 이해관계인의 권익을 서로 조화하면서 공공복리의 목적 아래 통합·조정할 수 있음을 의미하는 것이다.」

[憲 1998. 2. 27.-95헌바10] 「현행 헌법의 위와 같은 태도는 단체행동권 행사에 관한 법률유보를 삭제하고, 공무원인 근로자에 대한 근로3권을 원칙적으로 인정하는 외에, 국가·지방자치단체·국공영기업체·공익사업체 또는 국민경제에 중대한 영향을 미치는 사업체에 종사하는 근로자의 단체행동권에 관한 법률유보를 해제하는 등 근로3권을 대폭 신장하는 방향으로 나아감으로써 기본권 최대보장의 원칙을 선언한 것이라고 할 것이고 동시에, 방위산업체에 종사하는 근로자에 대한 단체행동권만은 이를 계속 제한 또는 금지할 수 있도록 법률유보조항을 존치시키면서 그 단체행동권이 제한 또는 금지되는 대상을 구 헌법의 '「방위산업체」에 종사하는 근로자'에서 '「주요방위산업체」에 종사하는 근로자'로 보다 한정함으로써 우리와 같이 남북이 대치하고 있는 상황에서는 주요방산업체의 원활한 가동은 국가의 안전보장에 필수불가결한 요소이고 그 근로자의 단체행동으로 인한 생산차질은 국가의 안전보장에 대한 위해와 직결된다는 점에서 그 단체행동권의 제한 또는 금지는 불가

피하다고 하더라도 그 피해는 최소한의 것이 되어야 한다는 기본권의 최소제한의 원칙을 천명한 것이라고 보아야 할 것이다.」

(e) 정치적 중립과 정치적 자유의 제한

헌법 제7조 제2항은 공무원의 정치적 중립성을 보장하고 있다. 공무원의 정치적 중립성은 국가의 중립성 유지에 있어 필수불가결하고, 정치적 중립성의 유지가 공무원의 신분보장을 담보한다는 점에서 양자는 밀접한 관계에 있다. 공무원의 정치적 중립성의 보장은 한편으로 공무원의 정치적 자유에 대한 제한을 의미하게 되는바, 현행 국가공무원법 제65조, 지방공무원법 제57조, 공무원의노동조합설립및운영등에관한법률 제4조, 교원의노동조합설립및운영등에관한법률 제3조에서는 공무원 내지 공무원의 조합에 대하여 정치활동을 금지하고 있다.

[憲 2005. 10. 27.-2004헌바41] 「선거범죄를 범하여 형사처벌을 받은 공무원에 대하여 일정한 신분상 불이익을 가하는 규정 자체는, 선거의 공정성을 해친 자에게 일정한 불이익을 줌으로써 관권 선거의 폐해를 방지하여 선거의 공정성을 확보함과 동시에 직무의 공공성에 상응하는 고도의 윤리성 및 정치적 중립이 요구되는 공무원이 구성하는 공직사회에 대한 국민의 신뢰를 제고하기 위한 법적 조치로서 국민의 기본권인 공무담임권을 합리적 이유 없이 자의적으로 제한하는 위헌규정이라고 할 수는 없고, 그 경우에 구체적으로 어떠한 선거범죄로 어떤 종류의 형벌을 얼마만큼(형량) 선고받은 자에 대하여 어느 정도의 신분상 불이익을 가할 것인가는 공무원의 정치적 중립 및 신분보장의 원칙과 함께 그 나라의 역사와 정치문화, 선거풍토와 선거문화의 수준 등을 고려하여 입법자가 결정할 문제이다. 우선 대상범죄에 관하여 보건대, 선거기간 중 '정상적 업무 외의 출장'은 공선법 제86조가 규정하고 있는 선거에 영향을 미치는 행위의 하나로 규정되어 있고, 선거에 영향을 미치는 행위란 선거운동에 이르지 아니하나 선거운동과 관련하여 선거에 간접적으로 영향을 미치는 행위를 의미하는바, 이 사건 당연퇴직조항에 의하여 공무원 신분상의 불이익을 받게 되는 범위는 '선거기간 중'의 행위로서 '선거에 영향을 미치는' 또는 '선거운동과 관련한' 행위에 해당하여 처벌되는지 여부에 따라 결정된다. 공무원에게는 직무의 공공성에 상응하는 고도의 윤리성이 요구된다 할 것인데 이 사건 당연퇴직조항이 선거와 관련한 공무원의 간접적인 개입을 억제하고 이를 위반할 경우 공직에서 배제하도록 한 것은 선거에 대한 간접적인 개입은 공직윤리에 해당하는 문제로서 선거기간 중에는 선거에 대한 공무원의 간접적인 개입만으로도 공직에 대한 신뢰와 선거의 공정에 대한 믿음이 함께 무너질 수 있다는 데 근거한 것이므로, 선거에 대한 직접적 개입이 아닌 간접적인 개입을 그 대상으로 하면서 그에 상응하는 신분상 불이익을 당연퇴직으로 규정하고 있다고 하더라도 그 규율대상의 범위를 앞서 본 바와 같이 선거기간 중 선거운동과 관련한 행위로 인하여 처벌되는 경우로 한정하는 이상 그 규율대상의 범위가 지나치게 광범위하다고 볼 수는 없다. 다음으로 당연퇴직의 기준이 되는 형에 관하여 보건대, 공선법 제266조 제1항이 규

정한 “100만 원 이상의 벌금형”은 법정형이나 처단형이 아니고 선고형이므로 법원이 선거범에 대한 형사재판에 있어서 벌금형을 선고할 경우에는 공무담임권의 제한사유를 고려하여 그 벌금액(선고형)을 결정할 수 있는 재량권이 있는 것이다. 이 사건의 경우를 보더라도 청구인은 공선법 제256조 제2항 제1호 바목, 제86조 제1항 제6호 위반으로 벌금 100만 원의 형을 선고받았는바, 위 처벌조항의 법정형은 “2년 이하의 징역 또는 400만 원 이하의 벌금”으로 벌금형의 하한에 의한 제약이 없음에도 불구하고 법원이 청구인에게 벌금 100만 원을 선고한 것은, 청구인의 당해 행위가 정치적 중립성을 훼손하는 행위로서 선거의 자유와 공정을 침해할 우려가 높다는 판단과 함께 청구인을 지방공무원의 직에서 퇴직케 하겠다는 법원의 판단이 포함되어 있다고 보아야 한다. 즉, 이 사건 당연퇴직조항은 선거범에 대한 법원의 형사재판을 전제로 하고 있으며 법원의 형사재판에 있어서 당해 법원이 벌금형을 선택하여 선고하는 경우 그 형량의 결정에는 상당한 범위의 재량이 있기 때문에, 실질적으로 보더라도 이 사건 법률조항이 청구인의 공무담임권을 자의적으로 제한하고 있다고 보기는 어렵다(憲 1993. 7. 29. -93헌마23 참조). 또한, 현행법상 100만 원의 벌금형 선고로 공무담임권을 제한하는 것은 이 사건 당연퇴직조항의 경우에만 국한되는 것이 아니다. 정치자금에관한법률(2004. 3. 12. 법률 7191호로 개정된 것) 제33조의 6은 같은 법 제30조(정치자금 부정수수죄)로 인하여 100만 원 이상의 벌금형의 선고를 받은 자는 그 형이 확정된 후 5년간 공직선거법 제266조 제1항 각 호의 1에 해당하는 직에 취임하거나 임용될 수 없으며, 이미 취임 또는 임용된 자의 경우에는 그 직에서 퇴직된다고 규정함으로써 공무담임권을 제한하고 있고, 지방교육자치에관한법률 제164조도 선거범죄로 인한 공무담임등의 제한을 규정하고 있다. 그 밖에도, 선거범으로서 100만 원 이상의 벌금형의 선고를 받고 그 형이 확정된 후 5년이 경과하지 않은 자는 선거권(공선법 §18① iii) 및 피선거권(공선법 §19 i)이 없고, 당선인이 당해 선거에 있어 이 법에 규정된 죄를 범함으로 인하여 징역 또는 100만 원 이상의 벌금형의 선고를 받은 때에는 그 당선은 무효로 하고 있는바(공선법 §264), 위 각 조항은 이 사건 당연퇴직조항과 마찬가지로 선거범죄로 인한 100만 원 이상의 벌금형의 확정으로 참정권을 제한한다는 점에서 공통점이 있다. 이와 같이 공무원에게는 정치적 중립의 의무가 있고 특히 공무원의 선거 중립은 그 중에서도 가장 중요한 영역에 속하는 점, 대상 범죄를 선거관련범죄로 한정하고 있는 점, 우리 선거법 체계에서 선거범죄로 인한 100만 원 이상의 벌금형이 차지하는 의미 및 선거범죄로 인하여 형사처벌을 받은 공무원으로 하여금 계속 그 직무를 수행하게 하는 것이 공직 및 공정한 선거에 대한 국민의 신뢰를 손상시키고 나아가 원활한 공무수행에 어려움을 초래하여 공공의 이익을 해할 우려 또한 적지 아니하다는 점을 종합하여 보면, 선거기간 중 선거운동과 관련하여 정상적 업무 외의 출장행위를 함으로써 벌금 100만 원 이상의 형사처벌을 받은 경우를 공무원의 당연퇴직사유로 함으로써 당해 공무원이 받는 불이익이 크다고 하더라도 이 사건 법률조항이 지나치게 공익만을 우선한 입법이라거나, 공무원의 신분상 불이익과 그로 인하여 보호하려고 하는 공익 사이의 합리적 관련성을 결여한 것이라고 보기는 어렵다. 따라서 위 조항이 공무담임권을 침해하고 있다고 할 수 없다.」

(3) 공무원의 기본권 및 신분보장에 대한 제한의 한계

공무원의 기본권의 제한에 대해서는 헌법상 그 제한을 허용하는 규정을 두고 있고, 공무원제도의 실효성을 보장하기 위한 제한이라는 점에서 일반 국민의 기본권 제한보다 강한 제한이 허용된다. 그러나 공무원이 공무수행자가 아닌 개인으로서 누리는 기본권은 일반 私人과 동일하게 보장된다. 공무수행자로서 기본권과 신분보장에서 제한을 받는 경우에도 과잉금지원칙, 평등원칙, 신뢰보호원칙 등은 적용된다.

(a) 형사책임과 공직에서의 배제

형사사건으로 起訴되었다는 이유만으로 직위해제처분을 하는 것은 정당화되지 않고, 국가공무원법이 정하는 당연퇴직사유에 해당하는 유죄판결을 받을 고도의 개연성이 있는지 여부, 당사자가 계속 직무를 수행함으로 인하여 공정한 공무집행에 위험을 초래하는지 여부 등 구체적인 사정을 고려하고 그 위법여부를 판단하여야 한다(예: 大 1999. 9. 17.-98두15412).

공무원이 금고 이상의 형의 宣告猶豫를 받은 경우에 당연 퇴직하게 하는 것은 최소침해성의 원칙에 위반되고(예: 憲 2002. 8. 29.-2001헌마788; 2003. 10. 30.-2002헌마684등), 경찰공무원이 자격정지 이상의 형의 執行猶豫를 받은 경우에 당연퇴직하게 하는 것은 과잉금지원칙을 위반하여 공무담임권을 침해하는 것이어서 위헌이다(예: 憲 2004. 9. 23.-2004헌가12). 그러나 공무원이 금고 이상의 형의 執行猶豫를 받은 것을 당연사퇴사유로 하는 것은 입법자의 재량범위에 속하는 것이어서 헌법에 위반되지 않는다(예: 憲 2003. 12. 18.-2003헌마409; 2006. 5. 25.-2004헌바12).

> [憲 1997. 11. 27.-95헌바14등] 「범죄행위로 인하여 형사처벌을 받은 공무원에 대하여 신분상 불이익처분을 하는 법률을 제정함에 있어서 형사처벌을 받은 사실 그 자체를 이유로 일정한 신분상 불이익처분이 내려지도록 법률에 규정하는 방법과 별도의 징계절차를 거쳐 신분상 불이익처분을 하는 방법 중 어느 방법을 선택할 것인가는 입법자의 재량에 속한 것으로서 그 중 어느 방법만이 헌법에 합치하고 다른 방법은 헌법에 위반된다고 단정할 수는 없으나, 다만 형사처벌을 받은 사실 그 자체만으로 별도의 징계절차를 거치지 아니하고 신분상 불이익처분을 하는 경우에는 형사처벌에 따라 공무원에 대하여 부과되는 신분상 불이익과 그로 인하여 보호하려고 하는 공익이 합리적 균형을 이루어야 한다는 헌법적 제약이 따른다고 할 것이다.」

(b) 면직기간의 정년기간에의 산입 문제

법률로 공무원의 停年制度를 취하고 있는 경우에 그 정년까지 근무할 수 있는 것은 憲法 제7조 제2항에 의해 보호되는 기득권이고, 정년제도를 변경함에 있어서도 공무원 임용당시의 정년규정까지 근무할 수 있다는 기대 내지 신뢰를 합리적 이유 없이 박탈하는 것은 헌법상의 공무원신분보장규정에 위반된다(예: 憲 1994. 4. 28.-91헌바15등). 계급정년의 적용을 받는 공무원이 職權免職處分에 의하여 면직되었다가 그 직권면직처분이 무효임이 확인되거나 취소되어 복귀한 경우에, 그 처분으로 인하여 사실상 직무를 수행할 수 없었던 기간 동안 승진심사를 받을 기회를 실질적으로 보장받지 못하였다고 하더라도 원칙적으로 그 직권면직기간은 계급정년기간에 포함된다. 그러나 그 직권면직처분이 법령상의 직권면직사유 없이 오로지 임명권자의 일방적이고 중대한 귀책사유에 기한 것이고, 그로 인해 줄어든 직무수행기간 때문에 당해 공무원이 상위계급으로 승진할 수 없었다는 등의 특별한 사정이 인정되는 경우에까지 職權免職期間을 階級停年期間에 포함한다면 憲法 제7조 제2항 소정의 공무원신분보장 규정의 취지를 근본적으로 훼손하게 되므로, 그러한 경우에는 例外的으로 직권면직기간이 계급정년기간에서 제외된다(예: 大 2007. 2. 8.-2005두7273).

(c) 직제의 폐지와 직권 면직

국가나 공직제도에서 職制가 폐지된 경우에 해당 공무원을 직권 면직할 수 있게 하는 것은 국가의 기능과 공직제도의 법리상 당연한 것이어서 헌법에 위반되지 않는다(예: 憲 2004. 11. 25.-2002헌바8). 다만, 이러한 경우에도 해당 공무원이 새로운 직업을 가지는데 필요한 준비기간이 필요하므로 일정한 기간을 두는 것이 타당하다.

(d) 정년의 사후 제한

국민이 공무원으로 임용된 경우에 있어서 그가 정년까지 근무할 수 있는 권리는 헌법의 공무원신분보장 규정에 의하여 보호되는 권리로서 그 침해 내지 제한은 신뢰보호의 원칙에 위배되지 않는 범위 내에서만 가능하기 때문에(예: 憲 1989. 12. 18.-89헌마32등), 임용당시에 없었던 계급정년제도를 사후에 채택하는 것은 가능하지만 이런 경우에는 信賴保護原則에 위반되지 않아야 한다(예: 憲 1994. 4. 28.-91헌바15등).

[憲 1994. 4. 28.-91헌바15등] 「국민이 공무원으로 임용된 경우에 있어서 그가 정년까지 근무할 수 있는 권리는 헌법의 공무원신분보장 규정에 의하여 보호되는 기득권으로서 그 침해 내지 제한은 신뢰보호의 원칙에 위배되지 않는 범위 내에서만 가능하다고 할 것이고 이 원칙에 위배되는 것은 입법형성권의 한계를 벗어난 위헌적인 것이라 할 것이다. 즉, 공무원법상의 정년규정을 변경함에 있어서 공무원의 임용될 때 발생한 공무원법상의 정년규정까지 근무할 수 있다는 기대 내지 신뢰를 합리적 이유 없이 박탈하는 것은 헌법상의 공무원신분보장 규정에 위배된다 할 것이다. 그런데 공무원이 임용됨으로써 임용당시의 공무원법상의 정년규정까지 근무할 수 있다는 기대 내지 신뢰는 절대적인 권리로서 보호하여야만 한다고 보기는 어렵다고 할 것이다. 청구인들이 공무원(중앙정보부직원)으로 임용될 당시 이미 중앙정보부직원법(1963. 5. 31. 제정 법률 제1355호, 1980. 12. 31. 법률 제3314호로 폐지) 제27조(직권면직) 제1항에서 "직원이 다음 각호의 1에 해당하게 된 때에는 임명권자는 직권에 의하여 면직시킬 수 있다. 3. 직제와 정원의 개폐 또는 예산의 감소에 의하여 폐직 또는 과원이 된 때"라는 규정을 두고

있었다(위 규정은 이 사건 법률 제27조 제1항 제3호에 같은 내용으로 규정되어 있다). 또 국가공무원법 제70조 제1항 제3호에도 "직제와 정원의 개폐 또는 예산의 감소 등에 의하여 폐직 또는 과원이 되었을 때"에 임용권자는 공무원을 직권면직시킬 수 있다는 취지의 규정이 있다. 그렇다면 공무원이 임용당시의 공무원법상의 정년규정까지 근무할 수 있다는 기대와 신뢰는 행정조직, 직제의 변경 또는 예산의 감소 등 강한 공익상의 정당한 근거에 의하여 좌우될 수 있는 상대적이고 가변적인 것에 지나지 않는다고 할 것이므로 정년규정을 변경하는 입법은 구법질서에 대하여 기대했던 당사자의 신뢰보호 내지 신분관계의 안정이라는 이익을 지나치게 침해하지 않는 한 공익 목적 달성을 위하여 필요한 범위 내에서 입법권자의 입법형성의 재량을 인정하여야 할 것이다.」

[憲 1997. 11. 27.-95헌바14등] 「범죄행위로 인하여 형사처벌을 받은 공무원에 대하여 신분상 불이익처분을 하는 법률을 제정함에 있어서 형사처벌을 받은 사실 그 자체를 이유로 일정한 신분상 불이익처분이 내려지도록 법률에 규정하는 방법과 별도의 징계절차를 거쳐 신분상 불이익처분을 하는 방법 중 어느 방법을 선택할 것인가는 입법자의 재량에 속한 것으로서 그 중 어느 방법만이 헌법에 합치하고 다른 방법은 헌법에 위반된다고 단정할 수는 없으나, 다만 형사처벌을 받은 사실 그 자체만으로 별도의 징계절차를 거치지 아니하고 신분상 불이익처분을 하는 경우에는 형사처벌에 따라 공무원에 대하여 부과되는 신분상 불이익과 그로 인하여 보호하려고 하는 공익이 합리적 균형을 이루어야 한다는 헌법적 제약이 따른다고 할 것이다.」

[憲 2000. 12. 14.-99헌마112등] 「기존의 정년규정을 변경하여 임용 당시의 공무원법상의 정년까지 근무할 수 있다는 기대 내지 신뢰를 합리적 이유 없이 박탈하는 것은……공무원신분 보장규정에 위배된다 할 것이나, 이러한 기대와 신뢰는 절대적인 권리로서 보호되어야만 하는 것은 아니고 행정조직, 직제의 변경 또는 예산의 감소 등 강한 공익상의 정당한 근거에 의하여 좌우될 수 있는 상대적이고 가변적인 것이라 할 것이므로 입법자에게는 제반 사정을 고려하여 합리적인 범위 내에서 정년을 조정할 입법형성권이 인정된다.」

제 5 장 地方自治制度

[145] 第一 概 說

Ⅰ. 지방자치의 의의와 기능

(1) 의 의

地方自治란 국가의 업무를 지방을 단위로 한 지방자치단체를 설치하여 그 지방의 고유한 사무로 分掌한 다음 중앙정부의 간섭없이 이를 수행하는 국가작용을 의미한다.

(2) 기 능

地方自治를 통해 서로 여건과 환경이 다른 여러 지방의 특색을 살림으로써 공동체의 분열없이 다원적인 정치질서를 유지하고, 국가와 지방자치단체간에 권력을 분할하여 행사함으로써 국가권력의 집중을 방지 · 해소할 수 있다.

한편 행정의 차원에서 보면, 행정기구가 지방에 분산되어 배치됨에 따라 근거리 행정을 구현할 수 있어 주민에 대한 행정서비스의 질을 높일 수 있으며, 주민이 자신의 생활과 밀접한 영향을 미치는 자치사무에 참여할 수 있는 여지가 높아져 민주주의를 실질적으로 실현할 수 있다.

현대 국가에서 지방자치는 주민의 복지와 지속가능한 발전에 보다 큰 비중이 주어지므로 지방자치를 민주주의의 실현이라는 면에서만 정당화하기는 어렵다. 중앙정부로부터 지방자치단체가 자치를 확보함으로 인하여 그 자치단체를 보다 더 잘 운영하고 그 주민의 삶이 보다 더 행복하고 윤택하게 할 때 정당화가 가능하다. 그래서 지방자치단체의 거버넌스가 중요하고, 이에 따라 자치를 어느 수준에서 확보하고 중앙정부와 지방자치단체간의 관계를 어떻게 설정할 것인가를 정하게 된다. 지방자치단체의 단위의 규모, 자치단체의 단계, 자치단체의 거버넌스 등이 이러한 정책적인 면에서 결정된다.

Ⅱ. 지방자치제도의 법적 성질

(1) 헌법상의 제도

지방자치권의 법적 성질에 대해서는 국가의 기능을 필요에 따라 지방자치단체에 위임한 것에 불과하다는 自治委任說과 지방자치권은 주민들에 의해 구성된 자치단체가 고유하게 보유하는 것이라는 自治固有權說이 제시되고 있다. 지방자치의 발달사에서 보면, 전자는 대륙법계, 후자는 영미법계에서 주장되어온 것으로 양자는 역사적 배경을 달리하는 지방자치의 발전과정에서 생겨난 이론이다. 1952년 처음으로 지방의회가 구성되었다가 1961년 정부에 의해 해산된 후 30년 뒤인 1991년에 다시 지방의회가 구성되어 전개되어 온 우리나라의 지방자치의 역사 및 국민들의 인식을 고려해보면, 지방자치를 주민의 고유권으로 이해하기는 어렵다고 보인다. 독일의 바이마르헌법 해석에 있어 C. Schmitt는 지방자치를 制度保障(institutionelle Garantie)으로 보았으나, 수백년간의 중앙집권제의 역사를 가진 우리나라에서 지방자치제도를 전래의 제도보장으로 보는 것은 무리가 있다(鄭宗燮c, 86). 그러나 지방자치가 현행 헌법에 명문으로 규정되어 있으며 현대 민주주의의 중요한 요소로 인식되고 있는 점, 우리 국민의 인식 속에 지방자치에 대한 열망과 당위성이 내포되어 있는 점에서 지방자치는 헌법상의 제도로 자리잡고 있다.

(2) 지방자치에 관한 주민의 권리

지방자치가 헌법이 보장하는 제도이기는 하지만, 지방자치제도가 작동함에 있어서는 필요한 범위 내에 주민에게 일정한 권리를 인정하여 이 권리에 의하여 지방자치가 이루어지도록 한다. 이러한 권리에는 다양한 권리가 있다. 지방자치단체를 구성함에 있어 지방의회와 지방자치단체장을 구성하는 권리, 지방자치와 관련된 주민투표, 주민발안, 주민소환 등에 관한 권리, 지방행정이나 지방재정 및 주민의 복지에 관한 권리 등이 이러한 것에 해당한다.

이러한 권리 가운데 憲法 제118조 제1항은 지방의회의 구성을 직접 정하고 있기 때문에 지방의회의 구성에 관한 주민의 권리(예: 지방의회의원의 피선거권과 선거권)는 憲法上의 權利로서 성질을 가진다. 이에 반하여 지방자치단체의 장은 법률에 의하여 선거되거나 임명되므로(憲法 §118②) 지방자치단체장의 선출에 관한 권리는 法律上의 權利로서 성질을 가진다.

그리고 지방자치에서 주민참여의 방법과 정도를 어떻게 하느냐 하는 것은 헌법에서 직접 정하고 있지 않는 한 주민자치와 단체자치의 법리에 비추어 입법자인 국회가 立法裁量을 가지고 정한다. 이런 점에서 볼 때, 住民投票制度, 住民發案制度, 住民召還制度 등의 입법화와 그 구체적인 형태 및 정도와 구조는 법률로서 정하는 사항이며, 이러한 제도의 작동과 운영과 관련하여 주민에게 일정한 권리를 부여하는 경우에 인정되는 권리는 法律上의 權利로서의 성질을 가진다(예: 憲 2001. 6. 28.-2000헌마735; 2006. 2. 23.-2005헌마403). 또 條例로서 주민에게 일정한 권리를 부여하는 경우에는 조례상의 권리로서의 성질을 지닌다.

[憲 2001. 6. 28.-2000헌마735] 「지방자치법은 주민에게 주민투표권(§13의 2)과 조례의 제정 및 개폐청구권(§13의 3) 및 감사청구권(§13의 4)을 부여함으로써 주민이 지방자치사무에 직접 참여할 수 있는 길을 열어 놓고 있다. 그렇지만 이러한 제도는 어디까지나 입법에 의하여 채택된 것일 뿐, 헌법이 이러한 제도의 도입을 보장하고 있는 것은 아니다. 이 점에서 우리 헌법이 제72조에서 대표제 민주주의를 보완하기 위하여 '국민투표제'를 직접 도입한 것과 다르다고 하겠다. 따라서 지방자치법 제13조의2가 주민투표의 법률적 근거를 마련하면서, 주민투표에 관련된 구체적 절차와 사항에 관하여는 따로 법률로 정하도록 하였다고 하더라도, 주민투표에 관련된 구체적인 절차와 사항에 대하여 입법하여야 할 헌법상 의무가 국회에 발생하였다고 할 수는 없다.……우리 헌법은 법률이 정하는 바에 따른 '선거권'과 '공무담임권' 및 국가안위에 관한 중요정책과 헌법개정에 대한 '국민투표권'만을 헌법상의 참정권으로 보장하고 있다. 따라서 지방자치법 제13조의2에서 규정한 주민투표권은 그 성질상 위에서 본 선거권, 공무담임권, 국민투표권과는 다른 것이어서 이를 법률이 보장하는 참정권이라고 할 수 있을지언정 헌법이 보장하는 참정권이라고 할 수는 없다.」

[憲 2006. 2. 23.-2005헌마403] 「제도적 보장으로서 주민의 자치권은 원칙적으로 개별 주민들에게 인정된 권리라 볼 수 없으며, 청구인들의 주장을 주민들의 지역에 관한 의사결정에 참여 내지 주민투표에 관한 권리침해로 이해하더라도 이러한 권리를 헌법이 보장하는 기본권인 참정권이라고 할 수 없는 것이다. 즉, 헌법상의 주민자치의 범위는 법률에 의하여 형성되고, 핵심영역이 아닌 한 법률에 의하여 제한될 수 있는 것이다.」

Ⅲ. 지방자치의 요소

종래 지방자치는 자치고유권설에 기초하여 성립된 住民自治와 자치위임설에 기초하여 성립된 團體自治로 이루어져 있다고 설명되었다. 團體自治, 住民自治라는 용어와 개념은 주로 日本國과 한국에서 사용되어 왔다.

(1) 주민자치

住民自治는 주민이 자치적으로 구성한 자치단체가 지방운영을 담당하는 것으로 주민의 자치단체가 국가의 간섭을 배제하고 지방행정을 처리한다는 점, 지방운영에 주민이 참여한다는 점, 자치단체에 대한 국가의 통제는 주로 입법, 사법권의 행사를 통해 이루어진다는 점이 특징이다. 여기서는 주민이 스스로 통치하는 것이 지방자치의 본질이어서 지역공동체의 의사결정에서 직접결정방식도 채택된다. 물론 여기서 자치단위인 지역공동체는 이익·생활 여건 등에서 동질적인 공동체임을 전제로 하고 있다.

(2) 단체자치

團體自治는 국가로부터 독립한 법인격을 가진 지역단체를 설치하여 지방행정을 처리케 하는 것으로 국가와 지방자치단체 사이에 분권이 이루어지고 있는 점, 자치단체에 대한 국가의 통제는 주로 행정을 통해 이루어진다는 점이 특징이다.

(3) 양자의 융합현상

양자는 유럽 내의 영국과 대륙간의 정치적 전통에 따라 개별적으로 발전해 온 제도이나, 현대에 들어 지방자치제도는 국가의 효율적인 운영과 권력분립 및 민주주의의 실현을 위한 제도로 운영됨에 양자가 차이가 없어 모두 지방자치의 요소로 기능한다. 다만, 국가에 따라 어느 것에 비중을 더 두느냐에 따라 현실적인 양태에서는 차이가 있다. 우리나라의 지방자치는 주민자치와 단체자치를 포괄하는 융합된 형태의 것이다(예: 憲 2006. 2. 23.-2005헌마403).

Ⅳ. 지방자치의 내용

(1) 자치기능의 보장

지방차지가 이루어지려면 지방자치단체의 자치기능이 보장되어야 한다. 자치사무에 대한 자치 입법 및 자치 행정기능을 수행할 수 있도록 조직과 업무를 보장해야 한다.

(2) 자치단체의 보장

지방자치단체의 존립과 조직을 보장해야 한다. 이것은 지방자치의 기초이다. 사실상 지방자치단체의 구성을 유보하거나 중앙정부의 하부조직으로 편입시키는 것은 지방자치라고 할 수 없다. 지방자치단체의 존립보장은 개개 지방자치단체의 존립을 보장하는 것이 아니기 때문에(憲 1995. 3. 23.-94헌마175), 그 단위가 어떠한가 하는 것은 문제가 되지 않는다. 따라서 지방자치단체를 폐치·분합하는 것은 지방자치의 기능에 합치하는 한 인정된다.

憲法裁判所는 지방자치단체의 수를 조정하기 위한 통·폐합은 가능하지만 모든 지방자치단체를 폐지하는 것은 금지된다고 판시하였다(예: 憲 1995. 3. 23.-94헌마175). 그리고 憲法裁判所는 지방자치단체의 廢置·分合에 관한 것은 지방자치단체의 자치행정권 중 地域高權의 보장문제이나, 대상지역 주민들은 그로 인하여 인간다운 생활공간에서 살 권리, 평등권, 정당한 청문권, 거주이전의 자유, 선거권, 공무담임권, 인간다운 생활을 할 권리, 사회보장·사회복지수급권 및 환경권 등을 침해받게 될 수도 있다는 점에서 기본권과도 관련이 있어 헌법소원의 대상이 될 수 있다고 본다(예: 憲 1994. 12. 29.-94헌마201).

(3) 자치업무의 보장

지방자치단체가 수행함이 마땅한 지방과 밀접한 관련이 있는 업무는 지방자치단체의 업무로 보장해야 한다. 지방의 업무를 중앙정부의 관할로 모두 정해버리는 것은 허용되지 아니한다(예: 지방자치단체로 하여금 국가의 위임사무만 처리하게 하는 것). 헌법은 주민의 복리에 관한 사무를 자치업무의 핵심으로 정하고 있는데, 이에는 자치입법, 자치행정, 자주조직, 자치재정 등에 관한 업무가 포함된다.

V. 지방자치에 대한 국가의 형성자유와 한계

(1) 지방자치와 국가의 형성의 자유

지방자치제도는 국민의 기본권을 충실하게 보장하고 자유민주주의를 근거리에서 실현하기 위한 제도이지만, 어디까지나 국가의 제도에 해당하므로 국가는 지방자치에 대해 광범위한 형성의 자유를 갖는다. 따라서 지방자치의 핵을 침해하지 않는 한 입법자는 지방자치에 대하여 법률로 광범한 재량을 가지고 형성할 수 있다.

(2) 형성의 한계

지방자치에 대한 형성의 한계는 지방사치의 내용 중 그 핵을 이루는 것이 될 것이다. 그런데 어느 정도가 지방자치의 핵이 될 것인가를 판단하는 것은 쉬운 일이 아니다. 보장영역의 한계를 설정하는 이론으로는 「그것을 빼버리면 그 제도의 구조나 형태가 바뀔 정도로 그 제도와 밀착된 사항」이 바로 그 제도의 본질적 요소라고 보는 制度密着基準說, 지방자치제도에 대한 입법적 제한사항을 빼고도 아직 지방자치라고 평가할 만한 요소가 남아 있느냐를 그 판단기준으로 삼으려는 控除說, 지방자치제도의 발전역사나 발전과정에 비추어 마땅히 있어야 할 지방자치의 표현형태에 따라 판단하려는 制度史的 判斷說이 제시되고 있다(許營a, 797).

그러나 어느 학설도 무엇이 지방자치제도의 보장영역의 한계인지 구체적으로 적시하고 있지 못하므로, 각 학설을 종합적으로 고려하되 기본적으로는 헌법 제117조, 제118조에 적시된 주민의 복리에 관한 사무처리, 재산관리, 자치규칙제정권, 지방의회의 구성이 법률로 침해할 수 없는 헌법적 한계가 될 것이다. 그 외의 사항에 대해서는 지방자치의 실행 목적인 자유민주주의의 근거리 실현에 실효성이 있는가를 기준으로 판단해야 할 것이고, 이에 따라 지방자치의 수준 · 정도 · 양태는 다양하게 나타난다.

[146] 第二 現行法上의 地方自治制度

I. 법적 근거

헌법 제 8 장은 지방자치를 따로 규정하고 있다. 헌법 제117조 제 1 항은 지방자치단체의 업무사항과 자치에 대한 규정제정권에 대하여 규정하고 있으며, 헌법 제118조 제 1 항은 지방의회의 구성을 규정하고 있다. 이러한 것은 헌법이 직접 정하고

한국 지방자치의 변천

헌법 / 항목	1948년헌법-1952년헌법-1954년헌법	1960년6월헌법-1960년11월헌법	1962년헌법-1969년헌법-1972년헌법-1980년헌법-1987년헌법
지방자치	지방자치단체는 法令의 범위 내에서 그 自治에 관한 行政事務와 國家가 委任한 行政事務를 처리하며 財産을 管理한다. 지방자치단체는 法令의 범위 내에서 自治에 관한 規程을 制定할 수 있다.	→	지방자치단체는 住民의 福利에 관한 사무를 처리하고 財産을 管理하며 法令의 범위 안에서 自治에 관한 規定을 制定할 수 있다.
지방자치단체	지방자치단체의 組織과 運營에 관한 사항은 法律로써 정한다.	지방자치단체의 組織과 運營에 관한 사항은 法律로써 정한다. 地方自治團體의 長의 選任方法은 法律로써 정하되 적어도 市, 邑, 面의 長은 그 住民이 直接 이를 選擧한다.	지방자치단체의 種類는 法律로 정한다.
지방의회 및 지방자치단체장	지방자치단체에는 각각 議會를 둔다. 지방의회의 조직, 권한과 의원의 선거는 법률로써 정한다.	지방자치단체에는 각각 議會를 둔다. 지방의회의 조직, 권한과 의원의 선거는 법률로써 정한다.	지방자치단체에는 議會를 둔다. 지방의회의 조직·권한·의원선거와 地方自治團體의 長의 選任方法 기타 지방자치단체의 조직과 운영에 관한 사항은 法律로 정한다.
참고		1961년 지방의회 해산	1972년헌법 부칙 제10조: 이 헌법에 의한 地方議會는 조국통일이 이루어질 때까지 구성하지 아니한다. 1980년헌법 제10조: 이 헌법에 의한 地方議會는 지방자치단체의 재정자립도를 감안하여 순차적으로 구성하되, 그 구성시기는 법률로 정한다.

있는 사항이어서 법률로 폐지·변경하지 못한다. 헌법 제117조 제2항은 지방자치단체의 종류를 법률에 위임하고 있으며, 제118조 제2항은 지방의회의 조직·권한·의원선거에 관한 사항, 지방자치단체장의 선임방법, 지방자치단체의 조직과 운영에 관

한 사항을 법률에 위임하고 있다.

Ⅱ. 연 혁

1948年憲法 제 8 장은 지방자치를 규정하였으며, 이 헌법에 기초하여 1949년 지방자치법이 제정되었고, 1952년에 처음으로 지방의회가 구성되기도 하였다. 그러나 1961년 박정희 정부에 의해 지방의회가 해산되었고, 지방자치에관한임시조치법(1961. 9. 1. 법률 제707호)에 의해 이 법에 저촉되는 지방자치법의 적용이 중단되었다. 이후 1972년헌법은 부칙에 「지방의회의 구성을 조국의 통일시까지 유예한다」라는 규정을 두었으며, 1980년헌법은 부칙에 「지방의회의 구성을 지방자치단체의 재정자립도를 감안하여 순차적으로 하되 그 구성시기는 법률로 정한다」라고 규정하였다.

1987년헌법에서는 1980년헌법의 지방자치에 대한 부칙이 모두 폐지되어 지방자치에 관한 규정이 규범력을 갖게 되었고, 그에 따라 1988년 지방자치법의 개정이 있었고, 1991년 지방의회의 구성이 이루어졌다. 지방자치단체장의 선거는 1995년 6월 29일 실시됨으로써 현실에서 지방자치의 면모를 갖추게 되었다.

Ⅲ. 지방자치단체

(1) 지방자치단체의 종류

地方自治法 제 2 조 제 1 항에 의하면 지방자치단체는 특별시, 광역시, 도와 시, 군, 구의 두 종류로 구성되는데, 전자는 광역자치단체, 후자는 기초자치단체라고 일반적으로 불리고 있다. 기본적인 지방자치단체 외에 특정한 목적을 수행하기 위하여 필요한 경우에는 별도의 특별지방자치단체를 대통령령으로 설치할 수 있다.

(2) 지방자치단체의 기구

지방자치단체의 기구에는 지방의회와 지방자치단체의 장이 있다.

(a) 지방의회

지방의회는 주민의 보통·평등·직접·비밀선거에 의해 선출된 지역구지방의회의원과 비례대표로 당선된 비례대표지방의회의원으로 구성된다(地自法 §31; 公選法 §190의 2). 지방의회를 선거에 의해 구성해야 하는 것은 憲法 제118조 제 1 항과 제 2 항에 의해 정해져 있는 사항이다.

《기초의원후보자의 정당추천의 방식》

지방자치에서 기초의원선거에서 그 후보자를 정당이 추천하는 것이 주민의 공무담임권을 침해하거나 지방자치의 본질을 침해하는 것인가 하는 문제가 있다. 憲法裁判所는 이는 헌법에 위반되지 않는다고 판시하였다(예: 憲 2007. 11. 29.-2005헌마977).

[憲 2007. 11. 29.-2005헌마977] 「지방자치의 본질은 주민의 복리에 관한 사무를 주민의 의사에 따라 처리하도록 하는 것이고, 기초의원은 주민의 대표로서 기초의회를 통하여 주민자치를 실현한다. 정당이 기초의원 후보자를 추천하게 되면, 정당이 기초의원 선거에 정치적 영향력을 행사하게 되고 소속 기초의원을 통하여 기초의회의 자치활동에도 영향력을 미치게 될 것이다. 그리고 중앙당 중심의 정치적 영향력이 과도하게 되면 자치구 · 시 · 군 주민의 복리에 관한 자치사무가 자치구 · 시 · 군 지역 주민들의 자치적 의사에 따라 처리되지 못하게 될 위험성이 있다. 게다가 기초의원의 선거구는 자치구 · 시 · 군의 관할구역 내에서 정해지는데(법 §26), 정당은 수도에 소재하는 중앙당과 특별시 · 광역시 · 도에 각각 소재하는 시 · 도당으로 구성되고(정당법 §3) 자치구 · 시 · 군의 관할구역 내에는 정당이 없으므로, 기초의원 후보자의 추천도 중앙당이나 시 · 도당에서 하게 될 것이다. 이러한 점들은 자치구 · 시 · 군의 주민 대표를 선발하여 주민자치를 실현하고자 하는 기초의원 선거제도와 지방의회제도의 본질에 부합되지 아니한다고 할 수 있다. 그러나 헌법 제8조가 정당의 정치적 의사 형성 기능을 중시하여 정당제도와 정당의 민주적 활동을 보장하고 있는 점, 헌법 제118조 제2항이 지방의회의 조직 · 권한 · 의원선거에 관한 사항을 법률로 정하도록 위임한 점, 그에 따라 국회가 기초의원 후보자를 정당이 추천할 수 있도록 입법한 것인 점, 정당이 중앙당과 시 · 도당으로 구성된다고 하더라도 정당이 기초의원을 추천함에 있어 당해 기초의원을 선출하는 지역구 주민의 의사를 반영하지 못할 것이라고 단정하기 어려운 점 등을 종합하여 보면, 위와 같은 부작용이나 위험성이 우려된다고 하여 기초의원 후보자에 대한 정당추천제도가 지방자치제도나 지방의회제도의 본질을 훼손하여 헌법에 위반된다고 단정하기는 어렵다.」

비례대표지방의회의원에 궐원이 생긴 때에는 선거구선거관리위원회는 궐원통지를 받은 후 10일 이내에 그 궐원된 의원이 그 선거 당시에 소속한 정당의 비례대표지방의회의원후보자명부에 기재된 순위에 따라 궐원된 지방의회의원의 의석을 승계할 자를 결정한다. 다만, 그 정당이 해산된 때 또는 임기만료일 전 180일 이내에 궐원이 생긴 때에는 의석이 승계되지 않는다(公選法 §200②).

비례대표지방의회의원에 당선된 자가 선거범죄로 인하여 당선이 무효로 되어 궐원이 생긴 때에 의석을 승계할 수 없도록 하는 것이 허용되는가 하는 문제가 있다. 이에 대하여 憲法裁判所는 이러한 궐원이 발생한 경우 의석의 승계를 금지하는 것은 선거권자의 정치적 의사표명을 무시하는 것으로 대의민주주의원리에 위반되고, 자기책임원리에 위반되며, 당선인의 선거범죄에 대하여 귀책사유가 없는 차순위 후보자의 공무담임권을 침해하는 것이어서 위헌이라고 판시하였다(예: 憲 2009. 6. 25.-2007헌마40).

[憲 2009. 6. 25.-2007헌마40] 「비례대표지방의회의원에 궐원이 생긴 때에 그 궐원된 의석의 승계를 어떻게 정할 것인지는 입법자가 입법형성권의 범위 내에서 스스로 정할 사항이지만, 이때에도 통치구조의 헌법 원리인 민주주의 원리에 저

축되지 않아야 함은 물론이고 헌법이 공무담임권을 기본권으로 보장하는 취지와 대의제 민주주의 통치질서에서 선거가 가지는 의미와 기능이 충분히 고려되어야 한다는 헌법적인 한계가 있다.……(1) **사건의 쟁점** 심판대상조항은 일반적인 경우와 달리 비례대표지방의회의원 당선인이 선거범죄로 비례대표지방의회의원직을 상실하여 비례대표지방의회의원에 궐원이 생긴 때에는 소속 정당의 비례대표지방의회의원 후보자명부에 기재된 순위에 따른 의원직 승계를 인정하지 않고 있는바, 과연 이와 같은 예외사유를 두는 것이 헌법 원리인 대의제 민주주의 원리 내지 자기책임의 원리에 위배되는 것이 아닌지, 그리하여 정당의 비례대표지방의회의원 후보자명부상의 차순위 후보자인 청구인의 공무담임권을 침해하는 것이 아닌지가 문제된다. (2) **대의제 민주주의 원리에 위배되는지 여부** ㈎ 대의제 민주주의는 헌법의 기본원리에 속하는 것으로서, 대의제 민주주의를 원칙으로 하는 오늘날의 민주정치 아래에서의 선거는 국민의 참여가 필수적이고, 주권자인 국민이 자신의 정치적 의사를 자유로이 결정하고 표명하여 선거에 참여함으로써 민주사회를 구성하고 움직이게 하는 것이다. 공직선거법은 비례대표지방의회의원선거에 있어 앞에서 본 바와 같이 정당의 비례대표지방의회의원 후보자명부상의 순위가 처음부터 정당에 의하여 고정적으로 결정되는 이른바 고정명부식 비례대표제를 택하고 있고, 투표의 방식에 관해서도 시·도의원선거 및 자치구·시·군의원선거에 있어서 지역구의원선거 및 비례대표의원선거마다 1인 1표를 행사하도록 하고 있으며, 비례대표지방의회의원의석의 할당은 원칙적으로 당해 선거에서 얻은 정당의 득표비율에 따라 이루어지도록 되어 규정하고 있으므로, 결국 선거에 참여한 선거권자들의 정치적 의사표명에 의하여 직접 결정되는 것은, 어떠한 비례대표지방의회의원후보자가 비례대표지방의회의원으로 선출되느냐의 문제라기보다는 비례대표지방의회의원의석을 할당받을 정당에 배분되는 비례대표지방의회의원의 의석수라고 할 수 있다. ㈏ 그런데 심판대상조항은 선거범죄를 범한 비례대표지방의회의원 당선인 본인의 의원직 박탈로 그치지 아니하고 그로 인하여 궐원된 비례대표지방의회의원의석에 대하여 소속 정당의 비례대표지방의회의원 후보자명부에 의한 의석 승계를 인정하지 아니함으로써 결과적으로 그 정당에 비례대표지방의회의원의석을 할당받도록 한 선거권자들의 정치적 의사표명을 무시하고 왜곡하는 결과가 된다. 이는 국민주권의 원리 내지 대의제 민주주의를 근간으로 하는 우리 법체계하에서는 원칙적으로 용인되기 어려운 것이다. 더욱이 2006. 5. 31. 실시된 제4회 전국동시지방선거에서의 자치구·시·군의회의원 선거구 및 의원정수 현황을 보면, 230개 자치구·시·군의회 중 절반 이상인 117개 자치구·시·군의회의 비례대표지방의회의원 정수가 1인에 불과하여, 그 의석승계를 인정하지 않는다면 극단적으로는 상당수의 자치구·시·군의회에서 비례대표지방의회의원이 없게 될 수도 있으므로, 비례대표선거제를 둔 취지가 퇴색될 수도 있다고 할 것이다. ㈐ 또한, 심판대상조항이 정한 예외사유, 즉 당선인이 당해 선거에 있어 공직선거법에 규정된 죄와 「정치자금법」 제49조(선거비용관련 위반행위에 관한 벌칙)의 죄를 범함으로 인하여 징역 또는 100만 원 이상의 벌금형의 선고를 받아 당선이 무효로 된 경우를, 정당의 비례대표지방의회의원 후보자명부에 의한 승계가 허용되는 공직선거법 제194조 제3항에서 정한 당선 무효의 경우 및 일반적 궐원 사유인 당선인의 사직 또는 퇴직 등의 경우와 달리 취급하여 그로 인하여 궐원된 비례대표지방의회의원 의석의 승계까지 허용하지 않아야 될 합리적인 이유가 있는 것으로 보기도 어렵다. 독일의 연방선거법에서 궐원된 비례대표의원의 의석 승계에 있어 당선인의 선거범죄로 인한 궐원의 경우를 주명부에 의한 승계원칙의 예외로 규정하고 있지 아니하고(독일연방선거법 제46조 제4항, 제48조 제1항 참조), 일본의 공직선거법에서 중의원비례대표선출의원 또는 참의원비례대표선출의원이 선거범죄로 인하여 당선이 무효가 된 경우에도 명부에 의한 등재순위에 따라 승계결정을 하도록 규정하고 있는 것(일본공직선거법 제97조의2 제1항, 제3항 참조)도 이와 같은 맥락에서 이해할 수 있는 것이다. 특히 비례대표지방의회의원 당선인의 선거범죄로 인한 당선무효의 경우에 그 구체적인 경위나 사정을 따지지 아니한 채 일률적으로 의석승계를 허용하지 아니함으로써 소속 정당이나 그 정당의 비례대표지방의회의원 후보자명부에 기재된 다른 후보자의 불이익으로 돌리는 것은 뒤에서 보는 바와 같이 헌법 원리인 자기책임의 원리에도 반하는 것이라 할 것이다. ㈑ 따라서 심판대상조항은 선거권자의 의사를 무시하고 왜곡하는 결과를 초래할 수 있다는 점에서 헌법의 기본원리인 대의제 민주주의 원리에 부합되지 않는다고 할 것이다. (3) **자기책임의 원리에 반하는지 여부** ㈎ 우리 재판소는 헌법 원리로서의 자기책임의 원리에 관하여, "어떠한 행위를 법률로 금지하고 그 위반을 어떻게 제재할 것인가 하는 문제는 원칙적으로 위반행위의 성질, 위반이 초래하는 사회적 · 경제적 해악의 정도, 제재로 인한 예방효과와 기타 사회적 경제적 현실과 그 행위에 대한 국민의 일반적 인식이나 법 감정 등을 종합적으로 고려하여 입법자가 결정하여야 할 분야이나, 법적 제재가 위반행위에 대한 책임의 소재와 전혀 상관없이 이루어지도록 법률이 규정하고 있다면 이는 자기책임의 범위를 벗어나는 제재로서 헌법위반의 문제를 일으킨다. 헌법 제10조가 정하고 있는 행복추구권에서 파생되는 자기결정권 내지 일반적 행동자유권은 이성적이고 책임감 있는 사람의 자기의 운명에 대한 결정 · 선택을 존중하되 그에 대한 책임은 스스로 부담함을 전제로 한다. 자기책임의 원리는 이와 같이 자기결정권의 한계논리로서 책임부담의 근거로 기능하는 동시에 자기가 결정하지 않은 것이나 결정할 수 없는 것에 대하여는 책임을 지지 않고 책임부담의 범위도 스스로 결정한 결과 내지 그와 상관관계가 있는 부분에 국한됨을 의미하는 책임의 한정원리로 기능한다. 이러한 자기책임의 원리는 인간의 자유와 유책성, 그리고 인간의 존엄성을 진지하게 반영한 원리로서 그것이 비단 민사법이나 형사법에 국한된 원리라기보다는 근대법의 기본이념으로서 법치주의에 당연히 내재하는 원리로 볼 것이고 헌법 제13조 제3항은 그 한 표현에 해당하는 것으로서 자기책임의 원리에 반하는 제재는 그 자체로서 헌법위반을 구성한다고 할 것이다"라고 판시한 바 있다. ㈏ 심판대상조항에서 정하고 있는 정당의 비례대표지방의회의원 후보자명부에 의한 승계원칙의 예외사유는, 궐원된 비례대표지방의회의원의 의석 승계가 허용되지 아니함으로써 불이익을 입게 되는 소속 정당이나 후보자명부상의 차순위 후보자의 귀책사유에서 비롯된 것이 아니라 당선이 무효가 된 비례대표지방의회의원 당선인의 귀책사유인 당선인의 선거범죄에서 비롯된 것이다. 즉, 심판대상조항에 의하여 불이익을 당하는 것은 선거범죄를 범하여 당선이 무효가 된 비례대표지방의회의원 당선인이 아니라 그 당선인이 소속된 정당과 심판대상조항이 없었더라면 궐원된 비례대표의석을 승계하였을 정당의 비례대표지방의회의원 후보자명부상의 차순위 후보자라 할 것임에도, 심판대상조항이 정한 법률효과의 원인이 되는 위반행위는 정당이나 비례대표지방의회의원 후보자명부상의 차순위 후보자의 귀책사유를 원인으로 한 것이 아니라 비례대표지방의회의원 당선인의 범죄행위에 불과한 것이다. 그런데 심판대상조항에서는 당해 당선인의 선거범죄에 그 소속 정당이나 차순위 후보자의 개입 내지는 관여 여부를 전혀 묻고 있지 않고, 비례대표지방의회의원 당선인의 선거범죄가 비례대표지방의회의원선거에 있어 정당에 대한 투표결과에 영향을 미치기 위한 것이었는지, 또 실제로 그러한 결과를 초래하였는지에 대해서도 전혀 고려대상으로 하고 있지 아니하며, 나아가 당선이 무효로 되는 개개의 선거범죄의 내용이나 법정지구당이 폐지되고 5 이상의 시·도당을 법정시·도당으로 정하고 있는 정당제도의 현황에 비추어 정당이 비례대표지방의회의원 후보자의 선거범죄를 미리 예방할 수 있다거나 후보자에 대한 실질적인 감독·통제가 가능한 여건이 조성되어 있는 것으로 보이지도 않는다. 이와 같은 점을 종합해 볼 때, 정당 또는 비례대표지방의회의원 후보자명부상의 차순위 후보자에 대한 불이익을 규정한 심판대상조항은 자기책임의 범위를 벗어나는 제재라고 하지 않을 수 없다. ㈐ 한편 우리 재판소는, 공직선거법 제265조(선거사무장 등의 선거범죄로 인한 당선무효) 본문 중 배우자에 관한 부분의 위헌 여부에 관하여, "……이 사건 법률조항은 '친족인 배우자의 행위와 본인 간에 실질적으로 의미 있는 아무런 관련성을 인정할 수 없음에도 불구하고 오로지 배우자라는 사유 그 자체만으로' 불이익한 처우를 가하는 것이 아니다. 배우자가 죄를 저질렀다는 이유만으로 후보자에게 불이익을 주는 것이 아니라, 후보자와 불가분의 선거운명공동체를 형성하여 활동하게 마련인 배우자의 실질적 지위와 역할을 근거로 후보자에게 연대책임을 부여한 것이므로, 이 사건 법률조항은 헌법 제13조 제3항에서 금지하고 있는 연좌제에 해당하지 아니한다"고 판시한 바 있다(憲 2005. 12. 22.-2005헌마19). 그런데 지역구선거에 출마한 후보자와 그 배우자의 관계는 불가분의 선거운명공동체로 볼 수 있는 것이라 하더라도, 비례대표지방의회의원 당선인과 그 소속 정당의 관계를 이와 동일시하기는 어려울 것이고, 더욱이 소선거구별로 투표가 진행되는 지역구의원선거에 있어서는 후보자의 선거사무장 또는 그 배우자 등의 선거범죄가 그 선거의 공정성과 결과에 영향을 미칠 가능성이 크다고 할 수 있는 반면, 이와는 달리 정당차원에서 선거운동이 이루어지고 정당에 대한 투표의 성격을 갖는 비례대표의원선거에 있어 비례대표지방의회의원 당선인의 선거범죄가 선거결과, 즉 정당별 득표율에 영향을 미치게 될 가능성은 매우 미미한 것이므로, 이를 같이 취급할 수는 없다고 할 것이다. 공직선거법 제265조에서 선거사무장, 후보자의 배우자 등의 선거범죄를 후보자의 당선무효사유로 규정하면서도 대통령후보자, 비례대표국회의원 후보자 및 비례대표지방의회의원 후보자에 대하여는 예외로 취급하고 있는 것도 이와 같은 점을 고려한 입법자의 판단이 반영된 것이라 할 수 있다. (4) **공무담임권의 침해 여부** ㈎ 헌법 제25조는 "모든 국민은 법률이 정하는 바에 의하여 공무담임권을 가진다"라고 규정하여 국회의원을 비롯한 각종 선거직공무원과 기타 국가기관의 공직에 취임하여 이를 수행할 권리를 기본권으로 보장하고 있는바, 공무담임권은 각종 선거에 입후보하여 당선될 수 있는 피선거권과 공직에 임명될 수 있는 공직취임권을 포괄하고 있고, 그 보호영역에는 공직취임의 기회의 자의적인 배제가 포함된다. 이 사건에서 청구인은 심판대상조항이 규정한 승계의 예외사유에 해당하여 비례대표지방의회의원직에 취임할 권리를 제한 당하게 되었으므로, 심판대상조항이 청구인의 공무담임권을 과잉침해하는 것인지의 여부가 문제된다. ㈏ 심판대상조항의 입법취지는 국회회의록 등에서 분명하게 언급되어 있지는 아니하지만, 비례대표지방의회의원 당선인이 선거범죄로 인하여 당선무효로 되는 경우 그 소속 정당에 책임을 물어 후보자명부상의 후순위자에게 궐원된 의원의 의석을 승계하지 못하는 엄한 제재를 부과함으로써, 왜곡된 선거인의 의사를 바로잡고 선거범죄를 예방하여 깨끗한 선거풍토를 확립하기 위한 목적에서 비롯된 것이라고 볼 수 있다. 따라서 이는 공공복리를 위한 것이므로, 그 입법목적의 정당성을 인정할 수 있다. ㈐ 그런데 심판대상조항은 앞에서 본 바와 같이 헌법의 기본원리인 대의제 민주주의 원리와 자기책임의 원리에 부합되지 아니하는 것으로서 입법재량의 한계를 벗어난 것이므로 심판대상조항이 입법목적, 즉 선거의 공정성 확보에 기여할 수 있는 적합한 수단이라고 보기 어렵다. 심판대상조항이 선거범죄를 범한 당선인이 소속된 정당 또는 그 정당의 비례대표지방의회의원 후보자명부상의 차순위 후보자에 대하여 불이익을 부과함으로써 선거의 공정성 확보라는 공익에 기여할 수 있는 수단이 되기 위해서는 적어도 비례대표지방의회의원 당선인의 선거범죄에 정당 또는 차순위 후보자가 개입 내지 관여하는 등 당해 선거범죄에 정당 등의 책임이 인정될 수 있다거나 또는 비례대표지방의회의원 당선인의 선거범죄로 인하여 비례대표지방의회의원선거 자체의 공정성 내지 그 선거결과에 영향을 미친다거나 또는 정당에 의한 비례대표지방의회의원 후보자에 대한 실질적인 감독·통제가 가능하다는 전제가 성립되어야만 할 것이다. 그런데 앞에서 본 바와 같이 심판대상조항은 불이익을 받는 당사자인 정당 및 차순위 후보자의 책임 여부에 대하여는 전혀 묻고 있지 아니하고, 비례대표지방의회의원 당선인의 선거범죄가 비례대표선거에 있어 정당별 득표율에 영향을 미쳐 선거인의 의사를 왜곡하였는지의 여부도 고려대상으로 하고 있지 아니하며, 나아가 정당의 후보자에 대한 실질적인 감독·통제가 가능한 여건이 조성되어 있다고 할 수도 없다. 뿐만 아니라 심판대상조항에 의하면 비례대표지방의회의원 당선인이 선거범죄로 당선이 무효로 되는 경우에는 그 궐원된 비례대표지방의회의원의 의석 승계를 할 수 없지만, 선거범죄를 범한 비례대표지방의회의원 당선인이 형 확정판결이 있기 전에 스스로 사직하는 경우에는 당선이 무효로 되는 경우에 해당하지 않아 비례대표지방의회의원 후보자명부상의 차순위자가 그 궐원된 의석을 승계할 수 있게 되므로, 이러한 점에 있어서도 정당의 후보자에 대한 통제력을 바탕으로 정당에 대한 제재를 통하여 선거의 공정성을 확보하겠다는 의도에서 비롯된 심판대상조항은 그 의미를 찾을 수 없는 것이라 할 것이다. 따라서 심판대상조항은 왜곡된 선거인의 의사를 바로잡고 선거의 공정성 확보라는 구체적 입법목적 달성에 기여하는 것이라기보다는 오로지 선거범죄에 대한 엄정한 제재를 통한 공명한 선거 분위기의 창출이라는 추상적이고도 막연한 구호에 이끌려 비례대표지방의회의원선거를 통하여 표출된 선거권자들의 정치적 의사표명을 무시, 왜곡하는 결과를 초래할 뿐이라 할 것이므로, 수단의 적합성 요건을 충족한 것으로 보기 어렵다. ㈑ 또한, 심판대상조항이 선거의 공정성 확보라는 공익에 기여하는 것이라 가정하더라도, 선거범죄 예방을 통한 선거의 공정성 확보라는 공익은 선거범죄를 규정한 각종 처벌조항과 선거범죄를 범한 당선인의 당선을 무효로 하는 것만으로도 어느 정도 달성될 수 있다는 점에서, 심판대상조항이 침해의 최소성원칙을 충족하는 필요한 수단이라고 보기도 어렵다. 나아가 심판대상조항이 정당 및 후보자명부상의 차순위 후보자에 대한 실질적인 제재를 통하여 선거의 공정성 확보라는 입법목적 달성에 어느 정도 기여하는 것이라 가정하더라도, 그에 필요한 수단으로는 반드시 심판대상조항과 같이 궐원된 비례대표지방의회의원의 의석 승계를 일률적으로 금지함으로써 당해 선거에 표출된 선거권자들의 의사를 무시하고 당해 선거범죄와 직접적인 관련성이 없는 정당이나 비례대표지방의회의원 후보자명부상의 차순위 후보자에게 실질적인 제재를 가하는 방안만이 제시될 수 있는 것이 아니라, 선거권자의 의사를 최대한 반영하면서도 다른 기본권의 제한을 보다 완화할 수 있는 대체수단, 예컨대 공직선거법 제264조에서 정하고 있는 선거범죄 중 당해 선거결과에 직접적인 영향을 미칠 수 있는 범죄를 범한 경우에 한하여 후보자명부에 의한 승계의 예외를 인정한다거나, 또는 정당 및 차순위 후보자가 선거범죄에 직접 개입 내지 관여하여 그 책임이 인정되는 경우에만 승계의 예외를 인정하는 등 다양한 방법을 통해서도 가능한 것이므로, 결국 심판대상조항은 필요 이상의 지나친 규제를 정하고 있는 것이라고 보지 않을 수 없다. ㈒ 이와 같이 심판대상조항을 통하여 달성하려는 입법목적은 매우 추상적일 뿐만 아니라 그 실효성도 의심되는 것인 반면, 이로 인하여 비례대표지방의회의원 후보자명부상의 차순위 후보자인 청구인은 궐원된 비례대표지방의회의원의 의석 승계를 통한 공직취임의 기회 자체를 박탈당하게 된 것이므로, 심판대상조항은 기본권 제한을 통하여 얻는 공익적 성과와 제한이 초래하는 효과가 합리적인 비례관계를 현저히 일탈하고 있는 것이다. ㈓ 따라서 심판대상조항은 과잉금지원칙에 위배하여 청구인의 공무담임권을 침해한 것이다.
(5) **소결론** 앞에서 본 바와 같이, 심판대상조항은 대의제 민주주의 원리 및 자기책임의 원리에 반하는 것으로서, 청구인의 궐원된 비례대표지방의회의원직 승계를 통한 공직취임의 기회를 자의적으로 배제하여 헌법상 보장된 공무담임권을 침해한 것이므로, 합리적인 입법재량의 범위를 벗어난 것이다.」 이 사건은 헌법소원심판사건이어서 헌법재판소는 기본권 침해여부만 판단할 수 있고, 헌법상의 원리여부는 판단할 수 없다. 따라서 이 사건에서 공무담임권의 침해는 主論이고 나머지는 傍論이라고 할 것이다.

(b) 지방자치단체장

지방자치단체의 장으로는 특별시에 특별시장, 광역시에 광역시장, 도에 도지사를 두고, 시에 시장, 군에 군수, 자치구에 구청장을 둔다. 지방자치단체의 장은 주민의 보통·평등·직접·비밀선거에 의하여 선출한다(同法 §94). 그런데 憲法 제118조 제2항은 지방자치단체장의 「選任」에 대하여 정하고 있으므로 법률정책적으로는 지방자치단체장은 선거할 수도 있고 임명할 수도 있으며 양자를 결합할 수도 있다. 지방자치단체장을 선거하는 주민의 권리는 헌법상의 기본권이 아니라 법률(지방자치법)에 의하여 인정되는 권리이다.

현행법은 教育에서도 지방자치를 인정하고 있다. 지방자치단체의 교육·과학 및 체육에 관한 사무를 분장하게 하기 위하여 별도의 기관을 둔다(地自法 §121①). 이러한 기관의 조직과 운영에 관하여 필요한 사항은 법률로 정한다(同條 ②). 이에 따라 지방교육자치에 관한법률은 광역자치단체인 시, 도에만 지방교육자치를 시행하면서, 교육전문의결기관으로 선출권역교육위원선거인단에 의하여 선출된 교육위원으로 구성되는 敎育委員會를 두고, 주민의 보통·평등·직접·비밀선거에 의하여 선출되는 敎育監을 두고 있다(同法 §3, §22).

(3) 지방자치단체의 자치업무와 자치기능

헌법은 지방자치단체의 자치업무와 자치기능에 관해서 「주민의 복리에 관한 사무를 처리하고 재산을 관리하며, 법령의 범위 안에서 자치에 관한 규정을 제정할 수 있다」(同法 §117①)고 정하고 있다. 이에 의하여 지방자치단체는 i) 주민의 복리에 관한 고유사무를 자기책임 아래 독자적으로 처리할 수 있는 자치사무기능과, ii) 지방자치단체의 재산을 관리하며 법령의 범위 안에서 자치활동에 필요한 재정고권과 조세고권을 행사할 수 있는 자치재정기능, iii) 법령의 범위 안에서 자치에 관한 규정(예: 조례, 규칙)을 제정할 수 있는 자치입법기능 등을 가지고 있다.

한편 지방자치단체의 중요결정사항에 관해서는 住民自治의 이념에 기초하여 주민의 직접참여를 보장하기 위한 住民投票制度를 두고 있다.

(a) 자치사무

지방자치단체의 자치사무는 주민의 복리에 관한 고유사무가 주된 내용이지만, 그 외에 법령에 의하여 지방자치단체에 속하는 사무(=團體委任事務)(地自法 §9①)와 국가 또는 광역자치단체가 지방자치단체의 장에게 위임한 사무(=機關委任事務)도 처리한다. 다만, 위임사무는 지방자치단체의 자치권에 속하는 사항은 아니기 때문에 국가가 사무처리경비의 일부 또는 전부를 부담하게 되고 그에 따라서 국가의 감독권도 강화된다. 위임사무가 주가 되는 경우에는 진정한 지방자치라고 하기 어렵다.

憲法裁判所는 중앙행정기관의 자치사무에 대한 감사범위는 위법성 감사에 한정되며, 이를 넘어선 포괄적인 감사는 지방자치권을 침해한 것이라고 본다(예: 憲 2009. 5. 28.-2006헌라6).

[憲 2009. 5. 28.-2006헌라6] 「앞서 본 바와 같이 이 사건 관련규정은 문언대로 중앙행정기관의 지방자치단체의 자치사무에 대한 감사범위를 법령위반사항으로 한정하고 있다고 엄격히 해석하여야 하는데, 이 사건 관련규정상의 감사개시에 어떠한 요건이 필요한 것인지에 대해서는 헌법이나 지방자치법 등 어디에도 명시적인 규정이 없다. 그러나 지방자치단체에 대하여 중앙행정기관은 합목적성 감독보다는 합법성 감독을 지향하여야 하고 중앙행정기관의 무분별한 감사권의 행사는 헌법상 보장된 지방자치단체의 자율권을 저해할 가능성이 크므로, 이 사건 관련규정상의 감사에 착수하기 위해서는 자치사무에 관하여 특정한 법령위반행위가 확인되었거나 위법행위가 있었으리라는 합리적 의심이 가능한 경우이어야 하고, 또한, 그 감사대상을 특정해야 한다고 봄이 상당하다. 따라서 전반기 또는 후반기 감사와 같은

포괄적 · 사전적 일반감사나 위법사항을 특정하지 않고 개시하는 감사 또는 법령위반사항을 적발하기 위한 감사는 모두 허용될 수 없다. 왜냐하면 법령위반 여부를 알아보기 위하여 감사하였다가 위법사항을 발견하지 못하였다면 법령위반사항이 아닌데도 감사한 것이 되어 이 사건 관련규정 단서에 반하게 되며, 이것은 결국 지방자치단체의 자치사무에 대한 합목적성 감사는 안 된다고 하면서 실제로는 합목적성 감사를 하는 셈이 되기 때문이다. 이 사건 합동감사의 경우를 살펴보면, 피청구인이 감사실시를 통보한 [별지] 목록 기재 사무는 청구인의 거의 모든 자치사무를 감사대상으로 하고 있어 사실상 피감사대상이 특정되지 아니하였다고 보여질 뿐만 아니라 피청구인은 이 사건 합동감사 실시계획을 통보하면서 구체적으로 어떠한 자치사무가 어떤 법령에 위반되는지 여부를 전혀 밝히지 아니하였는바, 그렇다면 이 사건 합동감사는 위에서 본 이 사건 관련규정상의 감사의 개시요건을 전혀 충족하지 못하였다 할 것이다.」

(b) 자치재정

지방자치단체는 재정자치권에 의해서 행정목적달성과 공익상 필요한 경우 재산을 보유하거나 특정한 자금운용을 위한 기금을 설치할 수 있으며(同法 §142①), 주민의 복지증진과 사업의 효율적 수행을 위해 지방 공기업을 설치, 운영할 수 있다(同法 §146①). 조세자치권에 의해서 법률이 정하는 바에 따라 주민에게 地方稅를 부과할 수 있고(同法 §135), 공공시설의 이용 또는 재산의 사용에 대한 사용료(同法 §136)와 특정인을 위한 사무에 대한 수수료(同法 §137) 그리고 공공시설의 설치로 인한 수익자로부터 분담금(同法 §138)을 징수할 수 있다. 국가전체적으로 볼 때, 재정권에 대하여 중앙정부가 독식하고 지방자치의 재정자치권이 빈약한 경우는 진정한 지방자치라고 하기 어렵다.

(c) 자치입법

지방자치단체는 지방의회의 조례제정권과 지방자치단체의 장의 규칙제정권을 가진다. 교육자치에서는 교육감에게 교육규칙제정권을 부여하고 있다(地方教育法 §25①).

헌법은 「지방자치단체는……법령의 범위 안에서 자치에 관한 규정을 제정할 수 있다」(憲法 §117①)라고 하여, 지방자치단체에게 자치입법권을 부여하고 있다. 입헌민주국가에서는 모든 국가작용은 주권자인 국민이 정한 헌법에서 나오는 것이기 때문에 자치입법권도 헌법에서 나오는 규범정립권이며, 그런 의미에서 자치입법은 始原的인 것이 아니라 傳來的인 法源(Abgeleitete Rechtsquellen)이다.

이와 같이 헌법이 지방자치단체에게 자치입법권을 부여한 것은, 지방분권을 통하여 권력분립을 실현하고, 지방의 문제는 당해 지방의 주민이 가장 잘 판단할 수 있는 가능성이 높기 때문에 지방 스스로의 책임하에 자기 지방의 문제를 규율하는 것이 국가운영에 있어 상대적으로 설득력을 높일 수 있으며, 규범정립자와 규범수범자간에 간극을 줄여 각기 자기 지역의 특성을 고려하여 탄력적으로 대응할 수 있도록 하여 지역공동체를 활성화하고 국가의 입법부담을 경감하고자 하는데 있다.

자치입법은 지방자치단체의 필수적인 의사표현형식이고, 자치행정의 핵심적 요소이다.

(i) 조례제정권 조례는 지방의회가 법정의 절차를 거쳐 제정하는 자치입법의 한 형태인데, 이는 본질에서는 국가작용 중 입법작용이 아니고 자치행정기관인 지방의회가 행하는 집행작용인 行政作用에 속한다. 조례는 대외적 효력을 가지는 사항 또는 대내적 효력을 가지는 사항을 정할 수 있으며, 모든 주민을 수범자로 하는 일반성을 항상 가져야 하는 것은 아니다. 지방자치단체는 상위 법령의 위임에 의하여 조례를 제정하여야 할 의무를 지지 않는 한 일반적으로 조례제정의 의무는 부담하지 않는다.

조례는 「법령의 범위 안에서」(憲法 §117①) 제정할 수 있기 때문에 법령의 범위를 벗어나는 내용을 정할 수 없다. 즉 조례에서 정하는 사항은 헌법, 법률, 명령에서 정하는 내용에 위반되어서는 안 된다. 이와 같이 헌법은 조례제정에서 「法令優位의 原則」을 정하고 있다. 이러한 것이 헌법이 정하는 조례의 범위이다.

> 헌법정책적으로는 조례와 법률을 원칙적으로 동렬에 놓아 지방자치를 연방에 준하는 수준으로 설정하여 분권의 정도를 강하게 할 수도 있고, 법률에 종속되게 하여 분권의 정도를 약하게 할 수도 있다. 역사적으로 중세 봉건제도를 거쳐 근대 국가로 발전한 나라에서는 지방자치의 분권성이 강하게 나타나기도 한다. 그런데, 우리 헌법은 조례를 법령보다 하위의 수준에 머물게 하여 그 정도에서 지방자치를 설정하고 있다.

조례에서 어떤 사항을 정할 경우에 법률의 근거가 필요한가 하는 條例制定에서의 法律留保의 문제가 있다. 「법령의 범위 안에서」(憲法 §117①)라는 것이 법률유보를 정하고 있는 것인가 하는 점이 문제가 된다. 이에 대해서는 「법령의 범위 안에서」라는 표현이 법령에 반하지 않아야 한다는 내용만 정하고 있는 것이고, 법률의 위임을 정하고 있지 않는 것이라고 하여 조례제정에는 법률위임이 필요없다는 견해도 있으나, 헌법 제117조 제1항의 「법령의 범위 안에서」라는 표현은 내용이나 효력상 법령의 범위를 넘어설 수 없다는 의미뿐만 아니라 법률의 위임이 필요하다는 「法律留保의 原則」도 포함하고 있다고 보는 것이 우리 헌법이 구상하고 있는 조례의 수준과 좌표에 합당하다고 할 것이다. 다만, 조례제정에서의 법률유보는 명령 또는 규칙제정에서의 법률유보와 달리 지방자치의 성질상 지방자치단체가 내용, 목적, 범위 등에서 보다 자유롭게 정할 수 있다고 볼 것이다.

따라서 주민의 권리제한(예: 大 1997. 4. 25.-96추251)이나 의무부과에 관한 사항이나 벌칙 등과 같이 국민에게 부담을 주거나(예: 大 1995. 6. 30.-93추83) 권리를 제한하는 사항을 정하는 경우에는 법률의 위임이 있어야 한다고 할 것이고, 이러한 것이라야 헌법 제37조 제2항에도 부합한다(예: 大 1995. 5. 12.-94추28). 지방자치법이 조례제정에 있어 「주민의 권리제한 또는 의무부과에 관한 사항이나 벌칙을 정할 때에는 법률의 위임이 있어야 한다」(同法 §22 但書)라고 정하고 있는 것은 당연한 규정이라고 할 것이다. 그러나 주민의 권리제한 또는 의무부과에 관한 사항이나 벌칙을 정하는 것이 아니고 주민에게 권리를 부여하거나 급부를 제공하는 경우에는 법률의 위임이 필요없다고 할 것이다(예: 大 1992. 6. 23.-92추17).

[大 1995. 6. 30.-93추83] 「지방의회에서의 사무감사·조사를 위한 증인의 동행명령장제도도 증인의 신체의 자유를 억압하여 일정 장소로 인치하는 것으로서 헌법 제12조 제3항의 "체포 또는 구속"에 준하는 사태로 보아야 할 것이고, 거기에 현행범 체포와 같이 사후에 영장을 발부받지 아니하면 목적을 달성할 수 없는 긴박성이 있다고 인정할 수는 없을 것이다. 그러므로, 이 경우에도 헌법 제12조 제3항에 의하여 법관이 발부한 영장의 제시가 있어야 할 것이다. 그럼에도 불구하고 동행명령장을 법관이 아닌 의장이 발부하고 이에 기하여 증인의 신체의 자유를 침해하여 증인을 일정 장소에 인치하도록 규정된 조례안 제6조는 영장주의원칙을 규정한 헌법 제12조 제3항에 위반한 것이라고 할 것이다.……지방자치법 제15조 단서는 지방자치단체가 법령의 범위 안에서 그 사무에 관하여 조례를 제정하는 경우에 벌칙을 정할 때에는 법률의 위임이 있어야 한다고 규정하고 있는데, 형벌을 규정한 이 사건 조례안 제12조 내지 제14조에 관하여 법률에 의한 위임이 없었을 뿐만 아니라, 개정 전의 구법 제20조가 조례에 의하여 3월 이하의 징역 등 형벌을 가할 수 있도록 규정하였으나 개정된 지방자치법 제20조는 형벌권을 삭제하여 지방자치단체는 조례로써 조례위반에 대하여 1,000만원 이하의 과태료만을 부과할 수 있도록 규정하고 있으므로, 조례위반에 형벌을 가할 수 있도록 규정한 위 조례안 규정들은 현행 지방자치법 제20조에도 위반된다고 할 것이다. 따라서, 이 사건 조례안 제12조 내지 제14조의 규정들은 적법한 법률의 위임 없이 제정된 것이 되어 지방자치법 제15조 단서에 위반되고, 나아가 죄형법정주의를 선언한 헌법 제12조 제1항에도 위반한 것이 된다.」

[大 1997. 4. 25.-96추251] 「이 사건 조례안 제4조, 제5조 소정의 차고지확보제도는 자동차(1,500cc 미만 승용자동차 제외)·건설기계의 보유자에게 차고지확보의무를 부과하는 한편 자동차관리법에 의한 자동차등록(신규·변경·이전) 및 건설기계관리법에 의한 건설기계등록·변경신고를 하려는 자동차·건설기계의 보유자에게 차고지확보 입증서류의 제출의무를 부과하고 그 입증서류의 미제출을 위 등록 및 신고수리의 거부사유로 정함으로써 결국 등록·변경신고를 하여 자동차·건설기계를 운행하려는 보유자로 하여금 차고지를 확보하지 아니하면 자동차·건설기계를 운행할 수 없도록 하는 것을 그 내용으로 하고 있어 주민의 권리를 제한하고 주민에게 의무를 부과하는 것임이 분명하므로 지방자치법 제15조 단서의 규정에 따라 그에 관한 법률의 위임이 있어야만 적법하다.」

그런데 조례의 제정에서 법률유보가 필요하다고 하더라도 법률에서 조례에 위임을 하는 경우에 항상 구체적으로 범위를 정하여 위임하여야 하는 것은 아니다. 지방자치의 성질에 비추어 중앙정부가 어떠한 사항에 대한 규율을 지방자치단체에게 포괄적으로 위임할 필요가 있는 경우에는 包括的인 授權이 가능하다(예: 憲 1995. 4. 20.-92헌마264). 이는 지방의회가 주민의 선거에 의하여 구성되는 민주적 정당성을 가지는 기관이고, 지방자치의 성질상 포괄적으로 위임하는 것이 지방자치의 본질에 합당한 경우가 있기 때문이다. 그러나 법률에서 조례에 위임하는 경우에도 국회의 입법기능을 완전히 지방자치단체에 위임할 수 없고, 白紙委任도 허용되지 않으며, 헌법 제37조 제2항에 해당하는 때에는 포괄적인 수권이 불가능하고, 중요사항은 국회가 법률에서 정하여야 한다(重要事項留保說 Wesentlichkeitstheorie).

[憲 1995. 4. 20.-92헌마264] 「헌법 제117조 제1항은 "지방자치단체는 주민의 복리에 관한 사무를 처리하고 재산을 관리하며, 법령의 범위 안에서 자치에 관한 규정을 제정할 수 있다"고 규정하고 있고, 지방자치법 제15조는 이를 구체화하여 "지방자치단체는 법령의 범위 안에서 그 사무에 관하여 조례를 제정할 수 있다. 다만, 주민의 권리제한 또는 의무부과에 관한 사항이나 벌칙을 정할 때에는 법률의 위임이 있어야 한다"고 규정하고 있다. 이 사건 조례들은 담배소매업을 영위하는 주민들에게 자판기 설치를 제한하는 것을 내용으로 하고 있으므로 주민의 직업선택의 자유 특히 직업수행의 자유를 제한하는 것이 되어 지방자치법 제15조 단서 소정의 주민의 권리의무에 관한 사항을 규율하는 조례라고 할 수 있으므로 지방자치단체가 이러한 조례를 제정함에 있어서는 법률의 위임을 필요로 한다. 그런데 조례의 제정권자인 지방의회는 선거를 통해서 그 지역적인 민주적 정당성을 지니고 있는 주민의 대표기관이고, 헌법이 지방자치단체에 대해 포괄적인 자치권을 보장하고 있는 취지로 볼 때 조례제정권에 대한 지나친 제약은 바람직하지 않으므로 조례에 대한 법률의 위임은 법규명령에 대한 법률의 위임과 같이 반드시 구체적으로 범위를 정하여 할 필요가 없으며 포괄적인 것으로 족하다고 할 것이다.」

지방자치단체가 조례로 규정할 수 있는 사무는 자치사무와 단체위임사무에 한하고 원칙적으로 기관위임사무는 제외된다(예: 大 1999. 4. 13.-98추40; 1999. 9. 17.-99추30). 다만, 기관위임사무에서도 그에 관한 개별법령에서 일정한 사항을 조례로 정하도록 위임하고 있는 경우에는 委任條例를 제정할 수 있다. 이 때 그 내용은 개별법령이 위임하고 있는 사항에 한정되며 위임의 범위를 넘지 못한다(예: 大 1999. 9. 17.-99추30; 2000. 5. 30.-99추85).

[大 1999. 9. 17.-99추30] 「헌법 제117조 제1항과 지방자치법 제15조에 의하면 지방자치단체는 법령의 범위 안에서 그 사무에 관하여 자치조례를 제정할 수 있으나 이 때 사무란 지방자치법 제9조 제1항에서 말하는 지방자치단체의 자치사무와 법령에 의하여 지방자치단체에 속하게 된 단체위임사무를 가리키므로 지방자치

단체가 자치조례를 제정할 수 있는 것은 원칙적으로 이러한 자치사무와 단체위임사무에 한한다. 그러므로 국가사무가 지방자치단체의 장에게 위임된 기관위임사무와 같이 지방자치단체의 장이 국가기관의 지위에서 수행하는 사무일 뿐 지방자치단체 자체의 사무라고 할 수 없는 것은 원칙적으로 자치조례의 제정범위에 속하지 않는다. 다만, 기관위임사무에 있어서도 그에 관한 개별법령에서 일정한 사항을 조례로 정하도록 위임하고 있는 경우에는 위와 같은 지방자치단체의 자치조례 제정권과 무관하게 이른바 위임조례를 정할 수 있다고 하겠으나 이 때에도 그 내용은 개별 법령이 위임하고 있는 사항에 관한 것으로서 개별 법령의 취지에 부합하는 것이라야만 하고, 그 범위를 벗어난 경우에는 위임조례로서의 효력도 인정할 수 없다. 그리고 법령상 지방자치단체의 장이 처리하도록 규정하고 있는 사무가 기관위임사무에 해당하는지 여부를 판단함에 있어서는 그에 관한 법령의 규정 형식과 취지를 우선 고려하여야 할 것이지만 그 외에도 그 사무의 성질이 전국적으로 통일적인 처리가 요구되는 사무인지 여부나 그에 관한 경비부담과 최종적인 책임귀속의 주체 등도 아울러 고려하여 판단하여야 할 것이다.」

시·군·자치구의 조례는 시·도의 조례에 위반해서는 아니 된다(同法 §24). 지방자치단체는 조례로써 조례위반행위에 대하여 1,000만원 이하의 과태료를 정할 수 있다(同法 §27①).

조례제정 또는 개폐는 광역자치단체는 행정안전부장관에게, 기초자치단체는 시, 도지사에게 그 전문을 첨부해서 보고해야 한다(同法 §28). 동시에 이는 지방자치단체장의 재의요구권(同法 §26③)과 제소권에 의한 통제를 받으며(同法 §172), 주민의 조례제정 및 개폐청구권에 의한 제약도 받는다(同法 §15).

(ii) **규칙제정권** 지방자치단체의 장은 법령 또는 조례가 위임한 범위 안에서 그 권한에 속하는 사무에 관하여 규칙을 제정할 수 있다(同法 §23). 시·군·자치구의 규칙은 시·도의 규칙에 위반해서는 아니 된다(同法 §24). 규칙의 제정 또는 개폐시의 보고의무는 조례의 경우와 같다(同法 §28).

(d) **주민투표**

지방자치단체의 폐치, 분할 또는 주민에게 과도한 부담을 주거나 중대한 영향을 미치는 주요결정사항으로서 그 지방자치단체의 조례로 정하는 사항은 住民投票에 부칠 수 있다. 주민이 이러한 주민투표를 할 수 있는 권리는 헌법상의 기본권이 아니고 地方自治法상의 법률상의 권리이다(예: 憲 2001. 6. 28.-2000헌마735). 그러나 지방자치단체의 예산·회계·계약 및 재산관리에 관한 사항과 조세 및 공과금의 부과 또는 감면에 관한 사항, 행정기구의 설치·변경에 관한 사항과 공무원의 신분과 보수에 관한 사항 등은 주민투표에 부칠 수 없다(同法 §14; 住民投票法 §7).

주민투표의 청구는 투표권을 갖는 20세 이상의 주민 20분의 1 이상 5분의 1 이하의 범위 내에서 조례로 정하는 수 이상의 주민의 서명으로 할 수 있는데(住民投票法 §9), 지방자치단체의 장, 지방의회, 중앙행정기관의 장도 일정한 절차를 밟아 주민투표를 청구할 수 있다(同法 §9). 다만, 공직선거일 전 60일부터 선거일까지는 주민투표를 발의할 수 없다(同法 §13③).

주민투표의 대상이 된 사항은 투표권자 총수의 3분의 1 이상의 투표와 유효투표 과반수의 득표로 확정되는데, 지방자치단체의 장 및 지방의회는 확정된 내용대로 필요한 조치를 해야 한다(同法 §24). 주민투표의 효력에 대해서는 소청절차를 거쳐 관할 高等法院(기초자치단체의 경우) 또는 大法院(광역자치단체의 경우)에 주민투표소송을 제기할 수 있다(同法 §25). 주민투표의 절차 등에 관해서는 住民投票法이 정하고 있다.

(4) 교육 · 학예 등에 관한 기구

교육자치를 인정하는 경우에도 教育自治가 地方自治와 별개의 영역인가 아니면 지방자치의 영역에 속하는가 하는 문제가 있다. 법정책상 양자를 서로 별개의 영역으로 정할 수도 있고 교육자치를 지방자치의 영역에 속하게 하되 교육의 독립성과 자주성을 보장하는 방식으로 정할 수도 있다. 현재 실정법에 의하면, 교육자치를 지방자치와 원칙적으로 분리는 시키되(지자체장과 교육감의 분리), 일정한 수준에서 상호 연계 속에서 협동적으로 교육자치를 수행하게 하고 있다(시 · 도의회에 교육위원회 설치, 시 · 도의회 의원과 교육의원에 의한 교육위원회의 구성).

교육자치를 인정하든 인정하지 않든 교육에서 자주성은 인정되어야 하기 때문에 헌법 제31조 제4항의 교육의 자주성이 교육자치의 근거가 되는 것은 아니다. 교육자치는 헌법상의 제도가 아니고 법률에 의하여 인정되는 法律政策的인 制度이다. 따라서 입법자는 교육자치를 정할 수도 있고 국가가 교육을 책임지게 할 수도 있으며, 교육자치를 정하는 경우에도 교육자치의 단위, 범위, 수준, 형태 등에 대하여 광범한 입법형성권을 가진다. 교육자치와 관련된 권리와 의무도 법률상의 것이며 헌법상의 것이 아니다.

(a) 교육위원회

시 · 도의회에 교육 · 학예에 관한 의안과 청원 등을 심사 · 의결하기 위하여 교육위원회를 둔다(地方教育法 §4). 교육위원회는 시 · 도의회의원과 지방교육자치에관한법률이 정하는 일정한 교육경력 또는 교육행정경력을 가진 자로서 별도로 선출된 교육의원으로 구성하되, 교육의원이 과반수가 되도록 구성한다(同法 §5①). 교육의원은 시 · 도의회의원의 지위와 권한을 가지며(同法 §6①), 임기는 4년이고(同法 §7), 주민의 보통 · 평등 · 직접 · 비밀선거에 따라 선출한다(同法 §8①).

교육위원회는 당해 시 · 도의 교육 · 학예에 관한 i) 조례안, ii) 예산안 및 결산,

iii) 특별부과금 · 사용료 · 수수료 · 분담금 및 가입금의 부과와 징수에 관한 사항, iv) 기채안, v) 기금의 설치 · 운용에 관한 사항, vi) 대통령령으로 정하는 중요재산의 취득 · 처분에 관한 사항, vii) 대통령령으로 정하는 중요시설의 설치 · 관리 및 처분에 관한 사항, viii) 법령과 조례에 규정된 것을 제외한 예산 외의 의무부담이나 권리의 포기에 관한 사항, ix) 청원의 수리와 처리, x) 외국 지방자치단체와의 교류 · 협력에 관한 사항, xi) 그 밖에 법령과 시 · 도 조례에 따라 그 권한에 속하는 사항을 심사 · 의결한다(同法 §11①). 이러한 사항 가운데 v) 내지 xi)에 속하는 사항에 대하여 행한 교육위원회의 의결은 시 · 도의회 본회의의 의결로 본다(同條 ②).

(b) 교 육 감

시 · 도의 교육 · 학예에 관한 사무의 집행기관으로 시 · 도에 교육감을 둔다(同法 §18①). 교육감은 교육 · 학예에 관한 소관 사무로 인한 소송이나 재산의 등기 등에 대하여 당해 시 · 도를 대표한다(同條 ②). 교육감은 주민의 보통 · 평등 · 직접 · 비밀선거에 따라 선출한다(同法 §22①). 교육감의 임기는 4년으로 하며, 교육감의 계속 재임은 3기에 한한다(同法 §21). 국가행정사무 중 시 · 도에 위임하여 시행하는 사무로서 교육 · 학예에 관한 사무는 교육감에게 위임하여 행한다. 다만, 법령에 다른 규정이 있는 경우에는 그러하지 아니하다(同法 §19).

교육감은 교육 · 학예에 관한 i) 조례안의 작성 및 제출에 관한 사항, ii) 예산안의 편성 및 제출에 관한 사항, iii) 결산서의 작성 및 제출에 관한 사항, iv) 교육규칙의 제정에 관한 사항, v) 학교, 그 밖의 교육기관의 설치 · 이전 및 폐지에 관한 사항, vi) 교육과정의 운영에 관한 사항, vii) 과학 · 기술교육의 진흥에 관한 사항, viii) 평생교육, 그 밖의 교육 · 학예진흥에 관한 사항, ix) 학교체육 · 보건 및 학교환경정화에 관한 사항, x) 학생통학구역에 관한 사항, xi) 교육 · 학예의 시설 · 설비 및 교구에 관한 사항, xii) 재산의 취득 · 처분에 관한 사항, xiii) 특별부과금 · 사용료 · 수수료 · 분담금 및 가입금에 관한 사항, xiv) 기채 · 차입금 또는 예산 외의 의무부담에 관한 사항, xv) 기금의 설치 · 운용에 관한 사항, xvi) 소속 국가공무원 및 지방공무원의 인사관리에 관한 사항, xvii) 그 밖에 당해 시 · 도의 교육 · 학예에 관한 사항과 위임된 사항에 관한 사무를 관장한다(同法 §20).

교육감은 법령 또는 조례의 범위 안에서 그 권한에 속하는 사무에 관하여 교육규칙을 제정할 수 있고(同法 §25①), 사무를 위임 · 위탁할 수 있으며(同法 §26), 소속 공무원을 지휘 · 감독하고 법령과 조례 · 교육규칙이 정하는 바에 따라 그 임용 · 교육훈련 · 복무 · 징계 등에 관한 사항을 처리한다(同法 §27).

Ⅳ. 지방자치단체와 주민

(1) 주민의 의의

지방자치단체의 주민은 지방자치단체의 구역 안에 주소를 가진 자를 말한다(地自法 §12).

(2) 주민의 권리

(a) 공적 재산·공적 시설의 이용권

주민은 법령이 정하는 바에 의하여 소속지방자치단체의 재산과 공공시설을 이용할 권리를 가진다(同法 §13①).

(b) 균등한 행정의 수혜권

주민은 그 지방자치단체로부터 균등하게 행정의 혜택을 받을 권리를 가진다(同項).

(c) 선거권 및 피선거권

국민인 주민은 법령이 정하는 바에 의하여 그 지방자치단체에서 실시하는 지방의회의원 및 지방자치단체의 장의 선거에 참여할 권리를 가진다(同條②).

(d) 주민투표권

지방자치단체의 장은 주민에게 과도한 부담을 주거나 중대한 영향을 미치는 지방자치단체의 주요 결정사항 등에 대하여 주민투표에 붙일 수 있다(同法 §14①). 주민투표의 대상·발의자·발의요건·기타 투표절차 등에 관하여는 따로 법률로 정하도록 하는데(同條②), 이에 따라 住民投票法이 제정되어 시행되고 있다.

이러한 주민투표권은 어디까지나 입법에 의하여 채택된 것이고 헌법에 의하여 이러한 제도의 도입이 보장되고 있는 것은 아니기 때문에 헌법이 보장하는 기본권이 아니라 법률이 보장하는 법률상의 권리임을 유의할 필요가 있다(예: 憲 2001. 6. 28.-2000헌마735; 2007. 6. 28.-2004헌마643; 2009. 3. 26.-2006 헌바99).

(e) 주민소환권

주민은 그 지방자치단체의 장 및 지방의회의원(비례대표 지방의회의원은 제외)을 소환할 권리를 가진다(地自法 §20①). 주민소환의 투표 청구권자·청구요건·절차 및 효력 등에 관하여는 따로 주민소환에 관한 법률로 정하고 있다.

> [憲 2009. 3. 26.-2007헌마843] 「법 제7조 제1항 제2호 중 시장에 대한 부분이 주민소환의 청구사유에 제한을 두지 않은 것은 주민소환제를 기본적으로 정치적인 절차로 설계함으로써 위법행위를 한 공직자뿐만 아니라 정책적으로 실패하거나 무능하고 부패한 공직자까지도 그 대상으로 삼아 공직에서의 해임이 가능하도록 하여 책임정치 혹은 책임행정의 실현을 기하려는데 그 입법목적이 있다. 입법자는 주민소환제의 형성에 광범위한 입법재량을 가지고, 주민소환제는 대표자에 대한 신임을 묻는 것으로 그 속성이 재선거와 같아 그 사유를 묻지 않는 것이 제도의 취지에도 부합하며, 비민주적, 독선적인 정책추진 등을 광범위하게 통제한다는 주민소환제의 필요성에 비추어 청구사유에 제한을 둘 필요가 없고, 업무의 광범위성이나

입법기술적인 측면에서 소환사유를 구체적으로 적시하기 쉽지 않으며, 청구사유를 제한하는 경우 그 해당 여부를 사법기관에서 심사하게 될 것인데 그것이 적정한지 의문이 있고 절차가 지연될 위험성이 크므로, 법이 주민소환의 청구사유에 제한을 두지 않는 데에는 나름대로 상당한 이유가 있고, 청구사유를 제한하지 아니한 입법자의 판단이 현저하게 잘못되었다고 볼 사정 또한 찾아볼 수 없다. 또 위와 같이 청구사유를 제한하지 않음으로써 주민소환이 남용되어 공직자가 소환될 위험성과 이로 인하여 주민들이 공직자를 통제하고 직접참여를 고양시킬 수 있는 공익을 비교하여 볼 때, 법익의 형량에 있어서도 균형을 이루었으므로, 위 조항이 과잉금지의 원칙을 위반하여 청구인의 공무담임권을 침해하는 것으로 볼 수 없다.」

주민투표와 주민소환

항목 \ 주민투표/주민소환	주민투표	주민소환
발안자/투표권자	1. 20세 이상의 주민으로서 투표인명부 작성기준일 현재 그 지방자치단체의 관할구역에 주민등록이 되어 있는 자(공직선거법 §18의 선거권 없는 자 제외) 2. 20세 이상의 외국인으로서 출입국관리 관계법령의 규정에 의하여 대한민국에 계속 거주할 수 있는 자격(체류자격변경허가 또는 체류기간연장허가를 통하여 계속 거주할 수 있는 경우를 포함한다)을 갖춘 자로서 지방자치단체의 조례가 정하는 자	1. 19세 이상의 주민으로서 당해 지방자치단체 관할구역에 주민등록이 되어 있는 자(「공직선거법」 §18의 선거권 없는 자 제외) 2. 19세 이상의 외국인으로서 「출입국관리법」 §10에 따른 영주의 체류자격 취득일 후 3년이 경과한 자 중 동법 §34조에 따라 당해 지방자치단체 관할구역의 외국인등록대장에 등재된 자
요건	1. 주민에게 과도한 부담을 주거나 중대한 영향을 미치는 지방자치단체의 주요결정사항으로서 그 지방자치단체의 조례로 정하는 사항(1. 법령에 위반되거나 재판중인 사항, 2. 국가 또는 다른 지방자치단체의 권한 또는 사무에 속하는 사항, 3. 지방자치단체의 예산·회계·계약 및 재산관리에 관한 사항과 지방세·사용료·수수료·분담금 등 각종 공과금의 부과 또는 감면에 관한 사항, 4. 행정기구의 설치·변경에 관한 사항과 공무원의 인사·정원 등 신분과 보수에 관한 사항, 5. 다른 법률에 의하여 주민대표가 직접 의사결정주체로서 참여할 수 있는 공공시설의 설치에 관한 사항(지방의회가 주민투표의 실시를 청구하는 경우는 제외), 6. 동일한 사항(그 사항과 취지가 동일한 경우 포함)에 대하여 주민투	소환사유 제한 없음

	표가 실시된 후 2년이 경과되지 아니한 사항 제외) 2. 지방자치단체의 폐치(廢置)·분합(分合), 구역변경, 주요시설의 설치 등 국가정책의 수립에 관하여 주민의 의견을 듣기 위하여 필요하다고 인정하는 사항	
신청권자/청구권자	1. 주민(외국인 포함) 또는 지방의회의 청구 2. 지방자치단체장 직권	1. 특별시장·광역시장·도지사: 당해 지방자치단체의 주민소환투표청구권자 총수의 100분의 10 이상 2. 시장·군수·자치구의 구청장: 당해 지방자치단체의 주민소환투표청구권자 총수의 100분의 15 이상 3. 지역선거구 시·도의회의원 및 지역선거구 자치구·시·군의원: 당해 지방의회의원의 선거구 안의 주민소환투표청구권자 총수의 100분의 20 이상
선거구	지방자치단체의 관할구역 전체 다만, 특정한 지역 또는 주민에게만 이해관계가 있는 사항인 경우에 지방자치단체장이 지방의회의 동의를 얻은 때에는 관계 시·군·구 또는 읍·면·동을 대상으로 함	1. 지방자치단체장에 대한 주민소환투표: 당해 지방자치단체 관할구역 전체 2. 지역구지방의회의원에 대한 주민소환투표: 당해 지방의회의원의 지역선거구
절차	투표의 발의 → 투표	주민소환투표의 청구 → 투표의 발의 → 투표
권한행사 정지		주민소환투표대상자는 주민소환투표안의 공고시부터 투표결과공표시까지 권한행사가 정지됨
투표의 형식	찬반투표	찬반투표
확정	투표권자 총수의 1/3 이상 투표 + 유효투표수 과반수 찬성	투표권자 총수의 1/3 이상 투표 + 유효투표 총수 과반수 찬성
효과	1. 지방자치단체장 및 지방의회는 주민투표결과 확정된 내용대로 행정·재정상의 필요한 조치를 하여야 함 2. 지방자치단체장 및 지방의회는 주민투표결과 확정된 사항에 대하여 2년 이내에는 이를 변경하거나 새로운 결정을 할 수 없음(주민투표에서 찬성과 반대 양자를 모두 수용하지 아니하거나 양자택일의 대상이 되는 사항 모두를 선택하지 아니하기로 확정된 때 제외)	1. 결과공표시부터 주민소환투표대상자의 직 자동 상실 2. 주민소환법 또는 「공직선거법」에 의한 해당보궐선거에 후보자 등록 금지
소송	투표무효소송	투표무효소송

(f) 조례제정 · 개폐청구권

지방자치단체의 19세 이상의 주민(「공직선거법」 제18조의 규정에 의한 선거권이 없는 자는 제외한다.)은 시 · 도 및 지방자치법 제175조의 규정에 의한 50만 이상 대도시에 있어서는 19세 이상 주민 총수의 100분의 1 이상 70분의 1 이하, 시 · 군 및 자치구에 있어서는 19세 이상 주민 총수의 50분의 1 이상 20분의 1 이하의 범위 안에서 당해 지방자치단체의 조례로 정하는 19세 이상의 주민 수 이상의 연서로 당해 지방자치단체의 장에게 조례의 제정이나 개폐를 청구할 수 있다. 다만, i) 법령을 위반하는 사항, ii) 지방세 · 사용료 · 수수료 · 부담금의 부과 · 징수 또는 감면에 관한 사항, iii) 행정기구의 설치 · 변경에 관한 사항 또는 공공시설의 설치를 반대하는 사항은 청구대상에서 제외한다(同法 §15①).

(g) 감사청구권

지방자치단체의 19세 이상의 주민은 시·도는 500명, 제175조의 규정에 의한 50만 이상 대도시는 300명, 그 밖의 시·군 및 자치구는 200명을 초과하지 아니하는 범위 안에서 당해 지방자치단체의 조례가 정하는 19세 이상의 주민 수 이상의 연서로 시·도에 있어서는 주무부장관에게, 시·군 및 자치구에 있어서는 시·도지사에게 당해 지방자치단체와 그 장의 권한에 속하는 사무의 처리가 법령에 위반되거나 공익을 현저히 해한다고 인정되는 경우에는 감사를 청구할 수 있다. 다만, i) 수사 또는 재판에 관여하게 되는 사항, ii) 개인의 사생활을 침해할 우려가 있는 사항, iii) 다른 기관에서 감사하였거나 감사중인 사항(다만, 다른 기관에서 감사한 사항이라도 새로운 사항이 발견되거나 중요사항이 감사에서 누락된 경우와 지방자치법 제17조 제1항의 규정에 의하여 주민소송의 대상이 되는 경우에는 그러하지 아니하다), iv) 동일한 사항에 대하여 일정한 소송이 계속중이거나 그 판결이 확정된 사항은 감사청구의 대상에서 제외한다(同法 §16①).

(h) 청 원 권

주민은 지방의회의원의 소개를 얻어 지방의회에 청원을 할 수 있다(同法 §73①). 이러한 청원권은 헌법이 보장하고 있는 내용이다(憲法 §26). 외국인인 주민에게 청원권을 인정하는 경우에는 이는 헌법상의 기본권으로서의 성격을 가지는 청원권이 아니라, 지방자치법이 정하는 법률상의 권리로서의 성격을 가지는 청원권이다.

(3) 주민의 의무

주민은 법령이 정하는 바에 의하여 그 소속지방자치단체의 비용을 분담하는 의무를 진다(同法 §21). 이에 따라 지방세, 분담금, 수수료, 사용료 등의 공과금을 납부할 의무를 진다. 그리고 주민은 필요한 노력제공의무, 물품제공의무, 자치법규준수의무 등을 진다. 주민은 이러한 의무에 대응하여 권리를 부여받는 것이 아니기 때문에 이를 負擔이라고 하기도 한다.

V. 지방자치에 관한 입법형성권의 한계

헌법은 지방자치제도의 구체적인 실현에 관해서 법률유보규정을 둠으로써 이를 국회의 입법형성권에 맡기고 있다. 그러나 이러한 입법형성권도 헌법이 정하고 있는 지방자치의 법리와 핵심적인 내용·영역에 합치하여야 한다(예: 憲, 2006. 2. 23.-2005헌마403). 중앙정부의 입법부인 국회가 자의적으로 입법형성권을 행사하는 경우에는 지방자치는 형해화되고 만다. 특히 지방재정과 자치입법에서 이러한 점이 고려되어야 한다.

제 6 장 憲法裁判制度

제 1 절 憲法裁判權

[147] 第一 憲法裁判의 概念

Ⅰ. 개 념

憲法裁判(constitutional review, constitutional adjudication, Verfassungsgerichtsbarkeit)이라 함은 헌법을 적용함에 있어서 헌법의 내용 또는 헌법문제에 대하여 다툼이 발생한 경우에 獨立的 管轄權을 가지는 재판을 통하여 이를 有權的으로 해결하는 헌법의 認識·實現作用을 말한다.

헌법재판이라는 범주에 속하는 각각의 개별재판, 즉 위헌법률심판, 탄핵심판, 정당해산심판(예: 독일, 한국, 중화민국, 포르투갈, 인도네시아, 폴란드, 타이랜드), 헌법소원심판(예: 독일, 오스트리아, 스위스, 스페인, 한국, 타이랜드), 권한쟁의심판(예: 독일, 한국, 타이랜드), 선거재판(예: 독일, 오스트리아, 프랑스, 포르투갈, 그리스, 한국 1960년6월헌법, 리투아니아), 國民投票의 효력에 관한 재판, 의회의원의 자격상실에 대한 憲法裁判(예: 타이랜드), 기본권상실재판(예: 독일), 대통령 직무수행 불능 및 그 권한의 대행과 직무로의 복귀 결정(예: 프랑스, 리투아니아, 폴란드, 포르투갈), 국정자문(예: 프랑스), 국제법규의 국내적 효력에 대한 결정(예: 독일, 오스트리아, 포르투갈, 러시아, 리투아니아, 폴란드), 최종적인 헌법해석(예: 중화민국, 한국 1960년대 6월 헌법), 연방국가적 쟁의(예: 독일, 오스트리아, 스위스, 미합중국) 등은 역사적으로 생겨난 시기와 배경이 다르고 성질이 다르기 때문에 이들을 모두 아우르는 통일된 의미의 헌법재판이라는 개념을 정립하는 것은 용이하지 않다. 나라마다 헌법재판의 범주에 포함되는 구체적인 재판의 형태는 차이를 보이고 있다.

Ⅱ. 우리나라의 헌법재판

우리나라에서 헌법재판은 헌법 제111조 제 1 항에서 열거하고 있는 위헌법률심판, 탄핵심판, 정당해산심판, 권한쟁의심판, 헌법소원심판을 일컫는 개념이다. 헌법재판소는 이런 열거사항에 대해서만 관할권을 가진다(列擧主義).

[148] 第二 憲法裁判機關

Ⅰ. 헌법재판권과 사법권

헌법재판도 재판으로서의 성질을 가지기 때문에 헌법재판을 司法이라고 부르기도 하지만, 통상 법원의 재판과 헌법재판은 그 성질이 다르므로 구별하는 것이 개념상 정밀하고 정확하다. 이렇게 헌법재판소의 재판권과 법원의 재판권을 구별하는 경우에 전자를 憲法裁判權이라고 하고, 후자를 司法權이라고 한다.

특히 憲法은 제101조 제1항에서 「司法權은 법관으로 구성된 法院에 속한다」고 정하고, 제111조에서 헌법재판권에 대하여 따로 정하고 있으므로 우리 헌법에서는 개념상 헌법재판권과 사법권이 명확히 구별되어 있다.

헌법재판은 그 본질에서 國事裁判(Staatsgerichtbarkeit)으로서의 성질을 가지는 것이기 때문에 통상의 민형사재판과는 다른 특별한 재판이다. 따라서 그 재판기관도 통상 법원(ordinary court)이 아닌 특별재판소에서 관장하게 된다(鄭宗燮 I, 4). 이러한 것은 우리 헌법사에서는 일관되게 관철되어 왔다. 1948년헌법 이래 1987년헌법에 이르기까지 1962년헌법을 제외하고는 헌법재판은 헌법위원회나 헌법재판소라는 특별재판소에서 관장하였다. 國事裁判이라는 개념은 우리 헌법사에서는 1944년에 개정된 대한민국임시정부의 「大韓民國臨時憲章」에서도 등장한다. 여기서는 통상의 재판인 민형사심판과(同憲章 §49) 구별되는 특별재판으로 國事審判, 行政審判, 軍事審判으로 나누어 정하였다(同憲章 §49). 현재도 독일, 오스트리아, 프랑스 등에서는 헌법재판과 행정재판을 통상재판과 분리하여 특별재판으로 다루고 있으며, 그 재판기관도 통상법원과는 분리하여 설치하고 있다.

Ⅱ. 헌법재판에서의 헌법재판소와 법원

(1) 대법원의 예외적인 헌법재판권

헌법상 대표적인 헌법재판기관은 憲法裁判所이다. 그러나 憲法 제107조 제2항에 의하면 명령·규칙 또는 처분이 헌법에 위반되는 여부가 재판의 전제가 된 경우에는 대법원은 이를 최종적으로 심사할 권한이 있다고 규정하고 있다. 따라서 대법원도 명령 또는 규칙 등의 위헌여부가 재판의 전제가 된 경우에는 이에 한하여 헌법을 해석하여 명령이나 규칙 등의 위헌여부를 결정하는 권한을 가진다는 의미에서 한정된 영역에서 憲法裁判機關으로서의 역할을 담당한다.

이와 같이 현행 헌법상 具體的 規範統制는 審判對象인 법규범의 종류에 따라 二元化되어 있다. 즉 法律의 위헌여부심판은 헌법재판소가 관장하고, 命令 또는 規則 등의 위헌여부심사는 대법원이 관장한다. 그런데 구체적 규범통제의 이원화는 憲法解釋의 통일성과 憲法秩序의 유지에 심대한 장애를 초래하여 입헌주의의 실현을 힘들게 한다. 따라서 헌법재판소의 견해가 최종적인 것이 되는 방식으로 구체적 규범통제절차를 일원화할 필요가 있다. 현재의 헌법규정은 1948년헌법에서부터 있었던 규정인데, 1987년 헌법개정 때 헌법재판소제도를 채택하면서 삭제하여야 하는 것을 그대로 존치시키는 바람에 남아 있는 규정이다. 이를 폐지하고 구체적 규범통제를 일원화하는 것이 타당하다. 즉 법률이 위헌으로 결정된 경우에는 이를 모법으로 하는 명령, 규칙 등도 효력을 상실시키는 것이 타당하다. 헌법 제107조 제2항은 행정소송의 근거가 되는 것이 아니다. 행정소송은 민사소송이나 형사소송과 같이 헌법 제101조 제1항을 근거로 하여 인정되는 것이다.

(2) 헌법의 적용과 헌법재판

형식적 의미에서 보면, 憲法裁判所는 憲法 제111조 제1항에 열거된 헌법재판에 관하여 독점적이고 배타적인 관할권을 가진다. 그러나 실질적 의미에서 보면, 헌법재판은 헌법재판소 이외에 法院에 의해서도 이루어진다. 일반 법원이 법률을 적용하여 재판을 하는 경우에도 그 법률은 합헌적인 것이어야 하기 때문에 법률의 헌법합치적 해석과 적용은 재판에서 본질필연적인 것으로 요구된다. 다만, 법률이 헌법에 합치하는지의 여부에 대하여 최종적으로 결정하는 권한은 헌법재판소가 가지며, 헌법재판소가 헌법의 최종적 유권해석을 한다는 점에서 헌법재판소와 법원이 구별된다.

제 2 절 憲法裁判의 目的

헌법재판은 헌법의 規範力과 實效性을 보장하고, 헌법에서 보장하고 있는 기본권을 실현하며, 국가작용의 合憲性을 보장하여 모든 국가작용으로 하여금 헌법질서 속으로 들어오게 한다. 따라서 오늘날 헌법재판은 입헌주의(constitutionalism)와 자유민주주의(liberal democracy)의 핵심적 징표 중의 하나이기도 하다.

[149] 第一 憲法의 規範力과 實效性의 保障

成文憲法을 가지고 있는 국가에 있어서 헌법재판은 헌법을 수호하고 실현하는 것을 제일의 목적으로 삼는다. 실정법이 규범력과 실효성을 가지게 함에 있어, 가장 효과적인 것은 강제력을 가지고 있는 재판을 통하여 이를 보장하는 것이다. 이런 점에서 헌법재판은 立憲主義와 憲法國家를 실현함에 있어서 매우 효과적인 수단이다.

입헌주의의 발달에서 보건대, 헌법재판을 국가의 작용으로 인정하는 것은 議會主權

(parliamentary sovereignty)의 관념을 부정하는 것을 의미한다. 민주주의의 발달과정에서 영국에서는 군주주권을 극복하기 위하여 의회가 국가의사를 결정하는 최고의 지위에 있으며 주권을 가진다고 하는 관념이 형성되었으나(J. Locke의 이론에 바탕을 두고, 명예혁명 이후에 형성된 체제), 20세기 제2차 세계대전을 겪으면서 선거민주주의(electoral democracy)에 기반을 둔 의회도 국민의 자유와 권리를 부정할 수 있다는 사실을 경험하고 선거민주주의가 곧 자유민주주의를 의미하는 것은 아니라는 사실을 확인하기에 이르렀다. 따라서 자유민주주의를 진정으로 실현하기 위해서는 의회의 권력도 기속되는 상위법의 규범력이 필요하다는 것을 인식하게 되어 미합중국의 사법심사에서 출발한 헌법재판은 전세계적으로 확산되기에 이르렀다. 최근까지 의회주권을 유지한 것은 不文憲法(unwritten constitution)을 가지는 영국이었지만, 영연방에 속한 국가들은 일찍이 영국의 체제에서 이탈하였고, 유럽연합의 성립과 인권법(Human Rights Act 1998)의 제정으로 의회주권은 더 이상 유지되기 어렵게 되었다. 오늘날 「상위법에 의한 기속」을 실현하려는 헌법재판의 관념은 국제법질서로까지 확산되어 가고 있다(예컨대 국제인권재판).

[150] 第二 基本權의 保障

오늘날 입헌주의국가에서는 기본권을 보장하는 權利章典(bill of rights)을 실정헌법에 명시하여 정하고 있으므로(기본권의 실정화) 헌법을 수호하고 실현하는 것은 국민의 기본권을 보호하고 실현하는 것을 의미하기도 한다. 헌법재판은 기본권을 보장하는 데 있어서 효과적인 수단이다.

입헌민주국가에서 헌법이 정하는 기본권을 실현하는 제1차적인 의무는 국가에게 부과되어 있으므로 국회, 정부, 법원이 먼저 자신의 권한을 행사하여 이러한 의무를 수행하여야 한다. 그러나 이들 국가기관들이 기본권실현의무를 수행하지 않거나 권한을 남용하는 경우에는 최후로 기본권을 효과적으로 보호하는 장치가 필요한데, 헌법재판은 기본권 보장의 最後 堡壘로서 그 역할을 수행한다. 위헌법률심판, 헌법소원심판, 탄핵심판, 정당해산심판은 기본권 보장의 목적을 달성하는데 기여한다.

憲法訴願審判制度와 違憲法律審判制度는 기본권을 보장하는 대표적인 제도이다. 憲法裁判所法은 헌법소원심판의 대상에서 법원의 재판을 제외하고 있기 때문에(同法 §68②) 재판의 형태로 기본권이 침해되는 사태에 대해서는 효과적으로 대응하기 어렵게 되어 있다. 彈劾審判制度, 政黨解散審判制度, 權限爭議審判制度도 간접적으로 기본권을 실현하는데 기여한다.

민주주의이론에 의하면, 민주주의(democracy)는 본질적으로 국가의사를 결정하는 절차적 원리를 의미하는데(절차적 민주주의 procedural democracy), 이러한 민주주의만 실현되면 국민의 행복도 실현될 수 있을 것이라고 생각하였다. 그러나 국가의사결정에서 민주주의가 실현된다고 하더라도 多數主義(majoritarianism; majoritarian model of democracy)에 기초한 민주주의가 국민의 자유와 권리를 부정하거나 침해하는 결과를 초래하는 것을 경험하면서 진정한 민주주의는 국민의 자유, 행복, 권리를 실현할 수 있는 것이어야 한다는 것으로 결론이 도달하였다(실질적 민주주의 substantive democracy). 이러한 實質的 民主主義에서는 헌법재판을 진정한 민주주의를 실현하게 해주는 중요한 메커니즘으로 이해한다. 이러한 것은 민주주의이론에서 민주주의의 개념을 광의로 파악하는 것에 기초하고 있다. 헌법이론에서는 정치학에서와 달리 개념을 엄밀하게 분화시켜 기본권의 보장을 민주주의와 개념상 구별하고 있으므로 민주주의는 절차적 민주주의로 파악하고, 기본권의 보장은 이와 별개로 보호되는 입헌주의의 내용으로 파악한다.

[151] 第三 國家作用의 合憲性 保障

헌법재판은 헌법에 의해 창설된 국가작용이 헌법에 맞게 이루어지도록 하는 것을 목적으로 한다. 헌법재판이 권력의 분립을 보장하고 국가기관간에 발생하는 권한상의 분쟁을 해결하는 것은 헌법질서의 혼란 또는 교란을 방지하거나 해소하여 위와 같은 목적을 실현하기 위한 것이다. 권한쟁의심판에서 보듯이, 헌법재판은 국가작용의 합헌성 보장 이외에도 헌법이 원래 구상한대로 국가기능을 정상화시키는 역할을 수행한다. 헌법재판소로 하여금 선거재판을 관장하게 하여 헌법이 채택하고 있는 대의제도가 본래의 기능을 원활히 수행할 수 있게 하거나, 대통령의 권한대행의 절차에 관여하게 하여 국정이 합헌적으로 운영되도록 하게 하는 것도 국가작용의 합헌성을 실현하는 것이다(현행법상으로는 인정하지 않고 있다). 위헌법률심판은 법률에 대한 위헌 또는 합헌의 선언을 통하여 民主的 正當性이 강한 입법작용으로 하여금 헌법질서에 편입되도록 하고, 입법에 있어 憲法的 正當性(=立憲主義的 正當性 constitutional legitimacy) 또는 憲法的 正義(constitutional justice)를 부여·확인해줌으로써 공동체와 국가에 있어 평화와 안정을 보장한다.

憲法國家에서는 어떠한 경우에도 국가권력이 「헌법으로부터 자유로운 상태」에 방치되어 있는 것을 허용하지 않는다. 국가권력은 어떤 경우에도 헌법에 羈束된다. 헌법재판은 국가권력을 헌법에 기속시켜 입법작용, 행정작용, 법원의 재판작용 등 모든 국가작용이 헌법에 합치되도록 한다. 이러한 국가작용은 중앙정부의 수준에서 행해지는 것이든 지방자치단체의 수준에서 행해지는 것이든 차이가 없다. 위헌법률심판제도, 헌법소원심판제도, 탄핵심판제도, 정당해산심판제도, 권한쟁의심판제도 등 각종의 심판제도는 국가작용의 합헌성을 보장하고 실현하는 효과적인 수단이다. 다만, 憲法裁判所法은 재판에 대한 헌법소원심판제도를 인정하지 않고 있기 때문에(同法 §68①) 재판작용의 合憲性 保障에서는 약점이 있다.

[152] 第四 憲法의 保護

헌법재판은 강력한 憲法保護手段의 하나이다. 헌법의 보호는 헌법에 대한 다양한 형태의 공격과 파괴행위에 대응하여 헌법을 수호하는 것을 뜻한다. 개별 국민이나 단체 등이 私的 利益을 추구하기 위하여 헌법을 침해하기도 하고, 기본권을 남용하여 헌법의 부정과 파괴를 기도하기도 한다. 국가의 공권력은 헌법을 수호하고 실현하는 것이 제1차적인 목적이지만, 사람이 그 권력을 행사하기 때문에 권력의 남용과 오용이 발생하고 그에 의해 헌법의 침해와 파괴가 발생한다.

헌법재판은 이러한 헌법침해에 대하여 헌법을 효과적으로 보호한다. 헌법에 대한 침해는 사회영역과 국가영역에서 공통적으로 발생할 수 있다. 사회영역에 있어서 政黨解散審判은 집단을 이루어 헌법을 부정하고 파괴하려는 「조직적인 헌법의 적」의 企圖에 대응하여 해당 정당을 해산함으로써 헌법침해의 상태 또는 가능성을 제거하여 헌법을 보호하고, 基本權喪失裁判(우리나라에서는 채택하지 않고 있음)은 기본권을 남용하여 헌법을 부정하거나 파괴하는 행위에 대하여 制裁를 가함으로써 헌법을 보호한다. 국가영역에 있어 憲法訴願審判은 공권력의 행사 또는 불행사에 의한 기본권의 침해를 제거하여 헌법에 보장된 기본권을 보호하며, 違憲法律審判은 국가의 입법권에 의해 행해지는 헌법의 침해를 예방하거나 제거하여 국가권력에 의한 헌법침해행위로부터 헌법을 보호한다. 權限爭議審判은 공권력작용에 있어서 권한의 행사와 의무의 수행에서 발생하는 혼란을 제거하고 권력분립을 실현하여 헌법질서를 유지·보호한다. 彈劾審判은 국가권력의 행사에서 헌법이나 법률에 위배되는 행위를 한 공무원을 公職에서 罷免시킴으로써 헌법을 보호한다.

제 3 절 憲法裁判의 性質

[153] 第一 裁判作用으로서의 性質

I. 내 용

헌법재판은, 독립된 재판관으로 구성된 헌법재판소가 헌법과 법률에 의해 정해진 권한과 절차에 근거하여 객관적인 法(법규범, 법원칙, 법원리 포함)이라는 유일한 審判規準에 따라 최종적인 유권적 결정을 내린다는 의미에서 재판작용이다. 헌법재판소라는 재판기관에 의해 旣判力과 羈束力이 따르는 有權的 判斷이 행해진다는 점과 이 유권적 결정에 따라 분쟁이 해결되고, 법규범이 통제되며, 국민이나 당사자의 권리가 보호되기 때문이다.

Ⅱ. 개별심판과 재판작용

재판작용으로서의 성질은 法律의 違憲與否審判, 憲法訴願審判, 權限爭議審判, 彈劾審判, 政黨解散審判 등이 모두 지니고 있다. 이러한 심판들은 재판작용으로서 旣判力과 確定力을 지니고, 개별 심판에 따라서는 그 성질상 羈束力을 발생하기도 한다. 예컨대 권한쟁의심판에서 헌법재판소의 결정에 의한 국가기관·지방자치단체의 권한의 존부·범위의 확정과 기속력은 재판작용에 의해 생겨나는 것이다.

Ⅲ. 기　　능

헌법재판이 가지는 재판작용으로서의 성격은 憲法裁判의 限界를 설정하는 원리로 작용한다. 헌법재판이 입법작용이나 정치작용과 같은 성질을 지닌다고 하더라도 재판작용으로서의 성질로 인하여 일정한 한계를 가진다. 이러한 점은 헌법재판소의 구성원리에도 적용되어 입법부나 행정부 또는 각종 정치기관의 경우와 차이를 보여준다.

[154] 第二 立法作用으로서의 性質

Ⅰ. 내　　용

헌법재판이 입법작용으로서의 성질을 가지는가 하는 문제는 규범통제를 둘러싸고 발생한다. 규범통제가 具體的 規範統制, 抽象的 規範統制, 法律에 대한 憲法訴願審判을 통하여 행해지든, 權限爭議審判 등과 같은 절차에서 해당 심판절차의 전제로서 행해지든 또는 그 절차에서 부수적으로 행해지든 이 문제가 제기된다.

국가작용 가운데 法律의 制定·廢止·改正(변경·추가·삭제)을 立法行爲라고 한다. 그런데 이와 규범가치적으로 等價인 행위가 헌법재판에서도 발생한다. 법률에 대한 전부위헌 또는 일부위헌의 결정은 사실상 법률의 폐지나 삭제와 等價的인 것이고, 限定違憲決定은 국회가 법률조항의 내용을 헌법에 합치하도록 變更하는 것과 동등한 가치로 평가되는 행위이다. 憲法不合致決定을 하면서 法律改善促求決定을 하는 경우 국회로 하여금 법률을 개정하게 하는 결과를 가져온다. 立法不作爲에 대한 違憲決定은 국회로 하여금 일정한 법률이나 법률조항의 제정을 강제하는 것이므로 이는 법률의 제정과 등가의 행위로 평가할 수 있다. 이 점에서 규범통제는 규범가치적으로 입법작용이라고 평가된다(鄭宗燮 d, 42). 국회의 입법작용을 적극적인 입법작용이라고 한다면, 위헌법률심판과 법률에 대한 헌법소원심판은 소극적인 입법작용이라고 할 수 있다(H. Kelsen).

Ⅱ. 입법작용으로서의 성질과 입법행위

위헌법률심판이 입법작용으로서의 성질을 지닌다고 하여 헌법재판이 곧 입법행위인 것은 아니다. 헌법재판의 중심적인 성질은 어디까지나 재판작용이기 때문에 헌법재판은 위헌법률심판에 있어서도 가치평가적으로 사실상 입법작용으로서의 성질을 가진다는 데 그친다.

위헌법률심판이 입법작용으로서의 성질을 가진다는 의미는 헌법원리의 면에서 중요한 내용을 함유하고 있다. 즉 國民主權原理가 지배하는 국가에서 국가의 입법행위는 民主的 正當性(democratic legitimacy, demokratische Legitimität)을 확보한 국민대표기관인 국회에 의해 행해지기 때문에 어떤 국가기관이 규범가치적으로 사실상 이런 입법행위와 等價의 행위를 하는 경우에는 그 기관 역시 국회에 버금가는 민주적 정당성을 확보하는 것이 국민주권원리에 합치한다. 이런 점에서 규범통제가 입법작용으로서의 성질을 가진다는 것은 헌법재판소의 규범통제작용이 민주적 정당성을 가질 것을 요구한다. 규범통제를 둘러싼 민주적 정당성의 문제도 여기서 발생한다.

미합중국에서 사법심사(=위헌법률심사 judicial review)의 정당성(legitimacy)에 대한 논의는 주로 사법심사의 민주적 정당성에 초점이 맞추어져 왔다. 헌법을 제정할 당시부터 이 문제는 제기되었는데, 문제의 초점은 국민에 의해 선출되지 아니한 司法官이 국민의 선거에 기초하고 있는 국민대표기관인 의회가 제정한 법률의 효력을 결정하는 것이 권력분립이나 민주주의원리에 비추어 타당하지 않고, 사법관이 지배하는 司法國家를 초래할 것이라는 점이다. 그러나 의회도 헌법을 침해하는 입법을 하는 경우가 있고, 이는 국가기관의 유권적인 판단에 의해 통제되어야 한다는 법리에 의해 사법심사는 정당성을 확보하고 있다. 즉 민주주의에서도 국민의 자유와 권리가 보장되어야 한다는 점(實質的 民主主義 substantive democracy), 다수결주의에 근거하여 국민의 자유와 권리를 결정할 수 없다는 점(反多數決主義 counter-majoritarianism), 이러한 자유와 권리를 성문헌법에서 정하고 있기 때문에 헌법이 최고규범으로서 규범력을 가져야 한다는 점(立憲主義 constitutionalism), 국가의 어떤 행위도 헌법적 한계를 넘어서는 안 되는 제한된 권력에 의한 국가일 때만 국가작용이 권위와 정당성을 가진다는 점(制限權力理論 theory of limited powers), 어떤 국가기관도 자기의 잘못에 대하여 스스로 심판할 수 없다는 점(自然的 正義 natural justice), 국가기관은 상호 견제되어야 한다는 점(權力分立 separation of power), 국가행위의 헌법위반여부는 독립적이고 先例尊重的이며 전문적인 재판기관에서 관장해야 한다는 점(獨立裁判機關에 의한 裁判的 統制)에 근거하여 재판기관에 의한 사법심사는 정당성을 확보하고 있다.

유의할 것은, 이런 점이 헌법재판을 脫司法化 또는 脫裁判化시켜 헌법재판을 전적으로 政治化시키는 것은 아니라는 점이다. 위헌법률심판에서 입법작용으로서의 성질만 강조하면 자칫 헌법재판소가 입법자가 되고, 민주적으로 구성된 국회의 자리를 헌법재판소가 차지하여 민주주의를 질식시키는 결과를 초래할 수도 있다. 헌법해석에서 客觀主義와 主觀主義의 대립에서 볼 수 있듯이, 극단적인 주관주의가 입법을 규범통제로 대체하는 위험을 초래하고 입헌주의를 빙자하여 민주주의를 질식시킬 수 있음을 유의하는 것이 필요하다.

《규범통제에 있어 헌법재판소와 국회》

위헌법률심판이 가지는 입법작용으로서의 성질은 國會와 憲法裁判所의 關係 설정에 중요한 의미를 가진다. 오늘날 입헌국가에서는 자연권적 성질을 가진 자유와 권리들을 포함한 가치들이 헌법에서 기본권으로 보장되면서 자연권과 실정권 사이의 전통적인 대립은 소멸하고 法律國家는 憲法國家에 더 이상 대항할 수 없게 되었으며, 의회주권은 입헌주의 앞에서 무력화되었다. 그 결과 현대 입헌국가에서는 입법자도 헌법에 기속되고, 헌법은 명실공히 국가법질서에서 최고규범의 지위에 있다. 헌법의 최고규범성은 憲法의 優位를 형성했고, 현대 법치국가는 법률국가에서 헌법국가로 모습을 바꾸었다. 헌법재판소가 이런 헌법국가의 원리에 의해 입법자의 권력행사를 통제하기에 이르게 되자 입법자는 더 이상 헌법재판의 예외로 존재할 수 없게 되었고, 그 결과 헌법재판소는 입법자가 제정한 法律에 대한 위헌법률심판을 통하여 실질적으로 입법자의 역할까지 하고 있다. 그러나 아무리 헌법국가라고 하더라도 헌법재판소가 국회를 대신할 수는 없다. 헌법국가에서도 헌법은 어디까지나 輪廓規範으로 존재하면서 개방성, 탄력성, 추상성, 미완성성을 가지고 공동체로 하여금 변화하는 상황에 적응하게 하는 것이고, 그 구체적인 법질서를 형성하는 것이 민주적 정당성을 가진 입법자의 주된 임무이기 때문에, 헌법재판이 인정되는 헌법구조 속에서도 헌법재판소와 국회는 각각 제 역할만 수행한다. 헌법재판소가 규범통제에서 헌법이 가지는 윤곽규범으로서의 특성을 간과하고 모든 내용을 一義的으로 확정지을 때, 헌법은 개방성과 추상성 등이 공급하는 생명력을 잃게 되고, 입법자인 국회도 입법형성의 자유를 상실하고 헌법재판소에 종속하게 된다. 이렇게 되면 헌법국가라는 이름 아래 「司法官國家」가 수립되고, 헌법재판소가 입법자의 자리를 찬탈하는 결과를 초래한다. 이러한 법리에 비추어 볼 때, 규범통제가 입법작용으로서의 성질을 가지더라도 국회의 입법형성의 자유는 보장되어야 하고, 규범통제는 입법형성의 자유 앞에서 넘지 못할 한계선을 발견하게 된다고 할 것이다. 입법형성의 자유와 그 한계는 헌법재판소의 결정에 의해 정해지는 것이 아니고 헌법의 범위 안에서 사물이나 사항의 성질에 의해 정해지는 것이다. 따라서 헌법재판이 입법작용으로서의 성질을 가지는 경우에도 그 한계는 명확하며, 이런 한계가 설정될 때 비로소 공동체 내에서 國民主權과 民主主義가 원래의 생명력을 가지게 되고, 국가작용에서 민주적 정당성의 메커니즘이 올바로 작동하게 된다. 헌법재판소가 위헌으로 결정한 법률과 동일한 법률을 국회가 다시 제정할 수 있는가 하는 위헌결정의 기속력 문제에서 국회는 다시 동일한 법률을 제정할 수 있다고 보는 견해는 국회의 입법권이 헌법재판소에 의해 일방적으로 지배될 수 없다는 것을 말하는 것이다. 그런데 국회와 헌법재판소간의 이런 관계가 헌법재판소가 자기의 권한 행사를 자제하게 만드는 「司法自制」(judicial self-restraint)를 정당화하는 것은 아니라는 점을 유의할 필요가 있다. 헌법재판소가 자기에게 주어진 권한을 행사하지 않는 것은 직무의 포기 또는 직무유기이다. 헌법재판소가 규범통제에서 변형결정을 하는 경우에도 사안의 성질상 변형결정이 불가피하기 때문에 행하는 것이지 사법자제의 표현으로 행하는 것이 아니다. 헌법재판소에 자제가 요구되는 경우는 적극적으로 질서와 법규범을 형성하는 정치작용에서 정치적인 영향력과 파장을 고려하여 과도한 정치작용을 하여서는 안 된다는 의미에 그친다. 이는 헌법재판이 정치작용으로서의 성질을 가진다고 하더라도 그러한 정치작용은 진정한 정치작용과 달리 한계를 가진다는 것을 의미하는 것이기도 하다.

[155] 第三 政治作用으로서의 性質

I. 내 용

헌법재판은 정치작용으로서의 성질도 가진다. 헌법재판이 정치적인 성질을 가지는 것은 輪廓規範인 헌법의 정치적 특성에서도 기인한다. 헌법재판이 헌법의 해석·적용행위이고, 이는 정치적 성질을 지니고 있는 헌법을 전제로 하므로 헌법재판은 실제에서 정치적 성질을 띠게 된다. 여기서 정치작용이라 함은 공동체의 의사와 질서를 形成하는 작용을 의미한다. 헌법재판이 어떤 경우에 어느 정도로 정치작용으로서의 성질을 가지는가 하는 것은 헌법재판의 各種 審判節次에 따라 다르게 나타날 수 있다.

Ⅱ. 개별심판과 정치작용

규범통제에서 法令의 違憲與否를 판단함에 있어서는 헌법을 해석하는 데 정치성이 개입한다. 특히 過剩禁止原則의 위반을 이유로 위헌이라는 판단을 하는 경우에는 그 상황구속성으로 인하여 정치성이 강하게 개입할 여지가 있다. 입법작용이 정치성을 가지고 있는 점을 고려하면 헌법재판이 입법작용으로서의 성질을 가지는 규범통제의 영역에서는 정치작용으로서의 성질이 부각될 수 있다. 그러나 規範統制는 재판작용이기 때문에 정치작용으로서의 성질이 재판작용으로서의 성질을 부정하게 만들지는 못한다.

政黨解散審判의 경우 민주적 기본질서의 위반여부를 판단함에 있어서 정치성이 강하게 작용할 수 있다. 정당해산이 문제가 되는 상황은 정치세력들 사이에 타협과 공존이 불가능할 정도로 그 대립이 심각한 수준에 이른 것일 수도 있으므로 이 상황에서 헌법재판소가 정당의 해산여부를 결정하는 것은 정치의 소용돌이 한 가운데 서는 것이다. 그러나 政黨解散審判이 정치성을 띠게 된다고 하여도 그 본질이 재판작용이기 때문에 정치적인 고려를 중심으로 하여 정당의 해산을 결정할 수는 없다. 여기에서도 중요한 것은 헌법규범의 當爲的 意味이다.

彈劾審判에도 정치적으로 비중이 있는 자에 대한 재판은 정치성을 강하게 띨 수 있다. 특히 대통령제국가에서 대통령에 대한 탄핵심판은 헌법과 법률의 위반이라는 법적 쟁점이 주된 것이지만, 직무의 계속 수행 여부에 대한 판단에는 정치성이 개입한다. 국가의 운영상 국민에 의해 선출된 대통령을 파면하는 것이나 국가조직에서 최고의 지위에 있으면서 독립성이 강하게 보장되어 있는 헌법재판소장, 대법원장, 헌법재판소 재판관, 대법관을 파면하는 것은 形式的 法治主義의 논리에만 의존할 수 없다. 이들의 탄핵심판에서는 국가의 운영에 있어서 인물 충원의 관점, 해당 인물의 능력, 업무의 중요성과 연속성, 국가의 대외적인 권위와 체면, 국가질서의 통합력 등이 고려된다. 이런 점들은 국회의 탄핵소추 과정에서도 고려되지만, 헌법재판소의 탄핵심판에서도 고려된다.

그런데 탄핵심판절차에서 소추된 당사자에 대한 파면 여부는 헌법재판소의 결정이라는 사법적 행위의 효과로서 정해지는 것이므로 裁判作用이다. 공직에서 파면되는 것과 파면된 자가 결정선고가 있은 날로부터 5년을 경과하지 아니하면 공무원이 될 수 없는 것 등은 헌법재판소의 파면 결정의 효력이다(憲裁法 §53①, §54②). 따라서 탄핵심판에는 사안에 따라 정도를 달리하면서 정치성이 개입하지만 재판작용으로서의 성질은 여전히 그 중심에 놓여 있다.

權限爭議審判에서는 정치작용으로서의 성질이 약화된다. 오히려 권한쟁의심판은 정치영역에서 정치행위들이 가열되어 격렬하게 대립·갈등하는 상황을 평화적으로 해결하는 역할을 한다. 그러나 국가 또는 공동체 내의 권한의 배분에서 어떻게 하는 것이 국가와 공동체의 기능에 합당한 것인가를 판단함에 있어서는 정치적인 요소가 고려될 여지가 존재한다.

Ⅲ. 기 능

헌법재판이 가지는 정치작용으로서의 성질은 헌법재판을 일반법원의 통상의 재판과 구별시키는 요소이기도 하다. 따라서 정치적으로 無色하여야 하는 일반법원이 이러한 특성을 가지는 헌법재판을 다루기에는 적합하지 않다. 헌법재판을 국가의 입법작용, 행정작용, 법원의 재판작용과 구별하여 제 4 의 국가작용으로 파악하는 것도 이런 점을 근거로 한다.

헌법재판이 정치적 성질을 가지고 있는 점은 일반 재판의 경우와 비교하여 헌법재판에서 재판관의 法發見과 法形成의 기능을 광범하게 인정하는 길을 열어 놓는 결과를 가져온다. 헌법해석은 헌법제정권자의 의사를 확인하고 확정하는 것이기는 하지만, 그러한 憲法認識作用에 있어서 재판관은 실제 법발견과 법형성의 행위를 하게 된다. 그런데 법형성은 기본적으로 민주주의의 영역이고 이는 헌법제정권자와 국회에서 이루어지므로 헌법재판에서 이러한 법형성을 적극적으로 수행하는 것은 자칫 「司法의 優位」(Judicial Supremacy)를 불러와 司法官이 지배하는 「司法國家」(Justizstaat)를 초래할 수 있다. 국민의 지배 대신에 「司法官의 支配」(rule of judge)가 이루어질 때에는 사회공동체의 力動性과 國民主權 및 民主主義는 후퇴하고 만다. 따라서 헌법재판이 가지는 정치적 성질을 인정한다고 하더라도 헌법해석에서 재판관에게 과도한 법형성의 권한을 인정할 수는 없다. 헌법해석이 재판관의 자의적인 가치판단이 아니라 역사를 통하여 발견 또는 형성되고 적용되면서 검증된 객관적이고 합리적인 원리(principle)에 의해 지배된다는 것도 헌법재판이 가지는 정치적 성질의 한계를 말해준다.

제 4 절 憲法裁判의 機能

[156] 第一 立法作用에 대한 統制

Ⅰ. 입법작용과 헌법적 통제

헌법재판소는 헌법재판을 통하여 국가의 입법작용에 대하여 헌법적 통제를 한다. 국가의 입법작용은 法律의 制定·改正行爲와 行政立法이나 司法立法과 같은 형태로 구체화된다. 이러한 입법작용은 입법행위의 과정과 결과로 나타나는데, 헌법재판소는 입법행위의 과정과 결과가 모두 헌법에 합치되도록 입법작용에 대하여 통제를 한다. 예컨대 입법행위의 과정에 대한 통제는 權限爭議審判을 통하여 효과적으로 이루어진다. 입법행위의 결과인 법률, 명령, 규칙, 조례 등에 대한 통제는 대표적으로 規範統制와 憲法訴願審判을 통하여 이루어지고 때로는 權限爭議審判을 통해서도 이루어진다.

Ⅱ. 규범통제

입법작용에 있어서는 국회가 기본적으로 立法形成의 自由를 가지고 있으므로 헌법재판소가 실제 어느 수준과 정도로 국회의 입법작용에 대해 통제할 수 있는가 하는 것은 판단하기가 쉽지 않지만 이런 규범에 대한 통제는 필요하다.

국가의 입법행위의 결과, 즉 法律에 대한 통제는 법원에 係屬된 구체적 사건이 기초가 되어 그 사건의 전제가 되는 법률에 대해 위헌여부를 심판하는 具體的 規範

統制(konkrete Normenkontrolle, concrete review)의 방식과 구체적 사건이 기초가 되지 않는 경우에도 법률의 위헌여부를 심판하는 抽象的 規範統制(abstrakte Normenkontrolle, abstract review)의 방식이 있다. 그리고 법률이나 立法不作爲에 의하여 직접 국민의 기본권이 침해된 경우에 침해를 받은 기본권 주체가 헌법재판소에 憲法訴願審判을 청구하여 해당 법률의 위헌여부를 다투는 경우가 있다. 이를 規範統制(Normenkontrolle)라고 하기도 하고, 司法審査(judicial review)라고 부르기도 한다. 규범통제는 法律에 한하지 않고 모든 종류의 法規範(예: 行政立法, 司法立法, 國際法規)에 대하여 행해진다.

규범통제는 헌법소송절차의 형태에 따라 여러 경로를 통하여 이루어질 수 있다. 법령에 대한 헌법소원심판, 재판에 대한 헌법소원심판에서 사건에 적용된 법률이나 법률조항의 위헌여부심판, 구체적 규범통제절차에서의 심판, 추상적 규범통제절차에서의 심판, 국가기관의 권한쟁의심판에서 전제가 되는 법률의 위헌여부심판 등이 그것이다. 우리나라의 경우 具體的 規範統制, 法令에 대한 憲法訴願審判, 立法不作爲에 대한 憲法訴願審判을 인정하고 있다.

Ⅲ. 권한쟁의심판

국가의 입법작용에서 입법행위의 과정에 대한 합헌적 통제는 주로 權限爭議審判制度를 통하여 이루어진다. 국회의 소수파가 다수파의 橫暴에 대하여 다툴 수 있게 하거나 입법과정의 절차가 왜곡되는 경우 이에 대해 다투는 길은 권한쟁의심판제도에서 마련되어 있다. 권한쟁의심판절차에서 國會議員이나 國會交涉團體의 當事者適格을 인정하는 것이나 第3者 訴訟擔當을 인정하는 것은 권한쟁의심판이 가지는 입법작용에 대한 통제로서의 기능이라는 면에서 중요한 의미를 지닌다. 규범통제절차에서 입법행위의 과정에 대한 합헌성 통제를 할 수 있는가에 대해서는 견해상 다툼이 있다([180]).

[157] 第二 執行作用에 대한 統制

Ⅰ. 집행작용과 헌법적 통제

헌법재판소는 국가의 법집행작용에 대하여 헌법적 통제를 한다. 집행작용은 대통령과 행정부의 권력작용을 말하는데, 行政作用(Verwaltung)과 統治作用(Regierung)으로 나눌 수 있다. 헌법재판소는 통치행위를 포함한 이런 집행작용에 대해 통제를 한다. 집행작용에 대한 헌법적 통제는 국민과 국가기관 또는 지방자치단체 등에 대한 집행작용을 포함한 국가의 집행작용 모두에 대해 이루어진다.

Ⅱ. 헌법재판과 행정쟁송

국민이 집행작용으로 인하여 기본권을 침해받은 경우에는 먼저 행정쟁송절차와 같은 통상의 권리구제절차를 통하여 권리구제를 시도하기 때문에 헌법재판소에 바로 심판을 청구할 수는 없다. 따라서 집행작용에 대한 통제는 이러한 통상의 권리구제 절차를 거친 다음 그에 이어지는 절차인 재판에 대한 헌법소원심판을 통하여 간접적으로 이루어진다.

그러나 통치행위나 행정작용 중 통상의 권리구제절차를 통하여 기본권의 침해를 다툴 수 없는 경우에는 직접 해당 집행작용에 대해 헌법소원심판을 청구할 수 있는데, 이런 경우에는 집행작용에 대해 헌법재판에 의한 직접적인 통제가 이루어진다.

우리나라의 경우 裁判에 대한 憲法訴願審判은 원칙적으로 금지되어 있고(憲裁法 §68①), 헌법재판소가 위헌으로 선고한 법률이나 법률조항을 적용한 재판에만 예외적으로 헌법소원심판이 이루어지므로(예: 憲 1997. 12. 24. -96헌마172등(병합)), 행정작용에 대하여 헌법재판에 의한 통제가 이루어지는 영역은 협소하다. 그래서 原行政處分에 대한 憲法訴願審判의 허용 문제에 대한 논란이 제기되고 있다.

Ⅲ. 권한쟁의심판

국가의 집행작용에 대한 통제는 권한쟁의심판을 통하여 효과적으로 이루어진다. 국가의 통치기능에 따라 권한이 배분된 것이 법을 집행하는 국가기관이나 지방자치단체에 의해 혼선을 빚는 경우 이를 원래 헌법과 법률이 정한 체계에 맞도록 바로잡는 것이 권한쟁의심판의 기능이다.

[158] 第三 裁判作用에 대한 統制

Ⅰ. 재판작용과 헌법적 통제

헌법재판은 국가의 재판작용에 대해서도 헌법적 통제를 한다. 국가의 재판작용은 적극적인 裁判과 소극적인 裁判拒否 또는 裁判遲延 등으로 나타난다. 헌법재판은 이러한 재판작용이 헌법의 테두리 내에서 이루어지도록 만들어 헌법질서가 유지되게 한다.

재판작용에 대하여 헌법적 통제가 제대로 이루어지지 못하고, 재판작용이 국민이 제정한 헌법의 영역에서 이탈한 상태를 그대로 방치하는 것은 違憲的 裁判의 길을 열어 놓는 것일 뿐만 아니라 국민의 지배 대신에 法官의 支配를 인정하고 「司法의 優位」를 더욱 심화시키는 결과를 초래한다.

Ⅱ. 재판에 대한 헌법소원심판

헌법재판은 법원의 재판작용에 대해서도 합헌성 통제를 한다. 이런 법원의 재판작용에는 積極的인 裁判行爲와 재판을 행하지 않는 消極的인 不作爲가 포함된다. 법원의 재판을 받은 국민이 자기가 받은 재판이 법원에서 합법적인 법률이나 명령 등에 근거를 두지 않은 것이거나, 법률을 잘못 해석하거나 적용하여 기본권을 침해한 것이라고 판단할 때에는 재판에 대하여 직접 헌법소원심판을 청구하여 기본권 침해 여부를 다툰다. 이러한 재판에는 판결·결정·명령 등 각종의 재판형태가 모두 포함되고, 민사재판·형사재판·행정재판·군사재판 등 모든 분야의 재판이 포함된다. 통상 裁判에 대한 憲法訴願審判은 일반 법원의 最終審 判決을 대상으로 한다.

헌법재판소가 재판에 대해 이런 심판을 한다고 하여 헌법재판소가 일반법원의 上級法院이나 최종심법원의 판결에 대한 上告審으로서의 지위를 가지는 것은 아니다. 여기에 헌법재판소에 의한 통제가 가지는 한계가 있다. 헌법재판소는 오로지 법원의 재판이 국민의 기본권을 침해하였는지 여부만 심판한다. 따라서 심판의 기준도 엄격하고 제한적일 수밖에 없다.

우리나라의 경우 裁判에 대한 憲法訴願審判은 원칙적으로 금지되어 있고(憲裁法 §68①), 헌법재판소가 위헌으로 선고한 법률이나 법률조항을 적용한 재판에만 헌법소원심판이 이루어지므로 재판작용에 대한 헌법적 통제는 미흡한 수준에 있다.

Ⅲ. 권한쟁의심판

국가의 재판작용에 대한 통제는 재판작용을 통하여 다른 국가기관의 권한을 부정하거나 침해하는 결과가 발생하는 것을 방지한다. 재판이라는 이름으로 입법행위를 하거나(法解釋의 限界 問題) 행정행위를 하는 것은 통치기능에 따른 각 국가기관과 지방자치단체의 역할을 왜곡하는 결과를 가져온다. 권한쟁의심판은 이러한 경우 국가의 재판작용의 범위를 확정해준다.

[159] 第四 國家作用의 正常化와 憲法秩序의 維持

權限爭議審判은 국가기관들 상호간, 국가기관과 지방자치단체 사이, 지방자치단체들 상호간에 權限의 存否나 範圍에 관하여 다툼이 있을 때 이를 해결함으로써 국가권력의 배분과 그에 따른 국가의 조직과 기능이라는 국가구조의 틀(constitution)을 온전하게 유지시켜 立憲主義를 실현시킨다. 한 나라에서 각각의 국가기관이 어떠한 권한을 가지며, 지방자치단체가 어떠한 권한을 가지느냐 하는 것은 憲法과 국가의 조직에 관한 법률들에 정해져 있지만, 그 규정이 애매하거나 실제 권한의 행사와 의무의 이행에서 권한과 의무의 존부나 범위를 둘러싸고 분쟁이 발생할 수 있다. 이 경우에 헌법재판소가 유권적 판단을 내려 해결하는 것이 권한쟁의심판이다.

[160] 第五 違法行爲를 한 公職者의 罷免

국가의 존재는 共同體의 존속을 유지하고 國民의 全體利益과 公益을 창출하고 실현하는데 있다. 이를 실현하기 위하여 헌법은 公職制度를 마련하고 각 기능에 합당하게 권한을 배분하여 합법적으로 권한을 행사하고 의무를 이행하여 직무를 수행하게 한다. 그런데 공직자가 직무를 수행함에 있어서 헌법과 법률에 위배되는 때에는 국가기능이 왜곡되므로 이러한 행위를 한 공직자에 대해 統制나 制裁를 가하여 직무의 수행이 헌법과 법률에 합치되도록 하여야 한다. 탄핵심판제도는 통상의 징계제도나 형사적 제재로 국가업무의 합법적 수행이 어렵다고 판단될 경우 해당 당사자를 국가의 公職에서 追放하여 국가작용을 정상화시키고 헌법질서를 유지하는 것이다.

국가가 본래의 국가기능을 수행하기 위하여 부과한 권한의 행사나 의무의 이행이 오히려 헌법이나 법률이 정하는 바를 부정하고 왜곡하는 결과를 가져온 경우에 이는 국가권력에 의한 憲法 및 合法性體系의 侵害를 의미한다. 탄핵심판제도는 이런 헌법이나 합법성체계에 대한 침해가 발생한 경우에 바로 헌법 또는 법률을 위반한 당사자를 국가영역에서 추방하여 헌법을 보호하고 입헌주의를 실현시킨다.

[161] 第六 違憲政黨으로부터의 憲法保護와 政黨의 存續保護

Ⅰ. 위헌정당으로부터의 헌법보호

실정헌법을 가지고 있는 나라에서도 입헌주의는 사회영역과 국가영역으로부터 언제나 威脅과 攻擊을 받을 수 있는 상태에 놓여 있다. 사회영역에서는 개인이나 조직에 의해 헌법을 부정하거나 침해하는 행위가 발생하지만, 「조직된 憲法의 敵」에 의해 헌법이 공격을 받는 대표적인 경우가 정당이라는 조직에 의해 행해지는 憲法侵害行爲이다. 정당은 정치사회에서 국가권력에 직접적이고 효과적으로 영향을 미치는 지위에 있기 때문이다.

政黨解散審判制度는 정당의 수준에서 발생하는 헌법에 대한 공격과 침해를 제거하여 立憲主義와 憲法國家를 실현하는 수단이다. 따라서 위헌정당에 대한 해산심판은 헌법재판의 한 유형으로서 헌법을 보호하고 입헌주의를 실현시킨다.

Ⅱ. 정당의 존속보호

민주주의국가에서 정치는 주로 정당을 중심으로 행해지고, 이러한 정당의 활동이 위축되면 민주주의나 정치가 왜곡되므로 한편으로는 위헌정당에 의한 헌법의 침해를 제거하면서 다른 한편으로는 합헌적인 정당의 활동을 보호할 필요가 있다. 정당의 합헌적인 활동이 위헌적인 것으로 오해되어 정당이 행정권력에 의해 아무렇게나 해산될 수 있게 방치하는 것은 헌법이 정하고 있는 정당의 보호와 배치된다. 이런 면에서 위헌이라는 이유로 정당을 해산하는 경우에 헌법재판의 절차에 의하도록 하는 것은 헌법이 보장하고 있는 政黨의 設立과 活動의 自由를 보장하는 것이기도 하다. 따라서 정당해산의 요건은 엄격하게 해석 · 적용되어야 한다.

이와 같이, 정당의 설립과 활동의 자유를 헌법이 보장하는 경우에 헌법재판소에 의한 정당해산심판은 정당에 의한 헌법의 침해를 제거하는 憲法의 保護와 동시에 헌법재판이 아닌 형태에 의해 정당이 해산되는 것을 배제하는 政黨의 保護가 실현되도록 한다(예: 憲 1999. 12. 23.-99헌마135). 그러나 사회영역이 활성화 · 전문화되고, 정당의 정책개발의 기능과 정치권에의 인적 충원기능, 여론조성기능이 약화되면서 다른 단체에 대한 정당의 특권적 지위는 계속 유지하기 어렵게 되고 있다. 각국에서 정당에 대한 법정책이 다양한 것도 이를 잘 보여준다.

헌법에 위반되는 정당을 재판을 통하여 해산하는 제도는 행정권력에 의해 정당의 활동이 금지되거나 해체된 경험을 가졌거나, 공산주의정당이나 사회주의정당에 의한 자유민주주의체제의 전복기도로 인하여 체제의 위기를 경험하거나, 공산주의세력과 자유민주주의 세력이 內戰(civil war)의 형태로 전쟁을 한 경험이 있거나 민족 또는 종교를 이유로 한 분리운동에 따라 공동체가 와해 · 해체되는 위기를 경험한 국가 등에서 헌법재판의 한 형태로 제도화되었다. 이는 민주주의를 부정하고 파괴하는 「민주주의의 적」에게 민주주의라는 이름으로 그 체제파괴적인 행위를 인정할 수 없다는 가치적 결단에 기초하고 있는 것이며, 현실에서의 체험을 통하여 제도가 구상되고 실정화된 것이다. 예컨대 독일의 경우 바이마르공화국에서 정당활동의 자유가 인정되던 것이 나치의 국가사회주의의 등장으로 1933년에 나치당을 제외한 일체의 정당활동을 금지하는 법률에 의해 일당독재를 경험하였고, 동시에 제2차대전 후 좌익정당에 의한 체제전복의 위기에 노출되면서 헌법재판기관에 의한 정당해산제도를 제도화하고, 재판을 통하여 위헌정당을 해산하였다. 터키와 타이완의 경우도 이와 유사하다. 우리나라는 1950년 북한공산주의세력의 도발로 자유민주주의체제를 전복하려는 내전을 겪었고, 1958년 美軍政 법령이었던 「정당에관한규칙」(군정법령 제55호)에 근거하여 행정권에 의해 정당이 해산(=등록취소)되고 1961년의 5·16군사쿠데타로 조직된 軍事革命委員會의 포고령(제6호)에 의해 그 해 5월 23일 모든 기성 정당이 해산되었던 경험도 가지고 있다. 공산주의세력과 전쟁을 한 후 사회주의 중국과 분단되어 대립하고 있는 中華民國(=타이완=臺灣)은 2000년 헌법을 개정하여 정당의 목적이나 행위가 중화민국의 존재 또는 자유민주적 헌정질서를 危害하는 때에 정당을 해산할 수 있는 정당해산심판권을 司法院의 憲法裁判所(Constitutional Court)에 부여하였다. 인도네시아도 2002년 헌법개정을 통하여 헌법재판소제도를 채택하고 2003년 8월 13일

憲法裁判所法을 시행하면서 헌법을 침해한 정당을 해산하는 정당해산심판을 제도화하였다. 공산주의국가에서 자유민주주의로 체제전환한 폴란드에서도 정당해산심판제도를 채택하였다. 행정권력으로부터 정당활동의 자유가 보장되고, 자유민주주의 사회나 체제의 안정에 의해 공산주의자나 사회주의자의 활동이 영향력을 발휘하지 못한 나라(예: 미합중국)에서는 이러한 정당해산심판제도가 실정화되지 않은 모습도 보이고 있다. 그러나 미합중국에서는 캘리포니아州와 같이 위헌·반정부 정당에 대해서는 명칭사용의 금지나 예비선거참여금지를 통하여 통제하고 있다. 다른 나라에서도 체제를 전복하거나 헌법질서를 부정·파괴하려는 정당에 대하여 정당활동을 금지하거나(예: 오스트리아, 프랑스, 포르투갈, 덴마크, 스위스) 헌법재판을 통하지 않고도 이런 정당을 해산할 수 있게 제도화하고 있다(예: 스페인, 일본국).

제 5 절 憲法裁判의 支配原理

[162] 第一 憲法의 最高規範性

헌법을 공동체의 법구조에서 최고의 지위에 놓고 모든 국가작용을 헌법에 따라 창설하고 효력을 부여하는 현대 立憲主義國家에서 헌법은 언제나 共同體의 法構造와 法秩序에서 최고의 지위를 점하고 있다. 모든 하위규범을 정립하는 국가작용이나 이를 집행하는 국가작용은 헌법에 의해 創設된 권력작용이므로 입헌주의의 실현은 당연히 憲法의 最高規範性을 유지하고 실현하는 것이다. 오늘날 입헌주의국가는 헌법의 최고규범성을 통하여 合法性의 原理(principle of legality)를 의회가 제정하는 법률을 넘어 憲法的 正義(constitutional justice)의 테두리 속에서 실현시키고자 한다. 이런 헌법적 정의는 法的 正義의 形式(form of legal justice)과 自然的 正義의 實質(substance of natural justice)을 결합시킨 것이기도 하다.

헌법의 최고규범성이나 헌법의 우위를 실현함에 있어서는 여러 방법이 있는데, 규범적 효력의 면에서 이를 가장 효과적으로 실현하는 방법은 헌법을 裁判規範으로 하여 모든 국가작용의 위헌여부를 심판하여 위헌인 국가작용의 효력을 제거하는 헌법재판이다. 따라서 헌법의 최고규범성은 헌법재판을 지배하는 원리로 자리잡고 있다. 憲法裁判이 작동하지 않는 실정법구조에서 헌법이 實效性을 상실하고 名目的이거나 裝飾的일 수밖에 없는 이유도 여기에 있다. 헌법재판이 없는 입헌주의는 공허할 수밖에 없다.

헌법이 명실공히 법규범으로서 規範力을 발휘하고, 공동체에서 行爲規範과 裁判規範으로 작동할 수 있도록 하기 위해 현대 입헌주의국가는 예외 없이 헌법재판제도를 헌법에 두고 있다. 헌법이 규범력을 유지하고 실효성을 확보하기 위하여 스스로 헌법재판을 인정하는 것은 헌법국가와 입헌주의에서 나오는 본질필연적인 귀결이기도 하다. 따라서 헌법재판에서는 어떤 경우에도 헌법의 최고규범성을 부정할 수 없고 후퇴시킬 수도 없다. 이러한 것은 憲法訴訟을 지배하는 원리로 모든 세부절차에까지 영향을 미친다.

美合衆國에서 생겨난 司法審査(judicial review)는 이념적으로 憲法의 最高規範性과 「憲法의 優位」(supremacy of the constitution, Vorrang der Verfassung)에 기초를 두고 있다. 1803년 Marbury v. Madison사건에서 판례에 의해 제도화된 사법심사제도는 전통적으로 서양의 고대부터 내려온 「最高法」(higher law) 사상, 즉 국가작용을 보다 높은 原理(higher principles)나 法에 羈束시켜 국가작용이 아무렇게 행해지지 못하게 하는 사상과 실정법 규범에서 헌법은 최고의 우월적인 지위를 가지며 이러한 우월적인 지위는 재판기관에 의한 사법심사를 통하여 실현될 수 있다는 것에 기초를 두고 있다. 즉 헌법은 국가 내에서 가장 상위에 있는 실정법이고 개별 실정 법률들은 이 상위규범에 합치할 때만 효력을 가지고 적용될 수 있다는 법리이다. 이 결과 미합중국에서는 헌법의 최고규범성이 모든 헌법적 논의의 전제가 되어 있다. 이런 사법심사의 관념은 라틴 아메리카의 많은 나라에 영향을 주었다. 예컨대, 1887년 아르헨티나에서는 최고법원의 판례(sojo사건)로 사법심사의 관념이 수용되었다. 1918년의 오스트리아헌법과 1919년 바이마르헌법에서는 특별한 헌법분쟁절차로 그 관점이 수용되었고, 제2차 세계대전 이후에는 이탈리아, 서독, 프랑스, 포르투갈, 스페인과 같은 유럽대륙 대부분 나라에서 사법심사의 관념이 다양한 형태로 헌법에 실정화되었다. 20세기 후반에 공산·사회주의체제의 붕괴와 더불어 전지구적으로 민주화가 전개되면서 대부분의 나라에 헌법재판제도가 도입되었다.

[163] 第二 基本權의 保障

근대 입헌주의가 형성되면서 나타난 특징 중의 하나가 權利章典을 實定憲法에 수용한 것인데, 기본권이 권리로서 실현될 수 있고, 침해를 받았을 때 이의 구제를 실현할 수 있기 위해서는 재판이라는 실효성이 있는 방법이 요구된다. 여기서 기본권의 보장은 헌법재판을 지배하는 원리로 작용한다.

기본권의 보장이 헌법재판을 지배하는 원리로 작용한다는 것은 헌법재판의 어떤 결론도 기본권을 침해하는 것이 되어서는 안 된다는 것을 의미하는 동시에 헌법소송절차의 어떠한 부분도 기본권을 침해하는 것이 되어서는 안 된다는 것을 의미한다. 헌법재판의 세부적인 절차가 헌법실체법에서 보장하고 있는 기본권의 보호영역을 침해할 수 없는 것도 이런 연유이다. 즉 기본권을 침해하는 청구기간의 제한이나 당사자의 제한 또는 재판의 효력 등이 어떤 경우에도 인정될 수 없는 것은 기본권의 보장이 헌법재판을 지배하는 원리이기 때문이다.

제 6 절 憲法裁判의 限界

헌법재판이 제 4 의 국가작용으로서의 성격을 가진 특수한 국가작용이라고 하더라도 이는 재판작용이기 때문에 그 작용에서 일정한 한계가 있다.

[164] 第一 憲法解釋上의 限界

헌법재판은 어디까지나 헌법을 해석하고 적용하는 헌법의 인식작용이므로 헌법재판에서 수행되는 헌법해석도 해석의 범위를 넘을 수 없다. 우리 헌법상 헌법의 개정은 주권자인 국민만이 행할 수 있는 것이므로 헌법재판소는 어떤 경우에도 실질적으로 헌법의 개정을 가져오는 헌법해석을 할 수 없다. 헌법재판소는 헌법해석을 통하여 헌법의 변천을 시도할 수는 있으나, 이는 헌법제정권자인 동시에 헌법개정권자인 국민이 예정하고 있는 것이다. 헌법의 해석에서 재판관간에 다양한 시각의 차이가 있는 경우에도 이러한 차이는 어디까지나 헌법해석이 허용하는 범위 내에서만 인정되는 것이기 때문에 헌법재판은 언제나 헌법해석상의 한계를 가진다.

[165] 第二 立法作用上의 限界

위헌법률심판과 같은 규범통제가 입법작용으로서의 성격을 지니고 있다고 하더라도 헌법재판소가 이를 통하여 국회의 입법작용을 대체할 수는 없다. 헌법재판소가 법률의 위헌여부를 심판하는 권한을 가지더라도 국회의 입법형성의 자유를 제한하거나 침해하지는 못한다. 국회가 가지는 적극적인 입법형성의 자유는 민주주의의 생명이고, 권력분립의 고유한 영역이기 때문이다. 국회는 이러한 입법형성의 자유에 입각하여 적극적으로 정치를 형성하는 권능을 가지기 때문에 헌법재판소가 규범통제나 법률에 대한 헌법소원심판을 통하여 국회의 입법권의 행사에 대하여 심사를 한다고 하더라도 입법행위를 대체해서는 안 되고, 이는 어디까지나 소극적인 수준에서 머물러야 한다.

[166] 第三 政治作用上의 限界

헌법재판에서는 통상의 재판작용에 비하여 정치작용이 상대적으로 강하게 나타난다. 이러한 범위에서 헌법재판소는 적극적으로 헌법질서를 형성하는 역할을 수행한다. 그러나 정치사회에서의 정치작용은 無定形의 사회에서 정형적인 질서와 가치를 만들어내는 적극적인 행위이고, 이는 파당적인 성격까지도 허용하는 성질을 지니므로 헌법재판이 국가의 재판작용인 이상 이러한 정도의 정치작용일 수는 없다. 헌법재판이 정치작용으로서의 성질을 가지더라도 어디까지나 재판작용이므로 특정한 정치적 이해관계나 파당성에 의해 지배되어서는 안 된다. 헌법재판은 정치적 평화를 실현하는 역할을 수행하므로 어떠한 경우에도 정치적 파당성을 띠어서는 안 된다. 헌법재판은 이러한 정치작용상의 한계를 지니기 때문에 헌법재판의 독립과 정치적 중립이 요구된다.

제 5 편

國家作用과 國家機關

顔回:「이제 공부가 좀 는 것 같습니다.」

孔子:「그게 무슨 말인가?」

顔回:「坐忘했습니다.」

孔子:「坐忘하다니 무슨 말인가?」

顔回:「손발과 몸을 벗어 버리고 앎을 떨쳐버렸습니다. 離形去知하여 大通한 것과 같이 된 것을 坐忘이라 합니다.」

孔子:「道와 하나가 되면 좋고 싫음이 없어지고, 道의 변화에 따르면 막히는 것이 없어진다네. 과연 자네는 어질도다. 이제는 내가 자네를 따르겠네.」

–「莊子」

제 1 장 國　會

제 1 절　議會主義

[167] 第一　議會主義의 槪念

국회(National Assembly)의 이념적인 바탕은 代議原理와 議會主義이다. 議會主義(parliamentarism)는 국가의 운영이 국민대표기관인 의회(parliament, assembly)를 중심으로 이루어져야 한다는 것을 의미한다. 유럽에서 생성되고 전개된 의회주의의 발달과정에 비추어 볼 때, 의회주의는 군주의 권력을 견제하기 위한 목적으로 군주의 영향력에서 벗어나 있는 의회를 설립하여 국민주권을 실현하고 국가의 운영이 합리적으로 이루어지도록 하는데 그 목적을 두었다.

이런 의회주의의 이념은 민주주의의 발달과 함께 민주주의와 결합하여 議會民主主義로 나아가면서 국가는 民主的 正當性을 가진 합의체 國民代表機關인 의회를 중심으로 운영되어야 한다는 내용을 가지게 되었고, 더 나아가 정부형태까지 지배하여 議會主義制政府라는 형태를 만들어내기도 하였다.

원리적인 면에서 보면, 의회주의와 의회주의제정부는 同義語는 아니다. 의회주의는 정치원리이고, 의회주의제정부는 權力分立原理에 따른 정부형태이다(許營a, 859). 따라서 원리적으로는 양자를 구별하여 이해하는 것이 필요하다. 그렇지만 양자는 이념적으로 밀접한 연관을 가지고 있기 때문에 의회주의를 정부형태에 관철시킨 결과가 의회주의제정부로 나타났다. 의회의 구성에서 확보한 민주적 정당성을 행정부의 구성에까지 관철시키는 「국민→의회 구성→행정부 구성」이라는 一元主義의 방식이 의회주의제정부이다. 대통령제는 의회주의를 관철시키는 것은 아니고 행정부의 구성에서 의회의 지배력을 차단시켜 의회의 구성과 행정부의 구성에서 각기 민주적 정당성을 확보하는 「국민→의회 구성, 국민→대통령 선출」이라는 二元主義의 형태를 띠고 있지만, 여기서도 의회의 기능은 권력분립의 면에서 여전히 중요하다.

[168] 第二 現代 國家와 議會主義

Ⅰ. 의회의 상대적 약화

(1) 의회의 약화 현상

오늘날 의회주의의 현실은 각 나라마다 다양하게 나타나고 있다. 일찍부터 의회주의가 발달한 영국, 미합중국, 프랑스 등과 같은 나라와 개발도상국이 다르고, 의원내각제국가와 대통령제국가가 서로 다르며, 입헌민주국가와 독재국가 또는 권위주의체제의 나라가 다르다. 따라서 각 나라에서 의회가 국가운영의 현실에서 점하고 있는 비중이나 역할수행의 정도는 다르게 나타난다. 강한 의회를 가진 나라도 있고 약한 의회를 가진 나라도 있다. 그러나 국가가 의회를 중심으로 운영되던 의회주의의 전성기와 비교해보면, 20세기에 들어와서는 국가 운영에서 의회의 기능과 비중이 상대적으로 약화된 점을 발견할 수 있다.

(2) 의회 약화의 원인

20세기에 들어와 동서양의 여러 나라에서 의회의 비중이 약화된 것에는 여러 원인이 있지만, 주요한 원인으로는 다음과 같은 것이 지적되고 있다.

(a) 국가 과제의 증대와 행정국가의 등장

의회주의가 생성하고 발달하던 시기에는 名望家 中心의 국정 운영이 이루어졌고, 국가의 과제도 비교적 복잡하지 않았다. 그러나 현대 국가에 오면서 국가의 역할이 치안유지나 공동체의 안전보장뿐만 아니라 국민의 복지를 증대시키고 국제적으로 활발한 교섭을 하는 것에까지 확장되었다. 경제, 과학, 기술, 환경, 노동, 국방, 국제질서 등의 영역에서 날로 복잡한 문제들이 발생하고 국가는 이러한 문제에 대해 적극적이고 능률적으로 대처할 것이 요구되었다. 국가가 당면한 이런 문제의 해결에는 전문성과 능률성이 요구되는데, 선출된 의원들로 구성되는 의회가 이런 과제를 주도적으로 수행하기에는 의사결정과정, 의원의 지식과 능력 등에서 한계가 있음이 드러나게 되었다.

현대 국가에서 국가 과제의 증대는 자연 행정부의 역할을 증대시켰다. 치안이나 질서 유지뿐만 아니라 국민에게 적극적인 給付를 제공하고 방대한 공무원조직을 통하여 정책을 수립하고 집행하게 됨에 따라 국가영역에서 행정부가 차지하는 비중이 증대하였다. 그에 따라 우리나라와 같이 행정부에서 법률안을 제출하는 경우도 생겨나게 되었다. 특히 「行政國家」(Verwaltungsstaat, administrative government)라는 개념의 등장과 행정에 대한 과도한 강조는 의회를 상대적으로 약화시키고 의회민주주의를 후퇴시키는 결과를 초래하였다.

(b) 대의제도의 작동상의 결함

의회는 대의제도가 구체화된 것이고, 이런 대의제도는 선거제도, 정치자금제도, 정당제도, 부패방지제도와 같은 여러 부속 제도들이 정확하게 작동할 때 성공할 수 있다. 그런데 현실에서는 먼저 국민의 대표자인 의원을 선출하는 선거에서의 실패(제도와 과정의 실패)가 빈번하게 발생하고(election이 selection의 기능을 담보하지 못하는 현상), 정책결정 과정에서 부분이익과 특수이익이 영향력을 발휘함에 따라 전체이익과 일반이익을 창출하는데 성공하지 못하는 점이 있다(공공선택이론에서의 비판).

의원은 재선에 몰두하여 자신이 지지하는 집단이나 세력의 특수이익을 추구하면서 국민 전체의 대표자라는 본연의 역할을 하는데 성공하지 못하는 사례가 빈번하게 발생하였다. 유권자도 자신의 이익을 실현시켜 줄 사람들에게 집착하면서 선거과정을 왜곡시켰다. 그 결과 의회는 국민대표기관으로서의 역할을 충분히 하지 못하게 되면서 의회에 대한 실망과 불신이 증대하였다. 의회는 현대 국가의 과제를 수행하는데 충분하지 못하다거나 의회의 현실적인 실패를 근거로 한 「議會懷疑論」의 등장은 의회의 역할을 폄하하고 회의를 가지게 하여 결과적으로 의회의 역할을 감퇴시키는 결과를 가져왔다. 특히 자유민주주의의 기반이 허약한 나라에서는 대의제도를 자본가계급의 계급지배를 합법화하는 계급지배의 도구라고 공격한 공산주의와 사회주의의 이론적 · 전술적 공세가 의회를 가일층 약화시키는 결과를 초래하기도 하였다.

(c) 의회주의제의 실패

의회주의에 바탕을 둔 의회주의제(=의원내각제)를 채택한 국가들 가운데에서 의회주의제의 실패를 경험한 나라에서는 의회의 역할에 대한 실망과 회의를 가지게 되었다. 프랑스의 제3공화국이나 제4공화국, 바이마르공화국, 이탈리아 등에서 이런 점을 발견할 수 있다. 이런 나라의 경우 정국의 불안정에는 다른 많은 요인이 있었지만, 의회주의제의 파행은 의회에 대해 비관적이고 회의적인 태도를 가지게 만들었다. 우리나라의 1960年6月憲法과 1960年11月憲法에서 채택한 의회주의제의 경우도 그러한 경험에 해당한다고 볼 수 있다.

(d) 대통령제의 등장

의회주의는 민주적 정당성이 입법부인 의회 하나에만 부여되는 의회주의제를 채택함으로써 그 본래의 힘을 발휘할 수 있기 때문에 민주적 정당성이 의회 이외에 집행기관인 대통령에게도 부여되는 대통령제를 채택하는 나라에서는 의회주의가 상대적으로 약화될 가능성이 크다. 이와 같이 대통령제국가에서는 의회와 대통령이 국가권력에 대한 민주적 정당성을 서로 나누어 가지게 되어 여기서의 의회는 민주적 정당성의 부여가 일원화되어 있는 의회주의제에서의 의회보다 약화된 양상을 나타내게 되었다.

(e) 정당에 대한 지나친 강조

현대 정치에서 정당의 활동이 적극적으로 나타나고, 정당의 비중이 점차 증대하자 정당에 대해 많은 것을 기대하고 의회보다는 정당에 비중을 두는 현상도 나타났다. 나라에 따라서는 국가의 중요한 정책결정이 정당의 수뇌부에 의해 강한 영향을 받고, 실질적인 정치가 정당간의 거래로 이루어지는 경우도 발생하였다. 그 결과 정당이 국가의 정책결정에 적극 개입하게 되었고, 정당 소속의 의원에 대해서도 영향력을 강화시켜 갔다.

독일의 경우 국정운영에서의 정당의 주도적인 역할과 의원의 소속정당에 대한 종속을 강조한 「政黨國家理論」의 등장(예컨대 G. Leibholz의 정당국가이론)은 결과적으로 의회에 대한 懷疑를 부추기고, 의회의 기능을 약화시키는데 기여했다. 우리나라도 독재와 권위주의 통치시기에 이러한 정당국가론을 무비판적으로 도입하여 강조한 것은 朋黨 또는 徒黨과 유사한 성격을 가지는 우리나라 정당의 모순을 은폐하고 대의제도를 왜곡시키며 국회를 無力化하는데 일조하는 결과를 초래하기도 했다.

(f) 독재와 권위주의통치에 의한 의회의 억압

독재와 권위주의통치가 행해진 나라에서는 통치의 역량을 의회를 무력화시키는데 집중하였다. 여당을 통치의 수단으로 삼아 의회를 장악하고, 이에 대항하는 야당을 탄압하여 의회를 休眠機關으로 변질시키거나 無力化시켰다. 이런 나라들은 의회주의를 제대로 시행해 보지도 않은 상태에서 의회의 파행을 유도하여 결과적으로 국민으로 하여금 의회에 대하여 부정적이고 회의적인 시각을 가지게 만들었다. 이런 통치는 대통령의 지위를 領導者(Führer) 또는 최고통치자로 변질시키고, 대통령에 있어 「권력의 인격화」를 도모하여 결과적으로 의회의 약화를 초래하였다.

(g) 의회 운영상의 실패

의회제도가 제대로 정착되지 못한 나라나 의회가 파행적으로 운영된 나라에서는 의회에서 공개적이고 합리적인 토론의 과정을 거쳐 국가정책을 수립하고 결정하는 것이 어렵게 되었다. 의원에 대한 매수·탄압, 의사 절차의 왜곡, 충분한 토론과 熟議가 배제된 다수결에 의한 폭력 등은 의회운영에서의 실패를 야기하였다. 그 결과 의회는 국가운영에서 비효율적인 기관으로 변질되고, 「議會無用論」이 확산되는 결과를 초래하였다. 특히 독재나 권위주의통치는 의회무용론을 확산시키고 의회를 무력화하여 국민으로 하여금 의회에 대한 기대를 포기하게 하고 통치자에 대하여 찬양과 의존을 하게 만들었다.

Ⅱ. 의회의 정상화

대의민주주의에서 의회의 기능이 약화되거나 쇠퇴하는 것은 그 자체 대의민주주의의 실패를 의미할 수 있다. 따라서 대의민주주의에서 의회의 기능을 정상화하고 활성화하는 것은 필수적이다. 의회의 약화를 가져온 원인을 분석하고 의회의 기능을 정상화하는 방안을 모색하는 것이 필요하다. 특히 대통령제국가에서도 의회는 가장 강력한 민주적 정당성을 가진 합의제 정책결정기관이고 국정통제기관이기 때문에 그 본래의 지위와 기능은 변함 없이 유지되어야 한다. 대통령제에서 의회의 약화는 「대통령 독재」의 길을 열어주는 것이기도 하므로 의회의 정상화는 권력통제의 면에서도 중요한 의미를 가진다.

(1) 의회의 역량 강화

의회가 자신의 역할을 충실히 수행하기 위해서는 그에 요구되는 역량을 가져야 한다. 이러한 역량은 의회의 시스템과 의회의 구성원 모두에게 요구된다. 의회의 회의 운영이나 의사결정과정을 합리화시키고, 의회의 활동을 효과적이고 충실하게 하는 시스템을 갖추어야 한다. 본회의와 위원회의 활동을 합리적인 절차와 제도에 의해 보장하여야 하고, 의회의 활동을 지원하는 보조기구들을 체계적이고 효과적으로 조직하는 것이 필요하다.

의원의 능력, 지식, 자질이 보다 우수한 수준에 도달하도록 하여야 하고, 의원의 활동을 지원하는 보조기구들에 종사하는 인력도 우수한 자원으로 충원하여야 한다. 의원의 질적 수준을 확보하는 것은 선거에 의해 좌우되는 것인 만큼 의원의 직무를 충분히 수행할 수 있는 사람을 선출하는 것이 무엇보다 중요하다. 이런 점에서는 유권자가 의회와 의원의 역할의 중요성을 인식하고 선거권을 신중하고 현명하게 행사하는 것이 필요하며, 선거제도가 본래의 기능에 부합하는 것이 되어야 한다.

이와 같이 의회의 역량을 강화함에 있어서는, 객관적 요건으로 의회의 효과적인 운영을 실현할 수 있는 시스템을 구축하는 것과 주관적 요건으로 의원 및 그 보조기구에 종사하는 인력의 충원을 충실히 하는 것이 필요하다.

(2) 대의제도의 성공조건 강화

의회는 대의제도를 구체화한 형태이므로 의회가 성공하기 위해서는 대의제도를 성공시키는 조건들이 갖추어져야 한다. 즉 국민의 대표자인 국회의원의 선거에서 국회의원의 직을 충실하게 수행할 수 있는 자질과 능력이 있는 자를 선출하여야 하고, 의회의 의사결정이 특수이익이나 부분이익에 지배당하지 않도록 정치자금을 통제하는 장치(정치자금제도)와 정치부패를 방지하는 장치(부패방지제도)를 마련하는 것이 필요하다. 또한 의원들은 자신의 권한을 행사하고 의무를 수행함에 있어서 전체 국민의 이익을 추구하여야 하며, 이러한 것이 왜곡되지 않도록 감시하고 통제하는 장치(의정활동의 공개와 감시활동)를 마련하는 것이 요구된다.

(3) 정당의 비대화 억제

정당은 그 생성단계에서 확인할 수 있듯이, 파당(faction)으로서의 속성을 지니고 있으므로 정당이 국가작용에 과도하게 개입하는 것은 억제하여야 한다. 오늘날 민주주의의 발달과 시민사회의 역량 향상으로 인하여 과거에 정당이 담당하던 역할은 줄어들고 있다. 여론의 형성과 수렴, 정치인력의 충원, 정책의 개발이라는 정당의 전통적인 역할은 시민사회가 분화되고 활성화된 오늘날에는 더 이상 효과적일 수 없다. 특히 각 분야의 전문가들이 증가하고, 정보사회와 전자민주주의의 발달로 사회공동체의 구성원간에 의사소통이 활성화되며, 시민사회의 활동이 활발해지고 있어 과거 정당이 담당하던 역할은 전문단체(전문연구소, 싱크탱크 등)와 시민단체 그리고 전문가 개인에게로 이전되고 있다. 따라서 정당이 소수 정치세력의 국가권력을 장악하기 위한 이익집단으로 변질될 가능성도 더욱 농후해지고 있다. 이런 점을 고려하면, 의회의 기능을 정상화함에 있어서는 정당이 소속 의원에 대하여 지배력이나 영향력을 강화하는 것이나 의원이 정당에 종속되어 국민대표자로서의 지위가 약화되는 것을 방지하는 것이 필요하다.

(4) 의회 운영의 효율성 제고

의회 운영의 효율성을 제고하기 위해서는 의회의 활동을 보조하는 의회 내의 기구들을 확충하고 그에 필요한 인력을 충원하여야 한다. 입법과 예산과 관련한 활동에 있어서는 이를 지원하는 효과적인 기구와 인력이 필요하므로 이러한 시스템의 구축은 의회의 기능을 정상화시키고 강화하는데 필수적으로 요구된다.

제 2 절 國會의 憲法上 地位

[169] 第一 代議機關

Ⅰ. 헌법적 개념

헌법상 국회는 대의기관으로서의 지위를 가진다(憲法 §41①, §46②). 代議民主主義(representative democracy)에서 국회는 전체 국민을 대표하는(represent) 代議機關, 즉 國民代表機關이다. 이는 國民主權原理에서 도출되는 귀결이다.

국회가 대의기관이라는 것은 일부 국민의 특수이익을 대변하거나 대리하는 기관이 아니라, 전체 국민의 이익을 추구하고 국가이익과 국민의 공공복리를 실현하는 기관이라는 의미이다. 이런 점에서 대의기관은 본인(principal)과 대리인(agent, delegate, deputy)간의 위임법리에 기초한 代理機關과 구별된다. 따라서 국회를 구성하는 국회의원은 어떤 특정세력이나 특정인으로부터 지시나 명령을 받지 않으며, 스스로 직무상의 양심에 따라 자율적으로 국가의사를 결정한다.

Ⅱ. 대의관계

(1) 의 의

국회가 대의기관이라는 것은 국민과의 관계에서 법적인 대리관계에 있는 것이 아니라는 의미이다. 따라서 국회와 국민 사이에는 命令的 委任(imperative Mandat)이 존재하지 않는(freie Mandat) 代議關係만 존재한다. 이와 같이 국회는 국민대표기관이고 특정 이익을 대리하거나 대변하는 기관이 아니기 때문에 국회가 지역구 선거에서 선거구의 선거민들에 의해 선출된 국회의원에 의해 구성된다고 할지라도 선거민들의 특수이익과는 결별되어 존재한다. 따라서 국회는 국가정책을 결정함에 있어서 선거민은 물론이고 국민에 대해서도 법적인 책임을 지지 않는다. 국회를 구성하는 국회의원이 차기 선거에서 정치적으로 심판을 받아 국민에 대한 책임을 질 뿐이다([120] Ⅰ, Ⅱ).

(2) 선거공약

국회는 대의기관이기 때문에 그 구성원인 국회의원이 선거에서 선거구민과 公約이라는 이름으로 특정한 행위를 할 것을 약속하였다고 하더라도 이에 구속되지 않는다. 공약의 불이행에 대해서는 각 국회의원이 개별적으로 정치적인 평가를 받을 뿐이다([121] Ⅲ (1)).

Ⅲ. 국회에 대한 도전

오늘날 국회가 가지는 국민대표기관으로서의 지위는 국가정책의 결정에 대한 정당의 적극적인 개입과 각종 이익집단, 압력단체, 비영리단체의 영향력과 활동력이 강화되면서 약화되는 양상을 보이기도 한다. 이러한 것은 국회가 특수이익이나 부분이익들의 지배에 쉽게 복종할 위험성이 높아졌다는 것을 말하는 것이며, 국가의 계급적 중립성이 위기에 처해 있다는 것을 말해주는 것이기도 하다. 그리고 국회의원의 충원에서 실패함으로 인하여 국민 대표자의 자질이나 능력에 대한 권위와 신뢰가 저하되고, 이에 국민이 국가의사결정에 직접 개입하려는 직접민주주의적인 경향이 강해지면서 국회가 가지는 대의기관으로서의 지위는 많은 도전을 받고 있다.

[170] 第二 立法機關

Ⅰ. 헌법적 개념

헌법상 국회는 입법기관으로서의 지위를 가진다(憲法 §40). 국민주권을 구체적으로 실현하는 대의원리와 권력분립원리에 의할 때, 국가의 권능 가운데 입법권능은 국민의 대표기관인 국회에 귀속된다. 입법(legislation)이란 국가의 작용 가운데 법을 만드는(make) 것을 뜻한다. 이러한 것은 법을 집행하는(implement) 행정부의 행정작용이나 법을 해석하고(interpret) 재판하는(adjudicate) 재판기관의 재판작용과 구별됨을 의미한다. 즉 국회가 입법기관이라고 하는 것은 적극적으로는 법을 만드는 기관이라는 것을 말하고, 소극적으로는 법을 집행하거나 법을 해석하여 재판하는 기관이 아니라는 것을 말한다.

Ⅱ. 의회입법중심주의

국회가 입법기관으로서의 지위를 가진 것은 영국에서 국민주권의 사상에 기초한 의회주의의 발달에 따라 왕에 대한 의회의 투쟁을 통하여 종래 왕이 가졌던 입법권을 빼앗아 온 것에서 비롯한다. 강력한 의회주의에 기초하여 있을 때 입법권은 의회가 독점하였지만(議會立法獨占主義), 오늘날에는 국가기능의 분화와 국가운영의 효율화로 인하여 의회가 입법의 중심적인 기관이기는 하지만 필요한 경우에는 다른 헌법기관도 예외적으로 입법을 할 수 있도록 하고 있고, 행정부의 법률안제출이나 대통령의 법률안거부와 같이 다른 기관이 국회의 입법에 개입할 수 있게 하고 있다. 따라서 오늘날 국회가 입법기관으로서의 지위를 가지는 경우에도 입법을 독점하는 기관이라는 의미가 아니라 입법의 중심적인 기관이라는 의미를 가진다(議會立法中心主義).

국회가 가지는 입법기관으로서의 지위가 강화된 모습은 의원입법이 활성화될 때

보다 분명하게 나타나지만, 행정부에 법률안제출권을 부여한 경우에는 입법과정에서 중요한 역할은 실질적으로 행정부가 하고 국회는 나머지 일만 처리하는 지위로 격하되는 양상을 보이기도 한다. 이러한 경우에는 의회입법중심주의조차 상당히 약화된다.

우리나라에서도 헌법은 「立法權은 國會에 속한다」라고 하여(憲法 §40) 원칙적으로 국회가 입법권, 즉 법률의 제정과 개정에 관한 권한을 가진다고 정하면서도(國會立法의 原則) 예외적으로 법률과 동일한 효력을 가지는 법규범이나 법률보다 하위에 있는 법규범의 정립권을 다른 국가기관에게 부여하고 있다. 국회입법원칙의 예외에 해당하는 것으로는 i) 대통령의 긴급명령권과 긴급재정경제명령권(憲法 §76 ①,②), ii) 대통령령 · 총리령 · 부령 등의 각종 행정입법권(憲法 §75, §95), iii) 헌법재판소의 규칙제정권(憲法 §113②), iv) 대법원의 규칙제정권(憲法 §108), v) 중앙선거관리위원회의 규칙제정권(憲法 §114⑥), vi) 지방자치단체의 자치입법권(憲法 §117①)이 있다.

그러나 중요한 것은, 형식적 의미의 법률을 제정하거나 개정하는 권한은 여전히 국회가 입법기관으로서 독점하고 있다는 점이다(國會法律獨占主義). 이러한 점에서 국회는 전형적인 입법기관으로서의 지위를 지니고 있다.

[171] 第三 國家政策決定機關

Ⅰ. 헌법적 개념

헌법상 국회는 국가정책결정기관으로서의 지위를 가진다. 대의민주주의원리에 의할 때, 국회는 국민의 대표기관으로서 공동체의 안전과 전체국민의 이익을 추구하고 실현하는 국가의사를 결정하는 권한을 가지는데, 이러한 국가의사의 결정은 구체적으로 국가정책의 결정(policy-making)으로 나타난다. 국가의 안전과 공공복리를 실현하고 국내적인 문제와 국제관계에서 발생하는 문제들을 해결하는 정책을 수립하고 확정하는 것이 국회가 수행하는 국가정책결정의 기능이다.

이러한 국가정책의 결정은 대부분 국회의 입법작용에 의해 구체화되지만, 국회의 권력통제에 관한 권한이나 재정에 대한 권한의 행사에 의해서도 이루어진다.

Ⅱ. 정부형태와 국가정책결정권

국회가 가지는 국가정책결정기관으로서의 지위도 그 본질적 내용은 대의민주주의원리에 의해 정해져 있지만, 그 구체적인 권한의 배분에서는 정부형태에 따라 달라진다. 議會主義制에서는 국회가 국가정책결정의 중추적인 기관으로서의 지위를 점하고 있고 행정부에 대한 국회의 지배력이 강하게 나타난다. 大統領制에서는 국가정책을 결정함에 있어 국회와 대통령간에 역할과 권한이 배분되어 있어 양자간의 관계를 어떻게 설정하는 것이 가장 합리적인 것인가 하는 것이 문제되고 있는데, 양자간의 역할 배분에 따라 「강한 국회-약한 대통령 모델」, 「약한 국회-강한 대통령 모델」, 「국회-대통령 균형 모델」 등 다양한 모습으로 나타나고 있다. 混合政府制에서도 국회는 국가정책결정기관으로서의 지위를 가지지만, 구체적인 국가정책의 결정에 있어 국회와 대통령간의 역할 배분에서는 다양한 모습을 나타낼 수 있다.

[172] 第四 國政統制機關

Ⅰ. 헌법적 개념

헌법상 국회는 국정통제기관으로서의 지위를 가진다. 국회는 권력분립의 기능배분에 따라 입법기관으로서의 지위를 가지면서도 권력분립의 다른 요소인 권력통제의 요청에 따라 권력통제기관으로서의 지위를 가지고 국정을 통제한다. 권력통제의 법리에 따를 때, 헌법이 창설한 국가기관은 모두 서로간에 통제하는 기능을 가지지만, 국민의 대표기관인 국회는 전통적으로 행정부에 대하여 강력한 통제권한을 보유하고 이를 행사하여 왔다. 국회가 가지는 헌법재판소에 대한 통제나 법원에 대한 통제도 중요하지만 행정부에 대한 통제에 큰 비중이 가는 것도 이 때문이다.

Ⅱ. 국정통제기능의 증대

오늘날 현대국가에서 의회가 가지는 국민대표기관으로서의 지위와 입법기관으로서의 지위가 과거에 비하여 상대적으로 약화됨에 따라 의회가 가지는 국정통제기능에 보다 큰 비중이 주어지고 있다. 이러한 점에서 국회가 가지는 國政調査의 권한은 매우 중요하고, 기본적으로 국회에 기반을 두는 特別檢事制度도 국정통제의 전체 메커니즘에서 새로운 의미를 가진다. 또 행정부의 국무총리나 국무위원을 국회나 위원회에 출석시켜 답변하게 하는 제도(憲法 §62②)는 국정통제의 관점에서 중요한 의의를 갖는다. 수시로 국회가 행정부의 책임 있는 지위에 있는 자를 국회에 출석시켜 현안에 대하여 질문하고 답변을 듣는 것은 국정운영에서 국회와 행정부간의 의사소통을 원활히 한다는 점과 행정부의 權力濫用과 誤用을 수시로 통제한다는 점에서도 중요한 의미를 갖는다.

국회가 국정통제기관으로서 그 역할을 충실히 수행하기 위해서는 국정운영에 관한 정보를 충분히 수집하고 분석하는 역량이 갖추어져야 한다. 이러한 역량은 국회의원 개인의 역량에만 의존할 수 없으므로 국회의 국정통제기능을 효과적으로 지원하는 기구와 이에 필요한 충분한 재원을 확보하는 것이 필요하다.

Ⅲ. 정부형태와 국정통제권

국회는 행정부에 대하여 통제하는 권한을 가지는데, 이러한 통제의 구체적인 모습은 국회와 행정부간의 관계를 어떻게 설정하느냐 하는 政府形態(대통령제, 의회주의제, 혼합정부제 등) 에 따라 다른 모습을 보이고 있다. 행정부에 대한 국회의 통제시스템의 구체적인 모습이 정부형태와 불가분의 관계를 가지는 이유도 여기에 있다. 일반적으로 권력분립이 엄격한 대통령제→혼합정부제→권력분립이 약한 의회주의제의 순으로 행정부에 대한 국회의 통제권한이 강하게 나타나지만, 여야간의 의석분포, 정치세력간의 역학관계, 정당의 내부규율의 강약, 국가영역에 대한 사회영역의 영향력 등에 따라 구체적인 양상은 다르게 나타난다.

국회는 헌법재판소와 법원에 대해서도 권력을 통제하는 권한을 가지고 있는데, 그 구체적인 내용은 국회의 기능과 권한에서 보기로 한다([186]-[187]).

[173] 第五 合議體決定機關

Ⅰ. 헌법적 개념

국회는 국가의사결정에 있어서 합의체기관으로서의 지위를 가진다. 국회는 의사결정을 함에 있어서 구성원이 모두 참가하는 회의에서 합의를 도출하여 그에 따라 의사를 결정한다. 이런 점에서 獨任制決定機關인 대통령의 경우와 다르다.

Ⅱ. 의사결정에서의 절차주의

국회는 국가의 의사결정에서 합의체로 운영되기 때문에 구성원인 국회의원의 자유로운 참여, 토론, 숙의, 의사표시 등과 합리적인 의사결정과정에 따라 결론을 도출하는 절차가 중요한 의미를 가진다. 단순히 합의만으로 의사결정에서 요구되는 민주주의의 요청을 충족시킬 수 없기 때문에 합의에 도달하는 과정과 절차가 합리적일 것이 요구된다. 국회가 公論을 형성하는 장이어야 하고 모든 정책이나 정치적인 쟁점들이 수렴되어 공개적으로 논의되는 民意의 殿堂이어야 한다는 것도 이러한 합의체기관이라는 성격에서 비롯한다.

오늘날 參與民主主義(participatory democracy)나 熟議民主主義(=討議民主主義 deliberative democracy)가 국회에서의 의사결정의 절차나 결론 도출의 과정에 초점을 맞추는 이유도 국회가 가지는 이러한 합의체기관으로서의 성격을 중요시하기 때문이다.

제 3 절 國會의 構成

[174] 第一 國會의 構成方式

국회를 구성하는 방식으로는 전통적으로 양원제와 단원제의 방식이 있어 왔다. 유고슬라비아는 한때 국회의 구조를 五院制(five-chamber)의 방식으로 실험하기도 하였고, 남아프리카공화국은 1984년부터 1994년까지 三院制(three-chamber)의 방식을 취하기도 하였으나, 이는 헌법제도나 현실에서 예외적인 양상이다.

Ⅰ. 양 원 제

兩院制(=二院制 bicameralism)라 함은 국회를 두 개의 합의체기구(=院)로 나누어 각각에 권한을 배분하고 이러한 양원의 합의된 결론에 따라 국가의사를 결정하는 제도를 말한다.

양원제는 그 나라의 형태가 연방국가냐 단일국가냐 그리고 양원의 상호관계를 어떻게 설정하느냐에 따라 구체적인 모습과 기능을 달리 한다. 하원은 대부분 국민의 선거로 구성하지만, 상원을 구성하는 방법은 다양하다(선거, 임명, 세습, 임명과 선거의 결합 등). 연방국가에서는 연방에 속한 州(state, Land)의 의사를 대표하는 上院과 민주주의원리에 따라 국민에 의해 선출되어 전체 국민의 이익을 추구하는 下院으로 구성하는 것이 일반적인 모습이다. 예컨대 미합중국, 독일, 스위스, 오스트레일리아의 양원제가 이에 해당한다. 연방국가들은 대체로 양원제의 의회를 채택하고 있으며, 상원은 주로 주나 지방(province)을 대표하는 기능을 수행한다. 단일국가에서도 양원제를 취할 수 있다. 단일국가에서는 국회를 양원으로 하여 국회의원의 충원을 보다 기능적으로 하고(상원=전문성 중심, 하원=민주성 중심), 입법이나 권력통제가 보다 신중하고 합리적인 것이 되도록 하는 것을 추구한다. 예컨대 프랑스, 일본국, 스페인, 이탈리아의 양원제가 이에 해당한다. 우리나라에서는 1952년헌법, 1954년헌법, 1960년6월헌법, 1960년11월헌법에서 국회를 民議院과 參議院으로 구성하는 양원제를 채택하였다. 1952년헌법과 1954년헌법은 대통령제를 채택하면서 양원제를 채택하였고, 1960년6월헌법과 1960년11월헌법은 의원내각제를 채택하면서 양원제를 채택하였다. 단일국가에서 양원제를 채택한 경우에 양원제를 폐지하고 단원제를 채택하는 양상을 보이고 있는 나라들도 있다(예: 덴마크 1953년 상원 폐지, 스웨덴 1971년 상원 폐지).

양원제의 장점에 대해서는 다음과 같은 의견이 있다. i) 상원으로 하여금 하원의 권력을 견제하고 다수에 의한 지배를 저지할 수 있게 한다(국회 내의 권력분립). ii) 입법부의 2개의 원이 행정부를 통제할 수 있어 효과적인 국정통제를 실현할 수 있다(효과적인 국정통제). iii) 민주주의의 실현에 있어 대표성의 기반을 넓힐 수 있다(대표성의 확대 실현). 연방국가에서는 국정운영에서 이 점이 중요한 장점으로 작용한다. iv) 입법에서 상원으로 하여금 하원의 실수·부패·전제를 견제·교정할 수 있게 하여 신중한 입법을 가능하게 하고, 하원에 집중되는 입법부담을 감경해 줄 수 있다(입법의 정당성 확대).

이에 반하여 양원제의 단점에 대하여는 다음과 같은 지적이 있다. i) 중복된 기능으로 의안처리에서 높은 비용을 지불하게 된다(국회운영의 고비용). ii) 양원이 충돌하는 경우에는 양원합동위원회가 이를 처리하게 하여 정책결정을 어렵게 만든다(정책결정의 어려움). iii) 양원이 충돌하여 의안을 제대로 처리하지 못하는 경우 책임소재를 분명히 하기 어렵다(책임소재의 불분명). iv) 각 州의 상원의원 수를 동일하게 하는 경우에는 의회에서의 대표성에 불평등이 발생한다(대표성의 불평등).

Ⅱ. 단 원 제

單院制(=一院制 unicameralism)라 함은 국회를 하나의 단일한 합의체기구로 구성하여 단일한 합의체기구에서 국가의사를 결정하는 제도이다.

우리나라에서는 1948년헌법, 1962년헌법, 1969년헌법, 1972년헌법, 1980년헌법, 1987년헌법이 단원제를 채택하였다.

단원제의 장점에 대해서는 다음과 같은 의견이 있다. i) 의안을 능률적으로 심의·처리할 수 있다(국회운영의 비용 감경). ii) 행정부 등 다른 국가기관에 대하여 통일적이고 효과적인 통제를 할 수 있다(일원적인 국정통제). iii) 국회의 책임소재를 분명히 할 수 있다(책임소재의 명확).

단원제의 단점은 양원제를 채택하는 경우에 얻을 수 있는 이점을 얻을 수 없다는 것이다.

[175] 第二 憲法上 國會의 構成方式

현행 헌법은 단원제의 방식으로 국회를 구성하고 있다. 위에서 본 바와 같이, 단원제의 방식은 1948년헌법에서 처음 채택하였고, 그 이후 헌법개정에서 양원제로 변경하였다가 1962년헌법부터 지금까지 계속 단원제의 방식을 유지하고 있다.

단원제의 방식을 택함에 따라 탄핵심판권은 국회가 가지지 못하고, 국회는 탄핵소추권만 가지고 독립된 재판기관으로 하여금 탄핵심판을 하게 하는 구조를 채택해왔다(예: 탄핵심판위원회, 헌법위원회, 헌법재판소).

현행 단원제의 국회는 국민의 보통·평등·직접·비밀선거에 의하여 선출된 국회의원으로 구성한다(憲法 §41①). 국회의원의 수는 법률로 정하되, 200인 이상으로 한다(憲法 §41②).

제 4 절 國會의 機能과 權限

1. 立 法

[176] 第一 立法과 立法權

Ⅰ. 입법권의 의의

헌법 제40조는 「立法權은 국회에 속한다」라고 정하고 있다. 여기서 말하는 국회에 속하는 입법권(legislative power)이라 함은 법률을 제정하거나 개정 또는 폐지하는 것을 말한다. 법률의 개정방식에는 법률의 내용을 추가, 삭제, 변경하는 방식이 있다.

헌법이 의식적으로 법률을 定立(제정, 개정)하는 입법권을 국회에 부여한 것은 국회에서 입법하는 형식적 의미의 법률과 동일한 효력을 가지는 法規範의 존재를 부정하는 것은 아니다. 慣習法, 條理, 條例라고 하더라도 국회입법의 법률과 동일한 효력을 가지는 경우에는 그 법규범은 효력에서 법률과 동위에 있게 된다. 다만, 관습법이나 조리는 그 법률적 효력이 판례에 의하여 인정되기 때문에 헌법 제111조에서 정하고 있는 위헌법률심판이나 법률에 대한 헌법소원심판을 통하여 다툴 수는 없다. 종래 법률과 동일한 효력을 가지는 관습법이나 조리가 인정되어온 경우에 이러한 것들이 헌법에 위반되는지의 여부는 해당 관습법이나 조리를 적용하여 재판하는 경우에 심사·판단되거나 이러한 법규범을 적용한 국가작용의 효력을 다툴 때 심사·판단된다.

Ⅱ. 국회의 법률입법의 독점과 의회유보

(1) 법률입법의 독점

헌법은 국회입법중심주의를 취하면서, 형식적 의미의 법률의 제정과 개정에 관한 권한은 국회가 가진다고 정하면서(憲法 §40, 國會立法의 原則) 법률과 동일한 효력을 가지는 긴급명령권과 긴급재정경제명령권(憲法 §76①,②)을 대통령에게 예외적으로 부여하고 있다.

여기서 유의할 점은, 형식적 의미의 법률을 제정하거나 개정하는 권한은 언제나 국회가 입법기관으로서 독점하고 있기 때문에(國會法律獨占主義), 어떤 국가기관도 국회를 대신하여 법률에 대한 입법권을 가질 수 없다는 것이다.

헌법 제40조는 법률을 제정하거나 개정하는 권한이 국회에 독점되는 입법권의 독점을 정하고 있기 때문에 국회가 법률로 다른 국가기관에 법률제정권 또는 법률개정권을 委任하거나 移讓하는 것도 허용되지 않고, 법률로 국민에게 부분적으로나 전체적으로 법률제정권 또는 법률개정권을 移讓하는 것도 허용되지 않는다(立法權의 移讓禁止). 국민에게 법률안을 제안하는 권리(國民發案權)나 법률안에 대한 국민투표권(法律案에 대한 國民投票權)을 부여하고자 하는 경우에는 이를 헌법에서 정하여야 한다.

법률에 대한 국회입법의 독점을 보다 실질화하기 위해서는 위임입법의 경우에 하위법령에 대한 국회의 통제권을 보장하는 것이 필요하다. 이에 관하여 國會法은 행정입법의 제정 · 개정 · 폐지시에 이를 국회에 통지하는 通知制度와 국회에 의한 법규명령(대통령령 · 총리령 · 부령)의 違法與否審査通知制度를 채택하고 있다(同法 §98의2).

(2) 법률의 유보

법률의 유보는 국가의 行政行爲(Handeln der Verwaltung)는 법률에 의하여 또는 법률에 근거하여 그 행위의 권한이 인정된 경우만 구체적인 행위를 할 수 있다는 것을 의미한다. 이를 法律의 留保(Vorbehalt des Gesetzes)라고 한다.

이러한 법률유보는 입법부와 집행부간의 권력배분과 연관되어 있어 이는 헌법의 권력분립의 중요한 내용을 이룬다([134] Ⅲ).

국회가 법률입법을 독점하는 것은 국가의 모든 사항을 법률로 정해야 한다는 것을 의미하는 것은 아니다. 국민주권원리에 의할 때, 국민대표기관인 국회가 정해야 할 사항은 반드시 법률로 정하여야 하지만, 나머지 사항은 법률의 집행이나 국정운영상 하위법규범에 위임할 수 있다. 이 경우에 어떠한 사항을 반드시 법률에서 정할 것인가 하는 점이 문제가 된다. 국회가 입법권을 가지고 국회입법중심주의를 취하고 있는 이상, 법률이 규율하고자 하는 사항 가운데 중요하거나 본질적인 사항에 대해서는 국회가 독점적으로 이를 법률에서 정해야 한다. 이를 議會의 留保(Parlamentsvorbehalt)라고 한다(議會留保原則). 따라서 국회가 아닌 기관이 법률에서 정할 사항을 결정하는 것은 허용되지 않는다(예: 憲 1999. 5. 27.-98헌바70; 2009. 10. 29. -2007헌바63).

이런 의미에서 법률의 유보는 형식이 법률의 형식을 갖춘 것이어야 한다는 形式의 留保만을 의미하는 것이 아니라, 국민주권원리와 민주주의에 비추어 보아 국가가 정해야 할 사항 가운데 국민대표기관인 의회가 스스로 정해야 하는 것은 의회가 정해야 한다는 事項의 留保도 포함한다.

[憲 1999. 5. 27.-98헌바70] 「헌법은 법치주의를 그 기본원리의 하나로 하고 있으며, 법치주의는 행정작용에 국회가 제정한 형식적 법률의 근거가 요청된다는 법률유보를 그 핵심적 내용의 하나로 하고 있다. 그런데 오늘날 법률유보원칙은 단순히 행정작용이 법률에 근거를 두기만 하면 충분한 것이 아니라, 국가공동체와 그 구성원에게 기본적이고도 중요한 의미를 갖는 영역, 특히 국민의 기본권실현에 관련된 영역에 있어서는 행정에 맡길 것이 아니라 국민의 대표자인 입법자 스스로 그

본질적 사항에 대하여 결정하여야 한다는 요구까지 내포하는 것으로 이해하여야 한다(이른바 의회유보원칙). 그리고 행정작용이 미치는 범위가 광범위하게 확산되고 있으며, 그 내용도 복잡·다양하게 전개되는 것이 현대행정의 양상임을 고려할 때, 형식상 법률상의 근거를 갖출 것을 요구하는 것만으로는 국가작용과 국민생활의 기본적이고도 중요한 요소마저 행정에 의하여 결정되는 결과를 초래하게 될 것인바, 이러한 결과는 국가의사의 근본적 결정권한이 국민의 대표기관인 의회에 있다고 하는 의회민주주의의 원리에 배치되는 것이라 할 것이다. 입법자가 형식적 법률로 스스로 규율하여야 하는 그러한 사항이 어떤 것인가는 일률적으로 확정할 수 없고, 구체적 사례에서 관련된 이익 내지 가치의 중요성, 규제 내지 침해의 정도와 방법 등을 고려하여 개별적으로 결정할 수 있을 뿐이나, 적어도 헌법상 보장된 국민의 자유나 권리를 제한할 때에는 그 제한의 본질적인 사항에 관한 한 입법자가 법률로써 스스로 규율하여야 할 것이다.……공사는 비록 행정기관이 아니라 할지라도 그 설립목적, 조직, 업무 등에 비추어 독자적 행정주체의 하나에 해당하며, 수신료는 특별부담금으로서 국민에게 금전납부의무를 부과하는 것이므로, 공사가 수신료를 부과·징수하는 것은 국민의 재산권에 대한 제한을 가하는 행정작용임에 분명하고, 그 중 수신료의 금액은 수신료 납부의무자의 범위, 수신료의 징수절차와 함께 수신료 부과 징수에 있어서 본질적인 요소이다. 대부분의 가구에서 수상기를 보유하고 있는 현실에서 수신료의 결정행위는 그 금액의 다과를 불문하고 수많은 국민들의 이해관계에 직접 관련된다. 따라서 수신료의 금액은 입법자가 스스로 결정하여야 할 사항이다.」

[憲 2009. 10. 29.-2007헌바63] 「헌법은 법치주의를 그 기본원리의 하나로 하고 있고, 법치주의는 법률유보 원칙, 즉 행정작용에는 국회가 제정한 형식적 법률의 근거가 요청된다는 원칙을 그 핵심적 내용으로 하고 있다. 나아가 오늘날의 법률유보 원칙은 단순히 행정작용이 법률에 근거를 두기만 하면 충분한 것이 아니라, 국가공동체와 그 구성원에게 기본적이고도 중요한 의미를 갖는 영역, 특히 국민의 기본권 실현에 관련된 영역에 있어서는 행정에 맡길 것이 아니라 국민의 대표자인 입법자 스스로 그 본질적 사항에 대하여 결정하여야 한다는 요구, 즉 의회유보 원칙까지 내포하는 것으로 이해되고 있다. 이 때 입법자가 형식적 법률로 스스로 규율하여야 하는 사항이 어떤 것인가는 일률적으로 획정할 수 없고 구체적인 사례에서 관련된 이익 내지 가치의 중요성, 규제 내지 침해의 정도와 방법 등을 고려하여 개별적으로 결정할 수 있을 뿐이나 적어도 헌법상 보장된 국민의 자유나 권리를 제한한 때에는 그 제한의 본질적인 사항에 관한 한 입법자가 법률로써 스스로 규율하여야 할 것이다(憲 1999. 5. 27.-98헌바70; 2009. 2. 26.-2008헌마370 참조). 한편 국회의 입법절차는 국민의 대표로 구성된 다원적 인적 구성의 합의체에서 공개적 토론을 통하여 국민의 다양한 견해와 이익을 인식하고 교량하여 공동체의 중요한 의사결정을 하는 과정이며, 일반국민과 야당의 비판을 허용하고 그들의 참여가능성을 개방하고 있다는 점에서 전문관료들만에 의하여 이루어지는 행정입법절차와는 달리 공익의 발견과 상충하는 이익간의 정당한 조정에 보다 적합한 민주적 과정이다. 이러한 견지에서, 규율대상이 기본권적 중요성을 가질수록 그리고 그에 관한 공개적 토론의 필요성 내지 상충하는 이익간 조정의 필요성이 클수록, 그것이 국회의 법률에 의해 직접 규율될 필요성 및 그 규율밀도의 요구정도는 그만큼 더 증대되는 것으로 보아야 한다. 국회의 입법절차는

국민의 대표로 구성된 다원적 인적 구성의 합의체에서 공개적 토론을 통하여 국민의 다양한 견해와 이익을 인식하고 교량하여 공동체의 중요한 의사결정을 하는 과정이며, 일반국민과 야당의 비판을 허용하고 그들의 참여가능성을 개방하고 있다는 점에서 전문관료들만에 의하여 이루어지는 행정입법절차와는 달리 공익의 발견과 상충하는 이익간의 정당한 조정에 보다 적합한 민주적 과정이다. 이러한 견지에서, 규율대상이 기본권적 중요성을 가질수록 그리고 그에 관한 공개적 토론의 필요성 내지 상충하는 이익간 조정의 필요성이 클수록, 그것이 국회의 법률에 의해 직접 규율될 필요성 및 그 규율밀도의 요구정도는 그만큼 더 증대되는 것으로 보아야 한다.」

(3) 법률의 우위

법률의 효력은 헌법을 제외하고는 모든 국가기관의 의사가 가지는 효력보다 優位에 있다. 이를 法律의 優位(Vorrang des Gesetzes)라고 한다(法律優位의 原則). 따라서 행정기관이나 법원 등 모든 국가기관은 국회가 입법한 법률에 구속되고 이를 부정할 수 없다(行政과 裁判의 法律에 대한 拘束). 이러한 법률의 우위는 법치주의의 내용이지만, 국민주권원리와 민주주의에 근거를 두고 있다. 주권자인 국민이 구성한 의회가 입법한 법률이 행정권가 법원의 재판권을 구속할 수 있는 것은 국민주권원리와 민주주의에 의하여 정당화될 수 있다.

법률의 우위는 행정기관이나 법원은 행정행위나 재판을 함에 있어 반드시 법률을 적용하여야 한다는 法律適用義務를 그 내용으로 한다(國家機關의 法律適用義務). 따라서 행정부나 법원은 법률이 존재함에도 불구하고 그 법률을 배제하고 행정행위나 재판을 할 수 없다. 헌법 제103조는 법원의 재판에서의 법률의 우위를 확인하고 있다.

그리고 법률의 우위는 국회가 입법한 법률이 존재하는 이상 행정기관이나 법원은 이를 위반할 수 없다는 것을 그 내용으로 한다. 행정기관이나 법원이 법률을 적용함에 있어 헌법에 위반된다고 생각되는 경우에도 헌법재판을 통하여 해당 법률의 효력을 다투지 아니하는 이상 위헌으로 생각되는 법률도 이를 위반하면 안 된다(國家機關의 法律違反禁止義務). 헌법재판소에 의하여 위헌으로 결정되기 전까지는 해당 법률을 적용하여야 한다. 이는 법률의 通用力이기도 하다.

헌법재판소는 적용하는 법률이 위헌이라고 생각되면 직접 위헌여부를 판단한다. 따라서 여기에는 법률의 우위가 적용되지 않고 헌법의 우위가 적용될 뿐이다. 국회의 조직, 운영, 입법에 관한 사항 등을 정하고 있는 것과 같이 국회에 적용되는 법률이라도 국회가 스스로 입법한 법률은 이를 개정 또는 폐지하지 않는 한 해당 법률은 입법자인 국회에 적용된다. 이는 법률의 우위가 아니라 법률의 통용력에 근거를 두고 있다.

법률의 우위에 위반되는 행정행위는 행정소송을 통하여 효력이 배제되고, 법률의 우위에 위반되는 법원의 재판은 상소절차나 재심절차를 통하여 효력이 배제된다.

법률에 위반되는 하위 법규범은 법치주의에 위반된다.

Ⅲ. 입법과 헌법재판

헌법이 최고법의 지위에 있는 입헌주의에서 국회의 입법권은 헌법에 기속된다. 이는 「憲法의 優位」에서 나오는 당연한 귀결이다. 따라서 국회가 입법권을 가진다고 하는 것도 입법행위가 헌법에 합치하는 범위 내에서만 타당하다. 다시 말해, 국회의 입법권의 행사는 헌법에 합치하는 合憲的 立法權의 행사일 때만 유효하며 정당성을 가진다.

이러한 입법권의 합헌성을 유지하게 하고, 입법권이 헌법의 범위 내에서만 행사될 수 있게 하는 효과적인 장치가 법률의 위헌여부를 심사하는 방법이다. 이러한 방법을 구체화시키는 것으로는 헌법재판이 있는데, 위헌법률심판제도(=규범통제제도)와 법률에 대한 헌법소원심판제도가 이에 해당한다. 따라서 입헌주의국가, 즉 헌법국가에서 국회의 입법권의 보장은 필수적으로 헌법재판의 보장을 요구하며, 입헌주의의 실현에서 양자는 必須不可分의 연관관계를 가지고 있다.

이런 점에서 보건대, 위헌법률심판이나 법률에 대한 헌법소원심판에서 헌법재판소는 법률에 대하여 위헌선고를 함으로써 효력을 상실시켜 실질적으로 법률을 폐지하는 것과 동일한 결과를 가져오지만 이는 입헌주의의 요청에 따른 것이기 때문에 국회에 의한 법률입법의 독점을 침해하는 것이 아니다(違憲法律審判의 正當性).

[177] 第二 立法의 節次

Ⅰ. 법률안의 제출

우리나라에서는 국회가 법률에 대한 입법권을 독점하고 있지만, 법률안의 제출권은 국회의원과 정부가 함께 가지고 있다(憲法 §52). 대통령제를 취하는 미합중국에서는 정부에게 법률안의 제출을 허용하지 않아 입법에 있어서 입법부와 행정부의 분리를 통하여 법률에 대한 입법에 있어 의회의 독점을 실질화하고 있다. 우리나라는 이와 달리 법률안의 제출을 정부도 할 수 있게 하여 국회를 상대적으로 약화시키고 대통령의 힘을 상대적으로 강화한 형태를 취하고 있다.

법률안의 제출을 국회의원에게만 독점시키면 모든 입법이 議員立法의 형태를 띠기 때문에 행정부가 국가정책을 수립·변경·시행함에 있어서는 국회를 설득하여 법률로서 행정부를 지원하도록 하는데 노력을 기울인다. 이런 구조에서는 국가정책에 관하여 국회나 행정부(또는 대통령) 가운데 어느 일방이 독주할 수 없고 서로간에 의사소통과 이해가 수월해지며, 행정부의 판단상의 오류가 있는 경우에는 이에 대한 국회의 통제가 효과적으로 이루어질 수 있다. 법률안의 제출을 행정부가 주도하고 국회가 약한 국회의 양상을 띠는 경우에는 국회는 입법에서 단순한 의식(ritual)을 치르는 말잔치의 장이거나 거수기에 지나지 않게 되는 지위로 전락하여 국민대표기관으로서의 지위를 상실할 우려도 있다.

(1) 국회의원에 의한 법률안의 제출

국회의원은 법률안을 제출할 수 있다(憲法 §52). 이는 국회가 입법부인 이상 필연적으로 인정되는 사항이다. 국회의원이 법률안을 제출하여 입법을 하는 것을 議員立法이라고도 부른다.

(a) 개별 의원의 법률안 제출

국회의원이 법률안을 제출하는 경우에는 발의자를 포함하여 10인 이상의 찬성으로 의안을 발의할 수 있다(國會法 §79①). 법률안을 발의하는 의원은 그 안을 갖추고 이유를 붙여 소정의 찬성자와 연서하여 이를 의장에게 제출하여야 한다(同條 ②). 예산 또는 기금상의 조치를 수반하는 의안을 발의 또는 제안하는 경우에는 그 의안의 시행에 수반될 것으로 예상되는 비용에 대한 추계서를 아울러 제출하여야 한다(同法 §79의2②). 의원이 법률안을 발의하는 때에는 發議議員과 贊成議員을 구분하되, 당해 법률안에 대하여 그 제명의 부제로 발의의원의 성명을 기재한다. 다만, 발의의원이 2인 이상인 경우에는 대표발의의원 1인을 명시하여야 한다(同條 ③).

(b) 위원회의 법률안 제출

국회의원이 법률안을 발의하는 형식에는 개별 국회의원이 발의하는 형식도 있고 委員會가 제출하는 형식도 있다. 위원회가 법률안을 제출하는 경우에는 국회의원 10인 이상의 찬성을 필요로 하지 않는다. 國會法은 위원회는 그 소관에 속하는 사항에 관하여 법률안을 제출할 수 있다고 정하고 있으며, 이 경우에 위원장은 법률안의 제출자가 된다(同法 §51). 위원장이 국회의원이기 때문에 이것도 국회의원이 법률안을 제출하는 방식에 포함된다.

(2) 정부에 의한 법률안의 제출

헌법은 정부에게도 법률안을 제출할 수 있는 권한을 부여하고 있다(憲法 §52). 정부가 법률안을 제출하는 경우에는 國務會議의 審議를 거쳐(憲法 §89 iii) 대통령의 명의로 제출하며, 이에는 국무총리와 관계국무위원이 副署를 한다(憲法 §82). 법률안의 제출은 국법상의 행위이므로 부서는 필수적이다.

정부가 법률안을 제출함에 있어서는 부득이한 경우를 제외하고는 매년 3월 31일까지 당해연도에 제출할 법률안에 관한 계획을 국회에 통지하여야 한다. 그 계획을 변경한 때에는 분기별로 주요사항을 국회에 통지하여야 한다(國會法 §5의3). 법률안제출계획의 통지제도는 갑작스레 법률안을 제출하여 국회로 하여금 충분히 심의하기 어렵게 하는 것과 국회가 법률안을 졸속으로 처리하는 것을 방지하고, 국회로 하여금 연간 국회운영의 기본일정(同法 §5의2)을 합리적으로 운영할 수 있게 하기 위한 것이다.

Ⅱ. 법률안의 심의와 의결

법률안이 국회에 제출되면 국회는 위원회의 심사를 거쳐 이를 심의하고 의결한다. 이에 대한 구체적인 내용은 국회법에서 정하고 있다.

(1) 본회의에의 보고

법률안이 제안되면 국회의장에 의해 국회의 본회의에 보고된다. 본회의에 보고되면 소관상임위원회에 회부하여 심사를 하게 된다. 폐회 또는 휴회 등으로 본회의에 보고할 수 없을 때에는 이를 생략하고 상임위원회에 바로 회부할 수 있다(國會法 §81).

(2) 위원회의 심사

법률안은 통상 소관위원회에서 심사하지만, 국회의장이 소관위원회에 법률안을 회부하는 경우에 그 안건이 다른 위원회의 소관사항과 관련이 있다고 인정할 때에는 관련위원회에 이를 회부한다(國會法 §83①). 국회의장이 특히 필요하다고 인정하는 법률안에 대하여는 본회의의 의결을 얻어 이를 특별위원회에 회부한다(同法 §82①).

위원회는 법률안을 심사함에 있어서 먼저 그 취지의 설명과 전문위원의 검토보고를 듣고 대체토론(안건 전체에 대한 문제점과 당부에 관한 일반적 토론을 말하며 제안자와의 질의·답변을 포함한다)과 축조심사 및 찬반토론을 거쳐 표결하는 과정을 거친다(同法 §58①). 상임위원회는 대체토론을 끝낸 후 상설소위원회에 회부하여 안건을 심사·보고하도록 한다(同條 ②).

위원회의 심사절차

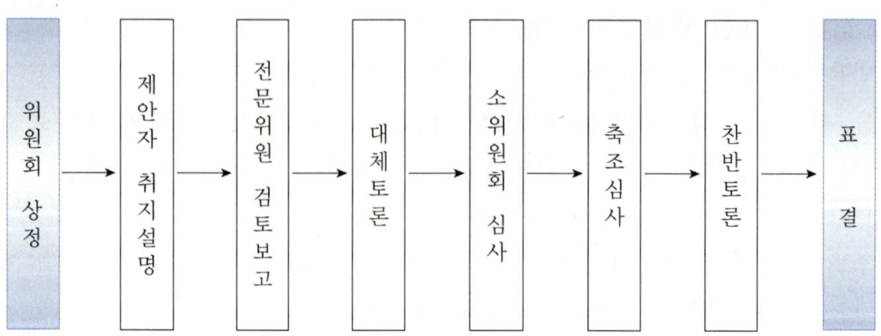

위원회는 심사대상인 법률안에 대하여 그 입법취지 · 주요내용 등을 국회공보 등에 게재하여 立法豫告를 할 수 있다(同法 §82의2①). 위원회(소위원회 포함)는 중요한 안건 또는 전문지식을 요하는 법률안을 심사하기 위하여 그 의결 또는 재적위원 3분의 1 이상의 요구로 公聽會를 열고 이해관계자 또는 학식 · 경험이 있는 자 등으로부터 의견을 들을 수 있다(同法 §64①). 제정법률안 및 전문개정법률안의 심사에 있어서 위원회는 필요적으로 공청회 또는 聽聞會를 개최하여야 하는데, 위원회의 의결로 이를 생략할 수는 있다(同法 §58⑤).

위원회에서 심사가 끝나면 表決을 하는데(同法 §58①), 가결되면 법제사법위원회에 회부하여 체계 · 자구의 심사를 받고(同法 §86①), 부결되면 본회의에로의 附議要求가 없는 한 법률안은 폐기된다(同法 §87① 本文 pigeon hole). 위원회에서 부결된 경우에도 폐회나 휴회중의 기간을 제외한 7일 이내에 의원 30인 이상의 요구가 있으면 본회의에 부의한다(同法 §87① 但書 discharge of committee).

법제사법위원회의 체계 · 자구심사에서는 위원회에서 가결한 법률안의 실질적인 내용에 대하여 심사 · 변경을 할 수 없다. 그러나 헌법에의 합치여부와 같이 법체계의 합치성을 심사하는 범위 내에서는 법률안의 내용을 심사할 수 있다.

법률안이 법제사법위원회의 體系 · 字句의 審査를 거친 후에는 위원회는 이에 대하여 다시 수정할 수 없다. 문제가 되면 본회의에서 의원 30인 이상의 찬성에 의한 修正動議(=수정안의 발의 同法 §95①)의 방법으로 처리하여야 한다. 위원회는 심사를 마친 경우에는 심사보고서를 작성하여 의장에게 제출한다(同法 §66). 본회의는 위원회가 법률안에 대한 심사를 마치고 의장에게 그 보고서를 제출한 후 1일을 경과하지 아니한 때에는 이를 議事日程으로 上程할 수 없다. 다만, 국회의장이 특별한 사유로 각 교섭단체대표의원과의 협의를 거쳐 이를 정한 경우에는 그러하지 아니하다(同法 §93의2①). 그리고 정기회 기간중에 위원회 또는 본회의에 상정하는 법률안은 다음 연도의 예산안처리에 부수하는 법률안에 한한다. 다만, 긴급하고 불가피한 사유로 위원회 또는 본회의 의결이 있는 경우에는 그러하지 아니하다(同條 ②).

(3) 전원위원회의 심사

국회는 위원회의 심사를 거치거나 위원회가 제안한 법률안 가운데 정부조직에 관한 법률안, 조세 또는 국민에게 부담을 주는 법률안 등 주요 법률안의 경우에는 전원위원회의 심사를 거치는 경우가 있다(전원위원회에 대해서는 [246] Ⅲ). 이러한 全院委員會의 심사는 법률안을 본회의에 上程하기 전이나 상정한 후에 이루어진다(國會法 §63의2①).

전원위원회의 심사대상이 되는 법률안은 「政府組織에 관한 法律案」, 「租稅 또는 국민에게 負擔을 주는 法律案」에 한정되는가 아니면 이것 이외에 다른 것도 포함되는가 하는 문제가 해석상 제기된다. 국가안전보장, 외교, 통일, 국방 등 중요한 사항에 대한 법률안은 모두 전원위원회의 심사대상이 된다고 할 것이다. 이렇게 예시적으로 해석하면, 「국민에게 부담을 주는 법률안」에서 말하는 부담은 조세에 버금가는 경제적 부담을 의미한다고 할 것이다.

2003년 3월 28일 국회는 이라크 전쟁에 대한 파병동의안을 처리하기 위하여 처음으로 전원위원회를 소집하였다.

전원위원회는 의안에 대하여 전원위원장(의장이 지명하는 부의장)이 제출자가 되어 修正案을 제출할 수 있다(同條②). 전원위원회는 재적위원 5분의 1 이상의 출석으로 개회하고, 재적위원 4분의 1 이상의 출석과 출석위원 과반수의 찬성으로 의결한다(同條④).

(4) 본회의의 심의와 의결

법률안에 대하여 위원회의 심사를 거친 경우에는 원칙적으로 위원회의 심사보고서의 제출이 있는 후 1일이 경과한 때, 위원회의 심사를 거치지 않은 경우에는 법률안이 본회의에 바로 부의된 때(國會法 §85, §86, §93의2, §95), 본회의의 심의절차가 진행된다. 본회의에서는 질의와 답변, 토론, 표결의 단계를 거친다. 토론의 단계로 나아가기 전까지 修正動議를 할 수 있다. 수정동의는 국회의원 30인 이상의 찬성으로 이루어진다(同法 §95①). 본회의에서의 수정동의에 의한 수정안을 위원회나 전원위원회의 수정안과 구별하여 「본회의의 수정안」이라 부르기도 한다.

修正案과 代案을 구별하여야 한다. 수정안은 원안을 추가 · 변경 · 삭제의 방법으로 수정한 안이지만, 대안은 원안을 폐기하고 이를 대신하는 안이다. 수정안은 본회의에서 처리하지만, 대안은 위원회에서 그 原案을 심사하는 동안에 제출하여야 하고, 국회의장은 이를 그 委員會에 회부하여 처리하도록 한다(國會法 §95④).

본회의에서는 법률안에 대하여 위원장의 심사보고(위원회 심사 안건) 또는 제안자의 취지설명(본회의 직접 상정 안건)을 듣고, 질의와 답변을 하고 토론을 거쳐(예외: 위원회의 심사를 거친 안건에 한하여 의결로 질의와 토론 또는 그 중의 하나를 생략할 수 있다) 표결을 한다(同法 §93). 토론이란 법률안에 대한 질의와 답변이 종료된 후에 찬성과 반대의 의사를 표시하며 서로 의견을 교환하는 것을 말한다. 國會法은 토론(同法 §106-§108)과 표결(同法 §109-§114의2)의 절차에 대하여 정하고 있다. 표결에서는 헌법의 대의원리상 당연히 自由投票(=교차투표 cross-voting)가 인정되는데, 국회법은 「의원은 국민의 대표자로서 소속정당의 의사에 기속되지 아니하고 양심에 따라 투표한다」라고 규정하여 명시적으로 이를 보장하고 있다(同法 §114의2).

憲法裁判所는 법률안에 대한 심의권이나 표결권은 헌법상 국회의원에게 인정되는 권한이라고 본다(예: 憲 1997. 7. 16. -96헌라2).

법률안은 재적의원 과반수의 출석과 출석의원 과반수의 찬성으로 가결하고(憲法 §49) 이러한 정족수에 이르지 못하면 법률안은 부결되어 폐기된다. 법률안에 대한 표결의 존재여부는 객관적인 사실이므로 이를 입증할 수 있는 각종 자료에 의해 정해진다. 본회의의 의사록은 이러한 자료로서 중요한 의미를 가진다(예: 憲 2000. 2. 24. -99헌라1).

이러한 질의와 답변, 토론, 표결의 절차는 민주주의와 법치주의에서 요구되는 절차이며, 이 절차가 얼마나 활성화되고 실질적인 것으로 되느냐에 따라 민주주의와 법치주의의 충족도가 결정된다.

본회의의 심사절차

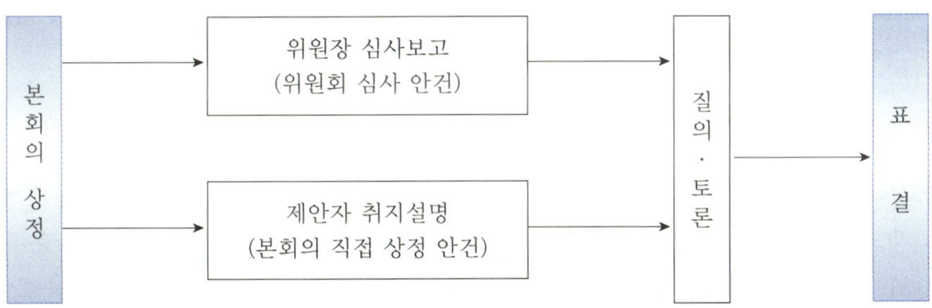

《국회에서의 입법과정상의 문제점과 극복방안》

민주주의와 법치주의를 실질적으로 실현하려면 실제의 입법과정이 이러한 원리에 합치하여야 한다. 한국은 아직 일천한 입헌민주국가의 운영상의 경험으로 입법과정에서 많은 문제점을 노정하고 있다. 1948년국회부터 현재까지 국회의 입법과정을 보면, 정부법안의 제출이 지연되는 점, 정부법안이 정기국회에 편중하여 집중 제출되어 충분히 심의되지 못하는 점(예: 제16대 국회에서 정부법률안의 72%가 정기국회에 제출), 국회에서의 심의기간이 부족한 점, 국회가 입법활동에 전념하는 비율이 낮은 점(약 30% 수준), 심의절차가 미비하여 위원회에서의 축조심사가 형식에 그치는 점, 법률안의 심사절차를 과도하게 생략하거나 위법한 편법으로 처리하는 점(이른바 '날치기 통과'), 입법예고 · 공청회 · 청문회 등 의견수렴과정이 미비한 점, 국회에서의 법률안에 대한 수정 비율이 저조한 점, 입법을 위한 개개 국회의원의 연구 · 준비활동 등이 저조한 점, 입법과정에서 의원이 소속정당의 당론에 과도하게 기속당하는 점, 임기만료로 인한 폐기법률안의 수가 많은 점(제1대 국회부터 제16대 국회까지 제출된 법률안의 총수 12,270건 가운데 22%가 폐기됨), 입법지원기구의 활동이 미비하고 저조한 점, 정상적인 입법기구가 아닌 기구에서 처리된 법률안이 많았던 점(예: 立法議院(1948. 12. 12.-1948. 5. 20.)에서의 18건, 國家再建最高會議(1961. 5. 19.-1963. 12. 12.)에서의 1,009건, 非常國務會議(1972. 10. 18.-1973. 3. 11.)에서의 270건, 國家保衛立法會議(1980. 10. 29.-1981. 4. 10.)에서의 189건 통과) 등이 문제점으로 지적되고 있다. 이러한 문제점을 해소하기 위한 방안으로는, 국회의 연간운영기본일정을 세밀하게 수립 · 준수하고, 정부입법의 경우에도 연중입법계획을 합리적으로 작성하여 정기회에 집중하는 것을 지양할 필요가 있다. 국회의 법률안심의과정에서도 임시회에서 법률안을 처리하는 기능을 높이고, 폐회중에도 상임위원회의 정례회의제도를 이용하여 법률안을 심의하는데 도움이 되게 하고, 상설소위원회와 전원위원회를 효율적으로 활용하는 것이 필요하며, 법률안의 심의에서 熟議(deliberation)의 시스템을 제도화할 필요가 있다. 특히 국회가 가지는 代議機關의 역할을 실질화하기 위해서는 입법예고 · 공청회 · 청문회 등을 활성화하여 입법참여를 높이고, 정당의 당론에 기속되는 것을 약화시켜 자유투표를 활성화하는 것이 필요하다. 이를 위해서는 법률안을 제안하고 심의하는 활동을 지원하는 전문기구를 확충할 필요가 있고, 이러한 활동에 필요한 비용을 효과적으로 충당하는 시스템을 구축하는 것도 필요하다.

Ⅲ. 법률안의 이송

국회에서 법률안을 의결하면, 의결된 법률안은 국회의장이 政府에 移送한다(憲法 §53①; 國會法 §98①). 법률안을 언제까지 이송하여야 하는가에 대하여 移送期間은 정해져 있지 않으나(비교: 地自法 §26①), 국회의장은 가능한 한 지체 없이 이송하여야 한다.

Ⅳ. 법률의 확정

정부로 이송된 법률안이 법률로 공포되면 법률로서 효력을 발생하고, 법률안에 대하여 재의 요구가 있으면 국회로 환부되어 처리되지만, 공포나 재의의 요구도 없이 일정한 기간이 경과된 경우에는 어떻게 되는가 하는 문제가 있다. 헌법은 이 경우 법률안이 법률로 확정된다고 정하고 있다(憲法 §53⑤). 또 헌법은 국회에서 재의결하면 법률안은 법률로 확정된다고 정하고 있다(同條 ④). 법률안이 법률로서 확정되면 반드시 공포되어야 한다(同條 ⑥).

(1) 기간 경과에 의한 확정

정부로 이송된 법률안에 대하여 15일 이내에 대통령이 이를 법률로 공포하지도 않고 국회에 재의를 요구하지도 않은 채 위 기간이 경과하면, 그 법률안은 법률로서 확정된다(憲法 §53⑤).

(2) 재의결에 의한 확정

정부에 이송된 법률안에 대하여 異議가 있을 때에는 대통령은 15일 이내에 異議書를 붙여 국회로 還付하고, 그 再議를 요구할 수 있다. 국회의 閉會중에도 같다(憲法 §53②). 이러한 재의의 요구에는 당연히 법률안에 대한 서명과 법률의 공포를 거부하는 것이 수반되므로 이를 拒否(veto)라고도 부르며, 거부에 의해 법률안이 바로 폐기되지 않고 국회로 환부되기 때문에 還付拒否라고 부르기도 한다.

대통령이 재의를 요구하는 경우에는 이송된 법률안에 대하여 변경함이 없이 그 전체에 대하여 하여야 하며, 법률안의 一部에 대하여 재의를 요구하거나 법률안을 修正하여 재의를 요구할 수 없다(憲法 §53③).

대통령이 법률안에 대하여 국회에 환부하고 재의를 요구하면 국회는 이를 재의에 붙인다. 再議節次에서 국회의 在籍議員 과반수의 출석과 出席議員 3분의 2 이상의 찬성으로 前과 같이 의결하면, 그 법률안은 법률로서 확정된다(憲法 §53④).

Ⅴ. 법률의 공포

(1) 공포의 주체

헌법상 법률의 공포에는 법률안에 대하여 대통령이 법률로서 공포하는 경우와 확정법률에 대하여 대통령 또는 국회의장이 공포하는 경우가 있다.

(a) 대통령에 의한 공포

통상의 입법절차에 의하면, 의결된 법률안이 정부에 이송되면 대통령은 15일 이내에 법률을 공포한다(憲法 §53①).

국회의 재의결에 의하여 확정된 법률이나 기간의 경과에 의하여 확정된 법률에 대해서는 대통령은 이를 지체없이 공포하여야 하며, 지체없이 공포하여야 하는 기간은 5일 이내의 기간이다(憲法 §53⑥).

법률의 공포에 있어서도 국무회의의 심의를 거쳐야 하며(憲法 §89iii), 국무총리와 관계국무위원이 부서를 하여야 한다(法公法 §5①).

(b) 국회의장의 공포

기간의 경과로 인하여 법률이 확정된 후 또는 국회의 재의결에 의한 확정법률이 정부에 이송된 후 5일 이내에 대통령이 공포하지 아니할 때에는 국회의장이 이를 공포한다(憲法 §53⑥). 이러한 경우 국회의장으로 하여금 법률을 공포하게 한 것은, 대통령이 공포의 거부라는 방법을 통하여 확정법률로 하여금 법률로서의 효력을 발생할 수 없도록 하는 것에 대응하기 위한 장치이다.

(2) 공포의 방법

대통령에 의한 법률의 공포는 官報에 게재하여 이를 하고(法公法 §11①), 국회의장에 의한 법률의 공포는 서울특별시에서 발행되는 일간신문 2 이상에 게재하여 이를 한다(同條 ②).

Ⅵ. 법률의 효력 발생

법률은 특별한 규정이 없는 한 공포한 날로부터 20일을 경과함으로써 效力을 발생한다(憲法 §53⑦; 法公法 §13①). 그러나 국민의 權利制限 또는 義務賦課와 직접 관련되는 법률은 긴급히 시행하여야 할 특별한 사유가 있는 경우를 제외하고는 공포일로부터 적어도

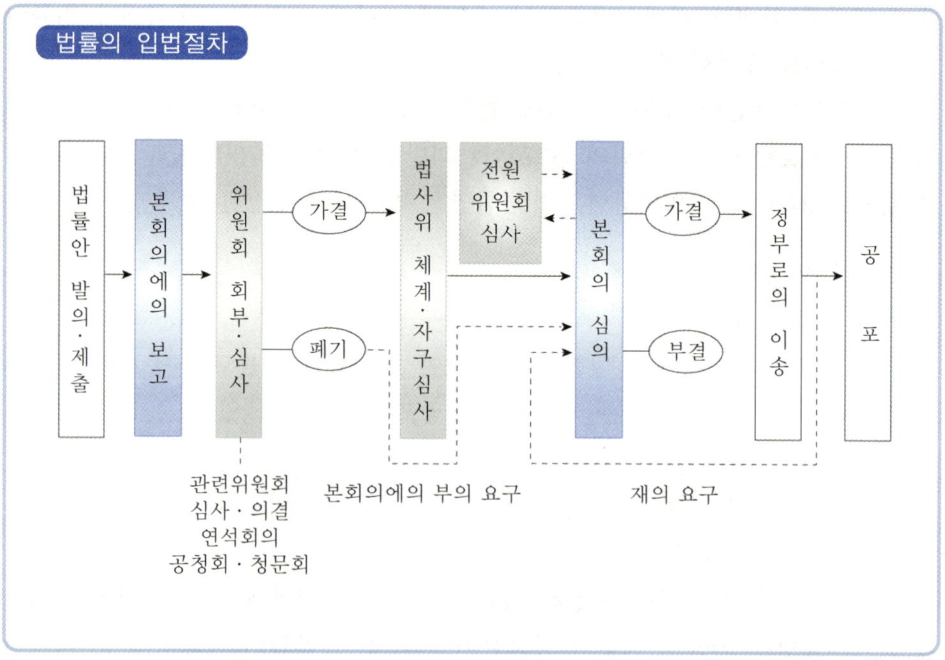

30일이 경과한 날로부터 시행되도록 하여야 한다(法公法 §13의2).

법률의 공포일은 그 법률을 게재한 관보 또는 신문이 발행된 날로 한다(同法 §12).

[大 1954. 9. 28.-4287형상61] 「법률의 효력은 헌법 제40조 제5항에 의하여 공포일로부터 20일 후 기타 법리의 정한 일에 비로소 발생하는 것이오 그 전에 동조 제2, 3항 소정의 절차와 사유로 인하여 법률안이 법률로서 확정되였다 하더라도 그의 확정만으로서는 당연히 그의 효력까지 발생하는 것은 아니라고 해석함이 동조 전체의 해석상 분명하다 할 것이다. 그런데 소론 비상사태하의 범죄처벌에 관한 특별조치령폐지법이 법률로서 확정된 사실은 소론과 같으나 동법이 미공포중에 있음은 공지의 사실이오 타에 동법 시행에 관한 특별법 있음을 발견할 수 없으니 동법의 효력 즉 위 특별조치령 폐지의 효력은 아직 발생되었다 볼 수 없고……」

[大 1955. 6. 21.-4288형상95] 「신 형사소송법 부칙 제9조에 의하면 동조 시행기일은 단기4287년 5월 30일로 규정을 하였으나 동법의 공포일이 단기4287년 9월 23일임은 공지의 사실인바 여사한 공포일의 지연은 본법 제정 당시 예상 외에 속한 것으로 동법 부칙의 규정이 그 시행기일을 소급하거나 공포 즉일 시행할시 특수 예외적 필요에 의한 것이 아님을 알 수 있는 것이다. 그럼으로 전시 동법칙 제9조의 소정 시행기일에 관한 규정은 동법의 공포일의 지연으로 인하여 실효되고 전시 헌법 제40조 제5항의 규정에 의하여 본법 시행기일은 본법 공포 후 20일을 경과한 단기4287년 10월 14일이라고 해석함이 타당하다 아니할 수 없다.」

[178] 第三 法律改善義務

Ⅰ. 개 념

국회는 법률을 제정·개정하거나 폐지하는 입법권을 가지는데, 국회의 법률의 제정·개정·폐지의 행위는 1회로 고정되는 것이 아니라, 국가운영이나 기본권의 보호에 있어서 시간과 사회 환경의 변화, 규율 목적의 변경, 규율 대상의 변화에 따라 그에 합당하게 능동적으로 행사된다. 기존의 법률을 존치할 필요가 없으면 해당 법률을 폐지하고, 새로 규율할 필요가 있는 경우에는 법률을 새로 제정하거나 기존의 법률을 개정한다. 이는 입법권을 부여받은 국회가 당연히 수행하여야 하는 책무이고, 헌법이 정하고 있는 국가의 목적과 본질에서 나온다.

국회의 입법권의 행사 가운데 이미 제정한 법률이 더 이상 법현실을 규율하기에 적합하지 않을 때 국회가 이를 개선하여야 하는 것을 *法律改善義務*(=입법개선의무 Nachbesserungspflicht des Gesetzes)라고 한다. 국회의 법률개선의무는 기존의 법률이 더 이상 목적이나 대상 또는 방법에서 규율하기에 적합하지 않거나(不當한 법률) 헌법과 합치하지 않을 때(違憲인 법률)에 특히 부각되는데, 헌법에 의해 창설된 국회는 어떤 경우에도 헌법에 위반되는 법률을 방치하여서는 안 된다.

憲法裁判所도 많은 판례를 통하여 국회의 법률개선의무를 확인하고 있다(예: 憲 2003. 1. 30.-2002헌마358; 2003. 2. 27.-2000헌바26). 특히 헌법재판소가 법률에 대하여 헌법불합치결정을 한 경우에는 국회에게 법률개선의무가 발생한다(예: 憲 1999. 10. 21.-96헌마61등; 1999.10. 21.-97헌마301등; 2003. 2. 27.-2000헌바26).

> [憲 2003. 2. 27.-2000헌바26] 「헌법불합치결정의 경우 입법자에게는 법률의 위헌적 상태를 조속한 시일 내에 제거해야 할 입법개선의무가 발생하게 되므로, 입법자는 되도록 빠른 시일 내에 이 사건 법률조항 소정의 기간임용제에 의하여 임용되었다가 그 임용기간이 만료되는 대학교원이 재임용거부되는 경우에 그 사전절차 및 그에 대해 다툴 수 있는 구제절차규정을 마련하여 이 사건 법률조항의 위헌적 상태를 제거하여야 할 것이다.」

Ⅱ. 성 질

국회의 입법권의 행사로 산출된 부당한 법률에 대해서는 다른 기관이 직접 통제할 수 없고, 국회의 입법형성의 자유에 의거하여 이를 개선할 것을 요구하거나 촉구함이 원칙이다. 그러나 어떤 법률이 법률개선의무의 불이행으로 인하여 위헌인 상태에 있는 경우에는 헌법재판소가 헌법재판을 통하여 직접 이를 통제한다.

헌법재판소가 憲法不合致의 결정을 하면서 헌법에 합치하지 않는 법률의 개선을 촉구하거나 합헌의 결정을 하면서 법률의 개선을 권고하는 경우(아직은 합헌이지만 장차 위헌으로 될 가능성이 있는 경우)에 국회의 법률개선의무는 전면으로 부각된다. 이 때 국회는 헌법재판소의 견해를 존중하여 해당 법률을 헌법에 합치하도록 개정하거나 폐지하여 법률개선의무를 이행하여야 한다. 그러나 헌법재판소가 헌법재판에서 국회에 대하여 법률개선의무를 이행할 것을 촉구하는 것은 법적인 기속력을 가지지는 않는다. 헌법재판소가 광범한 입법형성의 자유를 가지는 국회에 대하여 그 입법권의 행사를 강제하는 것은 권력분립원리에 적합하지 않고, 헌법재판의 성질과도 합치하지 않기 때문이다. 따라서 헌법재판소는 최대한 헌법불합치의 결정을 하면서 기간의 경과로 해당 법률이나 법률조항의 효력을 소멸하게 하는 방법만 취할 수 있다.

> 헌법재판소가 헌법재판을 통하여 국회에 대하여 법률의 개선을 촉구하는 경우에 항상 헌법재판소의 판단이 옳다고 할 수는 없다. 헌법재판소도 판단의 오류를 범할 수 있다. 따라서 국회는 특별한 이유가 없는 이상 헌법재판소의 판단을 존중하는 것이 바람직하지만, 국회가 판단하기에 헌법재판소의 판단이 적합하지 않거나 오류가 있다고 보면 국회는 헌법재판소의 판단을 고려하지 않을 수 있다. 그리고 헌법재판소가 법률의 개선을 촉구하면서 법률개정의 방향을 제시할 수도 있는데, 이런 경우에도 특별한 이유가 없는 한 국회는 헌법재판소가 제시하는 방향을 존중할 필요가 있지만, 이는 어디까지나 고려사항에 지나지 않는다. 헌법재판소의 헌법재판권의 한계와 국회가 가지는 입법권의 성질에서 도출되는 결론이다. 따라서 헌법재판소가 국회에 대하여 법률의 개선을 촉구하면서 법률 개선의 방향까지 제시하는 경우에는 신중하고 사려 깊은 판단에 근거하여야 한다. 헌법재판소의 판례도 이러한 법리를 인정한다(예: 憲 1997. 3. 27.-95헌가14등).

Ⅲ. 실현 방법

국회의 법률개선의무를 충실히 이행하게 하는 방법으로는 헌법재판소로 하여금 법률의 개선을 촉구하게 하는 방법, 우리나라와 같이 행정부가 법률안의 제출권을 가지고 있는 경우에는 행정부가 법률개정안을 제출하는 방법, 국회의 입법활동의 시스템을 통하여 법률을 개선하게 하는 방법 등이 있다.

국회가 법률개선의무를 충실히 수행하기 위해서는 입법에 관한 조사, 분석, 평가에 관한 효과적인 시스템을 구축하는 것이 필요하다. 입법의 조사, 분석, 평가에 관한 기구를 설치하고(입법조사기구, 입법분석기구, 입법평가기구), 그에 적합한 인적 자원을 충원하여 시스템을 구축하고, 이런 시스템이 효과적으로 작동할 수 있는 여건을 마련하는 것이 필요하다(예컨대 국회도서관의 확충, 입법연구원의 설립, 입법보조기구의 활동을 활성화시킬 업무상의 네트워크의 형성 등).

국민은 국회가 법률개선의무를 이행하지 않는 것에 대해서 다툴 수 있는데, 이와 같은 경우에는 부진정입법부작위에 대한 헌법소원심판을 청구하는 방법을 취한다. 진정입법부작위에 대한 헌법소원심판을 청구하는 방법으로는 이를 다툴 수 없다(예: 憲 2003. 1.30.-2002헌마358).

[憲 2003. 1. 30.-2002헌마358] 「기존 입법의 개정의무를 불이행하는 것은 진정한 입법부작위가 아니므로 이것이 문제될 때에는 개정을 요하는 특정의 법률조항을 심판대상으로 하여 그것이 평등원칙 등의 위배로 위헌임을 주장하는 헌법소원을 제기하는 것만이 허용되고 입법개선의무의 불이행 자체를 직접 심판대상으로 삼아 이를 입법부작위라고 하여 그 위헌확인을 구하는 것은 허용되지 않는다고 하는 것이 헌법재판소 기존 판례의 입장이기 때문이다.」

[179] 第四 國民의 立法參與

Ⅰ. 개 념

대의민주주의에서 입법은 국민의 대표자가 관장하는 사항이다. 따라서 국민은 국민대표자를 대신하여 직접 입법을 할 수 없다. 그러나 대의원리에 의하더라도 국민의 대표자가 언제나 자의적으로 입법을 할 수 있다는 것을 허용하는 것은 아니다. 입법은 국가의 안전과 전체국민에게 이익이 되는 것이어야 한다. 전체국민에게 이익이 되는 것은 통상 국민의 의사와 일치하므로 원칙적으로 입법은 국민의 의사와 일치하는 것으로 되어야 한다(반응성 responsiveness의 충족).

그러나 현실에서는 입법이 항상 전체국민에게 이익이 되는 것으로 나타나는 것은 아니다. 입법에 관여하는 자가 국민의 일반의사나 전체이익을 무시하고 부분의사나 특수이익을 추구할 가능성이 있기 때문이다. 이와 같이 국민의 진정한 이익으로 돌아가는 입법이 무엇인지를 판단하는 과정은 국민대표자가 언제나 단독으로 판단하는 것만으로 족한 것이 아니고, 국민의 다양한 의견이 표출되도록 하여 이에 대한 熟議와 熟考를 거치는 것이 더 합리적인 경우가 많다. 이를 실현하는 방법으로 입법과정에 국민이 참여할 수 있게 하는 방안이 있다. 이를 「국민의 입법참여」라고 한다(鄭宗燮a, 339).

「국민의 입법참여」에 있어 입법과정에 참여할 수 있는 국민은 해당 법률과 직·간접으로 이해관계를 가지는 자만에 한정되는 것이 아니라, 일반적인 모든 국민이 이에 해당한다.

Ⅱ. 기 능

국민의 입법참여는 대의민주주의의 반응성을 충족시키고, 법률의 정당성을 확보하게 하며, 법률의 실효성을 제고시키고 법을 통한 사회변동을 가능하게 하여 민주주의와 실질적 법치주의를 실현하는데 기여한다(鄭宗燮a, 349).

(1) 대의민주주의의 반응성 충족

입법참여는 국가의사를 결정함에 있어서 다양한 개별이익과 국민의 경험적 의사를 고려하게 하여 대의민주주의에서 요청되는 反應性을 충족할 수 있게 한다. 대의민주주의에서 국민의 경험적 의사와 추정적 의사가 서로 충돌하는 경우에는 추정적 의사를 우선시키지만, 가능한 한 양자를 일치시키거나 조화시키는 것을 추구하지 않으면 안 된다. 국민의 입법참여는 국회로 하여금 국가의사를 결정함에 있어 구체성과 현실성을 확보할 수 있게 한다.

(2) 법률의 정당성 확보

입법참여는 국민의 대표자가 주권자인 국민으로부터 단절되어 정책을 결정하지 않도록 하기 때문에 민주주의의 관점에서 법률의 正當性을 확보할 수 있게 한다. 이러한 정당성은 법률의 내용과 입법의 절차에서 확보된다.

(3) 법률의 실효성 제고

입법참여는 법률의 實效性(effectiveness)을 높이는데 기여하며, 국회가 입법한 법률의 대국민적 설득력과 수용력을 크게 하여 국민으로 하여금 법을 준수하고 법질서에 복종하도록 만드는데 효과적으로 기여한다.

(4) 법을 통한 사회변동

입법참여는 법을 통한 사회변동을 가져오는데 기여한다. 국민의 입법참여는 법제정자 또는 법집행자와 법수령자인 국민 사이에 의사소통을 원활하게 하고, 법수령자로부터의 피드백(feedback)을 가능하게 하여 입법자로 하여금 부단히 새로운 입법을 보완할 수 있게 하는데 기여한다. 이러한 것은 법이 현실의 단순한 반영이 아니라 법의 변동을 통하여 사회변동을 가능하게 하여 법이 문제를 해결하는 도구로서 적극적으로 기능하게 만든다.

Ⅲ. 참여의 단계와 방법

국민의 입법참여는 법률안의 제출, 법률안의 심사, 법률안의 심의·의결, 법률의 공포 등 각 단계별로 가능하다(鄭宗燮a, 342).

(1) 법률안의 제출 단계

국민의 입법참여에서 가장 많은 시간적 여유가 있고 다양한 방법을 동원할 수 있는 것은 법률안의 입안과 제출의 단계이다. 어떤 법률이 제정될 필요가 있고 어떤 법률을 폐지하거나 개정하는 것이 필요한지에 대하여 국민이 적극적으로 의견을 개진할 수 있는 단계이다. 여기서는 입법의 필요성, 구체적인 방향과 취지를 제시할 수 있다.

이 단계에서 입법참여를 가능하게 하는 방법으로는 법률안 제출권을 가지고 있는 국회의원이나 정부에 대하여 입법에 관한 의견서를 제출하거나 입법청원을 하는 방법과 입법을 위한 토론회나 집회를 개최하는 방법, 서명 운동을 전개하는 방법, 시위의 방법, 정당에 대하여 사실상 압력을 가하는 방법 등이 있다.

법률안의 제출 단계에서 국민의 참여가 효과적일 수 있게 하는 방법으로 입법예고제도가 있다. 이에 관하여는 國會法(§82의2)과 立法豫告에 관한 法令(행정절차법 §41; 법제업무운영규정 §14 등)이 있다.

(2) 법률안의 심사 단계

입법에서 국민의 참여는 위원회의 법률안에 대한 심사 단계에서도 가능하다. 여기서는 위원회가 개최하는 청문회와 공청회를 통하는 방법, 국회 또는 국회의원에 대하여 진정 또는 탄원을 하는 방법, 정당에 의사를 표시하는 방법, 입법적 로비를 활용하는 방법 등이 있다.

국회가 정책을 결정함에 있어서는 이해관계인의 의사를 충분히 듣고, 전문가의 의견을 고려하고 합리적인 토론을 거쳐 결론을 도출하는 것이 필요하다. 이는 민주주의와 법치주의에서 나오는 본질적인 요청이다. 위원회의 심사단계에서 국민의 입법참여는 입법절차에서 관련되는 이해관계를 고려하도록 하는 중요한 수단이다.

입법의 절차와 국민의 참여

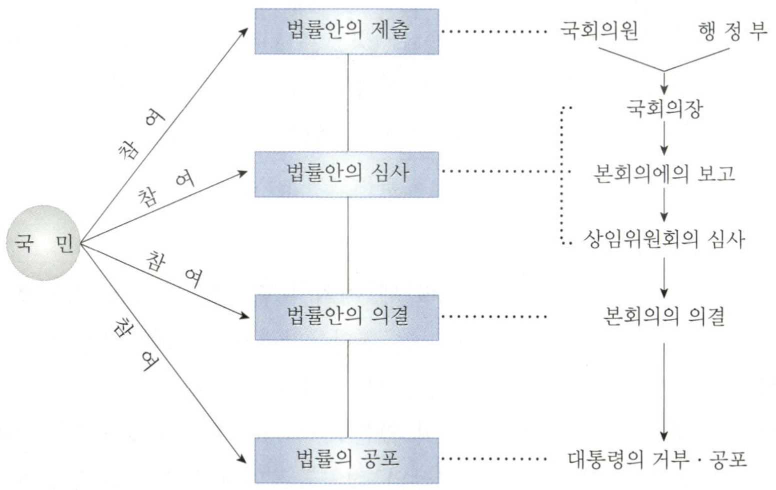

(3) 법률안의 의결 단계

본회의에서 법률안을 의결하는 단계에서도 국민은 참여할 수 있다. 법률안을 가결하거나 부결하는데 영향을 미치는 각종의 방법이 이러한 참여에 해당한다.

(4) 법률의 공포 단계

법률을 공포하는 단계에서도 국민의 참여는 가능하다. 법률의 공포단계에서는 대통령에게 재의요구(=환부거부)의 권한이 있으므로 국민은 대통령의 거부권 행사의 가부에 영향을 미치는 의사표시를 할 수 있다.

Ⅳ. 한 계

국민의 입법참여는 헌법상 대의민주주의원리의 범위 내에서 인정되는 것이기 때문에 국민이 국회를 대신하여 입법을 하지는 못한다. 법률안의 제출, 심의, 의결 및 법률의 공포는 헌법이 정하는 자에 의해서만 행해지고, 국민의 참여는 입법절차에서 국회, 국회의원, 대통령의 권한을 침해하지 않는 범위 내에서만 가능하다. 이러한 범위 내에서의 입법참여는 대의민주주의를 채택하고 있는 현대 자유민주주의체제에서 참여민주주의를 실현하고자 하는 경우에 택할 수 있는 방법이다. 우리 헌법상으로도 참여민주주의를 실현할 때는 이러한 한계를 가진다(鄭宗燮a, 351).

[180] 第五 立法過程에 대한 違憲審査

헌법재판소가 위헌법률심판에서 해당 법률이나 법률조항이 위헌인지의 여부를 판단할 때 입법행위의 「결과」인 법률의 내용 이외에 입법행위의 「과정」이 헌법에 위반되었는지 여부를 심사할 수 있는가 하는 것이 헌법재판에서 문제가 된다. 이는 헌법원리상 입헌주의와 민주주의의 원리적 문제를 바탕으로 하여 제기된다.

이 문제는 헌법에 명시적으로 입법절차를 정하고 있는 경우와 그렇지 아니한 경우로 나누어 살펴볼 필요가 있다.

Ⅰ. 헌법상 입법절차규정의 위반

헌법에서 법률을 제정하거나 개정할 때 지켜야 할 절차를 규정하고 있으면 국회는 반드시 이 규정에 따라 입법을 하여야 한다. 따라서 이러한 경우에 국회가 헌법의 명시적인 절차규정을 위반하여 입법을 하면 위헌이 된다.

이러한 명시적인 절차규정의 위반이 있는 경우에는 權限爭議審判을 통해서도 다툴 수 있다. 권한쟁의심판에서는 헌법상의 절차규정위반뿐 아니라 법률상의 절차규정의 위반도 다툴 수 있다(憲裁法 §61②).

憲法裁判所는 國會法에서 정하고 있는 입법에 관한 절차규정을 위반한 경우에 대해서는 권한쟁의심판에서 심사할 수 있다고 보고, 적극적으로 청구인의 권한침해 여부에 대하여 심사하고 있다.

憲法裁判所는 권한쟁의심판에서 국회의장이 일부 의원들에게 본회의 개의일시를 국회법에 규정된 대로 적법하게 통지하지 않음으로써 그들이 본회의에 출석할 기회를 잃어 법률안의 심의·표결과정에 참여하지 못하게 된 상태에서 법률안을 가결·선포한 행위는 해당 의원들의 헌법상의 법률안 심의·표결권을 침해한 것이라고 판시하였다(예: 憲 1997. 7. 16.-96헌라2).

[憲 1997. 7. 16.-96헌라2] 「국회의원은 국민에 의하여 직접 선출되는 국민의 대표로서 여러 가지 헌법상·법률상의 권한이 부여되어 있지만 그 중에서도 가장 중요하고 본질적인 것은 입법에 대한 권한임은 두 말할 나위가 없고, 이 권한에는 법률안제출권(헌법 제52조)과 법률안 심의·표결권이 포함된다. 국회의원의 법률안 심의·표결권은 비록 헌법에는 이에 관한 명문의 규정이 없지만 의회민주주의의 원리, 입법권을 국회에 귀속시키고 있는 헌법 제40조, 국민에 의하여 선출되는 국회의원으로 국회를 구성한다고 규정하고 있는 헌법 제41조 제1항으로부터 당연히 도출되는 헌법상의 권한이다. 그리고 이러한 국회의원의 법률안 심의·표결권은 국회의 다수파 의원에게만 보장되는 것이 아니라 소수파의원과 특별한 사정이 없는 한 국회의원 개개인에게 모두 보장되는 것임도 당연하다.……국회법……에 의하면……규정되어 있으므로, 임시회 집회일은 소집공고에 의하여 국회의원들에게 통지되어야 하고, 임시회 집회일 이후의 본회의 개의일시는 그 전의 본회의에서 의사일정보고를 통하여 국회의원들에게 통지되어야 하며, 특히 긴급을 요하여 의사일정보고절차를 밟을 수 없다고 인정될 때에도 회의의 개의일시만은 상당한 방법으로 국회의원 개개인에게 통지하지 않으면 아니 됨이 명백하다. 그러므로 피청구인이 청구인들에게 본회의 개의일시를 적법하게 통지하였는지의 점에 관하여 보건대, 피청구인은 그의 요청에 따라 신한국당의 원내수석부총무 하순봉의원이 1996. 12. 26. 05 : 30경 새정치국민회의의 원내수석부총무인 남궁진의원과 자유민주연합의 원내총무인 이정무의원에게 전화로 본회의 개의시각이 06 : 00로 변경되었음을 통지하였다고 하는 반면, 청구인들은 위 전화통지를 받은 것은 같은 날 06 : 10분경이었다고 주장하는바, 설사 피청구인이 주장하는 대로의 통지가 있었다 하더라도 그러한 통지는 야당소속 국회의원들의 본회의 출석을 도저히 기대할 수 없는 것으로서 국회법 제76조 제3항에 따른 적법한 통지라고 할 수 없다. 따라서 이 사건 본회의의 개의절차에는 위 국회법의 규정을 명백히 위반한 흠이 있다고 아니할 수 없다. 한편 피청구인이 주장하는 바와 같이 사건 법률안의 의결처리 과정에서 청구인들의 일부가 포함된 야당의원들이 위력을 행사하여 본회의 개의를 저지함으로써 국회운영의 정상적인 진행을 봉쇄하였다는 이유만으로 이 사건 피청구인의 위법행위가 정당화된다고 할 수 없다. 그렇다면 피청구인이 국회법 제76조 제3항을 위반하여 청구인들에게 본회의 개의일시를 통지하지 않음으로써 청구인들은 이 사건 본회의에 출석할 기회를 잃게 되었고

그 결과 이 사건 법률안의 심의·표결과정에도 참여하지 못하게 되었다. 따라서 나머지 국회법 규정의 위반여부를 더 나아가 살필 필요도 없이 피청구인의 그러한 행위로 인하여 청구인들이 헌법에 의하여 부여받은 권한인 법률안 심의·표결권이 침해되었음이 분명하다.」

憲法裁判所는 국회의장이 국회의원들에게 '신문 등의 자유와 기능보장에 관한 법률 전부개정법률안'에 대하여 질의 및 토론을 신청할 기회를 사전에 부여하지 않은 상태에서 질의·토론절차를 생략한 채 의사를 진행하여 가결을 선포한 행위는 國會法 제93조 단서를 위반하여 국회의원들의 법률안에 대한 심의·표결권을 침해하였다고 판시하였다(憲 2009. 10. 29.-2009헌라8등).

[憲 2009. 10. 29.-2009헌라8등] 「국회의장은 2008. 12. 3. 구본철 의원 등 17인이 발의한 이 사건 인터넷멀티미디어법안을, 2008. 12. 24. 허원제 의원 등 11인이 발의한 이 사건 방송법 원안을, 2008. 12. 26. 한선교 의원 등 12인이 발의한 이 사건 신문법 원안을 각 문화체육관광방송통신위원회(이하, '문방위'라고 한다)에 회부하였고, '2009. 3. 2. 15:00'로 심사기간을 지정하였다. 문방위는 위 3개의 안건에 대하여 심사기간 내에 심사를 마치지 못하여 2009. 3. 2. 심사경과에 관한 중간보고를 하였다. 국회의장은 위 3개의 안건을 2009. 7. 22. 제283회 국회임시회 제2차 본회의에 부의하였는데, 본회의에서 강승규 의원 외 168인으로부터 신문법 원안 및 방송법 원안에 대한 각 수정안이 제출되었다.……피청구인은 2009. 7. 22. 15:37 국회 본회의장에서 신문법 원안, 방송법 원안, 인터넷멀티미디어법안을 일괄 상정하면서 "……그런데 오늘 장내가 소란하므로 정상적으로 회의를 진행할 수 없는 상황입니다. 따라서 오늘 회의의 심사보고나 제안설명은 단말기 회의록으로 대체하기로 하고, 회의자료로 대체하기로 하고, 질의와 토론도 실시하지 않도록 하겠습니다"라고 선언하였다. 한편, 위 선언 직전인 같은 날 15:35(이하, 단순히 시각만 기재되어 있을 경우 본회의 당일인 2009. 7. 22.의 시각을 의미한다) 신문법 원안, 방송법 원안, 금융지주회사법 원안에 대한 각 수정안이 발의되었다. 신문법 수정안은 15:38 국회의 e-의안시스템에 입력되었는데, 피청구인은 그 무렵인 15:38 신문법 수정안에 대한 표결의 개시를 선포하였으며, 15:49′27″ 신문법 수정안이 디지털 본회의장 의사일정관리시스템(이하, 회의진행시스템이라고 한다)에 입력되었고, 15:50 전자투표시스템이 가동되자 신문법 수정안에 대한 표결이 시작되었다.…… **라. 신문법안 가결선포행위로 인한 심의·표결권의 침해 여부** (1) **제안취지 설명절차의 위법 여부** (가) **쟁점** 신문법 수정안이 15:38 국회의 e-의안시스템에 입력되었고, 피청구인은 그 무렵인 15:38 신문법 수정안에 대한 표결의 개시를 선포하였으며, 15:49′27″에야 신문법 수정안이 회의진행시스템에 입력된 다음 15:50 전자투표시스템이 가동되자 신문법 수정안에 대한 표결이 시작되었음은 앞서 인정한 바와 같다. 이 부분 쟁점은, 위와 같은 경위에 비추어 신문법 수정안에 대한 제안취지 설명절차가 국회법 제93조에 따라 적법하게 이루어졌는지 여부 특히, 신문법 수정안이 국회의 회의진행시스템이 아닌 e-의안시스템에 입력된 것만으로써 제안취지 설명을 대체할 수 있는지 여부이다. (나) **판단** 1) **재판관 이강국, 재판관 이공현, 재판관 조대현의 의견**

국회법 제93조는 '위원회의 심의를 거치지 아니한 안건에 대해서는 제안자가 그 취지를 설명하도록' 규정하고 있으나, 그러한 취지설명의 방식에는 제한이 없으므로 제안자가 발언석에서 구두설명을 하지 않더라도 서면이나 컴퓨터 단말기에 의한 설명 등으로 이를 대체할 수 있다 할 것이다(憲 2004. 5. 14-2004헌나1; 2008. 4-24. -2006헌라2 참조). 이 부분 쟁점에 대한 판단에 앞서, 피청구인이 신문법 원안에 대해서는 제안취지 설명을 컴퓨터 단말기로 대체한다고 선언하였던 반면 신문법 수정안의 경우는 제안취지 설명을 컴퓨터 단말기로 대체한다는 구체적인 언급조차 하지 아니하였으므로 국회법 제93조에 위배된다는 취지의 청구인들 주장을 본다. 살피건대, 앞서 본 바와 같이 피청구인이 이 사건 본회의 개의를 선언하고 신문법 원안 등 3건의 법률안을 상정한 후 "오늘 회의의 심사보고와 제안설명은 단말기 회의록으로 대체한다"고 선언한 것은, 이러한 제안취지 설명방식을 위 선언 이후 본회의에서 심의·표결될 모든 안건에 적용할 의도에 따른 것으로 이해함이 상당하다. 그렇다면, 피청구인이 위 선언 직후 신문법 수정안이 발의된 사실을 고지하면서 이미 언급한 제안취지 설명방식을 다시 구체적으로 언급하지 않았다고 해서 제안취지 설명방식에 관한 위 국회법 규정에 반한다고 볼 수 없다. 한편 제안취지의 설명에 관한 위 국회법 규정의 취지는, 심의·표결에 참가할 국회의원에게 제안된 법안의 취지와 내용을 알리고자 하는 것이다. 그런데 이 사건의 경우, 신문법 수정안은 15:38 국회의 e-의안시스템에 입력되었고(의안이 e-의안시스템에 입력되면, 회의진행시스템을 이용하는 것에 비하여 몇 단계의 과정을 더 거치기는 하나, 의원석 컴퓨터 단말기를 이용하여 누구나 의안의 확인이 가능하다), 15:49′27″에는 회의진행시스템(의안이 위 시스템에 입력되면, 의원석 컴퓨터 단말기에 안건명이 뜨게 되어, 그 안건명을 접촉하면 바로 의안의 내용을 확인할 수 있게 된다)에도 입력되었으며, 그러한 상태가 실제로 표결이 시작된 15:50 이후 표결이 종료된 15:58경까지 유지되었다. 그렇다면, 국회의원들이 실제로 표결할 때에는 법률안의 취지와 내용을 알 수 있었던 상태이었다고 봄이 상당하고, 이로써 위 국회법 규정이 요구하는 의안에 대한 제안취지의 설명은 이루어졌다고 보아야 할 것이다. 설사 신문법 수정안이 그 표결 선포 후에 비로소 회의진행시스템에 입력되었기 때문에 이에 대한 질의나 토론을 할 기회가 없었다고 하더라도, 이는 질의·토론절차에 관한 문제이지, 제안취지 설명 자체의 하자라고 볼 수 없다. 따라서, 피청구인이 신문법 수정안의 심의·표결 절차에 있어 제안취지 설명에 관한 국회법 제93조를 위배하여 청구인들의 심의·표결권을 침해하였다고 보기는 어렵다.

2) **재판관 민형기, 재판관 이동흡, 재판관 목영준의 의견** 이 부분 쟁점에 관하여 위 3인 재판관의 의견과 결론을 같이하나 그 이유에 다른 부분이 있으므로 아래와 같이 의견을 밝힌다.

가) **의사진행의 자율성** 이 사건 기록에 의하면(수명재판관의 영상자료 검증결과를 포함한다), 청구인측은 이 사건 각 법률안의 직권상정 및 표결처리에 반대하여 회의개최를 방해하고 한나라당 소속 의원들의 투표를 저지하려 하였으며, 이에 대하여 한나라당 의원들은 표결로써 법안통과를 강행하기 위하여 청구인측 의원들과 몸싸움을 하고 있던 사실, 그리하여 이 사건 당일 의사진행을 담당할 피청구인 자신도 국회 경위의 도움을 받아 뒤늦게 본회의장에 입장할 수 있었던 사실, 피청구인이 회의진행을 위하여 단상에 오르자 청구인측 의원들이 피청구인의 의사진행을 저지하기 위하여 단상 점거를 시도하는 등 회의장의 질서가 극도로 소란하였던 사실 등을 인정할 수 있다. 이러한 상황에서 의사절차를 어떻게 진행할 것인지는 의사를 정리하고 질서를 유지할 권한과 책임이 함께 부여된 피청구인에게(국회법 제10조 참조) 상당 부분 유보되어 있다고 할 것이다. 우선 피청구인은 회의의 질

서유지권을 행사하여 의사를 진행할 수 있는데, 먼저 회의장의 질서를 문란하게 하는 의원에 대하여 경고 또는 제지할 수 있고(국회법 제145조 제1항), 의원이 이에 응하지 아니하는 때에는 발언을 금지하거나 퇴장시킬 수 있으며(같은 조 제2항), 이러한 회의장에서의 퇴장 등 경호권 행사는 경찰이 아닌 국회 경위만이 할 수 있다(국회법 제144조 제3항). 그런데 국민의 대표자이자 헌법기관인 국회의원을 국회 경위에 의하여 회의장에서 강제로 퇴장시키는 것이 적절하지 않을 뿐 아니라, 특히 이 사안과 같이 많은 의원들이 집단적으로 의사진행을 방해할 때에는 약 60여명의 경위로 의원들을 회의장에서 강제 퇴장시키는 것이 현실적으로도 불가능한 일이므로, 피청구인이 질서유지권을 행사하여 의사진행을 방해하는 의원들을 모두 퇴장시킨 후 의사를 순조롭게 진행하여야 한다고 요구하는 것은 상당하지 못하다. 반면 피청구인은 회의장이 소란하여 질서유지가 곤란하다고 인정할 때에는 회의를 중지하거나 산회를 선포할 수 있는데(국회법 제145조 제3항), 이러한 행위는 결과적으로 의사진행을 저지하려는 의원들의 의도에 부합하게 된다. 결국 이러한 경우 의사진행에 대한 최종적 판단권은 국회의 대표자로서 의사진행에 관하여 전반적이고 포괄적인 권한과 책임이 부여된 피청구인에게 유보되어 있으므로, 피청구인으로서는 절차를 계속 진행할 것인지 중단할 것인지, 제안취지 설명을 구두로 하게 할 것인지 컴퓨터 단말기에 입력하는 방식으로 대체할 것인지, 입력 후 얼마의 시간 간격을 두고 투표가 개시되도록 할 것인지 등 절차 전반에 관하여 상당한 재량권을 가져야 한다고 볼 것이다. 우리 헌법재판소도 국회와 국회의원의 헌법상 지위 등 제반 사정을 고려하여, 피청구인의 의사진행시 국회법상 절차를 엄격히 따르지 않더라도 이는 의사진행의 자율권의 범위 내로서 국회법을 위반하였다고 할 수 없다고 수차에 걸쳐 판시한 바 있다(憲 2004. 5. 14.-2004헌나1; 2008. 4. 24.-2006헌라2 참조). 나) **이 사건에서의 절차적 흠결** 이 사건에서 비록 신문법 수정안이 표결개시 선언될 때, e-의안시스템에 입력되었을 뿐 아직 회의진행시스템에 입력되지 않음으로써 회의진행시스템의 입력에 의한 제안취지 설명이 이루어지지 아니한 절차적 흠결이 있음을 부인할 수 없다. 그러나 청구인들이 e-의안시스템에 의하여도 신문법 수정안의 내용을 파악할 수 있었고, 적어도 표결이 실질적으로 개시되기 전에 의안이 회의진행시스템에 입력된 이상, 위와 같은 회의장의 상황에서 피청구인이 그러한 제안취지 설명이 유효한 것으로 보고 표결절차를 진행한 것은 피청구인이 갖는 자율적인 의사진행권한 범위를 벗어나지 아니하였다고 볼 것이다. 다) **소결론** 따라서 비록 신문법 수정안이 회의진행시스템이 아닌 e-의안시스템에 의하여 제안취지 설명이 되었다고 하더라도 그것이 국회법 제93조에 위배되어 청구인들의 심의·표결권을 침해할 정도에 이르렀다고 보기는 어려우므로, 청구인들의 이 부분 주장은 이유 없다. 3) **재판관 김희옥, 재판관 김종대, 재판관 송두환의 의견** 우리는 국회법 제93조의 제안취지 설명을 서면이나 컴퓨터 단말기에 의한 설명으로 대체할 수 있다는 것 자체에는 동의하면서도, 이 사건 신문법안의 경우에는 제안취지 설명이 적법하게 대체되지 아니하였다고 판단한다. 국회법 제93조 단서 본문은 위원회의 심의를 거치지 아니한 안건에 대해서는 제안자가 그 취지를 설명하도록 규정하고 있는바, 이는 위원회의 심의를 거치지 아니한 안건을 본회의에서 심의함에 있어 그에 참여하는 의원들이 적어도 안건의 취지 및 내용의 대강을 파악하여 투표의사를 결정할 수 있도록 하기 위한 것이다. 따라서, 제안자의 제안취지 설명은 이후 의안에 대한 질의 · 토론의 중요한 전제가 될 뿐만 아니라, 더 나아가 표결절차에서 표결을 위한 의사결정의 불가결한 전제가 된다. 동 조항의 입법취지가 이와 같다면, 제안취지 설명의 방식을 일반적인 방법인 '구두설명'이 아닌 다른 방식으로 대체하는 경우에도, 그 방식은 제안자가 제안취지를 직접 설명한 것과 다름없다고 인정될 수 있는 방식이어야 할 것이다. 따라서 서면자료의 배부 또는 전산화 자료의 단말기 입력이라는 방식으로 제안자의 설명을 대체하기 위해서는, 그 서면 배부나 단말기 입력 등의 구체적 방식이 직접 설명을 듣는 것과 동시(同視)될 수 있는 정도로 용이하고 간편한 방식이 되어야 할 것이다. 나아가, 제안취지 설명은 질의 · 토론의 전제가 되는 것이므로 질의 · 토론절차가 진행되기 이전에 이루어져야 하고, 따라서 질의 · 토론 절차 이후에 진행되는 표결절차 이전에 이루어져야 함은 당연하다. 더욱이 국회법은 의장이 표결을 선포하여 표결절차가 개시된 이후에는 의안에 대한 질의 · 토론을 할 수 없도록 하고 있으므로(국회법 제110조 제2항), 제안취지의 설명이 의장의 표결 선포 이후에 이루어졌다면 제안취지의 설명에 기초한 질의 · 토론은 근본적으로 불가능하게 되므로, 의장의 표결 선포 이후에 이루어진 제안취지 설명이나 그에 대체하는 단말기 입력 등은 국회의원의 심의 · 표결권을 보장하는 데 있어서 무의미한 것으로서, 국회법 제93조를 정면으로 위반하는 것이라 아니할 수 없다. 이 사건 기록에 따르면, 의장은 이 사건 신문법 수정안에 대하여 15:38에 표결을 선포하였고, 그 후 약 11분 가량이 지난 후인 15:49′27″에야 신문법 수정안이 회의진행시스템에 입력되었으며, 약 30초 후인 15:50에 투표가 개시되었다는 것인바, 이를 적법한 절차라고는 볼 수 없다. 표결 선포 후 질의 및 토론이 금지되어 있는 시점에, 그리고 표결이 실제로 개시되기 불과 30여초 전에 해당 안건을 회의진행시스템에 입력한 것이 국회법이 요구한 '안건의 제안취지 설명'이라고는 도저히 볼 수 없기 때문이다. 이 사건 신문법 수정안이 의장의 표결 선포와 같은 시간인 15:38에 국회의 e-의안시스템에 입력되었다는 점 등을 들어서 적법한 제안설명이 있었던 것으로 볼 것이라는 의견에는 도저히 찬동할 수 없다. 국회의 e-의안시스템이란 그 당시 국회에 제출된 무수한 의안들이 일반적으로 입력, 저장된 시스템이고, 따라서 의안이 e-의안시스템에 입력되었다는 것으로는 단말기에 의안명이 표시되지도 아니하여 그 의안이 e-의안시스템에 입력되었는지 여부 자체를 알 수 없으며, 가사 의안이 e-의안시스템에 입력되었다는 사실을 알고 있는 경우에도 단말기를 이용하여 적극적으로 e-의안시스템에 접속한 후 몇 단계의 경로를 좇아 해당 안건 내용을 검색하여야만 비로소 의안 내용을 확인할 수 있는 것인바, 이와 같은 방식에 의한 제안취지의 '설명'이 원칙적 방식, 즉 제안취지의 구두설명이 있었던 것과 동일시될 수 있는 것이라고는 볼 수 없고, 나아가 가사 e-의안시스템에의 입력이 유효한 방식이라고 보는 경우에도 그것이 의장의 표결 선포와 동시에 이루어진 것을 두고서 국회의원의 질의 · 토론의 전제가 될 제안취지 설명으로 적법한 것이라고는 도저히 볼 수 없다. 결국, 신문법 수정안의 심의 · 표결과정에는 위원회의 심사를 거치지 아니한 안건에 대하여 제안자의 취지 설명도 없는 상태에서 표결을 선포한 잘못이 있고, 이러한 하자 있는 심의절차에 터잡아 이루어진 표결결과에 따라 신문법안의 가결을 선포한 피청구인의 행위는 제안취지 설명에 관한 국회법 제93조 단서에 위배되어 청구인들의 심의 · 표결권을 침해하였다 할 것이다. **(2) 질의 · 토론 절차의 위법 여부** **(가) 쟁점**

앞서 본 바와 같이 피청구인은 신문법 원안 등 3개의 법률안을 상정한 후 곧바로 질의와 토론을 실시하지 않겠다고 선언하고, 곧이어 신문법 수정안을 상정한 다음 이에 대한 표결을 선포하였는바, 이 부분 쟁점은 피청구인의 이러한 절차 진행이 법률안 심의에 있어 질의·토론 절차에 관한 국회법 제93조에 위배하여 청구인들의 심의·표결권을 침해하였는지 여부이다. (나) **판단** 1) **재판관 이강국, 재판관 조대현, 재판관 김희옥, 재판관 송두환의 의견** 가) **대의민주주의의 정당성의 기초로서의 질의·토론절차** 헌법 제1조 제2항에서 국민주권주의를 선언하고 있는 우리 헌법은 국민주권주의의 실현수단으로서 대의민주주의의 원리를 채택하여, 국민의 선거와 위임에 의하여 국가기관을 구성하고, 그와 같이 구성된 국가기관에 국가권력을 배분하고 있다. 그리하여 헌법은 국민에 의하여 선출된 대표들로서 구성되는 국회에는 국민의 대표기관·입법기관·국정통제기관으로서의 지위와 권한을 부여하고 있다. 국회에 이와 같은 국정의 중요한 권한을 부여하는 것은 국회가 국민에 의하여 선출된 대표로 구성된 기관이라는 점, 의회주의 이념에 따른 심의(審議)를 본질로 하는 기관이라고 하는 점에 기초하고 있다. 그리하여 국회를 구성하는 국회의원들 역시 각자 국민의 대표라고 할 수 있지만, 국회에서의 심의와 표결을 통하여 국회의 의사결정에 참여하게 되는 것이고, 이와 같이 국회의원들의 심의와 표결을 거쳐 이루어진 국회의 의사결정은 국가작용의 근거와 기준이 된다. 심의와 표결을 통한 국회 의사결정의 원리인 의회주의 이념의 핵심은 국민을 대표하는 의원들이 국정에 관하여 자유로이 의견을 개진하는 심의(제안·질의·토론) 과정을 거친 후 표결에 따라 국정에 관한 의사결정을 한다는 데 있다. 그런데 의회주의의 이념이 제대로 실현되기 되기 위해서는 자유로운 질의와 토론, 소수의견의 존중과 반대의견에 대한 설득이 전제되어야 한다. 따라서 질의·토론 과정에서 소수파의 토론 기회를 박탈하거나 또는 아예 토론절차를 열지 아니한 채 표결을 진행하여 결론을 내리게 된다면, 다양한 견해에 입각한 의안의 심의 및 타협은 불가능하고, 결과적으로 의회주의 이념에 입각한 국회의 기능은 형해화될 수밖에 없다. 따라서 국회가 법률을 제정함에 있어서도 전체 국회의원을 구성원으로 하는 회의에서 심의절차를 거친 이후의 표결에 의하여 다수결로 결정해야 하는 것이고, 이러한 의사결정과정은 국회의 의사를 국민의 의사로 간주하는 대의효과(代議效果)의 실질적인 요건이라 할 것이다. 그러므로 국회의 심의절차는 표결절차와 마찬가지로 국회에 의한 의사결정절차에서 생략할 수 없는 핵심절차이며, 의회주의 이념을 기초로 하는 국회 입법절차의 본질적인 부분이라 할 것이다. 나) **국회법 제93조의 규정 취지** 우리 국회법 제93조도 이와 같은 심의절차를 국회 입법절차에서 반드시 거쳐야 할 절차로 선언하고 있다. 즉, 국회법 제93조 본문은 본회의는 안건을 심의함에 있어서 그 안건을 심사한 위원장의 심사보고를 듣고 질의·토론을 거쳐 표결한다고 규정하고, 동조 단서는 위원회의 심사를 거치지 아니한 안건에 대하여는 제안자가 그 취지를 설명하고 질의·토론을 거쳐 표결할 것을 규정함으로써 질의 및 토론절차가 표결의 사전절차임을 명확히 하고 있다. 또한 동조 단서 후단은 위원회의 심사를 거치지 아니한 안건에 대하여는 의결로서도 질의와 토론을 생략할 수 없도록 하고 있는바, 국회 본회의에서 심의되는 안건 가운데 위원회의 심의를 거치지 아니한 안건은 본회의 이전 단계의 입법절차에서 전혀 심의되지 아니한 안건이므로 본회의 입법절차에서 반드시 심의가 이루어져야 할 필요성이 있기 때문이다. 이와 같이 우리 국회법은 심의절차를 특별한 사유가 없는 한 반드시 거쳐야 할 절차로서 규정하고 있고, 특히 위원회의 심사를 거치지 아니한 안건에 대하여는 본회의의 의결에 의하여도 질의·토론 절차를 생략할 수 없도록 규정함으로써 안건에 관한 심의가 보장되도록 하고 있는 것이다. 다) **이 사건에 대한 판단** 이 사건 기록에 따르면, 신문법 수정안의 경우 위원회의 심사를 거치지 않고 본회의에 상정된 법안이므로, 국회법 제93조 단서에 의하여 본회의의 의결에 의하여도 질의와 토론절차를 생략할 수 없는 의안이었다. 다만, 질의·토론절차의 운영에 있어서 의장인 피청구인은 의원들이 질의 및 토론신청을 할 수 있는 기회가 부여 되었음에도 이를 하지 아니한 경우에는 질의·토론절차를 생략하고 다음 단계로 넘어갈 수는 있다고 할 것인바(憲 2008. 4. 24.-2006헌라2 참조), 이 사건 신문법 수정안에 관한 절차 진행이 그와 같은 경우에 해당하는 것인지에 관하여 보기로 한다. 이 사건 기록에 따르면, 신문법 수정안은 이 사건 본회의의 개의 선언이 있었던 당일 15:35 국회에 제출되고 15:38에 e-의안시스템에 입력되었으므로, 청구인들로서는 그 시경 이전에는 해당 의안의 존재나 내용을 알 수 없는 상황이었다. 한편, 피청구인은 같은 날 15:37경 이 사건 신문법 수정안을 다른 법안들과 함께 일괄 상정하고, 그 즉시 그에 대한 질의·토론은 실시하지 않겠다고 선언한 다음 곧바로 수정안에 대한 표결을 선포하였으며, 그 후 약 11분 가량이 지난 후인 15:49′27″에야 신문법 수정안이 회의진행시스템에 입력되었고, 약 30초 후인 15:50 투표가 시작되었는바, 이러한 진행상황에 비추어보면, 청구인들을 비롯한 의원들이 피청구인의 표결선포 이전에 질의나 토론 신청을 준비하는 것은 물리적으로 불가능하였다고 할 것이다. 또한 피청구인의 위 표결선포 이후에는 국회법 제110조 제2항(의장이 표결을 선포한 이후에는 누구도 안건에 대하여 발언을 할 수 없다)에 따라 의원들의 질의·토론 자체가 허용되지 않게 되었는바, 피청구인이 의안내용에 대한 정보를 사전에 제공하지 아니한 채 표결선포를 함으로써 질의 및 토론 신청의 기회는 실질적으로 봉쇄되었다고 할 것이다. 이러한 사정들을 종합하여 볼 때, 피청구인이 청구인들에게 이 사건 신문법 수정안에 대한 질의 및 토론신청을 할 수 있는 기회를 사전에 부여하였던 것이라고는 도저히 말할 수 없고, 이러한 상태에서 질의·토론절차를 생략한 채 이루어진 피청구인의 의사진행은 국회법 제93조 단서를 명백하게 위반한 것이었다고 할 것이다. 한편, 청구인들 중 일부가 피청구인의 의사진행 등을 방해하였다고 하더라도 그것은 상정된 법안의 의결에 반대하는 취지였다고 보이므로 처음부터 반대토론의 의사가 없었다고 단정할 수도 없다. 보다 근본적으로는 질의·토론절차가 앞서 본 바와 같은 중대한 의미를 지녀 함부로 훼손될 수 없는 것이라면, 피청구인으로서는 질의·토론의 방해 상황을 배제할 국회법상의 질서유지권 등의 권한을 보유하고 있으므로 이를 행사해서라도 질의·토론의 기회 자체는 의사진행과정에서 제공하였어야 할 것임에도, 의사진행방해에 대한 합법적 배제의 노력을 기울이지 아니하고 이미 그것이 무용하다고 단정한 나머지 오로지 표결절차의 진행에만 집중한 피청구인의 의사절차 진행을 결코 적법하다고 평가할 수는 없는 것이다. 따라서, 심의과정에서 질의·토론의 기회를 주지 아니한 채 이루어진 표결결과에 따라 신문법안의 가결을 선포한 피청구인의 행위는 질의·토론에 관한 국회법 제93조를 위배하여 청구인들의 심의·표결권을 침해한 것으로 봄이 상당하다. 2) **재판관 김종대, 재판관 이동흡의 의견** 가) 우리는 2005. 12. 9. 제256회 국회 제16차 본회의에서 국회의장의 사립학교법 중 개정법률안 가결선포행위가 국회의원들의 법률안 심의·표결권을 침해한 것인지의 여부가 쟁점이 된 2006헌라2 사건에서, 「위원회의 심사를 거치지 않고 바로 본회의에 상정된 법률안의 경우에 국회의장이 '질의신청 유무'에 대한 언급을 하지 않는 등으로 '질의 부분'을 생략하고 '토론신청 유무'도 확인하지 않은 채 토론신청이 없을 것으로 예단하여 바로 표결처리에 나아가는 의사진행은 국회의장의 자율적 의사진행 권한의 한계를 넘는 것으로서 정당화 될 수 없다. 따라서 국회의장의 이 사건 가결선포행위는 청구인들의 법률안 심의·표결권을 침해한 것이 분명하므로 그 확인을 구하는 심판청구는 인용되어야 한다」는 입장을 밝힌 바 있다(憲 2008. 4. 24.-2006헌라2 참조). 나) 국회법 제93조는 "본회의는 안건을 심의함에 있어서 그 안건을 심사한 위원장의 심사보고를 듣고 질의·토론을 거쳐 표결하고, 다만, 위원회의 심사를 거치지 아니한 안건에 대하여는 제안자가 그 취지를 설명하여야 하고, 위원회의 심사를 거친 안건에 대하여는 의결로 질의와 토론 또는 그 중의 하나를 생략할 수 있다"고 규정하고 있고, 이에 의하면 위원회 심사를 거치지 아니한 안건의 경우 질의·토론할 의원이 없어 하지 않는 것 이외에는 그에 대한 질의와 토론을 생략할 수 없다고 해석된다(憲 2008. 4. 24.-2006헌라2). 따라서 국회의장으로서는 위원회 심사를 거치지 아니한 안건에 있어서는 질의·토론신청이 없었던 경우라면(국회법 제99조 제1항에서는, 질의하려는 의원은 미리 의장에게 통지하여 허가를 받도록 하고 있고, 제106조 제1항에서는 안건에 대하여 토론하고자 하는 의원은 미리 찬반의 뜻을 의장에게 통지하도록 규정하고 있다), "질의·토론신청이 없으므로 질의·토론을 생략하겠다"고 말하고 표결절차에 나아갈 수는 있다 할 것이지만, 질의·토론신청이 있었는지 여부를 확인하거나 이를 언급도 하지 아니한 채 질의·토론을 생략하고 곧바로 표결처리에 나아가는 의사진행은 국회의원에게 부여된 질의·토론의 기회를 원천적으로 봉쇄하는 것과 다름없어 정당화될 수 없다고 할 것이다. 다) 이 사건의 경우에도 피청구인은 위원회의 심사를 거치지 아니한 신문법안에 대하여 질의·토론 신청 여부에 대해서는 아무런 확인이나 언급도 없이 "질의와 토론도 실시하지 않도록 하겠습니다"라고 발언한 후 곧바로 신문법 수정안 등에 대한 표결처리에 나아간 것인바, 이와 같은 피청구인의 의사진행은 위 선례(2006헌라2)에서와 마찬가지로 국회의원들의 질의·토론의 기회를 봉쇄하는 것으로써 청구인들의 심의·표결권을 침해한 것임은 분명하다. 한편 피청구인은 위와 같은 의사진행이 장내소란으로 인하여 정상적인 의사진행이 어려운 상황에서의 불가피한 것이었다고 하나, 그와 같은 사정이 피청구인의 신문법안에 대한 가결선포행위가 무효인지의 판단에서 참작될 수 있는지는 별론으로 하고, 청구인들의 심의·표결권 침해를 정당화할 수 있는 사유는 될 수 없다 할 것이다. 따라서 질의·토론의 기회를 주지 않고 이루어진 신문법안에 대한 피청구인의 가결선포행위는 청구인들의 심의·표결권을 침해하는 것이다. 3) **재판관 이공현, 재판관 민형기, 재판관 목영준의 의견** 피청구인은 질의·토론절차를 운영함에 있어서 우선 질의 유무를 확인한 후 질의신청이 없으면 토론에 들어가고, 토론신청도 없는지 확인한 후 표결에 들어가는 것이 원칙이라고 할 것이나, 회의 운영상 질의 신청이 없는 경우에는 질의 부분을 생략하고 다음 단계로 넘어가도 무방하다고 보아야 할 것인데(憲 2008. 4. 24.-2006헌라2 참조), 이는 토론의 경우도 동일하다고 할 것이다. 한편 국회법 제10조는 국회의장으로 하여금 국회를 대표하고 의사를 정리하며 질서를 유지하고 사무를 감독하도록 하고 있고, 국회법 제6장의 여러 규정들은 개의, 의사일정의 작성, 의안의 상임위원회 회부와 본회의 상정, 발언과 토론, 표결 등 회의절차 전반에 관하여 국회의장에게 폭넓은 권한을 부여하고 있어 국회의 의사진행에 관한 한 원칙적으로 의장에게 그 권한과 책임이 귀속된다. 따라서 국회의장의 의사절차 진행 행위는 그것이 헌법이나 법률에 명백히 위배되는 행위라고 인정되지 않는 한 다른 국가기관은 이를 존중하여야 한다(憲 2004. 5. 14.-2004헌나10; 2008. 4. 24.-2006헌라2 참조). 그러므로 이 사건의 경우 피청구인이 당시 회의장의 상황에 비추어 질의나 토론신청이 없을 것이라 판단하고 이를 생략하겠다고 공개적으로 밝힌 후 의사를 진행하였다면, 그러한 판단이 객관적으로 명백히 잘못되어 청구인들의 심의·표결 권한을 침해하지 않은 이상, 피청구인의 자율적 판단은 존중되어야 할 것이다. 피청구인은, 앞의 4-라-(1)-(나)-2)-가)항 기재와 같이, 이 사건 당일 청구인측이 의사진행 자체를 저지하려 하고 이에 한나라당 의원들이 의사진행을 강행하려는 과정에서 회의장의 질서가 무너지는 등 의사진행이 정상적으로 이루어질 수 없는 상황에 이르자, 청구인들의 의사진행 자체에 대한 저지행위에 비추어 청구인들에게 의안에 대한 질의나 토론의사가 없을 것이라고 예상하고 "오늘 장내가 소란하므로…… 질의와 토론도 실시하지 않겠습니다"라고 말하고, 신문법 원안 또는 수정안에 대하여 질의·토론 신청 유무를 확인하지 않은 채 질의·토론을 생략한 후 다음 단계인 표결을 선포하였다. 위와 같은 제반 사정과 국회의 자율성에 비추어 볼 때, 피청구인의 그러한 판단이 객관적으로 명백히 잘못되어 국회법 제93조의 청구인들의 심의·표결권을 침해하였다고 보기는 어렵다고 할 것이다.

(3) **표결절차의 헌법적 정당성 여부** (가) **쟁점** 이 부분 쟁점은, 청구인들의 주장처럼, 신문법 수정안에 대한 표결이 진행되는 과정에서 무질서한 상태에서 여러 번에 걸쳐 권한 없는 자에 의한 투표가 이루어지는 등 헌법상 다수결 원리에 반하는 명백한 절차적 하자가 있어 그로 인하여 청구인들의 법률안 심의·표결권을 침해한 것으로 평가할 수 있는지 여부이다. (나) **판단** 1) **재판관 이강국, 재판관 이공현, 재판관 조대현, 재판관 김희옥, 재판관 송두환의 의견** 가) **신문법 수정안에 대한 표결 과정 중 위 쟁점과 관련된 사실** 갑제8호증의 3, 갑제9호증의 3, 갑제10호증의 1, 2, 3, 갑제11, 12, 13호증, 갑제18호증의 1, 2, 갑제8호증의 1, 2, 갑제9호증의 1, 2, 갑제14호증의 1, 2, 갑제18호증의 1, 2, 을가제52호증의 1 내지 11, 을가제53호증의 1 내지 4, 6 내지 20, 을가제54호증, 수명재판관의 영상자료 검증결과 및 변론의 전취지를 종합하면 다음 사실을 인정할 수 있다. ① **국회의 전자투표시스템에 의한 표결 방식** 국회의 전자투표시스템은, 국회의원이 자신의 의석에 설치된 전자투표장치를 통하여 찬성 또는 반대의사 등을 표시하도록 하는 표결 시스템인데, 국회의원 의석의 책상에 설치된 컴퓨터 단말기를 이용하는 방식과 의석의 책상 아래쪽에 설치되어 있는 버튼을 이용하는 방식이 모두 가능하도록 되어 있다. 따라서 표결에 참여할 의사가 있는 국회의원은 일반적으로 두 가지 방식 중 하나를 선택한 다음 안건별로 우선 재석표시를 한 이후 찬성, 반대, 기권 등의 표시를 하게 된다. 한편 위 시스템에 의하면, 국회의원은 자신의 의석에 설치된 투표단말기를 이용하여 투표하도록 되어 있으나, 정당한 사용권자가 아닌 다른 국회의원이 투표단말기를 이용하는 것을 원천적으로 방지할 기술적인 조치는 마련되어 있지 않다. ② **무권투표 주장과 관련된 사실관계** ㈎ 투표경과에 관한 국

회의 전산기록상 한나라당 이사철 의원은 2009. 7. 22. 15:49′57″ 국회 본회의장에서 신문법 수정안에 대하여 최초로 재석표시를 한 것으로 되어 있는데, 위 시각으로부터 10초 안에 14인의 한나라당 의원이 재석표시(8명) 또는 찬성표시(6명)를 하였다. 한편, 국회 본회의장 의장석을 바라보고 왼쪽에 걸려있는 벽시계가 15:49경을 가리키고 있을 때 의장석으로부터 다수의 의원들이 의원석으로 이동하였고, 그 때에도 위 이사철 의원은 의장석을 바라보고 의장석 우측 앞에서 민주당측 의원들과 몸싸움을 계속하고 있었다. ㉯ 한나라당 배은희 의원은 신문법 수정안에 대한 표결 당시 한나라당 나경원 의원석으로 접근하여 투표단말기의 버튼을 눌렀다. 그 당시 한나라당 나경원 의원은 본회의장에 없었다. ㉰ 한나라당 신성범 의원은 신문법 수정안에 대한 표결 당시 한나라당 안형환 의원석의 투표단말기의 버튼을 눌렀다. 그 당시 한나라당 안형환 의원은 본회의장에 없었다. ㉱ 한나라당 이화수 의원은 신문법 수정안에 대한 표결 당시 한나라당 조해진 의원석의 투표단말기 화면 쪽으로 손을 뻗었고, 곧 이어 한나라당 조해진 의원석에서 일어나서 뒤로 돌아 한나라당 김태원 의원석에 접근하여 투표단말기 화면 쪽으로 몸을 숙여 손을 대는 듯한 동작을 취하였다. ㉲ 한나라당 정옥임 의원은 한나라당 김영우 의원석의 투표단말기 화면 쪽으로 향하여 허리를 구부리고 2~3초 정도 머물러 화면을 바라보는 듯한 동작을 취하다가 왼쪽 옆 자신의 자리로 이동하였다. ㉳ 한나라당 성윤환 의원은 한나라당 주성영 의원석에 접근하여 의원석 왼쪽 아래쪽으로 몸을 기울여 책상 아래 왼쪽 버튼을 눌러서 투표단말기 화면이 올라오도록 하였고, 그 당시 주성영 의원석은 비어 있었다. ㉴ 한나라당 여상규 의원은 한나라당 이범래 의원석 앞 쪽에서 뒤로 돌아보고 이범래 의원석 투표단말기 화면을 향하여 손을 뻗어 가리키면서 무언가를 이야기하였다. **③ 투표방해 주장과 관련된 사실관계** ㉮ 민주당 조배숙 의원은 한나라당 강명순 의원석에 앉아서 강명순 의원의 몸을 감싸 안고 있었다. ㉯ 민주당 이시종 의원은 한나라당 조진래 의원석 옆에 서서 앉아 있는 조진래 의원의 어깨를 감싸거나 오른 팔을 붙잡고 놓아주지 않고 있었다. ㉰ 민주당 김성곤 의원은 한나라당 여상규 의원석에 앉아서 뒤에 서 있던 여상규 의원이 오른 팔을 뻗어 투표단말기 화면에 손을 대려는 것을 제지하면서 실랑이를 벌였다. ㉱ 민주당 이미경 의원은 한나라당 강길부 의원석에 앉아서, 왼쪽 뒤쪽에 서 있는 강길부 의원이 오른팔을 뻗어 투표단말기 화면에 손을 대려는 것을 제지하고 일어서면서 손을 뻗어 강길부 의원의 투표단말기 화면의 버튼을 여러 차례 눌렀다. ㉲ 민주당 천정배 의원은 한나라당 유정현 의원석에 앉아 있었고, 유정현 의원은 천정배 의원 뒤에 서서 지켜보고 있었으며, 천정배 의원은 앞 쪽에 있는 한나라당 신지호 의원과 손을 맞잡고 실랑이를 벌였다. ㉳ 민노당 권영길 의원이 왼쪽 옆 한나라당 정양석 의원 좌석 쪽으로 손을 내뻗자, 다른 성명불상의 의원 두 명이 권영길 의원의 손을 제지하였다. ㉴ 민노당 권영길 의원은 한나라당 진성호 의원석에 앉아서 오른쪽 옆 한나라당 이정현 의원의 왼팔을 책상 위에서 끌어내리고 있었다. ㉵ 민주당 이윤석 의원은 한나라당 윤영 의원석 옆에 서서 자리에 앉아 있는 윤영 의원의 두 손을 맞잡아 당겼다. ㉶ 민주당 최규성, 노영민, 백원우, 박병석, 김재균, 서갑원, 박지원, 박주선, 박상천, 김성순, 이미경, 이용섭, 정세균, 백재현 의원은 각각 한나라당 유일호, 신영수, 현기환, 전여옥, 이은재, 정진섭, 박상은, 김정권, 전재희, 박준선,

권경석, 권택기, 현경병, 김성수 의원석에 앉아 있었고, 민주당 유선호 의원은 한나라당 김성태 의원석에 앉아 있다가 한나라당 의원들에 의하여 끌려 나왔으며, 민주당 조정식 의원은 한나라당 허원제 의원석에 앉아 있었고, 그 때 투표단말기 화면에는 취소표시의 버튼이 나타나 있었다. **④ 이례적인 표결 경과** 전자투표시스템에 의한 표결 방식의 특성상, 위 방식에 따른 국회의원들의 투표 경과가 전산상 기록된다. 그런데, 일반적인 경우라면 재석과 찬성(또는 반대)이라는 2회의 표시가 있기 마련인데, 이와 달리 다음과 같은 이례적인 투표 경과가 위 기록상 확인된다. ㉮ 이군현, 권영세, 김영선, 김무성, 허천, 조해진, 김소남, 안상수, 신영수, 진성호 의원 등 10명의 의원들의 경우, 재석과 찬성을 한 다음 이를 취소하고 다시 찬성을 한 것으로 되어 있다. ㉯ 이한구, 유정현, 서상기, 권경석, 정양석, 이범래, 유일호 의원 등 7명의 의원들의 경우, 재석과 찬성을 한 다음 이를 취소하고 반대를 하고, 다시 이를 취소하고 찬성을 한 것으로 되어 있는데, 최종적인 찬성표시를 포함한 총 표시의 횟수가 이한구, 유정현, 서상기 의원은 총 6회, 권경석 의원은 8회, 정양석 의원의 경우 총 10회, 이범래 의원의 경우 총 20회이고, 유일호 의원의 경우 무려 총 24회의 표시를 한 것으로 되어 있다. ㉰ 강승규, 허원제, 김재경, 황영철, 여상규, 강길부 의원 등 6명의 의원들의 경우, 재석과 반대를 한 다음 이를 취소하고, 최종적으로 찬성을 한 것으로 되어 있는데, 강길부 의원의 경우 총 12회의 표시를 한 것으로 되어 있다. ㉱ 안형환, 김성식, 현경병, 나경원, 유승민, 강봉균, 손숙미 의원 등 7명의 의원들의 경우, 최초 재석, 이어 찬성 또는 반대를 하였으나 최종적으로 취소표시를 하여 기권으로 처리되었다. **나) 입법과정에서 표결 절차의 헌법적 의의 등** ① 국회가 국회의원 전원으로 구성된 회의체에서 심의와 표결을 거쳐 다수결로 국회의 입법권을 행사하면 그 법률은 모든 국가작용의 근거와 기준이 되고, 국민의 법적 지위를 직접 규율하게 되는 점에서, 국회의 입법과정에는 구성원인 국회의원의 자유로운 참여, 토론, 숙의 등이 활발하게 이루어질 수 있도록 합리적인 심의 과정이 보장되어야 한다. 입법과정 중 심의절차(상이한 의견의 교환과 토론 절차)의 헌법적 의미가 중요하게 강조되어야 하는 이유가 국가 전체이익에 부합하는 최선의 국회의사를 형성하는 것 자체 못지않게 그러한 국회 의사결정 절차의 합리성에 대한 국민의 신뢰를 얻기 위한 것이라면, 심의절차에 기초하여 이루어지는 표결 절차는 국회입법권 실현의 사실상 최종 과정이라는 점에서 더욱 중대한 헌법적 의미를 갖는다고 보아야 할 것이다. 따라서 국회의 법률안 표결절차는 국회의원의 자유로운 개별적 의사가 객관적으로 적법하게 표시되어 결집되고 확인됨으로써 그것이 국회의 최종 의사로 정당하게 추인될 수 있도록 합리적 공정성을 스스로 갖추지 않으면 아니 된다. 이러한 사정 및 적법절차의 원칙을 강조한 헌법 제12조의 규정 취지를 아울러 고려하면, 우리 헌법 제49조가 천명한 다수결의 원칙은 바로 위와 같은 국회의 의사결정 과정의 합리성 내지 정당성이 확보될 것을 전제로 한 것이고, 이와 무관하게 동일한 정치적 의사를 가진 국회의원의 숫자만으로 국회의 최종 의사형성이 정당화될 수 있다고는 볼 수 없다. ② 한편 국회의원의 법률안 표결권은, 국회의원이 표결과정에서 자신의 개별적 정치적 의사를 자유롭게 형성하고 이를 실현할 권한임은 물론이지만, 국회의 구성원으로서 자신과 다른 국회의원의 표결권이 모두 정당하게 행사되고 확인되는 과정을 거쳐 국회의 최종 의사로 확정되는 국회입법권의 근본적인 구성 요소이기도 하다. 따라서 만일 법률안에 대한 표결절차의 자유와 공정이 현저히 저해되어 이로 인하여 표결 결과의 정당성에 영향을 미칠 개연성이 인정되는 경우라면, 그러한 표결절차는 헌법 제49조 및 국회법 제109조가 규정한 다수결 원칙의 대전제에 반하는 것으로서 국회의원의 법률안 표결권을 침해한다고 보아야 할 것이다. ③ 국회의원의 표결권은 개별 국회의원의 고유한 권리로서 일신 전속적이므로 이를 타인에게 위임하거나, 양도할 수 없다(국회법 제24조, 제111조 제1항, 제114조의2 등 참조). 따라서 국회의원이 다른 국회의원으로부터 표결권을 위임받아 행사하는 행위 및 권한을 위임받지 아니한 채 다른 국회의원의 표결권을 행사하는 행위는 모두 허용되지 않는다. 전자투표시스템에 의한 표결방식의 경우에도, 개별 의원들의 투표단말기는 표결절차 내에서는 투표함과 같은 역할을 하는 것이기 때문에 이를 직접 조작하여 교정하는 행위는 오로지 해당 국회의원의 전속적인 권한에 속하므로, 자신에게 사용권한이 없는 투표단말기를 사용하여 투표하는 행위는 그 동기나 경위가 무엇이든 국회법에 위배되어 다른 국회의원의 헌법상 권한인 법률안 표결권을 침해하는 것이다.

다) **이 사건에 대한 판단** ① **표결의 자유와 공정이 현저히 저해되었는지 여부** ㉮ 새로이 제정될 법률안에 대한 국회의원들의 정치적 의사가 극단적으로 대립됨에도 불구하고 위원회의 심사를 거치지 않은 채 그 법률안이 직접 본회의에 회부되고 질의·토론 절차가 생략된 채 표결처리되는 경우, 입법과정에서 서로 다른 정치적 입장의 국회의원들이 국회법에 따른 절차를 준수하지 않은 채 서로 물리적으로 충돌할 가능성이 적지 않음을 이미 여러 차례에 걸쳐 경험한 바 있다. 이 사건의 경우도, 국회 본회의가 개시되기 전부터 피청구인의 의사진행을 가능하게 하려는 국회의원들과 이를 적극적으로 저지하기 위한 국회의원들 사이에 극심한 대립과 충돌이 있었던 터라 법률안에 대한 의결절차가 실제 개시된 이후에도 여전히 그러한 상태가 유지되거나 격화될 가능성이 높을 것이라는 점은 어렵지 않게 예상할 수 있었다. 실제 피청구인이 신문법 원안 등 3개 법안을 본회의에 상정한 다음 질의 및 토론절차를 제대로 거치지 아니하고 바로 신문법 수정안에 대한 표결을 진행하는 과정에서, 한나라당 소속 의원들은 의장석 주변에 모여 반대하는 의원들의 의장석 주변 접근을 적극적으로 차단하기 위하여, 반대파 의원들은 의장석에 접근하여 피청구인의 의사진행자체를 배제하기 위하여 각각 물리력을 사용하며 대치하는 등, 극히 무질서한 상황이 벌어졌다. ㉯ 한편 국회의 전자투표시스템에 의한 표결 방식은, 정당한 사용권자가 아닌 다른 국회의원이 투표단말기를 이용하는 것을 방지할 조치를 마련하고 있지 않아, 지정된 의석을 일탈하여 상당수의 국회의원들이 서로 물리적으로 대치하고 있는 등 극도로 무질서하고 혼란한 본회의의 상황을 이용하여, 법률안 제정에 반대하는 의원들에게는 다른 국회의원의 투표단말기에서 임의의 반대투표를, 법률안 제정에 찬성하는 의원들에게는 다른 국회의원의 투표단말기에서 임의의 찬성투표를 시도하도록 하는 원인을 제공하는 측면이 없지 않다. ㉰ 이처럼, 신문법 수정안에 대한 표결절차의 전후 상황 및 전자투표방식의 제도적 맹점 등을 고려한다면, 피청구인으로서는 위법하게 폭력을 행사하는 국회의원을 퇴장시키는 등 표결과정에서 요구되는 최소한의 평화로운 질서라도 확보하여야 하고, 위와 같은 사정에서 비롯될지도 모를 위법적 투표행위를 미리 경고하거나 실제 발생한 위법적 투표행위 또는 투표방해행위를 적극적으로 적발하고 상응한 조치를 취하였어

야 한다. 사정이 이와 같고, 특히 본회의장 곳곳에서 대리투표 또는 투표방해행위가 벌어지고 있다는 주장이 있었음에도 불구하고, 피청구인은 이에 주목하지 않은 채 위와 같은 노력을 전혀 기울이지 않았다고 보인다. ㉣ 이에 따라 신문법 수정안에 대한 표결 과정에서, 첫째 권한 없는 자에 의한 임의의 투표행위가 있었고(위 가) -②-㉮, ㉯, ㉰: 앞서 본 사실관계에 비추어 보면, 이사철 의원의 재석표시 당시 이사철 의원 본인은 의장석 근처에 있었다고 봄이 상당하다), 둘째 다른 국회의원 의석의 투표단말기에 접근하거나 손을 가까이 가져가는 등 위법한 무권 또는 대리투표행위로 의심받을 만한 여러 행위가 있었으며(위 가) -②-㉣ 내지 ㉦), 셋째 다수의 민주당 의원들이 한나라당 의원들의 투표행위를 저지하기 위하여 실랑이를 벌이거나 한나라당 의원석에 앉아 있었고, 나아가 적극적으로 반대투표행위를 한 것으로 보이고(위 가) -③), 넷째 정상적인 표결 절차에서 국회의원 각자가 자신에게 부여된 고유한 표결권을 직접 행사하였더라면 결코 나타날 수 없는, 극히 이례적인 경위의 투표가 다수 확인되었다(위 가) -④). ㉤ 요컨대, 피청구인은 이 사건 신문법 수정안의 표결을 진행함에 있어 다수의 위법한 투표행위가 발생할 가능성이 예견되었고, 실제 그와 같은 사례가 발생하였음에도 이를 바로잡을 자신의 권한을 전혀 행사하지 않은 채(질서유지권 등의 행사조차 어려운 경우라고 한다면 회의를 산회하고, 질서를 확보한 상태에서 새로운 회의를 개최할 여지도 있다), 이를 방치하였다. 신문법 수정안에 대한 표결절차가 과연 국회의원의 자유로운 개별적 의사가 객관적으로 적법하게 표시되어 결집되고 확인됨으로써 그것이 국회의 최종 의사로 정당하게 추인될 수 있을 정도로 합리적 공정성을 갖춘 것이라고는 도저히 볼 수 없다. 표결과정에서의 자유와 공정이 현저히 저해되었다고 보지 않을 수 없다. ② **표결결과의 정당성에 영향을 미쳤을 개연성** 신문법 수정안에 대한 표결 과정의 전후 상황, 위법 내지 위법의 의심이 있는 투표행위의 횟수 및 정도 등을 종합하여 살펴보면, 이 사건 신문법 수정안의 표결 결과는 극도로 무질서한 상황에서 발생한 위법한 투표행위(위 가)-②-㉮,㉯,㉰), 정당한 표결권 행사에 의한 것인지 여부 자체를 객관적으로 가릴 수 없는 다수의 투표행위들(위 가) -④)이 그대로 반영된 것이다. 마치 하나의 투표함에 정당한 투표와 그렇지 않고 정당성 여부를 객관적으로 확정하기 어려운 투표가 혼재되어 있어 신뢰할 수 있는 방법으로는 더 이상 양자를 구분하기 힘들게 되어 투표함 자체가 오염된 상황과 유사하게 되었다. 요컨대, 신문법 수정안 표결과정의 현저한 무질서와 불합리 내지 불공정은 그 표결결과의 정당성에 영향을 미쳤을 개연성이 있다고 판단된다. 라) **소결론** 결국, 피청구인의 신문법 수정안의 가결선포행위는 헌법 제49조 및 국회법 제109조의 다수결 원칙에 위배되어 청구인들의 표결권을 침해한 것이다. 2) **재판관 민형기, 재판관 이동흡, 재판관 목영준의 의견** 가) **이 사건의 쟁점** 이 사건은 국회의원의 국회의장(피청구인)에 대한 권한쟁의사건으로, 피청구인의 신문법안에 대한 가결선포행위가 국회의원인 청구인들의 표결권을 침해하였는지 여부가 쟁점이 되어야 한다. 그러므로 이 사건 신문법 표결이 극도의 혼란 속에서 이루어졌고 그 과정에서 비전형적인 투표행위가 있었다고 하더라도, 그것이 실제 표결 결과에 영향을 미쳐 청구인들의 투표가치를 훼손하였다고 인정할 수 있는지에 대하여 판단한다. 나) **청구인들의 투표가치가 훼손되었는지 여부** 이른바 무권투표행위에 관하여 보면, 이러한 투표의 결과로 표결결과에 영향을 미쳤는지 여부는 증거에 의하여 확인된 무권투표 횟수가 가장 중요한 요소라고 할 것이다. 그런데 이 사건에서 증거에 의하여 인정할 여지가 있는 무권투표의 횟수는 3건인바, 그 중 이사철 의원의 경우에는 재석 표시가 된 때 의장석 우측 앞에 있었다는 것이고, 나머지 두 경우는 한나라당 의원이 다른 한나라당 의원의 투표단말기 버튼을 눌렀다는 것이다. 따라서 이사철 의원의 경우 적어도 재석 버튼은 다른 의원이 눌렀다고 보이나(찬성 버튼을 본인이 눌렀는지 여부는 확인되지 않는다), 나머지 두 경우는 재석 버튼을 누른 것인지, 찬성 버튼을 누른 것인지, 아니면 뒤에서 보는 청구인측의 투표방해행위인 반대투표를 취소하기 위하여 취소 버튼을 누른 것인지 확인할 수 없다. 또한 이 사건 증거에 의하면, 다수의 청구인측 의원들이 한나라당의 의석에 앉아 있거나 한나라당 의원들의 투표행위를 물리적으로 방해한 사실과 한나라당 의원들의 전자투표 기록에 찬성-취소-반대-찬성 등이 반복되는 이례적인 현상이 다수 있었음이 인정된다. 이처럼 한나라당 의원들이 다른 한나라당 의원의 재석 및 찬성투표를 대신 눌렀는지 여부, 청구인측 의원들이 이미 재석 및 찬성된 한나라당 의원들의 찬성표결을 취소한 후 반대투표를 하였고 이에 다른 한나라당 의원들이 이를 시정하기 위하여 취소 버튼을 눌렀는지 여부, 청구인측 의원들이 한나라당 의원들의 좌석에 앉아 한나라당 의원들의 투표를 방해하였는지 여부 등이 불분명한 혼란스러운 상황을 고려할 때, 이 사건 증거만으로는 한나라당 의원들이 다른 한나라당 의원들의 투표를 대신함으로써 실제 표결 결과에 영향을 미쳐 청구인들의 투표가치를 훼손하였다는 점을 인정하기에는 부족하다고 할 것이다. 　　**다) 피청구인의 의사진행에 문제가 있었는지 여부** 다수의견은, 피청구인이 이 사건 신문법 수정안의 표결을 진행함에 있어 다수의 위법한 투표행위가 발생할 가능성이 예견되었고, 실제 그와 같은 사례가 발생하였음에도 이를 바로잡을 자신의 권한을 전혀 행사하지 않은 채(질서유지권 등의 행사조차 어려운 경우라고 한다면 회의를 산회하고, 질서를 확보한 상태에서 새로운 회의를 개최할 여지도 있다), 이를 방치한 잘못이 있다고 주장한다. 우선 앞에서 본 바와 같이, 피청구인이 의사당 내에서 행사할 수 있는 권한은, 회의장의 질서를 문란하게 하는 의원에 대한 경고 또는 제지, 이에 응하지 아니하는 때에는 발언 금지나 퇴장, 그래도 질서유지가 곤란하다고 인정할 때에는 회의 중지나 산회 등이다. 그런데 국회의원의 헌법상 지위를 고려할 때 국회의원이 국회 경위에 의하여 강제 퇴장당하는 것은 적절하지 않을 뿐 아니라 이 사건과 같이 많은 의원들이 집단적으로 의사진행을 방해할 때에는 그들을 강제 퇴장시키는 것은 현실적으로도 불가능한 일이다. 한편 회의 중지나 산회는 결과적으로 의사진행을 저지하려는 의원들의 목적을 충족시키게 되므로, 이에 대한 판단은 전적으로 피청구인의 자율에 맡길 수밖에 없다. 결국 피청구인은 이와 같은 상황 속에서 회의중지나 산회보다는 다소간의 혼란 속에서도 표결절차를 종료하는 것이 책임있는 의사진행이라고 판단한 후 국회 경위를 통한 물리력 행사를 최대한 자제하면서 신문법 수정안의 표결절차를 진행하려 하였다고 보여지는바, 이와 같은 의사진행의 판단은 국회의장의 자율권에 기한 정당한 판단으로 존중되어야 한다. 　　**라) 소결론** 　　그렇다면 이 사건 신문법 표결 과정에서 비전형적인 투표행위가 있었다고 하더라도, 그것이 실제 표결 결과에 영향을 미쳐 청구인들의 투표가치를 훼손하였다는 점을 인정할 증거가 부족하므로, 청구인들의 표결권이 침해되었다고 볼 수 없다. 　　**3) 재판관 김종대의 의견** 　　무권투표 부분에 대한 다수의견의 요지는 다수의 무권투표행위, 투표방해행위, 불법투표의 의심사례가 확인되었으며 그 정도가 전체 투표함의 오염에 이르러 표결결과에 영향을 미쳤을 충분한 개연성이 있다는 점에 있다. 국회는 국민의 대표기관이자 입법기관으로서 의사와 내부규율 등 국회운영에 관하여 폭넓은 자율권을 가지며, 국회의 의사절차나 입법절차에 헌법이나 법률의 규정을 명백히 위반한 흠이 있는 경우가 아닌 한 그 자율권은 권력분립의 원칙이나 국회의 위상과 기능에 비추어 존중되어야 한다(憲 1997. 7. 16.-96헌라2). 특히 국회법 제10조는 국회의장으로 하여금 국회를 대표하고 의사를 정리하며 질서를 유지하고 사무를 감독하도록 하고 있고, 국회법 제6장의 여러 규정들은 개의, 의사일정의 작성, 의안의 상임위원회 회부와 본회의 상정, 발언과 토론, 표결 등 회의절차 전반에 관하여 국회의장에게 폭넓은 권한을 부여하고 있어 국회의 의사진행에 관한 한 원칙적으로 의장에게 그 권한과 책임이 귀속된다. 따라서 국회의장이 논란의 여지가 많은 사실관계 하에서 진행한 의사절차 진행 행위라도 그것이 헌법이나 법률에 명백히 위배되지 않는 한 다른 국가기관은 이를 존중하여야 한다(憲 1998. 7. 14.-98헌라3). 그렇다면 국회의 자율권을 존중하여야 하는 헌법재판소로서는 국회의장의 법률안 가결선포행위와 관련된 의사진행절차상의 제반 사실을 인정함에 있어서도 특별한 사정이 없는 한 국회본회의 회의록의 기재내용만에 의해 사실인정을 할 수밖에 없으며(憲 2000. 2. 24.-99헌라1 참조) 회의록에 없는 절차진행사실은 적법하게 진행했다고 추단해야 할 것이니, 헌법재판소를 포함한 다른 국가기관이 국회본회의 회의록 기재내용 이외의 증거자료에 대한 조사에 의하여 의사진행절차에 관해 회의록에 없는 사실이나 회의록과 다른 사실을 인정하고 이를 기초로 국회의장의 권한 행사의 적법성을 판단할 수는 없다고 할 것이다. 따라서 청구인들이 주장하는 무권 또는 대리투표 등이 국회본회의 회의록에 명기되어 있지 아니한 이 사건의 경우(회의록에 대리투표를 외치는 여러 목소리의 기재가 있긴 하나 그 말을 한 의원을 특정할 수도 없거니와 이 같은 소란한 의사당 내의 분위기를 기재한 회의록 부분으로써 곧 무권 또는 대리투표의 증거로 쓸 수도 없다), 달리 특별한 사정이 없는 한, 국회의장의 의사 및 표결진행절차는 적법하게 이루어졌다고 볼 수밖에 없으므로 무권 또는 대리투표에 의한 청구인들의 권한침해 주장은 받아들이기 어렵다. (4) **신문법안 가결선포행위로 인한 심의·표결권의 침해 여부에 대한 결론** 위에서 본 바를 종합하면, 피청구인의 신문법안 가결선포행위와 관련하여, 1) 재판관 김희옥, 재판관 김종대, 재판관 송두환은 심의절차에 있어 제안취지 설명 절차부분이 국회법 제93조에 위배되어 청구인들의 심의·표결권을 침해하였다는 의견이고, 2) 재판관 이강국, 재판관 조대현, 재판관 김희옥, 재판관 김종대, 재판관 이동흡, 재판관 송두환은 심의절차에 있어 질의·토론 절차부분이 국회법 제93조에 위배되어 청구인들의 심의·표결권을 침해하였다는 의견이며, 3) 재판관 이강국, 재판관 이공현, 재판관 조대현, 재판관 김희옥, 재판관 송두환은 표결절차에 있어 헌법 제49조 및 국회법 제109조가 규정한 다수결 원칙에 위배하여 청구인들의 심의·표결권을 침해하였다는 의견이다. 따라서, 신문법안의 가결선포행위가 청구인들의 심의·표결권을 침해하였다는 의견이 재판관 이강국, 재판관 이공현, 재판관 조대현, 재판관 김희옥, 재판관 김종대, 재판관 이동흡, 재판관 송두환의 7인이고, 신문법안의 가결선포행위가 청구인들의 심의·표결권을 침해하는 것으로는 볼 수 없다는 의견이 재판관 민형기, 재판관 목영준의 2인이다. 그렇다면, 피청구인의 신문법안 가결선포행위가 청구인들의 심의·표결권을 침해하였다는 의견이 관여 재판관 9인 중 7인으로 재판관 과반수의 찬성이 있으므로 청구인들의 이 부분 심판청구는 이유 있어 인용하여야 한다.」

憲法裁判所는 [96헌라2] 사건과 [2009헌라8등] 사건에서 국회의원의 법률안의 심의 · 표결권이 침해되었다는 사실에 대하여 確認만 선고하는 선에서 그치고 그러한 침해행위가 위헌으로 無效라고 선고하지 않는 태도를 유지하고 있다.

이 두 사건에서 헌법재판소는 법률안의 심의 · 표결권이 침해된 사실만 확인하고, 나머지는 국회의 자율권의 영역으로 보아 국회가 스스로 처리하도록 맡긴 것이다. 위 두 사건에서 헌법재판소는 법률안의 심의 · 표결권이 헌법상의 명문규정에 의하여 인정되는 권한은 아니지만 헌법해석상 도출되는 憲法上의 權限이라고 보되, 문제가 되고 있는 심의 · 표결의 절차는 헌법이 정하고 있는 것이 아니어서 법치주의에 근거한 헌법재판과 민주주의에 근거한 국회자율간의 경계선을 이 정도에서 설정하고 있다고 보인다. [96헌라2] 사건에서 헌법재판소는 무효를 선언하지 않는 이유를 설시하지 않고 있다. [2009헌라8등] 사건에서는 헌법재판소가 무효를 선언하지 않는 이유로 위법의 하자가 중대하지 않다는 것을 이유로 들고 있으나, 의회자율권과 헌법재판의 관계상 무효선언을 자제한다면 모를까, 헌법재판소는 법률안의 입법과정에 대하여 심사할 수 있고 무효를 선언할 수 있다고 하면서도 그 위법의 정도가 중대하지 않아 무효선언을 하지 않는다는 것은 설득력이 약하다. 입법절차에서 국회법의 명시규정에 위반한 것은 위법의 하자가 중대하지 않다고 할 수 없기 때문이다. 헌법이나 법률의 명시적 규정에 위반하면 이는 중대한 위반이다. 이를 行政行爲의 瑕疵理論(하자의 정도에 따라 취소와 무효의 사유로 보는 태도)으로 접근하는 것은 잘못된 것이다.

그런데 국회의 자율영역이라고 하는 부분에 헌법재판소가 어디까지 관여할 수 있는가에 따라 위 두 사건에서 국회의장의 법률안 가결 · 선포행위에 대하여 무효를 선언하여 효력을 상실시킬 수 있다고 볼 수도 있다. 헌법재판소가 무효를 선언하는 태도는 민주주의보다 법치주의를 더 우위에 두어 헌법재판소가 국회의 자율영역에 적극 개입하는 것이다(위 두 사건에서 무효를 주장하는 소수의견이 그러하다).

Ⅱ. 실질적 입법과정의 위반

입법과정에 대한 위헌여부심사는 입법에 있어서 안건에 대한 토론이 충분히 행해졌는가, 사안의 쟁점에 대한 충분한 검토와 논의가 있었는가, 법률안에 대하여 이해관계를 가진 사람들에게 의사를 표시할 기회가 충분히 주어졌는가, 소수의 국회의원에게 충분한 발언기회가 제공되었는가, 표결이 합리적인 조건하에서 행해졌는가 하는 등 충실하고 最適의 입법을 함에 있어 실질적으로 요구되는 절차적인 사항들을 지켰느냐 하는 점에 대하여 헌법에의 합치여부를 심사하는 것이다. 즉, 이는 당해법률의 입법절차가 헌법의 민주주의원리나 법치주의원리 또는 입법권의 보장과 입법의무 등에 위반된다는 이유로 위헌이라고 결정할 수 있는가 하는 문제이다. 입법과정에 대한 위헌여부심사에 대해서는 학설상 다툼이 있다.

(a) 긍 정 설

입법자가 입법권을 행사함에 있어서는 항상 最上의 입법을 하여야 한다는 의무는 없더라도 最適(optimal)의 입법을 하여야 하는 의무는 헌법상의 의무이므로 재판기관이 입법과정 또는 입법행위에 대해서도 헌법위반여부를 심사할 수 있다고 본다. 법률안을 심의한 해당 위원회에 해당 위원이 아닌 국회의원이 참여하지는 않았는가, 국회의원들이 필요한 자료를 충분히 수집하거나 사실관계를 조사하고 이익형량 등에서 이들 자료를 충분히 검토·논의하여 고려하였는가 등이 위헌여부를 판단하는데 고려된다고 본다.

현대 대의민주주의에서 국회가 항상 전체국민의 대표기관으로서 입법을 하는 것이 아니라 겉으로는 전체이익과 일반의사를 내세우면서 사실은 특수이익이나 부분이익을 실현하기 위해 입법을 하는 경우가 적지 않게 나타난다는 점을 주시하고, 이러한 立法의 失敗를 바로잡는 데 효과적인 것이 적극적인 사법심사 또는 규범통제라고 보는 관점에서는 헌법재판소가 입법의 결과뿐만 아니라 입법의 과정에 대해서도 적극적으로 개입하고 통제하는 것이 필요하다고 본다(예: 公共選擇理論). 이러한 시각에 의하면, 입법과정에서 모든 이해관계자들의 의견이 충분히 제시되고 고려되었는가, 법안에 대한 의결이 합리적인 의사결정과정을 거쳐 행해졌는가, 법률안이 일괄적으로 또는 개별적으로 처리되었는가, 법률안이 국회의원들의 이해관계에 기초한 거래행위 또는 교환행위의 결과로 나타난 것은 아닌가 하는 점 등도 대의원리와 국가의 공공성원리에 비추어 심사의 대상이 되어야 한다고 본다(鄭萬喜, 252).

(b) 부 정 설

부정설은 무엇보다 입법자가 最適의 立法을 해야 할 의무가 헌법에서 도출되지 않는다고 본다. 헌법에 정해져 있지 아니한 입법절차나 국회의원 등 입법참가자의 행태 또는 입법의 논증 등은 헌법재판소의 심사대상이 아니라고 하고, 이러한 것을 헌법재판소가 심사하는 것은 권력분립원리에 위반되고 민주주의를 제약하는 것으로 헌법재판의 한계를 일탈한 것이라고 본다. 규범통제에서 헌법재판소가 심사할 수 있는 것은 입법행위의 결과인 법률, 즉 法律의 객관적인 內容과 效果뿐이며 입법의 과정이나 입법행위, 입법자의 동기는 민주주의영역에 속하는 것이어서 심사할 수 없다고 한다. 예컨대, 국회의원들이 법률안을 심사하고 의결할 때 얼마나 충실했으며 어느 정도로 熟知하고 있었는가를 따지는 것도 위원회를 기준으로 해야 할지 본회의를 기준으로 해야 할지 불분명하다고 한다.

(c) 사 견

민주주의의 원리와 국회의 立法形成의 自由에 비추어 볼 때, 규범통제에서 입법행위의 세세한 과정과 입법자의 행동을 모두 심사하는 것은 헌법재판의 기능에 합치하지 않는다. 입법과정에서의 문제는 당사자들에 의해 권한쟁의심판으로 청구되면 헌법재판소는 그 범위 내에서 판단하는 것으로 상당한 역할을 수행한다고 할 것이다. 헌법재판소는 구체적인 판단에서 입법과정에 대한 고려를 하지 않을 수 없는 상황이 있고, 또 위헌여부를 판단함에 있어서 입법과정을 들여다보지 않을 수 없지만, 원칙적으로 입법과정상의 이유를 들어 어떤 법률에 대해 위헌이라는 결정을 할 수는 없다고 할 것이다. 그러나 이것이 최적의 입법을 위한 노력의 필요성이나 입법과정상의 합리성의 확보를 부정하는 것은 아니다. 국회는 헌법재판소의 개입이 없더라도 적극적으로 이런 노력을 하여야 할 의무를 지고 있다. 국회의 이러한 노력이 없고, 입법과정이 대의원리를 부정하고 국가가 수행해야 하는 일반이익의 창출과 공공성원리의 실현과 정면으로 충돌하는 경우에는, 법치주의에서 말하는 法律은 合憲的 法律을 말하고, 適法節次原理는 立法에도 관철되어야 하며, 민주주의는 절차적 정당성을 가져야 한다는 점에서 규범통제나 권한쟁의심판을 통하여 실질적 입법과정에 대해서도 헌법적 심사를 하는 것이 필요하다고 할 것이다(이는 참여민주주의와 숙의민주주의에서 더욱 중요시한다).

2. 財 政

[181] 第一 槪 說

국민대표기관이 국가의 재정에 관한 권한을 가지는 것은 國民主權에 기초하고 있다. 국가를 유지·존속하게 하고, 국가로 하여금 자기의 기능을 수행하게 하여 국민이 공동체 내에서 행복하게 살 수 있게 하는 데 필요한 살림살이는 공동체의 구성원이 스스로 부담하여야 할 권리이자 의무이고, 따라서 이는 주권자인 국민이 스스로 결정하는 사항이다. 대의민주주의에서는 이를 국민의 대표자가 결정할 사항으로 그 권능을 부여하였다.

국가의 재정은 기본적으로 수입과 지출의 구조를 가지고 있다. 수입은 조세와 각종의 공과금을 징수하여 국가재정을 형성하는 행위를 말하고, 지출은 공동체의 운영과 국민의 삶을 위하여 국가재정을 사용하는 행위를 말한다. 이러한 국가의 재정에 관하여 국회는 수입과 지출에 관한 권한을 가지며, 그 행위형식에서는 법률의 제정과 같은 立法的 形式과 국가재정을 집행하는 執行的 形式을 가지는 것이 있다. 국가재정의 구체적인 집행은 기본적으로 행정부의 관장사항으로 하고 있으나, 중요한 사항에 있어서는 국회가 단독 또는 행정부와 공동으로 관장하기도 한다.

헌법은 재정에 관한 국회의 권한에 있어서 예산안 및 추가경정예산의 심의·확정(憲法 §54, §56), 계속비의 의결(憲法 §55①), 예비비의 의결(憲法 §55②), 결산의 심사(憲法 §99), 국채의 모집과 예산 외의 국가의 부담이 될 계약의 체결에 대한 의결(憲法 §58)을 국회의 관장사항으로 정하고 있다.

[182] 第二 租稅의 立法

I. 개 설

(1) 조세의 정당성

공동체의 구성원은 공동체를 계속 존속하게 하고자 하는 이상 그 구성원으로서 공동체의 존속에 필요한 의무를 부담하게 된다. 이러한 부담 가운데 핵심적인 것이 국토방위와 안전을 위한 부담과 공동체의 존속과 유지에 필요한 재정의 부담이다. 이러한 부담은 국가에 앞서 존재하는 공동체에 유보되어 있는 것이므로 병역과 과세는 본질적으로 共同體留保에 해당한다. 현대 국가에서는 국가가 국민의 사회복지까지 담당하면서 사회영역이 관장하여야 하는 영역까지 국가가 개입하는 부분이 있으므로 병역과 조세는 이런 관점에서는 國家留保라고도 할 수 있다. 과세와 조세의 부담은 본질적으로 이러한 공동체유보 또는 국가유보에 의해 그 정당성을 가진다.

다만, 오늘날 조세 기능의 다변화로 인하여 공동체의 존속과 유지에 필요한 재정의 확보라는 기능을 넘어 경제활동의 조정과 규제, 소득의 재분배, 행정적 통제 등의 수단으로 동원되는 경우가 있는데(예: 憲 1994. 7. 29.-92헌바49등), 이 때에는 개별적인 사안에서 정당성의 문제가 발생할 수 있다. 이런 부차적 기능을 수행할 필요에 따라 부과되는 조세는 이의 정당화가 없는 한 조세라는 이름만으로 납부의무를 지울 수는 없다. 여기서는 재산권의 보장, 경제활동의 자유라는 기본권의 보장과 조화를 이루어야 하는 문제가 있다.

> [憲 1994. 7. 29.-92헌바49등] 「현대에 있어서의 조세의 기능은 국가재정 수요의 충당이라는 고전적이고도 소극적인 목표에서 한 걸음 더 나아가, 국민이 공동의 목표로 삼고 있는 일정한 방향으로 국가사회를 유도하고 그러한 상태를 형성한다는 보다 적극적인 목적을 가지고 부과되는 것이 오히려 일반적인 경향이 되고 있다. 이러한 조세의 유도적 형성적 기능은 우리 헌법상 "국민생활의 균등한 향상"을 기하도록 한 헌법 전문(前文), 모든 국민으로 하여금 "인간다운 생활을 할 권리"를 보장한 제34조 제1항, "균형 있는 국민경제의 성장 및 안정과 적정한 소득의 분배를 유지하고, 시장의 지배와 경제력의 남용을 방지하며, 경제주체간의 조화를 통한 경제의 민주화를 위하여" 국가로 하여금 경제에 관한 규제와 조정을 할 수 있도록 한 제119조 제2항, "국토의 효율적이고 균형 있는 이용 개발과 보전을 위하여" 국가로 하여금 필요한 제한과 의무를 과할 수 있도록 한 제122조 등에 의하여 그 헌법적 정당성이 뒷받침되고 있다.」

조세는 정당화되지 않는 한 공동체의 구성원은 이를 납부할 의무를 부담하지 않는다. 특히 개별조세의 경우 근거와 수준에서 정당성이 없는 경우 국민은 이를 거부할 수 있다. 이런 범위에서 국민의 납세거부는 조세의 본질필연적인 요소이기도 하다. 이런 점에서 정당성이 없는 과세나 적합한 수준을 넘어선 과세(과잉징수)와 불필요한 재정지출이 있는 경우(재정원칙의 위반) 이를 이유로 하는 納稅拒否運動은 정당성을 가진다.

조세의 정당성, 즉 국가의 과세의 정당성에 관하여 보건대, 서양의 중세시대에 조세는 전쟁비용, 무기의 조달, 제후들의 생활지원 등 예외적인 경우에만 인정되었다. 근대 사회계약설이 등장하면서 조세는 국가의 국민에 대한 편익제공(예: 국토의 방위와 안전, 사회질서와 평화의 유지 등)에 대하여 이를 향유하는 국민이 이행해야 할 반대급부로 이해되었다. 이러한 인식은 19세기까지 통용되었다. 한편 19세기 독일에서는 國家法人說의 등장으로 조세는 국가가 필요로 하여 국민에게 일방적으로 희생을 요구하는 것으로 정당화되었다. 이는 국가우월주의적인 관점일뿐 아니라 재정의 낭비와 국민에 대한 무한 과세를 허용하는 것이어서 점차 비판의 대상이 되었다. 20세기에 들어오면서, 재정학과 경제학의 관점에서 국민에 대한 국가의 급부와 국가에 대한 국민의 조세부담은 총량에서 균형을 이루어야 하며, 이 한도에서만 조세가 정당화되고, 후자가 전자보다 더 큰 것은 허용되지 않는다는 것이 일반적인 흐름으로 되었다. 이는 국가와 국민간의 상호의존성에서 정당성의 근거를 찾는 것이다. 이러한 관점에서는 과세에도 한계가 있고 이 한계를 넘어서면 국민의 재산권 침해가 발생한다고 본다.

(2) 조세와 민주주의

공동체의 유지를 위한 조세는 공동체 구성원이 부담하기 때문에 공동체 구성원의 의사에 따라야 한다. 국민이 조세를 부담한다고 하더라도 어떤 경우에 어떠한 내용의 조세를 어느 정도로 부담하여야 하는가 하는 사항은 이를 부담하는 국민이 정하는 것이다. 代議民主主義에서 이 문제는 국민의 대표자가 정한다. 역사적으로 「代表 없으면 課稅 없다」라는 말은 이러한 조세를 지배하는 민주주의원리를 말하며, 과세권의 민주적 정당성을 나타내는 것이다. 따라서 오늘날 대의민주주의에서는 조세의 종류와 세율 등 중요사항은 국민대표기관인 국회가 법률로써 정한다.

조세의 부담은 공동체 구성원이 모두 부담하여야 하므로 擔稅能力을 가지고 있는 국민은 예외 없이 조세를 부담하여야 하고 담세능력이 없는 국민은 다른 형태로 공동체에 기여하는 것이 조세부담에서 요구되는 공평성의 원리에 부합한다. 조세부담의 평등이 어느 정도에서 이루어질 때 담세자인 국민이 의무의 부담과 이행에서 공평한 것인가 하는 점은 형평의 문제를 지배하는 법치주의원리에 따른다.

(3) 조세와 법치주의

오늘날 법치국가에서는 조세의 부담에서도 법치주의가 지배한다. 조세의 부담이 헌법과 법률에 합치하고 그에 의하여야 한다. 그 결과 조세에 관한 입법에서도 법치주의원리의 내용인 明確性의 原則, 過剩禁止의 原則, 信賴保護의 原則, 衡平의 原則, 遡及效禁止의 原則, 適法節次의 原理가 적용되며, 기본적인 사항을 법률로써 정하는 法律主義가 적용된다.

(4) 조세와 납세의무

조세는 공동체와 국가가 존속하고 운영됨에 있어 필수불가결하기 때문에 이는 공동체구성원의 당연한 의무이다. 따라서 모든 국민은 조세부담의 의무, 즉 납세의무를 진다. 헌법 제38조는 「모든 국민은 法律이 정하는 바에 의하여 納稅의 義務를 진다」라고 정하고 있다. 이는 납세의무가 헌법상의 의무임을 정하는 동시에 이를 실행하기 위한 구체적인 내용은 국민대표기관인 국회가 법률로 정하도록 하여 법치주의원리와 민주주의원리를 조세를 지배하는 원리임을 정하고 있는 것이다.

납세의무의 경우 국민이 이에 대하여 충분히 인식하고 그 부담을 자발적으로 이행하는 것이 바람직하지만, 성질상 국민에게 재산적 부담을 지우는 것이므로 자발적인 이행만으로 조세납부를 실현하기는 어렵다. 따라서 납세를 실효성 있게 하기 위하여 헌법은 이를 법적 의무로 명문화하고 이를 강제하고 있다. 헌법 제38조에서 정하고 있는 납세의무의 존재는 성질상 헌법유보사항이고, 그 구체화는 법률유보사항이다.

국가재정확보를 위한 조세의 부담과 이행은 공동체에 유보된 의무이고 헌법적 의무이기 때문에 원칙적으로 조세의 부담과 부과처분에 대해서는 기본권으로 대항할 수 없다. 의무는 원칙적으로 기본권의 효력을 배제한다. 그래서 국가가 가지는 과세권을 租稅高權이라고 한다. 조세의 부과처분이 부당하고 위법인 경우에는 이를 통제하는 수단을 마련하여 조세정의가 이루어지도록 하여야 하지만, 이를 기본권인 재산권의 효력으로 대항하는 데는 한계가 있다. 다만, 조세가 국가재정의 확보라는 본래의 목적 이외에 경제활동의 규제, 자원의 배분, 소득의 재분배, 행정적 통제, 경기의 조절 등을 실현하기 위한 수단으로 이용될 때에는 개별조세에 있어 정당성의 문제와 동시에 이와 충돌하는 기본권 보호의 문제가 발생하며, 이를 납세의무라는 법리만으로 조세를 강제할 수는 없다.

> [憲 1997. 12. 24.-96헌가19등] 「헌법 제23조 제1항이 보장하고 있는 사유재산권은 사유재산에 관한 임의적인 이용·수익·처분권을 본질로 하기 때문에 사유재산의 처분금지를 내용으로 하는 입법조치는 원칙으로 재산권에 관한 입법형성권의 한계를 일탈하는 것일 뿐만 아니라 조세의 부과·징수는 국민의 납세의무에 기초하는 것으로서 원칙으로 재산권의 침해가 되지 않는다고 하더라도 그로 인하여

납세의무자의 사유재산에 관한 이용 · 수익 · 처분권이 중대한 제한을 받게 되는 경우에는 그것도 재산권의 침해가 될 수 있는 것이다.」

[憲 2001. 12. 20.-2001헌바25] 「헌법 제23조 제1항은 재산권보장의 원칙을 천명한 것인바, 원칙적으로 조세의 부과 · 징수는 국민의 납세의무에 기초하는 것으로서 재산권의 침해가 되지 않으나, 그에 관한 법률조항이 조세법률주의에 위반되고 이로 인한 자의적인 과세처분권 행사에 의하여 납세의무자의 사유재산에 관한 이용 · 수익 · 처분권이 중대한 제한을 받게 되는 경우에는 예외적으로 재산권의 침해가 될 수 있다고 본다.」

Ⅱ. 종목과 세율의 법률주의

(1) 내 용

헌법 제59조는 「租稅의 種目과 稅率은 법률로 정한다」라고 정하여 조세에 있어서 종목과 세율을 국회가 입법하는 법률로 정하도록 하고 있다. 조세에서의 종목과 세율은 조세의 핵심적인 내용이기 때문에 이를 국민대표기관인 국회가 정하도록 한 것이다.

여기서 말하는 조세는 국가 또는 지방자치단체가 재정수입을 확보하기 위하여 국민, 주민 또는 달리 납세의무를 질만한 사정이 있는 자에 대하여 아무런 반대급부를 제공함이 없이 강제적으로 부과하는 過徵金을 의미한다. 비거주자인 외국인이나 외국법인도 우리나라에서 소득을 얻거나 달리 납세의무를 지울만한 사정이 있다면 조세를 납부해야 한다(同旨: 李昌熙, 7). 이런 점에서 憲法裁判所의 정의(예: 憲 1990. 9. 3.-89헌가95)는 충분하지 않다. 이러한 조세는 원칙적으로 金錢的 負擔(Geldleistung)의 형태를 지니지만, 예외적으로 物納을 인정하는 경우도 있다. 직접적인 반대급부가 없다는 점에서 公用侵害에 따르는 손실보상과 다르다.

조세는 법률로 조세에 해당한다고 정하는 것만 이에 해당한다. 사용료, 수수료, 분담금, 특별부담금, 사회보험료 등은 조세에 해당하지 않는다. 따라서 국민의 납세의무에도 公課金을 납부할 의무는 포함되지 않는다.

(a) 법률주의

헌법은 조세의 종목과 세율을 법률로 정하도록 하여 法律主義를 취하고 있다. 이는 그 전제로 과세권이 법률에 근거가 있을 것을 요구한다. 따라서 법률에 근거가 없으면 조세를 부과하거나 징수할 수 없을 뿐만 아니라 조세의 종목과 세율을 정할 수 없다. 이것이 헌법이 정하고 있는 조세에서의 법률주의이다. 국민은 헌법상 납세의무를 지고 있으나, 국민대표기관이 정하는 법률의 근거가 없는 이상 조세를 납부해야 할 법적 의무를 지지 않는다(예: 憲 1989. 7. 21.-89헌마38). 조세의 감면에도 법률주의가 적용된다(예: 憲 1996. 6. 26.-93헌바2).

조세 부과의 근거, 종목과 세율을 법률로 정하는 법률주의와 관련하여 「조세법률주의」라는 개념이 사용되어 왔다. 현재까지 대체적인 학설(예: 權寧星, 892; 金哲洙b, 1650; 成樂寅, 925)이나 판례(예: 憲 1989. 7. 21.89-헌마38; 1995. 11. 30.-93헌바32; 1998. 12. 24.-97헌바33등; 2001. 1. 18.-98헌바75등; 2002. 12. 18.-2002헌바27)에 의하면, 조세법률주의는 과세요건법정주의, 과세요건명확주의를 주된 내용으로 하고, 소급과세금지원칙, 엄격해석의 원칙(예: 憲 1996. 8. 29.-95헌바41), 실질과세의 원칙 등도 그 개념의 내용에 포함되는 것으로 이해하고 있다. 그런데, 명확성의 원칙과 소급효의 금지, 엄격해석의 원칙, 형평의 원칙 등은 法律主義보다 상위의 법원리인 法治主義의 내용이므로 이를 조세법률주의의 내용이라고 하는 것은 법원리의 체계상 정확성에서 문제가 많다(同旨: 李昌熙, 15).

憲法裁判所는, 「조세법률주의」는 조세행정에 있어서의 법치주의를 말하는 것이라고 하고, 오늘날의 법치주의는 국민의 권리·의무에 관한 사항을 법률로써 정해야 한다는 형식적 법치주의에 그치는 것이 아니라 그 법률의 목적과 내용 또한 기본권 보장의 헌법이념에 부합되어야 한다는 실질적 적법절차를 요구하는 법치주의를 의미하며, 헌법 제38조, 제59조가 선언하는 조세법률주의도 이러한 실질적 적법절차가 지배하는 법치주의를 뜻하므로 비록 과세요건이 법률로 명확히 정해진 것일지라도 그것만으로 충분한 것은 아니고 조세법의 목적이나 내용이 기본권 보장의 헌법이념과 이를 뒷받침하는 헌법상 요구되는 제 원칙에 합치되어야 하고, 이에 어긋나는 조세법 규정은 헌법에 위반되는 것이라고 판시하였다(예: 憲 1998. 2. 27.-95헌바5; 2006. 6. 29.-2004헌바76등; 2007. 11. 29.-2006헌바42).

이러한 법률주의는 국민주권에 바탕을 두는 것으로 국민대표기관이 조세의 핵심적인 사항을 정하도록 하고 있는 것이다. 이는 납세의무의 경우에도 마찬가지로 납세의무의 구체적인 내용은 법률로 정하도록 하고 있다(憲法 §38). 법률주의는 조세에 관한 기본적인 내용은 헌법에 반하지 아니하는 한 국회의 立法形成의 自由에 의하여 정해지는 것을 의미하는 것이기도 하다(예: 憲 1996. 8. 29.-95헌바41; 2001. 12. 20.-2000헌바54).

[憲 2001. 12. 20.-2000헌바54] 「오늘날에 있어서 조세는 국가의 재정수요를 충족시킨다고 하는 본래의 기능 외에도 소득의 재분배, 자원의 적정배분, 경기의 조정 등 여러 가지 기능을 가지고 있으므로, 국민의 조세부담을 정함에 있어서 재정·경제·사회정책 등 국정전반에 걸친 종합적인 정책판단을 필요로 할 뿐만 아니라, 과세요건을 정함에 있어서 극히 전문기술적인 판단을 필요로 한다. 조세법규를 어떠한 내용으로 규정할 것인지에 관하여는 입법자가 국가재정, 사회경제, 국민소득, 국민생활 등의 실태에 관하여 정확한 자료를 기초로 하여 정책적, 기술적인 판단에 의하여 정하여야 하는 문제이므로, 이는 입법자의 입법형성적 재량에 기초한 정책적, 기술적 판단에 맡겨져 있다고 할 수 있다.」

(b) 규율의 대상

헌법 제59조는 조세의 종목과 세율에 한정되지 않고, 조세의 근거, 납세의무자(=조세채무자), 과세대상(=과세물건), 과세절차에 대해서도 법률로써 정할 것을 요구하고 있다고 보아야 할 것이다(예: 憲 1995. 11. 30.-91헌바1 등). 조세행정에 있어 法律優位原則과 法律留保原

則을 정하고 있는 것이다.

과세대상을 법률로 정한다고 하더라도 형식에서 법률로 정하면 대상에 제한이 없이 무엇이든 과세대상으로 정할 수 있는가 하는 문제가 있다. 이 문제와 관련하여 헌법재판소는 미실현이득에 대한 과세의 여부는 원칙적으로 국회의 입법형성의 자유에 포함되는 것이라고 판시하였다(예: 憲 1994. 7. 29.-92헌바49등).

[憲 1994. 7. 29.-92헌바49등] 「이득이 실현되었건 실현되지 않았건 납세자에게 소득의 증대에 따른 담세력의 증대가 있었다는 점에서는 실현이득이나 미실현이득 양자가 본질적으로 차이가 없고, 그와 같이 증대된 소득의 실현 여부, 즉 증대된 소득을 토지자본과 분리하여 현금화할 것인지의 여부는 당해 납세자가 전체 자산구성을 어떻게 하여 둘 것인가를 선택하는 자산보유형태의 문제일 뿐 소득창출의 문제는 아니며, 미실현이득에 대한 과세 역시 실현이득에 대한 과세와 마찬가지로 원본과는 구별되는 소득에 대한 과세에 지나지 아니하므로, 적어도 법리적으로는 미실현이득에 대한 과세에 있어서 원본잠식의 문제가 생길 여지는 없고, 실제에 있어서도 비록 과세목적과 과세방법이 다르기는 하나 자산재평가세, 자산평가 차익에 대한 법인세 등 미실현이득에 과세하는 기존의 예가 없지도 아니하다. 따라서 과세대상인 자본이득의 범위를 실현된 소득에 국한할 것인가 혹은 미실현이득을 포함시킬 것인가의 여부는, 과세목적, 과세소득의 특성, 과세기술상의 문제 등을 고려하여 판단할 입법정책의 문제일 뿐, 헌법상의 조세개념에 저촉되거나 그와 양립할 수 없는 모순이 있는 것으로는 보여지지 아니한다. 다만, 미실현이득에 대한 과세제도가 이론상으로는 조세의 기본원리에 배치되는 것이 아니라고 하더라도, 미실현이득은 용어 그대로 그 이득이 아직 자본과 분리되지 아니하여 현실적으로 지배·관리·처분할 수 있는 상태에 있는 것이 아니라는 특성으로 인하여, 수득세의 형태로 이를 조세로 환수함에 있어서는 과세대상이득의 공정하고도 정확한 계측 문제, 조세법상의 응능부담(應能負擔) 원칙과 모순되지 않도록 납세자의 현실 담세력을 고려하는 문제, 지가변동순환기(循環期)를 고려한 적정한 과세기간의 설정문제, 지가하락에 대비한 적절한 보충규정 설정문제 등 선결(先決)되지 아니하면 아니 될 여러 가지 과제가 있다.」

(c) 특별부담금의 문제

特別負擔金(Sonderabgabe)은 국가재정의 형성이라는 목적이 없이 다양한 생활관계를 규율하고 국가의 특수한 과제를 수행하기 위하여 부과하고 그 수입이 국가의 일반예산에 포함되지 않는 기금의 형태로 부과·관리·지출되는 공적 부담금을 말한다. 특별부담금의 경우에 국민에게 반대급부를 주지 않고 금전적 부담을 가하는 것은 실질적으로 조세와 다름이 없으므로 이의 허용성과 법적 근거가 무엇인가 하는 것이 문제가 된다. 헌법은 이에 관하여 직접 정하고 있지 않다. 憲法裁判所는 특별부담금을 조세와 구별하고, 그 근거를 헌법 제37조 제2항이라고 본다(예: 憲1998. 12. 24.-98헌가1; 1999. 10. 21.-97헌바84).

[憲 1999. 10. 21.-97헌바84] 「특별부담금은 공적기관에 의한 반대급부가 보장되지 않는 금전급부의무를 설정하는 것이라는 점에서 조세와 유사하다. 물론 특별부담금은 특별한 과제를 위한 재정충당을 위하여 부과된다는 점에서 일반적인 국가재정수요의 충당을 위하여 부과되는 조세와는 구분되고, 무엇보다도 특별부담금은 특정집단으로부터 징수된다는 점에서 일반국민으로부터 그 담세능력에 따라 징수되는 조세와는 다르다. 조세나 부담금과 같은 전통적인 공과금체계로는 현대국가의 새로운 행정수요에 원활하게 대처할 수 없기 때문에 특별부담금이라는 새로운 유형의 공과금을 도입할 필요성이 인정되고, 우리 헌법 제37조 제2항에 의하면 국민의 모든 자유와 권리는 국가안전보장 · 질서유지 또는 공공복리를 위하여 필요한 경우에 한하여 법률로써 제한할 수 있도록 하고 있으므로, 국민의 재산권을 제한하는 특별부담금제도를 도입하는 것 자체는 헌법상 문제가 없다고 할 것이다. 다만 특별부담금을 부과함으로써 국민의 재산권을 제한하는 법률규정이 헌법에 위배되지 않기 위하여는 헌법 제37조 제2항에서 정하고 있는 과잉금지의 원칙이 지켜져야 하고, 평등의 원칙에 위배되어서는 아니 됨은 물론이다. 특히 조세유사적 성격을 지니고 있는 특별부담금의 부과가 과잉금지의 원칙과 관련하여 방법상 적정한 것으로 인정되기 위해서는, 이러한 부담금의 부과를 통하여 수행하고자 하는 특정한 경제적 · 사회적 과제에 대하여 특별히 객관적으로 밀접한 관련이 있는 특정집단에 국한하여 부과되어야 하고, 이와 같이 부과 · 징수된 부담금은 그 특정과제의 수행을 위하여 별도로 지출 · 관리되어야 하며 국가의 일반적 재정수입에 포함시켜 일반적 국가과제를 수행하는 데 사용하여서는 아니 된다고 할 것이다.」

이러한 부담금은 조세의 형식을 통하지 않고 사실상 조세로 달성하고자 하는 목적을 이루고 국민에게 부담을 가하므로 이를 정당화하는 요건은 엄격하지 않으면 안 된다. 그렇지 아니하면 조세에 대하여 헌법과 법률이 정하고 있는 입헌주의 및 법치주의가 형해화된다. 憲法裁判所는 負擔金을 재정조달목적의 부담금과 정책실현목적의 부담금으로 나누고, 각각 그 헌법적 정당화의 요건을 충족시킬 때만 인정될 수 있다고 판시하였다(예: 憲 1998. 12. 24.-98헌가1; 2003. 12. 18.-2002헌가2; 2004. 7. 15.-2002헌바42).

[憲 2004. 7. 15.-2002헌바42] 「부담금은 그 부과목적과 기능에 따라 ① 순수하게 재정조달 목적만 가지는 것(이하 '재정조달목적 부담금'이라 한다)과 ② 재정조달 목적뿐 아니라 부담금의 부과 자체로 추구되는 특정한 사회 · 경제정책 실현 목적을 가지는 것(이하 '정책실현목적 부담금'이라 한다)으로 양분해 볼 수 있다. 전자의 경우에는 추구되는 공적 과제가 부담금 수입의 지출 단계에서 비로소 실현된다고 한다면, 후자의 경우에는 추구되는 공적 과제의 전부 혹은 일부가 부담금의 부과 단계에서 이미 실현된다고 할 것이다. 가령 부담금이라는 경제적 부담을 지우는 것 자체가 국민의 행위를 일정한 정책적 방향으로 유도하는 수단이 되는 경우(유도적 부담금) 또는 특정한 공법적 의무를 이행하지 않은 사람과 그것을 이행한 사람 사이 혹은 공공의 출연(出捐)으로부터 특별한 이익을 얻은 사람과 그 외의 사람 사이에 발생하는 형평성 문제를 조정하는 수단이 되는 경우(조정적 부담금), 그 부담금은 후자의 예에 속한다고 할 수 있다.……재정조달목적 부담금의 헌법적

정당화에 있어서는 다음과 같은 요청들이 충족되어야 할 것으로 판단된다. ㈎ 첫째, 부담금은 조세에 대한 관계에서 어디까지나 예외적으로만 인정되어야 하며, 어떤 공적 과제에 관한 재정조달을 조세로 할 것인지 아니면 부담금으로 할 것인지에 관하여 입법자의 자유로운 선택권을 허용하여서는 안 된다. 즉, 국가 등의 일반적 재정수입에 포함시켜 일반적 과제를 수행하는 데 사용할 목적이라면 반드시 조세의 형식으로 해야 하지, 거기에 부담금의 형식을 남용해서는 안 되는 것이다. ㈏ 둘째, 부담금 납부의무자는 재정조달 대상인 공적 과제에 대하여 일반국민에 비해 '특별히 밀접한 관련성'을 가져야 한다. 당해 과제에 관하여 납부의무자 집단에게 특별한 재정책임이 인정되고 주로 그 부담금 수입이 납부의무자 집단에게 유용하게 사용될 때 위와 같은 관련성이 있다고 볼 것이다. ㈐ 셋째, 이상과 같은 부담금의 예외적 성격과 특히 부담금이 재정에 대한 국회의 민주적 통제체계로부터 일탈하는 수단으로 남용될 위험성을 감안할 때, 부담금이 장기적으로 유지되는 경우에 있어서는 그 징수의 타당성이나 적정성이 입법자에 의해 지속적으로 심사될 것이 요구된다고 하여야 한다.……정책실현목적 부담금의 경우 재정조달목적은 오히려 부차적이고 그보다는 부과 자체를 통해 일정한 사회적·경제적 정책을 실현하려는 목적이 더 주된 경우가 많다. 이 때문에, 재정조달목적 부담금의 정당화 여부를 논함에 있어서 고려되었던 사정들 중 일부는 정책실현목적 부담금의 경우에 똑같이 적용될 수 없다.……재정조달목적 부담금의 헌법적 정당화에 있어서는 중요하게 고려되는 '재정조달 대상 공적 과제에 대한 납부의무자 집단의 특별한 재정책임 여부' 내지 '납부의무자 집단에 대한 부담금의 유용한 사용 여부' 등은 정책실현목적 부담금의 헌법적 정당화에 있어서는 그다지 결정적인 의미를 가지지 않는다고 할 것이다.」

(2) 범 위

조세의 종목, 세율, 납세의무자, 과세대상, 과세절차에 있어 법률주의가 적용된다고 하더라도 이에 관한 세세한 것 모두를 법률로 정할 수는 없다. 조세입법에도 경제적 현상과 현실의 변화가 다양한 형태로 나타나고 그에 효과적으로 대응하기 위한 필요성이 발생하므로 이 모두를 법률로 정하면서 대응하는 것은 불가능하다. 따라서 조세입법에도 특별한 사정이 있는 경우에는 법률로 규정하여야 할 사항에 관하여 행정입법에 위임하는 것이 허용된다(예: 憲 1995. 11. 30.-94헌바40; 2002. 1. 31.-2001헌바13).

그런데 조세입법에서 이런 위임을 하는 경우에는 법률의 위임에 관한 헌법원칙이 그대로 통용되고 그 위임의 구체성·명확성의 요구정도는 규율대상의 종류와 성격에 따라 달라질 것이지만, 조세법규처럼 기본권을 직접 제한하거나 침해할 가능성이 있는 영역에서는 구체성·명확성의 요구가 강화되어 그 위임의 요건과 범위가 일반적인 급부행정의 영역에서보다 더 엄격하게 제한된다(예: 憲 1996. 6. 26.-93헌바2; 1998. 6. 25.-95헌바35등). 이러한 위임의 구체성·명확성의 정도 내지 예측가능성을 판단함에 있어서는 당해 특정 조항 하나만을 가지고 판단하는 것은 아니고 관련 법조항 전체를 유기적·체계적으로 종합하여 판단한다(예: 憲 1994. 7. 29.-93헌가12; 1996. 8. 29.-94헌마113; 2002. 8. 29.-2000헌바50).

(3) 예 외

(a) 조례에 의한 과세

지방세의 경우에 「지방자치단체는 법률이 정하는 바에 의하여 지방세를 부과·징수할 수 있다」(地自法 §135)라고 하여 지방자치단체의 과세권의 근거와 지방세의 종류를 법률에서 정하고 있다(地自法 §135; 地方稅法 §1). 「지방자치단체는 地方稅의 稅目, 課稅客體, 課稅標準, 稅率 기타 賦課·徵收에 관하여 필요한 사항을 정함에 있어서는 이 法이 정하는 범위 안에서 條例로써 하여야 한다」(地方稅法 §3①)라고 정하여 지방세의 부과와 징수에 관하여 필요한 사항은 법률이 정하는 일정한 범위 안에서 지방자치단체가 條例로서 정할 수 있게 하고 있는데, 이 경우에는 세율을 조례의 형식으로 정할 수 있어 법률주의의 예외가 된다. 그러나 이는 어디까지나 법률의 범위 안에서 허용되는 것이라는 한계가 설정되어 있다.

> [大 1989. 9. 29.-88누11957] 「조세법률주의의 원칙상 조세의 부과요건과 부과·징수절차는 국민의 대표기관인 국회가 제정한 법률로 정하여야 하는 것이므로, 법률의 위임을 받지 아니한 채 명령 또는 규칙 등의 행정입법으로 조세의 부과요건이나 부과·징수절차에 관한 사항을 정하거나 법률에 정하여진 내용을 부연·보충하는 범위를 넘어 함부로 유추하거나 확장하여 해석하는 규정을 제정하는 것이 조세법률주의의 원칙에 위반되는 것임은 소론과 같다. 그러나 지방세법 제7조 제1항에 의하면, 지방자치단체는 공익상 기타의 사유로 인하여 과세를 부적당하다고 인정할 때에는 과세하지 아니할 수 있도록 규정되어 있고, 같은법 제9조에 의하면 제7조의 규정에 의하여 지방자치단체가 과세면제를 하고자 할 때에는 내무부장관의 허가를 얻어 당해 지방자치단체의 조례로써 정하도록 규정되어 있으므로, 헌법이 보장한 자치권에 기하여 제정된 지방자치단체의 조례로써 소유권보존등기에 대한 등록세의 면제대상이 되는 아파트의 범위를 종전보다 축소하여 정한 것이 조세법률주의의 취지에 위반하는 것이라고 볼 수는 없다.」

(b) 긴급재정경제명령에 의한 과세

대통령의 긴급재정경제명령(憲法 §76①)에 의하여 조세를 부과할 수 있다. 이는 법률과 동일한 효력을 가지는 명령이지만, 형식적으로 보면 국회에서 입법하는 법률이 아니므로 법률주의의 예외에 해당한다.

(c) 조약의 문제

국제조세조정에관한법률은 비거주자 또는 외국법인의 국내원천소득의 구분에 있어서는 소득세법 제119조(非居住者의 國內源泉所得) 및 법인세법 제93조(국내원 천소득)의 규정에 불구하고 조세조약의 규정이 우선하여 적용되는 것으로 정하고 있다(同法 §28). 이는 법률을 통하여 조약의 효력을 국내적으로 다시 정한 것이고, 이러한 경우 조약은 국내법과 동일한 효력을 가지므로(憲法 §6①) 법률주의의 예외에 해당하는 것은 아니다.

Ⅲ. 조세입법의 명확성 원칙

조세입법도 명확하여야 하는 것은 법률의 명확성 원칙이라는 법치주의의 요청에 의하는 것이다. 조세는 국민에게 부담을 지우는 것이기 때문에 이에 관한 입법은 특히 명확하여야 하며, 조세행정의 편의를 위하여 이를 배제하거나 약화시킬 수 없다. 조세입법에 있어서 명확성을 요구하는 것은 국민이 어떠한 경우에 어떠한 부담을 어느 정도로 져야 하는가를 미리 알 수 있게 하여 국민의 일상생활에서의 안정성과 예측가능성을 보장하고, 조세행정상의 권한남용을 배제하고자 하는 것에 그 목적이 있다(예: 憲 1994. 7. 29.-92헌바49등; 1995. 11. 30.-93헌바32; 2000. 6. 29.-98헌바92; 2002. 8. 29.-2000헌바50등).

이와 같이 조세입법에서도 명확성의 원칙이 적용되기 때문에 조세법규는 해석상 애매함이 없도록 명확히 규정될 것이 요청되지만, 명확성을 다소 결여하였다고 하더라도 당해 조세법규의 체계 및 입법취지 등에 비추어 그 의미가 분명해질 수 있는 경우에는 명확성의 원칙에 위반된다고 할 수 없다(예: 憲 1995. 11. 30.-94헌바40등; 1996. 8. 29.-95헌바41; 2007. 4. 26.-2006헌바71).

> [憲 2002. 8. 29.-2000헌바50등] 「조세법률주의는 입법부가 제정한 법률의 근거 없이는 조세를 부과·징수할 수 없고 국민은 조세의 납부의무를 부담하지 아니한다는 하나의 헌법상의 원칙이다. 이는 행정권의 자의적인 법해석과 집행으로부터 국민의 재산권을 보장함과 동시에 국민의 경제생활에 법적 안정성과 예측가능성을 부여하는 기능을 한다.」
>
> [憲 2007. 4. 26.-2006헌바71] 「조세법규는 해석상 애매함이 없도록 명확히 규정될 것이 요청되지만, 명확성을 다소 결여하였다고 하더라도 당해 조세법규의 체계 및 입법취지 등에 비추어 그 의미가 분명하여질 수 있다면 과세요건 명확주의에 위반된다고 할 수 없다.」

그러나 조세입법에서 명확성의 원칙은 조세법규의 해석과 적용에서 확대해석이나 유추를 원칙적으로 금지할 것을 요구한다. 따라서 조세법규를 유추하거나 확대해석하여 납세의무를 확대하는 것은 원칙적으로 허용되지 않는다(예: 憲 1996. 8. 29.-95헌바41; 大 1983. 12. 27.-83누213; 1987. 5. 26.-86누92; 1995. 8. 22.-95누825). 이 경우의 명확성의 원칙은 형법의 경우보다 엄격하지는 않다고 할 것이다.

> [憲 1996. 8. 29.-95헌바41] 「조세법규의 해석에 있어 유추해석이나 확장해석은 허용되지 아니하고 엄격히 해석하여야 하는 것은 조세법률주의의 원칙에 비추어 당연한 것이고 조세법규는 과세요건명확주의에 의하여 해석상 애매함이 없도록 명확히 규정될 것이 요청된다고 할지라도 조세법규에 있어서도 법규 상호간의 해석을 통하여 그 의미를 명백히 할 필요가 있는 것은 다른 법률의 경우와 마찬가지이고,

그와 같은 조세법규 해석에 의하여 조세의 부과·면제 여부를 확정하는 것은 유추해석 또는 확장해석에 의하여 조세의 부과나 면제범위를 확장·감축하는 것과는 전혀 다른 문제라고 할 것이고……」

Ⅳ. 조세입법과 과잉금지원칙

조세입법에도 법치주의가 적용된다. 따라서 조세입법도 법치주의에서 파생하는 과잉금지원칙에 저촉되면 안 된다.

憲法裁判所는 고급오락장에 대한 취득세를 부과함에 있어 **重課稅率**을 법률로 규정하면서 이를 고급오락장으로 사용할 목적이 없이 취득한 경우에도 적용하는 것은 사치·향락적 소비시설의 취득 및 소비를 억제하고자 하는 입법의 목적을 달성하는 것과 전혀 무관한 내용에 대하여 제한을 가하는 것이어서 수단을 달성하는 방법에서 적합성을 충족하지 못하여 과잉금지원칙에 위반된다고 판시하였다(憲 2009. 9. 24.-2007헌바87).

Ⅴ. 조세입법의 소급효 금지

(1) 내 용

소급효의 금지는 법치주의의 내용으로 국민생활의 법적 안정성과 예측가능성을 보장하는 것으로서 모든 국가작용에 적용된다. 조세입법의 경우에도 마찬가지이다. 헌법재판소는 소급입법에 의한 과세금지원칙의 헌법적 근거를 헌법 제38조와 제59조에 근거하고 있는 법률주의에서 찾기도 하고(예: 憲 2004. 7. 15.-2002헌바63), 헌법 제13조 제2항에서 찾기도 한다(예: 憲 1993. 9. 27.-92헌가5; 1998. 11. 26.-97헌바58; 2002. 2. 28.-99헌바4).

조세입법의 경우에 소급입법에 의한 과세가 원칙적으로 금지되지만, 새로 입법을 하여 과거에 소급하여 과세를 하는 것이나, 납세의무가 존재하는 경우라고 하더라도 소급하여 중과세를 하는 것은 비례원칙에 합치하여야 한다(예: 憲 1995. 3. 23.-93헌바18등; 1998. 11. 26.-97헌바58; 2002. 2. 28.-99헌바4). **國稅基本法** 제18조 제2항은 「국세를 납부할 의무(세법에 징수의무자가 따로 규정되어 있는 국세의 경우에는 이를 징수하여 납부할 의무)가 성립한 소득·수익·재산·행위 또는 거래에 대하여는 그 성립 후의 새로운 세법에 의하여 소급하여 과세하지 아니한다」라고 하여 소급과세금지를 확인하고 있다.

(2) 적용범위

조세입법에서 과거에 완성된 사실이나 법률관계를 규율대상으로 하는 **眞正遡及效**의 입법은 원칙적으로 인정되지 않고, 시작은 이미 과거에 행해졌지만 아직 완성되지 아니하고 진행중에 있는 사실이나 법률관계를 규율하는 **不眞正遡及效**의 입법은 원칙적으로 허용된다. 그러나 이 경우에도 신뢰보호의 원칙, 과잉금지원칙, 적법절차원리 등에 위반되지 않아야 한다. 조세법에 있어서 당해 과세연도중에 개정된 신법을 당해 과세연도중 신법 시행 이전의 기간에 있은 거래에 대해서도 적용하는 소급효(current year retroactivity)는 인정된다. 다만, 진정소급효의 입법과 부진정소급효의 입법을 구별하는 것은(이런 이분론은 독일의 연방헌법재판소가 채택하고 있는 것이고, 미합중국에서는 채택하지 않고 있다) 개념적으로도 정확하지 않은 부분이 있고, 그 구별도 명확하지 않으므로 양자의 구별이 분명하지 않은 경우에는 종래 진정소급효의 입법에 적용되는 기준을 적용하는 것이 타당하다(鄭宗燮c, 134).

憲法裁判所는 조세입법에서의 소급효의 금지는 과거에 완성된 사실이나 법률관계를 규율대상으로 하는 眞正遡及效의 입법에 적용되고, 시작은 이미 과거에 행해졌지만 아직 완성되지 아니하고 진행중에 있는 사실 또는 법률관계를 규율하는 不眞正遡及效의 입법의 경우에는 원칙적으로 적용되지 않는다고 판시하되(예: 憲 1997. 6. 26.-96헌바94; 1998. 11. 26.-97헌바37), 부진정소급효의 입법에서도 신뢰보호의 원칙을 위반해서는 안 된다고 판시하였다(예: 憲 1995. 10. 26.-94헌바12; 1999. 4. 29.-94헌바37등; 2001. 4. 26.-99헌바55; 2002. 7. 18.-99헌마574). 법률이 소급여부에 관계없이 기본권을 침해하는 경우에는 소급효금지원칙이나 신뢰보호원칙의 위반을 따질 필요 없이 바로 기본권의 침해로써 위헌이 된다. 기본권의 침해와 신뢰보호원칙의 위반이 동시에 문제가 될 때에는 먼저 기본권 침해여부부터 따져야 한다(신뢰보호원칙의 보충성).

憲法裁判所가 국세기본법의 법률조항에 대하여 위헌이라고 선고하여 효력이 상실된 상태에서 다시 국세기본법을 개정하여 위헌으로 선고된 해당 법률조항을 적용하는 부칙규정을 둔 경우는 소급입법에 의하여 헌법 제13조 제2항을 침해한 것이라고 판시하였다(예: 憲 1993. 9. 27.-92헌가5).

[憲 1995. 10. 26.-94헌바12] 「독일판례의 영향을 받은 우리 재판소나 대법원의 판례에 따르면 소급입법에 관하여 진정·부진정 소급효의 입법을 구분하고 있으며 우리 재판소의 판례상으로는 불명하나 대법원 판례에 따르면 이 사건 규정은 부진정소급입법에 해당하는 것으로 보인다(大 1983. 4. 26.-81누423; 1983. 12. 27.-81누305 참조). 이와 같이 소급입법을 진정·부진정으로 나누는 척도는 개념상으로는 쉽게 구분되나 사실상 질적 구분이 아닌 양적 구분으로, 단순히 법기술적 차원으로 이루어질 가능성이 있으므로 이와 같은 구분의 기준에 관하여 이견이 있을 수 있다. 이 사건 규정과 같이 과세연도 도중에 법이 개정된 경우, 세법상 과세요건의 완성이 과세연도 경과 후에 이루어지며, 그 법의 시간적 적용시점이 과세연도 경과 후이기 때문에 진정소급효는 아니라고 한다면, 이는 과세요건의 완성을 과세연도 종료 후로 하는 것 자체는 세무회계 내지 조세행정상의 편의성 때문이므로, 사실상 법기술적 차원의 구분에 불과하다. 원래 조세의 부과처분은 수량적인 행정처분이고, 분할계산이 가능한 것이므로 기간과세의 경우에도 법령의 개정 전·후에 따른 구분계산이 가능하다. 즉 법인해산의 경우, 기타 중간예납, 수시부과 등의 경우에도 사업연도가 경과되기 전에 조세부과가 이루어지며, 이 사건 규정의 시행일 전·후로 나누어 청구인이 법인세 납부신고를 한 사실은 과세연도 도중에도 분할계산이 가능하다는 것을 증명하고 있다. 따라서 양자의 구분은 이와 같은 사실상 법기술적 차원에서 행할 것이 아니라 '최종적인 평가가 내려진 사태에 대한 새로운 법적 평가'가 있었느냐의 여부에 따라 구분하

여야 한다는 견해도 있을 수 있다(이러한 견해하에서는 이 사건 규정은 진정소급입법에 해당되게 된다. 즉 이 사건 규정 시행일까지 경과된 과세연도의 일부기간까지 법인세의 과표가 되는 법인의 사업소득은 이미 확정되어 있기 때문이다). 그렇다면 진정·부진정 소급입법의 구분은 실제에 있어서는 그 척도상 문제가 많다고 아니할 수 없다. 그러나 현재로서는 이를 대체할 새로운 대안도 찾기 어려우므로 종전의 구분을 그대로 유지하는 것이 불가피하다고 생각된다. 다만 부진정소급입법에 속하는 입법에 대해서는 일반적으로 과거에 시작된 구성요건 사항에 대한 신뢰는 더 보호될 가치가 있다고 할 것이기 때문에 신뢰보호의 원칙에 대한 심사가 장래입법에 비해서보다는 일반적으로 더 강화되어야 할 것이다.」

Ⅵ. 조세와 신뢰의 보호

(1) 의 의

조세에도 信賴保護原則이 적용된다. 이러한 신뢰보호는 헌법상의 법치주의의 내용으로서 국가의 국민에 대한 조세부과에도 적용된다. 그런데 신뢰보호의 문제는 소급과세에서 발생하고 장래를 향한 과세에는 발생하지 않는다(예: 大 1992. 12. 22.-92누7850). 이러한 신뢰보호의 한 형태로 國稅基本法 제18조 제3항은 「세법의 해석 또는 국세행정의 관행이 일반적으로 납세자에게 받아들여진 후에는 그 해석 또는 관행에 의한 행위 또는 계산은 정당한 것으로 보며, 새로운 해석 또는 관행에 의하여 소급하여 과세되지 아니한다」라고 정하여 이를 구체화하고 있다.

(2) 적용영역

신뢰보호원칙은 국민에 대한 국가의 조세부과행위, 즉 조세법의 立法과 조세법의 適用에 모두 적용된다. 그러나 신뢰보호는 국가에 대한 국민의 신뢰를 보호하는 것이기 때문에 납세자에게는 적용되지 않는다. 납세자가 성실히 납세의무를 이행하여야 하는 것은 법률에 납세의무의 일부로 들어 있는 내용이다(납세에서의 신의성실의무).

國稅基本法 제15조는 「납세자가 그 의무를 이행함에 있어서는 신의에 좇아 성실히 하여야 한다. 세무공무원이 그 직무를 수행함에 있어서도 또한 같다」라고 정하여 신뢰보호원칙을 신의성실의 규정으로 정하고 있는데, 납세자의 의무이행에서의 신의성실원칙은 납세의무에 해당하는 내용이고, 세무공무원의 부분은 조세법의 적용에서 신뢰보호원칙이 적용된다는 것을 정한 것이다. 조세법이론의 영역에서는 국가와 납세자의 관계를 채권·채무관계로 설정하고 있으나 이는 조세실체법을 구성하기 위한 이론의 편의상 구성된 것일뿐 헌법적 차원의 조세개념에서는 국가가 권리를 가지는 것은 아니다. 국가의 조세부과행위는 성질상 채권행위가 아니라 고권적 행위에 해당하고, 납세의무는 헌법에 의해 부과된 의무이다.

(3) 적용기준

조세에서 신뢰보호가 인정되기 위해서는 i) 조세에 관한 국가의 행위(입법 또는 법집행)가 있어야 하고, ii) 납세자가 국가의 행위를 신뢰하고 그러한 신뢰를 바탕으로 하여 어떠한 행위를 하여야 하며, iii) 국가에 대한 납세자의 신뢰가 보호를 받을 가치를 지니는 정당한 것이어야 하고, iv) 국가의 새로운 행위가 위법한 행위가 아니어야 하며, v) 국가의 새로운 행위로 인하여 상당한 인과관계를 가지는 경제적 불이익을 받아야 한다.

憲法裁判所는 신뢰보호에 있어 법치주의의 내용을 이루는 일반적인 신뢰보호원칙을 조세법에서도 적용하면서(예: 憲 1995. 6. 29.-94헌바39; 1995. 10. 26.-94헌바12; 1999. 7. 22.-97헌바76; 2003. 6. 26.-2000헌바82) 동시에 조세영역에서 신뢰가 신뢰보호원칙에 따라 보호받으려면 그 성질에 따른 보다 엄격한 요건이 필요한 것으로 본다(예: 憲 1998. 11. 26.-97헌바58; 2003. 6. 26.-2000헌바82; 2004. 7. 15.-2002헌바63).

> [憲 2004. 7. 15.-2002헌바63] 「무릇 법률의 개정시 구법질서에 대한 당사자의 신뢰가 합리적이고도 정당하며 법률의 개정으로 야기되는 당사자의 손해가 극심하여 새로운 입법으로 달성하고자 하는 공익적 목적이 그러한 당사자의 신뢰의 파괴를 정당화할 수 없다면 새로운 입법은 신뢰보호의 원칙상 허용될 수 없다. 그러나 사회환경이나 경제여건의 변화에 따른 필요성에 의하여 법률은 신축적으로 변할 수밖에 없고, 변경된 새로운 법질서와 기존의 법질서 사이에는 이해관계의 상충이 불가피하다. 따라서 국민이 가지는 모든 기대 내지 신뢰가 헌법상 권리로서 보호될 것은 아니고, 신뢰의 근거 및 종류, 상실된 이익의 중요성, 침해의 방법 등에 의하여 개정된 법규·제도의 존속에 대한 개인의 신뢰가 합리적이어서 권리로서 보호할 필요성이 인정되어야 한다. 더구나 조세법의 영역에 있어서는 국가가 조세·재정정책을 탄력적 합리적으로 운용할 필요성이 매우 큰 만큼, 조세에 대한 법규·제도는 신축적으로 변할 수밖에 없다는 점에서 납세의무자로서는 구법질서에 의거한 신뢰를 바탕으로 적극적으로 새로운 법률관계를 형성하였다든지 하는 특별한 사정이 없는 한 원칙적으로 세율 등 현재의 세법이 변함 없이 유지되리라고 기대하거나 신뢰할 수는 없다. 그런데 신뢰보호원칙의 위배 여부를 판단하기 위하여는 한편으로는 침해받은 이익의 보호가치, 침해의 중한 정도, 신뢰가 손상된 정도, 신뢰침해의 방법 등과 다른 한편으로는 새 입법을 통해 실현하고자 하는 공익적 목적을 종합적으로 비교·형량하여야 한다.」

Ⅶ. 조세부담의 공평

(1) 개　념

租稅負擔의 公平(equity)原理는 조세를 부담함에 있어서 모든 납세자는 공정하고 평등하게 대우되어야 한다는 것을 말한다. 이는 법치주의의 요청인 동시에 헌법 제11조의 평등보호조항에 근거를 두고 있다(예: 憲 1989. 7. 21.-89헌마38; 1992. 12. 24.-90헌바21; 1995. 7. 21.-92헌바40; 1996. 8. 29.-92헌바46; 1996. 8. 29.-95헌바41; 1998. 5. 28.-95헌바18; 2002. 6. 27.-2001헌바44; 2002. 8. 29.-2001헌가24; 2002. 10. 31.-2002헌바43; 2002. 12. 18.-2001헌바55). 국가가 조세라는 부담을 국민에게 부과할 때, 이러한 부담은 공평하게 이루어져야 한다. 공평부담은 헌법의 법치주의와 평등조항에 따라 조세를 포함한 모든 일반적 부담행위에 공통하여 적용되는 것이기도 하다.

[憲 2002. 10. 31.-2002헌바43] 「조세평등주의 또는 조세평등의 원칙이란, 헌법 제11조 제1항이 규정하는 평등의 원칙이 조세법영역에서 구현된 것으로 조세의 부과와 징수는 납세자의 담세능력에 상응하여 공정하고 평등하게 이루어져야 하고 합리적 이유 없이 특정의 납세의무자를 불리하게 차별하거나 우대하는 것은 허용되지 아니한다는 원칙인바, 다만 담세능력에 따른 과세의 원칙이라 하여 예외 없이 절대적으로 관철되어야 하는 것은 아니고, 합리적 이유가 있는 경우라면 납세자 간의 차별취급도 예외적으로 허용된다 할 것이고……」

(2) 내 용

(a) 조세의 공평

조세의 공평이란 구체적으로 어떠한 경우를 의미하는가에 대해서는 의견이 대립한다. 국가로부터 제공받은 이익(=편익 benefit)에 비례하여 조세를 부담하는 것이 공평하다는 利益說의 관점(利益原理 benefit principle) 또는 等價原理(Äguivalenzprinzip)와 조세를 부담할 수 있는 경제적 지불능력에 비례하여 부담하는 것이 공평하다는 能力說의 관점(擔稅力原理 ability-to-pay principle)이 있다.

이익설의 관점은 재정의 수입과 지출의 양면을 모두 고려하는 점은 있으나, 개별 납세자가 여러 이익들에 대하여 자기 선호를 자발적으로 표시하지 않으려고 하는 점과 국가가 국민 모두에게 일반적으로 제공하는 이익에서 각자 얼마만큼 이익을 받는지를 측정할 수 없다는 점에서 이론상의 한계를 가지고 있다. 이익설의 관점은 목적세와 같이 수익자부담원리가 적용되는 조세나 이익을 차별화할 수 있고 측정할 수 있는 경우에는 타당성이 높지만, 그렇지 아니한 조세에서는 타당성이 떨어진다. 능력설은 소득의 분배에는 기여하지만 재정의 수입면에만 치중하고 있다는 점과 담세력을 정확히 측정할 수 있는 기준을 도출하기 어렵다는 점에서 이론상의 약점을 가지고 있다. 현대 재정의 주류는 能力說에 기초하고 있다. 능력원리에 따라 조세부담의 공평을 실현하려면, 동일한 경제적 능력을 가진 사람들은 동일한 額의 조세를 부담하여야 하고(수평적 공평 horizontal equity), 상이한 경제적 능력을 가진 사람은 상이한 액의 조세를 부담하여야 한다(수직적 공평 vertical equity)고 본다(양자의 관계는 밀접불가분하다. 어느 하나만 충족하고 다른 하나를 충족시키지 못하는 경우에는 양자 모두 충족시키지 못한 경우보다 더 나쁜 결과를 가져올 수 있다). 그렇지만 구체적으로 경제적 능력의 異同을 판단하는 기준의 설정(인종, 성, 소득, 장애, 연령, 재산, 소비지출, 혼인여부, 부양자 존재 여부 등)에서는 논란이 있다.

能力說에 따를 때, 무엇을 가지고 담세능력을 측정할 것인가 하는 것이 문제가 된다. 보통은 담세능력의 측정척도로 소득을 채택하고, 과세에 의한 소득의 감소를 효용의 희생으로 설정하고, 이러한 희생을 균등하게 하는 것을 조세부담의 공평이라고 본다. 그러나 담세능력을 측정하는 기준이 소득만에 한정되어야 할 이유는 없고, 소비지출(consumption expenditure)이나 재산(wealth) 등도 그 측정기준으로 삼을 수 있다는 견해도 있고, 현행법에도 소비과세나 재산과세가 있다.

憲法裁判所의 판례도 기본적으로 능력설의 입장을 취하고 있다(예: 憲 1995. 6. 29.-94헌바39; 1995. 10. 26.-94헌마242; 1995. 10. 26.-94헌바7등; 1996. 6. 26.-93헌바2; 1998. 5. 28.-95헌바18; 1999. 11. 25.-98헌마55; 1999. 12. 23.-99헌가2; 2000. 7. 20.-98헌마99; 2001. 1. 18.-98헌바84등; 2002. 8. 29.-2001헌가24). 그러나 다양한 종류와 형태의 개별조세에서 개별조세의 특성을 무시하고 일률적으로 담세력원리만을 관철하는 것도 문제가 있다. 법적으로는 다양한 조세가 가지는 개개의 성질에 따라 그에 적합한 이익원리 또는 담세력원리를 채택하되, 그 성질이 불분명한 경우에는 담세력원리에 따르는 것이 타당하다고 할 것이다.

[憲 2002. 8. 29.-2001헌가24] 「조세평등주의는 정의의 이념에 따라 "평등한 것은 평등하게" 그리고 "불평등한 것은 불평등하게" 취급함으로써 조세법의 입법과정이나 집행과정에서 조세정의를 실현하려는 원칙이라고 할 수 있다. 조세평등주의가 요구하는 이러한 담세능력에 따른 과세의 원칙은 한편으로 동일한 소득은 원칙적으로 동일하게 과세될 것을 요청하며(이른바 '수평적 조세정의'), 다른 한편으로 소득이 다른 사람들간의 공평한 조세부담의 배분을 요청한다(이른바 '수직적 조세정의'). 그러나 이러한 담세능력에 따른 과세의 원칙이라 하여 예외 없이 절대적으로 관철되어야 한다고 할 수 없고, 합리적 이유가 있는 경우라면 납세자간의 차별취급도 예외적으로 허용된다. 세법의 내용을 어떻게 정할 것인가에 관하여 입법자에게는 광범위한 형성의 자유가 인정되며, 더욱이 오늘날 조세입법자는 조세의 부과를 통하여 재정수입의 확보라는 목적 이외에도 국민경제적 · 재정정책적 · 사회정책적 목적달성을 위하여 여러 가지 관점을 고려할 수 있기 때문이다.」

(b) 실질과세

실질과세는 과세요건사실에 대한 조세법의 적용에 있어서 법률상의 형식과 경제적 실질이 서로 일치하지 않는 경우에 그 경제적 실질에 따라 과세하는 것을 말한다.

실질과세는 과세물건이 형식상 귀속하는 자와 실질상 귀속하는 자가 다를 경우에는 후자에게 귀속하는 것으로 보고 과세하고(實質歸屬의 原則), 과세물건을 인식함에 있어서 과세거래의 형식과 실질이 일치하지 않는 경우에는 실질에 따라 과세하는 것(實質計算의 原則)을 그 내용으로 한다. 이러한 실질과세는 기본적으로 조세의 공평을 실현하기 위한 것으로 國稅基本法이라는 법률에 규정된 것이지만 憲法裁判所는 이를 헌법원리로 끌어 올려 조세부담의 공평원리의 한 내용으로 포함시키기도 한다(예: 憲 1989. 7. 21.-89헌마38). 國稅基本法은 실질귀속의 원칙(同法 §14①)과 실질계산의 원칙(同條 ②)을 정하고 있다.

[憲 1989. 7. 21.-89헌마38] 「조세평등주의의 이념을 실현하기 위한 법 제도의 하나가 바로 국세기본법 제14조에 규정한 실질과세의 원칙이라고 할 수 있다.……

조세평등주의의 이념을 실현하기 위한 실질과세의 원칙은 조세회피의 방지 또는 조세정의의 실현을 위하여 경우에 따라서는 예외 내지 특례를 인정할 수 있다. 실질과세의 원칙은 법률상의 형식과 경제적 실질이 서로 부합하지 않는 경우에 그 경제적 실질을 추구하여 그에 과세함으로써 조세를 공평하게 부과하겠다는 것이나 거기서 말하는 실질의 의미가 반드시 명확한 것도 아닐 뿐만 아니라, 경우에 따라서는 형식상의 외관이나 명목에 치중하여 과세하는 것이 오히려 공평한 과세를 통한 조세정의의 실현에 부합되는 경우도 있을 수 있다.」

(c) 조세공평과 조세감면

일정한 경우 조세를 감면하는 것은 조세에서 우대받는 자와 조세를 부담하는 자를 차별대우하는 것이어서 이를 정당화할 수 있는 특별한 이유가 존재하지 않는 한 조세공평원리에 위반되어 허용되지 않는다. 헌법재판소의 판례도 같은 취지의 입장이다(예: 憲 1995. 10. 26.-94헌바7등; 1996. 6. 26.-93헌바2; 1995. 6. 29.-94헌바39; 1996. 8. 29.-95헌바41).

[憲 1995. 10. 26.-94헌바7등] 「토지를 양도하여 양도차익이 있으면 소정의 양도소득세를 납부하여야 한다는 일반적인 원칙에 비추어 볼 때, 단지 국민주택용지로 토지를 양도하였다는 사실만으로 양도소득세를 면제하는 조세우대조치는, 그것이 비록 국민주거생활의 안정이라는 정책적 목적을 실현함에 있어서 필요하다고 하더라도, 그 제도 자체가 특정한 납세자군이 조세의 부담을 다른 납세자군의 부담으로 떠넘기는 것에 다름 아니어서 조세평등주의의 이념에 저해적 요소로 되고 따라서 일반납세자들의 납세의식을 저하시키게 되는 것은 의심의 여지가 없으므로, 특히 정책목표달성이 필요한 경우에 그 면제혜택을 받는 자의 요건을 엄격히 하여 극히 한정된 범위 내에서 예외적으로 허용되어야 하는 것이며, 그것이 조세평등주의를 희생시킨 것과 동 가치의 공헌이 가능한 경우에만 활용되어야 할 것이다.」

[憲 1996. 8. 29.-95헌바41] 「조세감면의 우대조치의 경우에도 비록 조세감면이 조세평등의 원칙에 반하고 국가나 지방자치단체의 재원의 포기이기도 하여 가급적 억제되어야 하며 특히 정책목표달성이 필요한 경우에 그 감면혜택을 받는 자의 요건을 엄격히 하여 한정된 범위 내에서 예외적으로 허용되어야 하는 것이기는 하나, 특정 납세자에 대하여만 감면조치를 하는 것이 현저하게 비합리적이고 불공정한 조치라고 인정될 때에는 조세평등주의에 반하여 위헌이 된다고 할 것이다.」

(3) 적용영역

조세공평의 원리가 조세에 관한 법률의 입법을 지배하는 원리임에는 異論이 없다. 그러나 그 이외에 조세공평의 원리가 조세법의 해석과 적용도 지배하는 원리인가 하는 문제가 있다.

(a) 소 극 설

조세공평의 원리는 조세에 관한 법률을 제정하거나 개정하는 입법의 영역에서 적용되는 원리일 뿐, 해당 법률의 해석과 적용에는 적용되지 않는다고 본다. 법률의 적용은 법률이 정하고 있는 대로 충실히 적용하는 것으로 충분하고, 조세입법에서의 불평등은 해당 법률의 적용에서 교정되는 것이 아니라 법률의 개정으로 교정된다고 본다. 조세공평원리를 조세법의 해석과 적용에 적용하는 경우에는 憲法 제59조가 정하고 있는 법률주의를 形骸化시킬 우려가 있다고 본다.

(b) 적 극 설

조세공평의 원리는 조세에 관한 입법에서뿐만 아니라 그 법률의 해석과 적용에서도 지배하는 원리라고 본다. 헌법재판소는 조세의 立法과 適用에서 납세의무자를 평등하게 대우하여야 한다는 것으로 보아 적극설의 입장을 유지하고 있다(예: 憲 1989. 7. 21.-89헌마38; 1990. 9. 3.-89헌가95; 1995. 6. 29.-94헌바39; 2002. 12. 18.-2001헌바55).

(c) 사　견

조세법이 조세공평원리에 적합하게 입법되었음에도 그 해석과 적용에서 납세자를 불평등하게 적용하였다면, 이는 조세평등원리 이전에 법적용에서 실정법을 위반한 것으로 위법한 처분에 해당한다. 그리고 다수의 조세법위반자에 대하여 그 일부에 대해서만 과세처분이나 일정한 조치를 취한 경우에는 「不法의 平等」의 문제가 되어 조세법위반자는 조세의 공평을 주장할 수 없다. 따라서 이러한 경우에는 조세공평원리가 따로 적용된다고 할 여지가 없다. 조세법이 조세공평원리에 위반되는 내용을 정하고 있는 경우에 이를 교정하기 위하여 조세의 공평에 합치되도록 해석하고 적용한다면, 이는 사법작용이나 행정작용이 입법작용을 대체하는 결과를 초래하고 헌법 제59조의 법률주의를 위반하는 결과를 가져온다. 조세법이 조세공평원리에 어긋나는 경우에는 법률의 개정이나 규범통제를 통하여 이를 해결한다. 따라서 법원리적으로 소극설이 타당하다. 다만, 실질과세를 조세공평원리의 내용으로 포함시키면, 실질과세는 조세법의 해석과 적용에서도 적용되므로 이 범위 내에서는 조세공평원리가 조세법의 해석과 적용도 지배한다고 할 것이다.

[183] 第三 豫算의 審議 및 確定

Ⅰ. 예산의 개념과 성질

헌법 제54조 제1항은 「국회는 국가의 예산안을 심의 · 확정한다」라고 하여, 국회의 예산안 심의 · 확정에 관한 권한과 의무를 정하고 있다.

(1) 예산의 개념

예산이라 함은 회계연도에 있어 국가의 세입과 세출의 예정준칙을 정한 것으로 국회의 의결 · 확정에 의하여 성립하는 국가행위이다.

(2) 예산의 성질

국민주권원리에 따를 때, 재정권도 입법권과 같이 국민대표기관인 국회가 주도적으로 보유·행사하여야 하고, 예산도 국회가 의결하여야 하는 것인 이상 예산은 법률이 되는 것이 타당하다. 현행 헌법의 해석에서도 예산과 법률을 동일한 것으로 볼 수 있다(豫算法律說). 예산과 법률을 동일하게 보는 경우에 현행 헌법하에서는 행정부가 예산안을 법률안으로 하여 제출하게 된다(미합중국과 다른 점이다. 행정부의 법률안제출권을 폐지하면 행정부가 예산계획을 수립하고 의회가 예산안을 작성·제출하게 된다). 헌법에서 특히 예산의 의결에 관하여 정하고 있는 내용 외의 것에서는 법률안을 처리하는 방법과 같이 하면 되고, 일반법률과 달리 예산법률에 특별히 정하여야 할 것은 법률로 따로 정하면 된다.

우리 헌법상의 예산규정이나 예산의 성질에 대한 논의는 일본국의 헌법과 그에 대한 논의에서 직접적인 영향을 받았다. 따라서 우리의 현재 예산제도와 예산의 성질을 이해함에 있어서 일본국의 논의를 먼저 살펴볼 필요가 있다. 일본국에서 예산의 성질에 대한 논의에는 예산을 행정부의 행정행위로 파악하는 豫算行政行爲說, 예산을 독립적인 국법의 형식으로 파악하는 豫算國法形式說, 예산을 국회에서 입법하는 법률과 성질이 동일하다는 豫算法律說이 있다.

예산행정행위설: 예산은 행정부의 행정계획에 해당하는 행정행위이고, 법적 성질을 가지지 않는다고 본다. 따라서 豫算法律主義를 부정한다. 행정부가 예산의 계획을 편성하여 의회에 제출하는 것은 의회로 하여금 그 예산의 지출(=歲出)에 대하여 승인을 하여 달라는 의사표시에 지나지 않는 것으로 본다(이로 인하여 承認說이라고도 한다). 이는 과거 日本國의 大日本帝國憲法(=明治憲法 1889)下에서 伊藤博文의 「憲法義解」(1889/1937)에서 역설된 이래 통설이 되었다. 이는 행정부의 우위를 전제로 하는 국가주의적인 관점에 기초하고 있었던 것으로 現代 일본국에서는 이를 찾아보기 어렵다. 이에 의하면, 법률과 예산이 다음과 같이 구별된다. i) 법률은 국민에 대한 국가의 의사표시이지만, 예산은 행정부에 대한 의회의 의사표시이다. ii) 법률은 국가와 국민간에 효력을 가지고 쌍방의 권리의무를 구속하지만, 예산은 행정부와 의회간에 효력을 가지는 것으로 의회와의 관계에서만 행정부를 구속한다. iii) 법률은 영속성을 가지고, 법률에 의한 변경 이외에는 영속성을 상실하지 않는 것이 원칙이지만, 예산은 1년을 한도로 1會計年度 안에서만 효력을 가진다. iv) 법률은 종래의 법규를 변경하는 효력을 가지지만, 예산은 법규변경의 효력을 가지지 않는다.

예산국법형식설: 예산이 곧 법률은 아니지만 법률과 같이 國法의 形式을 가지는 국가행위라고 본다. 즉, 예산을 1會計年度에 있어 행정행위의 준칙, 주로 세입세출에 대하여 예정하고 있는 준칙을 내용으로 하고(實質的 意味의 豫算), 국회의 의결을 거쳐 성립되는 국법형식(形式的 意味의 豫算)이라고 한다. 이는 예산행정행위설을 비판하고 등장한 것인데, 영국이나 프랑스의 예산의결권이 일본국의 것과 다르다고 보되, 일본국이 모델로 삼은 독일의 예산제도가 다른 나라의 것과 구별되는 것이라는 점에 기초하여 일본국의 예산을 독자적인 법형식이라고 본다. 천황주권에 기초하고 있었던 明治憲法이 붕괴되고 국민주권으로의 원리적인 전환이 있으면서 국민주권에 기초하여 議會財政

예산과 법률

항목 \ 예산/법률	예 산	법 률
헌법상 근거규정	헌법 제54조	헌법 제53조
형식	국회의결의 예산	국회의결의 법률
제안권자	정부	국회, 정부
효력범위	의회와 행정부간	국민과 국가간
효력발생요건	의결	공포
수정·가감에서의 제한	지출예산의 증액, 추가에는 정부의 동의 필요	법률안의 수정·추가 제한 없이 가능
국회의 심의거부	전면 심의 거부 불가능	가능
대통령의 거부권 행사	불가능	가능
제출시한	회계연도 개시 90일 전까지	제한 없음
시간적 효력	당해 회계연도	폐지시까지
주관적 효력	국가기관·지자체 구속	국가기관·지자체·사인 구속

中心主義를 확립한 것이고 財政立憲主義가 강하게 구현된 것이다. 오늘날 다수설이다. 이에 의하면, 법률과 예산은 다음과 같이 구별된다. i) 예산은 1회계연도별로 의결하는 국가의 재정행위로서 세입세출이다. ii) 이는 단순히 세입세출의 견적서에 지나지 않는 것이 아니라 행정부의 행위를 규율하는 준칙이다. iii) 예산이 준칙인 이상 의회의 의결에 의하여 성립되지 않으면 안 된다. iv) 그런데 예산이 1회계연도의 국가재정행위를 규율하는 특수한 성격을 가지는 점에서 법률과 구별된다.

예산법률설: 예산은 나라의 살림살이에 관한 재정지출이므로 국민주권원리에 의할 때 의회가 입법권과 동시에 재정권을 가져야 하며, 의회가 결정하는 법규범이기 때문에 법률이어야 한다고 본다. 현행 헌법에서 예산의 의결을 법률에 관한 조항과 별개로 정하고 있는 것(同憲法 §60)은 명치헌법의 잔재로 남아있는 것인데, 이런 규정이 있어도 이를 一般法律에 대하여 豫算法律을 정하고 있는 특별규정이라고 볼 수 있어 현행 헌법상으로 예산을 법률과 같이 보아도 하자가 없다고 한다. 이는 예산과 법률의 구별을 다음과 같이 비판한다. i) 예산은 일반국민이 아닌 국가기관을 규율하지만, 법률도 항상 국민만을 규율대상을 하는 것은 아니다(예: 공무원의 사무나 국가의 조직에 관한 법률 등). ii) 예산은 1년이라는 회계연도에 한정되어 연속성이 없지만, 법률에도 限時法이 존재하므로 시간적 범위에 제약이 있는 예산법률도 얼마든지 가능하다. iii) 의회의 예산의결행위는 단순히 계수를 조정하는 것이 아니라 대외적 효력을 가지는 규범의 확정이고, 따라서 의회의 의결이 필요하다.

헌법이 정하는 예산은 국회가 의결하고 확정하는 국가행위인데, 예산이 어떠한 성질을 가지느냐에 대해서는 法律과 동일하다는 豫算法律說과 法律과는 구별되는 독자적인 法形式이라는 豫算國法形式說(多數說)이 있다. 예산은 법률의 형식을 갖추는 경우에도 그 특성상 예산안의 작성과 제출절차, 심의와 확정의 과정, 효력의 범위, 이에 대한 다툼 등에서 일반법률과는 구별된다. 국가에 따라서는 예산을 법률의 형식으로 하는 경우도 있다(예: 미합중국, 영국, 독일, 프랑스). 우리나라는 실정법상 예산을 법률과 구별하는 방식을 채택하고 있다.

Ⅱ. 예산의 내용

예산은 그 내용에 있어 예산총칙 · 세입세출예산 · 계속비 · 명시이월비와 국고채무부담행위를 총칭한다(國財法 §19).

繼續費는 국가의 운영상 그 사항의 성격으로 인하여 해마다 예산을 편성하기에 적합하지 않고 한 회계연도를 넘어 계속하여 지출할 필요가 있을 때에 이를 충족시켜 지출하는 예산이다. 헌법은 정부로 하여금 국회의 의결을 얻어 계속비를 지출할 수 있게 하고 있다(憲法 §55①). 완성에 數年度를 요하는 공사나 제조 및 연구개발사업은 경비의 총액과 연 賦額을 정하여 사전에 국회의 의결을 얻은 범위 안에서 數年度에 걸쳐서 지출할 수 있으며(國財法 §23①), 이에 의하여 국가가 지출할 수 있는 年限은 당해 회계연도로부터 5년 이내로 한다. 연한의 연장은 필요하다고 인정할 때에 국회의 의결을 거쳐 할 수 있다(同條 ②). 이러한 계속비는 豫算一年主義의 예외에 해당한다.

豫備費는 예측할 수 없는 예산 외의 지출 또는 예산초과지출에 충당할 필요가 있을 때에 豫備費로서 상당하다고 인정되는 금액을 歲入歲出豫算에 計上하여 지출하는 예산이다(國財法 §22①). 예비비는 총액으로 정하여 국회의 의결을 얻어 지출한다(憲法 §55②). 예비비는 총액만을 정하기 때문에 그 목적과 사용용도는 행정부의 재량에 맡겨져 있어 그에 대한 통제가 필요하다. 따라서 헌법에서는 예비비의 지출에 대하여 사후에 차기국회의 승인을 얻도록 하고 있고(憲法 §55②), 國家財政法에서는 일반회계 예산총액의 100분의 1 이내의 금액(다만, 예산총칙 등에 따라 미리 사용목적을 지정해 놓은 예비비는 별도로 세입세출예산에 계상할 수 있다)으로 예비비의 상한을 정하는 한편(國財法 §22①), 공무원의 보수 인상을 위한 인건비 충당을 위해서는 예비비의 사용목적을 지정할 수 없도록 하고 있다(同條 ②).

Ⅲ. 예산의 성립

국가의 예산은 편성, 제출, 심의, 의결의 과정을 거쳐서 성립한다. 이 가운데 예산안의 편성과 제출은 행정부의 권한과 의무에 속하고, 예산안에 대한 심의와 의결은 국회의 권한과 의무에 속한다.

(1) 예산안의 편성 및 제출

국가의 예산안을 편성·제출하는 권한은 정부가 가진다. 헌법은 「정부는 회계연도마다 예산안을 편성하여 회계연도 개시 90일 전까지 국회에 제출하고……」라고 정하고 있다(憲法 §54②). 국회는 예산편성권을 가지지 못한다. 따라서 우리나라의 경우에는 예산에 있어서 編成·提出은 행정부가 독점하고 審議·議決은 국회가 독점하는 구조를 취하고 있다. 예산안의 편성·제출사항은 국무회의 심의사항이다(憲法 §89ⅳ).

(2) 예산안의 심의·의결

헌법은 행정부가 편성·제출한 예산안에 대하여 국회로 하여금 회계연도 개시 30일 전까지 이를 의결하도록 정하고 있다(憲法 §54②). 이에 의해 국회는 예산안을 심의하고 의결하는 권한과 의무를 지고 있다.

국회는 예산안을 심의·의결함에 있어서 정부가 제출한 支出豫算 각 항의 금액을 삭제하거나 감액할 수는 있으나, 정부의 동의 없이 이를 증가하거나 새 費目을 설치할 수 없다(憲法 §57). 정치적 이익을 고려하여 행하는 선심성 증액을 통제하기 위한 것이다.

(3) 예산의 공고

국회가 예산을 의결하면 예산은 정부로 이송되어 대통령이 서명하고 관보에 게재함으로써 공고한다. 예산은 국회의 의결로 효력을 발생하기 때문에 예산의 공고는 효력발생요건이 아니다. 예산은 대국민적 효력을 가지지 않기 때문에 공고를 효력발생요건으로 할 여지가 없다.

예산의 심사절차

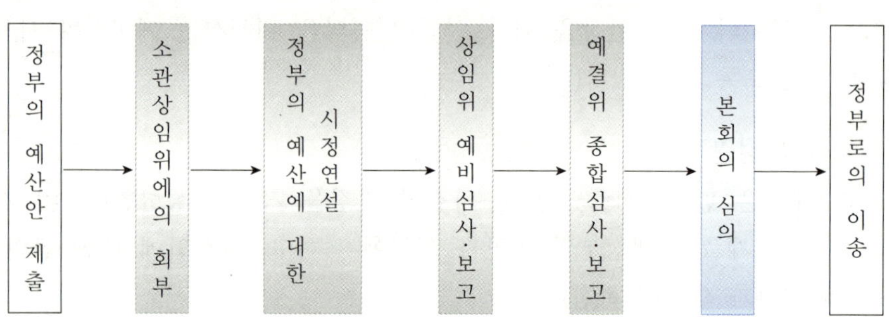

Ⅳ. 예산의 불성립과 변경

(1) 예산의 불성립과 준예산

회계연도가 개시될 때까지 예산(=본예산=당초예산)이 국회에 의해 의결되지 못하면 예산은 성립하지 않는다. 이를 예산의 불성립이라고 한다. 예산이 성립하지 못하면, 국가의 재정에서 문제가 발생하므로 국가의 온전한 운영이 어렵다. 따라서 예산의 불성립이 발생하는 경우에는 최소 필요한 범위 내에서 일정한 경비를 지출할 수 있게 하는 準豫算으로 이러한 사태를 극복할 수 있게 하고 있다.

헌법은 새로운 회계연도가 개시될 때까지 예산안이 의결되지 못하는 때에는 정부로 하여금 국회에서 예산안이 의결될 때까지 i) 헌법이나 법률에 의하여 설치된 기관 또는 시설의 유지·운영, ii) 법률상 지출의무의 이행, iii) 이미 예산으로 승인된 사업의 계속의 목적을 위한 경비를 前年度의 예산에 준하여 집행할 수 있게 정하고 있다(憲法 §54③). 준예산을 집행하는 경우는 헌법이 정하고 있는 이러한 세 가지의 목적을 위한 것에 한정된다.

(2) 예산의 변경

예산은 국회의 의결로 일단 성립하면 차후에는 변경할 수 없는 것이 원칙이다. 그러나 불가피한 사유로 예산을 변경할 필요가 있는 경우에는 예외적으로 예산을 변경할 수 있다. 예산의 변경은 원칙적으로 追加更正豫算으로 한다. 憲法은 예산에 변경을 가할 필요가 있을 때에는 정부로 하여금 추가경정예산안을 편성하여 국회에 제출할 수 있게 하고, 이에 따라 국회의 의결을 얻으면 예산을 변경할 수 있도록 정하고 있다(憲法 §56). 國家財政法은 국가재정의 건전성을 제고하기 위하여 追加更正豫算案의 편성에 일정한 제한을 가하고 있다. 즉 정부는 i) 전쟁이나 대규모 자연재해가 발생한 경우, ii) 경기침체·대량실업 등 대내·외 여건에 중대한 변화가 발생하였거나 발생할 우려가 있는 경우, iii) 법령에 따라 국가가 지급하여야 하는 지출이 발생하거나 증가하는 경우에 해당하게 되어 이미 확정된 예산에 변경을 가할 필요가 있는 경우를 제외하고는 추가경정예산안을 편성할 수 없으며(同法 §89①), 정부는 국회에서 추가경정예산안이 확정되기 전에 이를 미리 배정하거나 집행할 수 없다(同條 ②).

그런데 헌법은 대통령에게 긴급재정경제처분 또는 명령을 발할 권한을 인정하고 있으므로(憲法 §76) 예외적으로 이러한 긴급재정경제처분 또는 명령으로 예산을 변경할 수 있다. 그러나 예산은 일반법률과는 성질을 달리 하므로 일반법률로써 예산을 변경하지는 못한다. 마찬가지로 예산으로써 일반법률의 내용을 변경하지 못한다.

Ⅴ. 예산의 효력

예산안에 대하여 국회가 의결을 하면 예산은 효력을 발휘한다. 예산은 그 특성상 법률의 형식을 취하는 경우에도 일반법률과 효력에서 차이가 있는 부분이 있다.

(1) 시간적 범위

예산은 시간적으로 一會計年度 내에서만 효력을 가진다. 이를 豫算一年主義라고 한다.

(2) 공간적 범위

예산은 국내와 국외에 걸쳐 공히 효력을 발생한다. 국외에 있는 우리나라의 국가기관에도 효력이 미친다.

(3) 주관적 범위

예산은 관계국가기관과 지방자치단체를 구속할 뿐 일반국민은 구속하지 않는다. 이런 점에서 예산은 법률의 형식을 취하더라도 일반법률과 차이가 있다.

Ⅵ. 예산과 법률과의 상호관계

(1) 상호관계

헌법상 예산과 법률은 서로 독립된 국가법의 형식으로 존재하기 때문에 어느 하나로 다른 하나를 변경할 수 없다(예산법률주의에서도 예산법률을 변경하지 않는 한 다른 법률로 예산을 변경할 수 없다).

법률이 없으면 세출예산은 지출을 명하거나 승인할 수 없고, 세입예산은 재정을 징수할 수 없다. 또 법률이 경비의 지출을 정하고 있어도 예산이 없으면 사실상 지출할 수 없다. 다만, 헌법상의 조세종목과 세율의 법률주의에 의거하여 예산에 계정되어 있지 않아도 법률을 제정하여 필요한 재원을 조세로 징수할 수는 있다.

국회가 미리 예산을 필요로 하는 법률을 제정한 경우에는 이러한 예산의 심의에서는 스스로 정한 법률에 의하여 제한을 받게 된다.

(2) 양자의 불일치 문제

국가운영상 법률과 예산이 일치하는 것이 바람직하지만, 양자의 형식, 제안권자, 제출시기, 성립시기 등에서의 상이로 말미암아 법률과 예산간에 불일치가 발생할 수 있다. 즉, 예산은 의결되었는데 이를 집행할 法律이 존재하지 않거나, 法律은 제정되었는데 이를 실현할 예산이 존재하지 않는 경우에 양자간의 不一致가 발생한다.

(a) 사전적 해결방법

법률과 예산간의 불일치 문제를 해결하기 위해서는 事前的으로 양자가 일치하도록 모든 세출을 예산안에 반영하도록 노력하고 근거법령과 예산안을 동시에 제출하며, 국회와 정부간의 의사소통을 통하여 이를 일치시키도록 하는 것이 필요하다. 양자의 불일치가 발생하는 것을 방지하기 위하여 國會法은 의원 또는 위원회가 예산 또는 기금상의 조치를 수반하는 의안을 발의 또는 제안하는 경우에는 그 의안의 시행에 수반될 것으로 예상되는 비용에 대한 推計書를 아울러 제출하여야 하며(同法 §79의2①), 정부가 예산 또는 기금상의 조치를 수반하는 의안을 제출하는 경우에는 그 의안의 시행에 수반될 것으로 예상되는 비용에 대한 추계서와 이에 상응하는 財源調達方案에 관한 자료를 의안에 첨부하여야 한다(同條②)고 규정하고 있다. 예산을 수반하는 議員立法을 금지하는 방법(예: 영국)도 양자의 불일치를 해소하는 하나의 방법이다.

(b) 사후적 해결방법

이러한 노력과 장치에도 불구하고 사후적으로 양자간의 불일치가 발생한 경우에는 법률은 있으나 예산이 없는 경우에는 추가경정예산, 예비비의 지출, 법령이 허용하는 범위 내에서 예산의 일시 轉用, 법률의 시행을 늦추는 조치 등의 방법으로 문제를 해결하고, 예산은 있으나 법률이 없는 경우에는 이를 집행하기 위한 법률을 조속히 제정하는 방법이 있다.

《예산법률주의의 채택》

예산법률주의란 예산(재정지출에 대한 승인)을 법률의 형식으로 의결하고 공포하는 것을 말한다. 기본적으로 예산법률은 일반법률과 동일한 절차에 따라 입법을 하게 되고, 이는 법규범으로써 효력을 가진다. 예산과 법률간에 근본적인 차이점은 존재하지 않고, 예산법률의 특성상 일반법률과 달리 별도의 절차가 추가될 수 있다. 예산법률주의는 i) 국민주권에 충실하여 재정입헌주의와 재정민주주의를 실현하고 국회의 예산통제기능을 강화하여 예산의 수립과 집행에 있어 효율성과 정당성을 확보하게 한다. ii) 예산을 법률로 정함으로써 예산과 법률의 불일치를 용이하게 해소하고, 예산을 의결하고 이를 집행하기 위한 법률의 제정이라는 2중의 의결을 할 필요가 없어진다. iii) 예산법률의 경우에는 입법과정에 대한 통제와 참여처럼 예산입법과정에서 통제와 참여가 가능해져 재정민주주의를 실현할 수 있다. iv) 예산법률의 경우에는 이의 자의적인 집행이나 예산전용이 쉽게 행해지지 못하게 되어, 재정운용에서의 효율과 부패방지를 기할 수 있다. v) 예산법률은 예산법에 의하여 통합되므로 예산과 관련된 개별입법을 복잡하게 하지 않아도 되며, 관련 법률의 개정이 용이하게 된다. vi) 예산법률의 경우에는 법률제정의 과정을 거치기 때문에 예산심사의 졸속과 강행을 효과적으로 방지할 수 있다. vii) 예산법률의 경우에는 부당한 집행에 대하여 위법의 책임을 물을 수 있어(예: 징계, 파면, 탄핵, 형사책임 등) 재정상의 낭비와 잘못된 집행을 효과적으로 통제할 수 있다. 그러나 예산법률주의에서는 국회의원들의 정치적 이해관계에 따른 선심성 예산증액이 발생할 수 있으므로 이에 대한 대책(예: 憲法 §57의 예산증액에 대한 행정부의 동의제도)이 필요하다.

[184] 第四 決算의 審査

Ⅰ. 개 설

국회는 예산안을 심의하고 확정하였지만, 이러한 예산이 적합하게 원래의 목적대로 집행되었는지를 점검하고 통제할 필요가 있다. 예산의 집행에 대하여 사후에 심사하는 것을 결산이라고 한다. 결산은 예산이 원래의 목적대로 적정하게 집행되었는지를 확인하는 것이고, 차기 예산의 심의에서 어떠한 것이 적정한 예산인가 하는 점을 판단할 수 있게 한다. 예산의 확정이 국회에 의해 이루어지므로 민주주의원리상 결산심사권도 국민의 대표기관인 국회가 가지며, 이러한 결산심사를 통하여 국회가 가지는 재정에 관한 권한의 실효성을 보장한다.

Ⅱ. 결산서의 제출

감사원은 세입·세출의 결산을 매년 검사하여 대통령과 次年度 國會에 그 결과를 보고하여야 한다(憲法 §99). 국회는 감사원의 검사를 거친 결산(기금결산을 포함한다)을 회계연도마다 다음 회계연도 5월 31일까지 제출하도록 정부에 대하여 요구한다(國會法 §128의2①). 이에 정부는 決算을 작성하여 검사한 후 국회에 제출한다. 기획재정부장관은 국가회계법에서 정하는 바에 따라 회계연도마다 작성하여 대통령의 승인을 받은 국가결산보고서를 다음 연도 4월 10일까지 감사원에 제출하며(國財法 §59), 감사원은 이렇게 제출된 국가결산보고서를 검사하고 그 보고서를 다음 연도 5월 20일까지 기획재정부장관에게 송부하여야 한다(同法 §60). 이렇게 감사원의 검사를 거친 국가결산보고서를 政府는 다음 연도 5월 31일까지 국회에 제출하여야 한다(同法 §61).

Ⅲ. 결산심사의 절차와 방법

정부가 세입세출결산을 국회에 제출하면, 決算을 소관상임위원회에 회부하고, 소관상임위원회는 豫備審査를 하여 그 결과를 議長에게 보고한다(國會法 §84①). 의장은 결산에 이 보고서를 첨부하여 이를 豫算決算特別委員會에 회부하고 그 심사가 끝난 후 本會議에 附議한다(同條 ②). 다만, 의장은 결산을 소관상임위원회에 회부할 때에는 審査期間을 정할 수 있으며, 상임위원회가 이유 없이 그 기간 내에 심사를 마치지 아니한 때에는 이를 바로 예산결산특별위원회에 회부할 수 있다(同條 ⑥).

예산결산특별위원회의 결산의 심사는 제안설명과 전문위원의 검토보고를 듣고 종합정책질의, 部別審査 또는 분과위원회심사 및 찬반토론을 거쳐 表決한다. 이 경우 위원장은 종합정책질의를 함에 있어서 幹事와 협의하여 각 교섭단체별 대표질의 또는 교섭단체별 질의시간 할당 등의 방법으로 그 기간을 정한다(同條 ③). 정보위원회는 국가정보원에 대하여 특별한 결산절차를 거치는데, 이러한 정보위원회의 심사는 예산결산특별위원회의 심사로 본다(同條 ④).

국회는 결산에 대한 심의 · 의결을 정기회 개회 전까지 완료하여야 한다(同法 §128의2②).

Ⅳ. 결산심사의 사후조치

결산의 심사결과 위법 또는 부당한 사항이 있는 때에 국회는 본회의 의결 후 정부 또는 해당기관에 변상 및 징계조치 등 그 시정을 요구하고, 정부 또는 해당기관은 시정요구를 받은 사항을 지체없이 처리하여 그 결과를 국회에 보고하여야 한다(國會法 §84②).

[185] 第五 重要 財政에 대한 同意 · 承認

Ⅰ. 긴급재정경제처분 · 명령에 대한 승인

대통령이 긴급재정경제처분과 긴급재정경제명령을 발한 때에는 지체없이 국회에 보고하여 국회의 승인을 얻어야 한다(憲法 §76③).

대통령의 이러한 처분이나 명령이 부당하거나 위법한 것인 경우에 국회는 승인을 해서는 안 된다. 대통령의 이러한 처분 또는 명령이 국회의 승인을 얻지 못한 때에는 그 때부터 효력을 상실하고, 그 명령에 의하여 개정 또는 폐지되었던 법률은 그 명령이 승인을 얻지 못한 때부터 당연히 효력을 회복한다(憲法 §76④).

Ⅱ. 예비비의 지출에 대한 승인

豫備費는 總額으로 국회의 의결을 얻어야 한다. 예비비의 지출은 次期國會의 승인을 얻어야 한다(憲法 §55②). 이러한 경우에 행해지는 의결은 사전의결을 말하고, 승인은 사후승인을 말한다. 정부는 예비비로 사용한 금액의 총괄명세서를 다음 연도 5월 31일까지 국회에 제출하여 그 승인을 얻어야 한다(國財法 §52④).

Ⅲ. 국채 모집에 대한 의결

헌법은 정부가 國債를 모집하는 경우에는 미리 國會의 議決을 얻어야 한다고 정하고 있다(憲法 §58). 따라서 국회는 정부의 국채모집에 있어서 의결권을 가진다.

국가의 세입부족이 발생한 경우에 국가는 이를 충당할 필요가 있는데, 이러한 경우에 국가가 금전적인 채무를 부담하는 것이 국채의 발행이다. 이러한 국채의 발행에 필요한 국회의 의결은 국채를 발행하기 전에 얻어야 하는 事前議決이다.

Ⅳ. 예산 외에 국가의 부담이 될 계약체결에 대한 동의

정부가 豫算 외에 국가의 부담이 될 契約을 체결하려 할 때에는 미리 國會의 議決을 얻어야 한다(憲法 §58). 이에 의거하여 국회는 정부가 예산 외에 국가의 부담이 될 계약을 체결하려 함에 있어서 事前議決權을 가진다. 이러한 계약에는 외국의 차관을 도입함에 있어 정부가 支拂保證을 하는 행위, 외국인의 고용계약, 각종의 임차계약 등이 있다.

Ⅴ. 재정적 부담을 지우는 조약의 체결 · 비준에 대한 동의

국가는 조약을 통해서도 국민에게 재정적 부담을 지게 할 수 있다. 국회는 국가나 국민에게 중대한 財政的 부담을 지우는 條約의 締結 · 批准에 대한 同意權을 가진다(憲法 §60①). 이러한 동의는 사전동의를 의미한다.

3. 國政의 統制

[186] 第一 槪 說

국회는 권력분립의 원리에 따라 국회에게 주어진 권한을 행사하고 의무를 수행하면서 헌법재판소, 행정부, 법원과 분리되어 자기의 기능을 수행할 뿐 아니라, 국회 외의 다른 헌법기관 또는 국가기관의 권력을 통제하는 역할도 한다. 이는 국정의 운영을 체계정합적으로 만드는 법치주의의 요구이며, 권력남용에 따라 발생할지도 모르는 기본권의 침해를 방지하는 것이기도 하다.

헌법은 국회에게 탄핵소추에 관한 권한, 국정감사와 국정조사에 관한 권한, 국방 · 외교정책에 관한 통제권한, 행정부의 구성과 운용에 관한 통제권, 대통령의 국가긴급권과 사면권에 관한 통제권한 등을 부여하여 국회로 하여금 권력통제기관의 기능을 수행하도록 하고 있다.

[187] 第二 彈劾의 訴追

Ⅰ. 탄핵제도

(1) 개 념

헌법 제65조 제1항은 「대통령 · 국무총리 · 국무위원 · 행정각부의 장 · 헌법재판소 재판관 · 법관 · 중앙선거관리위원회 위원 · 감사원장 · 감사위원 기타 법률이 정한 공무원이 그 職務執行에 있어서 憲法이나 法律을 違背한 때에는 국회는 탄핵의 소추를 의결할 수 있다」라고 정하여 탄핵소추에 대하여 정하고, 헌법 제111조 제1항에서 탄핵심판을 헌법재판소의 관장사항으로 정하여 탄핵제도를 憲法制度로서 정하고 있다.

헌법이 정하고 있는 탄핵제도는 헌법과 법률이 정하는 공무원이 그 직무수행에 있어서 헌법이나 법률을 위배한 경우에 국회가 이를 이유로 해당 대상자에 대하여 탄핵소추를 의결하여 헌법재판소에 탄핵심판을 청구하고 헌법재판소가 이에 대하여 심판하여 그 이유가 있는 경우에 공직에서 추방하는 제도를 말한다.

《탄핵재판제도의 생성과 발달》

탄핵제도의 연원은 멀리 중세 영국 노르만왕조 때 있었던 왕의 법정인 Curia Regis에까지 추급된다. 영국에서 탄핵제도는 원래 의회가 정부를 감독하는 하나의 수단으로서 국왕의 신하들이나 고관들이 비행을 저질렀음에도 이를 문책할 법규정이 마땅하지 않거나, 권력자의 압력이나 간섭 등으로 인하여 통상의 형사재판으로는 법의 집행이 공정성을 기하기 어려울 때, 고관들에 대해 의회가 행하던 소추에서 발달하였다. 이런 탄핵제도의 직접적인 목적은 국왕의 직접적인 영향력을 받고 있는 고관들의 비행이나 무능을 통제하고 이들을 파면하는 것에 있었다. 탄핵제도는 Curia Regis의 사법작용의 결과로 생겨난 것이지만, 그 작용은 의회가 兩院으로 분리되면서 上院에 승계되었다. 하원에서 소추하고 상원에서 심판하는 형태가 갖추어진 것은 14세기 Good Parliament에서 생겨났으며, 영국 헌정사에서 완전한 의미의 탄핵제도가 출범한 것은 이에서 비롯한다. 미합중국에서는 1787년 憲法制定會議에서 탄핵제도가 논의되었고, 이를 최고재판소가 관장할 것인가, 의회가 관장할 것인가 하는 것도 이 당시 논의되었다. 미합중국연방헌법은 대통령과 부통령, 모든 공무원들에 대하여 의회가 탄핵소추와 탄핵심판을 하는 제도를 입법화하였다. 식민지시대 여러 state의 헌법에서도 영국의 탄핵제도를 수용하였으나, 독립국가의 헌법으로서 탄핵재판제도를 최초로 성문화한 것은 1787년의 미합중국연방헌법이다. 독일에서 탄핵제도는 19세기 각 영주국가에서 고관들이 헌법이나 법률을 위반한 경우에 문책하는 비상수단으로 발달된 것인데, 헌법상 최초로 입법화한 것은 1818년 Baden헌법이다. 국왕의 신하나 고관이 故意 또는 重過失로 헌법을 위반하거나 국가의 복지나 안전을 위험하게 한 때에 하원에서 탄핵소추하였고, 國事裁判所의 기능을 수행한 상원에서 재판을 하였다. 프랑스에서 탄핵제도는 한편으로는 大臣이나 高官들의 잘못을 규탄하는 것으로 발달하였고, 다른 한편으로는 대통령에 대해 叛逆을 방지하는 특별형사절차로 발달하였다. 프랑스에서 탄핵제도를 최초로 입법화한 것은 1791憲法이다. 현재 프랑스의 탄핵심판제도는 1993년 헌법개정 때 새로 고안된 것이다.

우리나라에서 탄핵제도는 1948년헌법에서 처음 채택한 이래 현재까지 유지되고 있다([348]).

(2) 성 질

헌법이 채택하고 있는 탄핵제도는 공무원에 대하여 행정상의 파면을 통하지 않고, 국회와 헌법재판소로 하여금 위법행위를 한 공무원을 공직에서 추방시킬 수 있게 한 것이다.

우리 헌법상의 탄핵제도는 탄핵소추의 대상자가 직무집행에 있어서 헌법이나 법률을 위반한 경우에만 한정하여 그 책임을 묻는 특성을 가지고 있다. 따라서 형사적인 책임도 물을 수 없고 직무 수행상의 무능이나 정치적인 이유로 책임을 물을 수도 없다.

탄핵심판제도는 군주 또는 지배자의 專斷的인 권력행사와 恣意的인 권력남용에 대한 통제의 수단으로 생겨났다. 國民主權理念의 성장으로 지배자의 권력에 대한 통제는 주권자인 국민의 信任(trust)을 바탕으로 국민을 대변하는 의회가 관장하는 것이 정당한 것으로 받아들여졌고, 이념적으로나 법리적으로 이는 철저하게 국민주권과 민주주의에 의존하는 형태를 띠게 되었다. 그리고 국민의 신임에 기초하고 있는 의회가 이런 탄핵에 관한 권한을 가지는 이상, 탄핵의 대상, 사유, 효력은 의회에 대한 신뢰와 군주나 지배자에 대한 불신의 정도에 비례하여 정해졌다. 각 나라의 역사와 현실에 따라 탄핵제도의 구체적인 내용이 다르게 나타난 것도 이러한 점에 기인한다. 그런데 의회에 대한 국민의 신뢰와 신임이 강하다고 하더라도 의회도 권력기관으로서 권한을 남용할 여지가 상존하고, 탄핵에 관한 권한도 남용될 수 있다는 점을 착안하기에 이르러서는 탄핵에 관한 권한을 전적으로 의회로 하여금 독점하게 할 것인가 아니면 사법기관과 나누어 가지게 할 것인가 하는 점이 고려되었다. 입헌주의의 발달에 따라 탄핵에 관한 권한도 남용되고 오용될 수 있다는 점을 인식하면서 탄핵제도가 전적으로 민주주의에만 의존할 수는 없고 법치주의에도 의존하여야 할 필요성이 받아들여졌다. 이와 같이 탄핵제도에 민주주의원리와 법치주의원리가 지배원리로 수용되면서 탄핵제도를 구체적으로 디자인함에 있어 양자를 어느 정도로 고려하는가에 따라 탄핵의 절차, 탄핵에 관여하는 기관, 탄핵결정의 주체 등이 다르게 나타났다. 민주주의원리에 더 많은 비중을 두는 경우에는 탄핵의 주체를 의회로 하고, 탄핵의 사유도 위법행위에 대한 책임에 한하지 않고 정치적인 책임도 포함시키고, 탄핵의 범위도 확장시킴에 비하여(民主主義 모델), 법치주의에 더 많은 비중을 두는 경우에는 가능한 한 탄핵의 사유를 위법행위에 한정하고, 탄핵결정도 사법기관으로 하여금 관장하게 하는 틀을 취하는 양상을 띠고 있다(法治主義 모델), 민주주의원리와 법치주의원리를 조화시키는 방향에서는 의회와 사법기관이 공히 탄핵절차에 관여하는 방식을 취하고, 양 원리의 공존 속에서 탄핵의 사유, 대상의 범위, 효력의 범위 등을 그 나라에 합당하게 설정하여 제도화하였다(均衡 모델). 헌법정책적으로 탄핵제도를 보는 관점과 디자인의 구체적인 좌표는 민주주의원리와 법치주의원리들의 비중을 어떻게 고려할 것인가에 의하여 정해진다. 우리나라는 1948년헌법 이래 현재까지 민주주의원리와 법치주의원리를 조화시키는 지점에 탄핵제도의 좌표를 설정하고 이를 제도화한 균형 모델을 취해오고 있다. 이와 같은 점을 고려하면, 탄핵의 구체적인 절차와 소송법적인 문제도 그 나라의 탄핵제도가 원리적으로 어떠한 지점에서 좌표가 설정되었는지를 고려하여 해석될 필요가 있다.

《외국의 탄핵재판제도》

영 국 영국에서는 탄핵재판에서 공직자에 대한 파면과 함께 형벌도 선고하는데, 내각의 각료들과 고위공직자, 법관, 의원, 군인, 주교, 일반 시민 등에 대하여 탄핵이 행해져 대상에서 거의 제한이 없고, 탄핵의 사유도 명문으로 정해져 있지 않고 판례에 의해 결정된다. 직무상 관련된 것에 한하지 않고 널리 인정된다. 하원

(House of Commons)에서 소추하고 상원(House of Lords)에서 심판한다.

프 랑 스 　프랑스에서는 대통령에 대한 탄핵재판은 상원과 하원의 24명의 의원들로 구성되는 고등탄핵재판소(Haute Cour de Justice)에서 관장하고, 그 외 행정부의 공무원들에 대한 탄핵재판은 양원의 12명의 의원과 3명의 최고재판소(Cour de cassation) 재판관으로 구성되는 공화국탄핵재판소(Cour de Justice de la République)에서 관장한다. 공직자를 파면시킴은 물론이고 형벌도 선고한다.

일 본 국 　日本國에서는 衆議院議員과 參議院議員으로 구성되는 탄핵재판소에서 탄핵재판을 한다(日本國憲法 §64). 재판관의 탄핵은 중의원의원과 참의원의원 각 10인으로 구성되는 裁判官訴追委員會의 소추에 의해 중의원의원과 참의원의원 각 7인으로 구성되는 탄핵재판소에서 행한다(國會法 §125, §126; 裁判官彈劾法 §4, §5, §16). 탄핵에 의한 파면의 사유는 ① 직무상의 의무에 현저히 위반하거나 직무를 심히 怠慢히 한 경우, ② 기타 직무의 내외를 불문하고 재판관으로서의 威信을 현저히 잃은 비행이 있는 경우이다(裁判官彈劾法 §2).

독 　일 　獨逸에서는 연방대통령이 기본법이나 연방법률을 고의로 침해한 경우 연방의회나 연방참사원의 소추에 의해 연방헌법재판소에서 대통령직의 상실여부를 선고한다(基本法 §61). 연방법관이 직무상 또는 직무 이외에서 기본법의 기본원칙이나 란트의 헌법합치적인 질서를 위배한 경우에는 연방의회의 소추에 의하여 연방헌법재판소는 재판관 2/3의 찬성으로 다른 직으로의 전보, 정직을 명할 수 있고, 고의적인 위반인 경우에는 파면을 명할 수 있다(基本法 §98②).

미합중국 　美合衆國에서는 대통령, 부통령, 미합중국의 모든 공무원이 反逆罪, 收賂罪, 기타 重罪와 輕罪의 책임이 인정되는 때에 하원의 소추에 의거하여 상원의 판결로 탄핵된다(美合衆國憲法 Art. I, Sec. 3, Art. II, Sec. 4). 대통령에 대한 탄핵심판에서 재판장은 연방최고법원(U.S. Supreme Court)의 장(Chief Justice)이 맡고, 상원에서 출석의원 2/3의 찬성으로 탄핵결정을 한다. 탄핵결정이 있으면 공직에서 파면되고, 다른 공직에 취임할 수 없다. 미합중국의 경우 탄핵소추된 대통령으로는 Andrew Johnson, W. J. Clinton이 있으나(John Tyler는 하원에서 부결하였고 Richard M. Nixon은 탄핵소추 전에 자진 사임하였다), 탄핵심판으로 현직에서 파면된 경우는 없다. Clinton대통령은 성추문사건으로 위증 및 사법방해라는 중죄혐의로 탄핵소추되었으나 1999년 2월 12일 상원에서 있은 표결에서 유죄인정 정족수(출석의원 2/3)에 미달하여 파면되지 않았다. 연방법원의 판사에 대한 탄핵재판은 12건이나 있었고, 7명의 연방판사가 파면되었다.

(3) 제도의 목적

탄핵심판은 i) 헌법질서와 국가의 법질서를 보호하여 입헌주의를 실현하고, ii) 국가권력을 행사함에 있어 위법한 행위를 한 자를 바로 그 직에서 추방함으로써 권력의 남용이나 오용을 통제하는데 목적이 있고, iii) 해당자를 공직에서 추방하여 국가작용과 공무수행이 그 기능에 합당하게 이루어지도록 한다. iv) 헌법재판소 재판관과 법관의 경우에는 그 신분을 보장하여 헌법재판의 독립과 사법의 독립을 실현하는데도 목적이 있다.

(a) 헌법의 보호

탄핵제도에서 탄핵심판을 통하여 고위공직자가 그 직무집행에 있어서 헌법이나 법률을 위배한 때 해당자를 공직에서 파면하는 것은 고위공직자가 자신의 권한을 이용하여 헌법을 침해하는 행위를 방지하고자 함이다. 따라서 탄핵심판제도는 헌법을 보호하는 하나의 수단이다. 고위공직자 또는 국가적으로 중요한 업무를 수행하는 공직자의 경우에 해당 공직자의 권한 행사는 국민의 생활과 국가의 기능에 심대한 영향을 주기 때문에 이런 고위공직자가 헌법이나 법률에 위반되는 행위를 하는 것을 그대로 방치할 경우에는 헌법질서와 국민의 생활에 중대한 침해를 야기할 수 있다.

특히, 고위공직자의 경우에는 당사자가 가진 강력한 권한과 지위로 인하여 징계가 허용되지 않는 경우도 있고(예: 대통령), 징계가 허용되는 경우에도 그 지위상 징계가 쉽지 않을 뿐더러 징계사유가 있는 경우에도 통상의 절차를 진행함에 상당한 시간이 소요되므로 이를 방치하는 것은 憲法秩序의 維持에 심대한 장애가 된다. 이런 경우에는 엄격한 재판절차를 통하여 바로 파면여부를 결정하는 것이 필요하다.

공직자의 위법한 행위에 대해 刑事的 制裁를 가함으로써 헌법을 보호할 수 있으나 이는 바로 당사자를 공직에서 추방하는 것이 아니므로 공직에서 파면시켜야 할 필요에 응하여 탄핵심판을 행하게 된다. 따라서 탄핵심판으로 파면되더라도 刑事的 責任이 면제되는 것은 아니다.

헌법의 보호에는 헌법에 위반하는 행위에 대하여 책임을 묻는 것으로 족한 것이 아니다. 법률은 헌법을 구체화한 것이므로 고위공직자가 헌법을 구체화한 법률을 위배하여 직무를 집행하는 것은 공직제도의 본질과 합치되지 않고, 특히 그 권한의 불법적인 행사는 헌법보호에 치명적인 危害를 가할 수 있다. 따라서 헌법은 헌법에 위배되는 것에 한하지 않고 법률에 위배되는 경우도 탄핵의 사유로 정하고 있다.

(b) 권력의 통제

탄핵제도는 헌법이나 법률을 위반한 공무원을 공직에서 배제함으로써 권력통제의 기능을 수행한다. 특히 대통령이나 행정부의 공무원에 대한 탄핵제도는 국민대표기관인 국회가 행사하는 효과적인 권력통제수단의 하나이다. 전통적으로 탄핵제도가 왕의 권력에 대하여 국민대표기관인 의회가 「국민의 이름으로」 권력을 통제한 것에서 발달한 점이라는 것을 고려할 때, 권력통제의 기능은 탄핵제도가 가지고 있는 핵심적인 것이다.

우리나라는 대통령제의 정부형태를 취하고 있어 의회주의제와 같은 內閣不信任이 불가능하고, 또 대통령은 內亂의 罪(刑法 §87-§91) 또는 外患의 罪(刑法 §92-§104)를 범한 경우를 제외하고는 재직중에 형사상의 소추를 받지 아니하기 때문에(憲法 §84) 대통령이 외세나 체제부정적인 세력과 결탁하여 헌법을 침해하거나 국가기밀을 누설하여 국민과 국가를 위태롭게 하는 때에 대통령을 즉시 그 직에서 효과적으로 추방하는 데는 탄핵심판이 매우 긴요하고도 유용한 역할을 한다. 의회주의제에서 내각불신임이 가지는 기능과 대조하여 볼 때, 대통령제에서 대통령에 대한 탄핵제도가 가지는 기능은 헌법의 보호라는 측면이든 행정부에 대한 통제라는 측면이든 매우 중요하다. 대통령제를 취하는 나라에서는 대통령에 대한 탄핵심판제도를 특히 주목할 필요가 있다. 대통령의 任期制나 임기의 短期化로 풀지 못하는 문제를 해결할 수 있다.

《정부형태와 탄핵재판제도》

세계 각국의 탄핵재판제도를 비교해보면, 나라마다 다소의 차이를 보이고 있고, 또 그 나라가 채택하고 있는 정부형태에 따라서도 차이가 있다. 이러한 점으로 인하여 정부형태에 따라 법리적으로 탄핵제도가 달라지는가 하는 질문이 제기될 수 있다. 예컨대 의회주의제를 채택하는 경우에는 의회가 內閣不信任權을 가지므로 행정부의 수상이나 각료에 대한 탄핵제도는 필요하지 않는 것이 아닌가 하는 점이다. 탄핵제도는 위법한 행위를 한 공직자에 대하여 공직에서 파면하거나 이에 더하여 형벌로 처벌하는 것이므로 의회주의제에서 행정부를 통제하는 내각불신임과는 성질에서 서로 다르다. 內閣不信任制度는 법적 책임뿐만 아니라 광범한 정치적 책임을 물어 행정부를 다시 구성하는 것임에 비하여 彈劾審判制度는 개인에 대하여 기본적으로 법적 책임을 물어 공직에서 추방하고 공직취임을 제한하는 것이다. 그리고 내각불신임제도는 내각 전체에 대하여 책임을 묻는 권력통제장치이지만 탄핵심판제도는 행위자인 개인에 대하여 책임을 묻는 헌법보호의 수단이다. 따라서 정부형태와 탄핵심판제도 사이에는 법리상 필연적인 연관이 없다고 할 것이다. 그러나 제도를 운용하는 현실에서는 내각불신임과 탄핵심판 사이에 서로 영향을 미칠 수 있고, 대통령제와 달리 의회주의제에서는 탄핵심판제도의 역할이 상대적으로 줄어 들 수 있다. 그러나 수상이나 각료가 아닌 자 또는 법관에 대한 탄핵에서는 탄핵심판제도의 원래의 기능이 여전히 살아 있다. 의회주의제를 취하고 있는 영국에서는 수상이나 각료가 탄핵의 대상이 되지만 역시 의회주의제를 취하고 있는 독일에서는 수상이나 각료는 탄핵의 대상에서 제외되어 있다. 혼합정부제를 취하고 있는 프랑스에서는 대통령은 물론이고 수상이나 각료도 탄핵의 대상이 된다. 대통령제를 취하고 있는 미합중국에서는 대통령, 부통령, 연방 법관을 포함한 모든 연방공무원이 탄핵의 대상이 된다.

(c) 공무수행의 정상화

탄핵제도는 공무원이 그 직무를 수행함에 있어서 헌법이나 법률을 위배한 경우 이를 공직에서 추방함으로써 국가의 공무의 정상화를 기하고 합리적인 공직제도를 유지할 수 있게 한다. 공무원은 헌법과 법률이 정하는 바에 따라 부과된 업무를 합법적으로 수행하여 공익을 창출하여야 하는 것이 제1의 임무인데, 이러한 자가 그 권한을 행사함에 있어 위법한 행위를 한 경우에는 공익을 창출하기 어렵고 국가의 기능을 왜곡하는 결과를 가져온다. 특히 공무원이 고위공무원인 경우에는 국가와 국민에게 미치는 폐해가 막대하다.

(d) 재판관 등의 신분 보장

재판을 하는 재판관이나 법관이 헌법이나 법률을 위반하여 헌법을 침해하는 것은 어떤 경우에도 용납되지 않는다. 재판이라는 형식을 빌어 고의로 국가의 존립이나 안전을 위태롭게 하거나 국민의 기본권을 침해하는 것은 그 자체 범죄이기도 하지만 더 이상 법관 또는 재판관의 지위에서 재판업무를 계속 수행할 수 있게 해서도 안 된다.

법관이나 재판관에 대한 통제는 임기제를 두는 방법도 있지만, 임기가 종료되기 이전에 법관이나 재판관의 직에서 추방하여야 할 필요가 있는 경우에는 탄핵제도가 유용하다. 이는 재판기관의 합법성을 실현하는 것뿐 아니라 책임성을 실현하는 것에서도 중요하다. 특히 법관이나 재판관에 대해 임기제를 두지 않고 종신으로 업무를 수행하게 하는 경우에는 탄핵제도는 해당 직에서 법관이나 재판관을 추방하여 헌법을 보호하는 데 있어서 중요한 의미를 가진다. 예컨대, 미합중국에서 법관에 대한 탄핵이 드물지 않게 행해지는 것도 이런 맥락에서 이해할 수 있다. 이와 같이 재판관이나 법관에 대한 탄핵제도는 헌법과 공직의 보호에 기여하는 기능을 가지고 있다. 그런데 다른 한편으로 이는 다른 공무원에 대한 탄핵제도와 달리 재판관이나 법관의 신분보장이라는 기능도 아울러 하고 있다.

헌법 제106조 제1항은 「법관은 彈劾 또는 禁錮 이상의 형의 宣告에 의하지 아니하고는 파면되지 아니하며……」라고 정하고 있고, 헌법 제112조 제3항은 「헌법재판소 재판관은 탄핵 또는 금고 이상의 형의 선고에 의하지 아니하고는 罷免되지 아니한다」라고 정하고 있다. 이러한 탄핵의 규정은 탄핵이나 금고 이상의 형의 선고에 의하지 않고는 파면되지 않는다는 것을 정하여 징계처분으로 파면할 수 없도록 정하고 있는 것이다. 법관에 대하여 징계로 파면할 수 있도록 할 것이냐 하는 것은 憲法政策的인 문제이지만, 헌법은 헌법재판소 재판관과 함께 법관에 대해서도 징계로 파면할 수 없도록 하여 재판관과 법관의 신분을 두텁게 보장하는 방식을 취하고 있다.

Ⅱ. 탄핵소추의 의의

헌법상의 탄핵절차는 탄핵소추의 발의, 탄핵소추의 의결, 탄핵심판으로 전개되는데, 탄핵의 소추는 탄핵의 전체 절차에서 탄핵재판으로 가기 위한 최초의 단계에서 행해지는 국회의 행위를 말한다.

탄핵소추에 관한 권한을 국회에게 부여한 것은 통상의 파면절차에 의하여 효과적으로 파면하기 어렵거나 검사가 기소하기에 용이하지 아니한 위법행위를 저지른 공무원을 국민대표기관의 지위에서 공직에서 효과적으로 추방시키기 위한 것이다.

Ⅲ. 탄핵소추의 대상자

(1) 법정대상자

공무원이 직무집행에 있어서 헌법이나 법률을 위반한 이유로 탄핵소추의 대상으로 되는 자는 대통령 · 국무총리 · 국무위원 · 행정각부의 장 · 헌법재판소 재판관 · 법관 · 중앙선거관리위원회 위원 · 감사원장 · 감사위원 기타 법률이 정하는 공무원이다(憲法 §65①). 檢察廳法은 檢事를, 警察法은 경찰청장을 각각 탄핵소추의 대상에 포함시키고 있다(檢察廳法 §37; 警察法 §11⑥). 대통령 소속의 중앙행정기관인 방송통신위원회 위원장도 그 대상이 된다(放通委法 §6⑤).

입법론으로서는 정부위원과 각군참모총장을 포함시켜야 한다는 견해(金哲洙b, 1624; 權寧星, 910;)가 있다. 탄핵제도의 목적과 기능에 비추어 볼 때, 고위직 외교관, 공정거래위원장, 국세청장, 국가정보원장도 포함시키는 것이 타당하다.

國會議員은 탄핵의 대상에서 제외되어 있다. 국회가 탄핵소추를 의결하는 권한을 가지고 있으므로(憲法 §65①) 국회의원에 대한 탄핵을 인정하는 것은 자기가 자기를 탄핵하는 모순에 해당한다. 헌법재판소 재판관을 탄핵대상에 포함시킨 것이 특이하다. 이런 경우에는 자기 사건을 자기가 결정하는 사태가 발생한다. 독일에서는 연방헌법재판소 재판관을 탄핵의 대상에서 제외하고 있다. 그 대신 聯邦憲法裁判所法은 재판관이 재판관으로서 불명예스러운 행위로 인하여 확정판결을 받은 때, 6월 이상의 자유형의 확정판결을 받은 때, 재판관의 직에 근무할 수 없는 중대한 의무위반행위를 한 때에는 罷免할 수 있다고 하고, 이런 절차의 개시를 재판관 전원으로 구성하는 兩院合同會議(Plenum)에서 결정하되, 재판관 2/3의 찬성으로 그 권한을 연방대통령에게 부여할 수 있다고 정하고 있다(同法 §105). 연방헌법재판소 재판관이 파면을 당하면 재판관의 직에 근거한 모든 청구권이 상실된다.

(2) 권한대행자

탄핵소추의 대상이 되는, 법률이 정하는 공무원은 실정법률에 명시된 해당 공무원만 의미하며 해석을 통하여 그 대상자의 여부를 결정할 수 없다. 다만, 탄핵소추대상자로 정해진 자의 권한을 대행하는 자의 경우에는 그 직무가 원래 탄핵소추대상자로 정해진 자의 것과 동일하므로 탄핵의 대상이 된다고 할 것이다.

독일에서는 연방대통령의 권한을 대행하고 있는 聯邦參事院(Bundesrat)의 의장이 탄핵의 대상이 될 수 있는가 하는 점에 대하여 다수설은 긍정한다.

(3) 하위직 공무원의 문제

탄핵소추의 대상으로 되는 공무원은 대체로 고위직이지만, 직무의 성질에 비추어 합당한 경우에는 고위직이 아니더라도 탄핵소추의 대상자로 할 수 있다. 헌법 제65조 제1항에서 정하고 있는 「기타 법률이 정한 공무원」에는 이러한 공무원이 포함된다고 할 것이다.

(4) 전직의 자

현재 소추대상이 되는 직에 있지 않고 전에 소추대상이 되는 직에 있으면서 직무수행에서 헌법이나 법률에 위배되는 행위를 한 자도 소추대상자에 포함되는가 하는 문제가 있다.

(a) 소추대상의 직에서 옮겨 다른 공직에 재직하는 자

소추대상이 되는 직에서 종사하다가 그 직에서 물러난 자는 그 직에서 轉職 또는 轉補되어 현재 다른 공직에서 공무원의 신분을 유지하며 근무하고 있는 이상 탄핵소추를 할 수 있다고 할 것이다(同旨; 李丞祐등, 151). 이런 경우에 피소추자는 이미 소추대상이 되는 法定對象의 직에서 떠났기 때문에 그 직을 수행하지 못하게 할 수는 없으나, 공직에서 추방할 필요가 있고 탄핵심판에 따르는 공무담임권의 박탈 또는 공직취임의 제한이라는 목적을 달성할 수 있으므로 이러한 자도 탄핵심판의 대상이 된다고 할 것이다. 그렇지 아니하면 탄핵 직전에 탄핵을 면탈하기 위하여 전직 또는 전보로 다른 공직으로 옮긴 후 다시 소추대상이 되는 중요한 직에 취임하는 길을 열어주는 결과를 가져오기 때문이다. 당해 공직에서 파면된 자에 대해서는 다시 파면할 實益이 없다(憲裁法 §53②).

(b) 소추대상의 직에서 사직 또는 해임된 자

소추대상의 직에서 사직 또는 해임된 자는 현재 공직에 있지 않기 때문에 탄핵소추의 대상자가 되지 못한다.

이에 의하면, 소추대상의 직(예: 행정각부의 장)에서 계속 근무하는 경우에 탄핵될 가능성이 있을 때 미리 탄핵을 회피하기 위하여 고의적으로 사임하고, 그 뒤 일정한 시간이 지난 후 임명권자에 의해 다시 해당 직에 임명될 수 있는 것을 허용하는 결과를 가져온다. 대통령은 선거직이기 때문에 사임한 후 다시 임명될 수 없으나, 임명직 공무원에서는 이런 사태가 발생한다. 이러한 경우는 부당하지만, 탄핵제도로서는 해결할 수 없다. 따라서 이는 정치적인 문제(임명권자의 정치적 부담)라고 할 것이다.

헌법정책적으로 보건대, 탄핵심판의 효과가 단순히 공직에서 파면하는 것에 그치지 않고 공무담임권을 박탈하거나 일정 기간 동안 제한하는 경우에는 소추대상의 직에서 사직 또는 해임된 자도 탄핵심판의 대상에 포함시킬 여지도 있다고 보인다. 다만, 이런 경우에는 시효를 두는 것이 필요하다고 보인다. 헌법이나 법률을 위반하여 소추대상의 직에서 사직 또는 해임된 자로 하여금 다시 공직에 취임할 수 있게 할 것인가 할 수 없게 할 것인가 하는 문제를 정치적인 문제(임명권자의 정치적 부담)로 볼 것이냐 아니면 법적인 문제로 보아 탄핵심판으로 해결할 것인가에 따라 이 문제의 결론이 달라진다.

Ⅳ. 탄핵소추의 사유

헌법 제65조 제1항에서 정하고 있는 탄핵소추의 사유(=실체적 요건)는 해당 공무원이 직무집행에 있어서 헌법이나 법률을 위배한 경우이다. 탄핵소추의 사유는 헌법재판소의 탄핵결정의 실체적 요건이 되는 것인데, 이는 憲法裁判所法 제53조 제1항에서 정하는 「탄핵심판청구가 이유가 있는 때」를 성립시키는 요건이다. 이에는 i) 피청구인의 행위가 직무집행상의 행위일 것을 의미하는 「職務關聯性」, ii) 이러한 행위가 헌법 또는 법률에 위반한 것임을 의미하는 「違法行爲의 存在」, iii) 피청구인으로 하여금 그 직에서 계속 수행할 수 없게 하는 「職務遂行의 不可性」이 인정될 것이 필요하다.

(1) 직무관련성

공무원의 행위가 탄핵소추의 사유가 되기 위해서는 직무집행에 관한 것이어야 한다.

탄핵제도에 있어서 탄핵사유가 언제나 직무상의 위법행위에 한정되는 것은 아니다. 직무집행뿐만 아니라 직무 이외의 행위에 대해서도 탄핵의 책임을 묻게 할 수 있다. 또 위법한 행위 이외에 비행이나 부도덕한 행위, 집무수행에서의 無能 등을 탄핵의 사유로 할 수도 있다. 공무의 권위와 청렴성을 강조하는 제도에서는 이러한 것을 탄핵사유에 포함시킬 수 있다. 우리나라의 경우에는 직무집행상 헌법이나 법률을 위반한 행위로 한정하고 있다. 1948年憲法 이래 일관되게 유지하고 있는 태도이다.

(a) 현직의 직무집행

탄핵소추의 대상자가 수행하고 있는 현직의 업무가 직무집행에 해당함에 대해서는 의문이 없다.

(b) 전직의 직무집행

탄핵대상자가 행한 전직에서의 행위도 「직무집행」에 해당하는가 하는 문제가 있다. 이에 대해서는 견해가 갈린다.

(i) 부 정 설 현직의 직무집행상의 행위만 이에 해당한다고 한다. 전직시의 위법행위는 전직에서 사퇴함과 동시에 탄핵소추의 사유가 소멸했으므로 취임 전이나 퇴직 이후의 행위는 이에 해당하지 않는다고 한다(權寧星, 910).

(ii) 긍 정 설 공무원의 위헌·위법행위는 전직의 것이라고 하더라도 고위 공무원직과 상용될 수 없으므로 현직이거나 전직이거나 불문하고 직무집행상의 위법행위는 탄핵사유가 된다고 한다(金哲洙b, 1625; 成樂寅, 955).

(iii) 사 견 현재 탄핵대상자의 지위에 있는 자가 과거 공직에 있으면서 위법행위를 하여 사직하거나 해임된 경우에는 공직에서 일단 배제됨으로 인하여 그에 대한 공직에서의 배제 책임은 소멸하였다고 할 것이므로 이러한 전직의 위법행위는 탄핵소추의 사유가 되지 못한다. 그러나 전직에서 사퇴하거나 해임되지 않고 공무원의 신분을 유지한 채 현직으로 옮겨 탄핵소추의 대상자의 지위에 있으면 전직에서의 위법행위는 탄핵사유가 된다고 할 것이다(예: 문화관광부장관에서의 위법행위가 있었으나 여기에서 청와대 수석비서관으로 자리를 옮겼다가 다시 현재 문화관광부장관으로 재직하고 있는 경우).

(2) 위법행위의 존재

(a) 「헌법이나 법률의 위배」

공무원의 행위가 탄핵소추의 사유가 되기 위해서는 직무집행에 있어 헌법이나 법률에 위배하는 행위를 하여야 한다.

헌법 제65조 제1항에서 말하는 「憲法」에는 實定憲法뿐만 아니라 법적 효력을 가지는 慣習憲法도 해당한다(金哲洙b, 1626; 權寧星, 910; 成樂寅, 954). 「法律」이란 국회에서 입법한 형식적 의미의 법률뿐만 아니라 법률과 동일한 효력을 가지는 법규범도 포함한다(예: 긴급명령, 긴급재정경제명령, 법률과 동위의 조약). 그러나 법규명령, 행정규칙, 조례를 위반한 경우에는 이에 해당되지 않는다. 이에는 異論이 없다.

탄핵소추의 사유는 직무집행에 있어서 「憲法이나 法律의 違背」만을 말하기 때문에 국정운영의 무능함, 정책결정상의 오류, 도덕적으로 비난을 받을 행위는 탄핵소추의 사유가 되지 못한다.

(b) 위 법 성

직무를 집행함에 있어서 헌법이나 법률에 「違背」하는 행위는 고의나 과실에 의한 행위뿐 아니라 법에 대한 무지에서 기인한 행위도 포함된다(同旨: 金哲洙b, 1626; 許營a, 839; 成樂寅, 955).

(c) 중대성의 문제

헌법 제65조 제1항에 의할 때, 위법행위의 重大性은 「헌법이나 법률에 위배한 행위」인지의 여부를 결정하는 위법행위의 성립요건은 아니고, 탄핵결정에서 「직무수행의 불가성」을 판단할 때 사안에 따라 고려할 수 있는 하나의 요소에 불과하다(예: 憲 2004. 5. 14.-2004헌나1)

(3) 직무수행의 불가성

헌법재판소가 탄핵심판의 대상자를 파면하기 위해서는 직무관련성과 위법행위의 존재라는 요건 이외에 직무를 더 이상 수행하는 것을 허용해서는 안 되는 직무수행의 불가성이라는 요건이 갖추어져야 한다. 즉 직무에 관련한 위법행위가 있다고 하여 언제나 파면하는 것은 아니고, 헌법재판소가 판단하여 이러한 대상자로 하여금 계속 직무를 수행하게 하는 것이 타당한가 아닌가에 따라 파면여부를 결정한다.

이에는 피청구인을 파면하지 않을 때 얻게 되는 이익과 파면했을 때 얻게 되는 이익을 비교하고, 국정의 운영, 국가의 위신과 신뢰도, 법질서의 유지, 대상자가 행한 위법행위의 정도 등 모든 요소를 고려하여 파면여부를 결정한다. 위법행위의 重大性與否는 직무를 계속 수행하게 할 것인가를 판단함에 있어서 하나의 고려사항일 뿐 모든 경우에 필수적으로 고려하여야 하는 것은 아니다. 피청구인의 위법행위가 중대하지 않더라도 직무의 성질상 위법행위가 존재하고 계속 직무를 수행하게 할 이익이 인정되지 않는 경우에는 파면한다. 이러한 점은 국회의 탄핵소추단계에서도 고려되지만 헌법재판소의 탄핵심판에서도 고려된다. 따라서 직무의 계속수행의 허용여부를 판단함에 있어서는 피청구인의 지위에 따라 개별적으로 판단한다(대통령을 탄핵하는 경우와 검사를 탄핵하는 경우가 동일할 수는 없다).

憲法裁判所는 大統領에 대한 彈劾審判에서는 그 위법행위의 중대성이 대통령을 파면하지 않았을 때의 효과를 압도할 수 있을 정도이어야 탄핵할 수 있다고 본다(예: 憲 2004. 5. 14.-2004헌나1).

[憲 2004. 5. 14.-2004헌나1] 「헌법은 제65조 제4항에서 탄핵결정은 공직으로부터 파면함에 그친다고 규정하고, 헌법재판소법은 제53조 제1항에서 탄핵심판청구가 이유 있는 때에는 헌법재판소는 피청구인을 당해 공직에서 파면하는 결정을 선고한다고 규정하고 있는데, 여기서 '탄핵심판청구가 이유 있는 때'를 어떻게 해석할 것인지의 문제가 발생한다. 헌법재판소법 제53조 제1항은 헌법 제65조 제1항의 탄핵사유가 인정되는 모든 경우에 자동적으로 파면결정을 하도록 규정하고 있는 것으로 문리적으로 해석할 수 있으나, 이러한 해석에 의하면 피청구인의 법위반행위가 확인되는 경우 법위반의 경중을 가리지 아니하고 헌법재판소가 파면결정을 해야 하는바, 직무행위로 인한 모든 사소한 법위반을 이유로 파면을 해야 한다면, 이는 피청구인의 책임에 상응하는 헌법적 징벌의 요청, 즉 법익형량의 원칙에 위반된다. 따라서 헌법재판소법 제53조 제1항의 '탄핵심판청구가 이유 있는 때'란, 모든 법위반의 경우가 아니라, 단지 공직자의 파면을 정당화할 정도로 '중대한' 법위반의 경우를 말한다.……대통령을 제외한 다른 공직자의 경우에는 파면결정으로 인한 효과가 일반적으로 적기 때문에 상대적으로 경미한 법위반행위에 의해서도 파면이 정당화될 가능성이 큰 반면, 대통령의 경우에는 파면결정의 효과가 지대하기 때문에 파면결정을 하기 위해서는 이를 압도할 수 있는 중대한 법위반이 존재해야 한다.」

Ⅴ. 탄핵소추의 절차

탄핵의 소추는 소추를 發議하는 행위와 소추를 議決하는 행위로 이루어진다.

(1) 소추의 발의

(a) 개　　념

彈劾訴追의 發議는 탄핵대상자에 대하여 탄핵심판을 구할 필요가 있는지를 국회에서 심사하여 그 가부를 결정할 것을 구하는 일정한 수의 국회의원의 행위이다. 탄핵의 전체 절차에서 탄핵소추의 발의는 그 최초의 단계에 해당하는 탄핵절차를 開始하는 행위이다.

(b) 성　　질

소추발의행위는 실제에서는 일정수의 국회의원의 행위이지만, 대외적으로는 국회의 행위로서 법적인 의미를 가진다.

(c) 요　　건

탄핵의 소추를 발의함에 있어서는 탄핵사유를 뒷받침할 근거자료를 제시하여야 하고, 발의에 필요한 정족수를 충족시켜야 한다.

(i) 자료의 제시　　탄핵소추의 발의에는 피소추자의 성명 · 직위와 탄핵소추의 사유 · 증거 기타 조사상 참고가 될만한 자료를 제시하여야 한다(國會法 §130③). 탄핵소추를 발의하는 때에는 해당 당사자가 직무집행에 있어서 헌법이나 법률을 위반한 행위가 있다는 사실을 뒷받침할 수 있는 實質的이고 信憑性이 있는 객관적인 자료를 갖추어야 한다. 통상 검사의 수사나 국정감사와 국정조사에서 얻어진 정보와 자료를 근거로 탄핵소추를 발의한다. 이러한 경우 이외에도 다양한 정보와 자료를 근거로 탄핵소추를 발의할 수 있는데, 국회가 직접 자료를 수집할 수도 있다. 그러나 단순한 풍문이나 소문 등과 같이 신빙성이 낮은 자료를 근거로 하여 탄핵소추를 발의하는 것은 탄핵제도의 기능에 비추어 볼 때 합당하지 않다. 특히 판사와 검사에 대한 탄핵과 같이 신분보장의 기능을 가지는 경우에는 이런 요건은 엄격하게 요구된다고 할 것이다.

(ii) 정 족 수　　탄핵소추의 발의에는 國會在籍議員 3분의 1 이상의 수에 해당하는 국회의원의 發議가 필요하다. 다만, 대통령에 대한 탄핵소추는 국회재적의원 과반수의 발의가 있어야 가능하다(憲法 §65②).

(iii) 기간의 제한　　탄핵소추의 발의에는 기간의 제한이 없다. 이 점은 파면을 포함한 공무원에 대한 징계에 있어서는 징계사유가 발생한 날로부터 2년(금품 및 향응 수수, 공금 횡령 · 유용의 경우에는 3년)을 경과한 때에는 징계의결의 요구를 하지 못하는 것(國公法 §83의2①, §79)과 다르다.

(2) 소추의 의결

(a) 개 념

彈劾訴追의 議決은 탄핵소추의 발의에 따라 그 가부를 결정하는 국회의 행위를 말한다.

(b) 의결권자

탄핵소추의 대상에 해당하는 공무원이 그 직무집행에 있어서 헌법이나 법률을 위반한 때에 국회는 헌법 및 국회법의 규정에 따라 탄핵의 소추를 의결할 수 있다(憲法 §65①; 國會法 §130②, §133). 여기서 국회란 헌법 제3장에서 정하고 있는 헌법상의 국회를 의미한다. 탄핵소추를 의결할 수 있는 권한은 國會만이 독점적으로 보유하고 있다.

(c) 성 질

국회가 탄핵소추의결권을 행사하거나 행사하지 아니하는 것은 裁量事項에 해당한다(예: 憲 1996. 2. 29.-93헌마186).

> [憲 1996. 2. 29.-93헌마186] 「국회에게 대통령의 헌법 등 위배행위가 있을 경우에 탄핵소추의결을 하여야 할 헌법상의 작위의무가 있다거나 청구인에게 탄핵소추의결을 청구할 헌법상 기본권이 있다고 할 수 없다. 왜냐하면 헌법은 "대통령……이 그 직무집행에 있어서 헌법이나 법률을 위배한 때에는 국회는 탄핵의 소추를 의결할 수 있다"(제65조 제1항)라고 규정함으로써 명문규정상 국회의 탄핵소추의결이 국회의 재량행위임을 밝히고 있고 헌법해석상으로도 국정통제를 위하여 헌법상 국회에게 인정된 다양한 권한 중 어떠한 것을 행사하는 것이 적절한 것인가에 대한 판단권은 오로지 국회에 있다고 보아야 할 것이며……」

탄핵소추를 의결할 것인가 하는 것이 국회의 재량에 속한다고 하더라도 이에는 정치적인 한계가 있다. 탄핵심판제도가 헌법을 보호하는 수단인 이상 탄핵소추가 필요하다고 인정되는 때에는 국회는 탄핵소추의 의결을 하는 것이 타당하다. 저항권의 행사가 문제가 되는 상황에서는 국회가 탄핵소추의결권을 행사하지 아니하는 것도 국민의 저항권 행사를 정당화하는 한 요소가 된다.

(d) 정 족 수

탄핵소추의 의결에는 국회재적의원 과반수의 찬성이 필요하다. 다만, 대통령에 대한 탄핵소추의 의결은 국회재적의원 3분의 2 이상의 찬성이 있어야 가능하다(憲法 §65②).

> 대통령에 대한 탄핵소추의 과정을 보면, 國會在籍議員 過半數에 의한 소추의 발의와 국회재적의원 3분의 2 이상의 찬성에 의한 소추의 의결이 요구된다. 이는 대통령 이외의 자에 대한 탄핵소추의 경우에 있어서 國會在籍議員 3분의 1 이상의 發議와 재적의원 과반수의 찬성이 요구되는 것과 비교할 때 가중된 요건이다. 대통령에

대한 탄핵소추에서 반드시 가중된 요건이 필요한 것은 아니다. 이런 가중된 요건은 대통령제 정부형태에서 대통령이 가지는 지위를 고려하여 그에 대한 탄핵소추를 신중하게 하도록 하기 위하여 마련한 것이기도 하지만, 대통령제 정부형태라고 하여 반드시 이런 가중된 요건이 요구되는 것은 아니다. 가중된 요건은 대통령에게 권위주의적인 우월성을 인정하게 할 뿐 아니라 필요한 경우에도 대통령에 대한 탄핵소추를 어렵게 만드는 요인이 될 수도 있다. 예컨대 미합중국과 같이 탄핵소추의 요건을 모든 대상자에 대해 동일하게 한 입법례도 있다. 다만, 입법정책으로 보면 대통령제 정부형태에서 탄핵소추의 요건을 모든 대상자에 대해 동일하게 정하는 방식을 취할 때에는 대통령 아닌 자에 대한 탄핵소추의 요건이 필요 이상으로 강화될 가능성도 있다. 이런 경우에는 요건을 이원화하는 것이 더 합리적이다. 미합중국에서는 모든 탄핵대상자에 대한 탄핵소추의 요건은 동일하지만, 직무관련성에 의한 제한이 없는 상태에서 연방대통령에 대한 탄핵과 법관을 포함한 그 이외의 자들에 대한 탄핵에서 탄핵의 기준을 달리하여 전자에 더 높은 기준을 적용할 것인가 하는 점에 대해 찬반의 학설이 대립하고 있다. 여기서는 법관의 독립의 관점에서 대통령과 법관의 탄핵사유는 동일하게 해석하여야 한다는 견해, 대통령의 탄핵에서는 더 높은 기준이 요구된다는 견해, 탄핵의 법적 기준은 동일하지만 하원이 탄핵소추권을 행사할 때 재량권을 가진다는 견해 등이 있다. 이에 대한 판례는 아직 없다. 아무튼 요건을 이원화하는 것과 대통령에 대한 탄핵소추를 어렵게 하는 것이 동일한 것이 아님을 유의할 필요가 있다.

(e) 절차와 형식

탄핵소추의 의결에 있어서 절차와 형식에 대해서는 國會法에서 정하고 있다.

(i) 절 차 탄핵소추의 발의가 있은 때에는 국회의장은 처음 개의하는 本會議에 보고하고, 본회의는 議決로 법제사법위원회에 회부하여 調查하게 할 수 있다(國會法 §130①). 본회의에의 보고는 국회의장의 의무사항이지만, 본회의가 법제사법위원회에 조사를 의뢰하는 것은 裁量事項에 속한다. 탄핵소추를 발의한 과정에서 자료가 충분히 수집되어 본회의에서 그 자료만을 놓고 탄핵소추여부를 결정할 수 있는 경우에는 이런 조사의뢰를 생략할 수 있으나, 그 자료가 탄핵소추여부를 판단하는 자료로 삼을 만큼 충분하지 아니한 경우에는 법제사법위원회에 의뢰하여 표결대상자의 헌법 또는 법률을 위반한 행위에 관한 조사를 하게 하는 것이 필요하다.

탄핵소추의 의결을 받으면 당사자는 그 직무상의 권한행사가 정지되므로, 법치주의의 요청상, 그 효과에 비례하는 節次的인 合理性이 요구된다. 따라서 신빙성이 없거나 미약한 수준의 자료를 근거로 탄핵소추를 의결하는 것은 타당하지 않다.

법제사법위원회가 본회의로부터 조사의 회부를 받은 때에는 지체없이 조사·보고하여야 한다(國會法 §131①). 법제사법위원회의 조사에는 國政監査및調査에관한法律이 규정하는 조사의 방법 및 조사상의 주의의무규정을 準用한다(同條 ②). 조사를 받는 국가기관은 그 조사를 신속히 완료시키기 위하여 충분한 협조를 하여야 한다(國會法 §132).

본회의가 법제사법위원회에 조사를 의뢰하는 회부의 의결을 하지 아니한 때에는 본회의에 보고된 때로부터 24시간 이후 72시간 이내에 탄핵소추의 여부를 無記名投票로 表決한다. 이 기간 내에 표결하지 아니한 때에는 그 彈劾訴追案은 廢棄된 것으로 본다(國會法 §130②).

(ii) 형 식 국회의 본회의에서 행해지는 탄핵소추의 의결은 피소추자의 성명, 직위, 탄핵소추의 사유를 표시한 문서인 소추의결서로 하여야 한다(國會法 §133). 文書主義가 적용된다.

Ⅵ. 탄핵소추의 효과

국회에서 탄핵소추를 의결하면, 법이 정하는 바에 따라 효력이 발생한다. 탄핵소추가 의결되면 탄핵심판을 청구할 의무가 발생하고, 탄핵소추의 의결을 받은 자는 그 권한행사가 정지되며, 사직하거나 해임되지 못한다.

(1) 심판청구의무의 발생

국회가 탄핵소추를 의결한 때에는 소추위원(국회 법제사법위원장이 소추위원이 된다)은 반드시 헌법재판소에 탄핵심판을 청구하여야 한다(憲裁法 §49②). 탄핵소추심판청구권은 소추위원에게 부여된 직무상의 권한(Kompentenz)이므로, 소추위원 이외의 자는 행사할 수 없다는 점에서는 권리의 성질을 가지고, 소추위원은 탄핵심판청구를 하여야 한다는 점에서는 의무의 성격을 가진다.

(2) 권한행사의 정지

국회에 의하여 탄핵소추의 의결을 받은 자는 헌법재판소의 심판이 있을 때까지 직무에 관하여 권한을 행사할 수 없다(憲法 §65③; 憲裁法 §50; 國會法 §134②). 탄핵소추의 의결을 받은 자가 소추의 의결에도 불구하고 직무를 수행한 경우에 그 직무행위는 헌법에 위반되는 것으로써 無效이다(同旨: 金哲洙b, 1627; 成樂寅, 956).

탄핵소추의 의결을 받은 자가 헌법재판소의 심판이 있을 때까지 직무에 관한 권한을 계속 행사할 수 있게 하느냐 아니면 그 권한의 행사를 정지시킬 것이냐 하는 것이 법이론상 문제가 된다. 탄핵소추가 일단 직무집행에서 위법인 사실이 발생한 때에 이루어지고, 국민의 대표기관인 국회가 이에 관하여 사실을 조사하여 의결을 한 이상 公務의 權威와 淸廉性을 보장하기 위해서 그 권한의 행사를 정지시키는 것이 타당하다. 따라서 이 경우에는 無罪推定의 原理가 적용되지 않는다고 할 것이다.

> 탄핵은 헌법질서의 유지, 국민의 이익, 공무의 권위와 청렴성 등을 보호하기 위하여 공무원을 공직에서 강제로 파면시키는 고도의 법적인 강제장치이므로, 파면시켜야 할 정도로 위법행위를 한 것으로 보여 국민대표기관으로부터 소추의 의결을 받은 이상 탄핵소추의 의결을 받은 자는 직무수행과 관련한 권한이나 권리를 주장할 수 없다고 할 것이다.

탄핵소추의 의결이 있은 때에는 의장은 지체없이 訴追議決書의 正本을 법제사법위원장인 소추위원에게 송달하고, 그 謄本을 헌법재판소·피소추자와 그 소속기관의 장에게 송달한다(國會法 §134①). 권한행사의 停止效力은 소추의결서의 등본이 피소추자에게 송달된 때에 발생한다(到達主義). 따라서 憲法裁判所法 제50조에서 정하고 있는 「탄핵소추의 의결을 받은 자」는 소추의결서의 등본을 송달받은 피소추자를 의미한다. 피소추자가 소추의결서의 등본을 송달받기 전에 한 직무행위는 유효하다.

(3) 사직과 해임의 금지

소추의결서가 송달된 때에는 임명권자는 피소추자의 사직원을 접수하거나 解任할 수 없다(國會法 §134②). 소추의결서가 송달된 후 있은 사직원의 접수나 해임은 무효이다.

《탄핵소추와 국민소환제도》

代議制度를 채택하는 경우에는 대의원리상 국민의 대표자에 대하여 정치적인 이유로 國民召還(recall)을 하는 것은 허용되지 않는다. 그러나 정치적인 이유가 아니라 범죄나 위법행위를 한 국회의원이나 대통령에 대하여 국민이 소환하는 것은 代議原理와 충돌된다고 할 수 없다. 탄핵소추에서 국회만이 탄핵소추권을 독점하는 것이 아니라 일정한 수 이상의 국민에게도 탄핵소추권을 인정하면 탄핵절차를 통하여 위헌 또는 위법행위를 한 대통령이나 법관 또는 기타 탄핵소추대상자에 대하여 국민소환을 하는 목적을 달성할 수 있다. 이런 경우 대통령에 대하여 국민이 탄핵소추를 하는 것이 대의원리에 위반되는 것은 아니다. 예컨대 프랑스에서는 대통령을 제외한 수상, 각료 등 정부의 구성원에 대한 탄핵소추에서 국민에 의한 탄핵소추를 인정하고 있다. 탄핵소추대상자의 위법행위(특히 구조적 부정 또는 부패행위)가 있음에도 처벌이나 징계가 이루어지지 않고, 국회조차 당파적인 고려에서 탄핵소추를 하지 않을 때 주권자인 국민이 소추를 할 수 있게 하는 것은 필요하다. 국민의 탄핵소추를 인정하는 경우에는 헌법재판소에 국민이 바로 탄핵심판을 청구하는 형식이 된다. 이런 점에서 국민에 의한 탄핵소추방식에 대하여 깊이 음미해볼 필요가 있다고 사료된다.

[188] 第三 國政監査와 國政調査

Ⅰ. 개 설

(1) 의 의

헌법 제61조는 「① 국회는 국정을 감사하거나 특정한 국정사안에 대하여 조사할 수 있으며, 이에 필요한 서류의 제출 또는 증인의 출석과 증언이나 의견의 진술을 요구할 수 있다. ② 국정감사 및 조사에 관한 절차 기타 필요한 사항은 법률로 정한다」라고 정하고 있다.

國政監査는 국회가 매년 정기적으로 국정전반에 관하여 실시하는 감사를 말하고, 國政調査(investigation of congress, Untersuchungsrecht)는 특정한 국정사안에 대하여 실시하는 조사를 말한다. 헌법의 규정에 따라 國會法과 國政監査및調査에관한法律이 제도의 절차 등에 관하여 구체적으로 정하고 있다. 국회의 국정감사와 국정조사에 관하여 국회법이 정한 것을 제외하고는 국정감사및조사에관한법률이 정하는 바에 따른다(國會法 §127). 國政監査및調査에관한法律은 국정감사에 대하여 「국회는 국정전반에 관하여 소관 상임위원회별로 매년 9월 10일부터 20일간 감사를 행한다. 다만, 본회의의 의결에 의하여 그 시기를 변경할 수 있다」(同法 §2①)라고 정하고, 국정조사에 대하여 「국회는 재적의원 4분의 1 이상의 요구가 있는 때에는 특별위원회 또는 상임위원회로 하여금 국정의 특정사안에 관하여 조사를 시행하게 한다」(同法 §3①)라고 정하고 있다.

우리나라의 국정감사·조사제도의 변천

헌법 항목	1948년헌법-1960년11월헌법	1962년헌법-1969년헌법	1972년헌법	1980년헌법	1987년헌법
국정감사	○	○	×	×	○
국정조사	×	×	×	○	○
내용	국회는 국정을 감사하기 위하여 필요한 서류를 제출케 하며 증인의 출석과 증언 또는 의견의 진술을 요구할 수 있다.	국회는 국정을 감사하며, 이에 필요한 서류의 제출, 증인의 출석과 증언이나 의견의 진술을 요구할 수 있다. 다만, 재판과 진행중인 범죄수사·소추에 간섭할 수 없다.	없음(*1975년 국회법에서 국정조사제도 채택)	국회는 특정한 국정사안에 관하여 조사할 수 있으며, 그에 직접 관련된 서류의 제출, 증인의 출석과 증언이나 의견의 진술을 요구할 수 있다. 다만, 재판과 진행중인 범죄수사·소추에 간섭할 수 없다.	① 국회는 국정을 감사하거나 특정한 국정사안에 대하여 조사할 수 있으며, 이에 필요한 서류의 제출 또는 증인의 출석과 증언이나 의견의 진술을 요구할 수 있다. ② 국정감사 및 조사에 관한 절차 기타 필요한 사항은 법률로 정한다.

《국정조사와 민주주의》

국정조사는 의회가 그 기능의 본질상 정부에 대하여 가지는 대정부통제시스템임에는 의문의 여지가 없다. 그런데 정치 현실에서는 국회의 다수의석을 점하고 있는 여당은 자신들이 주도하고 있는 행정부에 대하여 적극적으로 통제하려고 하지 않기 때문에 특히 의회주의제정부에서 국정조사가 실효성을 가지는 제도이기 위해서는 야당이 이를 효과적으로 작동시킬 수 있어야 한다. 그래서 국정조사권을 여당에 대한 야당의 권리(Oppositionrecht)로 파악하고, 의회에서의 소수자의 권리(Minderheitsrecht)로 파악하기도 한다. 이렇게 볼 때, 민주주의의 관점에서 보면, 국정조사를 실시하도록 요구하는 요건을 어렵게 하는 것은 국정조사의 본질과 합치하지 않는다. 많은 나라에서 국정조사의 실시가 야당의 요구에 의해 이루어지고 있는 점은 이를 잘 보여주고 있다.

(2) 연 혁

우리 헌법사에서 국정감사제도는 1948년헌법부터 창안하여 채택한 제도였는데, 1972년헌법과 1980년헌법에서는 폐지되기도 하였으나 1987년헌법에서 다시 부활하였다. 국정조사제도는 1980년헌법에서 비로소 채택한 제도이고 현재까지 유지되고 있다. 현행 헌법은 국정감사제도와 국정조사제도를 모두 채택하고 있다.

국정조사는 1689년 영국의 의회에서 고안된 것에서 출범하여 행정부와 사법부에 대한 국회의 통제를 실현하는 의회의 본래적이고 고전적인 대정부통제제도로 발달하였다. 미합중국, 영국, 프랑스, 독일, 일본국 등 여러 나라에서 국정조사제도를 채택하고 있다.

(3) 성 질

국정감사와 국정조사는 헌법이 국회에 부여한 기능(특히 국정통제기능)을 실효적으로 수행할 수 있도록 하는 **獨立的 權限**이라는 점에서는 동일한 성질을 가지고 있으나, 감사 또는 조사 대상의 범위, 실시 시기 등에서 서로 구별되는 성질을 가진다.

(a) 독립적 권능

국정감사와 국정조사는 정부의 활동에 대하여 사후적 심사와 비판·문책을 행하는 국회의 대정부통제기능을 실효적으로 보장하기 위하여 헌법이 국회에 부여한 국정에 대하여 사후에 사실을 조사하고 정보를 수집할 수 있는 헌법적 권능이다. 이런 점에서 국정감사와 국정조사에 관한 권한은 국정통제라는 국민대표기관의 본래적 기능을 수행하는 독립적 권한이다(獨立的 權限說. 日本國의 新獨立權能說. 反對: 補助的 權限說). 국정조사는 국정운영에 대한 국민의 알 권리를 충족시키고, 국정을 통제하며, 국정운영상의 의혹을 밝혀내고, 의정활동에 필요한 정보를 얻기 위한 제도이다. 국정감사와 국정조사를 통해 입법, 재정 등의 기능을 수행하는데 필요한 정보를 얻을 수 있는데, 사실조사와 정보수집은 국정통제와 불가분의 일체를 이루고 있다. 이런 점에서 국정감사와 국정조사는 모두 독립적 권능으로서의 성질을 가진다.

日本國에서는 국정조사권에 대하여 「獨立的 權能說」과 「補助的 權能說」이 대립되어 왔는데, 獨立的 權能說은 국회가 國家의 最高機關이라는 것을 근거로 한다는 점에서 국정조사를 입법기능과 독립된 기능으로 보는 점에서는 동일하지만 그 근거를 국회의 최고기관성이 아니라 정부에 대하여 국회가 가지는 본래적인 통제기능이라는 점에서 찾는 「新獨立的 權能說」과 구별된다. 신독립적 권능설이 타당하다. 우리나라에서는 日本國의 독립적 권능설을 취할 여지가 없으므로 신독립적 권능설이 곧 우리가 말하는 독립적 권한설과 일치한다.

國政監査는 우리나라에서 특유하게 발달한 제도이고 다른 나라에서는 그 유례를 찾기가 쉽지 않으나, 국정조사와 달리 그 기능에서 예산안 심사와 연계하여 국회의 기능을 실효성이 있게 하고 이를 통하여 권력을 효율적으로 통제할 수 있게 하는 데 그 제도적 의의가 있다.

국정조사만으로 국회의 통제기능을 충분히 실현할 수 있다고 보는 견해는 국정감사제도를 폐지하자고 제안한다. 그런데 이러한 경우에는 국정조사를 효율적이고 실효성 있게 하기 위하여 국정조사권의 발동을 용이하게 하고, 국정조사활동을 지원하는 시스템과 인력을 충분히 구축하여야 하며, 국회를 연중국회로 운영하고, 예산통제를 실질화시키는 장치를 마련하여 국정조사가 본래의 기능을 충분히 수행할 수 있도록 하는 것이 선결적으로 이루어져야 할 것이다.

《국정감사와 감사원의 감사》

국회의 국정감사는 그 주체에 있어 감사원의 감사와 구별되고, 목적이나 기능 등에서도 아래의 비교와 같이 구별된다.

항목 \ 구분	국정감사	감사원 감사
목적	통제, 의정활동의 정보수집	대행정부 감찰
대상	모든 국가기관	행정기관
내용	국정 전반에 대한 감사	회계검사, 직무감찰
성질	대국가기관 외부통제	행정부 내부통제

국회와 감사원이 협동하는 경우로는 국회가 감사원에 사안을 특정하여 감사를 요구하고 감사원이 3개월 내에 감사결과를 국회에 보고하는 監査要求制度(國會法 §127의2)가 있다.

(b) 포괄적/제한적 조사

국정감사나 국정조사는 국정에 대하여 조사를 한다는 점과 이를 통하여 권력을 통제하는 점에서는 동일하지만, 국정감사는 국정의 전반에 대하여 실시하는 포괄적 조사(=全般的 調査)임에 반하여, 국정조사는 특정한 국정사안에 한하여 실시하는 제한적 조사(=特定的 調査)라는 점에서 구별된다.

(c) 정기적/수시적 조사

국정감사는 예산안의 의결과 관련하여 매년 1회 정기적으로 행해지는 定期的인 행위인 반면, 국정조사는 수시로 필요한 때에 행해지는 隨時的인 행위이다.

Ⅱ. 국정감사 · 조사의 주체

헌법 제61조는 국회가 국정감사와 국정조사의 권한을 가지는 것으로 정하고 있으나, 이는 추상적인 표현에 지나지 않는다. 國會法과 國政監査및調査에관한法律에 의하면, 국회의 본회의와 상임위원회는 國政監査에 관한 권한을 가지고, 본회의와 특별위원회 또는 상임위원회는 國政調査에 관한 권한을 가진다. 국회의 소관 상임위원회는 국정전반에 관하여 국정감사를 행하는 주체이고(國會法 §127; 國監法 §2①), 재적의원 4분의 1 이상의 요구에 의하여 특별위원회 또는 상임위원회는 국정의 특정 사안에 관하여 국정조사를 행하는 주체가 된다(國監法 §3①). 본회의도 국정감사와 국정조사에 있어 시기를 변경하거나(同法 §2①) 조사를 승인하거나 하는 행위를 하기 때문에 그에 관하여 주체가 된다(同法 §3④).

이와 같이 본회의와 상임위원회는 국정감사의 주체이고 본회의와 특별위원회 또는 상임위원회는 국정조사의 주체이기 때문에 국정감사나 국정조사와 관련하여 권한쟁의가 발생하면 본회의, 상임위원회, 특별위원회가 權限爭議審判에서 당사자로서의 지위를 가진다.

Ⅲ. 국정감사 · 조사의 범위

국회의 국정감사와 국정조사는 국회가 가지고 있는 광범한 기능과 권한을 실행하는데 필요한 범위에서 허용되기 때문에 그 범위는 광범하다. 이에는 국회의 권능에 해당하는 입법, 행정부의 행정, 헌법재판소나 법원의 사법행정, 국회의 자율에 관한 사항이 포함된다. 매회 권한행사의 범위에 있어서 국정감사는 국정의 전반에 대하여 실시하고 국정조사는 특정한 사안에 대하여 실시하는 것에 차이가 있다.

(1) 입법에 관한 사항

국회는 국정의 전 영역에 걸쳐 입법하거나 또는 헌법을 개정하는 경우에 이와 관련하여 국정감사나 국정조사를 할 수 있다. 국회가 법률을 제정한 때 위임한 대로 행정부가 하위법규를 제정하였는지에 대해서도 이러한 감사나 조사를 실시할 수 있다(위임입법의 여부 및 범위 준수에 대한 감사 또는 조사). 자치단체의 입법에 대해서도 마찬가지다.

⑵ 행정에 관한 사항

국회는 행정에 관한 사항에 대하여 국정감사나 국정조사를 할 수 있다. 다만, 國政監査의 대상에 대해서는 국정감사및조사에관한법률은 i) 정부조직법 기타 법률에 의하여 설치된 국가기관, ii) 지방자치단체 중 특별시·광역시·도(다만, 그 감사범위는 국가위임사무와 국가가 보조금 등 예산을 지원하는 사업에 한정), iii) 정부투자기관관리기본법 제2조의 규정에 의한 정부투자기관·한국은행·농업협동조합중앙회·수산업협동조합중앙회, iv) 이러한 기관 이외에 본회의가 특히 필요하다고 의결한 경우에 한하여 인정되는 지방행정기관·지방자치단체·감사원법에 의한 감사원의 감사대상기관으로 한정하고 있다(國監法 §7).

국정감사나 국정조사에 있어 본회의·위원회 또는 소위원회는 그 의결로 국정감사나 국정조사와 직접 관련된 보고 또는 서류의 제출을 정부·행정기관 기타에 대하여 요구할 수 있다. 다만, 위원회가 국정감사나 국정조사와 관련된 서류제출요구를 하는 경우에는 그 의결 또는 재적위원 3분의 1 이상의 요구로 할 수 있다(國會法 §128①).

⑶ 사법행정에 관한 사항

헌법재판소나 법원과 같은 재판기관과 관련된 사항 가운데 해당 기관의 예산운용, 재판의 신속한 운영, 재판관을 지원하는 헌법연구관이나 법관 및 법관을 지원하는 인력의 적절한 충원과 배치 등과 같은 사법행정이나, 헌법재판소 또는 법원의 사무규칙이 정하는 사항에 대해서는 국정감사나 국정조사를 할 수 있다. 이러한 사항에 대한 국정감사나 국정조사는 헌법재판의 독립 또는 법원의 재판의 독립에 영향을 미치지 않는다.

이와 같은 국정감사나 국정조사는 국회가 가지고 있는 헌법재판소나 법원에 대한 통제권(헌법재판소 또는 법원의 예산심의·확정권, 헌법재판소 재판관과 법관에 대한 탄핵소추권, 헌법재판소법과 법원조직법의 제정·개정권 등)을 실효성 있게 만드는 데 기여한다.

⑷ 국회의 내부운영에 관한 사항

국회는 국회의 운영 및 규칙, 의원의 징계와 자격심사, 국회의원의 체포와 관련된 사항, 청원 또는 진정에 관한 사항 등에 대해서는 국정감사나 국정조사를 스스로 실시할 수 있다(同旨; 金哲洙b, 1631; 權寧星, 920). 그러나 자기에 대하여 스스로 조사를 행하는 이러한 국정감사 또는 국정조사가 실효성에서는 한계가 있을 수 있다.

Ⅳ. 국정감사·조사의 한계

⑴ 재판에 관한 간섭 금지

국정감사나 국정조사는 헌법재판소의 재판이나 법원의 재판에 대해 간섭할 수 없다. 이는 헌법재판소의 헌법재판이나 법원의 재판에서 요구되는 재판의 독립을 실현하기 위한 것이다. 따라서 국회는 국정감사나 국정조사를 행하면서 헌법재판소나 법원에 계속중인 사건의 소송지휘나 재판진행, 사건에 대한 재판관이나 법관의 견해 또는 태도, 사건의 당사자 등의 태도 등을 탐색하거나 판단하기 위한 조사를 해서는 안 된다. 재판을 방해하는 행위는 위법한 행위로써 금지된다. 1980년헌법에서는 「재판과 진행중인 범죄수사 · 소추에 간섭할 수 없다」라고 정하고 있었으나 1987년헌법에서는 이를 삭제하였다. 그러나 國政監査및調査에관한法律은 국정감사 또는 국정조사는 계속중인 재판에 관여할 목적으로 행사되어서는 안 된다고 정하고 있다(國監法 §8). 여기서 「관여할 목적」은 재판에 대하여 의도적으로 직·간접 「관여」하는 것을 추구함을 의미한다.

그런데 국정감사나 국정조사는 법적인 사항에 대한 조사(예: 수사)가 아니고 사실조사를 통하여 국정운영상의 모든 사항의 실체를 국민 앞에 드러나게 하고, 권력을 통제하는 데 목적을 두고 있는 정치적인 성격을 가지는 조사이다. 따라서 국회는 과거 사건에 관해서도 국정조사를 실시할 수 있고, 이와 관련하여 재판자료나 관계자에 대하여 조사할 수 있다. 또 국회는 현재 헌법재판소나 법원에서 재판이 진행중인 사건이나 경찰이나 검찰에서 수사중인 사건이라도 이와 따로 해당 사건에 대해 독자적으로 국정조사를 실시할 수 있다(竝行調査). 국가 내에서 발생한 어떤 사건의 실체를 밝히는 일이 수사기관이나 재판기관의 독점적인 사항이 아닐 뿐 아니라 국회가 본래의 기능을 수행하기 위해 사건의 실체를 국민 앞에 드러내고 공론의 장에서 논의할 필요가 있는 경우에는 당연히 이러한 임무를 수행하여야 하기 때문이다. 국회가 헌법재판소나 법원과 따로 동일한 사건에 대하여 독자적으로 조사하는 것은 위법여부에 한정되지 않고 사건과 관련된 모든 사실들에 대한 것이고, 이러한 것이 헌법재판소나 법원의 재판을 간섭하거나 방해하는 것은 아니다. 국회가 병행조사를 실시하는 때에 헌법재판소나 법원의 재판을 방해하지 않고 당사자 또는 이해관계인의 이익을 침해하지 않는 한도 내에서는 헌법재판소나 법원에 제출된 재판자료를 열람하거나 복사할 수 있다.

(2) 범죄의 수사 · 소추에 대한 간섭 금지

국정감사나 국정조사는 搜査중인 사건의 訴追에 관여할 목적으로 행사될 수 없다(國監法 §8). 이는 형사사건의 공정한 처리를 보장하기 위한 것이다. 여기서 「관여할 목적」은 직·간접으로 수사 또는 소추에 영향을 미칠 것을 목적으로 하는 것을 의미한다.

그러나 과거의 어떤 형사사건에 대하여 경찰 또는 검찰 등 수사기관이 어떻게 처리하였는지에 대해서는 국정조사를 할 수 있다. 또 국회는 현재 수사기관에서 수사중이거나 公訴提起되어 재판이 진행중인 사건에 대해서도 이와 병행하여 독자적으로 조사할 수 있다(竝行調査. 예: 독일, 프랑스, 일본국 등. 同旨: 鄭萬喜, 199). 국회가 본래의 직무를 수행하기 위하여(탄핵소추, 국무총리 또는 국무위원에 대한 해임건의, 공직 임명에 대한 동의 등) 어떤 사건의 실체를 밝혀야 할 필요가 있는 경우에는 이에 대해 조사하는 것이 필요하다. 국정조사는 위법사실에 대한 조사를 하는 법적인 성격의 조사제도가 아니고 정치적인 성격의 조사제도이므로 수사기관이 대상으로 하고 있는 것보다 더 넓게 조사를 할 수 있다.

《병행조사》

竝行調査는 법원에서 재판을 하고 있거나 경찰 또는 검찰과 같이 수사 또는 소추기관에서 수사하거나 처리를 하고 있는 사건에 대하여 국회가 이와 병행하여 국정감사 또는 국정조사를 행하는 것을 말한다. 이러한 병행조사는 재판, 수사, 소추에 관여할 목적으로는 행할 수 없고, 국정감사 또는 국정조사의 원래 목적을 실현하기 위해서만 행할 수 있다. 재판, 수사, 소추는 그 목적이 병행조사의 목적과 다르므로 병행조사의 결과나 사실에 대한 평가에 구속되지 않는다. 그런 반면 법원, 수사기관, 소추기관은 국회의 국정감사와 국정조사에 응해야 하는 의무를 진다. 독일의 경우에는 연방헌법(§44)과 국정조사위원회법(Untersuchungsausschüssgesets §18)의 취지상 병행조사가 인정되고 있고, 일본국에서도 국정조사로 병행조사를 하고 있다(예: 「록히드사건」). 프랑스에서도 이를 인정하고 있다.

(3) 기본권 보장에 의한 한계

국회가 국정감사나 국정조사를 행하는 경우에도 국민의 기본권을 침해해서는 안 된다. 국정감사나 국정조사도 국가의 행위이므로 어떤 경우에도 이로 인한 국민의 자유와 권리의 침해가 있어서는 안 된다.

그러나 국민의 기본권도 헌법 제37조 제2항이 정하는 바에 따른 제한이 가능하므로, 국정감사나 국정조사가 그 목적을 달성할 수 있는 한도 내에서는 법률로써 제한할 수 있다. 이에는 헌법상의 過剩禁止原則이 적용된다. 이와 관련하여 國政監査및調査에관한法律은 국정감사 또는 국정조사는 개인의 사생활을 침해해서는 안 된다고 정하고 있으나(國監法 §8), 이러한 기본권의 침해금지는 사생활에만 한정하여 적용되는 것이 아니고 모든 기본권에 적용된다. 「國會에서의證言·鑑定등에관한法律」에서 증거조사에 있어 증인으로 하여금 형사소송법 제148조 또는 제149조의 규정에 해당하는 경우에 선서 · 증언 또는 서류제출을 거부할 수 있게 하거나 감정인으로 하여금 형사소송법 제148조에 해당하는 경우에 선서 또는 감정을 거부할 수 있게 하는 것(同法 §3①,②)도 그 한 예이다.

(4) 국익 보호를 위한 한계

국정감사나 국정조사는 본질적으로 국회의 기능을 올바로 수행하기 위한 것이며, 이는 대한민국의 국익과 국민의 전체이익에 기여하게 하는 것이다. 그리하여 국정감사나 국정조사가 대한민국의 국익을 침해하는 경우에는 그에 필요한 제한을 받는다. 예컨대 증거조사에서 국회로부터 공무원 또는 공무원이었던 자가 증언의 요구를 받거나, 국가기관이 서류제출을 요구받은 경우에 군사 · 외교 · 대북관계의 국가기밀에 관한 사항으로서 그 발표로 말미암아 국가안위에 중대한 영향을 미친다는 주무부장관(대통령 및 국무총리의 소속 기관에서는 당해 관서의 장)의 소명이 증언 등의 요구를 받은 날로부터 5일 이내에 있는 경우에는 증언이나 서류제출을 거부할 수 있다(證監法 §4①).

(5) 지방자치에 의한 한계

지방자치를 보장하는 면에서 볼 때, 국정감사나 국정조사는 지방자치단체의 고유한 업무에 대해서는 할 수 없고, 국가의 위임사무와 국가가 보조금 등 예산을 지원하는 사업에 대해서는 할 수 있다(國監法 §7ii). 지방자치단체의 비리나 의혹 등을 밝히기 위해서는 국정감사나 국정조사를 할 수 있다.

Ⅴ. 국정감사 · 조사의 행사

(1) 행사기간

國政監査는 매년 9월 10일부터 20일간 감사를 행한다. 다만, 본회의는 의결로 그 시기를 변경할 수 있다(國監法 §2①).

國政調査에서는 본회의에서 승인하는 조사계획서에서 정한 조사위원회의 활동기간 동안 조사를 행한다(同法 §3④). 그러나 본회의는 이 기간을 연장하거나 단축할 수 있다(同法 §9①,②). 다만, 조사계획서에 활동기간이 확정되지 아니한 경우에는 조사위원회의 조사결과가 본회의에서 의결될 때까지 조사활동을 할 수 있다(同條 ③).

(2) 행사방법

(a) 서류제출 및 증거조사

국정감사나 국정조사를 함에 있어서 조사의 주체는 그 의결로 감사 또는 조사와 관련된 보고 또는 서류의 제출을 관계인 또는 기관 기타에 요구하고, 증인 · 감정인 · 참고인의 출석을 요구하고 검증을 행할 수 있다(國監法 §10①). 이러한 증거의 채택 또는 증거의 조사를 위하여 청문회를 열 수도 있다(同條 ③). 국정감사 또는 국정조사를 위한 증인 · 감정인 · 참고인의 증언 · 감정 등에 관한 절차는 「국회에서의증언·감정등에관한법률」이 정하는 바에 의한다(同條 ⑤).

(b) 장　　소

국정감사 또는 국정조사는 이를 행하는 위원회에서 정하는 바에 따라 국회 또는 감사 · 조사대상이 되는 현장이나 기타의 장소에서 할 수 있다(同法 §11).

(c) 공개주의 원칙

국정감사 및 국정조사는 公開로 한다. 다만, 위원회의 의결로 달리 정할 수 있다(同法 §12).

(d) 제척 및 회피

국정감사 또는 국정조사에서 사안에 직접 이해관계가 있거나, 공정을 기할 수 없는 현저한 사유가 있는 경우에는 국회의원은 그 사안에 한하여 감사 또는 조사에 참여할 수 없다. 除斥과 回避가 인정된다(同法 §13).

(e) 주의의무

국정감사 또는 국정조사를 할 때에는 그 대상기관의 기능과 활동이 현저히 저해되거나 기밀이 누설되지 아니하도록 주의하여야 하며, 국회의원 및 사무보조자는 감사 또는 조사를 통하여 알게 된 비밀을 정당한 사유 없이 누설하여서는 아니 된다(同法 §14). 이러한 주의의무를 위반한 경우에는 國會法이 정하는 바에 따라 징계할 수 있다(同法 §17).

Ⅵ. 국정감사 · 조사의 결과 보고 및 처리

(1) 결과의 보고

위원회는 국정감사 또는 국정조사를 마친 때에는 감사 또는 조사의 경과와 결과 및 처리의견을 기재하고 그 중요 근거서류를 첨부한 보고서를 작성하여 의장에게 제출하고, 의장은 이를 지체없이 본회의에 보고한다(國監法 §15).

(2) 결과의 처리

국회는 본회의의 의결로 감사 또는 조사결과를 처리한다. 감사 또는 조사결과 정부 또는 해당기관의 是正(관계자의 문책 등 포함)을 필요로 하는 사유가 있을 때에는 국회는 그 시정을 요구하고, 정부 또는 해당기관에서 처리함이 타당하다고 인정되는 사항은 정부 또는 해당기관에 移送한다. 이러한 시정요구나 이송받은 사항에 대해서는 정부 또는 해당기관은 이를 지체없이 처리하고 그 결과를 국회에 보고하여야 한다. 국회는 이런 처리결과보고에 대하여 적절한 조치를 취할 수 있다(國監法 §16).

국정감사와 국정조사

항목＼구분	국정감사	국정조사
대상	국정 전반(포괄적 조사)	특정 사안(제한적 조사)
성질	독립적 권한	독립적 권한
주체	소관 상임위원회, 본회의	특별위원회, 상임위원회, 본회의
시기	정기적, 매년 9월 10일 시행	부정기적, 재적의원 1/4 이상의 의결
기간	20일	의결로 정함
공개여부	공개원칙	공개원칙

[189] 第四 國防·外交政策에 대한 同意

국회는 宣戰布告, 講和條約, 國軍의 외국에의 派遣 또는 外國軍隊의 대한민국 영역 안에서의 駐留에 대한 同意權을 가진다(憲法 §60①,②).

국방과 전쟁에 관한 권한을 대통령에게만 독점시키는 것은 국가와 국민의 운명에 있어 매우 위험하기 때문에 우리나라는 국회와 대통령이 이를 협동하여 행사하도록 정하고 있다. 국회가 가지는 사전동의권은 해당 업무를 대통령과 협동하여 수행하는 것인 동시에 통제하는 것이기도 하다.

[190] 第五 行政府의 構成과 運用에 대한 統制

Ⅰ. 국무총리 임명에 대한 동의

대통령이 國務總理를 임명함에 있어서는 사전에 國會의 동의를 얻어야 한다(憲法 §86①). 이러한 것은 국무총리의 임명에 민주적 정당성을 부여하는 것인 동시에 인사권의 남용을 통제하는 것이기도 하다.

Ⅱ. 국무총리·국무위원에 대한 국회의 출석요구

(1) 헌법 규정

국회나 그 위원회의 요구가 있을 때에는 국무총리·국무위원 또는 정부위원은 출석·답변하여야 하며, 국무총리 또는 국무위원이 출석요구를 받은 때에는 국무위원 또는 정부위원으로 하여금 출석·답변하게 할 수 있다(憲法 §62②).

국회법은 본회의나 위원회가 특정한 사안에 대하여 질문하기 위하여 대법원장, 헌법재판소장, 중앙선거관리위원회위원장, 감사원장 또는 그 대리인의 출석을 요구할 수 있다고 정하고 있다(國會法 §121④). 이와 같이 우리나라에서 국회가 헌법기관의 장이나 국가기관의 장 등에 대하여 국회에 출석할 것을 요구할 수 있는 제도로는 헌법에서 정하고 있는 경우와 법률에서 정하고 있는 경우의 두 가지가 있는 셈이다.

(2) 제도적 취지

국무총리 · 국무위원 · 정부위원에 대한 국회의 출석 요구는 대통령과 행정부의 국정운영과 관련하여 발생하는 잘못을 국회가 통제하는 기능도 가지는 동시에 국정의 운영에 있어서 국회와 행정부간의 의사소통을 원활하게 하고 서로 이해할 수 있게 하는 기능도 한다. 대통령제국가에서 이러한 제도는 대통령과 행정부에 대한 국회의 견제장치이기도 하고, 국회와 대통령간에 있어 대화와 설득의 정치를 가능하게 만들어 주는 장치이기도 하다. 대통령제국가에서는 자칫 국회와 대통령간에 대화의 단절과 오해가 발생하기 쉽고, 그 결과 서로 대립하여 국정이 마비되거나 경화될 우려가 큰데, 이러한 출석요구제도를 생산적으로 활용하면 대통령제가 안고 있는 한계를 극복하는데 기여할 수 있다.

(3) 출석요구 및 질문의 절차

국무총리 · 국무위원 · 정부위원에 대한 국회의 출석을 요구할 수 있기 위해서는 국회의원 20인 이상이 이유를 명시한 서면으로 발의를 하거나 위원회가 독자적으로 의결하여야 한다(國會法 §121①,②).

의원이 정부에 서면으로 질문(書面質問)하려고 할 때에는 질문서를 의장에게 제출하여야 하고 의장은 지체없이 이를 정부에 이송한다(同法 §122). 본회의 회기중 기간을 정하여 국정전반 또는 국정의 특정분야를 대상으로 정부에 대하여 질문(對政府質問)을 하는 경우에는 질문을 하고자 하는 의원이 미리 질문요지와 소요시간을 기재한 질문요지서를 국회의장에게 제출하여야 하고, 국회의장은 늦어도 질문시간 48시간 전까지 질문요지서가 정부에 도달되도록 송부하여야 한다(同法 §122의2①, ⑦).

> 국회법은, 국회의 회기중 대정부질문시에 제기되지 않은 사안으로서 긴급히 발생한 중요문제 또는 사건에 대하여, 국회의원 20인 이상의 찬성으로 대정부질문을 요청할 수 있도록 하는 緊急懸案質問制度를 정하고 있다(同法 §122의3). 이러한 것은 국무총리 · 국무위원 · 정부위원에 대한 國會出席要求制度로 효과적으로 대응할 수 없는 사태가 발생한 경우에 국민대표기관이 이에 적절히 대응할 수 있도록 마련한 장치이다.

(4) 출석요구의 효과

국회나 그 위원회의 요구가 있을 때에는 국무총리 · 국무위원 또는 정부위원은 반드시 출석 · 답변하여야 한다. 이러한 국회의 출석요구를 거부하면 국무총리 · 국무위원의 경우에 이는 탄핵사유가 되며, 해임건의의 사유도 된다. 국무총리 또는 국무위원이 출석요구를 받은 때에는 국회의장 또는 위원장의 승인을 얻어 국무위원 또는 정부위원으로 하여금 출석 · 답변하게 할 수는 있다(憲法 §62②; 國會法 §121③).

Ⅲ. 국무총리 · 국무위원의 해임건의

(1) 헌법 규정

국회는 國務總理 또는 國務委員의 解任을 대통령에게 建議할 수 있다(憲法 §63①). 이러한 국회의 해임건의는 國會在籍議員 3분의 1 이상에 의한 發議 및 국회재적의원 過半數의 찬성이 있어야 한다(憲法 §63②).

(2) 제도적 취지

우리 정치사의 경험상 대통령이 인사권을 남용하여 부적합한 인물을 국무총리나 국무위원에 임명하고, 이들이 국정 운영에서 무능을 露呈하거나 위법한 행위를 저지른 경우가 많이 발생하였고, 이런 문제가 발생한 경우에도 대통령은 이를 바로잡으려고 하지 않은 예가 非一非再했기 때문에 헌법에 이러한 장치를 둔 것이다.

또 대통령을 보좌하는 국무총리와 국무위원에 대하여 국회가 해임을 피력함으로써 국정운영에서 나타난 대통령의 실책과 무능에 대하여 견제하는 기능도 한다. 대통령제국가에서는 국정운영에서의 실책과 무능을 이유로 국회가 직접 대통령의 거취를 결정할 수 없기 때문에(의원내각제에서의 內閣不信任과 대조) 국무총리나 국무위원에 대한 해임건의는 대통령에게 간접적으로 책임을 묻는 효과도 가진다. 대통령제국가에서도 이는 권력통제의 요청상 인정될 수 있다.

우리나라의 경우에 이러한 제도는 국정운영과 정치의 현실에서 누적된 경험상의 요구로 인하여 제도화되었다는 한국적인 특성을 지니기 때문에 그 상황에 적합하게 운영하여야 원래의 기능이 살아날 수 있다. 따라서 국회는 이러한 권한을 정치적 공격의 무기로 남발하지 말아야 하고, 국가운영의 관점에서 신중하게 행사하여야 할 것이다. 국회가 숙고하여 건의를 한 경우에는 대통령은 국회의 건의를 수용하는 것이 국정운영상 바람직하다.

(3) 해임건의의 요건

국무총리와 국무위원의 해임을 건의하는 경우 그 사유에는 제한이 없다. 위법한 행위가 있는 경우뿐만 아니라 부당한 행위를 하거나 부도덕한 행위를 한 경우도 이에 포함된다. 그리고 업무의 수행에서 무능력하거나 실책이 있는 경우도 이에 해당한다. 따라서 이러한 해임건의의 사유는 「직무집행에 있어서 헌법이나 법률에 위배한 때」(憲法 §65①)에 한정되는 탄핵사유보다 훨씬 광범하다.

(4) 해임건의의 절차

어떠한 경우에 해임건의를 할 것인가는 전적으로 국회가 판단한다. 국회재적의원 3분의 1 이상의 發議에 의하여 국회재적의원 過半數의 찬성이 있으면 해임건의가 이루어진다(憲法 §63②). 해임건의안이 발의되면 본회의에 보고된 때로부터 24시간 이후 72시간 이내에 무기명투표로 표결한다. 이 기간 안에 표결하지 아니한 때에는 해임건의안은 폐기된 것으로 본다(國會法 §112⑦).

해임건의 대상자는 1인일 수도 있고 數人일 수도 있다. 대상자가 다수인 경우에 개별적으로 해임건의를 할 수도 있고, 일괄하여 해임건의를 할 수도 있다.

(5) 해임건의의 효과

(a) 구속력의 유무

국회의 국무총리 또는 국무위원에 대한 해임건의는 법적 성격상 대통령을 구속하지 않는다(反對: 金哲洙b, 1622; 成樂寅, 952). 이러한 점이 建議와 要求의 차이이다. 따라서 대통령은 국회의 건의가 부당하다고 판단하는 경우에는 이를 수용하지 않을 수 있다.

> 1962년헌법과 1969년헌법이 채택했던 국무총리·국무위원해임건의제도에서는 「건의가 있을 때에는 대통령은 특별한 事由가 없는 한 이에 응하여야 한다」(同憲法 §59③)고 헌법에 명시적으로 정하였다.

(b) 연대책임의 여부

국무총리에 대한 해임건의가 국무위원들에게도 미치는가 하는 문제가 있다. 이에 대해서는 국무총리에 대한 해임건의는 국무총리의 국무위원 임명제청권과 관련하여 모든 국무위원들에게도 미친다는 견해가 있으나(金哲洙b, 1622; 成樂寅, 953), 우리나라의 경우는 기본적으로 대통령제 정부형태를 취하고 있고, 국무총리와 국무위원이 공동으로 국회에 대하여 연대책임을 지는 것이 아니므로 국무총리에 대한 해임건의가 국무위원에게 미친다고 할 수 없다(同旨: 權寧星, 926). 따라서 국무총리나 국무위원에 대하여 해임을 건의하는 경우에는 해당 국무총리나 해당 국무위원 각각에 대하여 해임건의를 하여야 할 것이다. 실제에서도 개별적으로 행해지고 있다.

> 1980년헌법은 「國務總理에 대한 解任議決이 있을 때에는 大統領은 國務總理와 國務委員 全員을 解任하여야 한다」(憲法 §99③)라고 정하고 있었으나, 현행 헌법에서는 이를 폐지하였다.

(6) 해임건의의 제한

국회가 해임건의권을 행사함에 있어서는 아무런 제한이 없다. 국회는 해임건의의 사유나 시간에서 제한을 받지 않는다.

1980년헌법은 「國務總理에 대한 解任議決은 國會가 任命同意를 한 後 1年 以內에는 할 수 없다」(憲法 §99①)라고 정하고 있었으나, 현행 헌법에서는 이를 폐지하였다.

[191] 第六 國家緊急權에 대한 統制

Ⅰ. 긴급명령에 대한 승인

대통령이 긴급명령을 발한 경우에는 지체없이 國會에 보고하여 그 승인을 얻어야 한다(憲法 §76②,③). 국회의 승인을 얻지 못한 때에는 그 긴급명령은 그 때부터 효력을 喪失하고, 이 경우 그 명령에 의하여 改正 또는 廢止되었던 법률은 그 명령이 승인을 얻지 못한 때부터 당연히 효력을 회복한다(憲法 §76④). 대통령은 국회의 승인을 얻었거나 얻지 못한 경우에는 그 사유를 지체없이 公布하여야 한다(憲法 §76⑤).

이러한 국회의 승인권은 事後的인 것인데, 이는 긴급명령이 발해지는 상황이 긴박하기 때문에 인정되는 것이다. 긴급명령을 발하는 경우 사전에 국회의 동의를 얻도록 하는 것은 긴급명령으로 긴급한 상황에 효과적으로 대처하는 기능을 어렵게 하거나 약화시킬 수 있다.

긴급명령에 대하여 국회가 사후승인권을 가지는 것은 대통령의 국가긴급권의 행사에 대하여 통제하고 동시에 정당성을 부여하기 위한 것이다.

Ⅱ. 긴급재정경제처분 · 명령에 대한 승인

대통령이 긴급재정경제처분 · 명령을 발한 경우에도 지체없이 國會에 보고하여 그 승인을 얻어야 한다(憲法 §76①,③). 국회의 승인을 얻지 못한 때에는 그 처분이나 명령은 그 때부터 效力을 상실하고, 이 경우 그 命令에 의하여 개정 또는 폐지되었던 법률은 그 명령이 승인을 얻지 못한 때부터 당연히 효력을 회복한다(憲法 §76④). 이 경우에도 大統領은 국회의 승인을 얻었거나 얻지 못한 경우에는 그 사유를 지체없이 公布하여야 한다(憲法 §76⑤).

국회로 하여금 사후적으로 승인하게 한 것은 긴급명령의 경우와 동일하다. 대통령의 긴급재정경제처분 · 명령에 대하여 국회가 사후승인권을 가지고 행사하게 하는 것도 대통령의 국가긴급권의 행사에 대한 통제와 정당성의 부여를 동시에 실현시키는 것이다.

Ⅲ. 계엄의 해제 요구

대통령이 戒嚴을 宣布한 때에는 대통령은 지체없이 국회에 통고하여야 한다(憲法 §77④). 국회가 在籍議員 過半數의 찬성으로 계엄의 해제를 요구한 때에는 대통령은 이를 解除하여야 한다(憲法 §77⑤). 대통령이 국회에 대하여 행하는 이러한 통고도 의무적인 것이고 계엄해제요구에 따른 계엄의 해제도 의무적인 것이다.

계엄은 실질적으로 군정을 행하는 것이어서 입헌민주국가의 국가운영에서 매우 예외적인 것인 만큼 국가의 기능과 국민의 자유와 권리에 심대한 왜곡과 침해를 가져올 우려가 있다. 우리 헌정사에서 경험하였듯이, 대통령은 계엄을 이용하여 자기 권력을 강화하고 독재로 나아갈 우려가 있다. 이러한 계엄의 기능왜곡을 방지하고 계엄이 원래의 기능을 수행할 수 있게 하기 위하여 국회에게 계엄의 해제를 요구하는 권한을 부여한 것이다. 국회의 계엄해제요구가 있으면 반드시 대통령은 이에 복종하여야 하며, 이를 거부하는 행위는 탄핵사유가 된다.

[192] 第七 一般赦免에 대한 同意

국회는 대통령이 일반사면을 하는 경우에 사전에 동의권을 가진다. 이러한 국회의 동의권은 일반사면에 있어서 대통령과 협동하여 이를 행하는 의미도 가지는 동시에 일반사면에 관한 대통령의 권한행사를 통제하는 기능도 한다(憲法 §79②).

4. 憲法機關의 構成

[193] 第一 槪 說

헌법은 국민대표기관인 국회로 하여금 일정한 헌법기관의 구성에 관여하도록 하고 있다. 이러한 권한은 헌법기관을 타 기관과 협동적으로 구성하는 권한인 동시에 헌법기관의 구성에 함께 관여하는 기관의 권한남용을 통제하는 기능도 가진다.

헌법기관의 구성에 관여하는 권한으로는 헌법재판소의 구성, 대법원의 구성, 중앙선거관리위원회의 구성, 국무총리의 임명, 감사원장의 임명에 관한 권한이 있다. 국가원수이고 행정부의 수반인 대통령의 선거에서도 결선투표를 하는 경우에는 국회에서 행하는데, 이는 대통령이라는 헌법기관의 구성에 관여하는 권한으로서의 성격을 가진다.

국회의 헌법기관 구성에 대한 권한행사를 위해 일정한 경우 인사청문회를 실시하는데 이를 위하여 인사청문특별위원회를 둔다(國會法 §46의3). 인사청문특별위원회는 헌법에 의하여 그 임명에 국회의 동의를 요하는 대법원장 · 헌법재판소장 · 국무총리 · 감사원장 및 대법관과 국회에서 선출하는 헌법재판소 재판관 및 중앙선거관리위원회 위원에 대한 임명동의안 또는 의장이 각 교섭단체 대표의원과 협의하여 제출한 선출안 등을 심사한다.

[194] 第二 憲法裁判所의 構成에 關與

Ⅰ. 헌법재판소장의 임명에 대한 동의

헌법 제111조 제4항은 「헌법재판소의 장은 국회의 동의를 얻어 재판관 중에서 대통령이 임명한다」라고 정하여 대통령이 헌법재판소장을 임명할 때에는 사전에 국회의 동의를 얻도록 하고 있다.

Ⅱ. 재판관 3인에 대한 선출

헌법 제111조 제3항은 헌법재판소 재판관의 임명에 있어 재판관 9인 가운데 3인은 먼저 국회에서 선출하도록 하고, 이렇게 선출된 자를 대통령이 재판관으로 임명하도록 하고 있다.

[195] 第三 大統領選擧에서의 決選 投票

헌법 제67조 제2항은 대통령선거에 있어서 최고득표자가 2인 이상인 때에는 국회의 재적의원 과반수가 출석한 공개회의에서 다수표를 얻은 자를 당선자로 한다고 하여, 대통령의 결선투표를 국회에서 하도록 정하고 있다. 이러한 범위에서 국회는 대통령이라는 헌법기관을 구성하는 역할을 수행한다.

[196] 第四 大法院의 構成에 關與

Ⅰ. 대법원장의 임명에 대한 동의

헌법 제104조 제1항은 「대법원장은 국회의 동의를 얻어 대통령이 임명한다」라고 정하여 대통령이 대법원장을 임명할 때 사전에 국회의 동의를 받도록 하고 있다.

Ⅱ. 대법관의 임명에 대한 동의

헌법 제104조 제2항은 「대법관은 대법원장의 제청으로 국회의 동의를 얻어 대통령이 임명한다」라고 정하여 대통령이 대법관을 임명할 때 사전에 대법원장의 제청을 받도록 할 뿐 아니라 국회의 동의를 받도록 하고 있다.

[197] 第五 中央選擧管理委員會의 構成에 關與

국회는 중앙선거관리위원회의 위원 9인 가운데 3인의 위원을 선출한다(憲法 §114②).

[198] 第六 國務總理의 任命에 대한 同意

대통령은 국회의 동의를 얻어 국무총리를 임명하는데(憲法 86①), 이 점에서 국회는 행정부의 구성에서도 일부 관여한다.

[199] 第七 監査院長의 任命에 대한 同意

대통령은 감사원장을 국회의 동의를 얻어 임명하는데, 이와 같이 감사원장의 임명에서는 대통령과 국회가 협동하는 관계에 있다(憲法 §98②).

5. 重要條約의 締結 · 批准에 대한 同意

[200] 第一 槪 說

Ⅰ. 헌법 규정

헌법 제60조 제1항은 「국회는 相互援助 또는 안전보장에 관한 조약, 중요한 국제조직에 관한 조약, 友好通商航海條約, 주권의 제약에 관한 조약, 講和條約, 국가나 국민에게 중대한 재정적 부담을 지우는 조약 또는 입법사항에 관한 조약의 締結 · 批准에 대한 同意權을 가진다」라고 정하고 있다. 이와 같이 국회는 중요한 조약의 체결 · 비준에 대하여 동의권을 가진다. 여기서 말하는 同意란 대통령 또는 그 위임을 받은 자가 체결이나 비준의 형태로 조약에 대한 구속적인 동의의사를 표시하는 행위(憲法 §73)에 대하여 그렇게 해도 좋다는 찬동의 의사표시를 말한다.

> 미합중국에서는 조약(treaties)의 체결에 있어서 상원의 조언과 동의를 얻어야 하고(미합중국헌법 Art. Ⅱ. Sec. 2[2]), 일본국에서는 조약의 체결에 국회의 승인을 얻도록 하고 있다(일본국헌법 §73). 이탈리아, 네덜란드, 영국, 캐나다, 인도, 아르헨티나, 이디오피아 등에서는 조약의 체결에 입법부가 관여하고 있고, 독일, 오스트리아, 프랑스 등에서는 대통령이 주도하고 의회는 관여할 여지가 거의 없다.

중요조약의 체결 · 비준에 대한 동의권은 國會의 權限이지 국회의원의 권한이 아니다. 국회가 헌법 제60조 제1항에 따라서 조약의 체결 · 비준에 대한 동의권한을 행사하는 경우에, 국회의원은 조약의 체결 · 비준 동의안에 대하여 헌법 제40조 및 제41조 제1항과 國會法 제93조 및 제109조 내지 제112조가 정하고 있는 심의 · 표결할 권한을 가진다. 그런데 국회의 동의권이 개별 국회의원의 심의 · 표결절차를 거쳐 행사되기는 하지만, 국회의 동의권과 국회의원의 심의 · 표결권은 권한의 귀속주체에서 다르고, 심의 · 표결권의 행사는 국회의 의사를 형성하기 위한 국회 내부의 행위로서 구체적인 의안 처리와 관련하여 각 국회의원에게 부여되는 권한임에 비하여, 동의권의 행사는 국회가 그 의결을 통하여 다른 국가기관에 대한 의사표시로서 행해지는 것이고 대외적인 법적 효과가 발생한다는 점에서 서로 구별된다(예: 憲 2007. 7. 26.-2005헌라8; 2007. 10. 25.-2006헌라5; 2008. 1. 17.-2005헌라10). 그리고 권한쟁의심판에서는 第3者 訴訟擔當이 인정되지 않기 때문에 국회의 이러한 동의권의 침해에 대하여 국회의원(1인이든 다수이든 불문)은 다툴 수 없다(예: 憲 2007. 7. 26.-2005헌라8; 2007. 10. 25.-2006헌라5; 2008. 1. 17.-2005헌라10).

[憲 2007. 7. 26.-2005헌라8] 「국회가 헌법 제60조 제1항에 따라서 조약의 체결·비준에 대한 동의권한을 행사하는 경우에, 국회의원은 헌법 제40조 및 제41조 제1항과 국회법 제93조 및 제109조 내지 제112조에 따라서 조약의 체결·비준 동의안에 대하여 심의·표결할 권한을 가진다. 그런데 국회의 동의권과 국회의원의 심의·표결권은 비록 국회의 동의권이 개별 국회의원의 심의·표결절차를 거쳐 행사되기는 하지만 그 권한의 귀속주체가 다르고, 또 심의·표결권의 행사는 국회의 의사를 형성하기 위한 국회 내부의 행위로서 구체적인 의안 처리와 관련하여 각 국회의원에게 부여되는데 비하여, 동의권의 행사는 국회가 그 의결을 통하여 다른 국가기관에 대한 의사표시로서 행해지며 대외적인 법적 효과가 발생한다는 점에서 구분된다. 따라서 국회의 동의권이 침해되었다고 하여 동시에 국회의원의 심의·표결권이 침해된다고 할 수 없고, 또 국회의원의 심의·표결권은 국회의 대내적인 관계에서 행사되고 침해될 수 있을 뿐 다른 국가기관과의 대외적인 관계에서는 침해될 수 없는 것이므로, 국회의원들 상호간 또는 국회의원과 국회의장 사이와 같이 국회 내부적으로만 직접적인 법적 연관성을 발생시킬 수 있을 뿐이고 대통령 등 국회 이외의 국가기관과 사이에서는 권한침해의 직접적인 법적 효과를 발생시키지 아니한다. 따라서 피청구인 대통령이 국회의 동의 없이 조약을 체결·비준하였다 하더라도 국회의 체결·비준 동의권이 침해될 수는 있어도 국회의원인 청구인들의 심의·표결권이 침해될 가능성은 없다고 할 것이므로……」

Ⅱ. 동의를 요하는 조약

조약의 체결에 있어서 국회의 동의를 요하는 것은 헌법 제60조 제1항이 열거하고 있는 조약에 한정된다. 이는 예시규정이 아니라 열거규정이다. 조약의 명칭에는 관계없이 내용이나 성질이 이에 해당하면 국회의 동의를 먼저 받아 조약을 체결하여야 한다.

헌법 제60조 제1항이 예시규정인가 열거규정인가 하는 점을 판단함에 있어서, 조약의 체결에는 원칙적으로 국회의 개입이 필요하다고 보는 관점에서는 이를 예시규정으로 해석하려고 한다. 그러나 이를 예시규정으로 보는 경우 각종의 조약 가운데 그 체결에 있어서 국회의 동의가 필요한 경우와 이러한 동의가 필요 없는 경우를 구별하기 어렵게 되고, 헌법의 명문상 예시라고 보기에는 너무 많은 7개나 되는 종류의 조약을 명시하고 있는 점에서 열거규정으로 해석하는 것이 타당하다. 조약의 체결에 있어 모든 조약의 경우에 국회의 동의를 필요로 하게 할 것인가, 동의를 필요로 하는 조약의 종류를 더 늘릴 것인가 하는 문제는 헌법정책적인 문제로 고려할 성질의 것이기 때문에 헌법 제60조 제1항의 해석과는 구별하는 것이 타당하다. 비교법적으로 보면, 우리나라와 같이 조약의 체결에 의회가 적극 관여하는 나라는 미합중국, 일본국, 이탈리아를 제외하면 발견하기 쉽지 않다.

「相互援助 또는 安全保障에 관한 조약」은 침략국으로부터 국가의 안전을 보장하기 위하여 군사적 원조 또는 경제적 원조를 하기로 하거나 군사동맹을 형성하는 등 이에 관한 모든 형태의 조약을 말한다. 「중요한 國際組織에 관한 조약」은 국제질서에서 중요한 의미를 가지는 국제기구(예: 국제연합과 그 관련기구 등)나 조직에 관한 조약을 말한다. 「友好通商航海條約」은 조약체결국 국민의 입국, 거주·이전, 영업, 통상, 항해 등에 관하여 내국민대우 또는 최혜국민대우를 정하는 조약도 이에 해당한다(1970년대부터 국제사회에서는 이런 조약은 대부분 사라졌으며, 오늘날에는 거의 체결하지 않고 있다. 대부분 다자조약을 통하여 이를 보장하고 있으므로 양자조약으로 이를 체결할 실익도 없어져 가고 있다). 「主權의 制約에 관한 조약」은 대한민국이 가지는 주권이나 주권자로서 국민이 가지는 지위에 대하여 제약을 가하는 조약을 말한다.

국제법의 원리와 국가주권원리에 의할 때, 조약의 체결에 있어서 위헌조약의 체결은 자체 모순으로써 허용되지 않는다. 이런 점에서 볼 때, 헌법 제60조 제 1 항에서 「主權의 制約에 관한 條約」을 정하고 있는 것이 타당한가 하는 문제가 있다. 헌법 제60조 제 1 항의 문어적 표현만 보면, 일응 정부는 국회의 동의만 얻기만 하면 대한민국의 주권을 제약하는 모든 조약을 체결·비준할 수 있다고 해석할 여지가 있다. 그러나 이 규정이 영토의 할양·매매(예컨대, 독도를 일본국에 넘겨주거나 백두산은 중국에 넘겨주는 것), 국민의 지위 변경(예컨대, 대한민국 국민에서 일본이나 중국 등 외국의 국민으로 변경하는 것), 국가안위에 관한 사항 등 주권의 핵심적인 사항에 대한 결정을 모두 대의기관에게 맡겨두었다고 할 것인지는 의문이 있다. 공동체와 공동체 구성원의 운명을 결정짓는 핵심적인 사항은 무엇보다 국민이 스스로 결정할 문제이다. 따라서 국민의 의사에 반하여 주권의 핵심적인 사항을 국회나 대통령과 같은 대의기관이 결정하는 것은 국민주권원리에도 합치하지 않고, 저항권의 법리에서도 허용되기 어렵다. 헌법이론적으로는 이러한 경우는 국민투표로 결정하는 것이 합당하다. 국민투표를 통하여 헌법에 반하는 조약을 체결하기로 했다고 해도 이에는 헌법개정이 필요하다. 그러나 현행 헌법에는 이러한 조약의 체결에 대하여 국민투표를 할 수 있는 규정은 없다. 현재로서는 대통령이 제72조에 따라 조약을 체결하기 전에 국민투표에 부의하여 국민의 의사에 따라 처리하는 것이 가장 바람직하다. 그러나 대통령이 이러한 사안을 국민투표에 회부를 하지 않거나 국민투표에 회부한 경우에도 국민투표의 결과로 나타난 국민의 의사에 반하여 조약을 체결하는 경우에는 어떻게 할 것인가 하는 문제가 있다. 이러한 경우에는 헌법재판소에서 위헌여부심판을 하는 것이 타당하다([114]Ⅲ). 그런데 우리나라는 규범통제에서 구체적 규범통제와 규범에 대한 헌법소원만 인정하고 사전적 규범통제나 추상적 규범통제를 인정하고 있지 않기 때문에 이러한 조약이 재판의 전제가 되거나 개인의 기본권을 침해하는 경우에만 헌법재판소가 심판을 할 기회를 가지게 되어 현실적으로 헌법재판소에게 이러한 조약의 위헌여부를 심판할 수 있는 기회가 부여되기는 쉽지 않다. 문제는 헌법재판소도 합헌이라고 하면 어떻게 되는가 하는 문제가 있다. 이때에는 대한민국 국민이 대한민국과 자기의 운명에 대한 결정권을 가지고 있기 때문에 저항권의 문제로 돌아간다. 따라서 현재로서는 대통령이 주권을 제약하는 조약을 체결하기 전에 제72조에 따라 국민투표에 부의하여 국민의 의사에 따라 처리하는 것이 가장 바람직하다. 헌법을 개정하여 이러한 조약의 체결여부는 구속적 국민투표를 통하여 결정하는 것이 타당하다. 그러하지 않으면 조약의 체결에 앞서 헌법재판소에 위헌여부의 심사를 하게 하고 그에 따라 처리한다. 헌법재판소에서 해당 조약이 위헌이라고 심판하면 해당 조약을 체결할 수 없다. 이러한 경우에도 조약을 체결하려면 헌법을 개정하여 위헌의 요소를 제거해야 한다.

프랑스에서는 조약에 대한 헌법재판소(Conseil constitutionnel)의 위헌여부심사를 인정하면서 동시에 「대통령, 수상, 어느 한 원의 의장, 하원의원 60인, 상원의원 60인의 제소에 따라 헌법재판소가 특정한 국제협약이 헌법에 위반되는 조항을 포함하고 있다고 선언하면 해당 국제협약의 비준이나 승인은 헌법개정 이후에만 적용될 수 있다」고 정하고 있다(헌법 §54). 스페인에서도 헌법에 저촉되는 조약을 체결하고자 하는 경우에는 헌법의 개정이 필요하고, 이러한 경우에 정부, 하원, 상원은 해당 조약의 헌법위반여부에 대하여 헌법재판소에 심판을 청구할 수 있다(헌법 §95). 이러한 조약의 위헌여부심사는 사전적 규범통제의 형태를 띠고 있다. 오스트리아에서는 조약에 대하여 헌법재판소(Verfassungsgerichtshof)에 의한 불법여부심사를 인정하면서(헌법 §140a), 이에는 법률의 효력을 가지는 조약만 아니라 헌법적 효력을 가지는 조약도 널리 포함시키고 있고, 조약이 법률에 위반되는지의 여부도 심사한다.

「講和條約」은 교전국간에 전쟁을 종결시키고 전후문제를 처리하기 위하여 체결하는 조약을 의미한다. 「국가나 국민에게 중대한 財政的 負擔을 지우는 조약」은 조약에의 가입으로 인하여 國庫 또는 별도 財源으로부터 재정적인 지출을 필요로 하거나 국민에게 재정적인 부담이 돌아가게 하는 조약을 의미한다. 관세나 세율에 영향을 주거나 차관도입협정 또는 차관지불보증협정과 같이 주채무나 보증채무를 부담하게 하는 조약도 이에 포함된다(오늘날에는 거의 없다. 이런 경우는 상대국가와 기업 등이 직접 계약을 체결하여 해결한다). 조약에의 가입으로 인하여 회비납부 또는 지불출자를 부담하는 경우도 이에 포함된다. 여기서 말하는 「중대한」이라는 의미는 경미하지 아니한 경우를 모두 일컫는다. 차관공여협정도 국가에 재정적 부담을 주는 것이라면 국회의 동의를 받아야 한다(포괄적 협정을 체결함에 동의를 받았어도 개별적으로 차관을 줄 때에는 그 때마다 동의를 받아야 한다). 따라서 이 의미는 가능한 한 넓게 해석하는 것이 타당하다. 「立法事項에 관한 조약」은 조약의 내용을 이루는 부분이 법률의 제·개정을 필요로 하는 것을 말한다(이미 존재하는 법률의 내용과 동일한 내용의 조약을 체결하는 때에는 국회의 동의를 받지 않는 것이 실무관행이다).

憲法裁判所는 「대한민국과아메리카합중국간의상호방위조약제4조에의한시설과구역및대한민국에서의합중국군대의지위에관한협정」(SOFA)(1967. 2. 9. 조약 제232호)은 그 명칭에도 불구하고 내용상 국회의 동의를 요하는 조약이라고 판시하였다(예: 憲 1999. 4. 29.-97 헌가14).

[憲 1999. 4. 29.-97헌가14] 「이 사건 조약은 그 명칭이 "협정"으로 되어 있어 국회의 관여 없이 체결되는 행정협정처럼 보이기도 하나 우리나라의 입장에서 볼 때에는 외국군대의 지위에 관한 것이고, 국가에게 재정적 부담을 지우는 내용과 근로자의 지위, 미군에 대한 형사재판권, 민사청구권 등 입법사항을 포함하고 있으므

로 국회의 동의를 요하는 조약으로 취급되어야 하는 것이고……」

조약의 체결에 대한 동의가 있은 이상 해당 조약의 위임에 따른 사항이나 조약의 실시를 위하여 필요한 사항, 조약의 이행을 위한 정부의 행정적인 사항에 대해서는 따로 동의를 필요로 하지 않는다.

Ⅲ. 필요적 동의절차

헌법 제60조 제 1 항에서 정하고 있는 조약의 체결에는 반드시 국회의 동의절차를 거쳐야 한다(同旨: 金哲洙b, 1611). 국회는 이러한 조약의 체결에 있어서 동의권을 포기할 수 없다. 국회의 동의는 국회의 권한인 동시에 직무상의 의무이므로 이를 포기할 수 없고, 동의를 받지 않고 체결한 조약은 헌법에 위반되어 국내적으로 무효이다.

Ⅳ. 동의의 성격

(1) 조약체결의 협동적 행위

조약의 체결에 대한 국회의 동의는 조약의 체결에 있어서 정부와 국회의 협동적 행위로서의 성질을 가진다. 따라서 어느 하나의 행위가 흠결되면 조약은 법적인 효력을 발생하지 못한다.

(2) 조약체결권의 남용 통제

국회의 동의는 조약의 체결권자로 하여금 조약의 체결에서 그 권한을 남용하지 못하게 하여 체결권자의 권한남용으로 국가나 국민에게 미칠 피해를 미리 방지하는 기능을 가진다.

[201] 第二 同意의 時期

헌법 제60조 제 1 항에서 정하는 국회의 동의는 事前同意를 뜻한다. 조약의 성립에서는 여러 형태의 절차가 있기 때문에 사전동의는 그에 합당하게 이루어진다. 이러한 조약의 체결에 사후승인은 인정되지 않는다.

Ⅰ. 서명만으로 조약이 성립하는 경우

정부에서 전권위임장을 수여한 전권위원의 서명만으로 조약이 성립하고 더 이상 대통령의 비준을 필요로 하지 않는 경우에는 먼저 假署名을 하여 조약문을 확정한 다음에 국회의 동의를 받는 방법과 국내적 조치(국회의 동의)를 받아 통보하는 것을 효력발생조건으로 하여 조약이 성립하게 하는 방법이 있다. 서명만으로 조약이 성립하는 경우에는 그 서명이 있기 전 단계에서 국회의 동의를 받아야 한다.

Ⅱ. 비준으로 조약이 성립하는 경우

전권위원의 서명만으로 조약이 성립하지 않고 대통령의 비준을 필요로 하는 경우에는 국회의 동의는 전권대사의 서명이 있은 후 대통령의 비준이 있기 전에 행하여야 한다. 따라서 이 경우 국회의 동의는 대통령의 비준이 있기 전에 행해진다는 점에서 사전동의로서의 성질을 가진다. 조약의 성립에 서명의 단계에 이어 대통령의 비준까지 필요한 경우에는 국회는 대통령이 비준을 하기 전에 동의여부를 결정한다. 비준이 필요없이 서명만으로 성립하는 조약의 경우에는 이 서명의 단계가 체결에 해당하지만, 비준을 필요로 하는 조약의 체결은 비준까지의 과정이 체결이므로 조약의 교섭이나 서명의 단계에서는 국회의 동의가 요구되지 않고 비준의 단계에서만 국회의 동의가 요구된다.

《비준이 필요한 조약에 대한 2회 동의 문제》

헌법 제60조 제1항에서는 국회의 동의가 행해지는 것이 「체결 · 비준」이라고 되어 있어 헌법 조항의 해석을 놓고 국회의 동의절차가 어느 단계에서 이루어지는가 하는 문제가 있다. 즉 비준이 필요없는 조약의 성립의 경우에는 서명의 단계가 곧 조약의 체결이기 때문에 이 경우에는 서명을 하기 바로 전 단계에서 국회의 동의가 요구된다고 할 것이고, 이에는 의문이 제기될 여지가 없다. 문제는 서명 이외에 비준이 필요한 조약의 경우에 교섭을 하고 서명하는 단계에서도 국회의 동의가 요구되고 그 다음 비준의 단계에서도 또 국회의 동의가 요구되는가 하는 점이다. 헌법 제60조 제1항의 「체결 · 비준」을 해석하면서, 비준을 필요로 하는 조약의 경우에 체결은 서명을 하는 단계를 의미하고, 비준은 그 다음 단계를 의미한다고 해석하여 각 경우에 모두 국회의 동의가 필요하기 때문에 이 경우에는 국회의 동의가 2회 행해진다는 해석의 가능성이 제기된다. 이러한 해석은 체결이라는 용어의 多義的인 점과 조약성립에 대한 정부와 국회의 기능 그리고 동의행위의 기능에 대한 오해에서 비롯한다고 본다. 위에서 보았듯이, 조약의 형태나 성립의 단계에서 체결이라는 용어가 一義的으로 사용되고 있지는 않지만([114]), 국가의 작용이나 기능상 정부의 하나의 행위에 국회의 동의를 2회로 하는 경우도 없고, 조약이 성립하기까지의 일련의 단계에 국회의 동의를 필요로 하는 경우를 두더라도 이러한 동의는 조약의 형태에 따라 최종적인 단계에서 행하는 것이고(어떤 정부형태이든 이는 마찬가지다), 헌법 제60조 제1항의 「체결 · 비준」은, 조약의 법리상 앞의 「체결」은 비준을 필요로 하지 않는 형태의 조약의 성립(狹義의 締結)을 의미하고, 뒤의 「비준」은 비준을 필요로 하는 조약의 성립(廣義의 締結)을 의미한다. 따라서 이러한 체결과 비준에 국회의 동의가 필요하다는 의미는 비준을 필요로 하지 않고 서명만으로 성립하는 형태의 조약의 성립(狹義의 締結)에는 그 체결에 대한 동의를 의미하고(締結에 대한 同意權 行使), 비준을 필요로 하는 조약의 성립(廣義의 締結)에는 그 비준에 대한 동의를 의미한다고(批准에 대한 同意權 行使) 할 것이므로, 조약의 체결에는 그 형태에 관계없이 각 경우에 국회의 동의는 1회만 행해진다고 할 것이다.

[202] 第三 同意案의 修正可能與否

국회는 동의의 대상이 된 조약에 대하여 수정하여 동의할 수 있는가 하는 문제가 있다.

가능설은 국회는 동의의 대상이 된 조약에 대하여 상대국과의 협의하에 수정하도록 조건부로 수정동의할 수 있다고 본다(金哲洙b, 1612).

불가능설은 국회는 동의의 대상이 된 조약에 대하여 수정을 할 수 없으며, 국회가 수정을 한 경우에는 그 행위는 국회의 부동의라고 본다(權寧星, 890).

국회의 동의는 조약체결에서의 협동적 행위이지만, 조약의 내용을 교섭하고 정하는 것은 아니므로 동의절차에서 조약에 대하여 수정하여 동의할 수 없다. 국회가 수정을 하여도 이는 부동의가 된다. 다만, 조건을 붙여 동의하는 경우는 있다. 국회로부터 동의를 얻지 못할 경우, 조약체결권자는 필요하면 다시 교섭을 하게 된다.

[203] 第四 同意와 同意拒否의 效果

Ⅰ. 동의의 효과

조약에 대한 국회의 동의가 있으면, 서명만으로 조약이 성립하는 경우에는 이로써 효력발생조건이 충족되어 유효하게 되고, 비준이 필요한 경우에는 체결권자인 대통령은 조약의 체결을 비준할 수 있다. 국회의 동의가 조약체결을 강제하는 것은 아니므로 국회의 동의를 받은 후라도 대통령은 사정변경에 따라 조약을 비준하지 않을 수 있다.

조약의 체결에 대한 국회의 동의는 조약의 체결에 있어서 대통령과 국회가 협동하여 행하는 협동적 행위로서의 성격을 가지므로 이로 인하여 조약이 법률로서 성격을 가지거나 법률적 효력을 가지는 것은 아니다. 조약이 국내적으로 어떠한 수준의 효력(법률동의적 효력, 법률하위적 효력, 법률상위적 효력 등)을 가지는가 하는 것은 조약의 성격과 우리나라가 해당 조약을 국내적으로 어떻게 적용할 것인가에 따라 결정된다.

Ⅱ. 동의거부의 효과

조약의 체결에 있어 국회가 동의를 거부하면 조약은 성립하지 못한다. 즉 우리나라는 조약의 당사국이 되지 못하며, 해당 조약은 우리나라에 대하여 아무런 법적인 효력을 가지지 못한다.

서명만으로 이루어지는 조약에서는 국회의 동의를 얻지 못하면 서명이 존재하더라도 국내적으로 법적인 효력을 발생하지 않아 적용되지 못한다. 대통령이 비준하기 이전에 국회의 동의를 얻지 못하면 비준할 수 없으며, 국회의 동의 없이 비준서를 교환하여도 이는 법적으로 아무런 효력을 가지지 못한다. 국회의 동의를 받지 못하였음에도 대통령이 헌법 제60조 제1항에서 정하는 조약을 체결하는 행위를 한 경우에는 탄핵사유가 된다.

[204] 第五 同意받아 締結한 條約의 終了

국회의 동의를 받아 체결한 조약을 종료시킬 경우에 국회의 동의를 받아야 하는가 하는 문제가 있다. 이에 대하여 정하고 있는 실정법의 규정은 없으며, 이론상 긍정설과 부정설이 대립한다.

肯定說은 i) 헌법 제60조에 의한 조약의 체결은 행정부와 국회의 협동적 행위이므로 그 종결에서도 협동적 행위를 한 국회의 동의가 있어야 한다는 점, ii) 국회의 동의를 받은 조약은 통상 법률적 효력을 지니는 것이 대부분이고 국민에게 권리 · 의무를 부여하는 근거가 될 수 있으므로 이를 행정부가 단독으로 종결시키는 것은 타당하지 않다는 점, iii) 조약의 체결 · 비준이 대통령의 외교권 행사에 해당하지만 타 기관의 견제가 허용된다는 점을 근거로 한다.

否定說은 i) 조약의 체결에 있어 국회의 동의를 받도록 하는 헌법규정(§60)은 있으나 조약의 종료에 국회의 동의를 받도록 정하는 헌법규정이 없는 점, ii) 국회의 동의를 받은 국가행위도 대통령이 단독으로 종결시킬 수 있는 점(예: 국회동의를 받아 임명한 국무총리 · 감사원장을 대통령이 단독으로 해임시키는 것), iii) 성질상 조약은 법률과 다르며, 국회동의를 받은 경우에도 대통령이 비준을 하지 않을 수도 있는 점, iv) 조약종료는 국가의 국제의무해제이고 국내적 효력은 부수적이라는 점, v) 조약의 종료는 대통령의 외교권행사의 일종이고, 대통령의 외교권은 고도의 정책적 판단에 의해 행사되어야 하며 대통령은 이에 필요한 정보를 가장 많이 보유하고 있다는 점을 근거로 한다.

네덜란드나 오스트리아 등에서는 동의를 받아 종료할 수 있게 하고 있으나 이는 예외적인 것이고, 독일, 일본국 등에서는 국회의 동의를 받지 않고 대통령이 단독으로 조약을 종료시킬 수 있다고 본다.

조약에 終期가 정해져 있어 기간의 만료로 인하여 종료하는 경우, 상대국의 국제법적 지위의 변동으로 인하여 조약이 종료하는 경우, 기존의 조약을 대체하는 신조약의 성립으로 구조약이 종료하는 경우는 아예 국회가 개입할 여지가 없다.

6. 自　律

[205] 第一 槪　說

Ⅰ. 개　념

국회의 자율이라 함은 국회의 조직이나 활동 및 내부사항에 대하여 다른 국가기관의 개입을 받음이 없이 국회가 자주적으로 이를 정한다는 것을 말한다.

Ⅱ. 성　질

국회의 자율은 헌법상의 원칙인 동시에 국회에게 부여된 헌법상의 권한이다. 이는 국회의 권한일뿐 국회의원의 권한이 아니다.

Ⅲ. 연　혁

국회의 자율원칙은 왕권으로부터 의회가 분리되어 발전해온 영국에서 의회의 발달과 함께 형성되고 정착된 것으로 그 이후 여러 나라의 헌법 또는 의회관계법에 실정화되었다.

[206] 第二 內　容

Ⅰ. 규칙제정상의 자율

헌법은, 국회는 헌법과 법률에 저촉되지 아니하는 범위 안에서 의사와 내부규율에 관한 규칙을 제정할 수 있다고 정하고 있다(憲法 §64①). 이에 따라 제정된 국회규칙은 국회의 회기 내에서만 효력을 가지는 것이 아니라 회기와 무관하게 효력을 가지며, 국회의 구성이 변경되더라도 효력을 가진다. 규칙의 개정은 규칙에서 정하고 있는 바에 따라 행해진다.

헌법은 규칙제정의 자율을 명시적으로 정하고 있어 당연히 헌법상 보장되고 있지만, 규칙제정상의 자율은 헌법의 근거규정이 없어도 인정된다는 것에 그 본래의 의미가 있다. 다만, 어떤 경우나 그러한 규칙은 헌법과 법률의 범위 내에서만 인정되는 것이다.

Ⅱ. 의원신분상의 자율

국회의원의 신분의 문제에 관하여 국회는 기본적으로 자율적으로 결정한다. 이는 전통적으로 군주나 행정부의 권력으로부터 國民代表者의 지위가 박탈되는 것을 방지하기 위한 법리로 정착되었다. 이는 현재도 權力分立原理에 의하여 인정된다.

그러나 의원신분상의 문제에 있어서도 국회는 권한을 남용할 수 있는데, 이를 자율권이라는 이름으로 정당화할 수는 없다. 국회의원의 직이 유지되는 범위 내에서 국회의원의 신분에 대한 조치는 자율권의 범위라고 할 수 있으나, 국회가 국회의원의 직을 상실시키는 행위는 국회의원을 선출한 국민의 주권자적인 지위를 뒷받침하는 國民主權原理와 충돌하므로 이러한 영역에서의 권력남용에 대해서는 통제가 필요하다. 즉, 의원신분상의 자율에도 한계가 있다.

(1) 자격심사

(a) 의 의

국회는 스스로 국회의원의 자격을 심사할 수 있다(憲法 §64②). 國會法은 의원이 다른 의원의 자격에 대하여 異議가 있을 때에는 30인 이상의 連署로 자격심사를 의장에게 청구할 수 있다고 정하고 있다(國會法 §138). 국회의원의 資格審査는 윤리특별위원회의 심사보고서의 제출에 따라 本會議에서 자격의 유무를 議決로 결정하는데, 在籍議員 2/3 이상의 찬성으로 被審議員이 국회의원의 자격이 없음을 의결한다(同法 §142③).

여기서 말하는 국회의원의 자격은 국회의원이라는 지위를 보유하는 것을 가능하게 하는 실정법상의 법적 요건을 말한다. 따라서 자격심사에서는 당선무효소송의 사유가 되는 행위와 국회법이 정하는 겸직금지의 위반여부가 그 기준이 된다(同旨: 金哲洙b, 1640). 의원이 당선되기 전부터 겸직이 금지된 직(國會法 §29①)을 가진 경우에는 임기개시일에 그 직에서 해직되기 때문에(同條 ②) 문제가 발생하지 않으나, 임기개시일 이후에 겸직이 금지된 직을 가진 경우는 자격심사의 사유가 된다. 의정능력에서 무능하다거나 정치적 언행이 부적절하다거나 징계사유에 해당하는 사항은 자격심사의 사유에 해당하지 않는다.

자격심사와 징계

구분 항목	자격심사	징 계
사유	당선무효소송사유, 겸직금지위반	헌법상 청렴의무위반, 이권운동, 모욕발언, 회의진행 방해 등
요구	의원 30인	의원 20인
의결	재적의원 2/3 이상 찬성	경고 · 사과 · 출석정지: 일반의결정족수 제명: 재적의원 2/3 이상 찬성
법원에의 제소	불허	불허
헌법소원심판청구	가능	가능

《당선무효소송과 자격심사》

국회의원의 지위를 유지할 수 없는 경우라는 것은 당선무효사유에 해당하는 것이다. 당선무효사유로는 공직선거법 제52조(등록무효)와 제192조(피선거권상실로 인한 당선무효 등)가 정하고 있다. 이러한 사유가 있는 경우에 국회의원선거에서 당선의 효력에 이의가 있는 정당이나 후보자가 대법원에 당선무효소송을 제기하여 원고가 승소하면 국회의원당선자는 취임 전이든 취임 후이든 국회의원직을 상실한다. 사유가 있음에도 당선무효소송이 제기되지 않은 상태에서는 국회에서 자격심사를 통하여 국회의원직을 상실시키게 된다. 당선무효소송과 자격심사는 제도상 병렬적인 지위에 있어 어느 하나가 다른 하나를 배제하지 않는다.

(b) 심사의 효력

(i) 자격상실 자격심사의 대상이 된 자가 자격심사에서 자격이 없는 것으로 결정되면 국회의원의 직을 상실한다. 자격상실의 효력은 장래에 향해서만 발생한다. 따라서 자격상실의 결정이 있기 이전에 국회의원의 지위에서 행한 권한행사나 의무의 이행은 모두 유효하다(同旨: 金哲洙b, 1571).

(ii) 법원에의 제소 금지 국회의원에 대한 자격상실의 결정에 관한 국회의 처분에 대해서는 법원에 提訴할 수 없다(憲法 §64④).

국회의원에 대한 국회의 자격심사제도는 1948년헌법에서 정한 이래 현재까지 계속 유지되고 있고, 자격유무에 대한 결정에 대하여 법원에 제소를 금지한 것은 1962년헌법에서 채택하였다.

(iii) 헌법소원심판의 청구 국회의 자격 없음의 결정에 대하여 피심의원은 헌법소원심판을 통하여 다툴 수 있는가 하는 문제가 있다. 국회의 자격심사도 헌법이 허용하는 범위 내에서만 인정되는 것이므로 자격심사가 국회의원의 기본권을 침해한 경우에는 헌법소원심판을 통하여 다툴 수 있다고 할 것이다. 이러한 범위에서 국회의 자율에는 한계가 있다.

《형의 선고로 인한 당선무효와 자격심사》

公職選擧法은 제263조(선거비용의 초과지출로 인한 당선무효), 제264조(당선인의 선거범죄로 인한 당선무효), 제265조(선거사무장 등의 선거범죄로 인한 당선무효)에서 후보자가 일정한 형의 선고를 받은 경우에는 법에 따라 당연히 당선을 무효로 정하고 있다. 이 경우에 법원에서 당선이 무효로 되는 법정의 형보다 낮은 그 미만의 형을 선고한 때에는 피고인이었던 국회의원은 국회의원의 직을 유지할 수 있다. 이러한 경우에 법원의 재판에 의해서는 국회의원직이 상실되지 않았지만, 국회가 법원의 재판에도 불구하고 자격심사를 하여 국회의원직을 상실시킬 수 있는가 하는 문제가 있다. 형사재판과 그에 따른 효과의 문제와 국회의 자격심사는 그 성질에서 별개의 것이므로 같은 사유에 대하여 형사재판이 있었다고 하더라도 국회는 다시 자격심사를 할 수 있다. 이는 一事不再理에 어긋나지 않는다.

(2) 윤리심사 및 징계

국회는 국회의원이 원내질서를 파괴하고 국회의 품위를 손상하게 한 경우에는 윤리심사 및 징계를 할 수 있다(國會法 §155-§164). 징계라 함은 국회의원으로서의 활동을 제한하는 제재이다. 동일한 사유로 해당 의원에 대하여 윤리심사와 징계를 중복하여 요구할 수는 없다(同法 §156⑦).

국회의원에 대한 징계는 국회의장(同條 ①), 위원회의 위원장(同條 ②), 의원 20인 이상(同條 ③), 모욕당한 국회의원(同條 ④), 윤리특별위원회의 위원장 또는 위원 5인 이상(同條 ⑥)이 요구할 수 있다. 징계의 요구가 있으면 윤리특별위원회에서 심사하고, 본회의에서 의결한다. 윤리특별위원회에서는 3개월 내에 심사를 종료하여야 하고, 다만, 부득이한 사유로 이 기간 이내에 그 심사를 종료하지 아니한 경우에 윤리특별위원회는 그 의결로 3개월의 범위 이내에서 심사기간을 연장할 수 있다(同法 §157③). 윤리심사 및 징계에 관한 회의는 공개하지 아니하며, 본회의 또는 위원회의 의결이 있을 때에만 공개할 수 있다(同法 §158). 징계를 의결한 때에는 의장은 공개회의에서 이를 선포한다(同法 §163④).

징계의 종류에는 공개회의에서의 경고, 공개회의에서의 사과, 30일 이내의 출석정지, 제명의 4가지가 있다(同法 §163①). 국회의원에 대한 징계의 사유를 정하고 있는 것으로는 國會法, 國政監査및調査에관한法律(同法 §17), 公職者倫理法(同法 §22)이 있다.

징계로 제명된 자는 국회의원직을 상실할 뿐 아니라 그로 인하여 闕位된 의원의 補闕選擧에 입후보할 수 없다(同法 §164). 국회의원이 위헌정당으로 해산된 정당의 당원으로 활동한 경우에는 해당 정당의 해산으로 당연히 의원직을 상실하므로, 징계의 여지가 없고, 국회법 제155조 제 2 항이 정하고 있는 징계사유에 포함되어 있지도 않다.

> 국회의원에 대한 징계종류에 제명이 포함될 수 있는가 하는 문제가 있다. 제명은 국회의원의 직을 상실시키는 것이고, 이는 선거법의 위반으로 인한 당선무효소송의 재판이나 자격심사의 자격상실처분과도 구별되는 별개의 국회의 징계행위이기 때문에 그 정당성이 문제가 된다. 국회의원직의 부여는 국민의 선거에 의하여 이루어지고 이러한 선거법의 법리나 대의원리에 의거할 때 국회의원직을 유지할 수 없게 만드는 사유가 아닌 한 주권자의 지위에 있는 국민이 아닌 국회가 스스로 국회의원의 직을 박탈할 수 있는가 하는 문제가 발생하기 때문이다. 현재 국회법 제155조 제 2 항이 정하고 있는 제명의 사유는 매우 광범위하고 다른 징계종류와 제명을 구별할 기준도 명확하지 아니하여 정치적으로 남용될 위험이 크다.

국회의원에 대한 징계처분이나 제명에 대해서는 법원에 提訴할 수 없다(憲法 §64④). 그러나 이러한 징계나 제명이 국회의원의 기본권을 침해한 경우에 해당하는 때에는 憲法訴願審判으로 다툴 수 있다고 할 것이다(同旨: 權寧星, 932).

Ⅲ. 국회조직상의 자율

국회는 의장과 부의장을 선출하고, 각종 위원회를 조직하며, 해당 위원을 선정하고, 국회의 직원을 임명하는 권한을 가진다.

Ⅳ. 국회의사상의 자율

국회는 議事進行에 있어 헌법과 법률에서 허용하는 범위 내에서 자율권을 가진다. 이러한 자율적인 의사진행에 관하여는 국회규칙에서 정하는데, 국회규칙에서 정하지 아니한 사항에 대해서도 자율에 따라 정한다.

憲法裁判所는 국회의 의사절차나 입법절차에 헌법이나 법률의 규정을 명백히 위반한 흠이 있는 경우가 아닌 한, 그 자율권은 권력분립의 원칙이나 국회의 위상과 기능에 비추어 존중되어야 한다고 판시하였다(예: 憲 1997. 7. 16.-96헌라2; 1998. 7. 14.-98헌라3).

［憲 1998. 7. 14.-98헌라3］ 「표결절차에 관하여 국회법은 모든 사항에 관하여 빠짐없이 규율하고 있는 것이 아니라 기본적이고 중요한 사항만을 국회법 제109조 내지 제114조에서 정해 놓고 있는바, 이 규정들을 살펴보아도 임명동의안에 관한 위 투표가 과연 적법하게 진행되어 정상적으로 종결된 것인지 분명히 밝히기 어렵다. 또한 이에 관하여 국회법을 보충해 주는 국회규칙도 없으며, 확립된 국회의 의사(議事)관행도 존재하는 것 같지 않다(청구인측과 피청구인측 모두 이에 관한 국회관행을 주장하지 않고 있다). 한편, 헌법 제64조는 국회가 법률에 저촉되지 아니하는 범위 안에서 의사와 내부규율에 관한 규칙을 제정할 수 있고, 의원의 자격심사·징계·제명에 관하여 자율적 결정을 할 수 있음을 규정하여 국회의 자율권을 보장하고 있는바, 국회는 국민의 대표기관이자 입법기관으로서 의사(議事)와 내부규율 등 국회운영에 관하여 폭넓은 자율권을 가지므로 국회의 의사절차나 입법절차에 헌법이나 법률의 규정을 명백히 위반한 흠이 있는 경우가 아닌 한 그 자율권은 권력분립의 원칙이나 국회의 위상과 기능에 비추어 존중되어야 한다. 따라서 그 자율권의 범위 내에 속하는 사항에 관한 국회의 판단에 대하여 다른 국가기관이 개입하여 그 정당성을 가리는 것은 바람직하지 않고, 헌법재판소도 그 예외는 아니다.」

국회는 헌법과 법률에 저촉되지 아니하는 범위 내에서 자율적으로 집회하고 개회하며, 휴회 또는 폐회를 한다. 대통령은 임시회를 요구하는 권한을 가지지만, 국회는 이에 법적으로 기속되지는 않는다.

Ⅴ. 질서유지상의 자율

국회의 운영과 의정활동의 정상화를 위하여 질서를 유지할 필요가 있는데, 이러한 질서를 유지하기 위하여 헌법과 법률이 정하는 범위 내에서 자율권에 따른 조치를 할 수 있다.

國會法은 국회의 질서를 유지하기 위하여 법률의 수준에서 의장의 경호권, 내부

경찰권, 회의장 출입의 제한, 방청의 금지, 방청인에 대한 퇴장명령 등에 대하여 정하고 있다(國會法 §143–§154). 이러한 국회의 내부경찰권과 국회가택권은 국회의장에게 속한다.

[207] 第三 範圍와 限界

국회의 자율이 인정되는 범위 내에서 행한 국회의 결정이나 조치에 대해서는 다른 국가기관이 개입하여 그 옳고 그름을 판단하는 것은 권력분립원리상 허용되지 않는다.

그러나 국회의 자율권으로 보장되는 범위가 아닌 영역에 대해서는 권력분립원리에 따라 권력통제가 가능하다. 국회의 자율도 헌법과 법률이 정하는 범위 내에서 인정되는 것이므로 국회의 결정이나 조치가 헌법이나 법률에 위반된 경우에는 다른 국가기관으로 하여금 판단하게 하는 것이 필요하다. 현행법상 국회의 이러한 조치나 결정이 헌법 또는 법률에 위반된 경우에는 권한쟁의심판 또는 헌법소원심판 등과 같은 헌법재판을 통하여 다툴 수 있는 길이 있다. 헌법재판소는 야당의원들에게 개의일시를 통지하지 않음으로써 출석의 기회를 박탈한 채 본회의를 개의하여 법률안을 가결처리한 경우는 국회의 의사상의 자율로 인정되지 않는 것이고, 이는 권한쟁의심판의 대상이 된다고 판시하였다(예: 憲 1997. 7. 16.–96헌라2).

> [憲 1997. 7. 16.–96헌라2] 「국회는 국민의 대표기관, 입법기관으로서 폭넓은 자율권을 가지고 있고, 그 자율권은 권력분립의 원칙이나 국회의 지위, 기능에 비추어 존중되어야 하는 것이지만, 한편 법치주의의 원리상 모든 국가기관은 헌법과 법률에 의하여 기속을 받는 것이므로 국회의 자율권도 헌법이나 법률을 위반하지 않는 범위 내에서 허용되어야 하고 따라서 국회의 의사절차나 입법절차에 헌법이나 법률의 규정을 명백히 위반한 흠이 있는 경우에도 국회가 자율권을 가진다고는 할 수 없다. 헌법 제64조도 국회의 자율권에 관하여 국회는 법률에 저촉되지 아니하는 범위 안에서 의사와 내부규율에 관한 규칙을 제정할 수 있고, 의원의 자격심사·징계·제명에 관하여 자율적 결정을 할 수 있다고 규정하고 있다. 이 사건은 국회의장이 국회의원의 헌법상 권한을 침해하였다는 이유로 국회의원인 청구인들이 국회의장을 상대로 권한쟁의심판을 청구한 사건이므로 이 사건 심판대상은 국회의 자율권이 허용되는 사항이라고 볼 수 없고, 따라서 헌법재판소가 심사할 수 없는 국회 내부의 자율에 관한 문제라고 할 수는 없다.」

7. 憲法의 改正

[208] 第一 憲法改正의 提案

헌법 제128조 제 1 항은「헌법개정은 國會在籍議員 過半數 또는 대통령의 發議로 제안된다」라고 정하고 있다. 우리 헌법의 개정에 대한 발의권은 대통령과 함께 국회가 가지는데, 국회가 가지는 헌법개정발의권은 구체적으로 재적의원 과반수에 의해 행사된다. 헌법개정은 이러한 발의로 제안된다.

헌법개정에 대한 제안권은 국회가 국민대표기관의 지위에서 가지는 권한이다.

[209] 第二 憲法改正案의 議決

헌법 제130조 제 1 항은「국회는 헌법개정안이 공고된 날로부터 60일 이내에 의결하여야 하며, 국회의 의결은 在籍議員 3분의 2 이상의 찬성을 얻어야 한다」라고 정하고 있다. 이런 헌법의 규정에 의하면, 헌법개정안에 대한 의결은 국회가 가지는 독점적인 권한이다. 대통령이 헌법개정을 제안한 경우에도 그 헌법개정안에 대한 의결은 국회가 행한다.

헌법개정안에 대한 의결권도 국회가 국민대표기관의 지위에서 가지는 권한이다. 국회로 하여금 이러한 의결을 하도록 한 것은, 국회가 합의체기관으로서 가지는 제도적 성질을 바탕으로 하여 국민대표자인 국회의원들이 헌법개정안에 대하여 충분히 토론하고 논의하여 헌법개정안을 검토한 후 국민투표에 붙이기 위한 것이다.

헌법개정안에 대한 의결권은 국회가 독점적으로 가지지만, 이 과정에서 전개되는 논의를 국민들이 충분히 알 수 있도록 하고, 국민들이 참여할 수 있도록 하는 것이 필요하다.

제 5 절 國會의 會議運營과 議事原則

1. 國會의 會議運營

[210] 第一 國會의 會期

Ⅰ. 회기의 개념

국회의 會期(session, Sitzungsperiode)는 국회가 議案을 처리하기 위하여 집회한 날로부터 폐회하는 날까지 활동할 수 있는 기간을 말한다. 국회는 이런 회기 동안 議事活動을 할 수 있는 능력을 보유하기 때문에 폐회기간 동안에는 원칙적으로 의사활동을 할 수 없다. 이 때 말하는 국회는 본회의와 위원회를 포함한다. 폐회기간 동안 처리한 의안은 법적인 효력을 가지지 못한다. 다만, 예외적으로 폐회중에도 위원회가 개회되는 경우가 있는데, 이 때 위원회의 결정은 유효하다.

《폐회중의 위원회 활동》

國會法은 폐회중에 委員會와 常任委員會가 개회되는 경우를 정하고 있다. 위원회는, 국회가 폐회중이라도 i) 회기중 미리 본회의의 의결이 있는 경우, ii) 국회의장 또는 위원회의 위원장이 필요하다고 인정할 때, iii) 위원회의 재적위원 4분의 1 이상의 요구가 있을 때에 개회한다(同法 §52). 국회운영위원회를 제외한 상임위원회는 폐회중 최소한 월 2회 정례적으로 정례회의를 개회한다. 다만, 정보위원회는 최소한 월 1회로 한다. 상임위원회는 정례회의의 개회일을 위원회의 의결로 정하되, 1회는 미리 그 개회 주 · 요일을 지정하여 자동 개회한다. 정례회의는 당해 상임위원회에 계류중인 법률안 및 청원 기타 안건과 주요현안 등을 심사한다. 상임위원회가 정례회의 당일의 의사일정을 마치지 못한 경우에는 위원장이 간사와 협의하거나 위원회의 의결로 회의를 연장할 수 있다(同法 §53). 국회운영위원회는 폐회중 이러한 정례회의를 개회하지 못한다. 위원회의 청원심사소위원회는 폐회중에 청원심사를 위한 활동을 할 수 있다(同法 §125②).

Ⅱ. 연중회기제도

오늘날에는 국가적 과제의 증대와 국회의 업무의 증가 및 활성화를 위해 이미 잉글랜드나 아메리카합중국의 경우와 같이 연중 국회가 개회되어 활동하는 年中會期制度로 나아가고 있으며, 폐회중에도 위원회가 활동하는 경우가 빈번해지고 있다. 우리나라의 경우에도 국회의 연중 상시운영의 이념을 따라 국회법을 개정하여 연간 국회운영기본일정 작성기준을 법률에 구체적으로 정하고, 2월이나 4월과 같은 짝수의 월(8월 · 10월 및 12월 제외)에는 30일 회기의 임시회를 집회하도록 정하였다(國會法 §5의2).

Ⅲ. 회기와 의회기의 구별

국회의 회기는 총선거를 통해 국회가 구성된 때부터 의원의 임기가 만료될 때까지 존속하는 議會期(=立法期 Legislaturperiode)와 구별하여야 한다. 의회기는 원칙적으로 의원의 임기와 일치한다. 의회기는 통상 「제○대 국회」라고 부를 때 그 제○대 국회가 활동하는 기간 전체를 지칭한다. 따라서 한 의회기 내에 여러 회기가 존재한다.

Ⅳ. 회기와 회기불계속원칙

회기가 법적으로 특히 중요한 의미를 가지는 경우는 아메리카합중국의 경우와 같이 會期不繼續의 原則을 채택하는 경우이다. 회기불계속의 원칙을 채택하는 경우에는 회기 내에 처리하지 못한 의안은 자동으로 폐기되기 때문에 회기는 법적 효과에서 중요한 의미를 가진다. 회기의 起算日은 집회일이며, 終了日은 폐회일이다. 회기의 계산은 개회식이나 폐회식의 실시여부나 실시시기와 관련이 없다. 휴회한 기간도 회기의 일수에 포함된다.

Ⅴ. 회기의 결정과 연장

국회의 회기는 議決로 정하며, 의결로 延長할 수 있다(國會法 §7①). 회기를 연장하는 경우에도 그 기간은 정기회와 임시회의 법정기간의 제한을 받는다(憲法 §47②). 국회는 집회 후 즉시 회기를 정하여야 한다(國會法 §7). 대통령이 임시회를 요구하는 때에는 기간을 정하도록 하고 있으므로 이런 회기를 정하는 문제는 발생하지 않는다.

그런데 국회법 제7조 제2항의 해석상, 국회가 집회 후 즉시 회기를 정하지 않는 때에는 어떠한 법적 효과가 발생하는가 하는 것이 문제가 된다. 이에 대해서는 집회 당일에 회기를 정하지 않으면 그 다음날 자동으로 폐회된다고 하는 견해와 집회일부터 회기가 계속되며 차후 회기를 정한 때 소급하여 기간이 확정된다고 하는 견해가 있을 수 있다. 법문의 「즉시」라는 말이 반드시 당일을 의미한다고 할 수 없는 점, 회기의 최장 기일이 정해져 있는 점, 회기의 확정이 집회개시의 효력요건이 아닌 점, 회기계속의 원칙을 취하고 있는 점, 집회의 목적상 개회를 한 이상 의안을 처리하여야 한다는 점 등에 비추어 볼 때, 회기를 정하지 않더라도 집회는 법정기간 上限日까지 유효하다고 할 것이고, 즉시가 의미하는 時日 내에 회기가 정해지면 집회개시일부터 소급하여 회기가 정해진다고 할 것이다. 다만 이 경우 회기를 정할 때에는 이미 경과한 日數 이상이어야 하며 그 미만으로 정하는 것은 효력이 없다고 할 것이다. 회기는 집회 당일이나 당일이 어려운 때에는 그 다음날에 정하는 것이 바람직하다고 할 것이다(同旨: 朴奉國, 269).

Ⅵ. 휴 회

국회는 회기중에 기간을 정하여 休會할 수 있다. 휴회는 회기중에 국회의 本會議의 활동을 정지하는 것을 말한다. 휴회의 기간과 횟수에는 제한이 없다. 그런데 휴회중에도 i) 대통령의 요구가 있을 때, ii) 국회의장이 긴급한 필요가 있다고 인정할 때, iii) 在籍議員 4분의 1 이상의 요구가 있을 때에는 회의를 再開한다(國會法 §8②). 국회가 휴회중인 때에도 국회의 재적의원 4분의 1 이상에 의한 국정조사요구서가 제출된 경우에는 그 조사요구서에 의해 회의 재개의 요구가 있는 것으로 본다(國監法 §3③).

휴회중 본회의가 재개되면 종래의 휴회의 효과는 소멸한다. 따라서 다시 휴회하고자 하는 경우에는 새로운 휴회를 하여야 한다.

[211] 第二 國會의 集會

헌법은 국회의 집회를 정기회와 임시회로 나누어 정하고, 국회의 회기에 있어서 定期會(regular session)를 집회하는 경우와 臨時會(extraordinary session)를 집회하는 경우에 그 기간을 다르게 정하고 있다.

《정기회와 임시회의 변천》

우리 헌법사의 전개과정을 보면, 최초헌법인 1948년헌법부터 국회의 회기를 정기회와 임시회로 나누었다. 국회의 기능을 약화시키고자 했던 독재시기에는 연간 회기일수를 전체적으로 제한하는 사태까지 발생하였다. 그러나 오늘날에는 연중회기제도나 국회의 상시개회가 국회개혁의 일환으로 추구되고 있다. 2000년 2월 16일 국회법은 국회의 연중 상시운영을 실현하기 위하여 임시회를 짝수의 달에 개회하도록 하고, 1년간의 국회운영기본일정을 전년도에 미리 정하도록 하여 年中會期制度의 이념을 추구하고 있다. 연중회기제도를 철저히 추구하기 위해서는 정기회와 임시회를 구분하는 헌법상의 규정을 개정하여 양자를 구별하는 것을 폐지하는 것이 바람직하다. 미합중국, 영국, 독일, 네덜란드, 이탈리아, 룩셈부르크 등에서는 연중 국회가 활동하도록 하고 있다. 우리나라에서 있은 정기회와 임시회의 변천 내용을 보면 아래의 표와 같다.

Ⅰ. 정 기 회

(1) 집 회

국회의 定期會는 국회가 매년 1회 정기적으로 행하는 집회를 말한다. 정기회는 법률이 정하는 바에 의하여 매년 1회 집회되는데(憲法 §47①), 국회법은 매년 9월 1일에 정기회를 집회하되, 그 날이 공휴일인 때에는 그 다음날에 집회한다고 정하고 있다(國會法 §4).

헌법 항목	1948년헌법-1952년헌법-1954년헌법-1960년6월헌법-1960년11월헌법	1962년헌법-1969년헌법-	1972년헌법	1980년헌법	1987년헌법
정기회	없음	120일 이내	90일 이내	→	100일 이내
임시회	없음	30일 이내	→	→	→
전체일수 제한	없음	→	연간 150일 이내	→ (대통령 요구에 의한 임시회 일수는 불산입)	없음

(2) 회 기

정기회의 회기는 100일을 초과할 수 없다(憲法 §47②).

(3) 처리 안건

통상 정기회에서는 다음 연도의 예산안을 처리한다. 국회는 예산안을 會計年度 개시 30일 전(12월 2일)까지 의결하여야 하고(憲法 §54②), 예산과 관련된 법안을 처리하여야 하며, 한편 본회의의 의결로 그 시기를 변경하지 않는 한 매년 9월 10일부터 20일간 소관 상임위원회별로 국정감사를 행하므로(國監法 §2①) 현실에서는 통상 100일이 되는 날(12월 8일)까지 열린다. 회계연도는 국가의 예산편성과 집행의 기준기간을 말하는데, 우리나라의 회계연도는 매년 1월 1일에 시작하여 12월 31일에 종료한다(國財法 §2).

Ⅱ. 임 시 회

(1) 집 회

국회의 臨時會는 필요에 따라 수시로 행하는 집회이다. 임시회 가운데도 연중 국회운영의 이념에 따라 필요적으로 집회하여야 하는 경우도 있다. 이러한 것은 국회법에서 정하고 있다. 즉, 매 짝수월(8월 · 10월 및 12월 제외) 1일에는 임시회를 집회하여야 한다. 다만, 국회의원총선거가 있는 달의 경우에는 그러하지 아니한다(國會法 §5의2②i).

임시회는 대통령 또는 國會在籍議員 4분의 1 이상의 요구에 의하여 집회된다(憲法 §47①). 최소한 국회재적의원 4분의 1로 하여금 임시회의 집회를 요구할 수 있게 한 것은 집권세력이나 다수(majority)의 횡포에 대하여 소수(minority)가 대항할 수 있게 하는 것으로 소수를 보호하는 민주주의의 관점에서 중요한 의미를 가진다. 따라서 이런 제도의 구체적인 운용도 소수의 보호라는 관점에서 이해할 필요가 있다.

대통령이 임시회의 집회를 요구할 때에는 기간과 집회요구의 이유를 명시하여야 한다(憲法 §47③). 임시회의 집회요구가 있을 때에는 의장은 집회기일 3일 전에 공고한다. 다만, 2개 이상의 집회요구가 있을 때에는 집회일이 빠른 것을 공고하되, 집회일이 같은 때에는 그 요구가 먼저 제출된 것을 공고한다(國會法 §5①).

국회의원총선거 후 최초의 임시회는 의원의 임기개시 후 7일에 집회하며(同條 ③), 이 때에는 사무총장이 국회의장의 권한을 대행하여 집회공고를 행한다(同法 §14). 처음 선출된 국회의장의 임기가 만료되는 때가 폐회중인 경우에는 늦어도 임기만료일 5일 전에 집회한다. 그러나 그 날이 공휴일인 때에는 그 다음날에 집회한다(同法 §5③).

(2) 회 기

임시회의 회기는 30일을 초과할 수 없다(憲法 §47②).

대통령이 요구한 임시회의 경우에도 회기를 연장할 수 있는가 하는 것이 문제가 된다. 대통령이 국회의 임시회의 집회를 요구하는 것은 국회의 자율권에 대한 제약이기는 하지만, 대통령이 임시회의 집회를 요구한 경우는 의안이 긴급한 것이 대부분이어서 빨리 처리해야 할 필요가 있는 점, 회기계속의 원칙을 채택하고 있어 대통령이 요구한 임시회의 폐회로 의안이 폐기되지 않는 점, 불가피하게 대통령이 정한 기간보다 시일이 더 요구되는 경우가 있을 수 있는 점을 고려하면 이 경우에도 회기를 연장할 수 있다고 할 것이다. 그러나 고의로 대통령이 요구한 의안의 처리를 지연시킬 목적으로 회기를 연장하는 것은 허용되지 않는다고 할 것이다. 대통령에게 임시회의 집회를 요구할 수 있는 권한을 인정한 제도의 취지에 부합하지 않기 때문이다.

1972년헌법과 1980년헌법은 대통령의 요구에 의해 집회된 임시회에서는 대통령이 집회요구시에 정한 기간에 한하여 개회한다고 하여 회기의 연장을 금지하였다. 1987년헌법에서 이 규정을 삭제한 것은 이 경우에도 회기의 연장을 가능하게 하기 위한 것이라고 문언적 해석을 가능하게 할 여지는 있으나, 이런 문언적 해석보다는 위와 같은 이유에 비추어 회기의 연장이 예외적으로 가능하다고 해석하는 것이 타당하다고 할 것이다.

(3) 처리 안건

임시회에서 다루는 안건에는 아무런 제한이 없다. 어떠한 의안도 다룰 수 있다. 다만, 대통령이 요구한 임시회의 경우에 있어서는 대통령이 요구한 안건만 처리하여야 한다는 견해와 국회가 스스로 결정하여 다른 안건도 처리할 수 있다고 하는 견해(朴奉國, 271)가 있을 수 있다. 대통령이 임시회를 요구하는 경우는 긴급한 사유가 있는 경우이고, 국회는 이 의안에만 집중하여야 할 필요가 있고, 다른 안건은 국회 스스로 임시회를 집회하여 처리할 수 있으므로 대통령이 요구한 임시회에서는 대통령이 요구한 안건 이외에 다른 안건은 처리할 수 없다고 할 것이다.

1972년헌법과 1980년헌법은 대통령의 요구에 의해 집회된 임시회에서는 정부가 제출한 의안에 한하여 처리하여야 한다고 정하였다. 1987년헌법에서 이 규정을 삭제한 것은 대통령의 요구에 의해 집회된 임시회에서도 정부가 제출한 안건 이외의 다른 안건도 처리할 수 있도록 하기 위한 것이라고 해석할 여지가 있으나, 대통령의 臨時會集會要求制度의 취지에 비추어 볼 때, 정부가 제출한 안건 이외의 다른 안건은 처리할 수 없다고 하는 것이 타당하다고 할 것이다.

2. 國會의 議事原則

[212] 第一 議事의 公開

I. 원칙적 공개

(1) 내 용

헌법 제50조 제1항은 「국회의 회의는 公開한다」라고 정하여 국회의 의사를 공개하는 것을 원칙으로 하고 있다. 국회의 회의의 공개는 국회의 활동을 주권자인 국민이 알 수 있도록 하는데 필요하다. 국민으로 하여금 국회의 회의의 내용을 알 수 있도록 하는 것은 단순히 회의의 내용과 정보를 취득할 수 있게 하는 것에 그치지 않고 국민으로 하여금 국민대표기관과 국회의원을 평가할 수 있게 하고, 논의의 대상이 된 의제에 대하여 의견을 발표할 수 있는 정보를 제공하며, 국가의사결정의 과정에 참여할 수 있도록 하는 기회를 제공한다. 따라서 국회의 회의의 공개는 대의민주주의정치에서 필수적으로 요구되는 사항이다.

(2) 적용범위

국회의 의사에 적용되는 회의공개의 원칙은 본회의, 위원회, 소위원회 모두에 적용된다. 소위원회도 공개원칙에 따라 회의를 공개하여야 한다. 國會法도 이를 원칙으로 정하고 있다(國會法 §57⑤).

[憲 2000. 6. 29.-98헌마443등] 「의사공개원칙의 헌법적 의미를 고려할 때, 위 헌법조항은 단순한 행정적 회의를 제외하고 국회의 헌법적 기능과 관련된 모든 회의는 원칙적으로 국민에게 공개되어야 함을 천명한 것이다. 오늘날 국회기능의 중점이 본회의에서 위원회로 옮겨져 위원회중심주의로 운영되고 있고, 법안 등의 의안에 대한 실질적인 심의가 위원회에서 이루어지고 있음은 주지의 사실인바, 헌법 제50조 제1항이 천명하고 있는 의사공개의 원칙은 위원회의 회의에도 당연히 적용되는 것으로 보아야 한다. 의사공개에 관한 국회법의 규정 또한 이러한 헌법원칙을 반영하고 있다. 국회법 제75조 제1항은 "본회의는 공개한다"고 하여 본회의공개원칙을, 동법 제65조 제4항은 "청문회는 공개한다"고 하여 위원회에서 개최하는

청문회공개원칙을 분명히 밝히고 있으며, 국회법 제71조는 본회의에 관한 규정을 위원회에 대하여 준용하도록 규정하고 있다. 결국 본회의든 위원회의 회의든 국회의 회의는 원칙적으로 공개하여야 하고, 원하는 모든 국민은 원칙적으로 그 회의를 방청할 수 있는 것이다.」

(3) 방 법

국회의 회의를 공개하는 방법으로는 회의의 내용을 방청(國會法 §152-§154), 보도, 중계방송(同法 §149의2)하는 방법이 있는데, 회의록의 공개는 필수적으로 요구된다(同法 §118).

Ⅱ. 예외적 비공개

(1) 내 용

대의민주주의의 요청에 따라 국회의 회의를 공개하는 것이 원칙이라고 하더라도 국가의사를 결정하는 과정이 공개되었을 때 외국이 알아서는 안 되는 경우와 국가와 국민 전체에게 이익이 되지 않는 경우가 있을 수 있는데, 이러한 경우에는 예외적으로 비공개할 수 있다. 이러한 상황에 대비하여 헌법 제50조 제1항은 단서에서 「출석의원 과반수의 찬성이 있거나 의장이 국가의 안전보장을 위하여 필요하다고 인정할 때에는 공개하지 아니할 수 있다」라고 정하고 있다. 출석의원 과반수의 찬성으로 비공개를 하는 경우에는 이를 정당화할 수 있는 사유가 있어야 한다. 아무런 사유없이 출석의원 과반수가 찬성했다는 이유만으로 비공개하는 것은 의사공개원칙에 부합하지 않는다.

[憲 2000. 6. 29.-98헌마443등] 「국회법 제55조 제1항은 "위원회에서는 의원이 아닌 자는 위원장의 허가를 받아 방청할 수 있다"고 규정하고 있는바, 이는 위에서 본 바와 같은 위원회의 공개원칙을 전제로 한 것이다. 청구인들의 주장과 같이 비공개를 원칙으로 하여 위원장의 자의에 따라 공개여부를 결정케 한 것이 아니다. 위 조항은 위원회 회의가 공개되는 경우에도 방청을 허용하여서는 아니 될 사유가 있을 때에는 위원장이 방청을 허가하지 아니할 수 있도록 하고 있는 규정이다. 그러나 위원장이라고 하여 아무런 제한 없이 임의로 방청불허 결정을 할 수 있는 것은 아니다. 의사공개원칙에 관한 헌법과 법률의 위와 같은 취지에, 위원장에게 질서를 유지하고 사무를 감독할 책무가 부여되어 있는 점(國會法 제49조), 위원장은 질서를 유지하기 위하여 필요한 때에는 방청인의 퇴장을 명할 수 있는 점(國會法 제55조 제2항), 본회의에 관하여도 질서유지를 위하여 필요한 경우에 한하여 의장이 방청인수를 제한할 수 있도록 한 점(國會法 제152조 제2항) 등을 보태어 보면, 위원장이 방청을 불허하는 결정을 할 수 있는 사유란 회의장의 장소적 제약으로 불가피한 경우, 회의의 원활한 진행을 위하여 필요한 경우 등 결국 회의의 질서유지를 위하여 필요한 경우로 제한된다고 할 것이다. 이와 달리 국회법 제55조 제1항을 위원장에게 아무런 사유의 제한 없이 방청을 불허할 수 있는 재량권을 부여한 것으로 풀이한다면 헌법과 국회법에서 정

한 위원회공개의 원칙이 공동화되어 부당하다. 이와 같이 방청불허를 할 수 있는 사유 자체는 제한적이지만 그러한 사유가 구비되었는지에 관한 판단, 즉 회의의 질서유지를 위하여 방청을 금지할 필요성이 있는지에 관한 판단은 국회의 자율권 존중의 차원에서 위원장에게 폭넓은 판단재량을 인정하여야 할 것이다. 국회법 제55조 제1항을 위와 같이 합당하게 이해하는 한, 이 조항은 헌법에 규정된 의사공개의 원칙에 저촉되지 않으면서도 국민의 방청의 자유와 위원회의 원활한 운영간에 적절한 조화를 꾀하고 있다고 할 것이므로 이를 두고 국민의 기본권을 침해하는 위헌조항이라 할 수는 없다.」

(2) 적용범위

국회의 의사에 적용되는 회의비공개는 본회의, 위원회, 소위원회 모두에 적용된다. 국회법은 정보위원회의 기능에 비추어 이 위원회의 회의는 비공개로 한다고 특별히 정하고 있다(國會法 §54의2).

소위원회의 경우에는 사안의 성격상 비공개로 하는 경우가 있을 수 있다. 국회법은 소위원회의 의결로 회의를 공개하지 않을 수 있다고 정하고 있다(同法 §57⑤). 그러나 이러한 경우에도 비공개를 정당화할 수 있는 사유가 있어야 한다. 비공개를 정당화할 수 있는 사유가 없는데도 출석의원이 비공개하기로 의결하였다는 이유만으로 비공개하는 것은 헌법의 의사공개의 원칙에 부합하지 않는다.

憲法裁判所는 국회법 제57조 제5항에서 「소위원회의 회의는 공개한다. 다만, 소위원회의 의결로 공개하지 아니할 수 있다」라고 정한 내용 중 단서부분은 헌법 제50조 제1항의 단서내용을 이어 받은 규정이어서 헌법에 위반되지 않는다고 판시하였다(예: 憲 2009. 9. 24.-2007헌바17).

[憲 2009. 9. 24.-2007헌바17] 「국회에 설치된 소위원회는 법률안 기타 안건의 심사를 전문적·효율적으로 하기 위하여 국회법 제57조에 따라 두는 것으로, 법률안에 대한 구체적·실질적 심사, 수정안 작성, 위원회안의 기초 작업 등을 한다. 오늘날 국회기능의 중점이 본회의에서 위원회로 이동하여 위원회 중심으로 운영되고 있고, 법안 등의 의안에 대한 실질적인 심의가 위원회에서 이루어지고 있는 현실에서, 헌법 제50조 제1항 본문이 천명한 국회 의사공개의 원칙은 위원회의 회의에도 적용되며, 소위원회의 회의에도 당연히 적용되는 것으로 보아야 한다. 따라서 국회법 제57조 제5항 본문에서 "소위원회의 회의는 공개한다"라고 규정한 것은 헌법 제50조 제1항 본문에서 천명한 국회 의사공개의 원칙을 확인한 것에 불과하다 할 것이다. 헌법 제50조 제1항 본문의 의사공개 원칙이 위원회와 소위원회에도 적용되는 것과 마찬가지로, 동항 단서의 예외적인 회의비공개에 관한 규정 역시 본회의 뿐 아니라 위원회, 소위원회에 적용되는 것으로 봄이 마땅하다. 소위원회 회의를 예외 없이 공개한다면 경우에 따라서는 의원이 자신의 선거구민을 의식한 정치적인 홍보성 발언과 표결에 치중하여 국민의 대표자로서의 역할이 왜곡·축소될 수 있

다. 또한, 법안처리 과정에서 각종 이익단체나 사회적 압력으로부터 자유로운 정치적 의사표현에 부정적 영향을 받을 수 있고, 특히 경제 관련 법안 등의 경우에는 법안 논의과정의 공개 그 자체만으로 경제에 불의의 영향을 미칠 소지도 있으며, 모든 발언과 표결의 공개는 오히려 정당한 조정과 타협의 과정이라는 정치의 본질을 훼손시킬 위험도 있음을 부정하기 어렵다. 국회법 제57조 제5항 단서는, 국회회의의 공개 여부에 관하여 회의 구성원의 자율적 판단을 허용하는 헌법 제50조 제1항 단서를 이어받아, 소위원회의 공개 여부 또한, 소위원회 관장 업무의 성격, 심사대상 의안의 특성, 회의 공개로 인한 장단점, 그간의 의사관행 등 여러 사정을 종합하여 소위원회가 합리적으로 결정할 수 있게 하였다. 즉 동항 단서 부분은 소위원회 고유의 자율권을 따로이 부여한 조문이 아니라 국회 의사공개의 원칙 및 알권리에 대한 헌법유보에 해당하는 헌법 제50조 제1항 단서의 취지를 소위원회의 경우에도 그대로 반영한 것에 불과하다 할 것이다. 또한, 국회법 제54조는 위원회의 의결은 재적위원 과반수의 출석과 출석위원 과반수의 찬성으로 함을 규정하고 있고, 이 규정은 국회법 제57조 제7항에 의하여 소위원회에 준용되므로, 소위원회의 비공개의결에는 출석위원 과반수의 찬성이라는 절차적 요건이 충족되어야 하며, 이는 국회회의의 비공개의결에 출석의원 과반수의 찬성을 요하도록 절차적 통제를 가한 헌법의 규정과 궤를 같이하는 것이라고 볼 수 있다. 한편, 국회법 제57조 제7항, 제71조, 제118조 제4항 단서에 의하면, 회의 비공개결정을 한 이후에 비공개의 사유가 소멸되었다고 판단되는 경우에는 소위원회의 의결 또는 그 위원장의 결정으로 회의 내용을 공표할 수 있다. 즉, 국회법 제57조 제5항 단서는 회의 비공개의 사유 및 절차 등 요건을 헌법이 규정한 비공개요건에 비하여 더 완화시키고 있는 것이 아니므로, 기본권을 법률로서 제한할 때 문제되는 과잉금지의 원칙에 어긋난다고 볼 여지가 없다. 헌법 제50조 제1항 단서가 국회 의사비공개에 관하여 정한 것 이상으로 국회법에서 소위원회의 비공개 영역을 넓힌다면 법률에 의한 기본권제한의 정당성에 관한 위헌심사를 할 여지가 있을 것이나, 국회법에서 소위원회 회의의 비공개 요건을 헌법이 규정한 것보다 더욱 엄격하게 규정함으로써 헌법상 규정된 국회 의사공개의 원칙을 확대하여 관철하는 것은 물론, 국회법 제57조 제5항 단서와 같이 헌법의 규정과 동등한 수준으로 규정하는 것은 위헌의 소지가 발생하지 않는다고 보아야 할 것이다. 결국 국회법 제57조 제5항 단서 조항은 헌법 제50조 제1항 단서가 국회 의사공개 원칙에 대한 예외로서의 비공개 요건을 규정한 내용을 소위원회 회의에 관하여 그대로 이어받아 규정한 것에 불과하므로, 헌법 제50조 제1항에 위반하여 국회 회의에 대한 국민의 알권리를 침해하는 것이라거나 과잉금지의 원칙을 위배하는 위헌적인 규정이라 할 수 없다.」

《소위원회의 비공개 운영의 문제》

국회의 상임위원회는 특정한 안건의 심사를 위하여 소위원회를 둘 수 있고, 정보위원회를 제외한 상임위원회는 그 소관사항을 분담·심사하기 위하여 상설소위원회를 둘 수 있다. 소위원회는 위원회가 의결로 정하는 범위에 한하여 활동하는데, 여기서도 의사공개의 원칙이 적용되지만, 실제에서 상임위원회는 대부분의 안건에 대하여 소위원회로 하여금 심사하게 하고 있고, 소위원회는 대부분의 경우에 의결로 회의를 비공개로 하고 있다. 이러한 회의방식은 密室政治를 낳게 하고 국회의 활동을 국민이 알기 어렵게 할 뿐 아니라, 정책과정에서의 국민의 참여를 봉쇄하고 소위원회에 대한 이익단체나 압력단체 기타 정치단체 또는 시민단체의 음성적인 로비행위를 할 수 있게 하여 국가정책을 왜곡시키고 정치부패를 가져올 위험이 크다. 따라서 소위원회의 비공개는 그 정당한 사유가 있어야 헌법상의 의사공개원칙에 부합하므로, 비공개의 사유를 국회법에 명시하는 것이 필요하다.

[憲 2000. 6. 29.-98헌마443등] 「소위원회는 법률안 기타 안건의 심사를 전문적 효율적으로 하기 위하여 국회법 제57조에 따라 두는 것으로서, 소위원회에서는 법률안에 대한 구체적·실질적 심사, 수정안 작성, 위원회안의 기초작업 등을 하게 되는바, 소위원회가 국회의사과정에서 차지하는 역할과 비중에 비추어 소위원회의 회의도 가능한 한 국민에게 공개하는 것이 바람직하다. 반면 전문성과 효율성을 위한 제도인 소위원회의 회의를 공개하면 선거민을 의식한 정치적 홍보성 발언과 표결이 행하여질 우려가 높아 실질적 토론이나 국가 전체의 입장에서 바람직한 결론이 희생될 수 있고, 사회적 압력으로부터 보호된 가운데 정치적 타협을 이끌어 내는 본래의 기능을 수행하기 힘들게 된다는 부정적 측면도 외면할 수 없다. 그러므로 위에서 본 바와 같이 국회회의의 공개여부에 관하여 회의 구성원의 자율적 판단을 허용하는 헌법의 취지에 따라, 소위원회 회의의 공개여부 또한 소위원회 또는 소위원회가 속한 위원회에서 소위원회가 관장하는 업무의 성격, 심사대상인 의안의 특성, 회의공개로 인한 장단점, 그간의 의사관행 등 여러 가지 사정을 종합하여 합리적으로 결정할 수 있다 할 것이다. 이 사건으로 돌아와서 보건대, 예산결산특별위원회의 계수조정소위원회는 예산의 각 장·관·항의 조정과 예산액 등의 수치를 종합적으로 조정·정리하는 소위원회로서, 피청구인들은 예산심의에 관하여 이해관계를 가질 수밖에 없는 많은 국가기관과 당사자들에게 계수조정 과정을 공개할 수는 없으며, 소위원회에 참여하는 위원들에게 허심탄회하고 충분한 토론과 심의를 보장하기 위하여 계수조정소위원회를 비공개로 진행한다고 하며, 이것이 국회의 확립된 관행이라고 한다. 한편 절차적으로는 위원회가 특정안건을 소위원회에 회부할 당시 미리 위원회의 비공개의결이 있거나 위원회 소속 전체의원의 양해하에 비공개로 이루어지고 있다고 한다. 그렇다면 위와 같은 이유로 계수조정소위원회를 비공개로 함에 관하여는 예산결산특별위원회 위원들의 실질적인 합의 내지 찬성이 있었다고 볼 수 있고, 그 합의를 바탕으로 이 사건 계수조정소위원회를 비공개로 진행한 것은 헌법이 설정한 국회 의사자율권의 범위를 벗어난 것이라 할 수 없으니, 피청구인들이 그에 터잡아 청구인들의 방청을 불허하였다 하더라도, 이를 가리켜 위헌적인 공권력의 행사라고 할 수는 없다.」

(3) 회의록의 공표

공개하지 아니한 회의라고 하더라도 시간의 경과나 사안의 성질에 비추어 일정한 경우에는 공개할 수 있다. 憲法은 이러한 경우에 대하여 「공개하지 아니한 회의내용의 公表에 관하여는 법률이 정하는 바에 의한다」(憲法 §50②)라고 정하고 있다. 國會法

은 공개하지 아니한 회의의 내용은 공표되어서는 안 된다는 것을 원칙으로 정하고, 본회의의 의결이나 국회의장의 결정으로 국회법 제118조에서 정하는 「비밀을 요하거나 국가안전보장을 위하여 필요하다」는 사유가 소멸되었다고 판단되는 경우에는 이를 공표할 수 있다고 정하고 있다(國會法 §118④). 국회의원이 공표가 금지된 내용을 공개한 경우에는 징계사유가 된다(同法 §155②v)

비공개회의의 경우 위원회에서 위원장이 국회의원으로부터 비공개회의록 기타 비밀참고자료의 열람의 요구가 있을 때에는 심사·감사 또는 조사에 지장이 없는 한 이를 허용하도록 하고 있으나, 국회 밖으로 대출하지는 못한다(同法 §62).

[213] 第二 會期의 繼續

Ⅰ. 의 의

국회에 제출된 의안이 회기중에 의결되지 못한 때의 효과에 대해서는 會期不繼續의 原則을 취하는 경우와 會期繼續의 原則을 취하는 경우가 있다. 회기불계속의 원칙을 취하는 경우에는 의결되지 못한 의안은 자동으로 폐기되고, 회기계속의 원칙을 취하는 경우에는 의안이 폐기되지 않고 다음 회기에 계속된다.

會期不繼續의 原則은 영국의회에서 유래한 것으로 오늘날 아메리카합중국에서도 이를 채택하고 있다. 이것은 국회는 회기중에만 의안을 처리할 수 있는 능력을 가진다고 본다. 같은 의회기 내라고 하더라도 전회기와 다음 회기는 서로 별개의 것이라고 본다. 그러나 회기불계속의 방식을 취하는 경우에는 i) 회기중 처리하지 못한 안건은 폐기되어 다음 회기에 신 안건으로 다시 제출하여야 하므로 국회운영상 비효율적이라는 점, ii) 제한된 기간의 회기 내에 의안을 처리해야 하므로 의안이 졸속으로 처리될 위험이 있다는 점, iii) 폐회중에도 위원회의 활동을 인정하는 한 의안을 폐기하는 것은 타당하지 않다는 점 등과 같은 문제가 생긴다.

국가의 업무가 증대하면서 국회가 처리해야 할 과제가 많아지고 이에 따라 국회를 보다 능률적으로 운영해야 할 필요에 부응하여 우리나라는 회기계속의 원칙을 취하고 있다. 과거 제 1 대 국회부터 제 5 대 국회까지에는 회기불계속의 원칙을 채택하였으나 제 6 대 국회부터 회기계속의 원칙을 채택하여 지금에 이르고 있다.

Ⅱ. 회기계속의 원칙

헌법은 「국회에 제출된 法律案 기타의 議案은 회기중에 의결되지 못한 이유로 폐기되지 아니한다. 다만, 국회의원의 任期가 만료된 때에는 그러하지 아니하다」(憲法 §51) 라고 정하여 회기계속의 원칙을 취하고 있다. 국회는 동일한 의회기 내에 있는 한

회기계속여부의 변천

헌법 / 항목	1948년헌법-1960년11월헌법	1962년헌법-1969년헌법	1972년헌법	1980년헌법	1987년헌법
회기계속 여부	회기불계속의 원칙	회기계속의 원칙	→	→	→
헌법규정	헌법 규정 없음	국회에 제출된 법률안 기타의 의안은 회기중에 의결되지 못한 이유로 폐기되지 아니한다. 다만, 국회의원의 임기가 만료된 때에는 예외로 한다.	국회에 제출된 법률안 기타의 의안은 회기중에 의결되지 못한 이유로 폐기되지 아니한다. 다만, 통일주체국민회의에서 선거되지 아니한 국회의원의 임기가 만료되거나 국회가 해산된 때에는 예외로 한다.	국회에 제출된 법률안 기타의 의안은 회기중에 의결되지 못한 이유로 폐기되지 아니한다. 다만, 국회의원의 임기가 만료되거나 국회가 해산된 때에는 예외로 한다.	국회에 제출된 법률안 기타의 의안은 회기중에 의결되지 못한 이유로 폐기되지 아니한다. 다만, 국회의원의 임기가 만료된 때에는 그러하지 아니하다.

회기의 구분에 관계없이 안건을 처리할 수 있는 能力을 가진다고 본다. 따라서 당해 회기에 의결되지 못한 의안은 차기 회기에 계속하여 처리된다.

회기계속의 원칙을 취하는 경우에도 동일한 성격의 국회가 의안을 처리할 수 있는 능력은 당해 議會期 내에서만 가능하다고 할 것이므로 의원의 임기가 만료된 때나 국회가 자진 해산한 때에는 의안은 다음 회기로 계속되지 않고 폐기된다. 선거에 의해 국회를 구성하는 대의민주주의의 원리에 근거를 두고 있다. 차기의 의회기에는 새로 구성된 국회가 종래의 국회와는 별도로 의안을 다루는 능력을 가진다.

[214] 第三 一事不再議

I. 의 의

국회법 제92조는 「否決된 안건은 같은 회기중에 다시 發議 또는 提出하지 못한다」라고 하여 국회의 의사에 있어서 一事不再議의 원칙을 정하고 있다. 이러한 일사부재의는 국회의 意思의 단일화와 회의운영의 효율성을 보장하고 소수의 議事妨害(filibuster)를 방지하기 위한 것이다.

《발언에 의한 의사방해의 방지》

국회의 의사에서 발언의 방법으로 의사를 방해하는 경우가 있는데, 국회법은 발언허가(國會法 §99), 동일의제에 대한 발언의 2회 제한(同法 §103), 발언시간의 제한(同法 §104)의 방법을 채택하여 이러한 의사방해를 방지하고 있다.

Ⅱ. 적용영역

일사부재의를 경직되게 적용하는 경우에는 국정운영이 왜곡되고, 다수에 의해 악용되어 다수의 횡포를 합리화하는 수단으로 전락할 수 있다. 따라서 일사부재의는 그 운용에서 신중함이 요청된다. 일사부재의의 성질에 비추어 볼 때, 한번 철회한 안건을 다시 부의하는 것, 사유를 달리 하는 해임건의안의 재의, 회기를 달리하는 안건의 재의, 위원회에서 처리한 안건을 본회의에서 다시 제안하는 것 등은 일사부재의에 해당하지 않는다고 할 것이다(同旨: 金哲洙b, 1557; 許營a, 883).

회의를 진행하거나 안건을 처리하는데 필요한 수인 定足數를 재적의원의 일정수만으로 정하는 것이 아니라, 안건의 의결에 필요한 出席者의 수인 議事定足數를 정하고 출석한 의원 중 일정수의 찬성으로 의결을 하는 議決定足數를 정하여 이 두 요건을 충족하는 경우에 정족수를 충족하는 것으로 구성하는 경우가 있다. 이러한 경우에 의사정족수를 충족시키지 못한 채 행해진 표결행위는 법이 정하고 있는 의결이 행해졌다고 볼 것인가 아니면 의결이 부존재한다고 볼 것인가 하는 점이 문제가 된다. 의결이 있다고 보면 같은 회기 중에 다시 동일 안건에 대하여 표결하는 것은 일사부재의에 반하는 것이 되고, 의결이 부존재한다고 보면 다시 안건을 처리하는 것은 일사부재의에 반하지 않는 것이 된다.

憲法裁判所는 법률안의 처리에 있어 법률안의 정족수를 의사정족수와 의결정족수를 모두 충족하는 것을 요건으로 정하고 있는 경우에 의사정족수를 충족시키지 못한 상태에서 행해진 표결행위는 법이 정하고 있는 의결이 행해진 것이라고 하고 같은 회기 중에 동일 안건에 대하여 다시 표결한 행위는 일사부재의에 반하는 것이라고 5:4로 판시하였다(憲 2009. 10. 29.-2009헌라8등). 뒤에서 보듯이, 이는 잘못된 것이다([215] Ⅱ).

[215] 第四 定 足 數

헌법과 국회법은 국회의 회의가 성립하기 위한 최소한의 출석의원수인 議事定足數와 안건에 대한 국회의 의결을 유효하게 성립시키는 議決定足數를 정하고 있다. 이러한 議事定足數와 議決定足數는 국회의 운영에 있어서 민주주의원리와 법치주의원리를 실현시키기 위한 것이다. 이로 인하여 국민대표기관인 국회가 행하는 의결은 민주적 정당성과 절차적 정당성을 획득하고 합법성을 확보한다.

Ⅰ. 의사정족수

議事定足數는 국회의 회의를 開議하기 위하여 필요한 국회의원의 인원수를 말한다. 이를 開議定足數라고도 한다. 헌법은 의사정족수에 관하여 정하고 있는 바가 없다. 국회법 제73조는 본회의의 의사정족수에 대하여 「본회의는 재적의원 5분의 1 이상의 출석으로 개의한다」라고 정하고 있고(同條 ①), 본회의가 개의한 후에 출석의원의 이탈로 의사정족수를 충족시키지 못하는 때에는 원칙적으로 국회의장으로 하여금 회의의 中止 또는 散會를 선포하게 하면서(同條 ③ 本文), 예외적으로 국회의장은 교섭단체대표위원이 의사정족수의 충족을 요청하는 경우 외에는 효율적인 의사진행을 위하여 회의를 계속할 수 있다고 정하고 있다(同條 ③ 但書). 그리고 국회법 제54조는 위원회의 의사정족수에 대하여도 「위원회는 재적위원 5분의 1 이상의 출석으로 개회하고……」라고 정하고 있다.

의사정족수만을 충족시키고 의결정족수를 충족시키기 못하는 경우에는 비록 회의가 개의되었다고 하더라도 안건에 대하여 의결할 수 없게 된다.

《국회 의사정족수의 문제점》

국회법은 위에서 본 바와 같이 국회의 본회의나 위원회의 경우 의사정족수를 공히 재적의원 1/5 이상으로 정하고 있는데, 의사정족수를 이처럼 완화한 형태로 하는 것은 의사진행의 능률만을 고려한 것일 뿐이고 위원회의 경우도 그러하지만 본회의의 경우에는 특히 회의를 形骸化시키는 것이어서 국회가 合議制 意思決定機關이라는 성격과 기능을 왜곡시키며, 민주주의와 법치주의에서 요구되는 절차적 정당성의 요구를 충족시키기 어렵게 만들 위험이 크다. 의사정족수를 높이고 국회의원의 출석의무를 실효성있게 하는 방법(예: 불출석에 대한 필요적 세비의 감봉, 지원인력의 감축, 의정활동 감시 등)으로 이 문제를 해결하는 것이

국회의 정족수

정족수 / 항목	의사정족수	의결정족수			
		일반정족수	특별정족수		
			재적의원 과반수	재적의원 2/3 이상 찬성	재적의원 과반수 출석+출석의원 2/3 이상 찬성
의원의 수	재적의원 1/5 이상 출석	재적의원 과반수 출석+출석의원 과반수 찬성	• 국무총리 · 국무위원 해임건의(§63②) • 계엄의 해제요구(§77⑤) • 국무총리 등 탄핵소추(§65②)	• 헌법개정안의 의결(§130①) • 국회의원 제명(§64③) • 대통령 탄핵소추(§65②)	• 거부된 법률안의 재의결(§54④)
적용 영역	본회의 위원회	본회의 위원회	본회의		

타당하다. 국회법 제73조 제 3 항의 단서규정은 헌법의 대의민주주의와 법치주의(절차적 정당성 또는 적법절차)에 위반되므로 폐지하는 것이 타당하다.

Ⅱ. 의결정족수

議決定足數는 국회의 의결이 유효하게 성립하는데 필요한 국회의원의 인원수를 말한다. 이에는 사안의 성질에 따라 一般定足數와 特別定足數가 있다.

(1) 일반정족수

憲法 제49조는 「국회는 헌법 또는 법률에 특별한 규정이 없는 한 재적의원 과반수의 출석과 출석의원 과반수의 찬성으로 의결한다. 가부동수인 때에는 부결된 것으로 본다」라고 정하여 의결정족수에 있어서 통상의 안건에 적용하는 一般定足數를 정하고 있다. 國會法 제109조는 「議事는 헌법 또는 이 법에 특별한 규정이 없는 한 재적의원 과반수의 출석과 출석의원 과반수의 찬성으로 의결한다」라고 하여 이를 확인하고 있다.

이러한 일반정족수는 本會議뿐만 아니라 委員會에도 적용된다(國會法 §54).

(2) 특별정족수

헌법은 국회가 의결하여야 하는 사안 가운데 특별히 신중을 요한다고 판단되는 안건에 대해서는 일반정족수의 적용을 배제하고 일반정족수보다 상향시켜 특별히 정하는 정족수에 따라 의결하도록 정하고 있다.

헌법이 特別定足數로 정하고 있는 것으로는 i) 재적의원 과반수의 찬성이 필요한 경우(국무총리 · 국무위원의 해임건의(§63②), 계엄의 해제요구(§77⑤), 대통령을 제외한 국무총리 등에 대한 탄핵소추(§65②)), ii) 재적의원 2/3 이상의 찬성이 필요한 경우(헌법개정안의 의결(§130①), 국회의원의 제명(§64③), 대통령에 대한 탄핵소추(§65②)), iii) 재적의원 과반수 출석과 출석의원 2/3 이상의 찬성이 필요한 경우(거부된 법률안의 재의결(§53④))가 있다.

(3) 회의의 정족수가 의사정족수와 의결정족수로 구성된 경우

회의의 定足數를 재적의원의 일정수만으로 정하는 것이 아니라, 안건의 의결에 필요한 出席者의 수인 議事定足數를 정하고 출석한 의원 중 일정수의 찬성으로 의결하는 議決定足數를 정하여 이 두 요건을 충족하는 경우에 정족수를 충족하는 것으로 구성하는 경우가 있다(예: 憲法 §49). 이러한 경우에 의사정족수를 충족시키지 못한 채 표결행위가 행해진 경우에 법이 정하고 있는 의결이 행해졌다고 볼 것인가 아니면 의결이 부존재한다고 볼 것인가 하는 점이 문제가 된다. 예컨대 재적의원 과반수의 출석과 출석의원 과반수의 찬성으로 의결하는 경우에 재적의원 과반수의 출석이 이루어지지 않은 상태에서 안건에 대하여 표결한 경우이다. 이 경우에는 의사정족수가 먼저 충족되어 필요한 출석자가 있어야 議事를 진행할 수 있으므로 의사정족수가 충족되지 못한 상태에서 행해진 표결행위는 의결이 不存在(=不成立)한다고 할 것이다. 의사정족수가 충족되지 않은 상태에서는 법률안에 대하여 표결절차를 진행해서는 안되고, 표결행위가 고의 또는 착오에 의해 행해졌다고 하더라도 이는 법규정에 위반하여 행해진 것이므로 적법한 의결이 이루어졌다고 할 수 없다. 의사정족수가 충족되지 않은 상태에서 표결절차를 진행한 경우에는 결과에 관계없이 안건을 다시 처리하여야 한다(재처리하는 안건은 먼저 의사정족수의 충족여부를 확인한 다음에 진행하므로 재처리가 무한정으로 반복되는 경우는 없다). 이러한 경우에 안건을 다시 처리하는 것은 一事不再議에 해당하지 않는다. 일단 의사정족수를 충족시킨 후에 일정수의 의원이 회의장에서 이석 또는 퇴장을 하여 의사정족수에 미달하는 의원이 출석한 상태에서 표결을 한 경우에는 이석하거나 퇴장한 의원은 표결에서 기권을 한 것으로 보아야 하므로 이러한 표결행위는 유효하다.

憲法裁判所는 권한쟁의심판에서 법률안의 처리에 있어 법률안의 정족수를 의사정족수와 의결정족수를 모두 충족하는 것을 요건으로 정하고 있는 경우에 의사정족수를 충족시키지 못한 상태에서 행해진 표결행위는 법이 정하고 있는 의결이 행해진 것이라고 판시(성립의견 5: 불성립의견 4)하였다(憲 2009. 10. 29.-2009헌라8등).

[憲 2009. 10. 29.-2009헌라8등] 이 사건의 사실관계는 다음과 같다. 「국회의장은 2009. 7. 22. 11:00경 방송법 일부개정법률안 등 언론관계 법률안을 국회 본회의에 직권 상정하였다. 국회부의장은 같은 날 15:35경 민주당 소속 국회의원들의 출입문 봉쇄로 국회본회의장에 진입하지 못한 국회의장으로부터 의사진행을 위임받아 제283회 국회임시회 제2차 본회의의 개의를 선언한 다음, 같은 날 15:37경 신문등의 자유와 기능보장에 관한 법률 전부개정법률안(이하 '신문법 원안'이라 한다), 방송법 일부개정법률안(이하 '방송법 원안'이라 한다), 인터넷멀티미디어 방송사업법 일부개정법률안(이하 '인터넷멀티미디어법안'이라 한다)을 일괄 상정한다고 선언하고, 심사보고나 제안설명은 단말기 회의록, 회의자료로 대체하고 질의와 토론도 실시하지 않겠다고 하였다.……국회부의장은 이어 방송법 원안에 대하여 한나라당 강승규 의원 외 168인이 발의한 수정안(이하 '방송법 수정안'이라 한다)에 대하여 표결을 진행하였고, 몇 분이 경과한 후 "투표를 종료합니다"라고 선언하였으며, 곧이어 투표종료버튼이 눌러졌는데, 전자투표 전광판에는 국회 재적 294인, 재석 145인, 찬성 142인, 반대 0인, 기권 3인이라고 표시되었다. 이에 국회부의장은 "강승규 의원 외 168인으로부터 제출된 수정안에 대해서 투표를 다시 해 주시기 바랍니다." "재석의원이 부족해서 표결 불성립되었으니 다시 투표해 주시기 바랍니다"라고 하여 다시 투표가 진행되었고, "투표 종료를 선언합니다"라고 말한 후 전자투표 게시판에 재적 294인, 재석 153인, 찬성 150인, 반대 0인, 기권 3인으로 투표결과가 집계되자, 방송법 수정안이 가결되었으므로 방송법 일부개정 법률안은 수정된 부분은 수정안대로, 나머지 부분은 원안대로 가결되었다고 선포하였다.」 이 사건에서 의결행위가 성립한다는 **[5인의 성립의견]**은 다음과 같다. 「가) 헌법 제49조 및 국회법 제109조

에서는 의결정족수에 관하여 '……재적의원 과반수의 출석과 출석의원의 과반수의 찬성으로 의결한다'라고 규정하여, 일부 다른 입법례와는 달리(독일과 일본 등은 의결을 위한 출석정족수와 찬성을 위한 정족수를 단계적으로 규정하고 있다) 의결을 위한 출석정족수와 찬성정족수를 병렬적으로 규정하고 있다. 나아가 '재적의원 과반수의 출석'과 '출석의원의 과반수의 찬성'이라는 규정의 성격이나 흠결의 효력을 별도로 구분하여 규정하고 있지도 아니한다. 따라서 표결이 종료되어 '재적의원 과반수의 출석'에 미달하였다는 결과가 확인된 이상, '출석의원 과반수의 찬성'에 미달한 경우와 마찬가지로 국회의 의사는 부결로 확정되었다고 보아야 한다. 나) 실질적으로 보더라도, 국회의원이 특정 의안에 반대하는 경우 회의장에 출석하여 반대투표하는 방법뿐만 아니라 회의에 불출석하는 방법으로도 의안에 대하여 반대의 의사를 표시할 수 있다. 따라서 '재적의원 과반수의 출석'과 '출석의원 과반수의 찬성'이라는 요건이 국회의 의결에 대하여 가지는 의미나 효력을 달리할 이유가 없다. 다) 물론 기립투표에 의할 경우(국회법 제112조 제1항 단서) 국회의장이 먼저 의결을 위한 출석정족수가 충족된 것을 확인한 후 찬반투표에 들어가는 것이 통례일 것이므로 현실적으로 투표가 종료된 이후에 '출석정족수 미달에 의한 부결'은 발생하지 않을 것이다. 또한 기명·호명·무기명투표의 경우에도(국회법 제112조 제2항, 제4항), 현실적으로 이러한 결과가 발생하리라고 예상하기는 어렵다. 그러나 위와 같은 경우에 현실적으로 '출석정족수 미달에 의한 부결'이 발생하지 않을 것이라는 이유로 '출석정족수의 미달'이 의안에 대한 '부결'이 아닌 '미결(또는 표결 불성립)'이라고 볼 수는 없다. 라) 우리 국회법은 2000. 2. 16. 개정 당시 전자투표를 일반적인 표결방법으로 도입하였고(제112조 제1항 본문), 2002. 11. 12. 제16대 국회 제234회 정기회 제15차 본회의부터 전자투표에 의한 표결을 원칙으로 하여 왔다. 전자투표에 의한 표결의 경우, 국회의장의 표결선포행위가 있으면 의원들이 각자의 좌석에 설치된 재석, 찬성, 반대, 기권, 취소 등의 버튼을 눌러 표결행위를 하는데, 국회의장이 투표종료선언을 하면 그에 따라 전자투표장치의 작동이 종료되어 더 이상의 투표입력이 되지 않고, 곧바로 투표결과가 집계되어 전자게시판을 통하여 투표에 참여한 재석의원의 수와 찬성의원의 수가 드러난다. 이와 같이 전자투표에 의한 표결의 경우에는 국회의장의 투표종료선언에 의하여 투표결과가 집계됨으로써 안건에 대한 표결절차는 실질적으로 종료되는 것이므로, 투표의 집계결과 출석의원 과반수의 찬성에 미달한 경우는 물론 재적의원 과반수의 출석에 미달한 경우에도 국회의 의사는 부결로 확정되었다고 볼 수밖에 없다. 마) 한편 우리 헌법은 헌법개정안에 투표한 유권자의 수가 유권자 총수의 과반수에 미달한 경우 헌법개정안에 대한 국민투표는 부결된 것으로 보고(제130조 제2항), 주민소환에 관한 법률은 단체장이나 지방의원에 대한 주민소환투표의 경우에 소환요건 충족인원인 3분의 1 이상의 투표수에 미달한 경우 주민소환이 부결된 것으로 보는바(제22조 제1항), 이러한 규정과의 균형상으로도 국회에서의 의결에 있어서 표결절차가 종료될 때 재적의원 과반수의 출석에 미달한 경우에도 부결된 것으로 보아야 한다고 해석하여야 한다. 바) 이와는 달리 투표가 종료되었다고 하더라도 재적의원 과반수의 출석에 미달한 이상, 국회의 의사가 유효하게 성립되지 않았다고 보는 견해에 의하면, 재적의원 과반수 출석요건을 충족할 때까지는 몇 번이고 재표결을 할 수 있다는 결론에 이르게 된다. 그러나 이는 국회의사의 단일화 및 회의의 능률성·효율성 보장이라는 국회법 제92조(일사부재의)의 입법취지에 정면으로 배치되는 것이라고 하지 않을 수 없다. 사) 또한 국회법은 재투표 사유로서 '투표의 수가 명패의 수보다 많을 때'에 한정하여 규정하고 있으므로(국회법 제114조 제3항 참조), 투표가 종료되었으나 재적의원 과반수의 출석에 미달한 경우까지 표결불성립의 개념을 인정하여 무제한적으로 재표결을 허용하는 것은 재투표의 사유를 제한하려는 국회법의 취지에도 맞지 않는다. 아) 결국 이 사건에서 방송법안에 대한 투표가 종료되어 재적의원 과반수의 출석에 미달되었음이 확인된 이상, 방송법안에 대한 국회의 의사는 부결로 확정되었다고 보아야 할 것이다. 그렇다면 피청구인이 이미 존재하는 국회의 방송법안에 대한 확정된 부결의사를 무시하고 재표결을 실시하여 그 표결결과에 따라 방송법안의 가결을 선포한 것은 일사부재의 원칙에 위배하여 청구인들의 표결권을 침해하였다고 봄이 상당하다.」이에 대하여 의결행위가 성립하지 못한다는 **[4인의 불성립의견]**은 다음과 같다.「가) 헌법 제49조 및 국회법 제109조에서는 국회의 의사결정에 민주적 정당성과 절차적 정당성을 부여하기 위하여 의결을 위한 최소한의 출석의원 수(의결정족수)로 재적의원 과반수를, 의결방법으로서 다수결의 원리를 채택하여 출석의원 과반수의 찬성을 각기 규정하고 있다. 다시 말하면, '재적의원 과반수의 출석'이라는 의결정족수는 국회의 의결을 유효하게 성립시키기 위한 전제요건인 의결능력에 관한 규정으로서, '출석의원 과반수의 찬성'이라는 다수결 원칙을 선언한 의결방법에 관한 규정과는 그 법적 성격이 구분되는 것이고, 따라서 의결정족수에 미달한 국회의 의결은 유효하게 성립한 의결로 취급할 수 없는 것이다. 나) 국회에서의 실무관행도 이와 같은 견지에서 이해할 수 있다. 즉, 국회에서는 '재적의원 과반수의 출석'을 국회의 의결을 유효하게 성립시키는 전제요건으로 보고, 의장은 재석의원이 안건을 의결하는데 필요한 최소한의 출석인원수인 재적의원 과반수에 미달할 때에는 표결을 일시 보류하거나 회의의 중지 또는 산회를 선포하고, 또한 표결을 실시하였으나 재석의원수가 의결정족수에 달하지 못한 경우에는 해당 안건에 대한 투표가 성립되지 않았음을 선포하거나 이를 유효한 의결로 취급하지 아니하였던 것이다. 다) 나아가 이와 같이 의결정족수를 국회의 의결을 유효하게 성립시키기 위한 전제요건으로 보는 것은 비교법적으로도 공통된 것이라 할 수 있다. 즉, 독일과 일본 등의 입법례에서는 국회의 의결을 유효하게 성립시키기 위한 최소한의 출석의원수인 의결정족수를 의결방법에 관한 다수결원칙과 명백히 구분하여 규정하고 있고, 미국과 영국 등의 입법례에서도 의결정족수에 미달한 경우에는 원칙적으로 의사일정을 진행할 수 없도록 규정하고 있는 것이다. 라) 만일 이와는 달리 헌법 제49조 및 국회법 제109조에서 '재적의원 과반수의 출석'과 '출석의원 과반수의 찬성'을 병렬적으로 대등하게 규정하였다고 하여, '재적의원 과반수의 출석'을 '출석의원 과반수의 찬성'과 마찬가지로 국회의 의결방법에 관한 규정으로 해석할 경우에는, 소수의 국회의원만이 참석한 상태에서의 표결도 얼마든지 가능하다고 하여야 하고, 이때에는 재적의원 과반수의 출석요건을 갖추지 못한 이상, 굳이 투표결과를 확인할 필요도 없이 재적의원 과반수의 출석에 미달하여 부결이 된다는 결론에 이르게 된다. 이와 같은 해석은, 원칙적으로 존중되어야 할 국회의 자율권 영역에 속하는 국회의 지금까지의 의사절차에 명백히 어긋나는 것임은 물론이고, 모든 의원이 가능한 한 의회의 의사형성에 참여할 것을 요구하는 대의제 민주주의 원리에도 부합되지 않는 것이며, 국회의 의사결정에 민주적 정당성과 절차적 정당성을 부여하기 위한 정족수 원리에도 위배되는 것으로서, 잘못된 해석이라고 하지 않을 수 없다. 마) 한편, 반대견해에서는 전자투표에 의한 표결의 경우에는 투표종료선언에 의하여 투표결과가 곧바로 집계, 게시된다는 특수한 사정을 중시하고 있는 듯하나, 헌법이나 국회법을 해석함에 있어, 법령에 구체적으로 규정되어 있지도 아니한 전자투표절차의 특수성을 근거로 전자투표에 의한 투표가 종료된 경우만을 일반적인 경우와 구분하여 '재적의원 과반수의 출석'이라는 법률조항의 법률적 성격에 관한 해석을 달리할 수는 없는 것이다. 즉 '재적의원 과반수의 출석'은, 어떤 표결방식을 취하느냐에 관계없이 의결정족수에 관한 규정인 것이지, 전자투표라는 표결방식을 채택하였다고 하여 의결방법에 관한 규정으로 해석할 수는 없는 것이다. 만일 기존의 전자투표에 의한 투표절차나 방식이 헌법과 국회법이 정한 표결절차에 부합되지 않는 측면이 있다면, 이는 전자투표에 의한 투표절차나 방식을 바로잡아 해결하여야 할 문제에 불과한 것이지, 헌법과 법률조항의 해석을 달리 하여야 할 문제는 아닌 것이다. 또한 이 사건에서 피청구인의 방송법 수정안에 대한 제 1 차 표결절차에서의 투표종료선언은, 당시 국회본회의장 전광판에 게시된 재석의원수가 재적의원 과반수라는 의결정족수에 미치지 못하였음이 명백한 상태였음에도 극도의 소란으로 말미암아 착오에 의하여 이루어진 것에 불과하다고 보인다. 이와 같은 의사진행에 있어서의 우연한 실수가 국민을 대표하는 국회의 최종 의사를 확정짓는 기준이 될 수는 없는 것이다. 바) 이외에도 반대견해에서는, 헌법 제130조 제 2 항 및 주민소환법 제22조 제 1 항에서 과반수의 '투표'에 이르지 못한 경우를 부결로 취급하는 것과 해석상 균형이 이루어져야 한다는 점을 그 논거로 제시하고 있다. 그런데 앞에서 본 바와 같이 헌법 제49조 및 국회법 제109조에서의 재적의원 과반수의 '출석'은 국회의 의결을 유효하게 성립시키기 위한 전제인 의결정족수에 관한 규정이지만, 헌법 제130조 제 2 항의 국민투표에서의 과반수의 '투표'와 주민소환법 제22조 제 1 항에서의 3분의 1 이상의 '투표'는 의결능력에 관한 의결정족수 규정이 아니라 의결방법에 관한 규정에 해당하므로, 서로 그 법적 성격을 달리하는 것이어서 동등한 비교대상이 될 수 없는 것이다. 즉 헌법 제130조 제 2 항 및 주민소환법 제22조 제 1 항에서의 '투표수'는 국민투표나 주민소환투표절차에 나아가기 위하여 충족되어야 할 전제요건이 아니라 투표가 개시되어 종료된 이후에 비로소 확정되는 의결방법에 관한 표결규칙에 해당하므로(투표일은 투표에 참여한 유권자수와 관계없이 사전에 지정되고 투표가 개시되어 종료된 후 결과가 집계된다), 이를 충족하지 못한 경우에는 국회법 제109조에서 규정한 의결정족수에 미달한 경우와는 달리 '부결'로 볼 수 있는 것이다. 사) 따라서 이 사건에서 방송법 수정안에 대한 투표가 종료된 결과 재적의원 과반수의 출석이라는 의결정족수에 미달된 이상, 방송법 수정안에 대한 국회의 의결이 유효하게 성립되었다고 할 수 없으므로, 당시 피청구인이 방송법 수정안에 대한 재표결을 실시하여 그 결과에 따라 방송법안의 가결을 선포한 것을 두고, 일사부재의 원칙에 위배된다고 할 수 없다.」

[216] 第五 多數決

Ⅰ. 헌법 규정

헌법은 국회의 의사결정의 방법으로 *多數決原理*(majority rule, Mehrheitsprinzip)를 채

택하고 있다. 즉 헌법 제49조는 「국회는 헌법 또는 법률에 특별한 규정이 없는 한 在籍議員 과반수의 출석과 出席議員 과반수의 찬성으로 의결한다. 可否同數인 때에는 부결된 것으로 본다」라고 정하여 다수결을 의사결정의 원리로 인정하고 있다.

Ⅱ. 민주주의원리와 다수결

민주주의를 다수의 지배라고 보는 관점에서는 다수결은 민주주의에서 의사결정의 유일한 방법이고 민주주의의 본질이라고 이해하였으나, 민주주의에서 少數의 保護(Minderheitsschutz)도 중요하고 민주주의를 의사와 이익에서의 타협과 조화라고 보는 관점에서는 이는 유일한 방법이 아니고 불가피한 수단에 지나지 않는 것으로 본다. 그리고 진정한 민주주의는 사안에 대한 결정에서 바로 표결로 들어가 결판을 낼 것이 아니라 가능한 한 全員一致에 도달하려는 것을 목표로 두고 서로 충분히 설득을 하고 熟議(deliberation)를 하는 것이 보다 민주주의에 부합한다고 본다. 따라서 민주주의는 소수에 대한 다수의 지배가 아니며, 다수의 지배가 국민의 지배와 동일시될 수는 없으며, 다수결은 공동체의 의사를 결정하는데 유일한 방법도 아니다. 다수결은 단독결정이 독단적이고 독재로 변질될 위험 때문에 배제되고 전원일치를 도출하는 것이 항상 용이하지 않기 때문에 불가피하게 차선의 방법으로 선택된 것에 지나지 않는다. 다수결은 의사결정에서 불가피한 承服의 장치에 지나지 않는 것이기 때문에 결론을 도출하는 과정이 합리적이어야 하며, 이러한 합리적인 절차를 거치지 않은 다수의 의결에 의한 결정은 민주주의원리에 부합하지 않는다. 다수결은 민주주의의 본질이라기보다는 민주주의를 실현하는 하나의 방법에 지나지 않는다([72]Ⅲ).

Ⅲ. 다수결의 정당화 요건

다수결은 이와 같이 불가피한 방법으로 채택되는 것이므로 이것이 의사결정의 방법으로 정당한 것이 되기 위해서는 그 정당화(legitimation)의 요건을 갖추는 것이 필요하다([72]Ⅲ(3)(4)).

정당화의 요건이 갖추어지지 않은 상태에서 다수라는 수에만 의지하여 결정을 하는 것은 數에 의존하는 「多數의 橫暴」이고 「多數의 暴力」이며 소수에 대한 다수의 獨裁에 지나지 않는다. 이는 민주주의원리와 법치주의원리에 비추어 허용되지 않는다.

Ⅳ. 다수결과 헌법재판

국회에서 다수결에 의해 정책이 결정되었다고 하더라도 이러한 다수결만으로 그 결정이 정당화되지는 않는다. 다수의 결정으로 결론을 도출하였다고 하더라도 그 결론의 도출과정이 소수의 의사를 무시하거나 합리적이지 않고 헌법이 정하는 내용과 합치하지 않을 경우에는 이를 교정하는 장치가 필요하다.

다수결에 의한 오류를 바로잡고 민주주의에서 소수의 의사를 보호하기 위한 장치로 위헌법률심판(=규범통제), 법률에 대한 헌법소원심판, 권한쟁의심판 등이 있다. 특히 추상적 규범통제는 소수의 보호를 실현함에 있어 큰 실효성을 가지는 장치이다. 이런 점에서 헌법재판은 진정한 민주주의를 실현함에 있어 필수불가결하게 요구되는 것이라고 할 것이고, 여기에서 立憲主義와 民主主義는 조화를 이루게 된다.

[217] 第六 議事의 記錄

국회의 의사는 국가행위이므로 기록되어야 한다. 국회와 국회의원의 활동의 내용을 기록으로 남겨 국가행위의 존재와 효력을 분명히 하고, 국민으로 하여금 국민대표기관의 활동을 알 수 있게 하는 것이다. 이는 대의민주주의와 참여민주주의의 원리에 의할 때 필수적으로 요청되는 것이다.

국회의 의사를 기록하는 것은 헌법상의 원칙으로 요구되는 것은 아니지만, 의사공개원칙을 충실히 실현하고 절차적 민주주의와 법치주의를 실현하는데 기여한다.

의사의 기록을 위하여 국회는 본회의와 위원회의 회의에서 회의록을 작성하고, 速記의 방법으로 이를 기록한다(國會法 §69①,②, §115①,②). 회의록은 국회의원에게 배포하고 일반 국민에게 반포한다(同法 §118①). 이러한 것은 議事公開原則의 귀결이기도 하다. 그런데 의사의 기록에서도 국가이익이나 전체 국민의 이익을 고려하여 기록하지 아니할 필요가 발생하므로 이에 대한 조치가 필요하다. 國會法은 의장이 비밀을 요하거나 국가안전보장을 위하여 필요하다고 인정한 부분에 관하여는 발언자 또는 그 소속교섭단체대표의원과 협의하여 이를 게재하지 않을 수 있다고 정하고 있다(同項 但書).

《소위원회의 의사의 기록》

2005년 7월 28일에 개정되기 전 국회법 제69조 제4항은 소위원회의 경우에도 위원회의 경우와 같이 速記의 방법으로 議事를 기록하도록 하면서, 예외적으로 소위원회의 의결이 있는 경우에는 속기의 방법이 아니라 그 要旨만을 기록할 수 있도록 정하고 있었다. 이에 대해서는 소위원회가 의사의 요지만을 기록하는 것으로 의결하는 것이 빈번할 때에는 회의의 내용이 사실상 은폐되는 결과를 가져온다는 지적이 있었다. 이에 국회법 개정을 통하여 소위원회 회의에 대하여도 속기방법에 의한 회의록의 작성을 의무화함으로써(同法 §69④) 의정활동의 투명성과 책임을 강화하였다.

제 6 절　國會議員

1. 憲法上의 地位

[218] 第一　國民의 代表者

헌법상 국회의원이 가지는 지위 가운데 가장 중요한 것이 국민의 대표자로서의 지위이다. 국회의원은 선거구를 기반으로 하여 선출된 지역구 국회의원이든 정당을 기반으로 한 전국구 국회의원이든 전체 국민의 대표자로서의 지위를 가진다. 이러한 국민의 대표자로서의 지위는 代議原理에서 도출된다.

국회의원은 국민의 대표자이기 때문에 자신의 선거구의 이익이나 특정 정당의 이익을 대변하는 대표자나 대리인이 아니다. 따라서 국회의원은 언제나 特殊利益을 떠나 전체 국민에게 이익으로 돌아가는 全體利益을 추구하며 그 권한을 행사하고 의무를 수행하여야 한다. 전체 국민에게 이익이 되는 이러한 이익은 결과적으로 국가이익으로 나타난다. 헌법이 국회의원은 國家利益을 우선하여 직무를 수행하여야 한다고 정하고 있는 것(憲法 §46②)도 이러한 법리를 정하고 있는 것이다.

국회의원이 전체 국민의 대표자로서 활동할 수 있도록 하기 위하여 헌법은 命令的 委任을 배제하여 국회의원으로 하여금 양심에 따라 직무를 수행하게 하고(憲法 §46②), 의정활동상 행위에서 책임을 면제하여 자유로이 전체 국민의 이익을 추구하며 활동할 수 있게 하고(憲法 §45), 불체포특권을 인정하여 국가권력으로부터의 제약이나 억압을 방지하고 있다(憲法 §44).

[219] 第二　國會의 構成員

국회의원은 국민의 대표기관인 국회의 구성원이기도 하다. 국회가 국민의 대표기관으로서 그 기능을 할 수 있기 위해서는 구체적으로 국회의원이 그 구성원으로 활동을 하여야 하는데, 이러한 범위에서 국회의원은 국회의 운영 및 활동에 있어서 구성원으로서 각종 권한을 보유하고 의무를 진다.

국회의원은 국회의 구성원으로서 의정활동상 의안발의권, 질의권, 질문권, 토론권, 표결권, 국회의장과 부의장의 선출권, 위원회에 위원으로서의 참여권, 수당수령권 등을 가진다.

[憲 1995. 2. 23.-90헌마125] 「입법권은 헌법 제40조에 의하여 국가기관으로서의 국회에 속하는 것이고, 국회의원이 국회 내에서 행사하는 질의권·토론권 및 표결권 등은 입법권 등 공권력을 행사하는 국가기관인 국회의 구성원의 지위에 있는 국회의원에게 부여된 권한으로서 국회의원 개인에게 헌법이 보장하는 권리 즉 기본권으로 인정된 것이라고 할 수는 없다.」

[220] 第三 政黨의 所屬員

Ⅰ. 의 의

국회의원 가운데는 정당에 소속된 경우도 있고 그렇지 아니한 경우도 있는데, 국회의원이 정당에 소속된 경우에는 정당의 소속원(=黨員)으로서의 지위를 가진다. 국회의원이 정치단체인 정당의 구성원인 경우에는 소속 정당의 당원으로서 권리와 의무를 진다.

1962년헌법 제36조 제3항과 1969년헌법 제36조 제3항은 각 「국회의원 후보가 되려는 자는 소속정당의 추천을 받아야 한다」라고 정하고 있었다. 따라서 이 당시에는 정당국가를 강조하는 형태를 취하여 무소속 국회의원이 존재할 수 없도록 하였다.

Ⅱ. 정당과 소속 국회의원

국회의원이 정당의 소속원인 경우에는 해당 정당은 소속 국회의원을 통하여 국정에 영향을 미친다. 이러한 영향은 간접적인 것도 있지만, 특정 정당이 국회 내 交涉團體를 구성하는 경우에는 그 정당의 영향은 국회의 운영과 활동에 직접 영향을 미친다. 특히 교섭단체의 구속이 강한 경우에는 국회의원은 자신의 권한의 행사와 의무의 이행에 있어 자신의 양심에 따라 자발적으로 활동하기보다는 자신이 소속한 정당의 이익이나 입장을 고려하게 되거나 정당의 지시나 명령에 따라 행동하게 된다. 이렇게 되면 국회의원은 전체 국민의 대표자라기보다는 특정 정당이나 그 정당을 지지하는 특수세력의 이익을 실현하는 대변인이나 거수기로 전락하고, 대의민주주의는 왜곡되어 그 기능을 상실하며, 국회는 특정세력의 부분이익이나 특수이익을 추구하는 기구로 변질된다.

대의원리에 의하면, 국회의원은 전체 국민의 대표자이기 때문에 비록 국회의원이 정당의 당원이라고 할지라도 정당의 이익을 전체 국민의 이익에 우선시킬 수는 없다. 헌법은 국회의원은 國家利益을 우선하여 직무를 수행하여야 한다고 정하고 있기 때문에(憲法 §46②) 국회의원은 어떤 경우에도 정당의 이익을 국가이익에 우선시킬 수 없으며, 이러한 것에 위반하는 행위는 헌법위반행위에 해당한다.

[憲 1994. 4. 28.-92헌마153] 「자유위임제도를 명문으로 채택하고 있는 헌법하에서는 국회의원은 선거모체인 선거구의 선거인이나 정당의 지령에도 법적으로 구속되지 아니하며, 정당의 이익보다 국가의 이익을 우선한 양심에 따라 그 직무를 집행하여야 하며, 국회의원의 정통성은 정당과 독립된 정통성이다. 이런 자유위임하의 국회의원의 지위는 그 의원직을 얻은 방법 즉 전국구로 얻었는가, 지역구로 얻었는가에 의하여 차이가 없으며, 전국구의원도 그를 공천한 정당을 탈당하였다고 하여도 별도의 법률규정이 있는 경우는 별론으로 하고 당연히 국회의원직을 상실하지는 않는다는 것이다. 과거 제3공화국 헌법은 그 제38조에서 "의원이 임기 중 당적을 이탈하거나 변경한 때 또는 소속정당이 해산된 때에는 그 자격을 상실한다"고 규정한 바 있었다. 그러나 청구인정당 소속 전국구의원 조윤형이 청구인정당을 탈당한 1993. 6. 11. 이전인 1972. 12. 27.의 헌법개정으로 헌법에 국회의원이 그를 공천한 소속정당에서 탈퇴할 때 국회의원의 직을 상실한다는 규정은 폐지되어 오늘에 이르렀다. 헌법 제7조 제1항의 "공무원은 국민전체에 대한 봉사자이며, 국민에 대해 책임을 진다"라는 규정, 제45조의 "국회의원은 국회에서 직무상 행한 발언과 표결에 관하여 국회 외에서 책임을 지지 아니한다"라는 규정 및 제46조 제2항의 "국회의원은 국가이익을 우선하여 양심에 따라 직무를 행한다"라는 규정들을 종합하여 볼 때, 헌법은 국회의원을 자유위임의 원칙하에 두었다고 할 것이다. 또 헌법 제8조 제3항의 "정당은 법률이 정하는 바에 의하여 국가의 보호를 받으며……"라는 규정이나 제41조 제3항의 "비례대표제 기타 선거에 관한 사항은 법률로 정한다"라는 규정도 전국구의원이 그를 공천한 정당을 탈당할 때 의원직을 상실하게 하는 내용은 아니다. 따라서 별도의 법률규정이 있는 경우는 별론으로 하고, 전국구의원이 그를 공천한 소속정당을 탈당하였다 하여 의원직을 상실하지는 않는다고 할 것이다.」

[憲 2003. 10. 30.-2002헌라1] 「현대의 민주주의가 종래의 순수한 대의제 민주주의에서 정당국가적 민주주의의 경향으로 변화하고 있음은 주지하는 바와 같다. 다만, 국회의원의 국민대표성보다는 오늘날 복수정당제하에서 실제적으로 정당에 의하여 국회가 운영되고 있는 점(憲 1997. 7. 16.-96헌라2 참조)을 강조하려는 견해와, 반대로 대의제 민주주의 원리를 중시하고 정당국가적 현실은 기본적으로 국회의원의 전체 국민대표성을 침해하지 않는 범위 내에서 인정하려는 입장이 서로 맞서고 있다. 무릇 국회의원의 원내활동을 기본적으로 각자에 맡기는 자유위임은 자유로운 토론과 의사형성을 가능하게 함으로써 당내민주주의를 구현하고 정당의 독재화 또는 과두화를 막아주는 순기능을 갖는다. 그러나 자유위임은 의회 내에서의 정치의사형성에 정당의 협력을 배척하는 것이 아니며, 의원이 정당과 교섭단체의 지시에 기속되는 것을 배제하는 근거가 되는 것도 아니다. 또한 국회의원의 국민대표성을 중시하는 입장에서도 특정 정당에 소속된 국회의원이 정당기속 내지는 교섭단체의 결정(소위 '당론')에 위반하는 정치활동을 한 이유로 제재를 받는 경우, 국회의원 신분을 상실하게 할 수는 없으나 "정당내부의 사실상의 강제" 또는 소속 "정당으로부터의 제명"은 가능하다고 보고 있다. 그렇다면, 당론과 다른 견해를 가진 소속 국회의원을 당해 교섭단체의 필요에 따라 다른 상임위원회로의 전임(사·보임)하는 조치는 특별한 사정이 없는 한 헌법상 용인될 수 있는 "정당내부의 사실상 강제"의 범위 내에 해당한다고 할 것이다.」

Ⅲ. 교섭단체와 국회의원

국회에서 교섭단체를 법적으로 인정하는 경우에도 국회의원은 언제나 국민 대표자의 지위에서 자신의 판단에 따라 자유로이 발언하거나 표결할 수 있어야 한다. 교섭단체가 그에 소속한 국회의원에 대하여 행하는 구속(交涉團體의 拘束)이 국회의원이 가지는 국민의 대표자로서의 지위를 제약하는 경우에는 이는 헌법에 위반된다. 국회의원에게 自由投票(=交叉投票 cross-voting)가 인정되는 것도 국회가 가지는 국민대표기관으로서의 성격과 국회의원이 가지는 국민의 대표자로서의 지위에서 나오는 법리상의 귀결이다. 국회에서의 표결에 있어 실정법이 자유투표를 인정하고 있든 아니면 이에 대하여 정하고 있지 않든 자유투표는 당연히 인정되는 것이며, 실정법이 이를 부정하는 규정을 두는 경우에 이 규정은 헌법의 대의민주주의원리에 위반된다.

2. 選擧와 任期

[221] 第一 槪 說

Ⅰ. 선 거

국회의원의 선거는 국회의원직에 취임할 자를 선출하는 선거권자의 행위이다. 그런데 국회의원의 권한과 행위능력은 이러한 선거라는 행위에 의해 부여되는 것이 아니므로 선거와 국회의원의 자격의 발생은 구별된다.

Ⅱ. 의원자격의 발생

국회의원의 자격은 국회의원으로서 적법한 권한을 행사하고 일정한 의무를 수행할 수 있는 능력을 의미한다. 국회의원은 국회의원으로서의 자격을 가질 때, 비로소 헌법과 법률이 정하고 있는 권한을 행사할 수 있고, 직무상의 책무가 부여되며 이를 이행할 의무가 발생한다.

국회의원의 선거는 국회의원이 될 자를 선출하는 행위이고, 당선은 이러한 선거에 의해 국회의원직에 취임할 자가 결정된 것이다. 국회의원의 당선은 지역구국회의원의 경우에는 선거구선거관리위원회가 당해 국회의원지역구에서 하는 당선인의 결정으로 이루어지고(公選法 §188①), 전국구국회의원의 경우에는 중앙선거관리위원회가 정당별 비례대표국회의원후보자명부에 기재된 순위에 따라 하는 비례대표국회의원의석의 당선인 결정으로 이루어진다(同法 §189④). 국회의원 당선의 효력은 이러한 유권적인 당선인의 결정으로 발생하며, 선거구선거관리위원회위원장의 당선인 결정의 공고나 당선인에 대한 당선증의 교부가 있어야 발생하는 것이 아니다.

국회의원의 자격은 헌법과 법률이 정하는 임기의 개시와 동시에 발생한다(同旨: 權寧星, 937; 金哲洙b, 1568; 許營a, 923). 국회의원은 임기의 개시와 함께 국회의원으로서의 권한을 행사할 수 있고 책무를 이행해야 할 책임을 진다.

국회의원의 자격은 임기의 개시와 동시에 발생하지만, 선거에서의 당선과 임기의 개시는 항상 일치하지 않으므로 주의를 요한다. 공직선거법 제14조 제2항은 「국회의원……의 임기는 총선거에 의한 전임의원의 임기만료일의 다음날부터 개시된다. 다만, 의원의 임기가 개시된 후에 실시하는 선거……에 의한 의원의 임기는 당선이 결정된 때부터 개시되며……」라고 정하고 있기 때문에, 총선거에 의하여 당선된 국회의원의 임기는 당선이 결정되었어도 전임의원의 임기만료일의 다음날부터 개시되므로 당선일과 임기개시일이 일치하지 않고, 보궐선거에서 당선된 국회의원의 임기는 당선이 결정된 때부터 개시되므로 당선일과 임기개시일이 일치한다.

[222] 第二 地域區國會議員

I. 선 거

지역구국회의원은 국민의 보통 · 평등 · 직접 · 비밀선거에 의하여 선출하는데(憲法 §41①), 당해 국회의원지역구에서 유효투표의 다수를 얻은 자를 당선인으로 결정한다(公選法 §188①). 상대다수대표의 방식에 따라 당선인을 결정하고 있다.

하나의 국회의원지역선거구에서 선출할 국회의원의 정수는 1인으로 한다(同法 §21②). 1選擧區1人制의 방식을 취하고 있다. 다만, 각 시·도의 지역구 국회의원 정수는 최소 3인으로 한다(同條 ①). 지역구국회의원의 지역적 분포의 과도한 불균형을 방지하기 위한 장치이다.

선거권자는 지역구국회의원의 선거에서 1인이 1표를 가진다(同法 §146②).

II. 임 기

지역구국회의원의 임기는 4년이다(憲法 §42). 국회의원의 임기는 현재 재임중인 국회의원의 임기가 만료하는 다음날부터 개시한다.

국회의원의 임기가 개시된 후에 실시하는 선거(=보궐선거)에 의한 국회의원의 임기는 당선이 결정된 때부터 개시되며 전임자의 殘任期間으로 한다(公選法 §14②).

1987년헌법 부칙 제3조 제1항은 「이 헌법에 의한 최초의 국회의원선거는 이 헌법 공포일로부터 6월 이내에 실시하며, 이 헌법에 의하여 선출된 최초의 국회의원의 임기는 국회의원선거 후 이 헌법에 의한 국회의 최초의 집회일로부터 개시한다」라고 정하고 있고, 이에 따라 처음 구성된 제13대 국회의 국회의원의 임기는 1988년 5월 30일에 개시되어 1992년 5월 29일에 만료되었다. 따라서 1987년헌법하에서는 국회의원의 임기개시일은 4년을 주기로 하여 5월 30일에 개시되고 5월 29일에 만료된다. 지역구국회의원이든 비례대표국회의원이든 마찬가지다.

[223] 第三 比例代表國會議員

Ⅰ. 정당에 대한 투표

비례대표국회의원은, 각 정당이 그 순위를 정한 후보자명부를 첨부한 후보자등록신청서를 제출하여 후보자를 등록하고(公選法 §49①,②), 선거권자는 중앙선거관리위원회에 제출된 정당별 비례대표국회의원후보자명부를 보고, 자신이 지지하는 정당에 대하여 투표한다.

비례대표국회의원은 전국을 하나의 선거구로 하여 선거하고(同法 §20①), 비례대표국회의원의 선거에서 선거권자는 지역구국회의원의 선거와 분리되어 1인이 1표씩을 가지고 투표한다(同法 §146②).

Ⅱ. 의석의 배분

중앙선거관리위원회는 비례대표국회의원의 의석의 배분에서는 정당투표에서 유효투표총수의 100분의 3 이상을 득표하였거나 지역구국회의원총선거에서 5석 이상의 의석을 차지한 각 정당(=의석할당정당)에 대하여 당해 의석할당정당이 비례대표국회의원선거에서 얻은 득표비율에 따라 비례대표국회의원의석을 배분한다(公選法 §189①). 여기서 말하는 득표비율은 각 의석할당정당의 득표수를 모든 의석할당정당의 득표수의 합계로 나누어 산출한다(同條 ②). 의석할당정당에 제한을 둔 것은 破片政黨의 출현을 방지하기 위한 것이다.

비례대표국회의원의석은 각 의석할당정당의 득표비율에 비례대표국회의원 의석정수를 곱하여 산출된 수의 整數의 의석을 당해 정당에 먼저 배분하고, 잔여의석은 소수점 이하 수가 큰 순으로 각 정당에 1석씩 배분하되, 그 수가 같은 때에는 당해 정당 사이의 추첨에 의한다(同條 ③).

중앙선거관리위원회는 제출된 정당별 비례대표국회의원후보자명부에 기재된 당선인으로 될 순위에 따라 정당에 배분된 비례대표국회의원의 당선인을 결정한다(同條 ④).

정당에 배분된 비례대표국회의원의석수가 그 정당이 추천한 비례대표국회의원후보자수를 넘는 때에는 그 넘는 의석은 공석으로 한다(同條 ⑤).

중앙선거관리위원회는 비례대표국회의원선거에 있어서 제198조(천재·지변 등으로 인한 재투표)의 규정에 의한 재투표 사유가 발생한 경우에는 그 투표구의 선거인수를 전국선거인수로 나눈 수에 의석정수를 곱하여 얻은 수의 정수(1 미만의 端數는 1로 본다)를 의석정수에서 뺀 다음 비례대표국회의원의석을 배분하고 당선인을 결정한다. 다만, 재투표결과에 따라 의석할당정당이 추가될 것으로 예상되는 경우에는 추가가 예상되는 정당마다 의석정수의 100분의 3에 해당하는 정수(1 미만의 端數는 1로 본다)의 의석을 별도로 빼야 한다(同條⑥).

종래에는 비례대표국회의원의 의석배분을 지역구국회의원의 선거에서의 득표비율을 기준으로 하였는데, 이는 헌법에 위반되는 것이었다. 헌법재판소도 이러한 의석배분의 방식은 민주주의원리, 직접선거의 원칙, 평등선거의 원칙에 위배되어 위헌이라고 판시하였다(예: 憲 2001. 7. 19.-2000헌마91).

Ⅲ. 궐원된 의석의 승계

비례대표국회의원에 궐원이 생긴 때에는 선거구선거관리위원회는 闕員通知를 받은 후 10일 이내에 그 궐원된 의원이 그 선거 당시에 소속한 정당의 비례대표국회의원후보자명부에 기재된 순위에 따라 궐원된 국회의원의 의석을 승계할 자를 결정하여야 한다. 다만, 그 정당이 해산된 때 또는 임기만료일 전 180일 이내에 궐원이 생긴 때에는 그러하지 아니하다(公選法 §200②).

비례대표선거국회의원에 당선된 자가 선거범죄로 인하여 당선이 무효로 되어 궐원이 생긴 때에 의석을 승계할 수 없도록 하는 것이 허용되는가 하는 문제가 있다. 이에 대하여 憲法裁判所는 이러한 궐원이 발생한 경우 의석의 승계를 금지하는 것은 선거권자의 정치적 의사표명을 무시하는 것으로 대의민주주의원리에 위반되고, 자기책임원리에 위반되며, 당선인의 선거범죄에 대하여 귀책사유가 없는 차순위 후보자의 공무담임권을 침해하는 것이어서 위헌이라고 판시하였다(예: 憲 2009. 10. 29.-2009헌마350등).

[憲 2009. 10. 29.-2009헌마350등] 「현행 비례대표국회의원 선거에서 선거권자들의 정치적 의사표명에 의하여 직접 결정되는 것은, 특정의 비례대표국회의원 후보자를 비례대표국회의원으로 선출하는 것이 아니라, 비례대표국회의원 후보자명부를 제시한 정당별로 할당될 비례대표국회의원의 수를 배정하는 것이라고 할 수 있다. 그런데 심판대상조항은 선거범죄를 범한 비례대표국회의원 당선인 본인의 의원직 박탈로 그치지 아니하고 그로 인하여 궐원된 의석의 승계를 인정하지 아니함으로써 결과적으로 그 정당에 비례대표국회의원의석을 할당받도록 한 선거권자들의 정치적 의사표명을 무시하고 왜곡하는 결과가 된다. 또한, 당선인이 선거범죄로 당선이 무효로 된 경우를 일반적 궐원 사유인 당선인의 사직 또는 퇴직 등의 경우와 달리 취급하여야 할 합리적인 이유가 있다고 보기도 어렵다. 따라서 심판대상조항은 선거권자의 의사를 무시하고 왜곡하는 결과를 초래한다는 점에서 헌법의 기본원리인 대의제 민주주의 원리에 부합되지 않는다고 할 것이다. 심판대상조항이 정하고 있는 정당의 비례대표국회의원 후보자명부에 의한 승계원칙의 예외사유는, 궐원된 비례대표국회의원의 의석 승계가 허용되지 아니함으로써 불이익을 입게 되는 소속 정당이나 후보자명부상의 차순위 후보자의 귀책사유에서 비롯된 것이 아니라, 당선이 무효로 된 비례대표국회의원 당선인의 선거범죄에서 비롯된 것이다. 그런데

도 심판대상조항은 당선인의 선거범죄에 그 소속 정당이나 차순위 후보자가 개입 내지 관여하였는지 여부를 전혀 묻지 않고, 당선인의 선거범죄가 비례대표국회의원 선거에 있어 정당에 대한 투표결과에 영향을 미치기 위한 것이었는지, 또 실제로 그러한 결과를 초래하였는지에 대해서도 전혀 고려하지 아니하며, 나아가 정당이 비례대표국회의원 후보자의 선거범죄를 미리 예방하기 위한 감독·통제를 게을리 하였는지 여부도 따지지 않고 있다. 이와 같은 점을 종합하여 보면, 비례대표국회의원 당선자의 선거범죄를 이유로 정당 또는 비례대표국회의원 후보자명부상의 차순위 후보자에게 불이익을 주는 심판대상조항은 자기책임의 범위를 벗어나는 제재라고 하지 않을 수 없다. 심판대상조항이 비례대표국회의원 후보자의 선거범죄에 대한 엄정한 제재를 통하여 선거의 공정성을 확보하기 위한 것이라고 하더라도, 선거범죄를 저지른 국회의원 당선자를 처벌하고 당선을 무효로 하는 것만으로도 충분한 제재 효과를 거둘 수 있다고 할 것이므로, 더 나아가 비례대표국회의원 후보자명부상의 차순위 후보자의 승계까지 부인함으로써 선거를 통하여 표출된 선거권자들의 정치적 의사표명을 무시·왜곡하는 결과를 초래하고 선거범죄에 관하여 귀책사유도 없는 정당이나 차순위 후보자에게 불이익을 주는 것은 필요 이상의 지나친 제재를 규정한 것이라고 보지 않을 수 없다. 따라서 심판대상조항은 과잉금지원칙에 위배하여 청구인들의 공무담임권을 침해한 것이라고 보지 않을 수 없다. 결국 이 사건 심판대상조항은 대의제 민주주의 원리 및 자기책임원리에 반하는 것으로서 청구인들의 공무담임권을 과잉금지원칙에 위배하여 침해한 것이라고 할 것이다.」 이 사건은 헌법소원심판사건이어서 헌법재판소는 기본권 침해여부만 판단할 수 있고, 헌법상의 원리위반여부는 판단할 수 없다. 따라서 이 사건에서 공무담임권의 침해는 主論이고 나머지는 傍論임을 유의할 필요가 있다.

Ⅳ. 임 기

비례대표국회의원의 임기도 4년이다(憲法 §42). 비례대표국회의원의 임기도 현재 재임 중인 국회의원의 임기가 국회의원의 선거로 인하여 만료하는 다음날부터 개시한다.

궐원된 국회의원의 의석을 승계한 비례대표국회의원의 임기는 승계가 결정된 때부터 개시되며 전임자의 殘任期間으로 한다(同法 §14②).

3. 議政活動上의 權限과 任務

[224] 第一 槪 說

국회는 합의제 국민대표기관이고 국회의원이 국민의 대표자로서 의정활동을 충실히 하기 위해서는 이를 가능하게 하는 권한이 부여되어야 하고, 이는 충실히 보장되어야 한다. 그래서 이러한 권한은 헌법이나 국회법 등에서 법적 권한으로 보장하고 있다. 이러한 권한은 대의민주주의를 실현하기 위하여 필수적으로 요청되는 것이므로 그 보유는 물론이고 그 행사도 왜곡되거나 침해되어서는 안 된다.

[225] 第二 內　容

Ⅰ. 발 의 권

국회의원이 가지는 發議權이란 국회에서 의제로 될 수 있는 안건을 제출하는 권한을 말한다.

국회의원이 발의권을 행사하는 경우에는 단독 또는 다수로 하는데, 통상의 의안의 발의에서는 국회의원 10인 이상의 찬성이 필요하며(國會法 §79), 예산 또는 기금상의 조치를 수반하는 의안의 발의에서는 그 의안의 시행에 수반될 것으로 예상되는 비용에 대한 추계서를 아울러 제출하여야 한다(國會法 §79의2).

헌법이 정하는 발의권으로서는 법률안제출권(憲法 §52), 탄핵소추발의권(憲法 §65②), 헌법개정안제출권(憲法 §128①) 등이 있다. 헌법개정안제출권이나 탄핵소추발의권에는 특별히 정하는 정족수를 충족시킬 것이 요구된다.

Ⅱ. 질 문 권

국회의원은 정부에 대하여 국정과 관련된 모든 사항에 대하여 질문할 수 있는 권한을 가진다. 여기서 말하는 質問이라 함은 國務總理, 國務委員, 政府委員에 대한 질문을 의미한다.

질문의 형식에는 서면질문과 구두질문이 있다(國會法 §122, §122의2). 대정부질문은 20분을 초과할 수 없다(同法 §122의2②). 국회의원은 20인 이상의 찬성으로 긴급현안질문을 할 수 있다(同法 §122의3).

Ⅲ. 질 의 권

국회의원은 현재 의제가 되어 있는 안건에 대하여 위원장, 발의자, 국무위원, 정부위원에 대하여 의문이 있는 사항을 물을 수 있다(國會法 §108). 質疑는 실제에서 어떤 것을 묻는다는 점에서 질문과 유사하지만, 의제가 된 안건에 대상이 한정되고, 안건 심의상의 절차이며 통상 구두로 하는 점에서 구별된다.

Ⅳ. 발 언 권

국회의원은 국회가 관장하는 업무나 의사진행 등과 관련하여 발언할 수 있다. 發言權은 합의제 국민대표기관인 국회제도를 설치하고 있는 제도에서 당연히 도출된다. 국회제도를 정하고 있는 헌법 제40조, 국회의원제도를 정하고 있는 헌법 제41조 제 1 항, 발언에 대하여 구체적으로 정하고 있는 헌법 규정(예: 憲法 §45)으로부터 도출된다.

국회의원의 발언은 필수적인 것이지만, 국회의 원활한 운용과 다른 국회의원의 발언권의 보장을 위하여 일정한 통제를 받는다. 國會法은 국회의원이 발언하려고 하는 경우에는 미리 국회의장에게 통지하여 허가를 받도록 하고 있으며(國會法 §99), 발언의 합리적인 보장을 위하여 발언원칙과 발언횟수의 제한 등을 정하고 있다(同法 §100-§105). 국회의장이 표결을 선포한 때에는 누구든지 해당 안건에 대하여 발언할 수 없다(同法 §110②).

V. 토 론 권

국회의원은 현재 의사일정에 올린 안건에 대하여 찬반의 討論을 할 수 있다. 이러한 토론은 안건을 심의하는데 있어서 필요한 경우도 있으므로 이를 보장한 것이다. 국회의원이 토론을 하고자 하는 경우에는 미리 반대 또는 찬성의 의사를 국회의장에게 통지하여야 한다(國會法 §106). 이는 의사진행을 원활하게 하고 토론으로 상대방의 발언이나 의사의 진행을 방해하는 것을 방지하기 위한 것이다. 사안의 성질에 따라서는 토론 없이 바로 표결하게 할 수 있다(예: 同法 §108③).

VI. 표 결 권

국회의원은 본회의와 위원회 등에 참가하여 表決할 수 있는 권한을 가진다. 이러한 표결은 국회의 의결을 성립시키는 방법으로 채택하고 있으므로 표결권은 국가의사결정권을 행사함에 있어 필수불가결하게 요청되는 권한이다.

表決權은 憲法 제40조의 국회제도와 제41조 제1항의 국회의원제도 및 이를 구체적으로 정하고 있는 헌법 규정(예: 憲法 §49)으로부터 도출되는 헌법상의 권한이다. 憲法裁判所는 심의권과 표결권의 헌법적 근거를 헌법 제40조, 제41조 제1항, 제49조라고 본다(예: 憲 1997. 7. 16.-96헌라2; 2000. 2. 24.-99헌라1; 2009. 10. 29.-2009헌라8등). 국회법은 표결에 관하여 절차와 방법 등을 정하고 있다(國會法 §109-§114).

[憲 2000. 2. 24.-99헌라1] 「국회의원은 국민이 직접 선출하는 대표로서 헌법과 법률에서 여러 권한을 부여하고 있지만 그 중에서 가장 중요하고 본질적인 것은 입법에 대한 권한임은 두말할 필요가 없다. 이 권한에는 법률안제출권(憲法 §52)과 법률안 심의·표결권이 포함되는 것이다. 이 법률안 심의·표결권은 의회민주주의의 원리, 입법권을 국회에 귀속시키고 있는 헌법 제40조, 국회는 국민이 선출한 국회의원으로 구성한다고 규정한 헌법 제41조 제1항으로부터 도출되는 헌법상의 권한이다. 그리고 이러한 법률안 심의·표결권은 국회의 다수파의원에게만 보장되는 것이 아니라 소수파의원과 특별한 사정이 없는 한 국회의원 개개인에게 모두 보장되는 것 또한 의문의 여지가 없다.」

[憲 2009. 10. 29.-2009헌라8등] 「국회의원은 국민에 의하여 직접 선출되는 국민의 대표로서 여러 가지 헌법상·법률상의 권한이 부여되어 있지만 그 중에서도

가장 중요하고 본질적인 것은 입법에 대한 권한임은 두 말할 나위가 없고, 이 권한에는 법률안 제출권(憲法 §52)과 법률안 심의·표결권이 포함된다. 국회의원의 법률안 심의·표결권은 의회민주주의의 원리, 입법권을 국회에 귀속시키고 있는 헌법 제40조, 국민에 의하여 선출되는 국회의원으로 국회를 구성한다고 규정하고 있는 헌법 제41조 제1항 및 국회의결에 관하여 규정한 헌법 제49조로부터 당연히 도출되는 헌법상의 권한이다. 그리고 이러한 국회의원의 법률안 심의·표결권은 헌법기관으로서의 국회의원 각자에게 모두 보장되는 것 또한 의문의 여지가 없다.」

의정활동에서 정당이 적극적인 역할을 하는 경우에 구체적인 안건의 표결에 있어서 소속 국회의원에 대하여 일정한 방향을 제시하거나(예: 당론의 결정), 행동의 방침을 정하고 이를 요구하는 경우가 있으나, 대의민주주의의 요청상 이러한 경우에도 국회의원은 소속 정당의 방향제시나 요구에 구애됨이 없이 자유로이 표결한다. 국회의원이 특정 정당에 소속되어 있다고 하더라도 다른 정당의 입장에 동조하여 표결할 수 있는데, 이러한 표결을 自由投票(=交叉投票)라고 한다. 국회의원은 명문의 규정이 없어도 헌법상의 대의원리에 의거하여 자유투표를 할 수 있으며, 이를 법으로 금지하거나 제한하는 것은 대의원리에 위반되어 위헌이다. 國會法은 「의원은 국민의 대표자로서 소속정당의 의사에 기속되지 아니하고 양심에 따라 투표한다」라고 정하여(同法 §114의2) 자유투표를 명시적으로 보장하고 있다.

Ⅶ. 자 율 권

국회의원은 국회가 국회의장이나 부의장을 선출함에 있어서 투표를 하거나(國會法 §15) 임시국회의 소집을 요구(憲法 §47①)하는 등 自律權을 가진다.

이러한 자율권은 헌법이나 법률의 범위 내에서 인정되는 것이며, 실정 법규의 규정이 없어도 헌법상의 국회제도에 의하여 인정되는 것이다. 국회의장과 부의장을 선출하는 것은 국회의 조직자율권으로서의 성격을 갖는데, 이는 헌법에서 정하는 직무상의 권한인 동시에 의무이기도 하다. 따라서 국회는 국회의장과 부의장을 선출하여 국회를 조직하여야 한다.

[226] 第三 法的 性格

국회의원이 가지는 이러한 권한은 국회의원의 지위와 직무수행의 필요에 의해 법에 의하여 부여되는 權限(Kompetenz)이다. 이는 직무상의 권한이기 때문에 직무상의 의무로서의 성격도 가진다.

국회의원에게 부여된 이러한 권한은 국회의원의 지위에서 가지는 권한이므로 국회의 권한이 아니다. 국회의원의 발의나 표결로 이루어지는 행위를 하는 권한은 국회의 권한이 되는 경우가 있다. 예컨대 조약에 대한 동의(憲法 §60①), 국무총리등의 해임 건의(憲法 §63), 탄핵의 소추(憲法 §65①), 헌법개정안의 의결(憲法 §130①), 대통령의 각종 행위에 대한 동의 등이 그에 해당한다.

국회의원의 권한은 국민대표자로서 국회의원의 직을 수행하는데 필요하여 부여하는 직무상의 권한이기 때문에 개인의 지위에서 인정되는 權利(right)가 아니다. 따라서 이러한 것이 헌법에 의하여 부여된 경우라고 할지라도 이는 헌법상의 基本權(constitutional right)이 아니다.

[227] 第四 侵害와 救濟

국회의원의 이러한 권한이 침해된 경우에 국회의원은 권한쟁의심판절차를 통하여 다툴 수 있다(예: 憲 1997. 7. 16.-96헌라2). 그러나 이러한 권한은 헌법상의 기본권이 아니기 때문에 헌법소원심판절차를 통하여 다툴 수는 없다(예: 憲 1995. 2. 23.-90헌마125; 1998. 8. 27.-97헌마8등).

> [憲 1997. 7. 16.-96헌라2] 「국회의원은 헌법 제41조 제1항에 따라 국민의 선거에 의하여 선출된 헌법상의 국가기관으로서 헌법과 법률에 의하여 법률안제출권, 법률안 심의·표결권 등 여러 가지 독자적인 권한을 부여받고 있으며, 피청구인인 국회의장도 헌법 제48조에 따라 국회에서 선출되는 헌법상의 국가기관으로서 헌법과 법률에 의하여 국회를 대표하고 의사를 정리하며, 질서를 유지하고 사무를 감독할 지위에 있고, 이러한 지위에서 본회의 개의시의 변경, 의사일정의 작성과 변경, 의안의 상정, 의안의 가결선포 등의 권한을 행사하게 되어 있다. 따라서 국회의원과 국회의장 사이에 위와 같은 각자 권한의 존부 및 범위와 행사를 둘러싸고 언제나 다툼이 생길 수 있고, 이와 같은 분쟁은 단순히 국회의 구성원인 국회의원과 국회의장간의 국가기관 내부의 분쟁이 아니라 각각 별개의 헌법상의 국가기관으로서의 권한을 둘러싸고 발생하는 분쟁이라고 할 것인데, 이와 같은 분쟁을 행정소송법상의 기관소송으로 해결할 수 없고 권한쟁의심판 이외에 달리 해결할 적당한 기관이나 방법이 없으므로(행정소송법 제3조 제4호 단서는 헌법재판소의 관장사항으로 되는 소송을 기관소송의 대상에서 제외하고 있으며, 같은 법 제45조는 기관소송을 법률이 정한 경우에 법률이 정한 자에 한하여 제기할 수 있도록 규정하고 있다) 국회의원과 국회의장은 헌법 제111조 제1항 제4호 소정의 권한쟁의심판의 당사자가 될 수 있다고 보아야 할 것이다.」
>
> [憲 1995. 2. 23.-90헌마125] 「입법권은 헌법 제40조에 의하여 국가기관으로서의 국회에 속하는 것이고, 국회의원이 국회 내에서 행사하는 질의권·토론권 및 표결권 등은 입법권 등 공권력을 행사하는 국가기관인 국회의 구성원의 지위에 있는 국회의원에게 부여된 권한으로서 국회의원 개인에게 헌법이 보장하는 권리 즉 기본권으로 인정된 것이라고 할 수는 없다. 그러므로 국회의 구성원인 지위에서 공권력작용의 주체가 되어 오히려 국민의 기본권을 보호 내지 실현할 책임과 의무를 지는 국회의원이 국회의 의안처리과정에서 위와 같은 권한을 침해당하였다고 하더라도 이는 헌법재판소법 제68조 제1항에서 말하는 "기본권의 침해"에는 해당하지 않으므로, 이러한 경우 국회의원은 개인의 권리구제수단인 헌법소원을 청구할 수

없다고 할 것이다.」

4. 職務上의 免責과 特權

[228] 第一 職務上의 免責

I. 의 의

(1) 개 념

국회의원이 가지는 免責(immunity, Indemnität)이라 함은 국회의원이 국회에서 직무상 행한 발언과 표결에 관하여 대외적으로 책임을 지지 않는 것을 말한다. 헌법 제45조는 「국회의원은 국회에서 직무상 행한 발언과 표결에 관하여 국회 외에서 책임을 지지 아니한다」라고 정하여 이러한 면책을 헌법의 수준에서 보장하고 있다.

(2) 연 혁

국회의원에 대한 면책은 영국 의회주의의 발달과정에서 왕에 대한 의회의 투쟁의 산물로 생겨난 것이다. 이는 왕에 의해 가해지는 의회에 대한 탄압을 방지하기 위한 수단으로 생겨난 것이다. 우리나라에서 국회의원에 대한 면책은 1948년헌법 이래 줄곧 헌법에서 정하고 있다.

헌법 / 내용	1948년헌법-1952년헌법-1954년헌법-1960년6월헌법-1960년11월헌법	1962년헌법-1969년헌법-1972년헌법-1980년헌법-1987년헌법
규정	국회의원은 국회 내에서 발표한 의견과 표결에 관하여 외부에 대하여 책임을 지지 아니한다.	국회의원은 국회에서 직무상 행한 발언과 표결에 관하여 국회 외에서 책임을 지지 아니한다.

(3) 제도적 의의

국회의원에게 면책을 인정하는 것은 국회의원으로 하여금 의정활동을 수행함에 있어 자유로운 발언과 결정을 통하여 전체 국민에게 이익이 되는 전체이익 또는 국가이익을 추구할 수 있게 하고, 행정부나 사법부 등에 대한 통제권을 행사함에 있어서 그 책임을 면제하여 행정부나 사법부로부터의 압력이나 탄압을 방지하며, 각종의 의정활동에서 국회의 독립성과 자율성을 보장하고자 하는데 그 제도적 의의가 있다(예: 大 1992. 9. 22.-91도3317; 1996. 11. 8.-96도1742).

[大 1996. 11. 8.-96도1742] 「헌법 제45조는 "국회의원은 국회에서 직무상 행한 발언과 표결에 관하여 국회 외에서 책임을 지지 아니한다"고 규정하여 국회의원

> 의 면책특권을 인정하고 있는바, 그 취지는 국회의원이 국민의 대표자로서 국회 내에서 자유롭게 발언하고 표결할 수 있도록 보장함으로써 국회가 입법 및 국정통제 등 헌법에 의하여 부여된 권한을 적정하게 행사하고 그 기능을 원활하게 수행할 수 있도록 보장하는 데에 있다.」

Ⅱ. 법적 성질

국회의원이 가지는 이러한 책임의 면제는 일체의 법적인 책임의 면제를 의미한다. 따라서 국회의원이 국회에서 직무상 행한 발언과 표결의 행위가 형사적으로 범죄행위를 구성한다고 하더라도 형사적 책임을 지지 않고, 대외적으로 민사적인 불법행위에 해당하더라도 민사상 불법행위의 책임을 지지 않는다.

국회의원의 발언이나 표결이 국가 또는 국민에게 피해를 초래한 경우에도 차기 선거에서 정치적으로 책임을 물을 수 있을 뿐이고, 이와 관련하여 해당 국회의원에게 국가나 국민이 직접 법적인 책임을 물을 수는 없다. 국회의원이 자신의 표결행위에 대하여 법적 책임을 지지 아니하는 것은 代議原理에서 도출되는 결론이다. 국회의원의 표결행위는 곧 정책결정권 또는 국가의사결정권의 행사에 해당하기 때문에 대의원리상 이러한 행위에는 법적인 책임을 지울 수 없다.

> 헌법원리적으로 볼 때, 국회의원의 표결에 대하여 법적인 책임을 지지 않는 것은 대의원리의 요소에 해당하지만, 국회에서의 발언에 대하여 법적인 책임을 면제하는 것은 대의원리가 아니라 행정부 또는 사법부의 억압이나 탄압으로부터 국회의원을 보호하기 위하여 인정하는 것이다(鄭宗燮a, 264).

면책은 대의제도가 정상적으로 작동함에 있어서 국회의원이 가지는 기능을 보장하기 위하여 대외적으로 책임을 지는 것을 면제하는 것이므로 이는 성질상 特權(privilege)에 해당하지 않는다. 따라서 이에는 처음부터 국회의원이 아닌 자와의 관계에서 평등권이나 평등원칙의 위배문제는 발생하지 않는다.

Ⅲ. 주　　체

국회의원이 가지는 이러한 면책은 오로지 헌법이 정하는 국회의원(憲法 §41①)에게만 인정된다.

국회의원 이외에는 대통령을 포함하여 어느 누구에게도 헌법 제45조가 정하는 면책이 인정되지 않는다. 국회의원과 국무위원을 겸한 자에 있어서는 그 자가 국회의원의 지위에서 국회의원의 직무를 수행하는 경우에 한하여 이러한 책임면제가 인정된다. 국무위원으로서 발언한 행위에 대해서는 이러한 면책이 인정되지 않는다(同旨: 許營a, 932; 權寧星, 941, 反對: 金哲洙b, 1577).

국회의원을 보좌하는 보좌관, 비서관, 국회 위원회의 직원 등 보조인력의 경우에도 비록 그 업무가 국회의원의 직무를 보좌하는 것이라고 하더라도 원칙적으로 이러한 면책이 인정되지 않는다. 다만, 이러한 보조인력의 행위가 국회의원의 행위와 일체를 이루어 하나로 평가할 수 있는 경우에는 면책의 보호를 받을 여지가 있다고 할 것이다(Doe v. McMillan (1973) 참조).

국회의원의 행위와 관련하여 共犯으로서의 지위에서 가담한 자(공동정범, 교사범, 방조범)에게는 형사상 면책이 인정되지 않으며, 민사상으로도 공동불법행위의 책임이 인정되는 범위에서 국회의원은 책임이 면제되지만 국회의원이 아닌 자에게는 책임이 면제되지 않는다.

Ⅳ. 면책의 요건

국회의원에게 책임이 면제됨에 있어서는 국회의원이 국회에서 직무상 행한 발언과 표결일 것이 요구된다(憲法 §45).

(1) 발언과 표결의 행위

면책의 대상이 되는 發言이란 의제에 관한 일체의 意思表示를 말한다. 이에는 議題에 관한 발의, 토론, 질문, 설명, 진술 등 모든 종류의 의사표시가 이에 해당한다. 구두로 행한 발언뿐 아니라 서면으로 작성하여 공표한 의사표시도 포함된다.

책임이 면제되는 발언은 虛僞의 발언이어서는 안 된다. 명백히 허위임을 알면서도 허위의 사실을 摘示하여 타인의 명예를 훼손하는 경우는 책임이 면제되지 않는다. 그러나 발언 내용이 허위라는 점을 인식하지 못하였다면, 비록 발언 내용에 다소 근거가 부족하거나 眞僞 與否를 확인하기 위한 조사를 제대로 하지 않았다고 하더라도 그것이 직무 수행의 일환으로 이루어진 때에는 면책의 대상이 된다(예: 大 2007. 1. 12.-2005다57752).

면책의 대상이 되는 表決이란 의제에 관하여 찬성 또는 반대의 의사를 표시하는 것을 말한다. 그 방법에는 아무런 제한이 없고, 표결시에 표결을 하지 아니하거나 회의장에서 퇴장하는 행위도 이에 해당한다.

발언이나 표결의 행위는 그 행위 자체에만 한정되지 않고, 자료제출의 요구와 같이 이에 통상적으로 부수하여 행해지는 행위도 이에 포함된다(예: 大 1996. 11. 8. -96도1742).

[大 1996. 11. 8.-96도1742] 「면책특권의 대상이 되는 행위는 국회의 직무수행에 필수적인 국회의원의 국회 내에서의 직무상 발언과 표결이라는 의사표현행위 자체에만 국한되지 않고 이에 통상적으로 부수하여 행하여지는 행위까지 포함된다고 할 것이다(大 1992. 9. 22. -91도3317 참조). 국회의원이 국회의 위원회나 국정감사장에서 국무위원 · 정부위원 등에 대하여 하는 질문이나 질의는 국회의 입법활동에 필요한 정보를 수집하고 국정통제기능을 수행하기 위한 것이므로 면책특권의 대상이 되는 발언에 해당함은 당연하고, 또한 국회의원이 국회 내에서 하는 정부 · 행정기관에 대한 자료제

출의 요구는 국회의원이 입법 및 국정통제활동을 수행하기 위하여 필요로 하는 것이므로 그것이 직무상 질문이나 질의를 준비하기 위한 것인 경우에는 직무상 발언에 부수하여 행하여진 것으로서 면책특권이 인정되어야 한다.」

(2) 직무상의 행위

국회의원에게 인정되는 면책은 국회의원의 직무상의 행위(official capacity)에 한하여 인정된다. 여기서 말하는 직무란 헌법과 법률이 정하는 바에 따라 인정된 일체의 권한 행사 또는 의무 이행과 관련한 직무를 말하며, 정당한 직무를 말한다.

면책의 대상이 되는 「職務上」의 행위는 직무행위 그 자체에만 한정되는 것이 아니라, 직무행위와 관련이 있는 先後의 행위나 직무집행에 통상적으로 附隨되는 행위도 포함된다. 어떠한 것이 이러한 행위에 포함되는가 하는 것은 면책의 제도적 의의에 비추어 해당 행위의 목적, 장소, 태양 등 여러 상황을 종합적으로 고려하여 판단한다(예: 大 1992. 9. 22.-91도3317). 예컨대 본회의장에서 발언할 내용을 인쇄한 문건을 본회의장에 들어가기 직전에 국회의사당 내의 기자실에서 배포하고 본회의장에서 그대로 발언한 경우에 있어 발언문건의 사전배포행위는 이러한 부수행위에 해당한다.

[大 1992. 9. 22.-91도3317] 「면책특권의 대상이 되는 행위는 직무상의 발언과 표결이라는 의사표현행위 자체에 국한되지 아니하고 이에 통상적으로 부수하여 행하여지는 행위까지 포함한다고 할 것이고, 그와 같은 부수행위인지 여부는 결국 구체적인 행위의 목적, 장소, 태양 등을 종합하여 개별적으로 판단할 수밖에 없다고 할 것이다. 원심판결의 이유에 의하면, 원심은 피고인이 신한민주당 소속 제12대 국회의원으로서 1986. 7.경 제131회 정기국회 본회의에서의 정치분야 대정부 질문자로 내정되어 그 질문 원고를 작성함에 있어 우리나라의 통일정책과 관련하여 '이 나라의 국시는 반공이 아니라 통일이어야 한다', '통일이나 민족이라는 용어는 공산주의나 자본주의보다 그 위에 있어야 한다'는 등 통일을 위해서라면 공산화통일도 용인하여야 한다는 취지 등을 담은 원고를 완성하고 비서인 공소외 양○석으로 하여금 50부를 복사하게 한 다음, 같은해 10. 13. 13 : 30 국회의사당 내 기자실에서 위 양○석을 통하여 그 중 30부를 국회 출입기자들에게 배포함으로써 반국가단체인 북괴의 활동에 동조하여 이를 이롭게 한 것이다라는 공소사실에 대하여, 피고인이 배포한 원고의 내용이 공개회의에서 행할 발언내용이고(회의의 공개성), 원고의 배포시기가 당초 발언하기로 예정된 회의시작 30분 전으로 근접되어 있으며(시간적 근접성), 원고배포의 장소 및 대상이 국회의사당 내에 위치한 기자실에서 국회출입기자들만을 상대로 한정적으로 이루어졌고(장소 및 대상의 한정성), 원고배포의 목적이 보도의 편의를 위한 것이라는(목적의 정당성) 등의 사실을 인정한 후 이와 같은 사실을 종합하여 피고인이 국회 본회의에서 질문한 원고를 위와 같이 사전에 배포한 행위는 국회의원의 면책특권의 대상이 되는 직무부수행위에 해당한다고 판시하고 있는바, 기록에 비추어 원심의 판단은 옳게 수긍이 되고 거기에 국회의원의 면책특권에 관한 법리를 오해하였거나 채증법칙을 어긴 위법이 없다. 그리고 피고인이 자신의 발언내용이 국회 회의록에 게재되지 못할 것이

라는 정을 알고 있었다거나, 원고의 내용을 본회의에서 그대로 발언하게 될 가능성이 없어 결국 외부에 공표될 수 없음을 예견하였다고 인정되지 아니하는 바에야 이를 전제로 한 주장들은 어느 것이나 받아들일 수 없다.」

직무와 관련이 없이 타인에 대하여 비난·모욕을 하거나 명예훼손 또는 폭행 기타 폭력행위를 하는 것은 국회 내에서 행해졌다고 하더라도 직무상의 행위가 될 수 없으므로 성질상 면책의 보호영역에 해당되지 않는다. 또 국회에서 발언을 해주겠다고 외부인과 약속을 한 후 발언한 행위(이에는 정실이 개입할 수 있고, 뇌물수수도 있을 수 있다)도 면책의 대상이 되지 않는다.

國會法은 「의원은 본회의 또는 위원회에서 다른 사람을 모욕하거나 다른 사람의 사생활에 대한 발언을 할 수 없다」고 정하고 있으며(同法 §146), 이를 위반한 행위를 징계사유로 정하고 있다(同法 §155). 독일연방헌법은 의원의 責任免除(Indemnität)는 中傷的인 명예훼손(verleumderische Beleidigung)에는 효력이 없다고 정하고 있다.

(3) 국회 내에서의 행위

국회 내란 국회의사당의 건물만 의미하는 것이 아니라 본회의나 위원회가 개최되고 있는 일체의 장소를 말한다. 책임면제가 인정되는 것은 원칙적으로 장소적 개념이지만, 국회의 기능에 해당하는 이상 반드시 국회의사당 건물만에 한정되는 것은 아니다. 국정감사나 국정조사가 행해지는 장소에서의 발언은 책임면제의 대상이 된다. 交涉團體에서의 발언은 해당 교섭단체의 모임이 국회의 기능에 해당하는 경우에 한하여 책임이 면제된다.

그러나 국회의 기능에 해당하지 않는 장소에서의 발언에 대해서는 책임면제가 인정되지 않는다. 예컨대, 국회의원의 현장조사대상의 장소, 대중집회, 의정보고대회, 자기 선거구의 사무실, 소속 정당행사장, 기자회견장, 인터넷 홈페이지에서의 발언에 대해서는 책임이 면제되지 않는다.

V. 면책의 효과

국회의원이 위에서 본 바와 같은 요건을 갖춘 행위를 한 이상 국회 외에서 책임을 지지 않는다.

(1) 법적 책임의 면제

국회의원에게 인정되는 면책의 범위는 일체의 법적인 책임(legal accountability)이 면제됨을 의미한다. 형사상, 민사상, 또는 기타 실정법상의 일체의 책임이 면제된다. 따라서 면책의 대상에 해당하는 행위에 대해서는 공소를 제기할 수 없으며, 그러함에도 공소가 제기된 경우에는 공소권이 없음에도 공소가 제기된 것이어서 법원은 형사소송법 제327조 제2호에 따라 공소를 기각하는 판결을 하여야 한다(예: 大 1992. 9. 22.-91도3317. 同旨: 신동운, 1003).

(2) 「국회 외」에서의 면책

(a) 대외적 면책

국회의원의 면책은 「국회 외」에서 책임을 지지 아니하는 것을 의미한다. 따라서 다른 국가기관에 대해서나 사회 또는 국민에 대하여 아무런 책임을 지지 아니한다. 국회의원은 국민의 대표자로서 발언하고 표결하기 때문에 그러한 행위가 국회 내에서 국민의 대표자의 지위에서 행해지는 한 이에 대해서는 어떤 책임도 물어서는 안되는데, 命令的 委任을 배제하는 것을 그 내용의 한 요소로 하고 있는 헌법의 대의원리상으로도 이는 필수적으로 요구되는 사항이다(예: 憲 1994. 4. 28.-92헌마153).

> [憲 1994. 4. 28.-92헌마153] 「헌법 제7조 제1항의 "공무원은 국민전체에 대한 봉사자이며, 국민에 대해 책임을 진다"라는 규정, 제45조의 "국회의원은 국회에서 직무상 행한 발언과 표결에 관하여 국회 외에서 책임을 지지 아니한다"라는 규정 및 제46조 제2항의 "국회의원은 국가이익을 우선하여 양심에 따라 직무를 행한다"라는 규정들을 종합하여 볼 때, 헌법은 국회의원을 자유위임의 원칙하에 두었다고 할 것이다.」

(b) 대내적 면책 문제

헌법 제45조는 국회의원의 면책에 대하여 「國會 외에서 責任을 지지 아니한다」고 정하고 있기 때문에 「國會 내」에서는 책임을 지는가 하는 문제가 있다. 국회의원이 국민의 대표자로서 국정을 수행하기 위하여 발언하고 토론하고 표결하는 행위를 하는 이상 이것에 대해서 국회 내에서도 원칙적으로 책임을 지지 않아야 합당하다. 국회나 국회의원이 가지는 기능을 수행하기 위하여 인정된 권한을 행사하거나 의무를 이행하기 위한 과정에서의 의사표시가 국가나 국민에게 결과적으로 불이익을 초래하였다고 하더라도 이러한 잘못에 대해서는 원칙적으로 정치적 책임만 질 뿐 국회 내에서도 법적인 책임을 지지 아니한다(反對: 金哲洙b, 1579; 權寧星, 943; 許營a, 932; 成樂寅, 903). 따라서 국회의 다수의원은 표결에서 반대되는 견해를 표명한 소수의원에 대해서는 원칙적으로 징계 기타 어떠한 불이익한 조치도 취할 수 없다. 다만, 국회의원의 발언이 대외적으로 면책되는 경우라도 중대한 국익(예: 중대한 국가기밀)이나 공익을 침해하는 경우에는 징계할 수 있다. 직무와 관련이 없는 위법한 것인 경우(예: 타인에 대한 모욕, 명예훼손, 사생활의 침해)에는 대외적으로 면책도 되지 않을 뿐 아니라 징계도 할 수 있다.

미합중국헌법에서는 「상하 양원의 의원은 어떠한 장소에서도 양원에서 행한 발언이나 토론을 이유로 책임을 지지 않는다」(for any Speech or Debate in either House, they shall not be questioned in any other Place)고 정하고 있다(Art. I, Sec. 6).

(3) 시간적 범위

국회의원의 면책은 국회의원의 임기중에 한하지 않고 국회의원의 직에서 퇴직한 경우에도 인정된다. 국회의원의 責任免除는 국회의원의 자격을 획득하고 이를 유효하게 유지하고 있는 동안에 인정되고, 국회의원으로서 활동하는 기간 동안에 책임이 이미 면제되기 때문에 사후에 국회의원의 직을 상실하더라도 책임면제는 유효하다. 따라서 사후에 선거무효나 당선무효의 판결, 자격심사, 징계에 의한 除名, 임기만료, 정당해산결정, 기타 법률이 정하는 사유(예: 國會法 §192④의 당적이탈 · 변경, 이중당적보유)로 의원직을 상실한 경우에도 그 이전에 국회의원으로서 활동했던 당시의 발언과 표결에 대해서는 이미 책임이 면제되었기 때문에 이에 대해서는 책임을 지지 않는다.

Ⅵ. 한 계

국회의원에 대한 면책은 그 목적에 있어서 국회 내에서의 활동(legislative business 입법활동, 조사활동 등 포함. 예: Eastland v. United States Servicemen's Fund(1975))을 보호하기 위한 것이기 때문에 국회의원이 정치인으로서 행하는 일반적인 정치적 활동(political activities)을 보호하는 수단으로는 인정되지 않는다.

따라서 면책의 대상이 되는 행위라고 하더라도 다시 국회 밖에서 이를 발표하거나 출판하는 행위 등은 면책되지 않는다(同旨: 權寧星, 943; 許營a, 933; 金哲洙b, 1579). 국회에서 발언한 이후의 이러한 행위는 국회의 기능과 그와 관련된 의원활동에 해당하지 않으므로 책임면제의 대상이 되지 않는다. 국회의 기능을 수행하기 위하여 한 발언이 국가이익이나 전체 국민의 이익에 반하는 것이지만 면책조항에 의하여 보호를 받았더라도 이를 다시 외부 출판사를 통하여 그 내용을 출판하는 것은 면책의 보호를 받지 못한다(예: Gravel v. United States(1972)). 또 국회 내에서 한 발언을 행정부의 공무원에게 전화를 하여 말하거나 신문에 공표하거나 언론사에 알리는 것도 면책의 보호를 받지 못한다(예: Hutchinson v. Proxmire(1979)).

그러나 발언이나 표결이 있은 회의록이 공개된 경우에 이를 다시 인용하는 것은 면책의 대상이 된다. 법률이나 국회규칙에서 비밀을 요한다고 하여 회의내용이 비공개로 된 경우에 이를 공표하는 행위는 면책되지 않는다.

[229] 第二 不逮捕特權

Ⅰ. 의 의

(1) 개 념

국회의원에게 인정되는 불체포특권(privilege from arrest, Immunität)이라 함은 국회의원이 현행범인이 아닌 이상 회기중 국회의 동의 없이 체포 또는 구금되지 아니하고, 회기 전에 체포 또는 구금된 경우라 할지라도 현행범인이 아닌 한 국회의 요구가 있으면 회기중 석방될 수 있는 특권을 말한다. 헌법 제44조는 「① 국회의원은 현행범인인 경우를 제외하고는 會期中 국회의 同意 없이 逮捕 또는 拘禁되지 아니한다. ② 국회의원이 會期 前에 체포 또는 구금된 때에는 현행범인이 아닌 한 국회의 要求가 있으면 회기중 釋放된다」라고 정하여 이를 보장하고 있다.

(2) 연 혁

국회의원의 불체포특권은 1948년헌법에서 채택한 이래 계속하여 헌법에서 인정하여 왔다.

헌법 / 내용	1948년헌법	1952년헌법-1954년헌법-1960년6월헌법-1960년11월헌법	1962년헌법-1969년헌법-1972년헌법-1980년헌법-1987년헌법
규정	국회의원은 현행범을 제한 외에는 회기중 국회의 동의 없이 체포 또는 구금되지 아니하며 회기 전에 체포 또는 구금되었을 때에는 국회의 요구가 있으면 회기중 석방된다.	국회의원은 현행범을 제외한 외에는 회기중 그 원의 동의 없이 체포 또는 구금되지 아니하며 회기 전에 체포 또는 구금되었을 때에는 그 원의 요구가 있으면 회기중 석방된다.	① 국회의원은 현행범인인 경우를 제외하고는 회기중 국회의 동의 없이 체포 또는 구금되지 아니한다. ② 국회의원이 회기 전에 체포 또는 구금된 때에는 현행범인이 아닌 한 국회의 요구가 있으면 회기중 석방된다.

국회의원의 불체포특권은 15세기 의회가 발달하기 시작한 영국에서 처음 생겨났는데, 군주의 자문기관으로서의 지위에 있던 초창기 의회가 민사재판의 당사자로부터 방해를 받지 않고 공무를 정상적으로 수행할 수 있도록 하기 위하여 「민사재판을 위한 拘引」(civil arrest)을 금지하는 것에서 비롯되었다. 1603년 의회특권법(Privilege of Parliament Act)은 이를 명문화하였다. 그 후 군주와의 투쟁과정에서 의회의 자율성이 강조되면서 군주로부터 의회활동을 수호하는 방법으로 발전하였다. 그러나 어느 경우에도 영국에서는 형사상 범죄혐의가 있는 경우에는 이런 특권은 인정되지 않았다. 불체포특권이 의회의 자율성과 의원의 활동의 자유를 보호하기 위한 장치로 헌법상 보장된 것은 아메리카 식민지시대에서 1777년에 13개의 state들이 연합하여 「聯合規約」(Articles of Confederation and Perpetual Union)에서 의회의 의원은 반역죄, 중죄, 치안을 害하는 죄를 범한 경우를 제외하고는 의회에 출석하고 있거나 출퇴근을 하는 기간중에는 체포되거나 수감되지 않는다고 정한 것(Article 5)과 1787년에 제정된 미합중국연방헌법(The Constitution of the United States)에서 「상원과 하원의 회기중에는 출석하고 있거나 출석을 위하여 출근 또는 출석 후 귀가하는 의원은 반역죄(Treason), 重罪(Felony), 치안을 害하는 죄(Breach of Peace)를 범한 경우를 제외하고는 체포되지 아니한다」고 정한 규정(Article I, Section 6)에서 비롯한다. 그러나 대부분의 형사범죄가 치안을 해하

는 죄에 해당하기 때문에(Williamson v. U.S.(1908); Long v. Ansell(1934)) 형사상 범죄혐의가 있는 경우에는 불체포특권은 인정되지 않는 셈이다. 프랑스에서는 중죄사건과 경죄사건에서는 의원이 소속된 院의 동의 없이 체포할 수 없으나, 현행범이나 유죄의 확정판결이 있는 경우에는 의회의 동의 없이 체포할 수 있다. 독일은 현행범인 경우와 그 다음날 체포되는 경우를 제외하고는 의원은 임기 동안 형사범죄와 관련하여 연방의회의 동의가 없는 한 그에 대한 책임을 지지 않으며 체포되지 아니한다(GG §46②,③).

(3) 제도적 의의

불체포특권의 제도적 의의는 행정부에 의하여 국회의 기능이 無力化되거나 국회의원의 활동이 제약되는 것을 방지하여 국회와 국회의원이 정상적으로 활동할 수 있도록 하는 데 있다.

Ⅱ. 법적 성질

불체포특권은 국회의 정상적인 기능과 국회의원의 자유로운 의정활동을 보장하기 위하여 국회의원에게 특별히 특혜를 주는 特權(privilege)이다. 국회의원은 이러한 특혜를 침해당한 경우에 불체포특권을 권리로서 주장할 수 있다.

이러한 불체포특권은 특권이기 때문에 국회의원이 아닌 자와의 관계에서 평등의 문제가 발생하는데, 이러한 특권은 전체 국민의 이익을 추구하는 국회의 기능과 국회의원의 활동을 보장하기 위하여 국민의 대표자에게 인정하는 것이므로 이러한 한도 내에서 평등원칙에 합치한다. 따라서 이러한 특권을 국회의원의 직무수행상의 필요를 넘어 국회의원 개인의 사적인 이익을 추구하는 수단으로 이용할 수는 없다.

Ⅲ. 주　　체

국회의원이 가지는 불체포특권은 오직 헌법이 정하는 국회의원(憲法 §41①)에게만 인정된다. 국회의원 이외에 대통령을 포함하여 어느 누구도 헌법 제44조가 정하는 불체포특권을 가지지 못한다.

국회의원과 국무위원을 겸한 자에 있어서는 그 자가 국회의원의 지위에서 국회의원의 직무를 수행하는 경우에 한하여 불체포특권이 인정된다. 국무위원으로서 활동하는 이상 국회의원직을 겸하고 있다고 하더라도 불체포특권이 인정되지 않는다.

Ⅳ. 불체포특권의 내용

불체포특권은 일반인과 달리 국회의원의 경우에는 일반인의 경우라면 체포 또는 구금될 수 있는 경우라도 체포 또는 구금되지 아니한다는 것과 국회의원이 이미 체포 또는 구금된 경우라고 하더라도 일정한 경우에는 석방된다는 것을 그 내용으로 한다.

(1) 원 칙

불체포특권은 현행범인이 아닌 한 일정한 경우에 국회의원에 대한 체포 또는 구금을 금지하거나 체포 또는 구금된 국회의원을 석방하는 것을 내용으로 한다. 이러한 것이 인정되는 경우는 다음과 같다.

(a) 체포 또는 구금의 금지

국회의원은 회기중에 체포 또는 구금되지 아니한다(憲法 §44①). 회기중이라 함은 집회일부터 폐회일까지의 기간을 말하며, 이에는 휴회중인 기간도 포함된다. 여기서 말하는 체포 또는 구금이란 일정기간 신체활동의 자유를 제한하여 일정한 장소에 강제로 유치하는 강제처분을 말하므로 형사소송법상의 강제처분뿐 아니라 警察官職務執行法에 의한 보호조치, 감호조치, 격리처분과 같은 행정상의 강제처분도 포함한다(同旨: 權寧星, 945; 金哲洙b, 1574).

계엄선포중에는 국회의원은 현행범인인 경우를 제외하고는 어떠한 경우에도 체포 또는 구금되지 아니한다(戒嚴法 §13). 대통령의 계엄선포라는 방법을 통하여 국회의 기능을 마비시키려고 하는 의도를 차단하기 위한 것이다.

(b) 체포 또는 구금된 자의 석방

정부는 체포 또는 구금된 국회의원이 있을 때에는 지체없이 국회의장에게 영장의 사본을 첨부하여 이를 통지하여야 한다. 구속기간의 연장이 있을 때에도 마찬가지이다(國會法 §27). 국회의원은 회기 전에 체포 또는 구금된 때에도 회기중에는 국회의 요구가 있으면 석방된다(憲法 §44②). 회기 전이라 함은 회기의 직전뿐만 아니라 前會期도 포함된다. 前會期에 국회가 체포 또는 구금에 대하여 동의를 하였다고 하더라도 現會期중에는 다시 석방을 요구할 수 있다.

국회의원이 체포 또는 구금된 의원의 석방요구를 발의할 때에는 재적의원 4분의 1 이상의 연서로 그 이유를 첨부한 요구서를 의장에게 제출하여야 한다(國會法 §28). 석방요구는 일반의결정족수에 따라 재적의원 과반수의 출석과 출석의원 과반수의 찬성으로 의결한다(憲法 §49).

(2) 예 외

불체포특권은 특권을 정당화하는 필요한 경우에 한하여 인정하는 것이므로 이에는 예외가 있다.

(a) 현행범인

현행범인에게는 불체포특권은 인정되지 않는다(憲法 §44①). 현행범인에게까지 특권을 인정하여야 할 이익이 존재하지 않기 때문이다. 회기중이더라도 현행범인인 국회의원을 체포하거나 회기 전에 체포 또는 구금한 현행범인인 국회의원을 회기중에 석방하지 않더라도 이러한 행위로 인하여 국회의 기능이 왜곡되거나 국회의원으로서의 정당한 활동이 침해되지 않는다.

그러나 현행범인인 국회의원을 체포하는 경우에도 국회의 자율권을 존중해야 할 필요는 인정되므로 회의장 내에서 현행범인인 국회의원을 체포하는 때에는 국회의장의 명령이 있어야 한다(國會法 §150). 이러한 것은 불체포특권의 내용이 아니고 국회의 자율권의 내용에 해당한다.

(b) 국회의 동의가 있는 경우

국회의 동의가 있는 경우에는 불체포특권은 인정되지 않는다(憲法 §44①). 다시 말해 국회의 동의가 있으면 회기중이라도 국회의원을 체포하거나 구금할 수 있다.

국회는 회기중이라도 어떤 국회의원이 그의 범법행위로 인하여 체포 또는 구금되더라도 국회의 운영이나 활동에 지장이 없고 해당 국회의원이 해당 회기중에 활동하는 것보다는 범법행위에 대한 책임을 지는 것이 보다 타당하다고 판단하는 경우에는 체포 또는 구금에 동의를 한다. 이러한 경우에는 국회에 의해 불체포특권의 배제가 이루어진다.

국회의원의 체포 또는 구금에 대하여 동의를 구하는 절차는, 먼저 관할법원의 판사가 영장을 발부하기 전에 체포동의요구서를 정부에 제출하여야 하고, 정부는 이를 수리한 후 지체없이 그 사본을 첨부하여 국회에 체포동의를 요청하여야 하며(國會法 §26①), 국회의장은 이러한 체포동의를 요청받은 후 처음 개의하는 본회의에 이를 보고하고, 본회의에 보고된 때부터 24시간 이후 72시간 이내에 표결한다(同條 ②). 정부의 체포동의요청이 있는 경우에 국회가 이에 기속되는가 하는 문제가 있다. 불체포특권이 가지는 제도적 의의에 비추어 볼 때, 국회는 정부의 이런 요청에 기속되지 않고 재량으로 판단하여 동의여부를 결정한다(同旨: 金哲洙b, 1575; 權寧星, 946). 체포나 구금에 대한 동의를 함에 있어서는 조건이나 기한을 붙일 수 없다(同旨: 許營 a, 930; 權寧星, 946, 反對: 金哲洙b, 1576; 成樂寅, 906).

(c) 석방요구가 없는 경우

불체포특권은 회기 전에 체포 또는 구금된 현행범인이 아닌 국회의원에 대하여 국회가 회기중에 석방을 요구하면 석방된다는 것이므로 국회가 스스로 판단하여 이러한 석방을 요구할 필요가 없다고 하여 석방요구를 하지 않으면 해당 국회의원의 불체포특권은 배제된다.

V. 불체포특권의 효과

불체포특권의 내용에서 본 바와 같이, 헌법이 정하는 일정한 요건이 갖추어진 경우에는 해당 국회의원을 체포하거나 구금할 수 없고, 또 이미 체포되거나 구금된 국회의원에 대해서는 이를 석방하여야 한다.

Ⅵ. 한　계

불체포특권은 그 내용에 의해 확정되므로 헌법이 정하는 내용을 넘어선 효과는 발생하지 않는다.

(1) 형사상의 책임

불체포특권은 범법행위로 인한 체포에 있어서 일반인의 경우와 달리 체포 또는 구금을 어렵게 하거나 체포 또는 구금된 자에 대한 석방을 용이하게 하는 특별한 혜택을 주는 것에 불과하므로 이는 당해 국회의원에 대하여 형사상의 책임을 減輕하거나 免除하는 것이 아니다.

(2) 수사 및 형집행

불체포특권이 인정되는 국회의원에 대해서도 수사를 할 수 있고, 기소할 수 있다. 헌법상의 불체포특권은 不搜査特權이나 不起訴特權(=不訴追特權)이 아니다. 그리고 회기중에 유죄의 판결이 확정되면 그 형을 집행할 수 있다.

(3) 재체포 또는 재구금

회기중에 석방된 자에 대해서는 회기가 종료하면 다시 체포 또는 구금할 수 있다.

5. 義　務

[230] 第一 憲法上의 義務

Ⅰ. 청렴유지의 의무

(1) 의　의

憲法 제46조 제1항은 「국회의원은 청렴의 의무가 있다」라고 정하여 국회의원에게 청렴을 유지할 것을 헌법상의 의무로 정하고 있다. 이러한 청렴의무는 국가의사결정권의 행사에 있어서 금력에 의한 의사결정의 왜곡과 부패를 방지하기 위하여 정하고 있는 것이다. 공직에 재직하는 동안 청렴의무는 대통령, 국회의원을 포함하여 모든 공직자에게 요구되는 헌법상의 의무에 해당하는 것이지만, 국회의원은 국민의 대표자이기 때문에 이를 특히 강조하여 명문으로 정하고 있는 것이다.

(2) 내　용

국회의원의 청렴의무는 국회의원에 재직하는 동안에는 오로지 전체국민의 이익을 위하여 공명정대하게 권한을 행사하게 하기 위한 것이고, 사익을 추구하지 못하게 하는 것이다. 국회의원선거의 입후보자의 재산등록(公選法 §49④ii)과 국회의원의 재산공개(公倫法 §3①, §10①)는 이러한 청렴의무에서 도출되는 헌법상의 요청은 아니지만, 청렴의무를 실현하는데 기여한다. 국회의원으로 재직하는 동안 그 재산을 신탁하게 하는 것도 청렴의무를 실현하는 하나의 방법이다.

(3) 적용범위

국회의원의 청렴의무는 국회의원 본인에게만 적용되고, 국회의원의 가족이나 친인척의 영리행위나 사익추구행위를 금지하는 것이 아니다. 그러나 국회의원이 이러한 자들의 영리행위나 사익추구행위에 실질적으로 관여하거나 영향을 주는 행위(정보제공, 알선, 청탁, 직·간접적인 지원, 후원, 광고 등)는 청렴의무에 위반된다.

Ⅱ. 직무수행상 국가이익우선의 의무

(1) 의　의

憲法 제46조 제2항은 「국회의원은 국가이익을 우선하여 양심에 따라 직무를 행한다」라고 정하여 국회의원에게 직무의 수행에 있어서 國家利益을 優先할 것을 헌법상의 의무로 정하고 있다. 이는 국가의 정책을 결정함에 있어 언제나 전체국민의 이익을 우선시켜야 하는 대의제도의 당연한 내용을 이루는 것으로 헌법에서 이를 확인하고 있는 것이다. 여기서의 국가이익은 전체국민에게 이익으로 돌아가는 것을 의미하는 결과적 개념이다.

(2) 양심에 따른 직무수행

헌법 제46조 제2항에서 말하는 「良心」은 국회의원이 국민의 대표자로서 자기 책임하에 정책을 결정함에 있어서 사안의 타당여부에 대한 인식을 말하는 것으로 職務上의 良心을 의미한다. 따라서 이는 헌법 제19조에서 정하고 있는 양심의 자유에서 말하는 개인의 주관적 양심과 다르다. 국회의원은 국가의사를 결정함에 있어서 헌법 제19조에서 보장하는 자신의 주관적 양심과 헌법 제46조 제2항에서 정하는 직무상의 양심이 일치하는 경우에는 문제가 없지만, 양자가 서로 충돌하는 경우에는 언제나 자신의 주관적인 양심을 후퇴시켜야 한다. 이러한 점은 대통령에 있어서도 동일하다.

Ⅲ. 지위남용의 금지

憲法 제46조 제3항은 「국회의원은 그 지위를 남용하여 국가 · 공공단체 또는 기업체와의 계약이나 그 처분에 의하여 재산상의 권리 · 이익 또는 직위를 취득하거나 타인을 위하여 그 취득을 알선할 수 없다」라고 정하여 국회의원의 지위를 남용하는 것을 금지하고 있다.

이는 일반적인 권력의 남용을 금지하는 의미도 지니지만, 대의원리에 따라 국회의원에게 부여된 권한이 본래의 역할에 합치하여 행사되도록 하는데 목적이 있다. 이러한 지위남용의 금지는 헌법상의 의무이므로 이를 위반하는 행위는 헌법을 침해한 것이 된다. 이를 위반하는 행위를 한 경우에는 징계사유가 된다(國會法 §155② i).

Ⅳ. 겸직의 금지

憲法 제43조는 「국회의원은 법률이 정하는 직을 겸할 수 없다」라고 정하여 겸직금지를 헌법상의 의무로 정하되, 그 구체적인 내용은 법률로 정하도록 하고 있다. 국회법에서 국회의원의 겸직이 금지된 직으로는 i) 國家公務員法 제2조에 규정된 국가공무원과 地方公務員法 제2조에 규정된 地方公務員(國家公務員法 제3조 但書의 규정에 의하여 政治運動이 허용되는 공무원은 제외), ii) 대통령 · 헌법재판소재판관 · 각급선거관리위원회위원 · 지방의회의원, iii) 다른 법령의 규정에 의하여 공무원의 신분을 가지는 직, iv) 政府投資機關管理基本法 제2조에 규정된 政府投資機關(한국은행을 포함)의 임·직원, v) 농업협동조합 · 수산업협동조합법에 의한 조합과 중앙회의 임·직원, vi) 政黨法 제6조 단서의 규정에 의하여 정당의 당원이 될 수 없는 교원이 있다(國會法 §29①). 「국회의원윤리실천규범」에 의하면, 상임위원장 · 특별위원회의 위원장에 대해서도 그 소관업무와 관련되는 기업체 또는 단체에서 보수를 받는 임·직원의 직을 겸할 수 없도록 하고 있다. 보수를 받지 않아도 이러한 직을 겸하는 것은 국회의원의 업무수행과 관련하여 이해관계충돌(conflict of interest)에 해당되어 허용되지 않는다. 금융통화운영위원회의 위원도 겸직할 수 없다(韓銀法 §20).

이에 의할 때, 국회의원이 국무총리나 국무위원을 겸하는 것은 금지되어 있지 않다. 종래에는 언론인도 겸직할 수 없었으나 현재는 겸직이 가능하다.

《국회의원의 국무총리 또는 국무위원의 겸직 문제》

현행법에 의할 때, 국회의원이 국무총리 또는 국무위원을 겸직하는 것은 허용된다. 따라서 우리나라의 정부형태는 기본적으로 대통령제임에도 의원내각제에서 볼 수 있는 이러한 요소가 들어 있다. 이러한 점은 긍정적인 면에서는 국회와 행정부의 협력을 원활하게 만들어 낼 수 있는 점이 있으나, 부정적인 면에서는 국회의원이 대통령의 지시와 명령을 받는 지위에 있게 되고, 국회에 의한 행정부 통제 기능을 약화시킬 수 있는 점이 있다. 종래 통상 국회의원이 국무총리로 취임한 경우에는 국회의원직을 사직하였다.

[231] 第二 國會法上의 義務

국회법은 국회의원에게 국회의원으로서의 직분에 맞게 행위하고 권한을 행사하게 하기 위하여 여러 가지 의무를 부여하고 있다. 이러한 것으로는 품위유지의 의무(國會法 §25), 본회의 및 위원회의 출석의무(同法 §32, §155②viii), 정보위원회위원으로서 지득한 국가기밀의 공개 또는 누설금지(同法 §54의2②), 발언규칙의 준수의무(同法 §102-§104), 특정 회의록의 열람·전재·복사금지의무(同法 §118③), 비공개회의의 내용의 공개금지(同條 ④), 국회의장 또는 위원장의 회의장의 질서유지를 위한 명령에 대한 복종의무(同法 §145), 모욕 등의 발언 금지(同法 §146), 발언방해 등의 금지(同法 §147), 회의진행에 방해가 되는 물건 또는 음식물의 회의장 내 반입금지(同法 §148), 탄핵소추사건의 조사시의 주의의무준수의무(同法 §155② vi) 등이 있다.

[232] 第三 其他 法令上의 義務

국회의원은 헌법이나 국회법에서 정하고 있는 의무 이외에도 國政監査및調査에관한法律, 公職者倫理法, 國會議員倫理綱領, 國會議員倫理實踐規範이 정하는 의무를 준수하고 이행하여야 한다.

[233] 第四 義務違反에 대한 制裁

Ⅰ. 징 계

국회의원이 헌법이나 국회법이 정하는 의무를 위반한 경우에 이를 제재하는 방법으로 강력한 실효성을 가지는 것이 징계이다. 이 징계에 대해서는 國會法이 정하고 있다(國會法 §155②).

Ⅱ. 윤리심사

국회의원이 국회의원윤리강령이나 국회의원윤리실천규범을 위반하는 행위를 한 경우에는 이를 심사하여 그 의결로써 해당 의원에게 위반사실을 통고할 수 있다(國會法 §155①). 이러한 통고를 2회 받으면 징계사유가 된다(同條 ②ix).

Ⅲ. 국회의장 또는 위원장의 제재조치

국회의원이 본회의나 위원회에서 國會法이나 國會規則을 위반하여 회의장의 질서를 문란하게 한 경우에는 국회의장 또는 위원장이 질서유지를 위하여 필요한 조치를 할 수 있다(國會法 §145).

Ⅳ. 의정감시활동

국회의원이 그 의무에 위반하는 경우에 법적인 제재는 아니지만, 국민이 자발적으로 이를 제재하는 것으로는 의정활동을 감시하는 운동이 있다. 국회의원으로서 그 의무를 위반하는 것은 국회의원으로서의 본분을 저버리는 행위이고 국민대표자로서의 직분을 망각한 행위이므로 유권자가 이에 대하여 심판하는 것이 효과적이다. 이러한 심판을 하기 위해서는 국회의원에 대한 의정감시활동을 펼치고 이를 공개하여 유권자로 하여금 의정활동상의 정보를 정확히 알 수 있게 하는 것이 필요하다.

6. 資格의 消滅

[234] 第一 槪 說

국회의원이 임기가 만료하면 자격이 소멸하지만, 임기중에 있더라도 그 자격이 소멸하는 경우가 있다. 선거소송에서 선거무효 또는 당선무효의 판결이 있거나 퇴직, 사직, 제명이 있거나 자격심사에서 「자격 없음」으로 의결된 경우에는 국회의원의 자격이 소멸한다. 국회의원의 자격이 소멸하면 국회의원의 지위가 소멸하므로 국회의원으로서 가지는 권한과 의무가 모두 없어진다.

국회의원의 자격소멸과 관련하여, 국회의원이 소속한 정당에서 이탈하거나 당적을 변경한 경우 또는 소속 정당이 해산된 경우에 헌법의 법리상 의원직이 유지되는가 상실되는가 하는 문제가 있다.

[235] 第二 任期의 滿了

국회의원의 자격은 임기의 개시로 발생하고, 임기 동안 유지되며, 임기의 만료로 소멸한다. 국회의원의 임기는 4년이므로(憲法 §42) 4년의 기간 경과로 소멸한다.

국회의원의 임기가 개시된 후에 실시하는 선거(=보궐선거)에 의한 국회의원의 임기는 당선이 결정된 때부터 개시되며 전임자의 잔임기간으로 하기 때문에(公選法 §14②), 이 잔임기간의 만료로 해당 국회의원의 임기는 만료된다.

[236] 第三 選擧無效와 當選無效

선거에 관한 소송의 판결 결과 선거무효 또는 당선무효가 되면(公選法 §224) 국회의원은 자격을 상실한다. 당선무효에는 i) 당선소송에 의한 당선무효(同法 §223), ii) 선거비용의 초과지출로 인한 당선무효(同法 §263), iii) 당선인(同法 §264) 또는 선거사무장 등의 선거범죄로 인한 당선무효(同法 §265) 등이 있다.

[237] 第四 退　職

국회의원의 자격은 국회의원이 해당 직에서 퇴직함으로써 상실한다. 국회의원이 임기중에 퇴직하는 경우는 i) 의원이 겸할 수 없는 직(國會法 §29②)에 취임한 때, ii) 국회법 제29조 제2항의 규정에 의하여 임기개시일 이후에 해직된 직의 권한을 행사한 때, iii) 공직선거법 제53조의 규정에 의하여 사직원을 제출하여 공직선거후보자로 등록된 때(同法 §136①), iv) 법률에 규정된 피선거권이 없게 된 때(同條 ②)이다. 公職選擧法은 i) 금치산 선고를 받은 자, ii) 선거범, 정치자금법 제45조(정치자금부정수수죄) 및 제49조(선거비용관련위반행위에 관한 벌칙)에 규정된 죄를 범한 자 또는 그 재임중의 직무와 관련하여 형법(특정범죄가중처벌등에 관한 법률 제2조에 의하여 가중처벌되는 경우를 포함한다) 제129조 내지 제132조, 특정범죄가중처벌등에 관한 법률 제3조에 규정된 죄를 범한 자로서, 100만원 이상의 벌금형의 선고를 받고 그 형이 확정된 후 5년 또는 형의 집행유예의 선고를 받고 그 형이 확정된 후 10년을 경과하지 아니하거나 징역형의 선고를 받고 그 집행을 받지 아니하기로 확정된 후 또는 그 형의 집행이 종료되거나 면제된 후 10년을 경과하지 아니한 자(형이 실효된 자도 포함), iii) 법원의 판결 또는 다른 법률에 의하여 선거권이 정지 또는 상실된 자, iv) 금고 이상의 형의 선고를 받고 그 형이 실효되지 아니한 자, v) 법원의 판결 또는 다른 법률에 의하여 피선거권이 정지되거나 상실된 자에게 피선거권이 없다고 정하고 있다(公選法 §19, §18① i, iii, iv).

[238] 第五 辭　職

국회의원의 자격은 국회의원이 해당 직에서 사직함으로써 상실한다. 국회의원은 언제나 어떤 이유로나 자유로이 사직의 의사를 표시할 수 있다. 국회의원은 선거민과의 관계에서 법적으로 命令的 委任의 관계에 있지 않으므로 사직의 금지를 강제할 수 없다.

현행법은 국회의원이 사직을 함에 있어서는 國會의 許可를 얻도록 하는 제한을 두고 있다. 국회의원이 사직하고자 할 때에는 사직서를 의장에게 제출하고, 국회는 사직의 허가여부에 대하여 본회의에서 토론을 거치지 않고 무기명투표로 표결하여 결정한다. 폐회중에는 國會議長이 사직을 허가할 수 있다(國會法 §135①, ③, §112⑤).

[239] 第六 除　名

국회는 재적의원 3분의 2 이상의 찬성으로써 의원을 제명할 수 있다(憲法 §64③). 국회의원이 헌법 제46조의 청렴의무 등에 위반되는 행위를 하거나 국회법에 규정된 징계사유에 해당하는 행위를 한 때(國會法 §155②)에는 국회가 징계를 할 수 있다. 국회의 징계에는 제명도 포함되어 있는데, 이러한 제명이 의결되면 국회의원은 의원의 자격을 상실한다.

징계로 제명된 자는 국회의원의 자격을 상실할 뿐 아니라, 그로 인하여 궐원된 의원의 보궐선거에 있어서는 후보자가 될 수 없다(同法 §164).

> 박정희정부의 말기인 1979년 10월 4일 국회는 당시 여당이던 民主共和黨과 維新政友會에 소속된 여당의 국회의원들만이 참석한 본회의에서 헌정사상 처음으로 야당 당수인 金泳三의원을 제명하였다. 제명 이유는 국회의원으로서의 본분을 일탈하여 반국가적인 언동을 함으로써 국회의 위신과 국회의원의 품위를 손상시켰다는 것이었다. 그 달 26일 朴正熙대통령은 중앙정보부장인 金載圭에 의해 피살되어 박정희 장기집권의 막이 내렸다.

[240] 第七 資格審査

국회의원의 자격은 위에서 본 바와 같이 국회의 의원에 대한 자격심사에서 국회가 윤리특별위원회의 심사를 거쳐(同法 §139–§142), 本會議에서 在籍議員 2/3 이상의 찬성으로 被審議員에 대하여 국회의원의 자격이 없음을 의결하면(同法 §142③), 국회의원의 직을 상실한다.

> 미합중국연방헌법은 상하양원에서 각기 의원의 자격심사를 할 수 있게 하고 있고, 일본국헌법도 衆議院과 參議院에서 각기 의원의 자격에 관한 쟁송에 대하여 재판하게 하고 있다(日本國憲法 §55). 프랑스에서는 헌법재판소에서 상하의원선거의 적법성을 심사하게 하고(同憲法 §59), 따로 의회에서 의원자격을 심사하는 것을 인정하고 있지 않다.

[241] 第八 黨籍의 變更

국회의원이 임기중에 소속정당을 탈퇴하거나 다른 정당으로 당적을 변경하는 때에 국회의원의 직을 상실하는가 하는 문제가 있다. 이와 관련하여 1962년헌법 제38조는 「의원이 임기중 당적을 이탈하거나 변경한 때…에는 그 자격을 상실한다」라고 정하고 있었으나, 1969년헌법에서는 이를 폐지하여 그 이후 이러한 조항은 헌법에서 사라졌다(다만, 1994년 공직선거및선거부정방지법(1994. 3. 16. 법률 제4739호) 제192조 제 4 항은 「전국구국회의원이 소속정당의 합당·해산 또는 제명 외의 사유로 당적을 이탈·변경하거나 2 이상의 당적을 가지고 있는 때에는 국회법 제136조[퇴직]의 규정에 불구하고 퇴직된다」고 규정하고 있었다).

현행 헌법에는 1962년헌법의 조항과 같은 조항은 없기 때문에 현재로서는 이론상의 문제만 남아 있다. 이에 대해서는 지역구국회의원과 비례대표국회의원으로 나누어 살펴보는 것이 필요하다.

Ⅰ. 지역구국회의원

헌법은 국회의원을 국민의 대표자로 정하고 있으며, 대의원리에 따라 명령적 기속을 배제하고 있으므로 지역구국회의원은 정당의 기속을 받지 아니한다. 따라서 지역구국회의원이 소속 정당을 변경하거나 탈퇴하더라도 의원직을 상실하지 않는다.

Ⅱ. 비례대표국회의원

公職選擧法 제192조 제 4 항은 「전국구국회의원이 소속정당의 合黨·解散 또는 除名 외의 사유로 당적을 이탈·변경하거나 2 이상의 黨籍을 가지고 있는 때에는 國會法 제136조(퇴직)의 규정에 불구하고 퇴직된다」라고 정하고 있다(비례대표의원이 국회의장에 당선되어 국회법 규정에 의해 당직을 이탈한 경우는 퇴직되지 않는다). 그런데 정당에 대한 투표를 기초로 하여 의석을 배분하는 비례대표에 의하여 국회의원에 취임한 경우에 정당을 변경하거나 탈퇴하면 국회의원직을 상실하는가 하는 점에 대해서는 헌법이론상 논란이 있다.

(1) 학 설

(a) 자격상실설

긍정설은 「政黨投票-政黨代表-政黨羈束」이라는 틀 속에서 이해하는 입장을 유지하면서, 명령적 위임에 기초한 이러한 정당기속(Parteigebundenheit)이나 交涉團體强制(Fraktionszwang)를 실현하기 위해서는 비례대표로 의원직에 취임한 국회의원이 소속정당을 이탈하거나 변경하는 때에는 국회의원직을 상실하게 하는 것이 필요하다고 하기도 하고, 비례대표는 정당에 대한 투표를 근거로 의원직을 획득하였으므로 당적을 변경, 이탈한 때에는 그 근거가 없어져 의원직이 상실된다고 보기도 하며, 국회의원이 정당을 옮겨감으로 인하여 정당정치가 훼손되고 정치질서를 혼란스럽게 하기 때문에 이를 방지하기 위하여 의원직을 상실케 해야 한다고 하기도 한다.

(b) 자격비상실설

부정설은 헌법은 명령적 위임을 배제하는 대의원리를 채택하고 있기 때문에 정당 투표에 기초한 비례대표의 방법으로 국회의원의 의석을 배분하여도 국회의원은 전체 국민의 대표자일뿐 정당의 대표자가 아니기 때문에 의원직을 상실하지 않는다고 본다.

(c) 사 견

헌법은 명령적 위임을 구체화하는 정당기속이나 교섭단체강제를 인정하지 않을 뿐 아니라, 비례대표의 방식은 명령적 위임을 실현하는 정당투표가 아니라 후보자 선정을 정당으로 하여금 하게 하고 국민이 그 후보자 중에서 국회의원에 적합한 인물을 결정하는 방식이고, 「代議制國家-全體 國民의 代表-命令的 委任의 排除」라는 기본 축에서 고안된 선거제도이므로 비례대표국회의원이 비례대표의 방식에 의해 의석을 가진다고 하더라도 당적의 이탈이나 변경으로 인하여 국회의원직을 상실하지 않는다고 본다(鄭宗燮a, 228; 金哲洙b, 1571).

따라서 공직선거법 제192조 제4항에서 비례대표국회의원이 소속정당의 合黨·解散 또는 除名 외의 사유로 당적을 이탈·변경한 때에 퇴직된다고 정하고 있는 내용은 헌법에 위반된다고 할 것이다(鄭宗燮a, 241).

(2) 판　　례

憲法裁判所의 판례는 기본적으로 부정설을 따르되, 별도의 법률규정이 있는 경우에는 비례대표의원은 그를 공천한 정당을 탈당하면 국회의원직을 상실한다는 입장을 취하고 있다. 부정설을 취하는 이상 이러한 판례의 견해에는 동의하기 어렵다(鄭宗燮a, 233)

> [憲 1994. 4. 28.-92헌마153] 「국회의원의 법적인 지위 특히 전국구의원이 그를 공천한 정당을 탈당한 때 국회의원직을 상실하는 여부는 그 나라의 헌법과 국회의원선거법 등의 법규정, 즉 법제에 의하여 결정되는 문제이다. 즉 국회의원의 법적 지위 특히 전국구의원이 그를 공천한 정당을 탈당할 때 의원직을 상실하는 여부는 그 나라의 헌법과 법률이 국회의원을 이른바 자유위임(또는 무기속위임)하에 두었는가, 명령적 위임(또는 기속위임)하에 두었는가, 양 제도를 병존하게 하였는가에 달려 있다. 역사적으로는 유럽의 중세기 등족회의에서의 의원은 특정사회층의 이익이나, 특정지역의 이익을 대표하였던 까닭에 의회에서의 행동에 대하여 각각 선거민에 대하여 책임을 지는 명령적 위임(또는 기속위임)이었으나, 1791년 프랑스헌법에서 "의원은 전 국민의 대표자이고, 특정지역의 대표자가 아니며, 의원에 대하여 위임을 부여할 수 없다"고 규정한 것을 위시하여 오늘날 독일·영국·프랑스·일본 등 자유민주주의국가에서는 거의가 헌법에 국회의원을 전 국민의 대표자라고 규정하여 자유위임하에 두는 제도를 채택하고 있다. 자유위임제도를 명문으로 채택하고 있는 헌법하에서는 국회의원은 선거모체인 선거구의 선거인이나 정당의 지령에도 법적으로 구속되지 아니하며, 정당의 이익보다 국가의 이익을 우선한 양심에 따라 그 직무를 집행하여야 하며, 국회의원의 정통성은 정당과 독립된 정통성이다. 이런 자유위임하의 국회의원의 지위는 그 의원직을 얻은 방법 즉 전국구로 얻었는가, 지역구로 얻었는가에 의하여 차이가 없으며, 전국구의원도 그를 공천한 정당을 탈당하였다고 하여도 별도의 법률규정이 있는 경우는 별론으로 하고 당연히 국회의원직을 상실하지는 않는다는 것이다.」

[242] 第九 所屬政黨의 解散

헌법재판소의 정당해산심판으로 정당이 해산된 경우에 해당 정당에 소속한 국회의원의 자격은 상실하는가 하는 문제가 있다. 1962년헌법 제38조는 「의원이 임기중…… 소속정당이 해산된 때에는 그 자격을 상실한다」라고 정하고 있었으나, 1969년 헌법에서는 이를 폐지하였고 그 이후 이러한 조항은 헌법에서 사라졌다(다만, 1994년 公選法 §192④은 이러한 경우 소속정당이 해산된 때에는 퇴직된다고 정하고 있었다).

현행 헌법에는 1962년헌법에서와 같은 조항은 없으나, 이에 관하여 이론상 資格喪失說과 資格非喪失說이 대립하고 있다. 정당해산심판이 가지는 憲法保護의 기능에 비추어 볼 때, 정당해산심판으로 정당이 해산된 경우에는 소속 국회의원의 자격은 상실된다고 하는 것이 타당하다.

제 7 절 國會의 組織

1. 議長과 副議長

[243] 第一 地 位

國會는 國會議長 1인과 副議長 2인을 선출한다(憲法 §48).

국회의장은 국회를 대표하고(國會代表者의 지위), 의사를 정리하며(議事整理者=議事指揮權者의 지위), 질서를 유지하고(國會秩序維持權者의 지위), 사무를 감독하는(國會事務監督者의 지위) 지위에 있다(國會法 §10).

국회의장은 국회의 首長으로서 국회를 대표하는 지위에 있기 위해서는 당파적이고 정파적인 이해관계를 넘어 중립적이고 공평무사하게 권한을 행사하여야 하는데, 이를 보장하기 위하여 國會法은 국회의장으로 당선된 다음날부터 그 직에 있는 동안 국회의장의 黨籍保有를 금지하고, 국회의장이 국회의원총선거에 입후보하고자 하는 경우와 임기를 만료한 경우에만 당적을 보유할 수 있게 하고 있다(同法 §20의2①). 비례대표 국회의원이 국회의장으로 선출되어 당적을 이탈한 경우에는 그 밖의 비례대표국회의원과 달리 퇴직되지 않고 의원직을 유지한다(公選法 §192④ 但書).

부의장은 의장직무를 대리하거나 대행하는 지위에 있고(國會法 §12), 전원위원회의 위원장을 맡는 지위에 있다(同法 §63의2③). 이러한 업무 이외에 부의장은 국회의장과의 관계에서 국회의장을 보좌하거나 국회의장의 지시에 따르는 복종관계에 있지 않다.

[244] 第二 選出과 任期

I. 선 출

국회의장과 부의장을 선출하는 권한은 국회의 자율에 속하는 것으로 국회의 권한이다. 이러한 선출은 구체적으로 국회의원의 투표권의 행사로 실행된다. 국회의장과 부의장을 선출하는 것을 침해하는 행위는 국회의 선출권을 침해하는 것이 되며, 이러한 침해행위가 국회의원의 투표권을 침해하는 경우에는 국회의원의 투표권도 침해하는 것이 된다.

국회의원총선거 후 최초의 임시회집회공고는 사무총장이 국회의장의 직무를 대행하여 행하고(國會法 §14), 개원국회의 국회의장직무는 최다선의원이 대행하며, 최다선의원이 2인 이상인 경우에는 그 중 연장자가 이를 대행한다(同法 §18).

Ⅱ. 임 기

국회의장과 부의장의 임기는 2년이다. 다만, 국회의원총선거 후 처음 선출된 의장과 부의장의 임기는 그 선출된 날부터 개시하여 의원의 임기개시 후 2년이 되는 날까지로 한다(國會法 §9①). 보궐선거에 의하여 당선된 의장 또는 부의장의 임기는 전임자의 잔임기간으로 한다(同條②).

[245] 第三 權 限

국회의장의 지위를 보장하기 위하여 그에 필요한 권한이 광범하게 부여되어 있다. 이에 관한 구체적인 것은 國會法에서 정하고 있다. 이것 이외에도 국회의장은 의정활동이나 국회운영과 관련하여 광범한 권한을 부여받고 있는데, 위원회에의 출석·발언(國會法 §11), 겸직의원의 겸직 辭任 勸告(同法 §25, 29⑤), 국회의원의 請暇許可(同法 §32①), 폐회중의 의원의 사직허가(同法 §135①), 폐회중의 위원장의 사임허가(同法 §41⑤, §47③)에 관한 권한이 그러한 것들이다.

부의장은 위에서 본 바와 같이, 의장직무의 대리와 대행에 관한 권한을 가진다. 전원위원회의 위원장이 되면, 그 위원장으로서의 권한을 가진다.

2. 委 員 會

[246] 第一 委員會制度

Ⅰ. 제도적 의의

국회의 委員會는 소수의 의원으로 이루어진 合議制機關으로서, 국회 본회의에서 의안심의를 하기 전에 의안을 예비적으로 검토하여 본회의의 의안심의를 원활하게 한다.

현대 국가의 기능 확대와 더불어 의회가 결정해야 할 안건은 날로 다양화되고 전문화되고 있어 모든 안건을 처음부터 본회의에서 처리하는 방식은 토론과 심의가 실질적으로 이루어지기 어렵게 만들어 민주주의를 형해화시킬 가능성이 높고 국정운영에서 비효율적일 뿐만 아니라 현실적으로도 거의 불가능하게 되었다. 따라서 당해 안건에 대한 전문지식을 가진 소수의 의원들로 구성된 위원회로 하여금 그 안건을 처리하기 전에 이에 대하여 심사·검토하게 하고, 판단자료를 본회의에 제출하게 함으로써 본회의의 의안처리의 효율성 제고를 꾀하게 되었는데, 이를 委員會制度라고 하고, 의회가 이러한 상임위원회를 중심으로 운영되는 시스템을 常任委員會中心主義

라고 한다.

오늘날 위원회제도가 활성화되어 위원회가 실질적으로 국회의 기능을 대신하는 현상이 발생하였는데, 위원회를 小國會라고 부르는 것도 이러한 이유 때문이다. 國會法은 국회가 위원회를 중심으로 하여 운영되는 위원회중심주의에 입각하고 있다(예: 憲 2000. 2. 24.-99헌라1; 2003. 10. 30.-2002헌라1).

[憲 2003. 10. 30.-2002헌라1] 「상임위원회(Standing Committee)를 포함한 위원회는 의원 가운데서 소수의 위원을 선임하여 구성되는 국회의 내부기관인 동시에 본회의의 심의 전에 회부된 안건을 심사하거나 그 소관에 속하는 의안을 입안하는 국회의 합의제기관이다. 위원회의 역할은 국회의 예비적 심사기관으로서 회부된 안건을 심사하고 그 결과를 본회의에 보고하여 본회의의 판단자료를 제공하는 데 있다. 우리나라 국회의 법률안 심의는 본회의 중심주의가 아닌 소관 상임위원회 중심으로 이루어진다. 소관 상임위원회에서 심사·의결된 내용을 본회의에서는 거의 그대로 통과시키는 이른바 "위원회 중심주의"를 채택하고 있는 것이다. 오늘날 의회의 기능에는 국민대표기능, 입법기능, 정부감독기능, 재정에 관한 기능 등이 포함된다. 의회가 이러한 본연의 기능을 수행함에 있어서는 국민대표로 구성된 의원 전원에 의하여 운영되는 것이 이상적일 것이나, 의원 전원이 장기간의 회기 동안 고도의 기술적이고 복잡다양한 내용의 방대한 안건을 다루기에는 능력과 시간상의 제약이 따른다. 이러한 한계를 극복하기 위한 방안으로 위원회제도가 창설된 것이다. 그리하여 상임위원회의 구성과 활동은 의회의 업적과 성패를 실질적으로 결정짓는 변수가 되고 있다고 평가되고 있다.」

Ⅱ. 장점과 단점

(1) 장 점

위원회제도의 장점으로는 i) 의안 처리의 전문성을 제고시키고, ii) 방대한 안건을 효율적으로 처리할 수 있게 하며, iii) 결과적으로 의회의 기능을 강화하여 의회주의의 정상화에 기여한다는 점을 들 수 있다.

(2) 단 점

위원회제도는 다른 한편으로 운영되는 과정에서 많은 문제점을 노정하였는바, i) 위원회와 소관 행정관청이 지나치게 유착하는 현상이 발생하여 국회의 대정부 통제기능을 약화시킬 우려가 있고, ii) 위원회를 구성하는 의원들은 관장사항에 대하여 이해관계가 있음에도 전문성을 들어 해당 사안을 처리하는 경우에는 이해관계의 충돌(conflict of interest) 현상이 발생하여 의안 처리의 공정성(→ 국가정책의 공정성)이 문제될 수 있으며, iii) 위원회가 자기 분야만의 이익을 고집하여 다른 분야의 위원회와 충돌이 발생할 가능성도 있고, iv) 위원회에서는 당리당략적인 의사방해가 발생할 개연성이 높아 오히려 효율성을 저해할 수도 있으며, v) 본회의를 형식적으로 만들어 의회의 기능을 약화시키고 민주주의를 형해화시킬 우려도 있다.

Ⅲ. 본회의와 위원회

위원회는 본회의의 심의에 앞서 안건을 심사하고 검토한다. 국회는 어디까지나 본회의에서 최종결정을 하는데, 위원회는 이러한 본회의 결정에 이르기까지 절차에서의 민주성, 합리성, 공정성과 내용에서의 전문성을 확보하는 역할을 한다.

따라서 위원회는 어디까지나 본회의의 기능을 강화하고 합리적으로 하는 것에서 그 존재이유가 있기 때문에 위원회의 권한을 강화하여 본회의를 형해화하는 것은 타당하지 않다. 이런 점에서 의회주의에서는 여전히 본회의가 주가 되고, 위원회는 이를 뒷받침하는 역할을 한다.

위원회 가운데는 본회의와 혼동하기 쉬운 全院委員會(committee of the whole)가 있는데, 그 구성원에서는 본회의와 전원위원회가 일치하지만, 그 역할에서 전원위원회는 어디까지나 위원회의 기능을 수행하며 본회의의 기능을 대체하는 것이 아니다.

《전원위원회》

1. 개 념　全院委員會란 국회의원 全員으로 구성되는 위원회이다(國會法 §63의2①). 본회의도 국회의원 전원으로 구성되지만, 그 기능과 권한에서 위원회에 해당한다는 점에서 구별된다. 우리나라에서는 제 1 대 국회에서 제 5 대 국회 초반까지 이 제도를 두었다가 그 이후 폐지하였다(1960. 9. 19). 2000년 2월 16일의 국회법 개정에서 이를 다시 부활시켰다.

2. 기 능　전원위원회는 의안심사를 심도있게 하고, 안건심사에 탄력성을 확보하여 본회의에서의 의안심사가 형식적이고 졸속으로 처리될 수 있는 취약점을 보완하고, 국회의원 전원이 의안을 심사한다는 점에서 위원회제도의 약점도 보완하는 기능을 가지고 있다.

3. 구 성　전원위원회는 의원 전원으로 구성된다. 전원위원회에는 위원장 1인을 두되 국회의장이 지명하는 국회부의장으로 한다. 전원위원회는 국회의장이 위원장을 지명한 때 구성된 것으로 본다(全院委運營規則 §3).

4. 개 회　전원위원회는 국회 在籍議員 4분의 1 이상의 요구가 있고, 재적위원 5분의 1 이상의 출석이 있는 경우에 한하여 개회할 수 있다. 다만, 국회의장은 각 교섭단체대표의원의 동의를 얻어 전원위원회를 개회하지 아니할 수 있다(同條 ①,④).

5. 권 한　위원회의 심사를 거치거나 위원회가 제안한 議案 가운데, 정부조직에 관한 법률안, 조세 또는 국민에게 부담을 주는 법률안 등 주요의안을 심사하는 권한을 가진다(同條 ①). 위원회의 심사를 거치지 않거나 본회의에 바로 상정되는 의안은 전원위원회의 심사대상이 되지 못한다.

6. 의결정족수　전원위원회는 재적위원 4분의 1 이상의 출석과 출석위원 과반수의 찬성으로 의결한다(同條 ④).

7. 취 약 점　　전원위원회를 악용하는 경우에는 위원회 또는 본회의의 심의와 중복되어 의안심사를 지연시키는 수단이 될 수 있다. 이 점을 경계하고 방지할 필요가 있다(全院委運營規則 §6).

[247] 第二　委員會의 種類

국회의 위원회는 상임위원회와 특별위원회의 2종으로 한다(國會法 §35).

Ⅰ. 상임위원회

상임위원회는 일정한 소관사항에 속하는 직무를 수행하게 하기 위하여 상설로 설치된 위원회를 말한다.

(1) 종　류

國會法 제37조 제1항에서는 상임위원회의 종류로 국회운영위원회, 법제사법위원회, 정무위원회, 기획재정위원회, 외교통상통일위원회, 국방위원회, 행정안전위원회, 교육과학기술위원회, 문화체육관광방송통신위원회, 농림수산식품위원회, 지식경제위원회, 보건복지위원회, 환경노동위원회, 국토해양위원회, 정보위원회, 여성가족위원회를 두고, 그 소관사항에 대하여 규정하고 있다. 어느 상임위원회에도 속하지 아니하는 사항에 대해서는 국회의장이 국회운영위원회와 협의하여 소관 상임위원회를 정한다(同條 ②).

(2) 구　성

상임위원회의 위원정수는 국회규칙으로 정하되, 다만, 정보위원회의 위원정수는 國會法에서 12인으로 정하고 있다(國會法 §38). 의원은 2 이상의 상임위원회의 위원이 되고(同法 §39①), 각 교섭단체의 대표의원은 국회운영위원회의 위원이 되며(同條 ②), 의장은 상임위원이 될 수 없다(同條 ③). 국무총리 · 국무위원 · 국무조정실장 · 처의 장, 행정기구의 차관 기타 국가공무원의 직을 겸한 의원은 상임위원을 사임할 수 있다(同條 ④). 상임위원은 교섭단체소속의원수의 비율에 의하여 각 교섭단체대표의원의 요청으로 의장이 선임 및 개선한다(同法 §48①). 어느 교섭단체에도 속하지 아니하는 의원의 상임위원선임은 의장이 이를 행한다(同條 ②).

상임위원의 임기는 2년이다(同法 §40①). 상임위원회에는 위원장 1인을 두는데(同法 §41①), 상임위원장은 당해 상임위원 중에서 임시의장선거의 예(재적의원 과반수 출석, 출석의원 다수의 득표)에 준하여 본회의에서 선거한다(同條 ②). 위원회에 각 교섭단체별로 간사 1인을 두는데, 간사는 위원회에서 호선한다(同法 §50 ①,②).

(3) 업 무

상임위원회는 그 소관에 속하는 의안과 청원 등의 심사 기타 법률에서 정하는 직무를 행한다(國會法 §36). 위원회는 그 소관에 속하는 사항에 관하여 법률안 기타 의안을 제출할 수 있다(同法 §51①).

Ⅱ. 특별위원회

특별위원회는 특별히 필요한 경우 본회의의 의결로 설치하거나 國會法에서 별도로 설치할 것을 규정하고 있는 위원회를 말한다. 특별위원회는 원칙적으로 일시적으로 설치되는 것이나, 國會法이 규정한 특별위원회 중에는 상설인 것도 있다(예산결산특별위원회, 윤리특별위원회).

(1) 종 류

특별위원회에는 국회 본회의의 의결로 설치되는 특별위원회(國會法 §44)와 國會法에서 명시적으로 설치할 것을 규정하고 있는 특별위원회(同法 §45-§46의3)가 있다. 후자의 특별위원회에는 예산결산특별위원회(同法 §45), 윤리특별위원회(同法 §46), 인사청문특별위원회(同法 §46의3)가 있다.

특별위원회는 활동기한을 정하여 구성되나(同法 §44 ②,③), 예산결산특별위원회, 윤리특별위원회에서는 동 규정의 적용을 배제하여(同法 §45⑤, §46②) 상설로 운영된다.

(2) 구 성

특별위원회의 위원은 의장이 상임위원회의 규정(同法 §48 ①,②)에 따라 상임위원 중에서 선임한다(同條 ④). 특별위원회에 위원장 1인을 두는데, 위원장은 위원회에서 互選한다(同法 §47).

豫算決算特別委員會는 50인의 위원으로 구성되는데, 그 선임은 교섭단체소속 의원수의 비율과 상임위원회의 위원수의 비율에 의하여 각 교섭단체대표의원의 요청으로 의장이 행하며(同法 §45②), 위원의 임기는 1년으로 하고(同條 ③), 위원장은 예산결산특별위원회의 위원 중에서 임시의장선거의 예에 준하여 본회의에서 선거한다(同條 ④).

倫理特別委員會는 구성에 관하여 필요한 사항을 국회규칙으로 정하도록 하고 있고(同法 §46④), 윤리특별위원회의 위원의 임기, 위원장의 임기, 위원장의 선거에 대하여는 상임위원회의 규정을 준용하도록 하고 있으므로(同條 ③), 위원 및 위원장의 임기는 2년이고, 위원장은 윤리특별위원회의 위원 중에서 임시의장선거의 예에 준하여 본회의에서 선거한다. 윤리특별위원회구성등에관한규칙 제2조에 의하면 동 위원회는 위원장 1인을 포함한 15인의 위원으로 구성되며(同條 ①), 위원장을 제외한 위원의 2분의 1

은 제 1 교섭단체소속의 의원으로 하고, 잔여 2분의 1은 제 1 교섭단체를 제외한 교섭단체소속의원수의 비율에 의하여 구성한다. 다만 어느 교섭단체에도 속하지 아니하는 의원의 위원수에 대하여는 의장이 제 1 교섭단체를 제외한 교섭단체대표의원과 협의하여 정한다(同條 ②).

人事聽聞特別委員會의 구성에 대하여는 따로 법률을 두도록 정하고 있으며(同法 §46의3②), 이에 따라 제정된 人事聽聞會法(2000. 6. 23. 법률 제6271호, 개정 2003. 2. 4. 법률 제6856호)에 의하면, 동 위원회는 임명동의안 등이 국회에 제출된 때에 구성된 것으로 보며(同法 §3①), 위원정수는 13인으로 하고(同條 ②), 위원은 교섭단체 등의 의원수의 비율에 의하여 각 교섭단체대표의원의 요청으로 국회의장이 선임 및 개선한다(同條 ③).

(3) 업 무

국회가 수개의 상임위원회 소관과 관련되거나 특히 필요하다고 인정한 안건을 효율적으로 심사하기 위하여 본회의의 의결로 특별위원회를 두므로(國會法 §44①), 특별위원회는 그러한 안건을 심사한다. 國會法에서 따로 규정을 두고 있는 특별위원회의 업무에 대해서는 國會法에서 그 업무를 규정하고 있다. 예산결산특별위원회는 예산안 · 결산 · 기금운용계획안 및 기금결산을 심사하고(同法 §45①), 윤리특별위원회는 의원의 자격심사 · 윤리심사 및 징계에 관한 사항을 심사하며(同法 §46①), 인사청문특별위원회는 헌법에 의하여 그 임명에 국회의 동의를 요하는 대법원장 · 헌법재판소장 · 국무총리 · 감사원장 및 대법관과 국회에서 선출하는 헌법재판소 재판관 및 중앙선거관리위원회 위원에 대한 임명동의안 또는 의장이 각 교섭단체대표의원과 협의하여 제출한 선출안 등을 심사한다(同法 §46의3 ①本文). 대통령당선인이 국무총리후보자에 대한 인사청문의 실시를 요청하는 경우 의장이 각 교섭단체대표의원과 협의하여 인사청문특별위원회를 두어 이를 심사한다(同項 但書).

[248] 第三 委員會의 運營

위원회는 본회의의 의결이 있거나 의장 또는 위원장이 필요하다고 인정할 때, 재적위원 4분의 1 이상의 요구가 있을 때에 開會한다(國會法 §52). 다만 상임위원회는 위와 같은 직무를 행하기 위하여 설치된 상설적인 기구이고, 國會法은 이를 보장하기 위하여 국회운영위원회를 제외한 상임위원회는 폐회중 최소한 월 2회(정보위원회는 월 1회) 정례적으로 개회(=定例會議)하도록 규정하고 있고(同法 §53①), 정례회의 개회일은 위원회의 의결로 정하도록 하되, 그 중 1회는 미리 개회 주 · 요일을 지정하여 자동 개회하도록 정하고 있다(同條 ②).

위원회는 재적위원 5분의 1 이상의 출석으로 개회하고, 재적위원 과반수의 출석과 출석위원 과반수의 찬성으로 議決한다(同法 §54). 국회운영위원회를 제외한 위원회는 본회의의 의결이 있거나 의장이 필요하다고 인정하여 각 교섭단체대표의원과 협의한 경우를 제외하고는 본회의중에는 개회할 수 없다(同法 §56).

위원회는 특정한 안건의 심사를 위하여 小委員會를 둘 수 있다(同法 §57①). 정보위원회를 제외한 상임위원회는 그 소관사항을 분담·심사하기 위하여 상설소위원회를 둘 수 있다(同條 ②). 소위원회의 활동은 위원회가 의결로 정하는 범위에 한한다(同條 ④). 예산결산특별위원회는 위의 소위원회 외에 그 심사의 필요에 의하여 이를 수개의 分科委員會로 나눌 수 있다(同條 ⑧).

소관위원회는 다른 위원회와 협의하여 연석회의를 열고 의견을 교환할 수 있으나 표결은 할 수 없다(同法 §63①). 그리고 위원회, 소위원회는 공청회를 열 수도 있으며, 필요한 경우에 청문회도 개최한다(同法 §64①, §65①).

위원회는 안건의 심사를 마친 때에는 심사경과와 결과 기타 필요한 사항을 서면으로 의장에게 보고하여야 한다(同法 §66①). 이 보고서에는 소수의견의 요지 및 관련위원회의 의견요지를 기재하여야 한다(同條 ②).

3. 交涉團體

[249] 第一 槪 說

Ⅰ. 개 념

國會法에서 정하고 있는 교섭단체(Fraktion, negotiation group)라 함은 통상 국회에 일정수 이상의 議席을 가지는 정당에 소속된 국회의원들로 구성되는 국회 내의 政派的 集團(parliamentary group, parliamentary party)을 말한다. 통상 정당소속의 국회의원들로 구성되지만, 입법정책에 따라 정당에 소속되지 아니한 국회의원도 교섭단체를 구성하게 할 수 있다.

Ⅱ. 연 혁

우리나라에서 교섭단체는 1949년 7월 29일 국회법의 개정(1949. 7. 29. 법률 제38호)을 통하여 처음으로 도입되었다. 1948년 10월 2일에 제정된 國會法(1948. 10. 2. 법률 제5호)에서는 교섭단체를 인정하지 않았다.

[250] 第二 構成과 地位

Ⅰ. 구 성

국회에 20인 이상의 소속의원을 가진 정당은 하나의 교섭단체가 된다. 그러나 다른 교섭단체에 속하지 아니하는 20인 이상의 의원으로 따로 교섭단체를 구성할 수도 있다(國會法 §33①). 따라서 20인 이상의 의석을 가진 정당은 국회법에 의하여 자동으로 하나의 교섭단체가 되고, 이러한 요건을 갖추지 못한 경우에는 따로 20인 이상의 국회의원이 모여 교섭단체를 구성할 수 있다(예: 20인 미만의 2개 이상의 정당으로 구성하는 경우, 20인 미만의 1개 정당+무소속의원, 무소속의원만으로 구성하는 경우).

교섭단체가 된 정당에 소속한 국회의원은 다른 교섭단체를 형성할 수 없을 뿐 아니라, 임의로 교섭단체의 구성원이 되거나 안 되거나를 선택할 수도 없다.

이미 형성된 교섭단체라고 하더라도 도중에 20인 이상의 의석요건을 충족시키지 못하는 경우에는 20인 미만의 의석이 되는 때부터 교섭단체로서의 지위를 상실한다.

Ⅱ. 지 위

(1) 국회운영상의 지위

교섭단체는 소속 국회의원들의 의사를 종합하고 조정하며, 다른 교섭단체와 의사소통을 통하여 국회를 원활하게 운영함에 있어서 중요한 지위를 가진다. 이러한 것은 의사일정이나 국회의 운영에 있어서 국회의장이나 위원장으로 하여금 교섭단체 대표의원이나 교섭단체에서 추천한 간사와 협의하도록 하고 있는데서도 나타난다.

(2) 헌법재판상의 지위

교섭단체는 權限爭議審判에서 당사자의 지위를 가진다고 할 것이며, 제3자 소송담당자로서 그가 속한 국회의 권한의 침해에 대하여 권한쟁의심판을 청구할 수 있다고 할 것이다. 교섭단체가 제3자 소송담당으로서 권한쟁의심판을 청구하는 경우에는 국회에서 다수의석을 점하고 있는 정당에 속하는가의 여부는 문제가 되지 않는다(鄭宗燮 I, [210] Ⅱ).

(3) 기타 정치활동상의 지위

정당정치가 행해지는 현대 의회정치에서 의정활동은 교섭단체를 중심으로 행해진다. 원내로 진출한 정치세력간에 대화, 교섭, 협상, 타협이 이루어지는 것은 주로 교섭단체에 의해 이루어진다. 이런 교섭단체는 의정활동에서 소속의원의 의사를 조정하고 통합하는 중요한 역할을 하지만, 이로 인하여 국회의원 개개인이 국민대표자로서 지니는 지위와 역할이 제한되어서는 안 된다.

[251] 第三 機能과 法的 性格

Ⅰ. 기 능

교섭단체가 의회 내의 집단으로서 의미를 가지는 것은 代議制度하에서 정당이 활동하는 현대 政黨政治的 議會制度의 특징을 보여주는 면이다. 복수정당제도가 인정되는 현대 민주정치에서 복수의 정당들은 상생하고 경쟁적인 관계를 유지하며, 소속 의원들과 긴밀한 의사소통을 하면서 의정활동에 개입하는데, 정당이 공식적으로 의정활동에 개입하는 대표적인 형태가 교섭단체이다.

이러한 교섭단체는 한편으로는 정당간의 의사소통을 효율적이고 활발하게 하여 의정활동을 원활하게 만드는 면이 있으나, 정당간에 갈등과 대립이 심각한 경우에는 국회의원의 국민대표자로서의 역할을 왜곡하는 면도 있다. 따라서 교섭단체와 국회의원간에는 이를 지배하는 상위원리가 존재하지 않으면 안 되는데, 이러한 지배원리로서 대표적인 것이 代議民主主義의 原理이다. 교섭단체가 국회법에 의하여 인정된다고 하더라도 어떠한 경우에도 헌법상의 代議原理를 왜곡하거나 침해해서는 안 된다.

> [憲 2003. 10. 30.-2002헌라1] 「교섭단체(Negotiation Group)는 원칙적으로 국회에 일정수 이상의 의석을 가진 정당에 소속된 의원들로 구성되는 원내의 정당 또는 정파를 말한다. 정당은 국민의 정치적 의사형성을 목적으로 하는 국민의 자발적 조직이다. 따라서 원내에 의석을 확보한 정당은 정당의 정강정책을 소속의원을 통하여 최대한 국정에 반영하고 소속의원으로 하여금 의정활동을 효율적으로 할 수 있도록 권고·통제할 필요가 있다. 법은 국회에 20인 이상의 소속의원을 가진 정당은 하나의 교섭단체가 되며, 국회 내 상임위원회의 구성은 교섭단체 소속의원수의 비율에 의하여 각 교섭단체대표의원의 요청으로 의장이 선임 및 개선한다고 규정하고 있어(제33조 제1항, 제48조 제1항), 국회운영에 있어 교섭단체의 역할을 제도적으로 보장하고 있다. 교섭단체는 정당국가에서 의원의 정당기속을 강화하는 하나의 수단으로 기능할 뿐만 아니라 정당소속 의원들의 원내 행동통일을 기함으로써 정당의 정책을 의안심의에서 최대한으로 반영하기 위한 기능도 갖는다.」

Ⅱ. 법적 성격

원내교섭단체는 국회의원들로 구성된 權利能力이 있는 團體(rechtsfähige Vereinigung)이다. 이는 소송에서 訴訟主體가 될 수 있는 當事者能力을 가진다.

이러한 원내교섭단체는 이중적인 법적 성격을 지니고 있다. 한편으로는 「국회의 조직」으로서의 성격을 지니고 있고, 다른 한편으로는 「독자적인 단체」로서의 성격을 지니고 있다. 원내교섭단체는 대외적으로 公權力을 행사하지 않기 때문에 公行政의 영역에 속하지 않고, 民法上의 法人으로서의 성격을 가진다. 따라서 원내교섭단체에 소속된 직원은 근로계약의 관계에 있고, 원내교섭단체가 행한 法律行爲는 私法上의 法律行爲로서 효력을 가진다.

[252] 第四 代表議員

Ⅰ. 선 출

교섭단체대표의원은 해당 교섭단체를 대표하는 지위에 있는 국회의원을 말한다. 이러한 대표의원은 해당 정당이 정하는 규정에 따라 자율적으로 선출된다.

Ⅱ. 권한과 의무

(1) 권 한

(a) 국회법상의 권한

교섭단체대표의원은 소속 정당의 의사와 입장을 국회에 반영하고 국회의 원활한 운영을 위하여 국회법에서 많은 권한을 부여받고 있다. 국회법은 국회의장의 권한에 속하는 대부분의 사항을 교섭단체대표의원과 협의하도록 하고, 교섭단체대표의원이 국회운영위원회 및 정보위원회의 위원이 되도록 규정하고 있다(國會法 §39②, §48③ 但書).

교섭단체대표의원회의에서는 국회 운영에 대한 각 정당의 의견을 조율하여 국회 운영의 효율성을 제고한다.

> [憲 2003. 10. 30.-2002헌라1] 「앞에서 본 교섭단체의 역할에 비추어 볼 때, 국회의장이 국회의 의사(議事)를 원활히 운영하기 위하여 상임위원회의 구성원인 위원의 선임 및 개선에 있어 교섭단체대표의원과 협의하고 그의 "요청"에 응하는 것은 국회운영에 있어 본질적인 요소라고 아니할 수 없다. 따라서 교섭단체대표의원의 "요청"이 헌법 또는 법률에 명백히 위반되는 것이 아닌 한, 교섭단체대표의원이 상임위원의 개선에 있어 청구인의 주장대로 "당해 위원이 위원회의 구성원으로서의 지위를 계속 유지하기에 적합하지 않다고 판단될 만한 불법 또는 부당한 사유를 가지고 있는 경우에" 한하여 그의 개선을 요청할 수 있다고 볼 것은 아니다. 교섭단체대표의원의 상임위원 개선 "요청"이 헌법 또는 법률에 위반되는 것이 아닌 한 국회의장이 이에 따르는 것은 정당국가에서 차지하는 교섭단체의 의의와 기능을 고려할 때 입법취지에도 부합하는 것이다.」

(b) 당헌상의 권한

각 정당은 원내활동에 대한 의사결정기관으로 의원총회를 두고 있는데, 의원총회의 소집권한 및 그 회의를 주재하는 권한을 교섭단체대표의원이 갖는다. 그리고 당의 주요 대책을 협의·조정하기 위하여 의원총회의 수임기관으로 당헌상 원내대책위원회를 두는 것이 일반적인데, 그 위원장은 교섭단체대표의원이 겸한다.

(2) 의　　무

교섭단체대표의원은 國會法이 정하는 의무를 진다. 교섭단체의 대표의원은 그 단체의 소속의원이 連署·捺印한 명부를 국회의장에게 제출하여야 하며, 그 소속의원에 이동이 있거나 소속정당의 변경이 있을 때에는 그 사실을 지체없이 국회의장에게 보고하여야 한다. 다만, 특별한 사유가 있을 때에는 당해 국회의원이 관계서류를 첨부하여 이를 보고할 수 있다(國會法 §33②).

4. 國會事務處 등

[253] 第一 國會事務處

I. 의　　의

국회사무처는 국회의 입법·예산결산심사 등의 활동을 지원하고 행정사무를 처리하기 위하여 국회에 설치된 국회의 조직이다(國會法 §21①). 국회사무처에 관하여 필요한 사항은 國會事務處法에서 정하고 있다.

II. 직　　무

국회사무처는 의장의 지휘·감독을 받아 국회 및 국회의원의 입법활동과 국회의 행정업무에 관련된 사무를 처리하는데(國事處法 §2), 그 사무로는 i) 법률안, 청원 등의 접수·처리, ii) 국회의 법안심사, 예산결산심사, 국정감사 및 조사, 국가정책평가 등의 지원, iii) 국회의 본회의 및 위원회회의에 관한 지원, iv) 국회의원의 의정활동지원, v) 국회의 의사중계방송 및 홍보, vi) 국회의 의원외교활동지원, vii) 국회소속공무원에 대한 교육훈련과 의회제도 및 운영에 관한 연수, viii) 국회의 청사관리·경비 및 후생, ix) 국회의 직장민방위대 및 직장예비군의 편성·운영과 비상대비업무, x) 국가공무원법·국가재정법·국유재산법 기타 다른 법령의 규정에 의하여 사무처 또는 사무총장의 권한에 속하는 사항, xi) 감사업무 기타 의장이 필요하다고 인정하여 지정하는 사항 등이 있다.

III. 조　　직

국회사무처는 국회사무총장(國會法 §21②), 입법차장, 사무차장(國事法 §3, §5①), 의장비서실장(同法 §6①) 기타 보조기관 등으로 구성된다.

[254] 第二 國會豫算政策處

Ⅰ. 의 의

국회예산정책처는 국가의 예산결산 · 기금 및 재정운용과 관련된 사항에 관하여 연구분석 · 평가하고 의정활동을 지원하는 국회의 조직이다(國會法 §22의2). 국회예산정책처의 설치에 관하여 필요한 사항을 정하기 위하여 國會豫算政策處法이 제정되었다. 국회예산정책처의 직무에 관하여는 독립성이 존중되어야 한다(同法 §2②).

Ⅱ. 직 무

국회예산정책처는 국가의 예산결산 · 기금 및 재정운용과 관련되어 i) 예산안 · 결산 · 기금운용계획안 및 기금결산에 대한 연구 및 분석, ii) 예산 또는 기금상의 조치가 수반되는 법률안 등 의안에 대한 소요비용의 추계, iii) 국가재정운용 및 거시경제동향의 분석 및 전망, iv) 국가의 주요사업에 대한 분석 · 평가 및 중 · 장기 재정소요 분석, v) 국회의 위원회 또는 국회의원이 요구하는 사항의 조사 및 분석 등의 직무를 수행한다(國豫處法 §3).

Ⅲ. 조 직

국회예산정책처는 국회예산정책처장(國會法 §22의2②), 기타 보조기관(國豫處法 §7)으로 구성된다.

[255] 第三 國會圖書館

국회도서관은 국회의 입법활동을 지원하기 위하여 도서 기타 입법자료에 관한 봉사업무를 수행하는 국회의 조직이다(國會法 §22). 국회도서관의 설치에 대하여 필요한 사항은 國會圖書館法이 정한다.

제 2 장　大統領과 行政府

제 1 절　大 統 領

1. 大統領의 憲法上의 地位

[256] 第一　憲法上의 地位

헌법은 대통령제정부를 채택하여 大統領(president)을 두고 그에게 헌법상의 기능에 합당한 지위를 부여하고 있다. 헌법은 국가권력을 입법권, 집행권, 사법권, 헌법재판권으로 나누어 권력분립을 실현하고 있는데, 집행권(광의의 행정권 executive power)에 대통령의 권한과 행정부의 권한(협의의 행정권)을 포함시키고 있다. 국가권력 가운데 집행권을 보유·행사하는 대통령의 지위는 성질상의 지위와 직무상의 지위로 나누어지며, 헌법은 이런 지위에 적합한 권한과 의무를 부여하고 있다.

대통령이라는 말은 미합중국의 헌법에서 비롯하는 president를 의미한다. 미합중국에서 president라는 용어는 1774년 9월 필라델피아(Philadelphia)에서 열린 제 1 차 대륙회의(the First Continental Congress)에서 그 회의를 주재하고 진행하기(preside) 위해 선출한 회의의 leader를 의미하는 말로 사용된 것에 그 기원을 두고 있다(정부기구로서 congress라는 용어를 사용한 것도 이때가 처음이다). 이 때 아메리카 대륙의 각 state는 영국의 王(king)과 같은 지위에서 강력한 권력을 행사하는 1인 우월적 지위를 혐오하였기 때문에 식민지 대륙의 각 state에 지배력이나 영향력을 미치는 권력자라는 의미를 대신하여, 전체 식민지인을 대변할 대륙회의에서 단순히 회의를 진행하는 회의의 주재자로서의 지위만을 의미하는 president라는 용어를 사용하였다. 원래 이런 약한 지위를 의미했던 president는 그 후 미합중국의 역사에서 점차 강한 지위를 확보하여 오늘날에 이르고 있다. 동양에서 서양개념의 번역은 주로 1800년대 중반부터 이루어지는데, 미합중국의 president를 「大統領」이라고 번역한 것은 1854년 美日和親條約에서 처음 등장한다. 이미 1844년 淸나라에서는 미합중국의 president라는 말을 音譯에 의미를 부가하여 「(大)伯理璽天德」이라고 번역하여 사용하였고, 우리나라도 1882년 강화도조약에서 시작하여 1901년까지 왕래한 조선과 미국의 공식문건에는 president를 지칭할 때 伯理璽天德이라는 번역어를 사용했다. 일본국에서 서양의 법률용어를 한자어로 많이 번역한 箕

作麟祥이 1873년에 출간한 「佛蘭西憲法」에는 프랑스의 1852년헌법을 번역하면서 大統領이라는 말을 사용하였는데, 대통령이라는 한자어는 주로 일본국에서 사용되었다. 1883년 高宗이 미합중국을 방문한 洪英植과 문답하며 大統領이라는 말을 사용한 적이 있고, 미합중국은 1885년 고종에게 보낸 國書부터 외교문서에 大統領이라는 한자어를 사용했다. 1895년에 간행된 俞吉濬의 「西遊見聞」에는 국민이 나라를 다스리는 「合衆正體」에는 임금 대신 대통령이 있다고 하여 大統領이라는 말을 사용했다. 이와 달리 중국에서는 근대화 과정중 辛亥革命이 발생한 1911년에 제정된 「中華民國臨時政府之組織大綱」에서 미합중국의 president를 수용하여 大總統으로 번역하고 vice-president를 副總統으로 번역하면서 이후 (大)總統이라는 용어로 굳어졌다. 현재 타이완의 「中華民國憲法」에는 總統, 副總統으로 되어 있다. 우리 헌법사에서는 1919년 9월의 「大韓民國臨時憲法」에서 臨時大統領制를 채택하면서 大統領이라는 말을 처음 사용했다.

Ⅰ. 성질상의 지위

헌법이 정하고 있는 대통령은 성질상 i) 國民代表機關으로서의 지위, ii) 國政調整者로서의 지위, iii) 憲法守護者로서의 지위, iv) 基本權保護機關으로서의 지위를 가진다.

(1) 국민대표기관

대통령제국가에서 대통령은 국민대표자의 지위에 있다(대의적 기능 Repräsentationsfunktion). 대통령은 국가적 수준의 중요한 결정을 할 수 있는 권한을 헌법으로부터 부여받음과 동시에 그 권한에 비례한 民主的 正當性을 확보하고 있다. 대통령은 국가운영에서 일정한 부분 국가의사를 결정하는 권한을 가지는 동시에 이에 비례하여 원칙적으로 국민의 直接選擧에 의해 선출된다(憲法 §67①). 대통령은 그의 권한을 뒷받침하는 강력한 민주적 정당성을 바탕으로 하여 自己責任하에 국가운영에서 필요한 정책적 판단을 행한다. 대통령의 권한행사 가운데는 국회 등과 같이 다른 기관의 관여가 인정되는 경우도 있으나, 이 경우에도 최종 결정은 대통령이 한다.

대통령은 국가의사를 자기책임하에 결정하고, 그 결정의 부당함에 대해서는 법적인 책임을 지지 않는다. 대통령이 彈劾으로 대통령직에서 파면되는 경우도 직무집행에 있어 헌법이나 법률을 위배한 경우에 한하며(憲法 §65①), 정책적 판단의 잘못이나 국정수행능력의 부족을 이유로 탄핵할 수 없다. 대통령은 그의 직무집행에 있어 적법한 권한행사에 대해서는 국민에 대해 정치적인 책임만 진다.

이와 같이 대통령이 국민에 의해 직접 선출되고, 일정한 영역에서 국회처럼 국가의사를 직접 결정하는 권한을 가지며, 이러한 권한을 자기책임하에 행사한다는 점에서 대통령은 國民代表機關(=代議機關 Representativorgan)으로서의 지위를 가진다고 할 것이다. 대의원리에 의할 때, 국민대표기관은 그의 권한행사에 대하여 국민에게 정치적인 책임을 지고, 이러한 정치적인 책임을 묻는 가장 중요한 방법이 차기 선거에서 투표로 연임여부를 결정하는 것이다. 그러나 우리 헌법은 대통령의 임기를 5년 單任으로 정하고 있기 때문에 대통령에 대해 차기선거에서 정치적 책임을 묻는 것은 인정될 여지가 없다.

헌법은 대통령으로 하여금 국민대표기관으로서 중요한 국가의사를 결정하게 하므로 그의 권한남용은 국가와 국민에게 심대한 피해를 초래할 수 있다. 국회가 다수 국회의원들의 토론과 심사를 거쳐 다수결에 따른 표결로 국가의사를 결정하는 合議體意思決定機關인 것과는 달리, 대통령은 1인이 單獨意思決定機關으로서 국가의사를 결정하므로 권한남용의 가능성은 훨씬 높다. 따라서 대통령이 그의 권한을 남용할 수 없도록 권력남용을 통제하는 장치를 충분히 마련할 필요가 있다.

대통령 직선의 경우 선거과정을 보면, 당해 선거의 이슈에 따라 대통령 후보자 가운데 특정인을 선정하는 것이 국민이 특정한 정책을 선택하는 것과 같은 결과를 가져와, 선출된 대통령은 국민의 이러한 경험적인 의사에 강한 영향을 받아 때로 전체국민의 이익과 충돌되는 방향으로 국가의사를 결정하는 경우도 있다. 이런 경우에는 대통령에 대한 직선은 직접민주주의와 유사한 기능(referendum 또는 plebiscite)을 하는 현상이 나타나기도 하지만, 대통령은 특수이익(=부분이익)이나 경험적 의사를 추구할 것이 아니라 전체국민의 이익을 추구하여 권한을 행사하여야 하므로 여전히 國民代表機關으로서의 지위를 가지고 있다. 대통령이 국민전체에게 이익이 되는 공공복리나 국가적 이익을 내팽개치고 사회의 특정세력의 이익이나 자신과 관련된 부분이익을 추구하여 권한을 행사하는 경우에는 파당적이 되어 국가의 중립성을 훼손하거나 부정하는 결과를 가져온다.

(2) 국정조정자

대통령은 국가운영에 있어 국정을 調整하고 통합하는 국정조정자의 지위(통합적 기능 Integrationsfunktion)에 있다. 대통령제국가에서 대통령은 단독의사결정기관으로서 국정운영의 실질적인 중심에 있다. 대통령에게 국가의 독립, 영토의 보전, 국가의 계속성과 헌법을 수호할 책무를 강하게 지우고, 조국의 평화적 통일을 위한 성실한 책무를 부과하여 국정운영에 실질적인 책임을 지게 하는 동시에 헌법기관이나 국가기관의 구성에 광범하게 관여하게 하고, 국가 전체적으로 중요한 사항에 대하여 직접 처리하게 하는 것도 대통령으로 하여금 국정의 조정자로서 역할을 하게 하기 위한 것이다. 헌법재판소의 장과 재판관의 임명(憲法 §111 ②,④), 대법원장과 대법관의 임명

(憲法 §104 ①,②), 중앙선거관리위원회의 위원 3인 임명(憲法 §114②), 감사원장과 감사위원의 임명(憲法 §98 ②, ③)에 관한 권한이나 헌법개정의 발의(憲法 §128①), 중요정책의 국민투표회부(憲法 §72), 법률안의 제출(憲法 §52), 법률안의 再議要求(憲法 §53 ②,③), 사면(憲法 §79), 榮典의 授與(憲法 §80) 등에 관한 권한은 국정조정자로서 지위를 확보해주는 특징적인 것들이다.

대통령에게 국정운영상 광범한 권한을 부여하여 국정의 조정자로서의 역할을 강화시킨 것은 한국 대통령제가 가지고 있는 특징이기도 하다. 대통령이 가지는 이러한 국정조정자로서의 역할은 국정운영에서 구심점을 형성하고 효율성을 추구하며, 헌법기관이나 국가기관간에 갈등이나 대립의 발생을 사전에 해소시키는 기능을 한다. 그러나 국정 전체에 관여하는 이런 대통령의 지위가 권력남용으로 변질되면, 대통령의 독재나 권위주의통치를 초래할 우려가 있다. 현행 헌법 아래 국정운영의 실제에서 「帝王的 大統領」이라는 비판이 제기되기도 한 것은 대통령이 국정조정자로서의 지위에서 가지는 권한을 그 기능에 적합하게 행사하지 않고 자의적으로 행사하여 국가의 기능을 왜곡하거나 국민의 기본권을 침해하는 행위를 했기 때문이다. 따라서 대통령은 이런 지위에 따른 권한을 그 기능에 적합하게 행사해야 하며(機能適合性), 그 권한의 남용을 통제할 수 있는 장치를 마련해둘 필요가 있다(統制必要性).

(3) 헌법수호자

대통령은 국가가 비상사태에 직면하였을 때, 국가긴급권을 발동하여 헌법의 규범력을 유지·확보하고 비상사태를 극복하여야 하는 헌법수호자로서의 지위에 있다. 입헌민주국가에서 헌법을 수호하는 책무는 대통령뿐만 아니라 국회, 법원, 헌법재판소 등 모든 국가기관에게 주어져 있다. 따라서 대통령만이 헌법의 수호자의 지위를 독점하는 것은 아니다. 국가의 비상사태가 발생한 경우에도 국회의 집회가 가능하면 국회와 대통령 모두 국가비상사태를 극복하기 위한 조치를 하여야 한다. 그러나 국회의 집회를 기다릴 여유가 없을 정도로 사태가 급박하여 신속하게 대처할 필요가 있거나(憲法 §76), 국군통수권자인 대통령이 병력으로 국가비상사태를 극복하여야 할 필요가 있는 경우(憲法 §77)에는 대통령으로 하여금 국가긴급권의 행사를 통하여 국가비상사태를 극복하고 헌법을 수호하도록 하고 있다.

대통령이 가지는 헌법수호자로서의 지위는 평상시나 비상시나 공히 인정되는 것이므로 憲法 제66조 제2항은 특히 「대통령은 국가의 독립, 영토의 보전, 국가의 계속성과 헌법을 수호할 책무를 진다」라고 강조하고 있다. 국가의 독립, 영토의 보전, 국가의 계속성이 심각하게 위협받는 상황은 국가비상사태에 해당하므로 憲法 제66조 제2항은 대통령이 헌법수호자로서의 책무도 지고 있다는 점을 확인하고 강조한 것이다.

대통령이 헌법수호자로서의 지위에서 보유하는 권한은 그 성질상 의무이기도 하므로 마땅히 수행하여야 할 권한행사를 하지 않거나 태만히 하는 때에는 헌법수호자로서의 지위를 방기하는 것이어서 탄핵의 사유가 된다. 대통령이 헌법수호자로서의 지위에서 가지는 권한도 무한정한 것은 아니기 때문에 그 권한의 남용은 통제된다. 국가긴급권의 행사에도 헌법상 과잉금지원칙이 적용되고, 국회의 사후승인을 얻어야 하며(憲法 §76 ③,④), 국회의 해제요구가 있는 경우에는 이를 해제하여야 한다(憲法 §77⑤).

헌법상 누가 최후의 헌법수호자인가 하는 논의가 있다. 헌법정책의 면에서, 대통령제를 취하면서 대통령의 국가긴급권의 행사에 대하여 사법적 통제를 배제하는 방안과 이를 인정하는 방안이 있을 수 있다. 전자의 경우에는 최후의 헌법수호자는 대통령이 되겠지만, 후자의 경우에는 사법적 통제를 하는 기관이 최후의 헌법수호자가 된다. 전자는 독재나 권위주의대통령제에서 볼 수 있는 것이므로 오늘날 입헌민주국가에서는 대통령제를 취하더라도 후자의 방안을 채택한다. 우리나라의 경우에는 대통령이 헌법수호자로서 가지는 권한을 남용하거나(예: 국회의 승인을 얻지 못했음에도 국가긴급권을 강행하거나, 국회의 계엄해제 요구가 있음에도 병력사용을 계속하는 행위), 소극적으로 행사하지 않거나 태만히 하여 헌법침해를 방치하는 경우에는 국회의 탄핵소추에 따라 헌법재판소가 탄핵심판을 하고, 대통령의 모든 권력행사가 헌법재판소의 헌법소원심판의 대상이 되므로, 규범적으로 볼 때, 최후의 헌법수호자는 憲法裁判所가 된다. 모든 국가기관이 헌법침해의 불법을 행하는 헌법부정의 예외적 상황에서는 주권자인 국민이 저항권을 행사하여 헌법을 수호하여야 하는 사태가 발생하는데, 이런 극한적인 경우에는 국민이 최후의 헌법수호자가 된다. 통상적인 경우이든 비상적인 경우이든 헌법을 수호하여야 할 제1차적인 책임은 헌법기관과 국가기관에 부과되어 있으므로 국민이 헌법을 수호하기 위하여 직접 행동으로 나서는 상황은 이미 중대한 불법이 행해진 경우에 한정된다.

(4) 기본권보호기관

대통령은 국민의 기본권을 보호하는 기관이다. 모든 국가기관이 국민의 기본권을 실현해야 하는 의무를 가지지만, 대통령은 국정조정자와 행정부의 수반으로서 광범한 권한을 행사하므로 어느 기관보다도 그 권력행사는 국민의 기본권 실현과 밀접한 관계를 가지고 있다.

대통령이 가지는 광범하고 강력한 권한은 기본권의 실현에 있어 큰 실효성을 거둘 수도 있지만, 이의 남용은 국민의 기본권에 심대한 피해를 가져올 수도 있다. 따라서 대통령이 점하는 기본권보호기관으로서의 지위가 가지는 의미는 중요하고, 이는 국정수행에 있어 항상 강조되어야 한다. 대통령의 基本權保護義務는 憲法 제10조와 대통령의 헌법수호의무를 정하고 있는 憲法 제66조 제2항, 국민의 자유와 복리증진에 노력해야 한다는 취임선서를 정하고 있는 憲法 제69조 등에서도 확인되어 있지만, 法律案提出權(憲法 §52), 法律案公布權(憲法 §53①)과 再議要求權(憲法 §53②,③), 大統領令發令權(憲法 §75), 赦免權(憲法 §79), 國家緊急權(憲法 §76, §77)도 국민의 기본권 보호에서 중요한 기능을 한다.

Ⅱ. 직무상의 지위

대통령은 직무의 수행상 國家元首로서의 지위, 憲法機關構成權者로서의 지위, 行政府首班으로서의 지위를 가진다.

(1) 국가의 원수

憲法은 「대통령은 국가의 元首이며, 외국에 대하여 국가를 대표한다」(憲法 §66①)라고 정하고 있다. 이에 따라 헌법상 대통령은 國家의 元首(head of state)로서의 지위를 가진다. 대통령이 국가원수로서 가지는 지위는 국제법상 대한민국을 대표하여 활동하는 것이므로 국제정치 또는 국제법상의 대외적인 업무에 한정되며, 대내적인 업무에 관한 것이 아니다(同旨: 許營a, 935). 憲法 제73조에서 정하고 있는, 대통령의 조약의 체결·비준에 관한 권한, 외교사절의 신임·접수·파견에 관한 권한, 선전포고와 강화에 관한 권한은 국가원수로서의 지위를 뒷받침하고 있다.

국내의 행정업무 가운데 대외적인 것도 있으므로(예: 통상·무역, 공무원의 해외연수 등에 관한 업무) 모든 대외적인 업무가 국가원수로서의 지위에서 행하는 것은 아니다.

대통령이 국가원수로의 지위에 있기 때문에 대통령은 개별적인 정파로부터 초월하여 국가적 과제를 수행하여야 하고 일상 정치에서 초연한 입장을 취하여야 한다. 따라서 대통령은 政黨政治로부터 초연하고 中立的인 지위에 있을 것이 요구된다(parteipolitische Neutralität). 의회주의제정부에서 대통령은 이러한 요구를 잘 실현할 수 있어 정당정치로부터 중립적인 지위에서 업무를 수행할 수 있다. 그러나 대통령제에서는 대통령이 국가원수인 동시에 행정부의 수반으로서 국가운영에서 가장 중심적인 지위에 있기 때문에 대통령이 정당정치에서 초연하게 있기 어렵게 된다. 대통령제에서는 대통령 1인에게 초정파적인 국가원수로서의 역할과 정파적인 행정부 수반으로서의 역할이 동시에 요구되어 서로 모순적인 상태에 있게 된다. 국가원수로서의 지위를 강조하여 정당에서 중립적인 지위에 있게 되면 행정부수반으로서의 역할을 수행하는데 애로를 겪게 되고, 행정부수반으로서의 지위를 강조하여 정파적인 성격을 강하게 유지하게 되면 초정파적인 지위에서 업무를 수행해야 하는 국가원수로서의 역할이 약화된다. 대통령제에서 대통령의 당적보유금지의 문제가 의회주의제에서 대통령의 당적보유금지의 문제보다 복잡한 것은 이런 이유이다.

(2) 헌법기관구성권자

대통령은 헌법재판소의 장과 재판관의 임명(憲法 §111②,④), 대법원장과 대법관의 임명(憲法 §104①,②), 중앙선거관리위원회의 위원 3인 임명(憲法 §114②), 감사원장과 감사위원의 임명(憲法 §98②,③)에 관한 권한을 가진다. 이로써 대통령은 헌법기관을 구성하는 권한을 가지는 지위에 있다.

> 헌법정책상 대통령이 헌법기관을 구성하는 것이 타당한가 하는 문제가 있다. 특히 정치적인 중립이 보장되어야 하는 재판기관이나 유권적 결정을 내리는 기관을 구성함에 있어 대통령이 관여하는 것은 대통령으로의 권력집중을 초래할 위험이 있다. 헌법재판소의 장은 헌법재판소 재판관들이 선출하고, 대법원장은 대법관들이 선출하는 방식은 정치적 중립을 보다 강하게 보장할 수 있는 하나의 방안이다. 대통령제정부에서 대통령이 반드시 헌법기관을 구성하는 권한을 가져야 하는 것은 아님을 유의할 필요가 있다.

(3) 행정부의 수반

헌법은 제66조 제4항에서 「행정권은 대통령을 수반으로 하는 정부에 속한다」라고 정하고 있다. 이에 따라 헌법상 대통령은 行政府의 首班(head of government)으로서의 지위를 가진다. 대통령이 행정부의 수반으로서 가지는 지위는 대통령제국가에서 대통령이 가지는 통상적인 지위에 해당한다.

대통령은 행정부의 수반으로서 공무원의 任免權(憲法 §78)을 행사하여 행정부를 조직하고, 행정업무를 총괄한다. 대통령이 국무회의의 의장으로 국무회의를 주재하며(憲法 §88③) 행정각부의 업무를 총괄하고 조정하는 것도 행정부의 수반으로서 행하는 권한 행사이다. 법률안제출권(憲法 §52), 대통령령을 발령하는 권한(憲法 §75), 예산안제출권(憲法 §54②), 예산을 집행하는 권한, 감사원장과 감사위원을 임명하는 권한(憲法 §98②,③)도 행정부의 수반으로서 가지는 권한이다. 대통령이 가지는 國軍統帥權(憲法 §74)은 대내적인 국방업무를 수행함에 있어서는 행정부의 수반으로서 행사하는 권한에 속하지만, 선전포고, 강화, 군대의 외국에의 파견과 관련한 업무를 수행함에 있어서는 국가원수로서 행사하는 권한에 속한다.

대통령은 행정부의 수반이므로 행정업무에 대하여 최종적인 결정권을 가진다. 국무총리도 대통령의 명을 받아 행정각부를 통할할 뿐 독자적으로 업무를 수행할 수 없다(憲法 §86②).

대통령이 행정부의 수반으로서 행정부를 운영하고 행정업무를 수행하지만, 모든 행정업무를 대통령이 직접 수행하는 것은 아니다. 통상 대통령은 행정각부의 장에게 일정한 권한을 위임하여 행정각부를 운영한다.

우리나라에서 그간 오래 지속되어온 대통령 1인으로의 권력집중에 의한 권위주의대통령(제왕적 대통령)의 양상을 극복하고 대통령제정부를 효율적으로 운용하는 하나의 방안으로서, 대통령이 행정부의 수반으로서 가지는 권한을 국무총리에게 대폭 위임하여, 대통령은 국방, 외교, 안보, 통일업무와 핵심적 국가과제인 「대통령의 과제」(President's agenda)에 집중하고, 국무총리는 행정각부를 실질적으로 조정하고 통할하는 방식으로 국정을 운영하는 방안(鄭宗燮d, 135)도 대통령의 권한을 위임하는 방식에 근거하고 있다[282]. 따라서 이런 국정운영에서도 국무총리에게 고유한 권한은 인정되지 않으며, 국무총리는 여전히 대통령의 명을 받아 행정각부를 통할하는 지위에 있다. 우리 헌법상 이는 대통령제정부를 운영하는 운영방식의 문제이고, 법적으로 이원정부제에 해당하는 것은 아니다.

《대통령의 사인으로서의 지위》

대통령의 직무상의 지위는 위에서 본 바와 같다고 하더라도, 여느 공무원과 같이 대통령은 직무와 무관한 부분에서는 사인으로서의 지위를 가진다. 일반개인과 같이 대통령은 기본권을 향유한다. 다만 직무와 관련해서는 일반 사인과 달리 더 많은 제한을 받을 수 있다. 憲法裁判所는 대통령도 사인으로서 기본권의 주체가 됨을 인정하고, 헌법소원심판을 청구할 수 있는 청구인적격을 제한적으로 긍정하고 있다(예: 憲 2008. 1. 17.-2007헌마700).

[憲 2008. 1. 17.-2007헌마700] 「청구인은 국가기관으로서의 대통령이 아닌 국민 또는 자연인으로서 정치적 표현의 자유를 침해받았다고 주장하고 있으므로, 개인의 지위를 겸하는 국가기관이 기본권의 주체로서 헌법소원을 제기할 적격이 있는지를 살핀다. 원칙적으로 국가나 국가기관 또는 국가조직의 일부나 공법인은 공권력 행사의 주체이자 기본권의 '수범자'로서 기본권의 '소지자'인 국민의 기본권을 보호 내지 실현해야 할 책임과 의무를 지니고 있을 뿐이므로, 헌법소원을 제기할 수 있는 청구인적격이 없다(憲 1994. 12. 29.-93헌마120; 2001. 1. 18.-2000헌마149). 그러나 국가기관의 직무를 담당하는 자연인이 제기한 헌법소원이 언제나 부적법하다고 볼 수는 없다. 만일 심판대상 조항이나 공권력 작용이 넓은 의미의 국가 조직영역 내에서 공적 과제를 수행하는 주체의 권한 내지 직무영역을 제약하는 성격이 강한 경우에는 그 기본권 주체성이 부정될 것이지만, 그것이 일반 국민으로서 국가에 대하여 가지는 헌법상의 기본권을 제약하는 성격이 강한 경우에는 기본권 주체성을 인정할 수 있다(憲 1995. 3. 23.-95헌마53; 1998. 4. 30.-97헌마100; 1999. 5. 27.-98헌마214; 2006. 7. 27.-2003헌마758등). 결국 개인의 지위를 겸하는 국가기관이 기본권의 주체로서 헌법소원의 청구적격을 가지는지 여부는, 심판대상조항이 규율하는 기본권의 성격, 국가기관으로서의 직무와 제한되는 기본권 간의 밀접성과 관련성, 직무상 행위와 사적인 행위 간의 구별가능성 등을 종합적으로 고려하여 결정되어야 할 것이다. 그러므로 대통령도 국민의 한사람으로서 제한적으로나마 기본권의 주체가 될 수 있는바, 대통령은 소속 정당을 위하여 정당활동을 할 수 있는 사인으로서의 지위와 국민 모두에 대한 봉사자로서 공익실현의 의무가 있는 헌법기관으로서의 지위를 동시에 갖는데 최소한 전자의 지위와 관련하여는 기본권 주체성을 갖는다고 할 수 있다(憲 2004. 5. 14.-2004헌나1).」

[257] 第二 不訴追特權

I. 의 의

憲法 제84조는「大統領은 內亂 또는 外患의 罪를 범한 경우를 제외하고는 在職중 刑事上의 訴追를 받지 아니한다」라고 하여 대통령에게 형사상의 특권을 부여하고 있다. 대통령에게 형사상의 不訴追特權(prosecutorial privilege)을 인정한 것은 대통령이 헌법상 가지는 지위에 따른 권위를 유지하면서 일상적인 업무를 수행할 수 있게 하기 위한 것이다. 따라서 대통령이 재직중에 내란죄나 외환죄를 범하지 아니하는 이상 형사피고인으로 재판을 받지 아니한다.

> [憲 1995. 1. 20.-94헌마246] 「대통령의 불소추특권에 관한 헌법의 규정이, 대통령이라는 특수한 신분에 따라 일반국민과는 달리 대통령 개인에게 특권을 부여한 것으로 볼 것이 아니라, 단지 국가의 원수로서 외국에 대하여 국가를 대표하는 지위에 있는 대통령이라는 특수한 직책의 원활한 수행을 보장하고, 그 권위를 확보하여 국가의 체면과 권위를 유지하여야 할 실제상의 필요 때문에 대통령으로 재직중인 동안만 형사상 특권을 부여하고 있음에 지나지 않는 것으로 보아야 할 것이다. 헌법 제84조의 근본취지를 이와 같이 해석하는 한, 그 규정에 의하여 부여되는 대통령의 형사상 특권은 문언 그대로 "재직중 형사상의 소추를 받지 아니하는" 것에 그칠 뿐, 대통령에게 일반국민과는 다른 그 이상의 형사상 특권을 부여하고 있는 것으로 보아서는 안 될 것이다.」

대통령의 불소추특권은 대통령의 직무수행상 특정한 범죄에 한하여 특정한 기간 동안 형사피고인으로 재판을 받지 않게 하는데 있으므로 민·형사상의 책임이 면제되는 것이 아니다. 이는 대통령이 민·형사상의 재판과 관련하여 증인으로 출석하는 것을 금지하는 것이 아니다. 대통령을 증인으로 출석시켜 증인신문을 해야 할 필요가 있는 경우에는 대통령은 법원에 출석하여야 하며, 대통령이 이를 거부하는 경우에는 법원은 강제구인을 할 수 있다고 할 것이다(反對: 權寧星, 965).

대통령의 불소추특권

항목 \ 헌법	1948년헌법-1952년헌법-1954년헌법	1960년6월헌법-1960년11월헌법	1962년헌법-1969년헌법-1972년헌법-1980년헌법-1987년헌법
정부형태	대통령제	의회주의제	대통령제
형사상 불소추특권	대통령은 내란 또는 외환의 죄를 범한 때 이외에는 재직중 형사상의 소추를 받지 아니한다.		대통령은 내란 또는 외환의 죄를 범한 경우를 제외하고는 재직중 형사상의 소추를 받지 아니한다.

대통령에 대한 불소추특권에 대해서는 1948년헌법부터 현재와 동일한 내용을 줄곧 인정하여 왔다.

Ⅱ. 내란죄와 외환죄의 경우

대통령이 내란 또는 외환의 죄를 범한 경우에는 대통령이 이미 헌법수호자의 지위를 스스로 부정하고 자신의 권력을 오용하여 헌법질서와 국민의 기본권을 침해하고 있으므로 더 이상 특권을 인정할 여지가 없다. 여기서 말하는 內亂罪와 外患罪는 통상 형법상의 내란죄(刑法 §87), 내란목적살인죄(刑法 §88), 양죄의 미수(刑法 §89), 양죄의 예비·음모·선전·선동의 죄(刑法 §90)를 의미하는 내란의 죄와 외환유치죄(刑法 §92), 여적죄(刑法 §93), 모병이적죄(刑法 §94), 시설제공이적죄(刑法 §95), 시설파괴이적죄(刑法 §96), 물건제공이적죄(刑法 §97), 간첩죄(刑法 §98), 일반이적죄(刑法 §99), 이들 범죄의 미수(刑法 §100), 이들 범죄의 예비·음모·선전·선동의 죄(刑法 §101)를 의미하는 외환의 죄를 뜻한다. 내란죄나 외환죄의 처벌을 통하여 보호하고자 하는 보호법익이 동일한 이상 다른 특별법에서 정하고 있는 同種의 범죄도 憲法 제84조에서 말하는 내란 또는 외환의 죄에 해당한다.

대통령이 내란 또는 외환의 죄를 범하여 형사상의 소추를 당하여 법원의 재판을 받는 것은 대통령이 재직중에 이러한 죄를 범한 경우와 취임 이전에 이러한 범죄를 범한 경우를 모두 포함한다. 어떤 경우에도 국민이 정한 헌법질서를 부정하여 내란 또는 외환의 죄를 범한 범인으로 하여금 대통령직을 수행하게 할 수는 없다.

통상 대통령이 범죄행위를 하였을 때는 국회가 탄핵소추를 한다. 내란 또는 외환의 죄의 경우에는 국회의 탄핵소추와 헌법재판소의 탄핵심판절차를 거쳐 파면한 후 기소하여 처벌하기에는 시간이 많이 소요되고 그 동안 헌법질서가 매우 위태로워질 것이므로 이 때는 바로 수사하여 기소하도록 하는 것이다. 이런 내란 또는 외환의 죄에 대해서는 대통령의 재직중에 기소를 할 수 있으므로 공소시효의 법리상으로는 대통령의 재직중에도 刑事訴訟法상의 公訴時效가 진행된다. 그러나 憲政秩序破壞犯罪의公訴時效등에관한特例法에 의해 刑法 제2편 제1장 내란의 죄, 제2장 외환의 죄와 軍刑法 제2편 제1장 반란의 죄, 제2장 이적의 죄(이상 헌정질서파괴범죄라고 정함)에 대해서는 형사소송법상의 공소시효의 적용이 배제되고 있다(同法 §2, §3).

憲政秩序破壞犯罪의公訴時效등에관한特例法(1995. 12. 21. 법률 제5028호)이 제정되기 전에 행해진 대통령의 내란 또는 외환의 죄에 대해서는 기소할 수 있는가 하는 것이 문제가 된다. 이의 구체적인 사건이 1979년의 12·12사건과 1980년의 5·18사건인데, 이와 관련하여 전두환, 노태우 전직 대통령에 대한 기소를 가능하게 하기 위하여 「5·18민주화운동등에관한특별법」(1995. 12. 21. 법률 제5029호)을 제정하여, 1979년 12월 12일과 1980년 5월 18일을 전후하여 발생한 「憲政秩序破壞犯罪의公訴時效등에관한特例法」 제2조의 憲政秩序

破壞犯罪行爲에 대하여 국가의 소추권 행사에 障碍事由가 존재한 기간은 공소시효의 진행이 정지된 것으로 본다고 하고, 여기서 말하는 "국가의 소추권 행사에 장애사유가 존재한 기간"이라 함은 당해 범죄행위의 종료일부터 1993년 2월 24일(노태우 대통령 재임기간 만료일)까지의 기간이라고 정하였다. 이러한 입법이 공소시효의 적용을 사후에 소급적으로 배제하는 소급효를 가지는 입법인가 하는 점이 헌법재판소에서 다투어졌는데, 9인의 재판관 가운데 이는 공소시효의 법리를 확인한 확인적 입법에 지나지 않아 합헌이라는 3인의 의견, 소급적 효력을 가진 형성적 입법이어서 당연히 위헌여부의 문제가 제기될 수밖에 없다고 한 2인의 의견, 공소시효의 정지여부는 법원의 판단사항이고, 이 법률을 확인적 입법이라고 단정할 수도 없어 헌법재판소가 판단하기에 적합하지 않다는 4인의 의견으로 갈라진 상태에서, 헌법재판소로서는 당해 사건을 재판하는 법원에 의하여 특별법 시행당시 공소시효가 완성된 것인지의 여부가 아직 확정되지 아니한 터이므로 위 두 가지 경우를 가정하여 판단할 수밖에 없다고 하고, 공소시효가 완성되지 않았다고 보는 경우에는 합헌이라고 판단하고, 공소시효가 완성되었다고 보는 경우에 대해서는 4인의 합헌의견과 5인의 한정위헌의견으로 갈라져 결국 위헌결정정족수를 충족시키지 못하여 합헌으로 선고되었다(憲 1996. 2. 16.-96헌가2등).

대통령이 대통령의 직위를 이용하여 헌법을 부정하거나 위태롭게 하는 경우는 이것 이외에도 많은 경우가 있다. 공무상 기밀누설행위, 뇌물수수행위, 해외세력으로부터 정치자금을 수수하거나 부정한 돈을 세탁하는 행위 등으로 헌법질서를 문란하게 하는 경우 바로 수사하여 기소하게 할 것인가 아니면, 탄핵심판절차를 거쳐 대통령직에서 파면한 후 기소하여 처벌할 수 있게 할 것인가 하는 것은 헌법정책상의 문제이다. 현행 헌법상으로는 이런 경우에는 탄핵심판으로 대통령직에서 파면한 후에 비로소 기소할 수 있다고 할 것이다.

Ⅲ. 「형사상의 소추」의 금지

(1) 기소의 금지

憲法 제84조에서 말하는 「刑事上의 訴追」는 기소를 의미한다. 대통령은 내란 또는 외환의 죄에 해당하지 아니하는 죄를 범한 경우에는 재직중에 起訴(公訴의 提起)되어 법원의 재판을 받지 않는다는 의미이다. 따라서 내란 또는 외환의 죄 이외에 대통령이 범한 죄에 대하여 기소한 경우에는 법원의 재판권이 존재하지 않으므로 법원은 公訴棄却의 判決(刑訴法 §327 i)을 한다. 법원의 재판을 받는 것을 전제로 하는 逮捕나 拘束도 금지된다고 할 것이다(同旨: 權寧星, 965).

(2) 공소시효의 진행 정지

대통령에게 불소추특권이 인정되어 재직중 기소되지 아니하는 범죄의 경우에는 公訴時效의 진행이 정지된다(예: 憲 1995. 1. 20.-94헌마246).

[憲 1995. 1. 20.-94헌마246] 「공소시효제도나 공소시효정지제도의 본질에 비추어 보면, 비록 헌법 제84조에는 "대통령은 내란 또는 외환의 죄를 범한 경우를 제외하고는 재직중 형사상의 소추를 받지 아니한다"고만 규정되어 있을 뿐 헌법이나 형사소송법 등의 법률에 대통령의 재직중 공소시효의 진행이 정지된다고 명백히 규정되어 있지는 않다고 하더라도, 위 헌법규정의 근본취지를 대통령의 재직중 형사상의 소추를 할 수 없는 범죄에 대한 공소시효의 진행은 정지되는 것으로 해석하는 것이 원칙일 것이다. 즉 위 헌법규정은 바로 공소시효진행의 소극적 사유가 되는 국가의 소추권행사의 법률상 장애사유에 해당하므로, 대통령의 재직중에는 공소시효의 진행이 당연히 정지되는 것으로 보아야 한다.」

(3) 수사의 가능

법원의 재판을 전제로 하는 공소의 제기와 이와 연관된 체포나 구속이 금지되는 것이므로 수사기관의 수사는 가능하다. 따라서 대통령이 내란 또는 외환의 죄에 해당하지 아니하는 죄를 범한 경우에 수사기관은 수사를 할 수 있다. 수사를 하는 이상 수사의 방법으로 압수·수색을 하는 것도 가능하다(反對: 權寧星, 965). 시간이 경과하면 증거를 수집하기 어려우므로 대통령의 재직중에 행해진 범죄행위에 대해서도 수사기관은 언제나 수사할 수 있어야 한다. 대통령이 재직하고 있는 중에 자기에 대한 任免權을 가지는 대통령에 대해 경찰이나 검찰이 공정하게 수사하는 것은 쉽지 않으므로, 이해관계충돌(conflict of interest)의 법리상 대통령의 영향력이 미칠 수 없는 독립된 특별수사기관(예컨대 특별검사)으로 하여금 수사하게 하는 것이 타당하다(鄭宗燮b, 383; 鄭宗燮c, 349).

檢察廳法에 의하면, 법무부장관은 구체적 사건에 대하여 검찰총장을 지휘·감독할 수 있으므로(同法 §8), 검사가 대통령에 대하여 수사를 하는 경우 대통령의 지시를 받는 법무부장관이 이 지휘·감독권을 행사하여 수사를 방해할 수 있다. 이런 경우에는 검찰의 정치적 중립성이 침해된다.

(4) 민사책임의 불면제

대통령에게 불소추특권이 인정되는 경우에도 민사상의 책임이 면제되는 것은 아니므로 대통령의 범죄행위로 인하여 타인에게 손해를 가한 경우에는 재직중에도 민사상의 책임을 진다. 따라서 피해자는 재직중의 대통령에 대하여 민사소송으로 다툴 수 있고, 대통령은 민사소송의 당사자의 지위에 있을 수 있다.

(5) 탄핵심판과의 관계

대통령의 불소추특권과 탄핵심판은 서로 아무런 연관성이 없다. 대통령이 재직중 내란 또는 외환의 죄에 해당하지 아니하는 죄를 범한 경우에 기소할 수는 없어도 국회는 대통령에 대하여 탄핵소추할 수 있다.

Ⅳ. 파면 · 퇴임 후의 기소

憲法 제84조가 정하는 대통령의 형사상의 불소추특권은 대통령이 내란 또는 외환의 죄에 해당하지 아니하는 죄를 범한 경우에 재직중에는 기소되어 법원의 재판을 받지 않는다는 의미이므로 형사상의 책임이 면제되는 것이 아니다. 따라서 대통령이 탄핵되어 파면되거나 퇴임하여 대통령의 직에서 물러난 경우에는 기소하여 재판을 받게 할 수 있다.

[258] 第三 大統領의 職務遂行上의 免責

대통령은 현직에 있으면서 국정운영상 행한 모든 적법한 행위에 대해서는 법적인 책임을 지지 아니한다. 대통령은 국정운영상 자신의 권한행사에 대해서는 면책(immunity)을 받는다. 대통령이 권한을 행사하면서 사안을 올바로 이해하지 못하거나 판단을 잘못하여 국가와 국민에게 피해를 가져올 수도 있지만, 이러한 정책판단이나 정책집행상의 오류에 대해서는 법적인 책임이 면제된다. 이는 대통령이 가지는 국민대표자로서의 지위와 국가작용의 원리에서 도출된다. 대통령의 이러한 오류에 따른 피해는 그를 대통령으로 선출한 국민이 스스로 감수해야 한다.

그러나 대통령의 면책이 위법한 행위나 범죄행위에도 인정되는 것은 아니다. 대통령이 자신의 권한이 아닌 권한을 행사하거나 위법한 행위를 하거나 범죄행위를 한 경우에는 법적인 책임을 진다. 탄핵뿐만 아니라 형사상의 책임이나 민사상의 책임도 진다.

2. 大統領의 選擧와 任期

[259] 第一 大統領의 選擧

Ⅰ. 선출방법

(1) 원칙: 국민의 직접선거

우리 헌법사에서는 대통령제를 취하면서도 국민이 대통령을 직접 선출하지 못한 경우가 있었지만, 현행 헌법하에서는 국민이 직접 대통령을 선출한다(憲法 §67①). 국민주권원리와 민주주의원리에 의할 때, 국민대표기관의 지위에서 강력한 권한을 행사하는 기관은 민주적 정당성을 가져야 하므로, 위와 같은 지위에 있는 대통령을 국민이 직접 선출하는 것은 당연하다. 대통령제를 취하는 국가에서 국민이 대통령을 직접 선거하는 것은 국민에게 정부를 선택하는 권리를 보장하는 것이기도 하다. 대통령제국가에서는 대통령의 교체가 정부의 정책 방향과 국정을 운영할 정치세력을 교체하는 의미도 가지므로 국민이 대통령의 선거와 관련하여 政府選擇權을 행사하는 것은 민주주의에서 중요한 의미를 가진다.

憲法은 「대통령은 국민의 普通·平等·直接·秘密選擧에 의하여 선출한다」(憲法 §67①)라고 정하여, 입헌민주국가의 선거원칙에 따라 국민이 대통령을 선출하게 하고 있다. 대통령의 선거도 自由選擧에 의하여야 함은 의문의 여지가 없다.

국민주권원리와 민주주의원리에 의할 때, 국민이 대통령을 직접 선출하는 때에도 選擧權者(=有權者)의 過半數의 지지를 얻는 것이 타당하다. 민주주의를 실현하기 위하여 선거로 민주적 정당성을 확보하는 때에 선거권을 가진 자의 과반수의 지지를 획득하는 것은 그 원리상 최소한의 요청이다. 그러나 헌법은 이 문제에 대하여 명시적으로 정하고 있지도 않고, 대통령후보자가 1인인 경우 이외에는 당선에 필요한 득표율을 아예 정하고 있지 않다. 따라서 헌법상으로는 대통령의 선거에서 후보자 가운데 유권자의 과반수의 지지를 얻지 못했지만, 상대적으로 最多得票를 한 자는 대통령으로 당선될 수 있게 되어 있다(plurality system. 예컨대 10명 이상의 후보가 나와 유권자의 10% 이하 지지를 얻고도 대통령에 당선될 수 있다). 단지 憲法은 「대통령후보자가 1인일 때에는 그 득표수가 선거권자 총수의 3분의 1 이상이 아니면 대통령으로 當選될 수 없다」(憲法 §67③)고 하여, 후보자가 1명인 경우에 한해서만 당선 하한선을 정하고 있을 뿐이다. 이 경우도 대통령후보자는 선거권자의 과반수의 지지를 얻지 못해도 당선될 수 있다. 이는 국민주권원리와 민주주의원리에 합치하지 않는 것이다.

대통령 선거방법의 변천

항목 \ 헌법	1948년헌법	1952년헌법-1954년헌법	1960년6월헌법-1960년11월헌법	1962년헌법-1969년헌법	1972년헌법	1980년헌법	1987년헌법
정부형태	대통령제	→	의회주의제	대통령제	→	→	→
대통령	이승만	→	윤보선	박정희	→	전두환	노태우-김영삼-김대중-노무현-이명박
대통령 선거방법	**국회의 선출**(대통령과 부통령은 국회에서 무기명투표로 선거. 국회재적의원 2/3 이상	**국민의 직선+국회의 선출**(대통령과 부통령을 국민이 직선. 최고득표자가 2인 이상	**국회의 선출**(대통령은 국회의 양원합동회의에서 재적의원 2/3 이상의 찬성으로 선출. 1	**국민의 직선**(대통령은 국민이 직선. 최고득표자가 2인 이상인 때에는 국회의 재적의원 과	**통일주체국민회의의 선출**(토론 없이 무기명투표로 선거. 재적대의원 과반수의 찬성	**대통령선거인단의 선출**(무기명투표로 선거. 재적대통령선거인 과반수의 찬성으로	**국민의 직선+국회의 선출**(대통령을 국민이 직선. 최고득표자가 2인 이상인 때에는 국

	의 출석+출석의원 2/3 이상의 찬성으로 결정. 2/3 이상의 득표자가 없는 때에는 2차투표)	인 경우 국회의 양원합동회의에서 다수결로 결정)	차투표에서 당선자가 없을 때에는 2차투표. 2차투표에서도 당선자가 없을 때에는 재적의원 2/3 이상의 출석+출석의원 과반수 득표자가 당선됨)	반수가 출석한 공개회의에서의 다수득표자가 당선됨. 대통령 후보자가 1인일 때에는 그 득표수가 선거권자 총수의 1/3 이상이 아니면 대통령으로 당선될 수 없음) **국회 선출**(대통령이 궐위된 경우에 잔임 기간이 2년 미만인 때에는 국회에서 선거)	으로 결정. 이런 득표자가 없을 때에는 2차투표)	선출. 이런 득표자가 없을 때에는 2차투표)	회의 재적의원 과반수가 출석한 공개회의에서의 다수표자가 당선됨. 대통령 후보자가 1인일 때에는 그 득표수가 선거권자 총수의 1/3 이상이 아니면 대통령으로 당선될 수 없음)
결선투표	2차투표에도 2/3 이상의 득표자가 없는 때에는 최고득표자 2인에 대하여 결선투표. 다수득표자가 당선됨	없음	없음	국회의 대통령선거는 재적의원 2/3이상의 출석+출석의원 3분의 2 이상의 찬성으로 결정. 이런 득표자가 없는 때에 2차 투표. 2차투표에도 이런득표자가 없는 때에는 최고득표자가 1인이면 최고득표자와 차점자에 대하여, 최고득표자가 2인 이상이면 최고득표자에 대하여 결선투표. 다수득표자가 당선됨	2차투표에도 과반수득표자가 없는 때에는 최고득표자가 1인이면 최고득표자와 차점자에 대하여, 최고득표자가 2인 이상이면 최고득표자에 대하여 결선투표. 다수득표자가 당선됨	→	없음

이 문제를 국민주권원리와 민주주의원리에 합치하도록 해결하는 방법은 대통령후보자 가운데 1위 득표자와 2위 득표자를 대상으로 決選投票를 실시하여 과반수를 획득한 후보자를 대통령으로 당선되게 하는 방안이다(majority system). 이 경우 당선득표율을 유권자의 과반수로 할 것인가 투표자의 과반수로 할 것인가 하는 문제가 있는데, 유권자의 과반수로 하는 것이 원리상 합당하지만, 결선투표에서 유권자의 불참으로 인하여 과반수가 형성되기 어려운 예외적인 경우가 있을 수 있다는 점을 고려하면 투표자의 과반수로 하는 것이 타당할 것이다. 통상의 경우에는 결선투표에서 최다득표를 한 자는 유권자의 과반수와 투표자의 과반수의 지지를 얻을 것이다.

(2) 예외: 국회에서의 간접선거

憲法은 대통령의 선거에 있어서 최고득표자가 2인 이상인 때에는 국회의 在籍議員 과반수가 출석한 공개회의에서 다수표를 얻은 자를 당선자로 한다고 정하고 있다(憲法 §67②). 국민이 대통령을 직접 선출하여 민주적 정당성을 부여하는 방식을 채택하면서 최고득표자가 2인 이상인 경우에 국회에서 간접선거로 선출하도록 하는 것은 민주주의원리에 위반될 뿐 아니라 대통령직선방식의 체계정합성에 어긋난다. 이러한 방식은 정당한 근거를 찾기 어려운 것이다(成樂寅, 987).

대통령선거에서 선거권자의 과반수의 득표율을 얻은 자를 당선자로 하고, 과반수의 득표율을 얻은 자가 없는 경우에는 결선투표를 실시하여(최고득표자가 2인 이상인 경우 최고득표자만을 대상으로 결선 투표를 실시한다) 당선자를 결정하면 이러한 규정은 의미가 없다. 헌법을 개정하여 대통령선거방법을 원리에 합당하게 정비할 필요가 있다.

Ⅱ. 선　　거

(1) 선거권과 피선거권

국민은 법률이 정하는 바에 의하여 대통령선거권을 가지는데(憲法 §24), 연령상으로는 19세 이상이어야 한다(公選法 §15①). 그러나 선거일 현재 i) 禁治產宣告를 받은 자, ii) 禁錮 이상의 형의 선고를 받고 그 집행이 종료되지 아니하거나 그 집행을 받지 아니하기로 확정되지 아니한 자, iii) 선거범(公選法 第16章 罰則에 規定된 罪와 國民投票法 위반의 죄를 범한 자), 정치자금법 제45조(정치자금부정수수죄) 및 제49조(선거비용관련위반행위)에 규정된 죄를 범한 자 또는 대통령·국회의원·지방의회의원·지방자치단체의 장으로서 그 재임중의 직무와 관련하여 형법(특정범죄가중처벌등에 관한 법률 제2조에 의하여 가중처벌되는 경우를 포함) 제129조(수뢰·사전수뢰죄) 내지는 제132조(알선수뢰)·특정범죄가중처벌등에 관한 법률 제 3 조(알선수재)에 규정된 죄를 범한 자로서 100만원 이상의 벌금형의 선고를 받고 그 형이 확정된 후 5년 또는 형의 執行猶豫의 선고를 받고 그 형이 확정된 후 10년을 경과하지 아니하거나 징역형의 선고를 받고 그 집행을 받지 아니하기로 확정된 후 또는 그 형의 집행이 종료되거나 면제된 후 10년을 경과하지 아니한 자(형이 失效된 자도 포함한다), iv) 법원의 판결 또는 다른 법률에 의하여 선거권이 정지 또는 상실된 자는 선거권이 없다(同法 §18①,②).

대통령으로 선거될 수 있는 자는 국회의원의 피선거권이 있고, 선거일 현재 40세에 달하여야 하며(憲法 §67④), 5년 이상 국내에 거주하고 있는 자(公務로 외국에 파견된 기간과 국내에 주소를 두고 일정기간 외국에 체류한 기간은 국내거주 기간으로 본다)이어야 한다(公選法 §16①). 그러나 선거일 현재 i) 선거권이 없는 자에 해당하는 사유 중 위 i), iii), iv)에 해당하는 자, ii) 禁錮 이상의 형의 선고를 받고 그 형이 失效되지 아니한 자, iii) 법원의 판결 또는 다른 법률에 의하여 피선거권이 정지되거나 상실된 자는 피선거권이 없다(同法 §19).

(2) 선거구와 투표구

대통령의 선거에서 선거구는 전국을 하나의 단위로 하는 單一選擧區이다(公選法 §20①). 投票區는 읍·면·동에 두되, 구·시·군선거관리위원회는 하나의 읍·면·동에 2 이상의 투표구를 둘 수 있다(同法 §31 ①,②).

(3) 대통령후보자와 후보 등록

대통령의 선거에서 후보자는 정당의 추천을 받거나 무소속으로 입후보할 수 있다. 정당은 선거구별로 선거할 定數범위 안에서 그 소속당원을 후보자로 추천할 수 있는데(公選法 §47①), 대통령선거의 선거구는 전국 단위의 단일선거구이므로(同法 §20①) 소속당원 1인에 한하여 대통령후보로 추천할 수 있다. 無所屬候補者가 되고자 하는 자는 관할 선거구선거관리위원회가 교부하는 추천장(대통령의 임기만료에 의한 선거에 있어서는 후보자등록신청개시일 전 30일, 대통령의 궐위로 인한 선거 등에 있어서는 그 사유가 확정된 후 3일부터 교부)을 사용하여 5개 이상의 시·도에 나누어 하나의 시·도에 주민등록이 되어 있는 선거권자의 수를 500인 이상으로 하여 총 2,500인 이상 5,000인 이하의 선거권자의 추천을 받아야 한다(同法 §48②).

대통령의 선거에 있어 후보자의 등록은 선거일 전 24일부터 2일간(候補者登錄期間) 관할선거구선거관리위원회에 書面으로 신청하여야 한다(同法 §49①). 정당추천후보자의 등록은 추천정당이 신청한다(同條 ②). 무소속후보자는 선거권자의 추천을 받은 추천장을 첨부하여 등록한다(同條 ③). 후보자등록을 신청하는 자는 정당추천후보자이든 무소속후보자이든 공히 등록신청시에 후보자 1人마다 5억원의 寄託金을 중앙선거관리위원회에 납부하여야 한다(同法 §56① i).

(4) 선거절차

대통령선거에서 任期滿了에 의한 선거의 선거일은 그 임기만료일 전 70일 이후 첫번째 수요일이다. 다만, 선거일이 국민생활과 밀접한 관련이 있는 民俗節 또는 공휴일인 때와 선거일의 전일이나 그 다음날이 공휴일인 때에는 그 다음 주의 수요일에 선거가 실시된다(公選法 §34). 대통령의 闕位로 인한 선거 또는 재선거(公選法 §197의 선거의 일부무효로 인한 재선거는 제외)는 그 선거의 실시사유가 확정된 때부터 60일 이내에 실시하되, 선거일은 늦어도 선거일 전 29일에 대통령 또는 대통령권한대행자가 공고한다(同法 §35①). 대통령의 선거에 관한 사항은 법률로 정하기 때문에(憲法 §67⑤), 대통령의 선거에 있어서 선거운동, 선거절차, 선거소송 등에 관해서는 公職選擧法에서 정하고 있다.

(5) 당선인의 결정

대통령의 선거에 있어 유효투표의 다수를 얻은 자가 대통령에 당선된다. 중앙선거관리위원회는 유효투표의 다수를 얻은 자를 당선인으로 결정하고, 이를 국회의장에게 통지하여야 한다(公選法 §187①). 중앙선거관리위원회위원장은 당선인의 결정을 공고하고, 지체없이 당선인에게 당선증을 교부한다(同條 ③). 후보자가 1인인 때에는 그 득표수가 선거권자 총수의 3분의 1 이상에 달하여야(憲法 §67③) 당선인으로 결정할 수 있다(公選法 §187① 但書).

최고득표자가 2인 이상인 때에는 중앙선거관리위원회의 통지에 의하여 국회는 在籍議員 과반수가 출석한 공개회의에서 다수표를 얻은 자를 당선인으로 결정한다(憲法 §67②; 公選法 §187②). 이 경우 국회의장은 이를 공고하고, 지체없이 당선인에게 당선증을 교부한다(公選法 §187③).

天災·地變 기타 부득이한 사유로 인하여 開票를 모두 마치지 못하였다고 하더라도 개표를 마치지 못한 지역의 투표가 선거의 결과에 영향을 미칠 염려가 없다고 인정되는 때에는 중앙선거관리위원회는 우선 당선인을 결정할 수 있다(同條 ④).

[260] 第二 就 任

Ⅰ. 취임과 직무수행개시일

대통령에 당선된 자는 임기개시일에 취임을 한다. 임기의 개시는 시간적인 의미에서 대통령의 업무가 시작됨을 말하고, 취임은 사항적인 의미에서 직무의 수행이 시작함을 말한다. 따라서 대통령의 직무는 임기개시의 시점부터 시작하므로 대통령의 취임도 이 시점부터 시작한다.

우리나라의 경우 대통령의 업무개시일은 0시에 시작하게 되어 있어(公選法 §14①), 대통령 취임의 儀禮인 취임식은 대통령직에의 就任時에 일치시켜 행할 수 없다. 따라서 현실상 대통령의 취임식은 이미 대통령이 취임한 후인 시점에 행해진다. 대통령의 취임식이 대통령직 취임의 성립요건은 아니다.

Ⅱ. 취임선서

憲法 제69조는 大統領은 就任에 즈음하여 취임선서를 하도록 정하고 있다. 이에 의해 대통령은 취임에 즈음하여 「나는 憲法을 준수하고 국가를 保衛하며 조국의 평화적 통일과 국민의 자유와 복리의 증진 및 민족문화의 暢達에 노력하여 대통령으로

서의 직책을 성실히 수행할 것을 국민 앞에 엄숙히 선서합니다」라고 선서한다(憲法 §69). 헌법에서 대통령의 취임선서를 특별히 정하고 있는 것은 헌법이 보장하는 대통령의 지위가 중하기 때문이다.

대통령의 취임선서는 헌법에서 정하고 있기 때문에 단순히 의례적인 것이 아니다. 대통령이 직무의 수행과 관련하여 이 취임선서의 내용에 위반되는 행위를 한 때에는 헌법에 위반하는 것이 되어 탄핵의 사유가 된다. 통상 대통령이 이런 취임선서의 내용에 위반되는 구체적인 행위를 한 때에는 특정의 법률이나 헌법의 조항에 위반하는 것이 되어 탄핵의 사유가 되겠으나, 대통령의 행위가 저촉되는 개별 헌법조항이나 법률조항이 없고 이 선서규정에 위반하는 때에도 헌법위반으로 탄핵사유가 된다.

[261] 第三 任 期

Ⅰ. 5년 단임

대통령의 임기는 5년이고, 重任할 수 없다(憲法 §70). 重任이란 현재의 임기만료 후 바로 연이어 취임(連任)하거나 그렇지 않고 퇴임한 후 일정한 기간이 경과한 후에 다시 취임하는 것을 모두 지칭한다. 따라서 현행 헌법이 효력을 발휘하고 있는 동안 대통령에 취임한 자는 임기만료 직후 또는 그 이후에 실시되는 대통령선거에서 당선될 수 없다.

이러한 단임은 주권자인 우리 국민의 결단에 의한 것이다. 그간 우리 헌정사에서 나타난 대통령 1인의 독재와 권위주의통치의 폐단을 제거하고, 재임을 위한 정치의 왜곡과 권력의 남용, 정책의 왜곡을 방지하며, 국민이 주기적으로 평화적 정권교체를 할 수 있도록 하기 위한 장치이다. 그러나 단임에는 이러한 장점과 동시에 국정의 비효율적인 운영과 대의민주주의의 수정이라는 문제점도 있으므로 단임방식과 중임방식 중 어느 것을 선택할 것인가는 헌법정책적으로 결정할 문제이다.

대통령직에서 사직하거나 파면으로 궐위한 경우에도 다시 대통령직에 취임할 수 없다. 대통령이 궐위하여 보궐선거로 당선된 후임 대통령의 경우에도 그 임기는 전임자의 임기의 잔여기간이 아니고, 새로 대통령에 취임한 때로부터 5년이다.

헌법 제128조 제2항은 「대통령의 任期延長 또는 重任變更을 위한 헌법개정은 그 헌법개정 提案 당시의 대통령에 대하여는 효력이 없다」라고 정하고 있으므로, 현행 헌법하에서 대통령에 재임하는 동안 헌법의 개정이 있고, 새 헌법에서 중임금지를 정하지 않은 때라 하더라도 헌법 개정 당시에 대통령직에 있었던 자는 다시 새 헌법하에서 대통령에 취임할 수 없다.

대통령 임기의 변천

항목 \ 헌법	1948년헌법-1952년헌법	1954년헌법	1960년6월헌법-1960년11월헌법	1962년헌법	1969년헌법	1972년헌법	1980년헌법	1987년헌법
정부형태	대통령제	→	의회주의제	대통령제	→	→	→	→
대통령	이승만	→	윤보선	박정희	→	→	전두환	노태우-김영삼-김대중-노무현-이명박
임기	4년	→	5년	4년	→	6년	7년	5년
중임	1차 중임	→ 공포당시의 대통령에게는 중임제한 적용 않음	→	→	3기에 한해 계속 在任 가능	규정 없음	중임 금지	→

Ⅱ. 개시일과 만료일

(1) 임기의 개시와 만료의 시점

대통령의 임기는 前任대통령의 임기만료일의 다음날 0시부터 개시된다. 다만, 전임자의 임기가 만료된 후에 실시하는 선거와 궐위로 인한 선거에 의한 대통령의 임기는 당선이 결정된 때부터 개시된다(公選法 §14①). 대통령의 취임식은 임기개시의 조건이 아니다.

대통령의 임기는 5년의 임기가 만료하는 해의 2월 24일 子正에 滿了된다(憲法 부칙 §1, §2②).

(2) 입법론상의 문제

국가운영의 현실상 대통령의 집무시간과 업무의 연속성을 현실성 있게 하기 위해서는 대통령의 임기개시의 날짜와 시간을 헌법에 명시하되, 임기개시 시기는 업무수행의 현실과 합당하게 오전 10시 이후의 어느 시간을 정하는 것이 바람직하다.

대통령 취임식이 법적인 효력을 가지는 행위가 되려면 전임 대통령과 후임 대통령간의 대통령직의 교체를 시간을 기준으로 정하여 해당 시간에 정확하게 취임식을 거행하는 것이 필요하다. 현재와 같이 대통령의 임기만료를 日을 단위로 하고, 대통령의 취임식이 행해지는 날의 오전 00 : 00부터 대통령의 권한행사가 개시되는 것으로 하면서 오전 10 : 00에 취임식을 행하는 이상 이런 취임식을 대통령 권한행사의 효력발생요건으로 할 수는 없다. 따라서 법적으로 엄격히 말하면, 현재와 같은 관행에서도 대통령의 선서는 대통령 취임식에서 행할 것이 아니라 대통령의 권한행사가 개시되는 시점에 행해져야 한다. 헌법정책적으로 보면 대통령직의 교체를 시간을 단위로 정하되(예컨대 오전 10:00), 대통령의 취임이라는 법적 행위와 대통령 취임식이라는 현실의 의례를 합치시켜 대통령직에의 취임행위를 취임식이라는 방법을 통하여 행하도록 하는 것이 타당하며, 이렇게 되면 당연히 취임선서는 이러한 취임행위의 일부로 행해지게 된다. 참고로 미합중국의 경우를 보면 修正條項(Amendment) 제20조에서 대통령과 부통령의 임기는 원칙적으로 임기가 만료하는 해의 1월 20일 正午에 종료한다고 정하고 있다.

3. 大統領의 權限

대통령은 헌법이 인정하는 지위에서 그 직무를 수행하기 위하여 그에 적합한 권한을 가진다. 이를 대통령의 권한(presidential power)이라고 한다. 대통령의 권한은 직무상의 권한(Kompetenz)이기 때문에 재량적인 것이 아닌 한 의무로서의 성격도 함께 지닌다.

[262] 第一 國家元首業務에 관한 權限

대통령의 국가원수로서의 지위는 대외적인 것이므로, 대한민국을 대표하여 행하는 대외활동에 관한 권한이 이에 해당한다. 憲法 제73조는 이에 관한 중요한 권한을 정하고 있다.

대통령은 조약을 締結하고 批准한다(憲法 §73). 대통령이 조약을 체결하고 비준하는 때에는 사전에 條約案에 대해 국무회의의 심의를 거쳐야 한다(憲法 §89iii). 상호원조 또는 안전보장에 관한 조약, 중요한 국제조직에 관한 조약, 우호통상항해조약, 주권의 제약에 관한 조약, 강화조약, 국가나 국민에게 중대한 재정적 부담을 지우는 조약 또는 입법사항에 관한 조약의 체결·비준을 함에 있어서는 사전에 국회의 동의도 얻어야 한다(憲法 §60①).

대통령은 외교사절을 信任하고 接受하며 派遣하는 권한을 가진다(憲法 §73). 여기서 외교사절이란 국가를 대표하여 외국과 교섭하는 자로서 외국에 파견되는 사절을 말한다. 신임이라 함은 우리나라의 외교사절에 신임장을 수여하는 행위를 말한다. 접수란 외국의 외교사절이 우리나라에서 적법하게 외교활동을 할 수 있음을 수락하는 것을 말한다. 파견이란 우리나라의 외교사절을 외국이나 국제조직 또는 국제기구에 보내는 것을 말한다.

대통령은 宣戰布告와 講和에 관한 권한을 가진다(憲法 §73). 선전포고란 다른 나라에 대하여 전쟁을 개시함을 선언하는 의사표시를 말하고, 강화란 전쟁을 종결하기 위하여 적국과 행하는 합의를 말한다. 헌법은 침략적 전쟁을 금지하고 있으므로(憲法 §5①) 대통령의 선전포고는 우리 국토를 방위하기 위한 선전포고를 의미한다. 대통령이 선전포고나 강화조약을 체결하는 때에는 사전에 국무회의의 심의를 거쳐야 할 뿐 아니라(憲法 §89 ii), 사전에 국회의 동의도 얻어야 한다(憲法 §60 ①,②). 대통령은 國軍을 외국에 파견하거나 外國의 軍隊를 우리 영역 안에 駐留하게 할 수도 있는데, 이런 권한도 국가원수로서 대외적으로 행사하는 것이다. 군대의 외국에의 파견이나 외국군대의 이런 駐留에 대한 결정을 하는데도 국무회의의 심의를 거쳐야 하고(憲法 §89 i, ii, vi), 사전에 국회의 동의를 얻어야 한다(憲法 §60②).

[263] 第二 憲法機關構成에 관한 權限

Ⅰ. 헌법재판소의 구성에 관한 권한

대통령은 9인의 헌법재판소 재판관을 임명한다. 헌법재판소의 구성에 있어서 재판관 9인 가운데 3인의 재판관은 대통령이 직접 선정하여 임명한다(憲法 §111 ②,③).

대통령이 재판관 3인을 선정하는 데는 아무런 통제장치가 없다. 이로 인해 헌법재판소의 재판관을 선정하는데 대통령의 사사로운 의견이나 이해관계가 개입할 여지가 있다. 헌법기관의 구성에서 대통령 개인의 사사로운 의견이 개입하는 것은 국가작용의 성질상 합당하지 않다. 현재의 제도하에서도 대통령의 사사로운 의견이 지배할 수 없도록 하는 장치를 마련할 필요가 있다(예컨대 헌법재판소장 및 재판관추천위원회의 추천, 인사자료 조사위원회의 보고 등).

대통령은 헌법재판소 재판관 중에서 국회의 동의를 얻어 헌법재판소의 장을 임명한다(憲法 §111④). 국회의 동의를 얻는다고 하더라도 헌법재판소의 장을 대통령이 선정하는 것은 헌법재판소의 독립성을 보장함에 있어서 바람직하지 않다.

대통령이 헌법재판기관의 구성에 관여하는 권한이 당연히 인정되는 것은 아니다. 헌법재판소의 독립성을 확보하기 위해서는 대통령이 헌법재판소의 구성에 관여할 수 없도록 하는 것이 바람직하다. 헌법재판소의 장도 헌법재판소 재판관들이 선출하는 것이 헌법재판소의 독립을 확보하는데 더 바람직하다. 중앙선거관리위원회의 위원장도 동 위원회의 위원들이 호선하는 것에 비추어 보면, 헌법재판기관의 장을 대통령이 선정하는 것은 헌법의 전체 구조상으로도 체계부정합적인 것이다. 이는 헌법 개정 사항이다.

Ⅱ. 대법원의 구성에 관한 권한

대통령은 대법원의 구성에 강하게 개입한다. 대통령은 국회의 사전 동의를 얻어 대법원장과 대법관을 임명하고(憲法 §104 ①,②), 대법관은 대법원장의 제청을 받아 임명한다(憲法 §104②).

대법원장의 선정에서 대통령의 사사로운 의견이나 이해관계가 개입할 여지가 있다. 대통령이 대법원장을 선정하면 대법원장이 대법관을 제청함에 있어서도 간접적으로 영향을 미칠 수 있다(예컨대 대통령에 의해 임명된 대법원장은 대법관의 제청에서 대통령이 선호하는 인물을 고려할 여지가 있다). 국회의 동의절차에서 어느 정도 통제할 수 있으나, 국회의 동의절차에서는 대법원장이나 대법관으로서의 적합성을 검증하므로 대통령 개인의 사사로운 이해관계의 개입을 통제하기가 쉽지 않다.

최고법원의 구성에서 대통령이 이렇게 강하게 개입하는 것은 최고법원의 독립과 공적 성격을 확보하는 데 바람직하지 않다. 특히 일반 법관을 임명하는 권한을 가지는 대법원장을 대통령이 직접 선정하는 방식은 법원과 재판의 독립 보장에 비추어 止揚하는 것이 바람직하다.

대법원을 포함한 법원을 구성하는 방법에는 사법의 원리에 합당하게 구성하는 방법이 있다. 대법원장을 법관 또는 사법부 내에서 구성하는 선거인단이 선거하거나 대법관들이 선출하는 방법이 그 한 예에 해당한다. 그리고 대법관도 선정위원회에서 선정하거나 선거하는 방법도 있다.

Ⅲ. 중앙선거관리위원회의 구성에 관한 권한

대통령은 중앙선거관리위원회의 구성에서 위원 9인 가운데 3인의 위원을 직접 선정하여 임명한다(憲法 §114②). 위원 9인 가운데 1/3에 해당하는 인원을 대통령이 직접 선정하여 임명하는 것은 대통령이 집권당의 당원 또는 당수로 있는 한 선거의 공정한 관리를 어렵게 만들 위험이 있다. 대통령의 선거를 포함한 국가의 모든 선거를 공정하고 엄격하게 관리해야 하는 중앙선거관리위원회의 정치적 중립성을 확보함에 있어서 대통령의 이와 같은 강력한 개입은 바람직하지 않다.

우리 정치사에서 역대 정부가 출범할 때마다 중앙선거관리위원회의 요직을 자기 사람으로 채우는 것(특히 지역주의가 우리 정치를 지배한 종래에는 지역연고에 따라 요직에 자기편 사람을 임명하였다)에 적극적인 태도를 취한 것에 비추어 보면, 중앙선거관리위원회가 선거의 공정성과 정치적 중립성을 제대로 유지하지 못했다는 것을 보여주고, 집권세력은 중앙선거권리위원회를 장악하여 선거에서 집권세력에게 유리한 환경을 만들고자 한 것을 알 수 있다. 중앙선거관리위원회의 엄정한 업무수행과 선거관리의 중립성 및 공정성을 완전히 보장하기 위해서는 중앙선거관리위원회를 독립기관으로 만들고, 그 구성에서는 대통령이 관여할 수 없게 하는 것이 타당하다. 특히 대통령의 連任이 가능한 구조에서라면 대통령의 선거를 관리하는 중앙선거관리위원회의 구성에 대통령이 관여하는 것은 이해관계충돌의 회피(conflict of interest)법리에 저촉된다.

Ⅳ. 감사원의 구성에 관한 권한

감사원은 헌법체계상 행정부에 속해 있지만, 그 관할권이 국가의 세입·세출의

결산이나 국가 및 법률이 정하는 단체의 회계검사와 같이 국가 전 영역에 걸치는 경우도 있으므로 행정부의 기관에 그치는 것이 아니라 헌법기관으로서의 성격도 가진다. 헌법은 이런 監査院의 구성에서 대통령이 국회의 사전동의를 얻어 감사원장을 임명하게 하고(憲法 §98②), 대통령에 의하여 임명된 감사원장의 제청을 받아 대통령이 감사위원 전원을 임명하게 하고 있어(憲法 §98③), 대통령은 감사원의 구성에 강하게 개입을 한다.

감사원이 단순히 행정부 내의 기관이 아님에도 대통령이 그 구성에서 전면적인 영향력을 행사하는 것은 감사원을 대통령으로부터 자유롭지 못하게 만들어 감사활동의 중립성과 공정성 확보에 실패할 위험성을 높이고 있다.

종래 감사원이 대통령 1인의 권위주의적 통치의 강력한 무기로 동원된 것도 결국 감사원의 구성에서 강력한 권한을 가지고 있는 대통령의 의중에 따라 감사원의 권한이 왜곡되어 행사되었기 때문이다. 대통령에 협조하지 않는 기관에 대하여 감사활동을 강화하여 해당 기관의 활동을 약화시키거나 국정운영이나 선거에 있어 집권세력에게 불리한 감사내용을 은폐하거나 왜곡하는 것도 감사원이 대통령에게 장악되어 있기 때문이다. 국가의 예산·결산에 관한 국회의 기능과 활동을 강화하여 국가의 세입·세출의 결산, 국가 및 법률이 정한 단체의 회계검사에 관한 권한을 국회로 이관하고, 감사원은 행정기관으로서 행정기관과 행정부 공무원의 직무감찰에 관한 권한만 가지게 하는 방안도 국가의 권력분립과 기능합리화의 면에서 고려해 볼 만하다.

[264] 第三 國政遂行에 관한 權限

Ⅰ. 행정에 관한 권한

헌법 제66조 제4항은 「行政權은 대통령을 首班으로 하는 정부에 속한다」라고 정하고 있는데, 대통령은 행정부의 수반으로서 국가의 행정에 관한 최종적인 결정권자로서 행정업무를 수행한다. 대통령은 국가의 행정업무를 수행하기 위하여 행정부를 조직하고 운영한다. 대통령은 행정권을 행사하더라도 모든 행정업무를 수행하는 것이 아니라, 구체적인 행정업무는 행정부의 기관과 조직으로 하여금 수행하게 하고, 대통령은 행정부의 수반으로서 행정부의 조직을 지휘하고 감독한다. 政府組織法은 이를 확인하여, 대통령은 정부의 수반으로서 법령에 따라 모든 중앙행정기관의 장을 지휘·감독한다고 정하고 있다(政組法 §11①). 이에 따라 대통령은 구체적으로 행정업무를 수행하기 위한 공무원 조직(=관료조직)을 구성하고 운영하며, 법률을 집행하고, 국가의 운영에 필요한 재정과 국군통수에 관한 권한을 행사한다.

(1) 행정부의 구성과 운영에 관한 권한

대통령은 행정부의 수반으로서 행정업무에 필요한 행정부의 관료조직을 구성하고 운영한다. 행정부의 조직과 권한에 대한 기본적인 사항은 국회가 법률을 제정하여 정하지만, 대통령은 행정업무를 수행할 구체적인 조직을 관리·운영한다. 헌법은 대통령에게 헌법과 법률이 정하는 바에 의하여 공무원을 任免할 수 있는 公務員任免權(appointment and removal power)을 부여하고 있다(憲法 §78).

(a) 행정부의 조직과 구성

(i) 공무원 임면권 대통령은 公務員任免權을 행사하여 공무원을 충원하고 공무원조직을 운영한다. 공무원임면권의 내용이 되는 임면에는 임명, 파면뿐만 아니라 전직, 휴직, 징계도 포함된다. 행정부의 기관의 설치, 조직, 직무범위에 관한 기본법으로는 政府組織法이 있고, 공무원의 조직과 그 운영에 관한 기본법으로는 國家公務員法이 있다. 행정기관소속 5급 이상 공무원은 소속장관의 제청으로 중앙인사위원회와 협의를 거쳐 국무총리를 경유하여 대통령이 임용한다. 다만, 3급 이상 공무원의 채용·승진에 있어서는 중앙인사위원회의 심의·의결을 거쳐야 한다(國公法 §7③iii, ④). 그 이외에는 소속장관이 소속공무원에 대하여 任用權을 가지되, 소속장관은 그 임용권의 일부를 대통령령이 정하는 바에 의하여 보조기관 또는 그 소속기관의 장에게 위임할 수 있다(同法 §32 ①,②,③).

헌법 제78조가 정하는 대통령의 공무원임면권은 행정부 공무원의 임면에 대해서는 대통령이 독점적인 권한을 가지는 것을 보장하지만, 나머지 국가공무원의 경우에는 독점적인 권한을 가지고 있지 않다. 헌법재판소의 장 및 재판관(憲法 §111 ②,④), 대법원장 및 대법관(憲法 §104 ①,②), 감사원장 및 감사위원의 임명(憲法 §98 ②,③)과 같이 헌법에서 명시적으로 대통령에 의한 임명을 정하고 있는 경우를 제외하고는, 대통령은 행정부 이외의 국가기관의 공무원에 대해 당연히 임면권을 가지는 것이 아니다(國公法 §32 ④,⑤,⑥,⑦). 국회소속 공무원에 대해서는 직급에 따라 국회의장과 사무총장이 임면권을 가지고(國會事務處法 §3②), 법원소속 공무원에 대해서는 대법원장이 임용권을 가지며(憲法 §104③, 法組法 §53), 헌법재판소의 공무원에 대해서는 헌법재판소장이 임용권을 가진다(憲裁法 §19, §19의2, §18④). 중앙선거관리위원회 소속 5급 이상 공무원에 대해서는 중앙선거관리위원회의 의결을 거쳐 중앙선거관리위원회위원장이 임면권을 가진다(國公法 §32⑦).

헌법이 정하고 있는 사항 이외에 국가의 운영에서 행정부에 소속되지 않은 공무원을 선출하거나 대통령이 아닌 자에 의한 임면방식의 채택이 필요한 경우에는 법률로써 그 방식을 결정할 수 있다. 헌법 제78조는 「헌법과 법률이 정하는 바에 의하여」 대통령이 공무원을 임면할 수 있도록 규정하고 있으므로 법률로써 대통령이 아닌 자가 공무원을 임명하게 할 수도 있다. 따라서 대통령이 유일한 공무원임면권자는 아니다(同旨: 許營a, 952).

> 대통령이나 그 친인척 또는 대통령 주위의 권력핵심부의 인사나 집권세력이 개입된 부정부패사건을 수사하기 위하여 특별검사를 설치하는 경우에 대통령이 특별검사를 임명하는 것은 이해관계의 충돌(conflict of interest)의 문제가 발생한다. 이런 경우에는 법원에서 특별검사를 선임하게 하는 것도 하나의 방법이다.

(ii) 공무원 임면에서의 제약 　대통령의 임면권의 행사에는 일정한 제약이 있다. 공무의 특성상 공무원의 任命에 일정한 자격이 요구되는 경우(예: 헌법재판소의 장, 대법원장, 대법관, 검사, 교육공무원, 기술직 공무원 등)에는 자격요건을 갖춘 자에 한하여 임명하여야 한다. 법률이 공무원 임명의 자격에 일정한 제한을 부과하고 있는 경우에는 그러한 자격을 가지지 아니한 자를 공무원으로 임명할 수 없고, 임명하여도 공무원의 자격을 가질 수 없다. 공무원의 임명에 있어 타 기관의 제청을 요하는 경우(대법관, 국무위원, 행정각부의 장, 감사위원), 타 기관의 선출을 요하는 경우(국회에서 선출하는 헌법재판소 재판관 3인), 타 기관의 지명을 요하는 경우(대법원장이 지명하는 헌법재판소 재판관 3인), 국회의 동의를 요하는 경우(헌법재판소의 장, 대법원장, 대법관, 감사원장, 국무총리), 국무회의의 심의를 요하는 경우(검찰총장, 합참의장, 각군참모총장, 국립대학교총장, 대사)에도 그러한 事前節次를 거쳐 해당 공무원을 임명하여야 한다. 이러한 사전절차를 밟지 않고 행한 임명행위는 적법한 효력을 가지지 못한다.

공무원은 형의 선고·징계처분 또는 국가공무원법에 정하는 사유에 의하지 않고는 그 의사에 반하여 휴직·降任 또는 免職을 당하지 아니하기 때문에 대통령의 인사권도 이에 제한을 받는다. 다만, 1급공무원은 그러하지 않다(國公法 §68). 임명에서 국회 등의 동의를 요하는 공무원의 해임 또는 파면에 있어서는 해당 동의기관의 동의가 없이도 대통령은 해당 공무원을 해임 또는 파면할 수 있다(통설). 국회가 해임건의권을 행사하여 해임을 건의한 공무원에 대해서는 특별한 사유가 없는 한 대통령은 해당 공무원을 해임하여야 한다(同旨: 金哲洙b, 1738; 成樂寅, 1029). 그렇지 아니하면 해임건의제도의 제도적 취지가 부정되기 때문이다.

(b) 행정부의 운영

대통령은 행정부의 운영과 행정업무의 수행상 필요한 경우에는 권한을 위임할 수 있다. 대통령뿐만 아니라 행정기관도 그 조직의 운영과 직무의 수행상 필요한 경우에는 법령이 정하는 바에 의하여 권한을 위임하여 업무를 수행한다(政組法 §6).

(2) 법률집행에 관한 권한

대통령은 국회가 입법한 법률을 공포하고 집행한다. 넓은 의미에서 보면, 법원이나 헌법재판소도 법률의 해석을 통하여 법률을 적용하지만, 좁은 의미에서 법률을 집행하는 것은 행정부이다. 따라서 행정부의 수반인 대통령은 법률을 집행한다. 법률의 집행행위는 다양한 종류의 행정행위로 행해진다. 대통령의 命令制定權의 행사도 법률의 집행행위에 속한다.

권력분립원리에 따를 때, 의회가 모든 사항을 규율할 수도 없고 해서도 안 되기 때문에 국회는 원칙적으로 법률을 제정하고(예외적으로 직접성를 가지는 법률은 집행행위의 개입이 없이 바로 적용된다) 대통령과 행정부는 법률을 집행하는 역할을 맡고 있다. 법률이 어떤 사항을 규율하는 경우에도 구체적인 세세한 사안을 모두 예측하고 규율할 수 없기 때문에 법률의 집행과 관련하여 구체화하여야 할 사항은 하위규범인 명령에 委任(delegation)을 한다. 성질상 법률에만 내용을 정해두고 행정부는 이를 단순히 집행하는 경우에는 집행명령을 발한다.

헌법은, 대통령이 법률을 집행함에 있어서 法律에서 구체적으로 범위를 정하여 委任받은 사항과 法律을 執行하기 위하여 필요한 사항에 관하여는 大統領令을 발할 수 있다고 정하여 대통령의 명령제정권을 보장하고 있다(憲法 §75). 전자를 委任命令이라고 하고, 후자는 執行命令이라고 한다.

(a) 위임명령

(i) 의의 및 성질 委任命令이라 함은 헌법에 근거하고 법률의 구체적이고 개별적인 위임에 의해 발하는 명령이다. 따라서 위임명령은 그 내용과 효력의 발생·상실에서 母法인 법률의 위임규정에 종속된다(예: 憲 1997. 4. 24.-95헌마273).

(ii) 범위와 한계 헌법 제75조는 위임입법의 필요성을 인정하면서 동시에 그 범위와 한계를 정하고 있는 규정이다(예: 憲 1991. 7. 8.-91헌가4; 1999. 3. 25.-98헌가11등; 2000. 1. 27.-96헌바95등; 2000. 3. 30.-98헌가8; 2000. 7. 20.-99헌가15). 이에 의할 때, 법률의 위임은 반드시 구체적이고 개별적으로 한정된 사항에 대하여 행해져야 한다. 그렇지 아니하고 일반적이고 포괄적인 위임을 한다면 이는 사실상 입법권을 白紙委任하는 것이나 다름없어 의회입법의 원칙이나 법치주의를 부인하는 것이 되고 행정권의 부당한 자의와 기본권에 대한 침해를 초래할 수 있다(包括的 委任立法의 禁止)([77] Ⅱ (2)).

헌법 제75조의 「법률에서 구체적으로 범위를 정하여 위임받은 사항」이라 함은 法律에 미리 위임의 목적·내용·범위와 그 위임에 따른 행정입법에서 준수하여야 할 목표·기준 등의 요소가 규정되어 있어야 함(大 2000. 10. 19.-98두6265)과 국민이 장래 대통령령으로 규정할 내용을 일일이 예견할 수는 없다고 할지라도 大統領令으로 규정될 내용 및 범위의 기본사항이 법률에 구체적으로 규정되어 있어서 누구라도 당해 법률로부터 대통령령에 규정될 내용의 기본적인 윤곽만은 예측할 수 있어야 함을 의미한다(예: 憲 1991. 7. 8.-91헌가4; 1995. 9. 28.-93헌바50; 1997. 11. 27.-96헌바12; 1998. 5. 28.-96헌가1; 1999. 9. 25.-97헌바63; 1999. 7. 22.-97헌바16 등; 2002. 9. 19.-2002헌바2; 2007. 4. 26.-2004헌가29 등).

위임입법의 이러한 具體性·明確性의 요구 정도는 문제된 해당 법률이 의도하는 규제대상의 종류와 성질에 따라 달라지고, 예측가능성의 유무를 판단함에 있어서는 당해 특정 조항 하나만을 놓고 판단하는 것이 아니라 관련 법조항 전체를 유기적·체계적으로 종합하여 판단하며, 각 대상법률의 성질에 따라 구체적·개별적으로 검토하여 판단한다(예: 憲 1994. 6. 30.-93헌가15등; 1994. 7. 29.-93헌가12; 1997. 10. 30.-96헌바92등). 憲法裁判所와 大法院은 위임의 구체성·명확성의 요구에서 처벌법규나 조세법규와 같은 기본권제한적인 법규의 경우에는 그 정도가 강화되어 그 위임의 요건과 범위가 일반적인 급부행정의 경우보다 더 엄격하게 제한적으로 규정되어야 하고, 규율대상이 극히 다양하거나 수시로 변화하는 성질의 법규일 때에는 그 정도가 완화되어야 한다고 판시하였다(憲 1997. 2. 20.-95헌바27; 1998. 3. 25.-96헌바57; 1999. 3. 25.-98헌가11등; 2002. 6. 27.-2000헌가10; 2007. 4. 26.-2004헌가29등; 大 2000. 10. 19.-98두6265).

[憲 1999. 3. 25.-98헌가11등] 「위임의 구체성·명확성의 요구 정도는 그 규율대상의 종류와 성격에 따라 달라질 것이지만 특히 처벌법규나 조세법규와 같이 국민의 기본권을 직접적으로 제한하거나 침해할 소지가 있는 법규에서는 구체성·명확성의 요구가 강화되어 그 위임의 요건과 범위가 일반적인 급부행정의 경우보다 더 엄격하게 제한적으로 규정되어야 하는 반면에, 규율대상이 지극히 다양하거나 수시로 변화하는 성질의 것일 때에는 위임의 구체성·명확성의 요건이 완화되어야 할 것이다.」

[憲 2007. 4. 26.-2004헌가29등] 「법률이 어떤 사항에 관하여 대통령령에 위임할 경우에는 국민이 장래 대통령령으로 규정될 내용을 일일이 예견할 수는 없다고 할지라도 적어도 그 기본적 윤곽만은 예측할 수 있도록 기본적인 사항들에 관하여 법률에서 구체적으로 규정하여야 한다. 위임의 구체성·명확성의 요구 정도는 그 규율대상의 종류와 성격에 따라 달라질 것이지만, 특히 처벌법규나 조세법규 등 국민의 기본권을 직접적으로 제한하거나 침해할 소지가 있는 법규에서는 구체성·명확성의 요구가 강화되어 그 위임의 요건과 범위가 일반적인 급부행정법규의 경우보다 더 엄격하게 제한적으로 규정되어야 하는 반면에, 규율대상이 지극히 다양하거나 수시로 변화하는 성질의 것일 때에는 위임의 구체성·명확성의 요건이 완화되어야 할 것이다. 즉 급부행정 영역에서는 기본권침해 영역보다는 구체성의 요구가 다소 약화되어도 무방하다고 해석되며 다양한 사실관계를 규율하거나 사실관계가 수시로 변화될 것이 예상될 때에는 위임의 명확성의 요건이 완화된다. 뿐만 아니라 위임조항에서 위임의 구체적 범위를 명확히 규정하고 있지 않다고 하더라도 당해 법률의 전반적 체계와 관련규정에 비추어 위임조항의 내재적인 위임의 범위나 한계를 객관적으로 분명히 확정할 수 있다면 이를 일반적으로 포괄적인 백지위임에 해당하는 것으로 볼 수 없다.」

[大 2000. 10. 19.-98두6265] 「헌법 제75조의 규정상 대통령령으로 정할 사항에 관한 법률의 위임은 구체적으로 범위를 정하여 이루어져야 하고, 이 때 구체적으로 범위를 정한다고 함은 위임의 목적·내용·범위와 그 위임에 따른 행정입법에서 준수하여야 할 목표·기준 등의 요소가 미리 규정되어 있는 것을 가리킨다. 그리고 이러한 위임이 있는지 여부를 판단함에 있어서는 직접적인 위임 규정의 형

> 식과 내용 외에 당해 법률의 전반적인 체계와 취지·목적 등도 아울러 고려하여야 하고, 규율 대상의 종류와 성격에 따라서는 요구되는 구체성의 정도 또한 달라질 수 있으나, 국민의 기본권을 제한하거나 침해할 소지가 있는 사항에 관한 위임에 있어서는 위와 같은 구체성 내지 명확성이 보다 엄격하게 요구된다.」

委任命令은 위임을 받은 구체적인 범위 내에서는 母法이 명시적으로 정하고 있지 않은 사항도 규율할 수 있다. 유의할 것은, 헌법 제37조 제2항에 의할 때 기본권을 제한하는 행정행위는 언제나 법률에 근거를 두거나 법률의 구체적인 위임을 받은 명령을 근거로 하여야 하고, 기본권을 제한하는 명령도 법률에서 기본적인 중요사항을 정하고 이를 집행하는 내용이거나 법률의 구체적인 위임을 받은 경우에만 허용된다는 점이다.

위임명령(예: 대통령령인 시행령)이 모법인 법률에서 위임받은 사항을 그보다 하위의 법규범(예: 총리령이나 부령인 시행규칙)에 다시 再委任을 하는 경우에는 법률에서 위임받은 사항의 대강을 반드시 정하고 이 대강을 세부적으로 정하는 것을 하위규범에 위임하는 것만 허용된다. 위임명령이 법률에서 위임받은 내용을 전혀 정하지 않은 채 보다 하위 법규범에 그대로 다시 위임하는 것(複委任)은 위임명령으로 모법의 위임사항을 거부하는 것이 되어 법치주의와 법효력의 단계를 침해하는 것이 된다(通說, 예: 憲 1996. 2. 29.-94헌마213). 헌법상 이런 複委任은 금지된다(複委任의 禁止).

> [憲 1996. 2. 29.-94헌마213] 「사실상 입법권을 백지위임하는 것과 같은 일반적이고 포괄적인 위임은 의회입법과 법치주의를 부인하는 것이 되어 행정권의 부당한 자의와 기본권행사에 대한 무제한적 침해를 초래할 것이기 때문에 법률로 대통령령에 위임을 하는 경우라도 적어도 법률의 규정에 의하여 대통령령으로 규정될 내용 및 범위의 기본사항을 구체적으로 규정함으로써 누구라도 당해 법률로부터 대통령령에 규정될 내용의 대강을 예측할 수 있도록 하여야 할 것인바, 헌법 제75조에서 규정하는 "구체적으로 범위를 정하여"는 위와 같은 의미로 해석된다.……헌법 제95조는……재위임의 근거를 마련하고 있지만, 대통령령의 경우와는 달리 "구체적으로 범위를 정하여"라는 제한을 규정하고 있지 아니하므로 대통령령으로 위임받은 사항을 그대로 재위임할 수 있는가에 관하여 의문이 있다. 살피건대 법률에서 위임받은 사항을 전혀 규정하지 않고 재위임하는 것은 "위임받은 권한을 그대로 다시 위임할 수 없다"는 복위임금지의 법리에 반할 뿐 아니라 수권법의 내용변경을 초래하는 것이 되고, 부령의 제정·개정절차가 대통령령에 비하여 보다 용이한 점을 고려할 때 재위임에 의한 부령의 경우에도 위임에 의한 대통령령에 가해지는 헌법상의 제한이 당연히 적용되어야 할 것이다. 따라서 법률에서 위임받은 사항을 전혀 규정하지 아니하고 그대로 재위임하는 것은 허용되지 않으며 위임받은 사항에 관하여 대강을 정하고 그 중의 특정사항을 범위를 정하여 하위법령에 다시 위임하는 경우에만 재위임이 허용된다.」

[憲 1997. 4. 24.-95헌마273] 「위임입법의 내용에 관한 헌법적 한계는 그 수범자가 누구냐에 따라 입법권자에 대한 한계와 수권법률에 의해 법규명령을 제정하는 수임자에 대한 한계로 구별할 수 있다. 즉, 국회가 법률에 의하여 입법권을 위임하는 경우에도 헌법 등 상위규범에 위반해서는 아니 된다는 것이 전자의 문제이고, 반면에 법률의 우위원칙에 따른 위임입법의 내용적 한계는 후자에 속한다. 일반적으로 위임입법의 내용적 한계라고 하는 경우에는 주로 후자가 문제되고 있으며…… 위임명령의 내용은 수권법률이 수권한 규율대상과 목적의 범위 안에서 정해야 하는데 이를 위배한 위임명령은 위법이라고 평가되며, 여기에서 모법의 수권조건에 의한 위임명령의 한계가 도출된다. 즉, 모법상 아무런 규정이 없는 입법사항을 하위명령이 규율하는 것은 위임입법의 한계를 위배하는 것이다.」

헌법 제75조가 위임입법을 인정한다고 하더라도 헌법이 직접 법률에서 정할 사항이라고 명시하고 있는 국회의 專屬的 立法事項은 위임할 수 없다. 즉 헌법은 국적취득의 요건(憲法 §2①), 조세의 종목과 세율(憲法 §59), 지방자치단체의 종류(憲法 §117②) 등은 법률사항이라고 명시적으로 정하고 있으므로 이를 대통령령에 위임할 수 없다(통설).

헌법 제12조 제 1 항에서 「處罰」은 법률과 적법한 절차에 의하도록 정하고 있다. 따라서 이를 위임입법에서 정할 수는 없기 때문에 처벌의 대상이 되는 범죄의 구성요건과 형의 종류 및 형량의 한도는 반드시 법률에서 정하여야 한다. 다만, 처벌의 수단과 정도는 모법이 최고한도를 정한 후 그 범위 내에서 명령으로써 구체적인 범위를 정하도록 위임할 수 있다(同旨: 權寧星,1007; 金哲洙b, 1834; 成樂寅, 1017). 憲法裁判所는 처벌법규의 위임에 관하여 i) 특히 긴급한 필요가 있거나 미리 법률로써 자세히 정할 수 없는 부득이한 사정이 있는 경우에 한정되어야 하며, ii) 이러한 경우에도 법률에서 범죄의 구성요건은 처벌대상행위가 어떠한 것일 것이라고 예측할 수 있을 정도로 구체적으로 정하고, iii) 형벌의 종류 및 그 상한과 폭을 명백히 규정하여야 한다고 판시하였다(憲 1997. 5. 29.-94헌바22; 1991. 7. 8.-91헌가4; 1994. 6. 30.-93헌가15등).

(b) 집행명령

(i) 의의 및 성질 執行命令이라 함은 헌법에 근거하여 법률을 집행하는데 필요한 세부 시행사항을 발하는 명령이다. 입법에 있어 법률은 그 집행의 모든 경우를 예상하여 일체의 세세한 것까지 정할 수는 없기 때문에 법률이 정한 범위 내에서 이를 개별적이고 구체적인 사안에 적용하여 시행하는데 필요한 세부적인 施行細則이 필요하다. 이러한 시행세칙이 행정입법의 하나인 집행명령이다. 따라서 집행명령도 그 내용과 효력의 발생·상실에서 母法인 근거 법률에 종속된다.

(ii) 한 계 집행명령은 단지 법률을 집행하기 위하여 필요한 세부시행사항을 정하는 것이므로 법률에 없는 내용을 정할 수 없다. 따라서 근거 법률인 모법의 내용을 변경하거나 보충하는 것은 허용되지 않는다.

[大 1990. 9. 28.-89누2493] 「대통령은 법률에서 구체적으로 범위를 정하여 위임받은 사항과 법률을 집행하기 위하여 필요한 사항에 관하여만 대통령령을 발할 수 있는 것이므로(憲法 §75), 법률의 시행령은 모법인 법률에 의하여 위임받은 사항이나 법률이 규정한 범위 내에서 법률을 현실적으로 집행하는데 필요한 세부적인 사항만을 규정할 수 있을 뿐, 법률에 의한 위임이 없는 한 법률이 규정한 개인의 권리·의무에 관한 내용을 변경·보충하거나 법률에 규정되지 아니한 새로운 내용을 규정할 수는 없다고 할 것인바, 일정한 권리에 관하여 법률이 규정한 존속기간을 뜻하는 제척기간은 권리관계를 조속히 확정시키기 위하여 권리의 행사에 중대한 제한을 가하는 것이므로, 모법인 법률에 의한 위임이 없는 한 시행령이 함부로 제척기간을 규정할 수는 없다고 할 것이다.」

대통령이 법률을 집행하는 권한과 의무를 지고 있음에도, 이를 수행하지 않는 경우가 있다. 대통령이 법률을 집행하기 위한 대통령령(위임명령 또는 집행명령)을 발하지 않거나(大統領令立法의 不作爲) 법률에 위반하는 내용을 정하는 경우가 이에 해당하는데, 이러한 권한의 남용은 통제할 필요가 있다. 그 통제방법의 하나로 국회법은, 법률에서 위임한 사항이나 법률을 집행하기 위하여 필요한 사항을 규정한 대통령령이 制定·改正 또는 廢止된 때에는 중앙행정기관의 장은 10일 이내에 이를 국회의 所管常任委員會에 제출하고, 그 기간 이내에 제출하지 못한 경우에는 그 이유를 소관상임위원회에 통지하도록 하는 의무를 부과하고, 상임위원회는 위원회 또는 상설소위원회를 정기적으로 개회하여 제출된 대통령령에 대하여 법률에의 위반여부 등을 검토하여 당해 대통령령이 법률의 취지 또는 내용에 합치되지 아니하다고 판단되는 경우에는 소관 중앙행정기관의 장에게 그 내용을 통보할 수 있다(同法 §98의2). 행정입법의 이행을 보장하는 장치로서는 약한 수준의 통제방법이다. 법률에서 구체적으로 범위를 정하여 대통령령으로 정하도록 했음에도 대통령이 이에 필요한 위임명령을 발하지 않으면 직무유기의 책임을 질 뿐만 아니라 탄핵사유에 해당한다.

(c) 대통령령의 법적 지위

헌법 제75조가 정하는 대통령령(대통령령은 「시행령」의 형식을 가진다)이 헌법 제95조가 정하는 총리령과 부령(총리령과 부령은 「시행규칙」의 형식을 가진다)에 대하여 優位에 있는가 하는 문제가 있다. 총리령과 부령은 同位에 있지만, 대통령령은 대통령이 행정부의 수반인 점에 비추어 원칙적으로 총리령이나 부령보다 상위에 있다고 할 것이다. 다만, 국회는 법률을 제정하면서 대통령령에 위임하지 않고 바로 총리령이나 부령으로 위임할 수 있으므로(예: 공정거래위원회 직제 시행규칙; 국가보훈처와 그 소속기관 직제 시행규칙; 국가유공자단체의 수익사업에 관한 규칙) 대통령령, 총리령, 부령이 모두 법률에서 바로 위임된 위임명령인 경우에는 서로 동위에 있다고 할 것이다. 서로 동위에 있는 이런 위임명령들이 충돌하면 이 위임명령의 母法인 법률의 내용들간에도 충돌이 생기므로 먼저 법률의 개정을 통하여 규범간의 저촉을 해결하여야 한다(모법간에 新法優先의 原則이 적용되는 경우에는 하위 위임명령간에도 이 원칙이 적용된다고 할 것이다).

(d) 대통령령에 대한 통제

대통령령에 대한 통제장치로는 사전통제와 사후통제가 있다.

(i) 사전통제 대통령령을 발령하기 전에 국무회의의 審議를 거치는 것(憲法 §89iii), 국무총리와 관계국무위원이 副署하는 것(憲法 §82)은 대통령령에 대한 사전통제의 기능을 한다.

(ii) 사후통제 대통령령에 대한 사후통제에는 국회에 의한 통제, 헌법재판소에 의한 통제, 법원에 의한 통제가 있다.

국회는 대통령령의 근거가 되는 法律을 개정, 폐지하거나 새로운 법률을 제정하여 대통령령을 통제할 수 있다. 입법례에 따라서는 국회가 대통령령을 비롯한 행정입법에 대하여 사전동의 혹은 사후승인(예: 미합중국의 立法府의 拒否 legislative veto)을 하게 하거나, 사후에 국회가 행정입법의 효력을 소멸시키는 권한을 부여하는 경우도 있으나, 우리나라의 경우에는 단지 행정입법의 제정·개정·폐지시 국회에 대하여 통지하는 通知制度와 국회에 의한 대통령령 등에 대한 違法與否審査·通知制度만을 규정하고 있을 뿐이다(國會法 §98의2). 대통령이 위헌 혹은 위법인 대통령령을 제정하고 시행하는 경우에 국회는 대통령에 대하여 탄핵소추를 할 수도 있다.

헌법재판소는 대통령령에 대하여 헌법소원심판을 통하여 통제할 수 있다. 종래 법규명령에 대하여 헌법소원심판을 청구할 수 있는지에 대하여 견해가 대립하였으나, 헌법재판소는 법령이 집행행위를 기다리지 아니하고 현재, 직접적으로 청구인의 기본권을 침해한 경우 헌법소원심판으로 그 위헌여부를 다툴 수 있다고 판시하였다(예: 憲 1990. 10. 15.-89헌마178; 1991. 7. 22.-90헌마174; 1992. 6. 26.-91헌마25).

> [憲 1990. 10. 15.-89헌마178] 「헌법 제107조 제2항이 규정한 명령·규칙에 대한 대법원의 최종심사권이란 구체적인 소송사건에서 명령·규칙의 위헌여부가 재판의 전제가 되었을 경우 법률의 경우와는 달리 헌법재판소에 제청할 것 없이 대법원이 최종적으로 심사할 수 있다는 의미이며, 헌법 제111조 제1항 제1호에서 법률의 위헌여부심사권을 헌법재판소에 부여한 이상 통일적인 헌법해석과 규범통제를 위하여 공권력에 의한 기본권침해를 이유로 하는 헌법 제107조 제2항의 규정이 이를 배제한 것이라고는 볼 수 없다. 그러므로 법률의 경우와 마찬가지로 명령·규칙 그 자체에 의하여 직접 기본권이 침해되었음을 이유로 헌법소원심판을 청구하는 것은 위 헌법규정과는 아무런 상관이 없는 문제이다. 그리고 헌법재판소법 제68조 제1항이 규정하고 있는 헌법소원심판의 대상으로서의 "공권력"이란 입법·사법·행정 등 모든 공권력을 말하는 것이므로 입법부에서 제정한 법률, 행정부에서 제정한 시행령이나 시행규칙 및 사법부에서 제정한 규칙 등은 그것들이 별도의 침해행위를 기다리지 않고 직접 기본권을 침해하는 것일 때에는 모두 헌법소원심판의 대상이 될 수 있는 것이다.」

법원은 명령·규칙심사권을 행사하여 대통령령을 통제할 수 있다(憲法 §107②). 명령·

규칙심사권은 대법원뿐만 아니라 모든 법원이 가지는 권한이다. 현재 우리의 제도하에서는 법원이 재판의 전제가 된 대통령령에 대하여 위헌 또는 위법이라고 판단하더라도 그 효력은 원칙적으로 당해 사건에만 미칠 뿐, 일반적인 효력은 발생하지 않는다. 하지만 행정소송법 제6조에서는 행정소송에 대한 대법원판결에 의하여 명령·규칙이 헌법 또는 법률에 위반된다는 것이 확정된 경우에는 대법원은 지체없이 그 사유를 행정자치부장관에게 통보하여야 하며(同條 ①), 이러한 통보를 받은 행정자치부장관은 지체없이 이를 관보에 게재하도록 규정하고 있어(同條 ②) 법원의 명령·규칙심사권의 실효성을 일정 정도 담보하고 있다.

(3) 재정에 관한 권한

대통령은 국가와 행정부의 운영에 있어서 일정한 수준에서 재정에 관한 권한을 가지고 있다. 국가의 예산안에 대한 권한과 기타 재정에 관한 권한이 그것이다. 대통령은 행정부의 수반으로서 국가의 운영에 필요한 豫算案을 각 회계연도마다 편성하여 회계연도 개시 90일 전까지 국회에 제출하고, 국회의 의결을 거쳐 집행한다(憲法 §54②). 한 회계연도를 넘어 계속 지출할 필요가 있는 경우에는 繼續費를 편성하고(憲法 §55①), 예측하기 어려운 항목에 대한 지출이나 예산초과지출에 충당할 필요가 있는 경우에는 豫備費를 편성하며(憲法 §55②), 예산에 변경을 가할 필요가 있는 경우에는 追加更正豫算案을 편성하여 국회에 제출할 수 있다(憲法 §56).

대통령은 일상적인 재정에 관한 권한을 행사할 뿐 아니라, 국가의 운영에서 예외적으로 발생하는 재정적인 사태에 대응하기 위하여 긴급재정경제처분과 명령을 발할 수 있는 권한을 가지고(憲法 §76①), 국채의 모집이나 예산 외에 국가의 부담될 계약도 체결할 수 있는 권한을 가진다(憲法 §58).

대통령이 가지는 재정에 관한 권한은 국가의 운영상 통상적으로 필요한 것이거나 예외적으로 필요한 것을 포괄하는 광범한 것인데, 이러한 재정에 관한 권한의 구체적인 행사는 국민에게 부담을 주게 되고 국민의 재산권을 제한하는 결과를 가져오기 때문에 국민대표기관인 국회의 통제를 받게 하고 있다.

(4) 국군통수에 관한 권한

헌법 제74조는 「① 대통령은 헌법과 법률이 정하는 바에 의하여 國軍을 統帥한다. ② 국군의 조직과 편성은 법률로 정한다」라고 정하고 있다. 이로써 대통령은 국가의 안전보장과 국토방위의 신성한 의무를 수행함을 사명으로 하는 국군(憲法 §5②)을 통수하는 권한을 가지는, 國軍統帥權者(commander in chief of the military)의 지위에 있다(國組法 §6).

(a) 국군통수권의 의의와 성질

대통령은 군사와 관련하여 대외적으로는 선전포고 및 강화에 관한 권한, 국군의 해외파견에 관한 권한, 외국군대의 국내주류에 관한 권한을 가지고 행사하며, 대내적으로는 일상적으로 국방업무를 수행하기 위해 국군을 통수하고 예외적으로 계엄에 관한 권한을 행사한다. 대통령의 군사에 관한 권한은 헌법질서를 수호하고 유지하며 국가를 방위하는 책무를 지고 있는 대통령이 국방과 관련하여 국가원수로서의 역할과 행정부의 수반으로서의 역할을 수행할 수 있도록 보장해 주는 것이다.

(b) 국군의 통수

대통령의 국군통수란 대통령이 국군의 최고지휘자로서 군작전상 군을 현실적으로 지휘·명령하고 통솔하는 군사상의 행위(軍令)와 군대를 조직하고 유지하며 관리·운영하는 군행정상의 행위(軍政)를 포함하여 국군을 통솔·관할함을 말한다. 대통령의 국군통수권은 국방부장관을 통하여 행해지는데, 국방부장관은 軍令업무는 합동참모부의장을 통하여, 軍政업무는 각군 참모총장을 통하여 수행한다(軍組法 §8, §9, §10). 헌법이 군령과 군정에 관한 권한을 모두 국군의 통수권이라는 이름으로 대통령에게 부여하는 것은 軍令·軍政一元主義(兵政統合主義)를 정하는 것인 동시에 국가운영에 있어 민간인에 의한 국가운영, 즉 文民統制(civil control)를 실현하는 것이다. 이는 대통령으로 하여금 국군통수권자로서의 지위를 보장하는 것인 동시에 헌법하에서 軍事政府(military government)가 불가함을 정하고 있는 것이기도 하다.

국군의 운영에 있어서 군령과 군정을 분리하여 군령에 관한 권한은 군인이 가지고 군정에 관한 권한은 민간인이 가지는 軍令·軍政二元主義(=兵政分離主義)와 이 두 권한을 모두 민간인에게 부여하는 軍令·軍政一元主義(=兵政統合主義)가 있다. 이원주의는 제정시대 독일이나 패전 前의 일본국의 경우와 같이 국가운영에서 군국주의나 군사주의가 지배하는 경우에 작동하는 방식이므로 오늘날 민주국가에서는 일원주의를 취하고 있다.

대통령은 국군통수권을 평상시뿐만 아니라 전시에도 가진다. 전쟁시에 가지는 국군통수권은 전쟁수행권(war-making power)이라고도 한다. 대통령은 선전을 포고한 이후에 전쟁수행권을 행사하여 전쟁을 실제로 수행한다. 이러한 전쟁수행권도 헌법 제5조에 의해 기속되기 때문에 침략전쟁을 수행할 수는 없으나, 대한민국을 침략하려는 적국의 의도가 현실에 존재하는 경우에는 대한민국의 영토를 방어함에 있어 군사작전상 요구되는 모든 종류의 국군통수권이 인정된다. 방어를 하기 위한 적에 대한 선제공격도 인정된다.

(c) 국군의 조직과 편성

헌법 제74조 제2항은 대통령의 국군통수권의 대상이 되는 국군의 조직과 편성은 법률로 정하도록 명문화하고 있다(法定主義). 국군의 조직과 편성을 법률로 정하게 하는 것은 대통령이 이를 자의적으로 할 수 없게 하고, 국민에게 경제적 부담이 되는 군대유지의 비용을 국회가 정하게 하기 위함이다. 이에 따라 國軍組織法이 제정되어 시행되고 있다. 이에 의하면, 국군은 육군·해군 및 공군으로 조직하며, 해군에 해병대를 두고 있고, 각군의 전투를 주임무로 하는 작전부대에 대한 작전지휘·감독과 합동 및 연합작전의 수행을 위하여 國防部에 合同參謀本部를 두고 있다. 군사상 필요할 때에는 대통령령이 정하는 바에 의하여 국방부장관의 지휘·감독하에 합동부대와 기타 필요한 기관을 둘 수 있게 하고 있다(軍組法 §2).

(d) 국군통수권의 통제

대통령의 군대운용에 관한 권한은 곧 병력을 사용하는 권한이므로 이러한 권한의 남용은 국가와 국민에 막대한 피해를 가져온다. 따라서 헌법은 대통령의 군대에 대한 권한의 행사에 관하여 민주적인 통제의 방법을 마련하고 있다. 대외적으로 선전포고나 강화 및 국군의 해외파견 등에 관해서는 국무회의의 심의를 거치고(憲法 §89ii), 국무총리와 관계국무위원이 부서를 하게 하고(憲法 §82), 국회의 동의를 얻도록 정하고 있다(憲法 §60②). 국군통수권의 행사에서도 헌법과 법률이 정하는 바에 의하여 그 권한을 행사할 수 있도록 할 뿐 아니라(憲法 §74①), 침략적 전쟁에 군대를 사용할 수 없도록 하고 있다(憲法 §5①). 또 군사에 관한 중요한 정책, 합동참모의장·각군참모총장의 임명에 관하여는 국무회의의 심의를 거치게 하고 있고(憲法 §89), 특히 국가안전보장에 관련되는 대외정책·군사정책과 국내정책의 수립에 관하여는 국무회의의 심의에 앞서 미리 국가안전보장회의의 자문을 구하게 하고(憲法 §91①), 국군통수권의 행사에서도 국무총리와 관계국무위원의 副署를 하도록 하고 있다(憲法 §82). 계엄과 관련하여 대통령은 계엄을 선포한 때에는 지체없이 국회에 통고하고(憲法 §77④), 국회가 재적의원 과반수의 찬성으로 계엄의 해제를 요구한 때에는 대통령으로 하여금 이를 해제하도록 정하고 있다(憲法 §77⑤). 그 이외에도 국회는 국정감사·조사권을 행사하거나 군사에 관한 예산의 심의권과 결산심사권을 행사하여 대통령의 국군통수권을 통제한다.

《軍의 정치적 중립》

憲法 제5조 제2항은 「국군은……그 정치적 중립성은 준수된다」라고 정하고 있다. 국가의 안전보장과 국토방위를 목적으로 하는 軍制度의 본질상 군의 행위는 정치적인 성격을 가질 수 없다. 軍事政府가 아닌 한 이러한 것은 사물의 본질상 당연한 것이다. 그런데 현행 헌법은 이러한 당연한 내용을 명시하고 있다. 이러한 것은 우

리 헌정사의 경험에 바탕을 둔 규정이다. 1948년헌법에서 「국군은 국토방위의 신성한 의무를 수행함을 사명으로 한다」고 정한 이래 1960년11월헌법까지 그대로 유지되어 왔으나, 1961년 「5·16군사쿠데타」에 의해 박정희정부가 출범하면서 1962년헌법에서는 이것이 삭제되었다. 1979년 「10·26사태」로 박정희정부가 종말을 맞이한 후, 그 해 「12·12사태」로 불리는 군사쿠데타로 전두환정부가 등장하면서 개정된 1980년헌법에서는 다시 1948년헌법의 규정이 부활하였으나, 그 실질은 군의 정치적인 영향력과 개입이 강하게 나타난 정치가 전개되었다. 전두환정부에서 군의 정치적 영향력이 강하게 작용한 현실에 대한 반성으로 1987년헌법에서 문민정치와 국가의 중립성을 실질적으로 보장하기 위하여 군의 정치적 중립성 준수를 명시하게 이르렀다. 그 결과 군은 i) 어떠한 경우에도 정치적 활동(예: 군인 개인 또는 군조직의 정치 개입, 정당활동, 특정 정치세력에 대한 지지·수용·비판·반대 등의 의사표시 및 행동)을 할 수 없고, ii) 대통령도 헌법이 정하고 있는 경우 이외에 정치적인 목적이나 의도로 군을 통수할 수 없으며(이러한 경우에는 군은 대통령의 지시를 거부할 수 있다), iii) 헌법이 정하고 있는 경우가 아닌 한 국회도 군에 개입할 수 없으며, iv) 어떠한 정치세력도 군에 개입하거나 이를 이용할 수 없다. 軍刑法은 「정치단체에 가입하거나 연설 또는 문서 기타의 방법으로 정치적 의견을 공표하거나 기타 정치운동을 한 자」를 정치관여죄로 처벌하고 있다(同法 §94).

Ⅱ. 국회와 국회입법에 관한 권한

(1) 국회에 관한 권한

대통령은 국정운영에 있어서 필요한 범위 내에서 국회에 관한 권한을 가지는데, 국회의 임시회의 집회를 요구할 수 있는 권한과 국회에 출석하여 발언하거나 서한으로 의견을 표시할 수 있는 권한이 이에 해당한다.

(a) 임시회의 집회요구권

대통령은 국회의 臨時會(special session)의 집회를 요구할 수 있다(憲法 §47①). 대통령이 임시회의 집회를 요구할 때에는 국무회의의 심의를 거쳐야 하고(憲法 §89 vii), 기간과 집회요구의 이유를 명시하여야 한다(憲法 §47③). 이것은 국회가 집회를 하지 아니하여 대통령의 권한을 행사할 수 없는 경우를 대비하여 둔 권한으로서 대통령의 권한행사에 국회가 관여하는 경우 국회가 집회를 하지 아니하는 이유로 대통령이 그 권한을 행사할 수 없어서는 안 되기 때문이다.

대통령이 긴급재정경제처분, 긴급재정경제명령, 긴급명령을 발한 때에는 이를 지체없이 국회에 보고하여 승인을 얻어야 하고(憲法 §76③), 계엄을 선포한 경우에는 이를 지체없이 국회에 통고를 하여야 하는데(憲法 §77④), 이 경우 국회가 휴회중이거나 폐회중이면 임시회의 집회요구권을 행사하여 국회를 열게 하고 그 보고나 통고를 한다.

임시회의 집회를 요구하는 대통령의 권한은 대통령의 권한행사와 관련해서만 인정되는 것이기 때문에 이와 무관하게 아무때나 임시회의 집회를 요구할 수는 없다. 대통령은 국회를 통제하는 수단으로 이 권한을 행사할 수 없다. 그러나 임시회의 집회요구가 긴급한 경우에만 한정하여 인정되는 것은 아니다.

우리 헌법사에서 대통령의 임시회 집회요구권은 1948년헌법 이래 계속 인정하여 온 것이다. 1948년헌법부터 1969년헌법까지는 「긴급한 필요가 있을 때」라는 제한이 있었으나, 1972년헌법에서 이런 제한을 없앤 후 현재까지 제한이 없는 임시회 집회요구권을 정하고 있다. 미합중국의 경우에는 대통령이 「특별한 경우」(extraordinary occasions)에만 임시회 집회를 요구할 수 있도록 하고 있으며, 이러한 권한은 아주 드물게 행사된다. 미합중국의 대통령은 주기적으로 국가의 사정을 의회에 알려주어야 하는 의무를 지고 있다. 통상의 경우에 대통령은 의회와의 협조로 의회에서 회의가 열렸을 때 의회에 나가 국가의 사정과 상황 등을 의원들에게 알려 준다. 따라서 대통령이 의회의 임시회를 열 것을 요구하는 경우는 거의 없다. 대통령은 이런 기회에 국정운영상 의회가 대통령과 행정부의 정책을 지지해 줄 것을 호소하거나 설득하기도 하여 의회의 협조를 얻어낸다.

(b) 국회에 대한 의견표시권

대통령은 국회에 출석하여 발언하거나 書翰으로 의견을 표시할 수 있다(憲法 §81). 이는 대통령이 국정운영상 국회에 대하여 자신의 의사를 전달할 수 있게 하기 위한 장치이다. 대통령은 국정운영상 국회를 설득하거나 협조를 구하여야 할 필요도 있고, 국회가 대통령의 국정운영을 정확히 알고 있을 필요도 있으므로 이러한 대국회 의견표시제도를 둔 것이다. 이에 따라 통상 대통령은 신년에 국회에서 국정에 관한 연설을 하기도 하고 年頭教書를 전달하기도 한다.

국회에 대한 대통령의 이러한 권한은 헌법 제81조의 문언상 대통령의 재량권으로 정하고 있으므로 의무를 수반하지 않는다. 따라서 국회는 대통령으로 하여금 국회에 출석하여 발언하게 하거나 서한으로 의견을 표시할 것을 강제할 수 없다(同旨: 權寧星, 996; 金哲洙b, 1729; 成樂寅, 1009). 이런 점에서 헌법 제62조가 정하고 있는 국무총리·국무위원·정부위원의 국회출석·답변의무와 다르다.

(2) 국회입법에 관한 권한

대통령은 국회의 입법에 관해서도 일정한 권한을 가진다. 법률안을 제안하거나 국회가 의결한 법률안을 공포하거나 그 공포를 거부하는 권한이 이에 해당한다.

(a) 법률안제출권

국회의원과 정부는 법률안을 제출할 수 있다(憲法 §52). 정부가 법률안을 제출하는 것은 행정부의 수반인 대통령의 명의로 하는 것이므로 대통령이 법률안의 제출권을 가진다고 할 수 있다. 행정각부의 장이 대통령에게 어떤 법률안을 제안할 필요가 있다고 건의하더라도 대통령은 행정부의 수반으로서 이의 제안을 거부할 수 있다.

대통령이 법률안을 제안하는 경우에는 사전에 국무회의의 심의를 거쳐야 한다(憲法 §89iii). 대통령이 법률안을 아무때나 제안하는 것을 통제하기 위하여 국회법은 2000년 2월부터 法律案提出計劃의 通知制度를 마련하였다. 이에 따라 정부는 부득이한 경우를 제외하고는 매년 3월 31일까지 당해 연도에 제출할 법률안에 관한 계획을 국회에 통지하여야 하며, 그 계획을 변경한 때에는 분기별로 주요사항을 국회에 통지하여야 한다(國會法 §5의3).

미합중국의 대통령제에서 볼 수 있듯이, 대통령제 정부에서 법률의 제정에 있어서는 입법부가 독점권을 가지므로 행정부에 법률안을 제안할 권능을 인정하지 않는다. 그러나 우리나라의 경우에는 행정부에 이러한 권한을 부여하고 있다. 이러한 제도는 국정의 운영에서 국회와 행정부간의 협조적인 관계를 형성하는 면도 가지고 있으나, 대통령으로 하여금 법률안 거부권과 함께 법률안 제출권을 가지게 하여 立法에 있어 실질적인 중심 내지는 우두머리(chief legislator)의 역할을 하게 만들어 국회의 기능을 약화시키고 대통령의 우월적인 지위를 확보해 주는 면도 가지고 있다. 특히 법률에서 하위법에 위임하는 범위가 확대되고, 행정입법에 대한 의회의 통제가 취약한 경우에는 대통령은 실질적인 立法者로 활동하게 된다. 여기에 대통령이 소속한 정당이 국회의 다수의석을 점하는 경우에는 이러한 상황은 더욱 심화된다.

헌법정책적인 면에서 볼 때, 국회와 행정부간의 기능을 독립적으로 분리시키는 대통령제를 취하는 이상, 행정부의 법률안 제출권은 폐지하는 것이 바람직하다. 국회만이 법률안의 제출권을 가질 때, 국회가 활성화되고 대통령과 행정부에 대한 국회의 통제기능이 살아나 실질적인 권력분립을 달성할 수 있다. 그 동안 우리나라에서 국회의 입법기능이 약화되고 국회가 국정운영의 중심이 되지 못하도록 만들며 대통령이 국회에 대하여 우월적인 지위를 가진 큰 원인 중에는 이와 같이 행정부에 법률안 제안권을 부여한 것도 포함된다. 우리 헌법사에서 대통령제를 채택하면서 행정부에 법률안 제출권을 인정한 것은 1948년헌법부터 현재까지 계속되고 있다.

(b) 법률공포권

국회에서 의결된 법률안은 정부에 이송되어 15일 이내에 대통령이 공포한다(憲法 §53①). 大統領의 법률공포권은 헌법이 정하는 바에 따라 거부를 하지 않는 이상 공포하여야 하는 의무로서의 성격도 가진다. 헌법은 대통령이 法律公布權을 남용하는 경우를 대비하여 대통령이 위 기간 내에 공포하지 아니한 때에도 그 법률안은 법률로서 확정된다고 정하고 있다(憲法 §53⑤).

대통령으로 하여금 법률안을 공포하게 한 것은 대통령의 법률안 거부권과 연계하여 인정하는 것이다. 국회가 법률안을 의결하였다고 하더라도 대통령에게 다시 이를 심사하게 하여 입법의 신중을 기하고 국회의 입법권을 통제할 필요가 있다.

대통령이 거부권을 행사하였으나 국회가 재의결하여 확정된 법률도 대통령이 지체없이 공포하여야 한다(憲法 §53⑥). 대통령에게 공포권을 부여한 이상 이런 경우에도 일차적으로 대통령으로 하여금 법률을 공포하게 한 것이다. 그러나 이런 헌법의 규정에도 불구하고 대통령이 법률을 공포하지 아니하는 경우에는 이에 대응하는 조치를 마련하여 법률이 효력을 가지도록 하여야 한다. 이에 따라 헌법은 예외적인 경우에 보충적으로 國會議長에게 법률공포권을 부여하고 있다. 즉, 대통령이 법률의 공포기간 내에 공포나 재의의 요구를 하지 아니하여 법률이 확정된 후 또는 국회의 재의결로 확정된 법률이 정부에 이송된 후 5일 이내에 대통령이 공포하지 아니할 때에는 국회의장이 이를 공포하도록 정하고 있다(憲法 §53⑥).

> 法令등公布에관한法律에 의하면, 법률공포문의 前文에는 국회의 의결을 얻은 뜻을 기재하고, 대통령이 서명한 후 大統領印을 押捺하고 그 일자를 明記하여 국무총리와 관계국무위원이 副署하도록 하고 있고(法公法 §5①), 위와 같이 국회의장이 공포하는 법률공포문의 前文에는 국회의 의결을 얻은 뜻 및 헌법 제53조 제6항의 규정에 의하여 공포한다는 뜻을 기재하고, 국회의장이 서명한 후 國會議長印을 압날하고 그 일자를 명기하도록 하고 있다(同條 ②). 법률은 법률에 번호를 붙여(同法 §10①) 官報에 揭載하여 공포하고(同法 §11①), 법률의 공포일은 그 법률을 게재한 관보가 발행된 날이다(同法 §12). 법률은 특별한 규정이 없는 한 공포한 날로부터 20일을 경과함으로써 효력을 발생한다(憲法 §53⑦). 다만, 국민의 권리제한 또는 義務賦課와 직접 관련되는 법률은 긴급히 시행하여야 할 특별한 사유가 있는 경우를 제외하고는 공포일로부터 적어도 30일이 경과한 날로부터 시행되도록 하고 있다(法公法 §13의2).

(c) 법률안거부권

(i) 개념과 제도적 의의 헌법은, 대통령이 국회에서 이송되어 온 법률안(bill)에 이의가 있을 때에는 법률공포기간인 15일 내에 異議書를 붙여 국회로 다시 還付하고, 그 再議를 요구할 수 있게 정하고 있다. 이는 국회의 폐회중에도 마찬가지이다(憲法 §53②).

이와 같이 대통령제정부에서 입법부인 국회가 의결하여 행정부에 이송한 법률안에 대하여 대통령이 이의를 가지는 경우에 그 법률안이 법률로서 확정되는 것을 저지하기 위하여 이를 바로 공포하지 않고 국회로 하여금 다시 재의하게 하는 제도를 法律案의 拒否(veto, disapprove)라고 하고, 그 권한은 法律案拒否權 또는 法律案再議要求權이라고 한다. 이러한 재의의 요구가 있는 경우에 국회가 법률안을 재의결하면 법률로서 확정되고(憲法 §53④), 재의결을 하지 않으면 폐기된다.

> 대통령제정부에서 대통령이 가지는 법률안에 대한 거부권은 대통령으로 하여금 그

> 공포단계에서 법률을 실질적으로 심사하게 만드는 것이기도 하다. 이는 미합중국에서 대통령제를 고안하면서 만든 제도인데, 미합중국의 헌법을 제정하던 당시 입법부인 의회가 막강한 권력을 가지고 횡포를 부릴 것을 우려하여 이에 대비하여 만든 것이다. 미합중국에서는 대통령에게 법률안의 거부권을 인정하는 동시에 이런 거부권의 남용에 대비하여 다시 그 거부에 대하여 상원이나 하원에서 각각 2/3의 찬성으로 재의결하여 법률로 확정함으로써 대통령의 거부를 무시할 수 있도록 고안하였다.

대통령의 법률안의 거부는 국회로 하여금 보다 신중하고 올바르게 입법권을 행사하도록 통제할 수 있게 하고, 헌법을 침해하는 입법행위에 대해 법률의 적용 이전 단계에서 대통령으로 하여금 위헌여부를 다시 살펴보도록 하여 헌법질서를 수호할 수 있게 한다.

(ii) 법적 성격 대통령의 법률안거부권은 재량적인 성격을 가지므로 대통령이 법률안에 대하여 이의를 가지더라도 거부권을 행사하지 않을 수 있다.

대통령의 법률안의 거부는 국회의 입법을 봉쇄하고자 하는 제도가 아니므로 어디까지나 국회가 법률안에 대하여 재의결할 때까지 법률로서의 확정을 저지시키는 것에 지나지 않으며, 확정된 법률의 효력을 정지시키거나 소멸시키는 것이 아니다. 대통령은 법률안에 대해 거부를 하면서 재의를 요구하였더라도 다시 판단하여 법률로서 공포하여 효력을 발생하게 할 필요가 있다고 결정한 때에는 국회가 재의결을 하기 전까지 그 재의의 요구를 철회할 수 있다(同旨: 金哲洙b, 1730).

(iii) 종 류 법률안에 대한 대통령의 거부에는 그 방식에서 還付拒否와 保留拒否가 있다.

還付拒否(direct veto)란 대통령이 국회가 정부에 이송한 법률안에 대하여 지정된 기간 내에 이의서를 붙여 국회에 재의를 요구하는 還付의 방식으로 거부를 하는 것을 말한다. 헌법 제53조 제2항은 「법률안에 異議가 있을 때에는 대통령은 제1항의 기간(법률공포기간인 15일) 내에 異議書를 붙여 국회로 還付하고, 그 再議를 요구할 수 있다. 국회의 閉會중에도 또한 같다」라고 정하여 이러한 환부거부의 방식을 채택하고 있다. 이에 의할 때 대통령은 이송되어 온 법률안에 대하여 이의가 있으면 환부거부를 하거나 아니면 법률안에 서명하여 공포하여야 한다.

대통령이 법률안에 대하여 국회에 환부하여 재의를 요구하지도 않고 공포도 하지 않는 경우가 발생할 수 있는데, 이를 그대로 방치할 수는 없다. 헌법은 이러한 경우에는 법률안이 법률로서 확정되도록 정하고 있다(憲法 §53⑤).

保留拒否(pocket veto)란 국회의 개회중에는 대통령이 국회에서 이송되어온 법률안에 대하여 국회에 환부하여 재의를 요구할 수 있지만, 국회의 폐회중에는 이런 재의를 요구할 수 없게 하는 동시에 대통령이 법률안에 대하여 법률로 공포하지 않고 보류하고 있으면 자동적으로 폐기되도록 하는 것을 말한다. 헌법은 국회의 폐회중에도 법률안에 대하여 거부할 수 있게 하고 있고(憲法 §53②), 대통령이 거부권을 행사하지 않으면 법률로서 확정된다고 정하고 있으며(憲法 §53⑤) 동시에 그 공포절차를 정하고 있으므로(憲法 §53⑥) 이런 보류거부는 인정되지 않는다.

그런데 국회의원의 임기가 만료되거나 국회가 해산되고 새로 국회의 회기가 시작되지 않은 공백기간에는 아예 법률안을 처리할 국회가 존재하지 않는다. 이 경우에 법률안이 국회에 계류되어 있었지만 의결되지 못한 상태에서 국회의원의 임기가 만료된 때에는 그 법률안은 폐기된다(憲法 §51). 국회가 해산된 경우도 마찬가지라고 보아야 한다. 한편 위와 같은 경우에 법률안이 국회에서 의결되어 이미 정부에 이송된 때에는 대통령이 법률안에 대하여 재의결을 요구할 대상이 존재하지 않으므로 재의결을 요구할 수는 없다. 그런데 이 경우에 정부로 이송된 법률안에 대해 대통령이 이의가 있어 법률로서 공포를 하지 않으면 이 법률안이 폐기되는가, 아니면 법률로서 확정되는가 하는 문제가 있다. 해석상 廢棄說과 確定說로 견해가 갈린다.

① 폐 기 설　　폐기설은 이 경우에는 대통령이 법률안에 대하여 이의를 가지고 있는 경우이지만 재의를 요구할 국회가 없으므로 그 법률안은 폐기된다고 한다(權寧星, 1000; 許營a, 956). 이러한 경우에 법률을 제정하려면 차기국회에서 새로 법률안을 제안하여 의결하여야 한다.

② 확 정 설　　확정설은 이 경우에 법률안이 폐기된다는 헌법의 명문규정이 없고, 이를 보류거부에 해당한다고 볼 수도 없으며, 법률로서 확정되더라도 정부는 법률안제출권과 대통령 · 국무총리 · 국무위원 · 정부위원의 국회출석권을 행사하여 이의를 제기할 수 있기 때문에 법률안은 법률로서 확정된다고 본다(金哲洙b, 1731).

③ 사　견　　헌법 제51조 단서에서 국회의원의 임기가 만료한 때에는 법률안 기타 의안이 의결되지 못하여 폐기된다고 정하고 있는 것은, 국회에 법률안 기타 의안이 계류중인 상태에서 국회의원의 임기가 만료하여 처리되지 못하는 경우 이런 의안이 새로 회기가 시작하는 차기국회에로 넘어가지 않고 폐기된다는 의미일 뿐, 이미 국회가 의결하여 정부에 이송한 법률안이 폐기된다는 의미가 아니며, 법률의 제정 · 개정 · 폐지에 관하여 종국적으로 결정하는 권한은 입법부인 국회만이 가지고(헌법재판소에 의한 법률의 폐지 제외), 대통령이 법률안 거부권을 가지더라도 이는 법률안의 폐기에 종국적인 영향을 줄 수 없는 저지적인 것에 불과하며, 확정설의 위 근거도 수용할 수 있는 타당한 근거가 되므로, 이런 경우 법률안은 헌법 제53조 제 5 항에 의하여 법률로서 확정된다고 할 것이다(反對: 成樂寅, 1011). 위와 같은 경우에는 대통령이 법률을 공포하지 않으

면 법률을 공포할 수 있는 국회의장이 존재하지 않으므로 대통령은 헌법 제53조 제6항에 따라 반드시 법률을 공포하여야 한다. 이런 경우에 대통령이 법률을 공포하지 않으면 탄핵사유가 되고 직무유기의 책임을 진다.

(iv) 행사요건 대통령이 법률안을 거부하기 위해서는 異議가 있어야 한다(憲法 §53②). 여기서 말하는 이의는 정당한 이의를 의미하는데, 대통령의 개인의 수준에서 의문을 가지는 것이 아니라 국가이익과 국민전체의 이익의 관점에서 법률로 공포할 수 없다고 확신하는 것이어야 한다. 예컨대 법률안의 내용의 전부 또는 일부가 헌법에 위반하는 것인 경우, 법률의 집행이 불가능한 경우, 법률의 집행에서 예산의 뒷받침이 없는 경우 등이 이에 해당한다(同旨: 許營a, 956; 成樂寅, 1011; 金哲洙b, 1732).

(v) 절 차 대통령이 법률안에 대해 거부를 하는 경우에는 법률안이 정부로 이송된 후 15일 내에 국무회의의 심의를 거쳐 이의서를 붙여 국회로 환부하고, 그 재의를 요구한다(憲法 §53②,①). 이의서에는 국무총리와 관계국무위원이 부서를 하여야 한다. 대통령은 법률안의 일부에 대하여(一部拒否) 또는 법률안을 수정하여(修正拒否) 재의를 요구할 수는 없다(憲法 §53③). 헌법은 법률안 전부에 대한 재의요구권만 인정하고 있다.

(vi) 통 제 대통령의 재의의 요구가 있을 때에 국회는 이를 재의에 붙이는데, 재적의원 과반수의 출석과 출석의원 3분의 2 이상의 찬성으로 전과 같은 의결을 하여 그 법률안을 법률로서 확정시킬 수 있다(憲法 §53④). 이로써 국회는 대통령의 법률안 거부권의 행사에 대응하여 이를 통제할 수 있다. 즉 대통령의 법률안의 거부에 대하여 국회는 재의결함으로써 대통령의 거부를 無力化시킬 수 있다.

대통령의 법률안 거부가 국회에 의해 無力化되었을 때에 대통령은 이 법률의 공포를 거부하면서 국회에 대항하려고 할 수 있는데, 이런 경우에 대비하여 헌법은 국회의 재의결로 확정된 법률이 정부에 이송된 후 5일 이내에 대통령이 공포하지 아니할 때에는 국회의장이 이를 공포한다고 정하고 있다(憲法 §53⑥). 국회의장의 법률공포권은 권한인 동시에 의무로서의 성질을 가진다.

Ⅲ. 사법에 관한 권한

(1) 개 설

司法의 의미는 광의와 협의로 사용된다. 광의의 사법에는 헌법재판도 포함되나 협의의 사법에는 법원의 재판만 해당된다. 대통령이 사법에 관하여 가지는 권한에는 대법원의 구성에 관한 권한과 赦免權, 減刑權, 復權權이 있다. 대법원의 구성에 관한 권한에 대해서는 헌법기관구성에 관한 권한에서 설명하였으므로 여기서는 사면권, 감형권, 복권권을 살펴본다.

(2) 사면 · 감형 · 복권에 관한 권한

(a) 의 의

원래 사면권, 감형권, 복권권은 군주국가시대에 군주주권에 기초한 군주의 恩赦(=恩典)權에서 출발한 것이다. 군주주권하에서 국가의 어떠한 기관보다도 우월한 지위에 있는 군주가 사법부의 사법권 행사의 결과도 무시할 수 있는 권한이었던 것이다. 그런데 군주주권에 기초한 은사로서의 사면 등은 국민주권과 법치주의가 지배하는 현대 국가에서는 더 이상 존재할 가치를 상실하고 있다. 그래서 오늘날 사면 · 감형 · 복권은 법원의 확정된 재판의 결과가 사후에 부당하다고 판단한 경우에 이를 교정하기 위해서 인정된다. 사면 · 감형 · 복권에 관한 대통령의 권한은 법원의 판단을 침해하고 법원의 재판작용의 권위와 법치주의를 저해할 우려가 있으므로 엄격한 조건하에서 행사되도록 통제하는 것이 필요하다.

(b) 사면 · 감형 · 복권의 거부

대통령의 사면 · 감형 · 복권에 대하여 대상자는 이를 거부할 수 있다. 예컨대 무죄임을 주장하는 자에 대한 사면 · 감형 · 복권은 유죄를 인정하는 결과를 가져오므로 해당자는 대통령의 사면 · 감형 · 복권에 대하여 이를 거부할 수 있다. 이와 같이 사면 · 감형 · 복권을 거부하는 자에 대하여 대통령이 사면 · 감형 · 복권을 하여도 이는 효력을 가지지 못한다고 할 것이다.

(c) 연 혁

우리나라의 사면 · 감형 · 복권에 관한 제도는 1948년헌법이 제정된 이래 현재까지 그 내용에서는 변화된 것이 없고, 그에 관한 권한도 대통령이 줄곧 보유하여 왔

사면 · 복권 · 감형제도의 변천

항목 \ 헌법		1948년헌법-1952년헌법-1954년헌법	1960년6월헌법-1960년11월헌법	1962년헌법-1969년헌법-1972년헌법-1980년헌법-1987년헌법
정부형태		대통령제	의회주의제	대통령제
권한보유자		대통령	국무회의 의결+대통령	국무회의 심의+대통령
사면	일반사면	국회 동의 필요	→	→
	특별사면	국회 동의 불필요	→	→
감형		국회 동의 불필요	→	→
복권		국회 동의 불필요	→	→

다. 단지 1960년6월헌법과 1960년11월헌법에서는 사전에 국무회의의 의결을 거쳐 대통령이 그 권한을 행사하도록 정하고 있었다. 이에 관한 법률로는 1948년 제정된 赦免法이 있다. 赦免法은 사면·감형·복권에 대해서만 정하고 있는 것이 아니라, 집행유예를 선고받은 자에 대하여 그 유예기간을 단축하는 권한도 대통령에게 부여하고 있다.

(3) 사 면 권

헌법 제79조는 대통령은 법률이 정하는 바에 의하여 赦免을 명할 수 있고(憲法 §79①), 일반사면을 명하려는 경우에는 국회의 동의를 얻어야 한다고 정하고 있다(同條 ②).

(a) 사면의 의의

헌법은 대통령에게 사면하는(grant pardons) 권한을 부여하고 있다. 사면은 법원의 재판의 결과를 변경하는 것으로 법치주의에 대한 중대한 제한이다. 따라서 이는 필요한 경우에 한하여 예외적으로 행사되어야 한다.

대통령의 사면권의 행사에 대한 통제가 효과적으로 이루어지지 않고 대통령이 자의적으로 사면권을 행사하여 법치주의를 왜곡하고 자기 세력들의 위법한 행위나 범죄행위에 대해 면죄부를 주는 것은 「초권력적 대통령제」(hyper-presidentialism)의 특징으로 지적된다. 사면권의 자의적인 행사는 대통령제에 「권력의 인격화」를 초래하고 정치부패를 조장하는 폐단을 가져오기도 한다. 우리 헌정사에서 그 동안 대통령의 취임이나 경축일에 '국민의 대화합'이라는 이름을 걸고 사면의 대상자에 대통령의 세력들이나 권력형 부정부패의 범죄자들 또는 정치세력간의 흥정대상자 등을 끼워 넣어 사면한 권한남용의 행위가 반복되어 왔다. 이는 대통령 1인에 권력이 집중된 독재 또는 권위주의 통치의 한 면을 보여주는 것이기도 하다. 진정한 법치주의를 실현하기 위해서는 이러한 사면권에 대한 개선과 통제가 필요하다.

(b) 사면의 종류와 내용

헌법은 사면에 대하여 一般赦免을 정하고 있고, 赦免法에서 일반사면 이외에 特別赦免을 정하고 있다(赦免法 §2). 따라서 현재 실정법상으로는 사면에는 일반사면과 특별사면이 있다. 일반사면과 특별사면은 국회의 동의를 필요로 하는가 하는 절차상의 면에서뿐만 아니라 대상 및 효력의 면에서도 차이가 있다.

(i) 일반사면　　일반사면은 모든 종류의 죄를 범한 자를 대상으로 한다(赦免法 §3 i). 일반사면은 형이 선고된 자나 아직 형의 선고를 받지 않은 자를 대상으로 한다. 일반사면은 사전에 국회의 同意를 얻어야 한다(憲法 §79②). 일반사면은 죄의 종류를 정하여 하되(赦免法 §8), 형의 선고를 받은 자에 대해서는 형의 선고의 효력이 상실되며, 형의 선고를 받지 않은 자에 대하여는 公訴權이 상실된다. 다만, 특별한 규정이 있을 때에

는 예외로 한다(同法 §5①i). 일반사면은 大統領令으로 행한다(同法 §8).

(ii) 특별사면 특별사면은 형의 선고를 받은 자에 대하여 행한다(同法 §3ii). 特別赦免받은 자는 형의 집행이 면제된다. 다만, 특별한 사정이 있을 때에는 이후 형의 선고의 효력을 상실하게 할 수 있다(同法 §5①ii). 형의 집행유예의 선고를 받은 자에 대하여는 형의 선고의 효력을 상실하게 하는 특별사면을 할 수 있다(同法 §7). 법무부장관이 대통령에게 上申하여 대통령의 命으로서 한다(同法 §10, §21). 법무부장관이 특별사면을 상신할 때에는 사면심사위원회의 심사를 거쳐야 한다(同法 §10의2). 여러 개의 형이 병과된 자에 있어서 일부에 대하여 특별사면이 행해진 경우에는 나머지 竝科刑에 대해서는 특별사면의 효력이 미치지 않는다(예: 大 1997. 10. 13.-96모33).

> [大 1997. 10. 13.-96모33] 「형법 제41조, 사면법 제5조 제1항 제2호, 제7조 등의 규정의 내용 및 취지에 비추어 보면, 여러 개의 형이 병과된 사람에 대하여 그 병과형 중 일부의 집행을 면제하거나 그에 대한 형의 선고의 효력을 상실케 하는 특별사면이 있은 경우, 그 특별사면의 효력이 병과된 나머지 형에까지 미치는 것은 아니라고 해석함이 상당하다고 할 것이다. 같은 취지에서, 징역형의 집행유예와 벌금형이 병과된 신청인에 대하여 징역형의 집행유예의 효력을 상실케 하는 내용의 이 사건 특별사면이 그 벌금형의 언도의 효력까지 상실케 하는 것은 아니라고 판단한 원심결정은 정당하고……」

일반사면의 경우이든 특별사면의 경우이든 형의 선고에 의한 旣成의 효과는 이러한 사면으로 인하여 變更되지 않는다(同法 §5②).

(4) 감 형 권

헌법 제79조는 대통령은 법률이 정하는 바에 의하여 減刑을 명할 수 있다고 정하여(憲法 §79①), 대통령에게 감형권을 인정하고 있다.

(a) 감형의 의의

감형은 형의 선고를 받은 자에 대하여 그 형을 변경하거나 형의 집행을 경감하는 것을 말한다(赦免法 §3ii, §5①iii, iv).

(b) 감형의 종류와 내용

감형에는 죄나 형의 종류를 정하여 일반적으로 형을 변경하는 一般減刑과 형의 선고를 받은 특정한 자에 대하여 그 형의 집행을 경감하거나 형을 변경하는 特別減刑이 있다.

(i) 일반감형 일반에 대한 감형은 죄나 형의 종류를 정하여 하되(同法 §8), 특별한 규정이 없는 경우 형을 변경하는 효과를 가진다(同法 §5①iii). 大統領令으로 행한다(同法 §8).

(ii) 특별감형　특정한 자에 대한 감형은 형의 집행을 輕減한다. 다만, 특별한 사정이 있을 때에는 형을 변경할 수 있다(同法 §5①iv). 법무부장관이 대통령에게 上申하여 대통령의 명으로서 한다(同法 §10, §21). 이 경우에도 법무부장관은 법무부장관 소속의 사면심사위원회의 심사를 거쳐야 한다(同法 §10의2).

일반감형의 경우이든 특별감형의 경우이든 형의 선고에 의한 기성의 효과는 이러한 감형으로 인하여 變更되지 않는다(同法 §5②).

(5) 복 권 권

헌법 제79조는 대통령은 법률이 정하는 바에 의하여 復權을 명할 수 있다고 정하였다(憲法 §79①). 대통령에게 복권권을 인정하고 있다.

(a) 복권의 의의

복권은 형의 선고를 받아 법령에서 정한 바에 의한 자격이 상실되거나 정지된 자에 대하여 그 자격을 회복시키는 것을 말한다(赦免法 §3v). 복권은 형의 집행을 종료하지 않은 자 또는 집행의 면제를 받지 않은 자에 대하여는 행하지 않는다(同法 §6).

(b) 복권의 종류와 내용

복권은 刑의 선고의 효력으로 인하여 상실 또는 정지된 資格을 회복한다(同法 §5①v). 복권에는 효력에서는 차이가 없지만 일반적으로 죄나 형의 종류를 정하여 하는가, 아니면 특정인을 대상으로 하는가에 따라 一般復權과 特別復權으로 나뉜다.

(i) 일반복권　일반적으로 죄나 형의 종류를 정하여 행하는 복권을 말한다. 대통령령으로 행한다(同法 §8).

(ii) 특별복권　특정한 자에 대하여 행하는 복권을 의미한다. 법무부장관이 대통령에게 上申하여 대통령의 명으로서 한다(同法 §10, §21).

일반복권의 경우이든 특별복권의 경우이든 형의 선고에 의한 기성의 효과는 이러한 복권으로 인하여 변경되지 않는다(同法 §5②).

(6) 사면 · 감형 · 복권의 한계 및 통제

대통령의 사면 · 감형 · 복권에 관한 권한은 법원의 재판의 결과가 위법하거나 부당하고 이를 교정할 다른 방법이 존재하지 않는 경우에 이를 행사할 수 있다. 따라서 대통령의 이러한 권한은 그 제도의 목적에 적합하게 행사되어야 하고, 법원의 권한을 침해하지 않는 범위 내에서 행사되어야 한다.

법원의 재판권을 부정하는 사면 · 감형 · 복권은 인정할 수 없다. 대통령의 개인적인 판단하에 은혜를 베풀거나 특정인에게 혜택을 주기 위하여 이런 권한을 행사하는 것은 허용되지 않는다. 대통령의 자기 행위에 대한 사면 · 감형 · 복권, 탄핵심판

사면 · 감형 · 복권 등

사면 등 \ 항목		대상자	효력	국회의 동의	형식
사면	일반사면	죄를 범한 자	형선고 효력 상실, 공소권 상실	필요	대통령령
	특별사면	형선고받은 자, 집행유예자	형집행 면제, 형선고 효력 상실(집행유예자 포함)	불필요	사면심사위원회의 심사+법무부장관 상신+대통령의 명
감형	일반감형	형선고받은 자	형의 변경	불필요	대통령령
	특별감형	형선고받은 자, 집행유예자	형집행 감경, 형의 변경(집행유예자 포함)	불필요	사면심사위원회의 심사+법무부장관 상신+대통령의 명
복권	일반복권	일반적	자격의 회복	불필요	대통령령
	특별복권	특정한 자	자격의 회복	불필요	사면심사위원회의 심사+법무부장관 상신+대통령의 명
유예기간단축		집행유예자	유예기간의 단축	불필요	

을 받은 자에 대한 사면 · 복권, 재판의 확정 직후의 사면 · 감형 · 복권, 대통령의 취임 · 생일이나 국가경축일을 축하하기 위한 사면 · 감형 · 복권은 인정되지 않는다고 할 것이다. 선거에서 특정행위를 사면 · 감형 · 복권해 주겠다는 공약을 내건 경우도 이를 인정하지 않는 것이 타당하다.

대통령의 측근의 범법행위도 대통령과 공범으로 이루어진 경우에는 대통령의 자기행위에 대한 사면 · 감형 · 복권과 동등한 가치를 가지므로 自然的 正義(natural justice)에 위반되는 것이 되어 법치주의상 인정되지 않는다고 할 것이다. 한편 赦免法에는 탄핵심판으로 파면된 자는 사면 · 감형 · 복권의 대상자로 정해져 있지 않다(同法 §3,§4). 미합중국 연방헌법은 탄핵심판을 받은 자에 대해서는 사면(pardon)이나 집행연기(reprieve)를 금지하고 있다(同憲法 art. Ⅱ, sec. 2).

사면, 감형, 복권에 관한 권한의 행사에 있어서도 통제할 필요가 있다. 헌법은 사면 · 감형 · 복권에 관한 권한의 행사에 대하여 국무회의의 심의를 거치도록 하고(憲法 §89ix) 특히 일반사면의 경우에 국회의 동의를 받을 것을 요구하고 있는데(憲法 §79②) 국회는 이런 동의권을 행사하여 일반사면을 통제할 수 있다.

대통령의 사면, 감형, 복권에 대한 권한의 행사가 정당성을 가지지 않는 경우에는 권한의 자의적인 행사로 법원의 재판을 부정하는 것에 해당하고, 객관적인 기준에 따라 그에 해당하는 사람을 모두 포함시키지 않는 한 이는 법의 집행에서 국민을 차별하는 평등권의 침해라는 결과를 가져오므로 이에 대해서는 법원이나 헌법재판소의 심판대상이 된다고 할 것이다(反對: 權寧星, 1014, 同旨: 成樂寅, 1024).

사면 · 감형 · 복권에 대한 대통령의 권한은 법치주의를 왜곡시키거나 부정하는 결과를 초래하고, 특히 대통령 1인으로의 권력을 집중시키는 권위주의 통치를 야기할 수 있으므로 이에 대해서는 효과적인 통제가 필요하다. 사면의 경우에는 일반사면과 특별사면의 구별을 없애고 모두 국회의 동의를 얻게 하고, 감형과 복권의 경우에는 사전에 대법원의 동의를 얻게 하거나 의견을 구하게 하는 것도 하나의 방안이 될 수 있다(同旨: 金哲洙 a, 1734). 우리 헌정사에서 그 동안 대통령에 의해 남용되어온 특별사면 · 감형 · 복권에 대하여 통제하는 하나의 방법으로 대상자의 성명, 죄명, 형의 종류, 형기 등을 1주일 전에 국회에 통보하여 국회의 의견을 듣도록 하는 사면법의 개정이 2004. 3. 2. 국회에 의해 의결되었으나 대통령의 거부권의 행사로 인하여 실현되지 못하였다. 사면 · 감형 · 복권의 대상인 자에 대한 정보는 정보공개의 대상이 된다.

Ⅳ. 국민투표부의에 관한 권한

헌법 제72조는 「대통령은 필요하다고 인정할 때에는 외교 · 국방 · 통일 기타 國家安危에 관한 중요정책을 國民投票에 붙일 수 있다」고 정하고 있다.

(1) 제도의 의의

헌법 제72조에서 대통령에게 외교 · 국방 · 통일 기타 國家安危에 관한 중요정책을 國民投票(referendum)에 붙일 수 있게 하는 것(國民投票附議制度)은 외교 · 국방 · 통일 기타 國家安危에 관한 사항에 대한 국가의사를 결정함에 있어서 국민의 대표자가 이에 관하여 국가의사를 결정하기 이전 단계에서 사전에 국민의 경험적인 의사를 먼저 알아보는 제도이다.

이 제도에서는 국민의 대표자인 대통령이 국민투표의 附議與否를 재량으로 결정한다는 점에서 대의원리가 유지되고 있어 순수한 직접민주주의의 형태라고 할 수 없으나, 일단 이러한 사안이 국민투표에 부의된 이후에는 부의된 사안에 대한 국가의사의 결정은 사실상 국민투표의 결과에 강한 영향을 받는다는 점에서 대의원리에 일정한 변화를 가져온다. 이는 대의민주주의원리와 직접민주주의원리가 결합되어 있는 형태이다.

《국민투표제도의 변천》

국가의사를 결정함에 있어서 국민투표제도를 채택한 것은 1954년헌법이다. 이 헌법 제7조의2는 「대한민국의 主權의 制約 또는 領土의 變更을 가져올 國家安危에 관한 중대사항은 국회의 可決을 거친 후에 國民投票에 付하여 民議院議員選擧權者 3分之 2 이상의 투표와 유효투표 3分之 2 이상의 찬성을 얻어야 한다. 前項의 국민투표의 發議는 국회의 가결이 있은 후 1개월 이내에 민의원의원선거권자 50만인 이상의 찬성으로써 한다. 국민투표에서 찬성을 얻지 못한 때에는 제1항의 국회의 가결사항은 소급하여 효력을 상실한다」라고 정하고 있었다. 이는 대한민국의 主權의 制約 또는 領土의 變更을 가져올 國家安危에 관한 중대사항은 국회의 可決을 거친 후에 國民

投票에 付하여 국민투표로 정한다는 것을 헌법에서 명확하게 정하고 있어 국민투표제도라고 할 수 있다. 일본국의 식민지배에서 해방이 된 지 10년이 채 못된 상황에서 대한민국이라는 공동체가 다시 다른 나라에 복속되거나 대한민국 영토의 일부를 다른 나라에 할양하는 사태가 발생할 경우 이를 전적으로 국민의 대표자에게 맡겨놓을 수 있는가 하는 문제에 대해, 대의민주주의의 요청상 이러한 문제는 국민의 대표자가 일차적으로 결정하되 최종적으로는 국민이 대표자의 결정의 有效與否를 결정하도록 하자는 취지로 채택된 것이다. 주권의 제약이나 영토의 변경의 문제는 공동체와 공동체 내에 살고 있는 구성원 그리고 그 공동체의 미래 세대의 운명을 결정짓는 중대한 사안이므로 통상의 국가의사의 결정문제와 다른 성질을 가진다. 이런 경우 이를 전적으로 국민대표자의 판단에 맡길 것인가 아니면 국민이 최종적으로 결정할 것인가 하는 문제에서는 그 공동체의 상황에 따라 다양한 헌법정책적인 고려를 할 수 있다. 1954년헌법은 이러한 경우 대의기관인 국회가 해당 사안에 대하여 일차적으로 결정한 다음 최종적으로 그 국회의 결정의 유효여부를 국민투표로 결정하는 방법을 채택하였다. 공동체의 운명을 결정하는 중대한 사안 가운데 주권의 제약과 영토의 변경에 관한 국가의사를 결정하는 경우에 한하여 국민투표를 하는 방식을 채택한 1954년헌법의 규정은 우리 헌법사에서 헌법의 개정 이외에 국민투표를 실시하는 최초의 것이었다. 1960년6월헌법과 1960년11월헌법에서도 이 내용은 동일하게 유지되어 오다가 1962년헌법에서 폐지되었다. 그 후 헌법은 헌법개정 이외에는 국민투표를 채택하지 아니하였다. 그런데 1972년헌법, 즉 維新憲法을 시행하면서 대통령에게 국정의 일정한 사항에 대하여 국민투표에 부의할 수 있게 하는 國民投票附議制度를 창설하고 그 대상도 광범하게 확대하여 대통령이 필요하다고 인정하는 때에는 「국가의 중요한 정책」을 국민투표에 부의할 수 있게 창설하였다. 이는 당시 박정희 대통령의 장기집권과 독재를 국민에게 직접 호소하여 정당화하려는 의도에서 마련된 것인데, 1975년 2월 12일 유신헌법과 대통령의 계속 재임여부를 국민에게 직접 묻는 방식으로 국민투표에 붙여 98.3%의 지지를 얻었다. 독재와 권위주의통치에서 信任投票(plebiszit)로 국민투표를 이용하는 전형적인 예에 해당한다. 이러한 경험을 한 후 국민투표를 독재를 정당화하는 수단으로 활용한다는 비판이 제기되어 1980년헌법에서는 종래의 포괄적인 대상을 「외교·국방·통일 기타 國家安危에 관한 중요정책」으로 축소하는 선에서 이러한 제도를 계승하였고, 주권의 제약에 관한 조약은 국회의 동의를 얻어 대통령이 체결·비준하는 방식을 취하였다. 이러한 것이 1987년헌법인 현행 헌법에도 그대로 이어졌다.

(2) 국민투표부의의 성질

헌법이 정하는 국민투표부의제도는 외교·국방·통일 기타 國家安危에 관한 중요정책에 대하여 대통령이 스스로 판단하여 적합하다고 인정하는 경우에 국민투표에 부의하는 임의적인 국민투표제도이다. 국가안위에 관한 중요정책이라고 하더라도 반드시 국민투표에 부의하여야 하는 것은 아니므로 어떠한 경우에 국민투표에 부의할 것인가 하는 것은 대통령이 재량으로 결정한다. 이런 사항을 필요적으로 국민투표로 정하게 하면 대의원리의 예외가 되겠지만, 현행 제도는 대통령이 임의적으로 판단하게 하고 있으므로 대의원리의 수정에 해당한다. 이런 점에서 대통령의 국민투표부의권의 행사에 따른 국민투표는, 헌법개정에서 요구되는 必要的 國民投票(obligatory referendum)와 달리 任意的 國民投票(optional referendum)라는 점을 유의할 필요가 있다.

이러한 국민투표부의제도는 국가안위에 관한 중요정책에 대하여 국민의 경험적 의사가 대립하여 있고 대통령이 정상적인 권위에 기초한 권한의 행사로서는 해당 사안에 대하여 책임있는 결정을 하기 어려운 경우에 국민의 경험적인 의사를 물어보는 예외적인 제도이다.

> 국민투표부의제도는 헌법에서 「국민투표제도」로 명시적으로 정하고 있지 않고 대통령에 의한 국민투표부의라는 의미로만 정하고 있고, 國民投票法(1962. 10. 12. 법률 제1166호, 개정 2002. 1. 26. 법률 제6626호)은 대통령이 부의하는 사항에 대하여 국민이 찬반투표를 하는 것으로만 되어 있을 뿐 그 투표결과의 구속력에 대해서는 아무 것도 정하고 있지 않기 때문에 헌법상의 국민투표부의제도가 국민투표를 정하고 있는 것인지, 아니면 문자 그대로 국민투표부의제도를 정하고 있는지 분명하지 않다. 이 제도에 대한 헌법학자들의 설명에서 그 내용이 명확하지 않거나 혼선이 있는 것도 현행 제도의 성질에 대한 이해의 차이에서 비롯한다고 보인다. 이 제도를 특정 사안에 대하여 국민이 직접 투표로 최종 결정하는 본래 의미의 국민투표제도(referendum)로 볼 것인가, 아니면 본래 의미의 국민투표제도를 수정한 우리 헌법상의 특수한 제도로 볼 것인가에 따라 국민투표가 가지는 효력도 달라진다.

(3) 국민투표부의의 대상

대통령이 국민투표에 부의할 수 있는 대상은 헌법이 명시적으로 정하고 있는 바와 같이, 「외교 · 국방 · 통일 기타 國家安危에 관한 중요정책」이다. 그런데 이 문구의 의미가 외교에 관한 중요정책, 국방에 관한 중요정책, 통일에 관한 중요정책, 기타 국가안위에 관한 중요정책을 의미하는가, 아니면 국민투표에 부의할 수 있는 대상은 「국가안위에 관한 중요정책」에만 한정되는가 하는 해석상의 문제가 제기된다.

(a) 대 상

헌법은 대의민주주의를 채택하여 국민대표기관인 대통령과 국회를 두고, 이런 국민대표기관으로 하여금 국가의사를 결정하는 시스템을 취하고 있으며, 국민투표에 부의하는 경우란 이러한 대의기관이 정상적으로 작동하지 않는 경우에 대비하는 것이므로 국민투표에 부의하는 사안은 극히 예외적이고 한정적인 것이 되지 않으면 안 된다. 따라서 국민투표에 부의할 수 있는 대상은 「국가안위에 관한 중요정책」이라고 할 것이되, 국가안위에 관한 중요정책은 주로 외교 · 국방 · 통일의 분야에서 있지만 반드시 그에 국한되지 않으므로 기타의 여러 국정분야에서도 있을 수 있다고 할 것이다. 그러한 의미에서 외교 · 국방 · 통일은 예시적인 문구라고 할 것이고, 이러한

국민투표제도의 변천

헌법 / 항목	1948년헌법-1952년헌법	1954년헌법	1960년6월헌법-1960년11월헌법	1962년헌법-1969년헌법	1972년헌법	1980년헌법-1987년헌법
정부형태	대통령제	→	의회주의제	대통령제	→	→
국민투표의 대상	없음	대한민국의 주권의 제약 또는 영토의 변경을 가져올 국가안위에 관한 중대사항	→	없음	국가의 중요한 정책	외교·국방·통일 기타 국가안위에 관한 중요정책
부의권자	없음	민의원의원선거권자 50만 이상	→	없음	대통령	→
사전절차	없음	국회의 가결	→	없음	→	→

분야를 포함한 국가운영상 모든 영역에서 있을 수 있는 「국가안위에 관한 중요정책」이 국민투표에 부의할 수 있는 대상이 된다고 할 것이다(同旨: 權寧星, 986; 成樂寅, 1005). 國家의 安危란 대한민국의 존립에 직접 영향을 주는 상황을 의미한다.

(b) 법률의 제·개정과 국민투표부의

대통령은 「국가안위에 관한 중요정책」에 관한 법률의 制定이나 改廢를 국민투표에 부의할 수 있는가 하는 문제가 있다. 대통령은 法律案提案權을 보유하고 있으므로 국가안위에 관한 중요정책에 관한 법률의 제정이나 개폐가 필요하다면 법률안 제안권을 행사하면 족하고, 국민투표가 국회를 대신하여 법률을 제정하거나 개폐할 수는 없는 것이므로 이는 인정되지 않는다. 따라서 현행 헌법상 국민투표부의의 방법으로 법률을 제정하거나 개폐하는 것은 불가능하다(同旨: 金哲洙b, 1726; 反對: 成樂寅, 1007). 국가안위에 관한 중요사항에 관하여 법률의 제정이나 개정 또는 폐지가 필요한 경우에는 언제나 국회가 입법권을 행사하여 이를 실행한다.

(c) 헌법의 개정과 국민투표부의

국민투표부의권을 행사하여 憲法의 改正을 할 수 있는가 하는 문제가 있다. 헌법은 헌법개정에 관하여 제10장에서 따로 명시적으로 정하고 있으므로 이러한 국민투표부의권을 행사하여 헌법을 개정할 수는 없다. 헌법의 내용과 상치하는 내용을 국민투표에 부의하여 정할 수도 없다. 대통령이 헌법을 개정하는 것이 필요하다고 판단하는 경우에는 헌법 제128조 제1항이 정하는 바에 의하여 대통령이 헌법개정을 발의하는 방법을 통하여 이를 실행한다.

(d) 신임투표와 국민투표부의

대통령은 국민투표부의권을 행사하여 임기중 자신의 辭任與否를 국민투표에 붙일 수 있는가 하는 문제(plebiscite의 인정문제)가 있다. 대통령은 임기제로 직무를 수행하고 국민의 선거에 의해 선출되었고, 헌법에서 임기중에 재신임을 물어 강제로 사임하게 하는 방법을 정하고 있지 않으므로 국민투표로 대통령을 강제로 사임시킬 수는 없다. 즉, 국민에게는 현직 대통령에 대하여 사퇴할 것을 요구하는 정치적 의사표현의 권리는 인정되지만, 헌법 제72조를 근거로 하여 현직 대통령의 사퇴여부를 국민투표에 부칠 것을 요구할 권리는 인정되지 않는다. 우리 헌법상 국민이 대통령을 임기중에 사임시키고자 원하는 경우에는 정치적으로 이를 행하는 방법(대통령 퇴진운동, 시위 등)밖에는 없다.

(i) 재신임을 위한 국민투표의 허용여부 대통령이 국정운영에 위기를 맞이하여 이를 타개하는 방법으로 자신에 대한 국민의 재신임을 묻기 위해 이를 헌법 제72조가 정하는 국민투표에 회부하는 것은 인정되지 않는다(同旨: 金哲洙b, 1726; 成樂寅, 1007). 대통령의 임기중 사임여부는 헌법 제72조의 「국가안위에 관한 중요정책」에 해당하지 않는다. 헌법재판소도 이는 헌법상 허용되지 않는다고 판시하였다(예: 憲 2004. 5. 14.-2004헌나1). 대통령이 자진하여 사임하기를 원하는 경우에는 국민투표에 부의할 필요 없이 바로 사임한다.

> 1987년 대통령선거에서 민주정의당 노태우후보는 집권하면 중간평가를 받겠다고 하여 신임투표를 실시할 것이라는 암시를 주었고, 중간평가와 관련하여 신임투표의 가능성에 대하여 논란이 있었으나 이를 실시하지는 않았다. 2003년 10월 13일 노무현 대통령은 제243회 국회 본회의에서 행한 시정연설을 통하여 자신에 대한 국민의 신임여부를 묻는 국민투표를 2003년 12월 15일경 실시하고자 한다고 밝혀 헌법적인 논란을 불러일으켰다. 이에 일부 국회의원들은 대통령의 이런 행위로 인하여 자신들의 행복추구권, 양심의 자유, 국민표결권, 재산권 등이 침해된다고 주장하면서 헌법소원심판을 청구하였으나 헌법재판소는 대통령의 이런 행위는 공권력의 행사에 해당하지 않는다는 이유로 청구를 각하하였다(憲 2003.11. 27.-2003헌마694등).

(ii) 재신임과 연계한 국민투표의 허용여부 독재나 권위주의통치의 형태에서 대통령이 사임을 촉구하는 국민의 비판과 저항에 대응하여 자신의 권력기반을 강화하기 위하여 권력기반을 강화하는 방안(국가위기를 고의적으로 유도하거나 분단국의 경우 통일을 이용하여 이런 상황을 조성하기도 한다)과 자신의 사임여부를 결합하여 국민투표에 부의하는 경우가 있다(예: 한국의 경우, 1969년 10월 17일의 헌법개정안에 대한 국민투표('三選改憲' 국민투표), 1975년 2월 12일의 헌법개정안에 대한 국민투표). 이를 「국민투표제적 독재」(plebiscitary dictatorship)라고도 한다(예: 1802년의 Napoléon의 국민투표, 1933년의 Hitler의 국민투표, 1958년의 Nasser의 국민투표). 이런 경우에는 권력기반을 강화하려는 대통령이 진정으로 사임하기를 원하지는 아니할 것이므로 결국 국민투표는 대중선동과 여론의 조작에 의해 국민동원의 방식으로 이용된다. 과거 박정희정부에서 우리 국민들이 이런 부정적인 경

험을 하고(예: 한국의 이른바 「維新體制」), 이를 청산하기 위해 그 후 헌법개정이 있었던 점과 신임투표와 헌법 제72조의 제도가 구별되는 점을 고려하면, 현행 헌법상 국가안위에 관한 중요정책을 국민투표에 붙이면서 동시에 대통령에 대한 재신임여부를 결합시키는 것도 인정되지 않는다(反對: 許營a, 942; 成樂寅, 1007). 국가안위에 관한 중요정책을 국민투표에 붙이면서 대통령의 재신임여부를 결합시키는 경우에는 헌법 제72조가 정하는 정책에 대한 국민투표의 본래적 의미가 변질된다.

憲法裁判所도 대통령의 재신임을 헌법 제72조의 국민투표와 결부 · 연계시키는 것은 헌법상 허용되지 않는다고 하면서, 이러한 국민투표를 공개적으로 제안하거나 이를 실행하기 위한 행동으로 나아가면 탄핵사유가 된다고 판시하였다(憲 2004. 5. 14.-2004헌나1).

> [憲 2004. 5. 14.-2004헌나1] 「헌법 제72조는 대통령에게 국민투표의 실시 여부, 시기, 구체적 부의사항, 설문내용 등을 결정할 수 있는 임의적인 국민투표발의권을 독점적으로 부여함으로써, 대통령이 단순히 특정 정책에 대한 국민의 의사를 확인하는 것을 넘어서 자신의 정책에 대한 추가적인 정당성을 확보하거나 정치적 입지를 강화하는 등, 국민투표를 정치적 무기화하고 정치적으로 남용할 수 있는 위험성을 안고 있다. 이러한 점을 고려할 때, 대통령의 부의권을 부여하는 헌법 제72조는 가능하면 대통령에 의한 국민투표의 정치적 남용을 방지할 수 있도록 엄격하고 축소적으로 해석되어야 한다. ㈐ 이러한 관점에서 볼 때, 헌법 제72조의 국민투표의 대상인 '중요정책'에는 대통령에 대한 '국민의 신임'이 포함되지 않는다. 선거는 '인물에 대한 결정' 즉, 대의제를 가능하게 하기 위한 전제조건으로서 국민의 대표자에 관한 결정이며, 이에 대하여 국민투표는 직접민주주의를 실현하기 위한 수단으로서 '사안에 대한 결정' 즉, 특정한 국가정책이나 법안을 그 대상으로 한다. 따라서 국민투표의 본질상 '대표자에 대한 신임'은 국민투표의 대상이 될 수 없으며, 우리 헌법에서 대표자의 선출과 그에 대한 신임은 단지 선거의 형태로써 이루어져야 한다. 대통령이 이미 지난 선거를 통하여 획득한 자신에 대한 신임을 국민투표의 형식으로 재확인하고자 하는 것은, 헌법 제72조의 국민투표제를 헌법이 허용하지 않는 방법으로 위헌적으로 사용하는 것이다. 대통령은 헌법상 국민에게 자신에 대한 신임을 국민투표의 형식으로 물을 수 없을 뿐만 아니라, 특정 정책을 국민투표에 붙이면서 이에 자신의 신임을 결부시키는 대통령의 행위도 위헌적인 행위로서 헌법적으로 허용되지 않는다. 물론, 대통령이 특정 정책을 국민투표에 붙인 결과 그 정책의 실시가 국민의 동의를 얻지 못한 경우, 이를 자신에 대한 불신임으로 간주하여 스스로 물러나는 것은 어쩔 수 없는 일이나, 정책을 국민투표에 붙이면서 이를 신임투표로 간주하고자 한다는 선언은 국민의 결정행위에 부당한 압력을 가하고 국민투표를 통하여 간접적으로 자신에 대한 신임을 묻는 행위로서, 대통령의 헌법상 권한을 넘어서는 것이다. 헌법은 대통령에게 국민투표를 통하여 직접적이든 간접적이든 자신의 신임여부를 확인할 수 있는 권한을 부여하지 않는다. ㈑ 뿐만 아니라, 헌법은 명시적으로 규정된 국민투표 외에 다른 형태의 재신임 국민투표를 허용하지 않는다. 이는 주권자인 국민이 원하거나 또는 국민의 이름으로 실시하더

라도 마찬가지이다. 국민은 선거와 국민투표를 통하여 국가권력을 직접 행사하게 되며, 국민투표는 국민에 의한 국가권력의 행사방법의 하나로서 명시적인 헌법적 근거를 필요로 한다. 따라서 국민투표의 가능성은 국민주권주의나 민주주의원칙과 같은 일반적인 헌법원칙에 근거하여 인정될 수 없으며, 헌법에 명문으로 규정되지 않는 한 허용되지 않는다. ㈃ 결론적으로, 대통령이 자신에 대한 재신임을 국민투표의 형태로 묻고자 하는 것은 헌법 제72조에 의하여 부여받은 국민투표부의권을 위헌적으로 행사하는 경우에 해당하는 것으로, 국민투표제도를 자신의 정치적 입지를 강화하기 위한 정치적 도구로 남용해서는 안 된다는 헌법적 의무를 위반한 것이다. 물론, 대통령이 위헌적인 재신임 국민투표를 단지 제안만 하였을 뿐 강행하지는 않았으나, 헌법상 허용되지 않는 재신임 국민투표를 국민들에게 제안한 것은 그 자체로서 헌법 제72조에 반하는 것으로 헌법을 실현하고 수호해야 할 대통령의 의무를 위반한 것이다.」

(4) 국민투표의 방법과 절차

헌법 제72조에서 정하고 있는 국민투표의 실시에 관하여는 國民投票法이 정하고 있다.

(a) 투표권자

국민투표의 투표권자는 19세 이상의 국민이되(投票法 §7), 國民投票法 제9조에 해당하는 사유가 없는 자이다. 투표권자의 연령은 국민투표일 현재로 算定한다(同法 §8). 대한민국 국적을 가지고 있는 재외국민도 주민등록여부에 관계없이 국민투표권을 가진다(예: 憲 2007. 6. 28.-2004헌마644등).

[憲 2007. 6. 28.-2004헌마644등] 「국민투표권을 구체화하는 법률로 국민투표법이 제정되어 있으며 국민투표법 제7조는 일정 연령 이상의 국민에게 원칙적으로 국민투표권을 부여하고 있다. 그런데 이 사건 국민투표법 조항은 투표인명부 작성의무자로 하여금 국민투표일공고일 현재 그 관할 구역 안에 주민등록이 된 투표권자만을 투표인명부에 등재하도록 하고 있어, 청구인들과 같이 주민등록을 할 수 없는 재외국민들은 국민투표권을 전혀 행사할 수 없도록 하고 있다. 국민투표는 위에서 본 바와 같이 국가의 중요정책이나 헌법개정안에 대해 주권자로서의 국민이 그 승인 여부를 결정하는 절차인데, 주권자인 국민의 지위에 아무런 영향을 미칠 수 없는 주민등록 여부만을 기준으로 하여, 주민등록을 할 수 없는 재외국민의 국민투표권 행사를 전면적으로 배제하고 있는 이 사건 국민투표법 조항은 앞서 본 국정선거권의 제한에 대한 판단에서와 동일한 이유에서 청구인들의 국민투표권을 침해한다고 할 것이다.」

(b) 방 법

국민투표는 전국을 하나의 단위로 실시한다(同法 §10). 대통령은 늦어도 국민투표일 전 18일까지 국민투표일과 국민투표안을 동시에 공고하여야 한다(同法 §49). 중앙선거관리위원회는 공고된 국민투표안을 투표권자에게 주지시키기 위하여 게시하여야 한다(同法 §22①). 국민투표에 관한 운동은 국민투표일의 공고일로부터 투표일 전일까지에 한하여 國民投票法이 정하는 바에 의하여 할 수 있다(同法 §26, §27). 국가 또는 지방자치단체는 그 발행하는 관보·공보 등의 간행물에 국민투표안에 대한 찬성 또는 반대의 의견을 게재할 수 없다(同法 §37). '官制國民投票'를 방지하고 국민의 자유롭고 자율적인 판단을 보장하기 위한 것이다.

국민투표는 기표방법에 의한 투표로써 한다(同法 §50①). 투표는 직접 또는 우편으로 하되, 1인 1표로 하며(同條 ②), 투표인의 성명을 표시하여서는 아니 된다(同條 ③). 국민투표는 사안에 대한 찬반을 묻는 것이기 때문에 투표용지에는 찬성과 반대의 양란을 두고, 이에 표시를 한다(同法 §53①, §60). 투표의 비밀을 보장하기 위하여 투표인은 투표에 관하여 누구에게도 진술할 의무가 없으며 국가 또는 어떠한 기관이라도 이를 질문하거나 진술을 요구할 수 없도록 법으로 정하고 있다(同法 §67②). 투표인은 자신이 기표한 투표지의 내용을 공개할 수 없으며, 공개한 투표지는 무효로 한다(同條 ③).

(c) 확　　정

중앙선거관리위원회는 투표에 대한 총집계를 하고, 집계가 끝나면 즉시 그 결과를 公表하고, 이를 대통령과 국회의장에게 통보하여야 한다(同法 §89). 대통령은 이러한 국민투표의 결과를 통보받은 때에는 즉시 이를 公布하여야 한다(同法 §91). 국민투표의 결과는 중앙선거관리위원회의 결과 공표로 확정되는 것이 아니라 대통령의 결과 공포로 확정된다.

(d) 무효소송과 재투표

국민투표의 효력에 관하여 이의가 있는 투표인은 투표인 10만인 이상의 찬성을 얻어 중앙선거관리위원회위원장을 피고로 하여 투표일로부터 20일 이내에 대법원에 제소할 수 있다(國民投票無效訴訟, 同法 §92). 대법원은 국민투표무효소송에 있어서 국민투표에 관하여 國民投票法 또는 그 법에 의하여 발하는 명령에 위반하는 사실이 있는 경우라도 국민투표의 결과에 영향을 미쳤다고 인정하는 때에 한해서만 국민투표의 전부 또는 일부의 무효를 판결한다(同法 §93). 국민투표법이나 그 법에 의한 명령에 위반하는 사실이 있지만 그것이 국민투표의 결과에 영향을 미치지 아니한 경우에는 무효판결을 할 수 없다는 의미이다.

국민투표의 전부 또는 일부의 무효판결이 있을 때에는 재투표를 실시하여야 한다(同法 §97①). 투표의 전부무효판결이 있을 때에는 그 판결이 확정된 날로부터 30일 이내에 재투표를 실시하여야 하고, 투표일은 늦어도 투표일 전 18일까지 대통령이 공고하여야 한다(同條 ②). 투표의 일부무효판결이 있을 때에는 중앙선거관리위원회는 투표가 무효로 된 당해 투표구의 재투표를 실시하여 총집계를 다시 한 후 이를 대통령과 국회의장에게 통보하여야 한다(同條③). 국민투표의 일부가 무효인 경우라도 다시 투표를 하지 아니하고 국민투표의 결과를 결정할 수 있을 때에는 일부 재투표를 실시하지 아니한다(同條⑦). 이러한 재투표는 판결이 확정된 날로부터 20일 이내에 실시하되, 중앙선거관리위원회는 7일 전에 재투표일을 공고하여야 한다(同條④).

(5) 국민투표와 국가의사의 결정

헌법 제72조에 의하여 국민투표가 실시되어 국민투표의 결과가 확정된 경우 그 확정된 국민투표의 결과는 어떠한 효력을 가지는가 하는 것이 문제가 된다.

(a) 재부의의 금지

헌법 제72조에 의한 국민투표를 실시한 이상 법치주의의 一事不再議의 원리로 인하여 대통령은 동일한 사안을 다시 국민투표에 붙일 수 없다.

(b) 기 속 력

국민투표의 확정된 결과가 국가기관을 기속하는가 하는 기속력에 대하여 憲法이나 國民投票法은 아무 것도 정하고 있지 않다. 이에 관해서는 헌법 제72조가 상정하는 국민투표의 성격을 어떻게 이해하는가에 따라 두 가지의 해석이 가능하다.

(i) 자문적 국민투표설 헌법 제72조가 상정하고 있는 국민투표는 자문적인 성질을 가지고, 따라서 그 국민투표의 결과는 대통령이나 국회를 법적으로 기속하지 않는다고 본다. 즉 헌법 제72조의 국가중요정책에 대한 찬반투표의 의미를 가지는 것으로 본다(金哲洙b, 1727). 이는 대통령이나 국회는 국민투표에서 나타난 결과를 고려하여 국민대표자의 지위에서 자유로이 정책을 결정하면 된다고 본다(權寧星, 987). 이는 헌법상의 대의제도에 더 많은 무게를 두고 국민투표가 대의원리를 변경시킬 수 없다고 보는 태도이다.

(ii) 기속적 국민투표설 헌법 제72조가 상정하고 있는 국민투표를 기속적인 국민투표라고 해석하는 견해이다. 이는 헌법상의 대의원리는 헌법 제72조에 의해 일정한 범위에서 수정된다고 보는 태도이다. 이 견해에 의하면, 외교·국방·통일 기타 국가안위에 관한 중요정책을 국민투표에 부의하여 해당 사안에 대하여 국민투표로 찬성 또는 반대의 결론이 난 경우에는 그 결과는 모든 국가기관을 구속한다고 본다(許營a, 943). 따라서, 국가안위에 관한 중요정책의 해당 사안에 있어 대통령이나 국회는 국민투표의 결과에 합치하는 행위를 하여야 한다. 다만, 헌법 제72조가 상정하는 국민투표의 결과가 기속력을 가진다고 해석하더라도 헌법재판소나 법원의 기존의 재판의 결과에는 영향을 미치지 않는다고 본다.

(iii) 사 견 헌법 제72조에 따른 국민투표는 국회, 대통령, 법원, 헌법재판소에 대하여 기속력을 가지지 않는다. 이는 대통령이 헌법 제72조에서 정하는 국가의 중요정책에 대하여 스스로 결정하기 전에 국민에게 찬반의 의사를 물어 그 결과를 참작하여 결정할 수 있게 한 諮問的 國民投票이기 때문이다. 다만 대통령이 헌법 제72조에 따라 국가의 중요정책을 국민투표에 부의한 경우에는 국민투표의 결과에 대하여 사실상 정치적으로 부담을 지게 된다.

국민투표를 실시한 경우에도 국민투표의 정당성이 문제가 되는 경우가 있다. 예컨대 국민투표의 결과가 유효투표수의 비율에서 49 : 51과 같이 국민의 경험적 의사가 근소한 차이로 나타나고 투표권자의 참여율도 저조한 경우에 상대적 우위를 점하는 51%(찬성이든 반대이든)라는 것만을 이유로 이러한 수치가 대통령이나 국회를 사실상 구속할 수 있느냐 하는 문제가 발생한다. 현행의 국민투표부의제도는 제도적으로도 명확하지 않고 국가의사결정의 방식에서도 불안정하다. 대한민국의 주권의 제약(주권의 전부 또는 일부 포기)이나 영토의 변경(영토의 전부 또는 일부 포기, 양도, 매각 등)의 경우에 한하여 국민투표부의를 할 수 있게 개선하거나 1954년헌법의 경우와 같은 국민투표제도를 두는 방식으로 개선하고, 이 경우에도 국민투표의 결과가 가지는 효력의 객관적 범위, 주관적 범위, 기속력 등을 명확하게 정할 필요가 있다. 주권의 제약이나 영토의 변경에 관한 사항에 대하여 국민이 직접 결정하는 방식을 취하는 경우에는 일반정족수인 과반수의 찬성으로 결정하는 것이 타당한지 2/3의 찬성과 같은 특별정족수로 결정하는 것이 타당한지에 대해서도 헌법정책적으로 신중한 고려가 필요하다.

V. 영전수여에 관한 권한

헌법 제80조는 「대통령은 법률이 정하는 바에 의하여 勳章 기타의 榮典을 수여한다」라고 정하고 있다. 이에 관련된 법률로는 賞勳法이 있다. 대통령은 영전수여권을 행사함에 있어 법률이 정하는 바에 따라 하여야 할 뿐 아니라, 이런 영전에 어떤 종류의 특권도 부여할 수 없다(憲法 §11③). 다만, 副賞은 같이 줄 수 있다(賞勳法 §32). 대통령이 영전을 수여하는 경우에는 사전에 국무회의의 심의를 거쳐야 한다(憲法 §89ⅷ).

대통령이 외국인에 대하여 훈장이나 기타 영전을 수여하는 경우에는 국가원수의 지위에서 대한민국을 대표하여 이를 행한다.

賞勳法에 의하면, 大韓民國勳章 및 褒章은 원칙적으로 대한민국국민이나 우방국민으로서 대한민국에 뚜렷한 공로를 세운 자에게 수여하고(賞勳法 §2), 敍勳基準은 서훈대상자의 공적내용, 그 공적이 국가사회에 미친 효과의 정도 및 지위 기타 사항을 참작하여 결정한다(同法 §3). 상훈법이 정하는 훈장과 포장은 대통령이 수여하고(同法 §29), 서훈의 추천은 중앙행정기관의 장(대통령직속기관 및 국무총리직속기관의 장을 포함), 국회사무총장, 법원행정처장, 헌법재판소사무처장, 중앙선거관리위원회사무총장이 행하되, 이들의 소관에 속하지 아니하는 서훈의 추천은 행정안전부장관이 행한다(同法 §5). 훈장 등을 받을 자는 국무회의의 심의를 거쳐 대통령이 결정한다(同法 §7).

[265] 第四 憲法守護에 관한 權限

대통령은 헌법을 수호하는 지위에 있는데, 이는 국가의 위기시에도 국가의 존립과 계속성을 유지하고 이렇게 계속 존속하는 공동체에서 헌법이 끊어짐이 없이 효력을 발휘할 수 있도록 대처하여야 하는 헌법수호자로서의 지위를 의미한다. 이러한 지위에서 國家의 非常事態 또는 國家緊急事態가 발생하는 경우 헌법의 규범력을 유지하고 비상적인 상황을 극복하기 위한 國家緊急權(emergency power)이 대통령에게 부여된다.

국가긴급권은 독재나 권위주의체제에서 대통령의 우월적 지위를 유지하는 수단으로 동원되기도 하는데, 이는 국가긴급권의 정상적인 기능이 아니다. 우리 헌법사에서도 국가긴급권을 독재나 권위주의체제를 유지하는 수단으로 고안하여 헌법에 정한 예가 있다. 대표적인 경우가 1972년헌법과 1980년헌법의 국가긴급권이다. 현재는 이러한 부정적인 요소를 배제하고 국가비상사태를 극복하는 합리적인 수단으로 정하고 있다. 현행의 국가긴급권은 1962년헌법과 1969년헌법의 수준으로 돌아간 수준을 유지하고 있다.

> 우리 헌법사에서는 대통령의 국가긴급권의 행사의 부정적인 사례가 남아 있어 이에 대한 정상적인 이해를 저해하는 점도 남아 있지만, 국가긴급권은 헌법의 규범력을 지속하게 하고 국가의 존립과 계속성을 유지하는 수단으로 중요한 의미를 가진다. 국가긴급권의 행사로 국가비상사태의 상황을 극복하여야 국민이 기본권을 정상적으로 향유할 수 있으므로 국가긴급권은 기본권의 보장에서도 중요한 의미를 가진다.

헌법의 수호는 대통령만이 독점적으로 수행하는 직무가 아니다. 국민의 대표기관인 국회도 국가의 위기와 국가긴급사태를 극복할 의무가 있으므로 대통령의 국가긴급권의 행사에 관여한다. 국회는 대통령의 국가긴급권의 행사에 대한 관여를 통하여 국가긴급권의 남용을 통제하기도 하지만, 국가의 위기와 국가긴급사태에 대한 인식을 공유하고 이를 극복하기 위하여 협력하기도 한다. 따라서 국회는 대통령의 국가긴급권의 행사에서 자기에게 부여된 역할을 충실히 수행하여야 한다.

헌법은 다양한 성격과 정도의 국가비상사태의 상황에 대처하고 극복할 수 있도록 대통령에게 국가긴급권으로서 긴급명령권, 긴급재정경제처분권, 긴급재정경제명령권, 계엄선포권을 부여하고 있다.

국가긴급권의 변천

항목 \ 헌법		1948년헌법-1952년헌법-1954년헌법	1960년6월헌법-1960년11월헌법	1962년헌법-1969년헌법	1972년헌법	1980년헌법	1987년헌법
정부형태		대통령제	의회주의제	대통령제	→	→	→
국가긴급권의 종류	긴급명령	○ (내우·외환·천재·지변 또는 중대한 재정경제상의 위기에 제하여 공공의 안녕질서를 유지하기 위하여)	×	○ (국가의 안위에 관계되는 중대한 교전상태에 있어서 국가를 보위하기 위하여)	×	×	○ (국가의 안위에 관계되는 중대한 교전상태에 있어서 국가를 보위하기 위하여)
	긴급재정경제명령	×	국무총리: 긴급재정처분의 집행명령(법률적 효력)	○ (내우·외환·천재·지변 또는 중대한 재정경제상의 위기에 있어서 공공의 안녕질서를 유지하기 위하여)	×	×	○ (내우·외환·천재·지변 또는 중대한 재정경제상의 위기에 있어서 국가의 안전보장 또는 공공의 안녕질서를 유지하기 위하여)
	긴급재정경제처분	○ 긴급재정처분(긴급명령과 동일 사유)	○ 대통령: 긴급재정처분(내우·외환·천재·지변 또는 중대한 재정경제상의 위기에 제하여 공공의 안녕질서를 유지하기 위하여)	○ (위와 같음)	×	×	○ (위와 같음)
	긴급조치	×	×	×	○*	×	×
	비상조치	×	×	×	×	○**	×
	계엄	○	○	○	○	○	○

*대통령은 천재·지변 또는 중대한 재정경제상의 위기에 처하거나, 국가의 안전보장 또는 공공의 안녕질서가 중대한 위협을 받거나 받을 우려가 있을 때, 국정전반에 걸쳐 필요한 긴급조치, 국민의 자유와 권리를 잠정적으로 정지하는 긴급조치, 정부나 법원의 권한에 관한 긴급조치.

**대통령은 천재·지변 또는 중대한 재정경제상의 위기에 처하거나, 국가의 안전을 위협하는 교전상태나 그에 준하는 중대한 비상사태에 처하여 국가를 보위하기 위하여, 국정전반에 걸쳐 필요한 비상조치, 국민의 자유와 권리를 잠정적으로 정지하는 비상조치, 정부나 법원의 권한에 관한 비상조치.

Ⅰ. 긴급명령권

(1) 개념과 제도적 의의

헌법 제76조 제2항은 「대통령은 국가의 安危에 관계되는 중대한 交戰狀態에 있어서 국가를 保衛하기 위하여 긴급한 措置가 필요하고 국회의 集會가 불가능한 때에 한하여 법률의 효력을 가지는 명령을 발할 수 있다」라고 정하여 대통령에게 국가긴급권의 하나로 법률의 효력을 가지는 緊急命令을 발할 수 있는 권한을 부여하고 있다.

국가긴급사태가 중대한 교전상태와 같이 중대한 것인 경우에 국정의 최고책임자의 지위에 있는 대통령에게 이에 대처하도록 하기 위한 것이다. 긴급명령은 헌법에서 인정하고 있는 것과 같이 국회의 집회가 불가능한 때에만 인정하는 형태가 있고(협의의 긴급명령), 국회의 집회가능성의 여부와 관계없이 인정하는 형태가 있다(광의의 긴급명령). 후자의 경우는 대통령의 지위를 보다 우월적인 것으로 만든다. 헌법 제76조 제2항은 과거 국가긴급권의 악용으로 인한 국가와 국민에 대한 피해를 거울삼아 국회의 집회가 가능한 때는 국회가 먼저 비상사태에 대처하도록 하고, 국회의 집회가 불가능한 경우에 한하여 대통령이 이에 대처하도록 하는 형태만 인정하고 있다.

(2) 긴급명령의 내용

긴급명령의 발동은 대통령이 국가긴급사태에 대처하고 이를 극복하기 위하여 국회의 입법권에 대하여 그 예외로 보충적인(subsidiary) 지위에서 법률적 효력을 가지는 법규범을 제정하는 것을 말하므로, 국회가 법률로 규율할 수 있는 모든 사항에 대하여 정할 수 있다. 기존의 법률을 개정하는 명령을 발할 수도 있고 이를 폐지하는 명령을 발할 수도 있다. 기존의 법률이 규율하지 않고 있는 사항에 대하여 새로 규율하는 명령을 발할 수도 있다. 헌법 제76조 제1항이 정하는 긴급재정경제명령이 그 규율대상에서 경제적 사항과 재정적 사항에 한정됨에 비하여 헌법 제76조 제2항이 정하는 긴급명령은 규율의 대상에서 아무런 제한을 받지 않는다.

긴급명령이 국회의 承認을 필요로 하고 법률의 효력을 가지는 것이라고 하더라도 이는 非常立法이므로 통상의 국회의 입법절차를 따르지 않고 헌법이 정하는 절차에 따른다. 그러나 긴급명령이 비상입법이라고 하더라도 헌법에 합치되어야 하므로 긴급명령은 헌법상의 과잉금지원칙에 적합하여야 한다.

긴급명령은 법률적 효력을 가지므로 긴급명령으로 헌법을 개정할 수도 없고(同旨: 權寧星, 972), 일시적으로 정지시킬 수도 없다(同旨: 金哲洙b, 1744). 지배적인 견해이다.

긴급명령으로 국회를 해산할 수도 없다. 헌법기관의 존폐에 대해서는 헌법이 명문으로 인정하여야 하는데 헌법은 이를 정하고 있지 않고, 긴급명령의 발동에는 국회의 승인을 효력발생에서 절차적인 요건으로 요구하고 있으므로 어떤 경우에도 긴급명령으로는 국회를 해산하지 못한다(同旨: 權寧星, 972).

우리나라의 국가긴급권의 변천사를 보건대, 과거의 긴급조치나 비상조치와 같이 국정전반에 걸쳐 조치를 하거나 국회, 헌법재판소, 법원의 권한에 관하여 특별한 조치를 할 수 있는가 하는 물음이 제기될 수 있다. 헌법의 명문 규정상 1972년헌법의 긴급조치나 1980년헌법의 비상조치와 달리 그러한 내용을 정하고 있지 않을 뿐 아니라, 현행 국가긴급권은 1972년헌법 이래 1980년헌법까지의 헌법이 취했던 국가긴급권의 문제점을 극복하기 위하여 개선한 것이고, 국회, 헌법재판소, 법원은 긴급명령에 대하여 사후통제를 하는 권한을 가지고 그 역할을 수행하여야 하므로 긴급명령의 발동으로 국회, 헌법재판소, 법원의 권한에 관하여 특별한 조치를 할 수는 없다(同旨: 權寧星, 972).

헌법의 긴급명령으로는 軍政을 실시할 수도 없고, 병력을 동원할 수도 없다. 대통령이 국정운영에서 병력을 동원할 수 있는 것은 통상의 국군통수권을 행사하여 국가를 방위하는 경우와 헌법 제77조가 정하고 있는 계엄을 발동할 때만 가능하다.

(3) 긴급명령의 발동요건

대통령이 헌법 제76조 제2항이 정하는 긴급명령을 발할 수 있기 위해서는 다음과 같은 실질적 요건과 절차적 요건이 충족되어야 한다.

(a) 실질적 요건

긴급명령의 발동에는 다음의 세 가지 실질적인 요건이 충족될 것이 요구된다.

첫째, 국가의 安危에 관계되는 중대한 交戰狀態가 있어야 한다(憲法 §76②). 국가의 안위에 관계되는 중대한 교전상태라 함은 대한민국의 안전이 위협을 받는 중대한 교전상태로서 정규전과 비정규전을 포함한 대규모의 무력충돌을 의미한다(同旨: 許營a, 945). 교전상대는 모든 외국의 국가와 대한민국을 상대로 무력을 행사하는 모든 단체를 의미한다. 북한도 포함된다. 대통령이 통상의 국군통수권을 행사하여 교전상태를 극복할 수 있는 정도의 상황은 이러한 중대한 교전상태에 해당하지 않는다. 따라서 긴급명령을 발함에 있어서는 교전상태의 중대성이 요구된다(重大性).

둘째, 국가를 保衛하기 위하여 긴급한 措置가 필요하여야 한다(憲法 §76②). 긴급명령은 국가의 존속과 안전을 보장하고 방어하기 위하여 필요한 조치여야 하고(必要性), 이런 조치는 긴급명령을 발하지 않으면 안 될 긴급한 사태에 대응하는 것이어야 한다(緊急性). 현재의 상태를 개선할 필요가 있다는 것만으로는 이런 요건을 충족시킬 수 없다(同旨: 許營a, 946).

셋째, 국회의 집회가 불가능하여야 한다(憲法 §76②). 긴급명령은 대통령에게 국가비상사태를 극복하기 위하여 법률과 대등한 명령을 발하는 입법권을 인정하는 것이므로 국회의 집회가 불가능한 경우이어야 한다(補充性). 법률로서 국가비상사태를 극복하여야 하는 상황에서 국회의 집회가 가능하면 국회가 이런 사태를 극복할 수 있는 법률을 제정하여 해결한다. 국회의 집회가 불가능한 경우라 함은 법적으로나 사실상으로 국회가 집회할 수 없는 때를 말하며, 국회의 개회·휴회·폐회를 불문하고, 국회의 집회가 불가능하게 된 원인도 불문한다. 그러나 어떤 형태로든 긴급명령을 발하기 위하여 고의로 국회의 집회를 불가능하게 만든 경우는 이에 해당하지 않는다(同旨: 許營a, 946).

(b) 절차적 요건

긴급명령의 발동에는 절차적으로 요구되는 요건을 충족시켜야 한다.

첫째, 국무회의의 심의를 거쳐야 한다(憲法 §89 v). 긴급명령을 발하는 경우에는 반드시 국무회의의 심의를 거쳐야 한다. 이 절차를 거치지 않은 긴급명령은 헌법에 위반되어 효력을 가지지 못한다. 긴급명령이 국가의 안전보장에 관한 사항일 때에는 헌법 제91조 제1항에 따라 국무회의에서 심의하기 이전에 국가안전보장회의의 자문을 거쳐야 한다(同旨: 權寧星, 971).

둘째, 긴급명령의 발동도 대통령의 국법상의 행위이므로 국무총리와 관계국무위원이 副署한 문서로써 하여야 한다(憲法 §82).

셋째, 대통령은 긴급명령을 발한 때에는 지체없이 국회에 보고하여 그 승인을 얻어야 한다(憲法 §76③). 국회가 집회할 수 있으나 폐회중인 경우에는 대통령은 국회의 임시회의 집회를 요구하여(憲法 §47①) 긴급명령의 승인을 처리하여 줄 것을 요청하여야 한다. 국회의 승인을 얻지 못한 때에는 그 긴급명령은 그 때부터 效力을 喪失한다. 이 경우 그 긴급명령에 의하여 개정 또는 폐지되었던 법률은 그 긴급명령이 승인을 얻지 못한 때부터 당연히 효력을 회복한다(憲法 §76④). 국회의 승인을 얻지 못하여 긴급명령이 효력을 상실하는 것은 국회에서 승인을 얻지 못한 때(承認案이 否決된 때)부터이므로 그 이전에 긴급명령으로 행해진 행위는 유효하다. 긴급명령에 의하여 개정 또는 폐지되었던 법률이 효력을 회복하는 경우도 소급하여 효력을 회복하는 것이 아니라 승인을 얻지 못한 때부터 유효한 법률로서 효력을 발한다.

대통령의 「지체없는」 사후보고는 보고할 국회가 존재한다는 것을 전제로 한다. 즉 대통령이 긴급명령을 발한 당시에는 국회의 집회가 불가능하였지만, 긴급명령을 발한 후에는 국회의 집회가 가능한 것을 전제로 한다. 그런데 대통령이 긴급명령을 발한 이후에 지체없이 국회에 보고하려고 했을 때 국회가 여전히 집회할 수 없는 상태(국회의원의 임기만료, 국회의 해산)에 있으면 대통령이 보고를 하고 국회의 승인을 받으려고 해도 받을 수가 없다. 이런 경우에는 예외적으로 대통령의 지체없는 사후보고가 없더라도 긴급명령은 국회의 집회가 가능할 때까지 효력을 가진다고 보아야 한다. 그렇지 않으면 대통령이 국가비상사태를 극복하기 어렵기 때문이다. 이렇게 대통령의 「지체없는」 사후보고가 없이 긴급명령이 효력을 발생한 경우에도 그 이후 국회의 집회가 가능하면 그 즉시 대통령은 국회에 보고하여 국회로부터 정식 승인을 얻어야 하며, 이런 승인이 있어야 긴급명령은 계속 효력을 유지할 수 있다.

넷째, 대통령은 긴급명령을 발하고 국회의 승인을 얻은 경우나 국회의 승인을 얻지 못한 경우에 그 사유를 지체없이 公布하여야 한다(憲法 §76⑤). 헌법 제76조 제5항의 규정의 취지로 보건대, 대통령이 긴급명령을 발하고 국회에 승인을 요청한 단계에서도 긴급명령을 발한 사유와 국회에 승인을 요청하였다는 사실을 지체없이 공포하여야 한다고 할 것이다.

(4) 긴급명령에 대한 통제

긴급명령이 남용되거나 오용되지 않고 그 기능에 적합하게 발동하도록 하기 위해서는 이에 대한 통제장치가 필요하다. 이에는 사전통제와 사후통제가 있다.

(a) 사전통제

긴급명령의 발동에 있어서 국무회의의 심의를 거치는 것(憲法 §89 v)과 국무총리와 관계국무위원의 副署(憲法 §82) 또는 국가안전보장회의의 자문은 사전통제의 기능을 한다. 따라서 이런 절차를 거치지 않은 긴급명령은 효력을 가질 수 없다.

(b) 사후통제

긴급명령에 대한 사후통제에는 국회에 의한 통제, 헌법재판소에 의한 통제, 법원에 의한 통제가 있다.

(i) 국회에 의한 통제 긴급명령의 발동에 있어서 요구되는 대통령의 지체없는 국회에의 보고와 승인의 획득(憲法 §76③)은 사후통제의 기능도 수행한다. 긴급명령에 대한 통제로서 가장 효과적인 방법은 국회가 승인을 거부하는 것이다. 그리고 국회가 긴급명령을 승인하는 경우에도 긴급명령 가운데 적합하지 아니한 내용에 대해서는 이를 수정하거나 삭제할 수 있다. 국회는 긴급명령 전체에 대하여 거부할 수 있는 권한을 가지고, 또 법률을 제정하여 긴급명령의 내용 중 일부 또는 전부를 폐지하거나 변경할 수 있는 이상 修正承認權도 인정된다고 할 것이다(同旨: 權寧星, 974). 국회는 대통령의 긴급명령이 헌법을 위반한 것인 경우에는 긴급명령의 승인을 거부하는 동시에 대통령에 대하여 탄핵소추도 할 수 있다.

(ii) 헌법재판소에 의한 통제 긴급명령은 헌법재판의 대상, 즉 위헌법률심

판의 대상이나 헌법소원심판의 대상이 된다. 따라서 국민은 긴급명령이 재판의 전제가 된 경우에 그 위헌여부를 다툴 수 있고, 기본권을 직접 침해당한 경우에는 헌법재판소에 헌법소원심판을 청구할 수 있다.

(iii) 법원에 의한 통제 긴급명령이 재판의 전제가 된 경우에 법원의 직권제청으로 그 위헌여부심판을 헌법재판소에 구하는 것도 법원에 의한 사후통제로서 그 의미를 가진다.

(5) 긴급명령의 폐지

대통령은 긴급명령이 그 목적을 달성하였다고 판단한 경우에는 이를 폐지(해제)할 수 있다. 긴급명령은 법률적 효력을 가지므로 그 해제는 긴급명령의 형식으로 하며, 국무회의의 심의를 거쳐야 한다(憲法 §89 v).

긴급명령이 발해진 이후에 국회의 집회가 가능하면 국회는 법률로서 긴급명령을 폐지하거나 변경할 수 있는가 하는 문제가 있다. 국회가 긴급명령의 발동에 대하여 승인을 하였다고 하더라도 그 긴급명령의 내용이 목적을 달성하는데 적합하지 않다거나 이미 긴급명령이 목적을 달성하였음에도 대통령이 이를 폐지하지 않고 있는 경우에는 국회는 법률을 제정하여 긴급명령의 내용을 변경하거나 긴급명령을 폐지할 수 있다. 원래 국가비상사태에 있어서 법률로써 규율할 필요가 있는 때에는 국회의 집회가 가능하면 국회가 법률을 제정하거나 개정하여 이에 대처하는 것이므로 국회는 법률로써 대통령의 긴급명령을 폐지하거나 그 내용을 변경할 수 있다고 할 것이다.

Ⅱ. 긴급재정경제처분 및 명령권

(1) 개념과 제도적 의의

(a) 개 념

헌법 제76조 제1항은 「대통령은 內憂·外患·天災·地變 또는 중대한 財政·經濟上의 위기에 있어서 국가의 안전보장 또는 公共의 安寧秩序를 유지하기 위하여 긴급한 措置가 필요하고 국회의 집회를 기다릴 여유가 없을 때에 한하여 최소한으로 필요한 재정·경제상의 처분을 하거나 이에 관하여 법률의 효력을 가지는 명령을 발할 수 있다」라고 정하고 대통령에게 국가긴급권의 하나로 緊急財政·經濟處分을 발하거나 법률의 효력을 가지는 緊急財政·經濟命令을 발할 수 있는 권한을 부여하고 있다.

긴급재정경제처분은 통상적인 행정처분으로 사태를 해결할 수 없을 때 행하는 구체적인 개별 행정처분이다. 주로 상위의 근거법률이 없어서 일반적인 행정처분으로 대처할 수 없는 경우이거나 국회의 의결을 거쳐 집행해야 할 재정적인 조치를 국회의 의결을 거치지 않고 긴급하게 조치하여야 할 경우가 이에 해당할 것이다. 즉 긴급재정경제처분은 상위의 근거법률을 제정하거나 국회의 의결을 거치기에는 시간적인 여유가 없어서 발하는 긴급행정처분이다. 긴급재정경제명령은 국회의 법률에 대신하여 국가긴급사태에 대처하고 이를 극복하기 위하여 법규범을 제정하는 행위이다. 따라서 국회의 법률과 동일한 법률적 효력을 가진다. 긴급재정경제처분은 긴급재정경제명령과 달리 행정처분이기 때문에 이와 저촉하는 법률이 존재하는 경우에는 긴급재정경제처분을 발할 수 없다. 이런 경우에는 저촉하는 법률의 내용을 폐지하거나 변경하는 내용의 긴급재정경제명령을 발하고 그 명령을 집행하는 처분을 한다.

긴급재정경제처분은 개별적인 구체적 처분을 말하고, 긴급재정경제명령은 법규범으로서 원칙적으로 일반성과 추상성을 지니는 법률적 효력을 가지는 명령을 의미한다(개별사항을 규율하는 법률이 허용되는 범위 내에서는 개별사항을 규율하는 긴급재정경제명령도 발할 수 있다). 대통령이 재정경제상의 위기를 극복하는 방법으로 긴급재정경제처분을 선택할 것인가 긴급재정경제명령을 선택할 것인가 하는 것은 사안과 발동하는 행위의 성격과 형태에 따라 결정하는 것이며, 긴급재정경제처분을 우선적으로 발하고 이로써 사태를 극복할 수 없을 때 한하여 긴급재정경제명령을 발하는 것은 아니다. 양자는 보충적인 관계에 있는 것이 아니라, 선택적인 관계에 있다(選擇的 關係).

긴급재정경제처분과 긴급재정경제명령의 관계와 관련하여, 헌법 제76조 제1항의 「이에 관하여」라는 의미를 "긴급재정경제처분에 관하여" "그 효력을 보장하기 위하여"라고 해석하고, 이에 근거하여 긴급재정경제명령은 긴급재정경제처분을 명령으로써 뒷받침할 필요가 있는 경우에 발하는 것이라고 해석하는 견해가 있다(權寧星, 977). 그러나 위에서 본 바와 같이 긴급재정경제처분과 긴급재정경제명령은 사안과 이에 대응하여 취하는 조치의 성격과 형태에 따라 결정되는 선택적인 관계에 있고, 헌법 제76조 제1항의 「이에 관하여」라는 문구는 '재정 · 경제상의 사항에 관하여'라는 의미라고 해석하는 것이 타당하다고 할 것이다. 헌법 제76조 제1항의 「이에 관하여」라는 문구는 넣지 아니하여도 무방하나 이를 넣은 것은 긴급재정경제처분과 긴급재정경제명령을 발하는 사유가 동일하고 이를 동일한 조항에 통합하여 정함에 있어서 명령을 발하는 대상인 사항을 재정 · 경제상의 것에 한정하기 위한 것이다. 이 조항의 문구를 보다 명확하게 하기 위해서는 「재정 · 경제상의 처분을 하거나 이에 관하여 법률의 효력을 가지는 명령을 발할 수 있다」라는 표현을 「재정 · 경제상의 처분을 하거나 법률의 효력을 가지는 재정 · 경제상의 명령을 발할 수 있다」로 하는 것이 타당하다고 할 것이다.

(b) 제도적 의의

국가긴급사태가 내우 · 외환 · 천재 · 지변으로 국가의 재정이나 국민의 경제에 심각한 상황이 초래된 경우와 이와 다른 원인으로 인하여 중대한 재정경제상의 위기가 발생한 경우에 이에 대처하기 위한 것이다.

(2) 긴급재정경제처분 및 명령의 내용

긴급재정경제처분은 대통령이 국가의 재정이나 경제적 긴급사태에 대처하여 이를 극복하기 위하여 행하는 긴급행정처분이고, 긴급재정경제명령은 이러한 사태를 극복하기 위하여 대통령이 발하는 법률적 효력을 지니는 명령이다.

긴급재정경제처분은 그 내용에서 재정적 사항과 경제적 사항에 한정되고 그 이외 다른 사항에 대하여 조치할 수 없다.

긴급재정경제명령도 그 내용에서는 재정적 사항과 경제적 사항에 한정되지만, 국회의 입법권에 대하여 그 예외로서 보충적인 지위에서 행해지는 비상입법이다. 긴급재정경제명령은 법률적 효력을 가지므로 규율 사항이 재정적인 사항이거나 경제적인 사항인 이상 이에 관한 기존의 법률을 개정하거나 폐지하는 명령을 발할 수도 있다. 기존의 법률이 규율하지 않고 있는 사항에 대하여 새로 규율하는 명령을 발할 수도 있다.

(3) 긴급재정경제처분 및 명령의 발동요건

대통령이 헌법 제76조 제1항이 정하는 긴급재정경제명령을 발할 수 있기 위해서는 실질적 요건과 절차적 요건이 충족되어야 한다.

(a) 실질적 요건

긴급재정경제처분이나 명령의 발동에는 다음의 네 가지 실질적인 요건이 충족될 것이 요구된다.

첫째, 내우·외환·천재·지변 또는 중대한 財政·經濟上의 危機가 발생하여야 한다(憲法 §76①). 내우·외환·천재·지변뿐만 아니라 그 이외에 다른 원인으로 인하여 중대한 재정경제상의 위기가 발생한 경우를 말하므로(重大性) 내우·외환·천재·지변은 예시적인 것이고 그 이외의 다른 사태나 變故도 해당한다. 긴급재정경제명령을 발할 수 있는 중대한 재정경제상의 위기상황의 유무에 관한 제1차적인 판단은 대통령의 재량에 속한다. 그러나 여기에는 대통령의 판단을 객관적으로 정당화할 수 있을 정도의 위기상황이 존재하여야 한다(예: 憲 1996. 2. 29.-93헌마186). 대통령의 주관적인 판단만으로는 부족하다.

[憲 1996. 2. 29.-93헌마186] 「긴급재정경제명령을 발할 수 있는 중대한 재정경제상의 위기상황의 유무에 관한 제1차적 판단은 대통령의 재량에 속한다. 그러나 그렇다고 하더라도 그것이 자유재량이라거나 객관적으로 긴급한 상황이 아닌 경우

라도 주관적 확신만으로 좋다는 의미는 아니므로 객관적으로 대통령의 판단을 정당화할 수 있을 정도의 위기상황이 존재하여야 한다.」

둘째, 국가의 安全保障 또는 公共의 安寧秩序를 유지하기 위하여 긴급한 措置가 필요하여야 한다(憲法 §76①). 긴급재정경제처분이나 명령은 국가의 안전보장 또는 공공의 안녕질서를 유지하기 위하여 필요한 것이어야 하고(必要性), 이러한 처분이나 명령은 긴급재정경제처분이나 명령을 발하지 않으면 안 될 만큼 긴급한 사태에 대응하는 것이어야 한다(緊急性). 여기서의 「국가의 안전보장」과 「공공의 안녕질서의 유지」는 헌법 제37조 제2항에서 정하고 있는 「국가안전보장」과 「질서유지」와 동일한 의미라고 할 것이다.

셋째, 국회의 집회를 기다릴 여유가 없어야 한다(憲法 §76①). 국회의 집회를 기다려 국회의 동의를 얻어 대통령이 행정처분을 하거나 국회가 법률로써 이러한 상황을 극복할 수 있는 경우에는 대통령은 긴급재정경제처분이나 명령을 발할 수 없다(補充性). 긴급명령과는 달리 국회의 집회가 불가능한 때뿐만 아니라, 집회가 가능하지만 집회를 기다릴 여유가 없을 때에도 긴급재정경제명령을 발할 수 있다. 국회가 폐회중이거나 휴회중인 경우에는 어떠한가에 대하여 학설이 갈린다.

제1설은 국회가 폐회중이거나 휴회중이거나 불문하고 대통령이 판단하여 객관적으로 집회를 기다릴 여유가 없다고 판단한 경우에는 긴급재정경제명령을 발할 수 있다고 한다.

제2설은 국회가 폐회중인 경우에 한하여 긴급재정경제명령을 발할 수 있다고 한다(金哲洙b, 1745; 權寧星, 975).

살피건대, 대통령이 국가긴급권을 행사하여야 할 만큼 긴박한 「국회의 집회를 기다릴 여유가 없을 때」란 국회가 폐회중인 때만 발생하는 것이 아니고 국회가 휴회중인 때에도 발생할 수 있다. 국회의 휴회중에도 중대한 사태의 발생으로 대통령이 긴급하게 긴급재정경제처분이나 명령을 발할 필요가 있다고 판단되는데도 국회가 회의를 재개하기 어려운 사태에 빠져 있거나 회의의 재개를 지연하고 있는 경우가 있을 수 있기 때문이다. 따라서 이는 국회의 폐회에 한정하느냐 휴회도 포함하느냐 하는 것으로 판단할 것이 아니라, 객관적으로 판단하여 사실상 국회의 집회를 기다릴 여유가 없느냐의 여부를 결정하여야 한다. 이러한 점에서 제1설이 타당하다.

넷째, 긴급재정경제처분이나 명령은 최소한으로 필요한 것이어야 한다(憲法 §76①). 긴급재정경제처분이나 명령은 국가의 안전보장 또는 공공의 안녕질서를 유지하기 위해서 최소한의 조치만 하는 범위 내에서 인정되는 소극적인 것이기 때문에 국가안전보장이나 공공의 안녕질서를 현재보다 더 향상시키거나 개선하기 위한 적극적인 목적으로는 발할 수 없다(最小性). 따라서 긴급재정경제처분이나 명령은 사태에 대처하고 수습하는 범위 내에서만 인정된다.

憲法裁判所도 긴급재정경제명령의 발동에 있어서는 실질적 요건을 엄격하게 충족시킬 것을 요구하고 있다(예: 憲 1996. 2. 29.-93헌마186).

[憲 1996. 2. 29.-93헌마186] 「고도의 정치적 결단에 의한 행위로서 그 결단을 존중하여야 할 필요성이 있는 행위라는 의미에서 이른바 통치행위의 개념을 인정할 수 있고, 대통령의 긴급재정경제명령은 중대한 재정·경제상의 위기에 처하여 국회의 집회를 기다릴 여유가 없을 때에 국가의 안전보장 또는 공공의 안녕질서를 유지하기 위하여 필요한 경우에 발동되는 일종의 국가긴급권으로서 대통령이 고도의 정치적 결단을 요하고 가급적 그 결단이 존중되어야 할 것임은 법무부장관의 의견과 같다. 그러나 이른바 통치행위를 포함하여 모든 국가작용은 국민의 기본권적 가치를 실현하기 위한 수단이라는 한계를 반드시 지켜야 하는 것이고, 헌법재판소는 헌법의 수호와 국민의 기본권 보장을 사명으로 하는 국가기관이므로 비록 고도의 정치적 결단에 의하여 행해지는 국가작용이라고 할지라도 그것이 국민의 기본권 침해와 직접 관련되는 경우에는 당연히 헌법재판소의 심판대상이 될 수 있는 것일 뿐만 아니라, 긴급재정경제명령은 법률의 효력을 갖는 것이므로 마땅히 헌법에 기속되어야 할 것이다. 따라서 이 사건 긴급명령이 통치행위이므로 헌법재판의 대상이 될 수 없다는 법무부장관의 주장은 받아들일 수 없다.……긴급재정경제명령은 정상적인 재정운용·경제운용이 불가능한 중대한 재정경제상의 위기가 현실적으로 발생하여(그러므로 위기가 발생할 우려가 있다는 이유로 사전적·예방적으로 발할 수는 없다) 긴급한 조치가 필요함에도 국회의 폐회 등으로 국회가 현실적으로 집회될 수 없고 국회의 집회를 기다려서는 그 목적을 달할 수 없는 경우에 이를 사후적으로 수습함으로써 기존질서를 유지·회복하기 위하여(그러므로 공공복리의 증진과 같은 적극적 목적을 위하여는 발할 수 없다) 위기의 직접적 원인의 제거에 필수불가결한 최소의 한도 내에서 헌법이 정한 절차에 따라 행사되어야 한다. 그리고 긴급재정경제명령은 평상시의 헌법 질서에 따른 권력행사방법으로서는 대처할 수 없는 중대한 위기상황에 대비하여 헌법이 인정한 비상수단으로서 의회주의 및 권력분립의 원칙에 대한 중대한 침해가 되므로 위 요건은 엄격히 해석되어야 할 것이다.」

(b) 절차적 요건

긴급재정경제처분이나 명령의 발동에는 절차적으로 요구되는 요건을 충족시켜야 한다. 긴급재정경제처분이나 명령의 발동에 요구되는 절차적 요건의 내용은 긴급명령의 그것과 같다.

(4) 긴급재정경제처분 및 명령에 대한 통제

긴급재정경제처분이나 명령이 남용되거나 오용되지 않고 그 기능에 적합하게 발동하도록 하기 위해서는 이에 대한 통제장치가 필요하다. 이에는 사전통제와 사후통제가 있다.

(a) 사전통제

긴급재정경제처분이나 명령의 발동에 있어서 국무회의의 심의를 거치는 것(憲法 §89 v)과 국무총리와 관계국무위원의 副署(憲法 §82) 또는 국가안전보장회의의 자문은 사전통제의 기능을 한다. 따라서 이런 절차를 거치지 않은 긴급재정경제처분이나 명령은 효력을 가질 수 없다.

(b) 사후통제

긴급재정경제처분이나 명령에 대한 사후통제에는 각각 그에 합당한 국가기관에 의한 통제가 있다.

(i) 국회에 의한 통제　　긴급재정경제처분이나 명령의 발동에 있어서 요구되는 대통령의 지체없는 국회에의 보고와 승인의 획득(憲法 §76③)은 사후통제의 기능도 수행한다. 긴급재정경제처분이나 명령에 대한 통제로서 가장 효과적인 방법은 국회가 승인을 거부하는 것이다. 국회가 긴급재정경제처분이나 명령을 승인하는 경우에도 긴급재정경제처분이나 명령 가운데 적합하지 아니한 내용에 대해서는 이를 수정하거나 삭제할 수 있다(同旨: 權寧星, 976). 국회가 긴급재정경제처분이나 명령 전체에 대하여 거부할 수 있는 권한을 가지고, 또 법률을 제정하여 직접 긴급재정경제명령의 내용 일부 또는 전부를 폐지하거나 변경할 수 있고, 긴급재정경제처분의 내용 일부나 전부를 간접적으로 無力化시킬 수 있는 내용의 법률을 제정할 수 있는 이상 이러한 修正承認權은 인정된다고 할 것이다.

국회는 긴급재정경제처분이나 명령이 헌법을 위반한 것인 경우에는 긴급재정경제처분이나 명령의 승인을 거부하는 동시에 대통령에 대하여 탄핵소추도 할 수 있다.

(ii) 헌법재판소에 의한 통제　　긴급재정경제명령은 법률적 효력을 가지는 법규범이므로 위헌법률심판의 대상이나 헌법소원심판의 대상이 된다. 따라서 국민은 긴급재정경제명령이 재판의 전제가 된 경우에 그 위헌여부를 다툴 수 있고, 기본권을 직접 침해당한 경우에는 헌법소원심판을 청구할 수 있다(예: 憲 1996. 2. 29.-93헌마186). 긴급재정경제처분이 기본권을 직접 침해한 경우에도 헌법소원심판을 청구할 수 있다.

(iii) 법원에 의한 통제　　긴급재정경제처분은 행정처분으로서의 성격을 가지므로 위헌이거나 위법인 경우에는 법원에 그 무효확인 또는 취소를 구할 수 있다. 긴급재정경제명령이 재판의 전제가 된 경우에 법원의 직권제청으로 그 위헌여부심판을 헌법재판소에 구하는 것도 법원에 의한 사후통제로서 그 의미를 가진다.

(5) 긴급명령의 폐지

대통령은 긴급재정경제처분이나 명령이 그 목적을 달성하였다고 판단한 경우에는 이를 폐지(해제)할 수 있다. 긴급재정경제처분이나 명령의 해제는 국무회의의 심의를 거쳐야 한다(憲法 §89 v). 긴급재정경제명령은 법률적 효력을 가지므로 긴급재정경제명령의 형식으로 그 해제를 한다.

긴급재정경제처분이나 명령이 발해진 이후에 국회는 법률을 제정하여 긴급재정경제명령의 내용 일부 또는 전부를 폐지하거나 변경할 수 있고, 긴급재정경제처분의 내용 일부나 전부를 간접적으로 無力化시킬 수 있는 내용의 법률을 제정할 수 있다. 국회가 긴급재정경제명령의 발동에 대하여 승인을 하였다고 하더라도 그 긴급재정경제명령의 내용이 목적을 달성하는데 적합하지 않다거나 이미 긴급재정경제명령이 목적을 달성하였음에도 대통령이 이를 폐지하지 않고 있는 경우에는 국회는 법률을 제정하여 긴급재정경제명령의 내용을 변경하거나 이를 폐지할 수 있다. 그러나 국회는 대통령의 긴급재정경제처분을 직접 폐지하거나 내용을 변경하는 법률을 제정할 수는 없다.

Ⅲ. 계엄선포권

(1) 개념과 제도적 의의

헌법 제77조 제1항은 「대통령은 戰時·事變 또는 이에 準하는 國家非常事態에 있어서 兵力으로써 軍事上의 필요에 응하거나 公共의 安寧秩序를 유지할 필요가 있을 때에는 법률이 정하는 바에 의하여 계엄을 선포할 수 있다」라고 정하여, 대통령에게 계엄선포권을 부여하고 있다. 계엄에 대한 구체적인 것은 戒嚴法이 정하고 있다.

계엄은 국가의 비상사태에 대응하여 병력을 동원하여 이를 극복하는 국가긴급권이다. 평상시에 대통령은 국토의 방위와 국가의 안전보장을 위하여 국군통수권을 행사하는 방법만을 통하여 병력을 운용할 수 있을 뿐 그 이외에는 병력을 동원할 수 없다. 그러나 대통령이 평상시의 방법만으로 사태를 수습할 수 없는 경우에는 예외적으로 병력을 동원하여 국가비상사태를 해결한다. 이러한 병력의 동원은 국토의 방위나 전투에 한하지 않고 국정상 필요한 영역에도 이용하고, 이에 따라 정상적인 국가기관의 업무가 제한되며, 국민의 기본권도 제한된다. 특히 비상계엄의 경우에는 비상계엄이 선포된 지역에서는 계엄사령관이 모든 행정사무와 사법사무를 관장하므로 입법업무를 제외하고는 군정을 실시하는 것이다. 따라서 계엄은 헌법이 정하는 요건을 충족시킬 수 있는 경우에만 선포되어야 하고, 그 요건은 엄격히 준수되어야 한다.

계엄을 선포하더라도 국회의 기능을 無力化시킬 수는 없다. 국회는 국민대표기관으로서 여전히 정상적인 활동을 하여야 하고, 대통령의 계엄선포가 적법하지 않거나 부당한 경우에는 그 해제를 요구하여야 하기 때문에 국회의 기능은 어떤 경우에도 제한되거나 정지될 수 없다. 이러한 국회의 기능을 보호하기 위하여 특히 계엄법은 「계엄선포중 국회의원은 現行犯人인 경우를 제외하고는 逮捕 또는 拘禁되지 아니한다」고 정하고 있다(戒嚴法 §13).

(2) 계엄의 종류

헌법 제77조 제2항은 「계엄은 非常戒嚴과 警備戒嚴으로 한다」라고 하여 계엄의 종류를 헌법이 직접 정하고 있다. 따라서 헌법이 인정하는 비상계엄과 경비계엄 이외에는 어떠한 종류의 계엄도 선포하지 못한다. 대통령은 계엄의 종류를 변경할 수 있다(戒嚴法 §2④). 대통령이 계엄을 변경하고자 할 때에는 국무회의의 심의를 거쳐야 한다(憲法 §89; 戒嚴法 §2⑤).

(a) 비상계엄

비상계엄은 대통령이 전시·사변 또는 이에 준하는 국가비상사태에 있어서 적과 交戰狀態에 있거나 사회질서가 극도로 攪亂되어 행정 및 사법기능의 수행이 현저히 곤란한 경우에 군사상의 필요에 응하거나 공공의 안녕질서를 유지하기 위하여 선포한다(戒嚴法 §2②).

(b) 경비계엄

경비계엄은 대통령이 전시·사변 또는 이에 준하는 국가비상사태에 있어서 사회질서가 교란되어 일반행정기관만으로는 治安을 확보할 수 없는 경우에 공공의 안녕질서를 유지하기 위하여 선포한다(同法 §2③).

(3) 계엄의 내용과 효력

(a) 비상계엄

헌법 제77조 제3항은 「비상계엄이 선포된 때에는 법률이 정하는 바에 의하여 영장제도, 언론·출판·집회·결사의 자유, 정부나 법원의 권한에 관하여 특별한 조치를 할 수 있다」라고 하여 비상계엄의 내용에 대하여 명시적으로 정하고 있다. 비상계엄은 경비계엄과 달리 정상적인 때의 국가의 업무시스템을 수정하고 국민의 기본권도 심대하게 제한하는 사태가 발생할 수 있기 때문이다.

戒嚴法 제2조 제2항은 「非常戒嚴은 대통령이 전시·사변 또는 이에 준하는 국가비상사태에 있어서 敵과 交戰狀態에 있거나 사회질서가 극도로 攪亂되어 행정 및 사법기능의 수행이 현저히 곤란한 경우에 군사상의 필요에 응하거나 公共의 安寧秩序를 유지하기 위하여 선포한다」라고 정하고 있으며, 제2조 제3항은 「警備戒嚴은 대통령이 전시·사변 또는 이에 준하는 국가비상사태에 있어서 사회질서가 攪亂되어

一般行政機關만으로는 치안을 확보할 수 없는 경우에 公共의 安寧秩序를 유지하기 위하여 선포한다」라고 정하고 있다.

헌법 제77조 제3항은 비상계엄이 선포된 때에 「법률이 정하는 바에 의하여 정부나 법원의 권한에 관하여 특별한 조치를 할 수 있다」라고 정하고 있고, 이를 근거로 계엄법은 비상계엄의 선포와 동시에 계엄사령관은 계엄지역 안의 모든 행정사무와 사법사무를 관장한다고 정하고 있다(同法 §7①). 비상계엄이 선포된 지역에 정부나 법원의 기능에 있어서 실질적으로 軍政이 실시됨을 의미한다. 이에 따라 통상의 행정업무는 계엄사령관의 지휘권 내에 속하게 된다. 비상계엄이 선포되어도 계엄업무에 필요한 범위 이외에는 법원이 정상적으로 제 기능을 하여야 하므로 법원의 권한에 관하여 특별한 조치를 하는 경우에도 이는 법원의 행정사무 및 법집행사무에 한하며 법률이 특별히 정하고 있지 않는 한 법원의 재판업무에 대해서는 특별한 조치를 할 수 없다고 할 것이다.

비상계엄이 선포된 경우 재판의 관할을 보면, 비상계엄지역 안에 있어서는 계엄법 제14조에서 정하고 있는 계엄법위반의 죄와 內亂의 죄, 外患의 죄, 國交에 관한 죄, 公安을 害하는 죄, 폭발물에 관한 죄, 공무방해에 관한 죄, 放火의 죄, 통화에 관한 죄, 살인의 죄, 강도의 죄, 國家保安法에 규정된 죄, 銃砲·刀劍·火藥類등團束法에 규정된 죄, 군사상 필요에 의하여 제정한 법령에 규정된 죄를 범한 자는 군사법원에서 재판한다. 다만, 계엄사령관은 필요한 경우에는 당해 管轄法院으로 하여금 이를 재판하게 할 수 있다(戒嚴法 §10①). 그러나 비상계엄지역 안에 법원이 없거나 당해 관할법원과의 교통이 차단된 경우에는 열거된 이런 사건만이 아니라 모든 형사사건에 대한 재판을 軍事法院이 행한다(同條 ②). 헌법 제110조 제4항은 「비상계엄하의 군사재판은 군인·군무원의 범죄나 군사에 관한 간첩죄의 경우와 哨兵·哨所·유독음식물공급·포로에 관한 죄 중 법률이 정한 경우에 한하여 單審으로 할 수 있다. 다만, 사형을 선고한 경우에는 그러하지 아니하다」라고 정하여 비상계엄하의 군사재판에서도 단심으로 하는 경우는 특별히 헌법에서 명시하여 열거하고 있다. 국민의 재판을 받을 권리를 특별히 보호하기 위한 것이다. 비상계엄하에서도 민사사건이나 행정사건 등은 일반법원이 종래와 같이 재판을 한다.

헌법 제77조 제3항은 비상계엄이 선포된 때에 「법률이 정하는 바에 의하여 영장제도, 언론·출판·집회·결사의 자유에 관하여 특별한 조치를 할 수 있다」라고 정하고, 이에 근거하여 계엄법은 비상계엄지역 안에서 계엄사령관은 군사상 필요한 때에는 체포·구금·압수·수색·거주·이전·언론·출판·집회·결사 또는 단체행동에 대하여 특별한 조치를 할 수 있으며, 이 경우에 계엄사령관은 그 조치내용을 미리 공고하여야 한다고 정하고 있다(戒嚴法 §9①). 또 계엄사령관은 비상계엄지역 안에서 법률이 정하는 바에 의하여 動員 또는 徵發할 수 있으며, 필요한 경우에는 軍需에 供할 물품의 조사 · 등록과 반출금지를 명할 수 있다고 정하고 있으며(同條 ②), 작전상 부득이한 경우에는 국민의 재산을 破壞 또는 燒燬할 수 있다(同條 ③). 이러한 경우에 발생한 損失에 대하여는 大統領令이 정하는 절차에 따라 정당한 보상을 한다(同條 ④).

비상계엄을 선포한 경우 헌법의 명문은 「법률이 정하는 바에 의하여 영장제도, 언론 · 출판 · 집회 · 결사의 자유에 관하여 특별한 조치를 할 수 있다」라고 되어 있는데, 과연 계엄법에서 영장제도와 언론 · 출판 · 집회 · 결사의 자유 이외에 거주 · 이전 또는 단체행동 등에 대하여 특별한 조치를 취할 수 있게 정하고 있는 것이 헌법상 합치하느냐 하는 문제에 대하여 종래 헌법해석상 합헌설(例: 金哲洙, 1448)과 위헌설(例: 權寧星, 983)의 대립이 있었다. 전쟁 · 사변 또는 이에 준하는 국가비상사태를 수습하고 극복하기 위한 비상계엄의 경우에는 군사상 필요한 때 일정한 지역의 출입을 금지하거나 특정 지역의 사람을 소개하는 등 일반적인 이동 · 여행의 자유를 제한할 필요가 발생할 수 있을 뿐 아니라, 필요하면 사람을 강제로 동원하거나 재산을 징발할 필요도 생길 수 있으며, 군작전상 필요한 경우에는 국민의 재산을 파괴하거나 소훼할 수도 있다. 국가비상사태의 경우가 아닌 정상적인 경우에도 헌법 제37조 제2항은 모든 기본권에 대하여 법률로써 제한을 가할 수 있다고 정하고 있는데 이보다 더 심각한 국가비상사태의 경우에 영장제도와 언론 · 출판 · 집회 · 결사의 자유에 한해서만 제한할 수 있다고 하는 것은 계엄제도의 기능과 합치하지 않는다. 따라서 국회가 법률로써 정한다면 헌법에서 명시한 영장제도와 언론 · 출판 · 집회 · 결사의 자유 이외의 기본권에 대해서도 특별한 조치를 할 수 있다고 할 것이다. 다만, 이런 경우에도 헌법상의 과잉금지원칙을 침해해서는 안 된다.

(b) 경비계엄

경비계엄의 선포와 동시에 계엄사령관은 계엄지역 안의 군사에 관한 행정사무와 사법사무를 관장한다(戒嚴法 §7②). 군사에 관한 사항이 아닌 사항에 관한 행정사무와 사법사무는 기존의 행정기관이나 법원이 정상적인 때와 동일한 방법과 절차에 따라 그 업무를 수행한다. 따라서 경비계엄이 선포된 경우에는 비상계엄이 선포된 경우와 달리 영장제도나 국민의 기본권에 대하여 특별한 조치를 할 수 없다.

(4) 계엄의 발동요건

대통령이 계엄을 선포하는 때에는 그에 요구되는 실질적인 요건과 절차적인 요건을 충족시켜야 한다.

(a) 실질적 요건

계엄의 선포에는 다음의 두 가지 실질적인 요건이 충족될 것이 요구된다.

첫째, 戰時 · 事變 또는 이에 준하는 國家非常事態가 발생하여야 한다(憲法 §77①). 「전시」란 전쟁을 수행하는 모든 상황을 말한다. 「사변」이라 함은 국토를 참절하거나 헌법질서를 문란하게 할 목적으로 봉기한 모든 형태의 무장반란집단의 폭동을 의미한다. 「이에 준하는 국가비상사태」라고 함은 전시와 사변에는 해당하지 않지만 무장 또는 비무장을 한 집단이나 세력들이 사회질서를 심하게 교란하여 평상의 질서를 유지하기 어렵거나 자연적인 재난으로 인하여 사회질서가 심대하게 교란상태에 빠진 경우를 말한다.

계엄을 선포할 수 있기 위해서는 국가비상사태가 현실적으로 발생하여야 한다. 장차 국가비상사태가 발생할 개연성이나 가능성이 있다는 것을 이유로 계엄을 선포할 수는 없다. 국가비상사태가 발생할 개연성이 있거나 가능성이 있는 경우에는 통상의 경찰력이나 행정력으로 이에 대처하여야 한다.

둘째, 兵力으로써 軍事上의 필요에 응하거나 公共의 安寧秩序를 유지할 필요가 있어야 한다(憲法 §77①). 계엄은 국가비상사태가 발생한 경우에 반드시 병력으로 이를 수습하여야 하는 경우에 한정하여 인정된다. 경찰력으로 이러한 사태를 수습할 수 있는 경우에는 계엄을 선포할 수 없다. 군사상의 필요는 군작전상 필요한 모든 경우를 말한다. 공공의 안녕질서란 국가의 안전과 국민들의 생활상의 안전과 평온을 유지하는데 필요한 질서를 의미한다.

(b) 절차적 요건

계엄의 선포에는 다음의 세 가지 절차적인 요건이 충족될 것이 요구된다.

첫째, 대통령은 계엄을 선포하고자 하는 때에는 국무회의의 심의를 거쳐야 한다(憲法 §89v; 戒嚴法 §2⑤). 국방부장관 또는 행정안전부장관은 국무총리를 거쳐 대통령에게 계엄의 선포를 건의할 수 있다(同法 §2⑥).

둘째, 대통령이 계엄을 선포할 때에는 그 이유 · 종류 · 시행일시 · 시행지역 및 계엄사령관을 공고하여야 한다(戒嚴法 §3). 계엄사령관은 현역장관급 장교 중에서 국방부장관이 추천한 자를 국무회의의 심의를 거쳐 대통령이 임명한다(同法 §5①). 계엄사령관의 계엄업무를 시행하기 위하여 계엄사령부를 두고 계엄사령관은 계엄사령부의 장이 된다(同條 ②). 계엄사령관은 계엄지역이 2개의 도(특별시와 광역시를 포함한다) 이상에 걸치는 경우에는 그 직무를 보조하게 하기 위하여 地區戒嚴司令部와 지구계엄사령부의 직무를 보조하는 地域戒嚴司令部를 둘 수 있다(同條 ③). 계엄사령부의 職制는 대통령령으로 정한다(同條 ④).

셋째, 대통령이 계엄을 선포하였을 때에는 지체없이 국회에 통고하여야 한다(憲法 §77④; 戒嚴法 §4①). 이 경우에 국회가 폐회중인 때에는 대통령은 지체없이 국회의 집회를 요구하여야 한다(戒嚴法 §4②).

(5) 계엄의 선포권자

계엄을 선포할 수 있는 권한은 대통령만이 가진다. 대통령의 권한이기 때문에 대통령의 권한을 대행하고 있는 권한대행자도 계엄을 선포할 수 있다(예: 大 1981. 1. 23.-80도2756; 1981. 9. 22.-81도1833). 大統領과 대통령의 權限代行者 이외에는 어느 누구도 계엄을 선포할 수 없다. 대통령은 계엄을 선포할 수 있는 지위에 있으므로 계엄의 지휘와 감독권도 당연히 가진다.

> [大 1981. 1. 23.-80도2756] 「계엄사령관의 1979. 10. 27.자 포고 제1호는 당시의 헌법 제54조, 계엄법 제1조, 제4조 등의 따라 행하여진 대통령권한대행의 동일자 비상계엄선포 및 계엄법 제13조에 의하여 국가의 안전과 공공의 안녕질서를 확립하고 국민의 생명과 재산을 보호하기 위하여 체포, 구금, 수색, 언론, 출판, 집회 또는 단체행동에 관하여 한 특별조치임이 명백하여 그 조치가 위헌, 위법이라 할 수 없으며……」

계엄의 施行에서는 대통령은 실제 계엄사령부의 장인 계엄사령관을 통하여 구체적인 업무를 행하는데, 통상의 경우에는 국방부장관으로 하여금 계엄의 시행에 관하여 계엄사령관을 지휘·감독하게 하고, 전국을 계엄지역으로 하는 경우와 대통령이 직접 지휘·감독을 할 필요가 있는 경우에는 대통령이 직접 계엄사령관을 지휘·감독한다(戒嚴法 §6①). 이와 같이 계엄사령관을 지휘·감독함에 있어서 國策에 관계되는 사항은 국무회의의 審議를 거쳐야 한다(同條 ②).

계엄이 선포되면, 계엄지역 안의 행정기관(정보 및 보안업무를 관장하는 기관을 포함한다)과 사법기관은 지체없이 계엄사령관의 지휘·감독을 받는다(戒嚴法 §8①). 계엄사령관이 계엄지역 안의 행정기관 및 사법기관을 지휘·감독함에 있어서 그 지역이 1개의 행정구역에 국한될 때에는 당해 구역의 최고책임자를 통하여 하고, 2개 이상의 행정구역에 해당될 때에는 당해 구역의 최고책임자 또는 주무부처의 장(법원의 경우에는 法院行政處長)을 통하여 행한다(同條 ②).

(6) 계엄에 대한 통제

(a) 사전통제

계엄의 선포는 국무회의의 심의를 거쳐야 하고(憲法 §89 v, vi; 戒嚴法 §2⑤), 국무총리와 관계국무위원이 副署한 문서로써 하여야 한다(憲法 §82).

(b) 사후통제

대통령의 계엄선포의 요건은 헌법에서 명시적으로 정하고 있으므로 어떤 경우에도 헌법에 위반하는 계엄의 선포는 효력을 가질 수 없다. 부당한 계엄선포도 허용될 수 없다.

(i) 국회에 의한 통제　　계엄의 사후통제에 대해서는 국회의 계엄해제요구권(憲法 §77⑤)이 강력한 효력을 가진다. 국회는 이 권한을 행사하여 계엄의 위법여부뿐만 아니라 부당여부까지 심사한다.

(ii) 헌법재판소에 의한 통제　　대통령의 계엄선포행위가 헌법에 합치하는 것인가는 헌법재판소의 심판의 대상이 된다. 위헌인 계엄선포행위나 그 계엄선포에 기초한 행위로 국민의 기본권이 침해된 경우에는 국민은 헌법재판소에 헌법소원심판을 청구하여 이를 다툴 수 있다. 다만, 헌법재판소는 계엄선포의 위헌여부만을 심판할 수 있기 때문에 계엄선포의 當·不當에 대해서는 헌법재판소는 판단할 수 없다고 할 것이다.

과거 헌법재판소가 존재하지 않던 시기에 大法院의 판례는 계엄선포가 당연무효이면 사법심사의 대상이 되지만, 법원이 계엄선포요건의 구비여부나 그 當·不當을 심사하는 것은 사법권의 한계를 넘어서는 것이라는 입장을 취해왔다(예: 大 1979. 12. 7.-79초70; 1981. 1. 23.-80도2756; 1981. 2. 10.-80도3147; 1981. 4. 28.-81도874; 1981. 5. 26.-81도1116; 1981. 9. 22.-81도1833). 또한 大法院은 비상계엄의 선포나 확대가 원칙적으로 사법심사의 대상이 되지는 않지만, 이것이 국헌문란의 목적으로 행해진 경우에는 법원이 범죄성립여부를 심사할 수 있다고 판시하였다(大 1997. 4. 17.-96도3376).

> [大 1981. 9. 22.-81도1833] 「어떠한 사태에 직면한 경우, 국가를 보위하며 국민의 자유와 복리의 증진에 노력하여야 할 국가원수인 동시에 행정의 수반이며, 국군의 통수자인 대통령(권한대행)이 그 제반의 객관적 상황에 비추어서 그 재량으로 비상계엄을 선포함이 상당하다는 판단 밑에 이를 선포하였을 경우 그 행위는 고도의 정치적·군사적 성격을 띠는 행위라고 할 것이어서 그 선포의 당, 부당을 판단할 권한과 같은 것은 헌법상 계엄의 해제요구권이 있는 국회만이 가지고 있다고 할 것이고, 그 선포가 당연무효의 경우라면 몰라도 사법기관인 법원이 계엄의 선포요건의 구비여부나 선포의 당, 부당을 심사하는 것은 사법권의 내재적인 본질적 한계를 넘어서는 것이 되어 적절치 못하다고 함은 당원이 종전부터 유지하여 오는 견해이므로……」
>
> [大 1997. 4. 17.-96도3376] 「대통령의 비상계엄의 선포나 확대 행위는 고도의 정치적·군사적 성격을 지니고 있는 행위라 할 것이므로, 그것이 누구에게도 일견하여 헌법이나 법률에 위반되는 것으로서 명백하게 인정될 수 있는 등 특별한 사정이 있는 경우라면 몰라도, 그러하지 아니한 이상 그 계엄선포의 요건 구비 여부나 선포의 당·부당을 판단할 권한이 사법부에는 없다고 할 것이나, 이 사건과 같이 비상계엄의 선포나 확대가 국헌문란의 목적을 달성하기 위하여 행하여진 경우에는 법원은 그 자체가 범죄행위에 해당하는지의 여부에 관하여 심사할 수 있다.」
>
> 대법원의 판례 가운데 「계엄선포요건의 존부는 사법심사의 대상이 되지 못하는 것이므로(당원 1964. 7. 21자, 64초4 재정 참조) 소론 비상계엄이 요건 없이 선포된 무효의 계엄이라는 논지는 채용할 수 없다」라고 판시한 것(대법관: 정태균(재판장), 윤일영, 김덕주, 오성환)이 있으나, 계엄선포요건의 충족여부

는 헌법의 명시적인 사항을 준수하였는지의 여부의 문제이기 때문에 전형적인 사법심사의 대상이 된다고 할 것이므로 이는 잘못된 판시이다. 현재로서는 헌법재판소가 계엄선포의 위헌여부심판을 함에 있어서는 계엄선포의 요건충족여부도 당연히 심판의 대상에 포함된다.

(7) 계엄의 해제

계엄의 해제에는 자발적 해제와 강제적 해제가 있다. 계엄의 해제에도 그 법적인 절차가 요구되고, 계엄이 해제되면 그 해제에 따른 법적 효과가 발생한다.

(a) 자발적 해제와 강제적 해제

헌법 제77조 제5항은「국회가 재적의원 과반수의 찬성으로 계엄의 해제를 요구한 때에는 대통령은 이를 해제하여야 한다」라고 정하고 있다. 이는 계엄의 해제에 있어서 국회의 戒嚴解除要求權을 정한 것이다. 계엄의 해제에 있어서 대통령은 스스로 판단하여 국가긴급사태가 평상상태를 회복하였다고 판단되면 계엄을 해제할 수 있다. 이를 계엄의 자발적 해제라고 한다면 국회의 계엄해제요구권의 행사에 따라 대통령으로 하여금 계엄을 해제하도록 하는 것은 헌법적 기속력을 가지는 강제적 해제에 해당한다. 국회가 대통령에 대하여 계엄해제를 요구하는 경우란 계엄의 선포가 위법하거나 부당한 경우 그리고 더 이상 계엄을 유지할 필요가 없다고 판단한 경우이다.

(b) 계엄해제의 절차

대통령은 국가긴급사태가 평상상태로 회복되거나 국회의 계엄해제의 요구가 있을 때에는 지체없이 계엄을 해제하여야 하고, 이를 공고하여야 한다(戒嚴法 §11①). 국방부장관 또는 행정자치부장관은 국가긴급사태가 평상상태로 회복된 때에는 국무총리를 거쳐 대통령에게 계엄의 해제를 建議할 수 있다(同條 ③). 이러한 계엄의 해제건의는 국회의 계엄의 해제요구와 달리 기속력을 가지지 않는다.

계엄해제가 자발적인 것이든 국회의 해제요구에 의한 것이든 대통령이 계엄을 해제하고자 할 때에는 국무회의의 심의를 거쳐야 한다(憲法 §89v; 戒嚴法 §11②). 국회의 계엄해제요구가 있는 때에는 대통령은 반드시 계엄을 해제하여야 한다. 대통령은 국회의 계엄해제요구가 타당한지 여부를 심사할 수 없다. 국회의 계엄해제요구가 있음에도 대통령이 이를 거부하면 국회의 업무를 방해한 책임을 질뿐 아니라 탄핵사유가 된다.

(c) 계엄해제의 효과

계엄이 해제되면 모든 헌법질서와 국가작용은 평상상태로 복귀한다. 계엄이 해제되면 해제된 그 날로부터 모든 행정사무와 사법사무는 평상상태로 복귀한다(戒嚴法 §12①).

계엄이 해제되어도 계엄이 선포된 당시에 행해진 행위의 효력에는 아무런 변화가 없다. 계엄상태하에서 범한 계엄법위반의 죄나 기타 범죄행위도 여전히 처벌된다. 대법원의 판례도 계엄이 선포된 기간중 계엄포고위반의 죄는 계엄이 해제된 이후에도 행위당시의 법령에 따라 처벌된다고 판시하였다(예: 大 1963. 1. 31.-62도257; 1981. 3. 24.-81도304; 1981. 3. 31.-81도426; 1981. 5. 7.-81도1002; 1983. 6. 14.-83도647; 1985. 5. 28.-81도1045). 그러나 대법원은 1972년헌법하에서 발해진 緊急措置의 효력은 1980년헌법이 효력을 발생한 때에는 계속효를 가지지 못한다고 판시하였다(大 1985. 1. 29.-74도3501).

> [大 1985. 5. 28.-81도1045] 「계엄은 국가비상사태에 당하여 병력으로서 국가의 안전과 공공의 안녕질서를 유지할 필요가 있을 때에 선포되고 평상상태로 회복되었을 때에 해제하는 것으로서 계엄령의 해제는 사태의 호전에 따른 조치이고 계엄령이 부당하다는 반성적 고려에서 나온 조치는 아니다. 그러므로 계엄이 해제되었다고 하여 계엄하에서 행해진 위반행위의 가벌성이 소멸된다고 볼 수 없는 것으로서 계엄기간중의 계엄포고위반의 죄는 계엄해제 후에도 행위당시의 법령에 따라 처벌되어야 하고 계엄의 해제를 범죄 후 법령의 개폐로 형이 폐지된 경우와 같이 볼 수 없다는 것이 당원이 견지해온 견해이다.」
>
> [大 1985. 1. 29.-74도3501] 「구 헌법 제53조는……대통령에게 긴급조치에 관한 권한을 부여하였으며 이에 의하여 선포된 대통령긴급조치 제1호 내지 제9호는 비록 그 해제에 관한 특별한 조치가 없는 대통령긴급조치 제1, 2, 4호라고 하더라도 그 근거법인 구 헌법 제53조가 1980. 10. 27. 제5공화국 헌법의 제정공포에 따라 폐지됨으로써 일단 실효되었다고 할 것이다. 그런데 헌법부칙 제9조는 이 헌법시행 당시의 법령과 조약은 이 헌법에 위배되지 아니하는 한 그 효력을 지속한다고 규정하여 그 계속효 또는 잠정효를 선언하고 있는바 헌법 제51조에는……고 규정하고 있다.……그러므로 구 헌법 제53조의 대통령긴급조치권이나 헌법 제51조의 대통령비상조치권은 다같이 그 연혁이나 성질에 있어 강학상의 국가긴급권에 연유하는 것으로 각 그 적법성에는 의심할 여지가 없으나 각 그 정하는 바 그 발동요건이나 통제기능에 있어 구 헌법 제53조의 대통령긴급조치권은 헌법 제51조의 대통령비상조치권과는 현저한 차이가 있어 우리 제5공화국의 국가이념이나 그 헌법정신에 위배됨이 명백하여 그 계속효가 부인될 수밖에 없어 헌법 제51조의 규정은 위 대통령긴급조치 제1호, 제2호 및 제4호의 법적 근거가 될 수 없으므로 이 점에 있어서도 위 대통령긴급조치 각 호는 1980. 10. 27. 제5공화국헌법의 제정공포와 더불어 실효되었다고 함이 마땅할 것이다.」

비상계엄시행 중 군사법원에 係屬중인 재판사건의 관할은 비상계엄의 해제와 동시에 일반법원에 속한다. 다만, 대통령이 필요하다고 인정할 때에는 군사법원의 재판권을 1개월 이내에 한하여 연기할 수 있다(戒嚴法 §12②). 계엄이 해제된 이후에도 군사법원의 재판권을 연장하는 이런 단서규정이 헌법에 합치되는가 하는 문제가 있다. 大法院은 판례에서 다수의견에 따라 이를 합헌이라고 판시하였다(大 1985. 5. 28.-81도1045). 이에 대해서는 국민은 비상계엄이 선포·시행중인 경우를 제외하고는 군사법원의 재판을 받지 않을 권리를 가지므로 위헌이라는 견해가 있다(예: 金哲洙 b, 1752).

[大 1985. 5. 28.-81도1045] 「위 규정내용은 계엄해제의 효력은 원칙적으로 해제와 동시에 발생하지만 대통령이 필요하다고 인정하여 1개월 이내의 기간을 정하여 군법회의의 재판권을 연기한 때에는 그 비상계엄해제의 효력 중 군법회의에 계속중인 재판사건의 재판권이 일반법원에 속하게 되는 효력은 그 연기기간이 경과된 때에 발생한다는 것을 규정한 것이라고 할 것인바 연혁적으로 보아 비상계엄제도가 통상적으로 일반법원의 기능마비의 경우에 인정되는 것임을 생각할 때 비상계엄지역 내의 사회질서는 정상을 찾았으나 일반법원이 미처 기능회복을 하지 못하여 군법회의에 계속중인 재판사건을 넘겨 받아 처리할 수 있는 태세를 갖추지 못하고 있는 경우와 같이 일시적으로 군법회의의 재판권을 인정하여야 할 필요성이 있는 상황은 있을 수 있을 것이고 구 계엄법 제23조가 비상계엄해제의 효력이 위와 같이 단계적으로 발생할 수 있음을 규정한 입법목적은 바로 이러한 국가비상사태와 관련하여 생긴 상황에 대처하기 위한 것으로 보인다. …… 구 계엄법이 국가비상사태가 평상상태로 회복되었다는 사실 자체만으로 계엄해제의 효력을 인정하지 아니하고 대통령의 계엄해제에 의하여 비로소 계엄의 효력이 소멸하는 것이라고 규정하여 계엄해제의 효력발생시기의 선택을 대통령의 판단에 맡기면서 구 계엄법 제23조 제2항에서 계엄해제시의 대통령의 조치에 의하여 비상계엄해제의 효력 중 군법회의에 계속중인 재판사건의 재판권이 일반법원에 속하게 되는 효력만이 1개월 이내의 기간 안에 단계적으로 발생할 수 있음을 규정한 것이 국가비상사태가 평상상태로 회복되었음에도 불구하고 국민의 군법회의를 받지 않을 권리를 일시적으로 제한한 것임은 분명하지만 그렇다고 하여 위 제23조 제2항의 규정이 국민의 군법회의를 받지 않을 권리자체를 박탈하는 것이라거나 그 권리의 본질적 내용을 침해하는 것이라고 할 수 없을 뿐 아니라 앞서 본 위 조항의 입법목적에 비추어 보면 국가비상사태와 관련하여 생긴 상황에 대처하기 위하여 국민의 군법회의를 받지 않을 권리를 일시 제한한 위 규정의 합목적성이 인정되는 바이므로 위 규정이 헌법의 위임범위를 넘어선 것으로서 헌법 제52조나 제26조 제2항에 위배되는 것이라고 할 수는 없다. 또 헌법상 계엄의 해제요구권을 가진 국회가 스스로 제정한 구 계엄법에서 계엄해제의 효력에 관하여 규정하면서 제23조 제2항에서 예외적으로 그 효력이 단계적으로 발생할 수 있음을 규정한 것은 국회의 계엄해제요구에 의한 계엄해제시에도 대통령의 조치에 의하여 비상계엄해제의 효력이 그 규정과 같이 단계적으로 발생하는 것을 용인한다는 국회의 의사를 반영한 것이라 할 것이므로 그 규정이 헌법에서 인정한 국회의 계엄해제요구권을 침해하는 것으로서 헌법 제52조 제5항에 위반되는 것이라고도 할 수 없다.」 이에는 대법원판사 4인의 위헌이라는 반대의견이 있다.

Ⅳ. 정당해산제소권

(1) 제소권자

정당의 목적이나 활동이 민주적 기본질서에 위배될 때에는 정부는 헌법재판소에 그 해산을 제소할 수 있다(憲法 §8④). 이는 방어적 민주주의를 실현하기 위한 것으로 정부만이 정당해산심판의 청구권자가 된다. 이 때 「정부」가 구체적으로 의미하는 바가 무엇인지 논란이 있을 수 있는데, 헌법상 대통령의 지위뿐만 아니라 헌법에서 정당해산의 제소를 국무회의의 심의사항으로 정하고 있음을 볼 때(憲法 §89xiv), 정당해산제소권은 대통령의 권한으로 보는 것이 타당하다.

(2) 제소권 행사의 성격

이러한 제소권의 행사가 기속행위인지, 재량행위인지, 아니면 기속재량행위인지에 대하여 학설의 대립이 있다(鄭宗燮 I, 444).

(a) 기속행위설

憲法 제8조의 「提訴할 수 있고」와 憲法裁判所法 제55조의 「請求할 수 있다」라는 문언적인 표현에도 불구하고 憲法保護의 수단이라는 정당해산심판이 가지는 기능에 비추어 볼 때, 정부는 정당의 목적이나 활동이 민주적 기본질서에 위배된다는 것을 發見한 경우에 해당 정당에 대한 解散審判을 헌법재판소에 청구하여야 한다고 본다. 이 때 민주적 기본질서에 위배된다는 것을 발견한 경우란 정당의 목적이나 활동이 민주적 기본질서에 위배된다는 것을 인식하거나 위배된다는 의심이 든 경우를 포함한다. 따라서 이와 같은 경우에는 정부에게 정당해산심판을 헌법재판소에 청구해야 하는 의무가 발생한다고 본다.

위헌정당을 해산시키는 것은 헌법에 위반하는 모든 경우를 의미하는 憲法違反的인 水準의 문제가 아니라 헌법의 근본을 부정하는 憲法敵對的인(verfassungsfeindlich) 水準의 문제이므로 헌법적대적인 정당에 대하여 해산심판을 청구할 것인가를 재량으로 보는 것은 인정될 수 없다고 본다. 특히 심판청구권자가 국가기관인 경우에는 국가기관은 어떤 경우에도 헌법을 수호하여야 할 의무를 지기 때문에 헌법적대적인 정당에 대한 해산심판을 청구하는 것은 헌법적 의무이지 재량이 될 수 없다고 본다. 헌법재판소의 정당해산심판에 의해 정당의 해산여부가 결정되는 이상 정부의 해산심판청구로 정당활동이 침해되는 일은 없고, 헌법적대적인 정당을 그대로 방치하는 것은 헌법내부의 적을 국가기관이 키우는 결과를 가져오기 때문에 정당해산심판의 청구는 羈束行爲라고 본다. 특히 정당에 대하여 국고보조금을 지급하는 경우에 헌법적대적인 정당에 대해 해산심판을 청구하지 않는 것은 국민의 세금으로 헌법을 부정하는 憲法의 敵을 키우는 것이라고 하며, 국가기관이 헌법수호의무와 기본권실현의무를 포기하는 것이라고 한다.

정당해산심판의 청구를 기속행위라고 보면, 심판의 청구에 있어서 법적인 요건이 요구되므로 이런 요건을 충족시키는 때만 해산심판을 청구할 수 있다고 본다. 따라서 정당의 정당한 활동은 보다 철저히 보호되고 해산심판청구권의 남용도 줄어든다고 본다. 정당해산심판의 청구를 기속행위라고 해야 정당해산심판제도가 추구하는

憲法의 保護와 政黨의 保護라는 가치가 가장 철저하게 실현된다고 본다.

議院內閣制의 정부형태를 취하고 있었던 1960年6月憲法 제13조와 1960年11月憲法 제13조는 「政黨의 目的이나 活動이 헌법의 民主的 基本秩序에 위배될 때에는 정부가 대통령의 承認을 얻어 訴追하고, 헌법재판소가 判決로써 그 政黨의 解散을 命한다」라고 정하여, 정부가 대통령의 승인을 얻은 때에는 정당해산의 소추를 하여야 하는 의무가 발생하도록 정하고 있었다. 이 경우에도 정부가 어떤 정당에 대해 위헌정당으로 소추하기 위하여 대통령의 승인을 얻을 것인가를 결정하는 것(여기에는 어떤 정당에 대해 위헌정당으로 소추할 필요가 있는가의 여부에 대한 판단도 포함되어 있다)이 재량인가 아닌가 하는 문제는 여전히 발생한다.

(b) 자유재량행위설

정부의 정당해산심판청구권의 행사는 裁量에 속하는 것이라고 보아, 청구의 여부나 청구의 시기 등의 결정은 정부의 재량적 判斷에 달려 있다고 본다. 憲法 제8조와 憲法裁判所法 제55조의 문언상의 표현이 「할 수 있다」고 되어 있는 것은 이런 재량을 표시한 것이라고 본다. 따라서 심판청구권자인 정부에게 있어서 정당해산심판의 청구는 기속적인 의무가 아니라고 본다. 이러한 견해에 따르면, 정당해산심판의 청구는 재량에 해당하므로 엄격한 증거가 뒷받침되어야 청구할 수 있는 것은 아니라고 보고, 제3자의 요구가 있어도 정부는 이에 기속당하지 않는다는 결론에 이른다. 정당해산심판의 청구가 정부의 재량이라고 보면, 정당의 목적이나 활동이 헌법질서에 중대한 위험을 야기하고 위헌성이 명백하더라도 이를 司法的 판단에 의존하지 않고 정치적 논쟁에 붙일 여지가 많아진다. 어떤 정당의 목적이나 활동의 違憲性이 명백하더라도 민주적 기본질서나 국가안전보장을 위태롭게 하지 않는 정당은 解散提訴할 필요가 없다고 하는 견해(예: 金哲洙a, 1068)도 있다(이를 자유재량행위설에 포함시키기에는 애매한 점이 있다).

심판청구권자를 대통령이라고 보는 경우에는 自由裁量行爲說에 의하면, 대통령이 違憲政黨으로 의심되는 정당에 소속되어 있는 경우에 발생하는 문제를 해결하기 어렵다. 이런 경우에도 정당해산심판의 청구가 순전히 재량이라고 보면 정당해산심판제도가 가지는 헌법보호의 기능을 形骸化할 위험이 있다. 심판청구권의 행사를 재량으로 보는 경우 심판청구권자를 정부 하나에만 한정하는 것이 헌법보호의 관점에서 타당한가 하는 문제도 있다. 이런 경우에는 심판청구권자를 복수로 하는 것(예: 독일)이 판단의 오류로 인한 위험을 줄일 수 있을 것이다. 자유재량행위설을 취하는 견해는 찾아보기 어렵다.

(c) 기속재량행위설

정부의 정당해산심판청구권의 행사는 기본적으로는 정부의 재량에 속하지만, 정당해산심판제도가 가지는 헌법보호의 기능에 비추어 볼 때, 헌법을 보호하기 위해서는 위헌정당을 그대로 방치하는 것이 위험하다고 객관적으로 판단되는 경우에는 재량의 여지는 소멸되고 정부에게는 해당 정당에 대한 해산심판을 헌법재판소에 청구하여야 하는 의무가 발생한다고 본다. 정당의 목적이나 활동이 헌법의 침해나 제거에 관해 구체적인 위험으로 존재하는 경우도 이런 경우에 해당한다. 憲法 제8조와 憲法裁判所法 제55조의 「할 수 있다」는 문언은 이런 법리와 충돌하지 않는다고 본다. 기속재량행위설에 의하면, 해산심판청구권의 행사가 기본적으로는 정부의 재량에 속하기 때문에 위헌정당의 해산여부를 정치적 논쟁에 맡겨둘 여지는 충분하고, 예외적으로 헌법보호에 긴요한 경우에만 청구의무를 인정하기 때문에 헌법보호에도 충실한 것이라고 한다. 정부가 정당해산심판절차가 아닌 다른 방법으로 정당으로부터의 헌법침해를 막을 수 있다고 확신하는 경우에는 심판청구를 하지 않을 수 있다고 보는 견해(例: 許營d, 282; BVerfGE 5, 85)도 이에 해당한다.

독일의 판례에서 말하는 「政治的 裁量」(politisches Ermessen)(BVerfGE 5, 85; 39, 334)이라는 것은, 위헌성을 띤다고 판단되는 정당에 대하여 심판청구권자가 지는 정치적인 책임에 따른 의무에 대응하는 재량을 말하는데, 이는 위헌정당에 대하여 법적으로 대응할 것인가 정치적으로 대응할 것인가는 심판청구권자의 재량이라고 본다. 그런데 이 경우의 재량은 청구의 의무가 완전히 제거된 것이 아니라 「의무가 따르는 재량」(pflichtgemäßes Ermessen)(BVerfGE 5, 85; 40, 287), 즉 기속재량이므로 이런 정치적 재량에서도 특별히 위험이 존재하는 경우, 즉 위헌임이 명백한 경우에는 재량은 審判請求義務(Antragspflicht)로 축소될 수 있다는 것이 도출된다고 보는 견해도 있다(v. Mangoldt, 407 脚註 169). 이러한 견해에 따르면 정당해산심판의 청구에 대해 정치적 재량행위라고 하는 의미와 기속재량행위라고 하는 의미가 서로 다른 것이 아닌 것으로 보인다.

정당해산심판절차에서 심판청구권자인 정부를 대통령이라고 보면, 정당해산심판권의 행사가 기속행위냐 재량행위냐 하는 문제는, 대통령이 정당해산심판청구권을 행사하지 않은 것이 탄핵사유로 될 수 있는 경우가 발생하는가 하는 문제와 직결된다. 羈束行爲說이나 羈束裁量行爲說에 의하면, 정부, 즉 대통령에게 정당해산심판청구의 의무가 발생했음에도 이러한 의무를 이행하지 아니하면 대통령은 憲法 제8조 제4항, 제66조 제2항, 憲法裁判所法 제55조를 위반한 것으로 탄핵사유가 된다. 이와 달리 自由裁量行爲說에 의하면, 정당해산심판의 청구는 순전히 정치적 판단에 지나지 않는 것이므로 대통령이 정당해산심판권을 행사함에 있어서 잘못이 있은 경우에는 정치적으로 책임을 지는 것에 그칠 뿐 위법행위의 책임은 지지 않는다. 따라서 어떤 정당에 대하여 정당해산심판을 청구해야 할 상황임에도 불구하고 정당해산심판권을 행사하지 않은 것은 탄핵사유가 되지 않는다는 결론에 이른다. 여기서 유의할 것은, 정당해산심판청구권의 불행사가 대통령의 탄핵사유가 될 수 있는 경우에도 그 때 탄핵사유가 되는 것은 어떤 정당이 위헌정당임을 대통령이 알고 있었는데도 해산심판을 청구하지 않은 것이 아니라, 일정한 상태에서 해산심판을 청구하여야 하는 의무가 발생하였음에도 해산심판을 청구하지 않았다는 것이라는 점이다. 만일 어떤 정당이 위헌정당임을 대통령이 알고 있었는데도 해산심판을 청구하지 않은 것이 탄핵사유라고 하면, 헌법재판소가 탄핵심판절차에서 탄핵여부를 결정하기 위한 先決問題로서 문제가 된 정당의 목적이나 활동이 헌법에 위배되는지를 결정하여야 하는 결론에 도달하기 때문이다. 이렇게 되면 탄핵심판절차에서 정당해산심판을 하는 결과가 된다. 또 정당해산심판청구권의 불행사가 탄핵사유가 될 수 있음을 인정하는 때에도 정당해산심판의 청구에서는 먼저 國務會議의 審議를 거치므로 탄핵심판과 관련해서 국무회의의 심의에 참여한 국무총리와 국무위원들도 탄핵소추를 할 수 있는가 하는 문제가 발생한다. 국무회의는 정부의 권한에 속하는 중요한 정책을 審議하는 기관이므로 국무총리와 국무위원은 정당해산심판을 청구할 권한이 없다는 점에서 탄핵소추되지 않는다고 보아야 한다. 대통령이 정당해산심판의 청구와 관련하여 탄핵소추가 문제될 수 있는 경우는 국무회의에서 심의한 결과 정당해산심판을 청구하는 것이 필요하다고 하였음에도 대통령이 정당해산심판을 청구하지 않은 때에 주로 발생할 수 있다. 어떤 정당에 대하여 해산심판을 청구해야 할 상황임에도 대통령이 해당 정당에 대한 정당해산의 제소 문제를 국무회의에 상정하지도 않거나 거부하면서 정당해산심판권을 행사하지 않은 때에도 탄핵소추의 사유가 될 수 있다.

정부가 가지는 정당해산심판의 청구권은 직무상의 권한이므로 직무상의 권한이 가지는 의무로서의 성격은 언제나 가지고 있다. 이런 점에서 특정 정당에 대한 위헌여부의 제1차적 판단은 정부의 權限이고 義務라는 견해(예: 權寧星, 197)도 성립할 수 있다. 그리고 정당해산심판제도가 헌법보호의 기능을 가질 뿐 아니라 예방적 기능도 가지므로 이런 점을 고려하면, 위헌정당의 활동이 심각한 수준에 있음에도 정부가 이를 방치하는 것은 제도의 본질상 허용될 수 없다고 할 것이다. 헌법을 침해하는 정당의 활동을 방치하는 경우에 구체적인 상황에 따라서는 대통령은 憲法守護義務(憲法 §66②)의 위반으로 탄핵소추될 수 있다. 뿐만 아니라 이러한 상황은 國民의 抵抗權의 행사 요건을 충족시키는 하나의 사유도 될 수 있다.

[266] 第五 憲法改正에 관한 權限

I. 헌법개정의 발의

헌법은 「헌법개정은 國會在籍議員 過半數 또는 大統領의 發議로 提案된다」고 정하여(憲法 §128①), 국민대표기관인 국회의원의 일정수에게도 헌법개정을 발의할 수 있게 하는 동시에 국민대표기관의 지위에 있는 대통령에게도 헌법개정을 발의할 수 있게 하는 권한을 부여하고 있다. 헌법개정의 필요성이 인정됨에도 국회가 헌법개정을 발의하지 않는 경우를 대비한 것이다. 대통령이 헌법개정을 발의하는 때에는 사전에 국무회의의 審議를 거쳐야 한다(憲法 §89iii).

대통령이 가지는 헌법개정발의권은 권력통제의 관점에서도 의미를 가진다. 대통령의 특정한 행위가 헌법에 위반되어 헌법재판에 의해 효력을 상실한 경우에 대통령은 자신의 행위가 국정운영상 정당하고 계속 필요하다는 것을 헌법의 개정을 통하여 관철하려고 시도할 수 있다. 기존의 헌법으로는 위헌이지만 국정운영상 이런 위헌행위를 합헌으로 수용할 수 있는 헌법개정이 필요하다고 판단하는 경우이다. 이 경우에도 국민이 헌법의 개정을 최종 확정하지만, 대통령의 헌법개정발의권은 헌법재판의 결과에 대한 항의적 성격을 지니게 된다.

Ⅱ. 헌법개정안의 공고 및 신 헌법의 공포

대통령은 헌법개정을 발의하여 제안할 수 있을 뿐만 아니라, 헌법의 개정절차에 있어 제안된 憲法改正案을 20일 이상의 기간 동안 공고하여야 하고(憲法 §129), 헌법개정이 확정되면 즉시 이를 公布하여야 한다(憲法 §130③). 이는 대통령의 권한이면서 의무이기도 하다.

4. 大統領 權限의 行使方法과 代行

[267] 第一 大統領 權限의 行使方法

Ⅰ. 개 설

대통령의 지위에 따라 부여된 다양한 권한은 언제나 그 기능에 부합하게 행사되어야 한다. 대통령제국가에서 대통령은 많은 경우 독자적인 판단에 따라 그 권한을 행사한다. 그러나 국가권력은 어떤 경우에도 恣意的으로 행사될 수 없고, 국가기관의 권한은 국정의 운영에 있어 필요에 적합하게 권한이 부여되어 있으므로 그 권한은 언제나 機能合致的으로 행사되어야 한다. 대통령의 권한도 대통령 마음대로 자의적으로 행사할 수는 없다. 대통령이 지니는 중요한 지위에 부응하여 부여된 그 권한도 철저하게 그 본래의 기능과 역할에 적합하게 행사되어야 하기 때문이다. 대통령의 이러한 권한의 기능합치적인 행사를 보장하고 그 권한이 濫用되지 않게 하기 위해서 헌법과 법률은 이에 관하여 적절한 장치를 마련해두고 있다.

헌법은 대통령의 권한행사의 방법과 절차를 정하고 있을 뿐 아니라 대통령의 권한남용에 대한 통제수단도 마련하고 있다. 대통령의 권한행사가 적법한 것으로 효력을 가지기 위해서는 문서로 해야 한다거나 일정하게 요구되는 절차를 거칠 것을 요구하고 있고, 권한의 행사가 권력남용에 해당하는 경우에는 이에 대해 다툴 수 있게 하는 장치를 마련하고 있다. 하위법률은 이러한 권한행사의 법리를 더 구체화하여 세부적으로 정하고 있다.

Ⅱ. 권한행사의 방법

(1) 문서주의

헌법은 대통령의 國法上 행위는 반드시 文書로써 하여야 한다고 정하고 있으며, 軍事에 관한 것도 예외가 아니라고 정하고 있다(憲法 §82). 대통령의 국법상의 행위를 문서로 하게 하는 이유는 대통령의 권한행사를 명확하게 하여 그 내용과 법적 효력을 분명하게 하고, 그 권한행사에 따른 책임소재를 확실하게 하여 책임을 물을 수 있게 증거를 남기며, 대통령이 그의 권한을 신중하고 합당하게 행사하도록 하고, 대통령의 공적인 행위내용에 대해 국민의 접근을 용이하게 하고자 함이다.

> 대통령의 권한행사에 있어서 文書主義를 확실히 하기 위해서는 대통령이 행하는 국법상의 행위를 문서화하도록 강제하고 이를 체계적으로 보관하도록 하는 시스템이 마련되어야 한다. 우리나라에서는 그 동안 대통령이 퇴임시에 공문서를 폐기하거나 사사로이 가지고 가는 행위가 방치되었는데, 이러한 행위를 방지하는 장치를 마련할 필요가 있다. 부본의 작성도 엄격히 통제할 필요가 있다. 이와 관련하여 2007년 4월 27일부터 「대통령기록물관리에관한법률」이 시행되고 있다. 여기서는 특히 대통령관련 기록물관리에서 대통령과 그 보좌기관이 대통령의 직무수행과 관련하여 생산 또는 접수한 모든 기록물은 대통령기록물생산기관의 기록관의 長이 이를 수집하여 보존하도록 하고, 누구든지 이런 대통령관련 기록물을 無斷으로 폐기·훼손하거나 보존하고 있는 공공기관 밖으로 반출하는 것을 금지하고, 이를 위반한 경우 형사처벌을 하도록 정하고 있다(同法 §2, §14, §30).

여기서 말하는 「국법상의 행위」는 憲法과 法令이 대통령의 권한으로 정하고 있는 모든 행위를 말한다. 대통령의 국법상의 행위는 언제나 문서로 하여야 하므로 口頭 등 문서 이외의 방법으로 의사표시를 하는 행위는 국법상의 행위로서 법적 효력을 가지지 못한다. 대외적으로 법적인 효력을 가지지 못하는 비공식적인 행위는 구두로 자유로이 할 수 있지만, 대외적으로 법적인 효력을 가지는 국법상의 행위는 반드시 문서로 행해야 한다.

(2) 부서제도

헌법은 이러한 문서주의를 정하면서 대통령이 문서로 국법상의 행위를 하는 경우에는 이 문서에 國務總理와 관계國務委員이 副署하여야 한다고 정하고 있으며, 軍事에 관한 것도 예외가 아니라고 정하고 있다(憲法 §82).

(a) 부서의 의의

副署(countersign)라 함은 대통령이 국법상의 행위를 하면서 생산한 문서에 대통령이 행한 서명에 이어 국무총리 또는 관계국무위원이 하는 署名을 말한다. 관계국무위원이라고 함은 해당 사무를 관장하는 국무위원을 말한다. 현행 政府組織法상으로는 해당 기획예산처장이나 행정각부의 장관이 아닌 국무위원이 존재하지 않으므로 여기서 말하는 관계국무위원은 해당 사무를 관장하는 기획예산처장이나 행정각부의 장관을 의미한다.

헌법이 대통령의 국법상의 행위에 있어 이러한 부서제도를 두는 취지는 대통령의 권한행사의 오류와 남용을 사전에 방지하고, 국정에 있어서 대통령을 보좌하는 지위에 있는(憲法 §86②, §87②) 국무총리와 관계국무위원의 책임 소재를 분명하게 하기 위함이다(同旨: 權寧星, 1015). 헌법상 국회는 국무총리와 국무위원의 해임을 대통령에게 건의할 수 있고(憲法 §63), 다른 한편 국무총리도 국무위원의 해임을 대통령에게 건의할 수 있게 하고 있으므로(憲法 §87③), 부서제도가 가지는 국무총리와 관계국무위원의 책임소재를 명확히 하는 기능은 중요한 의의를 지니고 있다. 군사에 관해서도 군인이 아닌 국무총리와 관계국무위원으로 하여금 이러한 부서를 하는 것은 헌법이 정하고 있는 文民統制(civil control)의 시스템(憲法 §86③, §87④)을 보장하는 장치이기도 하다.

(b) 부서의 법적 성격

부서가 가지는 법적인 성격이 무엇인가 하는 것은 대통령이 부서가 없이 국법상의 행위를 할 때 부각된다. 이에 대해서는 종래 의견이 대립되어 왔다.

제 1 설은 부서는 대통령의 권력남용을 방지하고, 부서권자로 하여금 대통령을 보좌하는 기관으로서의 책임을 지우고, 동시에 이에 따르는 부서권자로서의 책임소재를 분명하게 하는 것이라는 견해(補佐責任說)이고(金哲洙b, 1767; 權寧星, 1015; 許營a, 968;), 제 2 설은 헌법상 국무회의는 심의기관에 지나지 않고 국무총리와 국무위원은 원칙적으로 국회에 대하여 책임을 지지 않으므로 부서는 대통령의 전제를 방지하거나 부서권자의 책임소재를 분명히 하고자 하는 것이 아니고 단순히 부서권자가 대통령의 국법상의 행위에 참여하였다는 물적 증거를 의미하는 것에 지나지 않는다는 견해(物的證據說)이다(韓泰淵a, 545, 552). 제 1 설이 통설이며 타당하다.

(c) 부서 없는 문서의 효력

부서의 법적 성격이 이러하다고 할 때, 만일 부서가 없는 국법상의 행위가 행해졌을 때 그 문서는 적법한 효력을 가지는가 아니면 효력을 가지지 못하는가 하는 문제가 발생한다. 위의 物的證據說에 의하면 의심할 여지없이 부서 없는 문서도 유효하다는 결론에 도달할 것이지만, 補佐責任說에 의할 때에도 문서의 효력과 부서간의 관계를 어떻게 보는가에 따라 有效說과 無效說이 대립한다.

(i) 유 효 설　　부서는 대통령의 국법상의 행위의 유효요건이 아니라고 보아 부서가 없는 문서도 법적으로는 유효하다고 본다. 다만, 이러한 문서의 유효와는 별개로 이런 행위는 대통령에 대한 탄핵사유가 된다고 본다(權寧星, 1016).

(ii) 무 효 설　　부서는 그 기능과 성질에 비추어 볼 때(특히 대통령의 권력남용에 대한 견제기능) 대통령의 국법상의 행위를 유효하게 만드는 유효요건이라고 보아, 부서가 없는 문서는 효력을 가지지 못한다고 본다(金哲洙b, 1768; 許營a, 969; 成樂寅, 1045).

(iii) 사　　견　　헌법상 부서제도의 실효성을 보장하기 위해서는 부서가 없이 한 대통령의 국법상의 행위는 원칙적으로 무효라고 할 것이다. 부서가 없이 국법상의 행위를 한 대통령의 행위는 헌법에 위반되어 대통령에 대한 탄핵사유가 된다. 憲法 제82조에 의할 때, 대통령은 국법상의 행위를 할 때 당연히 국무총리와 관계국무위원에게 부서할 것을 告知하여야 하므로, 대통령이 고의적으로 국무총리나 국무위원에게 부서할 기회를 봉쇄하거나 부서행위를 방해하고 독단적으로 국법상의 행위를 한 경우에는 형법상의 職務遺棄罪 또는 公務執行妨害罪의 책임도 면할 수 없다고 할 것이다. 그러나 대통령이 문서로 하고자 하는 국법상의 행위가 헌법이나 다른 법률에 위반하지 않고 대통령이 부서권자에게 부서할 것을 고지하였음에도 국무총리나 국무위원이 부서를 거부하고 국정운영상 긴급하게 해당 국법상의 행위를 하여야 할 정당한 사유가 있는 경우(예컨대 부서를 거부하는 국무총리나 국무위원을 해임하고 새 국무총리나 국무위원을 임명하기에 시간이 부족한 경우도 포함됨)에는 부서가 없는 국법상의 행위도 유효하다고 할 것이다. 이런 예외적인 경우에는 대통령이 부서가 없이 한 국법상의 행위는 적법하고 유효하므로 탄핵사유가 되지 않고 다른 법적인 책임도 지지 않는다.

副署制度는 본질적으로 부서가 없는 행위를 유효하지 않게 하기 위한 제도이다. 입헌군주제 헌법인 프로이센憲法(1850)에서도 大臣의 副署에 대하여 「왕의 대신은 책임을 진다. 왕의 모든 통치행위는 그 행위가 유효하기 위해서는 대신의 부서를 필요로 하고, 대신은 그것에 의하여 책임을 진다」(同憲法 §44)라고 정하고 있었으며, 비스마르크憲法(1871)에서도 「황제는 제국법률의 인증, 공포와 그 시행을 감독할 권한을 가진다. 황제의 명령과 처분은 제국의 이름으로 제정되며, 이것이 유효하기 위해서는 제국수상의 부서를 필요로 하고, 이로써 제국수상은 책임을 진다」(同憲法 §17)라고 정하고 있었으며, 바이마르憲法(1919)에서도 「제국대통령의 모든 명령과 처분이 유효하기 위해서는 제국수상 또는 소관 대신의 부서가 필요하다. 國事에 관한 것에 대해서도 마찬가지다. 부서에 의하여 책임이 발생한다」(同憲法 §50)라고 정하였다. 獨逸聯邦憲法(1949)도 「연방대통령의 모든 명령과 처분이 유효하기 위해서는 연방수상 또는 소관 연방장관의 부서가 필요하다」(同憲法 §58)라고 정하고 있다. 유럽의 부서제도를 수용한 大日本帝國憲法(1889)에서도 천황이 법률이나 칙령 기타 국무에 관한 조칙을 발함에 있어서는 국무대신의 부서를 필요로 한다고 정하였는데, 여기서도 부서가 없으면 그러한 행위는 무효로써 효력을 가질 수 없는 것이었다(伊藤博文,「新譯 憲法義解」, 126). 우리의 경우도 해석상의 논란을 없애기 위해 유효요건임을 명시하는 것이 필요하다.

(d) 부서권자의 부서 거부

부서권자는 대통령의 행위에 대하여 부서를 거부할 수 있는 법적 권한을 가지는가 하는 문제가 있다. 이에 관해서는 부서하는 권한은 재량이 인정되는 권한이므로 대통령의 일정한 권한행사에 동의하지 않으면 부서를 거부할 수 있다고 보는 견해(權寧星, 1016)와 대통령이 국무회의에서 심의 · 결정하지 않은 사항에 대한 권한을 행사한다든지 국무회의의 의결과 다르게 행사할 때를 제외하고는 부서를 거부할 자유가 없다고 하는 견해(金哲洙b, 1767)가 대립하고 있다.

살피건대, 헌법은 대통령제를 취하면서 국무총리와 국무위원을 대통령의 命을 받아 대통령을 보좌하는 지위에 있는 것으로 설정하고 있고(憲法 §86②, §87②), 부서권은 성질상 동의권과 다른 것이므로 대통령의 행위에 대하여 부서권자는 재량으로 부서를 거부할 수는 없다고 할 것이다. 대통령의 행위에 찬성하기 어려운 경우에는 사전에 자신의 의견을 피력하고 그러함에도 대통령이 이를 수용하지 아니하는 때에는 사임하거나 사임하지 않으면 부서를 해야 한다. 다만, 부서권자는 대통령이 문서로 하고자 하는 국법상의 행위가 헌법이나 다른 법률에 위반하는 경우에는 부서를 거부할 수 있다. 부서는 적법한 행위에 대해서만 할 수 있기 때문이다. 따라서 부서권자는 대통령이 문서로 하고자 하는 국법상의 행위가 헌법이나 다른 법률에 위반하지 않으면 부서권자는 부서를 거부하지 못한다고 할 것이다. 대통령의 국법상의 행위가 總理令이나 部令에 위반되는 경우에는 먼저 대통령이 총리령이나 부령을 취소할 수 있으므로(政組法 §11②) 대통령의 행위가 총리령이나 부령에 위반한다는 이유로 국무총리와 행정각부의 장관이 부서를 거부하는 사태는 발생하지 않는다. 대통령이 하고자 하는 행위가 국무회의의 심의사항임에도 국무회의에서 심의하지 않은 것이거나 심의한 내용과 相異할 경우에는 국무총리와 국무위원은 부서를 거부할 수 있다. 이러한 부서 거부는 적법하고 정당한 권한의 행사이므로 대통령은 부서의 거부를 이유로 해당 부서권자를 해임해서는 안 된다.

대통령이 국법상의 행위를 함에 있어서 부서권자에게 부서할 것을 고지했음에도 부서권자가 정당한 사유 없이 고의로 부서를 하지 않는 경우에는 대통령은 해당 국무총리나 관계국무위원을 해임할 수 있고, 해당 부서권자는 경우에 따라 형법상의 직무유기죄의 책임도 면할 수 없다.

(e) 대통령의 부서권 침해행위

대통령이 국법상의 행위를 함에 있어 부서권자의 부서권을 침해한 경우에 부서권자는 대통령에게 의사를 표시하여 교정할 수도 있고, 권한쟁의심판을 통하여 바로잡을 수도 있다(부서권자가 권한쟁의심판을 청구한 후 대통령이 해당 부서권자를 해임한 경우에는 권한쟁의심판을 청구한 청구인은 청구인능력을 상실한다). 부서권을 침해하고 행한 대통령의 행위가 국민의 기본권을 침해한 경우에는 헌법소원심판을 통하여 다툴 수 있다.

Ⅲ. 권한행사의 절차

대통령의 권한은 그 직무의 기능에 적합하게 효율적으로 행사되어야 하는바, 헌법은 기본적으로 대통령이 자기의 권한을 독자적으로 행사하는 것을 보장하고 동시에 권한의 남용을 방지하고 권한이 적절하게 행사될 수 있도록 그에 필요한 장치를 마련하고 있다. 대통령이 권한을 행사함에 있어서 일정한 사항에 대해서는 국무회의의 심의를 거칠 것을 요구하거나 국회의 사전동의를 얻거나 승인을 얻도록 하는 것이 이에 해당한다. 대통령의 자문기관을 두는 것도 대통령의 권한이 독선과 전제에 빠져 오류를 범하지 않고 사안에 적합하게 행사될 수 있도록 하고자 함이다.

(1) 독자적 행사

대통령제 정부형태에서 대통령은 기본적으로 자신의 권한을 독자적으로 행사한다. 대통령은 국민의 대표기관으로서의 지위도 가지므로 대통령은 국민전체의 이익을 실현하기 위하여 임기 동안 자기 책임하에 스스로 판단하여 권한을 행사한다. 대통령이 가지는 여러 지위에서 행해지는 각종의 권한행사는 기본적으로 헌법과 법률이 정하고 있는 범위 내에서 대통령의 독자적인 판단에 따라 이루어진다.

(2) 국무회의의 심의

헌법은, 대통령이 그의 권한을 행사하여 직무를 수행하는 경우에 헌법 제89조에서 정하고 있는 일정한 사항에 대해서는 사전에 국무회의의 심의를 거치도록 하고 있다. 국정의 중요사항을 대통령을 보좌하는 국무총리와 국무위원으로 구성되는 국무회의를 거치도록 하는 것은 행정부의 운영에 관여하는 구성원으로 하여금 사전 논의를 통하여 의견을 조정하고 사안을 이해하게 하여 국정의 원활한 운영과 통일성을 기하고자 하는 것임과 동시에 대통령 1인의 독단으로 인한 국가운영에서의 오류와 피해를 방지하고자 함이다.

국무회의의 심의사항임에도 국무회의의 심의를 거치지 않고 한 대통령의 행위는 무효이고(同旨: 許營a, 963; 金哲洙b, 1777), 대통령이 독단적으로 결정하여 권력을 행사한 경우에는 탄핵사유에 해당한다.

대통령은 국무회의의 심의를 거친 결과에 법적으로 기속되지는 않는다. 심의는 의결과 달리 법적인 구속력은 없다. 국무회의의 심의를 거친 이상 최종적인 판단은 대통령이 하는데, 대통령이 국무회의의 결정과 달리 결정하는 경우에는 정치적인 부담을 안게 된다.

(3) 국회의 동의 · 의결 또는 승인

헌법은 일정한 사항에 대하여 대통령이 권한을 행사하는 경우 사전에 국회의 동의를 얻거나 사후에 국회의 승인을 얻도록 정하고 있다. 이러한 것은 대통령제에서 국회로 하여금 대통령을 견제하게 하여 국가 전체적으로 권력작동에서 균형을 실현하고자 함이다. 이러한 국회의 동의와 승인의 절차는 한편으로 대통령의 권한행사를 견제하는 기능도 하지만 다른 한편으로는 국정운영상 중요한 일정한 사항에서 대통령과 국회가 함께 참여하여 민주주의적이고 신중하게 국가를 운영하게 하는 기능도 가지고 있다.

대통령이 권한을 행사함에 있어 국회의 事前同意나 議決을 얻어야 하는 것으로는 계속비 · 예비비의 설치(憲法 §55), 국채의 모집과 예산 외에 국가에 부담이 될 계약의 체결(憲法 §58), 헌법 제60조 제1항에서 정하고 있는 조약들의 체결 · 비준(憲法 §60①), 宣戰布告 · 국군의 외국에의 파견 · 외국군대의 대한민국 영역 안에서의 駐留(憲法 §60②), 일반사면(憲法 §79②), 국무총리의 임명(憲法 §86①), 감사원장의 임명(憲法 §98②), 대법원장의 임명(憲法 §104①), 대법관의 임명(憲法 §104②), 헌법재판소장의 임명(憲法 §111④) 등이 있다.

국회의 承認을 얻어야 하는 것으로는 예비비의 지출(憲法 §55②), 긴급명령의 발령(憲法 §76③), 긴급재정경제처분 · 명령의 발령(憲法 §76③) 등이 있다.

(4) 자문기관의 자문

대통령은 그 권한을 행사함에 있어서 자문기관의 자문을 거치는 경우가 있다. 헌법상 필요적 자문기관의 경우에는 일정한 경우 반드시 그 자문을 거쳐야 하고, 임의적 자문의 경우에는 필요한 경우 그 자문을 구한다. 헌법이 대통령의 권한행사에 자문을 구할 수 있도록 정하고 있는 자문기관에는 국가안전보장회의, 국민경제자문회의, 민주평화통일자문회의, 국가과학기술자문회의, 국가원로자문회의가 있다.

(a) 국가안전보장회의의 자문

國家安全保障會議는 국가안전보장에 관련되는 대외정책 · 군사정책과 국내정책의 수립에 관하여 국무회의의 심의에 앞서 대통령의 자문에 응한다(憲法 §91①). 이러한 국가안전보장회의는 필요적으로 설치해야 하는 자문기관이고, 대통령이 주재한다(憲法 §91②). 국무회의에서 심의하는 사항에 있어서 국가안전보장회의의 자문을 거쳐야 하는 사항은 반드시 이러한 절차를 먼저 거쳐야 한다. 대통령이 국가안전보장회의의 자문을 받지 않고 긴급명령을 발한 경우에는 그 긴급명령은 효력을 가지지 못한다.

(b) 국민경제자문회의의 자문

國民經濟諮問會議는 국민경제의 발전을 위한 중요정책의 수립에 관하여 대통령의 자문에 응하는데(憲法 §93①), 이는 임의적 자문기관이다. 대통령이 필요하다고 인정하는 경우에 이 자문회의를 구성하여 자문을 구할 수 있다.

현행법에 의하면, 국민경제자문회의는, 국민경제의 발전을 위한 전략 및 주요 정책방향의 수립, 국민복지의 증진과 균형발전을 위한 제도의 개선과 정책의 수립, 국민경제의 대내외 주요 현안과제에 대한 정책대응방향의 수립, 기타 국민경제의 발전을 위하여 대통령이 부의하는 사항에 관하여 대통령의 자문에 응한다(國民經濟諮問會議法 §2).

(c) 민주평화통일자문회의의 자문

民主平和統一諮問會議는 평화통일정책의 수립에 관한 대통령의 자문에 응하는데(憲法 §92①), 이는 임의적 자문기관이다. 현재 설치되어 있는 민주평화통일자문회의는 국내외 통일여론 수렴, 통일에 관한 국민적 합의 도출, 범민족적 통일의지와 역량의 결집, 그 밖에 대통령의 평화통일정책에 관한 자문·건의를 위하여 필요한 사항에 관하여 대통령에게 건의하고 자문에 응한다(民主平和統一諮問會議法 §2).

현재까지 민주평화통일자문회의는 대통령의 통일정책에 자문을 하는 기관이라기보다 당시 정부의 통일정책을 홍보하고 확산하는 일에 주로 이용되었다. 일종의 국민동원기관과 유사한 성격을 노정하였다. 진정한 대통령의 정책자문기관으로 기능을 하는 것이 필요하다.

(d) 국가과학기술자문회의의 자문

국가는 과학기술의 혁신과 정보 및 인력의 개발을 통하여 국민경제의 발전에 노력하여야 하는데(憲法 §127①), 이 목적을 달성하기 위하여 대통령은 필요한 자문기구를 둘 수 있다(憲法 §127③). 이에 따라 설치하는 국가과학기술자문회의는 임의적 자문기관인데, 과학기술의 혁신과 정보 및 인력의 開發 등 과학기술기본정책의 발전방향에 관한 사항, 과학기술개발을 촉진하기 위한 제도의 발전에 관한 사항, 기타 과학기술분야에 관하여 대통령이 부의하는 사항에 관하여 대통령의 자문에 응한다(國家科學技術諮問會議法 §2).

(e) 국가원로자문회의의 자문

국정의 중요한 사항에 관한 대통령의 자문에 응하기 위하여 국가원로로 구성되는 國家元老諮問會議를 둘 수 있다(憲法 §90①). 이는 임의적인 자문기구이다. 현재 이는 설치되어 있지 않다.

Ⅳ. 권한행사에 대한 통제

대통령은 국가의 운영에 있어서 여러 영역에 걸쳐 강력한 권한을 행사하므로 그 권한의 행사에서 남용할 가능성이 높고, 그러한 권한의 남용이 있는 경우에는 국민이나 국가에 막대한 피해를 초래할 수 있다. 따라서 대통령의 권한은 그 기능에 적합하고 적법하게 행사되도록 통제할 필요가 있다. 대통령의 권한행사에 대한 통제는 국가영역과 국가영역의 바깥에 있는 사회영역으로 나누어 볼 필요가 있다.

(1) 국가영역에서의 통제

국가영역에서 이루어지는 대통령의 권한에 대한 통제야말로 대통령의 권한에 대한 가장 실효성이 높은 통제이므로 이러한 통제시스템을 정밀하게 마련할 필요가 있다. 국가영역에서 이루어지는 통제는 행정부 내에서 이루어지는 통제와 행정부 외에서 이루어지는 통제로 나누어볼 수 있다.

(a) 행정부 내에서의 통제

행정부 내의 통제는 국무회의의 심의(憲法 §88, §89), 자문기관의 자문, 국무총리의 국무위원임명제청권(憲法 §87①), 국무총리의 국무위원에 대한 해임건의권(憲法 §87③), 국무총리와 관계국무위원의 부서제도(憲法 §82) 등에 의해 이루어진다.

이러한 행정부 내의 통제는 대통령이 행정부의 수반으로 있기 때문에 효과적인 통제는 아니다. 대통령의 권한행사가 보다 신중하고 합리적인 것이 될 수 있도록 하는 낮은 수준의 통제로서 기능한다. 그러나 이런 내부통제는 국정운영에서 외부적으로 파장이 적고 행정부의 운영을 안정적으로 만들어 주므로 경시하면 안 된다. 이런 내부적인 통제스시템이 원활하게 작동하여 행정부 외부에서의 통제를 줄이면 국정을 안정적으로 수행할 수 있고, 국가의 안정성(stability)이 높아진다.

(b) 행정부 외에서의 통제

행정부 외의 통제는 권력분립에 따라 행정부가 아닌 다른 국가기관으로 하여금 통제하게 하는 것이다. 이는 대통령이 속하지 않은 기관에서 행하는 것이므로 권한남용에 대한 통제로서 실효성이 높다. 헌법은 우리나라의 권력을 헌법재판소, 국회, 대통령 및 행정부, 법원으로 나누어 놓고 있으므로, 대통령과 행정부를 제외한 나머지 헌법기관 즉 헌법재판소, 국회, 법원으로 하여금 권력분립에 합당하게 대통령의 권력을 통제하게 하고 있다.

(i) 헌법재판소에 의한 통제　헌법재판소는 헌법재판을 통하여 대통령의

권한남용을 통제한다(憲法 §111). 대통령의 권한행사(대통령령, 긴급명령, 긴급재정경제처분과 명령 포함)가 국민의 기본권을 침해한 경우에는 헌법소원심판절차를 통하여 통제하고, 대통령이 직무를 수행하면서 헌법이나 법률에 위반한 때에는 국회의 탄핵소추에 의해 탄핵심판을 통하여 통제한다. 그리고 대통령이 그 권한의 행사로 다른 국가기관이나 지방자치단체의 권한을 침해한 경우에는 권한쟁의심판을 통하여 통제한다. 헌법재판소의 위헌법률심판절차에서 근거 법률이 위헌으로 선고될 때에는 근거 법률의 위임을 받아 제정된 대통령령이나 그 조항도 위헌으로 효력이 상실한다. 특히 대통령제 정부형태에서 대통령의 권한남용에 대한 효과적인 통제방법은 탄핵이므로 탄핵제도가 활성화되어야 한다. 미합중국에서 대통령의 권한남용에 대해 의회가 강력하게 통제할 수 있는 것은 의회의 양원이 가지고 있는 탄핵심판권을 적절히 행사하기 때문이다.

(ii) 국회에 의한 통제 국회는 대통령의 일정한 사항에 관한 권한행사에 있어 사전동의나 의결 또는 사후승인을 통하여 대통령의 권한이 적법하고 적절하게 행사될 수 있게 통제하고 있을 뿐 아니라, 대통령의 권한남용에 대하여 탄핵소추권(憲法 §65①)을 행사하여 효과적으로 통제할 수 있다. 국회는 국정감사·조사권(憲法 §61), 국무총리·국무위원에 대한 해임건의권(憲法 §63①), 계엄해제요구권(憲法 §77⑤)을 행사하여 대통령의 권한남용을 통제할 뿐 아니라, 국회가 입법한 법률을 집행하는데 있어 필요한 대통령령을 제정하지 않는 것을 통제하기 위해 國會法은 대통령령의 國會提出制度를 두고 있다(國會法 §98의2). 약한 수준의 통제이지만 行政立法에 대한 국회의 통제를 가능하게 만들어 주는 것이다.

한편 국회는 국무총리나 국무위원 등에 대한 국회출석요구 및 질문권(憲法 §62②)을 행사하여 대통령이 수반으로 있는 행정부를 통제한다. 이는 대통령의 국정운영에 대한 통제로서 간접적인 효과를 가진다.

(iii) 법원에 의한 통제 법원은 대통령령이 헌법이나 법률에 위반되는지의 여부가 재판의 전제가 된 경우에 심사를 하여 대통령의 권한행사를 통제한다(憲法 §107②). 법률의 효력을 가지는 긴급명령이나 긴급재정경제명령이 재판의 전제가 된 경우에는 헌법재판소에 위헌여부심판을 제청하여 대통령의 권한행사를 간접적으로 통제할 수 있다(憲法 §111① i).

(2) 사회영역에서의 통제

국가권력의 남용에 대한 통제는 강제력을 가지고 있는 국가권력 상호간에 통제하는 것이 가장 효과적이다. 이것이 헌법상의 권력분립이 추구하는 진정한 목적이기도 하다. 그러나 국가영역 내에서의 통제 이외에 국가영역의 바깥 즉 사회영역에서도 통제를 할 수 있다. 국가영역 외에서의 권력통제의 대표적인 것이 정당에 의한 통제이지만, 현대 국가에서 시민사회영역이 활발해지고 시민사회에서 국가권력의 남용에 대한 감시활동(의정감시, 행정감시, 사법감시)은 권력통제의 메커니즘에서도 중요한 의미를 가지는데, 대통령의 권한행사에 대한 통제에서도 마찬가지로 큰 의미를 가진다.

(a) 정당에 의한 통제

대통령의 권한남용에 대한 통제는 정당 특히 야당에 의해 효과적으로 수행될 수 있다. 야당은 대통령의 부적절한 권한행사나 위법한 권한행사에 대하여 정치적인 공격을 가하고 국민에게 호소하여 여론으로써 대통령의 권한남용을 효과적으로 통제할 수 있다. 이런 관점에서 야당의 자유 즉 야당의 결성과 활동의 자유는 권력통제에서도 중요한 의미를 가진다. 정당에 의한 통제는 야당만에 의해 이루어지는 것은 아니다. 여당도 대통령의 권한행사가 관료이익에 의해 지배될 때 이를 견제하여 대통령의 권한행사가 올바로 이루어지도록 한다.

(b) 국민에 의한 통제

국민은 대통령의 권한남용에 대하여 일상적으로 여론을 통하여 통제한다. 그러나 효과적인 것은 국민이 단체를 형성하여 보다 조직적으로 권력의 남용을 감시하고 통제하는 일이다. 국가권력 내부에서 권력의 남용이 은폐되는 경우에 국민이 힘을 모아 이를 폭로하고 시정을 요구하는 것이 필요하다. 이는 국민의 권리이자 의무이기도 하다.

이러한 국민의 통제활동을 효과적으로 만들어 주는 것이 비영리·비정치적인 시민단체(NGO)를 통한 권력감시활동이다. 이런 시민단체가 대통령뿐만 아니라 행정부의 권력작용을 세밀하게 감시하고 그 권한남용을 밝혀냄으로써 대통령의 권한행사를 통제할 수 있다. 대통령의 권한행사가 범죄행위에 해당할 때는 국민이 告發權을 행사하여 효과적으로 통제할 수 있고, 그 권한행사가 기본권을 침해하는 경우에는 憲法訴願審判을 통하여 효력을 상실시킬 수 있다. 최후적으로는 抵抗權을 행사할 수도 있지만 이는 한계상황에서나 적합하다.

이러한 일반적인 통제활동 이외에 개별적인 사안에서 대통령의 권한을 통제하는 것으로는 대통령이 부당하고 무리하게 헌법개정을 發議하거나(憲法 §128①) 특정사안을 국민투표에 회부하여(憲法 §72) 관철시키려고 하는 경우에 국민이 국민투표에서 이를 부결시켜 대통령의 권력행사를 통제하는 것이 있다.

[268] 第二 大統領 權限의 代行

I. 제도 및 연혁

(1) 제도적 의의

대통령은 헌법기관이기 때문에 임기 동안 어떤 경우에도 그 직무의 공백이 있어서는 안 된다. 따라서 대통령이 직무를 수행할 수 없는 경우에는 다른 사람으로 하여금 대통령의 권한을 행사하게 하여 헌법기관의 업무정지사태를 방지한다.

憲法 제71조는 「대통령이 闕位되거나 事故로 인하여 직무를 수행할 수 없을 때에는 國務總理, 법률이 정한 國務委員의 순서로 그 권한을 代行한다」라고 정하고 있다. 이로써 우리 헌법도 대통령이 직무를 수행할 수 없을 때 대통령의 직무상의 공백을 방지하기 위하여 대통령의 권한을 대행하는 제도를 마련하고 있다.

(2) 연 혁

우리나라의 경우 이러한 대통령의 권한대행제도는 헌법의 개정으로 여러 차례 변천을 거쳐왔다. 대통령권한대행제도만을 둔 경우와 대통령권한대행제도와 대통령직의 승계제도를 둔 경우도 있었다. 현행 헌법은 대통령제를 취하면서 대통령권한대행제도만을 두고 대통령직의 승계제도는 두지 않고 있다.

이러한 대통령권한대행제도는 대통령의 궐위시 후임자를 선출할 것인가 하는 후임자선거(=補闕選擧) 문제와도 연관을 가지는데, 우리나라는 1948년헌법 이래 현행헌법에 이르기까지 대통령이 궐위된 경우에는 후임자를 선출하는 방식을 취하고 있다. 우리 헌법사에서 대통령의 권한대행제도와 대통령직 승계제도의 변천을 표로 보면 아래와 같다.

대통령의 권한대행 및 대통령직 승계제도의 변천

헌법 항목	1948년헌법-1952년헌법	1954년헌법	1960년6월헌법-1960년11월헌법	1962년헌법-1969년헌법	1972년헌법	1980년헌법	1987년헌법
정부형태	대통령제	→	의회주의제	대통령제	→	→	→
부통령 존치 여부	존치	→	폐지	→	→	→	→
국무총리 존치 여부	존치	폐지	존치	→	→	→	→
권한대행의 사유	대통령이 事故로 인하여 직무를 수행할 수 없을 때	→	대통령이 궐위되거나 사고로 인하여 직무를 수행할수없을때	→	→	→	→

권한대행자	대통령의 유고시: 부통령 대통령·부통령 동시 유고시: 국무총리	대통령의 유고시: 부통령 대통령·부통령 동시 유고시: 법률이 정하는 국무위원의 순	참의원의장, 민의원의장, 국무총리의 순	국무총리, 법률이 정한 국무위원의 순	→	→	→
후임자의 선거 등	대통령 또는 부통령의 궐위시: 즉시 후임자 선거	부통령 궐위시: 즉시 후임자 선거 대통령·부통령 모두 궐위시: 법률이 정하는 국무위원의 순으로 권한대행하되, 3월 이내에 대통령·부통령 선거	대통령 궐위시: 양원합동회의에서 즉시 후임자 선거	대통령 궐위시: 즉시 후임자 선거	대통령 궐위시: 3월 이내 통일주체국민회의에서 후임자 선거. 잔여기간이 1년 미만인 때 후임자 선거 하지 않음	대통령 궐위시: 새로 대통령선거인단을 구성하여 3월 이내 후임자 선거	대통령 궐위시: 60일 이내 후임자 선거
대통령직 승계제도	없음	대통령 궐위시: 부통령이 승계	없음	→	→	→	→
후임자의 재임기간	규정 없음	대통령 또는 부통령의 후임자는 잔여기간 동안 재임	규정 없음	대통령의 후임자는 잔여기간 동안 재임	→	규정 없음	→
대통령당선자 유고시의 조치	규정 없음	→	→	대통령당선자의 사망 또는 판결 기타 사유로 자격 상실시: 즉시 후임자 선거	규정 없음	→	대통령당선자의 사망 또는 판결 기타 사유로 자격 상실시: 60일 이내 후임자 선거

Ⅱ. 권한대행의 사유

憲法 제71조에 의할 때, 대통령의 권한을 대행하는 사유는 대통령이 궐위되거나 사고로 인하여 직무를 수행할 수 없는 상태의 발생이다.

(1) 대통령의 궐위

대통령권한대행의 사유인 대통령의 궐위(presidential vacancy)라 함은 현직의 대통령이 대통령직에서 이탈한 모든 상태를 의미한다. 헌법상의 대통령직에 대통령이 법적으로 존재하지 않는 경우이다. 사망, 헌법재판소의 탄핵심판에 의한 파면, 판결 등 기타 사유로 인한 자격의 상실, 대통령 취임 후 선거무효 또는 당선무효로 인한 자격상실, 사임 등으로 대통령직에서 이탈한 경우가 이에 해당한다.

대통령이 궐위된 경우는 객관적인 경험적 사실로서 판명되므로 有權機關이 이를 확인하여야 궐위의 효과가 발생한다고 할 수 없다. 궐위라는 사실의 발생으로 憲法 제71조에 의해 권한대행권자에게 당연히 대통령의 권한을 대행하는 권한이 발생한다(同旨: 權寧星, 966).

궐위로 인한 대통령권한의 대행이 있게 되는 경우, 유권기관이 궐위를 확인하거나 결정하여야만 권한대행의 효력이 발생한다고 하면 대통령의 권한행사에 있어 공백이 발생한다. 따라서 궐위하는 사실의 발생으로 대통령의 권한을 대행할 수 있는 권한이 발생한다. 그런데 국정수행의 명확성을 확보하기 위해서는 이렇게 중요한 궐위의 사실을 유권기관이 확인하거나 사후에 확정할 필요는 있다고 할 것이다. 궐위 사실이 발생한 경우 즉시 헌법재판소가 이를 확인·선언하도록 하는 것도 하나의 방법이다. 현재 궐위의 경우 통상 제일 먼저 행하는 국무회의는 대통령의 궐위로 인한 대통령권한의 대행자가 소집하고 主宰한다. 아무튼 유권기관이 궐위를 확인하는 절차를 두는 경우에도 그런 유권기관의 확인행위는 이에 의해 권한대행의 법적 효과를 발생하게 하는 것이 아니고, 확인이라는 事實行爲에 지나지 않는다. 이 문제는 권한대행자의 자격발생의 시점을 확정함에 있어 중요한 문제이다. 국무회의의 이런 확인행위를 행정법상의 準法律的 行政行爲에 해당하는 '確認'이라고 하기는 어렵다.

(2) 대통령의 직무수행불능

대통령권한대행의 사유인 사고로 인하여 직무를 수행할 수 없는 때, 즉 대통령의 직무수행불능(presidential disability)이라 함은 현직의 대통령이 대통령직에 在職하고 있으나 대통령의 권한을 행사하는 것이 불가능한 모든 상태를 의미한다. 질병, 療養, 국회의 탄핵소추의결에 의한 권한행사의 정지, 외국방문, 장기간의 해외여행 등으로 직무를 수행할 수 없을 때가 이에 해당한다.

대통령 권한대행의 사유에 해당하는「사고로 인하여 직무를 수행할 수 없을 때」란 단순히 사고의 발생을 의미하는 것이 아니라 그로 인하여 대통령의 직무수행이 불가능한 것을 의미하므로,「사고의 발생」과 함께「직무를 수행할 수 없는 상태의 발생」이라는 두 가지의 요건이 충족되어야 한다. 따라서 여기서는 대통령이 사고에 의해 직무를 수행할 수 있는지 없는지에 대한 有權機關의 결정이 필요하다(金哲洙b, 1723; 權寧星, 967). 대통령이 스스로 직무를 수행할 수 있다고 주장하더라도 객관적으로 판단하여 직무의 수행이 불가능한 경우에는 권한의 대행이 이루어져야 하기 때문이다. 우리 실정법에는 누가 이런 판단을 하는가에 대해 아무런 규정이 없다. 현재로서는 이러한 문제가 발생하면 국무총리 또는 국무위원이 국무회의의 심의사안으로 제출하기 때문에 국무회의 審議事項으로 되겠으나, 이러한 국무회의의 심의가 「사고로 인하여 직무를 수행할 수 없음」을 법적으로 확정하는 효과를 가져온다고 하기는 어렵다. 권한대행의 기간을 정해야 하는 경우 그 기간의 결정도 마찬가지이다.

사고로 인한 대통령의 직무수행의 가능여부에 대한 유권기관의 결정과 관련해서는 대통령 스스로 직무의 수행이 불가능하다고 판단하여 결정하는 경우와 제 3 자가 대통령의 직무수행이 불가능하다고 결정하는 경우로 나누어 살펴볼 필요가 있다. (1) 대통령 스스로 판단하여 직무의 수행이 불가능하다고 의사표시를 한 경우에는 대통령의 판단을 존중하여 권한대행자로 하여금 권한대행을 하게 하는 것이 필요하다. 이러한 경우 어떠한 방식과 절차를 거칠 것인가에 대해서는 實定法으로 정해두는 것이 필요하다. 이러한 경우 대통령이 書面 또는 口述로 단순히 의사표시를 하는 것으로 족하다고 할 것인가, 또는 특정기관에 의사표시를 하게 하고 특정기관이 확인하게 할 것인가 하는 것을 정할 필요가 있다. 다만, 대통령이 스스로 직무의 수행이 불가능하다고 판단하여 결정하는 경우라고 하더라도 그 행위가 고의로 직무의 수행을 회피하거나 거부하는 것이 명백한 경우에는 職務遺棄가 된다. (2) 제 3 자가 대통령의 직무수행이 불가능하다고 결정하는 경우는 대통령이 스스로 자기가 직무를 수행할 수 없는지의 여부를 판단하는 것이 어렵거나 대통령은 직무를 수행할 수 있다고 주장하더라도 객관적인 사정으로 볼 때 정상적으로 직무를 수행하기 어렵다고 보이는 경우가 이에 해당한다. 이러한 때에는 대통령과 대통령이 직무를 수행하기 어렵다고 주장하는 기관이 아닌 제 3 의 기관에서 대통령이 직무를 수행하기 어려운가 아닌가의 여부를 결정하는 것이 타당하다. 현행 헌법상으로는 권한대행자가 국무총리 및 국무위원이므로 국무회의에서 결정하는 것은 타당하지 않다고 보인다. 이러한 문제는 헌법재판소로 하여금 처리하게 하는 것이 현행 헌법의 구조상 합리적이라고 할 것이다. 이렇게 하려면 헌법의 개정이 필요하다. 현행 헌법상의 대통령의 권한대행에 관한 내용은 충분하지 못하므로 헌법의 개정을 요하지 않는 사항은 법률로 정하여 이를 보완할 필요가 있다. 대통령권한대행에관한법률을 제정하는 방안이 있다. 이런 경우 이런 법률의 조항은 실질적 의미의 헌법으로 기능한다.

《한국헌정사에 있어서 대통령의 권한대행사건》

사건발생일	권한대행 사유의 발생	권한대행
1960. 4. 27.	이승만 대통령의 사임	1960년 4·19로 인하여 대통령 사임. 대행 제1순위인 외무부장관 허정이 대통령 권한을 대행함
1962. 3. 24.	윤보선 대통령의 사임	1961년 5·16군사쿠데타로 정권을 장악한 박정희 장군이 국가재건최고회의 의장의 지위에서 1962년 윤보선 대통령이 사임하자 국가재건비상조치법에 따라 대통령 권한을 대행함
1979. 10. 26.	박정희 대통령의 사망	1979년 10·16사건으로 박정희 대통령이 중앙정보부장에 의해 피살되어 대행 제1순위인 국무총리 최규하가 대통령 권한을 대행함
2004. 3. 12.	노무현 대통령에 대한 탄핵소추의결에 의한 권한행사 정지	2004년 국회에서 현직 노무현 대통령에 대하여 탄핵소추를 의결하여 권한행사가 정지되어 대행 제1순위인 국무총리 고건이 대통령 권한을 대행함

Ⅲ. 권한대행자

(1) 권한대행의 순서

헌법은 대통령의 권한을 대행함에 있어서 그 권한대행자에 대하여 「國務總理, 法律이 정한 國務委員의 順序로 그 權限을 代行한다」(憲法 §71)라고 정하고 있다. 따라서 국무총리가 제1순위의 권한대행자이고, 나머지는 법률이 정하는 순서에 따른다. 政府組織法에 의할 때, 국무회의의 의장인 대통령이 事故로 인하여 직무를 행할 수 없을 때에는 부의장인 국무총리가 그 직무를 대행하고, 의장과 부의장이 모두 사고로 직무를 수행할 수 없으면 정부조직법 제22조 제1항에 규정된 순서에 따라 국무위원이 그 직무를 대행한다고 정하고 있는데(政組法 §12②), 권한행사의 면에서 보면, 이는 대통령의 권한대행에 관한 것이다. 따라서 정부조직법상의 「사고」에는 헌법 제71조에서 정하는 궐위도 포함되고, 어느 경우에나 권한대행을 하여야 하는 때에는 국무총리, 기획재정부장관, 교육과학기술부장관, 외교통상부장관, 통일부장관, 법무부장관, 국방부장관, 행정안전부장관, 문화체육관광부장관, 농림수산식품부장관, 지식경제부장관, 보건복지부장관, 환경부장관, 노동부장관, 여성가족부장관, 국토해양부장관의 순으로(政組法 §22①) 대통령의 권한을 대행한다.

국민으로부터 선출되지 않은 국무총리나 국무위원이 국민이 직선한 대통령의 권한을 대행하게 하는 것은 민주주의원리, 국민적 정당성의 면에서 타당하지 않다. 헌법정책적으로 보면, 현재와 같은 정부형태에서도 국회의장을 대통령의 권한대행자로 하는 것을 고려해볼 여지가 있다. 의회를 양원제로 하고, 하원의 경우에 해산이 가능하도록 하고 있는 경우에는 상원의장을 대통령 권한대행자로 하는 것이 타당하다. 하원의장이 권한대행자가 되는 경우에는 하원이 해산되면 하원의장의 의원으로서의 지위가 상실되어 권한대행자로서의 지위가 상실되기 때문이다.

정부조직법의 규정은 組織法에 따라 조직운영의 면에서 국무회의의 의장인 대통령의 직무를 대행하는 사항을 정하고 있으나, 이는 권한행사의 면에서는 대통령의 권한대행에 해당하는 규정이다. 따라서 정부조직법의 규정에 따라 「법률이 정하는 국무위원의 순서」가 정해진다고 할 것이다. 대통령권한대행에관한법률을 제정하여 대통령의 권한대행시스템을 정비하고 체계적으로 정할 필요가 있다.

(2) 권한대행자의 취임선서 등

대통령의 권한대행자에게 就任宣誓規定, 刑事特權規定, 兼職禁止規定이 적용되느냐 하는 문제가 제기된다. 이러한 규정은 대통령의 지위를 승계하는 경우와 달리 권한을 대행하는 경우에는 취임선서규정이나 형사특권규정은 적용되지 않는다고 보는 것이 타당하다. 겸직금지규정은 대행권자가 대행의 업무가 종료되면 원래의 직으로 복귀하여야 할 필요도 있으므로 특별한 사정이 없는 한 겸직금지규정은 적용되지 않는다고 할 것이다. 물론 대통령의 권한을 대행하는 기간 동안 다른 직은 休職하여야 할 것이다. 권한대행자에 대해서도 憲法 제65조에 의한 탄핵소추를 할 수 있다. 대통령의 권한을 대행하는 자도 대통령과 마찬가지로 그 직무집행에 있어서 헌법이나 법률을 위배한 때에는 공직에서 罷免시켜야 할 경우가 있을 수 있기 때문이다.

Ⅳ. 권한대행자의 직무범위

대통령이 궐위되거나 사고로 인하여 직무를 수행할 수 없을 때 대통령의 권한을 대행하는 자는 대통령의 권한을 행사함에 있어서 법적으로는 아무런 제한을 받지 않기 때문에 대통령의 모든 권한을 행사할 수 있다. 그러나 국정의 공백(power vacuum)을 메우기 위해 불가피하게 인정되는 권한대행제도의 성격상 가능한 한 권한을 대행하는 자는 실제 권한을 행사함에 있어서는 최단기간 동안에 국정운영에 필요한 적정한 수준의 직무에 대해서만 그 권한을 행사하는 것이 바람직하다(同旨: 成樂寅, 996. 다만 국민투표부의권과 헌법개정발의권은 권한대행자에게 인정되지 않는다고 해석한다.). 적정한 수준의 권한행사는 현상유지일 수도 있고 현상변경일 수도 있다.

권한대행자의 직무범위에 대해서는 헌법해석상 다른 견해들이 있다. (1) 제 1 설: 그 원인이 무엇이든 권한대행자의 직무범위는 대통령의 직무범위와 결코 같을 수는 없다라고 보는 견해이다(許營 a, 939). (2) 제 2 설: 원칙적으로는 대통령의 권한 전반에 걸치지만, 임시대리의 성질로 보아 다만 잠정적인 현상유지에만 국한되고, 정책의 전환, 인사의 이동과 같이 현상유지를 벗어나는 직무는 대행할 수 없다라고 보는 견해이다(金哲洙b, 1724). 제 1 설과 제 2 설은 권한대행자가 대행하는 권한은 원래의 대통령의 권한보다 좁은 것으로 본다. 그러나 憲法 제71조와 다른 어떤 규정에도 이런 해석을 가능하게 하는 점은 어디에도 없고, 대행의 법리에 합당하지 않다. 대통령이 궐위되고 후임 대통령을 선출할 시간적인 여유가 없이 국정운영의 상황이 급박한 경우라든지 후임 대통령의 선거기간 중이라도 종래의 정책을 전환하거나 인사를 새로 단행하여야 할 필요가 있는 경우에는 권한대행자는 당연히 이에 필요한 대통령의 권한을 행사할 수 있다. 국정운영상 경우에 따라서 대통령의 중요한 권한을 행사하여야 함에도 현상유지만을 고집하여 권한을 제때에 행사하지 않으면 국가에 큰 손해를 끼칠 수도 있음을 고려한다면 권한대행자의 법적으로 인정된 권한의 범위를 제한하는 것은 타당하지 않다. 권한대행자가 국정운영상 권한행사의 실제에 있어서 필요최소한의 권한을 행사하는 것이 타당하다는 것과 처음부터 권한대행자의 권한이나 직무의 범위가 대통령의 것과 법적으로 다르다고 하는 것은 구별할 필요가 있다. 대통령의 권한을 대행하는 자는 헌법이 정하고 있는 대통령의 모든 권한을 행사할 수 있다고 할 것이고, 이러한 행사는 합헌적이고 유효하다. 이러한 권한의 행사는 직무의 수행이기 때문에 상황에 적절하게 권한을 행사할 의무도 포함하고 있다. (3) 제 3 설: 대통령이 궐위된 경우에는 권한대행자는 대통령의 권한 전반에 걸쳐 직무를 대행하지만 대통령이 사고로 인하여 직무를 수행할 수 없는 경우에는 권한대행자의 직무는 잠정적인 현상유지에 국한되고 기본정책의 전환·인사이동 등 현상유지를 벗어나는 직무는 대행할 수 없다고 보는 견해이다(權寧星, 966). 국정운영의 실제에 있어 대통령이 사고로 인하여 직무를 수행할 수 없는 기간이 장기화되는 경우라든지 현상유지만으로 국정운영이 어려운 경우에는 권한대행자라고 하더라도 필요한 대통령의 권한을 행사하지 않으면 안 되는 경우가 있다. 이런 경우를 고려하면 대통령이 사고로 인하여 직무를 수행할 수 없는 경우에도 권한대행자는 대통령의 모든 권한을 행사할 수 있다고 하지 않을 수 없다. 필요한 경우에는 상황에 요청되는 권한을 행사해야 한다. 예컨대 國家緊急權의 행사, 宣戰布告와 講和, 國軍統帥 등에서 이러한 점을 확인할 수 있다. 대통령이 궐위된 경우와 사고로 인하여 직무를 수행할 수 없는 경우를 구별하여 그 직무범위에 차이를 두어야 할 이유는 없다고 할 것이다. 헌법정책적으로 보면, 그 나라의 정부형태, 대통령의 지위와 권한의 양태 등에 따라 대통령의 일정한 권한은 대통령의 권한대행자가 행사할 수 없도록 헌법에서 정할 수 있다. 예컨대 프랑스의 정부형태에서는 대통령에게 국민투표부의권과 의회해산권을 부여하면서도 대통령의 권한대행자에게는 이런 권한을 행사할 수 없게 정하고 있다(同憲法 §7④).

V. 권한대행의 기간

(1) 궐위의 경우

대통령이 闕位된 경우에 권한대행자의 권한대행기간이 얼마인지에 대해서는 헌법이 직접 정하고 있는 부분은 없다. 憲法 제68조 제 2 항은 대통령이 궐위된 때에는 60日 以內에 후임자를 선거하도록 정하고 있을 뿐이다. 권한대행의 법리는 대통령이 직무를 수행할 수 없고 후임자가 없는 상태를 극복하기 위한 것인 만큼 후임자가 정해지면 권한대행의 필요성은 소멸된다고 할 것이다. 따라서 현행제도 아래에서도 憲法 제68조 제2항에 의해 후임자가 선출되면 대통령의 권한을 대행하던 자는 더 이상 대통령의 권한을 대행할 수 없다고 할 것이다.

公職選擧法의 규정(§14① 但書, §187①)에 의할 때, 궐위로 인한 선거에 의한 대통령은 대통령 당선인으로 결정된 날의 當選決定時부터 대통령의 권한을 행사할 수 있으며, 이 시점에서 대통령의 권한을 대행하는 자는 더 이상 대통령의 권한을 대행할 수 없다. 따라서 우리 실정법상 권한대행자가 궐위된 대통령의 권한을 대행할 수 있는 기간은 대통령이 궐위된 때로부터 최장 60일이며, 이 기간 내에 후임자가 선출되면 대통령의 권한을 대행하던 자는 후임 대통령의 대통령 當選決定時 직전까지만 대통령의 권한을 대행할 수 있다.

(2) 사고의 경우

(a) 대통령이 추후 복귀 가능한 경우

궐위된 경우를 제외한 모든 종류의 사고로 인하여 대통령의 직무를 수행할 수 없는 경우에 대통령의 권한을 대행하는 자는, 대통령이 다시 대통령직에 복귀하면 더 이상 대통령의 권한을 대행할 수 없다. 대통령이 대통령직에 다시 복귀하면 그 복귀와 동시에 대통령의 권한을 대행하던 권한대행자로서의 지위는 소멸한다.

대통령이 스스로 사고를 이유로 직무를 수행할 수 없다고 의사를 표시하여 권한의 대행이 이루어진 경우에는 대통령이 직무로의 복귀의사를 서면 또는 구두로 밝히고, 그 의사표시가 수신자에게 도달하면 권한대행이 종료한다고 보아야 할 것이다. 제3의 기관에서 권한대행의 사유가 발생하였다고 확인·결정한 결과 권한대행이 이루어진 경우에는 權限代行期間의 만료 역시 제3의 기관에서 결정한다. 이런 경우 절차상 대통령은 먼저 권한대행의 사유가 발생했다고 결정한 기관에 복귀의사를 표시하여야 할 필요가 있다. 제3의 기관이 대행기간을 정할 수 있게 하는 경우에는 그 기간의 만료로 권한대행은 종료된다고 할 것이다. 제3의 기관이 대행기간을 정할 수 있게 하는 경우에는 반드시 기간의 延長制度를 두어야 한다.

사고인 경우 현재 우리 헌법상의 제도로서는 국무회의에서 그 기간을 정할 수밖에 없다고 해석하는 견해가 있다(許營a, 940; 成樂寅, 995). 제도가 제대로 갖추어지지 않은 현재의 상태에서는 현실상 이렇게 운영될 것이다. 그러나 법적으로는 국무회의의 심의에 의해 권한대행의 기간을 확정하는 법적인 효과가 발생하는가 하는 점에는 의문이 있다. 이러한 것도 헌법재판소가 결정하도록 하는 것이 필요하다고 본다. 여기에는 헌법의 개정이 필요하다.

(b) 대통령이 추후 복귀 불가능한 경우

대통령의 사고로 인하여 권한대행이 발생한 경우에는 통상 추후에 대통령이 복귀할 수 있기 때문에 후임자를 선거할 필요가 없다. 그런데 사고로 인하여 권한대행이 발생한 경우에 추후에 대통령이 그 직에 복귀할 수 없음이 확정적인 상황(예: 수술 후 회복하는 기간 중에 소생불능의 상태가 발생한 경우)이 생길 수 있는데, 이 경우에 후임 대통령을 선출하지 않고 권한대행 체제로 국정을 운영할 것인가 아니면 후임 대통령을 선거해야 하는가 하는 문제가 있다. 이러한 경우에는 대통령이 그 직으로 복귀가 불가능하다는 점에서 궐위의 경우와 동일한 사유가 발생한 것이므로 후임 대통령을 선거하는 것이 타당하다고 할 것이다(同旨: 成樂寅, 995). 제3의 기관에서 대통령 권한대행사유가 발생하였다고 결정한 경우에는 이러한 상황의 확인·결정도 제3의 기관에서 하게 된다. 헌법 제68조 제2항에 비추어 볼 때, 이러한 후임 대통령의 선거는 제3의 기관에서 이러한 상황을 확인·결정한 때로부터 60일 이내에 행해져야 한다고 할 것이다.

[269] 第三 大統領의 闕位와 後任 大統領의 選出

Ⅰ. 선거의 실시

헌법은 대통령이 궐위된 경우에 60日 이내에 후임자를 선거하도록 하고 있다(憲法 §68②). 이를 위해 대통령의 권한을 대행하는 자는 대통령이 궐위된 경우에는 지체없이 중앙선거관리위원회에 이를 통보하여야 한다(公選法 §200③).

憲法 제68조 제2항의 해석과 관련하여 후임 대통령 당선인이 정해진 상태에서 대통령이 궐위된 경우에도 憲法 제68조 제2항에 따라 또 후임자를 선거하여야 하는가 하는 문제가 있다. 즉 憲法 제68조 제1항에 따라 대통령의 임기만료 70일 내지 40일 전에 후임자를 선거하여 후임 대통령 당선인이 결정된 상태에서 대통령이 궐위되는 사태가 발생할 수 있는데, 이 경우 권한대행체제에서 憲法 제68조 제2항에 따라 다시 후임 대통령을 선출하여야 하는가 아니면 권한대행자가 잔여임기 동안 대통령의 권한을 대행하는 것으로 족한가 하는 문제가 생긴다. 이 경우 다시 후임 대통령을 선거하면 이미 대통령 당선인으로 결정된 사람을 포함하여 후임 대통령이 2명이라는 사태가 발생한다. 헌법이 후임 대통령이 2인이 되는 이런 경우를 예정하고 있다고 하기는 어렵다. 이런 경우에 대비하여 헌법이 명시적으로 정하는 규정이 없기 때문에 헌법해석상 논란이 있을 수 있으나, 이미 후임 대통령 당선인이 결정되어 있는 상태에서는 대통령이 궐위되더라도 후임자를 선거하지 않고 권한대행자에 의한 권한대행만 있다고 해석하는 것이 타당하다. 헌법정책적인 관점에서 이런 경우 대통령 당선인이 바로 취임할 수 있게 하는 방법도 있으나, 현행 공직선거법 제14조에 의하

면 이 경우 대통령 당선인은 전임자의 임기만료 후에 실시된 선거나 궐위로 인한 선거에서 당선된 자가 아니므로 전임대통령의 임기만료일의 다음날부터 대통령직을 수행할 수밖에 없다. 따라서 현행 실정법상 이런 경우에는 대통령권한대행이 있게 된다.

대통령의 궐위시에는 헌법이 보궐선거를 인정하지만, 대통령이 사고로 인하여 직무를 수행할 수 없는 경우에는 보궐선거의 실시가 불가능한 것인가 하는 문제가 제기된다. 이 문제에 대해서는 경우를 나누어 살펴보는 것이 필요하다. 대통령이 사고로 인하여 직무를 수행할 수 없는 경우는 대통령이 직무에 복귀할 가능성이 있는 경우와 그렇지 못한 경우가 있다. 현행 헌법상의 명문 규정을 보면 그 어느 경우에나 후임 대통령의 선거에 관한 규정이 없어 헌법해석상으로는 대통령의 잔여임기까지 권한대행자가 대통령의 권한을 대행하지 않으면 안 된다. 헌법은 이 기간 동안에 필요하다고 하더라도 대통령을 새로 선출하는 것을 인정하지 않는다. 우리 헌법 아래에서 이런 경우 새로 대통령을 선출하여야 할 필요가 있는 경우에는 현직의 대통령으로 하여금 辭任하게 하는 것이 필요하다. 그러나 대통령의 사임이 문제가 되는 경우에도 대통령이 사임의 의사를 표시하는 것이 불가능한 때(예컨대 의식불명, 식물인간, 정신질환 등)에는 문제가 된다. 이런 상태를 해결하는 규정은 헌법에 없다. 현행 헌법의 명문 규정에 의하면 이런 경우에도 후임 대통령을 선출할 수 없고, 대통령 권한의 대행만 가능하다.

대통령이 취임하자마자 의식불명이나 정신질환 등의 상태에 빠져 단기간 내에 직무에 복귀하기 어렵고, 남은 잔여임기가 장기인 경우에 국민에 의해 선출되지 않은 국무총리가 이런 장기의 잔여임기 동안 내내 대통령의 권한을 대행하는 것은 문제라고 하지 않을 수 없다. 장기간이 경과할 때까지 대통령이 대통령직에 복귀하여 직무를 수행하지 못하는 경우에는 궐위의 경우와 같이 후임자를 선거하게 하는 것이 대통령제에 합치된다고 할 것이다. 이에 관한 실정법상의 규정을 두는 것이 필요하다. 부통령을 두는 경우에는 이런 경우 권한대행을 하게 하는 것보다 대통령직을 승계하게 하는 것이 바람직하다. 부통령이 있는 경우 이런 경우에 후임자를 선출하게 할 필요는 없다고 할 것이다.

Ⅱ. 취임의 선서

대통령의 궐위로 인하여 선출된 후임 대통령이 대통령의 권한을 행사하는 것은 그 자체가 바로 대통령직에의 취임이므로 대통령의 권한을 행사함에 있어서는 대통령의 취임에서 요구되는 憲法 제69조의 취임선서를 하여야 한다고 할 것이다. 현실에서 행해지는 대통령 취임식은 儀禮에 지나지 않으므로 대통령의 권한행사의 效力發生要件이 되는 것은 아니다.

Ⅲ. 재임기간

대통령이 궐위되어 후임 대통령을 선출한 경우 그 대통령은 전임 대통령의 잔여임기 동안만 재임하는가 아니면 憲法 제70조가 정하는 5년의 기간 동안 재임하는가

하는 것이 헌법해석상 문제가 된다. 우리 憲法史에서는 대통령이 궐위되어 후임자를 선출하는 경우 후임자의 재임기간을 전임자의 잔여임기 동안으로 제한한 경우도 있었으나([268] I (2)), 현행 헌법은 이러한 제한을 두고 있지 않다. 따라서 현행 헌법 아래에서는 후임자는 새 대통령으로서 憲法 제70조가 정하고 있는 5년의 임기 동안 대통령직에 재임한다고 할 것이다(同旨: 金哲洙b, 1718; 成樂寅, 997). 즉 憲法 제68조에 의해 선출된 대통령의 임기는 憲法 제70조가 정하는 임기를 의미한다.

후임 대통령의 취임은 새로운 대통령의 취임이므로 大統領職의 承繼가 아니다. 대통령제에서 대통령을 선출하는 때에 부통령을 함께 선출하면 원칙적으로 후임자의 선출문제는 발생하지 않고 대통령직의 승계문제가 발생한다. 우리 헌법은 대통령제를 채택하면서도 부통령을 두고 있지 않으므로 대통령직의 승계가 없고, 이와 같은 후임자의 선출로 대통령의 궐위시의 문제를 해결하고 있다.

Ⅳ. 후임 대통령의 조기 취임 문제

대통령의 임기만료를 앞두고 憲法 제68조 제 1 항에 의해 후임자가 선출된 후 대통령이 궐위되거나 사고로 인하여 직무를 수행할 수 없을 때 권한대행자의 권한대행기간중에 후임 대통령 당선자가 대통령직에 취임할 수 있느냐 하는 문제가 있다. 후임 대통령이 선출된 상태라고 하더라도 대통령이 궐위되거나 사고로 인하여 직무를 수행할 수 없는 경우에는 憲法 제71조에 따라 대통령의 권한의 대행이 이루어지므로 헌법을 개정하지 아니하고는 이러한 경우 후임 대통령의 임기가 바로 開始되게 할 수는 없다. 이는 헌법이 정하고 있는 사항이므로 법률로도 이를 가능하게 할 수 없다. 다만, 현실에서는 이러한 경우에 대통령의 권한을 대행하는 자는 후임 대통령 당선자와 협력하여 국정을 수행하는 것이 바람직하다고 할 것이다.

5. 職務上의 義務

[270] 第一 憲法守護義務

대통령은 국가원수와 행정부의 수반으로서 무엇보다 헌법을 수호하고 이를 실현할 의무를 지니고 있다. 이러한 헌법수호의무는 헌법질서를 유지 · 수호하고 실현하는 의무이다. 헌법수호의무는 모든 국가공무원의 법적 의무이지만 대통령의 경우에 이러한 의무가 특히 강조되는 것은 대통령이라는 지위가 가지는 중요성 때문이다. 헌법 제66조 제 2 항은 「대통령은……헌법을 수호할 책무를 진다」라고 하여 이러한 헌법수호의무를 실정화시키고 있다.

대통령의 헌법수호의무에서 구체적으로 문제가 되는 것은 대통령은 헌법수호를 이유로 국회가 제정한 법률이나 법원의 재판을 부정할 수 있는가 하는 문제이다. 법률의 위헌여부는 헌법재판소가 최종적으로 판단하는 권한을 독점적으로 가지고 있으므로 헌법재판소에 의하여 위헌으로 결정되지 아니하는 이상 대통령 스스로 위헌이라고 판단하여 법률의 적용을 배제하거나 거부하지 못한다. 헌법재판소의 판례도 동일한 취지이다(예: 憲 2004. 5. 14.-2004헌나1). 대통령은 위헌이라고 의심이 있는 법률에 대한 통제는 법률안거부권을 통하여 할 수 있고, 이를 통하여 헌법수호의무를 수행할 수 있을 뿐이다. 법원의 재판이 헌법에 위반되었다고 판단하는 경우에는 사면권을 통하여 이를 시정하는 방법이 있고, 헌법이 인정하는 이러한 방법 이외에는 대통령은 법원의 판결에 대하여 위헌이라는 의심이 있더라도 이를 거부하거나 부정할 수 없다.

대통령은 헌법수호의무를 지고 이러한 것을 헌법 제69조에 따라 취임시에 선서까지 하므로 어떠한 경우에도 헌법을 부정하거나 왜곡하는 言行을 할 수 없다. 이러한 헌법수호의무를 위반하는 때에는 대표적으로 탄핵사유가 되고, 그 외에 형사상의 책임도 지게 된다.

[憲 2004. 5. 14.-2004헌나1] 「헌법은 제66조 제2항에서 대통령에게 '국가의 독립·영토의 보전·국가의 계속성과 헌법을 수호할 책무'를 부과하고, 같은 조 제3항에서 '조국의 평화적 통일을 위한 성실한 의무'를 지우면서, 제69조에서 이에 상응하는 내용의 취임선서를 하도록 규정하고 있다. 헌법 제69조는 단순히 대통령의 취임선서의무만을 규정한 것이 아니라, 헌법 제66조 제2항 및 제3항에 규정된 대통령의 헌법적 책무를 구체화하고 강조하는 실체적 내용을 지닌 규정이다. 헌법 제66조 제2항 및 제69조에 규정된 대통령의 '헌법을 준수하고 수호해야 할 의무'는 헌법상 법치국가원리가 대통령의 직무집행과 관련하여 구체화된 헌법적 표현이다. 헌법의 기본원칙인 법치국가원리의 본질적 요소는 한 마디로 표현하자면, 국가의 모든 작용은 '헌법'과 국민의 대표로써 구성된 의회의 '법률'에 의해야 한다는 것과 국가의 모든 권력행사는 행정에 대해서는 행정재판, 입법에 대해서는 헌법재판의 형태로써 사법적 통제의 대상이 된다는 것이다. 이에 따라, 입법자는 헌법의 구속을 받고, 법을 집행하고 적용하는 행정부와 법원은 헌법과 법률의 구속을 받는다. 따라서 행정부의 수반인 대통령은 헌법과 법률을 존중하고 준수할 헌법적 의무를 지고 있다. '헌법을 준수하고 수호해야 할 의무'가 이미 법치국가원리에서 파생되는 지극히 당연한 것임에도, 헌법은 국가의 원수이자 행정부의 수반이라는 대통령의 막중한 지위를 감안하여 제66조 제2항 및 제69조에서 이를 다시 한번 강조하고 있다. 이러한 헌법의 정신에 의한다면, 대통령은 국민 모두에 대한 '법치와 준법의 상징적 존재'인 것이다. 이에 따라 대통령은 헌법을 수호하고 실현하기 위한 모든 노력을 기울여야 할 뿐만 아니라, 법을 준수하여 현행법에 반하는 행위를 해서는 안 되며, 나아가 입법자의 객관적 의사를 실현하기 위한 모든 행위를 해야 한다. 행정부

의 법존중 의무와 법집행 의무는 행정부가 위헌적인 것으로 간주하는 법률에 대해서도 마찬가지로 적용된다. 위헌적인 법률을 법질서로부터 제거하는 권한은 헌법상 단지 헌법재판소에 부여되어 있으므로, 설사 행정부가 특정 법률에 대하여 위헌의 의심이 있다 하더라도, 헌법재판소에 의하여 법률의 위헌성이 확인될 때까지는 법을 존중하고 집행하기 위한 모든 노력을 기울여야 한다.」

[271] 第二 國家의 獨立 · 保全義務

대통령은 국가가 주권적으로 독립하고 계속적으로 존속할 수 있도록 직무를 수행하여야 할 책임과 의무를 진다. 공동체의 유지 · 존속은 국민의 기본권과 아울러 공동체의 본질적인 최고의 가치이므로 국가원수이고 국정최고책임자인 대통령이 이에 대한 직무상의 의무를 지는 것은 당연하다.

헌법의 수호는 국가의 독립과 영토의 보전 및 국가의 계속성이 유지될 때 가능하기 때문에 국가의 독립 · 보전의무는 광의의 헌법수호의무에 포함되기도 한다.

헌법 제66조 제2항은 「대통령은 국가의 독립 · 영토의 보전 · 국가의 계속성……을 수호할 책무를 진다」라고 하여 이러한 국가의 독립 · 보전의무를 실정화시키고 있다. 따라서 대통령은 어떠한 경우에도 이러한 의무를 위반할 수 없다. 국가긴급권의 행사도 이러한 의무에 합치하여야 한다.

[272] 第三 職務遂行義務

대통령의 직무수행의 의무는 대통령이 취임에 즈음하여 헌법 제69조가 정하는 바에 따라 행하는 선서에 잘 나타나 있다. 이러한 선서는 단순히 정치적인 것이 아니라 헌법적인 서약이다. 헌법 제69조는 「나는 헌법을 준수하고 국가를 보위하며 조국의 평화적 통일과 국민의 자유와 복리의 증진 및 민족문화의 창달에 노력하여 대통령으로서의 직책을 성실히 수행할 것을 국민 앞에 엄숙히 선서합니다」라는 선서를 하도록 하고 있다. 이러한 선서의 내용은 대통령의 직무수행에 있어서 일반적이고 포괄적인 의무내용을 정하고 있고, 구체적인 직무수행에 따르는 의무는 대통령의 개별적인 직무에서 도출된다.

대통령의 직무는 대통령의 권한과 책무를 이행하는 형태로 이루어지는데, 대통령의 권한은 공적인 권능과 의무가 함께 포함되어 있으므로 대통령은 권한행사에 있어서도 당연히 이를 적절하게 행사해야 할 의무도 포함되어 있다. 대통령이 권한을 행사해야 할 경우에 이를 행사하지 아니하는 때에는 부작위의 책임을 진다.

대통령이 직무를 수행함에 있어서 헌법과 법률을 위반한 경우에는 탄핵소추의 사유가 된다. 탄핵의 사유는 헌법이나 법률을 위반한 위법한 경우이지만, 대통령의 권한행사나 의무이행이 부당하여서도 안 된다. 헌법 제69조가 정하고 있는 대통령직의 성실수행의무는 적법한 직무수행과 정당한 직무수행을 함께 포함하고 있다.

[273] 第四 兼職禁止

헌법은 「대통령은 국무총리 · 국무위원 · 행정각부의 장 기타 법률이 정하는 公私의 職을 겸할 수 없다」라고 정하고 있다(憲法 §83). 이러한 대통령의 다른 공직의 겸직금지는 권력분립과 국가기관의 기능상의 분리를 실현하기 위하여 필요하다. 대통령이 사적인 직업을 가질 수 없는 것은 대통령 개인의 이해관계를 떠나 국민의 대표자의 지위에서 공무를 공명정대하게 수행하도록 하기 위한 것이다. 대통령이 강력한 권한을 보유하고 사적인 직업을 가지거나 영업행위를 하는 것은 곧 공적인 국가권력의 사유화를 불러올 위험이 있다. 헌법의 취지로 볼 때, 대통령은 어떠한 경우에도 영업행위를 할 수 없다고 할 것이다. 법률로써 대통령이 私職을 겸할 수 없도록 정할 수 있다.

> 대통령이 재임중 재산증식행위를 할 수 있는가 하는 문제가 있다. 대통령으로 당선되기 전에 하던 영업은 계속할 수 없다고 할 것이다. 대통령으로 당선되기 전에 한 주식투자나 부동산투자 등 각종의 투자행위는 대통령의 당선이라는 이유만으로 이를 금지할 수 없다. 그러나 대통령에 재직하면서 이러한 투자행위를 계속하는 것은 자신의 재산증식에 공적인 정보나 힘을 직접 또는 간접으로 이용할 위험이 있기 때문에 문제가 있다. 이를 해결하는 하나의 방법으로는 대통령으로 당선되면 즉시 그 재산을 신탁회사에 신탁하고, 대통령은 이에 관여할 수 없도록 하는 방안이 있다.

대통령이 私職을 겸할 수 없도록 정하고 있더라도 사실상 타인을 앞세워 사직을 수행하거나 영업행위를 하는 경우가 있다. 이러한 것은 권력부패와 정치부패의 원인이 되고 있다. 우리나라에서 항상 문제가 되어 온 것이 대통령이 은밀하게 개입한 이권행위이다. 대통령은 사직을 겸하는 것이 금지되어 있지만 대통령의 가족, 친인척, 측근 인물들은 이러한 행위가 금지되어 있지 아니하므로 대통령이 이들을 통하여 사실상 사직을 겸한 효과를 얻거나 영업행위를 하거나 부를 축적하는 행위를 하는 경우도 있다. 헌법이 정하는 대통령의 겸직금지의무의 법리에 따를 때, 이러한 간접적인 겸직이나 영업행위를 통제하는 장치를 체계적으로 마련하는 것이 필요하다. 이러한 장치가 작동하지 않는 한 헌법상의 겸직금지의무는 규범력을 가지기 어렵다.

[274] 第五 平和統一努力義務

대통령은 통일에 있어서는 평화통일을 할 수 있도록 성실히 노력하여야 하는 의무를 진다. 헌법은 통일에 대하여 제 4 조에서 대한민국은 自由民主的 基本秩序에 입각한 평화적 통일을 지향하는 것으로 정하고 있기 때문에 통일에 대한 대통령의 의무는 이미 헌법수호의무에 포함되어 있다. 그렇지만 헌법은 통일의 중대성에 비추어 다시 헌법 제66조 제 3 항에서 이를 강조하여 「대통령은 조국의 平和的 統一을 위한 성실한 의무를 진다」라고 명시하고 있다.

6. 退任 後의 禮遇

[275] 第一 前職大統領의 禮遇

憲法 제85조는 「前職大統領의 신분과 禮遇에 관하여는 법률로 정한다」라고 정하고 있다. 대통령은 국가의 원수로서의 지위를 가졌던 점을 고려하여 퇴임 후에도 다른 헌법기관과는 달리 특별히 예우를 하고 있다. 이에 따라 前職大統領禮遇에관한법률이 제정되어 있다.

이 법률에 의하면, 대통령을 지낸 본인과 일정한 범위의 유족에 대해서는 연금이 지급된다(同法 §4①). 연금지급액은 전직대통령은 지급 당시의 대통령보수년액의 100分의 95 상당액으로 하고(同條 ②), 유족은 100분의 70 상당액으로 한다(同法 §5①). 이 법에 따라 연금을 지급받는 자는 다른 법에 의한 연금을 지급받지 못한다(同法 §8).

그 이외에 전직대통령은 비서관 3인을 둘 수 있고(同法 §6①), 전직대통령 또는 그 유족은 관계법령이 정하는 바에 따라 ① 필요한 기간의 警護 · 警備, ② 교통 · 통신 및 사무실의 제공 등의 지원, ③ 본인 및 그 가족에 대한 加療, ④ 기타 전직대통령으로서의 필요한 예우의 혜택을 받는다(同條 ③). 그러나 전직대통령이 재직중 탄핵결정을 받아 퇴임한 경우, 禁錮 이상의 형이 확정된 경우, 형사처분을 회피할 목적으로 외국정부에 대하여 逃避處 또는 보호를 요청한 경우, 대한민국의 國籍을 상실한 경우에는 위 ②, ③, ④의 예우를 하지 않는다(同法 §7②). 또 이 법률은 전직대통령을 위한 기념사업을 민간단체 등이 추진하는 경우에는 관계법령이 정하는 바에 따라 필요한 지원을 할 수 있게 정하고 있다(同法 §5의2). 이 법률은 대한민국정부의 樹立 후의 전직대통령과 그 유족에 대하여 모두 적용된다(同法 附則).

[276] 第二 國家元老諮問會議議長

憲法 제90조에 따라 國家元老諮問會議를 두는 경우에는 전직대통령 가운데 직전 대통령은 국가원로자문회의의 의장이 된다(憲法 §90②).

제2절 行政府

1. 國務總理

[277] 第一 國務總理制度

헌법 제86조는 「① 국무총리는 국회의 동의를 얻어 대통령이 임명한다. ② 국무총리는 대통령을 補佐하며, 행정에 관하여 대통령의 命을 받아 行政各部를 統轄한다. ③ 군인은 現役을 면한 후가 아니면 국무총리로 임명될 수 없다」라고 정하여 국무총리제도를 두고 있다.

연혁으로 보면, 국무총리는 1919년에 공포된 「大韓民國臨時憲章」(1919. 4. 11.)과 「大韓民國臨時政府章程」(1919. 4. 25.) 및 「大韓民國臨時憲法」(1919. 9. 11.) 등 대한민국임시정부의 여러 헌법에도 나타났던 제도이다. 대한민국헌법에서는 1948년헌법 이래 그 제도의 내용에서는 변화를 겪으면서 1954년헌법에서 한번 폐지된 것을 제외하고는 현행 헌법에 이르기까지 내려오고 있다. 명칭은 국무총리이지만, 의원내각제의 정부형태를 취한 1960년6월헌법과 1960년11월헌법이 채택한 국무총리제도는 나머지 대통령제를 채택한 정부형태에서의 국무총리와 성질을 달리한다. 우리 헌법사에서는 대통령제정부형태를 채택한 때에도 국무총리를 두면서 부통령을 둔 경우도 있고, 부통령을 두지 않은 경우도 있었으며, 국무총리를 폐지하고 부통령만 둔 경우도 있었다. 현행 헌법은 대통령제정부형태를 취하면서 부통령을 두지 않고 국무총리를 두고 있다.

국무총리의 권한에서도 변화가 있었다. 1948년헌법과 1952년헌법은 국무총리가 행정각부를 감독하는 이외에 행정각부 관할 이외의 행정업무를 담임하게 하였지만, 1962년헌법부터 현재까지는 대통령의 명을 받아 행정각부를 통할만 할 수 있을 뿐 고유의 행정업무를 담임할 수 없게 하고 있다.

국무총리제도는 1889년 일본국의 「大日本帝國憲法」에서 서구의 내각제도를 도입하여 변형시킨 國務大臣制度에 그 뿌리를 두고 있다. 여기서 總理大臣은 천황에 의해 임명되어 天皇을 보좌하는 기관이었으며, 내각의 各省을 통할하는 지위에 있었다. 천황의 국법상의·행위에 대하여 副署하는 권한을 가지고 閣議의 의장의 지위에 있었다. 總理大臣이라는 직명은 그 이전에 1861년 청나라에서 설치한 總理各國事務衙門에서 등장하였는데, 내각의 우두머리로서 헌법에서 정부조직으로 체계화된 것은 「대일본제국헌법」이 채택한 입헌군주제에서 군주를 보좌하는 지위에 있는 총리대신제도이다. 이러한 국무대신제도는 1895년 乙未改革 때 일본에 의해 조선에 도입되어 시행되다가 대한제국의 수립으로 폐지되었다. 이러한 국무대신으로 구성되는 내각의 총리대신은 중국의 辛亥革命 후 1912년에 제정된 「中華民國臨時約法」에서 최초로 國務總理라는 명칭으로 등장하여 국가원수이자 행정수반인 大總統을 보좌하는 지위에 있었다. 이후 중국 上海에 있었던 대한민국임시정부의 1919년 「大韓民國臨時憲法」에서 임시대통령을 보좌하는 국무총리제도로 채택되었다. 이러한 국무총리제도는 1913년의 「中華民國憲法草案」과 1923년의 「中華民國十二年憲法」에도 이어졌고, 1932년 滿洲國의 政府組織法에서도 국가원수인 執政을 보좌하는 기관으로 채택되었다. 우리나라에서는 1948年憲法에서 대통령제하의 국무총리제도를 채택하였는데, 1954年憲法에서 폐지된 이후 1962年憲法에서 다시 부활하여 현재까지 유지되고 있다. 우리나라 국무총리제도는 기원에서는 「大日本帝國憲法」의 내각제도에 바탕을 둔 총리대신제도에 뿌리를 두고, 중국의 근대 헌법들에서 나타난 국무총리제도와 이에 영향을 받아 제정된 「大韓民國臨時憲法」의 국무총리제도, 그리고 만주국의 국무총리제도에 영향을 받아 1948年憲法에 受容된 것으로 추론되며, 현실정치의 역학

국무총리제도의 변천

헌법 / 항목	1948년헌법	1952년헌법	1954년헌법	1960년6월헌법-1960년11월헌법	1962년헌법-1969년헌법	1972년헌법-1980년헌법-1987년헌법
정부형태	대통령제	→	대통령제	의회주의제	대통령제	→
부통령 존폐	○	○	○	×	×	×
국무총리 존폐	○	○	×	○	○	○
국무회의	의결기관	→	→	→	심의기관	→
국무총리 지위	대통령보좌 • 국무회의 부의장 • 행정각부 감독 • 각부관할 이외 행정 업무 담임	→ →	폐지	국무원대표 • 국무회의 의장	대통령보좌 • 국무회의 부의장 • 대통령의 명받아 행정각부 통할	→
국무총리 임명·취임	대통령 임명+국회 승인	국무총리 제청+대통령 임명	폐지	대통령의 지명+민의원의 동의	대통령 임명	국회의 동의+대통령 임명
국무위원 임명	대통령 임명	→	대통령 임명	국무총리 임명+대통령 확인	국무총리 제청+대통령 임명	→
대통령 권한대행	부통령, 국무총리 순		부통령, 국무위원 순	참의원의장, 국무총리 순	국무총리, 국무위원 순	→

관계에 따라 조금씩 변형되어 총리령을 발할 수 있다든가, 임명에서 국회의 동의를 얻어야 한다든가, 국무위원의 임명에 관여한다든가, 대통령의 권한을 대행한다든가 하는 권한이 추가되었다(鄭宗燮e, 231).

[278] 第二 國務總理의 憲法上 地位

헌법 제86조 제2항은 「국무총리는 대통령을 보좌하며, 행정에 관하여 대통령의 命을 받아 행정각부를 統轄한다」라고 정하고 있다. 이러한 형태의 국무총리는 대통령제정부형태에서 보기 힘든 것이다. 헌법이 정하는 국무총리는 대통령에 의해 임명된 공무원으로서 대통령의 명을 받아 행정각부를 통할하기 때문에 의회에서 선출되어 행정부의 수반의 지위에 있는 의원내각제의 수상과는 전혀 성질을 달리 한다. 국무총리는 대통령의 권한대행자의 제1순위에 있는 자이나, 대통령제에서 대통령의 궐위시에 대통령직의 승계권자와 대통령이 직무를 수행할 수 없는 경우 대통령의 권한을 대행하는 권한대행권자의 지위에 있으면서 국민에 의해 직접 선출되어 민주적 정당성을 가지는 부통령과도 다르다. 현행 헌법의 국무총리는 우리 헌법이 채택하고 있는 고유한 제도로서 다음의 지위와 역할을 가진다.

Ⅰ. 대통령의 보좌기관

국무총리는 대통령의 보좌기관이다. 국무총리는 대통령의 직무를 수행함에 있어서 이를 일상적으로 보좌하는 지위에 있다. 대통령의 국법상의 행위로 행하는 모든 문서에 국무총리는 副署하고(憲法 §82), 국회에 출석하여 발언과 답변을 통하여 국회와 행정부간의 업무를 원활하게 한다(憲法 §62). 국무회의에서는 의장인 대통령을 보좌하여 부의장으로서도 활동한다(憲法 §88③).

[憲 1994. 4. 28.-89헌마86] 「헌법 제86조 제2항은 "국무총리는 대통령을 보좌하며, 행정에 관하여 대통령의 명을 받아 행정각부를 통할한다"고 규정하고 있는바, 이 조항은 그 위치와 내용으로 보아 국무총리의 헌법상 주된 지위가 대통령의 보좌기관이라는 것과 그 보좌기관인 지위에서 행정에 관하여 "대통령의 명을 받아" 행정각부를 통할할 수 있다는 그 행정각부 통할권을 규정한 것일 뿐, 청구인의 주장처럼 국가의 공권력을 집행하는 행정부의 조직은 감사원, 국가안전보장회의 등과 같이 헌법상 예외적으로 열거되어 있거나 대통령비서실, 대통령경호실과 같이 그 성질상 대통령직속기관으로 설치할 수 있는 것을 제외하고는 모두 국무총리의 통할을 받아야 하며 그 통할을 받지 않는 행정기관은 법률에 의하더라도 이를 설치할 수 없음을 의미한다고는 볼 수 없고 이 점은 우리 헌법이 국무총리제도를 둔 이유에서 보아도 마찬가지이다. 그것은 우리나라의 정부형태, 국무총리의 헌법상의 지위 특히 대통령과의 관계 등에 관련된 문제로서, 우리나라의 정부형태는 약간의 의원내각제적 요소도 있기는 하나 기본적으로는 대통령제(또는 대통령중심제)로서 행정권 행사에

관한 최고 · 최후의 결정권자는 대통령이라고 해석되는 점, 국무총리의 권한 중에는 국무위원 및 행정각부의 장 임명제청권(憲法 §87①, §94), 대통령의 국법상 행위에 관한 문서에의 부서권(憲法 §82) 등 대통령의 권한행사에 대하여 다소의 견제적 기능을 할 수 있다고 보여지는 것이 있기는 하나, 우리 헌법이 대통령제정부형태를 취하면서도 국무총리제도를 둔 주된 이유가 부통령제를 두지 않았기 때문에 대통령 유고시의 그 권한대행자가 필요하고 또 대통령제의 기능과 능률을 높이기 위하여 대통령을 보좌하고 그 의견을 받들어 정부를 통할 · 조정하는 보좌기관이 필요하다는 데 있었던 점과 대통령에게 법적 제한 없는 국무총리해임권이 있는 점(憲法 §78, §86①) 등을 고려하여 총체적으로 보면, 우리 헌법상 국무총리의 지위의 바탕은 그가 대통령의 첫째가는 보좌기관인 점에 있다고 보여진다. 그렇다면 비록 국무총리가 헌법상의 정부의 제 2 인자인 지위에 있다고 하더라도 그 사실만으로 곧 국무총리의 통할을 받지 않는 행정기관은 법률에 의하더라도 이를 설치할 수 없다든가 또는 모든 행정기관은 헌법상 예외적으로 열거된 경우 등 이외에는 반드시 국무총리의 통할을 받아야 한다고는 볼 수 없고, 이는 그 기관이 관장하는 사무의 성질에 따라 국무총리가 대통령의 명을 받아 통할할 수 있는 기관으로 설치할 수도 있고 또는 대통령이 직접 통할하는 기관으로 설치할 수도 있다 할 것이다.」

Ⅱ. 임명직 공무원

국무총리는 국회의 동의를 얻어 대통령이 임명한다. 따라서 국무총리는 대통령에 의해 임명되는 임명직 공무원이다. 행정부의 공무원의 구조에서 대통령 다음으로 제 2 인자의 서열에 있다.

Ⅲ. 행정각부의 통할기관

국무총리는 행정에 관하여 대통령의 命을 받아 행정각부를 統轄한다. 통할한다는 말은 지휘하고 감독한다는 의미이다. 행정부의 업무를 수행함에 있어서 각부의 업무를 조정하거나 종합하는 업무도 포함한다. 국무총리는 중앙행정기관의 장의 명령이나 처분이 위법 또는 부당하다고 인정할 때에는 대통령의 승인을 받아 이를 중지 또는 취소할 수 있다(政組法 §16②). 국무총리가 행정각부를 통할하는 업무를 원활히 수행하기 위하여 *政府組織法* 제18조 제 1 항은 「국무총리의 직무를 보좌하고 각 중앙행정기관의 행정의 지휘 · 감독, 사회위험 · 갈등의 관리, 심사평가 및 규제개혁에 관하여 국무총리를 보좌하기 위하여 국무총리 밑에 국무총리실을 둔다」라고 정하고 있다.

국무총리는 행정각부를 통할하기 때문에 행정각부의 소관사항을 국무총리의 고유관할로 할 수 없다. 행정부의 모든 업무는 행정각부의 소관사항으로 배분하여야 하고, 국무총리는 이런 행정각부를 통할하기만 한다. 1948년헌법과 1952년헌법은 국무총리로 하여금 행정각부를 감독하는 동시에 행정각부의 관할 이외의 행정업무를 담임한다고 하여 국무총리의 고유업무를 인정하였으나, 1954년헌법 이래 국무총리의 고유업무를 인정하는 것은 폐지하였고, 현행 헌법도 이를 인정하지 않고 오로지 대통령의 명을 받아 행정각부를 통할하는 것만 정하고 있다.

> 政府組織法은 행정부에 속하는 업무 가운데 이를 행정각부의 소관으로 정하지 않고, 국무총리의 소관으로 정하고 있는 것이 있는데, 법제처, 국가보훈처의 설치와 업무가 그것이다(同法 §20, §21). 헌법상 이러한 것은 국무총리의 고유업무영역으로 할 수 없도록 되어 있기 때문에 행정각부의 소관사항으로 하는 것이 타당하다. 뿐만 아니라, 우리 헌법상으로는 성질상 예외적인 경우 이외에는 행정부의 업무는 모두 대통령이 통할하는 행정각부에 배분되어야 하는바, 이러한 행정각부에 배분되어야 할 업무를 대통령관할과 국무총리관할로 나눌 수는 없다. 국무총리는 오로지 대통령의 명을 받아 행정각부만 통할할 수 있을 뿐이다.

국무총리는 「행정각부」만을 통할하기 때문에 행정부에 속하는 기관이라고 하더라도 이러한 행정각부에 속하지 아니하는 기관은 통할할 수 없다. 헌법재판소는 국가안전기획부를 이러한 행정각부에 속하지 아니하는 기관이기 때문에 국무총리는 대통령의 직속기관으로 설치된 국가안전기획부를 통할할 수 없다고 판시하였다(憲 1994. 4. 28.-89헌마86).

> [憲 1994. 4. 28.-89헌마86] 「국가안전기획부는 국무총리의 행정각부 통할권을 규정한 헌법 제86조 제2항 소정의 "행정각부"에 포함되지 아니한다 할 것이므로 이 조항에 의거한 국무총리의 통할을 받지 않는 것은 당연하고……」

국무총리의 업무수행은 항상 대통령의 命을 받아서만 수행한다. 행정부의 업무에 있어서 최종적인 결정권은 행정부의 수반인 대통령이 가지며, 대통령의 명을 받아 행정각부를 통할하는 국무총리는 최종적인 결정권을 가지지 못한다(憲 1994. 4. 28.-89헌마221). 다만, 대통령이 권한을 위임하여 국무총리로 하여금 결정을 하게 하는 경우에는 가능하다. 따라서 국무총리는 대통령의 직무상의 命이 위법한 것이 아닌 한 이를 거부할 수 없으며, 대통령의 직무상의 명을 따를 수 없을 때에는 사임하여야 한다. 대통령은 국무총리의 명령이나 처분이 위법 또는 부당하다고 인정할 때에는 이를 중지 또는 취소할 수 있다(政組法 §11②). 대통령의 이러한 권한은 대통령이 행정부의 수반으로서 행정부를 지휘·감독하며, 행정에 관한 최종결정권을 가지는 데서 나오는 결과이다.

> [憲 1994. 4. 28.-89헌마221] 「국무총리에 관한 헌법상 위의 제 규정을 종합하면 국무총리의 지위가 대통령의 권한행사에 다소의 견제적 기능을 할 수 있다고 보여지는 것이 있기는 하나, 우리 헌법이 대통령중심제의 정부형태를 취하면서도 국무총리제도를 두게 된 주된 이유가 부통령제를 두지 않았기 때문에 대통령 유고시에 그 권한대행자가 필요하고 또 대통령제의 기능과 능률을 높이기 위하여 대통령을 보좌하고 그 의견을 받들어 정부를 통할·조정하는 보좌기관이 필요하다는 데 있었던 점과 대통령에게 법적 제한 없이 국무총리해임권이 있는 점(憲法 §78, §86①) 등을 고

려하여 총체적으로 보면 내각책임제 밑에서의 행정권이 수상에게 귀속되는 것과는 달리 우리나라의 행정권은 헌법상 대통령에게 귀속되고, 국무총리는 단지 대통령의 첫째가는 보좌기관으로서 행정에 관하여 독자적인 권한을 가지지 못하고 대통령의 명을 받아 행정각부를 통할하는 기관으로서의 지위만을 가지며, 행정권 행사에 대한 최후의 결정권자는 대통령이라고 해석하는 것이 타당하다고 할 것이다.」

국무총리는 행정부의 제2인자로서 행정각부를 통할하는 지위에서 국무위원의 임명을 대통령에게 제청하고(憲法 §87①), 국무위원의 해임을 대통령에게 건의한다(憲法 §87③).

대통령이 국무총리에게 명을 하여 행정각부를 통할하게 한 경우에 대통령이 행정각부를 지휘하고 통할하는 권한이 배제되는 것은 아니다. 대통령은 국무총리에게 행정각부를 통할하게 한 경우에도 여전히 행정부의 수반으로 행정각부를 통할한다. 대통령은 언제든지 국무총리에게 명하여 행정각부를 통할하지 못하게 할 수도 있다.

Ⅳ. 국무회의의 구성원

헌법 제88조에 의할 때, 국무총리는 대통령, 국무위원과 함께 국무회의를 구성하는 동일한 구성원이며(憲法 §88②). 국무회의에서는 부의장의 지위를 가진다(憲法 §88③). 따라서 국무총리는 국무회의에 출석하여 발언하고 심의사항으로 처리되는 안건에 대하여 결정하는 권한을 가진다. 동시에 국무총리는 국무회의에서 부의장으로서 의장을 보좌하고, 의장인 대통령의 직무를 대행하는 지위에 있다(政組法 §12②). 부의장으로서 의장을 보좌하는 것은 국무회의의 진행상 그러한 역할을 맡는 것일 뿐, 국무회의에서 구성원으로서의 권한을 행사함에 있어서는 대통령을 보좌하는 지위에 있지 않고 서로 동등한 지위에 있다.

Ⅴ. 대통령의 권한대행권자

국무총리는 대통령이 궐위되거나 사고로 인하여 직무를 수행할 수 없을 때 행해지는 권한의 대행에서 제1순위의 권한대행권자의 지위에 있다(憲法 §71). 민주적 정당성에 의해 뒷받침되는 대통령의 강력한 권한을 임명직 공무원인 국무총리가 대행하는 것은 국가권력과 민주적 정당성의 비례관계에 비추어 볼 때 합당하지 않다.

[279] 第三 國務總理의 任命과 解任

Ⅰ. 국무총리의 임명

(1) 임명의 절차

국무총리는 국회의 동의를 얻어 대통령이 임명한다(憲法 §86①). 이에 따라 대통령이 국무총리를 임명하는 경우에는 반드시 사전에 국회의 동의를 얻어야 한다. 이러한 국무총리의 임명의 절차를 보면, 먼저 국무총리로 임명할 자를 찾아 指名을 하고, 이러한 국무총리피지명자를 국무총리로 임명하는데 필요한 국회의 동의를 구한다. 국회는 국무총리피지명자에 대한 국무총리임명동의를 요청받으면, 인사청문회를 개최하여 인사청문을 실시하고(國會法 §46의3 ①, §65의2), 동의안에 대하여 표결하여 동의여부를 결정한다. 국회의 동의를 받으면 대통령은 국무총리피지명자를 국무총리로 임명한다. 국회의 동의를 얻지 못한 국무총리피지명자는 국무총리로 임명될 수 없다. 이에 의할 때, 국무총리의 임명절차는 「대통령의 지명 → 국무총리피지명자에 대한 국회의 동의 요청 → 국회의 동의 → 대통령의 국무총리의 임명」의 순으로 진행된다.

(2) 국무총리서리의 문제

우리 헌법사에서는 대통령이 국무총리피지명자에 대하여 국회의 동의를 얻지 않은 단계에서 이를 「國務總理署理」라는 이름으로 임명장을 주고 국무총리의 업무를 수행하도록 한 예가 있다. 이러한 것은 국회의 동의를 무시한 대통령의 우월적인 태도에서 초래되기도 하고, 국회의 동의를 얻기 어려운 자를 국무총리로 임명하기 위하여 이를 기정사실화시키는 수법으로 동원하기도 하였다. 「국무총리서리」라는 직은 헌법과 법률 등 어떤 실정법에도 존재하지 않는 虛無職이고, 국회의 동의를 얻어 국무총리로 임명되지 아니한 상태에서는 국무총리권한대행자를 제외하고는 어느 누구도 국무총리의 직을 수행할 수 없으므로 이러한 행위는 헌법에 위반된다(同旨: 鄭萬喜, 238). 이러한 종래의 위헌행위를 제거하고 입헌국가를 실현하기 위하여 김영삼정부에서는 모든 경우에 국회의 사전동의를 얻어 국무총리를 임명하였으나, 김대중정부에서는 많은 비판이 제기되었음에도 대통령은 임기 동안 수차에 걸쳐 고의적으로 「국무총리서리」를 임명하여 국무총리직을 수행하게 하였다. 이는 중대한 헌법부정행위이다(鄭宗燮c, 281).

「국무총리서리」를 임명하는 행위가 헌법에 위반되는가 하는 점이 헌법재판에서 대통령과 국회의원간의 권한쟁의(국회의원 150인이 대통령을 상대로 권한쟁의심판 제기)로 다투어졌으나, 헌법재판소는 재판관들간의 의견이 대립하여 본안판단을 하지 못하고 각하결정을 하였다(憲 1998. 7. 14. -98헌라1).

(3) 문민통제

군인은 현역을 면한 후가 아니면 국무총리로 임명될 수 없다(憲法 §86③). 현역군인을 국무총리로 임명할 수 없도록 한 것은 민주법치국가의 문민통제를 실현하는 것이며, 군정을 부정하는 것이기도 하다.

(4) 국회의원 겸직의 문제

국회의원을 국무총리로 임명할 수 있는가 하는 문제가 있다. 헌법상 국무총리가 국회의원을 겸직할 수 없다고 정하고 있는 명시적인 규정은 없다. 그리고 헌법 제43

조는 「국회의원은 법률이 정하는 직을 겸할 수 없다」라고만 정하고 있어, 법률이 정하기에 따라 국회의원이 국무총리로 임명되는 것을 금지할 수도 있고 허용할 수도 있게 되어 있다. 國會法 제29조 제 1 항은 국회의원이 겸직할 수 없는 직을 정하고 있는데, 이에는 국무총리가 적시되어 있지 않고, 동법 제39조 제 4 항에서는 「국무총리 · 국무위원 · 국무조정실장 · 처의 장, 행정각부의 차관 기타 국가공무원의 직을 겸한 의원은 상임위원을 사임할 수 있다」라고 정하고 있음에 비추어 볼 때, 현행법상으로는 국회의원을 국무총리로 임명할 수 있다(同旨: 金哲洙b, 1763; 權寧星, 1025; 許營 a, 966; 成樂寅, 1052).

국무총리가 국회의원을 겸직하는 것은 대통령제정부형태의 원리와는 부합하지 않는다. 국무총리가 국회의원을 겸직하면, 행정부와 국회간의 협조와 원활한 관계를 유지시킬 수 있는 장점도 있지만, 행정부에 대한 국회의 통제를 어렵게 하는 단점도 있다.

Ⅱ. 국무총리의 해임

대통령은 언제든지 국무총리를 해임할 수 있다. 이러한 국무총리의 해임권은 대통령의 재량에 속한다. 국회의 동의를 얻어 국무총리를 임명하였다가 해임할 때도 국회의 동의를 받아야 하는 것은 아니다.

국회는 국무총리의 해임을 건의할 수 있다(憲法 §63①). 국무총리의 解任建議는 국회재적의원 3분의 1 이상의 發議에 의하여 국회재적의원 과반수의 찬성이 있어야 한다(憲法 §63②). 이것은 우리 헌법사에서 반복되어온 대통령 1인의 獨走를 방지하고 대통령의 강력한 지위와 권한을 통제하기 위한 수단으로 채택한 것이다. 그러나 이러한 국회의 국무총리해임의 건의는 대통령에게 법적인 기속력을 가지지 않는다(同旨: 權寧星, 1026). 정치적으로만 영향을 준다. 따라서 국회가 국무총리의 해임을 건의한 경우에도 대통령은 스스로 판단하여 국무총리를 해임하지 않을 수 있다. 다만, 국무총리의 해임건의가 정당한 것인 경우에는 대통령은 정치적인 부담을 안거나 국회와의 갈등이나 저항에 직면하게 된다. 국무총리의 해임건의가 잘못된 것이 아니거나 특별한 사유가 없는 한 대통령은 이를 수용하여 국무총리를 해임하는 것이 이 제도의 취지에 합치한다. 1962년헌법과 1969년헌법은 현재와 같은 국무총리해임건의제도를 채택하면서, 국회의 해임건의가 있을 때에는 「대통령은 특별한 사유가 없는 한 이에 응하여야 한다」라고 정하고 있었다(憲法 §59).

이 국무총리해임건의제도는 대통령제 정부형태와는 합치하지 않는 것이지만, 국무총리제도를 가지는 우리 정부형태의 특성상 고안된 것이다. 1972년헌법과 1980년헌법은 국회가 국무총리나 국무위원의 해임을 의결할 수 있도록 하고, 이런 해임의결이 있으면, 대통령은 해당 국무총리나 국무위원을 해임하도록 강제하고 있었다. 즉 이런 해임의결은 법적 기속력을 가지고 있다는 점에서 현행의 해임건의와 구별된다.

국회의 국무총리의 해임건의와 관련하여 대통령의 권한을 대행하는 국무총리의 해임을 건의할 수 있는가 하는 문제가 있다. 대통령이 궐위된 경우이든 사고로 인하여 직무를 수행할 수 없는 경우이든 대통령의 권한을 대행하는 국무총리의 해임을 건의할 여지는 없다. 대통령의 권한을 대행하는 체제에서는 대통령의 권한대행자인 국무총리를 해임할 수 있는 대통령이 존재하지 않기 때문이다. 대통령이 궐위된 경우에는 현실에 대통령이 아예 존재하지 않고, 대통령이 사고로 인하여 직무를 수행할 수 없어 국무총리가 대통령의 권한을 대행하는 경우에는 현실에 대통령이 존재한다고 하더라도 정상적으로 대통령의 법적인 권한을 행사할 수 없기 때문에 이런 해임권을 적법하게 행사하는 것이 불가능하다. 또 국무총리의 해임건의제도는 대통령이 존재하는 것을 전제로 하여 대통령을 보좌하고 행정각부를 통할하는 행정부의 제2인자의 지위에 있는 자를 통제를 하기 위한 것이고 대통령의 모든 권한을 대행하여 실질적으로 대통령의 직무를 수행하는 자를 그 직에서 배제시키는 것이 아니기 때문에 제도의 성질상으로도 대통령의 권한을 대행하는 국무총리에 대하여 국회는 해임건의권을 행사할 수 없다고 할 것이다.

Ⅲ. 국무총리의 사임

국무총리는 언제나 자유로이 사임할 수 있다. 국회의 동의가 있고, 대통령의 임명이 있었다고 하더라도 국무총리는 어떤 경우에도 그의 사임에 따른 법적 책임을 지지 않는다. 국민의 기본권인 공무담임권의 행사에 해당하기 때문이다.

국무총리가 사임하거나 해임된 경우에 그가 헌법 제87조 제1항에 따라 제청하여 임명된 국무위원이나 헌법 제94조에 따라 제청하여 임명된 행정각부의 장도 같이 사임하거나 해임되는가 하는 문제가 있다. 이에 대해서는 이런 경우에는 모두 같이 사임하여야 한다는 견해(金哲洙b, 1765)와 국무총리의 사임이나 해임은 국무총리 1인에 한하여 정치적 책임을 지거나 지우는 것일뿐 그가 제청한 국무위원이나 행정각부의 장에게까지 법적 책임을 지우는 것이 아니므로 모두 사임할 이유가 없다는 견해(權寧星, 1028)가 대립한다.

살피건대, 현행 헌법상 국무총리가 사임하거나 해임된 경우에 그가 제청하여 임명된 국무위원이나 행정각부의 장도 같이 사임한다는 명문의 규정이 없고, 국무위원이나 행정각부의 장의 임명에 있어서 국무총리의 제청은 대통령에게 해당 인물을 해당 직에 임명하여 줄 것을 천거하는 의사표시이고, 이런 제청에 대통령이 기속되는 것은 아니며, 임명된 국무위원이나 행정각부의 장이 스스로 사임하지 않는 한 그 해임은 임명권자인 대통령의 권한이고 국무총리의 제청이 이런 대통령의 해임권을 제약할 수 없기 때문에 헌법해석상 국무총리가 사임하거나 해임된 경우에 그가 제청한 국무위원이나 행정각부의 장이 당연히 그 직에서 배제된다는 결론은 나오지 않는다고 할 것이다. 따라서 국무총리가 사임하거나 해임된 경우에 어떤 국무위원도 사임해야 할 책임은 지지 않는다(同旨: 權寧星, 1028; 許營a, 968). 다만, 현행 헌법상으로는 이에 관한 명시적인 규정이 없는 상태이므로 헌법정책상 필요한 경우에는 법률로써 국무총리가 사임하거나 해임된 경우에 국무위원 전원을 동시에 해임하게 할 수는 있다고 할 것이다.

1972년헌법과 1980년헌법은 국무총리 또는 국무위원에 대한 국회의 해임의결제도를 채택하면서, 국회가 국무총리에 대하여 해임의결을 한 경우에는 대통령이 국무총리와 국무위원 전원을 해임하여야 한다고 정하고 있었다.

[280] 第四 國務總理의 權限

I. 행정각부의 통할에 관한 권한

국무총리는 대통령을 보좌하는 자로 행정각부를 통할한다. 행정각부의 업무를 조정하고 중재하여 행정각부의 업무를 원활히 수행할 수 있게 한다. 행정부의 운영상 행정각부간의 의견의 대립과 갈등이 발생하는데, 이러한 대립과 갈등을 해소하고 각부간의 협력과 의사소통을 원활하게 하는데 국무총리의 중요한 기능이 있다. 물론 이러한 행정각부간의 대립이나 갈등은 대통령의 명으로 조정할 수 있지만, 일상적인 행정업무의 수행에서 발생하는 모든 사건을 대통령이 직접 처리할 수는 없다. 특히 행정부의 효율적이고 체계적인 운영을 실현하기 위한 하나의 방법으로 「행정부의 이원적 운영」을 실행하는 경우에는 국무총리가 가지는 이러한 조정, 통제, 종합의 기능은 중요한 의미를 가진다.

이러한 국무총리의 업무를 원활하게 수행할 수 있도록 하기 위해서는 행정각부의 장의 명령이나 처분이 위법하거나 부당한 경우에는 국무총리가 이를 중지하거나 취소할 수 있어야 한다. 政府組織法은 이를 실현할 수 있도록 하기 위하여 국무총리는 중앙행정기관의 장의 명령이나 처분이 위법 또는 부당하다고 인정할 때에는 대통령의 승인을 얻어 이를 중지 또는 취소할 수 있다고 정하고 있다(政組法 §16②). 국무총리는 대통령의 명을 받아 행정각부를 통할하는 지위에 있기 때문에 중앙행정기관의 장의 명령이나 처분을 중지하거나 취소하는 경우에도 독자적으로 이를 할 수 없고 대통령의 명을 받아 행한다.

Ⅱ. 국무위원등의 임면에 관한 권한

국무총리는 국무위원과 행정각부의 장의 임명에 있어 제청하는 권한을 가지는 동시에 대통령에게 국무위원의 해임을 건의하는 권한을 가진다. 국무총리에게 이러한 권한을 부여한 것은 행정각부를 통할하는 권한을 가지는 국무총리로 하여금 행정각부를 효율적으로 지휘·감독할 수 있게 하기 위한 것이다.

(1) 국무위원등의 임명제청권

헌법 제87조 제1항은 「국무위원은 국무총리의 제청으로 대통령이 임명한다」라고 정하고 있고, 헌법 제94조는 「행정각부의 장은 국무위원 중에서 국무총리의 제청으로 대통령이 임명한다」라고 정하고 있다. 따라서 국무총리는 대통령이 국무위원이나 행정각부의 장을 임명함에 있어서 먼저 그 직에 적합한 자를 골라 대통령에게 국무위원 또는 행정각부의 장으로 임명하여 줄 것을 요청할 수 있는 권한과 의무를 진다.

이러한 국무총리의 제청은 국무총리가 제청하는 자가 해당 직에 적합할 것이라는 의사를 대통령에게 표시하는 것이므로 대통령은 국무총리의 제청에 법적으로 기속되지 않는다(同旨: 權寧星, 1028; 金哲洙b, 1765; 許營a, 967; 成樂寅, 1055). 국무총리의 제청이 있더라도 대통령이 해당자가 국무위원으로 적합하지 않다고 판단하면 국무위원이나 행정각부의 장으로 임명하지 않을 수 있는데, 이는 행정부의 수반으로서 가지는 국무회의 또는 행정각부를 구성하는 권한의 법리적 귀결이다.

국무총리가 가지는 국무위원임명제청권이나 행정각부의 장에 대한 임명제청권은 행정부의 구성에 있어서 부여받은 직무상의 권한이기 때문에 이 권한의 행사는 의무이기도 하다. 따라서 국무총리는 이러한 권한의 행사를 포기하지 못한다. 국무총리가 이러한 권한을 고의로 행사하지 아니하는 경우에는 직무유기의 책임을 진다.

국무총리의 국무위원등의 임면에 관한 권한과 관련하여, 대통령이 국무위원이나 행정각부의 장을 임명할 때 국무총리의 제청 없이 국무위원이나 행정각부의 장을 임명할 수 있는가 하는 문제가 있다. 이에 대해서는 대통령이 국무총리의 제청 없이 국무위원이나 행정각부의 장을 임명하는 행위는 유효하다는 견해와 무효라는 견해가 대립한다.

(a) 유 효 설

국무총리의 국무위원등의 임명제청권은 대통령의 명시적 또는 묵시적 승인을 전제로 하는 보좌적 기능이라는 의미에서 명목적인 권한에 불과하므로 제청 없이 한 이런 임명행위는 유효하다고 본다(예: 許營a, 967). 다만, 이 경우 대통령의 행위는 헌법위반으로 탄핵소추의 사유가 된다고 한다(예: 權寧星, 1027).

(b) 무 효 설

헌법상의 국무총리제도의 취지에 비추어 볼 때 무효라고 한다(예: 金哲洙b, 1764).

(c) 사 견

국무총리의 제청은 국무위원 또는 행정각부의 장의 임명에 있어 헌법에서 명시적으로 정하고 있는 절차이고, 헌법이 특유한 국무총리제도를 채택하면서 국무총리의 역할을 보장함과 동시에 대통령의 국무위원등의 임명에 관한 권한의 행사를 이러한 일정 수준에서 통제하는 기능도 부여하고 있다. 이러한 기능을 가지는 헌법상의 명시적 권한을 명목적인 권한이라고 할 수도 없으므로 이와 같은 절차를 무시한 행위는 헌법을 위반한 것으로 무효라고 할 것이다.

(2) 국무위원의 해임건의권

헌법 제87조 제3항은 「국무총리는 국무위원의 해임을 대통령에게 건의할 수 있다」라고 정하고 있다. 따라서 국무총리는 대통령에게 국무위원의 일부 또는 전부에 대해서 해임하여 줄 것을 건의할 수 있다. 헌법상 행정각부의 장은 반드시 국무위원 가운데서만 임명하도록 하기 때문에 국무총리의 이런 국무위원해임건의권은 행정각부의 장의 해임을 건의하는 방법으로도 사용된다.

국무총리의 국무위원 해임건의는 대통령에게 특정 국무위원이나 국무위원 전원을 해임하여 달라는 의사의 표시이고, 이는 기속력을 가지지 않는다(同旨: 權寧星, 1027; 金哲洙b, 1765, 許營a, 967). 따라서 대통령은 국무총리로부터 이러한 국무위원의 해임건의를 받은 경우에도 스스로 그 해임여부를 결정할 수 있다. 국무총리가 특정 국무위원을 해임할 것을 강력히 건의하였음에도 대통령이 이를 거부한 경우에는 대통령과 국무총리간에 정치적인 갈등이 발생할 수 있고, 상황에 따라서는 국무총리가 사임하는 사태에 도달할 수 있다.

국무총리의 국무위원 해임건의는 국무위원의 임명에서 요구되는 절차인 제청과 달리 필요적으로 요구되는 절차가 아니므로 대통령은 국무총리의 해임건의가 없어도 언제든지 국무위원을 해임할 수 있다. 이는 대통령이 행정부의 수반으로서의 지위에서 가지는 국무회의 또는 행정각부를 구성하는 권한의 법리적 귀결이다.

Ⅲ. 국무회의의 구성원으로서의 권한

헌법 제88조에 의할 때, 국무총리는 국무회의를 구성하는 구성원이고(憲法 §88②), 국무회의의 부의장이 된다(憲法 §88③). 따라서 국무총리는 대통령, 국무위원과 동일하게 국무회의의 구성원으로서의 지위를 가진다. 국무회의에 출석하고 발언하고 심의사항으로 처리되는 안건에 대하여 결정하며, 국무회의에서 심의할 사항을 제출할 권한(憲法 §89 xvii) 등 그 구성원으로서 가지는 권한을 모두 가진다. 국무총리가 국무회의에서 구성원으로 권한을 행사하는 경우에는 대통령과 동일한 구성원의 지위에 있기 때문에 국무회의의 안건 심의에 있어서 대통령의 지시나 명령을 받지 않고, 독자적으로 권한을 행사한다. 이러한 권한의 행사를 법률로 제한할 수 없다.

국무총리는 국무회의의 부의장이기 때문에 의장인 대통령이 사고로 인하여 직무를 행할 수 없을 때에는 부의장인 국무총리가 그 직무를 대행한다(政組法 §12②).

Ⅳ. 부 서 권

국무총리는 대통령이 국법상의 행위로 하는 문서에 부서하는 권한을 가진다(憲法 §82). 국무총리의 권한이자 의무이므로 대통령의 국법상의 행위에 대해서는 원칙적으로 부서를 하여야 할 의무가 있고, 정당한 사유가 있는 경우에 한해서만 부서를 거부할 수 있다. 국무총리의 부서는 국무위원의 부서와 달리 대통령의 모든 국법상의 행위에 대하여 행해진다.

Ⅴ. 총리령 발령권

(1) 의 의

국무총리는 소관사무에 관하여 법률이나 대통령령의 위임 또는 직권으로 총리령을 발할 수 있다(憲法 §95). 헌법은 이와 같이 국무총리의 행정입법권을 정하고 있는 것이다. 이 헌법의 규정에 의할 때, 국회는 법률을 제정하면서 하위 법규명령에 위임하는 경우 반드시 대통령령에 위임하는 것이 아니라 대통령령이나 총리령 또는 부령에 바로 위임할 수 있다.

(2) 종 류

헌법 제95조에 의하면, 총리령에는 법률이나 대통령령의 위임에 따라 발하는 위임명령과 직권으로 발하는 직권명령이 있다.

(a) 위임명령

위임명령은 법률이나 대통령령의 위임에 따라 발하는 법규명령이기 때문에 위임의 범위 내에서는 국민의 권리나 의무에 관한 사항도 규율할 수 있다.

(b) 직권명령

직권명령은 국무총리가 직권으로 발하는 행정상의 집행명령이다. 그런데 이러한 직권명령이 어떠한 성질을 가지는 것인가에 대하여 학설상 논란이 있다.

(i) 행정규칙설 직권명령은 국무총리가 법령에 의한 수권 없이 직무상의 권한범위 내에서 업무를 수행하기 위하여 발하는 행정규칙 또는 행정명령에 해당하는 것이라고 한다. 따라서 직권명령은 국민의 권리나 의무에 관한 사항을 규율할 수

없고, 대외적으로 효력을 가지지 못하는 것이라고 한다(예: 金哲洙b, 1769).

(ii) 법규명령설　　직권명령은 국무총리가 법률을 집행하기 위하여 발하는 법규명령이라고 한다. 따라서 직권명령도 위임명령과 같이 법규명령이기 때문에 국민의 권리와 의무에 관한 사항을 규율할 수 있고, 대외적으로도 효력을 가진다고 한다(예: 權寧星, 1030).

(iii) 사　견　　국무총리는 대통령을 보좌하는 지위에서 행정부의 업무를 수행함에 있어서 법률이나 대통령령을 집행한다. 이에는 법률이나 대통령령이 위임하는 바에 따라 명령을 발하기도 하고, 단순히 법률이나 대통령령의 위임명령을 집행하기 위하여 직권으로 명령을 발하기도 하는데, 이 후자의 경우를 직권명령이라고 보는 것이 타당하다. 따라서 이런 직권명령은 절차적인 집행명령이므로 국민의 권리나 의무에 관한 사항을 규율할 수 없고(同旨: 金哲洙b, 1769; 許營a, 969), 특별한 경우가 아닌 한 대외적으로 효력을 가지지 않는다. 헌법 제95조는 국무총리와 행정각부의 장이 발할 수 있는 법규명령으로서의 위임명령과 절차적 집행명령으로서의 직권명령을 발하는 권한을 정하고 있는 것이며, 위임명령 이외의 법규명령을 직권으로 발할 수 있음을 정한 것이라고 보기는 어렵다. 이런 점에서 보건대, 국무총리가 발하는 總理令에는 대외적 효력을 가지는 법규명령으로서의 명령과 대내적으로만 효력을 가지는 명령(예: 大 1992. 4. 14.-91누9954)이 있다.

> [大 1992. 4. 14.-91누9954] 「공무원징계양정등에관한규칙은 그 형식은 총리령으로 되어 있으나, 그 제2조가 규정하는 징계양정의 기준의 성질은 행정기관 내부의 사무처리준칙에 지나지 아니한 것이지 대외적으로 국민이나 법원을 기속하는 것이 아니므로……」

(3) 공　　포

총리령을 공포할 경우에는 그 일자를 明記하고, 국무총리가 서명한 후 總理印을 날인하여(法公法 §9①) 그 번호를 붙여서 공포하되(同法 §10①), 官報에 게재하여 이를 한다(同法 §11①). 공포일은 그 법령등을 게재한 관보 또는 신문이 발행된 날로 하고(同法 §12), 특별한 규정이 없는 한 공포한 날로부터 20일이 경과하면 효력을 발생한다(同法 §13). 국민의 권리제한 또는 의무부과와 직접 관련되는 총리령은 긴급히 시행하여야 할 특별한 사유가 있는 경우를 제외하고는 공포일로부터 적어도 30일이 경과한 날로부터 시행되도록 하여야 한다(同法 §13의2).

(4) 총리령과 부령

헌법 제95조는 「국무총리 또는 행정각부의 장은 소관사무에 관하여 법률이나 대통령령의 위임 또는 직권으로 총리령 또는 부령을 발할 수 있다」라고 하여 행정입법권에 관하여 국무총리와 국무위원을 동일하게 정하고 있으며, 총리령과 부령과의 우열에 대해서는 헌법이 명시적으로 정하고 있는 것이 없다.

양자의 효력에 대하여 헌법해석상으로는 양자가 법적으로 동위에 있다는 견해(예: 權寧星, 1031)와 양자가 법적으로는 동위에 있으나 행정각부의 통할권을 가지는 국무총리의 총리령이 실질적으로 우위에 있다는 견해(예: 金哲洙b, 1769)가 있다. 어느 쪽 견해에 의하든 법적인 효력에서는 양자가 대등하다는 점에서는 일치한다. 헌법이 정하고 있는 바와 같이, 총리령이나 부령은 모두 법률이나 대통령령의 위임을 받아 정하는 위임명령이거나 이를 집행하기 위한 집행명령이므로 그 법적 효력에서는 대등하다(同旨: 許營a, 969). 총리령과 부령간에 서로 내용이 저촉하는 경우에는 新法優先의 原則에 따라 해결하거나 상위 근거법령을 개정하여 해결한다.

> 정부조직법 제16조 제2항은 「국무총리는 중앙행정기관의 장의 명령이나 처분이 위법 또는 부당하다고 인정할 때에는 대통령의 승인을 얻어 이를 중지 또는 취소할 수 있다」고 정하고 있고, 중앙행정기관의 장에는 행정각부의 장도 포함하고 있으므로 여기서 정하고 있는 명령이 부령을 포함하는 것인가 하는 것이 문제가 된다.

Ⅵ. 국회에의 출석 · 발언권

헌법 제62조 제1항은 「국무총리 · 국무위원 또는 정부위원은 국회나 그 위원회에 출석하여 국정처리상황을 보고하거나 의견을 진술하고 질문에 응답할 수 있다」라고 정하여 국무총리에게 국무위원 또는 정부위원과 동일하게 국회에 출석하여 의견을 진술하고 질문에 응답할 수 있다고 정하고 있다. 국무총리가 국회에 출석하여 발언할 수 있게 하는 이러한 제도는 국정의 운영에서 국회와 행정부간의 의사소통을 원활하게 하는데 기여한다. 국회로 하여금 행정부의 업무상황을 충분히 이해하게 만들고, 국회를 설득하여 행정부의 업무수행에 협조를 구할 수 있게 해준다. 대통령을 보좌하며 행정각부의 장을 통할하는 국무총리가 이러한 권한을 가지는 것은 국정운영의 효율을 높이는 데도 기여한다.

대통령은 수많은 국가적 과제 가운데 직접 처리하여야 할 과제를 선택하고, 업무수행에서도 직접 처리해야 하는 사안에 역량을 집중하여 효율적으로 처리하여야 하므로 대통령이 세세한 일까지 국회에 나가 설명하고 국회의 협조를 구하기에는 시간과 역량이 충분하지 않다. 국회를 설득하는 일도 대통령이 직접 나서야 하는 사안이 있고, 국무총리나 국무위원이 나서야 하는 사안이 있다. 이런 점에서 국무총리가 가지는 국회출석 · 발언권은 행정부의 운영에서 대통령과 역할을 분담하여 국회를 설득하고 협조를 구한다는 점에서 중요한 기능을 한다.

Ⅶ. 대통령 권한의 대행권

헌법 제71조에 의하면, 대통령이 궐위되거나 사고로 인하여 직무를 수행할 수 없을 때에는 국무총리가 그 권한을 대행하는 제1순위에 있다. 이로써 국무총리는 대통령의 권한을 대행하는 권한을 가진다. 이에 대해서는 앞에서 본 바와 같다([520]).

[281] 第五 國務總理 權限의 代行

국무총리의 이러한 헌법상의 권한에 대한 대행에 대하여 헌법은 정하는 바가 없다. 政府組織法은 「국무총리가 사고로 인하여 직무를 수행할 수 없는 경우에는 대통령의 지명이 있으면 그 지명을 받은 국무위원이, 지명이 없는 경우에는 제22조 제1항에 규정된 순서에 따라 국무위원이 그 직무를 대행한다」라고 하여(同法 §19), 그 직무대행을 정하고 있다. 이 때의 직무대행은 권한대행을 의미한다. 정부조직법은 직무대행사유로 「사고로 인하여 직무를 수행할 수 없는 경우」라고 정하고 있는데, 권한대행 또는 직무대행의 법리에 따를 때, 이 때의 「사고」에는 당연히 궐위도 포함된다. 국무총리가 궐위된 때에 그 국무총리직을 공백으로 두어 행정부의 업무를 마비시킬 수 없기 때문이다.

국정의 운영에 있어 공직수행에 공백이 발생하면 안 된다. 그리하여 국가기관의 업무수행에서는 이러한 업무수행상의 공백을 방지하기 위하여 權限代行(=職務代理)制度를 두고 있다. 우리 헌법과 법률상의 국가기관에도 이러한 업무수행상의 공백을

권한대행	권한대행자
대통령	국무총리 및 법률이 정한 순서의 국무위원(憲法 §71)
국회의장	의장이 지정하는 부의장. 직무대리자를 지정할 수 없는 때에는 소속의원수가 많은 교섭단체소속인 부의장의 순. 의장과 부의장이 동시 궐위시에는 선출한 임시의장(國會法 §12, §13)
헌법재판소장	• 일시적 사고시: 재판관 중 임명일자 순(임명일자가 동일한 때에는 연장자순) • 궐위 또는 1월 이상 사고시: 재판관회의에서 대행자로 선출된 재판관(대행자가 선출시까지는 일시적 사고시의 대행자) (憲裁法 §12④, 헌재소장권한대행규칙 §2, §3①)
대법원장	선임 대법관(法組法 §13③)
국무총리	대통령이 지명하는 국무위원. 지명이 없는 경우에는 정부조직법에 정한 순서의 국무위원(政組法 §19)
감사원장	감사위원으로 최장기간 재직한 감사위원(재직기간이 같은 감사위원이 2명 이상인 경우에는 연장자)(監査院法 §4③)
중앙선거관리위원회 위원장	상임위원 또는 부위원장(위원장 · 상임위원 · 부위원장이 모두 사고가 있을 때에는 위원 중에서 호선한 임시위원장)(選管委法 §5⑤)

방지하기 위한 규정을 두고 있다. 현재 업무수행상 공백이 발생하는 경우는 없다. 政府組織法은 행정기관의 장의 권한대행, 국무회의의 의장으로서의 대통령의 권한대행과 부의장인 국무총리의 권한대행, 국무총리의 직무대행에 대하여 정하고 있다(同法 §7②, §12②, §19). 주요 국가기관의 권한대행을 보면 위와 같다.

[282] 第六 行政府의 二元的 運營

국무총리제도는 대통령제 정부형태에서는 보기 어려운 제도이지만, 우리 헌법이 채택해온 제도이다. 그런데 우리나라의 대통령제는 그 동안 대통령 1인에게 권력이 집중되는 독재 또는 권위주의정부의 양상을 노정하고, 대통령제정부의 운영에서 상당한 파행을 겪어 왔으므로, 이를 극복하고 국정을 보다 효과적으로 운영하며 대통령제에 따른 위험을 완화시키는 방법으로 헌법상의 국무총리제도를 활용하여 대통령과 국무총리간의 사실상의 역할을 조정하여 행정부를 이원적으로 운영하게 하는 방법이 있다(鄭宗燮d, 135). 이는 대통령제정부에서 대통령은 국정의 운영에서 시간, 인적·물적 자원, 역량에서 분명한 한계가 있다는 점을 전제로 하여, 제한된 시간과 자원 속에서 국정을 성공적으로 운영할 수 있게 하는 방안이다.

이는 대통령의 지위 가운데 국가원수로서의 지위와 국정조정자 또는 최고책임자의 지위에서 가지는 권한은 현실에서도 대통령이 그대로 행사하되, 행정부의 수반으로서의 지위에서 가지는 권한의 상당 부분을 국무총리에게 위임하여 사실상 국무총리

행정부의 이원적 운영 모델

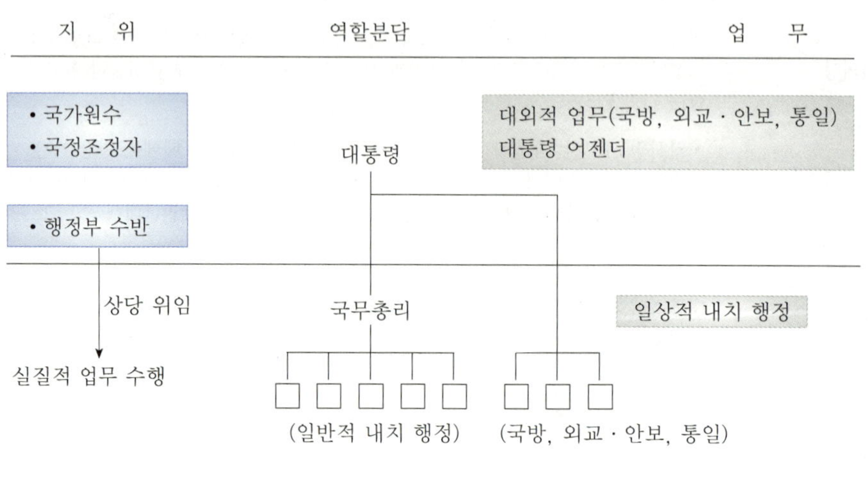

로 하여금 그 영역을 관장하게 하는 방법이다. 이에 의하면, 대통령은 대외적인 국방, 외교, 안보, 통일의 업무와 「국가과제」(national agenda) 또는 「대통령과제」(President's agenda)로 선정한 업무에 집중하고, 나머지 내치업무는 대통령으로부터 권한을 위임받은 국무총리가 처리한다. 물론 이 경우에도 국무총리는 헌법이 정하는 지위를 그대로 유지하므로 국무총리가 관장하는 업무는 고유의 것이 아니고 어디까지나 대통령으로부터 위임받은 것이므로 대통령의 지시나 명령에 복종하여야 한다.

이러한 국정운영의 방법은 헌법이 인정하는 범위 내에서 가능한 모델이므로 이는 정부형태의 변경도 아니고 이원정부제의 방식도 아니다. 헌법상의 국무총리를 운영하는 방법 가운데 하나에 해당한다.

[283] 第七 國務總理의 責務

Ⅰ. 대통령에 대한 책무

국무총리는 대통령에 의해 임명되어 대통령을 보좌하는 지위에 있으면서 헌법이 부여한 행정각부를 통할할 책임을 진다. 또 국무총리는 국무회의의 구성원인 동시에 부의장의 지위에 있으므로 그에 따르는 책무를 다해야 한다. 국무총리는 대통령의 국법상의 행위가 위법하지 않는 한 부서를 거부하지 못하고 부서를 해야 하므로 이러한 부서에 따르는 책임을 져야 한다. 따라서 국무총리가 부서한 정책이 실패한 경우 이를 대통령의 책임으로만 미룰 수는 없고 대통령과 함께 그에 따르는 정치적 책임을 져야 한다.

Ⅱ. 국회에 대한 책무

국무총리는 국회에 대하여 일정한 책무를 진다. 이에는 국회에 출석하여 답변할 의무, 국회의 해임건의에 따른 책임, 국회의 탄핵소추에 따른 책임 등이 있다.

(1) 국회에의 출석 · 답변

헌법에 의하면, 국무총리는 국회나 그 위원회의 요구가 있을 때에는 국회나 그 위원회에 출석하여 답변하여야 한다(憲法 §62②). 이는 헌법이 정하는 법적인 의무이다. 다만, 이 경우 국무총리가 국회나 그 위원회로부터 출석요구를 받은 때에는 국무위원 또는 정부위원으로 하여금 출석하여 답변하게 할 수 있다(憲法 §62②).

(2) 국회의 해임건의에 따른 책임

위에서 본 바와 같이, 국회는 대통령에게 국무총리의 해임을 건의할 수 있다. 국회의 해임건의가 있는 경우 대통령에게 국무총리를 반드시 해임시켜야 하는 의무는 발생하지 않는다. 따라서 국무총리도 이런 해임건의에 의해 정치적인 부담은 가지지만 법적인 책임을 지는 것은 아니다. 그러나 대통령은 이런 국회의 해임건의가 있으면 특별한 사정이 없는 한 국무총리를 해임하는 것이 제도의 취지에 부합한다. 대통령이 국회의 해임건의를 받아들여 국무총리를 해임하면 국무총리는 그 직에서 배제된다.

(3) 국회의 탄핵소추에 따른 책임

국회는 국무총리가 그 직무집행에 있어서 헌법이나 법률을 위배한 때에는 탄핵의 소추를 의결할 수 있다(憲法 §65①). 탄핵소추의 의결을 받은 자는 탄핵심판이 있을 때까지 그 권한행사가 정지되기 때문에(同條 ③), 국무총리가 국회에 의해 탄핵소추를 받으면 탄핵심판이 있을 때까지 그 권한을 행사할 수 없다. 국무총리가 헌법재판소에 의해 탄핵되면 그 직에서 파면되고 그에 따른 책임을 진다.

2. 國務委員

헌법 제87조는 「① 국무위원은 국무총리의 제청으로 대통령이 임명한다. ② 국무위원은 국정에 관하여 대통령을 보좌하며, 국무회의의 구성원으로서 국정을 심의한다. ③ 국무총리는 국무위원의 해임을 대통령에게 건의할 수 있다. ④ 군인은 현역을 면한 후가 아니면 국무위원으로 임명될 수 없다」라고 하여 국무위원에 대하여 정하고 있다.

[284] 第一 國務委員의 憲法上 地位

I. 국무회의의 구성원

헌법의 규정에 의하면, 국무회의는 대통령, 국무총리와 함께 국무위원으로 구성한다(憲法 §88②). 국무위원은 국무회의에서 이들과 법적으로 동등한 지위에서 구성원으로서 활동한다(同旨: 權寧星, 1034). 따라서 대통령이나 국무총리는 국무회의에서 안건의 심의와 관련하여 국무위원에게 지시나 명령을 할 수 없다. 국무위원이 행정각부의 장인 경우에는 대통령이 행정부의 수반으로서 지시를 할 수 있고, 국무총리도 대통령의 명을 받아 행정각부를 통할하는 범위 내에서 지시를 할 수 있지만, 이는 국무회의가 아닌 경우이다.

이와 달리 국무위원은 국무회의에서 대통령이나 국무총리와 동위에서 대등한 권한을 가지지 않는다고 하는 견해가 있다(金哲洙b, 1771). 실제에서는 행정부의 수반의 지위에 있는 대통령이나 행정각부를 통할하는 국무총리가 국무회의에서도 그 지위에 따른 영향을 미칠 수 있으나, 이는 사실상의 문제이고, 심의사항을 심의함에 있어서 가지는 법적인 권한에서는 국무위원은 대통령이나 국무총리와 동등한 권한을 가진다.

Ⅱ. 대통령의 보좌기관

국무위원은 국정에 관하여 대통령을 보좌하는 지위에 있는데(憲法 §87②), 대통령의 국법상의 행위에 대하여 부서하는 것도(憲法 §82) 이런 보좌하는 행위로서의 한 측면을 가진다. 따라서 이러한 부서를 함에 있어서 국무위원은 대통령의 국법상의 행위가 위법한 것이 아닌 한 부서를 하여야 하는 책무를 진다. 대통령을 보좌한다는 것은 무조건 대통령의 의사를 추종한다는 의미가 아니라 대통령이 그 권한을 정당하고 적법하게 행사할 수 있도록 조언하고 지원한다는 것을 말한다.

[285] 第二 國務委員의 任命과 解任

Ⅰ. 국무위원의 임명

국무위원은 국무총리의 제청으로 대통령이 임명한다(憲法 §87①). 따라서 대통령이 국무위원을 임명하기 전에 반드시 국무총리의 제청을 거쳐야 한다. 국무총리는 국무위원의 임명에 있어 사전에 대통령과 상의하거나 상의하지 않고 해당자를 제청할 수 있다.

국무위원의 수는 15인 이상 30인 이하로 한다(憲法 §88②).

군인은 현역을 면한 후가 아니면 국무위원으로 임명될 수 없다(憲法 §87④). 이는 문민통제의 원리를 관철하여 軍政을 방지하고, 민주법치주의를 실현시키기 위함이다.

국무위원이 국회의원을 겸직할 수 있는가 하는 문제가 생기는데, 헌법은 이에 대하여 명시적으로 정하고 있는 바가 없고, 국무총리의 경우에서 본 바와 같이([279]), 현행법에서는 국무위원은 국회의원을 겸할 수 있다. 그러나 국무위원이 국회의원을 겸하는 것은 대통령제의 원리와는 부합하기 어렵다. 국무위원으로 하여금 국회의원을 겸하게 하는 경우에는 국회와 행정부간의 협력을 수월하게 하는 장점이 있으나, 권위주의적 대통령제하에서는 자신의 추종자를 행정부와 국회에 동시에 배치하여 국회를 장악하는 수단으로 악용될 수 있다. 그 나라의 정당이 처한 상황에 따라서는 국무위원으로 하여금 국회의원을 겸하게 하는 것은 국회의 대행정부 통제기능을 약화시킬 우려도 있다.

Ⅱ. 국무위원의 해임

대통령은 언제든지 국무위원을 해임할 수 있다. 국무총리의 동의를 요하지 않는다. 국무위원의 해임사유는 대통령의 재량에 속하는 사항이다.

국무위원을 해임함에 있어 국무총리는 대통령에게 해임을 건의할 수 있다(憲法 §87③). 이러한 해임건의는 해임을 건의하는 국무총리가 제청하여 임명된 국무위원뿐만 아니라 자신이 제청하지 아니한 국무위원에 대해서도 가능하다. 국회도 국회재적의원 3분의 1 이상의 발의와 국회재적의원 과반수의 찬성으로 대통령에게 국무위원의 해임을 건의할 수 있다(憲法 §63①,②).

국회나 국무총리의 국무위원 해임건의는 국무위원 일부 또는 전부에 대해서 행할 수 있다. 그런데 국회나 국무총리의 해임건의는 대통령을 기속하지는 않는다. 따라서 이러한 해임건의가 있는 경우에도 대통령은 스스로 판단하여 해당 국무위원의 해임여부를 결정한다.

Ⅲ. 국무위원의 사임

국무위원은 언제나 자발적으로 그 직을 사임할 수 있다. 국무총리나 대통령의 동의를 필요로 하지 않는다. 국무위원직의 사임은 국민의 공무담임권의 행사에 해당하므로 대통령이 이를 방해할 수 없다.

[286] 第三 國務委員의 權限

Ⅰ. 국무회의의 구성원으로서의 권한

헌법 제88조에 의할 때, 국무위원은 국무회의를 구성하는 구성원이 된다(憲法 §88②). 국무위원은 대통령, 국무총리와 동등하게 국무회의에 출석하고 발언하고 심의사항으로 처리되는 안건에 대하여 결정하며, 국무회의에서 심의할 사항을 제출할 권한(憲法 §89 xvii)을 모두 가진다. 위에서 보았듯이, 국무위원이 국무회의에서 그 구성원으로서 권한을 행사하는 경우에는 대통령이나 국무총리와 동일한 지위에 있기 때문에 국무회의의 안건 심의에 있어서 대통령이나 국무총리의 지시나 명령을 받지 않고, 독자적으로 권한을 행사한다. 이러한 권한의 행사를 법률로 제한할 수 없다.

국무위원은 국무회의의 의장에게 의안을 제출하고 국무회의의 소집을 요구할 수 있다(政組法 §12③).

Ⅱ. 부 서 권

국무위원은 대통령이 국법상의 행위로 하는 문서에 부서하는 권한을 가진다(憲法 §82). 국무위원의 권한이자 의무이므로 대통령의 국법상의 행위에 대해서는 원칙적으로 부서를 하여야 할 의무가 있고, 정당한 사유가 있는 경우에 한해서만 부서를 거부할 수 있다. 이는 국무총리의 부서에서 살펴본 바와 같다.

국무위원의 부서는 국무총리의 부서와 달리 대통령의 해당 국법상의 행위에 관련된 국무위원만 이를 한다. 해당 사안과 관련이 없는 국무위원은 당해 사안에 대하여 부서할 수 없다. 자신의 업무와 관련이 있는 국무위원은 모두 부서를 해야 한다.

Ⅲ. 국회에의 출석 · 발언권

헌법 제62조 제 1 항은 「국무총리 · 국무위원 또는 정부위원은 국회나 그 위원회에 출석하여 국정처리상황을 보고하거나 의견을 진술하고 질문에 응답할 수 있다」라고 정하여 국무위원에게 국회에의 출석 · 발언권을 부여하고 있다. 국무위원이 국회에 출석하여 발언할 수 있게 하는 이러한 제도는 국무총리의 경우와 마찬가지로 국정의 운영에서 국회와 행정부간의 의사소통을 원활하게 하고, 국회로 하여금 행정부의 업무상황을 충분히 이해하게 만들어 주며, 행정부의 업무수행에 있어 국회의 협조를 구할 수 있게 해준다.

국무위원이 가지는 이러한 국회에의 출석 · 발언권은 국무위원이 국회의원을 겸할 수 있는 경우에 인정되는 것도 아니고, 이러한 국회에의 출석 · 발언권에서 국무위원과 국회의원이 겸직할 수 있다는 결론이 도출되는 것도 아니다.

Ⅳ. 대통령 권한의 대행권

헌법 제71조에 의하면, 대통령이 궐위되거나 사고로 인하여 직무를 수행할 수 없을 때에는 국무총리가 제 1 순위로 그 권한을 대행하지만, 국무총리도 대통령의 권한을 대행할 수 없는 경우에는 법률이 정하는 순위에 따라 국무위원이 대통령의 권한을 대행한다. 이에 대해서는 앞에서 본 바와 같다.

[287] 第四 國務委員 職務의 代行

국무위원의 권한대행에 대해서는 실정법상 따로 정하고 있는 바가 없다. 현행법상으로는 국무위원은 모두 행정각부의 장이므로 행정각부의 장의 직무대행에 의해 그 권한의 대행이 이루어진다.

[288] 第五 國務委員의 責務

Ⅰ. 대통령에 대한 책무

국무위원은 대통령에 의해 임명되어 대통령을 보좌하는 지위에 있으면서 국정을 심의하므로 그에 따르는 책임을 진다. 국무위원은 대통령의 행위에 부서한 책임도 진다. 따라서 관계국무위원이 부서한 정책이 실패한 경우 이를 대통령이나 국무총리의 책임으로만 돌릴 수 없고, 관계국무위원도 그에 따르는 정치적 책임을 져야 한다.

Ⅱ. 국회에 대한 책무

국무위원은 국회에 대하여 일정한 책무를 진다. 이에는 국회에 출석하여 답변할 의무, 국회의 해임건의에 따른 책임, 국회의 탄핵소추에 따른 책임 등이 있다.

(1) 국회에의 출석 · 답변

헌법에 의하면, 국무위원은 국회나 그 위원회의 요구가 있을 때에는 국회나 그 위원회에 출석하여 답변하여야 한다(憲法 §62②). 이는 헌법이 정하는 법적인 의무이다. 다만, 이 경우 국무위원이 국회나 그 위원회로부터 출석요구를 받은 때에는 정부위원으로 하여금 그에 출석하여 답변하게 할 수 있다(憲法 §62②).

(2) 국회의 해임건의에 따른 책임

위에 본 바와 같이, 국회는 대통령에게 국무위원의 해임을 건의할 수 있다. 국회의 해임건의가 있는 경우 국무위원은 정치적인 부담은 가질지언정 법적인 책임을 지는 것은 아니지만, 대통령은 국회의 해임건의가 있으면 특별한 사정이 없는 한 국무위원을 해임하는 것이 제도의 취지에 부합한다.

(3) 국회의 탄핵소추에 따른 책임

국회는 국무위원이 그 직무집행에 있어서 헌법이나 법률을 위배한 때에는 탄핵의 소추를 의결할 수 있다(憲法 §65①). 탄핵소추의 의결을 받은 자는 탄핵심판이 있을 때까지 그 권한행사가 정지되기 때문에(同條 ③), 국무위원이 국회에 의해 탄핵소추를 받으면 탄핵심판이 있을 때까지 그 권한을 행사할 수 없다.

3. 國務會議

헌법 제88조는 「① 국무회의는 정부의 권한에 속하는 중요한 정책을 심의한다. ② 국무회의는 대통령 · 국무총리와 15인 이상 30인 이하의 국무위원으로 구성한다. ③ 대통령은 국무회의의 의장이 되고, 국무총리는 부의장이 된다」라고 정하고 있으며, 헌법 제89조는 국무회의에서 심의할 사항을 정하고 있다.

[289] 第一 國務會議의 憲法上 地位

Ⅰ. 심의기관

헌법 제88조 제 1 항은 「국무회의는 정부의 권한에 속하는 중요한 정책을 審議한다」라고 정하고 있는바, 헌법상의 국무회의는 행정부의 권한에 속하는 중요한 정책을 심의하는 기관이다. 따라서 이러한 국무회의의 심의의 결론은 대통령을 법적으로 구속하지 못한다(同旨: 金哲洙b, 1778). 대통령은 국무회의의 결론을 고려하여 심의대상이 되었던 정책에 대하여 최종적인 결정을 한다. 이러한 점에서 의회주의제정부에서 의결기관인 내각회의와 구별되고, 미합중국 대통령제에서 대통령의 임의적 자문기관인 각료회의와 구별된다.

우리 헌법사에서는 그 동안 국무회의의 성격을 다양하게 규정하였다. 의회주의제에 유사한 정부형태를 채택한 경우에는 의결기관으로 하여 의회주의제에서의 내각회의의 성격을 가지는 것으로 하였으나, 대통령제에 유사한 정부형태를 채택한 경우에도 국무회의를 의결기관으로 정한 경우가 있었고, 현재와 같이 심의기관으로 정한 경우도 있었다.

헌법상의 국무회의는 그 구성원이 동등한 지위에서 동등한 권한을 가지고 안건을 심의하기 때문에 비록 국무위원이 행정각부의 장을 겸하고 있다고 하더라도 국무회의에서 대통령이나 국무총리는 이들 국무위원에게 안건과 관련하여 지시하거나 명령하지 못한다. 따라서 국무회의에서는 대통령의 지시사항이나 국무총리의 지시사항을 전할 수 없다. 오로지 안건의 심의만 하여야 한다. 이런 점에서 국무회의는 행정각부의 장 등이 참석하고 여기서 대통령이나 국무총리가 업무상의 지시를 하는 통상의 각료회의와는 구별하여야 한다.

> 행정각부의 장이 해당 부처의 업무나 사항을 대통령에게 보고하거나 타 부처와의 협의사항을 건의하거나 대통령이 행정각부의 업무와 관련된 사항을 지시하는 것은 국무회의가 아니라 각료회의에서 하여야 한다. 현실에서는 국무회의와 각료회의를 정확히 구별하지 않고 회의가 행해지고 있다.

Ⅱ. 헌법상 필수기관

국무회의는 헌법이 특정한 사항에 대하여 반드시 심의를 하도록 명시적으로 정하고 있는 기관이다. 따라서 헌법 제89조가 정하는 정부의 권한에 속하는 중요한 정책에 대해서는 반드시 국무회의의 심의를 거쳐야 한다. 이런 점에서 미합중국 대통령제에서 볼 수 있는 것과 같은 임의기관인 각료회의와 다르다. 국무회의가 이렇게 헌법이 정하고 있는 필수기관이라는 점에서 헌법 제89조가 정하고 있는 사항에 대하여 국무회의의 심의를 거치지 않고 대통령이 결정을 하면 이는 효력을 가지지 못한다. 대통령이 국무회의의 심의결과에 구속되지 않고 해당 사항에 대하여 결정할 수 있지만, 국무회의에서 심의를 거치지 않는 것은 허용되지 않는다.

국무회의는 헌법이 행정부에 필수적으로 설치하도록 정하고 있는 기관이기 때문에 법률로써 이를 폐지하거나 국무회의 심의사항의 전부 또는 일부를 변경하거나 배제할 수 없다. 국무회의를 폐지하거나 성격을 변경하는 것과 국무회의 심의사항의 전부 또는 일부를 변경하거나 배제하는 것에는 헌법의 개정이 필요하다.

Ⅲ. 행정부 내 최고심의기관

국무회의는 행정부 내에서 최고심의기관이다. 즉 행정부에 속하는 정책에 대해서는 행정부의 각 부처 내에서도 자문을 하거나 심의하거나(예: 차관회의) 의결하는 등의 기구를 설치할 수 있지만, 이는 어디까지나 부처 내의 의사를 결정하기 위한 것이고, 행정부 전체의 수준에서 논의하는 것은 아니다. 행정부 전체의 수준에서 심의하는 곳은 국무회의뿐이다.

국무회의가 이러한 최고심의기관으로서의 성격을 가지는 것은 대통령이 그 구성원과 의장으로 참여하고 있다는 점, 국가안전보장에 관련되는 대외정책·군사정책과 국내정책의 수립에 관한 사항에 대해서는 먼저 국가안전보장회의의 자문을 거쳐 국무회의에서 심의한다는 점(憲法 §91①), 헌법 제89조가 국무회의에서 심의할 사항을 명기하여 행정부 내에서 국무회의만이 이를 심의하게 한다는 점, 헌법 제89조에서 정하고 있는 심의사항이 행정부의 업무에서 중요한 업무에 속하는 것이라는 점 등에 그 근거를 두고 있다.

국무회의가 행정부 내의 최고심의기관이라는 것은 국무회의가 대통령의 업무를 보좌하는 기관이라 할지라도 대통령에 부속되거나 종속된 기관이 아니라는 점도 의미한다. 따라서 국무회의를 대통령의 직속기관으로 설치할 수 없다.

국무회의는 행정부 내에 타 기관과 구별되어 설치된 독립된 기관이지만, 대통령을 보좌하는 지위에서 정부의 중요정책을 심의하는 회의기관이므로 대외적으로 독자적인 의사를 표현할 수 없다. 따라서 대외적으로 효력을 가지는 '국무회의의 의사'라는 것은 존재할 수 없다.

憲法裁判所는 국무회의의 의결은 국가기관의 내부적 의사결정행위에 지나지 않

국무회의의 성격 변천

항목 \ 헌법	1948년헌법-1952년헌법	1954년헌법	1960년6월헌법-1960년 11월헌법	1962년헌법-1969년헌법-1972년헌법-1980년헌법-1987년헌법
정부형태	대통령제	대통령제	의회주의제	대통령제
부통령 존폐	○	○	×	×
국무총리존폐	○	×	○	○
국무회의	의결기관	→	→	심의기관

는 것이어서 국민에 대하여 직접적인 법률효과를 발생시키는 행위가 아니라고 판시하였다(예: 憲 2003. 12. 18.-2003헌마255).

[憲 2003. 12. 18.-2003헌마255] 「헌법재판소법 제68조 제1항에 의하면, 공권력의 행사 또는 불행사로 인하여 헌법상 보장된 기본권을 침해받은 자는 법원의 재판을 제외하고는 헌법재판소에 헌법소원심판을 청구할 수 있는바, 공권력의 행사에 대하여 헌법소원심판을 청구하기 위하여는 공권력의 주체에 의한 권력의 발동으로서 국민의 권리·의무에 대하여 직접적인 법률효과를 발생시키는 행위가 있어야 한다. 이 사건에서 심판의 대상이 되는 국무회의의 이 사건 파병동의안 의결이 이러한 공권력의 행사인지의 점에 관하여 살피건대, 국군을 외국에 파견하려면, 대통령이 국무회의의 심의를 거쳐 국회에 파병동의안 제출, 국회의 동의(헌법 §60②), 대통령의 파병결정, 국방부장관의 파병 명령, 파견 대상 군 참모총장의 구체적, 개별적 인사명령의 절차를 거쳐야 하는바, 이러한 절차에 비추어 파병은 대통령이 국회의 동의를 얻어 파병 결정을 하고, 이에 따라 국방부장관 및 파견 대상 군 참모총장이 구체적, 개별적인 명령을 발함으로써 비로소 해당 국민, 즉 파견 군인 등에게 직접적인 법률효과를 발생시키는 것이고, 대통령이 국회에 파병동의안을 제출하기 전에 대통령을 보좌하기 위하여 파병 정책을 심의, 의결한 국무회의의 의결은 국가기관의 내부적 의사결정행위에 불과하여 그 자체로 국민에 대하여 직접적인 법률효과를 발생시키는 행위가 아니므로 헌법재판소법 제68조 제1항에서 말하는 공권력의 행사에 해당하지 아니한다.」

Ⅳ. 회의제기관

국무회의는 서로 동등한 권한을 가진 다수의 구성원들이 자유로운 발언과 토론을 통하여 안건을 심의한다는 점에서 會議制機關이며(同旨: 許營a, 973), 獨任制機關(예: 대통령)이 아니다. 헌법상 국무회의는 안건에 대하여 심의를 할 뿐 의결을 하지 않는다는 점에서 언제나 반드시 하나의 결론을 도출해야 하는 것은 아니다. 국무회의 구성원들간에 안건에 대하여 논의를 하여 전체적인 의견의 분포를 확인할 수도 있고, 하나의 결론을 도출해야 할 필요가 있는 경우에는 의결의 방법을 통하여 하나의 결론을 도출할 수도 있다. 이런 점에서 국무회의는 회의제기관이고 회의에 참여한 구성원들을 구속하거나 대외적 효력을 가지는 조치를 할 수 있는 合議制機關(예: 국회, 헌법재판소, 합의제행정기관)은 아니다(合議制機關이라고 보는 견해가 있다. 權寧星, 1039).

「국무회의규정」에 의하면 국무회의에는 의결사항과 보고사항이 있는 것으로 정하고 있는 동시에(同規定 §3④), 국무회의는 구성원 과반수의 출석으로 개의하고, 출석구성원 3분의 2 이상의 찬성으로 의결한다고 정하고 있다(同規定 §6①). 여기서 의결이란 안건에 대하여 결론을 정하는 심의의 방법을 말한다. 또 국내외 중요정보 분석상황, 정부의 역점사업 추진현황, 국민생활에 영향을 미치는 중요시책의 추진현황, 대국민 홍보를 적극적으로 행하여야 할 중요사항, 부처간의 협조를 필요로 하는 사항, 대통령 및 국무총리의 지시사항을 수시로 보고하여야 하는 것으로 정하고 있다(同規定 §3⑥). 대통령이 필요에 따라 각료를 소집하여 지시나 보고를 받는 각료회의와 국무회의를 구별해야 하는 관점에서 보면, 현재의 「국무회의규정」이나 국무회의의 실제는 개선해야 할 점이 많다.

[290] 第二 國務會議의 構成

국무회의는 대통령·국무총리와 15인 이상 30인 이하의 국무위원으로 구성한다(憲法 §88②). 대통령은 국무회의의 의장이 되고, 국무총리는 부의장이 된다(憲法 §88③).

국무회의가 구성되기 위해서는 최소 15인의 국무위원이 임명되어야 한다. 국무회의의 개의는 국무회의가 구성됨을 전제로 하기 때문에, 국무위원이 15인 미만인 상태에서는 국무회의를 개의할 수도 없고, 심의사항을 처리할 수도 없다. 행정각부의 장이 궐위된 상태에서는 차관이 그 직무를 대행하는데, 이 경우 직무의 대행은 행정각부의 장의 직무를 대행할 뿐 국무위원의 지위를 대행하는 것이 아니므로 차관으로 국무회의를 구성하거나 국무회의를 개의할 수는 없다.

15인 이상의 국무위원으로 국무회의가 구성된 이후에 일부 국무위원의 궐위가 발생하여 국무위원의 수가 15인에 미달하는 경우에는 새로 국무위원을 임명하여 15인 이상의 요건을 갖추어야 국무회의가 그 권한을 행사할 수 있다.

[291] 第三 國務會議의 審議

Ⅰ. 심의의 의의

헌법 제88조와 제89조가 정하는 「審議」라 함은 대통령이나 국무총리나 국무위원이 동일한 지위에서 헌법 제89조가 정하는 안건에 대하여 발언과 토론을 통하여 자유로이 의사를 표시하고 의견을 교환하거나 조정하는 것을 의미하며, 최종적인 확정을 하는 것을 뜻하지 않는다. 안건에 따라서는 하나의 결론을 도출하여야 할 필요가 있는 경우도 있고, 국무회의의 구성원의 다양한 의견을 교환하고 결론을 도출하지 못하는 경우도 있다. 그리고 찬반의 결론을 내려야 하거나 어떠한 하나의 결론을 내려야 하는 경우 그 형식이 「의결」(때로는 표결)을 거치는 경우(국무회의 규정 §6①)라도 이는 심의대상이 된 정책이 의결된 결론과 같이 확정하는 것이 아니기 때문에 국무회의의 심의의 결론이 그러한 것으로 도달하였다는 의미만 가진다. 이런 점에서 안건에 대하여 하나의 결론을 도출하고 최종결정을 하는 의결기관의 議決과 구별된다.

Ⅱ. 심의의 대상

국무회의가 심의하는 사항은 헌법 제89조가 정하고 있다. 이에 의하면, 1. 국정의 기본계획과 정부의 일반정책, 2. 선전 · 강화 기타 중요한 대외정책, 3. 헌법개정안 · 국민투표안 · 조약안 · 법률안 및 대통령령안, 4. 예산안 · 결산 · 국유재산처분의 기본계획 · 국가의 부담이 될 계약 기타 재정에 관한 중요사항, 5. 대통령의 긴급명령 · 긴급재정경제처분 및 명령 또는 계엄과 그 해제, 6. 군사에 관한 중요사항, 7. 국회의 임시회 집회의 요구, 8. 영전수여, 9. 사면 · 감형과 복권, 10. 행정각부간의 권한의 획정, 11. 정부안의 권한의 위임 또는 배정에 관한 기본계획, 12. 국정처리상황의 평가 · 분석, 13. 행정각부의 중요한 정책의 수립과 조정, 14. 정당해산의 제소, 15. 정부에 제출 또는 회부된 정부의 정책에 관계되는 청원의 심사, 16. 검찰총장 · 합동참모의장 · 각군참모총장 · 국립대학교총장 · 대사 기타 법률이 정한 공무원과 국영기업체관리자의 임명, 17. 기타 대통령 · 국무총리 또는 국무위원이 제출한 사항이 그에 해당한다. 이러한 사항은 반드시 국무회의의 심의를 거쳐야 한다. 헌법 제89조에서 정하고 있는 사항이 아닌 것은 심의의 대상이 될 수 없다.

Ⅲ. 심의의 절차

국무회의의 심의의 절차에 대해서는 헌법이 따로 정하는 바가 없다. 구체적인 것은 「국무회의규정」에서 정하고 있다. 이에 의하면, 대통령 · 국무총리 또는 국무위원은 헌법 제89조 및 법령에 규정된 국무회의의 심의사항을 의안으로 제출한다(동규정 §3①). 국무회의에 상정할 의안으로서 2개 이상의 부·처에 관련되는 의안은 사전에 관계부·처간에 합의를 얻어서 제출하여야 한다. 다만, 합의를 얻지 못한 때에는 그 사유를 명시하여 국무회의에 상정할 수 있다(동규정 §4). 국무회의에 제출된 의안은 먼저 차관회의의 심의를 거쳐야 한다. 다만, 긴급한 의안은 그러하지 아니하다(동규정 §5①). 심의사항이 의결을 거치는 것인 경우에는, 구성원 과반수의 출석으로 국무회의를 개의하되, 출석한 구성원 3분의 2 이상의 찬성으로 이를 의결한다(동규정 §6①).

Ⅳ. 심의의 효과

(1) 심의결과의 구속력

국무회의의 심의의 성격이 위에 본 바와 같으므로, 국무회의의 결론은 대통령을 법적으로 구속하지 못한다(通說). 「국무회의규정」에서 정한 바와 같이 의결이라는 형식으로 안건을 심의한 경우에도 마찬가지이다.

다만, 현실에서 대통령이 국무회의의 심의의 결과에 따르는 경우에는 국무회의가 사실상 의결기관의 역할을 할 수 있고, 의원내각제의 내각회의의 기능과 유사한 효과를 거둘 수 있다. 이러한 경우에는 대통령이라는 1인의 독임제기관에 의한 의사결정이 야기할 경솔함과 실수를 방지하고 국가운영에 신중을 기하는 성과를 얻을 수 있다. 이러한 효과를 거두기 위해서는 그 전제로 국무위원의 업무수행능력과 역량이 충분한 국무총리와 국무위원이 요구된다. 위에서 본 바와 같이, 「행정부의 이원적 운영모델」에서는 국무회의를 사실상 의결기관으로 운영하면 보다 큰 성과를 거둘 수 있다.

(2) 심의를 거치지 않은 대통령의 행위의 효력

국무회의의 심의의 성격과 관련하여, 대통령이 국무회의의 심의를 거치지 않고 국법상의 행위를 한 경우에 그 행위는 효력을 가지는가 하는 문제가 있다. 이에 대해서는 유효하다는 견해와 무효라는 견해가 있다.

(a) 유 효 설

국무회의의 성격은 의결기관이 아니고 대통령을 보좌하는 심의기관에 지나지 않기 때문에 국무회의의 심의는 대통령의 국법상의 행위의 효력발생요건이 아니라 적법요건이므로 이러한 심의를 거치지 않고 한 대통령의 국법상의 행위는 유효하다고 한다. 적법요건이므로 탄핵사유는 된다고 한다(權寧星, 1041).

(b) 무 효 설

국무회의는 헌법이 정하는 필수적인 최고심의기관이고, 이러한 필수적인 절차는 유효요건이므로 국무회의의 심의를 거치지 않고 한 대통령의 국법상의 행위는 무효라고 한다(金哲洙b, 1777; 許營a, 974; 成樂寅, 1072).

(c) 사 견

헌법상의 국무회의는 자문기관이 아니라 심의기관이고, 헌법 제89조는 명시적으로 해당 사항에 대하여 「국무회의의 심의를 거쳐야 한다」라고 정하고 있고, 이러한 헌법의 명시규정은 국가권력의 작용상 절차를 구체적으로 정하고 있는 법치주의의 표현으로서 대통령의 국법상의 행위의 적법요건인 동시에 효력발생요건이며, 국무회의는 대통령, 국무총리, 국무위원이 동등한 권한을 가지고 참여하는 국가운영상 중요한 비중을 가지는 기관이고, 국무회의가 대통령의 국법상의 행위가 적법하고 정당하게 행사될 수 있도록 보좌하며 동시에 대통령 1인의 판단에 따르는 경솔과 오류 및 권력의 남용을 사전에 통제하는 기능도 가지므로, 이러한 역할을 고려하여 헌법이 명문으로 국무회의의 심의를 거치도록 한 것을 배제하고 행한 대통령의 국법상의 행위는 무효라고 할 것이다. 이러한 행위는 대통령에 대한 탄핵사유도 된다.

유효설에 의하면, 대통령이 소속한 정당의 국회의원이 국회의석 1/3을 넘고, 이들이 탄핵소추에 반대하면 대통령은 언제나 국무회의의 심의를 거치지 않고 독단적으로 국법상의 행위를 해도 괜찮다는 결론에 이른다. 그러면 행정각부의 장을 소집하는 회의만 두면 되지 왜 헌법이 이와 별개의 지위를 가지는 국무회의를 두었는지를 설명하기 어렵게 된다.

[292] 第四 國務會議의 運營

Ⅰ. 국무회의의 소집 · 주재

대통령은 국무회의 의장으로서 회의를 소집하고 이를 주재한다(政組法 §12①). 의장이 사고로 인하여 직무를 행할 수 없을 때에는 부의장인 국무총리가 그 직무를 대행하고, 의장과 부의장이 모두 사고로 직무를 수행할 수 없으면 정부조직법 제22조 제 1 항에 규정된 순서에 따라 국무위원이 그 직무를 대행한다(同條②). 국무위원은 政務職으로 하며 의장에게 의안을 제출하고 국무회의의 소집을 요구할 수 있다(同條③). 국무회의의 운영에 관하여 필요한 사항은 대통령령으로 정한다(同條④). 「국무회의규정」이 이에 대하여 정하고 있다.

국무회의는 정례국무회의와 임시국무회의로 구분되고, 정례국무회의는 매주 1회 소집하고, 임시국무회의는 필요에 따라 그때그때 소집한다(국무회의규정 §2②).

Ⅱ. 국무회의의 운영

국무회의는 구성원 과반수의 출석으로 개의하고, 출석구성원 3분의 2 이상의 찬성으로 의결한다(동규정 §6①). 국무위원이 국무회의에 출석하지 못할 때에는 그 부·처의 차관이 대리하여 출석한다(동규정 §7①). 대리 출석한 차관은 관계의안에 관하여 발언할 수 있으나 표결에는 참가할 수 없다(同條②).

국무총리실장 · 법제처장 · 국가보훈처장 그 밖에 법률로 정하는 공무원은 필요한 경우 국무회의에 출석하여 발언할 수 있다(政組法 §13①).

종래 국무회의의 실제를 보면, 심의사항에 대해서 소관부처의 장관인 국무위원이 설명하면 다른 부처의 장관들은 이를 놓고 따지거나 토론을 하거나 하지 않고 대부분 발언을 하지 않는다. 그래서 국무회의에서 활발한 토론이나 의견의 교환이 이루어지는 경우는 거의 없었다. 이러한 것은 독재 또는 권위주의 대통령의 지배라는 오랜 현실에서 빚어진 폐습이기도 하지만, 국무회의가 이런 양상을 띠게 되면 이는 군주정치하의 「御前會議」에 불과하게 된다. 그래서 종래 국무회의는 대부분 대통령이 지시사항을 하달하고 국무위원들은 노트에 이를 받아 적는 시대착오적인 장면도 자주 보였다. 이러한 것은 헌법이 구상하고 있는 국무회의가 아니므로 국무회의를 정상적으로 운영하고 활성화하는 방향으로 개선해야 할 필요가 있다.

4. 行政各部

[293] 第一 行政各部의 憲法上 地位

I. 중앙행정기관

헌법 제4장 제2절 제3관에는 행정각부를 정하고 있다. 행정각부는 헌법에서 정하고 있는 위치에서 보는 바와 같이 행정부에 속하는 기관이다. 이는 행정부를 구성하는 중앙행정기관으로 대통령과 국무총리의 통할하에 있다. 행정각부는 대통령과 행정부에 속하는 행정권을 집행하는 실제적인 기관이다. 행정각부는 대통령이 국무회의의 심의를 거쳐 결정한 정책과 그 이외의 행정부에 속하는 각종의 사항을 실제로 집행하는 中央行政機關이므로 이는 행정상의 관청이다. 따라서 행정각부가 대통령이나 국무총리의 통할하에 있다고 하더라도 단순한 자문기관은 아니다.

> [憲 1994. 4. 28.-89헌마221] 「헌법이 "행정각부"의 의의에 관하여는 아무런 규정도 두고 있지 않지만, "행정각부의 장(長)"에 관하여는 "제3관 행정각부"의 관(款)에서 행정각부의 장은 국무위원 중에서 임명되며(憲法 §94) 그 소관사무에 관하여 법률이나 대통령령의 위임 또는 직권으로 부령을 발할 수 있다(憲法 §95)고 규정하고 있는 바, 이는 헌법이 "행정각부"의 의의에 관하여 간접적으로 그 개념범위를 제한한 것으로 볼 수 있다. 즉, 성질상 정부의 구성단위인 중앙행정기관이라 할지라도, 법률상 그 기관의 장(長)이 국무위원이 아니라든가 또는 국무위원이라 하더라도 그 소관사무에 관하여 부령을 발할 권한이 없는 경우에는, 그 기관은 우리 헌법이 규정하는 실정법적(實定法的) 의미의 행정각부로는 볼 수 없다는 헌법상의 간접적인 개념제한이 있음을 알 수 있다. 따라서 정부의 구성단위로서 그 권한에 속하는 사항을 집행하는 모든 중앙행정기관이 곧 헌법 제86조 제2항 소정의 행정각부는 아니라 할 것이다. 또한 입법권자는 헌법 제96조에 의하여 법률로써 행정을 담당하는 행정기관을 설치함에 있어 그 기관이 관장하는 사무의 성질에 따라 국무총리가 대통령의 명을 받아 통할할 수 있는 기관으로 설치할 수도 있고 또는 대통령이 직접 통할하는 기관으로 설치할 수도 있다 할 것이므로 헌법 제86조 제2항 및 제94조에서 말하는 국무총리의 통할을 받는 행정각부는 입법권자가 헌법 제96조의 위임을 받은 정부조직법 제29조에 의하여 설치하는 행정각부만을 의미한다고 할 것이다.」

政府組織法은 「중앙행정기관의 설치와 직무범위는 법률로 정한다」라고 정하고(同法 §2①), 동시에 「중앙행정기관은 이 법과 다른 법률에 특별한 규정이 있는 경우를 제외하고는 부·처 및 청으로 한다」라고 정하고 있으므로(同條 ②), 행정각부만이 중앙행정기관인 것은 아니다. 처와 청도 중앙행정기관에 속한다.

Ⅱ. 대통령과 행정각부

대통령은 국민에 의해 선출되어 국가정책 가운데 행정에 속하는 사항을 이런 행정각부를 통하여 집행하므로 대통령과 관계에서 行政各部는 지시·복종의 관계에 있다. 따라서 행정각부와 이에 속하여 행정업무에 종사하는 공무원은 대통령의 지시나 명령이 위법하지 않는 한 이를 거부하지 못하며 따라야 한다. 행정각부의 장이나 행정각부에 속하는 공무원이 대통령의 지시나 명령에 복종하지 아니하는 경우에는 행정각부의 장을 해임하거나 관련 공무원에 대하여 행정상 징계조치를 취할 수 있다. 행정각부는 국민의 대표기관이 아니고 이에 종사하는 공무원도 국민의 대표자의 지위에 있지 아니하므로 독자적으로 행위할 수 없다.

대통령이 행정각부와 행정기관을 통하여 정책을 집행한 것에 대한 대외적 책임은 대통령만이 진다. 행정각부나 그에 종사하는 공무원은 정책의 실패에 대한 책임을 지지 않는다. 행정부 내에서 내부적으로는 정책의 입안이나 집행과 관련하여 승진이나 호봉 등과 관련하여 책임을 물을 수 있다.

대통령은 국정의 운영에서 필요한 경우 언제나 행정각부의 장을 소집하여 회의를 할 수 있다. 그 형식이나 절차에서는 제한이 없다. 그리고 안건에서도 행정부의 권한에 속하는 사항인 이상 아무런 제한이 없다. 대통령은 수시로 해당 장관을 불러 국정의 사안에 대하여 논의하거나 지시할 수 있고, 장관의 일부 또는 전부가 참석하는 회의를 소집하고 주재할 수 있다. 그리고 국무총리도 행정각부를 통할하는 범위 내에서는 대통령과 마찬가지로 행정각부의 장을 불러 사안에 대하여 논의하거나 각종 형태의 회의를 소집하여 주재하고, 각 부간의 업무를 조정해줄 수 있다. 행정각부의 장이 다양한 형태로 참석하는 이러한 종류의 회의는 국무회의와 구별된다.

Ⅲ. 행정부의 업무와 행정각부

행정부의 업무는 모두 행정각부의 소관으로 배분되어야 하는가 하는 문제가 있다. 즉 행정부에 속하는 업무라고 하더라도 행정각부에 소관시키지 않고 대통령의 직접적인 소관으로 정하는 것이 헌법상 인정되는가 하는 문제가 있다. 헌법 제86조 제2항에 의하면, 국무총리는 행정에 관하여 대통령의 명을 받아 행정각부를 통할한다고 정하고 있으므로 행정각부는 예외 없이 국무총리의 통할을 받게 되어 있고, 대통령이 국무총리에게 명하여 행정각부를 통할하도록 하는 경우에는 행정각부의 일부 부처에만 한정시킬 수 없고 모든 부처에 대하여 통할하게 하여야 하는바, 행정부의 업무 가운데는 성질상 이러한 국무총리의 통할하에 두기 어려운 영역이 있으므로 이런 업무를 수행하는 기관은 행정부의 업무에 속한다고 하더라도 헌법 제86조, 헌법

제94조-제96조에서 정하는 「행정각부」에 해당한다고 할 수 없다. 그러나 성질상 행정각부에 속하는 업무는 행정각부의 소관사항으로 하여야 할 것이며, 이를 행정각부에서 자의적으로 분리할 수는 없다고 할 것이다(예컨대 군대를 국방부의 소관에서 분리하여 대통령의 직속으로 설치할 수 없고, 검찰을 사법부에 소속시킬 수는 있으나 대통령의 직속기구로 정할 수는 없다).

이 문제와 관련하여 憲法裁判所는, 법률에 의하여 행정각부의 설치·조직·직무범위를 정하므로 역시 법률로서 행정부의 업무 중 일부를 행정각부에 속하지 않게 하고 다른 기관에 속하게 하는 것도 가능하다는 취지의 판시를 하였다(예: 憲 1994. 4. 28.-89헌마86).

> [憲 1994. 4. 28.-89헌마86] 「헌법이 감사원, 국가안전보장회의 등의 설치근거 규정을 두고 있는 것은 헌법적 시각에서 본 그 기관의 성격, 업무의 중요성 등을 감안하여 특별히 헌법에 그 설치근거를 명시한 것에 불과할 뿐 이것이 그 설치근거를 법률에 두는 법률기관의 설치를 금지하는 취지는 아니다.……헌법 제86조 제2항의 취지가 국무총리의 통할을 받지 않는 행정기관은 헌법상 예외적으로 열거된 경우 등 외에는 법률에 의하더라도 이를 설치할 수 없음을 의미한다고는 볼 수 없다.」

[294] 第二 行政各部의 長

Ⅰ. 헌법상의 지위

행정각부의 장은 헌법이 정하는 행정각부를 지휘·감독하는 지위에 있는 책임자이다. 행정각부의 장은 행정부의 업무를 수행함에 있어서 대통령과 국무총리의 지시나 명령에 따르는 지위에 있기 때문에 행정각부의 장은 어떠한 경우에도 그 지위에서 대통령이나 국무총리와 대등한 지위에 있을 수 없다.

이러한 행정각부의 장의 헌법상의 지위에 따를 때, 행정각부의 장이 국무위원의 자격을 가지는 경우에도 그 역할에서는 국무위원과 행정각부의 장은 서로 구별된다는 점을 유의할 필요가 있다. 국무위원은 심의기관인 국무회의의 구성원인데 비하여 행정각부의 장은 행정부 내의 집행기관의 책임자이고, 국무위원이 국무회의에서 대통령이나 국무총리와 대등한 권한과 지위를 가짐에 비하여 행정각부의 장은 대통령과 국무총리에 대하여 통할을 받는 종속적인 지위에 있다. 국무위원은 국정을 심의함에 있어 소관사무가 정해져 있지 아니함에 비하여 행정각부의 장은 소관사무가 정해져 있다.

Ⅱ. 행정각부의 장의 임명과 해임

헌법 제94조는 「행정각부의 장은 국무위원 중에서 국무총리의 제청으로 대통령이 임명한다」라고 정하여 행정각부의 장으로 임명하기 위해서는 국무위원의 자격을 가질 것을 요한다. 국무위원이 아닌 자를 행정각부의 장으로 임명하는 행위는 효력을 가지지 못한다.

헌법상으로는 국무위원 가운데는 행정각부의 장이 아닌 국무위원, 즉 無任所國務委員(minister without portfolio)도 있을 수 있다(예컨대 과거 정부조직법상의 政務長官). 현행 정부조직법은 무임소위원으로 특임장관을 정하고 있다(政組法 §17).

Ⅲ. 행정각부의 장의 권한

행정각부의 장은 행정부의 업무를 수행하기 위하여 소관업무를 통할하고 지휘하는 권한과 부령을 발하는 권한 및 기타 행정업무의 수행에 필요한 권한을 가진다.

(1) 소관업무통할 · 지휘권

행정각부의 장은 소관사무를 통할하고 소속공무원을 지휘 · 감독한다(政組法 §7①). 이는 행정각부의 장이 소관사무를 집행하기 위하여 당연히 가지는 권한이다. 이러한 권한은 행정각부의 장들간에 서로 침해할 수 없다.

(2) 부령 발령권

(a) 의 의

행정각부의 장은 소관사무에 관하여 법률이나 대통령령의 위임 또는 직권으로 부령을 발할 수 있다(憲法 §95). 행정각부의 장의 행정입법권이다. 이 헌법의 규정에 의할 때, 국회는 법률을 제정하면서 하위 법규명령인 부령에 바로 위임할 수 있다.

행정각부의 장이 명령을 발하는 권한을 가지지만, 이러한 명령은 대통령령이나 총리령에 저촉될 수 없다. 대통령은 중앙행정기관의 장의 명령이나 처분이 위법 또는 부당하다고 인정할 때에는 이를 중지 또는 취소할 수 있는데(政組法 §11②), 이는 대통령이 가지는 행정부의 수반으로서의 지위에서 나오는 당연한 귀결이다. 대통령이 직접(同法 §11②) 또는 국무총리가 대통령의 승인을 얻어(同法 §16②) 중지 또는 취소할 수 있는 명령은 집행명령인 부령에만 한정되고 위임명령인 부령은 이에 해당하지 않는다고 할 것이다.

(b) 종 류

헌법 제95조에 의하면, 부령에는 법률이나 대통령령의 위임에 따라 발하는 위임명령과 직권으로 발하는 직권명령이 있다.

(i) 위임명령 위임명령은 법률이나 대통령령의 위임에 따라 발하는 법규명령이기 때문에 위임의 범위 내에서는 국민의 권리나 의무에 관한 사항도 규율할 수 있다. 부령에 이러한 위임명령이 있기 때문에 국회는 법률을 제정하면서 일정한 사항을 대통령령에 위임하여 그 다음 대통령령에서 다시 부령으로 위임하게 할 수도 있고, 대통령령에 위임함이 없이 바로 부령에 위임할 수도 있다(예: 憲 1998. 2. 27.-97헌마64). 헌법 제

75조에서는 법률에서 대통령령으로 위임할 때 「구체적인 범위를 정하여」라고 명시되어 있고 헌법 제95조에는 이러한 문구가 없으나, 법률에서 총리령이나 부령으로 직접 위임하는 경우에는 법률에서 대통령령으로 위임하는 경우와 마찬가지로 위임의 원칙과 위임입법의 한계에 부합하여야 한다.

[憲 1998. 2. 27.-97헌마64] 「헌법 제75조는 "대통령은 법률에서 구체적으로 범위를 정하여 위임받은 사항과 법률을 집행하기 위하여 필요한 사항에 관하여 대통령령을 발할 수 있다"고 규정하여 위임입법의 근거를 마련함과 아울러 위임입법의 범위와 한계를 명시하고 있다. 그리고 헌법 제75조는 대통령에 대한 입법권한의 위임에 관한 규정이지만, 국무총리나 행정각부의 장으로 하여금 법률의 위임에 따라 총리령 또는 부령을 발할 수 있도록 하고 있는 헌법 제95조의 취지에 비추어 볼 때, 입법자는 법률에서 구체적으로 범위를 정하기만 한다면 대통령령뿐만 아니라 부령에 입법사항을 위임할 수도 있음은 당연하다고 할 것이다.」

(ii) 직권명령　　직권명령은 행정각부의 장이 직권으로 발하는 행정상의 집행명령이다. 그런데 이러한 직권명령이 어떠한 성질을 가지는 것인가에 대하여 학설상 행정규칙설과 법규명령설이 대립하고 있으나, 행정규칙설이 타당하다는 것은 앞에서 본 바와 같다. 따라서 이런 직권명령은 국민의 권리나 의무에 관한 사항을 규율할 수 없고, 대외적으로 효력을 가지지 못한다. 법률이나 대통령령으로 정하여야 할 사항을 부령으로 정하는 것은 위헌으로 무효이다(예: 大 1962. 1. 25.-4294민상9).

[大 1962. 1. 25.-4294민상9] 「헌법 제74조는 '행정각부 장관은 그 담임한 직무에 관하여 직권 또는 특별한 위임에 의하여 부령을 발할 수 있다'고 규정하고 있으므로 행정각부 장관이 부령으로 제정할 수 있는 범위는 법률 또는 대통령령이 위임한 사항이나 또는 법률 또는 대통령령을 실시하기 위하여 필요한 사항에 한정되므로 법률 또는 대통령령으로 규정할 사항은 부령으로 규정하였다고 하면 그 부령은 무효임을 면치 못한다.」

(c) 공　포

부령을 공포할 경우에는 그 일자를 명기하고, 당해 부의 장관이 서명한 후 당해 長官印을 날인하여(法公法 §9②) 그 번호를 붙여서 공포하되(同法 §10①), 官報에 게재하여 이를 한다(同法 §11①). 공포일과 효력발생일은 총리령의 경우와 동일하다.

(3) 기타 권한

행정각부의 장은 소관사무에 관한 정책을 수립하고 이를 집행하는 데 관련한 권한을 가지며, 소관사무에 관하여 지방행정의 장을 지휘·감독하는 권한도 가진다(政組法 §22③). 행정각부의 장은 해당 부 소속의 5급 이상 공무원을 임명함에 있어 대통령에게 제청하는 권한을 가지며(國公法 §32①), 6급 이하의 공무원을 임용하는 권한을 가진다(同條 ②).

Ⅳ. 행정각부의 장의 권한대행

政府組織法 제7조 제2항은 「차관(제25조 제2항에 따라 정무직으로 보하는 본부장을 포함한다) 또는 차장(국무총리실 차장을 포함한다)은 그 기관의 장을 보좌하여 소관사무를 처리하고 소속공무원을 지휘·감독하며, 그 기관의 장이 사고로 직무를 수행할 수 없을 때에는 그 직무를 대행한다. 다만, 차관 또는 차장이 2명인 기관의 장이 사고로 직무를 수행할 수 없으면 대통령령이 정하는 순서에 따라 그 직무를 대행한다」라고 정하고 있는바, 행정각부의 장의 권한의 대행은 이에 의하여 이루어진다.

[295] 第三 組織과 職務範圍

헌법 제96조는 「행정각부의 설치·조직과 직무범위는 법률로 정한다」라고 정하고 있다. 이에 따라 정부조직법이 제정되어 이에 관하여 정하고 있다. 政府組織法 제22조 제1항에 의하면, 행정각부는 대통령만이 통할한다고 정하고 있다. 국무총리는 오로지 대통령의 명을 받아서만 행정각부를 통할할 수 있기 때문에 본원적으로 행정각부를 통할하는 권한은 대통령이 독점하고 있다. 대통령제정부에서 대통령이 가지는 행정부의 수반으로서의 지위에서 도출되는 결론이다.

이러한 행정각부에는 기획재정부, 교육과학기술부, 외교통상부, 통일부, 법무부, 국방부, 행정안전부, 문화체육관광부, 농림수산식품부, 지식경제부, 보건복지부, 환경부, 노동부, 여성가족부, 국토해양부가 있다(政組法 §22①).

대통령의 통할을 받는 기관이지만, 행정각부에 속하지 않고 대통령소속기구로 되어 있는 것으로는 국가정보원이 있다. 국가정보원의 조직·직무범위 기타 필요한 사항은 따로 법률로 정하는데(政組法 §15②), 이에 관한 법률이 國家情報院法이다.

5. 大統領 所屬機關

[296] 第一 監 査 院

Ⅰ. 감사원의 헌법상의 지위

헌법 제97조는 「국가의 세입·세출의 결산, 국가 및 법률이 정한 단체의 회계검사와 행정기관 및 공무원의 직무에 관한 감찰을 하기 위하여 대통령 소속하에 감사원을 둔다」라고 정하여, 감사원을 설치하고 있다.

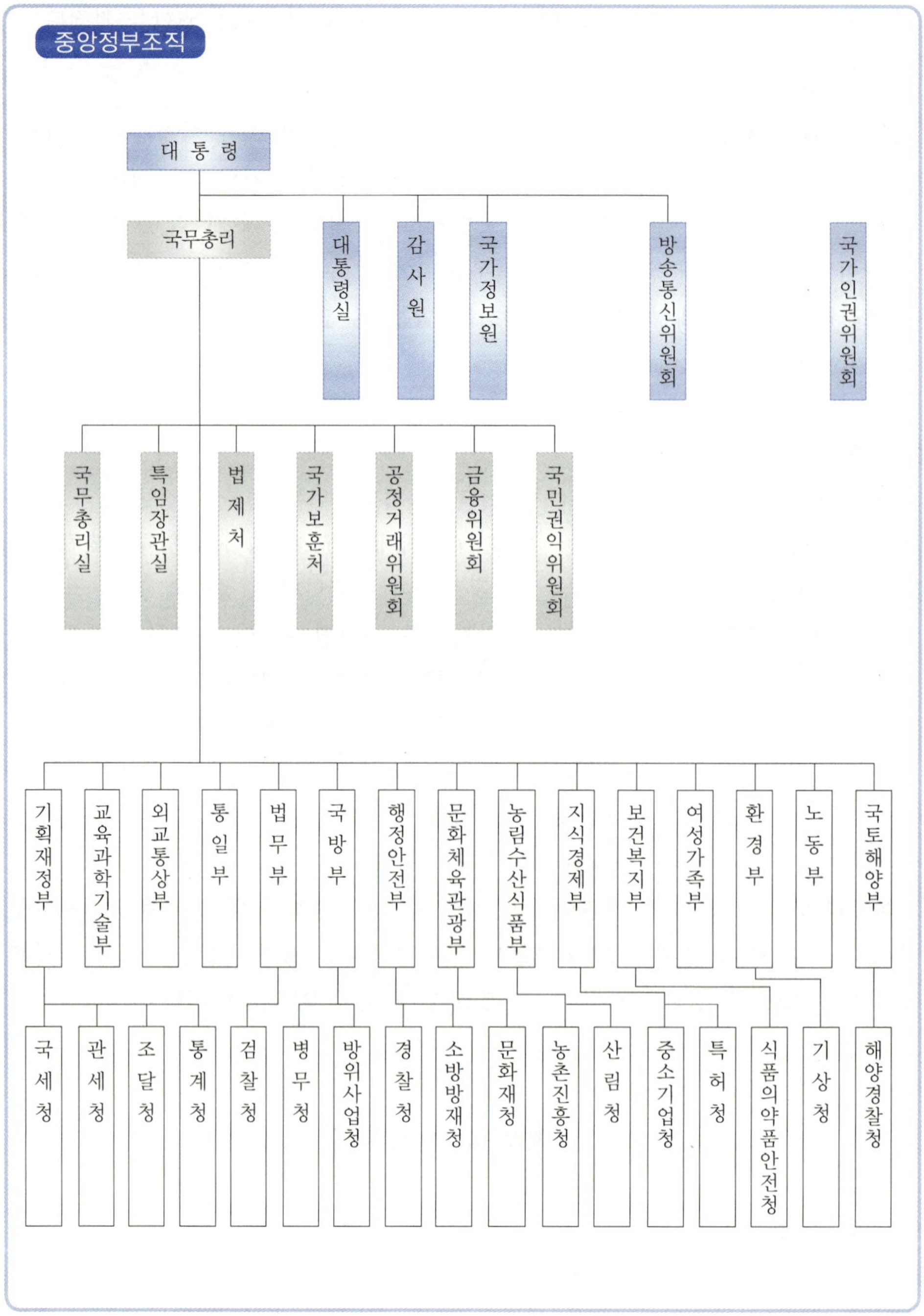
중앙정부조직
대 통 령
국무총리
대통령실
감사원
국가정보원
방송통신위원회
국가인권위원회
국무총리실
특임장관실
법제처
국가보훈처
공정거래위원회
금융위원회
국민권익위원회
기획재정부
교육과학기술부
외교통상부
통일부
법무부
국방부
행정안전부
문화체육관광부
농림수산식품부
지식경제부
보건복지부
여성가족부
환경부
노동부
국토해양부
국세청
관세청
조달청
통계청
검찰청
병무청
방위사업청
경찰청
소방방재청
문화재청
농촌진흥청
산림청
중소기업청
특허청
식품의약품안전청
기상청
해양경찰청

(1) 대통령 소속기관

감사원은 조직상으로는 행정각부와 달리 대통령에 소속되어 있는 기관이다(憲法 §97).

(2) 헌법상 필수기관

감사원은 헌법에 의해 필수적으로 설치하도록 되어 있는 기관이다. 따라서 법률로써 감사원을 폐지할 수 없으며, 이를 폐지하는 것은 헌법의 개정에 의해서만 가능하다.

(3) 독립기관

감사원은 헌법이 설치하고 있는 국가기관으로서 대통령에 소속되어 있지만, 그 업무의 성격상 독립되어 있는 독립기관이다. 監査院法 제2조는 이를 확인하여 「① 감사원은 대통령에 소속하되, 직무에 관하여는 독립의 지위를 가진다. ② 감사원 소속공무원의 임면, 조직 및 예산의 편성에 있어서는 감사원의 독립성이 최대한 존중되어야 한다」라고 정하고 있다.

이러한 독립기관으로서의 지위는 국회나 행정부에 대해서도 마찬가지다. 감사원과 그 업무의 독립성 유지를 위하여 감사위원은 정당에 가입하거나 정치운동에 관여하는 것이 금지되어 있다(監査院法 §10).

우리 헌정사의 실제에서는 감사원이 독립기관임에도 대통령이 관련되거나, 대통령에게 정치적으로 부담이 되는 부정과 비리에 대해서는 감찰업무를 충실히 수행하지 못하여 비판의 대상이 되어 왔다. 독재정부와 권위주의정부에서는 대통령이 감사원의 독립성을 무시하고 이를 장악하여 권력의 남용이 통제되는 것을 방해하기도 하였다. 현실에서 감사원은 사실상 대통령에 종속되어 독립기관으로서의 기능을 올바로 수행하지 못하고 있다. 국회의 대행정부 통제기능을 강화하고 감사원을 폐지하자는 감사원폐지론도 이러한 현실의 경험을 근거로 제기되고 있다.

(4) 합의제기관

감사원은 감사원장과 감사위원 전원으로 구성하는 감사위원회의에서 업무를 처리하는 합의제기관이다(監査院法 §11①). 감사위원회의는 안건을 의결로 처리하는데, 재적감사위원 과반수의 찬성으로 의결한다(同條 ②). 감사위원회의에서 감사원법 제12조 제1항이 정하는 의결사항을 처리함에 있어서는 감사원장과 나머지 감사위원은 법적으로 대등한 지위에 있다. 감사원장은 감사위원회의의 의장으로서(同條 ①) 회의를 주재할 뿐이다.

Ⅱ. 감사원의 구성

(1) 감사원의 구성

감사원은 원장을 포함한 5인 이상 11인 이하의 감사위원으로 구성한다(憲法 §98①). 감사원의 원장도 감사위원이다. 따라서 감사원은 원장인 감사위원과 나머지 감사위원으로 구성된다.

(2) 감사원장과 감사위원의 임명

감사원장은 국회의 동의를 얻어 대통령이 임명한다(憲法 §98②). 대통령이 감사원장을 임명하는 경우에도, 국무총리와 마찬가지로 먼저 감사원장으로 임명할 자를 지명하고, 그 이후에는 監査院長被指名者를 감사원장으로 임명함에 있어 사전에 국회에 동의를 요청하여야 하고, 국회가 동의한 자만 감사원장으로 임명하여야 한다. 국무총리의 경우와 마찬가지로 「감사원장서리」라는 虛無職은 허용되지 않는다.

감사위원은 감사원장의 제청으로 대통령이 임명한다(憲法 §98③). 감사원장에게 감사위원 임명제청권을 인정한 것은 감사원의 동질성을 확보하고 대통령이 감사위원을 정파적인 고려하에 임명하여 감사원의 독립성과 중립성을 침해하거나 왜곡하는 것을 방지하기 위한 것이다. 따라서 대통령이 감사원장의 제청을 받지 않고 감사위원을 임명하는 행위는 헌법을 위반한 것으로 무효이다.

감사위원(원장인 감사위원 포함)은 i) 국가공무원법 제2조의 2에 따른 고위공무원단에 속하는 공무원 또는 3급 이상 공무원으로 8년 이상 재직한 자, ii) 판사 · 검사 · 군법무관 또는 변호사의 직에 10년 이상 재직한 자, iii) 공인된 대학에서 부교수 이상의 직에 8년 이상 재직한 자, iv) 「자본시장과 금융투자업에 관한 법률」 제9조 제1항 제3호 따른 주권상장법인 또는 정부투자기관관리기본법 제2조 제1항의 규정에 의한 정부투자기관에서 20년 이상 근무한 자로서 임원의 직에 5년 이상 재직한 자 가운데서 임명한다(監査院法 §7). 이러한 자격을 가지지 못한 자는 감사위원으로 임명할 수 없다.

(3) 감사원장과 감사위원의 임기 및 정년

감사원장의 임기는 4년으로 하며, 1차에 한하여 중임할 수 있다(憲法 §98②). 감사위원의 임기는 4년으로 하며, 1차에 한하여 중임할 수 있다(憲法 §98③). 이러한 임기제를 보장한 것은 감사원의 독립성과 중립성을 보장하기 위한 것이다. 따라서 감사원장이나 감사위원의 임기중 대통령은 이들을 해임하지 못한다.

감사위원의 정년은 65세이고, 원장인 감사위원의 정년은 70세이다(監査院法 §6②).

(4) 감사위원의 신분보장

감사위원은 i) 탄핵결정이나 금고 이상의 형의 선고를 받았을 때, ii) 장기의 심신쇠약으로 직무를 수행할 수 없게 된 때에 해당하는 경우가 아니면 그 의사에 반하여 면직되지 아니한다(監査院法 §8①). 다만, 탄핵결정이나 금고 이상의 형의 선고를 받았을 때에는 당연히 퇴직되며, 장기의 심신쇠약으로 직무를 수행할 수 없게 된 때에는 감사위원회의의 의결을 거쳐 원장의 제청으로 대통령이 퇴직을 명한다(同條②).

(5) 감사위원의 중립성 보장

독립기관으로서의 감사원이 업무를 충실히 수행함에 있어서 필요한 독립성과 중립성을 확보하기 위하여 감사위원에게 겸직을 금지하고, 정치운동 등을 금지하고 있다.

감사위원은 재직중 i) 국회 또는 지방의회의 의원의 직, ii) 행정부서의 공무원의 직, iii) 이 법에 의하여 감사의 대상이 되는 단체의 임·직원의 직, iv) 기타 보수를 받는 직을 겸할 수 없고, 영리를 목적으로 하는 사업을 영위할 수 없으며(監査院法 §9), 정당에 가입하거나 정치운동에 관여할 수 없다(同法 §10).

Ⅲ. 감사원의 권한과 의무

(1) 국가의 결산 및 회계의 검사권

감사원은 국가의 세입 · 세출의 결산과 회계검사, 법률이 정한 단체의 회계검사를 하는 권한을 가진다(憲法 §97).

감사원은 이러한 회계검사에 있어서 i) 국가의 회계, ii) 지방자치단체의 회계, iii) 한국은행의 회계와 국가 또는 지방자치단체가 자본금의 2분의 1 이상을 출자한 법인의 회계, iv) 다른 법률에 의하여 감사원의 회계검사를 받도록 규정된 단체등의 회계에 대한 검사는 필요적으로 하여야 하고(監査院法 §22), 그 이외 감사원법 제23조에서 정하고 있는 사항에 대해서는 감사원이 필요하다고 인정한 때 또는 국무총리의 요구가 있는 때에 선택적으로 검사를 할 수 있다(同法 §23). 이러한 필요적 회계검사와 선택적 회계검사에는 수입과 지출, 재산(물품 · 유가증권 · 권리 등을 포함)의 취득 · 보관 · 관리 및 처분 등의 검사도 포함한다(同法 §22②).

(2) 직무감찰권

감사원은 행정기관 및 공무원의 직무에 관한 감찰을 하는 권한을 가진다(憲法 §97). 감사원은 i) 정부조직법 기타 법률에 의하여 설치된 행정기관(소장급 이하의 장교가 지휘하는 전투를 주임무로 하는 부대 및 중령급 이하의 장교가 지휘하는 부대를 제외한 군기관과 교육기관을 포함)의 사무와 그에 소속한 공무원의 직무, ii) 지방자치단체의 사무와 그에 소속한 지방공무원의 직무, iii) 한국은행의 회계와 국가 또는 지방자치단체가 자본금의 2분의 1 이상을 출자한 법인 및 민법 또는 상법 외의 다른 법률에 의하여 설립되고 그 임원의 전부 또는 일부나 대표자가 국가 또는 지방자치단체에 의하여 임명되거나 임명승인되는 단체의 사무와 그에 소속한 임원 및 감사원의 검사대상이 되는 회계사무와 직접 또는 간접으로 관련이 있는 직원의 직무, iv) 법령에 의하여 국가 또는 지방자치단체가 위탁하거나 대행하게 한 사무와 기타 법령에 의하여 공무원의 신분을 가지거나 공무원에 준하는 자의 직무에 대하여 감찰한다(監査院法 §24①,②).

국회 · 법원 및 헌법재판소에 소속한 공무원의 직무는 감찰할 수 없다(同條 ③). 권력분립에 의한 것이다. 또한 국무총리로부터 국가기밀에 속한다는 소명이 있는 사항 및 국방부장관으로부터 군기밀 또한 작전상 지장이 있다는 소명이 있는 사항은 감찰할 수 없다(同條 ④).

(3) 감사결과와 관련된 권한

감사원은 감사결과와 관련하여 변상책임 유무의 판정권(監査院法 §31), 징계등의 요구 · 권고권(同法 §32, §32의2, §34의2), 시정등의 요구 · 권고권(同法 §33, §34의2), 법령등의 개선요구 · 권고권(同法 §34, §34의2), 수사기관에의 고발권(同法 §35), 재심의청구처리권(同法 §38, §39) 등 監査院法이 정하는 권한을 가진다.

(4) 세입 · 세출의 결과 보고

감사원은 국가의 세입 · 세출의 결산을 매년 검사하여 대통령과 차년도국회에 그 결과를 보고하여야 한다(憲法 §99). 이는 대통령과 국회에 대한 감사원의 헌법상의 의무이다. 감사원 이외의 다른 기관이 이를 행할 수 없다는 점에서 이는 감사원의 권한이기도 하다.

(5) 규칙제정권

감사원은 감사에 관한 절차, 감사원의 내부규율과 감사사무처리에 관한 규칙을 제정할 수 있다(監査院法 §52). 이러한 감사원규칙의 제정권은 헌법에서 인정하는 것이 아니고 監査院法에서 인정하는 것이다. 따라서 이는 헌법에서 인정하는 규칙(예: 헌법재판소규칙, 대법원규칙, 중앙선거관리위원회규칙)과 달리 법규명령으로서의 성격을 가지지 못하고, 행정규칙으로서의 성질을 가진다. 감사원규칙에는 국민의 권리나 의무에 관한 사항을 정할 수 없다(同旨: 權寧星, 1051).

[297] 第二 大統領諮問機關

헌법은 국가운영에 있어서 중요한 비중을 차지하는 정책을 수립하고 집행함에 있어서 자문기구를 설치하여 대통령으로 하여금 일정한 자문을 구할 수 있게 하고 있다. 이러한 자문기관은 대통령의 업무의 수행에 있어서 전문적 지식, 축적된 경험, 직무수행의 합리성, 집약된 정보, 미래적 전망 등을 제공하여 대통령의 권한이 합리적으로 행사될 수 있게 해준다. 헌법은 이러한 자문기관으로 국가안전보장회의,

국민경제자문회의, 민주평화통일자문회의, 국가과학기술자문회의, 국가원로자문회의를 필요적으로 설치하게 하거나 임의적으로 설치할 수 있게 정하고 있다.

Ⅰ. 국가안전보장회의의 자문

국가안전보장에 관련되는 대외정책·군사정책과 국내정책의 수립에 관하여 국무회의의 심의에 앞서 대통령의 자문에 응하기 위하여 國家安全保障會議를 둔다(憲法 §91①). 이러한 국가안전보장회의는 필요적으로 설치해야 하는 자문기관인데, 대통령이 주재한다(憲法 §91②).

국가안전보장회의의 조직·직무범위 기타 필요한 사항은 법률로 정하는데(憲法 §91③), 이에 따라 國家安全保障會議法이 제정되어 시행되고 있다. 국가안전보장회의는 대통령·국무총리·통일부장관·외교통상부장관·국방부장관 및 국가정보원장과 대통령령이 정하는 약간의 위원으로 구성한다(安保會議法 §2①).

Ⅱ. 국민경제자문회의의 자문

국민경제의 발전을 위한 중요정책의 수립에 관하여 대통령의 자문에 응하기 위하여 國民經濟諮問會議를 둘 수 있다(憲法 §93③). 이는 임의적 자문기관이다. 필요하면 대통령은 이 자문회의를 구성하여 자문을 구할 수 있다.

국민경제자문회의의 조직·직무범위 기타 필요한 사항은 법률로 정한다(憲法 §93②). 이에 따라 國民經濟諮問會議法이 제정되어 시행되고 있다. 국민경제자문회의는 의장인 대통령과 부의장 1인, 당연직위원 5인 이내(기획재정부장관과 대통령비서실의 경제업무를 보좌하는 정무직인 보좌관 그 밖에 대통령령이 정하는 자), 위촉위원 30인 이내 및 지명위원으로 구성한다(經濟會議法 §3). 국민경제자문회의는, 국민경제의 발전을 위한 전략 및 주요 정책방향의 수립, 국민복지의 증진과 균형발전을 위한 제도의 개선과 정책의 수립, 국민경제의 대내외 주요 현안과제에 대한 정책대응방향의 수립, 기타 국민경제의 발전을 위하여 대통령이 부의하는 사항에 관하여 대통령의 자문에 응한다(同法 §2).

Ⅲ. 민주평화통일자문회의의 자문

평화통일정책의 수립에 관한 대통령의 자문에 응하기 위하여 民主平和統一諮問會議를 둘 수 있다(憲法 §92①). 이는 임의적 자문기관이다. 민주평화통일자문회의의 조직·직무범위 기타 필요한 사항은 법률로 정한다(憲法 §92②). 이에 따라 民主平和統一諮問會議法이 제정되어 시행되고 있다. 민주평화통일자문회의는 주민이 선출한 지역대표와 정당·직능단체·주요 사회단체 등의 직능분야의 인사 중에서 대통령이 위촉하는 7,000인 이상의 자문위원으로 구성한다(平統會議法 §3). 민주평화통일자문회의는 국내외 통일 여론 수렴, 통일에 관한 국민적 합의 도출, 범민족적 통일의지와 역량의 결집, 그 밖에 대통령의 평화통일정책에 관한 자문 · 건의를 위하여 필요한 사항에 관하여 대통령에게 건의하고 자문에 응한다(同法 §2). 현재까지 민주평화통일자문회의는 대통령의 통일정책에 자문을 하는 기관이라기보다 통일정책을 홍보하고 확산하는 일에 주로 이용되었다.

Ⅳ. 국가과학기술자문회의의 자문

국가는 과학기술의 혁신과 정보 및 인력의 개발을 통하여 국민경제의 발전에 노력하여야 하는데(憲法 §127①), 이 목적을 달성하기 위하여 대통령은 필요한 자문기구를 둘 수 있다(憲法 §127③).

國家科學技術諮問會議法에 의하면, 국가과학기술자문회의는 의장인 대통령과 부의장 1인을 포함한 30인 이내의 위촉위원(과학기술에 관한 학식과 경험이 풍부한 전문가 중에서 의장이 위촉)과 지명위원(자문회의에 상정된 안건과 관련있는 산업계 · 학계 · 연구기관의 교수 및 임원 · 직원 그 밖에 대통령령이 정하는 관련전문가 중에서 회의시마다 의장이 지명)으로 구성한다(科技會議法 §3). 국가과학기술자문회의는 과학기술의 혁신과 정보 및 인력의 開發 등 과학기술발전전략 및 주요정책방향에 관한 사항, 국가과학기술분야의 제도개선 및 정책에 관한 사항, 그 밖에 과학기술분야의 발전을 위하여 필요하다고 인정하여 대통령이 부의하는 사항에 관하여 대통령의 자문에 응한다(同法 §2).

Ⅴ. 국가원로자문회의의 자문

국정의 중요한 사항에 관한 대통령의 자문에 응하기 위하여 국가원로로 구성되는 國家元老諮問會議를 둘 수 있다(憲法 §90①). 이는 임의적인 자문기구이다. 국가원로자문회의를 설치하는 경우에 그 의장은 직전대통령이 되고, 직전대통령이 없을 때에는 대통령이 지명한다(憲法 §90②).

국가원로자문회의의 조직 · 직무범위 기타 필요한 사항은 법률로 정한다(憲法 §90③).

> 헌법 제90조 제3항에 의해 과거 國家元老諮問會議法(1988. 2. 24. 법률 제4002호)이 제정되어 시행된 적이 있다. 당시 국가원로자문회의는 의장과 원로위원으로 구성하였는데, 원로위원은 35인 이내로 하되, 대통령의 직에 있던 자, 국회의장, 대법원장 또는 국무총리의 직에 있던 자, 기타 정치 · 경제 · 사회 · 문화 · 종교 등 각계의 원로 중에서 의장의 추천으로 대통령이 위촉하였다(元老會議法 §2). 이 자문회의는 국정의 중요사항에 관하여 대통령의 자문에 응하거나, 대통령에게 건의할 사항을 심의하였는데, 자문회의의 활동과 관련하여서는 정부는 국가원로자문회의의 건의사항 또는 국정에 관한 의견을 존중하고, 이를 가능한 한 국정에 반영하도록 노력하여야 한다고 정하고 있었다(同法 §5). 이 국가원로자문회의법은 전두환정부에서 노태우정부로 정부가 이양된 초기인 1988년 2월 25일부터 시행되다가 1989년 3월 29일 법률 제4100호로 폐지되었다. 그 후

현재까지 국가원로자문회의는 구성된 적이 없다.

[298] 第三 國家情報院

I. 법적 지위

국가정보원은 헌법에서는 정하고 있지 아니한 기관이다. 이는 政府組織法과 國家情報院法이 정하고 있는 국가기관이다. 이 법률에 의하면, 국가정보원은 대통령소속하에 두며(政組法 §15①; 國情院法 §2), 대통령의 지시와 감독을 받는다(國情院法 §2).

국가정보원이 대통령의 소속으로 되어 있고, 대통령의 지시와 감독을 받지만, 위법한 지시에는 복종하지 않는다. 대통령이 헌법을 부정 또는 왜곡하거나 국가의 정체성과 국가안전보장을 위태롭게 하는 때에는 국가정보원은 대통령을 상대로 그 임무를 수행하여야 한다. 대통령의 직무수행을 감시하는 의미에서는 국가정보원은 대통령으로부터 독립성을 가지는 기관이기도 하다.

憲法裁判所의 판례에 의하면, 국가정보원을 행정각부에 속하게 하지 않은 것은 헌법에 위반되는 것이 아니라고 한다(憲 1994. 4. 28.-89헌마221).

II. 업무와 조직

(1) 업 무

국가정보원은 국가안전보장에 관련되는 정보·보안 및 범죄수사에 관한 사무를 담당하는데(政組法 §15①), 구체적으로는 i) 국외정보 및 국내보안정보(對共·對政府顚覆·防諜·對테러 및 국제범죄조직)의 수집·작성 및 배포, ii) 국가기밀에 속하는 문서·자재·시설 및 지역에 대한 보안업무(각급기관에 대한 보안감사는 제외), iii) 형법 중 내란의 죄, 外患의 죄, 군형법중 叛亂의 罪, 암호부정사용죄, 군사기밀보호법에 규정된 죄, 국가보안법에 규정된 죄에 대한 수사, iv) 국정원 직원의 직무와 관련된 범죄에 대한 수사, v) 정보 및 보안업무의 기획·조정의 직무를 수행한다(國情院法 §3①).

(2) 조 직

국가정보원의 조직은 국가정보원장이 대통령의 승인을 얻어 정한다(國情院法 §4①). 국가안전보장의 중요한 업무를 수행하는 국가정보기구의 조직은 대외적으로 비밀이 유지되어야 하고, 어떤 경우에도 이는 공개되어서는 안 된다. 따라서 국가정보원법도 그 조직은 국가정보원장과 대통령만이 알 수 있도록 하고 있다. 국가정보원장이나 대통령이 퇴임한 후에도 이를 공표할 수 없다. 한 국가의 정보기구의 조직은 외국 정보기관들의 활동의 중요한 표적이 되고, 이의 노출은 국가이익과 국가안전보장에 중대한 손실을 초래하므로 철저하게 비밀이 유지되어야 한다. 국가정보원법 제 6 조는

「국정원의 조직 · 소재지 및 정원은 국가안전보장을 위하여 필요한 경우에는 이를 공개하지 아니할 수 있다」라고 정하고 있다.

국가정보원에는 원장 · 차장 및 기획조정실장과 기타 필요한 직원을 둔다(同法 §5①). 원장 · 차장 및 기획조정실장은 다른 직을 겸할 수 없고(同法 §8), 원장 · 차장 및 기타 직원은 정당 기타 정치단체에 가입하거나 정치활동에 관여하는 행위는 금지된다(同法 §9).

제 3 절 選擧管理委員會

[299] 第一 選擧管理委員會의 憲法上의 地位

Ⅰ. 선거관리기관

선거관리위원회는 선거의 공정한 관리를 하는 유일한 기관이다(憲法 §114①). 대의민주주의와 지방자치의 성공에는 선거의 성공이 필수적이다. 국민의 대표자를 선출하거나 지방자치단체의 장이나 지방의회의 의원을 선출함에 있어서 선거가 공정하고 평온하게 이루어지지 못하면 국민의 선거권이 침해될 뿐 아니라, 선거의 기능도 왜곡되며, 민주주의도 달성할 수 없다. 따라서 선거제도를 두는 이상 선거의 공정과 평온을 확보하기 위한 선거의 관리는 필수적으로 요구된다. 헌법은 이러한 민주주의의 요구를 실현시키기 위하여 선거관리에 관한 규정을 두고 있다.

Ⅱ. 국민투표관리기관

선거관리위원회는 국민투표의 공정한 관리를 하는 유일한 기관이다(憲法 §114①). 國民投票法은 선거관리위원회가 국민투표관리기관으로서 그 기능을 할 수 있도록 권한과 의무를 정하고 있다.

Ⅲ. 정당사무처리기관

선거관리위원회는 정당에 관한 사무를 처리하는 기관이다(憲法 §114①). 선거관리위원회가 정당에 관한 사무를 처리하는 구체적인 내용은 *政黨法*에서 정하고 있다.

Ⅳ. 헌법상 독립기관

선거관리위원회는 선거와 국민투표를 공정하게 관리하는 독립기관이며, 헌법에서 설치하는 기관이다(憲法 §114). 따라서 선거관리위원회는 국회, 대통령, 행정부, 법원, 헌법재판소로부터 독립되어 있으며, 법률로써 이를 폐지할 수 없다. 헌법은 선거관리위원회의 독립성을 보장하고 그 사무수행의 공정성을 기하기 위하여 선거관리위원회 위원의 신분도 보장하고 있다(憲法 §114⑤).

Ⅴ. 합의제기관

선거관리위원회는 구성원의 합의로서 업무를 처리한다. 이러한 합의에 있어서 위원장을 포함한 위원은 모두 동등한 지위를 가진다. 각급선거관리위원회는 위원과반수의 출석으로 개의하고 출석위원 과반수의 찬성으로 의결하며(選管委法 §10①), 위원장도 표결권을 가지고 可否同數인 때에는 위원장이 결정권을 가진다(同條②). 중앙선거관리위원회도 마찬가지이다.

《선거관리에 대한 규정 방식》

헌법에서 중앙선거관리위원회를 정하는 것은 1960년 3·15부정선거를 겪고 그에 대한 반성적인 의미에서 처음 등장한 것이다. 그런데 선거관리를 하는 기구에 관하여 헌법에서 구성과 그 위원의 지위, 권한에 대하여 직접 정하는 것은 다른 국가기관과 비교하여 체계상 문제가 있다. 이러한 예를 찾기에 흔하지 않다(예: 일본국에서는 中央選擧管理會가 총무성 산하의 특별기관으로 설치되어 있다). 다른 헌법기관과 비교하여 볼 때, 선거관리에 관한 규정만 헌법에서 정하고(예: 헌법 §9로 규정), 선거관리기구의 구성, 조직, 운영에 대해서는 법률로 정하는 것이 타당하다. 즉 헌법 제8조의 정당규정 다음에 헌법 제9조로 「① 선거와 국민투표의 공정한 관리 및 정당에 관한 사무를 처리하기 위하여 선거관리위원회를 둔다. ② 선거관리위원회의 구성, 조직과 운영 기타 필요한 사항은 법률로 정한다. ③ 각급 선거관리위원회는 선거인명부의 작성등 선거사무와 국민투표사무에 관하여 관계 행정기관에 필요한 지시를 할 수 있다. ④ 제1항의 지시를 받은 당해 행정기관은 이에 응하여야 한다. ⑤ 선거운동은 각급 선거관리위원회의 관리하에 법률이 정하는 범위 안에서 하되, 균등한 기회가 보장되어야 한다. ⑥ 선거에 관한 경비는 법률이 정하는 경우를 제외하고는 정당 또는 후보자에게 부담시킬 수 없다」라고 정한다. 선거관리에 관한 기구의 규정방식은 각 나라마다 다양하다. 이를 유형별로 비교하여 보면 다음과 같다.

선거관리기구의 형태

구 분		국 가 명
독 립 위원회형	헌법기관	한국, 필리핀, 인디아, 엘살바도르
	법률기관	미합중국(연방), 캐나다, 일본국, 독일, 영국(법제정), 오스트리아, 스페인, 오스트레일리아, 멕시코, 페루
의 회 형		덴마크
사법부형	헌법기관	터키, 브라질, 칠레, 코스타리카
	법률기관	이탈리아
행 정 부 형		미합중국(주), 프랑스(중앙기관은 헌법재판소), 영국(선거관리), 스웨덴, 노르웨이, 스위스

[300] 第二 選擧管理委員會의 種類와 構成

I. 종 류

선거관리를 하는 선거관리위원회에는 중앙선거관리위원회와 각급선거관리위원회가 있다(憲法 §114). 각급 선거관리위원회의 조직·직무범위 기타 필요한 사항은 법률로 정한다(憲法 §114⑦). 중앙선거관리위원회는 선거 및 국민투표의 관리와 정당에 관한 사무를 통할·관리하며, 각급선거관리위원회는 이러한 사무를 수행함에 있어 하급선거관리위원회를 지휘·감독한다(選管委法 §3③).

Ⅱ. 구 성

(1) 중앙선거관리위원회

중앙선거관리위원회는 대통령이 임명하는 3인, 국회에서 선출하는 3인과 대법원장이 지명하는 3인의 위원으로 구성한다. 위원장은 위원 중에서 호선한다(憲法 §114②).

위원의 임기는 6년으로 한다(憲法 §114③). 위원은 정당에 가입하거나 정치에 관여할 수 없다(憲法 §114④). 위원은 탄핵 또는 금고 이상의 형의 선고에 의하지 아니하고는 파면되지 아니한다(憲法 §114⑤).

(2) 각급선거관리위원회

각급선거관리위원회에는 특별시·광역시·도선거관리위원회, 구·시·군선거관리위원회, 읍·면·동선거관리위원회가 있다(選管委法 §2①). 시·도선거관리위원회의 위원은 일정한 자격을 갖춘 자 중에서 중앙선거관리위원회가 위촉하고(同法 §4②), 구·시·군선거관리위원회의 위원은 일정한 자격을 갖춘 자 중에서 시·도선거관리위원회가 위촉하며(예외적인 경우에 한해 당해 구·시·군선거관리위원회가 위촉)(同條 ③), 읍·면·동선거관리위원회의 위원은 일정한 자격을 갖춘 자 중에서 구·시·군선거관리위원회가 위촉한다(同條 ④). 각급선거관리위원회에는 위원장 1인을 두며(同法 §5①), 각급선거관리위원회의 위원장은 당해 선거관리위원회위원 중에서 호선한다(同條 ②).

각급선거관리위원회위원의 임기는 6년으로 한다(同法 §8). 각급선거관리위원회의 위원은 선거인명부작성기준일 또는 국민투표안공고일로부터 개표종료시까지 내란·외환·국교·폭발물·방화·마약·통화·유가증권·우표·인장·살인·폭행·체포·감금·절도·강도 및 국가보안법위반의 범죄에 해당하는 경우를 제외하고는 현행범인이 아니면 체포 또는 구속되지 아니하며 병역소집의 유예를 받는다(同法 §13).

각급선거관리위원회의 위원은 i) 정당에 가입하거나 정치에 관여한 때, ii) 탄핵결정으로 파면된 때, iii) 금고 이상의 형의 선고를 받은 때, iv) 정당추천위원으로서 그 추천정당의 요구가 있거나 추천정당이 국회에 교섭단체를 구성할 수 없게 된 때와 국회의원선거권이 없음이 발견된 때, v) 시·도선거관리위원회의 상임위원인 위원으로서 국가공무원법 제33조 각호의 1에 해당하거나 상임위원으로서의 근무상한에 달하였을 때에 해당하지 않으면 해임·해촉 또는 파면되지 아니한다(同法 §9). 이는 선거와 국민투표의 관리가 공정하고 충실하게 이루어질 수 있도록 하기 위한 조치이다.

[301] 第三 選擧管理委員會의 機能과 權限

Ⅰ. 선거관리에 관한 권한

선거관리위원회는 선거가 공정하고 평온하게 실시될 수 있도록 선거의 준비, 실시, 개표 등 일련의 선거의 과정을 관리하고 선거운동을 관리한다. 이에 따라 선거관리위원회는 국가 및 지방자치단체의 선거와 법령의 규정에 따라 선거관리위원회가 관리하는 공공단체의 선거(위탁선거)에 관한 사무를 관장하는 권한을 가진다(選管委法 §3①).

각급 선거관리위원회는 선거인명부의 작성 등 선거사무에 관하여 관계 행정기관에 필요한 지시를 할 수 있으며(憲法 §115①), 이 지시를 받은 당해 행정기관은 이에 응하여야 한다(憲法 §115②).

Ⅱ. 국민투표에 관한 권한

국민투표가 평온한 상태에서 국민이 자유로이 참여하고 자신의 자율적인 의사에 따라 이루어지도록 하는 것은 국민투표제도에 내재하여 있는 법리적인 요구이다. 이와 같이 국민투표의 공정하고 평온한 실시를 위하여 국가가 이에 관한 사무를 처리할 필요가 있다. 이에 따라 선거관리위원회는 헌법 제72조에 의한 국민투표와 헌법 제130조가 정하는 국민투표에 관한 사무를 관장하는 권한을 가진다(憲法 §114①; 選管委法 §3①ii). 국민투표와 관련하여 선거관리위원회가 가지는 권한은 國民投票法에서 정하고 있다.

각급 선거관리위원회는 국민투표사무에 관하여 관계 행정기관에 필요한 지시를 할 수 있으며(憲法 §115①), 이 지시를 받은 당해 행정기관은 이에 응하여야 한다(憲法 §115②).

Ⅲ. 정당사무에 관한 권한

선거관리위원회는 *政黨法*이 정하는 바에 따라 정당의 설립과 활동, 등록 및 등록취소, 해산 등에 관한 사무를 처리하는 권한을 가진다(選管委法 §3①iii).

Ⅳ. 정치자금사무에 관한 권한

선거관리위원회는 *政治資金法*이 정하는 바에 의하여 정치자금에 관한 사무를 처리하는 권한을 가진다. 정치자금은 자본주의국가에서 민주주의의 실현을 위하여 필요최소한으로 인정할 수밖에 없는 부분이 있지만, 이를 아무런 통제 없이 방치하는 경우에는 국민의 대표기관의 구성과 국가의사결정의 과정이 왜곡되고 정치부패가 만연하여 대의민주주의를 실패하게 만든다. 따라서 국가는 정치자금에 대하여 통제하여야 하는데, 우리나라에서는 이에 관한 업무를 선거관리위원회가 담당하고 있다.

Ⅴ. 규칙제정권

중앙선거관리위원회는 법령의 범위 안에서 선거관리·국민투표관리 또는 정당사무에 관한 규칙을 제정할 수 있으며, 법률에 저촉되지 아니하는 범위 안에서 내부 규율에 관한 규칙을 제정할 수 있다(憲法 §114⑥).

[302] 第四 選擧의 管理와 選擧의 公營

I. 선거의 관리와 선거운동의 관리

(1) 개 념

선거의 관리는 선거의 실시를 위한 준비, 실시, 개표, 확정 등의 선거의 전과정에 대한 관리를 의미하는 동시에 선거운동의 관리도 포함하고 있다. 선거운동이 관리되지 않고 방치되면 정치적·사회적·경제적 힘에 따라 강자에 의해 약자의 선거운동의 기회와 정치적 의사표현의 자유가 침해된다. 이러한 문제를 해결하기 위하여 선거관리는 선거운동의 관리도 그 개념에 포함하고 있다.

현행법은 이러한 선거관리를 시행하기 위하여 각급선거관리위원회는 선거권자의 주권의지의 앙양을 위하여 상시계도를 실시하도록 하고 있으며(選管委法 §14①), 선거 또는 국민투표가 있을 때에는 각급선거관리위원회는 그 주관하에 문서·도화·시설물·신문·방송 등의 방법으로 투표방법·기권방지 기타 선거 또는 국민투표에 관하여 필요한 계도를 실시하도록 하고 있다(同條 ②).

(2) 선거운동의 관리

(a) 선거운동의 의의

選擧運動은 선험적인 개념이 아니라, 대의제도의 구성요소인 선거제도에 의해 규정되는 개념이다. 선거운동은 대의제도에서 선거제도를 채택하면서 선거가 본래의 기능을 수행할 수 있도록 하는 범위 내에서 인정되는, 선거에서 입후보한 자를 당선되거나 되지 못하게 하기 위한 행위를 말한다.

公職選擧法 제58조는 제 1 항에서 「이 법에서 '선거운동'이라 함은 당선되거나, 되게 하거나, 되지 못하게 하기 위한 행위를 말한다. 다만, 다음 각호의 1에 해당하는 행위는 선거운동으로 보지 아니한다. 1. 선거에 관한 단순한 의견개진 및 의사표시, 2. 입후보와 선거운동을 위한 준비행위, 3. 정당의 후보자추천에 관한 단순한 지지·반대의 의견개진 및 의사표시, 4. 통상적인 정당활동」이라고 정하고 있다(公選法 §58①). 헌법재판소는 특히 법에 의해 관리와 보장의 대상이 되는 선거운동이라고 하기 위해서는 행위의 표지가 개념에 합당하게 나타나야 한다는 점을 강조한다(예: 憲 1994. 7. 29.-93헌가4등).

[憲 1994. 7. 29.-93헌가4등] 「법 제33조는 선거운동을 "당선되거나 되게 하거나 되지 못하게 하기 위한 행위"라고 정의하고, 선거에 관한 단순한 의견의 개진,

입후보를 위한 준비행위 및 선거운동을 위한 준비행위와 정당의 통상적인 활동은 선거운동이 아니라고 규정하고 있다. 여기에서 "당선되거나 되게 하거나 되지 못하게 하기 위한 행위"라는 말과 "단순한 의견개진"이라는 말은 애매하고 불명확한 요소가 있고, 광범위한 해석의 여지가 없지 아니하다. 그러나 이러한 입법의 애매성은 통상적인 해석방법에 의하여 해소될 수 있는 것인가가 문제이고 해석으로 선거운동과 단순한 의견개진 등 선거운동이 아닌 것과의 구별을 가능하게 하는 잣대를 제공할 수 있다면 위헌이라고 말할 수 없다. 위 법률조항들의 입법목적, 법에 규정된 선거운동 규제조항의 전체적 구조 등을 고려하면 선거운동이라 함은 특정 후보자의 당선 내지 이를 위한 득표에 필요한 모든 행위 또는 특정 후보자의 낙선에 필요한 모든 행위 중 당선 또는 낙선을 위한 것이라는 목적의사가 객관적으로 인정될 수 있는 능동적, 계획적 행위를 말하는 것으로 풀이할 수 있다. 즉, 단순한 의견개진 등과 구별되는 가벌적 행위로서의 선거운동의 표지로 당선 내지 득표(반대후보자의 낙선)에의 목적성, 그 목적성의 객관적 인식가능성, 능동성 및 계획성이 요구된다 할 것이다.」

(b) 선거운동의 성질

선거운동은 본질적으로 선거제도를 전제로 하는 것이므로 선거운동도 헌법이 채택하고 있는 대의민주주의와 선거제도의 목적에 부합하는 범위 내에서만 인정된다. 선거제도의 목적과 기능을 부정하거나 왜곡하는 선거운동은 어떤 경우에도 인정되지 않는다. 후보자의 선거운동행위가 헌법상 인정된다고 하더라도 이것은 어디까지나 대의민주주의의 기능과 선거제도의 본질적 역할과 기능(선거의 공정, 적합한 국민 대표 선택, 입후보자간의 실질적 평등 등), 그리고 선거권자의 선거권 행사(선거인의 공정한 판단, 선거권 행사의 평온과 자유 등)를 침해하지 않는 한도 내에서 인정된다. 선거운동은 대의제도에 기초한 선거의 기능과 피선거권과 선거권이 보장되는 범위에서 인정되는 자유와 권리일뿐, 선거를 떠나 그 이전에 존재하는 정치적 의사표현의 자유로 인정되는 것은 아니다. 선거운동의 자유는 대의제도를 채택할 때 인정되는 것이지만, 정치적 표현의 자유는 대의제도의 채택여부 이전에 인정되는 기본권이다.

입후보한 자가 유권자에게 자기를 알릴 자유는 대의민주주의의 본질, 유권자의 선거권 행사에서의 알 권리, 입후보한 자의 표현의 자유를 근거로 인정되며, 헌법상 보장되는 기본권이라고 할 수 있다. 후보자가 유권자에게 자기를 당선시켜 달라고 하는 행위는 정치적 자유 또는 정치적 표현의 자유로 인정된다고 할 것이고, 憲法 제21조 제1항과 憲法 제116조가 그 근거가 된다.

憲法裁判所는 선거운동을 선거권 · 정치적 표현의 자유 · 자유선거원칙의 내용으로 설시하기도 하고(예: 憲 1994. 7. 29.-93헌가4등; 1995. 4. 20.-92헌바29; 1999. 6. 24.-98헌마153; 2001. 8. 30.-99헌바92등), 선거권 · 정치적 표현의 자유의 내용으로 설시하기도 하며(예: 憲 2000. 3. 30.-99헌바113), 정치적 표현의 자유의 한 양태라고 하기도 한다(예: 憲 2008. 5. 29.-2006헌마1096).

[憲 1994. 7. 29.-93헌가4등] 「자유선거의 원칙은 선거의 전 과정에 요구되는 선거권자의 의사형성의 자유와 의사실현의 자유를 말하고, 구체적으로는 투표의 자유, 입후보의 자유, 나아가 선거운동의 자유를 뜻한다. 선거운동의 자유는 널리 선거과정에서 자유로이 의사를 표현할 자유의 일환이므로 표현의 자유의 한 태양이기도 하다. 표현의 자유, 특히 정치적 표현의 자유는 선거과정에서의 선거운동을 통하여 국민이 정치적 의견을 자유로이 발표·교환함으로써 비로소 그 기능을 다하게 된다 할 것이므로 선거운동의 자유는 헌법에 정한 언론·출판·집회·결사의 자유 보장규정에 의한 보호를 받는다. 또한 우리 헌법은 참정권의 내용으로서 모든 국민에게 법률이 정하는 바에 따라 선거권을 부여하고 있는데, 선거권이 제대로 행사되기 위하여는 후보자에 대한 정보의 자유 교환이 필연적으로 요청된다 할 것이므로, 선거운동의 자유는 선거권 행사의 전제 내지 선거권의 중요한 내용을 이룬다고 할 수 있다.」 선거운동을 자유선거원칙이나 선거권의 내용으로 파악하는 헌법재판소의 결정에는 동의하기 어렵다.

(c) 선거운동의 기회균등

선거운동에서의 기회균등은 선거에서 선거운동을 인정하는 경우에는 필연적으로 보장되어야 하는 법리이다. 선거운동의 방법에서는 여러 제한이 따른다고 하더라도 선거운동의 기회에서의 균등은 철저히 보장되어야 한다. 선거운동에서의 기회균등이 올바로 보장되지 못하면 선거가 왜곡되고 대의제도도 올바로 작동하지 못한다. 선거운동의 기회균등을 보장함에 있어서는 선거의 공정성이 확보되어야 한다(예: 憲 1994. 7. 29.-93헌가4등).

이와 같이 선거운동에서의 기회균등은 대의민주주의에서 중요한 의미를 가지기 때문에 헌법은 선거운동의 기회균등을 보장하기 위하여 「선거운동은 각급 선거관리위원회의 관리하에 법률이 정하는 범위 안에서 하되, 균등한 기회가 보장되어야 한다」(憲法 §116①)라고 정하여 명시적인 규정을 두고 있다. 이에 대한 자세한 것은 公職選擧法에서 정하고 있다.

그러나 선거운동에서의 기회균등을 보장하는 것이 모든 경우에 절대적으로 평등하게 기회를 보장하는 것을 의미하는 것은 아니다. 선거와 관련된 여러 제도나 사회의 여건에 따라 합리적으로 차별하는 것이 정당한 경우에는 기회균등에서 차별을 둘 수 있다(예: 憲 1989. 5. 24.-89헌가37등; 1992. 4. 28.-90헌바27등; 1997. 10. 30.-96헌마94; 1998. 8. 27.-97헌마372등).

정당제도를 두고 있는 나라의 선거에서 무소속후보자와 정당소속후보자간에 합리적이고 상대적으로 차별을 두는 것은 인정된다(예: 憲 1996. 3. 28.-96헌마9등). 다만, 정당추천후보자에게 별도로 정당연설회를 할 수 있도록 하는 것은 무소속후보자와 비교하여 월등하게 유리한 위치에서 선거운동을 하게 한 불평등한 규정으로 위헌이다(憲 1992. 3. 13.-92헌마37등). 그러나 선거운동기간 전에 정당이 소속당원의 훈련연수 등의 형태로 당원교육을 실시하고 당원을 모집하거나 입당원서를 배부하는 것을 허용하는 것(憲 1995. 11. 30.-94헌마97; 1996. 8. 29.-96헌마99), 정당에만 선거대책기구의 설치를 허용하고 무소속후보자에게는 이를 금지하는 것(憲 1996. 3. 28.-96헌마9등), 정당·국회의원·국회의원입후보등록자에게 후원회를 둘 수 있게 하면서 후보등록을 하지 않은 입후보예상자에게 이를 인정하지 않는 것(憲 1995. 11. 30.-94헌마97; 1996. 8. 29.-96헌마99; 1997. 5. 29.-96헌마85), 무소속후보자에게 선거운동용신분증명서를 발급하지 못하게 하는 것(憲 1996. 3. 28.-96헌마9등), 국회의원에게 선거운동기간이 개시하기 전에 의정활동보고를 할 수 있게 하는 것(憲 1996. 3. 28.-96헌마9등), 정당에게 통상적인 정당활동에 부수되는 음식물의 제공행위를 허용하는 것(憲 1996. 3. 28.-96헌마18등), 정당추천후보자와 달리 무소속후보자에게 선거권자의 추천을 받을 것을 요구하는 것(憲 1996. 8. 29.-96헌마99), 선거기간의 개시 전에 정당이 당사에 선전물을 부착하는 것(憲 1996. 8. 29.-96헌마99), 연설회 개최의 기회와 시간에서는 불합리하지 않은 상태에서 무소속후보자에게 단독연설회만 인정하고 공동연설회를 불허하는 것(憲 1997. 10. 30.-96헌마94), 공직선거에 특정 정당이나 후보자를 지지·반대하거나 지지·반대할 것을 권유하는 선거운동을 함에 있어서 노동조합이 아닌 各種 團體에 대하여 선거운동을 허용하지 아니한 것(憲 1999. 11. 25.-98헌마141), 대학교원에게는 정당가입과 선거운동의 자유를 허용하면서 初·中等學校의 敎員에 대해서는 이를 금지하는 것(憲 2004. 3. 25.-2001헌마710), 국회의원과 지방의회의원에게는 선거운동이 허용되지만 地方自治團體長에게는 선거운동이 금지되는 것(憲 2005. 6. 30.-2004헌바33), 공직선거법상 중증장애인의 선거운동을 위하여 선거운동원 추가 등을 배려하지 않고 일률적으로 선거운동을 제한한 것(예: 憲 2009. 2. 26.-2006헌마626. 5인의 반대의견 있음)은 헌법에 합치한다.

(d) 선거운동의 제한

위에서 본 선거운동의 성격에 비추어 볼 때, 선거제도에서 선거운동행위의 제한은 본질필연적으로 요구되는데, 선거운동의 관리는 이러한 법리에 의해 이루어진다. 선거운동의 제한은 대의원리에 따른 법리적인 귀결이고, 이는 선거운동의 관리의 한 내용이다. 대의제도의 기능을 정상적으로 유지하고, 국민으로 하여금 대표자를 올바로 선출할 수 있게 하기 위해서는 선거에서의 平穩과 公正이 요구되는데, 선거제도의 본래의 기능과 선거권 행사의 平穩 및 公正이라는 가치보다 후보자의 당선을 위한 활동의 자유가 우선할 수는 없다. 입후보한 자의 활동도 대의민주주의의 기능을 올바로 유지하게 하고, 선거가 대의민주주의에서 요구하는 본래의 기능을 할 수 있게 하는데 있다. 선거를 시민사회에 전적으로 맡길 수 없고 국가로 하여금 책임을 지고 운영하게 하는 이유도 이런 선거제도의 기능에 바탕을 두고 있다. 따라서 헌법 또는 법률로 국가가 선거를 관리하고, 선거운동에서도 합법적인 것으로 보장하는 선거운동과 위법한 행위로 制裁하는 선거운동을 구별한다.

그러나 선거운동행위의 제한이 과도하여 피선거권의 행사나 선거의 기능을 제약해서는 안 되므로 선거운동행위의 제한에도 한계가 있다(예: 憲 1994. 7. 29.-93헌가4등; 1995. 4. 20.-92헌바29; 1999. 6. 24.-98헌마153; 1999. 9.

16.-99헌바5; 2000. 3. 30.-99헌바113). 선거운동행위의 제한에 있어서는 선거가 작동하는 나라의 역사적 · 공간적 · 문화적 · 사회적 · 정치적 여건과 국민의 수준과 구성 등 해당 국가의 사정에 따라 개별적으로 판단하여야 할 여지가 다른 기본권과 비교하여 상당히 광범하다고 할 것이지만(예: 憲 1997. 3. 27.-95헌가17; 1997. 11. 27.-96헌바60), 이러한 제한이 대의민주주의와 선거의 기능을 왜곡하거나 심하게 제약하는 것이어서는 안 된다. 선거운동행위의 제한에서도 다른 기본권의 제한의 경우와 같이 憲法 제37조 제2항이 제한의 근거인 동시에 제한의 한계를 설정하는 규범으로 작용한다. 여기에도 법치주의에서 요구되는 과잉금지원칙이 적용된다.

이와 관련하여 憲法 제116조 제2항의 「선거운동은……법률이 정하는 범위 안에서 하되……」의 의미가 문제가 된다. 이 규정이 선거운동의 보장은 법률수준에서 보장되는 성질의 것이라는 점을 정한 것인가 아니면 헌법에서 보장되고 법률로 제한할 수 있는 성질의 것이라는 점을 정한 것인가 하는 점이다. 위에서 보았듯이, 선거운동의 자유는 대의민주주의와 분리하여 인정할 수 없는 자유이기는 하지만 헌법에서 보장하는 내용이므로, 憲法 제116조 제2항에서 정하고 있는 것은 선거운동의 자유를 헌법 제37조 제2항을 근거로 법률로 제한할 수 있음을 헌법에서 대의제도와 선거제도의 기능에 합당하게 확인하는 규정이라고 보는 것이 타당하다.

公職選擧法은 「누구든지 자유롭게 선거운동을 할 수 있다. 그러나 이 법 또는 다른 법률의 규정에 의하여 금지 또는 제한되는 경우에는 그러하지 아니하다」라고 정하고 있다(公選法 §58②). 이 법은 각종의 선거에서 있게 되는 선거운동의 보장과 제한에 관하여 개별적이고 구체적으로 정하고 있다.

[憲 1994. 7. 29.-93헌가4등] 「민주적 의회정치의 기초인 선거는 본래 자유로와야 하는 것이지만 그것은 동시에 공정하게 행하여지지 아니하면 아니 된다. 금권, 관권, 폭력 등에 의한 타락선거를 방지하고, 무제한적이고 과열된 선거운동으로 말미암아 발생할 사회경제적 손실과 부작용을 방지하고, 실질적인 선거운동의 기회균등을 보장하기 위하여는 선거의 공정성이 확보되어야 한다. 선거의 공정성 확보를 위하여는 어느 정도 선거운동에 대한 규제가 행하여지지 않을 수 없고, 이는 곧 선거운동의 자유를 제한하는 셈이 되므로 기본권제한의 요건과 한계에 따라야 한다. 그러므로 우리 헌법상 선거운동의 자유도 다른 기본권과 마찬가지로 헌법 제37조 제2항에 따라 국가안전보장 · 질서유지 · 공공복리를 위하여 필요한 경우에 한하여 법률로 제한할 수 있되, 다만 선거운동의 자유에 대한 본질적 내용은 침해할 수 없다. 한편 헌법 제116조 제1항은 "선거운동은 각급 선거관리위원회의 관리하에 법률이 정하는 범위 안에서 하되, 균등한 기회가 보장되어야 한다"라는 별도의 규정을 두고 있다. 그러나 이 규정의 의미를 선거운동의 허용범위를 아무런 제약 없이 입법자의 재량에 맡기는 것으로 해석하여서는 아니 된다. 오히려 위에서 본 바와 같이 선거운동은 국민주권 행사의 일환일 뿐 아니라 정치적 표현의 자유의 한 형태로

서 민주사회를 구성하고 움직이게 하는 요소이므로 그 제한입법에 있어서도 엄격한 심사기준이 적용된다 할 것이다. 민주정치는 선거를 바탕으로 유지·발전되는 것이고, 선거는 국민의 자유로운 의사결정과 후보자들의 공정한 경쟁을 통하여 훌륭한 대표자를 선출하는 것을 그 이상으로 한다. 따라서 입법자는 선거에 관한 입법을 함에 있어서 위와 같은 선거의 이상이 실현될 수 있도록 선거의 공정성을 크게 해치지 아니하는 한 국민의 선거운동의 자유를 최대한 보장하여야 하고, 그 시대에 있어서의 국민총체의 정치·사회발전단계, 민주시민의식의 성숙도, 종래에 있어 왔던 선거풍토 기타 제반상황을 종합하여 자유·공정의 두 이념이 슬기롭게 조화되도록 정하여야 한다.」

憲法裁判所는 경우를 따지지 않고 공무원이 선거운동의 기획행위를 하는 모든 경우를 금지하는 것은 정치적 표현의 자유를 침해하는 것이라고 판시하였다(憲 2008. 5. 29. 2006헌마1096).

[憲 2008. 5. 29.-2006헌마1096] 「선거운동의 자유는 널리 선거과정에서 자유로이 의사를 표현할 자유의 일환으로 정치적 표현의 자유의 한 태양인바, 이 사건 법률조항은 공무원에 대하여 '선거운동의 기획에 참여하거나 그 기획의 실시에 관여하는 행위'(이하 이를 '선거운동의 기획행위'라고 한다)를 금지함으로써 공무원의 정치적 표현의 자유를 제한하고 있다고 볼 것이다. 한편 공무원이 공직선거의 출마예정자일 경우 이 사건 법률조항은 입후보를 위한 선거운동의 기획행위를 금지한다는 측면에서 공무담임권(피선거권)을 제한하는 측면도 있다. 이 사건에서 정치적 표현의 자유와 공무담임권의 제한은 하나의 규제로 인하여 동시에 제약을 받을 수 있는 기본권경합의 성격을 지니는바, 선거운동의 기획행위는 공직출마를 곧바로 제한하는 것은 아니어서 공무담임권보다는 정치적 표현의 자유와 더 밀접한 관계에 있으므로, 이 사건 법률조항이 비례의 원칙에 위배하여 청구인의 정치적 표현의 자유를 침해하고 있는지 여부를 중심으로 살펴보기로 한다. 공직선거법은 제85조 제1항에서 선거의 형평성과 공정성을 보장하기 위하여 공무원의 선거운동을 금지하고 있는데, 더 나아가 이 사건 법률조항은 소위 관권선거나 공적 지위에 있는 자의 선거개입의 여지를 철저히 불식시킴으로써 선거의 공정성을 확보하기 위하여 공무원에 대하여 선거운동의 기획행위를 전적으로 금지하고 있는바, 그 입법목적의 정당성은 인정된다. 공직선거법은 금지되는 선거운동의 개념에서 '입후보와 선거운동을 위한 준비행위'를 제외하고 있으므로 그러한 준비행위는 통상 자유롭게 행할 수 있는 것인데도, 이 사건 법률조항은 다시 공무원에게 선거운동의 기획행위를 포괄적으로 금지하고 있다. 공무원이 선거운동의 기획행위를 하게 되는 경우 그 지위에 따른 영향력으로 인하여 선거의 공정성을 해할 수 있으나, 공무원도 개인으로서 새로운 공직선거에 출마하거나 배우자, 친지 등의 선거운동의 기획행위를 도와줄 자유를 지니므로, 선거의 공정성의 보장과 그러한 개인의 자유는 서로 조화되어야 하며 불필요한 규제는 피해야 한다. 이 사건 법률조항이 공무원이 선거운동의 기획행위를 모두 금지시키는 것은 공무원의 선거개입의 여지를 철저히 불식시키고자 하는 것이나, 선거의 공정성이 침해될 수 있다는 개연성만으로 공무원의 정치적 표현의 자유내지 선거운동의 자유를 제한하는 것은 바람직하지 않다. 선거의 공정성을 확보하

기 위하여 선거에 대한 부당한 영향력의 행사 기타 선거결과에 영향을 미치는 행위를 금지하여 선거에서의 공무원의 중립의무를 실현하고자 한다면, 공무원이 '그 지위를 이용하여' 하는 선거운동의 기획행위를 막는 것으로 충분하며, 그 지위를 이용함이 없이 하는 선거운동의 그러한 준비행위를 허용한다고 해서 그것이 선거에 영향을 미친다고는 보이지 않는다. 이러한 점에서 이 사건 법률조항은 수단의 적정성과 피해의 최소성 원칙에 반한다고 할 것이다. 다만 지위를 이용한 경우에 한정하여 그러한 규제를 한다고 할 때, 어떤 것이 지위를 이용한 경우에 해당되는지 구분이 어려울 수 있지만, 이미 공직선거법이 제85조에서 '그 지위를 이용하여' 선거운동을 하는 것을 처벌하므로 그러한 개념이 법률에서 사용되고 있으며, 외국 입법례(일본 공직선거법 §136의 2)에서도 '그 지위를 이용하여' 선거운동의 기획에 관여하거나 그 기획의 실시에 대하여 지시·지도하거나 타인으로 하여금 이를 하게 하는 것만을 금지하고 있는 것을 볼 때, 입법적으로 그러한 한정적 규제가 충분히 가능하다고 볼 것이다. 여기서 '그 지위를 이용하여'라는 개념은 공무원이 개인의 자격으로서가 아니라 공무원의 지위와 결부되어 행위가 행해지는 것을 뜻하며 구체적인 내용은 사법부에 의하여 판단될 수 있을 것이나, 공무원의 지위에 있기 때문에 특히 선거운동의 기획행위를 효과적으로 할 수 있는 영향력 또는 편익을 이용하는 것이고, 구체적으로는 그 지위에 수반되는 신분상의 지휘감독권, 직무권한, 담당사무 등과 관련해서 공무원이 직무를 행하는 사무소 내부 또는 외부의 사람에게 작용하는 것을 포함한다고 볼 수 있다. 한편 이 사건 법률조항이 '그 지위를 이용하여' 한 행위에 대하여 한정적으로 규제한다면 이는 공무원의 지위와 영향력으로 인한 선거의 불공정성을 방지하기 위하여 필요한 것으로서 정치적 표현의 자유 등 기본권을 침해하는 것이라 볼 수 없다. 공무원의 편향된 영향력 행사를 배제하여 선거의 공정성을 확보한다는 공익은, 그 지위를 이용한 선거운동 내지 영향력 행사만을 금지하면 대부분 확보될 수 있으므로 공무원이 그 지위를 이용하였는지 여부에 관계없이 선거운동의 기획행위를 일체 금지하는 것은 정치적 의사표현의 자유라는 개인의 기본권을 중대하게 제한하는 것이며, 한편 그러한 금지가 선거의 공정성이라는 공익의 확보에 기여하는 바는 매우 미미하다는 점에서 이 사건 법률조항은 법익의 균형성을 충족하지 못한다. 이상의 이유에서, 이 사건 법률조항은 공무원의 정치적 표현의 자유를 침해한다. 그런데 그러한 위헌성은 공무원이 '그 지위를 이용하여' 하는 선거운동의 기획행위 외에 사적인 지위에서 하는 선거운동의 기획행위까지 포괄적으로 금지하는 것에서 비롯된 것이므로, 이 사건 법률조항은 공무원의 지위를 이용하지 아니한 행위에까지 적용되는 한 헌법에 위반된다고 할 것이다.」

특히 합법적으로 인정되는 선거운동에 대하여 기간의 제한을 두는 것은 합헌이지만(예: 憲 1994. 7. 29.-93헌가4 등; 1995. 11. 30.-94헌마97), 始期와 終期에 제한을 두는 것이 선거운동의 의미와 기능을 부정하는 과도한 것이면 헌법에 위반된다.

[憲 1994. 7. 29.-93헌가4등] 「선거운동의 기간제한은 각 나라의 정치적 수준과 선거행태, 국민들의 선거의식과도 함수관계에 있다.……우리나라는 반세기 가까이 수많은 선거를 치러 왔으면서도 아직껏 우리가 바라는 이상적인 선거풍토를 이

룩하지 못하고 금권, 관권 및 폭력에 의한 부정, 과열선거가 항상 문제되어 왔다. 이러한 상황 아래 위와 같은 폐해를 방지하고 공정한 선거를 실현하기 위하여 선거운동의 기간에 일정한 제한을 두는 것만으로 위헌으로 단정할 수는 없다. 다만, 선거운동기간이 헌법적합성과 관련하여 문제가 되는 것은 선거운동기간을 어느 정도 허용할 것인지, 선거운동의 시기와 종기를 어떻게 정할 것인가 등이 문제이다.…… 선거운동의 시기를 당해 후보자의 등록이 끝난 때로부터 정한 것은 후보자나 국민들의 입장에서 본격적인 선거분위기에 젖어드는 것은 경험칙상 선거일의 공고시부터라고 할 수 있으므로 타당성이 있다고 할 것이다.……선거운동의 종기에 관하여는 이를 선거일 전일로 정해 놓았으므로 선거일 전일의 경쟁후보자측에 의한 최후의 비난에 대하여 적절하게 대응하지 못하게 된다는 문제점이 생길 수도 있다. 그러나 경쟁후보자의 비난에 대한 반박기회의 상실문제는 선거일 당일까지 선거운동을 할 수 있도록 하더라도 시간적인 한계 때문에 여전히 발생할 수 있는 것이고, 오히려 선거일 당일의 끊임없는 비난과 반박으로 인하여 발생할 혼란으로부터 유권자를 보호할 필요가 있으므로 선거일 전일까지로 선거운동기간을 제한한 것을 나무랄 수 없다.……그렇다면 법 제34조에서 정하는 선거운동의 기간제한은 제한의 입법목적, 제한의 내용, 우리나라에서의 선거의 태양, 현실적 필요성 등을 고려할 때 필요하고도 합리적인 제한이며, 선거운동의 자유를 형해화할 정도로 과도하게 제한하는 것으로 볼 수 없다 할 것이므로 헌법에 위반되지 아니하고……」

憲法裁判所는 선거일 전 180일부터 선거일까지 선거에 영향을 미치게 하기 위하여 일정한 내용의 문서 기타 이와 유사한 것의 배부 등을 금지하는 공직선거법 제93조 제1항 중「기타 유사한 것」부분은 죄형법정주의의 명확성 원칙에 반하지 아니하고, 위 조항에 따라 일정한 내용의 이용자제작콘텐츠(UCC) 배포를 금지하는 것은 과잉금지원칙에 위배하여 선거운동의 자유를 침해한다고 볼 수 없어 합헌이라고(합헌: 3, 위헌: 5) 판시하였다(憲 2009. 7. 30. -2007헌마718). 憲法裁判所는 선전벽보 등에 후보자의 비정규학력을 게재하지 못하도록 한 공직선거법의 규정은 선거운동의 자유, 표현의 자유 등을 침해한 것은 아니라고 판시하면서, 우리 사회의 학력주의의 폐단을 극복하고 비정규학력의 실질을 보다 구체적이고 명료하게 표시할 수 있는 여지가 있는지를 살펴 유권자의 알 권리와 후보자의 선거운동의 자유를 충분히 보장하는 방향으로 검토할 필요가 있다고 입법자에 대하여 권고를 하였다(憲 2009. 11. 26. -2008헌마114).

Ⅱ. 선거에서의 여론조사결과의 공표 금지 문제

선거에서 선거 전에 여론조사를 하여 그 결과를 공표할 수 있는가 하는 문제가 있다. 일반적으로 할 수 있다고 할 것이다(同旨: 鄭萬喜, 414). 따라서 이러한 여론조사결과를 공표하는 행위를 전면적으로 금지하는 것은 정치적 표현의 자유와 알권리를 침해하는 것이라고 할 것이다. 이러한 경우에 행해지는 여론조사는 충분히 신뢰성이 있고,

객관적이며 과학적으로 조사될 것이 요구되고, 이를 관장하는 기관이 있어야 한다. 그리고 조사의 주체, 대상자, 조사자, 조사의 방법, 조사의 절차, 자료의 보관 등이 투명하게 공개되어야 한다.

문제는 선거에 영향을 줄 수 있는 期間 내에 이러한 여론조사를 하여 발표하는 것을 금지할 수 있는가 하는 문제이다. 이는 합리적인 정당화 사유가 존재하는 범위 내에서 인정된다고 할 것이다.

憲法裁判所는 선거에 영향을 미칠 염려가 있는 기간 동안은 여론조사결과 공표를 금지할 수 있다고 판시하였다. 이는 대통령 선거뿐 아니라 다른 종류의 선거에서도 마찬가지이다(예: 憲 1995. 7. 21.-92헌마177등; 1998. 1. 28.-98헌바64; 2005. 9. 29.-2003헌바52).

[憲 1995. 7. 21.-92헌마177등] 「현대민주국가에 있어서 선거는 국가권력에 대하여 민주적 정당성을 부여하고 국민을 정치적으로 통합하는 중요한 방식이라고 할 수 있다. 그런데 선거의 결과는 여론의 실체인 국민의 의사가 표명된 것이기 때문에 민주국가에서 여론의 중요성은 특별한 의미를 가진다. 민주국가에서 여론이란 국민이 그들에게 공통되고 중요한 문제에 관하여 표명하는 의견의 집합체를 말한다고 할 것인데, 이와 같은 여론을 정확히 파악하여 표출시키는 것을 목적으로 하는 여론조사는 선거와 밀접한 관련을 갖고 있다. 우선 여론조사를 통하여 국민은 정당이나 정치인의 정책에 대한 자신의 의사를 표명할 기회를 갖게 됨으로써 간접적이나마 국가정책에 참여할 수 있고, 정당이나 정치인들은 자신들이 추진하고 있는 정책에 대한 지지도를 파악하여 국민이 거부하는 정책을 시정할 수 있으므로 선거와 선거 사이의 공백이나 선거의 결과가 정책보다는 후보자의 개인적인 인기에 좌우되기 쉽다는 선거의 문제점을 어느 정도 보완할 수 있게 된다. 또한 여론조사는 선거와 관련하여 예비선거의 기능을 수행하고, 무엇보다도 국민으로 하여금 선거에 대하여 높은 관심을 갖도록 하는 구실을 한다. 이와 같이 여론조사는 민주정치의 구현수단으로서 긍정적 측면을 갖고 있지만 여러 가지 부정적인 측면도 가지고 있다. 우선 선거에 관한 여론조사는 그 결과가 공표되면, 투표자로 하여금 승산이 있는 쪽으로 가담하도록 만드는 이른바 밴드왜곤효과(Bandwagon Effect)나 이와 반대로 불리한 편을 동정하여 열세에 놓여 있는 쪽으로 기울게 하는 이른바 열세자효과(Underdog Effect)를 나타낼 수 있다는 것이다. 여론조사결과의 공표가 선거에 미치는 효과는 각각의 경우마다 여러 요인에 의하여 달라질 수 있다고 할 것이나, 그 공표가 유권자의 의사에 영향을 미치고 선거일에 가까와질수록 그 영향이 더욱 커진다는 사실은 부인할 수 없을 것이다. 그렇다면 가사 여론조사가 공정하고 정확하게 실시된다고 하더라도 여론조사의 결과를 공표하는 것은 유권자의 의사에 영향을 주어 국민의 진의와 다른 선거결과가 나올 수 있으므로, 선거의 본래의 취지를 살릴 수 없게 될 가능성도 없지 아니할 것이다. 또한 여론조사는 불공정·부정확하게 행하여지기가 쉽고 그러한 여론조사결과의 공표는 많은 폐해를 낳을 수 있다는 점을 들 수 있다. 여론조사의 긍정적 기능도 여론조사가 공정하고 정확하게 이루어지는 것을 전제로 한 것이므로, 만일 여론조사가 의도적이든 그렇지 아니하든 불공정하거나 부정확하

게 이루어지고 그러한 여론조사의 결과가 공표된다면 국민을 오도하는 결과가 되어 오히려 역기능을 초래하게 될 것이다. 사실상 여론조사의 결과를 그 조사자가 의도한 방향으로 조작하려 든다면 설문을 일정한 응답을 유도하는 방향으로 조작하거나 표본을 편파적으로 추출함으로써 얼마든지 조작이 가능하고, 의도적으로 그렇게 하지 아니하더라도 조사기법의 숙련도 혹은 시간과 경비의 차이에서 비롯될 수 있는 조사기간, 조사대상의 범위, 표본추출방법, 자료수집방법, 질문의 방식 등에 따라 그 결과가 각기 달리 나타나거나 정확도에서 많은 차이가 날 수도 있는 것이다. 실제로 우리나라에서 최근에 선거와 관련하여 실시된 예상투표율 등에 대한 여론조사 결과를 보더라도 여론조사기관들 사이에 상당한 차이를 나타내고 있을 뿐만 아니라, 실제결과와도 적지 않은 편차를 보이고 있음을 알 수 있다. 여론조사 및 그 공표에 있어서 객관성 및 정확성을 확보하는 문제는 여론조사의 가치를 가름하는 관건이 되는 중요한 문제라 할 것이다. 이를 해결하기 위해서는 여론조사를 담당할 우수인력 및 충분한 조사비용의 확보, 세련된 조사기법의 축적 등이 필요함은 물론이지만, 법령 등을 통하여 여론조사의 공정성과 정확성을 담보하기 위한 제도적 장치를 갖출 필요성이 절실하다고 할 수 있다. 외국의 경우를 살펴보면, 여론조사에 관한 법률에 의하여 선거관리위원회나 특별히 설치된 여론조사위원회로 하여금 선거관련 여론조사의 공표 등에 관하여 심사 또는 감시를 하도록 하거나, 법적으로나 관행적으로 여론조사결과를 공표할 경우 표본추출의 대상이 된 모집단의 특성, 표본의 크기, 자료수집방법, 설문의 내용 등을 비롯한 여러 사항을 조사결과와 함께 반드시 명시하도록 함으로써 선거관련 여론조사의 객관성과 정확성을 보장하고, 조사결과에 접하는 유권자로 하여금 그 결과를 올바로 평가할 수 있도록 하고 있는 예를 흔히 찾아 볼 수 있다. 그러나 우리나라에서는 선거관련 여론조사나 그 공표 등에 관하여 준수하여야 할 사항을 규정하거나, 이를 통제 · 감시하는 기관의 설치에 관하여 규정하는 법령은 존재하지 아니한다. 방송위원회나 시민단체에서 1992년의 대통령선거에 즈음하여 제정한 방송기준이나 보도기준에서 여론조사보도시의 원칙이나 기준을 제시한 일이 있기는 하지만, 이는 시험적으로 활용을 해 본 수준에 불과하고, 여론조사 및 그 공표에 관한 일반적이고 체계적인 기준은 확립되어 있지 못한 실정이다.……민주정치체제는 사상 또는 의견의 자유로운 형성 및 그 전달을 바탕으로 하는 건전한 여론 없이는 정상적인 기능이 발휘될 수 없으므로 언론 · 출판의 자유는 민주주의의 기초를 이루는 핵심적인 정신적 자유권이라 할 것이며, 정보를 수집하고 처리할 수 있는 권리를 말하는 알 권리는 언론 · 출판의 자유의 한 내용으로 마땅히 보장되어야 하는 것이다. 대의제 민주주의의 필수불가결의 전제가 되는 선거와 관련해서 볼 때, 국민대표의 공정한 선출을 위해서는 주권자인 국민이 관련정보에 광범하게 또 쉽게 접근할 수 있어야 하는 것이므로 선거관련정보의 자유로운 전달 및 이에 대한 접근을 의미하는 언론 · 출판의 자유는 대표선출의 공정성과도 관련되어 있는 중요한 문제인 것이다. 이와 같이 언론 · 출판의 자유는 민주주의를 유지 · 발전시키기 위한 토대가 되므로 최대한 보장되어야 하나, 언론 · 출판의 자유도 국가안전보장 · 질서유지 또는 공공복리를 위하여 필요한 경우에는 법률에 의하여 제한할 수 있다. 그러나 이 경우에도 헌법 제37조 제2항에서 정한 기본권제한입법의 한계인 과잉금지의 원칙은 지켜져야 할 것이다. 따라서 이 사건 법률규정이 언론·출판의 자유를 침해한 것인지의 여부는 이러한 원칙을 준수하고 있는지에 따라 결정될 것이지만, 이 사건의 경우 특히 과잉금지의 원칙의 한 내용을 이루는 법익의 균형성 내지 법익형량의 기준이 위헌 여부를 가리는 데 중요한 판단기준이 된다고 할 것이다. 대통령제 국가의 대통령은 국가의 원수이며 행정부의 수반일 뿐만 아니라 임기 동안 의회에 대하여 정치적 책임을 지지 아니하고 선거시에 국민에 대해서만 직접 책임을 진다. 그러므로 대통령제를 채택하고 있는 우리나라의 경우 대통령직이 갖는 비중에 비추어 대통령선거의 공정한 실시가 갖는 중요성은 대단히 크다고 할 것이나, 선거와 관련하여 언론·출판의 자유를 보장하는 문제 또한 그 나라의 민주화의 수준을 가늠할 수 있는 중요한 문제이기 때문에 선거에 관한 여론조사결과의 공표를 어느 수준에서 허용할 것인가는 우리나라의 여론조사의 수준과 실태, 국민의식수준 및 선거풍토 등을 종합적으로 고려하면서 선거의 공정과 언론·출판의 자유의 보장이 조화를 이룰 수 있도록 결정되어야 할 것이다. 그런데 앞에서 본 바와 같이 여론조사의 공정성과 정확성을 확보한다는 것은 결코 쉬운 일이 아닐 뿐만 아니라, 선거에 관한 여론조사는 그것이 공정하고 정확하게 이루어졌다 하여도 그 결과가 공표되게 되면 대통령선거에 영향을 미쳐 국민의 진의를 왜곡하고 선거의 공정성을 저해할 우려가 있다고 할 수 있다. 더구나 선거일에 가까와질수록 여론조사결과의 공표가 갖는 부정적 효과는 극대화되고, 특히 불공정하거나 부정확한 여론조사결과가 공표될 때에는 선거의 공정성을 결정적으로 해칠 가능성이 높지만, 이를 반박하고 시정할 수 있는 가능성은 점점 희박해진다고 할 것이다. 그렇다면 대통령선거의 중요성에 비추어 선거의 공정을 위하여 선거일을 앞두고 어느 정도의 기간 동안 선거에 관한 여론조사결과의 공표를 금지하는 것 자체는 부득이하다고 할 수 있으므로 그 금지기간이 지나치게 길지 않는 한 이를 두고 위헌이라고 할 수는 없다. 그러나 공표금지기간의 지나친 장기화는 여론조사가 갖는 민주정치 구현수단으로서의 긍정적 기능을 저해하고, 무엇보다도 민주국가에서 고도의 공공적 기능을 지니고 있고 또한 마땅히 최대한 보장되어야 하는 언론·출판의 자유를 본질적으로 침해하는 것이 될 수 있으므로 위헌의 소지가 있다. 다만 선거에 관한 여론조사결과의 공표금지기간을 어느 정도로 할 것인가는 그 나라의 입법당시의 시대적 상황과 선거문화 및 국민의식수준 등을 종합적으로 고려하여 입법부가 재량에 의하여 정책적으로 결정할 사항이라 할 것이므로, 그 금지기간이 현저하게 불합리하여 입법재량의 범위를 벗어난 것이 아닌 한 위헌이라고 할 수는 없을 것이다. 특히 선거법은 정치성이 짙은 분야이므로 그것이 국민의 기본권을 현저히 제한하는 것이 아닌 한 가능하면 그에 관한 국회의 정치적 판단을 존중해주는 것이 바람직하다고 할 것이다. 우리나라의 경우 선거에 관한 여론조사결과의 공표금지기간과 관련하여 다음과 같은 현실적 문제점들이 고려되어야 한다. 먼저 여론조사의 정확성문제와 관련하여, 선거와 관련한 여론조사의 역사가 선진제국에 비하여 일천한 우리나라에서 여론조사기관들은 그 동안의 괄목할 만한 발전에도 불구하고 아직도 내적으로는 지식, 경험, 인력이 부족하고, 외적으로는 시간과 경비가 극히 제한된 가운데서 조사를 진행하고 있으며, 이러한 상황은 조사의 원칙을 지키기 어렵게 하여 신뢰성 있는 여론조사결과를 제공하는데는 미흡하다고 할 수 있다. 언론기관도 여론조사결과를 올바르게 해석하고 평가할 수 있는 지식과 경험을 갖춘 전문가를 충분히 확보하고 있다고 보기는 어려운 실정이다. 한편 여론조사는 표본의 추출방법, 조사기간, 조사방법, 설문내용 등의 요소가 어떠하냐에 따라서 그 결과가 각각 다르게 나타날 수 있으므로 여론조사의 결과를 공표할 경우에는 이러한 기본적인 사항과 오차의 한계, 여론조사결과의 해석상의 한계 등의 사항을 명시해 주는 것이 필수적임에도 불구하고, 앞에서 본 바와 같이 우리나라의 경우 법령이나 또는 관례적으로라도 이에 관한 규정이 확립되어 있지 않기 때문에 이러한 사항을 명시하지 아니하고 여론조사결과를 공표하는 예도 적지 않다고 할 수 있을 뿐만 아니라, 여론조사의 공정성이나 정확성을 심사하거나 감시하기 위한 기관이 설치되어 있지 않는 등 여론조사나 그 공표에 관한 검증제도가 미비되어 있어 부정확한 여론조사결과가 국민의 여론을 왜곡할 가능성이 항상 존재한다고 할 수 있다. 다음으로 국민의식수준 및 선거풍토와 관련하여, 우리나라에는 아직도 뿌리깊은 지역감정이 남아 있고, 정책보다는 지연, 학연 등 감정적인 요소에 의하여 투표가 좌우된다거나 정당이나 정치인들이 타협에 의하여 문제를 해결하기보다는 극한대립을 치닫는 경향 등 자칫하면 대통령선거를 과열·혼탁으로 몰아갈 수 있는 요소가 많다고 할 수 있다. 이러한 현실에서 선거기간 중에 선거에 관한 여론조사결과의 공표를 허용하게 되면 그렇지 않아도 과열될 요소가 많은 선거 전에 기름을 붓는 결과가 되어 유권자들로 하여금 이성적인 판단보다는 더욱 감정적인 방향으로 치닫게 하고, 여론조사결과 열세인 것으로 나타난 정당이나 후보자들로 하여금 열세를 만회하기 위하여 비정상적인 선거운동방법을 동원하고 싶은 유혹에 더욱 빠지기 쉽게 만들 수 있다. 특히 선거에서의 승리에만 집착하는 정당이나 후보자가 유리한 여론조성을 유도할 목적으로 당보를 통하여 또는 일간신문 등에 광고의 형식으로 의도적으로 왜곡된 여론조사결과를 공표하는 등 여론조사를 그릇된 선거운동수단으로 악용함으로써 진실을 호도하고 유권자들을 혼란에 빠뜨릴 가능성마저 있다고 할 것이다. 이와 같은 사정을 고려하면, 이 사건 법률규정이 선거일공고일 이후부터는 선거에 관한 여론조사결과의 공표를 금지하고 있다 하여도 이는 선거의 공정성과 언론·출판의 자유의 조화를 꾀한 것으로 볼 수 있고, 위 금지기간이 대통령선거의 공정성을 확보하는 데 있어서 지나치게 긴 기간이라고 보여지지도 아니하다. 외국의 경우를 살펴보더라도, 선거와 관련한 여론조사결과의 공표에 관하여 일체의 제한을 두지 아니하고 있는 나라가 있는가 하면, 선거를 앞두고 일정한 기간 동안 여론조사결과의 공표를 금지하고 있는 나라도 상당수 있고 이 경우 그 금지기간의 장단에 대하여도 나라마다 매우 다양하게 규제하고 있음을 알 수 있는데, 이는 각국의 실정이나 역사적·정치적 배경의 상이함에서 비롯된 것으로 보여진다. 그러므로 이 사건 법률규정이 현저히 불합리하여 입법재량의 범위를 벗어난 규정이라고 볼 수 없다. 따라서 여론조사가 갖는 긍정적 및 부정적 기능, 우리나라에서의 여론조사에 관한 여건 및 신뢰도, 국민의식수준, 선거문화 등을 고려할 때, 대통령선거의 공정성을 확보하기 위하여 선거일공고일로부터 선거일까지의 선거기간 중에는 선거에 관한 여론조사의 결과 등의 공표를 금지하는 것은 필요하고도 합리적인 범위 내에서의 제한이라고 할 것이므로, 이 사건 법률규정이 헌법 제37조 제2항이 정하고 있는 한계인 과잉금지의 원칙에 위배하여 언론·출판의 자유와 알 권리 및 선거권을 침해하였다고 할 수 없다.」

[憲 2005. 9. 29.-2003헌바52] 「헌법재판소는 1995. 7. 21. 92헌마177등(병합) 대통령선거법 제65조에 대한 위헌확인 사건에서 구 대통령선거법 제65조가 합헌임을 이유로 심판청구를 기각하는 결정을 선고한 바 있다. 위 결정의 요지는 「대통령선거에 관한 여론조사는 그것이 공정하고 정확하게 이루어졌다 하더라도 그 결과가 공표되면 투표자로 하여금 승산이 있는 쪽으로 가담하도록 만드는 이른바 밴드왜곤효과(bandwagon effect)나 이와 반대로 불리한 편을 동정하여 열세에 놓여 있는 쪽으로 기울게 하는 이른바 열세자효과(underdog effect)가 나타나게 됨으로써 선거에 영향을 미쳐 국민의 진의를 왜곡하고 선거의 공정성을 저해할 우려가 있다. 더구나 선거일에 가까워질수록 여론조사결과의 공표가 갖는 부정적 효과는 극대화되고, 특히 불공정하거나 부정확한 여론조사결과가 공표될 때에는 선거의 공정성을 결정적으로 해칠 가능성이 높지만 이를 반박하고 시정할 수 있는 가능성은 점점 희박해진다. 따라서 대통령선거의 중요성에 비추어 선거의 공정을 위하여 선거일을 앞두고 어느 정도의 기간 동안 선거에 관한 여론조사결과의 공표를 금지하는 것 자체는 그 금지기간이 지나치게 길지 않는 한 위헌이라고 할 수 없다. 선거에 관한 여론조사결과의 공표금지기간을 어느 정도로 할 것인가는 그 나라의 입법당시의 시대적 상황과 선거문화 및 국민의식수준 등을 종합적으로 고려하여 입법부가 재량에 의하여 정책적으로 결정할 사항이라 할 것인데, 우리 나라에서의 여론조사에 관한 여건이나 기타의 상황 등을 고려할 때, 대통령선거의 공정성을 확보하기 위하여 선거일공고일로부터 선거일까지의 선거기간 동안 선거에 관한 여론조사의 결과 등의 공표를 금지하는 것은 필요하고도 합리적인 범위 내에서의 제한이라고 할 것이므로, 이 규정이 헌법 제37조 제2항이 정하고 있는 한계인 과잉금지의 원칙에 위배하여 언론·출판의 자유와 알권리 및 선거권을 침해하였다고 할 수 없다」라는 것이다. ……국회의원선거·지방의회의원 및 지방자치단체의 장의 선거에 있어서 여론조사결과의 공표를 허용할 것인지 여부에 관하여 대통령선거와 달리 취급하여야 할 아무런 합리적인 이유를 찾아볼 수 없다.」

公職選擧法은, 누구든지 선거일 전 6일부터 선거일의 투표마감시각까지 선거에 관하여 정당에 대한 지지도나 당선인을 예상하게 하는 輿論調査(모의투표나 인기투표에 의한 경우를 포함)의 경위와 그 결과를 공표하거나 인용하여 보도하는 것을 금지하고 있고(同法 §108①), 누구든지 선거일 전 60일(선거일 전 60일 후에 실시사유가 확정된 보궐선거 등에서는 그 선거의 실시사유가 확정된 때)부터 선거일까지 선거에 관한 여론조사를 투표용지와 유사한 모형에 의한 방법을 사용하거나 후보자(후보자가 되고자 하는 자를 포함) 또는 정당(창당준비위원회를 포함)의 명의로 선거에 관한 여론조사를 할 수 없다(同條②). 누구든지 공표 또는 보도를 목적으로 선거에 관한 여론조사를 하는 경우에는 피조사자에게 여론조사기관·단체의 명칭, 주소 또는 전화번호와 조사자의 신분을 밝혀야 하고, 당해 조사대상의 전계층을 대표할 수 있도록 피조사자를 선정하여야 하며, 1. 특정 정당 또는 후보자에게 편향되도록 하는 어휘나 문장을 사용하여 질문하는 행위, 2. 피조사자에게 응답을 강요하거나 조사자의 의도에 따라 응답을 유도하는 방법으로 질문하거나, 피조사자의 의사를 왜곡하는 행위, 3. 오락 기타 사행성을 조장할 수 있는 방법으로 조사하는 행위, 4. 피조사자의 성명이나 성명을 유추할 수 있는 내용을 공개하는 행위에 해당하는 행위를 하여서는 아니 된다(同條③). 누구든지 선거에 관한 여론조사의 결과를 공표 또는 보도하는 때에는 조사의뢰자와 조사기관 · 단체명, 피조사자의 선정방법, 표본의 크기, 조사지역 · 일시 · 방법, 표본오차율, 응답률, 질문내용 등을 함께 공표 또는 보도하여야 하며, 선거에 관한 여론조사를 실시한 기관 · 단체는 조사설계서 · 피조사자선정 · 표본추출 · 질문지작성 · 결과분석 등 조사의 신뢰성과 객관성의 입증에 필요한 자료와 수집된 설문지 및 결과분석자료 등 당해 여론조사와 관련있는 자료일체를 당해 선거의 선거일 후 6월까지 보관하여야 한다(同條④).

公職選擧法은 이러한 여론조사의 결과를 공표하는 행위를 제한함에 비하여 선거당일 出口調査는 허용하고 있다(同法 §167②)([123] Ⅳ).

Ⅲ. 호별방문의 금지 문제

(1) 학 설

선거기간중에 선거운동을 하거나 입당을 권유하는 등 선거와 관련된 행위를 하기 위하여 주택, 공장, 사무실, 점포, 다방 등을 개별적으로 방문하는 것이 인정되는가 하는 문제가 있다. 이에는 합헌설, 위헌설, 절충설이 있다.

合憲說은 유권자에 대한 매수, 이해유도, 협박, 위력시위 등의 행위를 방지하여 선거의 공정을 유지하고, 후보자들간의 격렬한 경쟁으로 인한 선거운동의 과열화를 방지하며, 사회적 약자가 특정 후보자나 정당을 지지하도록 강제당하지 않도록 하여 비밀투표의 원칙을 보장하고, 선거가 혈연, 학연, 지연 등의 緣故에 의하여 좌우되지 않도록 하기 위하여 호별방문은 금지되어야 한다고 한다(同旨: 日本國 最高裁判所 判例).

違憲說은 호별방문은 후보자가 유권자를 직접 방문하고 만나 자신의 견해를 전달하는 정치적 의사표현의 방법이고 선거운동의 자유에 해당하므로 이를 전면적으로 금지하는 것은 위헌이라고 한다.

折衷說은 호별방문은 기본적으로 인정되어야 하고, 이를 금지할만한 정당한 사유가 있는 경우에만 금지할 수 있다고 본다(同旨: 金哲洙a, 1075; 鄭萬喜, 401). 현존하고 명백한 위험이 존재하는 경우에만 금지할 수 있다고 보는 견해도 이에 포함된다.

(2) 현행제도

公職選擧法은 호별방문을 전면적으로 금지하고 있지는 않고, 제한하고 있다. 公職選擧法은, 누구든지 選擧運動을 위하여 또는 선거기간중 入黨의 勸誘를 위하여 戶別로 訪問할 수 없다. 그러나 선거운동을 할 수 있는 者는 이에도 불구하고 冠婚喪

祭의 의식이 거행되는 장소와 도로·시장·점포·다방·대합실 기타 다수인이 왕래하는 公開된 場所에서 政黨 또는 候補者에 대한 지지를 호소할 수 있다(同法 §106 ①,②). 그리고 누구든지 選擧期間중 공개장소에서의 연설·대담의 通知를 위하여 호별로 방문할 수 없다(同條 ③).

호별방문금지는 1951년 國會議員選擧法의 개정 때 채택되어 전면적으로 금지되어 오다가 현재 완화된 형태를 띠고 있다. 日本國에서는 1925년 普通選擧法에서 전면적 금지를 채택하여 현재까지 유지되고 있다.

현행 제도에 관하여 최근 확정된 고등법원의 판례 가운데는 아래의 것이 주목된다(대구고법 2007. 3. 15.-2007노38).

[대구고법 2007. 3. 15.-2007노38] 「공직선거법 제106조 제1항에서 호별방문을 금지하는 취지는, 첫째 일반 공중의 눈에 띄지 않는 장소에서의 대화가 의리나 인정 등 다분히 정서적이고 비본질적인 요소에 치우쳐 선거인의 냉정하고 합리적인 판단을 방해할 우려가 있고, 둘째 비공개적인 장소에서의 만남을 통하여 매수 및 이해유도죄 등의 부정행위가 행하여질 개연성이 상존하며, 셋째 선거인의 입장에서는 전혀 모르는 후보자측의 예기치 않는 방문을 받게 되어 사생활의 평온이 침해될 우려가 있고, 넷째 후보자측의 입장에서도 필요 이상으로 호별방문의 유혹에 빠지게 됨으로써 경제력이나 선거운동원의 동원력이 뛰어난 후보자가 유리하게 되는 등 후보자간의 선거운동의 실질적 평등을 보장하기 어려운 폐해가 예상되기 때문이다. 따라서 방문시기, 방문자 또는 피방문자의 수, 범위, 방문자와 피방문자와의 관계, 방문장소에서의 언동 등 제반정황을 고려하여, 사회통념상 방문 장소가 위와 같은 폐해가 예상되는 곳이고 방문의 취지가 선거운동을 위한 것으로 볼 수 있으면 호별방문죄가 성립한다고 보아야 할 것이다. 또 호별방문죄가 성립하는 방문 장소의 전형적인 예는 '거택'이라고 할 것이나, 공직선거법 제106조는 제1항에서 "누구든지 선거운동을 위하여 또는 선거기간 중 입당의 권유를 위하여 호별로 방문할 수 없다"고 규정하고, 제2항에서 "선거운동을 할 수 있는 자는 제1항의 규정에 불구하고 관혼상제의 의식이 거행되는 장소와 도로·시장·점포·다방·대합실 기타 다수인이 왕래하는 공개된 장소에서 정당 또는 후보자에 대한 지지를 호소할 수 있다"고 규정하고 있는 점에 비추어 보면, 호별방문죄가 성립하는 방문 장소는 위 제2항의 '관혼상제의 의식이 거행되는 장소와 도로·시장·점포·다방·대합실 기타 다수인이 왕래하는 공개된 장소'가 아닌 곳으로서, 비록 피방문자가 일시적으로 거주하는 경우라도 불특정·다수인의 자유로운 출입이 제한된 비공개적인 장소도 포함된다고 볼 것이다.」

Ⅳ. 선거의 공영

(1) 제도적 의의

선거는 국가의 존속과 국민의 전체 이익을 위하여 국가의 공적 업무를 수행할 국민의 대표자를 선출하는 행위이므로 이에 소요되는 비용은 국가가 부담하는 것이 타당하다. 즉 선거비용을 국민 모두의 공평부담(세금)으로 하는 것이다. 이와 같이 선거의 관리·운영에 필요한 비용을 당사자에게 부담시키지 않고, 국가가 부담하는 것을 選擧의 公營이라고 한다.

국가가 선거공영제도를 실시하는 경우에는 그 비용이 국민의 공평부담으로 돌아가므로 반드시 선거에 필요한 경비에 국한하여야 한다는 점을 유의할 필요가 있다. 선거에 참여하는 당사자(개인 또는 정당)의 사적인 이익으로 돌아가는 부분에 대해서 국가가 경비를 지출하는 것은 선거공영의 원리에 부합하지 않는다.

지방자치의 수준과 형태에 따라 지방자치단체의 장이나 지방의회 의원을 선출하는 지방자치선거의 비용은 해당 지방자치단체가 부담하게 할 수 있다. 지방자치의 독자성이 강해지고 지방자치의 재정적 독립성이 강조되는 경우에는 각 지방자치단체는 각자의 선거비용을 부담하여야 하며, 이를 다른 지방자치단체에 나누어 부담하게 하는 것은 지방자치단체의 재산권의 침해가 될 수 있다.

(2) 내 용

(a) 선거비용의 국가부담

헌법은 「선거에 관한 경비는 법률이 정하는 경우를 제외하고는 정당 또는 후보자에게 부담시킬 수 없다」라고 정하여(憲法 §116②), 선거공영제도를 정하고 있다. 선거비용에 관하여 입법을 하는 경우에는 경비가 지출되는 사항이 선거에 필요한 것인가 하는 적합성의 문제와 해당 사항에 대한 경비가 국가와 당사자 중 어느 쪽이 부담하는 것이 타당하며, 일방이 부담해야 하는가 공동으로 나누어 부담해야 하는가, 국가와 당사자가 공동으로 부담하는 경우에는 그 배분을 어떻게 정하는 것이 적합한가 하는 경비부담의 주체 문제에 대하여 정확히 고려하여야 한다.

선거비용의 국가부담은 국민에게 과도한 부담을 지우므로 이를 악용하는 행위를 방지하는 조치가 필요하다. 예컨대 선거의 입후보만 하더라도 선거에 입후보하는 이유는 다양하다. 영리적 또는 비영리적으로 선전할 목적에서 입후보하거나 장차 공직에 나올 목적으로 선전하기 위해 이용하기도 한다. 따라서 선거에서 무한정한 입후보를 인정하고 이에 소요되는 비용을 국민이 모두 부담하는 것은 선거공영의 목적과 부합하기 어렵다. 이러한 선거공영제도의 악용을 방지하기 위해 낙선자에 대해 기탁금 국고귀속제도와 같은 장치를 마련하고 있다. 그러나 국고에 귀속시키는 기탁금의 액수가 입후보의 기회를 현저하게 제한하는 경우에는 이 역시 고액의 기탁금을 납부할 수 있는 사람만 선거에 입후보할 수 있는 금권정치를 야기하고, 국민의 공무담임권인 피선거권과 선거공영의 법리를 침해할 수 있다(예: 憲 1989. 9. 8.-88헌가6).

[憲 1989. 9. 8.-88헌가6] 「일반서민 계층이나 2·30대의 젊은 계층의 정상적인 수입으로는 마련할 수 없는 금액을 선거법에서 입후보자의 기탁금으로 기탁케 한 것은 그들에게 입후보할 헌법상 국민의 기본권과 자유를 박탈하는 결과를 가져오며, 그들의 이해를 대변할 대표자를 의회에 진출시키지 못하여 민주적인 국민적 화합을 이룩할 수가 없어 평온한 민주질서를 기대할 수 없고 그들의 기본권을 보장한 헌법상 여러 조항에 위반된다고 아니할 수 없다. 국회가 법률로써 선거를 통제할 수 있는 권한은 인정하나 합리적이고 합헌적 방법에 의하여 그 목적을 달성하도록 하여야 하며 결코 일반 서민층이나 젊은 세대들의 의회진출의 길을 막거나 군소정당이나 재력이 없는 무소속 후보자들에게 정치적인 자유와 입후보할 기회를 불합리하게 제한하는 것까지 용인하는 것은 아니다. 그러므로 국회는 선거제도의 원리와 정신에 맞는 범위 내에서 법률로 제한할 수 있는 것이며, 일반국민에게도 헌법상 보장된 피선거권과 참정권을 가질 수 있도록 다른 방법이 제도적으로 보장되지 않는 한 그 다액의 기탁금을 일률적으로 요구하는 것은 위헌을 면할 수 없다. 따라서 헌법 제11조와 헌법 제24조, 제25조에 위배된다고 할 것이다.」

(b) 선거비용의 통제

국가가 선거공영제도를 운영하는 이상 당사자가 선거에 필요한 비용을 제한없이 사용하는 것은 통제된다. 이를 방치하는 경우에는 자금을 많이 가진 자가 선거에서 승리할 것이고, 이러한 것은 국민대표자의 선출이라는 이념에 합당하지 않다. 대의민주주의의 원리상 국민의 대표자를 선거하는 것은 국민이 선출(election)하는 의미와 함께 국민대표자의 직에 적합한 자를 정확히 선발(selection)하는 의미를 가지므로 선거에 있어 선거비용의 제한 없는 사용은 형식적으로는 선출행위가 있다고 하더라도 적합한 대표자를 선발하는 과정이 금력으로 왜곡되는 것을 방치하는 것이기 때문이다. 이는 민주정치가 金權政治로 타락하는 것을 의미한다.

(c) 한 계

국가가 선거를 공영으로 관리하고 운영한다고 하더라도, 선거에 필요하지 않은 사항에 대하여 국고를 지출해서는 안 된다. 선거공영이 선거에 입후보하는 모든 사람의 모든 비용을 부담하는 것은 아니기 때문이다. 선거공영이라는 이유로 國庫를 낭비하는 것은 국민 또는 지방자치단체의 주민이 부담할 이유가 없는 재정적 부담을 국민이나 주민에게 강제로 부과하는 결과가 되어 국민의 재산권을 침해하는 것이 된다. 그러나 선거비용을 절약한다는 이유로 선거에 필요한 행위를 금지하거나 이에 필요한 경비를 당사자에게 부담시켜서는 안 된다.

이런 관점에서 보면, 선거에 필요한 경비를 국가가 충분히 부담하고 있음에도 정당에 대하여 국고에서 보조금을 지급하는 것은 문제가 있다(鄭宗燮b, 141). 기본적으로 정당에 대한 국고보조금은 선거경비를 정당에 지급하는 방식인데, 우리는 선거공영제로 그 경비를 국민부담으로 하면서도 정당에 대한 국고보조금을 지급하고, 더 나아가 선거가 있는 해에는 추가보조금을 더 지급하고 있다.

[憲 1996. 8. 29.-95헌마108] 「대통령선거 등 다른 선거에 있어서와 마찬가지로 시·도지사선거에서도 후보자가 난립할 경우 선거관리가 복잡해짐은 물론 선거운동이 과열·혼탁해지기 쉽고 선거비용이 과다하게 소요되며 유권자의 지지표가 분산되어 당선자의 민주적 정당성이 약화될 뿐 아니라, 나아가 주민들로서는 적절한 후보자를 선택하기 어려워 지방자치 및 선거자체에 대하여 무관심해질 염려도 있으므로 무분별한 후보난립을 방지할 필요성은 크다고 할 수 있다. 공직선거법상 위반행위에 대한 과태료 및 불법시설물 등에 대한 대집행비용은 그 성격상 당락이나 득표율 여하를 불문하고 후보자에게 부담시키는 것이 당연하다. 또한 헌법 제116조 제2항은 법률이 정하는 경우에는 선거에 관한 경비의 일부를 후보자에게 부담시킬 수 있도록 규정하고 있고, 시·도지사선거에 들어가는 일체의 비용을 지방자치단체가 부담하도록 하는 것은 주민의 조세부담이나 지방재정형편에 비추어 반드시 적절하다고 할 수 없으므로 당선될 가능성이 희박함에도 무리하게 입후보를 한 것으로 보여지는 득표율이 저조한 후보자에 대하여는 선거비용의 일부인 선전벽보 및 선거공보의 작성비용을 부담시키는 것이 부당하다고 할 수 없다. 그러므로 시·도지사선거에서 후보난립을 방지하고, 아울러 위 과태료 및 대집행비용과 선전벽보 및 선거공보의 작성비용 등을 예납하도록 하기 위한 기탁금제도는 그 기탁금액이 지나치게 많지 않는 한 이를 위헌이라고 할 수는 없다.」

V. 선거법 위반의 연좌책임

선거에 입후보한 후보자가 선거법에서 정하고 있는 선거운동 등에 관한 규정을 위반한 경우에 후보자의 당선을 무효화하고 향후 일정기간 동안 선거권과 피선거권의 행사를 금지하는 등의 책임을 부과하여 선거법을 준수하게 하는 것이 있다. 이러한 시스템은 후보자가 특정의 선거운동위반 등 선거법위반행위를 하는 경우에는 당연히 당선이 무효화되고 일정한 법적 책임을 져야 하는데, 후보자를 대신하여 행동하는 자(예: 친족, 비서, 선거책임자, 선거운동원, 지역주재자, 출납책임자 등)로 하여금 이러한 행위를 하게 그 법적 책임을 회피하고자 하는 것을 방지하기 위한 것이다.

이러한 연좌책임제도의 구조는 후보자였던 자 이외에 일정한 대상자(連坐對象者)가 선거범죄를 범하여 일정한 법적 조치를 받은 경우(連坐要件)에 당선된 자의 당선을 무효로 하는 등의 제재효과(連坐效果)를 발생시키게 하는 것이다. 이러한 것은 선거의 메커니즘상 연좌대상자의 행위는 실질적으로 후보자의 행위와 동일하기 때문에 후보자에 대하여 법적 책임이 발생하는 것이어서 자기행위에 따른 자기책임과는 무관한 타인의 행위로 자기가 책임을 지는 憲法 제13조 제3항의 연좌제와는 무관하다

([201] Ⅲ).

일본국에서는 1925년 衆議員選擧法에서 연좌책임제도를 도입한 후 계속하여 연좌대상자의 범위를 확대해오고 있다.

公職選擧法은 이에 대하여 정하고 있다. 公職選擧法 제122조(선거비용제한액의 공고)의 규정에 의하여 공고된 선거비용제한액의 200분의 1 이상을 초과지출한 이유로 선거사무장, 선거사무소의 회계책임자가 징역형 또는 300만원 이상의 벌금형의 선고를 받은 때에는 후보자의 당선은 무효가 된다. 다만, 다른 사람의 유도 또는 도발에 의하여 당해 후보자의 당선을 무효로 되게 하기 위하여 지출한 때에는 그러하지 아니하다(同法 §263①). 그리고 「정치자금법」 제49조(선거비용관련 위반행위에 관한 벌칙) 제1항 또는 제2항 제6호의 죄를 범함으로 인하여 선거사무소의 회계책임자가 징역형 또는 300만원 이상의 벌금형의 선고를 받은 때에는 그 후보자(대통령후보자, 비례대표국회의원후보자, 비례대표지방의회의원후보자 제외)의 당선은 무효가 된다(同法 §263②. 이 경우 제1항 단서의 규정을 준용한다). 또 선거사무장 · 선거사무소의 회계책임자(선거사무소의 회계책임자로 선임 · 신고되지 아니한 자로서 후보자와 통모하여 당해 후보자의 선거비용으로 지출한 금액이 선거비용제한액의 3분의 1 이상에 해당되는 자를 포함) 또는 후보자 또는 후보자가 되고자 하는 자의 직계존 · 비속 및 배우자가 당해 선거에 있어서 제230조(매수 및 이해유도죄) 내지 제234조(당선무효유도죄), 제257조(기부행위의 금지제한등 위반죄) 제1항 중 기부행위를 한 죄 또는 「정치자금법」 제45조(정치자금부정수수죄) 제1항의 정치자금부정수수죄를 범함으로 인하여 징역형 또는 300만원 이상의 벌금형의 선고를 받은 때(선거사무장, 선거사무소의 회계책임자에 대하여는 선임 · 신고되기 전의 행위로 인한 경우 포함)에는 그 후보자(대통령후보자, 비례대표국회의원후보자, 비례대표지방의회의원후보자 제외)의 당선은 무효가 된다. 다른 사람의 유도 또는 도발에 의하여 당해 후보자의 당선을 무효로 되게 하기 위하여 죄를 범한 때에는 그러하지 아니하다(同法 §265).

憲法裁判所도 이러한 연좌책임은 헌법 제13조 제3항에서 정하고 있는 연좌제금지와는 무관하다고 판시하였다(예: 憲 2005. 12. 22.-2005헌마19).

[憲 2005. 12. 22.-2005헌마19] 「헌법 제13조 제3항은 "모든 국민은 자기의 행위가 아닌 친족의 행위로 인하여 불이익한 처우를 받지 아니한다"고 규정하고 있다. 이 조항은 1980년의 헌법개정시 처음으로 규정되었는데, 그 취지는 남북분단이라는 특수한 시대적 상황으로 말미암아 그 무렵까지 여전히 잔존하던 전근대적인 연좌(緣坐)의 사회적 병폐를 해소하겠다는 데에 있었던 것으로 보인다. 개인의 존엄과 자율성을 인정하는 바탕 위에 서 있는 우리 헌법질서 하에서는 자기의 행위가 아닌 타인의 행위에 대하여 책임을 지지 않는 것이 원칙이지만, 사람은 타인과의 연관 속에 살아가는 사회적 존재이므로 타인과의 사이에 일정한 법적 연관이 형성되는 것은 불가피하고, 이는 친족과의 관계에 있어서도 마찬가지이다. 혼인과 출산을 고리로 형성되는 친족관계의 속성상 필요한 때 또는 어떤 입법목적을 추구하기 위하여 필요한 때에 법은 친족간의 신분이나 재산 그 밖의 법률관계에 관하여 일정한 자유를 제약하거나 책임을 부담시킬 수 있다. 그러나 이러한 법적 규율들이 모

두 헌법 제13조 제3항에 의하여 금지되는 것이 아니다. 헌법 제13조 제3항은 '친족의 행위와 본인 간에 실질적으로 의미있는 아무런 관련성을 인정할 수 없음에도 불구하고 오로지 친족이라는 사유 그 자체만으로' 불이익한 처우를 가하는 경우에만 적용된다. 원래 연좌제(緣坐制)라는 것이 본인과 아무런 관련이 없는 사태에 대하여 오로지 가족 또는 친족이라는 이유만으로 처벌하거나 불이익을 주는 제도를 말하고 바로 그 이유로 봉건적 인습으로 여겨져 폐기된 제도이므로, 이렇게 보는 것이 이 헌법조항이 우리 헌법전에 도입된 취지나 역사적 맥락에 맞닿은 해석일 뿐만 아니라, 그 밖의 경우에는 문제된 불이익을 보호하는 다른 헌법규범이나 기본권규범을 찾아 그 친족과의 관계에서 본인에게 그러한 불이익을 주는 것이 과연 합리적 근거가 있는지, 또는 입법목적 달성을 위해 필요한 한도 내의 수단인지를 살펴봄으로써 그러한 법적 규율의 정당성 여부를 충분히 판단할 수 있기 때문이다. 선거에서는 다수 득표를 한 자의 당선의 효력을 가능한 한 그대로 유지시키는 것이 원칙이겠지만, 선거가 '국민의 자유로운 의사와 민주적인 절차에 의하여 공정히'(법 §1) 행해지지 아니하고 선거과정에서 선거범죄가 심각하게 개재된 경우에 선거의 결과를 그대로 유지시키는 것은 대의제이념에 반하고 나아가 선거제도 자체에 대한 신뢰를 훼손할 수 있다. 선거과정에서 현저히 부정한 행위가 존재하는 경우에는 선거의 공정성 확보를 위하여 선거결과를 번복시킬 수도 있을 것이고, 때로는 후보자가 선거부정행위에 직접 관여하지 아니하였더라도 당선의 효력을 부인하는 것이 필요할 수 있다. 선거에서는 후보자를 중심으로 선거사무장, 후보자의 배우자 등이 일체가 되어 후보자의 당선이라는 공동목표를 위하여 조직적·체계적으로 선거운동을 하게 되므로, 그 과정에서 이들이 중대한 선거범죄를 범한 경우에는 그 후보자를 위한 선거운동 전체가 부정한 방법으로 이루어진 것이라고 보아 그러한 불공정한 선거방법을 통하여 얻어진 당선이라는 선거결과를 부정하는 것에 바로 이 사건 법률조항의 본질이 있다. 종래의 선거법에서는 선거사무장의 행위에 대해서만 후보자에게 책임을 추궁하도록 되어 있었으나, 1994. 3. 16. 법률 제4739호로 제정된 공직선거및선거부정방지법에서부터 연대책임을 강화하여 선거사무소의 회계책임자, 후보자의 직계존·비속 및 배우자의 행위에까지 후보자의 책임범위를 확대한 것이다. 이는 후보자의 가족 등이 선거의 이면에서 음성적으로 또한 조직적으로 역할을 분담하여 불법·부정을 자행하는 경우가 많은 우리 선거의 실상에 직면하여 이러한 불법·부정을 근절하고 공명하고 깨끗한 선거풍토를 확립하기 위해서는 후보자와 이를 보좌하는 선거관계자와의 연대책임을 강화하는 것이 절실하다는데 입법자의 의지가 모아졌기 때문이다. 이러한 제도는 선거관계자 및 후보자의 친족 등이 저지른 일정한 중대선거범죄는 선거에 있어서 전적으로 후보자의 당선을 위하여, 또한 후보자와의 의사연락 하에 이루어진 행위로서 총체적으로는 후보자 자신의 행위와 다를 바 없다고 보아, 후보자를 공범으로 인정하여 형사처벌은 하지 않는다 하더라도 그러한 불법행위에 따른 이익을 박탈하는 것이 정당하다는 고려에 터잡은 것이다. 특히 배우자는 후보자와 일상을 공유하는 자로서 선거에서는 후보자의 최측근에서 수시로 후보자와 협의할 수 있고, 후보자와 유기적으로 역할을 분담하여 당선에 유리한 여러 활동을 할 수 있으며, 선거사무장, 선거사무소의 회계책임자 등에 대하여 실질적인 지시를 할 수 있는 등 후보자의 분신과도 같은 역할을 하게 된다. 그리하여 입법자는 배우자의 중대한 위법행위에 대해서도 후보자가 연대하여 책임을 지는 것, 즉 후보자 자신의 선거범죄로 인한 당선무효제도를 배우자의 선거범죄에까지 확장하는 것 또한 필요하다고 보아 이 사건 법률조항을 두게 된 것인데, 이러한 입법자의 사실적·정책적 판단은 나름의 합리적 근거가 있다 할 것이므로 이를 존중하여야 할 것이다. 이와 같이 이 사건 법률조항은 '친족인 배우자의 행위와 본인 간에 실질적으로 의미있는 아무런 관련성을 인정할 수 없음에도 불구하고 오로지 배우자라는 사유 그 자체만으로' 불이익한 처우를 가하는 것이 아니다. 배우자가 죄를 저질렀다는 이유만으로 후보자에게 불이익을 주는 것이 아니라, 후보자와 불가분의 선거운명공동체를 형성하여 활동하게 마련인 배우자의 실질적 지위와 역할을 근거로 후보자에게 연대책임을 부여한 것이므로, 이 사건 법률조항은 헌법 제13조 제3항에서 금지하고 있는 연좌제에 해당하지 아니한다.」

제3장 法 院

제1절 司法과 司法權

[303] 第一 憲法條項

헌법 제101조 제1항은 「司法權은 法官으로 구성된 法院에 속한다」라고 정하여, 사법권이 입법부, 행정부, 헌법재판소와는 독립된 별개의 국가기관인 법원에 속한다는 것을 정하고 있다. 이는 헌법의 권력분립을 구체화하고 있는 조항인 동시에 司法의 獨立을 정하고 있는 조항이기도 하다.

이와 같이 사법권을 입법부나 행정부 등으로부터 독립된 법원에 속하도록 하는 방식을 헌법이 채택한 것은 1948년헌법 이래 지금까지 일관되게 유지되고 있다. 이러한 방식은 오늘날 자유민주주의체제와 법치민주국가의 일반적인 유형에 해당한다. 예외적인 형태로는 예컨대, 프랑스에서는 특유의 역사적인 배경에 의하여 모든 법원이 검찰청과 함께 행정부의 법무부에 소속되어 있다.

우리 역사상 사법권이 집행권으로부터 분리되기 시작하는 것은 1894년(甲午年) 6월 28일 軍國機務處(1894. 6. 25. 설치)가 종전의 刑曹를 폐지하고 法務衙門을 설치하여 7월 8일 議案으로 모든 범죄인에 대한 사법관에 의한 재판권이 법무아문에 있음을 공표한 것에서 비롯한다. 1894년 12월 16일 議禁司를 法務衙門權設裁判所로 개명하고 지방재판 이외의 종래 법무아문이 맡았던 모든 재판을 관장하였다. 다만, 재판은 사법관이 아니라 法務大臣이나 協辦, 參議 등이 담당하였다. 1895년(乙未年) 4월 19일 법률 제1호로 裁判所構成法을 공포하고 4월 25일부터 시행되었고, 재판소는 지방재판소, 한성 및 인천 기타 개항장재판소, 순회재판소, 고등재판소, 특별법원의 5종으로 하였다. 檢事는 재판소에 소속된 직원이었다. 1895년 5월 9일 法務令 제1호로 漢城裁判所를 설치하면서 비로소 사법관에 의한 재판이 가능하게 되었다. 분리된 재판기관에서 재판을 수행할 司法官을 양성하기 위하여 1895년 4월 19일 法官養成所規程(勅令 제49호)을 공포하여 5월 6일 법관양성소를 설치하고 그 해 11월 10일(음력) 속성으로 양성된 47명의 졸업생을 배출하여 각 재판소의 판사와 검사로 임명하였다. 그 후 사법관과 지방관을 통합하는 일도 있었고, 법관양성소가 일시 폐소되기도 하였지만, 우리 역사에서는 이것이 사법권 분리의 효시이다.

[304] 第二 司法과 司法權의 槪念

사법권(judicial power)은 국가와 국민간 또는 국민 상호간에 발생한 법적인 권리·의무에 관한 분쟁을 해결하거나 국가의 형벌권을 실행하기 위하여 해당 사건에 대하여 有權的으로(authoritative) 재판(=법의 인식·적용)하는 국가의 권력적 권한이다(實質的 意味의 司法). 국가의 이러한 권한의 행사로 인한 재판작용을 사법작용이라고 한다.

사법의 의미에는 그 나라의 제도가 가지는 양상에 따라 헌법재판을 포함하는 광의의 사법을 의미하는 경우도 있으나, 우리나라에서는 헌법재판은 법원과 별개로 설치된 헌법재판소가 관장하기 때문에(憲法 §111①) 이를 제외한 민사재판, 형사재판, 행정재판 등 一般法院이 관장하는 재판을 의미한다(形式的 意味의 司法). 나라에 따라서는 행정재판을 일반법원의 관장사항으로 하지 아니하는 行政國家모델을 취하고 있는 경우도 있으나(예컨대, 프랑스의 행정법원, 독일의 행정법원은 일반법원과 분리되어 있다), 우리나라에서는 일반법원이 행정재판을 관장하는 司法國家(Justizstaat)모델을 취하고 있다.

실질적으로는 국가의 재판작용에 해당한다고 하더라도 헌법에서 각종의 재판작용 가운데 특정한 재판을 일반법원과 별개의 기관으로 하여금 관장하게 할 수 있다. 헌법재판소의 憲法裁判(憲法 §111①), 행정기관에 의한 行政審判(憲法 §107③), 군사법원의 軍事裁判(憲法 §110①) 등이 그에 해당한다. 따라서 헌법 제101조 제 1 항에서 정하고 있는 「사법권」은 실질적 의미의 사법권이 아니고 헌법 제101조 제 1 항과 제 2 항이 정하고 있는 「법원」에 속하는 재판권만 의미하는 형식적 의미의 사법권을 뜻한다(同旨: 金哲洙b, 1960; 成樂寅, 1136). 法院組織法도 이에 따라 「법원은 헌법에 특별한 규정이 있는 경우를 제외한 일체의 법률상의 爭訟을 審判하고, 이 법과 다른 법률에 의하여 법원에 속하는 권한을 가진다」라고 정하고 있으며(法組法 §2①), 行政機關에 의한 前審으로서의 審判을 금하지 아니한다고 명시하고 있다(同條 ②).

제 2 절 法院의 憲法上의 地位

[305] 第一 裁判機關

大法院과 各級法院으로 조직되는 법원은 재판기관이다. 이 법원은 구체적인 사건에서 적용할 법을 인식·해석하고 이를 적용하여 분쟁을 해결하거나 형벌권을 행사하는 유권적인 재판기관이다. 헌법이 정하고 있는 비상계엄이 발동한 예외적인 경우(憲法 §77③) 이외에는 헌법상 어떠한 기관도 법원의 이러한 재판권을 대신하여 행사하지 못한다.

법원은 재판기관이기 때문에 법원의 모든 권한행사에는 일차적으로 재판의 원리가 적용된다. 재판의 독립에 관한 법리나, 법원의 사법행정이 일반행정과 구별되어 재판의 이념과 합치하여야 하는 법리는 법원이 가지는 재판기관으로서의 지위에서 요구되는 것이다.

[306] 第二 中立的 權力機關

법원은 중립적 권력기관이다. 우리 헌법은 국민주권을 실현하는 방법으로 대의민주주의를 채택하여 입법권과 행정권의 정당성을 확보하고, 그에 따라 국회가 입법권을 행사하고 행정부가 행정권을 행사한다. 그런데 이러한 입법권과 행정권은 실질에 있어서는 국민의 대표자와 관료인 공무원들에 의해 행사되고 이해당사자의 영향력이 개입하기 때문에 한편으로 정치적인 성격을 띠게 되고, 다른 한편으로 언제나 권한행사에서 남용과 오용의 위험성이 수반된다. 이러한 권력의 남용이나 오용으로부터 국민을 보호하고, 정치적인 영향을 받지 아니하고 공정하게 분쟁을 해결하거나 형벌권을 집행하기 위해서는 입법기관이나 행정기관과는 다른 제 3 의 중립적인 권력기관이 필요한데, 법원이 그에 해당한다.

법이 만들어지는 것은 정치적인 힘이 작용하는 정치영역이지만, 일단 제정된 법을 적용하는 것은 공정성이 확보되어야 하므로 법의 적용은 비정치적이어야 하며 중립적이어야 한다. 재판의 형식으로 법을 적용하는 법원이 중립적 기관이 되어야 하는 근거는 이와 같이 법적용의 본질과 권력분립에서 나온다.

따라서 법원은 본질적으로 입법기관이나 행정기관과는 달리 정치적인 힘으로부터 자유로운 중립적인 영역에 있어야 한다. 재판은 물론이고 법원의 구성이나 운영도 이러한 중립적 권력의 법리에 의해 지도되어야 하는 이유는 이 때문이며, 여기에서 사법의 독립의 법리가 요구된다. 권력통제의 법리가 허용하는 범위가 아닌 이상 법원의 구성이나 운영에는 입법부나 행정부의 영향력이 미쳐서는 안 된다.

한편, 법원이 중립적 권력기관이라고 하더라도, 그 역시 권력기관이므로 중립적 기관이라는 이유로 내부에서 발생하는 비민주적 관료주의(bureaucracy)나 재판권력의 남용·오용이 정당화되는 것은 아니다. 진정한 중립적 권력기관을 실현하기 위해서는 법원의 구성이나 운영에서 발생하는 官僚主義와 권력의 남용을 방지하거나 제거하는 장치를 확보하는 것이 요구되는데(예컨대, 법관의 충원과 인사에서의 민주화, 법원행정의 민주화를 위한 시스템의 구축), 이러한 방법에는 법원에 대한 외부에서의 통제와 법원 내부에서의 통제가 있다.

[307] 第三　憲法守護機關

법원은 헌법수호기관이다. 법원은 다른 헌법기관과 같이 헌법을 수호하는 기능을 하는데 특히 재판작용을 통하여 헌법을 수호하는 점에서 차이가 있다. 재판을 통하여 헌법을 수호하는 가장 중요한 기능은 헌법재판소가 담당하고 있더라도, 법원도 일반재판을 통하여 헌법을 수호한다. 따라서 법원은 언제나 구체적인 사건에서 헌법에 합치되도록 법을 해석하고 적용하여야 한다. 헌법 제103조에서 「법관은 헌법과 법률에 의하여 그 양심에 따라 독립하여 심판한다」고 정하면서 헌법에 따라 심판하도록 하는 이유도 여기에 있다. 법관이 직무수행에서 헌법을 위반하는 경우에는 탄핵사유가 되어 파면되는 것도 법원의 헌법수호기관으로서의 지위를 보장한다.

법원은 헌법수호기관으로서 일반재판에서만 그 역할을 하는 것이 아니라, 헌법재판소에 위헌법률심판을 제청하기도 하고(憲法 §111① i), 명령·규칙·처분의 위헌·위법여부를 심사하기도 하며(憲法 §107②), 선거소송을 통해서도 헌법과 헌법질서를 수호한다.

[308] 第四　基本權保障機關

법원은 재판을 통하여 헌법상 보장된 국민의 기본권을 구체적으로 실현하는 기관이다. 군주주권시대에 법원은 군주의 지배권을 확보하기 위하여 군주의 명령을 집행하는 기능을 담당하였지만, 군주주권에서 국민주권으로 정당성의 전환이 있으면서 법원은 국민의 권리와 자유를 수호하고 실현시키는 기능을 담당하게 되었다.

오늘날 입헌민주국가에서는 헌법에서 공동체 생활에 필수적으로 요구되는 국민의 자유와 권리를 보장하고 있음에 따라 법원은 이제 헌법이 정하고 있는 기본권을 수호하고 실현시키는 것이 그 제일의 임무로 되었다. 국가에 의해 행해지는 기본권의 침해뿐만 아니라, 사인에 의해 행해지는 기본권의 침해에 대해서도 이를 방지하고 구제하여야 한다. 국가의 형벌권을 집행하는 경우에도 죄와 형벌이 비례하고 적합하도록 하여 국민의 기본권이 부당하게 침해되는 경우가 없어야 한다. 형사재판권을 행정부에 부여하지 않고 중립적 재판기관인 법원에 부여하는 것도 형벌권의 적정한 행사를 실현하고 국민의 기본권을 보장하기 위한 것이다.

제 3 절 司法의 獨立

[309] 第一 意 義

Ⅰ. 개 념

司法의 獨立(judicial independence)은 법원이 행사하는 사법권의 公正性과 中立性을 보장하기 위하여 법원의 업무수행을 법원 이외의 다른 국가기관과 외부 세력으로부터 독립시키는 것을 말한다.

사법의 독립에서 가장 중요한 것은 법원이 수행하는 재판에서 독립을 확보하는 裁判의 獨立인데, 협의에서의 사법의 독립은 이러한 재판의 독립을 의미한다. 法官의 獨立과 法院의 獨立은 재판의 독립을 이루기 위해 필수불가결하게 요구되는 조건이다. 이 세 가지 요소는 서로 밀접불가분한 관계를 형성하고 있어 통상 사법의 독립은 「재판의 독립」, 「법관의 독립」, 「법원의 독립」을 그 개념요소로 한다고 말한다. 재판의 독립은 사법의 독립의 핵심을 이루기 때문에 아무리 법관의 독립과 법원의 독립이 이루어져 있다고 하더라도 재판의 독립을 이룰 수 없으면 사법의 독립은 이룰 수 없다. 헌법은 제103조에서 「법관은 헌법과 법률에 의하여 그 양심에 따라 독립하여 심판한다」라고 명문화하여 재판의 독립을 분명하게 실정화하고 있다.

Ⅱ. 목 적

오늘날 사법의 독립은 권력분립을 그 중추적 내용 중의 하나로 하는 자유민주주의체제의 특징적 징표이고 법치주의의 요소를 이루고 있어, 자유민주주의체제를 가지는 나라의 헌법은 예외 없이 사법의 독립을 보장하고 있다. 헌법이 사법의 독립을 보장하는 것은 사법의 독립으로 실현하고자 하는 목적을 가지고 있기 때문이다. 사법에서 독립을 보장하는 것은 첫째, 법관의 자율(autonomy)을 보장하여 법의 적용과 집행에서 편파성(judicial impartiality)을 제거하고, 둘째, 재판이 공정하게 이루어지도록 하여 국가의 분쟁해결의 정당성(legitimacy)을 확보하게 하며, 셋째, 국가권력의 남용으로부터 국민의 자유와 권리를 보호하여 법치주의를 실현하는데 목적을 두고 있다.

우리 헌법은 사법의 독립을 실현하기 위하여 사법권을 법관으로 구성되는 법원에만 속하게 하여(憲法 §101①) 국회, 헌법재판소, 행정부로부터 司法權의 法院獨占을 실현하고, 법원과 법관이 이들 기관들로부터 독립되어 있음을 명시적으로 정하고 있다. 법원의 조직도 국회가 제정하는 법률로 정하도록 하여(憲法 §102③) 헌법재판소나 행정부의 간섭을 배제하고 있고, 최고법원인 대법원에 자율입법권인 규칙제정권을 보장하여 법원의 자율성을 보장하고 있다(憲法 §108).

헌법은 법관의 독립을 보장하기 위하여 제103조에서 사법권 독립의 대원리를 명문화하고 있을 뿐만 아니라, 법관의 任期와 連任을 정하고 있는 동시에(憲法 §105) 법관자격을 법률로 정하도록 하고 있으며(憲法 §101③), 법관의 신분도 강하게 보장하고 있다(憲法 §106).

사법의 독립은 군주주권에서는 인정되지 않았다. 君主主權에서 사법권은 군주의 명령을 집행하고 군주의 지배를 공고히 하는 권력적 수단으로 인정되었다. 그러하던 것이 군주주권에서 國民主權으로 이행하는 과정에서 군주의 권력에서 입법권이 분리되고, 이어서 재판권력 또한 분리되어야 한다는 사상이 확산되어 비로소 사법의 독립이라는 관념이 형성되었다. 사법의 독립이 권력분립의 관점에서 분명하게 제시된 것은 Montesquieu(Charles-Louis de Secondat, baron de Montesquieu 1689-1755)의 「法의 精神」(*De L'esprit des Lois*, 1748)에서 비롯한다. 여기서 Montesquieu는 권력의 분리뿐 아니라 국가권능의 기능적인 배분도 추구하면서 국가권능을 입법권과 집행권 그것과 분리된 또 하나의 권능인 사법권으로 나누었다. 그는 이 책에서 「재판권이 입법권과 집행권에서 분리되지 않으면 자유는 존재하지 않는다. 만일 재판권이 입법권과 결합하면 시민의 생명과 자유에 대한 권력의 행사가 자의적으로 될 것이다. 왜냐하면 재판관이 입법자를 겸하는 것이 되기 때문이다. 그리고 재판권이 집행권과 결합하면 재판관은 압제자의 권력을 가지게 될 것이다」라고 하며, 권력분립의 관점에서 사법권의 독립에 대한 논거를 제시하였다. 이러한 사법권의 독립은 국민주권이 정립되고 근대 입헌민주국가가 출범하면서 헌법에 성문화되기 시작하였다. 사법의 독립은 미합중국에서 본격적으로 성문화되어 나타났는데, 권력분립의 사상이 발전하여 1776년에 제정된 「버지니아권리선언」(The Virginia Declaration of Rights)은 제 5 조에서 「국가의 입법권과 집행권은 사법으로부터 분리되고 구별되어야 한다」라고 명시하였고, 이는 미합중국의 헌법제정과정에서도 분명하게 제기되어 1787년의 미합중국 연방헌법(The Constitution of the United States of America)은 사법의 독립을 성문화한 최초의 근대헌법으로 자리잡았다. 이어 1789년의 프랑스의 인권선언에도 성문화되었다. 프랑스혁명 이후 최초의 헌법인 1791년헌법도 사법의 독립을 명문화하였다. 한편, 20세기 후반에 권위주의체제(authoritarian regime)와 사회주의체제의 붕괴로 나타난 전지구적 민주화(global democratization)와 자유화의 확산으로 과거의 인민민주주의(people's democracy) 또는 권위주의체제에서 자유민주주의체제로 이행한 많은 나라들에서 민주화의 징표적인 내용의 하나로 헌법재판과 사법의 독립을 제도화하였다. 오늘날 21세기 현대 국가에서 사법의 독립은 국가의 구조원리에서나 운영에서 필수불가결한 요소로 되었다. 사법의 독립이 민주화의 제도적 실현의 중요한 내용을 이루게 된 것은 자유민주주의체제에 대한 원리적 인식의 결과에서 기인하기도 하지만, 사법의 독립이 보장되지 않았을 때 초래된 국가의 실패와 불행을 체험한 인간의 실존적 결단의 성과에서도 기인한다.

Ⅲ. 사법의 자율성과 책임성

사법의 독립에서 원리적으로 문제가 되는 것 가운데 하나가 司法의 自律性(judicial autonomy)과 司法의 責任性(judicial accountability)을 어떻게 조화시킬 수 있는가 하는 문제이다. 사법의 자율성은 원리적으로 자유주의적 법치주의에 기반을 두고 있으며, 사법의 책임성은 민주주의에 기반을 두고 있다. 사법의 독립이 법원이나 법관의 전횡을 허용하는 것이 아닌 만큼 사법의 독립이 보장되면 법원의 서비스도 그에 상응하여야 한다. 사법의 책임성을 강조하는 관점에서는 법관은 국민 전체에 대한 봉사자의 지위에서 사회 현실과 그의 변화를 광범한 시각에서 이해하고 법의 집행에 있어 단순한 법기술전문가의 시각을 극복할 것을 요구한다. 뿐만 아니라 재판에 있어 법관은 공정하고 효율적이며 품위 있는 태도를 유지하여야 하고, 법원은 법정의 운영이나 재판과 관련된 절차에서 법원의 이용자에게 편리하고 효율적이며 만족스러운 사법 서비스를 제공하여야 하며, 법원의 예산을 그 목적에 적합하게 합리적이고 효율적으로 집행하여야 할 것이 요구된다.

사법의 책임성을 실현하는 제도에는 법관의 임명에 선출직 정치인을 관여시키는 제도, 법관의 재임명제도, 법관평가제도, 법관징계제도, 법원감시제도, 민원·고충처리제도, 사법옴부즈맨제도, 재판에 대한 헌법소원심판제도 등이 있다.

사법의 자율성과 책임성은 서로 조화되어야 하고 균형을 이루어야 한다. 법관의 연수·훈련이나 충원에서 길드조직과 유사한 시스템을 가지고 있는 나라(예: 독일, 일본국, 한국)에서는 비정치적 사법전문가(judicial technocrat)에 의한 거대한 관료주의를 생산하게 되어 사법의 독립이 오히려 사법관료주의를 강화하는 결과를 초래할 위험성을 안고 있다. 그러나 사법의 책임성을 지나치게 강조하면 사법의 자율성이 억제되어 사법의 독립이 침해되고 파괴될 수 있다는 점을 유의할 필요가 있다.

[310] 第二 裁判의 獨立

Ⅰ. 개 념

재판의 독립이라 함은 국가의 재판이 재판업무를 수행하는 법관 이외의 어떠한 권력적 압력·영향이나 외부의 통제를 받지 않고 독립되어 행해져야 한다는 법리를 일컫는다. 흔히 법관의 「裁判上의 獨立」 또는 「職務上의 獨立」이라고도 한다. 헌법은 「법관은 헌법과 법률에 의하여 그 良心에 따라 독립하여 審判한다」(憲法 §103)라고 명문화하여, 재판의 독립을 명시적으로 성문화하고 있다.

재판의 독립이 이루어진다고 하여 당연히 재판이 공정하게 이루어지는 것은 아니다. 재판의 독립이 이루어지더라도 법관이 재판에서 사고와 판단을 함에 있어서 불편부당한 태도를 취하여야 공정한 재판이 이루어질 수 있다.

Ⅱ. 내 용

재판의 독립에 관한 헌법의 규정에 의할 때, 재판의 독립은 헌법과 법률에 의한 재판, 법관의 양심에 따른 재판, 외부적 힘으로부터 독립된 재판을 그 내용으로 한다.

(1) 헌법과 법률에 의한 재판

(a) 의 의

법관은 헌법 제103조가 정한 바에 따라 헌법과 법률에 의하여 재판을 하여야 한다. 법치국가와 헌법국가의 원리상 법관이 헌법과 법률에 의하여 재판하여야 하는 것은 당연하다. 따라서 법관은 헌법과 법률이 존재함에도 이를 무시하고 다른 법규범이나 비법규범을 적용하여 재판할 수 없다(예: 大 1963. 5. 15.-63도103; 1983. 2. 22.-82누252). 이를 위반한 재판은 재판으로서 그 효력을 가지지 못한다.

> [大 1983. 2. 22.-82누252] 「법원은 헌법과 법률에 의하여 심판할 뿐 행정관서간의 질의응답 등에 기속을 받는 것이 아니므로 원심판시 내용이 설사 갑 제13호증의 1, 2 추계결정에 따른 인정상여소득의 귀속대표자에 관한 재무부장관의 질의응답 내용에 어긋나는 것이라고 하더라도 이를 들어 위법이라고 할 수 없을 뿐만 아니라……」

(b) 「헌법」과 「법률」의 의미

헌법 제103조에서 정하고 있는 헌법이란 대한민국 헌법과 이와 동등한 효력을 가지는 법규범을 의미하고, 법률도 국회가 제정한 법률과 이와 동일한 효력을 가지는 법규범을 의미한다. 實體에 관한 법과 節次에 관한 법을 모두 포함한다. 법률적 효력을 가지는 명령(예: 헌법 §76의 긴급재정경제명령, 긴급명령)도 이에 포함되고, 법률과 동일한 효력을 가지는 국제법규범도 이에 포함된다.

법관이 헌법과 법률에 의하여 재판을 한 이상 自由心證에서 오류를 범하여도 이는 헌법 제103조에 위반한 것이 아니다(예: 大 1963. 5. 15.-63도103).

> [大 1963. 5. 15.-63도103] 「상고이유 제2점에 대하여 판단한다. 논지는 원심판결을 자유심증을 이룩함에 있어서 사회정의와 형평의 이념을 몰각하고 논리와 경험의 법칙에 따르지 않아서 원심판결을 파기하지 아니하면 현저하게 정의에 위반한다고 인정될 정도의 사실오인이 현출되고 있으므로 이 위반은 헌법 제77조에 규정한 "법률에 의하여 심판한다"에 위반된 것이라 함에 있다. 그러나 헌법 제77조에 "법관은 헌법과 법률에 의하여 독립하여 심판한다"의 뜻은 법관은 법률·명령 기타 적법하게 제정·공포된 법령 기타 규칙·조례 등에 의하여 독립하여 재판하는 것이고 개개의 사건에 관하여 여하한 훈령에 의하여 재판하지 않는다는 뜻으로 해석되

므로 원심판결에 소론과 같은 위법이 있다고 하더라도 이를 지목하여 헌법 제77조에 위반한 것으로는 논할 수 없다 할 것이다.」

입헌주의가 지배하는 헌법국가에서는 법률에 의한 재판은 당연히 「합헌인 법률」에 의한 재판을 의미한다. 헌법과 배치되는 법률이 존재하는 경우 헌법은 적용하지 않고 법률만을 적용하여 재판하는 것은 헌법 제103조에 위반된다. 위헌인 법률을 적용한 재판은 효력을 가지지 못한다(예: 憲 1993. 7. 29.-90헌바35). 憲法裁判所法에 의하면, 법관이 재판의 전제가 된 법률에 대하여 합리적인 의심을 가지는 경우에는 해당 법률의 위헌여부심판을 헌법재판소에 제청하여 헌법재판소의 심판결과에 따라 재판하도록 하고 있다(憲裁法 §41①; 憲 1993. 12. 23.-93헌가2). 합헌적인 법률에 의한 재판을 충실히 실현하기 위해서는 법원의 재판에 대한 헌법소원심판을 인정할 필요가 있다.

[憲 1993. 7. 29.-90헌바35] 「헌법 제27조 제1항은 "모든 국민은 헌법과 법률이 정한 법관에 의하여 법률에 의한 재판을 받을 권리를 가진다"라고 규정하여 이른바 재판청구권을 기본권으로 인정하고 있다. 여기서 "법률에 의한 재판"이라 함은 합헌적인 법률로 정한 내용과 절차에 따라, 즉 합헌적인 실체법과 절차법에 따라 행하여지는 재판을 의미한다. 따라서 형사재판에 있어서 합헌적인 실체법과 절차법에 따라 행하여지는 재판이라고 하려면, 적어도 그 기본원리라고 할 수 있는 죄형법정주의와 위에서 살펴본 적법절차주의에 위반되지 아니하는 실체법과 절차법에 따라 규율되는 재판이 되어야 할 것이다.」

법관이 법률을 적용하는 때에는 구법보다 신법을 우선 적용하여 재판하여야 하고(新法優先의 原則), 일반법보다 특별법을 우선 적용하여 재판하여야 한다(特別法優先의 原則).

慣習法이나 條理에 의한 재판은 실정법인 헌법과 법률에 저촉되지 아니하는 경우에만 허용된다. 그러나 형사재판에서는 어떠한 경우에도 관습법이나 조리에 근거하여 재판할 수 없다.

법관은 소송절차에 관하여 정하고 있는 大法院規則(법률의 근거 없이 제정된다)에 따라서도 재판을 하지만, 소송에 관한 절차를 정하는 대법원규칙은 법률에 저촉할 수 없으므로(憲法 §108) 대법원규칙에 의한 재판이 헌법과 법률에 의한 재판과 상치되는 경우는 발생하지 않는다.

(2) 법관의 양심에 따른 재판

법관도 인간으로서 당연히 憲法 제19조가 정하는 양심을 가진다. 법관도 한 개인으로서 여느 사람과 같이 선악·시비에 대한 주관적이고 개인적인 의식을 가지며, 자신의 인격의 정체성과 동질성을 유지해주는 가치판단에 대한 자기만의 개인적인 통일적 의식을 가진다. 그러나 국가의 권력작용인 재판을 함에 있어 법관에게 양심에 따라 재판할 것을 요구하는 것은 법관이 가지는 이러한 개인으로서의 양심의 자유에 의하여 재판하라는 것이 아니다. 법관이 가지는 개인적 양심의 자유에 따라 재판을 하게 되면 재판이 객관성과 공정성을 상실하고 법관 개인의 다양한 주관적인 판단에 의하여 동일한 성질의 사건에서까지 구구한 결론이 나오게 된다. 이러한 것은 재판으로서 공정성과 정당성을 상실한 것이다.

따라서 憲法 제103조에서 정하고 있는 양심은 憲法 제19조의 양심을 의미하는 것이 아니다. 憲法 제103조에서 정하는 양심은 법관이 재판을 함에 있어서 자신의 개인적인 가치관이나 사사로운 선입견을 배척하고 재판 및 법관의 본질과 기능에 합당한 자세를 유지하고 公平無私하게 합리적인 논증의 과정을 거쳐 결론을 내리는 의사작용을 의미한다. 이러한 의미의 양심은 법관이 법관의 지위에서 가지는 직업적·기능적 양심이다(同旨: 金哲洙b, 1930; 成樂寅, 1153). 憲法 제103조가 정하는 「양심에 따른 재판」의 법리에 의할 때, 법관이 재판을 함에 있어서 憲法 제19조가 정하는 자신의 개인적 양심과 憲法 제103조가 정하는 법관으로서의 양심이 일치하지 않을 경우에는 자신의 개인적 양심을 후퇴시키고 법관으로서의 양심을 우선시켜 재판하여야 한다.

《법관의 양심에 따른 재판》

재판의 독립을 보장하는 규정에 헌법과 법률에 의한 재판 이외에 「법관의 양심에 따른 재판」을 규정하고 있는 것은 1962年憲法에서 시작하여 현재까지 유지되고 있다. 1948년헌법 이래 그 전까지는 「法官은 憲法과 法律에 의하여 獨立하여 審判한다」고 정하였다. 이러한 양심에 따른 재판을 정하고 있는 것은 입법례상 다른 나라의 경우는 찾아보기 어려우며 日本國憲法에서 이를 정하고 있는 것을 발견할 수 있다(同憲法 §76③). 우리 헌법의 이 문구는 일본국헌법의 해당 문구를 수용한 것으로 보인다. 일본국에서도 이때의 양심을 재판관으로서 가져야 하는 직업상의 윤리감이라고 해석하면서 재판관의 개인적인 내심에서도 독립하여야 한다는 의미라고 본다. 이러한 것은 당연한 내용이므로 재판의 독립을 정하면서 명시할 필요는 없다고 보인다. 오히려 제19조가 정하고 있는 양심의 자유에서 말하는 양심과 혼동을 가져올 수 있다.

(3) 외부적 힘으로부터 독립된 재판

재판의 독립을 실현하기 위해서는 재판을 수행하는 법관이 외부의 힘으로부터도 독립되어야 한다. 법관은 재판의 당사자로부터 독립되어야 할 뿐 아니라, 私人, 사회세력, 국가기관 등으로부터도 독립되어야 한다. 재판의 독립은 법관이 동료 법관이나 상급법원으로부터도 독립될 것을 요구하고, 정치세력이나 사회의 각종 세력에 의한 간섭을 배제할 것도 요구한다.

(a) 소송당사자 등으로부터의 독립

재판의 독립이 이루어지기 위해서는 법관은 재판의 당사자로부터 독립하여 재판하여야 한다. 법관은 민사소송이나 행정소송에서 원고와 피고의 양당사자로부터 독립하여 제 3 자의 지위에서 재판하여야 하고, 형사재판에서는 검사와 피고인으로부터 독립하여 제 3 자의 지위에서 재판하여야 한다.

소송당사자 등으로부터의 독립은 당사자에 대한 법관의 不偏不黨性을 확보하여 재판의 공정성을 실현하기 위한 것이다. 따라서 법관은 재판을 어느 쪽 당사자에게도 편향되게 진행하여서는 안 되고, 釋明權을 행사하는 경우에도 어느 한쪽 당사자에게 유리한 결과를 가져오게 해서는 안 된다. 법관의 除斥 · 忌避 · 回避制度는 소송당사자로부터 재판의 독립을 확보하는데 기여한다.

(b) 다른 국가기관으로부터의 독립

재판의 독립은 법원 이외의 다른 국가기관으로부터의 독립을 요구한다. 헌법재판소, 국회, 행정부, 중앙선거관리위원회 등 어떠한 국가기관도 법원의 재판에 개입할 수 없다.

(i) 헌법재판소로부터의 독립 　헌법재판소도 법원의 재판에 관여할 수 없다. 헌법재판소의 결정이 가지는 기속력에 따라 법원이 이에 기속되는 것은 헌법재판의 당연한 효과이므로 재판의 독립과 무관하다. 법원의 재판에 관한 헌법소원심판을 인정하는 경우에도 법원의 확정된 재판에 대하여 사후에 재판의 위헌여부에 대하여 심판하는 것이어서 재판의 독립과 배치되지 않는다.

위헌법률심판절차에서 법원이 심판제청을 하지 아니하는 경우에 헌법재판소가 소송당사자의 신청에 기초하여 법원에 대해 심판제청을 강제하게 하는 방법이 있는데(일종의 certiorari), 이러한 것은 위헌법률심판의 법리를 충실히 하는 것이어서 법원의 독립이나 재판의 독립과 배치되지 않는다. 우리나라의 경우 소송당사자의 심판제청신청이 있었음에도 법원이 이를 배척하고 심판제청을 하지 아니하는 경우에는 소송당사자가 헌법재판소법 제68조 제 2 항에 따른 헌법소원심판을 헌법재판소에 청구할 수 있으므로 헌법재판소가 직접 법원에 대하여 심판제청을 강제하는 방식을 채택할 실익은 거의 없다.

(ii) 국회로부터의 독립 　재판의 독립상 국회도 법률로 법원의 관할사항을 입법화한 이상, 그 관할에 따른 법원의 재판에는 관여할 수 없다. 그러나 법원의 권한이나 소송절차 또는 형벌에 대하여 헌법에서 정하고 있지 아니하는 한 이는 국회의 입법사항에 해당하므로 국회가 헌법상 권력분립원리에 근거하여 법원의 관할, 권한의 범위와 한계, 권한행사의 절차를 정하는 것은 憲法 제103조가 정하는 바에 의

하여 법원이 재판을 할 수 있는 근거법률을 제정하는 행위이어서 법원의 독립과 상치하지 않는다. 그러나 국회가 헌법이 정하는 법원의 기능과 권한을 부정하거나 왜곡하는 법률을 제정하는 것은 헌법의 권력분립과 법원의 독립을 침해하는 것으로 위헌이다.

[憲 1997. 8. 21.-93헌바60] 「강도상해죄는 그 법정형의 하한이 7년 이상의 유기징역으로 한정되어 있어, 법률상 다른 감경사유가 없는 한 작량감경을 하여도 집행유예의 선고를 할 수 없도록 되어 있다고 하나, 이는 앞서 본 바와 같은 입법재량의 범위를 일탈하지 아니한 것이다. 즉, 어떤 범죄에 대한 법정형의 종류와 범위를 정하는 것은 기본적으로 입법자의 형성의 자유에 속하는 사항으로서, 입법자는 앞서 본 제반사정을 종합하여 강도상해의 범행을 저지른 자에 대하여는 법률상 다른 형의 감경사유가 있다는 등 특단의 사정이 없는 한 작량감경만으로는 집행유예의 판결을 선고할 수 없도록 함으로써 그러한 범죄자에 대하여는 반드시 장기간 사회에서 격리시키도록 하는 것이 형사정책적 측면에서 바람직하다는 판단에 따라 강도상해죄의 법정형의 하한을 징역 7년으로 제한하였다고 할 것이므로, 이러한 입법자의 입법정책적 결단은 기본적으로 존중되어야 한다. 또한 법관이 형사재판의 양형에 있어 법률에 기속되는 것은, 법률에 따라 심판한다고 하는 헌법규정(§103)에 따른 것으로 헌법이 요구하는 법치국가원리의 당연한 귀결이며, 법관의 양형판단재량권 특히 집행유예 여부에 관한 재량권은 어떠한 경우에도 제한될 수 없다고 볼 성질의 것은 아니다.……집행유예제도는 원칙적으로 단기자유형을 선고해야 할 경우 범정이 가벼워서 현실적으로 반드시 형의 집행을 하여야 할 필요성이 없을 때에 선고하는 것이므로, 장기의 자유형을 선고하는 경우에도 집행유예의 판결을 선고할 수 있도록 한다면 오히려 집행유예제도의 취지에 반하여 중범죄를 저지른 자들에게 특혜를 주는 결과를 초래하게 될 것이다. 따라서 집행유예선고의 요건에 관한 제한은 반드시 필요한 것이고, 다만 어떠한 형을 선고하는 경우에 집행유예의 선고를 할 수 있느냐의 기준은 나라마다의 범죄자에 대한 교정처우의 실태, 범죄발생의 추이 및 범죄억제를 위한 형사정책적 판단, 각종 형벌법규에 규정된 법정형의 내용 등 제반사정을 종합적으로 고려하여 결정할 입법권자의 형성의 자유에 속하는 문제이다. 따라서 그 입법형성이 입법재량의 한계를 명백히 벗어난 것이 아닌 한 헌법위반이라고는 할 수 없는바 형법 제62조 제1항 본문 중 "3년 이하의……"라는 요건제한은 위에서 본 제반사정에 비추어 입법재량의 한계를 벗어난 것이라고 볼 수 없다. 위와 같은 이유로, 형법 제337조의 법정형은 현저히 형벌체계상의 정당성과 균형을 잃은 것으로서 헌법상의 평등의 원칙에 반한다거나 인간의 존엄과 가치를 규정한 헌법 제10조와 기본권제한입법의 한계를 규정한 헌법 제37조 제2항에 위반된다거나 또는 사법권의 독립 및 법관의 양형판단권을 침해한 위헌법률조항이라 할 수 없고, 또 형법 제62조 제1항 본문 중 "3년 이하의 징역 또는 금고의 형을 선고할 경우"라는 집행유예의 요건한정부분은 법관의 양형판단권을 근본적으로 제한하거나 사법권의 본질을 침해한 위헌법률조항이라 할 수 없다.」

[憲 2001. 11. 29.-2001헌가16] 「어떤 범죄를 어떻게 처벌할 것인가 하는 문

제 즉 법정형의 종류와 범위의 선택은 그 범죄의 죄질과 보호법익에 대한 고려뿐만 아니라 우리의 역사와 문화, 입법당시의 시대적 상황, 국민일반의 가치관 내지 법감정 그리고 범죄예방을 위한 형사정책적 측면 등 여러 가지 요소를 종합적으로 고려하여 입법자가 결정할 사항으로서 광범위한 입법재량 내지 형성의 자유가 인정되어야 할 분야이다. 따라서 어느 범죄에 대한 법정형이 그 범죄의 죄질 및 이에 따른 행위자의 책임에 비하여 지나치게 가혹한 것이어서 현저히 형벌체계상의 균형을 잃고 있다거나 그 범죄에 대한 형벌 본래의 목적과 기능을 달성함에 있어 필요한 정도를 일탈하였다는 등 헌법상의 평등의 원칙 및 비례의 원칙 등에 명백히 위배되는 경우가 아닌 한, 쉽사리 헌법에 위반된다고 단정하여서는 안 된다.」

국회가 법원이나 재판부에 대하여 국정감사나 국정조사를 하는 경우에도 법원의 재판 자체에 대해서는 간섭할 수 없다. 그러나 법원에 재판이 계속중인 사건이라고 하더라도 재판에 간섭하거나 관여할 목적이 아니고 실체를 밝히기 위하여 따로 해당 사건에 대하여 국정조사를 할 수 있고, 국정조사에 필요한 범위 내에서는 재판기록상의 자료를 조사하는 것도 가능하다(竝行調査). 이에 대해서는 법원에 계속중인 소송사건에 대해서는 감사·조사할 수 없다는 견해도 있다(金哲洙b, 1632; 成樂寅, 960). 國政監査및調査에관한法律은 감사 또는 조사가 「계속중인 裁判」에 「관여할 목적으로」 행사되어서는 아니 된다고 정하고 있다(同法 §8).

법원의 재판에 영향을 줄 목적으로 국회 또는 국회의원의 명의로 사건의 처리에 대한 견해를 미리 표명하거나 국민을 선동하거나 여론을 조성하는 것은 재판의 독립을 침해하는 위법행위이다.

재판을 진행하고 있는 법관에 대하여 국회가 탄핵소추를 하는 것은 재판의 독립에 배치되지 않는다. 법관이 재판을 진행하고 있다고 하더라도 직무와 관련하여 헌법과 법률을 위반한 경우에는 국회가 탄핵소추를 하는 것이 오히려 재판의 공정성과 합법성을 확보할 수 있기 때문이다.

(iii) 행정부로부터의 독립 재판의 독립은 행정부가 법원의 재판에 간섭하는 것을 금지한다. 행정소송의 경우에도 소송당사자인 행정청은 당사자의 지위에서 소송에 참여할 수 있을 뿐이다. 대법원의 재판의 경우 대통령은 대법관의 연임을 거부하는 방법으로 재판의 방향에 대하여 영향을 줄 수 있으나, 국회의 동의에서 통과된 자에 대하여 법적인 하자가 없는 이상 대법관의 연임을 거부하는 것은 타당하지 않다.

대법관의 임명에 있어서 국회의 동의나 대통령의 임명은 대법관의 재판에 간접적으로 영향을 줄 수 있다. 대법관의 연임에 있어서 국회의 동의를 위한 인사청문절차에서 국회가 구체적인 재판결과에 대하여 간섭을 하고 공격을 하는 것은 타당하지 않다. 이는 인사청문권의 남용에 해당한다. 뿐만 아니라 대통령이 국회가 임명에 동의한 사람에 대하여 그가 한 과거의 재판의 내용을 들어 대법관의 임명을 거부하는 것도 대통령의 대법관임명권의 남용에 해당한다. 이러한 행위는 강력히 통제되어야 한다. 국회나 대통령의 이러한 행위를 허용하게 되면 대법관이 되고자 하는 사람에게 미리 국회나 대통령의 기호에 합치되게 재판하도록 간접적으로 강제하는 길을 열어주는 것이 된다. 현행의 대법관의 임명방법에 대해서는 근본적인 재검토가 필요하다. 대법관선발위원회나 대법관추천위원회의 방식을 채택하여 법원이 독립적으로 대법관을 임명하는 방법도 구상할 수 있다. 이런 위원회에 행정부의 인사가 참여하는 것은 사법부의 독립상 타당하지 않다.

(c) 상급법원 등으로부터의 독립

법관은 상급법원으로부터도 독립하여 있다. 각급 법원은 심급상 분류되는 것이므로 각급 법원의 법관들 사이에는 재판에 있어서 상하의 위계가 성립하지 않는다. 모든 법관은 재판관으로서 동일한 지위에 있다.

법원행정이나 조직에서는 행정상의 位階(hierarchy)가 성립하는 경우라고 하더라도, 이러한 것은 사법상 지시·명령의 체계를 인정하는 것이 아니기 때문에 법관의 독립을 침해하는 것은 아니다. 상급법원이 하급법원에 대하여 법원행정상 합리적인 지시를 하거나 감독하는 행위는 재판의 독립에 배치되지 않는다. 그러나 심급구조로 되어 있는 상급법원과 하급법원이 행정상의 위계로 인하여 상급법원의 행위가 하급법원을 통제하거나 어떠한 영향을 미치는 결과를 초래하거나 직·간접적인 방법으로(상급법원 판사의 직접적인 청탁 또는 유·무형의 압력 행사, 법관의 승진·보수·연수 기회 등의 이익 제공 등) 법관을 통제하는 결과를 가져오는 것(=사법의 독립에 대한 구조적인 침해)은 재판의 독립과 법관의 독립을 침해할 수 있다.

법관징계제도를 고안하는 경우에도 상급법원이 하급법원을 지배하는 결과를 가져오게 하는 것은 타당하지 않다. 법관징계위원회의 구성은 각종 심급의 법원이 가지는 비중이 동일하게 고려되어야 하고, 재판의 독립에 영향이 미치지 않도록 하여야 한다. 법관평가제도를 두는 경우에도 마찬가지이다. 상급법원의 법관이 하급법원의 법관에게 일방적으로 영향을 미치는 방식은 상급법원에 의한 재판의 간섭을 초래할 여지를 만들 수 있다.

하급법원의 판례가 상급법원의 판례에 사실상 구속되는 경우가 있으나, 하급법원이 반드시 상급법원의 판례에 합치하게 재판을 하여야 하는 것은 아니므로 이는 재판의 독립을 침해하는 것이 아니다. 상급법원의 재판에 있어서의 판단은 당해 사건에 관하여 下級審을 기속한다(法組法 §8). 이는 심급제도의 법리에 따른 것으로 재판의 독립을 침해하는 것이 아니다.

(d) 법원 내부로부터의 독립

법관은 재판을 함에 있어서 법원 내부의 다른 법관이나 행정조직으로부터도 독립된다(법관의 내부적 독립 internal independence of judge). 동료 법관들로 구성되는 각종의 회의(예컨대, 판사회의)나 법원의 사법행정(judicial administration)상의 행위가 법관의 재판에 어떠한 영향도 미칠 수 없어야 한다.

> 종래 각급 법원장 등은 사법행정의 일환으로서 「관련사건, 쟁점이 동일한 사건, 사안의 내용이 복잡하거나 심판이 다수의 이해관계인 또는 사회에 미치는 영향이 중대한 사건 기타 특별한 사정이 있는 사건은 사건배당 주관자가 적정한 심판 또는 사무분담의 공평을 고려하여 적절하게 배정할 수 있다」(구 법관등의 사무분담 및 사건배당에 관한 예규 §18②iii)고 하였는데, 이러한 사건배당에 관한 재량권이 경우에 따라서는 소속 법관의 독립을 침해하는 수단으로 남용될 우려가 있다는 비판이 제기되어, 2009. 5. 18. 「업무부담의 현저한 불균형이 발생하는 등 제2항에 의한 배당방법에 따르기 어려운 부득이한 사정이 명백한 경우에는 관계되는 재판장들과의 협의를 거친 후 이와 다른 방법으로 배정할 수 있다. 협의의 방법 및 절차에 관하여는 각급법원의 내규로 정한다」로 개정되었다(동 예규 §18③).

합의부에 의한 재판의 경우에도 합의부를 구성하는 법관은 재판의 결론에 대한 각자의 의견의 형성에 있어 서로 간섭할 수 없다. 합의부의 각 법관이 각자 자유로이 자신의 의견을 제시하고 합의를 도출하는 행위는 각 법관에 대한 간섭이 아니다. 합의부의 재판에서 법원의 의견과 달리 하는 관여 법관의 의견을 따로 표시하게 할 것인가는 법률정책적인 문제이다. 대법원의 재판에서는 大法院裁判書에 合議에 관여한 모든 대법관의 의견을 필요적으로 표시하도록 하고 있다(法組法 §15).

(e) 사회세력 등으로부터의 독립

재판의 독립이 이루어지기 위해서는 재판은 정치세력이나 각종의 사회세력으로부터 독립하여 행해져야 한다. 오늘날 시민사회 영역의 역량이 강화됨에 따라 각종의 이익단체와 압력단체의 활동이 더욱 활발해지고 있고, 이에 따라 이들은 여러 가지 방법(뇌물제공, 청탁, 회유, 협박, 危害 등)을 동원하여 자기와 이해관계가 있는 재판에 영향을 미치려고 노력한다. 非營利 非政府團體(NPO 또는 NGO)도 적지 않게 공익을 가장하여 재판에 영향을 미치려는 시도를 한다. 더 나아가 오늘날 경제, 정치, 문화 등의 영역에서 종래 국민국가(nation-state)가 가졌던 영토적 국경의 의미와 주권의 의미가 희박해지고 각 나라의 이해관계가 국경을 넘어 긴밀하게 연관되면서 외국 정부나 외국의 영리단체 또는 비영리단체도 원격조정을 하며 다양한 방법으로 한 나라의 재판에 영향을 미치려고 한다. 이와 같이 오늘날 사법의 독립은 과거 그 어느 때보다 국내외의 정치세력이나 각종 사회세력의 이익추구로부터 나오는 강한 도전에 직면하고 있기도 하다.

법치주의를 실현하는 재판에서 다양한 방법으로 여론을 조작하거나 동원하여 재판에 영향을 미치게 하는 행위나 多衆의 위력을 이용하여 재판에 직접 또는 간접으로 영향을 미치는 행위는 재판의 공정성과 객관성을 확보할 수 없게 만든다. 정당, 언론사, 노동조합, 압력단체, 각종의 영리 또는 비영리단체 등이 각종의 명분을 만들어 가시적이거나 비가시적인 집단의 힘을 이용하여 재판에 영향을 주는 행위는 어떠한 경우에도 허용되지 않는다. 외형적으로는 사건에 대한 전문가의 의견임을 가장하고 배후에서 재판에 영향을 미치려는 어떠한 시도도 재판의 독립을 침해하는 것이다. 많은 자유민주주의 국가에서는 현재 심리중인 사건에 대하여 공공연하게 비평하는 행위를 제한하고 있다.

그런데 법관이 재판을 편파적이거나 불공정하게 진행하거나 위법하게 진행하는 경우에 전문가나 언론 등이 이를 비판하는 것은 재판의 독립을 침해하는 것이 아니다. 법관의 독립은 법관의 행동과 활동에 대한 국민의 감시와 저촉되지 않는다. 국민은 법원이 제 기능을 할 수 있게 하기 위하여 법관이 헌법과 법률이 정하는 바에 따라 행동하고 활동하는지를 감시할 수 있는 권리를 가진다. 법관에 대한 국민의 감시는 국민의 司法監視에 포함되는 사항이다. 그러나 법관에 대한 인신공격이나 정치적 압력 등 여러 가지 방법으로 법관 개인에게 직접 영향을 주는 강압, 공격, 비난은 재판의 독립과 법관의 독립에 대한 침해가 된다. 이러한 침해행위를 효과적으로 제재하기 위한 장치가 필요하다.

《판례에 대한 비평》

법원의 재판의 결과에 대한 비평이나 批判은 재판기관의 행위결과에 대한 국민의 의사표현이고, 이는 기존의 판례에 대하여 다시 성찰하는 기회를 제공하며, 미래의 재판에 대해 건설적으로 고려하게 하는 계기를 만들 수 있을 뿐 아니라, 국가권력에 대한 통제와 기본권 보장의 한 수단이기도 하므로 재판의 독립과 부합한다. 판례에 대한 비평이나 비판은 누구나 할 수 있지만, 전문가의 합리적인 비평이나 비판이 보다 재판의 독립을 유지하게 하면서 미래의 재판에 대한 개선에 충실하게 기여할 수 있다. 법원의 판례에 대하여 합리적인 비평이나 비판을 넘어 과도한 비난이나 공격을 가하는 것은 재판의 독립에 惡影響을 줄 수 있다. 판례에 대한 비평이나 비판의 행위가 다른 실정법을 위반하는 경우(예: 명예훼손, 모욕 등)에는 당연히 위법한 것이 된다.

[311] 第三 法官의 獨立

Ⅰ. 개 념

법관의 독립이란 국가의 재판권을 행사하는 주체인 법관이 재판에서 필요한 판단을 함에 있어서 여타의 개인이나 제도 등 외부의 통제나 압력·영향력으로부터 독립되어 집단적으로나 개인적으로 자율성(autonomy of judge)을 확보하여야 한다는 것을 말한다. 이는 법관 전체가 외부의 개인이나 제도로부터 독립됨을 의미하는 동시에 법관 개인도 여타의 법관을 포함한 모든 개인이나 제도로부터 독립되어 자율성을 가져야 하는 것을 의미한다. 법관의 독립은 재판의 독립을 보장하는 필요불가결한 조건을 이루고 있다.

법관이 집단적으로나 개인적으로 자율성을 가진다는 것은, 법관 전체가 「제도로서의 사법」(judiciary as institution)으로서 법관이 아닌 기관이나 개인으로부터 자율성을 가지는 것을 의미하는 차원과 법관 개개인이 자기 이외의 외부 존재로부터 자율성을 가지는 것을 의미하는 차원을 포함한다. 두 가지 차원 가운데 어느 경우나 법관 개개인이 외부로부터 독립되어야 한다는 것은 법관의 독립에 항상 포함되어 있다. 여기에서 재판의 주체인 법관은 법원 외부로부터나 법원 내부로부터나 독립되어야 한다는 것이 법관의 독립의 내용으로 도출된다.

법관의 독립이 보장된다고 하여 이로부터 당연히 법관이 불편부당하고 공정하게 사고하고 판단할 것이라는 결론은 나오지 않는다. 여기에는 법관이 재판에서 취해야 할 공정한 태도가 요구된다. 그러나 법관의 독립은 법관이 공정하게 판단할 수 있도록 만들어 주는 조건이 된다.

Ⅱ. 내 용

법관의 독립을 보장하는 구체적인 방법으로는 법관의 재판에 대한 책임면제, 법관의 인사의 독립, 법관의 자격제, 법관의 임기보장, 법관의 신분보장, 행위의 제한 등이 있다. 헌법도 이러한 법관의 독립에 대하여 정하고 있다.

(1) 재판에 대한 책임면제

법관은 헌법과 법률이 정하는 바에 따라 적법하게 재판을 한 이상 재판의 결론에 대하여 어떠한 법적 책임도 지지 아니한다. 이를 재판에 대한 責任免除(immunity)라고 한다. 재판의 결론이 틀렸다고 하더라도 이는 상급심법원에 의해 교정될 성질의 것이고, 사후에 어떠한 책임도 지지 아니한다. 이러한 책임면제가 인정되지 않으면 법관은 지위의 불안으로 재판을 할 수 없으며 법관의 독립도 이루어지지 못한다.

(2) 법관인사의 독립

법관의 독립이 이루어지기 위해서는 법관의 임용, 전보 등 인사에서 법원 이외의 외부적 영향으로부터 독립되어야 한다. 법관의 독립이라는 법리에 의할 때, 법관의 인사는 법원의 자율적인 사항이 되지 않으면 안 된다.

법관인사의 독립이 법관의 인사가 언제나 외부로부터 차단되어 행해져야 함을 의미하는 것은 아니다. 법관인사의 독립을 구체화하는 제도에 있어 내부의 비민주적 관료주의가 발생하는 경우에 이를 해소하기 위하여 법관인사의 독립원리가 침해되지 않는 범위 내에서 외부인을 참여하게 하는 것은 가능하다(예: 법관인사위원회 또는 법관추천위원회에서의 외부인의 참여).

현실에서 보면, 각 나라의 역사적 배경이나 사정에 따라 법관의 충원 방식에서 다양한 양상을 보이고 있다. 법원에 의한 자율적 임명방식, 유권자에 의한 법관선거방식, 의회에 의한 법관선출방식, 법관 또는 법관으로 구성된 선거인단에 의한 최고법원의 법관선거방식, 의회와 행정부의 협동으로 법관을 임명하는 방식, 행정부에 의한 법관임명방식, 임명권자의 임명과 연임여부에 대한 국민투표(또는 주민투표)를 결합한 방식 등 다양하다. 심급에 따라 각기 다른 방식을 채택하는 경우도 있다. 이러한 다양한 방식들이 제도로서 정당성을 가지기 위해서는 그 제도가 무엇보다 재판의 독립이라는 법치주의의 요구를 충족시켜야 한다.

헌법은 대법원장과 대법관의 임명에서는 국회와 대통령이 협동하여 임명하는 방식을 채택하고 있지만, 그 외 일반법관의 경우에는 대법원장이 임명하는 방식을 취하고 있다. 헌법은 「대법원장과 대법관이 아닌 법관은 대법관회의의 동의를 얻어 대법원장이 임명한다」(憲法 §104③)고 정하고 있고, 法院組織法은 「판사의 보직은 대법원장이 행한다」(法組法 §44①)고 정하고 있다.

법관의 인사에 있어 법원의 자율에 일임하는 방식에서도 우리나라와 같이 대법원장이 임명하는 방식 이외에, 심급에 따라 각급법원별로 임명하는 방식, 법관인사위원회가 결정하는 방식, 법관인사위원회와 법원의 장이 협동하는 방식, 법관들이 대법원장이나 대법관을 직접 선거하는 방식, 법관으로 구성된 선거인단이 선거하는 방식 등이 있다. 법관의 인사에서 법원의 자율에 일임하는 방식을 취하는 경우에도 인사의 합리성, 공정성, 객관성을 실현하는 것이 중요하다.

(3) 법관자격의 법정주의

재판의 독립성과 전문성을 확보함에 있어서 재판업무를 수행하는 자는 그에 합당한 능력, 지식, 소양을 갖추어야 한다. 따라서 법관에게 일정한 자격을 요구하는

법관의 자격

헌법 / 항목	1948년헌법-1952년헌법-1954년헌법	1960년6월헌법-1960년11월헌법	1962년헌법-1969년헌법	1972년헌법-1980년헌법-1987년헌법
법관 자격	고등고시사법과 합격 또는 변호사시험 합격+사법관시보 수습	고등고시사법과 합격+사법관시보 수습	사법시험 합격+사법대학원 수료 1970년 8월 이후: 사법시험 합격+사법연수원 수료	사법시험 합격+사법연수원 수료

것은 필수적이다. 이러한 것은 민주주의라는 이름하에 법치주의를 부정하는 人民裁判(=민중재판)을 행하는 것을 부정하는 것을 의미한다.

법관의 자격을 법률로써 정하여 일정한 자격을 가진 자만이 법관이 되게 하는 것은 입법부나 행정부로부터 법관의 독립을 유지하게 해준다. 국회의원이나 행정부의 공무원이 임의로 법관을 대신하여 재판을 할 수 없게 하는 것이다. 이와 같이 법관의 자격제도는 법관의 독립을 실현하여 사법의 독립을 유지하게 하는데 필수적이다.

헌법사에서 보건대, 우리나라는 1948년헌법 이래 현재까지 일관되게 법관의 임명에서 특별한 자격을 요구하고 있다.

헌법은 「법관의 자격은 법률로 정한다」(憲法 §101③)라고 정하고 있고, 法院組織法은 법관의 자격에 대하여 구체적으로 정하고 있다. 대법원장과 대법관은 15년 이상 i) 판사·검사·변호사, ii) 변호사의 자격이 있는 자로서 국가기관, 지방자치단체, 국·공영기업체, 정부투자기관 기타 법인에서 법률에 관한 사무에 종사한 자, iii) 변호사의 자격이 있는 자로서 공인된 대학의 법률학 조교수 이상의 직에 있던 자로서 40세 이상의 자 중에서 임용하고(法組法 §42①), 판사는 i) 사법시험에 합격하여 사법연수원의 소정 과정을 마친 자, ii) 변호사의 자격이 있는 자에 해당하는 자 중에서 임용한다(同條 ②).

재판에 필요한 일정한 자격을 갖추지 않은 자가 재판에 관여하는 것으로는 예컨대, 미합중국에서 형사재판의 일정한 경우와 일부 민사재판에서 채택하고 있는 陪審裁判制度(jury system)를 볼 수 있다. 배심재판제도에서도 소송의 진행은 법률가의 자격을 갖춘 법관이 행하고 평결만 일반인인 배심원이 행한다. 이러한 배심재판제도는 영국에 그 기원을 두고 있는 것으로 알려져 있는데, 영국의 배심재판제도가 과거 영국의 식민지로 확산되면서 여러 나라에 수용되었다. 영국, 미합중국, 캐나다, 뉴질랜드, 아일랜드, 스코틀랜드, 오스트레일리아 등에서 일부 재판에서 채택하고 있다. 그러나 무작위로 선정한 일반인을 공정성과 전문성이 요구되는 재판에 관여하게 하는 것이 타당한가 하는 문제를 놓고 배심재판제도의 존폐에 대한 찬반논쟁은 계속 이어지고 있다. 원래 이 제도의 수출국이었던 영국에서는 배심재판제도가 계속 쇠퇴하고 있다.

우리나라에서는 형사재판에서 선택적으로 국민참여재판을 할 수 있게 하고, 이러한 국민참여재판에서는 법정형에 따라 7 또는 9인의 배심원이 참여하는데(피고인 또는 변호인이 공판준비절차에서 공소사실의 주요내용을 인정한 때에는 5인의 배심원이 참여하게 할 수 있음), 이러한 배심원은 직업판사가 아닌 일반인이 맡는다. 이러한 일반인 배심원은 국민참여재판을 하는 사건에 관하여 사실의 인정, 법령의 적용 및 형의 양정에 관한 의견을 법관에게 제시할 권한을 가지고 있다(刑參法 §12①).

(4) 법관의 임기와 정년

(a) 법관의 임기

공직의 근무에서 임기제도란 법률이 정하는 사유가 없는 한 일정한 任期(limited

term) 동안 그 직에서 解任되지 않는다는 것을 말한다. 법관이 그 업무를 수행함에 있어서 법률이 정하는 특별한 사유가 없는 한 임기 동안 그 직에서 해임되지 않게 하는 것은 외부의 힘이나 영향력으로부터 법관의 독립을 실현하는데 중요한 의미를 가진다. 법관이 법관으로서 公明正大하게 재판업무에 충실하는 한 그 재판의 결과에 따른 아무런 영향도 받지 않고 재판업무를 계속 수행할 수 있어야 재판의 공정성과 객관성을 확보할 수 있다. 법관이 재판의 결과에 따라 인사권자, 입법부 또는 행정부의 조치, 여론의 영향력에 의해 법관직에의 근무여부가 결정된다면, 재판은 이러한 인사권자나 외부의 힘에 의해 좌우되어 공정성과 객관성을 잃게 되고 국민의 行爲準則이 아무렇게나 변경되어 법적 안정성은 붕괴되고 법치주의는 그 바탕을 상실하게 된다.

법관으로 하여금 그 직에서 쉽게 배제(해임·파면)될 수 없게 하는 것은 사법의 독립에서 핵심적인 내용을 형성하고 있다. 현대 법치국가에서 사법의 독립을 보장함에 있어서는 이를 가장 중요한 제도적 장치로 여기고 있다.

헌법은 법관의 독립을 보장하기 위하여 이러한 법관의 임기제도를 정하고 있다. 헌법은 대법원장의 임기를 6년으로 정하면서 重任할 수 없게 정하고(憲法 §105①), 대법관의 임기는 6년으로 하되 법률이 정하는 바에 의하여 連任할 수 있게 정하고 있다(同條 ②). 중임의 금지는 연임을 포함하여 대법원장에 재직한 자는 어떤 경우에도 다시 대법원장에 임명될 수 없음을 의미한다. 따라서 대법원장은 임기에 있어서 單任(single nonrenewable term)으로 재직한다. 연임은 한번의 임기가 끝난 후 바로 이어 在任하는 것을 의미한다. 연임은 앞의 임기를 합법적이고 정당하게 마친 것을 전제로 한다. 임기 도중에 대법관이나 법관직에서 사임하였거나 강제 퇴직당한 자는 연임할 수 없다. 휴직을 한 자는 연임할 수 있다. 일반법관의 임기는 10년으로 하되, 법률이 정하는 바에 의하여 연임할 수 있게 정하고 있다(同條 ③). 현행 법률에 의할 때, 대법관이나 일반법관의 연임에는 횟수의 제한을 두지 않고 있다. 따라서 연임이 되는 한 정년에 이르기까지 연임할 수 있다.

법관의 임기제도는 임기 동안 법관의 독립을 보장하는 의미를 가지는 동시에 임기 동안 법관의 업무수행에 충실할 것을 요구하는 의미도 가진다. 따라서 일정한 기간마다 법관으로서 적합성을 가지는지를 심사하여 법관으로서 적합성을 가지지 않는 자를 법관의 직에서 배제시키는 것도 필요하다. 이는 법관의 독립을 보장하는 역할도 수행할 뿐 아니라, 법관에게 요구되는 법률전문가로서의 지식과 능력의 退化와 법관직에 대한 직업의식의 安易化에 따르는 문제를 해소하고, 재판의 전문성 · 공정성 · 객관성 · 정당성 · 책임성을 확보하는데 기여한다. 법관임기제도가 가지는 이러한 기능이 제대로 작동하도록 하기 위해서는 법관으로서의 적합성 심사제도가 합리적이고 객관적이어야 하며 공정하여야 한다.

(b) 법관의 정년

법관의 정년(tenure)제도는 법관이 일정한 연령에 이르면 퇴직하게 하는 제도이다. 이는 법원의 老化를 방지하고 新陳代謝를 촉진하는 기능을 한다. 임기제도가 없이 정년제도만 있는 경우에는 특별한 사유가 없는 한 법관으로 하여금 정년까지의 재직여부에 외부의 영향을 미칠 수 없게 하여 법관의 독립을 보장해준다. 우리나라는 임기제도를 두는 동시에 정년제도를 두어 임기제도로서 우선적으로 법관의 독립을 보장하고 정년제도로 법원의 노화를 방지한다. 헌법은 「법관의 정년은 법률로 정한다」라고 정하고 있고(憲法 §105④), 법원조직법은 대법원장의 정년을 70세, 대법관의 정년을 65세, 일반법관의 정년을 63세로 정하고 있다(法組法 §45④). 법관의 정년제도는 법관의 신분보장과 배치되지 않는다(예: 憲, 2002. 10. 31.-2001헌바68).

법관에 대하여 임기제도를 두지 않고 정년 때까지 재임할 수 있게 하거나, 終身으로 재임할 수 있게 하는 방식(lifetime tenure)을 채택하는 경우에는 법관으로서의 적합성을 심사할 수 있는 장치를 두어 법관으로 적합하지 않은 자를 법관직에서 배제하는 제도를 마련할 필요가 있다(예컨대 법관 감독제도). 이는 사법의 책임성을 실현하는 것으로 사법의 독립을 침해하는 것이 아니다.

헌법사에서 보건대, 1948년헌법에서는 법관의 임기제도만 두고 정년제도를 두지 않았으나, 그 이후의 헌법은 모두 양 제도를 함께 두었다. 대법원장과 대법관의 임기에 변화가 있었고, 대법원장의 연임여부에 있어서는 인정한 경우도 있었고, 부정

법관의 임기 및 정년

헌법 / 항목	1948년헌법-1952년헌법-1954년헌법-1960년6월헌법-1960년11월헌법	1962년헌법-1969년헌법	1972년헌법	1980년헌법	1987년헌법
법관의 임기	10년, 연임 가능	대법원장: 6년, 연임 불가 나머지 법관: 10년, 연임 가능	대법원장: 6년, 연임 가능 나머지 법관: 10년, 연임 가능	대법원장: 5년, 중임 불가 대법원판사: 5년, 연임 가능 일반법관: 10년, 연임 가능	대법원장: 6년, 중임 불가 대법관: 6년, 연임 가능 일반법관: 10년, 연임 가능
법관의 정년	×	65세	법률로 정함	→	→

한 경우도 있었다.

(5) 법관의 신분보장

재판의 독립을 실현하기 위하여 법관의 독립을 보장하는 데는 법관의 신분보장이 필수적으로 요구된다. 이는 법관의 독립을 실현함에 있어서 법관의 개인적인 결단이나 지조만을 요구하는 것이 주관적인 것이어서 안정적이지 않기 때문에 객관적인 제도로서 법관의 독립을 보장하려는 장치이다. 법관의 신분보장이 이루어지지 않을 때 재판은 공정성을 확보하기 어렵다. 헌법재판소도 법관의 신분보장을 재판의 독립에 있어서 필수적인 조건이라고 본다(예: 憲 1992. 11. 12.-91헌가2).

> [憲 1992. 11. 12.-91헌가2] 「법관에 대하여 헌법이 직접적으로 그 신분보장규정을 두고 있는 이유는 사법권의 독립을 실질적으로 보장함으로써 헌법 제27조에 의하여 보장되고 있는 국민의 재판청구권이 올바로 행사될 수 있도록 하기 위한 것임은 의문의 여지가 없다.……사법권의 독립은 재판상의 독립 즉 법관이 재판을 함에 있어서 오직 헌법과 법률에 의하여 그 양심에 따라 할 뿐 어떠한 외부적인 압력이나 간섭도 받지 않는다는 것뿐만 아니라 그 수단으로서 법관의 신분보장도 차질없이 이루어져야 함을 의미하는 것이다. 특히 신분보장은 법관의 재판상의 독립을 보장하는데 있어서 필수적인 전제로서 정당한 법절차에 따르지 않은 법관의 파면이나 면직처분 내지 불이익처분의 금지를 의미하는 것이다.」

헌법사를 보건대, 법관의 신분보장에 있어서는 다소간의 변천이 있었다. 1948년헌법부터 1960년11월헌법까지는 징계에 의한 법관의 파면을 인정하였다.

법관의 신분보장

헌법 / 항목	1948년헌법-1954년헌법-1960년6월헌법-1960년11월헌법	1962년헌법-1969년헌법	1972년헌법	1980년헌법	1987년헌법
법관의 신분보장	탄핵, 형벌, 징계처분에 의한 파면, 정직, 감봉	탄핵, 형벌에 의한 파면; 징계처분에 의한 정직, 감봉, 불이익 처분	탄핵, 형벌, 징계처분에 의한 파면, 정직, 감봉, 불이익 처분	탄핵, 형벌에 의한 파면; 징계처분에 의한 정직, 감봉, 불이익 처분	탄핵, 금고 이상 형선고에 의한 파면; 징계처분에 의한 정직, 감봉, 불이익 처분
법관의 강제퇴직	×	중대한 심신상 장애로 직무 수행 불능	→	→	→

헌법은 법관의 신분보장을 실현하기 위하여 파면, 불리한 처분, 임기종료 전의 강제퇴직에서 제한을 두고 있다(憲法 §106). 헌법이 보장하는 법관의 신분보장은 법관도 공무원이지만 일반 공무원과 비교할 때 加重하여 법관의 신분을 더욱 두텁게 보장하고 있다(예: 憲 1992. 11. 12.-91헌가2). 이는 법관이 특수신분이기 때문이 아니라 공정성이 생명인 재판업무를 수행하기 때문이다.

(a) 파면의 제한

헌법은, 법관은 彈劾 또는 禁錮 이상의 형의 선고에 의하지 아니하고는 罷免되지 아니한다고 정하고 있다(憲法 §106①). 법관도 그 직무를 수행하기에 적합하지 아니한 경우에는 그 직에서 배제되어야 하는 것은 당연하다. 법관이 그 직무집행에 있어서 헌법이나 법률을 위반한 경우에는 탄핵사유가 되어 헌법재판소에 의한 탄핵심판에 의해 파면되고(憲法 §65①, §111①), 범죄를 저질러 금고 이상의 형의 선고를 받은 경우에는 더 이상 법관의 직에 적합하지 아니하여 파면되지만, 이러한 사유 이외에는 파면되지 아니한다.

그런데 법관의 경우 그 임명에는 법률이 정하고 있는 일정한 자격이 요구되므로 이러한 자격을 갖추지 못한 자를 법관으로 임명하는 것은 무효이다. 다른 법령에 의하여 공무원으로 임용되지 못하는 자, 금고 이상의 형을 선고받은 자, 탄핵에 의하여 파면된 후 5년이 경과되지 아니한 자가 법관으로 임명된 경우에는 그 임명은 무효이다(法組法 §43).

(b) 불리한 처분의 제한

헌법은 「법관은 징계처분에 의하지 아니하고는 정직·감봉 기타 불리한 처분을 받지 아니한다」고 정하고 있다(憲法 §106①). 법관의 징계에 대해서는 法官懲戒法이 이를 정하고 있다. 이에 의하면, 법관의 징계사유는 법관이 직무상 의무를 위반하거나 직무를 게을리 한 경우와 법관이 그 품위를 손상하거나 법원의 위신을 실추시킨 경우에 한하고(同法 §2), 법관에 대한 징계처분은 일반 공무원과 달리 停職, 減俸, 譴責에 한하여 정하고 있다(同法 §3). 법관의 징계는 법관징계위원회가 의결로서 결정하는데(同法 §4), 징계대상자가 징계처분에 대하여 不服하고자 하는 경우에는 징계처분이 있음을 안 날부터 14일 이내에 전심절차를 경유하지 아니하고 대법원에 징계처분의 취소를 청구하여야 하고, 대법원이 이 취소청구사건을 單審으로 재판한다(同法 §27).

(c) 강제퇴직의 제한

헌법은 「법관이 중대한 心身上의 障害로 직무를 수행할 수 없을 때에는 법률이 정하는 바에 의하여 퇴직하게 할 수 있다」고 정하고 있어(憲法 §106②), 이러한 사유 이외에는 어떠한 경우에도 법관을 임기 종료 전에 강제로 퇴직시킬 수 없다. 法院組織法

은, 법관이 중대한 심신상의 장해로 직무를 수행할 수 없을 때에는, 대법관인 경우에는 대법원장의 제청으로 대통령이, 판사인 경우에는 대법원장이 퇴직을 명할 수 있다고 정하고 있다(同法 §47).

(d) 강제휴직의 금지

이러한 강제퇴직의 제한법리에 비추어 볼 때, 법관은 어떠한 경우에도 강제로 휴직을 강요당하지 아니한다고 할 것이다. 法院組織法에 의하면, 대법원장은 법관이 병역법에 의한 병역복무를 위하여 징집·소집되었을 때 또는 국내외 법률연구기관·대학 등에서의 법률연수 또는 본인의 질병요양 등을 위하여 휴직을 청원하는 경우에 그 청원내용이 충분한 이유가 있다고 인정될 때에는 2년 이내의 범위 안에서 기간을 정하여(병역법에 의한 징집이나 소집의 경우는 그 복무기간의 만료시까지) 이를 허가할 수 있다고 정하고 있다. 이와 같이 휴직사유는 한정되어 있기 때문에(同法 §51) 어떤 경우에도 법관에 대하여 휴직을 강제할 수 없다. 법관의 휴직청원이 위법하거나 부당한 경우에 대법원장은 이를 허가하지 않을 수 있다.

(6) 법관의 신변 안전

법관이 재판을 함에 있어서 그 결과에 따라 국가, 당사자, 이해관계인, 이익단체, 여론, 대중전달매체 등으로부터 법관이나 그 가족이 협박, 위해, 폭력, 명예훼손, 모욕 등 여러 형태로 가해지는 괴롭힘을 당하면 재판의 독립이나 법관의 독립은 달성할 수 없다. 법관이나 법관의 가족에게 행해지는 여러 형태의 괴롭힘은 통상 형법상의 범죄행위에 해당하여 처벌되지만, 형법상의 범죄행위에 해당하지 아니하는 행위도 많다. 따라서 이에 대해서는 특별히 법관과 그 가족의 신변 안전을 보장하는 장치를 마련할 필요가 있다. 법관의 신변에 대한 위협은 재판의 독립이나 법관의 독립에 대한 직접적인 침해행위이므로 이에 대해서는 사후의 법적인 조치도 필요하지만, 사전에 이러한 행위를 방지하고 법관과 그 가족의 신변을 보호하는 효과적인 장치가 필요하다.

(7) 행위의 제한

법관의 독립을 보장하기 위해서는 이를 실현할 수 있는 여건을 법관에게 보장하여 줌과 동시에 법관의 독립을 침해하거나 침해할 우려가 있는 일정한 행위를 할 수 없도록 금지하는 것이 필요하다. 법관의 독립은 법관이라는 지위의 독립을 의미하는데, 이는 법관이 개인의 자격에서 행하는 사사로운 행위에 의해서도 침해될 수 있다. 따라서 법관의 독립을 위해서는 특별한 행위에 대한 제한이 요구된다.

(a) 겸임의 제한

법관이 법관의 직 이외에 다른 직을 겸임하는 경우에는 재판의 독립과 법관의 독립에 영향을 줄 수 있다. 따라서 법관은 재판의 독립과 법관의 독립에 영향을 주는 직을 겸직해서는 안 된다. 그러나 법관의 공정한 제3자적 지위에서의 역할이 필요한 부분이고, 재판의 독립과 법관의 독립에 영향을 미치지 아니하는 직을 겸하는 것은 가능하다. 법원조직법에 의하면, 대법원장은 법관을 사건의 심판 이외의 직(재판연구관을 포함한다)에 보하거나 그 직을 겸임하게 할 수 있으나(同法 §52①), 국회의원, 지방의회의원, 행정부서의 공무원, 기타 대법원규칙으로 정하는 직을 겸할 수 없다(同法 §49). 이에 관한 대법원의 규칙으로는 「법관이 관여할 수 없는 직무 등에 관한 규칙」이 있다. 그러나 대법원장의 허가를 받은 경우에 한하여 보수 있는 직무나 유보수 또는 무보수의 국가기관 이외의 법인·단체 등의 고문·임원·직원 등의 직위에 취임할 수 있는 길을 열어놓고 있는데(同法 §49), 문제가 있다고 보인다.

(b) 파견근무의 제한

법관이 재판의 직무와 관계없이 다른 기관에 파견하여 근무하는 것은 법원과 법관의 중립성을 오염시킬 우려가 있다. 특히 정치적인 기관에 법관이 파견되어 근무하는 것은 법원이나 법관으로 하여금 정치적으로 변질되게 하고 다른 국가기관에 대한 권력통제의 기능도 올바로 수행할 수 없다. 우리 정치사에서는 법관들이 청와대나 정보기관 등 타 국가기관에 파견되어 근무한 사례가 있고, 사법의 독립에 그 폐해(사법의 독립침해, 법원 및 법관의 정치권력화)가 적지 아니하여 이에 대하여 제한을 두고 있다.

法院組織法은 「대법원장은 다른 국가기관으로부터 법관의 파견근무요청이 있을 경우에 업무의 성질상 법관을 파견하는 것이 타당하다고 인정되고 당해 법관이 이에 동의하는 경우에는 그 기간을 정하여 이를 허가할 수 있다」라고 정하고 있다(同法 §50). 이 규정은 文言의 의미가 불명확하고 광범하여 문제가 있다고 보인다. 이러한 법원조직법의 규정에 의하더라도 법관의 다른 기관에의 파견근무는 신중해야 한다. 憲法裁判所法에 의할 때, 헌법재판소장은 다른 국가기관에 대하여 그 소속공무원을 헌법연구관으로 근무하게 하기 위하여 헌법재판소에의 파견근무를 요청할 수 있다고 정하고 있으므로 헌법재판소장의 요청이 있으면 법관은 헌법재판소에 파견되어 헌법연구관으로 근무할 수 있다(同法 §19⑨).

(c) 정치에의 관여 금지

司法의 政治的 中立性(political neutrality)은 사법의 독립에 있어 필수적이다. 법원이 정치적인 기관으로 변질될 때, 재판은 정치적인 이해관계에 따라 변질되고 법치주의는 그 기반을 상실하고 만다. 역사적으로도 사법권의 독립은 사법권을 정치적인 입법권이나 집행권으로부터 분리하는 것에서부터 출발하였다. 사법의 정치적 중립성은 법원의 바깥에서 오는 정치적 영향력으로부터의 독립과 법원의 내부에서 정치적 행위로 발생하는 정치적 영향력으로부터의 독립을 말한다. 법관에게 정치에의 관여를 금지하는 것은 법관의 정치관여로 재판의 주체가 정치적인 派黨性을 띠는 것을 방지하고, 법관이 외부의 정치세력과 연계되거나 정치적인 이해관계 속에서 당사자의 어느 한편에 더 기울어지는 것을 방지하고자 하는데 목적을 두고 있다.

오늘날 법치국가에서는 어느 나라를 막론하고 사법의 독립을 확보하기 위하여 사법의 정치적 중립을 보장하고 있다. 法院組織法은 법관이 정치활동을 염두에 두고 「정치운동」에 관여하는 일을 금지하고 있다(同法 §49iii). 여기서 말하는 「정치운동」은 그 내용이나 범위에서 명확하지 않지만, 넓게 해석하는 것이 타당하다. 정당에 가입하거나 정치활동에 참여하거나 정치적인 성격을 가지는 행사나 활동에 참여하는 행위 등은 이러한 정치운동에 포함된다. 그러나 법관이 법원업무의 개선이나 사법권의 독립을 확보하기 위하여 내부적 또는 외부적으로 개인 또는 집단의 단위로 의사를 표명하거나 활동하는 행위는 이러한 정치운동에 해당하지 않는다.

사법의 정치적 중립을 확보함에 있어서 법관의 정당가입의 허용여부가 문제가 된다. 나라의 역사적 배경이나 그 정치적인 환경에 따라서는 법관의 정당가입을 금지하지 아니하는 경우도 있으나, 재판의 공정성과 정치적 중립성을 실현하는 데는 법관의 정당가입을 금지하는 것이 타당하다. 법관의 정당가입을 허용하면 대부분의 경우 당시 지배정당이나 여당 또는 대통령이 속한 대통령의 당에 가입할 경향이 농후하고, 대통령은 대법관 등의 임명에서 자기 정당에 소속한 법관을 이에 임명할 가능성이 높다. 이렇게 되는 경우에는 사법의 독립에 심각한 문제가 발생한다. 미합중국과 달리 독일에서는 법관의 정당가입이 허용되기 때문에(실제에서는 하급법원 판사의 1/3 정도가 정당에 가입한 것으로 추산된다) 법원은 국회로부터의 영향력을 차단하는 데는 취약하여 이에 대한 비판이 제기되고 있다.

법관이 국회의원이나 대통령의 선거에 입후보하는 것과 같이 정치활동을 염두에 두고 있는 경우 자기의 정치적 인기나 이익을 고려하여 재판을 할 위험성이 있다. 이러한 것을 방지하기 위해서는 입후보 등록을 하기 전 일정한 시일 이전에 미리 辭職을 하도록 하는 것이 필요하고, 해당 판사가 정치적인 이익을 고려하여 재판한 것인지에 대해서는 司法監視의 차원에서 감시하고 비판할 필요가 있다. 현행 공직선거법에 의하면, 법관이 국회의원이나 대통령선거에 입후보하려면 선거일 전 60일까지 그 직을 그만두어야 한다(公選法 §53①i).

(d) 영리행위의 금지

법관이 營利行爲에 종사하는 경우에는 재판에서 공정성을 유지하기 어렵다. 법관의 영리적인 이해관계에 따른 판단이 개입할 수 있고, 이와 관련한 외부의 영향이 재판에 미칠 우려가 있기 때문이다. 따라서 재판의 공정성과 법관의 독립을 확보하기 위해서는 법관의 영리행위를 금지하는 것이 타당하다. 法院組織法은 법관으로 하여금 금전상의 이익을 목적으로 하는 업무에 종사하는 일을 금지하고 있고(同法 §49v), 「법관이 관여할 수 없는 직무 등에 관한 규칙」은 母法의 금전상의 이익을 목적으로 하는 업무에 종사하는 일을 상업·공업·금융업 기타 영리적인 업무를 경영하는 일, 상업·공업·금융업 기타 영리를 목적으로 하는 사기업체의 이사·감사·업무를 집행하는 무한책임사원·발기인 등 임원이 되거나 지배인 기타 사용인이 되는 일, 그 직무와 관련이 있는 타인의 기업에 투자하는 일, 기타 계속적으로 재산상의 이득을 목적으로 하는 업무에 종사하는 일이라고 구체화하고 있으나, 위에서 본 바와 같이 대법원장이 허락하면 보수 있는 직무와 유보수 또는 무보수의 국가기관 외의 법인·단체 등의 고문·임원·직원 등의 직위에 취임할 수 있게 광범한 길을 열어 놓고 있어 문제가 있다.

법관의 영리행위의 금지가 법관의 가족이나 친척 또는 인척의 영리행위를 제한하거나 금지하게 할 수는 없다.

(8) 법관의 지위 존중과 보수

법관의 독립을 실현하기 위해서는 법관의 지위가 존중되어야 하고, 법관의 직무와 품위에 상응하게 정당한 보수(fair remuneration)가 보장되어야 한다. 법원조직법은 「법관의 보수는 직무와 품위에 상응하도록 따로 법률로 정한다」고 규정하고 있다(法組法 §46②). 이에 따라 구체적인 내용은 「법관 등의 보수에 관한 법률」이 정하고 있다. 법관의 보수에 관한 예산을 국회 또는 행정부가 합리적인 이유가 없이 고의적으로 삭감하거나 동결하는 조치는 법관의 독립을 침해하는 것이어서 헌법에 위반된다.

[312] 第四　法院의 獨立

Ⅰ. 개　　념

법원의 독립이란 재판의 독립을 유지하기 위하여 법원의 구성이나 조직·운영에서 외부로부터의 독립을 유지하는 것을 말한다. 이러한 법원의 독립은 권력분립의 당연한 내용을 이루는 것으로 특히 다른 국가기관으로부터의 독립이 핵심을 이룬다.

법원의 독립이 보장된다고 하여 이로부터 법관의 독립이 당연히 도출되는 것은 아니다. 법원 구조 내에 계급구조가 존재하거나 관료주의가 발생하여 법원 내부에서 개별 법관에 대하여 영향력을 미치는 경우에는 법원의 독립은 있더라도 법관의 독립은 이루어지지 않는 결과를 가져온다. 그러나 법원의 독립은 재판의 독립과 법관의 독립을 수월하게 만드는 조건이 된다.

헌법 제101조 제 1 항에서 「사법권은 법관으로 구성된 법원에 속한다」라고 정하고 있는 것에는 법원의 구성 · 조직 · 운영이 다른 국가기관으로부터 독립되어 있다는 내용이 포함되어 있다.

Ⅱ. 내 용

(1) 법원의 구성에서의 독립

법원의 독립은 법원의 구성에서의 독립을 포함하고 있다. 법원은 그 구성에서 원칙적으로 헌법재판소, 국회, 행정부로부터 독립되어 구성되어야 재판의 공정성을 확보할 수 있다. 법원이 그 구성에서부터 법원 이외의 국가기관에 의해 좌우되는 경우에는 법원은 그 국가기관에 종속될 수밖에 없다. 이렇기 때문에 재판의 독립이라는 법리에서 법원의 독립은 인정되지 않으면 안 되는 것이다.

헌법은 대법원을 제외하고는 각급법원의 법관을 대법원장이 임명하도록 정하여 (憲法 §104③) 각급법원의 구성에서의 독립을 보장하고 있다.

(a) 헌법재판소로부터의 독립

대법원이나 각급법원은 그 구성에 있어 헌법재판소로부터 독립되어 있다. 헌법재판소는 어떠한 경우에도 법원의 구성에 관여할 수 없고, 헌법재판소의 재판관은 대법원장, 대법관, 일반법원의 법관을 겸할 수 없다. 법원의 관할과 헌법재판소의 관할은 분리되어 있기 때문에 각기 자신의 관할사항에 대해서만 재판한다. 따라서 헌법재판소는 법원의 재판을 행할 수 없다.

(b) 국회로부터의 독립

법원의 독립이 보장되려면 그 구성에 있어 국회로부터도 독립되어야 한다. 따라서 국회의원은 대법원장, 대법관, 일반법원의 법관을 겸할 수 없다. 국회는 법률을 제정하여 법원의 관할사항을 국회의 관할사항으로 할 수 없다. 국회는 법원의 재판에 관여하거나 특정인을 직접 처벌하거나 구체적인 사건에 대한 결론을 정하는 법률을 제정할 수 없다.

국회는 원칙적으로 법원을 구성하는데 관여할 수 없다. 다만, 헌법은 대법원장과 대법관의 임명에서 국회의 동의를 받도록 하고 있기 때문에 이 범위 내에서 국회는 대법원의 구성에 관여한다. 이러한 국회의 관여도 어디까지나 법원의 기능 및 독립과 부합하는 것이어야 한다. 따라서 국회가 대법원장이나 대법관의 임명에 대한 동의절차에서 해당 인물의 해당직에의 적합성을 객관적으로 판단하지 않고 대법원을 길들이거나 대법원에 대하여 국회의 지배권을 형성하려는 목적으로 동의절차를 이용하는 것은 허용되지 않는다.

(c) 행정부로부터의 독립

법원의 독립은 그 구성에서 행정부로부터의 독립도 포함하고 있다. 따라서 행정부는 법원의 구성에 관여할 수 없고, 어떠한 공무원도 법관을 겸할 수 없다. 다만, 헌법은 대법원장과 대법관을 대통령이 임명한다고 정하고 있어(憲法 §104 ①,②) 이 범위 내에서 대통령은 대법원의 구성에 관여한다. 헌법정책적으로는 대법원의 구성에서 대통령이 전혀 관여할 수 없게 하는 방식으로 헌법을 개정할 필요가 있다.

《법원구성에서의 외부인의 참여》

법원의 구성은 원칙적으로 법원 스스로 하는 것이 바람직하다. 그러나 법원의 구성에 있어서 법원의 자율성이 법원의 기능을 저하시키거나 왜곡하는 경우에는 법원 내부의 인물만으로 법원을 구성하는 것이 충분하지 않을 수 있다. 여기서 법원의 구성에서 외부인의 참여가 필요한 경우가 있을 수 있는데, 외부인이 법원의 구성을 좌우하지 않는 한 이러한 참여는 법원의 독립과 충돌하지 않는다. 예컨대 법관추천위원회 또는 대법원장 및 대법관추천위원회에 변호사나 법학교수 등이 참여하는 것을 들 수 있다. 그러나 법원의 구성에서 외부인의 참여를 인정하는 경우에도 법원 이외의 다른 국가기관의 공무원을 참여시키는 것은 타당하지 않다. 법원의 독립은 무엇보다 다른 국가권력으로부터 독립하는데 그 본질이 있으므로 이러한 공무원의 참여는 법원의 구성에서 사실상 다른 국가기관이 영향력을 행사하는 길을 열어주는 것이고, 다른 국가기관에 대한 권력통제를 어렵게 만든다.

(2) 법원의 조직 · 운영에서의 독립

법원의 독립은 법원의 조직 · 운영에서의 독립을 그 내용으로 한다. 법원의 조직과 운영에서 다른 국가기관이 간섭하거나 관여하면 해당 국가기관의 권력적 영향력이 법원에 미치게 되고, 이는 결국 재판의 공정성을 확보하기 어렵게 만든다.

(a) 법원 조직의 법률주의

헌법은 법원의 조직과 운영에서의 독립을 보장하기 위하여 「대법원과 각급법원의 조직은 법률로 정한다」고 하여(憲法 §102③), 法院組織의 法律主義를 취하고 있으며, 대법원은 법률에 저촉하지 아니하는 범위 안에서 법원의 내부규율과 사무처리에 관한 규칙을 제정할 수 있다고 하여 自律規則制定權을 대법원에 부여하고 있다(憲法 §108).

이에 따르면, 법원의 조직은 오로지 국회가 제정하는 법률에 의해서만 정해지므로 다른 어떠한 국가기관도 법원의 조직에 관여하는 행위를 할 수 없다.

(b) 규칙제정권

대법원은 사법부 내의 사법행정상 최고법원의 지위에서 대법원 및 각급법원에 적용되는 내부규율과 사무처리에 관한 규칙을 정하는데, 이러한 영역에서도 대법원 이외에 어떠한 국가기관도 관여할 수 없다. 법원의 내부규율과 사무처리에 있어서는 오직 법률과 대법원이 정하는 규칙에 따르며, 다른 국가기관이 정하는 규칙이나 조치에는 따르지 않는다.

Ⅲ. 한 계

법원의 독립에는 실정법상 또는 법리상의 한계가 있다. 우리 헌법의 경우에도 일정한 수준에서 법원의 독립에 한계를 정하고 있다.

(1) 대법원의 구성에서의 한계

헌법은 대법원장과 대법관을 국회의 동의를 거쳐 대통령이 임명하게 하고 있으므로 대법원의 구성에 있어서는 법원의 독립에서 이러한 헌법상의 한계를 지니고 있다. 이러한 것은 현행 실정법상의 한계인데, 대법원의 구성방식에 있어 사법의 독립에 합치하는 보다 적합하고 타당한 방법이 있는 때에는 헌법을 개정하여 이를 변경할 수 있다.

(2) 법원의 설치·폐지에서의 한계

법원의 설치에 있어서 헌법에서 명시적으로 정하고 있지 아니하는 종류의 법원의 설치나 폐지, 구성방법, 관할의 변경이나 폐지는 국회가 제정하는 법률에 의하여야 하므로 이러한 범위에서 국회는 법원의 설치나 폐지, 구성방법, 관할에 대하여 영향을 미친다. 국회가 헌법이 인정하는 특별법원의 설치와 관할 및 권한 등을 정하는 입법을 하여도 법원의 독립을 침해하는 것이 아니다(예: 憲 1996. 10. 31.-93헌바25). 이러한 범위에서 법원의 설치, 폐지, 구성 등에서의 독립에는 일정한 한계를 가진다.

> [憲 1996. 10. 31.-93헌바25] 「군사법원법 제6조가 일반법원과 따로 군사법원을 군부대 등에 설치하도록 하였다는 사유만으로 청구인이 주장하는 바와 같이 헌법이 허용한 특별법원으로서 군사법원의 한계를 일탈하여 사법권의 독립을 침해하고 위임입법의 한계를 일탈한 것이거나 헌법 제27조 제1항의 재판청구권, 헌법 제11조의 평등권을 본질적으로 침해한 것이라고 할 수 없고 또한 같은 법 제7조, 제23조, 제24조, 제25조가 일반법원의 조직이나 재판부구성 및 법관의 자격과 달리 군사법원에 관할관을 두고 군검찰관에 대한 임명, 지휘, 감독권을 가지고 있는 관할관이 군판사 및 심판관의 임명권 및 재판관의 지정권을 가지며 심판관은 일반장교 중에서 임명할 수 있도록 규정하였다고 하여 바로 위 조항들 자체가 청구인이 주장하는 바와 같이 군사법원의 헌법적 한계를 일탈하여 사법권의 독립과 재판의 독립을 침해하고 죄형법정주의에 반하거나 인간의 존엄과 가치, 행복추구권, 평등권, 신체의 자유, 정당한 재판을 받을 권리 및 정신적 자유를 본질적으로 침해하는 것이라고 할 수 없다.」

국회는 비록 법원의 설치나 폐지 그리고 새로운 법원의 설치시 구성방법 및 조직·운영 등을 법률로서 정할 수 있지만, 이 경우에도 법원의 의견을 무시하고 국회만의 판단에 의존할 것이 아니라 법원의 의견을 존중하는 것이 바람직하다. 국회가 일정한 범위에서 법원에 관한 입법권을 가지고 있지만, 이러한 입법권의 행사가 국가의 사법작용을 왜곡하거나 사법원리와 배치되는 것이어서는 안 된다.

法院組織法은 법원의 조직, 인사, 운영, 재판절차, 등기, 호적 기타 법원업무에 관련된 법률의 제정 또는 개정이 필요하다고 인정하는 경우에는 대법원장이 국회에 서면으로 그 의견을 제출할 수 있도록 하여 이러한 필요성을 어느 정도 충족시키고 있다(同法 §9③). 국회의 입법권에서 나오는 이러한 법원의 독립에서의 한계성을 이용하여 국회가 법원에 정치적인 영향력을 행사하는 것은 삼가는 것이 바람직하다.

법원의 설치나 폐지, 구성, 관할 등을 국회가 법률로써 변경할 수 있도록 할 것인가, 이를 헌법에 정하여 국회로 하여금 변경할 수 없도록 할 것인가 하는 점에 있어서는 사법의 독립 보장이라는 관점에서 신중하게 고려할 필요가 있다. 법원의 설치나 폐지, 구성, 관할 등에 관한 기본적이고 중요한 사항에 대해서는 헌법에서 명시적으로 정해두는 것이 사법의 독립을 보장하는데 더 철저한 방법이다.

(3) 예산편성상의 한계

헌법에 의할 때, 법원의 예산은 행정부가 편성하고, 국회가 심의·확정한다. 이러한 범위에서 법원의 운영에 필요한 예산편성의 독립은 인정되지 않는다. 그런데 행정부가 법원의 예산의 편성을 이용하여 법원에 대하여 영향력을 행사하려고 한다든지(예컨대 행정소송에서 행정부의 패소율이 높은 것을 통제하기 위하여 법원의 예산을 적게 편성하는 것) 국회가 법원의 재판을 통제하기 위하여 법원의 예산을 삭감하는 것(예컨대 선거법위반의 재판에서 의원의 당선무효판결의 비율이 높은 것이나 의원에 대한 체포·구금영장의 발부율이 높은 것을 통제하기 위해 법원의 예산을 삭감하는 것)은 권한의 남용에 해당한다.

법원의 독립을 충실히 실현하기 위해서는 법률이 정하는 일정한 예산편성의 원칙에 따라 법원이 스스로 예산을 편성하게 하는 것이 바람직하다(同旨: 金哲洙b, 1922; 許營a, 1001). 그러나 법원의 예산편성권이 법원의 자의적이고 비민주적인 예산운영을 정당화하는 것이 되어서는 안 된다. 법원의 예산에 대한 국회의 통제가 필요한 것도 이 때문이다. 法院組織法은 법원의 경비는 독립하여 국가의 예산에 計上하도록 하고 있고, 법원의 예산을 편성함에 있어서는 사법부의 독립성과 자율성을 존중하도록 정하고 있다(同法 §82 ①,②).

(4) 권력통제상의 한계

법원의 독립이 법원의 구성과 법원의 운영에서의 독립을 의미하지만, 법원의 작용도 권력작용이기 때문에 사법권력이나 사법행정권력의 남용이 발생할 기능성은 상존하고 있다. 따라서 법원의 권력남용에 대해서는 통제장치가 필요하다. 이러한 권력통제상 필요한 범위 내에서 행해지는 조치는 사법의 독립이나 법원의 독립을 침해하는 것이 아니다. 법원의 독립과 관련하여 권력통제상 헌법이 인정하는 제도로는 국회의 국정감사·조사와 대통령의 사면이 있다.

(a) 국회의 국정감사·조사와 법원의 독립

법원에 대한 국회의 국정감사·조사는 이러한 법원의 권력남용을 통제하는 수단으로서 기능을 한다. 따라서 법원의 독립을 내세워 이러한 통제를 거부하지 못한다.

(b) 대통령의 사면과 법원의 독립

법원의 재판이 재판권력의 남용으로 인하여 잘못되었고, 재판절차상의 상소나 재심의 방법으로 이를 바로잡을 길이 없는 경우에는 대통령이 사면권을 행사하여 이러한 재판권력의 남용에 의한 피해를 구제할 수 있다. 이러한 범위에서 법원은 재판의 독립이나 법원의 독립을 근거로 하여 사면을 부정할 수 없다. 그러나 대통령의 사면권이 합리적이고 정당한 근거 없이 자의적으로 행사되는 경우에는 사법의 독립을 침해하고, 법치주의를 붕괴시킬 위험이 있다. 사면이 법원의 권력남용을 통제하는 한 수단이기도 하지만, 사면권도 남용될 수 있으므로 이에 대한 통제도 필요하다.

제 4 절 裁判의 審級과 管轄

[313] 第一 審級制度

Ⅰ. 개 념

헌법은 법원을 대법원과 각급법원으로 조직하고, 대법원을 최고법원으로 두고 최종심을 관할하게 하므로(憲法 §101②), 기본적으로 제 1 심과 최종심이 존재하는 심급구조를 가지고 있다. 대법원이 제 1 심이면서 최종심인 단심재판의 경우에만 하나의 단일한 심급을 가진다(뒤에 보듯이 고등법원에서 단심재판하는 경우가 있으나 헌법상 허용여부가 문제가 된다). 따라서 헌법은 헌법에서 단심재판을 정하고 있는 경우 이외에는 최소한 2심의 구조를 가지는 재판구조를 정하고 있다고 할 것이다(예: 憲 1992. 6. 26.-90헌바25; 1993. 11. 25.-91헌바8).

이와 같이 심급에서 헌법이 최소한 2심급을 정하고 있는 것 이외에는 헌법은 그 심급의 구체적인 내용을 정하고 있지 않으므로 이는 법률이 정하는 사항에 해당한다. 어떤 재판에 대해서 2심급의 구조로 할 것인가, 3심급의 구조로 할 것인가, 4심급의 구조로 할 것인가는 법률정책적으로 결정할 문제이다.

[憲 1992. 6. 26.-90헌바25] 「대저 재판이란 사실확정과 법률의 해석적용을 본질로 함에 비추어 법관에 의하여 사실적 측면과 법률적 측면의 한 차례의 심리검토의 기회는 적어도 보장되어야 할 것이며, 또 그와 같은 기회에 접근하기 어렵도록 제약이나 장벽을 쌓아서는 안 된다고 할 것으로, 만일 그러한 보장이 제대로 안 되면 재판을 받을 권리의 본질적 침해의 문제가 생길 수 있다고 할 것이다. 그러나 모든 사건에 대해 똑 같이 세 차례의 법률적 측면에서의 심사의 기회의 제공이 곧 헌법상의 재판을 받을 권리의 보장이라고는 할 수 없을 것이다.」

[憲 1995. 1. 20.-90헌바1] 「헌법 제101조 제 2 항은 “법원은 최고법원인 대법원과 각급 법원으로 조직된다”고 규정하였고 제102조 제 3 항은 “대법원과 각급 법원의 조직은 법률로 정한다”고 규정하여 대법원을 최고법원으로 하고 그 아래에 심급을 달리 하여 각급 법원을 두도록 하고 있다. 헌법이 위와 같이 대법원을 최고법원으로 규정하였다고 하여 곧바로 대법원이 모든 사건을 상고심으로서 관할하여야 한다는 결론이 당연히 도출되는 것은 아니다. 헌법 제102조 제 3 항에 따라 법률로 정할 “대법원과 각급 법원의 조직”에는 그 관할에 관한 사항도 포함되며, 따라서 대법원이 어떤 사건을 제 1 심으로서 또는 상고심으로서 관할할 것인지는 법률로 정할 수 있는 것으로 보아야 하기 때문이다. 헌법 제110조 제 2 항은 군사법원의 상고심을 대법원에서 관할하도록 정하고 같은 조 제 4 항은 군사법원에서의 단심재판을 제한하도록 규정하고 있으나, 군사법원은 헌법 제110조 제 1 항이 정한 특별법원으로서 군사법원의 재판은 헌법 제27조 제 1 항이 규정하는 법률이 정한 법관에 의한 재판

이라고 보기 어렵기 때문에 국민의 재판을 받을 권리가 침해되는 것을 방지하기 위하여 예외적으로 규정한 것일 뿐 위 조항을 근거로 하여 모든 사건에 관하여 반드시 대법원이 상고심으로서 관할하여야 한다고 할 수는 없다. 한편 헌법 제107조 제2항은 명령·규칙 또는 처분의 위헌·위법 여부에 대한 최종적 심사권이 대법원에 있음을 규정하고 있으므로 명령·규칙 또는 처분의 위헌·위법 여부에 관한 사건에서 대법원의 상고심 재판이 배제된다면 이는 위 헌법조항에 위배된다고 할 수 있을 것이나, 그 이외의 다른 모든 경우에도 심급제도를 인정하여야 한다거나 대법원을 상고심으로 하는 것이 헌법상 요구된다고 할 수는 없고, 이러한 문제는 법률로써 정할 수 있는 입법사항에 속할 따름이라고 보아야 할 것이다.」

Ⅱ. 내 용

(1) 3심재판

헌법은 3심제를 정하고 있지 않다. 2심급의 구조가 보장되는 이상 3심재판의 구조를 채택하든 4심재판의 구조를 채택하든 이는 법률정책적인 사항에 해당한다. 3심재판을 채택하는 경우에는 제3심의 재판은 대법원의 관장사항이지만, 4심재판을 채택하는 경우에는 제4심의 재판이 대법원의 관장사항이 된다. 현재 민사재판, 형사재판, 행정재판은 3심재판으로 행해진다.

(2) 2심재판

대법원을 최종심으로 하는 2심재판은 인정된다. 그런데 어떤 재판을 2심재판으로 할 것인가에 대해서는 헌법이 정하고 있지 않다. 따라서 이는 법률로 정할 수 있는 사항이다. 현재 2심재판으로 행하는 것으로는 특허재판이 있다(法組法 §28의4 i,ii, §14i).

(3) 단심재판

헌법은 기본적으로 최소한 2심급의 구조를 상정하고 있기 때문에 단심재판에 대해서는 예외적인 경우에 한하여 명시적으로 정하고 있다. 따라서 헌법상 단심재판은 예외적인 경우에만 인정된다.

(a) 비상계엄하의 군사재판

헌법은「비상계엄하의 군사재판은 군인·軍務員의 범죄나 軍事에 관한 간첩죄의 경우와 哨兵·哨所·有毒飮食物供給·捕虜에 관한 죄 중 법률이 정한 경우에 한하여 單審으로 할 수 있다. 다만, 死刑을 선고한 경우에는 그러하지 아니하다」라고 직접 정하고 있으므로(憲法 §110④) 헌법이 인정하는 이러한 경우를 제외하고는 형사재판에서 단심으로 재판할 수 없다. 이러한 경우 이외에 單審裁判을 허용하는 법률은 위헌으로 효력을 가지지 못한다.

(b) 선거재판

선거의 효력을 다투는 選擧訴訟이나 당선의 효력을 다투는 當選訴訟에서는 공직선거법이 단심으로 재판하는 것으로 정하고 있다. 대통령선거 및 국회의원선거에 있어서 선거소송과 당선소송은 대법원이 단심으로 재판하고, 지방의회의원 및 지방자치단체의 장의 선거에 있어서 선거소송과 당선소송은, 비례대표시·도의원선거 및 시·도지사선거의 경우는 대법원이, 지역구시·도의원선거, 자치구·시·군의원선거 및 자치구·시·군의 장선거의 경우는 그 선거구를 관할하는 고등법원이 재판한다(公選法 §222, §223).

선거재판은 代議制度의 기능을 정상적으로 유지하기 위한 장치이므로 이는 성질상 일반재판과 다르다. 따라서 이는 법률로 단심재판으로 정하는 것도 가능하지만, 단심재판이 허용되는 경우를 헌법이 직접 정하고 있는 헌법 제110조 제4항에 비추어 보면, 선거소송에서 단심재판을 하는 경우에는 헌법에 명시하는 것이 타당하다. 또 현행법하에서 고등법원에서 단심재판을 할 수 있는가 하는 점에서는 대법원이 최고법원으로서 최종심법원의 지위를 가진다는 점에서 문제가 있다(鄭宗燮a, 59). 선거재판은 성질상 헌법재판에 해당하므로 헌법재판소의 관할로 하는 것이 타당하다. 1960년6월헌법은 대통령, 대법원장, 대법관의 선거에 관한 소송을 헌법재판소의 관장사항으로 정하고 있었다(同憲法 §83의3).

(c) 단심재판의 허용문제

단심재판을 허용하는 것은 오판에 따른 피해구제보다 우선하는 이익이 있을 경우(예컨대, 빠른 시간 안에 분쟁을 종결하고 질서를 확정시켜야 할 이익이 있는 경우)나 오판에 따른 피해가 국민에게 발생하지 않는 경우에 가능하다. 誤判에 따른 피해의 구제가 보다 중요한 경우란 국민의 자유와 권리의 보호가 다른 가치보다 우월한 경우이다. 이런 점을 고려하면, 헌법 제110조 제4항에 비추어 볼 때, 국민의 자유와 권리를 보장하는 일반재판의 경우에는 단심재판이 허용되지 않는다고 보아야 한다.

제1심에서 재판을 받은 당사자에게는 이에 대해 불복하고 다툴 수 있는 길이 보장되어야 한다. 일반재판에서는 헌법이 직접 정하고 있는 경우에만 단심재판이 허용된다는 점(憲法 §110④)과 대법원이 최고법원으로서 최종심을 관장한다는 점(憲法 §101②)에서 볼 때, 헌법해석으로는 일반재판에서 제1심의 재판을 받은 당사자로 하여금 최소한 한번은 이에 대해 불복하고 다툴 수 있는 길이 보장되어 있다고 할 것이고, 제1심 재판에 대해 上訴할 수 있는 권리는 기본권으로 보장되는 것이라고 할 것이다(鄭宗燮a, 53). 憲法裁判所도 상소권을 기본권으로 보되(예: 憲 1993. 7. 29.-90헌바35), 모든 사건에 대해 획일적으로 상소할 수 있는 것을 보장하는 것은 아니라고 한다(예: 憲 1992. 6. 26.-90헌바25; 1993. 11. 25.-91헌바8; 1995. 1. 20.-90헌바1; 1995. 10. 26.-94헌바28; 1996. 2. 29.-92헌바8; 1997. 10. 30.-97헌바37등).

[憲 1993. 7. 29.-90헌바35] 「피고인이 아무리 중죄를 범한 자이고, 또 외국에 도피하고 있더라도 체포되거나 임의로 출석하지 아니하면 상소를 할 수 없게 제한한 것은, 결국 상소권을 본질적으로 박탈하는 것이어서 적법절차주의에 반할 뿐만 아니라, 재판청구권을 침해하는 것이라고 보지 않을 수 없다. 또한 상소제기기간의 도과가

상소권자의 책임 없는 사유로 말미암은 것인지 여부와 피고인이 외국에 도피하고 있는 중이라는 것은 직접 관계가 없는 것이므로, 상소권회복청구 자체를 전면 봉쇄한 것 역시 적법절차주의위반인 동시에 재판청구권의 침해라고 보지 않을 수 없다.」

[憲 1992. 6. 26.-90헌바25] 「모든 사건에 대해 똑 같이 세 차례의 법률적 측면에서의 심사의 기회의 제공이 곧 헌법상의 재판을 받을 권리의 보장이라고는 할 수 없을 것이다. 국가에 따라서는 국민에게 상고심에서 재판을 받을 권리를 헌법상 명문화한 예도 있다. 그러나 그와 같은 명문규정이 없고 상고문제가 일반 법률에 맡겨진 것이 우리 법제라면 헌법 제27조에서 규정한 재판을 받을 권리에 모든 사건에 대해 상고법원의 구성법관에 의한, 상고심 절차에 의한 재판을 받을 권리까지도 포함된다고 단정할 수 없을 것이고, 모든 사건에 대해 획일적으로 상고할 수 있게 하느냐 않느냐는 특단의 사정이 없는 한 입법정책의 문제라고 할 것으로……」

[314] 第二 第 1 審과 管轄法院

Ⅰ. 민사사건, 형사사건, 가사사건에 대한 재판의 제 1 심은 사물관할에 따라 지방법원의 합의부 또는 단독판사, 가정법원의 합의부 또는 단독판사가 관장한다.

Ⅱ. 행정사건에 대한 재판의 제 1 심은 행정법원이 관장한다.

Ⅲ. 특허사건에 대한 재판은 2심의 구조를 가지고 있는데, 제 1 심은 특허법원이 관장한다.

Ⅳ. 고등법원이 법률이 정하는 바에 따라 제 1 심의 사건을 관장하는 경우도 있을 수 있다(法組法 §28).

[315] 第三 抗訴審과 管轄法院

Ⅰ. 민사재판, 형사재판, 행정재판의 항소심은 원칙적으로 고등법원이 관장한다(法組法 §28).

Ⅱ. 지방법원본원합의부(춘천지방법원 강릉지원 합의부 포함)는 법원조직법이 정하는 바에 따라 지방법원단독판사의 판결 · 결정 · 명령에 대한 항소 또는 항고사건 중 일부에 대한 제 2 심을 관장한다(同法 §32②). 가정법원본원합의부(춘천지방법원 강릉지원 합의부 포함)는 법원조직법이 정하는 바에 따라 가정법원단독판사의 판결 · 결정 · 명령에 대한 항소 또는 항고사건 중 일부에 대한 제 2 심을 관장한다(同法 §40②).

[316] 第四 上告審과 管轄法院

일반법원의 모든 상고심과 군사법원의 상고심은 대법원이 관장한다(憲法 §110②; 法組法 §14). 특허사건은 2심의 재판으로 종결되는데, 따라서 특허재판의 제 2 심은 상고심이며, 이는 대법원이 관장한다.

제 5 절 法院의 構成과 組織

[317] 第一 槪 說

Ⅰ. 일반법원

헌법은 헌법재판소, 국회, 행정부와 독립된 법원의 조직에 대하여 별도로 정하고 있다. 헌법 제101조 제2항은 「법원은 최고법원인 大法院과 各級法院으로 조직된다」라고 정하고 있고, 제102조 제3항은 「대법원과 각급법원의 조직은 법률로 정한다」라고 정하고 있다. 따라서 사법부의 조직에 있어서 헌법이 정하는 사항은 대법원과 각급법원으로 조직된다는 것이고, 각급법원을 어떻게 정할 것인가는 법률에 맡기고 있다. 각급법원의 존재는 헌법이 정하고 있는 사항이므로 법률로 각급법원을 설치하지 아니하는 것은 허용되지 않는다.

헌법의 위 규정에 따라 대법원과 각급법원의 조직을 정하고 있는 법률로서 대표적인 것으로는 法院組織法이 있다. 그 이외에 각급법원의 조직과 관련된 법률로는 각급법원의설치와관할구역에관한법률, 각급법원판사정원법, 법관의보수에관한법률 등이 있다. 법원조직법이 정하는 바에 의하면, 법원에는 대법원, 고등법원, 특허법원, 지방법원, 가정법원, 행정법원의 6종류의 일반법원이 설치되고, 지방법원과 가정법원의 사무의 일부를 처리하게 하기 위하여 그 관할구역 내에 지원, 가정지원, 시·군법원, 등기소를 설치할 수 있다(法組法 §3①,②).

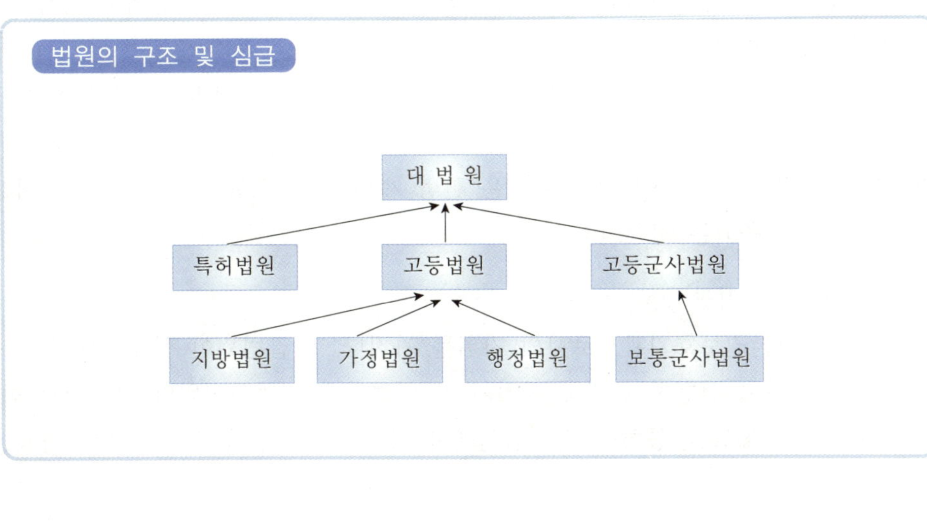

Ⅱ. 군사법원

헌법은 이러한 일반법원 이외에 군사재판을 관할하기 위하여 특별법원으로서 군사법원을 설치할 수 있다고 정하고 있어(憲法 §110①), 헌법상 법원은 一般法院으로서 위 6개의 종류의 법원과 特別法院으로서 군사법원이 있는 셈이다. 다만, 유의할 것은 군사법원이 특별법원이라고 하더라도 군사법원의 상고심은 대법원에서 관할하도록 하고 있고(憲法 §110②), 군사법원의 내부규율과 사무처리에 관한 군사법원규칙도 군법무관회의의 의결을 거쳐 대법원이 정한다(軍法院法 §4①,②)는 점이다.

[318] 第二 大法院

Ⅰ. 헌법상의 지위

대법원은 헌법상 우리나라 법원의 최고법원을 일컫는 명칭인데, 대법원은 헌법상 최고법원으로서의 지위, 기본권보호기관으로서의 지위, 권력통제기관으로서의 지위, 최고사법행정기관으로서의 지위를 가진다.

(1) 최고법원

대법원은 최고법원으로서의 지위를 가진다. 헌법 제101조 제2항은 대법원이 최고법원임을 정하고 있다(憲法 §101②). 대법원이 최고법원이라는 것은 헌법재판소를 제외한 일반법원의 구조에서 최고 정점에 있다는 의미이며, 이는 일반법원의 재판구조에서 최종심을 관장하는 법원임을 의미한다.

대법원은 최종심을 관장하는 법원이기 때문에 일반법원의 상소절차에서의 最終審을 관할한다. 이로 인하여 일반법원의 재판을 받는 국민은 대법원에서 최종심의 재판을 받을 권리를 가진다. 앞에서 본 바와 같이, 헌법 제101조 제2항과 헌법 제27조 제1항에 의할 때, 대법원에서 최종심의 재판을 받을 권리는 헌법이 정하고 있는 국민의 기본권이다.

헌법 제110조 제2항은 특별법원인 군사법원의 上告審을 대법원에서 관할한다고 정하고 있으므로, 군사재판에서도 대법원이 최고법원의 지위에 있다. 군사재판에서 대법원이 최고법원의 지위에 있다는 것은 헌법 제101조 제2항이 아니라 헌법 제110조 제2항에서 도출되는 결론이다.

(2) 기본권보호기관

대법원은 기본권보호기관으로서의 지위를 가진다. 각급법원이 원래 국민의 자유와 권리를 보호하고 실현하는 기능을 하지만, 대법원은 최종심법원의 지위에서 법해석과 재판기준의 통일을 통하여 각급법원에서 기본권보호에 충실하지 못한 점을 바로잡아 일반재판의 최종적 단계로 기본권을 보호하는 기능을 수행한다. 현행 憲法裁判所法에 의하면 법원의 재판에 의한 기본권의 침해행위에 대하여 헌법소원심판이 원칙적으로 인정되지 않으므로(憲裁法 §68②), 대법원이 수행해야 하는 기본권보호기관으로서의 임무는 보다 중요한 의미를 가진다.

대법원은 명령·규칙·처분의 위헌여부에 대한 최종심사권을 행사하여(憲法 §107②) 이러한 국가권력작용의 기본권 침해로부터 국민의 기본권을 보호한다.

⑶ 권력통제기관

권력분립원리에 의할 때, 모든 종류의 법원은 권력통제기관으로서의 지위를 가진다. 특히 형사재판과 행정재판을 통하여 법원은 권력통제를 효과적으로 수행한다. 그런데, 대법원은 이러한 형사재판이나 행정재판의 최종심의 법원으로서 국가의 형벌권이나 행정권력에 대한 재판적 통제를 함에 중요한 역할을 하고, 상고심을 관할하는 법원으로서 하급심의 재판에 대하여도 통제한다.

대법원은 재판의 전제가 된 법률의 위헌여부심판제청권(憲法 §107①)이나 명령·규칙·처분의 위헌여부심사권을 행사하여(憲法 §107②) 입법권과 행정권에 대한 권력통제기관으로서의 임무를 수행한다.

⑷ 최고사법행정기관

법원의 업무에는 재판 이외에 법원의 조직이나 운영과 관련하여 필요한 행정업무가 있다. 이러한 것은 법원의 재판업무를 지원하는 업무이다. 이를 사법행정이라고 한다. 사법행정에 관하여 헌법은, 일반법관을 대법원장이 임명하는 것(憲法 §104③)과 대법원이 소송에 관한 절차, 법원의 내부규율과 사무처리에 관한 자율적인 규칙을 제정할 수 있다(憲法 §108)고 정하고 있다. 대법원의 규칙제정은 엄격한 의미에서는 사법입법을 뜻하지만, 넓은 의미의 사법행정에는 이러한 사법입법도 포함된다. 대법원이 사법행정에 있어서 각급법원에 대하여 최고기관으로서의 지위를 가진다는 것은 이러한 범위에서 인정된다.

그런데 대법원이 지니는 사법행정에서의 최고기관성은 憲法 제104조와 제108조가 정하는 범위에서만 헌법적 지위로서의 의미를 가진다. 따라서 사법행정에서 대법원이 점하는 최고기관으로서의 지위는 憲法 제101조 제2항이 정하고 있는 「최고법원」의 의미에 속하지 않는다. 따라서 사법행정의 모든 영역에서 언제나 대법원이 각급법원에 대하여 최고기관의 지위를 점하는 것은 아니다. 각급법원이란 심급에 따른 개념이지, 사법행정상의 개념이 아니라는 점을 고려하면 모든 법원은 재판에서 동등한 지위에 있으며, 각급법원은 사법행정의 일정한 범위에서만 대법원의 하급기관으로 존재한다.

현재 대법원은 법원조직법에 의해 사법행정에서의 최고기관성을 더 강화하고 있는데, 헌법이 정하는 사항 이외에서는 최고기관이라고 하더라도 어디까지나 법률상의 지위에 지나지 않는다. 사법행정은 각급법원의 법관의 독립과 재판의 독립에도 영향을 주므로 심급에 따른 대법원과 각급법원의 조직구조를 사법에서의 상하구조로 이해하거나, 각급법원이 대법원의 지시와 명령에 따라 움직이는 一絲不亂한 조직으로 이해해서는 안 된다.

《법원의 관료화와 분권화》

현행 법원조직법이 정하고 있는 법원의 사법행정구조에 의하면 대법원이 전국의 모든 법관과 법원공무원의 임명, 승진, 전보, 각급법원의 예산, 인력 운용 등 사법행정상 모든 영역에서 각급법원을 통제한다. 특히 사법행정상 각급법원의 법관과 법원공무원에 대한 권한행사는 대법원장을 정점으로 하는 대법원에 집중되어 있다(현재 법원행정처는 대법원으로의 권력 집중을 실행하는 대표적인 기구이다). 특히 대법원장에 대한 인사권과 재정권의 권력집중은 사법관료주의뿐만 아니라 사법독재의 폐단을 초래하고, 대법원장을 중심으로 한 사법부 내의 정치화를 야기시킬 위험이 크다. 이러한 결과 법원 내의 관료화, 비민주화, 독재화의 문제가 발생하여 항상 사법개혁의 최대과제로 되어 있다. 사법행정에서는 현재와 같은 대법원에의 집중방식 이외에 각급법원간의 협의방식, 각급법원의 자치방식 등 다양한 방식이 있을 수 있고, 이는 법원조직법의 개정으로 제도화가 가능하다. 법원 내의 관료화, 권위주의화, 비민주화, 권력집중화를 해소하는 방법으로는 사법행정에서의 분권화, 민주화, 수평화를 추구하는 제도정비의 방법이 있다.

Ⅱ. 구 성

(1) 구 성

대법원은 大法院長과 大法官으로 구성한다. 대법원장은 국회의 同意를 얻어 대통령이 임명한다(憲法 §104①). 대법관은 대법원장의 提請으로 국회의 동의를 얻어 대통령이 임명한다(憲法 §104②). 이와 같이 헌법은 대법원장과 국회 및 대통령이 협동하여 대법원을 구성하는 방식을 취하고 있다. 이러한 방식은 기본적으로 정치인인 대통령과 국회에 의해 법관을 임명하는 「선출된 정치인에 의한 법관임명방식」(appointment by elected politician)인데, 대법원장으로 하여금 대법관의 임명에 관여하도록 하여 대법원의 구성에 있어 대통령의 전횡을 통제하고 그 범위에서 사법의 독립을 실현하고자 하는 시스템이다.

나머지 각급법원의 경우에는 자격을 갖춘 자에 대하여 대법원장이 법관을 충원(임명, 전보)하는 방식을 취하고 있는데, 이를 「전문 경력제 법관충원방식」(appointment into a professional career judiciary)이라고 한다. 이러한 법관의 충원방식은 「선출된 정치인에 의한 법관임명방식」과 함께 대륙법(civil law) 국가와 보통법(common law) 국가에서 가장 많이 채택하고 있는 방식이다.

(2) 대법관의 수

대법관의 수는 대법원장을 포함하여 14인으로 한다(法組法 §4②).

(3) 자 격

대법원장과 대법관은 15년 이상 i) 판사·검사·변호사, ii) 변호사의 자격이 있는 자로서 국가기관, 지방자치단체, 국·공영기업체, 정부투자기관 기타 법인에서 법률에 관한 사무에 종사한 자, iii) 변호사의 자격이 있는 자로서 공인된 대학의 법률학 조교수 이상의 직에 있던 자로서, 40세 이상의 자 중에서 임용한다(同法 §42①).

(4) 대법관이 아닌 법관

대법원에는 법률이 정하는 바에 의하여 대법관이 아닌 법관을 둘 수 있다(憲法 §102②). 대법원장도 아니고 대법관도 아닌 대법원에 두는 판사는 대법원을 구성하는 인원이 아니다. 이 대법원의 판사는 대법원에서 종사하는 재판연구관(同法 §24)과 다르다.

Ⅲ. 관 할

(1) 관 할

대법원은 i) 고등법원 또는 항소법원·특허법원의 판결에 대한 상고사건, ii) 항고법원·고등법원 또는 항소법원·특허법원의 결정·명령에 대한 재항고사건, iii) 다른 법률에 의하여 대법원의 권한에 속하는 사건을 終審으로 심판한다(法組法 §14).

(2) 심 판 권

대법원은 그 관할에 속하는 사건을 처리함에 있어 심판권의 행사에서는 合議體와 部로 나누어진다.

원칙적으로 대법원의 심판권은 대법관전원의 3분의 2 이상으로 구성하는 合議體에서 이를 행하며, 대법원장이 재판장이 된다. 예외적으로, 대법관 3인 이상으로 구성된 部에서 먼저 사건을 심리하여 의견이 일치한 때에 한하여, 그 부에서 재판할 수 있는데, 다만, i) 명령 또는 규칙이 헌법에 위반함을 인정하는 경우, ii) 명령 또는 규칙이 법률에 위반함을 인정하는 경우, iii) 종전에 대법원에서 판시한 헌법·법률·명령 또는 규칙의 해석적용에 관한 의견을 변경할 필요가 있음을 인정하는 경우, iv) 부에서 재판함이 적당하지 아니함을 인정하는 경우에 해당하지 않아야 한다(法組法 §7①).

대법원장은 필요하다고 인정하는 경우에 특정한 部로 하여금 행정·조세·노동 · 군사 · 특허 등 사건을 전담하여 심판하게 할 수 있다(同條②).

Ⅳ. 조 직

(1) 대법원장

대법원에는 대법원장을 두는데, 사법부 내에서 대법원장은 대법관이 아닌 법관의 임명이나 보직에서부터 각급법원의 사법행정사무를 총괄하기에 이르기까지 광범한 권한을 가진다. 특정한 사항에 있어서는 대법관 전원으로 구성하는 대법관회의에서 의결하고 대법원장이 이를 집행하지만, 그 이외의 경우에는 대법원장이 스스로 판단하고 집행한다.

(a) 판사의 임명 · 보직

판사는 대법관회의의 동의를 얻어 대법원장이 임명하지만(法組法 §41③), 판사의 보직은 대법원장이 전속적인 권한으로 이를 행한다(同法 §44①).

(b) 사법행정사무의 총괄

대법원장은 사법행정사무를 총괄하며, 사법행정사무에 관하여 관계공무원을 지휘 · 감독하며(同法 §9①), 대법원의 직원과 각급법원 및 그 소속기관의 사법행정사무에 관하여 직원을 지휘 · 감독한다(同法 §13②). 대법원장은 법원조직법이 정하는 바에 의하여 권한의 일부를 위임할 수 있다(同法 §9②).

대법원장은 법원행정처장을 포함한 법원공무원을 임명하는 권한을 가진다(同法 §53).

(c) 입법의견의 제출

대법원장은 법원의 조직, 인사, 운영, 재판절차, 등기, 호적 기타 법원업무에 관련된 법률의 제정 또는 개정이 필요하다고 인정하는 경우에는 국회에 서면으로 그 의견을 제출할 수 있다(同法 §9③).

(d) 대법원 사무의 총괄

대법원장은 대법원의 일반사무를 관장한다(同法 §13②).

대법원장은 강력한 법적 권한을 가지고 있다. 대법관 12인에 대한 임명제청권(憲法 §104②), 헌법재판소 재판관 중 3인에 대한 지명권(憲法 §111③), 중앙선거관리위원회 위원 중 3인에 대한 지명권(憲法 §114②), 국가인권위원회 위원 중 3인에 대한 지명권(國委法 §5②), 부패방지위원회 위원 중 3인에 대한 추천권(腐防法 §12③), 법원행정처장을 포함한 법원공무원에 대한 임명권(法組法 §53), 모든 법관에 대한 임용 · 재임용권(同法 §41③) 등이 그것이다. 모든 각급법원에 대한 인사 · 재정 · 행정에 대한 대법원과 대법원장의 지배권은 사법관료주의와 대법원장의 사법독재의 중요한 원인이 되고 있다.

(2) 대법관회의

대법원에는 대법관으로 구성하는 대법관회의를 두는데, 대법원장이 그 의장이 된다(法組法 §16①).

대법관회의는 i) 판사의 임명 및 연임에 대한 동의, ii) 대법원규칙의 제정과 개정 등에 관한 사항, iii) 판례의 수집 · 간행에 관한 사항, iv) 예산요구, 예비금지출과 결산에 관한 사항, v) 다른 법령에 의하여 대법관회의의 권한에 속하는 사항, vi) 특히 중요하다고 인정되는 사항으로서 대법원장이 부의한 사항에 대하여 의결하는데(同法 §17①), 대법관전원의 3분의 2 이상의 출석과 출석인원 과반수의 찬성으로 의결한다. 의장은 의결에 있어서 표결권을 가지며, 可否同數인 때에는 결정권을 가진다(同法 §16②,③).

(3) 법원행정처

사법행정사무를 관장하기 위하여 대법원에 법원행정처를 둔다. 법원행정처는 법원의 인사 · 예산 · 회계 · 시설 · 통계 · 송무 · 등기 · 호적 · 공탁 · 집행관 · 법무사 · 법령조사 및 사법제도연구에 관한 사무를 관장한다(法組法 §19, §67–§71).

(4) 기 타

대법원에는 위의 기구 이외에 판사 및 예비판사의 연수와 사법연수생의 수습에 관한 사무를 관장하는 司法研修院(法組法 §20, §72–§76), 법원직원 · 집행관 등의 연수 및 양성에 관한 사무를 관장하는 法院公務員教育院(同法 §21, §77–§80), 法院圖書館(同法 §22, §81), 大法院長秘書室(同法 §23), 대법원장의 자문기관인 司法政策諮問委員會(同法 §25), 법관의 인사에 관한 기본계획의 수립 및 인사운영을 위하여 대법원장의 자문기관으로 法官人事委員會(同法 §25의2) 등이 있다.

[319] 第三 高等法院

Ⅰ. 구 성

고등법원에는 판사인 고등법원장과 판사가 있다(法組法 §26①,②). 판사의 보직은 대법원장이 행한다(同法 §44①). 고등법원장 및 고등법원의 부장판사는 10년 이상 법원조직법 제42조 제1항 각호의 직에 있던 자 중에서 대법원장이 보한다(同條 ②).

고등법원에는 部를 설치하고, 부에 부장판사를 두며(同法 §27①), 그 심판권은 판사 3인으로 구성된 합의부에서 이를 행한다(同法 §7③). 부장판사는 해당 합의부의 재판장이 된다(同法 §27③).

Ⅱ. 관 할

고등법원은 i) 지방법원합의부 · 가정법원합의부 또는 행정법원의 제1심 판결 · 심판 · 결정 · 명령에 대한 항소 또는 항고사건, ii) 지방법원단독판사 · 가정법원단독판사의 제1심 판결·심판·결정·명령에 대한 항소 또는 항고사건으로서 형사사건을 제외한 사건 중 대법원규칙으로 정하는 사건, iii) 다른 법률에 의하여 고등법원의 권한에 속하는 사건을 심판한다(法組法 §28).

Ⅲ. 조 직

고등법원장은 그 법원의 사법행정사무를 관장하며, 소속공무원을 지휘·감독한다(法組法 §26③). 고등법원에 사무국을 두며, 대법원규칙이 정하는 고등법원에 사무국 외의 국을 둘 수 있다(同法 §10①).

[320] 第四 特許法院

Ⅰ. 구 성

특허법원에는 판사인 특허법원장과 판사가 있다(法組法 §28의2 ①,②). 판사의 보직은 대법원장이 행한다(同法 §44①). 특허법원장 및 특허법원의 부장판사는 10년 이상 법원조직법 제42조 제1항 각호의 직에 있던 자 중에서 대법원장이 보한다(同條 ②).

특허법원에는 部를 설치하고, 부에 부장판사를 두며(同法 §28의3), 그 심판권은 판사 3인으로 구성된 합의부에서 이를 행한다(法組法 §7③).

Ⅱ. 관 할

특허법원은 i) 特許法 제186조 제1항, 實用新案法 제55조, 디자인보호법 제75조 및 商標法 제86조 제2항이 정하는 제1심사건, ii) 다른 법률에 의하여 특허법원의 권한에 속하는 사건을 심판한다(法組法 §28의4).

특허심판절차는 특허심판원 → 특허법원 → 대법원으로 진행된다.

Ⅲ. 조 직

특허법원장은 그 법원의 사법행정사무를 관장하며, 소속공무원을 지휘·감독한다(法組法 §28의2③). 특허법원에 사무국을 둔다(同法 §10①).

[321] 第五 地方法院

Ⅰ. 구 성

(1) 지방법원

地方法院에는 판사인 지방법원장과 판사를 둔다(法組法 §29①, ②). 판사의 보직은 대법원장이 행한다(同法 §44①). 지방법원장은 10년 이상 법원조직법 제42조 제1항 각호의 직에 있던 자 중에서 대법원장이 보한다(同條 ②).

지방법원의 심판권은 단독판사가 이를 행한다(同法 §7④). 지방법원에서 합의심판을 하여야 하는 경우에는 판사 3인으로 구성된 합의부에서 이를 행한다(同條 ⑤, 同法 §30).

(2) 지방법원의 지원과 가정지원

地方法院의 支院과 家庭支院에는 판사인 지원장과 판사를 둔다(法組法 §31①,②). 지원장과 판사의 보직은 대법원장이 행한다(同法 §44④). 나머지는 위에서 본 지방법원의 경우와 동일하다.

(3) 시·군법원

대법원장은 지방법원 또는 그 지원 소속판사 중에서 그 관할구역 안에 위치한 시·군법원의 판사를 지명한다(法組法 §33①). 市·郡法院의 심판권은 단독판사가 이를 행한다(法組法 §7④). 판사의 보직은 대법원장이 행한다(同法 §44①).

Ⅱ. 관 할

(1) 지방법원

지방법원의 합의부는 i) 합의부에서 심판할 것으로 합의부가 결정한 사건, ii) 민사사건에 관하여는 대법원규칙으로 정하는 사건, iii) 사형·무기 또는 단기 1년 이상의 징역 또는 금고에 해당하는 사건(형법 §331, §332(§331의 상습범에 한한다)와 그 각 미수죄에 해당하는 사건, 폭력행위등처벌에관한법률 §2①·③, §3①·②, §6(§2①·③, §3①·②의 미수죄에 한한다), §9에 해당하는 사건, 병역법 위반사건, 특정범죄가중처벌등에관한법률 §5의3①, §5의4①·④·⑤(①·④에 해당하는 죄에 한한다)에 해당하는 사건, 보건범죄단속에관한특별조치법 §5에 해당하는 사건, 부정수표단속법 §5에 해당하는 사건은 제외), iv) 앞의 iii)의 사건과 동시에 심판할 공범사건, v) 지방법원판사에 대한 제척·기피사건, vi) 다른 법률에 의하여 지방법원합의부의 권한에 속하는 사건을 제1심으로 심판한다(法組法 §32①).

지방법원의 합의부는 지방법원단독판사의 판결·결정·명령에 대한 항소 또는 항고사건 중 법원조직법 제28조 제2호(고등법원에서 처리하는 항고·항소사건)에 해당하지 아니하는 사건을 제2심으로 심판한다(同條 ②). 춘천지방법원 강릉지원 합의부의 경우에도 마찬가지이다.

(2) 가정지원

가정지원은 가정법원이 설치되지 아니한 지역에서 가정법원의 권한에 속하는 사항을 관할한다. 다만, 가정법원단독판사의 판결·심판·결정·명령에 대한 항소 또는 항고사건에 관한 심판에 해당하는 사항을 제외한다(法組法 §31의2).

(3) 시·군법원

시·군법원은 i) 소액사건심판법의 적용을 받는 민사사건, ii) 화해·독촉 및 조정에 관한 사건, iii) 20만원 이하의 벌금 또는 구류나 과료에 처할 범죄사건, iv) 가족관계의 등록 등에 관한 법률 제75조에 의한 협의상 이혼의 확인사건을 관할한다(法組法 §34①). 앞의 ii)와 iii)의 사건이 불복신청으로 제 1 심법원에 계속하게 된 경우에는 그 지역을 관할하는 지방법원 또는 그 지원이 관할한다. 다만, 소액사건심판법의 적용을 받는 사건은 그 시·군법원에서 관할한다(同條 ②). iii)에 해당하는 범죄사건에 대하여는 이를 즉결심판한다(同條 ③).

Ⅲ. 조 직

지방법원장은 그 법원과 소속지원, 시·군법원 및 등기소의 사법행정사무를 관장하며, 소속공무원을 지휘·감독한다(法組法 §29③). 지방법원에 사무국을 두며, 대법원규칙이 정하는 지방법원에 사무국 외의 국을 둘 수 있다(同法 §10①).

[322] 第六 家庭法院

Ⅰ. 구 성

(1) 가정법원

가정법원에는 판사인 가정법원장과 판사를 둔다(法組法 §37 ①,②). 판사의 보직은 대법원장이 행한다(同法 §44①). 가정법원장은 10년 이상 법원조직법 제42조 제 1 항 각호의 직에 있던 자 중에서 대법원장이 보한다(同條 ②).

가정법원의 심판권은 단독판사가 이를 행한다(同法 §7④). 가정법원에서 합의심판을 하여야 하는 경우에는 판사 3인으로 구성된 합의부에서 이를 행한다(同條 ⑤).

(2) 가정법원지원

가정법원지원에는 지원장과 판사를 둔다(法組法 §39①). 나머지는 위의 가정법원과 동일하다.

Ⅱ. 관 할

(1) 가정법원

가정법원의 합의부는 i) 가사소송법에서 정한 가사소송과 마류 가사비송사건 중 대법원규칙으로 정하는 사건, ii) 가정법원판사에 대한 제척·기피사건, iii) 다른 법률에 의하여 가정법원합의부의 권한에 속하는 사건을 제 1 심으로 심판한다(法組法 §40①).

가정법원본원합의부는 가정법원단독판사의 판결·심판·결정·명령에 대한 항소 또는 항고사건 중 법원조직법 제28조 제 2 호에 해당하지 아니하는 사건을 제 2 심으로 심판한다(同條 ②).

(2) 가정법원지원

가정법원지원합의부는(춘천가정법원 강릉지원을 의미한다) 위에 본 것과 같은 가정법원합의부가 제1심으로 심판하는 것과 동일한 사건을 제1심으로 심판한다(法組法 §40①).

Ⅲ. 조 직

가정법원장은 그 법원과 소속지원의 사법행정사무를 관장하며, 소속공무원을 지휘·감독한다. 다만, 법원조직법 제3조 제2항 단서의 규정에 의하여 1개의 지원을 두는 경우에는 가정법원장은 그 지원의 가사사건, 소년보호 및 호적에 관한 사무를 지휘·감독한다(法組法 §37③). 지원장은 소속가정법원장의 지휘를 받아 지원의 사법행정사무를 관장하며, 소속공무원을 지휘·감독한다(同法 §39②). 가정법원에 사무국을 둔다(同法 §10①).

[323] 第七 行政法院

Ⅰ. 구 성

행정법원에는 판사인 행정법원장과 판사를 둔다(法組法 §40의2 ①,②). 판사의 보직은 대법원장이 행한다(同法 §44①). 행정법원장은 10년 이상 법원조직법 제42조 제1항 각호의 직에 있던 자 중에서 대법원장이 보한다(同條 ②).

행정법원에는 部를 설치하고, 부에 부장판사를 두며(同法 §40의3), 그 심판권은 판사 3인으로 구성된 합의부에서 이를 행한다. 다만, 행정법원에 있어서 단독판사가 심판할 것으로 행정법원 합의부가 결정한 사건의 심판권은 단독판사가 이를 행한다(同法 §7③).

Ⅱ. 관 할

행정법원은 행정소송법에서 정한 행정사건과 다른 법률에 의하여 행정법원의 권한에 속하는 사건을 제1심으로 심판한다(法組法 §40의4).

행정쟁송절차는 행정심판을 거치거나 거치지 아니하고(行訴法 §18①) 행정법원에서 제1심재판으로 시작하며, 고등법원에서 항소심을 관장하고, 대법원에서 상고심을 관장한다.

Ⅲ. 조 직

행정법원장은 그 법원의 사법행정사무를 관장하며, 소속공무원을 지휘·감독한다(法組法 §40의2③). 행정법원에 사무국을 둔다(同法 §10①).

[324] 第八 軍事法院

Ⅰ. 개 설

(1) 헌법상의 지위

군사법원은 憲法 제110조의 규정에 의하여 설치되는 특별법원이다. 군사재판을 관할할 군사법원의 조직·권한·재판관의 자격 및 심판절차에 대해서는 軍事法院法이 정하고 있다.

이러한 군사법원은 헌법이 인정하는 특별법원으로서의 지위를 가지는데, 이러한 경우에도 헌법이 정하는 한계가 있다(예: 憲 1996. 10. 31.-93헌바25).

> [憲 1996. 10. 31.-93헌바25] 「헌법 제110조는 군사재판을 관할하기 위하여 특별법원으로서 군사법원을 둘 수 있고(제1항) 군사법원의 상고심은 대법원에서 관할하며(제2항) 군사법원의 조직 권한 및 재판관의 자격은 법률로 정한다(제3항)고 규정하여 헌법에 직접 특별법원으로서 군사법원을 설치할 수 있는 근거를 두고 있다.……(1) 그런데 헌법 제110조 제1항에서 "특별법원으로서 군사법원을 둘 수 있다"는 의미는 군사법원을 일반법원과 조직 권한 및 재판관의 자격을 달리하여 특별법원으로 설치할 수 있다는 뜻으로 해석되므로 법률로 군사법원을 설치함에 있어서 군사재판의 특수성을 고려하여 그 조직 권한 및 재판관의 자격을 일반법원과 달리 정하는 것은 헌법상 허용되고 있다. (2) 그러나 아무리 군사법원의 조직 권한 및 재판관의 자격을 일반법원과 달리 정할 수 있다고 하여도 그것이 아무런 한계없이 입법자의 자의에 맡겨질 수는 없는 것이고 사법권의 독립 등 헌법의 근본원리에 위반되거나 헌법 제27조 제1항의 재판청구권, 헌법 제11조 제1항의 평등권, 헌법 제12조의 신체의 자유 등 기본권의 본질적 내용을 침해하여서는 안 될 헌법적 한계가 있다고 할 것이다.」

군사법원의 내부규율과 사무처리에 관한 「군사법원규칙」은 대법원이 정하는데, 국방부장관을 의장으로 하고 국방부장관 및 각군참모총장이 지정하는 군법무관 각 2인으로 구성되는 군법무관회의의 의결을 거쳐 대법원이 이를 정한다(軍法院法 §4①,②). 군사법원규칙을 이러한 방법으로 정하는 것은 군사법원이 가지는 법원으로서의 성격과 군사재판을 수행하는 특별재판기관으로서의 성격을 서로 균형을 유지하며 조화시키고자 하는 데 있다.

(2) 관 할

군사법원은 i) 군형법 제1조 제1항 내지 제4항에 규정된 자, ii) 국군부대의 간수하에 있는 포로에 해당하는 자가 범한 죄 및 iii) 앞의 i)과 ii)에 해당하는 자가 그 신분취득 전에 범한 죄에 대하여 재판권을 가지며(軍法院法 §2), 계엄법에 의한 재판권과 군사기밀보호법 제13조의 죄와 그 미수범에 대하여 재판권을 가진다(同法 §3).

(3) 종 류

군사법원에는 고등군사법원과 보통군사법원의 2종이 있다(軍法院法 §5). 고등군사법원은 국방부에 설치하고(同法 §6①), 보통군사법원은 국방부 · 국방부직할통합부대 · 각군본부 및 편제상 장관급장교가 지휘하는 예하부대 또는 기관(수사기관은 제외)에 설치한다(同條②). 그러나 국방부장관은 필요한 때에는 보통군사법원의 설치를 보류할 수 있으며, 전시 · 사변 또는 이에 준하는 국가비상사태에 즈음하여 편성된 부대에 보통군사법원을 설치할 수 있다(同條③). 군사법원의 조직에 관하여 필요한 사항은 대통령령으로 정한다(同條④).

각 군사법원은 고유의 관할을 가지고 있으나, 예외적으로 국가긴급권이 발동된 계엄지역 안에 있어서는 국방부장관이 지정하는 군사법원이 계엄법에 의한 재판권을 가진다(同法 §12).

(4) 군판사와 심판관

군사법원의 재판관은 軍判事와 審判官으로써 하고, 裁判長은 선임재판관이 된다(同法 §22③).

군판사는 각군참모총장이 소속 군법무관 중에서 임명한다(국방부 및 국방부직할통합부대의 군판사는 국방부장관이 소속 군법무관 중에서 임명)(同法 §23①). 다만, 국방부장관은 이에 불구하고 각군참모총장의 의견을 들어 각군소속 군법무관 중에서 국방부 및 각군의 군판사를 임명할 수 있다(同條②). 군판사는 국방부 또는 각군본부에 소속되어 있다(同條③).

심판관은 i) 법에 관한 소양이 있는 자, ii) 재판관으로서의 인격과 학식이 충분한 자의 자격을 갖춘 장교 중에서 관할관이 임명한다(同法 §24①). 관할관의 부하가 아닌 장교를 심판관으로 할 때에는 참모총장이 임명한다(同條②). 재판에서 군판사 이외에 심판관이 참여하는 것은 군사재판의 특성에서 비롯한다. 이러한 심판관의 재판관여는 일종의 참심재판제도에 해당한다.

(5) 관 할 관

군사법원에는 군조직의 특성으로 인하여 일반법원과 달리 管轄官制度를 두고 있다(軍法院法 §7①). 고등군사법원의 관할관은 국방부장관으로 하고(同條②), 보통군사법원의 관할관은 그 설치되는 부대와 지역의 사령관·장 또는 책임지휘관으로 한다. 다만, 국방부보통군사법원의 관할관은 고등군사법원의 관할관이 겸임한다(同條③).

고등군사법원의 관할관은 그 군사법원의 행정사무를 관장하며 국방부직할통합부대와 각군본부 보통군사법원의 행정사무를 지휘 · 감독하고(同法 §8①), 보통군사법원의 관할관은 그 군사법원의 행정사무를 관장한다(同條②). 각군본부 보통군사법원의 관할관은 예하부대 보통군사법원의 행정사무를 지휘 · 감독한다(同條③).

憲法裁判所는 이러한 관할관제도에 대하여 헌법에 합치하는 것이라고 판시하였다(예: 憲 1996. 10. 31.-93헌바25).

[憲 1996. 10. 31.-93헌바25] 「군은 국가의 안전보장과 국토방위의 임무를 수행하기 위하여 외적에 대항하는 전투집단으로서 생명을 걸고 위험한 행동을 하는 특성을 가진다. 이와 같은 군대조직에 있어서 군기의 유지와 군 지휘권 확립은 그 조직을 유지, 운용하는데 있어서 필요불가결한 것인데 군사범죄는 일반적으로 군대조직을 급속도로 오염시켜 군기를 일거에 붕괴시키는 특징을 가지고 있다. 그리고 군은 그 임무의 특성상 전시에는 말할 것도 없고 평시에도 적의 동태나 작전계획에 따라 자주 이동하고, 급박하게 상황이 변화하므로 이에 대응하여 언제, 어디서나 신속히 군사재판을 할 수 있도록 하기 위하여 군사법원을 군부대 등에 설치할 필요가 있고, 군 지휘권을 확립하고 군사범죄를 정확히 심리, 판단할 수 있도록 하기 위하여 군사법원에 군 지휘관을 관할관으로 두고 관할관이 군판사 및 재판관의 인사권을 갖게 하고, 군의 사정을 잘 알고 군사문제에 관하여 경험과 학식이 풍부한 일반장교를 재판에 참여시킬 필요가 있으며 또한 군사법원체제가 전시에 제대로 기능을 할 수 있기 위하여는 그러한 사법체제가 평시에 미리 조직, 운영되고 있어야 할 것이다. 특히 북한과 첨예한 군사적 대치상황에 놓여 있는 우리나라의 경우에는 그러한 사법체제의 필요성이 더욱 크다고 할 것이다. 따라서 구 군사법원법 제 6 조가 군사법원을 군부대 등에 설치하도록 하고, 같은 법 제 7 조가 군사법원에 군 지휘관을 관할관으로 두도록 하고, 같은법 제23조, 제24조, 제25조가 국방부장관, 각군참모총장 및 관할관이 군판사 및 심판관의 임명권과 재판관의 지정권을 갖고 심판관은 일반장교 중에서 임명할 수 있도록 규정한 것은 위에서 본 바와 같이 헌법 제110조 제 1 항, 제 3 항의 위임에 따라 군사법원을 특별법원으로 설치함에 있어서 군대조직 및 군사재판의 특수성을 고려하고 군사재판을 신속, 적정하게 하여 군기를 유지하고 군 지휘권을 확립하기 위한 것으로서 필요하고 합리적인 이유가 있다고 할 것이다.」

관할관은 무죄 · 면소 · 공소기각 · 형의 면제 · 형의 선고유예 또는 형의 집행유예의 판결을 제외한 판결에 대하여 刑法 제51조 각호의 사항을 참작하여 그 형이 과중하다고 인정할 만한 사유가 있는 때에는 그 형을 감경할 수 있는 확인조치권을 가진다(同法 §379①). 관할관의 확인조치제도이다.

군사법원의 재판에 대하여 관할관이 확인하는 제도는 1945년부터 1948년까지 있었던 美軍政時期에도 있었다. 당시 在朝鮮美國陸軍司會會部의 司令官은 軍事委員會(Military Commission)의 재판에 대하여 감형하는 확인조치권을 가지고 있었다.

관할관은 재판관과 主審軍判事를 지정하는 권한을 가진다(同法 §25②, §26, §27③). 그러나 그 외 어떠한 경우에도 재판에 관여할 수 없다. 군사법원의 재판에도 재판의 독립과 재판관의 독립은 보장되어야 하기 때문이다. 軍事法院法은 「군사법원의 재판관은 헌법과 법률에 의하여 그 양심에 따라 독립하여 심판한다」라고 정하고 있고(同法 §21①), 재판의 공정성과 독립성을 보장하기 위하여 재판관은 재판에 관한 직무상의 행위로 인하여 징계 기타 어떠한 불이익한 처분도 받지 아니한다」라고 정하고 있다(同條 ②).

Ⅱ. 고등군사법원

(1) 구 성

고등군사법원은 재판관 3인 또는 5인으로써 구성한다(軍法院法 §22②).

(2) 관 할

고등군사법원은 보통군사법원의 재판에 대한 항소사건·항고사건 기타 법률에 의하여 고등군사법원의 권한에 속하는 사건에 대하여 심판한다(同法 §10). 고등군사법원에 있어서는 군판사 3인을 재판관으로 하되, 관할관이 지정한 사건의 경우 군판사 3인과 심판관 2인을 재판관으로 한다(同法 §27①). 관할관은 군판사인 재판관 중 1인을 주심군판사로 지정한다(同條 ③).

(3) 조 직

고등군사법원에는 서기와 정병을 두며(同法 §31①), 통역인과 기사를 둘 수 있다(同條 ②).

Ⅲ. 보통군사법원

(1) 구 성

보통군사법원은 재판관 1인 또는 3인으로써 구성한다(軍法院法 §22①). 보통군사법원에 있어서는 군판사 2인과 심판관 1인을 재판관으로 하되, 약식절차에 있어서는 군판사 1인을 재판관으로 한다(同法 §26①). 관할관은 군판사인 재판관 중 1인을 주심군판사로 지정한다(同條 ②).

(2) 관 할

보통군사법원은 i) 군사법원이 설치되는 부대의 장의 직속부하와 직접 감독을 받는 자에 대한 피고사건(그 예하부대에 군사법원이 설치된 경우는 제외), ii) 군사법원이 설치되는 부대의 작전지역·관할지역 또는 경비지역 안에 있는 자군부대에 속하는 자와 그 부대의 장의 감독을 받는 자에 대한 피고사건(그 부대에 군사법원이 설치된 경우는 제외), iii) 군사법원이 설치되는 부대의 작전지역·관할지역 또는 경비지역 안에 현존하는 자와 그 지역 안에서 죄를 범한 군형법 제1조에 해당하는 자에 대한 피고사건(피고인의 소속부대의 군사법원이 그 지역 안에 있거나 그 피고사건이 타군군사법원의 관할에 속하는 경우는 제외)을 제1심으로 심판한다(軍法院法 §11①).

그러나 국방부 또는 각군본부의 보통군사법원은 이러한 규정에도 불구하고 장관급장교에 대한 피고사건 기타 중요사건을 심판할 수 있다(同條 ②).

(3) 조 직

보통군사법원에는 書記와 廷兵을 두며(同法 §31①), 통역인과 技士를 둘 수 있다(同條 ②).

제 6 절 司法權의 範圍와 限界

[325] 第一 槪 說

국가작용 가운데 무엇을 사법작용으로 보는가에 대해서는 앞서 본 바와 같이 實質的 意味의 司法과 形式的 意味의 司法으로 개념의 구분이 있다. 실정헌법이 정하는 법원의 재판권의 범위를 정함에 있어서는 형식적 의미의 사법에 의거하여 판단하는 것이 권력분립의 구체적인 모습과 기관의 권한 및 그 범위를 분명히 함에 있어 보다 합당하고, 憲法 제101조 제 1 항에서 정하고 있는 「사법권」은 형식적 의미의 사법을 의미하므로 아래에서는 형식적 의미의 사법이라는 개념에 따라 우리 헌법상의 사법권의 범위와 한계를 살펴본다.

[326] 第二 司法權의 範圍

Ⅰ. 법원의 재판권

헌법이나 각종 법률이 정하는 바에 따라 일반 법원이 가지는 재판권의 범위를 보면 아래와 같다.

(1) 민사재판

법원은 민사사건에 대하여 재판권을 가진다. 제 1 심에서부터 제 3 심에 이르기까지 일반법원이 민사재판을 관장한다.

(2) 형사재판

법원은 형사사건에 대하여 재판권을 가진다. 원칙적으로 제 1 심에서부터 제 3 심에 이르기까지 일반법원이 형사재판을 관장한다. 다만, 군사상의 특별한 사유가 있는 경우에는 법률이 정하는 특정 형사사건에 대해서는 군사법원이 제 1 심과 제 2 심을 관장하고, 제 3 심을 대법원이 관장한다.

(3) 행정재판

행정재판을 어느 기관의 관장사항으로 할 것인가 하는 것은 역사적으로 복잡하게 진행되었다. 이 문제는 먼저 행정재판도 행정작용이라는 관점에서 행정재판을 복잡한 행정에 대한 이해와 지식이 부족한 사법관이 관장하는 것은 국가의 기능배분과 행정의 성질에 부합하지 않는다고 보아, 행정재판을 다루는 기관을 따로 설치하는 양태를 보이기도 하고(예컨대 독립된 행정재판기관의 설치 방식, 행정재판기관의 구성에서 법원과 달리 하는 방식), 행정재판도 분쟁에 대한 해결시스템인 만큼 행정부가 아닌 제3자의 지위에 있는 사법관이 관장하는 것이 타당하다고 보아 일반 법원에서 관장하는 양태를 보이기도 한다. 이는 과연 행정과 사법의 경계선상의 문제에 대한 국가작용 가운데 무엇을 행정이라 하고, 무엇을 사법이라 할 것인가 하는 문제에서 인식상의 차이에서 비롯한다.

우리나라에서는 행정재판에서 제1심을 행정법원이 관장하고, 제2심을 고등법원이 관장하며, 제3심을 대법원이 관장한다.

(4) 특허재판

법원은 특허사건에 대해서 재판권을 가진다. 특허법원이 제1심으로 재판하고 대법원이 종심인 제2심을 관장한다.

(5) 선거재판

법원은 대통령, 국회의원, 지방의회의원, 지방자치단체장의 선거에 대한 재판을 관장한다. 이는 성격상 국가재판의 성격을 가지는 것이어서 헌법재판기관이 관장하는 것이 타당하지만, 헌법 제111조 제1항에서 열거하고 있는 헌법재판소의 관장사항에 속하지 아니하여 법률에 의해 법원이 선거재판을 관장하는 것으로 정하고 있다.

(6) 헌법재판

헌법재판은 원칙적으로 헌법재판소가 관장하지만, 예외적으로 헌법 제107조 제2항에 따라 대법원이 명령, 규칙, 처분의 위헌여부심사를 하는 경우도 있다. 이런 한정된 범위에서 대법원은 헌법재판에 대한 재판권을 가진다(鄭宗燮 I, 21).

Ⅱ. 헌법상의 기능배분

국가의 사법작용 가운데 기능상의 배분에 따라 일반법원이 아닌 기관에서 행하는 것이 있다.

(1) 국회의원의 자격심사 · 제명

국회의원의 자격심사나 제명은 유권적 판단이고 이에 대해서는 다툼이 있을 수 있으나, 헌법은 이를 국회의 전속적 관할사항으로 정하고 이에 대해서는 법원에 제소할 수 없다고 정하고 있다(憲法 §64②, ③, ④). 따라서 이는 사법권의 범위 밖에 있으며, 법원은 이에 대해 재판권을 가질 수 없다.

(2) 비상계엄하의 군사재판

비상계엄하의 군사재판은 군인 · 군무원의 범죄나 군사에 관한 간첩죄의 경우와 초병 · 초소 · 유독음식물공급 · 포로에 관한 죄 중 법률이 정한 경우에 한하여 單審으로 할 수 있다. 이러한 범위 내에서는 법원은 이에 대해 재판권을 가지지 못하며(憲法 §110④), 대법원에 상고도 할 수 없다.

[327] 第三 司法權의 限界

I. 사법본질상의 한계

사법권은 사법이라는 개념이 가지는 본질을 넘어설 수 없다. 사법이라는 개념을 충족시키든, 사법과 사법이 아닌 것을 구별하는 기준으로 작용하든 어느 경우나 사법이 가지는 본질적인 한계가 판단의 기준이 된다.

사법이 사법으로서의 개념적인 징표와 정체성을 확보하기 위해서는 i) 사법의 대상이 구체적이고 현실적인 권리·의무관계에서의 분쟁이어서 사건성을 가져야 하며(事件性 case), ii) 당사자간에 분쟁이 있어 당사자가 당사자적격을 가지고 법원에 사건을 해결하여 달라고 청구할 수 있는 訴의 利益이 있어야 하며(當事者適格 standing), iii) 법원이 재판할 사안은 현실적이고 구체적이어서 현재 유권적인 판단이 필요할 정도로 성숙된 것(成熟性 ripeness)이어야 한다.

(1) 사 건 성

법원이 재판권을 행사하기 위해서는 구체적이고 현실적인 법적인 권리·의무관계에서 분쟁이 발생하여야 한다. 이러한 분쟁이 발생하지 않고 단순히 법적인 의문을 제기하거나 추상적인 실정법 조항의 해석을 요구하는 것은 재판의 대상이 될 수 없다(예: 大 1992. 5. 8.-91누11261).

[大 1992. 5. 8.-91누11261] 「원심은……행정소송은 구체적 사건에 대한 법률상 분쟁을 법에 의하여 해결함으로써 법적 안정을 기하자는 것이므로 부작위위법확인소송의 대상이 될 수 있는 것은 구체적 권리의무에 관한 분쟁이어야 하고 추상적인 법령에 관하여 제정의 여부 등은 그 자체로서 국민의 구체적인 권리의무에 직접적 변동을 초래하는 것이 아니어서 행정소송의 대상이 될 수 없으므로 이 사건 소는 부적법하다고 판단하였다.……원심의 이와 같은 판단은 수긍이 가고……」

(2) 당사자적격

재판을 청구할 수 있는 자는 자신의 권리를 침해당한 자로서 쟁송사건에 있어서 법적인 이해관계를 가져야 한다. 특히 원고의 당사자적격을 원고적격이라고 한다. 당사자가 적격을 가지기 위해서는 자신이 청구한 소송에 있어 소의 이익이 인정되어야 한다(예: 大 1985. 6. 25.-84누579). 소의 이익이 없으면 법원이 재판의 대상을 삼을 수 없다.

[大 1985. 6. 25.-84누579] 「행정소송은 행정처분으로 인하여 법률상 직접적

이고 구체적인 이익을 가지게 되는 사람만이 제기할 이익이 있는 것이고, 다만 사실상이며 간접적인 관계를 가지는데 지나지 않는 사람은 제기할 이익이 없는 것인바……」

(3) 성 숙 성

법원의 사법권은 현재 발생한 사건에 대해 법원의 유권적 판단이 요구되는 사건에만 행사할 수 있고 장래의 미래적 사건에 대해서는 행사할 수 없다.

이러한 사법의 개념에 따를 때, 법원은 구체적인 사건성을 가지지 아니하는 추상적인 사안이나 소의 이익이 없는 사안이나 아직 사건이 성숙되지 않아 미래적이고 가정적인 것에 그치는 사안에 대해서는 재판권을 행사할 수 없다. 다만, 특별한 사유가 있는 경우에는 미래적인 사안에 대해서 법원은 재판을 하는 경우가 있다.

Ⅱ. 권력분립상의 한계

사법권이 가지는 권력분립상의 한계는 사법권과 다른 국가권력간의 관계를 설정하는 문제이다. 이는 쌍방향에서 사법권의 범위를 정하고 사법권과 다른 국가권력간에 서로 넘을 수 없는 한계를 정하는 문제이다. 이는 한 방향에서 보면, 사법작용으로 국회의 입법작용, 행정부의 행정작용, 헌법재판소의 헌법재판작용을 행할 수 없다는 것을 의미하고, 다른 방향에서 보면, 국회의 입법작용, 행정부의 행정작용, 헌법재판소의 헌법재판작용이 사법작용을 대체하거나 사법의 독립을 침해하지 못한다는 것을 의미한다.

이러한 사법권의 한계를 설정하는 것은 개념논리적으로는 명확하지만, 실제 국가의 작용에서는 명확하지 않다.

(1) 사법권과 입법권

사법권과 입법권의 관계에서 사법권의 한계로 문제가 되는 것은 사법권에 의한 입법권에의 개입과 입법권에 의한 사법권에의 개입에 관한 것이다.

(a) 사법권에 의한 입법권에의 개입

사법권과 입법권의 관계에서 보건대, 사법권으로 입법권을 대체할 수는 없다. 그러나 법원이 재판을 하며 법률의 해석이라는 이름으로 실질상 새로 입법을 하는 것과 동일한 결과를 가져오는 것인 경우 과연 어느 범위에서 허용될 수 있는가 하는 점이 항상 문제가 된다(解釋論과 立法論의 관계). 이와 관련하여 법관에게 법발견의 권한만 있는가, 아니면 법창조와 법형성의 권한도 있는가 하는 문제가 제기된다(法發見과 法創造의 문제).

(b) 입법권에 의한 사법권에의 개입

국회가 법률의 제정을 통하여 법원의 재판권에 어느 정도 개입할 수 있는가 하는 점이 문제가 된다. 법원이 가지는 재판관할의 변경 또는 폐지나 재판의 효력에서의 변경 또는 소멸을 국회의 입법을 통하여 할 수 있는가 하는 점이 문제가 된다. 이러한 쟁점에 대해서 실정헌법이 명시적으로 정하고 있으면, 헌법상의 명시적인 기능배분에 따라 해결되지만, 그렇지 못한 경우에는 입법권과 사법권의 한계가 항상 문제가 된다. 이와 관련해서는 다음과 같은 판례가 있다.

大法院은 국회가 군법회의에 의해 선고된 확정판결의 효력을 상실시키는 법률을 제정·시행하는 것은 사법권의 독립을 침해하는 것이 아니라고 판시한 바 있다(예: 大 1965. 3. 25.-63수3). 국회가 법률로써 법원의 확정판결의 효력을 소멸시키는 것은 사법권에 대한 중대한 침해가 된다고 할 것이다. 이를 인정하면, 국회가 법원의 권한을 언제나 無力化시킬 수 있게 된다.

憲法裁判所는 국회가 법률로써 반국가사범에 대하여 과도하게 불합리한 궐석재판을 할 수 있게 한 것에 대하여 이를 형사재판에서의 적법절차를 위반한 것으로 본다(예: 憲 1996. 1. 25.-95헌가5). 이는 뒤집어 보면, 국회의 입법이 법원의 형사재판권을 침해한 사례라고 볼 수 있다.

대법원의 上告審 裁判을 받을 권리를 국회가 법률로써 제한하는 것이 어느 범위에서 인정되는가 하는 문제가 있다. 대법원은 이에 대해 이는 전적으로 국회의 입법형성의 자유에 속하는 입법정책의 문제이므로 국회가 適宜 규정할 수 있다고 하는 태도를 취하고 있다(예: 大 1997. 7. 11.-97도1355). 그러나 대법원의 재판을 받을 권리는 국민의 기본권이고, 이러한 기본권을 보호하는 범위에서는 대법원의 상고심 재판권은 헌법이 인정하는 것이므로(鄭宗燮a, 21) 국회가 상고심을 제한하는 법률을 제정한 경우에도 헌법이 정하는 기본권제한의 법리에 합치하여야 한다.

> [大 1997. 7. 11.-97도1355] 「대법원의 재판권에 관하여 헌법은 그 제107조 제2항의 규정 외에는 아무런 규정을 두고 있지 아니하고 있어, 위 규정 외의 대법원의 재판권에 관한 사항은 적의 규정할 수 있는 것이므로 형사사건에서 어떤 사유를 이유로 하여 상고할 수 있도록 하느냐의 문제는 입법정책의 문제일 뿐만 아니라, 양형부당을 사유로 한 상고이유를 제한한 형사소송법 제383조 제4호의 규정은 입법권자에게 허용된 형성의 자유의 영역에 속하는 것이라고 할 것이므로(大 1987. 10. 13.-87도1807 참조), 위 법률의 규정이 헌법 제101조 제2항이나, 대법원의 재판을 받을 국민의 권리를 규정하고 있는 헌법규정에 위반되는 것이라고 할 수 없다.」

(2) 사법권과 행정권

사법권과 행정권의 관계에서 사법권의 한계로 문제가 되는 것은 사법권에 의한 행정권에의 개입과 행정권에 의한 사법권에의 개입에 관한 것이다.

(a) 사법권에 의한 행정권에의 개입

대법원은 대통령의 비상계엄의 선포의 요건 구비여부나 선포의 당·부당을 판단할 권한이 법원에는 없다고 판시하였다(예: 大 1997. 4. 17.-96도3376). 그러나 현행 헌법하에서는 법원이 이러한 권한을 가지지 않는다고 하더라도 헌법재판소가 헌법재판을 담당하므로 대통령의 행위가 헌법에 위반되는지의 여부는 행위의 형식이나 종류에 관계없이 위헌법률심판, 권한쟁의심판, 헌법소원심판 등을 통하여 위헌여부를 심판할 수 있다.

> [大 1997. 4. 17.-96도3376] 「대통령의 비상계엄의 선포나 확대 행위는 고도의 정치적·군사적 성격을 지니고 있는 행위라 할 것이므로, 그것이 누구에게도 일견하여 헌법이나 법률에 위반되는 것으로서 명백하게 인정될 수 있는 등 특별한 사정이 있는 경우라면 몰라도, 그러하지 아니한 이상 그 계엄선포의 요건구비여부나 선포의 당·부당을 판단할 권한이 사법부에는 없다고 할 것이나, 이 사건과 같이 비상계엄의 선포나 확대가 국헌문란의 목적을 달성하기 위하여 행하여진 경우에는 법원은 그 자체가 범죄행위에 해당하는지의 여부에 관하여 심사할 수 있다고 할 것이고……」

(b) 행정권에 의한 사법권에의 개입

대통령의 사면권은 헌법이 인정하는 것이어서 사면권에 의한 사법권에의 개입은 허용된다. 그러나 법치국가에서는 사면권의 행사도 무한정한 것이 아니어서 이것이 법원의 재판의 존재가치를 무의미하게 만드는 것이 되어서는 안 된다.

(3) 사법권과 헌법재판권

사법권과 헌법재판권의 관계에서 사법권의 한계로 문제가 되는 것은 사법권에 의한 헌법재판권에의 개입과 헌법재판권에 의한 사법권에의 개입에 관한 것이다.

(a) 사법권에 의한 헌법재판권에의 개입

법원의 사법권은 헌법재판소의 헌법재판권에 개입할 수 없다. 그러나 위헌법률심판의 절차에서 법원이 재판의 전제가 된 법률이나 법률조항의 위헌여부에 대하여 헌법재판소에 심판을 구하는 제청은 헌법재판소의 헌법적 판단에 대한 개입이 아니므로 이는 허용된다.

(b) 헌법재판권에 의한 사법권에의 개입

헌법재판소는 법원의 사법권에 개입할 수 없다. 다만, 법원의 사법권의 행사가 국민의 기본권을 침해하는 결과를 가져오거나 다른 국가기관의 권한을 침해하는 경우에는 이를 바로잡기 위하여 헌법재판소가 개입한다. 재판에 대한 헌법소원심판이나 권한쟁의심판이 이에 해당한다. 이러한 것은 사법권의 침해가 되지 않는다. 우리나라의 경우 법원의 재판에 대한 헌법소원심판은 예외적으로만 인정되고(憲裁法 §68①; 憲 1997. 12. 24.-96헌마

(172등; 2002. 5. 30.-2001헌마781), 권한쟁의심판은 헌법재판의 하나로 인정되고 있다(憲法 §111①). 재판의 지연행위에 대한 헌법소원심판은 인정된다.

Ⅲ. 국제법상의 한계

외국 국가의 주권적 행위에 대해서는 우리나라의 사법권이 미치지 않는다. 이러한 것은 국가가 가지는 대외적인 독립성에 기초를 두고 있다.

명령이나 규칙과 동일한 효력을 가지는 국제규범이 헌법이나 국내 법률에 위반되는지 여부에 대해서는 대법원은 憲法 제107조 제2항의 명령·규칙심사권을 행사하여 심사할 수 있다. 그러나 당사국간에 조약을 체결하여 당사국간에 발생하는 분쟁에 관한 관할권을 특정하는 경우에는 이를 관할하는 해당 국가의 재판권이 행사된다. 이러한 경우에 해당 관할권이 우리나라로 정해진 경우에는 우리나라의 법원이 외국 국가의 행위에 대하여 재판권을 행사할 수 있다.

특별한 사정이 없는 한, 외국의 私法的인 行爲에 대하여는 당해 국가를 피고로 하여 우리나라의 법원이 재판권을 행사할 수 있다(예: 大 1998. 12. 17.-97다39216).

> [大 1998. 12. 17.-97다39216] 「국제관습법에 의하면 국가의 주권적 행위는 다른 국가의 재판권으로부터 면제되는 것이 원칙이라 할 것이나, 국가의 사법적(私法的) 행위까지 다른 국가의 재판권으로부터 면제된다는 것이 오늘날의 국제법이나 국제관례라고 할 수 없다. 따라서 우리나라의 영토 내에서 행하여진 외국의 사법적 행위가 주권적 활동에 속하는 것이거나 이와 밀접한 관련이 있어서 이에 대한 재판권의 행사가 외국의 주권적 활동에 대한 부당한 간섭이 될 우려가 있다는 등의 특별한 사정이 없는 한, 외국의 사법적 행위에 대하여는 당해 국가를 피고로 하여 우리나라의 법원이 재판권을 행사할 수 있다고 할 것이다.」

제 7 절　國民의 司法參與

[328] 第一 槪　說

사법에 있어서 국민의 참여는 국민으로 하여금 법원의 구성이나 활동에 참여하게 하여 사법권력의 민주적 정당성을 확보하게 하고, 사법의 책임성을 실현시켜 국가의 구조원리인 민주주의원리를 충족시키고자 하는 것을 일컫는다. 이는 참여민주주의의 이념을 실현하고자 하는 것이기도 하다. 사법에서는 법치주의와 사법의 독립이 핵심적 원리이지만, 민주주의와 사법의 책임성도 중요하다.

그런데 국민의 사법참여도 그 역사적 배경이나 그 나라가 처한 여건이나 환경에 따라 다양한 모습을 보이고 있는데, 사법참여가 민주주의의 원리에서 기인하는 만큼 이것만이 사법을 지배하는 원리로 작용할 수는 없다. 따라서 국민의 사법참여도 법치주의원리 및 사법권독립의 원리와 조화되고 균형을 이루어야 한다. 여기에 사법참여가 지니고 있는 본질적인 한계가 있다. 그뿐만 아니라 국민의 사법참여에는 그 나라의 재판제도의 시스템과 합치하여야 하는 체계정합성이 요구되므로 이러한 범위에서 정당성을 가진다.

[329] 第二 制度的 形態

I. 재판에서의 참여

재판에 국민이 참여하는 것으로는 재판의 당사자, 증인, 참고인, 이해관계인 등으로 참여하는 것이 대표적이다. 그러나 이는 재판절차의 본질 또는 재판을 받을 권리에서 나오는 당연한 것인 만큼 여기에서 따로 다룰 필요는 없다. 이 절에서 다루는 국민의 사법참여로서 국민이 재판에 참여하는 것은 국가의 재판권의 행사에 참여하는 것을 의미한다. 재판이란 본질적으로 분쟁의 이해관계자로부터 객관적인 지위에 있는 제 3 자가 행하는 것이므로 사법참여는 이러한 제 3 자의 지위에 참여하는 것이다.

이러한 재판에서의 참여를 제도화한 것으로는 일반인이 陪審員(jury)으로 재판에 참여하여 사실의 인정 또는 법률의 적용에 대해 평결을 하는 배심재판제도, 일반인이 參審員(=裁判員)으로 법관과 함께 재판부를 구성하여 재판을 하는 참심재판제도(=시민재판원제도), 형사재판에서 일반인이 양형절차에 참여하거나 量刑基準表의 작성에 참여하는 제도, 형사재판에서 유죄피고인에 대한 판결의 선고를 앞두고 양형의 기초가 될 자료를 조사하는 判決前調査節次에 일반인이 참여하는 제도, 비소송적 분쟁해결절차(ADR alternative dispute resolution)에 일반인이 참여하는 제도, 법률가가 非專任(=非常勤 part-time)으로 법관에 임명되어 재판을 하는 비전임법관제도 등이 있다(鄭宗燮b, 336). 이러한 제도에서 일반인이 어떤 사람을 의미하는가(직업, 전문가, 경력, 나이, 지식 등)에 따라 제도의 내용과 기능은 달라진다.

현행 제도상으로는 국민의 사법참여는 형사재판에서 選擇的 陪審裁判의 형태를 가지고 있는 국민참여재판에 일반 국민이 배심원으로 참여하여 사건에서 평의와 평결을 한 후(刑參法 §16, §46) 사실의 인정, 법령의 적용, 형의 양정에 관하여 법관에게 의견을 제시하는 형태(同法 §12)와 형사재판에서의 양형을 정함에 있어 양형기준을 설정하거나 변경하고, 이와 관련된 양형정책을 연구·심의하는 量刑委員會에 참여하는 형태로 실현되고 있다(法組法 §81의2). 양형위원회는 법관 4인, 법무부장관이 추천하는 검사 2인, 대한변호사협회장이 추천하는 변호사 2인, 법학 교수 2인, 학식과 경험이 있는 자 2인으로 구성되는데(同法 §81의3), 여기서 양형기준을 정하고 量刑基準은 공개된다(同法 §81의6④). 법관이 형의 종류를 선택하고 형량을 정함에 있어서 양형기준은 법적 구속력을 갖지 않지만, 이를 존중하여야 한다. 법원이 양형기준을 벗어난 판결을 하는 경우에는 판결서에 양형의 이유를 기재하여야 하는 것으로 양형기준은 법관에게 간접적으로 구속력을 발휘하고 있다(同法 §81의7).

Ⅱ. 법원구성에서의 참여

국민의 사법참여에는 재판에 일반인이 참여하는 것 이외에 재판은 법관에게 전적으로 맡겨놓고, 법원의 구성이나 법관의 충원절차에만 일반인이 참여하는 것이 있다. 이러한 것은 재판을 수행하는 제3자의 지위를 법원이나 법관에게 독점시켜 공정성을 확보하고, 이러한 재판을 수행하는 법원이나 법관이 그에 적합하게 구성되거나 충원되도록 하려는 방식이다. 이에는 유권자가 법관을 직접 선거하는 法官選擧制度, 법관을 선발하는 법관선발위원회에 일반인이 참여하는 제도, 법관의 임명에 일반인으로 하여금 추천하게 하는 제도, 법관으로 임명되어 일정한 기간을 지난 법관에 대하여 계속하여 재임하게 할 것인가에 대해 유권자로 하여금 투표하게 하는 國民審査制度 등이 있다(鄭宗燮b, 357). 이러한 제도에서도 일반인이 어떤 사람을 의미하는가(개인 또는 단체, 전문가 또는 비전문가, 직업, 경력, 나이, 지식 등)에 따라 제도의 내용과 기능은 달라진다. 일반 유권자에 의한 법관선거방식은 사법의 독립에 심대한 침해를 가져올 우려가 있다는 비판이 강하다.

Ⅲ. 감시활동에서의 참여

재판을 직업법관에게 독점시키든, 아니면 국민이 재판에 참여하든 재판의 절차나 공정성 또는 재판에 관여하는 법관, 배심원, 참심원 등 각종의 참여자의 업무수행, 행동양태, 능력, 지식 등에서 재판에의 적합성 여부를 관찰하고 감시하며 잘못이 있을 때 이를 교정하게 하는 것은 국민의 권리이다. 이러한 것을 사법감시활동이라고 한다.

사법감시활동은 그 양상에서 다양하게 나타나지만, 재판 자체에 대한 감시활동, 법관 등 재판관여자의 행동양태에 대한 감시활동, 법원의 조직 또는 운영에 대한 감시활동으로 나눌 수 있다. 대상자에 대한 일상적인 관찰과 평가활동, 법원의 구성이나 법관의 임명·충원에서 의견서를 관계 기관에 제출하는 활동, 법원의 운영에 대한 평가활동도 이에 해당한다(鄭宗燮b, 363).

[330] 第三 機能과 限界

Ⅰ. 기 능

국민의 사법참여가 가지는 기능은 구체적인 제도의 구조와 성격이 어떠한가에 따라 차이가 있을 수 있다. 구체적인 제도에서 나타나는 이런 기능상의 차이나 상이점에도 불구하고 사법참여는 i) 국민주권의 이념을 국가의 사법작용에 실현시키고, 국가의 재판권력에 민주주의원리를 관철시켜, 사법에서의 책임성을 실현시키는데 기여하고, ii) 직업법관(career judge)으로 재판을 담당하는 우리나라의 법원구조에서 사법의 관료화를 방지하는데 기여하며, iii) 재판의 정당성을 확보하여 재판의 설득력을 강화하는데 기여하고, iv) 사법에 대한 신뢰형성에 기여한다(鄭宗燮b, 366).

Ⅱ. 한 계

국가의 사법작용에는 국가의 구성원리가 적용된다. 그래서 국가의 재판작용에도 법치주의와 민주주의가 적용된다. 그러나 재판에는 법치주의원리가 민주주의원리보다 더 강하게 지배하므로 사법에 민주적 정당성을 부여하는 법리도 재판의 본질과 기능에 부합하여야 한다. 국민의 사법참여가 개념필연적으로 재판의 본질이나 기능에 부합하여야 하는 이유도 여기에 있다.

국민의 사법참여에서도 참여의 면만 강조하면 자칫 재판의 독립, 법관의 독립, 법원의 독립을 침해할 수 있다. 사법참여가 참여 그 자체에 중점이 있는 것이 아니라, 국가기능에 합치하는 본래의 사법을 전제로 한 참여에 중점이 있으므로 사법참여도 재판의 기능과 사법의 독립의 법리에서 허용하는 범위에서만 인정된다.

제 4 장 憲法裁判所

제 1 절 憲法上의 地位

[331] 第一 憲法裁判機關

헌법은 제 6 장에서 헌법재판기관으로서 憲法裁判所를 독립하여 설치하고, 이에 대하여 정하고 있다. 이는 제 3 장에서 국회, 제 4 장에서 정부, 제 5 장에서 법원을 정한 것과 구별되는 것으로 헌법재판소가 국회, 정부, 법원이 아닌 독립된 헌법재판기관임을 정하고 있는 것이다.

헌법재판은 입법, 행정, 사법과 구별되는 국가작용이므로 헌법재판의 기능과 본질에 비추어 볼 때, 헌법재판소는 국회, 행정부, 법원과 따로 존재하는 독립적인 지위를 가진다.

헌법재판기관으로서의 헌법재판소는 재판작용 · 입법작용 · 정치작용의 복합적 성질을 가지는 제 4 의 국가작용을 수행하면서([153]-[155]), 국회, 대통령, 대법원과 同列의 지위에 있는 최고의 헌법기관이다.

[332] 第二 憲法守護機關

헌법재판소는 헌법재판을 통하여 헌법의 규범력을 보장하는 헌법수호기관이다.

헌법에 의해 창설된 기관인 이상 어느 헌법기관이나 헌법을 수호하고 헌법을 실현하여야 하는 의무를 지지만, 국가기능의 배분상 헌법재판소는 다른 헌법기관이나 국가기관과 달리 최후의 헌법수호기관로서의 지위를 가진다. 헌법재판소는 특히 다른 국가기관이 헌법을 침해하는 경우에 헌법재판을 통하여 이를 통제함으로써 명실공히 최후의 헌법수호기관으로서 그 역할을 한다. 따라서 헌법재판소의 헌법해석은 최종적인 해석이고, 국민 또는 국가기관 어느 누구도 이를 부정할 수 없다.

헌법재판소는 사회영역과 국가영역에서 발생하는 여러 형태의 헌법침해로부터 위헌법률심판, 탄핵심판, 정당해산심판, 권한쟁의심판, 헌법소원심판을 통하여 헌법을 보호한다. 헌법재판이 헌법보호의 기능을 충실하게 수행하기 위해서는 재판에 대한 헌법소원심판, 선거재판, 기본권상실재판 등을 관장하고 이를 수행하는 것이 필요하다. 우리 헌법재판소는 아직 이러한 제도를 채택하지 않고 있다.

[333] 第三 基本權保障機關

헌법재판소는 헌법재판을 통하여 헌법이 정하고 있는 국민의 기본권을 보장하는 기관이다. 헌법상의 기본권을 보호하고 실현하는 의무는 모든 국가기관에게 부과되어 있지만, 국회, 정부, 법원이 이러한 의무를 수행하지 않거나 권한을 남용하는 경우에는 최후로 기본권을 효과적으로 보장하는 장치가 필요하다. 헌법재판소는 입헌주의와 실질적 민주주의의 요구에 따라 헌법재판이라는 권력적 작용을 통하여 기본권 보장의 最後 堡壘로서 그 역할을 수행한다.

헌법재판소는 憲法訴願審判과 違憲法律審判이라는 심판절차를 통하여 기본권을 보호하고, 彈劾審判, 政黨解散審判, 權限爭議審判을 통하여 간접적으로 기본권을 보호한다. 기본권의 보장을 실효성있게 하기 위해서는 법원의 재판에 대하여 국민이 헌법소원심판으로 다툴 수 있게 하는 것이 필요한데, 현행 헌법재판소법은 이를 부정하고 있다. 헌법재판이 기본권보호의 기능을 충실히 수행하기 위해서는 재판에 대한 헌법소원심판제도를 채택하는 것이 필요하다.

[334] 第四 權力統制機關

헌법재판소는 국가권력의 남용을 통제하는 기관이다. 국회, 행정부, 법원의 권력이 남용되는 경우에 이를 통제하고, 지방자치단체의 권력이 남용되는 경우에도 이를 통제한다. 헌법재판소는 구체적으로 위헌법률심판, 헌법소원심판, 권한쟁의심판, 탄핵심판을 통하여 국가권력을 통제한다.

제 2 절 憲法裁判所의 構成과 組織

1. 憲法裁判所의 構成

[335] 第一 構成原理

Ⅰ. 개 설

헌법재판소의 구성원리는 國家의 構造原理와 憲法裁判의 特性에 의해 정해진다. 앞에서 보았듯이, 헌법재판은 국가의 입법작용, 행정작용, 재판작용과 다른 제4의 국가작용으로서 독특한 성질을 지니고 있다. 따라서 이러한 헌법재판을 수행하는 헌법재판소는 헌법재판의 특성과 그 법리에 따라 구성된다. 또한 헌법재판의 특성은 기본적으로 헌법과 헌법해석이 지니는 특성에 의해 지배되고 있으므로 헌법재판소의 구성은 헌법과 헌법해석이 가지는 특성에 따라 이루어진다. 헌법재판소의 구성에서 포착되는 이런 특수한 점이 다른 헌법기관을 구성하는 경우와 서로 다른 점이다.

헌법재판소의 구성에서도 국가의 구조원리인 法治國家原理와 民主國家原理가 적용된다. 이러한 헌법재판소의 구성에 관한 원리에 따를 때, 헌법재판소의 구성에는 專門性의 原理와 民主的 正當性의 原理가 요구된다. 법치국가원리나 민주국가원리 또는 전문성의 원리나 민주정 정당성의 원리는 그 성질에서 원리(principle)이므로 양자가 서로 결합하는 경우에는 어느 하나의 원리가 다른 원리를 배제하지는 못하고, 각 원리들은 헌법재판의 본질에 합당하게 조절된다. 따라서 이들 원리들간의 결합에서는 각 원리가 작동하는 조건에 따라 각 원리들이 가지는 비중에서 차이를 보일 수 있다.

Ⅱ. 전문성의 원리

(1) 원 리

헌법재판소의 구성원리는 헌법재판의 특성에 의해 결정된다. 헌법재판이 공동체 구성원의 多數의 意思에 의해 행해지지 않고 전문적인 지식과 능력을 가진 인물들로 하여금 헌법재판을 행하게 하는 것은 공동체적 삶의 원리, 법의 원리와 본질, 규범질서의 원리 등을 정확히 인식하고 이를 밝혀내어 구체적인 사건을 해결하는 일에는 전문적인 지식, 식견, 경험, 능력 등이 요구되기 때문이다.

急進的 民主主義論에 의하면, 공동체의 모든 진리와 규범가치는 오로지 다수의 의사에 의해 결정된다고 보지만, 공동체 구성원의 多數 意志가 항상 보편적인 진리

와 인간의 행복을 결정할 수 있는 것은 아니며, 最高의 法原理와 같은 보편적인 法原理와 事物의 本性과 이치가 다수의 의사에 의해 결정되는 것은 아니다. 인간이 지니고 있는 이기적 욕망, 恣意性, 가변성, 派黨性 등은 항상 권력의 자의적인 행사를 초래할 위험성을 가지고 있다. 이런 위험성을 지니고 있는 것에 사물의 옳고 그름에 대한 판단 및 다툼이 있는 분쟁의 해결을 맡기는 것은 타당하지 않다. 여기에 법치주의가 민주주의와 함께 공동체를 지도하는 원리로 작동하는 이유가 있다.

인간 속에 내재하고 있는 자의성, 가변성, 이기적 욕심 등을 통제하면서 공동체의 존속과 삶의 질서를 안정되게 하는 보편적인 가치와 일반적인 규범을 찾아내는 작업은 법치주의에서 가능하다. 재판에 있어서 전문성과 능력을 요구하는 것은 재판의 公正性과 正確性을 확보하고자 하는 것이고, 재판의 공정성과 정확성은 판단의 恣意性과 판단기준의 可變性을 통제한다. 재판에서 요구되는 전문성의 원리는 이러한 법치국가원리에 의해 요구되는 것이다.

그런데 전문성의 원리에서 의미하는 전문성은 지식의 전문성만에 한정되는 것은 아니고, 경험에 의해서도 확보될 수 있다는 점을 고려하는 것이 필요하다. 이 점은 재판관의 자격을 결정하는 판단기준을 설정함에 있어서 중요한 의미를 가진다. 헌법재판은 국가의 헌법질서를 형성하고 국가의 운명과 발전에 영향을 주는 결정이므로, 헌법재판을 수행하는 재판관의 자격 요건을 일반 법관으로서의 자격이나 법지식에만 한정할 수 없고, 인간의 삶, 공동체의 존속과 발전, 국가의 운영·발전, 미래에 대한 전망과 통찰력 등 공동체와 국가를 전체적으로 이해할 수 있는 능력과 경험도 요구된다.

(2) 원리의 구현

헌법재판소의 구성에 있어서 전문성의 원리는 헌법재판소 재판관의 자격요건을 제한하는 방식으로 구현되고 있다. 헌법은 헌법재판소의 재판관이 法官의 資格을 가질 것을 요구하고 있고(憲法 §111②), 憲法裁判所法은, 헌법재판소 재판관의 경우 15년 이상 i) 판사·검사·변호사, ii) 변호사의 자격이 있는 자로서 국가기관, 국·공영기업체, 정부투자기관 기타 법인에서 법률에 관한 사무에 종사한 자, iii) 변호사의 자격이 있는 자로서 공인된 대학의 법률학조교수 이상의 직에 있었던 자일 것과 그와 동시에 나이가 40세 이상일 것을 자격요건으로 정하고 있다(憲裁法 §5①).

憲法裁判所法은 헌법재판의 전문성을 강화하기 위하여 憲法硏究官制度를 두어 헌법연구관으로 하여금 재판업무에서 전문적 지식에 기초하여 재판관들을 보좌하도록 하고 있다. 재판관들의 경륜, 식견, 지식, 신중성 등에 헌법연구관들의 지식, 참신성을 보완하여 헌법재판이 본래의 기능을 잘 수행할 수 있도록 하기 위한 시스템이다.

Ⅲ. 민주적 정당성의 원리

(1) 원　리

헌법재판기관의 구성에서는 전문성의 원리 이외에 민주국가원리에서 도출되는 민주적 정당성의 원리가 구성원리로 요구된다. 민주적 정당성의 원리는 전문성의 원리를 실현하는 수준에서도 요구되고, 헌법재판소를 구성하는 방법에서도 요구된다.

헌법질서와 국가의 근본규범에 관한 판단은 하나의 획일적인 판단기준에 의해 결정되는 것이 아니다. 이 문제에 있어서는 다양한 관점들이 경쟁하므로 헌법재판기관은 각기 다양한 가치관과 시각을 가진 인물들을 고루 배치하여 구성하는 것이 필요하다. 따라서 헌법재판소는 헌법재판에 필요한 높은 수준의 지식, 식견, 경륜 등을 가진 인물들로 구성하되, 가치관에 있어서 하나의 특정한 가치관이나 성향을 가지는 인물들로 통일되어서는 안 되고, 헌법해석에서 다양한 가치관과 성향이 경쟁하여 합리적인 결론이 도출될 수 있도록 배치하여야 할 필요가 있다. 이런 다양한 가치관과 성향의 경쟁은 결국 공동체 구성원들이 가지고 있는 다양한 가치관과 성향의 경쟁을 반영하는 것이 되고, 이것은 헌법의 해석에 있어서 다양한 견해들간의 경쟁을 의미한다. 재판관의 수도 임의적으로 결정하는 것이 아니라 이런 기능이 충분히 발휘될 수 있는 조건을 갖추는 수준에서 결정된다(이런 점에서 재판관이 배제되는 경우 예비재판관을 충원하여 그 수를 충족시키는 것은 중요한 의미를 가진다). 가치관과 시각에 있어서 多樣性을 확보하는 것은 전문성의 원리에서 요구되는 것인 동시에 민주적 정당성의 원리에서 요구되는 것이기도 하다.

헌법은 공동체 구성원들이 국민주권에 의거하여 결정한 최고규범이기 때문에 이런 최고규범의 의미를 구체화하고 확정하는 일은 기본적으로 공동체 구성원 스스로 하여야 하지만, 헌법재판에서는 재판으로서의 특성과 전문성의 원리 때문에 그 형태가 수정된다. 그러나 그 수정된 형태가 국민과 단절된 사람들에 의한 헌법해석이 되어서는 안 된다. 모든 국가작용이 그렇듯이, 헌법재판에서도 국민과 연결된, 국민으로부터 부여받은 정당성을 가져야 한다. 이것이 민주적 정당성이다. 국민들이 헌법재판에서 요구되는 수준의 전문성을 갖춘 재판관을 선출하여 헌법재판소를 구성하는 방법이나, 재판관에 대한 신임투표로 연임여부를 결정하는 방법은 이런 민주적 정당성의 원리를 헌법재판기관의 구성에 있어서 실현하는 한 예이다.

(2) 원리의 구현

헌법에서는 국민에 의해 선출된 대통령이 헌법재판소의 재판관을 임명하되, 재판관 9인 중 3인은 대법원장이 지명하고, 3인은 국회에서 선출하며, 나머지 3인은 대통령이 바로 임명하는 방식을 취하고, 헌법재판소의 장은 국회의 동의를 얻어 재판관 중에서 대통령이 임명하는 방식을 취하고 있다(憲法 §111 ③,④). 이를 통해 볼 때, 헌법재판소의 구성에서 요구되는 민주적 정당성을 확보함에 있어서는 취약한 점이 있다.

國會法의 人事聽聞制度에 따라(國會法 §46의3, §65의2; 憲裁法 §6②) 헌법재판소장을 포함한 모든 헌법재판소의 재판관에 대하여 인사청문을 실시한다. 국회, 대통령, 대법원장의 협동적 구성방식을 취하고 있고, 실질적으로 여당을 장악하고 있는 대통령이 주도적인 역할을 하는, 현재 헌법재판소의 구성방법에서는 공개로 진행되는 인사청문은 국민에게 그 과정을 알리어 헌법재판소의 구성에서 민주적 정당성을 확보하는데 기여하는 점이 있다.

Ⅳ. 독립성의 원리

(1) 원 리

헌법재판은 그 본질과 성질상 국가작용 가운데 입법작용, 행정작용, 법원의 사법작용과 다른 것이므로 이를 관장하는 기관은 국회, 대통령, 행정부, 법원과 독립되어 구성된다. 이러한 것은 국가작용의 성질에 의하여 결정되는 국가기능의 배분에 따른 것으로 법치국가원리에 의하여 요구되는 것이다.

이러한 것은 형식은 물론이고 실질에서도 헌법재판기관은 입법부, 대통령과 행정부, 법원 어느 하나에 소속되어서는 안 된다는 것을 의미한다. 형식에서는 헌법재판기관을 이들 헌법기관과 독립된 기관으로 하더라도 실질에서 어느 기관이 주도적으로 구성하여 그 영향이 미치도록 하는 것은 타당하지 않다. 예컨대 국회에서 헌법재판소 재판관을 모두 선출한다고 하더라도 헌법재판소는 국회와 분리되어 설치되어야 하고, 헌법재판을 함에 있어 국회의 영향력이 미쳐서는 안 된다.

헌법재판소의 구성에 적용되는 이러한 독립성의 원리는 헌법재판권의 작용에도 적용되어 헌법재판소의 독립이라는 것으로 구현된다.

(2) 원리의 구현

헌법은 헌법재판소를 제 3 장 입법부, 제 4 장 대통령과 행정부, 제 5 장 법원과 독립하여 제 6 장에서 따로 설치하고 있다. 그리고 헌법재판소를 구성함에 있어 국회, 대통령, 대법원장이 관여하는 방식을 취하고 있어, 국회, 대통령과 행정부, 법원 가운데 어느 하나의 기관에 속하도록 하지 않고 있으며, 헌법재판소의 구성에 국회, 대통령, 대법원장이 관여하여도 재판관을 선출한 다음에는 이들 중 어떤 기관으로부터도 영향을 받지 못하게 하고 있다.

우리 헌법사에서도 1948년헌법 이래 지금까지 이러한 독립성의 원리에 따라 헌법재판기관을 구성하여 왔으며, 다만, 1962년헌법과 1969년헌법에서는 탄핵심판은 탄핵심판위원회를 설치하여 그로 하여금 관장하게 하고, 위헌법률심사만 통상법원인 대법원으로 하여금 관장하게 하였다.

[336] 第二 構 成

Ⅰ. 구성방법

(1) 협동적 구성방식

헌법재판소의 재판관(justice)은 大統領이 임명한다(憲法 §111②). 다만, 재판관 9인 가운데 3인은 국회에서 選出(election)하고, 3인은 대법원장이 指名(nomination)하는데, 이들 6인을 재판관으로 任命(appointment)하는 권한은 대통령이 보유하고 있다. 나머지 3인은 대통령이 다른 절차 없이 직접 임명한다(憲法 §111②). 이와 같이 헌법재판소는 국회, 대통령, 대법원장의 협동으로 구성된다.

> 국회에서 3인을 선출한다는 의미는 국회 본회의에서 국회의원이 자유로이 판단하여 선거하는 것을 의미한다. 그러나 헌법재판소가 출범한 당시부터 현재까지 정치 현실에서는 3인의 재판관 중 2인은 여당의 몫으로 하고, 1인은 야당의 몫으로 하는 것으로 되었다. 국회에서 선출한 재판관이 퇴임하거나 사임한 경우에 그 재판관이 있었던 자리가 여당의 몫이었는가 야당의 몫이었는가에 따라 해당 몫을 가지는 交涉團體가 실질적으로 후임 재판관을 정하여 의견을 제시하고 다른 정당은 이를 인정하는 태도를 취하고 있다.

우리 헌법재판제도의 역사에서 보건대, 헌법재판기관의 구성에 국회, 대통령, 법원이 협동하는 이러한 방식은 1972年憲法의 헌법위원회의 구성에서 채택된 후 현재까지 이어지고 있다. 헌법기관을 구성함에 있어 대통령이나 대법원장의 개인의 주관적 선호와 의사가 실질적인 영향을 미칠 수 있게 하는 것은 타당하지 않다. 개선이 필요하다.

(2) 국회의 인사청문

國會法과 憲法裁判所法에 의하면, 헌법재판소장을 포함한 모든 헌법재판소의 재판관은 국회의 선출, 대법원장의 지명, 대통령의 임명에 앞서 먼저 국회에서 실시하는 人事聽聞을 거쳐야 한다(國會法 §46의2, §65의2; 憲裁法 §6②).

헌법재판기관 구성방법의 변천

헌법 / 항목	1948년헌법-1952년헌법-1954년헌법	1960년6월헌법-1960년11월헌법	1962년헌법-1969년헌법	1972년헌법-1980년헌법	1987년헌법
헌법재판기관	헌법위원회 탄핵재판소	헌법재판소	대법원 탄핵심판위원회	헌법위원회	헌법재판소
구성	헌법위원회: 11인 위원(부통령, 대법관 5인, 국회의원 5인[1952년헌법: 민의원의원 3인, 참의원의원 2인]) 탄핵재판소: 11인 심판관(재판장 1인, 대법관 5인, 국회의원 5인)	9인 심판관(대통령 · 대법원 · 참의원 각 3인 선임)	대법원(대법원장, 대법원판사) 탄핵심판위원회(대법원장, 대법원판사 3인, 국회의원 5인)	9인 위원(국회 선출: 3인, 대법원장 지명: 3인, 대통령 임명: 3인)	9인 재판관(국회 선출: 3인, 대법원장 지명: 3인, 대통령 임명: 3인)
임명 등	헌법위원회: 대법관인 위원 · 예비위원(대통령의 임명), 국회의원인 위원 · 예비위원(국회에서 선출) 탄핵재판소: 대법관인 심판관(대법원회의에서 선거), 국회의원인 심판관(국회에서 선거)	대법원의 심판관 선임: 대법관회의에서 선거. 참의원의 심판관 선임: 선거 → 6인의 심판관 선임에 대해 대통령의 선임 확인. 대통령의 심판관 선임: 나머지 3인	대법원장: 법관추천위원회의 제청+국회의 동의+대통령의 임명 대법원판사: 법관추천회의의 동의얻어 대법원장의 제청+대통령의 임명 탄핵심판위원회: 대법원판사인 심판위원(대법원판사회의에서 선출), 국회의원인 심판위원(국회에서 선출)	대통령의 임명	→

Ⅱ. 재 판 관

(1) 재판관의 지위

헌법재판소의 재판관은 대통령에 의해 임명되지만, 헌법재판소에 소속한 재판관이다. 이런 점에서 헌법재판소 재판관은 일반법원의 법관과는 직무상 분리되어 있을 뿐만 아니라 다른 국가기관으로부터도 직무상 독립되어 있다.

헌법재판소는 憲法機關이지만 헌법재판소 재판관은 헌법기관이 아니며, 헌법재판소에 소속한 재판관이다. 헌법재판소의 재판관은 서로간에 독립되어 있다. 모든 재판관은 동일하고 동등한 권한과 지위를 가진다.

(2) 재판관의 임명

헌법재판소의 재판관은 대통령이 임명한다(憲法 §111②). 국회에서 선출하는 3인과 대법원장이 지명하는 3인을 재판관으로 임명하는 권한도 대통령이 가지고 있다. 나머지 3인은 대통령이 직접 임명한다(憲法 §111②,③).

재판관의 임기가 종료된 후에 종전의 재판관직에 있었던 사람에 대해서는 다시 연임할 수 있게 임명할 수 있으나, 재판관이 임기중에 사퇴한 경우에는 그를 다시 재판관에 임명하여 6년 동안 재판관으로 재직하게 할 수는 없다. 이를 부정하고 재판관직에서 사퇴한 자를 연임시키는 것은 연임의 가능성이 없는 재판관이 편법으로 임기를 연장하는 길을 여는 것이 되어 헌법상의 임기제도의 취지를 침해하는 것이며, 후임 국회, 후임 대법원장, 후임 대통령의 헌법재판소 구성권을 침해하는 것이어서 헌법에 위반된다. 2006년에 있었던 「헌법재판소장 임명파동」은 이러한 예에 해당한다(이른바 「전효숙 파동」).

> 노무현 대통령은 재직중인 전효숙 재판관을 임기 6년의 헌법재판소장으로 임명하기 위하여 그를 사퇴하게 한 후 다시 재판관에 임명하고 헌법재판소장으로 임명하려고 시도하였는데, 이러한 방법은 편법에 의한 임기연장일 뿐 아니라 후임 대통령의 헌법재판소 재판관 임명권을 침해하는 것이어서 위헌인 것이었다.

재판관의 임기가 만료되거나 임기중 재판관이 결원된 때에는 임기만료 또는 결원된 날로부터 30일 이내에 후임자를 임명하여야 한다. 다만, 국회에서 선출한 재판관이 국회의 폐회 또는 휴회중에 그 임기가 만료되거나 결원이 된 때에는 국회는 다음 집회가 개시된 후 30일 이내에 후임자를 선출하여야 한다(憲裁法 §6③).

(3) 재판관의 자격

헌법재판소 재판관으로 임명되는 자는 法官의 자격을 가지고 있어야 한다(憲法 §111②). 법관의 자격에 대하여 法院組織法(1987. 12. 4. 개정 법률 제3992호) 제42조 제 2 항은, 판사는 사법시험에 합격하여 사법연수원의 소정의 과정을 마친 자나 변호사의 자격이 있는 자에서 임용한다고 정하고 있다. 憲法裁判所法은, 재판관의 임명자격요건으로서 15년 이상 i) 판사 · 검사 · 변호사, ii) 변호사의 자격이 있는 자로서 국가기관, 국·공영기업체, 정부투자기관 기타 법인에서 법률에 관한 사무에 종사한 자, iii) 변호사의 자격이 있는 자로서 공인된 대학의 법률학조교수 이상의 직에 있던 자로서(2 이상의 직에 있던 자의 재직기간은 이를 통산한다) 40세 이상일 것을 정하고 있다(憲裁法 §5①). 재판관의 자격요건으로 경력과 나이의 요건을 정하는 것은 헌법재판에서 요구되는 전문성을 충분히 확보하기 위한 것이다.

이런 재판관의 자격요건에서 볼 때, 우리나라 헌법재판소는 법관자격을 가진 법조인만으로 구성되는 재판기관이라고 할 수 있다.

헌법정책적으로 볼 때, 재판관 9인 중 4인 정도는 실제 법원에서 법관으로 근무한 경력을 가진 자로 정해두는 것이 필요하다. 법관으로서 재판을 하면서 법발견을 한 경험을 헌법재판에 반영하는 것이 필요하기 때문이다. 나머지 5인 정도는 검사, 변호사, 법학교수, 장관 등의 경력을 가진 자 가운데서 임명하는 것도 바람직한 방법 가운데 하나이다. 헌법재판의 특성에 비추어 볼 때, 재판관의 다수를 법률가들로 구성하는 것은 좋으나, 법관만으로 구성하는 것은 바람직하지 않다. 재판관의 성향에 있어서도 다양성을 갖출 수 있게 하는 것이 필요하다. 예컨대, 오스트리아에서는 재판관의 자격요건으로 법학이나 정치학의 과정을 이수한 자로 하되, 법관의 자격은 요구하지 않는다. 다만, 법률가, 행정공무원, 법학교수의 경력으로 전문성을 확보하고 있다. 이탈리아에서는 재판기관의 전·현직판사, 법학교수, 20년 이상 법조실무경력을 가진 변호사를 자격요건으로 요구하고 있다. 스페인에서는 재판관의 자격으로 법관, 검찰관, 대학교수, 공무원, 변호사 중 15년 이상 종사한 경력을 요구한다. 프랑스에서는 전직 대통령이 당연직 재판관이 되고, 그 이외에는 자격요건이 광범하게 열려 있다. 변호사, 법학교수, 외교관, 국회의원, 장관 출신의 인사들이 다수 재판관으로 봉직하였다. 독일의 경우 聯邦憲法裁判所法은 연방헌법재판소 재판관이 되고자 하는 사람에게 법관의 자격을 가질 것을 요구하고 있어 연방헌법재판소로 하여금 순수한 법률가로 구성하는 재판기관(reines Juristengericht)으로서의 성격을 가지게 하고 있고, 8인으로 구성되는 2개의 재판부(Senat)마다 각각 3인의 재판관은 聯邦法官(Bundesrichter)에서 선출하도록 정하고 있다. 재판관이 법관의 자격을 가져야 하는지에 관하여 독일연방헌법에는 명시적으로 정하고 있는 규정이 없다. 독일의 경우 법학교수는 법관의 자격을 가지고 있으므로 헌법재판소 재판관으로 활동하는데 지장이 없다. Land의 國事裁判所(Staatsgericht)나 憲法裁判所(Verfassungsgericht)에서는 부분적으로 법관의 자격이 없는 자도 재판관이 될 수 있다(鄭宗燮b, 302 이하).

헌법재판기관의 지위에서 볼 때, 그 재판관의 임명요건은 엄격하고 헌법재판의 기능에 적합해야 한다. 憲法裁判所法은 i) 다른 법령에 의하여 공무원으로 임용하지 못하는 자, ii) 금고 이상의 형을 선고받은 자, iii) 탄핵에 의하여 파면된 후 5년을 경과하지 아니한 자는 재판관으로 임명할 수 없다고 정하고 있다(憲裁法 §5②).

Ⅲ. 헌법재판소의 장

헌법은 「헌법재판소의 장은 국회의 동의를 얻어 재판관 중에서 대통령이 임명한다」라고 정하고 있기 때문에 헌법재판소장은 언제나 재판관 가운데서 임명된다(憲法 §111④). 헌법재판소장은 헌법재판소의 장인 동시에 재판관으로서의 지위를 가지므로 헌법재판에서는 다른 재판관과 동일한 권한과 지위를 가진다. 헌법재판에서 헌법재판소장은 재판부를 구성하는 다른 재판관들과의 관계에서 동료 중의 1인이다. 따라서 헌법재판소장은 심판에 있어 다른 재판관에 대하여 어떠한 지시도 할 수 없고, 영향을 미칠 수도 없다.

[337] 第三 合議制 單一裁判部

Ⅰ. 재 판 부

헌법재판소는 9인의 재판관으로 구성되는 단일의 裁判部로 이루어져 있다. 헌법소원심판절차에 존재하는 지정재판부와 구별하기 위하여 강학상 이를 「全員裁判部」라고 부르기도 한다.

헌법재판소의 관할은 憲法과 憲法裁判所法에 의해 열거적으로 정해져 있다(憲法 §111①; 憲裁法 §2). 단일의 재판부가 관장하는 것은 재판의 전제가 된 법률의 위헌여부심판(=구체적 규범통제), 정당해산심판, 권한쟁의심판, 법률이 정하는 헌법소원심판, 탄핵심판에 한정된다.

Ⅱ. 지정재판부

헌법재판은 이런 합의제 단일재판부를 중심으로 행해진다. 다만, 憲法裁判所法은 「헌법재판소장은 헌법재판소에 재판관 3인으로 구성되는 지정재판부를 두어 헌법소원심판의 사전심사를 담당하게 할 수 있다」(憲裁法 §72①)고 정하여 헌법소원심판절차에서 임의적으로 지정재판부를 둘 수 있게 정하고 있다. 「지정재판부의구성과운영에관한규칙」은 헌법재판소에 제 1 지정재판부, 제 2 지정재판부, 제 3 지정재판부를 둔다고 정하여(동규칙 §2①) 현재 3개의 지정재판부가 설치되어 있다. 각 지정재판부의 구성원은 재판관회의의 의결을 거쳐 헌법재판소장이 편성한다(동규칙 §3). 제 1 지정재판부의 재판장은 헌법재판소장이 된다(동규칙 §4). 헌법소원심판절차에서 지정재판부를 두는 경우에도 한정된 사항(憲裁法 §72③)에 대하여 심판청구의 적법성심사만 할 뿐이지, 본안판단은 하지 않는다.

> 현행법에 의하면 指定裁判部는 헌법소원심판절차에서 심판청구의 적법성을 심사하여 사건을 재판부로 회부할 것인가 아니면 청구를 却下할 것인가를 결정한다. 헌법재판소의 실무에서는 이런 헌법소원심판의 청구가 憲法裁判所法 제68조 제 1 항에 의한 헌법소원심판청구이든 同法 제68조 제 2 항에 의한 헌법소원심판청구이든 구별하지 않고 지정재판부에서 사전심사를 한다. 헌법소원심판절차에서도 그 심판청구가 적법하지만 본안판단의 대상이 되는 청구인의 주장이 전혀 터무니 없는 것인 경우에는 지정재판부에서 예외적으로 棄却하는 결정을 할 수 있게 하는 것이 보다 효율

성이 높다고 지적하는 견해도 있다. 단일재판부가 존재하는 상태에서 지정재판부에서 인용결정을 하는 것은 예외적인 경우라고 하더라도 바람직하지 않다고 보인다.

2. 憲法裁判所의 組織

[338] 第一 裁判官會議

憲法裁判所法은 재판관회의를 두고 있다(憲裁法 §16). 재판관회의는 재판관전원으로 구성된다는 점에서는 재판부와 동일하지만, 재판권을 행사하지 아니한다는 점에서 심판절차에서의 裁判部와 구별된다.

재판관회의는 재판관 전원으로 구성하며, 헌법재판소장이 의장이 된다(同條 ①). 재판관회의는 憲法裁判所規則의 제정과 개정 등에 관한 사항, 예산요구 · 예비금지출과 결산에 관한 사항, 사무처장 任免의 제청과 헌법연구관 및 3급 이상 공무원의 임면에 관한 사항, 특히 중요하다고 인정되는 사항으로서 헌법재판소장이 附議하는 사항 등을 의결한다(同條 ④). 재판관회의는 재판관 7人 이상의 출석과 출석인원 過半數의 찬성으로 의결한다(同條 ②). 재판관회의의 운영에 관한 사항은 「헌법재판소재판관회의규칙」에서 정하고 있다.

[339] 第二 憲法裁判所長

Ⅰ. 헌법재판소의 최고책임자

헌법재판소장은 헌법재판소를 대표하고, 헌법재판소의 사무를 統理하며, 소속공무원을 지휘 · 감독한다(憲裁法 §12③). 이러한 지위에서 헌법재판소장은 헌법재판소의 최고책임자로서 사무처의 공무원을 任免한다.

Ⅱ. 재판관회의의 의장

헌법재판소장은 재판관회의의 의장이 되며(憲裁法 §16①), 회의를 주재하고 의결된 사항을 집행한다.

Ⅲ. 권한대행

헌법재판소장이 궐위되거나 사고로 인하여 직무를 수행할 수 없을 때에는 다른 재판관이 憲法裁判所規則이 정하는 순서에 의하여 그 권한을 대행한다(憲裁法 §12④).

[340] 第三 憲法研究官

Ⅰ. 헌법연구관

(1) 임용 등

헌법재판소에 憲法裁判所規則으로 정하는 수의 憲法研究官을 둔다(憲裁法 §19①). 헌법연구관은 특정직국가공무원으로 한다(同條 ②). 재판관은 헌법연구관을 채용할 수 없다. 헌법연구관의 임기는 10년으로 하되, 연임할 수 있고, 정년은 60세로 한다(同條 ⑦).

(2) 업무와 권한

헌법연구관은 헌법재판소장의 명을 받아 사건의 심리 및 심판에 관한 조사·연구에 종사한다(憲裁法 §19③). 그리고 헌법재판소장은 헌법연구관으로 하여금 사건의 심리 및 심판에 관한 조사·연구업무 외의 직을 겸임하게 할 수 있다(同條 ⑪).

(3) 역　　할

헌법재판에서 헌법연구관의 역할은 중요하다. 법이론에 대한 전문지식을 바탕으로 한 헌법재판에 대한 기초자료의 조사·연구와 보고서는 재판관의 사건심리와 재판소 및 재판관의 의견 작성에 있어서 중요한 의미를 가진다.

Ⅱ. 재판관과 헌법연구관

헌법연구관은 그 역할이나 기능상 어떤 경우에도 재판에 관여할 수 없다. 헌법연구관이 헌법재판에 어느 정도로 영향을 미치는가는 외부에서 알 수 없다. 이 문제는 재판관과 헌법연구관 사이에 있을 수 있는 개인적인 부분이다. 헌법연구관을 어떻게 활용하고 재판관과 헌법연구관간의 관계를 어떻게 설정하는가는 해당 재판관이 개인적으로 판단하는 성질의 것이다.

[341] 第四 事 務 處

헌법재판소의 행정사무를 처리하기 위하여 헌법재판소에 事務處를 둔다(憲裁法 §17①). 사무처는 오로지 헌법재판소의 행정사무를 처리하는 것을 위하여 존재하므로 헌법재판에 관여하거나 영향을 주는 업무는 어떤 경우에도 할 수 없다.

사무처의 공무원은 헌법재판소장이 任免한다. 다만, 3급 이상의 공무원의 경우에는 재판관회의의 의결을 거쳐야 한다(同法 §18④). 헌법재판소장은 다른 국가기관에 대하여 그 소속공무원을 사무처 공무원으로 근무하게 하기 위하여 헌법재판소에의 파견근무를 요청할 수 있다(同條 ⑤).

헌법재판소의 조직

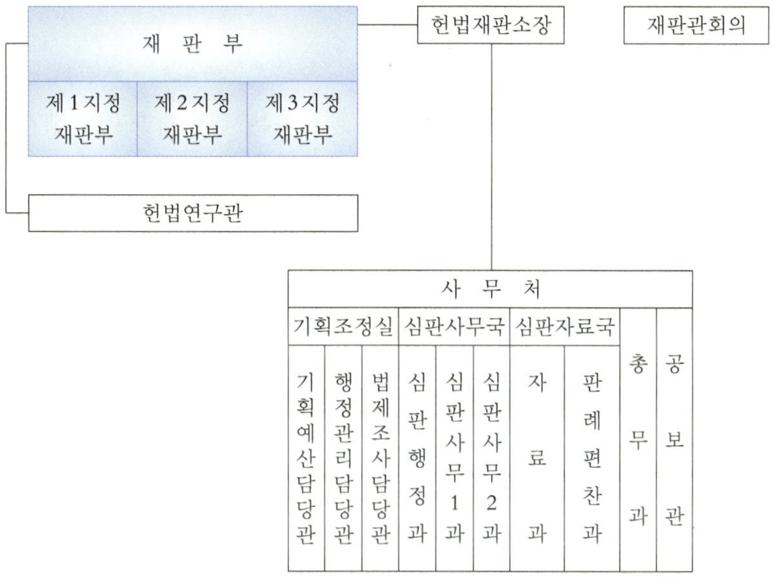
헌법재판소장
재판관회의
재 판 부
제1지정 재판부
제2지정 재판부
제3지정 재판부
헌법연구관
사 무 처
기획조정실
심판사무국
심판자료국
기획예산담당관
행정관리담당관
법제조사담당관
심판행정과
심판사무1과
심판사무2과
자료과
판례편찬과
총무과
공보관

제 3 절 憲法裁判의 獨立

[342] 第一 意 義

헌법재판의 독립이라 함은 헌법재판소가 행사하는 헌법재판권의 행사의 공정성과 중립성을 보장하기 위하여 헌법재판소의 업무수행을 헌법재판소 이외의 다른 국가기관으로부터 독립시키는 것을 말한다.

憲法裁判의 獨立은 「裁判의 獨立」, 「裁判官의 獨立」, 「憲法裁判所의 獨立」을 그 내용으로 하고 있다. 헌법재판의 독립에서도 가장 중요한 요소는 재판의 독립이다. 재판관의 독립과 헌법재판소의 독립은 헌법재판에 있어 재판의 독립을 달성하기 위해 필수불가결하게 요구되는 조건이다. 재판의 독립은 헌법재판의 독립에서 핵심을 이루기 때문에 아무리 재판관의 독립과 헌법재판소의 독립이 이루어져 있다고 하더라도 재판의 독립을 이룰 수 없으면 헌법재판의 독립은 달성할 수 없다.

헌법은 법원의 편에서 정하고 있는 제103조와 같은 명문의 규정을 두고 있지 않으나 헌법재판의 독립은 헌법이 정하고 있는 헌법재판의 본질에서 당연히 도출되는 헌법원리이다. 憲法裁判所法은 이를 명문화하여 「裁判官은 憲法과 法律에 의하여 그 良心에 따라 獨立하여 審判한다」라고 정하고 있다(憲裁法 §4).

> 독립된 헌법재판기관에 의해 수행되는 형태의 헌법재판은 20세기 후반 전지구적으로 퍼져나간 「전지구적 민주화」(global democratization)에 따른 「새로운 민주주의」(new democracy)의 중심적이고 보편적인 내용을 이루고 있는데, 이런 헌법재판기관이 관장하는 헌법재판에 있어 헌법재판의 독립은 현대 헌법국가와 자유민주주의체제의 징표적 요소를 이루고 있다. 우리 헌법은 헌법재판의 독립을 실현하기 위하여 헌법 제111조가 정하는 헌법재판권을 재판관으로 구성하는 헌법재판소에만 속하게 하여(憲法 §111①) 국회, 행정부, 법원으로부터 헌법재판권의 독점을 구현하고, 헌법재판소와 재판관이 이들 국가기관으로부터 독립되어 있음을 명문화하고 있다. 헌법재판소의 조직도 국회가 제정하는 법률로 정하도록 하여(憲法 §113③) 행정부나 법원의 간섭을 배제하고 있고, 헌법기관인 헌법재판소에게 자율입법권인 규칙제정권을 보장하여 헌법재판소의 자율성을 보장하고 있다(憲法 §113②). 동시에 헌법은 재판관의 任期를 정하고 법률이 정하는 바에 따라 連任을 정하고(憲法 §112), 재판관의 자격을 명시하고 있으며(憲法 §111②), 재판관의 정치적 중립(憲法 §112②)과 신분(憲法 §112③)도 두텁게 보장하고 있다.

[343] 第二 裁判의 獨立

Ⅰ. 개 념

헌법재판소의 재판관은 헌법재판에 영향을 줄 수 있는 어떠한 영향력으로부터도 독립하여 재판하여야 한다. 재판관은 오로지 헌법과 법률에 의하여 그 직무상의 양심에 따라 독립하여 심판한다(憲裁法 §4). 헌법재판이 정치적 성질을 지니고 있다고 하더라도 정치적인 파당성을 띠거나 정치적인 영향을 받아 심리·결정되어서는 안 된다.

헌법재판의 독립에 대하여 憲法裁判所法 제4조는 「裁判官은 憲法과 法律에 의하여 그 良心에 따라 獨立하여 審判한다」라고 정하고 있다. 그러나 이 내용이 헌법에는 명시적으로 규정되어 있지 않다. 그 사항의 성질이 헌법적 사항이라는 점(실질적 의미의 헌법)과 「法官은 憲法과 法律에 의하여 그 良心에 따라 獨立하여 審判한다」라고 법관의 독립에 대하여 정하고 있는 憲法 제103조의 규정에 비추어 볼 때, 헌법재판의 독립에 관한 규정도 헌법에 명시하는 것이 타당하다. 1987년의 헌법개정시 발생한 헌법입법(constitution-making)에서의 不備이다.

Ⅱ. 내 용

헌법재판에서의 재판의 독립은 헌법과 법률에 의한 재판, 재판관의 양심에 의한 재판, 외부적 힘으로부터의 독립된 재판을 그 내용으로 한다.

(1) 헌법과 법률에 의한 재판

憲法裁判所法 제4조가 정하고 있는 바에 따라, 헌법재판소의 재판관은 헌법재판을 함에 있어서는 헌법과 법률에 의하여 재판하여야 한다.

(a) 헌법과 법률에의 구속

헌법재판소 재판관은 헌법재판을 함에 있어 오로지 헌법과 법률에 따라 재판하기 때문에(憲裁法 §4), 명령, 규칙, 처분 등에는 구속되지 않는다. 여기서 말하는 「憲法」이란 재판의 規準이 되는 헌법규정과 헌법재판의 근거, 절차 등에 관하여 정하고 있는 헌법규정을 뜻한다. 재판관은 어떤 경우에도 헌법재판의 심판규준이 되는 헌법의 내용을 법률로 대체하여 재판할 수 없다. 헌법재판에서 「法律」은 원칙적으로 헌법재판의 규준이 되지 못하지만, 탄핵심판이나 권한쟁의심판에서는 법률의 규정이 심판의 규준으로 적용되는 때가 있다. 헌법재판의 각종의 심판은 이의 구체적인 내용과 절차를 정하고 있는 법률(대표적인 예: 憲法裁判所法)에 따라 행해져야 한다. 이런 범위 내에서 재판관은 법률이 정하는 절차와 내용에 따라 헌법재판을 행한다.

(b) 헌법과 법률의 해석·적용상의 한계

헌법과 법률에 따라 재판을 한다고 할 때에도 헌법과 법률의 해석과 적용에서 재판관이 어느 정도의 권한을 가지는가 하는 것이 문제가 된다. 실정 헌법을 가지고 있는 이상 憲法制定權者가 정한 범위를 넘어선 해석은 헌법개정에 해당하는 것이어서 헌법해석의 한계를 벗어난 것이라고 할 것이다. 따라서 재판관은 헌법과 법률에 따라 재판을 하는 경우에도 헌법과 법률의 해석의 한계를 벗어나지 않아야 한다는 한계를 지니고 있다.

(c) 합헌인 법률의 적용

재판관이 헌법과 법률에 따라 재판을 하는 경우에도 위헌인 법률을 적용하여 재판하는 것은 헌법재판의 본질에 어긋난다. 헌법재판에서도 법률에 의한 재판이라고 함은 합헌인 법률에 의한 재판을 의미한다. 헌법재판의 절차와 관련하여 어떤 법률이나 법률조항의 위헌여부가 문제되는 경우에는 헌법재판소가 先決的으로 먼저 위헌인 법률이나 법률조항을 제거하고 재판하여야 한다.

(2) 재판관의 양심에 의한 재판

憲法裁判所法 제 4 조가 정하고 있는 바에 따라, 헌법재판소 재판관은 헌법재판을 함에 있어서는 良心에 따라 재판하여야 한다.

(a) 양심의 의미

재판관이 양심에 따라 재판을 한다고 하는 의미는 재판관이 개인적으로 지니는 주관적인 양심의 자유가 아니라 재판업무를 공정하게 수행하면서 헌법의 인식 · 적용에서 정확성을 확보하는 객관적인 재판의 주체인 「재판관으로서의 良心」을 의미한다. 따라서 재판관은 자신이 신봉하는 주관적인 인간관, 세계관, 사회관, 종교관, 신념에 입각하여 자신의 주관적 세계의 명령에 따라 재판할 것이 아니라 헌법재판의 본질을 직시하고 해당 사안을 객관적이고 합리적으로 해결하기에 가장 적합한 法認識을 얻을 수 있게 하는, 직무수행에서 요구되는 「직무상의 양심」의 명령에 따라 재판하여야 한다([310] Ⅱ (2)). 지배적인 학설이다.

(b) 「직무상 양심」의 우선

재판관이 재판을 함에 있어 자신의 주관적이고 개인적인 양심과 직무상의 양심이 충돌하는 경우에는 자신의 개인적인 양심에 따를 것이 아니라 직무상의 양심에 따라야 한다. 이런 점에서 재판관이 재판을 함에 있어 憲法 제19조에 의해 보장받는 양심과 憲法裁判所法 제 4 조에 의해 요구되는 양심이 충돌하는 경우에는 전자를 후퇴시켜야 한다. 재판관은 재판을 함에 있어 憲法 제19조의 양심과 직무상의 양심이 충돌하는 경우에는 헌법 제19조에서 정하고 있는 양심의 자유를 주장할 수 없다(鄭宗燮 f, [96] Ⅰ (2)(c)).

⑶ 외부적 힘으로부터 독립된 재판

헌법재판의 독립을 실현하는 데는 재판을 수행하는 재판관이 재판관 이외의 외부의 힘으로부터 독립되어야 한다.

ⓐ 소송당사자 등으로부터의 독립

재판의 독립이 이루어지기 위해서는 재판관은 헌법재판의 각종 심판에서 당사자나 이해관계인 또는 참고인 등으로부터 독립하여 제3자의 지위에서 재판하여야 한다. 소송당사자 등으로부터의 독립은 재판관의 당사자 등에 대한 不偏不黨性을 확보하여 재판의 공정성을 실현하기 위한 것이다. 재판관의 除斥·忌避·回避制度는 소송당사자로부터 재판의 독립을 보장하는데 기여한다(憲裁法 §24).

ⓑ 다른 국가기관으로부터의 독립

재판의 독립은 헌법재판소 이외의 다른 국가기관으로부터의 독립을 요구한다. 국회, 행정부, 법원, 중앙선거관리위원회 등 국가기관은 법이 인정하는 범위에서 심판절차상 의견을 제출할 수는 있으나, 헌법재판소의 재판에 개입할 수 없다.

(i) 국회로부터의 독립 헌법재판의 독립상 국회는 헌법재판소의 재판에 관여할 수 없다. 국회의원이 재판관을 겸하는 것은 허용되지 않는다(憲裁法 §14 i). 헌법재판소의 권한에 대해서는 헌법이 직접 정하고 있으므로 국회는 법률로써 헌법재판소의 권한을 폐지하거나 변경할 수 없다.

국회가 헌법재판소에 대하여 국정감사나 국정조사를 하는 경우에도 헌법재판소의 재판 자체에 대해서는 간섭할 수 없다. 그러나 헌법재판소에 재판이 계속중인 사건과 관련해서는 재판에 간섭하거나 관여할 목적이 아니고 실체를 밝히기 위하여 따로 병행하여 해당 사건에 대하여 국정조사를 할 수 있고, 국정조사에 필요한 범위내에서는 재판기록상의 자료를 조사하는 것도 가능하다(竝行調査). 헌법재판소의 재판에 영향을 줄 목적으로 국회 또는 국회의원의 명의로 사건에 관한 견해를 미리 표명하거나 국회의원이 국민을 선동하거나 여론을 조작·조성하여 사건을 일정한 방향으로 유도하는 것은 재판의 독립을 침해하는 위법행위이다.

> 재판을 진행하고 있는 재판관에 대하여 국회가 탄핵소추를 하는 것은 재판의 독립에 배치되지 않는다. 재판관이 재판을 진행하고 있다고 하더라도 직무와 관련하여 헌법과 법률을 위반한 경우에는 국회가 탄핵소추를 해야 헌법을 수호하고 헌법재판의 공정성과 합법성을 확보할 수 있기 때문이다. 헌법재판중에 재판관에 대한 탄핵소추가 있는 경우에는 탄핵심판사건부터 먼저 처리하여야 한다.

(ii) 행정부로부터의 독립 재판의 독립은 행정부가 헌법재판소의 재판에 간섭하는 것을 금지한다. 행정기관이 소송당사자이거나 의견을 제출할 수 있을 때에는

그 지위에서만 소송절차에 참여할 수 있을 뿐이다.

> 헌법재판소장의 임명에 있어서 국회의 동의나 대통령의 임명은 헌법재판에 간접적으로 영향을 줄 수 있다. 재판관의 연임에 있어서 국회가 선출절차에서 과거 특정 재판에서 표시한 해당 재판관의 의견에 대하여 간섭을 하고 공격을 하는 것은 타당하지 않다. 대통령이 국회가 선출하거나 대법원장이 지명한 인사에 대하여 그가 표시한 과거의 재판상의 의견을 들어 재판관의 임명을 거부하는 것도 대통령의 재판관임명권의 남용에 해당한다. 대통령의 이러한 권한남용에 대해서는 강력히 통제하여야 한다. 국회나 대통령의 이러한 행위를 허용하게 되면 재판관이 되고자 하는 사람을 미리 국회나 대통령의 기호에 합치되도록 길들이는 것을 용인하는 것이 된다. 이런 점에서 재판관의 임명에 대한 현재의 방식에 관하여는 재검토가 필요하다.

(iii) 법원 등으로부터의 독립 법원은 헌법재판소의 재판에 관여할 수 없다. 권한쟁의심판이나 헌법소원심판(예: 재판 또는 재판지연에 대한 헌법소원심판)에서 법원이 당사자로 참여할 수 있으나 헌법재판소의 재판에는 관여할 수 없다. 헌법재판소 재판관은 법원의 공무원의 직을 겸할 수 없다(憲裁法 §14 ii).

(iv) 헌법재판소 내부로부터의 독립 재판관은 헌법재판을 함에 있어서 헌법재판소 내부의 다른 재판관으로부터도 독립된다. 재판관은 재판의 결론에 관하여 評議에서 논의를 하지만, 재판관 각자가 의견을 형성하고 표시함에 있어 서로 간섭할 수 없다.

재판에서 「헌법재판소의 의견」과 달리 하는 재판관의 개별의견을 따로 표시하게 할 것인가 하는 것은 법률정책적인 문제인데, 현행법상 심판에 관여한 모든 재판관은 결정서에 의견을 표시하여야 한다(憲裁法 §36③). 이러한 개별의견의 표시는 재판의 독립을 보장하는 데 기여한다.

(v) 사회세력 등으로부터의 독립 헌법재판에서도 재판의 독립을 실현하기 위해서는 재판이 정치세력이나 각종의 사회세력으로부터 독립하여 행해져야 한다. 이는 법원의 재판의 경우와 동일하다([310] Ⅱ (3)(e)).

[344] 第三 裁判官의 獨立

Ⅰ. 개 념

재판관의 독립이란 헌법재판권을 행사하는 주체인 재판관이 재판업무를 공정하게 수행할 수 있도록 하기 위하여 외부의 영향력으로부터 독립되어야 한다는 것을 말한다. 헌법재판이 독립성을 확보함에 있어서는 재판업무를 수행하는 재판관의 身分이 다른 국가기관이나 외부의 간섭으로부터 독립되어 있을 것이 불가결의 요건이다.

헌법은 재판관의 독립을 보장하기 위하여 재판관의 재판에 대한 책임면제, 資格

의 法定主義, 任期와 停年의 보장, 政治的 中立의 보장, 身分의 保障을 정하고 있다.

Ⅱ. 내 용

(1) 재판에 대한 책임면제

헌법재판소 재판관이 헌법과 법률에 따라 적법하게 재판을 한 이상 그 재판의 결과에 대하여 어떠한 책임도 지지 아니한다. 이를 재판에 대한 責任免除라고 한다.

(2) 재판관 자격의 법정주의

헌법재판의 독립성과 전문성을 확보함에 있어서 재판업무를 수행하는 재판관은 그에 합당한 능력, 지식, 소양, 경륜 등을 갖추어야 한다. 따라서 재판관에게는 그 직무에 적합한 일정한 자격이 필수적으로 요구된다. 일정한 자격을 가진 자만 재판관이 될 수 있게 하는 것은 국회, 행정부, 법원으로부터 재판관의 독립을 유지하게 해준다. 이와 같이 재판관의 자격제도는 재판관의 독립을 유지하는데 필수적이다.

헌법은 재판관의 자격으로 법관의 자격을 가질 것을 요구하고 있고(憲法 §111②), 憲法裁判所法은, 헌법재판소 재판관의 경우 15년 이상 i) 판사 · 검사 · 변호사, ii) 변호사의 자격이 있는 자로서 국가기관, 국·공영기업체, 정부투자기관 기타 법인에서 법률에 관한 사무에 종사한 자, iii) 변호사의 자격이 있는 자로서 공인된 대학의 법률학 조교수 이상의 직에 있었던 자일 것과 그와 동시에 나이가 40세 이상일 것을 자격요건으로 정하고 있다(憲裁法 §5①).

재판관의 임명에는 헌법과 법률이 정하고 있는 일정한 자격과 요건이 요구되므로(同條 ②), 이러한 자격과 요건을 갖추지 못한 자가 재판관으로 임명된 경우에는 당연히 그 임명은 무효이고 해임된다.

(3) 재판관의 임기와 정년

헌법재판소 재판관의 임기는 6년이며, 법률이 정하는 바에 의하여 連任할 수 있다(憲法 §112①). 헌법재판소장에 대해서는 따로 연임을 금지하는 규정이 없으므로 헌법재판소장도 연임할 수 있다(重任이 금지된 대법원장의 경우와 차이가 있다). 헌법에서는 정하고 있지 않지만, 憲法裁判所法은 재판관의 정년을 65세로, 헌법재판소장의 정년을 70세로 정하고 있다(憲裁法 §7②).

우리나라는 헌법재판소 재판관의 경우 임기제도와 정년제도를 동시에 두는 방식을 통하여 재판관의 독립을 보장하는 동시에 헌법재판의 신진대사를 원활하게 하고 헌법재판의 책임성을 보장하고 있다.

(a) 임 기

공직의 근무에서 임기제도란 법률이 정하는 사유가 없는 한 任期 동안 그 직에서 解任되지 않는다는 것을 말한다. 헌법재판소 재판관에 대하여 임기를 두는 것은 임기 동안에 재판관의 신분적 변동이 없게 하여 재판관의 독립을 보장하는 동시에 일정한 기간 이후 헌법재판소의 구성을 변경하여 헌법재판이 가지는 責任性을 실현하고 헌법재판에서의 新陳代謝를 원활하게 한다.

재판관이 그 업무를 수행함에 있어 법이 정하는 사유가 없는 한 임기 동안에는 그 직에서 해임되지 않도록 하는 것은 외부의 힘으로부터 재판관의 독립을 보장하는데 있어 중요한 기여를 한다. 이와 동시에 재판관의 임기제도는 일정한 기간마다 재판관으로서 적합성을 가지지 않는 자를 재판관의 직에서 배제시키는 기능도 하고, 새로운 인물을 충원하는 기능도 한다. 이는 헌법재판이 가지는 민주주의적 책임성을 실현하는 기능이다. 이처럼 임기제도는 재판관의 독립을 보장하고, 헌법재판의 전문성 · 공정성 · 민주성 · 책임성을 실현시키는데 기여한다.

헌법재판소 재판관을 連任할 수 있게 하는 것은 헌법재판의 계속성을 유지하는데 기여하는 면도 있으나, 헌법재판소의 독립에 영향을 미칠 수 있다. 連任(renewable term)의 방식은 연임하고자 하는 재판관으로 하여금 정치적으로 고려하게 할 여지를 만들어 주고, 이로 인하여 헌법재판에서 국회, 대통령, 정당, 대법원장 등의 의사와 이해관계 등을 고려하게 만들 위험이 있으며, 연임하는 수가 많은 경우에는 헌법재판의 신진대사를 저해하고 책임성을 약화시킬 우려가 있다.

헌법재판에서 독립성과 책임성간에 균형을 유지하며 이를 조화롭게 실현하는 방안으로는 임기(예: 9년 또는 12년)를 두되, 재판관을 1/3씩 교체하고, 연임을 금지하는 방안이 적합성에서 우월하다고 보인다. 스페인에서는 재판관의 임기는 9년이고 3년마다 1/3씩 교체하며, 연임은 허용하지 않고 있다. 이탈리아에서는 재판관의 임기는 9년이고, 연임을 금지하고 있다. 독일에서는 연방헌법재판소 재판관은 임기가 12년이고, 連任이 금지되어 있는데, 이에 대해서는 헌법재판의 독립성과 책임성을 보장하기 위한 것이라고 본다. 재판관의 정년은 68세이다. 오스트리아에서는 헌법재판소 재판관은 임기가 없이 70세를 정년으로 재직한다. 재판관의 신분을 보장하는 다른 방법으로는 재판관직을 終身職으로 할 수 있다. 예컨대 미합중국의 연방최고법원(U.S. Supreme Court)의 재판관은 임기가 없다. 그런데 종신제는 재판관의 신분보장에서는 임기제도보다 강화된 것이지만, 헌법재판에서의 신진대사를 저해하고 책임성을 약화시키는 요인이 된다.

(b) 정　년

재판관의 정년제도는 재판관이 일정한 연령에 이르면 퇴직하게 하는 제도이다. 이는 헌법재판소의 老化를 방지하고 新陳代謝를 촉진하는 기능을 한다. 임기제도가 없이 정년제도만 두는 경우에는 재판관은 법이 정하는 사유가 없는 한 정년까지 재직여부에 영향을 받지 않을 수 있어 재판관의 독립이 강하게 보장되지만, 종신제와 유사하게 헌법재판의 노화를 초래하고 책임성을 약화시키는 요인이 되기도 한다.

(4) 재판관의 신분보장

재판관의 독립은 재판관의 신분을 보장함을 통해서도 보장된다.

(a) 파면의 제한

재판관의 신분을 보장하기 위하여 헌법은 彈劾 또는 禁錮 이상의 刑의 宣告에 의하지 아니하고는 재판관을 罷免할 수 없도록 정하고 있다(憲法 §112③).

재판관에 대한 탄핵은 권력통제의 기능을 가지는 동시에 신분보장의 기능도 가진다. 헌법재판소 재판관에 대한 탄핵여부는 헌법재판소가 스스로 심판하는데, 재판의 성격상 불가피한 방법이다.

(b) 불리한 처분 등의 금지

헌법이나 헌법재판소법이 적극적으로 정하고 있지는 않지만, 이에 관하여 아무런 규정을 두고 있지 않으므로 당연히 헌법재판소의 재판관은 직무와 관련하여 일체의 불리한 처분을 받지 아니하고, 어떠한 경우에도 재판관을 강제로 휴직하게 할 수 없다.

(c) 강제퇴직의 제한

헌법에는 재판관의 강제퇴직에 관한 규정이 없다(법관의 경우 헌법 §106②이 있는 것과 차이가 있다). 따라서 헌법재판소의 재판관에 대해서는 원칙적으로 강제로 퇴직하게 할 수 없다고 할 것이다.

헌법재판소 재판관에 대한 강제퇴직의 문제에 있어서는 재판관이 중대한 심신상의 장해로 인하여 직무를 수행할 수 없는 경우가 문제가 된다. 이 경우에는 우선적으로 재판관이 辭任하는 방법으로 해결하지만, 재판관이 사임하기를 거부하는 경우에는 재판업무의 성질에 비추어 볼 때 헌법 제106조 제2항을 유추하여 예외적으로 임명권자인 대통령이 퇴직하게 할 수 있다고 할 것이다. 이에 관하여는 헌법의 개정이 있을 때까지는 憲法裁判所法에 명시적으로 정해두는 것이 필요하다.

(5) 재판관의 지위의 존중과 보수

재판관의 신분보장에 있어서는 헌법재판소의 장이나 재판관의 지위에 적합한 대우를 하여 신분보장을 실질화하는 것이 필요하다. 헌법재판소가 국회, 정부, 대법원과 同列의 헌법기관이라면 헌법재판소장과 재판관도 이에 상응하게 대우하는 것이 신분보장을 실질화할 수 있다. 憲法裁判所法은 헌법재판소장의 대우와 보수는 대법원장의 예에 의하며, 재판관은 政務職으로 하고, 그 대우와 보수는 대법관의 예에 의한다고 정하고 있다(憲裁法 §15). 재판관의 보수에 관한 예산을 국회 또는 행정부가 합리적인 이유가 없이 고의적으로 삭감하거나 동결하는 조치는 재판관의 독립을 침해하는 것이어서 헌법에 위반된다.

(6) 행위의 제한

재판관의 독립을 보장하기 위하여 재판관에게는 재판에 영향을 미칠 다른 공직을 맡거나 영리행위 또는 정치적·사회적 활동을 하는 것을 금지하는 것이 필요하다. 헌법재판을 함에 있어서 利害關係의 衝突(conflict of interest)을 회피하고 정치적·국가적·사회적 영향력을 배제하여 헌법재판의 공정성을 보장하여야 하기 때문이다.

(a) 겸직의 제한

憲法裁判所法 등은 재판관이 i) 국회 또는 지방의회의 의원의 직, ii) 국회·정부 또는 법원의 공무원의 직, iii) 법인·단체 등의 고문·임원 또는 직원의 직을 겸하는 것을 금지하고 있다(憲裁法 §14; 地自法 §35① ii). 지방자치단체의 장도 겸직할 수 없다(地自法 §96① i). 재판관이 국회의원선거의 후보자가 되고자 하는 경우에는 지역구 국회의원 選擧日 前 60일까지 그 직을 그만두어야 하고, 비례대표국회의원선거나 비례대표지방의회의원선거 및 보궐선거 등에서 후보자가 되고자 하는 경우에는 候補者登錄申請 前까지 그 직을 그만두어야 한다(公選法 §53① i).

이러한 것은 헌법재판의 공정성과 정치적 중립성을 보장하여 헌법재판의 독립을 실현하기 위한 것이다.

> 헌법재판소 재판관의 겸직제한은 헌법재판의 독립과 관련이 없는 부분에는 적용되지 않는다. 따라서 헌법재판을 보다 성숙시키고 발전시킬 수 있는 직은 재판관이 겸직할 수 있다. 따라서 憲法裁判所法에서 정하고 있는 직 이외의 직은 겸직할 수 있다. 다만, 헌법재판소법에서 겸직을 금지하고 있지는 않지만 사실상 헌법재판의 공정성과 권위에 좋지 않는 영향을 줄 우려가 있는 직은 맡지 않는 것이 바람직하다. 대학교수의 직은 겸직할 수 있다. 이론과 실무간의 대화와 상호영향은 헌법재판의 설득력과 발전 등에 기여할 수 있으므로 헌법재판소 재판관과 대학교수를 겸직하게 하는 것은 바람직하다고 보인다. 독일의 경우에 聯邦憲法裁判所法은 연방헌법재판소 재판관이 다른 직을 겸직할 수 없도록 정하고 있으나, 대학교수의 직은 겸할 수 있게 하고 있다.

(b) 파견근무의 금지

헌법재판의 공정성과 정당한 권위를 확보해야 하는 점에서 볼 때, 헌법재판소의 재판관은 다른 국가기관에 파견되어 근무할 수 없다. 파견근무의 금지를 정하고 있는 명시적인 규정은 없지만, 국가의 작용과 헌법재판의 기능에 비추어 보면 헌법재판소의 재판관이 다른 국가기관에 파견되어 근무해야 할 여지가 존재하지 않는다.

(c) 정치에의 관여 금지

憲法 제112조 제2항이 재판관으로 하여금 정당에 가입하거나 정치에 關與하는 것을 금지하고 있는 것도 헌법재판이 정치적인 영향을 받는 것을 방지하고 정치적 중립성을 보장하는 데에 기여한다. 憲法裁判所法도 이를 명시하고 있다(憲裁法 §9).

(d) 영리행위의 금지

헌법재판소의 재판관은 營利를 목적으로 하는 사업을 營爲할 수 없다(憲裁法 §14). 영리를 목적으로 하는 이상 일체의 사업행위가 금지된다. 일상적인 재산증식행위(예: 저축, 주식투자 등)는 금지되지 않는다. 이러한 영리행위의 금지는 재판관의 가족, 친척, 인척에게는 미치지 않는다.

[345] 第四 憲法裁判所의 獨立

I. 개 념

헌법재판소의 독립이란 헌법재판의 독립을 유지하기 위하여 헌법재판소의 構成이나 組織·運營에서 외부로부터의 독립을 유지하는 것을 말한다. 헌법재판소의 독립은 권력분립의 당연한 내용을 이루는 것으로 법원의 독립과 마찬가지로 다른 국가기관으로부터의 독립이 핵심을 이룬다.

憲法 제111조 제1항에서 헌법재판소의 관장사항을 명시적으로 정하고 있는 것에는 헌법재판소의 권한, 조직, 운영이 다른 국가기관으로부터 독립되어 있다는 내용을 포함하고 있다.

II. 내 용

(1) 헌법재판소 구성에서의 독립

헌법재판소의 독립은 헌법재판소 구성에서의 독립을 포함하고 있다. 헌법재판소는 원칙적으로 법원, 국회, 행정부로부터 독립되어 구성되어야 재판의 공정성을 확보할 수 있다. 이렇기 때문에 헌법재판의 독립이라는 법리로부터 헌법재판소의 독립이 도출된다.

(a) 국회로부터의 독립

헌법재판소의 독립이 보장되려면 그 구성에 있어 국회로부터도 독립되는 것이 바람직하다. 그러나 헌법은 9인의 재판관 가운데 3인에 대해서는 국회에서 선출한 자를 대통령이 임명하게 정하고 있고, 헌법재판소장을 포함한 헌법재판의 재판관 전부에 대해서는 국회에서 인사청문을 하게 하고 있으므로 이 한도 내에서 국회는 헌법재판소의 구성에 관여하고 있다.

헌법재판소의 구성에서 이러한 국회의 관여가 인정된다고 하더라도 이런 관여가 헌법재판의 독립에 어떠한 제약도 야기하지 않도록 하는 것이 필요하다. 국회에서의 선출절차나 인사청문도 헌법재판소의 기능 및 독립과 부합하는 것이어야 한다. 따라서 국회가 헌법재판소장의 임명에 대한 동의절차나 3인의 재판관의 선출절차 및 재판관 전원에 대한 인사청문절차에서 해당 인물의 해당직에의 적합성을 객관적으로 판단하지 않고 헌법재판소 재판관을 길들이거나 헌법재판소에 대하여 국회의 지배권을 형성하려는 목적으로 이런 절차를 이용하는 것은 허용되지 않는다.

(b) 행정부로부터의 독립

헌법재판소의 독립은 그 구성에서 행정부로부터의 독립도 포함하고 있다. 따라서 행정부는 헌법재판소의 구성에 관여할 수 없고, 어떠한 공무원도 재판관을 겸할 수 없다. 다만, 헌법은 헌법재판소장과 재판관을 대통령이 임명한다고 정하고 있어(憲法 §111②,④) 이 범위 내에서 대통령은 헌법재판소의 구성에 관여한다. 헌법정책적으로는 헌법재판소의 구성에 대통령이 관여할 수 없게 하는 방식으로 헌법을 개정하는 것을 고려할 수 있다.

(c) 법원으로부터의 독립

헌법재판소의 독립은 그 구성에서 법원으로부터도 독립하는 것이 타당하다. 이에 따라 법원의 법관은 헌법재판소의 재판관을 겸직할 수 없다. 다만 헌법은 9인의 재판관 가운데 3인의 재판관에 대해서는 대법원장이 지명하므로 이 범위 내에서 대법원장은 헌법재판소의 구성에 관여한다. 이러한 방식은 문제가 많다. 헌법정책적으로 재검토를 요한다.

(2) 헌법재판소의 조직 · 운영에서의 독립

헌법재판소의 독립은 헌법재판소의 조직 · 운영에서의 독립을 그 내용으로 한다. 헌법재판소의 조직과 운영에서 다른 국가기관이 간섭하거나 관여하면 해당 국가기관의 권력적 영향력이 헌법재판소에 미치게 되어 헌법재판의 공정성을 확보하기 어렵게 된다.

(a) 헌법재판소의 조직과 운영의 법률주의

헌법은 헌법재판소의 조직과 운영에서의 독립을 보장하기 위하여 「헌법재판소의 조직과 운영 기타 필요한 사항은 법률로 정한다」고 하여(憲法 §113③), 憲法裁判所의 組織에서 法律主義를 취하고 있다. 이는 행정부의 행정행위로 인한 헌법재판소에의 간섭을 배제하는 것이다. 헌법재판소가 가지는 自律規則制定權도 법률에 저촉하지 아니하는 범위 안에서 인정된다(憲法 §113②).

(b) 규칙제정권

헌법재판소는 국회, 대법원과 같이 자신의 사무처리에 관하여 자율적으로 규칙을 정하는 권한을 가진다(憲法 §113②; 憲裁法 §10①). 이러한 규칙제정권은 헌법에 의하여 헌법재판소에 부여된 것이기 때문에 따로 근거법률을 필요로 하지 않는다. 이에 의하여 제정되는 규칙을 憲法裁判所規則이라고 하는데, 헌법재판소규칙은 官報에 게재하여 이를 공포한다(同條 ②).

헌법재판소의 자율적인 규칙제정권은 헌법재판소의 직무와 행정의 독립을 보장한다. 따라서 헌법재판소는 직무의 수행에 있어서 원칙적으로 어느 기관으로부터도 감독을 받지 않는다. 헌법재판소장은 헌법재판소에 소속하는 공무원을 임명하거나 면직하는 권한을 가지며, 헌법재판소에 소속한 공무원의 最高 上官으로서 헌법재판소 소속 공무원에 대해 직무상 지시와 감독을 하는 권한을 가진다(憲裁法 §12③).

(c) 입법의견의 제출

헌법재판소의 조직은 국회가 제정하는 법률에 의해서만 정해지므로 국회 이외의 다른 어떠한 국가기관도 헌법재판소의 조직에 관여하는 행위를 할 수 없다. 국회가 헌법재판소의 조직이나 운영 등에 관하여 입법권을 가진다고 하더라도 이런 국회의 입법권이 헌법재판소의 기능을 변질시키는 것이 되어서는 안 된다. 그래서 헌법재판소법은, 헌법재판소장이 헌법재판소의 조직 · 인사 · 운영 · 심판절차 그 밖에 헌법재판소의 업무에 관련된 법률의 제정 또는 개정이 필요하다고 인정하는 경우에는 그로 하여금 국회에 서면으로 그 의견을 제출할 수 있도록 정하고 있다(憲裁法 §10의2). 이는 헌법재판소의 조직과 활동이 국회에 종속되는 것을 방지하고 헌법재판소의 독립을 보장하기 위한 것이다.

Ⅲ. 한　　계

헌법재판소의 독립에는 실정법상 또는 법리상의 한계가 있다.

(1) 헌법재판소 구성상의 한계

헌법은 헌법재판소장을 국회의 동의를 거쳐 대통령이 임명하게 하고 있고, 9인의 재판관 가운데 3인은 국회에서 선출하게 하고 3인은 대법원장이 지명하게 하여 대통령이 임명하도록 하고 있으므로 헌법재판소의 구성상의 독립에서는 이러한 헌법상의 한계가 있다.

이러한 것은 현행 실정법상의 한계인데, 헌법정책적으로는 헌법재판소의 구성방식에 있어 헌법재판의 독립에 합치하는 보다 적합하고 타당한 방법을 고안할 수 있고 헌법을 개정하여 이를 변경할 수 있다.

(2) 예산편성상의 한계

헌법에 의할 때, 헌법재판소의 예산은 행정부가 편성하고, 국회가 심의·확정한다. 이러한 범위에서 헌법재판소의 운영에 필요한 예산에 있어서 독립은 인정되지 않는다.

그런데 행정부가 헌법재판소의 예산을 편성하는 점을 이용하여 행정부나 대통령이 헌법재판소에 대하여 영향력을 행하려고 한다든지 국회가 헌법재판소의 재판을 통제하기 위하여 헌법재판소의 예산을 삭감하는 것은 권한의 남용에 해당한다. 법률의 위헌여부심판, 탄핵심판, 권한쟁의심판, 정당해산심판 등에서 헌법재판소와 국회는 의견을 달리 할 가능성이 상존하므로 헌법재판소의 결정이 국회의 정치적 의도와 합치하지 않을 때에는 예산을 통하여 헌법재판소를 통제할 가능성이 있다(우리 정치현실에서 이러한 일이 발생하고 있다).

헌법재판소의 독립을 충실히 실현하기 위해서는 법률이 정하는 일정한 예산편성의 원칙에 따라 헌법재판소가 스스로 예산을 편성하게 하는 것이 바람직하다. 憲法裁判所法은 헌법재판소의 경비를 독립하여 국가의 예산에 계상하도록 하고 있고, 이 경비 중에는 예비금도 포함된다고 정하고 있다(憲裁法 §11①,②).

(3) 권력통제상의 한계

헌법재판소의 독립이 헌법재판소의 구성과 운영에서의 독립을 의미하지만, 헌법재판행위도 권력작용이기 때문에 헌법재판권의 남용이 발생할 가능성은 항상 존재하고 있다. 따라서 헌법재판소의 권력남용에 대해서는 통제하는 장치가 필요하다. 이러한 권력통제상 필요한 범위에서 행해지는 행위는 헌법재판의 독립이나 헌법재판소의 독립을 침해하는 것이 아니다.

헌법재판소는 國政監査및調査에관한法律에 따라 국회에 의해 국정감사나 국정조사를 받는데, 이러한 것은 권력통제원리에 의하여 인정되는 것이므로 헌법재판소의 독립을 침해하는 것이 아니다. 헌법재판소에 대한 국회의 국정감사·조사는 헌법재판소의 권력남용을 통제하는 수단으로서 그 역할을 수행한다. 따라서 헌법재판소의 독립을 내세워 이러한 통제를 거부하지 못한다.

제 4 절 憲法裁判所의 管轄

[346] 第一 概　說

헌법재판소는 법원의 제청에 의한 위헌법률심판, 탄핵심판, 정당해산심판, 국가기관 상호간·국가기관과 지방자치단체 및 지방자치단체 상호간의 권한쟁의에 관한 심판, 법률이 정하는 헌법소원에 관한 심판을 관장한다(憲法 §111①).

헌법사를 보건대, 1948년 최초로 헌법을 제정한 때에는 헌법재판의 목록에 위헌법률심판과 탄핵재판만이 있었다. 그러던 것이 1960년 4·19 민주화운동으로 인한 한국민주주의 발전의 전환점을 맞아 개정된 1960년6월헌법에서는 헌법재판을 획기적으로 제도화하였다. 당시 헌법재판소는 법률의 위헌여부심사, 헌법에 관한 최종적 해석, 국가기관간의 권한쟁의, 정당의 해산, 탄핵재판, 대통령·대법원장·대법관의 선거에 관한 소송을 관장하였다. 그러나 불행하게도 1961년 5·16 군사쿠데타의 발발로 인하여 헌법재판소가 구성되지 못하는 비운을 겪고 말았다. 1962년헌법 이후부터는 헌법재판이 축소되었고 실제에서도 헌법재판이 활발하게 행해지지 못한 침체기로

헌법재판기관과 관할의 변천

항목 \ 헌법	1948년헌법-1952년헌법-1954년헌법	1960년6월헌법-1960년11월헌법	1962년헌법-1969년헌법	1972년헌법-1980년헌법	1987년헌법
정부형태	대통령제	의회주의제	대통령제	→	→
헌법재판기관	헌법위원회 탄핵재판소	헌법재판소	대법원 탄핵심판위원회	헌법위원회	헌법재판소
관할	헌법위원회: 법률의 위헌여부재판 탄핵재판소: 탄핵심판	1. 법률의 위헌여부심사 2. 헌법에 관한 최종적 해석 3. 국가기관간의 권한쟁의 4. 정당의 해산 5. 탄핵재판 6. 대통령·대법원장·대법관의 선거에 관한 소송	대법원: 법률의 위헌여부심사, 정당해산 탄핵심판위원회: 탄핵심판	1. 법률의 위헌여부심판 2. 탄핵심판 3. 정당의 해산	1. 법률의 위헌여부심판 2. 탄핵심판 3. 정당해산심판 4. 권한쟁의심판 5. 헌법소원심판

들어가 국민에게서도 헌법재판은 잊혀져 갔다. 그러던 것이 1987년 6월 한국민주화에 대한 국민의 열망이 요원의 불길처럼 다시 타올라 1987년헌법을 꽃피우게 만들었다. 1987년헌법에 와서 헌법재판은 우리 헌법사상 최초로 헌법소원심판제도를 채택하고 제도의 정상화로 나아가는 모습을 띠게 되었지만, 1960년6월헌법에서 정하고 있었던 헌법재판의 모습과 비교하면 부족한 점도 있다(추상적 규범통제, 선거재판을 헌법재판으로 채택하지 않은 점).

[347] 第二 違憲法律審判

I. 개 념

헌법이 정하고 있는 위헌법률심판이라 함은 법률이 헌법에 위반되는지 여부가 재판의 전제가 된 때 당해 사건을 담당하는 법원(군사법원 포함)이 직권 또는 당사자의 신청에 의하여 결정으로 헌법재판소에 위헌여부의 심판을 제청하고 헌법재판소가 이에 대해 심판하는 것을 말한다.

위헌법률심판은 1948년헌법에서부터 채택하였는데, 제도의 구체적인 내용에서는 변화가 있었다. 그 변천 내용을 표로 보면 아래와 같다.

위헌법률심판제도의 변천

헌법 / 항목	1948년헌법–1952년헌법–1954년헌법	1960년6월헌법–1960년11월헌법	1962년헌법–1969년헌법	1972년헌법–1980년헌법	1987년헌법
심판기관	헌법위원회	헌법재판소	대법원	헌법위원회	헌법재판소
위헌법률심판	법률의 위헌여부 재판	법률의 위헌여부 심사	법률의 위헌여부 심사	법률의 위헌여부 심판	법률의 위헌여부 심판
결정정족수	위원 2/3 이상의 찬성	심판관 6인 이상의 찬성	과반수(1970. 8. 7. 이후 대법원판사전원의 3분의 2 이상의 출석과 출석인원 3분의 2 이상의 찬성)	위원 6인 이상의 찬성	재판관 6인 이상의 찬성

II. 성 질

위헌법률심판은 법률의 위헌여부가 구체적인 재판의 전제가 된 경우에 한하여 행해지므로 성질상 이를 具體的 規範統制(konkrete Normkontrolle, concrete review)라고 한다. 또 헌법이 정하고 있는 위헌법률심판은 공포되고 시행된 법률의 위헌여부에 대해서 심판하는 것이므로 事後的 規範統制에 해당한다(예: 憲 1997. 9. 25.–97헌가4; 1997. 9. 25.–97헌가5).

[憲 1997. 9. 25.-97헌가4] 「법률의 위헌여부심판의 제청 대상 법률은 특별한 사정이 없는 한 현재 시행중이거나 과거에 시행되었던 것이어야 하기 때문에 제청 당시에 공포는 되었으나 시행되지 않았고 이 결정 당시에는 이미 폐지되어 효력이 상실된 법률은 위헌여부심판의 대상 법률에서 제외하는 것으로 해석함이 상당하다.」

법률의 위헌여부에 대한 심판, 즉 규범통제의 방식에는 구체적 사건의 계속여부에 따라 구체적 규범통제와 추상적 규범통제로 구분하고, 심판대상이 되는 법률의 시행여부에 따라 사전적 규범통제(=예방적 규범통제)와 사후적 규범통제(=교정적 규범통제)로 구분한다. 抽象的 規範統制(abstract review)는 어떤 법률이 일반법원에 계속된 소송사건의 재판의 전제가 되어 있지 않더라도 법률에 대해 위헌여부의 재판을 하는 것을 말하고, 具體的 規範統制(concrete review)는 일반법원에 계속된 소송사건의 재판의 전제가 되어 있는 법률에 대해 위헌여부의 재판을 하는 것을 말한다. 事前的 規範統制(priori review)는 법률의 시행이전에 해당 법률의 위헌여부를 재판하는 것을 말하고, 事後的 規範統制(posteriori review)는 법률의 시행이후에 해당 법률의 위헌여부를 재판하는 것을 말한다. 구체적 규범통제는 사후적 규범통제에 해당하지만, 추상적 규범통제에는 사전적 규범통제에 해당하는 것도 있고(예: 프랑스), 사후적 규범통제에 해당하는 것도 있다(예: 독일, 오스트리아, 스페인). 이 憲法 제111조 제1항과 憲法裁判所法 제2조에서 정하고 있는 우리나라의 위헌법률심판제도는 구체적 규범통제이고 사후적 규범통제에 해당한다.

Ⅲ. 제도의 목적

(1) 입헌주의와 헌법질서의 수호

위헌법률심판제도는 법률에 의한 헌법의 침해를 교정하여 공동체의 법질서에서 國民主權에 바탕을 둔 立憲主義를 실현시키고, 헌법질서와 憲法國家를 유지·수호하는 데 그 목적을 두고 있다.

(2) 기본권의 보호

현대 국가에서 대부분의 헌법은 기본권을 보장하고 있는 權利章典(bill of rights)을 포함하고 있으므로 위헌법률심판제도는 입법권에 의한 基本權의 침해를 방지하거나 구제하는 역할도 한다.

(3) 권력분립의 실현

헌법재판소는 위헌법률심판을 통하여 국회의 입법권의 남용이나 오용을 통제하여 헌법상의 權力分立을 실현한다.

위헌법률심판제도는 國會와 法院 사이에서 양자의 관계를 헌법의 權力分立에 합당하게 설정하는 기능을 한다. 즉 법관이 어떤 법률에 대해 위헌이라고 확신하고 그에 따라 해당 법률을 스스로 적용하지 않는 것을 방지한다. 법관은 어떤 법률에 대해 아무리 위헌이라고 확신을 하더라도 자기의 판단에 따라 해당 법률의 적용여부를 결정하는 것은 법률을 집행해야 할 기관이 국회의 입법을 부정하는 결과가 되므로 이러한 행위를 할 수 없다. 법관이 재판에서 전제된 법률이나 법률조항에 대해 위헌이라고 생각하는 경우에는 반드시 헌법재판기관의 판단을 받아 그에 따라 적용여부를 판단하여야 한다.

이와 같이 구체적 규범통제제도는 법관에 의해 국회의 입법권이 침해되는 것을 방지하고 국회와 법원간의 기능적인 관계를 조절하는 역할을 한다. 구체적 규범통제제도는 국회가 가지고 있는 입법기관으로서의 지위를 분명히 보장하고, 법관은 입법기관이 될 수 없으며 법률을 집행하는 기관의 지위에 있음을 확인해 주는 기능을 한다.

그리고 구체적 규범통제절차에서 법관은 위헌여부심판의 提請權을 행사하여 국회의 잘못된 입법권의 행사를 統制하거나 矯正하는데 기여한다. 이러한 것은 법원과 법관이 가지는 憲法守護者로서의 기능을 수행함에 있어서 중요한 의미를 가지고, 국민의 기본권 보장에 있어서도 중요한 의미를 가진다. 특히, 모든 법원이 대법원을 경유하지 않고 이런 제청권을 자유로이 행사할 수 있다는 점은 법원이 가지는 헌법수호 또는 헌법실현의 면에서 의미를 가진다. 각 심급의 모든 법원이나 법관은 스스로 독립된 재판기관이기 때문에 각 법원의 재판에 대법원이 개입할 여지는 처음부터 존재하지 않는다.

(4) 진정한 민주주의의 실현

법률은 국회에서 다수결주의에 의하여 제정 또는 개정되고 폐지된다. 그러나 이러한 다수결주의가 국민의 기본권의 내용을 결정할 수는 없으며 국민이 제정·개정한 헌법을 침해할 수는 없다. 따라서 소수로 하여금 다수의 횡포에 대하여 다툴 수 있게 하고, 잘못이 있는 때에는 이를 바로잡는 것이 필요하다. 이를 「실질적 민주주의」라고도 한다. 위헌법률심판은 이와 같이 眞正한 民主主義를 실현하는데 중요한 목적을 두고 있다.

[348] 第三 彈劾審判

Ⅰ. 개념과 성질

탄핵제도의 개념, 성질, 요건, 탄핵소추의 절차 등에 대해서는 앞서 국회 부분([187])에서 살펴본 바와 같다. 탄핵심판은 1948년憲法에서부터 채택하였는데, 제도의 구체적인 내용에 대해서는 변화가 있었다.

탄핵심판제도의 변천

헌법 항목	1948년헌법-1952년헌법	1954년헌법	1960년6월헌법-1960년11월헌법	1962년헌법-1969년헌법	1972년헌법-1980년헌법	1987년헌법
심판기관	탄핵재판소	→	헌법재판소	탄핵심판위원회	헌법위원회	헌법재판소
탄핵소추	대통령·부통령·국무총리·국무위원·심계원장·법관 기타 법률이 정하는 공무원이 그 職務遂行에 관하여 헌법 또는 법률에 위배한 때에는 국회는 탄핵의 소추를 決議할 수 있다.	대통령·부통령·국무위원·심계원장·법관 기타 법률이 정하는 공무원이 그 직무수행에 관하여 헌법 또는 법률에 위배한 때에는 국회는 탄핵의 소추를 결의할 수 있다.	대통령·헌법재판소심판관·법관·중앙선거위원회위원·심계원장 기타 법률이 정하는 공무원이 그 직무수행에 관하여 헌법 또는 법률에 위배한 때에는 국회는 탄핵의 소추를 결의할 수 있다.	대통령·국무총리·국무위원·행정각부의 장·법관·중앙선거관리위원회위원·감사위원 기타 법률에 정한 공무원이 그 職務執行에 있어서 헌법이나 법률을 위배한 때에는 국회는 탄핵의 소추를 議決할 수 있다.	대통령·국무총리·국무위원·행정각부의 장·헌법위원회위원·법관·중앙선거위원회위원·감사위원 기타 법률에 정한 공무원이 그 직무집행에 있어서 헌법이나 법률을 위배한 때에는 국회는 탄핵의 소추를 의결할 수 있다.	대통령·국무총리·국무위원·행정각부의 장·헌법재판소 재판관·법관·중앙선거위원회위원·감사원장·감사위원 기타 법률이 정한 공무원이 그 직무집행에 있어서 헌법이나 법률을 위배한 때에는 국회는 탄핵의 소추를 의결할 수 있다.
탄핵판결(결정)의 효과	탄핵판결은 공직으로부터 罷免함에 그친다. 단 이에 의하여 民事上이나 刑事上의 책임이 免除되는 것은 아니다.	→	→ (탄핵소추결의를 받은 자는 탄핵심판이 있을 때까지 권한행사 정지)	탄핵결정은 공직으로부터 罷免함에 그친다. 그러나 이에 의하여 民事上이나 刑事上의 책임이 免除되지는 아니한다(1962년헌법에는 권한행사 정지 규정 없음. 1969년헌법에 권한행사 정지 규정 있음).	→ (탄핵소추의결을 받은 자는 탄핵결정이 있을 때까지 권한행사 정지)	→ (탄핵소추의 議決을 받은 자는 탄핵심판이 있을 때까지 권한행사 정지)
결정정족수	심판관 2/3 이상의 찬성	→	심판관 6인 이상의 찬성	구성원 6인 이상의 찬성	위원 6인 이상의 찬성	재판관 6인 이상의 찬성

Ⅱ. 탄핵결정의 효력

(1) 공직에서의 파면

헌법재판소의 파면결정이 있으면, 피청구인(=피소추인)은 당해 公職에서 파면되고(憲裁法 §53①), 파면결정의 선고와 동시에 피청구인은 그 직을 상실한다.

(2) 공직취임의 제한

파면결정으로 파면된 자는 결정선고가 있은 날로부터 5년을 경과하지 아니하면 공무원이 될 수 없다(憲裁法 §54②).

(3) 사면의 금지

탄핵심판으로 파면된 자에 대하여는 赦免을 할 수 없다(同旨: 金哲洙b, 2101; 許營a, 841; 成樂寅, 1294). 赦免法의 규정에 의하면, 탄핵결정으로 파면을 당한 자는 사면의 대상자에 포함되어 있지 않다(赦免法 §3).

(4) 다른 법적 책임의 불면제

파면결정이 있어도 피청구인의 민사상 또는 형사상의 책임 등 다른 법적인 책임이 면제되지 않는다(憲裁法 §54①).

[349] 第四 政黨解散審判

Ⅰ. 개 념

헌법이 정하고 있는 정당해산심판제도는 정당의 목적이나 활동이 민주적 기본질서에 위배될 때 정부의 해산심판청구에 따라 헌법재판소가 이에 대하여 심판하는 것을 말한다(憲法 §8④, §111①).

이러한 정당해산심판은 1960년에 발생한 4·19 이후 1960年6月憲法에 정할 때 憲法裁判制度를 정비하면서 처음 실정화된 이후 현재까지 유지되고 있다. 정당해산심판을 관장하는 기관에서는 변화가 있었다.

정당해산심판제도의 변천

헌법 / 항목	1948년헌법-1952년헌법-1954년헌법	1960년6월헌법-1960년 11월헌법	1962년헌법-1969년헌법	1972년헌법	1980년헌법	1987년헌법
심판기관	없음	헌법재판소	대법원	헌법위원회	→	헌법재판소
정당해산심판	없음	정당의 목적이나 활동이 헌법의 민주적 기본질서에 위배될 때에는	정당의 목적이나 활동이 민주적 기본질서에 위배될 때에는 정부는	정당의 목적이나 활동이 民主的 기본질서에 위배되거나 국가의 존립에	정당의 목적이나 활동이 民主的 기본질서에 위배될 때에는 헌법위원	정당의 목적이나 활동이 民主的 기본질서에 위배될 때에는 정부는

정당해산심판		정부가 대통령의 승인을 얻어 訴追하고, 헌법재판소가 판결로써 그 정당의 해산을 명한다.	대법원에 그 해산을 提訴할 수 있고, 정당은 대법원의 판결에 의하여 해산된다.	위해가 될 때에는 정부는 헌법위원회에 그 해산을 제소할 수 있고, 정당은 헌법위원회의 결정에 의하여 해산된다.	회에 그 해산을 제소할 수 있고, 정당은 헌법위원회의 결정에 의하여 해산된다.	헌법재판소에 그 해산을 제소할 수 있고, 정당은 헌법재판소의 결정에 의하여 해산된다.
결정정족수	없음	심판관 과반수의 찬성	대법원 법관 정수의 3/5 이상의 찬성	위원 6인 이상의 찬성	→	재판관 6인 이상의 찬성

Ⅱ. 성 질

정당해산심판제도는 행정적인 조치로 정당을 해산할 수 없게 하고, 오로지 중립적인 재판기관의 재판에 의해서만 강제로 해산할 수 있게 하는 것이다.

Ⅲ. 제도의 목적

(1) 意 義

政黨解散審判制度는 정당의 목적이나 활동이 헌법에 위반될 때 헌법재판소의 재판을 통하여 해산하는 제도를 말한다.

정당의 해산에는 정당 스스로 자발적으로 해산하는 自進解散과 타의에 의해 강제로 해산되는 强制解散이 있다. 政黨法(1962. 12. 31. 법률 제1246호, 전문개정 2005. 8. 4. 법률 제7683호)은 자진해산을 인정하고 있는데, 정당이 자진하여 해산하는 경우에는 代議機構의 決議로써 해산한다(政黨法 §45①). 이 경우 정당의 대표자는 지체없이 그 뜻을 당해선거관리위원회에 신고하여야 한다(同條 ②). 이에 반하여 政黨解散審判制度는 정당을 강제로 해산하는 제도이다. 따라서 이에는 엄정한 절차와 요건이 요구되며, 이를 구체화하는 제도적 장치가 필요하다. 정당이 강제로 해산된 것과 같은 결과를 가져오는 것에는 當該選擧管理委員會에 의해 행해지는 政黨의 登錄取消가 있다(政黨法 §44①). 현행법상 헌법에 위반된다는 이유로 정당의 등록을 취소하는 것은 인정되지 않는다.

(2) 目 的

政黨解散審判制度는 기본적으로 위헌정당을 해산한다는 면에서 사회영역과 정치영역에서 헌법을 부정하고 파괴하려는 「조직화된 헌법의 적들」에 대응하여 이를 사전에 제거함으로써 헌법을 수호하고 보호하는 憲法保護의 목적이 있으며, 다른 한편 헌법에 위반되는 정당이라는 이유로 정당을 해산하는 경우에는 행정처분이나 다른 공권력의 작용으로 할 수 없고 헌법재판소의 재판을 통해서만 정당을 해산할 수 있다는 면에서 일반 단체에 비하여 정당을 두텁게 보호하려는 政黨保護의 목적이 있다.

(a) 헌법의 보호

政黨解散審判制度는 憲法의 保護를 실현하기 위한 것이다. 헌법에서 정하고 있는 인간의 존엄과 가치, 기본권의 보장 그리고 통치구조 및 통치질서 등을 조직된 「憲法의 敵」(Verfassungsfeindschaft)으로부터 보호하는 장치이다.

원래 자유라 함은 자유를 부정하는 자유를 포함할 수 없다. 자유가 자유를 부정하는 자유를 인정하는 것은 개념의 모순이며, 가치의 모순이다. 이러한 모순의 배제는 자유에 의해 형성되는 정치질서나 법질서에서도 당연히 인정된다. 즉 자유로운 정치질서나 법질서가 그러한 질서를 부정하는 자유를 인정하는 경우에는 자유로운 정치질서나 법질서는 존속·유지할 수 없다. 자유와 같은 기본권적 가치나 공동체 구성원이 자유롭고 인간답게 살 수 있도록 만들어진 헌법질서와 체제를 부정하는 자유는 어떤 경우에도 인정될 수 없다. 그래서 자유를 부정하는 자유는 자유의 적일 수밖에 없고, 헌법이 보장하는 근본적인 가치와 자유민주주의를 부정하는 것도 헌법의 적일 수밖에 없다. 그런데 사회공동체나 국가에는 사적인 욕망과 이익을 추구하기 위하여 이러한 가치를 담고 있는 헌법을 부정하고 파괴하려는 기도들이 발생한다. 역사적으로 보면, 자유를 기치로 내건 온갖 형태의 전체주의와 공산주의 등도 결국 인간의 자유를 말살하고 인간을 고통의 질곡으로 빠뜨렸다.

헌법을 부정하거나 파괴하려는 이러한 「헌법의 적」은 국가권력의 모습으로 나타날 수도 있고, 개인으로 나타날 수도 있으며 조직의 모습으로 나타날 수도 있다. 특히 「헌법의 적」이 조직의 형태로 활동을 하는 경우 그 위험성은 증대된다. 이런 조직 중 공동체와 국가에 가장 큰 영향을 미치는 것 가운데 하나가 정당이다. 자유와 평등 그리고 이상적 사회를 기치로 내건 나치스와 파시스트들의 정당이나 공산주의자들의 정당이 등장하여 결국 국민의 자유와 행복을 말살한 사실은 인간의 실제적인 체험 속에서 이를 증명해주었다. 정당해산심판제도는 이와 같이 헌법질서를 파괴하는 힘이 강한 「組織된 憲法의 敵」을 제거하는 장치 가운데 하나이다.

이러한 정당심판제도는 豫防的 憲法保護의 수단으로 큰 기능을 가진다. 헌법질서를 파괴하려는 자들이 정당을 결성하여 국가권력에 침투하거나 국가권력에 직접 영향력을 행사하는 것을 사전에 예방하지 않으면 헌법질서를 유지하는 것이 매우 어렵게 된다. 「헌법의 적」들이 정당이라는 조직의 힘으로 헌법질서를 부정하는 행위를 저지른 이후에 사후적으로 이런 헌법부정행위나 헌법파괴행위에 대해 제재를 가하는 것은 효과적이지 못하다.

「組織된 憲法의 敵」은 정당의 형태로만 존재하는 것이 아니다. 각종 형태의 단체나 조직과 같은 結社의 形態로도 나타난다. 공산주의의 전략전술에 따라 지하조직이나 세포들이 만들어지고 위장된 형태의 활동도 한다. 뿐만 아니라 사회단체나 시민단체로 위장하기도 하고 노동조합의 형태로 위장하기도 한다. 이러한 위장된 조직을 통한 헌법파괴활동은 정당의 모습을 띠고 활동하는 것보다 더 위험하고 위력적일 수 있다. 이러한 다양한 형태의 「組織된 憲法의 敵」에 대해서는 그 구성원들에 대해 형사적인 제재를 가할 뿐 아니라 행정조치로 조직이나 단체를 해산시킨다.

(b) 정당의 존속보호

정당해산심판제도는, 정당의 활동이 헌법에 위반된다는 이유로 정당을 해산하는 경우에는 행정처분에 의해서 손쉽게 할 수 있는 것이 아니라 반드시 헌법재판소의 재판을 통하여 해산하여야 한다는 점에서 정당을 일반 단체보다 두텁게 보호한다. 이를 「政黨의 特權」(Parteienprivileg)이라고 부르는 견해도 있다.

정당을 그 존속에 있어서 일반 단체보다 두텁게 보호하는 이유는 정치활동에 있어서 정당이 일반 단체보다 중요한 역할을 한다고 보기 때문이다. 정당은 국민의 여론을 조성하고, 선거에서 국민의 대표자가 될 후보자를 발굴하며, 정책을 개발하는 기능이 정치적 의미에서 일반 단체보다 우월하다고 본다.

그러나 社會領域에서 각종 단체들의 활동이 활성화되고 있는 점, 정책을 개발하는 전문기관이나 단체들이 많아지면서 정당의 정책개발 기능이 크게 비중을 차지하지 못하는 점, 정당이 政治的 利益集團으로 변질됨에 따라 과거 정당의 역할로서 긍정적으로 평가되던 것들이 더 이상 정당에게만 특별히 존중되어야 할 사유가 없어지고 있는 점 등 정당을 둘러싼 환경의 변화로 인하여 나라에 따라서는 정당을 특별히 우대해야 할 필요성이 줄어들고 있는 현상도 발생하고 있다. 이러한 관점에서 보면, 정당이기 때문에 당연히 특권을 인정해야 한다는 것은 설득력을 잃어가고 있다. 아무튼 현대 국가에서 시민사회가 활성화되면서 정당의 기능과 역할에는 변화가 오고 있다.

그러나 違憲政黨을 行政處分으로 해산할 수 있게 하는 경우에는 이러한 제도가 정당의 활동의 자유를 위축시킬 수 있고, 야당을 탄압하는 도구로 이용될 위험이 있다는 점을 고려할 필요가 있다.

Ⅳ. 해산결정의 효력

(1) 정당해산 및 부수효과

정당해산결정이 선고되면 해당 정당은 해산된다(憲裁法 §59). 헌법재판소의 이러한 정당해산결정은 形成的 效力을 가진다. 따라서 정당은 헌법재판소의 결정으로 선고와 동시에 바로 해산되는 것이며, 선거관리위원회의 집행으로 해산되는 것이 아니다. 헌법재판소의 解散決定의 通知가 있을 때에는 當該 選擧管理委員會는 그 정당의 登錄을 抹消하고 지체 없이 그 뜻을 公告하여야 한다(政黨法 §47).

또한 정당해산결정이 선고되면 부수적 효과로서 代替組織의 결성이 금지되며(政黨法 §40), 해당 정당의 잔여재산은 국고에 귀속되고(同法 §48②), 동일한 黨名을 사용하지 못한다(同法 §41②).

(2) 의원직의 상실

해산된 정당에 소속되었던 국회의원의 자격이 상실하는가 하는 점에 대해서는 견해가 대립한다.

(a) 자격상실설

이 견해는 정당해산제도가 가지고 있는 헌법보호의 취지나 防禦的 民主主義의 이념과 원리상 정당이 위헌으로 해산되면 그 정당에 소속되었던 국회의원의 자격이 상실되는 것은 당연하다고 본다(예: 許營a, 842; 權寧星, 197, 1157).

(b) 자격비상실설

이 견해는 의원은 전체 국민의 대표이고 정당의 소속과는 무관하게 독립된 지위와 정당성을 가진다는 근거(比例代表制에 의한 국회의원도 마찬가지이다)를 제시하는 견해도 있고, 위헌정당으로 정당이 해산된 경우 국회의원의 자격 유지의 문제는 국회의 자율적 결정사항이므로 국회의 資格審査나 除名處分에 의해서만 국회의원의 자격을 상실하고 그렇지 아니하면 국회의원의 자격을 종전과 같이 유지한다는 견해도 있다(예: 金哲洙b, 2103).

국회법은 징계의 종류로 除名을 정하고 있지만(國會法 §163①), 헌법이나 국회법 어디에도 국회의원에 대한 징계처분에 포함되는 제명의 사유로 정당해산심판에 의한 소속 정당의 해산을 정하고 있는 것은 없기 때문에(同法 §155②), 현행법상 이러한 경우에 해산결정된 정당에 소속하였던 국회의원을 제명할 수 있는 여지는 없다. 국회법상 자격심사의 경우에 「자격없음」으로 결정함에 있어서는 재적의원 2/3의 찬성이 필요하므로(同法 §142③), 이론상으로 위헌정당으로 해산된 정당의 당적을 가졌던 국회의원이 재적의원의 1/3 이상인 경우에는 「자격없음」의 결정을 할 수 없다는 결론에 이른다. 자격심사에서 「자격없음」의 의결정족수를 어떻게 정하든 위헌정당으로 해산된 정당의 黨籍을 가졌던 국회의원의 수로 인하여 이러한 의결정족수를 충족시키지 못하는 경우에는 자격심사로 의원직을 상실시킬 수 없게 된다. 제명의 의결정족수도 이를 어떻게 정하든 위헌정당으로 해산된 정당의 黨籍을 가졌던 국회의원의 수로 인하여 의결정족수를 충족시키지 못하는 경우에는 국회의원을 제명할 수 없게 된다.

정당해산심판제도가 가지는 憲法保護의 기능에 비추어 볼 때, 어떤 정당이 위헌정당이라는 이유로 해산이 되면 해당 정당에 소속한 국회의원의 의원직은 상실된다고 할 것이다. 이 점을 분명히 하기 위해서는 법률에 명시하는 것이 필요하다.

(3) 국회의원정수의 상실여부

해당 국회의원이 의원직을 상실한 경우에 그 수만큼 국회의 議員定數가 喪失하는가 하는 문제가 있다. 헌법재판소의 정당해산심판은 정당의 해산으로 해체되어 버린 정당에 소속했던 국회의원이 그 의원직을 상실하는 것까지만 효력을 미치기 때문에 국회의 의원정수에는 변경을 가져오지 않는다. 따라서 지역구국회의원의 경우에는 정당해산으로 상실된 수만큼의 의원직을 다시 선출하는 보궐선거가 실시되고, 비례대표국회의원의 경우에는 그 선거결과에 따라 선거에 참여한 각 정당에 의석이 재배분된다.

[350] 第五 權限爭議審判

I. 개 념

권한쟁의심판제도는 국가기관 상호간, 국가기관과 지방자치단체간 및 지방자치단체상호간에 그 권한의 존부나 범위에 대하여 다툼이 있을 때 재판으로 그 권한의 존부나 범위를 확정하는 것을 말한다(憲法 §111①; 憲裁法 §61, §62).

독일에서 권한쟁의심판제도는 19세기 입헌주의체제의 전개과정에서 그 萌芽가 형성되었다. 領主(Landesherr=Monarch)와 身分的 等族(Stände) 또는 國民代表會議(Volksvertretung=Parlament) 사이에 헌법상의 분쟁이 발생하여 서로 합의로 해결할 수 없을 때 이를 해결하는 방법으로 國事裁判所(Staatsgerichtshof)로 하여금 분쟁을 해결하게 한 것에서 비롯한다(예: 1831년의 작센헌법(sächsische Verfassung)). 이는 본질적으로 國事裁判으로서 성격을 지닌 것이었고, 헌법의 영역 내에 존재하는 각 주체들 사이에 존재하는 다툼이라는 의미에서

권한쟁의심판제도의 변천

헌법 / 항목	1948년헌법-1952년헌법-1954년헌법	1960년6월헌법-1960년11월헌법	1962년헌법-1969년헌법-1972년헌법-1980년헌법	1987년헌법
심판기관	없음	헌법재판소	폐지	헌법재판소
권한쟁의심판	없음	국가기관간의 권한쟁의	폐지	국가기관 상호간, 국가기관과 지방자치단체간, 지방자치단체 상호간의 권한쟁의심판
결정정족수	없음	과반수의 찬성	폐지	과반수의 찬성

憲法爭議(Verfassungsstreitigkeit)라고 부르기도 했다. 이러한 것은 1849년의 파울스키르헤 헌법(Paulskirchenverfassung)에서도 구상되었다. 그러나 이런 헌법쟁의는 1848년과 1849년 이후의 왕정복고의 반동기(Reaktionszeit)에는 헌법에 등장하지 않았다. 이런 사정은 1871년의 라이히헌법(Reichsverfassung)에서도 마찬가지였다. 특히 프로이센제국에서는 비스마르크(Otto v. Bismarck)가 국왕(Krone)과 領主國議會(Landtag) 사이의 권한분배나 그에 관한 분쟁을 사법관에게 맡겨 해결하는 것은 적합하지 않다고 보아 권한쟁의심판제도는 발달하지 못했다. 1919년의 바이마르헌법도 라이히의 憲法機關들간의 권한쟁의에 대한 심판권을 라이히 國事裁判所(Staatsgerichtshof)에 부여하지 않았다. 이 당시 國事裁判所는 州의 요구가 있는 경우에 주내부의 헌법쟁송을 처리하였다. 실무상으로는 차츰 州內部의 헌법쟁송에서 벗어나 관할의 확대가 시도되었으나 이는 당시 헌법이 인정한 것이 아니었다. 1926년 독일법률가대회에서 라이히 國事裁判所의 관할을 라이히헌법쟁의(Reichsverfassungsstreitigkeit)로까지 확장하여야 한다는 주장이 나왔다. 1949년의 基本法(Grundgesetz)에 와서 비로소 권한쟁의심판제도를 헌법상의 제도로 체계화하였다.

이러한 권한쟁의심판은 1960年6月憲法에서 憲法裁判制度를 정비하면서 처음 채택하여 실정화되었고, 1962年憲法에서는 폐지되었다가 1987年憲法에서 발전된 형태로 부활하였다.

Ⅱ. 성　　질

권한쟁의심판은 객관소송으로서의 성질과 국사재판으로서의 성질을 가지며, 국가의 구성과 권한의 배분의 구조를 의미하는 전통적인 헌법 영역에서 발생하는 분쟁을 해결하는 진정한 헌법쟁송으로서의 성질을 가지고 있다.

Ⅲ. 제도의 목적

권한쟁의심판제도는 i) 국가기관이나 지방자치단체 상호간에 있어 발생하는 권한과 의무에 관한 분쟁을 해결하고, ii) 권력분립을 실현하며, iii) 국가기관이나 지방자치단체의 관할을 분명히 하여 국가의 기능과 작용이 원활하고 합헌적으로 이루어지도록 하고, iv) 소수의 보호를 통하여 민주주의를 실질화하여 헌법질서를 유지하는 데 목적을 둔다.

[351] 第六 憲法訴願審判

Ⅰ. 개　　념

憲法과 憲法裁判所法이 정하고 있는 헌법소원심판(Verfassungsbeschwerde, constitutional complaint)은 국가의 공권력의 행사 또는 불행사로 인하여 국민의 기본권이 침해당한 경우에 국민이 헌법재판소에 이의 구제를 직접 청구하고 헌법재판소가 이에 대하여 심판하는 것을 말한다.

우리 憲法史상 이러한 헌법소원심판제도는 현행 1987年憲法에서 처음으로 채택한 제도이다. 우리나라 헌법재판제도사에 있어서 채택하였던 그 전의 헌법재판제도에서는 헌법소원심판제도가 없었다.

헌법소원심판제도

헌법 / 항목	1948년헌법-1952년헌법-1954년헌법-	1960년6월헌법-1960년11월헌법	1962년헌법-1969년헌법-	1972년헌법-1980년헌법-	1987년헌법
심판기관	없음	→	→	→	헌법재판소
헌법소원심판	없음	→	→	→	법률이 정하는 헌법소원에 관한 심판
결정정족수	없음	→	→	→	재판관 6인 이상의 찬성

Ⅱ. 성 질

(1) 성 질

통상 국민의 권리와 자유가 침해된 경우에는 그것이 헌법상의 기본권이든 하위법규범상의 권리이든 그 권리의 구제는 권리구제를 위한 각종의 위원회나 법원과 같은 통상의 一般的 權利救濟手段을 통하여 해결한다. 헌법재판소에서 관장하는 헌법소원심판은 성질상 이러한 통상의 권리구제수단이 아니기 때문에 일반적 권리구제수단을 대체하거나 그러한 권리구제수단의 목록에 추가될 수 없다. 따라서 헌법소원심판은 이러한 일반적 권리구제수단이 존재하는 경우에는 이와 별개의 것으로 보충적인 성질을 가지고 존재하면서, 기본권이 침해된 경우에 한하여 最後의 권리구제수단으로 인정되는 權利救濟手段이다. 이와 같이 헌법소원심판은 통상의 권리구제절차와의 관계에서 最後的이고 補充的인 권리구제수단으로서의 지위에 머무르는 것이 그 본질적 속성이다. 이러한 보충적인 성격으로 인하여 헌법소원심판의 시스템에서는 논리필연적으로 재판에 대한 헌법소원심판을 두어야 한다. 재판에 대한 헌법소원심판이 행해지는 전제에서만 헌법소원심판의 청구에서 통상의 권리구제절차를 먼저 이행할 것을 요구할 수 있다(同旨: 許營d, 339). 법령에 대한 헌법소원심판과 같이 통상의 권리구제절차가 없는 경우에는 헌법소원심판제도는 예외적이고 보충적인 것이 아니라 일반적인 기본권 구제제도로서 그 기능을 한다.

《헌법재판소법 제68조 제 2 항의 헌법소원심판절차》

憲法裁判所法은 제68조 제 1 항에서 헌법소원심판절차를 규정하고 있는 이외에 따로 제68조 제 2 항에서 제41조 제 1 항의 규정에 의한 위헌법률심판의 제청신청이 기각된 때에 그 신청을 한 당사자로 하여금 헌법재판소에 심판을 청구할 수 있게 하는 길을 마련하고, 이를 「憲法訴願審判」이라고 法文에 기재하고 있기 때문에 헌법소원심판제도의 意義를 이해함에 있어서 혼란을 빚고 있다. 앞서 위헌법률심판제도에서 상세히 논하였듯이, 이것은 憲法裁判所法 제68조 제 2 항에서 명시적으로 표시되어 있는 「憲法訴願審判」이라는 표현에도 불구하고 성질상 헌법소원심판절차에 해당하는 것이 아니라 위헌법률심판절차에 해당하는 것이다. 법문의 표현은 잘못된 것이다(鄭宗燮 f, [4] II).

(2) 이중적 기능

(a) 개　　념

헌법소원심판제도가 가지고 있는, 기본권을 구제하는 기능과 헌법질서를 보호·유지하는 기능을 헌법소원심판제도의 二重的 機能(=二重的 性質)이라고 하는데, 이 이중적 기능은 헌법소원심판의 원리로서 헌법소원심판절차에 구체적으로 작용한다. 헌법소원심판에서 주관적인 권리보호이익이 존재하지 아니함에도 일정한 경우에 심판이익을 인정하여 본안판단을 하는 것은 이러한 二重的 機能에서 비롯된다.

憲法裁判所도 判例에서 헌법소원심판제도는 개인의 주관적 권리구제뿐만 아니라 객관적인 헌법질서의 수호·유지의 기능도 갖고 있다고 하면서 憲法訴願審判制度의 二重的 機能을 인정하고 있다(예: 憲 1992. 1. 28.-91헌마111; 1999. 5. 27.-97헌마137등). 憲法裁判所의 확립된 태도이다.

[憲 1992. 1. 28.-91헌마111] 「헌법소원의 본질은 개인의 주관적 권리구제뿐 아니라 객관적인 헌법질서의 보장도 하고 있으므로 헌법소원에 있어서의 권리보호이익은 일반법원의 소송사건에서처럼 주관적 기준으로 엄격하게 해석하여서는 아니된다. 따라서 침해행위가 이미 종료하여서 이를 취소할 여지가 없기 때문에 헌법소원이 주관적 권리구제에는 별 도움이 안 되는 경우라도 그러한 침해행위가 앞으로도 반복될 위험이 있거나 당해 분쟁의 해결이 헌법질서의 수호·유지를 위하여 긴요한 사항이어서 헌법적으로 그 해명이 중대한 의미를 지니고 있는 경우에는 심판청구의 이익을 인정하여 이미 종료한 침해행위가 위헌이었음을 선언적 의미에서 확인할 필요가 있는 것이다.」

[憲 1999. 5. 27.-97헌마137등] 「헌법소원제도는 개인의 주관적 권리구제뿐만 아니라 객관적인 헌법질서의 수호·유지의 기능도 갖고 있다. 이 심판 계속중에 주관적인 권리보호이익이 소멸된 경우라도 그러한 기본권 침해여부가 반복될 위험이 있고 그 해명이 헌법질서의 수호·유지를 위하여 긴요한 사항으로 중대한 의미를 지니고 있는 경우에는 심판청구의 이익을 인정하는 것이 우리 재판소의 선례이고……」

(b) 효　　력

헌법소원심판제도의 二重的 性質 또는 二重的 機能을 인정하는 경우에도 그 이중적 기능이 가지는 법적 효력의 射程距離가 어디까지인가에 대해서는 헌법소원심판의 規準을 둘러싸고 논란이 있다. 헌법소원심판에서 적용하는 심판규준이 헌법상의 기본권 조항에 한정되는가 아니면 기본권 조항이 아닌 다른 헌법조항도 포함되는가 하는 문제이다. 헌법소원심판제도는 본질적으로 기본권의 침해에 대하여 헌법재판소에 심판을 청구하여 다투는 제도이므로 헌법소원심판제도의 이중적 기능을 인정한다고 하더라도 기본권의 침해여부에 대해 판단함이 없이 다른 헌법규정의 위반여부만을 심판할 수는 없다고 할 것이다. 법률에 대한 헌법소원심판의 경우도 마찬가지다. 이런 점에서 구체적 규범통제와 법률에 대한 헌법소원심판이 규범통제라는 면에서는 유사한 기능을 가지면서도 다른 한편으로는 구체적 규범통제가 객관소송인 반면에 법률에 대한 헌법소원심판은 주관소송과 객관소송의 이중적 성질을 가지는 점에서 서로 다르다.

憲法裁判所의 판례 가운데 헌법소원심판에서 기본권조항이 아닌 餘他의 헌법규정의 위반여부를 심판한 것이 있다(예: 憲 1997. 12. 24.-96헌마172등). 헌법재판소의 판단은 문제가 있다.

Ⅲ. 제도의 목적

헌법소원심판제도는 침해된 基本權의 救濟와 憲法秩序의 保護 또는 守護를 목적으로 한다.

(1) 기본권의 구제

헌법이 정하고 있는 立憲主義와 憲法國家原理를 국가기관을 통하여 실현하는 방법은 여러 가지가 있다. 그 가운데서 헌법소원심판제도는, 국민이 공권력의 행사 또는 불행사로 인하여 헌법이 보장하고 있는 기본권을 침해당한 때 국민으로 하여금 직접 헌법재판소에 그 심판을 청구할 수 있게 하여 침해된 기본권을 구제하고, 이를 통하여 모든 공권력의 작용을 기본권에 覊束시켜 헌법의 最高規範性을 실현시킨다. 헌법상의 기본권이 침해된 경우에 이를 구제하는 소송이라는 점에서는 主觀訴訟으로서의 성질을 가진다.

(2) 헌법질서의 유지

헌법소원심판은 기본권의 구제라는 주관적인 기능 이외에 위헌적인 공권력의 행사나 불행사를 憲法秩序에서 배제하여 헌법에 의해 형성된 질서를 보호하고 유지하는 기능을 수행한다. 기본권은 단순히 해당 기본권 주체의 개인적인 권리를 보장하는 것에 머물지 않고 공동체 내에서 살고 있는 국민들의 국가생활과 헌법생활에 직접 영향을 미치므로 헌법소원심판도 기본권을 침해당한 해당 개인의 권리를 구제하는 수준을 넘어 헌법질서와 헌법생활을 보호하고 유지하는 기능을 수행한다. 기본권이 민주주의와 법치주의의 가치와 질서를 적극 형성하는 기능은 이런 점을 잘 말해준다. 이런 점에서 헌법소원심판은 客觀訴訟으로서의 성질도 가진다.

제 5 절 憲法裁判의 決定

[352] 第一 裁判部의 構成

Ⅰ. 원 칙

헌법재판소의 심판은 憲法裁判所法에 특별한 규정이 있는 경우를 제외하고는 재판관 전원으로 구성되는 「裁判部」에서 관장한다(憲裁法 §22①). 指定裁判部와 구별하기 위해 강학상 「全員裁判部」라고 부르기도 한다. 재판부는 재판의 주체이므로 똑같이 재판관 전원으로 구성되더라도 행정조직인 재판관회의(同法 §16)와 구별된다.

Ⅱ. 예 외

전원재판부의 예외로 憲法裁判所法이 인정하는 것으로는 憲法裁判所法 제68조 제 1 항의 헌법소원심판절차에서 사전심사를 담당하는 「指定裁判部」가 있다. 지정재판부는 재판관 3인으로 구성되므로(憲裁法 §72①), 헌법재판소에는 3개의 지정재판부가 구성된다.

> 지정재판부는 헌법소원심판절차에서 심판청구의 적법성을 심사하여(憲裁法 §68①. 실무에서는 同法 §68②에도 적용) 사건을 재판부로 회부할 것인가 아니면 청구를 각하할 것인가를 결정한다. 지정재판부가 전원의 일치된 의견으로 심판청구를 각하하지 아니하는 경우에는 결정으로 그 사건을 전원재판부에 회부하여야 한다. 헌법소원심판의 청구 후 30일이 경과할 때까지 각하결정이 없을 때에는 심판에 회부하는 결정이 있는 것으로 본다(同法 §72④).

Ⅲ. 재판관의 배제

憲法裁判所法이 인정하는 지정재판부 이외에 재판관 전원으로 구성되지 않는 예외적인 재판부의 구성으로는 재판관이 해당 재판에서 排除된 경우를 들 수 있다. 예컨대 재판관이 除斥, 忌避, 回避(憲裁法 §24)로 재판에서 배제되거나 공무상의 출장 또는 휴가 등으로 배제된 경우가 이에 해당한다.

憲法裁判所法은 기피의 경우 동일 당사자에 대하여 2인 이상의 재판관을 기피할 수 없다고 제한하고 있는데(憲裁法 §24④), 이는 재판의 공정성이라는 측면에서 문제가 있다. 기피 대상의 재판관수를 제한할 것이 아니라 豫備裁判官制度를 채택하여 문제를 해결하는 것이 보다 타당하다.

[353] 第二 審判定足數

Ⅰ. 심리정족수

헌법재판소의 재판부는 재판관 7인 이상의 출석으로 사건을 심리한다(憲裁法 §23①). 憲法裁判所法 제72조 제1항에 의해 구성되는 지정재판부는 항상 재판관 3인의 출석으로 사건을 심리한다.

Ⅱ. 결정정족수

(1) 단순다수결

헌법재판소의 재판부는 憲法裁判所法에서 특별다수결로 정하고 있는 경우를 제외하고는 종국심리에 관여한 재판관의 과반수의 찬성으로 사건에 관한 결정을 한다(憲裁法 §23②). 예컨대 권한쟁의심판에서는 과반수의 찬성으로 사건에 관한 결정을 한다. 가처분심판도 단순다수결에 의한다.

(2) 특별다수결

(a) 특별다수결의 경우

헌법재판소의 재판부가 i) 법률의 위헌결정을 하는 경우, ii) 탄핵의 결정을 하는 경우, iii) 정당해산의 결정을 하는 경우, iv) 헌법소원에 관한 인용결정을 하는 경우, v) 종전에 헌법재판소가 판시한 헌법 또는 법률의 해석적용에 관한 의견을 변경하는 경우에는 재판관 6인 이상의 찬성이 있어야 한다(憲法 §113①; 憲裁法 §23② 但書).

(b) 위헌결정 정족수의 계산 방법

위헌법률심판에서 단순위헌이라는 재판관수는 6인 미만이지만 한정합헌 또는 한정위헌이라는 재판관의 수와 합하여 6인 이상이 되는 경우에는 한정합헌 또는 한정위헌의 부분에서 일치하므로 이러한 일치하는 부분이 주문으로 선고된다고 보는 것이 憲法裁判所의 판례이다(예: 憲 1992. 2. 25.-89헌가104). 또 憲法裁判所는 위헌의견의 재판관수가 5인이고 헌법불합치의견의 재판관수가 2인인 경우에는 헌법불합치의 결정을 선고하고 있다(예: 憲 1997. 7. 16.-95헌가6등).

> [憲 1992. 2. 25.-89헌가104] 「이 사건에 있어서 관여재판관의 평의의 결과는 단순합헌의견 3, 한정합헌의견 5, 전부위헌의견 1의 비율로 나타났는데, 한정합헌의견(5)은 질적인 일부위헌의견이기 때문에 전부위헌의견(1)도 일부위헌의견의 범위 내에서는 한정합헌의 의견과 견해를 같이 한 것이라 할 것이므로 이를 합산하면 헌법재판소법 제23조 제2항 제1호 소정의 위헌결정정족수(6)에 도달하였다고 할 것이며 그것이 주문의 의견이 되는 것이다.」

(c) 「위헌불선언」의 문제

위헌법률심판의 결정에서 재판관 6인 이상의 찬성이 없어서 위헌으로 선고할 수는 없지만 재판관 9인 중 과반수인 5인이 위헌이라는 의견을 낸 경우에 헌법재판소는 초기에 주문에서 「위헌불선언」으로 표시하였다(예: 憲 1989. 12. 22.-88헌가13; 1993. 5. 13.-90헌바22등; 1994. 6. 30.-92헌바23). 그러나 이후 헌법재판소는 「위헌불선언」이라는 주문을 택하지 않고 합헌결정의 주문으로 표시하고 있다(예: 憲 1996. 2. 16.-96헌가2등; 1999. 7. 22.-98헌가3). 憲法裁判所法 제68조 제1항에 의한 법률에 대한 헌법소원심판에서 위헌의견의 재판관수가 5인인 경우에도 헌법재판소는 청구기각의 주문을 표시한다(예: 憲 1997. 12. 24.-96헌마16).

判例索引

事項索引

[ㅁ]

著 者
서울大學校 法科大學 卒業
第24回 司法試驗 合格, 法學博士
憲法裁判所 憲法硏究官, 建國大學校 敎授 歷任
現在 서울大學校 法科大學/法學大學院 敎授

主要著作
「憲法學原論」
「憲法과 政治制度」
「憲法과 基本權」
「憲法訴訟法」
「憲法裁判講義」
「判例韓國憲法」
「判例憲法訴訟法」
「憲法硏究 1」
「憲法硏究 2」
「憲法硏究 3」
「憲法硏究 4」
「憲法硏究 5」
「憲法裁判硏究 1」
「憲法裁判硏究 2」
「憲法判例硏究 1」
「韓國의 司法制度와 發展모델」
「韓國憲法史文類」
「基本權의 槪念」
「객관식 헌법」
「선비의 붓 명인의 칼」
「대한민국 헌법을 읽자」
「정종섭교수와 함께 보는 대한민국 헌법」
「대한민국 헌법」

憲法과 政治制度

2010年 3月 5日 初版印刷
2010年 3月 15日 初版發行

著 者 鄭 宗 燮
發行人 安 鍾 萬
發行處 (株) 博 英 社
서울特別市 鍾路區 平洞 13-31番地
電話 (733)6771 FAX (736)4818
登錄 1959. 3. 11. 제300-1959-1호(倫)

저자와 협의하여 인지첩부를 생략함

www.pakyoungsa.co.kr e-mail: pys@pakyoungsa.co.kr

定 價 45,000원 ISBN 978-89-6454-576-8

加百日○兩界守令僉節制使萬戶計程途

日限半加加加計品品之程鄉則○出役人受職雖不

行公亦給若科前遣喪或身死者仕滿五十

日而味經遠差則給

五給守令遣任者辭由傳掌外田公務未

來則雖過限計程途啓聞追給公主翁主夫

致從夫職給從察使都事節度使西界虞候

許事並有祿掌家

觀察使節度使否

第一科 正一品	第二科 從一品	第三科 正二品		
		中米		
春			四	石
夏			三	石
秋			四	石
冬			三	石
春			三	石
夏			三	石
秋			三	石
冬			三	石
春			三	石
夏			三	石
秋			三	石
冬			三	石